一般社団法人日本認知症ケア学会
認知症ケア用語辞典編纂委員会 編

認知症ケア
用語辞典

総監修
本間 昭
認知症介護研究・研修東京センター・上席研究員
お多福もの忘れクリニック・管理医師

編纂委員長
岡田進一
大阪市立大学大学院・教授

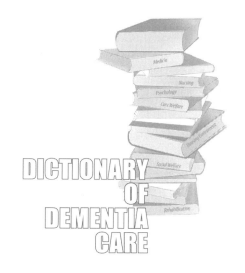

DICTIONARY
OF
DEMENTIA
CARE

株式会社 ワールドプランニング

Dictionary of Dementia Care

Edited by
The Japanese Society for Dementia Care

Copyright © 2016 by
The Japanese Society for Dementia Care

4-1-1 Kagurazaka, Shinjuku-ku,
Tokyo 162-0825, JAPAN
All Rights Reserved

Published by
World Planning Co., LTD.

Printed by
JP.Create Co., LTD.
5-34-3 Shinbashi, Minato-Ku,
Tokyo 105-0004, JAPAN

認知症ケア用語辞典発刊の意義

　認知症ケアは多職種によるかかわりが求められることに異論はないであろう．しかし，認知症の人の生活を支えるための課題を共有するためには，特定の状態や行動が同じ言葉によって表される必要がある．特定の状態や行動が同じ言葉であっても異なる意味で用いられるのであれば，課題を共有することはできない．たとえば，認知症の行動・心理症状（BPSD；behavioral and psychological symptoms of dementia）は認知症の人の言動や行動すべてが含まれるが，焦燥や興奮，幻視，妄想を意味すると考える人たちもいる．自発性の低下，つまりアパシーも BPSD のひとつである．職種を問わずさまざまな用語を同じ意味で理解し共有できるようにすることが，本辞典が編纂された目的のひとつである．

　2015 年に新設された国立研究開発法人日本医療研究開発機構からの補助金により，認知症の人たちを登録し長期にわたって経過を追跡しようという全国規模の研究がある．この研究の目的は，認知症の経過にどのような要因が影響するかを縦断的に追跡することを意図しており，BPSD に関連する要因を明らかにすることも含まれる．認知症の人にみられる個々の症状や行動を登録することになるが，同一の状態や症状に対して共通の用語が用いられなければ信頼性のある結果は得られないであろう．このデータベースを作成するための登録は主として介護関係者によって行われることを考えれば，本辞典の果たす役割は大きいといえるのではないかと思われる．

　従来の一般社団法人日本認知症ケア学会等で発表されている研究内容をみると，ケアスキルに関する研究が多く，たとえば BPSD の発現に関係する生物学的な要因を明らかにしようとする研究は極めて乏しいことは否めない．認知症ケアを支えるエビデンスを積み重ねることの重要性は従来より指摘されているが，同じ行動や症状が同一の用語で表されなければ意味のある結果は得られない．徘徊であっても，常同的な周徊と本人なりの目的をもって出かけるが途中で道に迷うような徘徊とをいっしょにすることはできない．1 つひとつの用語の意味を明確にし，誤った行動や状態を示すために用いられないようにする必要があろう．

　本辞典が編纂された目的のいくつかについて述べたが，職種を問わず認知症ケアに携わる関係者に役立つ内容であることを願っている．

2016 年 9 月

一般社団法人日本認知症ケア学会
認知症ケア用語辞典編纂委員会
総監修　本　間　　昭

認知症ケア用語辞典編纂にあたって

　2015年現在,総務省の推計によれば,65歳以上の高齢者数は,3384万人であり,日本の総人口の26.7%となっている.高齢者の増加に伴い,認知症を有する高齢者も増加している.厚生労働省の推計では,軽度認知障害（MCI）である高齢者数が約400万人,認知症高齢者数が約462万人とされている.すなわち,MCIを含む認知症高齢者は,高齢者全体の4分の1を占めることとなる.人口統計的な考察から,認知症高齢者に対する適切な社会対応が,日本における大きな課題であることが理解できる.

　一般社団法人日本認知症ケア学会は,「認知症高齢者等のケアに関する学際的な研究の推進,ケア技術の教育,社会啓発活動等を通じて,質の高いケアを実現し,認知症高齢者及び介護者等の生活の質を高め,もって豊かな高齢社会の創造に資すること」を目的として,2000年6月に設立された.これまで,本学会は,「認知症ケア標準テキスト」の刊行,「認知症ケア専門士」の創設,「日本認知症ケア学会・読売認知症ケア賞」の創設,「認知症ケア上級専門士」の創設などを通じて,日本における認知症ケアの質の向上に大きく貢献してきた.また,これからも引き続き,さまざまな活動を通じて認知症ケアの質の向上に貢献していかなければならない.

　この10年間,認知症ケアに関する知識や技術が飛躍的に進んできた.とくに,近年,認知症に関する医学研究の進歩による認知症に関連する疾患・治療方法および認知症の類型に基づいたケアのあり方などが明らかとなり,エビデンスに基づいた認知症ケアが可能となりつつある.そこで,さらなる認知症ケアの質の向上を目指すため,これまでの研究成果がコンパクトにまとめられた辞典の刊行を企画することが,本学会の重要な役割であると考え,本辞典の刊行を行うこととした.

　本辞典は,多くの執筆者の方々にご協力をいただいた.ここに深く感謝を申し上げたい.本辞典の編纂にあたっては,幾度となく加筆・修正を行い,現時点の研究成果に基づいた記述がなされていると考えるが,それでもなお,不十分となっている場合もある.それについては,忌憚のないご意見等をお寄せいただきたい.最後に,本辞典が実践現場の認知症ケアの質の向上に少しでも寄与できればと願っている.

2016年 9月

一般社団法人日本認知症ケア学会
認知症ケア用語辞典編纂委員会
委員長　岡　田　進　一

一般社団法人日本認知症ケア学会
認知症ケア用語辞典編纂委員会

総監修

本間　昭　認知症介護研究・研修東京センター　上席研究員
　　　　　お多福もの忘れクリニック

編纂委員長

岡田　進一　大阪市立大学大学院生活科学研究科

編纂委員

足立　啓　和歌山大学　名誉教授
今井　幸充　医療法人社団翠会　和光病院
長田　久雄　桜美林大学大学院老年学研究科
加藤　伸司　東北福祉大学総合福祉学部
　　　　　　認知症介護研究・研修仙台センター
繁田　雅弘　首都大学東京健康福祉学部
白澤　政和　桜美林大学大学院老年学研究科
諏訪さゆり　千葉大学大学院看護学研究科
竹田　德則　星城大学リハビリテーション学部
堀内　ふき　佐久大学看護学部
森　一彦　大阪市立大学生活科学部

執筆者一覧
(五十音順)

赤木　徹也	工学院大学建築学部	
浅井さおり	獨協医科大学看護学部	
浅野　弘毅	東北福祉大学せんだんホスピタル	
足立　　啓	和歌山大学　名誉教授	
阿部　哲也	東北福祉大学／認知症介護研究・研修仙台センター	
天田　城介	中央大学文学部	
雨宮　洋子	(福)泰生会	
新井　恵子	静岡福祉大学	
荒井佐和子	川崎医療福祉大学医療福祉学部	
荒井　浩道	駒澤大学文学部	
池田惠利子	(公社)あい権利擁護支援ネット	
池田　　学	大阪大学大学院医学系研究科／熊本大学	
石川　秀也	北海道医療大学大学院看護福祉学研究科	
石川みち子	常葉大学健康科学部	
泉　　　亮	(福)神愛会	
板澤　　寛	(福)幸清会　特別養護老人ホーム幸楽園	
板澤　有幾	(福)幸清会	
一原　　浩	(福)同心会　特別養護老人ホーム緑の園	
井出　　訓	放送大学大学院生活健康科学プログラム	
井藤　佳恵	東京都立松沢病院	
伊藤　健次	山梨県立大学	
伊藤　　妙	(福)青山里会　第二小山田特別養護老人ホーム	
伊東　美緒	東京都健康長寿医療センター研究所	
伊波　和恵	東京富士大学	
稲見美和子	(医社)介護老人保健施設せんだんの丘	
今井　幸充	(医社)翠会　和光病院	
岩野　伸治	(福)上越老人福祉協会　特別養護老人ホームいなほ園	
植木　昭紀	うえき老年メンタル・認知症クリニック	
上田　　諭	日本医科大学精神医学教室	
植田　　恵	帝京平成大学健康メディカル学部	
臼井キミカ	甲南女子大学看護リハビリテーション学部	
内ヶ島伸也	北海道医療大学看護福祉学部	
内田　陽子	群馬大学大学院保健学研究科	
内出　幸美	(福)典人会	
内山　明子	佐久大学看護学部	
橳木てる子	静岡福祉大学社会福祉学部	
鵜浦　直子	大阪市立大学大学院生活科学研究科	
梅﨑かおり	佐久大学看護学部	
宇良　千秋	(地独)東京都健康長寿医療センター研究所	
遠藤　慶一	(医)慶誠会　遠藤歯科クリニック	
遠藤　慶子	東京医科歯科大学大学院医歯学総合研究科	
遠藤　英俊	(国研)国立長寿医療研究センター	
大川　一郎	筑波大学大学院人間総合科学研究科	
大久保幸積	(福)幸清会	
大﨑　千秋	名古屋柳城短期大学	
大島　千帆	埼玉県立大学保健医療福祉学部	
大島　憲子	神奈川県立保健福祉大学保健福祉学部	
大嶋　光子	椙山女学園大学看護学部	
大谷るみ子	(福)東翔会　グループホームふぁみりえ	
大塚眞理子	宮城大学看護学部	
大塚　理加	(地独)東京都健康長寿医療センター研究所	
大庭　　輝	京都府立医科大学大学院医学研究科	
大渕　律子	鈴鹿医療科学大学看護学部	
岡本加奈子	関西福祉科学大学保健医療学部	
小川　敬之	九州保健福祉大学保健科学部	
沖田　裕子	(特非)認知症の人とみんなのサポートセンター	
奥田　泰子	四国大学看護学部	
奥村由美子	帝塚山大学心理学部	
奥山惠理子	(株)浜松人間科学研究所	
長田由紀子	聖徳大学人文学部	
生座本磯美	(有)ナチュラル・ライフ	
小澤　芳子	日本保健医療大学	
押川　武志	九州保健福祉大学保健科学部	
落合　将則	(福)青山里会　小山田老人保健施設	
小野寺敦志	国際医療福祉大学大学院医療福祉学研究科	
柿本　　誠	元日本福祉大学／元九州看護福祉大学	
柿山英津子	九州看護福祉大学看護学科	
笠原　幸子	四天王寺大学人文社会学部	
片山　禎夫	片山内科クリニック	
加藤　基子	元帝京科学大学医療科学部	
加藤　悠介	金城学院大学生活環境学部	
狩野　　徹	岩手県立大学社会福祉学部	
上城　憲司	西九州大学リハビリテーション学部	
亀屋惠三子	豊田工業高等専門学校	
川手　照子	(医)啓愛会　グループホームはっちょうとんぼ	
川端　伸子	(公社)あい権利擁護支援ネット	
川村　陽一	(福)青山里会	
河本　圭仁	(有)土香里　グループホーム土香里	
神部　智司	大阪大谷大学人間社会学部	
木川田典彌	(医)勝久会	
菊池　真弓	いわき明星大学教養学部	
来島　修志	日本福祉大学健康科学部	
木島　輝美	札幌医科大学保健医療学部	
北川　公子	共立女子大学看護学部	
木谷　尚美	敦賀市立看護大学看護学部	

北村　伸	日本医科大学	田中　雅子	(福)富山県社会福祉協議会　富山県福祉カレッジ
北村　世都	日本大学文理学部	田中　志子	(医)大誠会　内田病院
木内　千晶	岩手保健医療大学	田辺　毅彦	北星学園大学文学部
行徳　秀和	(福)幸清会	谷　規久子	天使大学看護栄養学部
桐野　匡史	岡山県立大学保健福祉学部	谷川　良博	広島都市学園大学リハビリテーション学科
窪内　敏	日本赤十字豊田看護大学	谷向　知	愛媛大学大学院医学系研究科
黒澤　直子	北翔大学	千田　睦美	岩手県立大学看護学部
黒田　研二	関西大学人間健康学部	千葉　京子	日本赤十字看護大学
桑田美代子	(医社)慶成会　青梅慶友病院	辻村真由子	千葉大学大学院看護学研究科
小泉美佐子	新潟県立看護大学	土田　宣明	立命館大学総合心理学部
児玉　桂子	日本社会事業大学　名誉教授	角　徳文	香川大学医学部
後藤美恵子	東北福祉大学	照井　孫久	石巻専修大学人間学部
後藤由美子	高知県立大学社会福祉学部	得居みのり	(社財)聖フランシスコ会　姫路聖マリア病院
小長谷陽人	認知症介護研究・研修大府センター	中澤　純一	(特非)やじろべー
(故)小山　剛	(福)長岡福祉協会　高齢者総合ケアセンターこぶし園	長嶋　紀一	日本大学　名誉教授
斎藤　正彦	東京都立松沢病院	中島紀惠子	新潟県立看護大学　名誉教授
酒井　郁子	千葉大学大学院看護学研究科	永島　徹	(特非)風の詩　デイホーム風のさんぽ道
酒井　隆	(医社)恵泉会　荏原中延クリニック	長濱　道治	島根大学医学部
櫻井美代子	東京医療学院大学保健医療学部	中間　浩一	(医)真正会　霞ヶ関南病院
佐々木　薫	(福)仙台市社会事業協会　仙台楽生園ユニットケア施設群	中村　京子	熊本保健科学大学保健科学部
		中村　考一	認知症介護研究・研修東京センター
佐々木八千代	大阪市立大学大学院看護学研究科	西下　彰俊	東京経済大学現代法学部
貞森　紳丞	元広島大学大学院歯薬学総合研究科	西元　幸雄	(福)青山里会　第二小山田特別養護老人ホーム
佐藤　眞一	大阪大学大学院人間科学研究科		
佐藤美和子	東海大学課程資格教育センター	西山みどり	(医)甲風会　有馬温泉病院
(故)佐藤　弥生	東北文化学園大学医療福祉学部	野口　典子	中京大学現代社会学部
澤田　陽一	岡山県立大学保健福祉学部	野村　豊子	日本福祉大学社会福祉学部
品川俊一郎	東京慈恵会医科大学精神医学講座	萩野　悦子	北海道医療大学看護福祉学部
柴田　益江	名古屋柳城短期大学	橋本　篤孝	(福)聖徳会　クリニックいわた
島村　敦子	千葉大学大学院看護学研究科	橋本　正明	(福)至誠学舎立川
清水　修一	(福)さわら福祉会　特別養護老人ホームシャリテさわら		立教大学
		橋本　好博	(特非)豊心会　グループホームすずらん日向
下薗　誠	(福)朋和会	畠中　洋子	(医)明輝会　グループホームよしの村
白井みどり	大阪市立大学大学院看護学研究科	八森　淳	(株)メディコラボ研究所
須貝　佑一	(福)浴風会　浴風会病院	服部　英幸	(独)国立長寿医療研究センター
杉山　智子	順天堂大学医療看護学部	服部万里子	(株)服部メディカル研究所
鈴木　聖子	日本赤十字秋田看護大学看護学部	服部優香理	元平成医療専門学院
鈴木みずえ	浜松医科大学医学部	馬場先淳子	ナーシングリソース
瀬戸　雅嗣	(福)栄和会	濱﨑　裕子	久留米大学文学部
高橋　克佳	(特非)認知症ケア研究所	林　三代志	名古屋文理大学短期大学部
髙橋　正彦	(医社)フォルクモア　クリニック医庵たまプラーザ	原　祥子	島根大学医学部
		原　等子	新潟県立看護大学
高見　美保	兵庫県立大学看護学部	原田　重樹	(福)青山里会　四日市市南地域包括支援センター
竹内さをり	甲南女子大学看護リハビリテーション学部		
武田　純子	(有)ライフアート　グループホーム福寿荘Ⅲ	東森　由香	創価大学看護学部
竹原　敦	湘南医療大学保健医療学部	久松　信夫	桜美林大学健康福祉学群
竹本与志人	岡山県立大学保健福祉学部	飛田いく子	あいち福祉医療専門学校
田﨑　裕美	静岡福祉大学	平野　浩彦	東京都老人医療センター歯科口腔外科
橘　弘志	実践女子大学生活科学部	廣瀬　豊邦	(有)向陽介護システムズ
		広瀬美千代	関西女子短期大学医療秘書学科

福島　富和	(医社)明正会
坊岡　峰子	県立広島大学保健福祉学部
北條眞理江	(福)泰生会　総合ケアセンター泰生の里別府
本間　昭	お多福もの忘れクリニック／認知症介護研究・研修東京センター
益岡　賢示	(有)プレム・ダン
増田　和高	鹿児島国際大学
松岡　千代	佛教大学保健医療技術学部
松田　修	東京学芸大学
松本　一生	松本診療所（ものわすれクリニック）
水野　裕	(社医)杏嶺会　いまいせ心療センター
箕岡　真子	箕岡医院
三宅　眞理	関西医科大学公衆衛生学講座
三宅　貴夫	(公社)認知症の人と家族の会
宮永　和夫	南魚沼市民病院
村木　敏明	茨城県立医療大学
村山　憲男	北里大学医療衛生学部
目黒　謙一	東北大学CYRIC高齢者高次脳医学
森　重勝	(福)ライフ吉井田
安川　揚子	茨城県立医療大学保健医療学部
柳　務	認知症介護研究・研修大府センター
矢吹　知之	東北福祉大学／認知症介護研究・研修仙台センター
山上　徹也	群馬大学大学院保健学研究科
山岸　千恵	京都看護大学
山口　晴保	認知症介護研究・研修東京センター／群馬大学　名誉教授
山田　圭子	前橋市地域包括支援センター西部
山田　律子	北海道医療大学看護福祉学部
山中　克夫	筑波大学人間系
山本　恵子	九州看護福祉大学
湯浅美千代	順天堂大学大学院医療看護学研究科
結城　拓也	(福)仁愛会
横山　正博	山口県立大学社会福祉学部
吉川　悠貴	東北福祉大学／認知症介護研究・研修仙台センター
吉田　恵	(福)幸清会　グループホーム幸豊ハイツほのぼの
蓬田　隆子	(株)リブレ　グループホームなつぎ塾
六角　僚子	獨協医科大学看護学部
若松　直樹	新潟リハビリテーション大学医療学部
渡邉　智之	愛知学院大学心身科学部
渡邉　浩文	武蔵野大学

凡　例

Ⅰ．編集方針等

1. 本辞典は，医学，看護学，社会福祉学，介護福祉学，心理学，居住環境学，リハビリテーション学等の各領域から重要な用語を広く抽出し，簡潔に説明した実用的な辞典とした．
2. さまざまな角度から問題解決を図ることが求められる認知症ケアの実践において，一般的に用いる語はできる限り多く採録した．
3. 医師，医療関係者，介護従事者，研究者，その他関係者など多分野の方々が利用できることを目的に，可能な限り平易なことばづかいとした．
4. 見出し語および語釈のかなづかいとしては「現代かなづかい」を原則とし，外国語表記の用語については可能な限り原文を併記した．
5. 見出し語の外国語表記については，可能な限り，英語，ドイツ語，ラテン語，フランス語を併記した．
6. 見出し語の言い換え語，俗語等については，同義語とし，また見出し語の理解を深める助けとなる語については，関連語として記した．

Ⅱ．項目

1. 本文の項目は五十音順・画数順とした．
2. 拗音（ャ，ュ，ョ），促音（ッ），外来語を表すときの小字（ァ，ィ，ゥ，ェ，ォ）はそれぞれ固有音として読みに含め配列した．
3. 清音，濁音，半濁音の順に配列した．
4. 外来語における長音符号（ー）は無視して配列した．
5. 同音の語はカタカナ，ひらがな，漢字の順に配列した．
6. 項目には（　）を用い，読みを付した．ただし，カナのみの場合は読みを付さなかった．また，読み方が2つ以上あるものについては主力と思われる読み方を採用した．
7. 〔　〕を付した項目は，それを省略しても用いられることを示す．
    （例）遺伝〔子〕病
    項目に（　）を付した項目は，その直前の文字と入れ換えても用いられることを示す．
    （例）血小板凝集阻害（阻止）薬→血小板凝集阻害薬・血小板凝集阻止薬
    ただし，例外的に限定する意味として（　）を用いたものもある．
    （例）介護保険（私的）
8. ギリシャ語のα-，β-…はそれぞれ，アルファ，ベータ…の位置に配列した．
9. 薬品名については一般名ならびに慣用名を基本とした．

10. ローマ字の読み方については国会図書館の読み方に準拠し，以下のとおりとした．

A	a	エイ	B	b	ビー	C	c	シー	D	d	ディー	E	e	イー
F	f	エフ	G	g	ジー	H	h	エイチ	I	i	アイ	J	j	ジェイ
K	k	ケイ	L	l	エル	M	m	エム	N	n	エヌ	O	o	オー
P	p	ピー	Q	q	キュー	R	r	アール	S	s	エス	T	t	ティー
U	u	ユー	V	v	ブイ	W	w	ダブリュー	X	x	エックス	Y	y	ワイ
Z	z	ゼット												

11. ギリシャ文字の読み方については原則として下記のとおりとした．

A	α	アルファ	B	β	ベータ	Γ	γ	ガンマ	Δ	δ	デルタ
E	ε	イプシロン	Z	ζ	ゼータ	H	η	イータ	Θ	θ	シータ
I	ι	イオタ	K	κ	カッパ	Λ	λ	ラムダ	M	μ	ミュー
N	ν	ニュー	Ξ	ξ	グザイ	O	o	オミクロン	Π	π	パイ
P	ρ	ロー	Σ	σ	シグマ	T	τ	タウ	Υ	υ	ウプシロン
Φ	φ	ファイ	X	χ	カイ	Ψ	ψ	プサイ	Ω	ω	オメガ

Ⅲ．外国語

1. ㊥は英語，㊅はドイツ語，㋶はラテン語，㊆はフランス語を示し，原則として単数形とした．
2. 英語は固有名詞・慣用語を除き，原則的に小文字とした．
3. 英語の冠詞，人名の末尾につくアポストロフィ・エス（'s）は，文献中を除き原則として省略した．
4. 解説文中の欧文に略語が付されている場合はセミコロン（；）で表記した．
5. 2つ以上の外国語表記がある場合はスラッシュ（／）を用いて併記した．
6. ドイツ語のエスツェット（ß）は ss で表した．

Ⅳ．略語

1. ㊓で表記し，原則として英語とした．
2. 略語が複数ある場合はスラッシュ（／）を用いて併記した．

Ⅴ．同義語

1. ㊒で表記し，原則として見出し語の完全言い換え語のみ示した．
2. 同義語が複数ある場合はスラッシュ（／）を用いて併記した．

Ⅵ．関連語

1. 最大4項目までの記載とし，項目記事の後に改行で⇨を付して記した．

Ⅶ．索引

1. 索引は欧文索引と略語索引から成る．
2. 収載する欧文は，英語，ドイツ語，ラテン語，フランス語，ハイフン，字空き，アクサン，ウムラウト等の区別なくアルファベット順とした．
3. 索引の構成は見出し項目・同義語の欧文，収載頁とした．収載頁には左段(l)，右段(r)の別を付した．
4. 詳細については，索引の凡例を参照．

Ⅷ．本文掲載記号一覧

1. （　）は次のように用いた．

1）直前の文字の読み仮名
2）直前の文字または語の読み替え，あるいは付記・補足
3）直前の語の欧文名，あるいは略語
4）解説文の引用文献

2．〔　〕省略しても用いられる語を表す．
3．㊥英語を示す．
4．㊦独語を示す．
5．㊨ラテン語・学名を示す．
6．㊫フランス語を示す．
7．㊧略語を示す．
8．㊩同義語を示す．
9．⇨関連語を示す．
10．Ⓡ商品名を示す．

Ⅸ．本文掲載項目

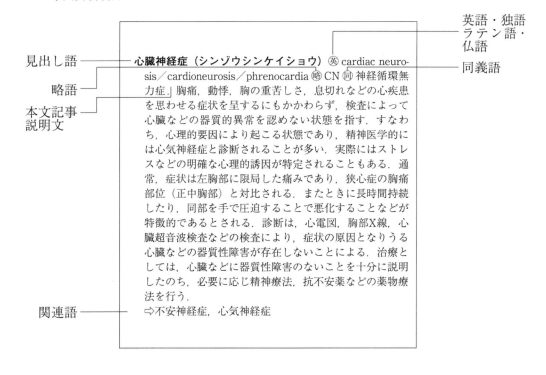

あ

IOE法（アイオーイーホウ） ➡間欠的口腔食道経管栄養法を見よ.

アイコンタクト 英eye contact. 一般的には，視線を合わすことをいう．また相手の目をみて思いを伝えたり，サインを送ったりして意思疎通を図ることを意味する．しかし，認知症ケアの文脈においては，このように日常生活において視線と視線を合わせて意思疎通を図るという意味だけではなく，認知機能の低下に伴って言語的理解に困難を抱えている当事者とのよりよいコミュニケーションを形成するために，アイコンタクトをはじめとする非言語的コミュニケーションが重要になる．具体的には，アイコンタクトをはじめ，目線の高さ，ボディタッチ，スキンシップ，身振り手振り，笑顔，声のトーンや話し方などがある．認知症ケアにおいては当事者に対してどのような言葉を選択して話をするかということと同様に，いかに非言語的コミュニケーションをていねいに行うかがコミュニケーションの鍵になる．当事者と同じ高さの目線になるよう，かがんだり，座ったりしたうえで，しっかりとアイコンタクトをとり，話をする前にこちらに注意を向かせ，はっきりとゆっくり話す．また，当事者の視線の方向やボディランゲージにも注意をはらい，平易な言葉を使い，じっくりと当事者の声を待つこと．このような安心できる穏やかな雰囲気をつくることができると，当事者も安心した時間をすごすことができるようになる．コミュニケーションにおいて悪循環に陥らないためにも，アイコンタクトをはじめとする微細な非言語的コミュニケーションが大事だといえる．

ICFの構成要素（アイシーエフノコウセイヨウソ） 英 components of the ICF. 人間の生活機能と障害に関する状況を記述することを目的とした分類であるICF（international classification of functioning, disability and health：国際生活機能分類）を構成する要素をいい，大別して「生活機能と障害」と「背景因子」の2つからなる．「生活機能と障害」は，①心身機能・身体構造（body functions and structures），②活動（activities），③参加（participation）の3要素からなり，背景因子（contextual factors）は，(a) 環境因子（environmental factors）と(b) 個人因子（personal factors）の2要素で構成される．ICFの観点では，障害（disability）は身体構造の障害を含む「機能障害（impairments）」「活動制限（activity limitations）」「参加制約（participation restrictions）」のすべてを含む包括的な概念になる．ICFの構成要素によって，心身の機能やその障害の状態が環境によって変化すること，また心身機能が同じ状態であっても，その人がいかなる個人因子をもち，どのような環境因子であるのかによって，日々の生活における活動や参加が異なることが示された．

アイスパック 英 ice pack. 身体の一部分を冷却するための寒冷療法のひとつ．またはそのための道具．主に局所の炎症や疼痛緩和，発熱時の体温調節を目的とし，ビニル袋や，氷のう，氷頭などのゴム・シリコン製の袋に，キューブ状の氷，またはクラッシュアイスを詰めて用いる．化学物質をポリエチレンやポリ塩化ビニルで密閉したパックはコールドパックともよばれ，冷凍庫で冷却して繰り返し使用できる．また，使い捨てのケミカルコールドパックとよばれる2種類の物質の化学反応を利用したものもある．アイスパックの使用時には凍傷を起こす危険があるため，パックをタオルで包んで使用し，同一部位を過度に冷却しないようにする．また，コールドパック，ケミカルコールドパックには硫酸アンモニウム，防腐剤，シリカゲルなどの化学物質が使用されているので，パックの破損に注意し，パックを破る可能性のある人や異食の危険がある人へは，個別の状況に合わせて使用するパックの種類を選択する．

アイスマッサージ 英 ice massage. 氷で寒冷刺激や圧刺激を与える，次の手技に対して用いられる．①嚥下障害に対する訓練法のひとつ．喉のアイスマッサージでは，凍らせた綿棒を冷水につけてから患者の前口蓋弓や舌根部，喉頭後壁をなでたり押したりして刺激し，嚥下反射を誘発させる．喉のアイスマッサージは，自発的な嚥下を必ずしも要さない訓練法のため，自力での嚥下が困難な人や認知機能が低下している人へも用いることができる．実施時は，初めから喉の奥に触れたり強く触れたりしないようにし，嘔吐反射や咬反射に注意する．また，嚥下訓練には，凍らせた綿棒などで前口蓋弓をこすったあとに自発的に嚥下を促す冷圧刺激もあり，前述した喉のアイスマッサージと併せてアイスマッサージとよばれる場合もある．②理学療法での物理療法のひとつ．疼痛軽減，筋緊張コントロールなどの目的で，氷片やクリッカーという器具を用いて患部をマッサージする．

アイデンティティ 英 identity／ego-identity 同 自己同一性／自我同一性．社会心理学者エリクソン（Erikson EH）のライフサイクル理論における，青年期発達課題 ego-identity（自我同一性）の確立における自我同一性，あるいは自己同一性を意味している．エリクソンのライフサイクル理論によれば，人間の発達を8段階に分け段階ごとに発達課題を設定する．課題の解決や達成によって次段階への発達が促進されるが，課題の達成に失敗すれば発達に危機が生じる．とくに青年期は，児童期にいったん安定した自我が，急速な心身の成熟によって不安定になり，また，周囲からの期待や役割も変化し，新たな自己の見直しが必要となる．いわゆる成人になるための準備期間であり，「自分はなに者なのか」「自分はなにになりたいのか」などを明らかにしながら，価値観や考え方，人生観，目標を明確にしていく．この準備期間において，自己の主体性や自立性，独自性などを確立しながら自分らしさを形成していくことが求められており，ここでの自分らしさがアイデンティティといえる．
⇨モラトリアム，ライフサイクル

アウトカム評価（アウトカムヒョウカ） 英 outcome evaluation. 日常用語としてのアウトカムは「結果」「成果」を意味するが，成果評価としてのアウトカム評価は，施策

や事業，実践などによって発生した効果・成果を評価する指標を指す．たとえば，これまでは施策や事業，実践などを実施することによって直接発生した成果などを「アウトプット」とみなし，その指標からそれらの施策や事業，実践などを評価してきたが，アウトカム評価ではそのアウトプットによっていかなる効果・成果が生じたのかを具体的に評価することになる．このようにしてエンドポイントを明確化することによって施策や事業，実践などの効果・成果を適切に測定しようという評価方法である．たとえば，グループホームで休息がとれていない利用者がいたとすれば，「安心して休息をとってもらう」という実践のためのアウトプットが「昼間，散歩しながら日光に当たる」「内服薬などのチェック」「不快感などの確認」「スキンシップによる不安の除去」などであり，その成果として「表情が穏やかになり，安心して休息をとることができるようになった」ということがアウトカムになる．

アウトリーチ ㊥outreach．日常用語としてのアウトリーチは「手を伸ばす」「手を差し伸べる」といったことを意味するが，福祉などの分野においては地域社会への奉仕活動，公共機関の現場出張サービスなどの意味で多用される．より狭義には，ソーシャルワークやケースマネジメントのプロセスのうち，最初のステップにあたるケース発見およびニーズ把握の方法のひとつとして用いられることも多い．ソーシャルワークおよびケースマネジメントでは主に表明されたクライエントのニーズに対しての対応となってしまうことも少なくないが，実際の援助の場面では利用者のニーズは表明されず，潜在的なものも多い．このように利用者の表明されない潜在的なニーズを把握するためにも，ソーシャルワーカーやケースマネジャーが利用者の生活の場や関係している地域の機関に出向いてニーズを把握することが決定的に重要になる．こうしたケースマネジャーによるニーズ把握の方法をアウトリーチという．

亜鉛（アエン） ㊥zinc．元素記号Znの金属元素で，微量ミネラルのひとつである．亜鉛は体内に約2,000mg存在し，主に骨格筋，骨，皮膚，肝臓，脳，腎臓などに分布する．細胞分裂や核酸代謝に関与するため，亜鉛が欠乏すると，味覚障害，低アルブミン血症，さまざまな皮膚症状，脱毛，免疫能低下による易感染性などを生じる．近年では，うつ状態，情緒不安定などの中枢神経症状に加えて，認知症にも関係していると考えられている．亜鉛欠乏症の原因として，亜鉛非添加の高カロリー輸液や長期間の経管栄養施行時，またアルコール多飲，肝障害，腎障害，糖尿病では尿中に多量の亜鉛が排泄されることによる過剰喪失がある．通常の食品では過剰摂取にならないが，サプリメントや亜鉛強化食品の不適切な利用によって過剰摂取になる場合がある．亜鉛の毒性はきわめて低いが，多量の亜鉛の継続的摂取は銅の吸収障害による銅欠乏，貧血，胃の不快感などを起こす．

あおそこひ ➡緑内障を見よ．

アカウンタビリティ ㊥accountability ㊥説明責任．もともと会計用語であり，会計（accounting）と責任（responsibility）の合成語で，「会計説明責任」という意味であった．株主などの出資者に対して，資金の用途やその詳細を説明し，株主から経営の委任を受けた経営者が，その義務のひとつとして会計報告を行う義務を指していた．それが転じて，権限をもつ個人や組織が，かかわりをもつ個人や組織（ステークホルダー）に対して，自ら行った行動やその結果について合理的に説明する責任・責務を意味するようになった．医療・福祉・カウンセリング・行政・司法・商取引・契約行為などの場面で用いられることが多い．医療・福祉などでは患者や利用者に対し，カウンセリングではクライアントに対し，行政では市民・有権者に対し，司法・法務では依頼者に対し，商取引や契約行為などでは顧客に対して，相手が情報不足や不適切な情報を原因として不本意な判断をしないよう，的確な判断が可能となるために必要な事項や内容の説明を充分にしなくてはならず，そのための説明責任を指す．医療などの分野では，インフォームドコンセントという言葉が頻繁に使われるようになっている．

上がり框（アガリガマチ） 玄関や勝手口などの土間から床に上がる際，その床の端部に設けられた横材．この上がり框の設置には，靴を脱ぎ履きする日本の履床様式が大きく影響している．また，建築基準法では床下の防湿処理が十分でない場合，建物床面の高さを地面から45cm以上確保するよう定められている．この45cm程度の段差は，車いす利用者の座面の高さと同程度であり，移乗しやすいものとも考えられる．さらに，伝統的な日本家屋での生活に慣れ親しんでいる認知症の人の場合，このような日本家屋特有の段差が必ずしも不安全な環境となりうるとは言い切れない．しかしながら，この高さは健常者においても少々高めである．段差解消には，福祉機器の導入も考えられるが，通常，移乗のしやすさを優先事項とし，式台の設置などでこの段差を可能な限り小さく抑えることが望ましい．さらに，玄関では靴を脱ぎ履きするときの姿勢を保持するため，手すりの設置が必須であり，ベンチの設置も有効である．なお，建物を新築する場合などでは，あらかじめ玄関での段差解消を意図し，床下の防湿処理を十分に施すことが重要である．

➡段差，バリアフリー，手すり

アクションリサーチ ㊥action research．1946年に社会心理学者レヴィン（Lewin K）によって提唱された研究法であり，労働改善，地域開発，教育学，看護学等のさまざまな分野で多くの研究者によって発展してきている．共通した定義は研究者が現場に入り，現場の人たちといっしょに研究を実施する参加型かつ民主的なものであり，科学的な成果だけでなく，研究活動そのものが社会に影響を与えて変化をもたらすことを目的としている研究である．質的研究に近いが，分析的な視点にとどまらず，問題解決的なアクションを含んでいる点が特徴である．目的や方法については研究者によって異なるが，レヴィンは「社会行動の諸形式の生ずる条件とその結果との比較研究であり，社会行動へと導いていく研究」と定義し，プロセスとして，①計画，②実施，③偵察または事実発見，という3つの要素が繰り返される循環サイクル型であるとしている．課題としては，研究者のアプローチ方法によって研究方法が異なるため，研究者の立ち位置を明確にしておくことや，方法の性質上，現場批判の側面が強くなってしまうため解決方法を明確にし解決のためのアクションを重視することが挙げられている．

➡質的研究

悪性関節リウマチ（アクセイカンセツリウマチ） ㊥malig-

nant rheumatoid arthritis 略 MRA．関節リウマチのなかで，全身の血管炎を伴い重篤で予後不良な病型をいう．主な症状は，①多発性神経炎，②皮膚潰瘍または梗塞または指趾壊疽，③皮下結節，④上強膜炎または虹彩炎，⑤滲出性胸膜炎または心嚢炎，⑥心筋炎，⑦間質性肺炎または肺線維症，⑧臓器梗塞，⑨リウマトイド因子高値，⑩血清低補体価または血中免疫複合体陽性，などで，関節リウマチの診断基準を満たしたうえで，3項目が該当する場合または1項目が該当し組織所見で確認された場合に診断をくだすことができる．関節リウマチ全体の0.8％にみられ，男女比は1対2で女性に多い．重症度は1〜5度に分類される．特定疾患（難病）に指定されており，医療費の補助を受けられる．治療には大量の副腎皮質ステロイド，または免疫抑制薬が用いられるが，十分な効果が得られない場合は血液浄化療法も適応となる．
⇨関節リウマチ

悪性腫瘍（アクセイシュヨウ）㊤ malignant tumor ㊌ 悪性新生物／がん．自律的な増殖を行うようになった細胞の集団（腫瘍）のなかで，周囲の組織に浸潤し，過剰な増殖や転移を起こすものを指す．その結果，患者の生命に重大な危険を及ぼすため「悪性」とよばれる．悪性腫瘍が発生すると，栄養を無制限に使って増殖するため，患者は急速に消耗する．無治療のままだと臓器の正常組織を置き換え，もしくは圧迫して機能不全に陥れる．そして全身に転移することで，多数の臓器を機能不全に陥れ，最終的に患者は死に至る．その発生要因についてはさまざまな議論があり定説はないが，細胞のDNAの特定部位の変異が積み重なって発生すると説明されることが多い．遺伝子変異が生じるメカニズムは多様であり，通常の細胞分裂に伴ってもしばしば生じるが，それ以外にウイルス感染，化学物質，放射線などの環境因子によって，遺伝子変異の出現頻度が高くなることが知られている．なお，一般に悪性腫瘍はがん（cancer）ともよばれるが，漢字で「癌」と書く場合は，悪性腫瘍のなかでも上皮由来の上皮腫瘍のことを指すので，注意が必要である．平仮名で「がん」と書く場合は，肉腫や血液悪性腫瘍も含めた「悪性腫瘍」と同義として用いられる．
⇨腫瘍，腫瘍マーカー，良性腫瘍

悪性症候群（アクセイショウコウグン）㊤ malignant syndrome ㊅ syndrome malin．高い力値の抗精神病薬によって比較的早期に引き起こされる重篤な副作用のひとつ．高熱，意識障害に加え，振戦・筋強剛などの錐体外路症状や，頻脈・呼吸促迫・発汗・流涎などの自律神経症状を伴い，血中のクレアチンキナーゼ値の上昇や白血球増多を認める．早期に適切な治療を行わなければ死に至る可能性がある．出現率は0.1〜0.2％で，死亡率は約4％といわれている．発症メカニズムとして，ノルアドレナリン系の関与やドパミン・セロトニン不均衡説などが提唱されている．原因薬物投与後2週間までの発症が多い．治療としては，原因となる薬物の使用を中止し，適切な補液による脱水・電解質バランスの補正，体温冷却，酸素の投与および呼吸循環管理などの全身管理を迅速に行う．薬物療法としては，ダントロレンナトリウム水和物，ブロモクリプチンメシル酸塩，ジアゼパムなどが推奨されている．回復には一般に2〜3週間以上かかる．

悪性新生物（アクセイシンセイブツ）➡悪性腫瘍を見よ．

アクセシビリティ ㊤ accessibility．「接近可能性・接近容易性」と訳される場合が多く，建物や物品，情報などに対する利用のしやすさや分かりやすさを意味する．環境への適応能力が低下している認知症の人の場合，その人の年齢や生活習慣，地域性などを反映させた，よりその人に合ったアクセシビリティの高い環境デザインが望まれる．近年のIT技術の進展に伴い，さまざまな建物や物品が非常に多くの機能を有するに至っている．しかしながら，それらのものがそのまま認知症の人のアクセシビリティに有効であるのか否かは十分に検討する必要がある．また，施設の内部環境における分かりやすさといった事柄も有効性について検討が必要であり，認知症の人を混乱させるような分かりにくい環境によって発現する徘徊などの認知症の行動・心理症状（BPSD）は，その症状を進行させる原因にもなりかねない．このように，アクセシビリティの向上は，認知症の人の不安や混乱を減少させ，精神状態の安定にも寄与する重要な視点である．
⇨アクセスフリー

アクセスフリー ㊤ free access．公共施設などの利用における利便性や安全性を向上させるための概念．施設への移動を容易にする物理的なデザインとして認識され，その狭義の意味として，段差の解消や手すりの設置，多様な障害を考慮した誘導サインなどが主な項目として取り上げられる．しかしながら，アクセスフリーはアクセシビリティと密接に関係する概念であり，アクセシビリティが物理的な接近可能性・容易性のみに限定された概念ではないことから，アクセスフリーの対象範囲も広義にとらえられるべきである．おのおのの概念の差異は，アクセシビリティがある対象に対する接近可能性・容易性の程度を示すのに対して，アクセスフリーはその対象が接近容易にデザインされるべき目標を示す．つまり，アクセスフリーはユニバーサルデザイン化やバリアフリー化の実現に対する重要なひとつの目的的な構成概念であるといえる．
⇨バリアフリー，アクセシビリティ

悪玉コレステロール（アクダマコレステロール）➡LDLコレステロールを見よ．

アクティビティ ㊤ activity．日常用語としてのアクティビティは「活気」「活動」といったことを意味するが，医療・保健・福祉などの分野においては適度な運動や遊び，活動などといった，心身の活性化のためのさまざまな活動の総称を指す．アクティビティは，単に散歩，体操，ボーリングなどの身体動作や運動を指すだけではなく，レクリエーション，趣味活動，音楽，ゲーム，手芸，陶芸，園芸，絵画，演劇，書道，茶道，料理などその活動内容は多岐にわたる．アクティビティは，デイサービスセンターやデイケアセンターなどの通所施設に限らず，病院，老人保健施設，グループホーム，特別養護老人ホームなどの施設などさまざまな場所で行われている．これらをケアの一環として行い，喜びや楽しみを見いだし，生き生きとした生活を取り戻すことを目的としたものをアクティビティケアとよぶこともある．超高齢社会の今日において，いかなるアクティビティがどのように行われているかは高齢者の生活の質（QOL）がどのように保障されているかを指し示すひとつの指標でもある．

脚上げ機能（アシアゲキノウ）㊤ reverse tilt function．電動ベッドなどに備わっている，ベッドを利用する人が横

になりながら無理なく脚を上げることができるよう高さ調節できる機能を指す．最近では，脚上げ機能のほかにも，背上げ機能，膝上げ機能，高さ調整などの機能が備わっている電動ベッドなども多い．こうした機能をもつ電動ベッドを電動ギャッチベッドということがある．実際に電動ベッドの脚上げ機能は，糖尿病や心臓病などが原因で足の血管が細くなったり，血の流れが悪化したりした高齢者など，長時間座った状態を続けると足に向かった血が上がりづらくなり，うっ血した状態になるが，そのような際には，ベッド上で足を上げて横になることで，うっ血状態を緩和することができる．こうした福祉用具・福祉機器・介護用品などをじょうずにこなすことで高齢者の生活の質（QOL）は大きく変化することも少なくない．

アシドーシス 英acidosis．体液の水素イオン指数（pH）を7.4±0.05より酸性に傾かせる病態．体液中の水素イオン濃度が上昇するとpHは下降し酸性に傾く．呼吸量の減少によって血中酸素濃度が低下し二酸化炭素濃度が増加すると，血中の炭酸ガスが増加する．これを，呼吸性アシドーシスといい，振戦，けいれん，意識障害や呼吸障害などの症状がみられる．急性呼吸性アシドーシスの原因には麻薬，鎮痛薬による脳幹呼吸中枢抑制，神経筋疾患や肺疾患の増悪などがある．一方，呼吸以外の要因で生じるアシドーシスを代謝性アシドーシスといい，糖尿病や腎不全による代謝異常や，激しい下痢で生じる．代謝性アシドーシスでは吐き気，腹痛，呼吸異常，意識障害などがみられる．アシドーシスとアルカローシスでは，ともに細胞の代謝活動が障害され，進行すると死に至る場合もある．治療としては，酸塩基平衡異常をきたした原因疾患や病態のコントロールが挙げられる．
⇨アルカローシス

アスピリン 英aspirin／acetylsalicylic acid ラaspirinum 略ASP／ASA 同アセチルサリチル酸．非ステロイド性抗炎症薬（NSAIDs）．プロスタグランジンの生合成阻害による鎮痛・抗炎症・解熱作用のほか，抗血小板作用があることから，脳梗塞や心筋梗塞に治療薬として少量投与が行われる．サリチル酸系薬物の副作用として，胃腸障害，過敏症，過量投与による耳鳴り・難聴などが挙げられる．小児に対してはアスピリン投与によるライ症候群の可能性があり，日本では15歳未満の水痘・インフルエンザ患者には原則として投与しない．アスピリンの中毒症状としては，血中濃度200〜400μg/mlで錯乱，耳鳴り，聴覚消失，めまい，複視などの中枢神経症状，400〜900/mlでは酸塩基平衡の異常，カリウム喪失，発熱，けいれん，昏睡など重篤な中毒症状を呈し，さらにショックや呼吸障害により死に至るといわれる．アスピリン過敏症があると，通常量のアスピリンの摂取後1時間ほどして鼻汁，眼充血，激しい喘息発作，顔面紅潮が出現することがある．また，アスピリン接種後に蕁麻疹と血管浮腫が出現することもある．アスピリンを摂取すると喘息発作を起こす人が喘息患者の10%程度にみられ，これをアスピリン喘息とよんでいる．

アセスメント 英assessment 同課題分析．英語圏での日常用語としてのアセスメントは，「事前評価」「査定」「査定税」「税額」「評価価値」「判断」などを意味する．日本では，「事前評価」「査定」の意味で用いられることが多く，「対象が周囲に与える影響を評価すること」「開発が環境に与える影響の程度や範囲，また対策について，事前に予測・評価すること」などを指したり，医療・看護・福祉の分野では「収集した対象者・クライエントの情報を客観的に事前評価し，なにが課題や問題であるのかを適切に把握すること」を指したりする．とくに，介護の場面では，介護過程の第1段階において，利用者がなにを求めているのか正しく知ること，そしてそれが生活全般のなかのどのような状況から生じているかを確認することを意味する．援助活動を行う前に行われる評価であり，利用者の課題・問題の分析から援助活動の決定までの行動の重要な指標となるものであり，援助活動に先立って行われる一連の手続きをいう．

アセスメントシート ⇨課題分析票を見よ．

アセスメントツール 英assessment tool．使用者個人の経験・心情・価値観等に左右されず，客観的指標に基づきアセスメントを進めるためのものであり，アセスメント手法によってその特徴は異なる．主なアセスメント手法にはMDS方式（MDS2.1/RAPs, MDS-HC2.0/CAPsなど），日本訪問看護振興財団方式（日本版成人・高齢者用 アセスメントとケアプラン），三団体ケアプラン策定研究会方式（包括的自立支援プログラム），日本介護福祉士会方式（生活援助を基礎とした自立支援アセスメント），日本社会福祉士会方式（ケアマネジメント実践記録様式・介護保険対応版），居宅サービス計画ガイドライン方式（全社協方式）などがある．しかし，用いれば自動的に課題が明確化するわけではない．
⇨課題分析票

アセチルコリンエステラーゼ阻害薬（アセチルコリンエステラーゼソガイヤク） 英acetylcholinesterase inhibitor 略AChEI 同コリンエステラーゼ阻害薬．神経細胞はシナプスとよばれる部位で他の神経細胞と連結し，情報の伝達をしている．シナプスには小さな間隙（シナプス間隙）があり，この間隙を神経伝達物質とよばれる化学物質が移動することによって，一方の細胞から，他の細胞に興奮が伝達される．アセチルコリンは，代表的な神経伝達物質のひとつで，心臓の活動の抑制，胃腸の蠕動促進など，副交感神経の活動を調整している．アセチルコリンエステラーゼは，このアセチルコリンを加水分解する酵素である．アセチルコリンエステラーゼ阻害薬は，このアセチルコリン分解酵素の活性を阻害することによって，アセチルコリンの不足を是正し，その活性を高める．アルツハイマー病（AD）では，アセチルコリンの活性低下が観察されており，アセチルコリンエステラーゼ阻害薬は，ADの治療薬として認められている．現在，日本では，ドネペジル塩酸塩，ガランタミン臭化水素酸塩，リバスチグミンが使用されている．

アセチルサリチル酸（アセチルサリチルサン） ⇨アスピリンを見よ．

アダムスストークス症候群（アダムスストークスショウコウグン） 英Adams-Stokes syndrome．不整脈の結果，めまい，意識消失，けいれんなどが起こる症候群をいう．アダムス（Adams R）およびストークス（Stokes W）によって提唱された．発症のメカニズムは，①完全房室ブロックや洞不全症候群などによる高度の徐脈ないし心停止型，②心室頻拍や心室細動などによる頻拍型，の2種類に分けられる．いずれの場合も脳への血流が一時的にひどく減少するか停止するために症状が出現すると考えら

れている．診断にあたっては，意識障害とけいれんをきたすその他の疾患を除外する必要がある．とくにてんかん発作と一過性脳虚血発作との鑑別が大切である．徐脈型と頻拍型では治療法が異なるので，発作時の心電図を正確にとらえ，確実な診断をくだす必要がある．発作時の心拍メカニズムを知る検査法としては，ホルター心電図（24時間心電図）により記録をとることなどが有力な方法である．

圧迫骨折（アッパクコッセツ） 英 compression fracture. 外力の加わり方による骨折分類のひとつ．脊椎椎体，踵部で骨の長軸方向に圧迫が加わると，縦または横に裂隙を生じる．とくに椎骨に起こることが多い．原因としては骨粗鬆症や骨形成不全，原発性もしくは転移性骨腫瘍，感染などによる．高齢者に起こる圧迫骨折のほとんどが骨粗鬆症に起因しており，胸椎と腰椎の移行部の椎体に生じやすく，くしゃみや腰をひねっただけ，尻もちなどの軽微な外力によっても生じる．

アテトーシス ➡アテトーゼを見よ．

アテトーゼ 英 athetosis 同 アテトーシス／無定位運動症．一側または両側にみられる不随意運動のひとつで，顔面，手指，足趾，四肢などの遠位筋に生じる．ゆっくりとした虫がうごめくような異常運動．不規則，粗大，持続的な動きで舞踏病よりは速度が遅い．そのため，一定の姿勢（体位・肢位）を保持することが困難である．精神的影響を受けやすく，緊張するとひどくなる．小児では脳性麻痺に随伴することがもっとも多く，核黄疸・新生児無酸素脳症の後遺症として出現する．成人では舞踏病との間にさまざまな移行型があり，舞踏病運動に合併して出現することが多い．線条体（被殻・尾状核）のほか，淡蒼球などの大脳基底核に病変がある．治療としては，チアプリド塩酸塩やハロペリドールを少量から漸増し，効果のないときはトリヘキシフェニジル塩酸塩などの抗パーキンソン病薬の大量療法を試みる．定位脳手術（定位視床切截術）が適応となる場合もある．

アテトーゼ型（アテトーゼガタ） 英 athetotic type. 脳性麻痺のひとつのタイプ．脳性麻痺は，アメリカ脳性麻痺協会（AACP）の分類によれば，①痙直型，②アテトーゼ型，③強剛型，④失調型，⑤振戦型，⑥アトニー型，⑦混合型，⑧分類不能，に分けられる．アテトーゼ型は大脳基底核に病変があり，不随意運動（アテトーゼ）を主徴としている．緊張の高まりにより，反り返りが強くなったり，不随意運動が強まったりする．アテトーゼ型はさらに，①緊張型，②非緊張型，③ジストニア型，④振戦型，に下位分類される．原因としては，核黄疸と新生児無酸素脳症が多い．核黄疸の大部分はアテトーゼ型となり，新生児無酸素脳症からアテトーゼ型になる場合は痙直性要素が含まれることが多い．アテトーゼ型では潜在的知能は比較的よく保たれているケースが多い．治療は，理学療法・言語聴覚療法が主となる．脳性麻痺は日本医療機能評価機構が実施する産科医療補償制度の適用を受けることができる．
⇨アテトーゼ，脳性麻痺

アドボカシー ➡権利擁護を見よ．

アナフィラキシー 英 anaphylaxis. 全身性のアレルギー反応であり，異種タンパク質や薬物等で感作され抗体が産生されている状態に，同一の抗原が侵入して生じる突然の呼吸・循環器系の反応である．起因物質としては，虫刺症，薬物，造影薬，牛乳・卵・魚介類・そばなどの食物が多い．前駆症状として，口内違和感，しびれ感，尿意，便意，搔痒感，悪心・嘔吐，胸部違和感，視野異常，意識障害，などが出現する．呼吸器症状としては，舌の腫脹，鼻汁，くしゃみ，嗄声，咽頭・気管支浮腫による呼吸困難，喘鳴，喘息発作，などがある．循環器症状としては，血圧が低下し，心機能も低下してショック状態になる．これをアナフィラキシーショックという．皮膚症状としては，発赤，浮腫，眼瞼結膜炎，搔痒感，冷汗がある．消化器症状としては，悪心，嘔吐などがある．アナフィラキシーの既往のある人には，アドレナリン自己注射薬が補助療法として用いられる．

アニマルセラピー 英 animal-assisted therapy 略 AAT 同 動物介在療法．動物との交流によってもたらされる精神的な影響や効果を生かした療法を指す．ちなみに，アニマルセラピーという用語は日本においての造語であり，狭義には医療従事者が治療の補助として用いる動物介在療法（animal-assisted therapy）を指すが，広義には，動物との触れ合いを通じて生活の質（QOL）の向上を目的とする動物介在活動（animal-assisted activity）や教育現場で子どもの心の発達や療法的目標を志向する動物介在教育（animal-assisted education）などを含む．動物介在療法を通じて動物とコミュニケーションを図ることによって，クライエントの興味や，やる気が高まったり，運動機能と健康促進の効果が増大したり，精神的なサポートになり得ることが報告されている．また，日本では各種の施設等において動物の触れ合い活動などによる動物介在活動が行われてきている．

アフォーダンス 英 affordance. アメリカの知覚心理学者ギブソン（Gibson JJ）が唱えた造語．たとえば，平坦で硬い土地は歩くことを支え，芝生は横になってくつろぐことを支えるといったように，環境世界が知覚者に対して示す意味や価値のある性質を指す．「与える，提供する」という意味の英語である"afford"から命名した概念．ゲシュタルト心理学の学者がこの性質を地理的環境から区別された現象学的環境と位置づけ，知覚者の要求に依存する主観的概念としたのに対して，ギブソンはアフォーダンスは知覚者のそのつどの心理状態とは独立に環境に備わる「実在性」をもつと主張した．このように，アフォーダンスとは与えられた感覚に基づいた判断や解釈といった内的プロセスによってとらえられるものではなく，環境世界から知覚者は意味や価値を示され，直接的に知覚する．決定的に重要な点は，こうした直接的な知覚が環境世界から与えられた情報を受動的に受け取ることによって可能になっているのではなく，知覚の能動的な身体活動によって可能になっていることを指摘したことである．知覚と行為がお互いに補う関係にあるという基本的な認識論によって構成された概念である．

アポリポタンパク質（アポリポタンパクシツ） 英 apolipoprotein. 脂質とタンパク質で構成されるリポタンパク質のタンパク質部分のことをいい，A〜Eの5種に大別される．脂質代謝において重要な成分．脂質は水に溶けないため，血中ではアポリポタンパク質と結合して運搬される．その複合体がリポタンパク質である．認知症とのかかわりとしてはアポリポタンパク質遺伝子多型のうちE4がアルツハイマー病（AD）の危険因子といわれている．しかし，アポリポタンパク質E4の遺伝子多型が必

ずADを発症するというわけではなく，発症しない高齢者も存在する．
⇨HDLコレステロール

アミトロ ➡筋萎縮性側索硬化症を見よ．

アミノ酸（アミノサン） 英amino acid．アミノ基（－NH$_2$）とカルボキシ基（－COOH）をもつ有機化合物で，タンパク質の基本単位である．人は食物として摂取したタンパク質をアミノ酸に分解し，そのアミノ酸を再合成して体に必要なタンパク質をつくる．自然界に存在するアミノ酸は約500種といわれるが，人体にあるのは20種類のみである．このうち11種類は体内で合成できるが，バリン，ロイシン，イソロイシン，トリプトファン，フェニルアラニン，トレオニン，メチオニン，リジン，ヒスチジンの9種類は合成できないため，体外から取り込まなければならない．これを必須アミノ酸という．アミノ酸は，卵や牛乳のほか，米や小麦にも含まれる．人体にとって理想的な量の必須アミノ酸を含む場合を100とした栄養価の指標をアミノ酸スコアといい，かたよりのある食品ほど値は低くなる．卵や豚肉，鶏肉は100，精白米や小麦は40～70未満なので，食品を組み合わせて摂取することが重要である．
⇨必須アミノ酸

アミロイドカスケード仮説（アミロイドカスケードカセツ） 英amyloid cascade hypothesis．アルツハイマー病（AD）の基本的な病理過程として，今日もっとも有力な仮説である．アミロイド前駆体タンパク質（APP）からアミロイドβタンパク質（Aβ）が切り出されてAβが凝集し，アミロイド線維となり沈着することにより神経原線維変化（NFT）を起こし，神経細胞傷害をきたすという仮説である．カスケードを駆動する要因としては，APPの変異，プレセニリンの変異などの遺伝要因や環境要因などが考えられている．アミロイドカスケード仮説の最大の難点は，アミロイド沈着がどのようなプロセスによって神経細胞傷害を引き起こすのかが十分に解明されていないことと，アミロイド沈着と認知症の重症度が相関しないことである．しかしながら，アミロイド沈着がAD発症の数十年前から認められることや，Aβが神経毒性を有することなどは確認されていることから，本仮説は広く受け入れられている．
⇨アルツハイマー病，アミロイドーシス，アミロイドβタンパク質

アミロイドーシス 英amyloidosis．アミロイドとよばれる線維性構造をもった特異なタンパク質が全身の臓器や組織に沈着することによって引き起こされる病気の総称．アミロイドの生化学的性質によって分類される．①ALアミロイドーシス：もっとも頻繁にみられる原発性・特発性の全身性アミロイドーシスで，多発性骨髄腫に関連することもある．②AAアミロイドーシス：続発性・反応性に生じ，結核，骨髄炎，ハンセン病などの慢性炎症性疾患に伴って現れる．③遺伝性家族性アミロイドーシス：主に神経系を障害し常染色体優性遺伝形式をとる．④局所性または臓器限局性アミロイドーシス：アミロイドの沈着が膵臓や脳，心臓などひとつの臓器に限局した場合で，アルツハイマー病（AD）が含まれる．アミロイドーシスの臨床症状は多彩で線維タンパク質の生化学的性質や障害される身体の部位による．診断は生検か剖検組織標本による．予後はきわめて不良であり，主要な死因は心疾患と腎不全である．
⇨特定疾患，アミロイドカスケード仮説，アルツハイマー病，アミロイドβタンパク質

アミロイドβタンパク質（アミロイドベータタンパクシツ） 英amyloid β protein．アルツハイマー病（AD）の病理学的な特徴は老人斑および神経原線維変化（NFT）の形成にあり，その老人斑の基本的な構成成分である．もっとも産生される割合の多い分子種はAβ40であり，ADの病原性に関連するもっとも重要なものはAβ42である．その神経毒性は遊離のものより凝集したもののほうが強いことが実験的に証明されている．Aβは神経細胞に直接作用して細胞を傷害するほか，小膠細胞（ミクログリア）を活性化し，活性化された小膠細胞からはサイトカインが遊離されるほか，フリーラジカルが生成される．これを介して神経細胞傷害がさらに促進される．一方，小膠細胞から遊離されたサイトカインは神経細胞におけるアミロイド前駆体タンパク質（APP）の生成を促進し，APPからのAβがさらに小膠細胞を活性化するという悪循環が起こる．
⇨アルツハイマー病，アミロイドカスケード仮説，アミロイドーシス

アルカリホスファターゼ 英alkaline phosphatase 略ALP．ホスホモノエステラーゼのひとつで，亜鉛を含む酵素．肝臓，胆管，骨，甲状腺，胎盤，小腸，腎臓，などに分布する．種々の疾患でALPのみの一過性上昇や一過性低下がみられることがあるので，臨床症状，肝機能検査，骨疾患の有無を参考にして再検査を行い，経過を観察する．肝胆道系疾患の診療においては，閉塞性黄疸や肝内胆汁うっ滞，また肝内占拠性・浸潤性病変を示唆する指標として広く用いられている．その他，骨（ALP$_3$），胎盤（ALP$_4$），小腸（ALP$_5$）由来のアイソザイムがあり，異常高値の場合は，他の胆道系酵素との比較とともに，アイソザイムの測定が必要となる．ALP$_1$とALP$_2$が肝由来のALPであり，ALP$_6$は免疫グロブリン（大部分はIgG）結合ALPである．異常低値は，甲状腺機能低下症，低栄養状態，亜鉛欠乏，悪性貧血などに際してみられる．まれに家族性低フォスファターゼ症もある．

アルカローシス 英alkalosis．体液の水素イオン指数（pH）を7.4±0.05よりアルカリ性に傾かせる病態．体液中の水素イオン濃度が低下するとpHは上昇しアルカリ性に傾く．呼吸量の増加によって二酸化炭素が多く排出されて起こるアルカローシスを呼吸性アルカローシスといい，敗血症による脳幹呼吸中枢刺激や肺炎による低酸素に対する呼吸中枢の刺激，過換気症候群などが原因で生じる．一方，呼吸以外の要因で生じるアルカローシスを，代謝性アルカローシスという．代謝性アルカローシスは，胃液の嘔吐，利尿薬の影響，腎不全などによって，体液中の重炭酸イオンが増加することで生じる．アルカローシスの症状には脱力感，意識障害，けいれんなどがある．アシドーシスとアルカローシスは，単純な病態で起こるだけでなく，酸塩基平衡異常の代償的な補正や複数のアシドーシスとアルカローシスが合併することがある．
⇨アシドーシス

アルコール依存症（アルコールイゾンショウ） 英alcoholism／alcohol dependence．アルコールの精神的効果を得るためや，アルコールが切れたときの不快感を避ける

ために，持続的または周期的に飲酒しようとする強迫的な欲求または行動をいう．一般に，長年にわたる機会飲酒・習慣飲酒から，何らかの契機による気晴らし飲酒を経て，精神依存に至る．次に，連続飲酒を繰り返しながら身体依存に進む．連続飲酒の間隔が狭まると，欠勤，約束の不履行，信用の失墜，失職，借金，家族関係のゆがみ，子どもの情緒問題など生活上のさまざまな問題が生じてくる．合併する身体疾患も慢性化し，肝硬変，糖尿病，胃炎，潰瘍，循環器疾患，神経疾患，頻回の外傷などにより，死の転帰をたどる．たとえ死を免れてもコルサコフ症候群になり，社会復帰がきわめて困難になる．治療は断酒を目的に教育や集団精神療法などの心理社会的手法が用いられる．断酒会や匿名者断酒会（AA）などの自助グループへの参加が有効である．
⇨アルコール幻覚症，アルコール精神病，アルコール性認知症，アルコール性脳症

アルコール幻覚症（アルコールゲンカクショウ）㊥ alcoholic hallucinosis. アルコール精神病の一型で，はじめは飲酒者の急性幻覚症とよばれた．アルコール依存症者の大量飲酒中または離脱期に引き続き急激に発症することが多い．感覚性の明瞭な言語性幻聴が出現し，幻視はまれである．幻聴の内容は，敵対的・脅迫的・被害的なものが多く，患者の葛藤や罪悪感を反映しているといわれる．一般に意識障害は伴わず，見当識と記憶は保たれる．多くは数日から数週間で症状が消失するが，一部の例では慢性化し，系統的な妄想へと発展して，妄想型統合失調症との鑑別が困難になることがある．潜在性の統合失調症がアルコールによって顕在化したものと解釈する説もある．振戦せん妄との鑑別も困難な場合があるが，違いは幻聴が優位であること，持続が長いこと，振戦がそれほど著明でないことに求められる．臨床の実際では，振戦せん妄との移行とみなされる例も存在する．
⇨アルコール依存症，アルコール精神病，アルコール性認知症，アルコール性脳症

アルコール擦式消毒薬（アルコールサッシキショウドクヤク）㊥ waterless alcohol-based antiseptic agent. 擦式法（ラビング法）での手指消毒に用いられるアルコールが配合された消毒薬のこと．アルコールの濃度が65～95%のときに，高い殺菌活性を示す．ベンザルコニウム塩化物，クロルヘキシジングルコン酸塩，ポビドンヨードに83%エタノールが配合された消毒薬が製品化されている．アルコール擦式消毒薬を用いた手指消毒は，水やタオルを必要とせず簡便かつ効果的に手指消毒ができることと，室内や廊下などに消毒薬を設置したりボトルを携帯することで，ケア従事者がさまざまな場面で手指消毒を実施できるという利点がある．一方で，アルコールには脱脂作用があるため手荒れの問題があり，市販のアルコール擦式消毒薬には皮膚保護薬が含まれている．世界保健機関（WHO）のガイドライン（2009）では，アルコールベースの手指消毒が手指衛生としてもっとも適しているとされている．乾いた手の平に約3mlの消毒薬をとり，手首から指先の全表面に30秒～1分，手が乾燥するまでよく擦り込む．

アルコール精神病（アルコールセイシンビョウ）㊥ alcoholic insanity／alcoholic psychosis. アルコール依存症に関連して生じる神経・精神障害の総称で，栄養障害によるビタミン欠乏症が主な原因であるとされている．日本の診断基準によれば，アルコール依存徴候を有する精神病（①アルコールてんかん様けいれん発作，②振戦せん妄，③アルコール幻覚症）と，アルコール依存徴候を基盤として生じる精神病（①アルコール性認知症，②アルコール性コルサコフ精神病，③アルコール性嫉妬妄想）に分類されている．疾病及び関連保健問題の国際統計分類第10回修正（ICD-10）の診断基準によれば，アルコール離脱状態，せん妄を伴う離脱状態，精神病性障害，健忘症候群，残遺性障害，および遅発性精神病性障害が含まれる．精神症状の発症は飲酒後2週間以内に起こり，48時間以上持続すること，また障害の持続期間は6か月を超えないこと，などが診断の条件とされている．
⇨アルコール依存症，アルコール幻覚症，アルコール性認知症，アルコール性脳症

アルコール性認知症（アルコールセイニンチショウ）㊥ alcohol-related dementia 略 ARD. アルコール依存症者ではしばしば脳萎縮が起こりやすく，脳重量が減少することは古くから知られている．とくに前頭葉に萎縮が目立ち，左右対称性に出現する．重症のアルコール依存症者では，側脳室と第3脳室の拡大もしばしばみられる．しかしながら，アルコールの脳への直接的な作用によって認知症になるという見解については，今日では否定的である．アルコール依存症者ではさまざまな脳病変を合併しやすいが，認知症になったアルコール依存症者では，それを裏づける他の脳疾患が合併しており，アルコールの直接作用による特異的な病理学的変化は確認されていない．多くは，栄養障害，電解質異常，脳血管障害，外傷による頭蓋内出血などによるものと考えられている．
⇨アルコール依存症，アルコール幻覚症，アルコール精神病，アルコール性脳症

アルコール性脳症（アルコールセイノウショウ）㊥ alcoholic encephalopathy. ウェルニッケ脳症とペラグラ脳症があるが，日本の剖検報告書ではペラグラ脳症のほうが多いとされている．ウェルニッケ脳症はビタミンB_1欠乏により生じ，意識障害，運動失調，眼球運動障害を主症状とする．意識障害は遷延することが多く，ときには1か月以上続くこともある．アルコール離脱後数日ないし1週間までは振戦せん妄と重なることがある．ペラグラ脳症はニコチン酸（ビタミンB_3）欠乏で起こり，特有の皮膚症状，下痢・食欲不振などの消化器症状，舌炎を示し，顔面・手背・足背など光線の当たる部位に両側性の皮膚紅斑をみる．多くの場合，皮膚症状に先行して精神症状が現れ，抑うつ・無気力・不安となり，不眠，頭痛，めまい，などを訴える．これらの症状に続いて，意識障害，失見当識，幻覚，妄想，などが出現し，昏睡に陥ることもある．治療としては，いずれの場合もビタミンの大量投与を必要とする．
⇨アルコール依存症，アルコール幻覚症，アルコール精神病，アルコール性認知症

アルツハイマー型認知症（アルツハイマーガタニンチショウ）➡アルツハイマー病を見よ．

アルツハイマー病（アルツハイマービョウ）㊥ Alzheimer's disease 略 AD 同 アルツハイマー型認知症. アルツハイマー病は記憶障害が最初に出現し，他の認知機能障害を伴いながら慢性進行性の経過をたどる変性疾患である．初期には記憶障害のなかでも近時のエピソード記憶（数分から数日前の出来事に関する記憶）が障害

されるが，即時記憶（電話番号の復唱など数十秒単位の記憶保持）や遠隔記憶（患者の若いころの出来事など）は保たれている．AD において特徴的なのは，初期症状でもある記憶障害はその発現時期を特定できないほどゆっくりと出現し，その進行も非常に緩徐であるということである．また，意欲の低下や物盗られ妄想も高頻度で出現する．さらに中期になると，麻痺や感覚障害はないが，着衣失行などの失行障害，言語機能が低下する失語，自分の子どもがわからない等の失認等が出現し，日常生活動作（ADL）は損なわれるようになってくる．そして後期には，ほとんどの ADL に介助を要するようになり，身体機能の低下も出現，屈曲拘縮も加わって寝たきり状態となる．画像検査上は，初期には海馬を含む側頭葉内側下面と側頭頭頂葉連合野に萎縮を認める．SPECT，PET などの機能画像では上記部位に加えて，もっとも初期には後部帯状回に脳血流・脳代謝の低下が認められることが多い．病理的には，アミロイド β タンパク質，続いてリン酸化タウタンパク質といった異常タンパク質が蓄積し，これらの病変によって神経細胞が脱落する．病初期から海馬を中心とした側頭葉内側が萎縮し，進行すると脳全体にびまん性の萎縮がみられるようになる．治療薬としては，コリンエステラーゼ阻害薬（ドネペジル塩酸塩，ガランタミン臭化水素酸塩，リバスチグミン）と NMDA 受容体拮抗薬（メマンチン塩酸塩）が使用されているが，現段階では進行を止めたり，回復させることはできず，進行を遅らせるのみである．

⇨血管性認知症，前頭側頭型認知症，レビー小体型認知症，若年性認知症

アルツハイマー病行動病理学尺度（アルツハイマービョウコウドウビョウリガクシャクド） 㶅 behavioral pathology in Alzheimer's disease 㗢 BEHAVE-AD．1987 年にリスバーグ（Reisberg B）らが薬物の効果判定を目的に開発したアルツハイマー病（AD）の症状評価に焦点を当てた尺度である．評価項目は，「妄想観念（7項目）」「幻覚（5項目）」「行動障害（3項目）」「攻撃性（3項目）」「日内リズム障害（1項目）」「感情障害（2項目）」「不安および恐怖（4項目）」の7つの下位尺度25項目と「全般評価（1項目）」から構成されている．評価方法は，2週間以内の行動について「なし（0点）」〜「重度（3点）」の4段階にて重症度を評価する．採点方法は，下位尺度ごとの合計点を算出し下位尺度における重症度を評価できるが，全項目の合計点数を算出し全体点数で重症度を評価するようにはなっていない．全体の評価は合計点数ではなく独立した「全般評価」で4段階評価を行うため，全項目の点数と全般評価の一致性は保障されない．1999 年に朝田隆らによって日本語版の開発が行われており，評価者間信頼性と内的整合性が確認されている．

アルツハイマー病評価スケール（アルツハイマービョウヒョウカスケール） 㶅 Alzheimer's disease assessment scale 㗢 ADAS．1983 年にモース（Mohs RC）らによって開発されたアルツハイマー病（AD）の記憶を主とする認知機能の評価を目的とした検査である．認知機能と非認知機能に関する2つの下位尺度より構成され，認知機能は，①単語再生，②口頭言語能力，③言語の聴覚的理解，④自発話における喚語困難，⑤口頭指示に従う，⑥手指および物品呼称，⑦構成行為，⑧観念運動，⑨見当識，⑩単語再認，⑪テスト教示の再生能力．また非認知機能は，①涙もろさ，②抑うつ気分，③集中力の欠如，④検査に対する協力度，⑤妄想，⑥幻覚，⑦徘徊，⑧多動，⑨振戦，⑩食欲の亢進・減少，の計21項目より構成される．検査方法は，面接による質問や観察によって，一部の項目を除き5段階で評価を行い，認知機能項目が70点満点，非認知機能項目が50点満点となり，高得点ほど重症度が高い．しかし，点数自体を評価するのではなく，複数回の実施による得点変化を評価し重症度を判断する．

アルツハイマー病評価スケール日本語版（アルツハイマービョウヒョウカスケールニホンゴバン） 㶅 Alzheimer's disease assessment scale-cognitive subscale-Japanese version 㗢 ADAS-J cog．1992 年に本間昭らが，1983 年にモース（Mohs RC）らによって開発されたアルツハイマー病評価スケール（ADAS）の認知機能項目を取り上げ，作成した日本語版の検査である．とくにアルツハイマー病（AD）における認知機能面の評価を主な目的としており，臨床薬物治験の主要評価項目として多く使用される．検査方法は面接法であり，検査項目は「単語再生」「口頭言語能力」「言語の聴覚的理解」「喚語困難」「口頭指示に従う」「手指および物品呼称」「構成行為」「観念運動」「見当識」「単語再認」「テスト教示の再生能力」の11項目である．配点は「単語再生」が0〜10点，「単語再認」が0〜12点，「見当識」が0〜8点であり，ほかはすべて0〜5点の範囲となっており，機能障害の重症度に応じて採点し，平均施行時間は40分程度と報告されている．日本版の特徴は，単語再生の課題における10個の単語と，単語再認の課題の12個の単語および36個のダミー単語，物品呼称の課題における12個の物品について等，日本で使用頻度の高いものに修正されている点であり，本間らの検証によって信頼性および，長谷川式簡易知能評価スケール（HDS）や Mini-Mental State Examination（MMSE）との併存妥当性が確認されている．

⇨アルツハイマー病評価スケール，長谷川式簡易知能評価スケール，改訂長谷川式簡易知能評価スケール

アルドステロン 㶅 aldosterone 㗢 ALD．もっとも強力な鉱質コルチコイド作用をもつステロイドホルモン．副腎皮質球状層で産生され，腎皮質集合管に作用してナトリウムを再吸収し，カリウムを排泄させることによって血液のナトリウムとカリウムのバランスを制御している．作用が持続するとナトリウムが排泄されるエスケープ現象を起こし，最終的には高血圧，低カリウム血症，アルカローシスを引き起こす．原発性アルドステロン症は，副腎自体に ALD を過剰に分泌する病態がある場合で，ALD 産生副腎腺腫，副腎皮質過形成などがある．続発性アルドステロン症は，レニン分泌過剰によって二次的に ALD が過剰になっている病態で，浮腫，体液貯留による疾患，バーター症候群，原発性レニン症，腎血管性高血圧などがある．

α 遮断薬（アルファシャダンヤク） 㶅 α-adrenergic blocking agent／α-blocker．自律神経のうち，交感神経の末端で神経細胞の表面にある α 受容体への神経伝達物質のひとつであるノルアドレナリンの受容を遮断し，交換神経の作用を阻害する薬物．この薬物は血管を拡張する作用があり，降圧薬として使われ，また，尿道の拡張作用もあり，前立腺肥大症に伴う排尿障害の治療に用いられる．

⇨β遮断薬

アルブミン 英albumin．水に溶けやすく，過熱されると凝固するタンパク質に与えられた名称．血液検査の項目にある「アルブミン」は，血清アルブミンを指し，血清タンパク質の約60％を占め，血液浸透圧の維持に重要な役割を果たしている．血清アルブミン値が低下すると，血管内の血液量が少なくなったり，血管外に水分が貯留したりする．また，血清アルブミンは脂肪酸，ホルモン，薬物などさまざまな物質を結合して運搬する役割もある．
⇨血清アルブミン

アレルギー 英allergy ㋺allergia．生体の過剰な免疫反応で，4つの類型がある．Ⅰ型アレルギー（アナフィラキシー型）はIgEを介した即時型アレルギー反応で，気管支喘息，アレルギー性鼻炎，枯草熱，アトピー性皮膚炎，蕁麻疹などが含まれる．全身性に起こると低血圧ショック（アナフィラキシーショック）になる．Ⅱ型アレルギー（細胞障害型）は，抗体が細胞表面の抗原に結合して起こす細胞障害で，自己免疫性溶血性貧血，特発性血小板減少性紫斑病，グッドパスチャー症候群，重症筋無力症などが含まれる．Ⅲ型アレルギー（免疫複合型）は，免疫複合体が組織に沈着することによる組織障害で，糸球体腎炎，全身性エリテマトーデス（SLE），関節リウマチ，過敏性肺臓炎，血清病などが含まれる．Ⅳ型アレルギー（細胞性免疫型）は，細胞性免疫，すなわち活性化されたTリンパ球による組織障害である．ツベルクリン反応に代表される遅延型アレルギーで，2～3日後が反応のピークになる．結核性の空洞形成，麻疹，天然痘，単純ヘルペスでの発疹，慢性甲状腺炎の病態は，Ⅳ型アレルギーが関連すると考えられている．

アレルゲン 英allergen．Ⅰ型アレルギーの原因となる抗原性物質．単一物質，混合物質，完全抗原，不完全抗原（ハプテンともよばれる．免疫原性をもたず，反応原性のみをもつ抗原）のすべてを含む．室内塵，花粉などの吸入性アレルゲン，卵，魚，肉などの食物性アレルゲン，漆，薬物などの接触性アレルゲンがある．

アロイス・アルツハイマー 英Alois Alzheimer．1864.6.14-1915.12.19 アルツハイマー病を初めて報告したドイツの精神科医．嫉妬妄想・記憶力低下などを主訴とする51歳の女性患者の症例を1906年に南西ドイツ精神医学会に「大脳皮質の特異で重篤な疾患の経過について」として発表し，翌年「大脳皮質の特異な疾患について」というタイトルで論文発表した．この症例が現在のいわゆる「認知症」とよばれる「アルツハイマー病」である．
⇨アルツハイマー病

アロマセラピー 英aromatherapy．アロマセラピーまたはアロマテラピーは，精油（エッセンシャルオイル）を用いて心身のトラブルを回復し，心身のリラクゼーション，ストレスの解消などを目的とする技術・療法を指す．1930年代にフランスの香料研究者ガットフォッセ（Gattefossé RM）が提唱した．日本語では「芳香療法」と訳されることが多い．近年，医療や福祉の分野における心のケアの実践のひとつとしてアロマセラピーをはじめ各種のセラピーを導入する現場も増加しており，さまざまな困難を抱える当事者らが日常生活をリラックスして穏やかにすごす場をつくることが目指されている．

アロマブリーズ ➡ディフューザーを見よ．

安静時振戦（アンセイジシンセン） 英resting tremor．静止時振戦ともよばれる．振戦はもっとも多い不随意運動で，比較的律動的な振動運動である．ある姿勢をとったときにみられる姿勢時振戦，運動時にみられる運動時振戦，あるいはなにかをしようとしたときにみられる企画振戦に対して，安静時振戦は安静時（静止時），たとえば座っているときや横になっているときにみられる．上下肢，眼瞼，顔，頭部などでみられる．振戦の観察では，①どのような状態で認められるのか，②振幅が粗大か微細か，③振動数は1秒間にどのくらいか，に注意する．パーキンソン病では四肢に粗大な安静時振戦を認め，上肢，とくに手指で丸薬を丸めるような運動（pill-rolling movement）が顕著にみられる．
⇨振戦，パーキンソン症候群

アンフェタミン 英amphetamine 略AMPH．合成覚醒剤の一種．覚醒剤取締法で覚醒剤に定義されている．間接型アドレナリン作動薬で，ノルアドレナリン，ドパミンの遊離促進，再取り込阻害作用とモノアミン酸化酵素（MAO）阻害作用によってシナプスでカテコールアミン濃度を上昇させ，交感神経刺激作用と中枢興奮作用を発現する．AMPHに類似した中枢神経刺激薬であるメチルフェニデート塩酸塩はナルコレプシーの治療薬であるが，依存性が高いため処方に際しては登録を要する．メチルフェニデートの徐放薬は18歳未満の注意欠陥・多動性障害（ADHD）児に対して使用され，依存性はほとんどない．

あん法（アンポウ） 英compress／pack．①病変の治癒過程の促進，②痛みの緩和，③局所の安静，④患部の心地よさをもたらす，といった目的のために，身体の一部に温熱刺激または寒冷刺激を加えるケア方法．温熱刺激を加えるものを温あん法，寒冷刺激を加えるものを冷あん法という．また，皮膚に直接触れる部分に水分を含むものを湿性あん法，水分を含まないものを乾性あん法という．あん法の種類と具体的な方法を表に示す．

種類	湿性あん法の例	乾性あん法の例
湯あん法	湯またはアロマオイルなどを入れた湯に浸したタオルをあてる温湿布，蒸気温熱シート	湯たんぽ（ゴム製，金属製），カイロ，電気あんか
冷あん法	冷水や薬液を用いた冷湿布	氷枕，氷のう，保冷剤

⇨温あん法，冷あん法

アンモニア血症（アンモニアケッショウ） 英ammoniemia．血中のアンモニア濃度が過剰（60μM以上）な状態で，意識障害の際の重要な鑑別診断のひとつ．生体で産生されたアンモニアは，肝細胞にある尿素回路で無毒の尿素に変換される．そのため，尿素回路（オルニチン回路）に障害が起こると，血中アンモニア濃度が上昇し，嘔吐，脱水，けいれん，意識障害を示す．高アンモニア血症は代償期の肝硬変，肝不全や門脈・体循環シャント，先天性尿素サイクル酵素欠損症などが原因となり，また，便秘，タンパク質経口負荷，消化管出血後に増強される．

安楽死（アンラクシ） 英euthanasia／mercy killing. 死期が迫っている末期患者の耐えがたい苦痛を緩和・除去して安らかな死を迎えさせること．薬物を使うなどして死期を早めるものを積極的安楽死，積極的な治療の中止によるものを消極的安楽死とよぶこともある．日本では安楽死は法的に認められておらず，これまでの積極的安楽死の裁判の判決はいずれも有罪とされた．積極的に安楽死を認めている国もあり，オランダ，ベルギー，ルクセンブルグでは安楽死法が可決されている．

い

胃潰瘍（イカイヨウ） 英 gastric ulcer 独 Magengeschwür ラ ulcus ventriculi. 潰瘍とは，粘膜筋板を越え，粘膜下層以上に及ぶ組織欠損である．胃潰瘍・十二指腸潰瘍の発生の直接の因子は，抵抗の減弱した胃粘膜で，過度の胃酸によって粘膜が消化されることによる．症状としては，上腹部の疼痛，嘔気，嘔吐，食欲不振がみられる．高齢者では腹部に関する愁訴として現れないことがあり注意を要する．主な合併症として出血，穿孔，狭窄等があり，穿孔は外科手術の適応である．消化性潰瘍は一般に治癒と再発を繰り返し，慢性に経過する．ヘリコバクター・ピロリは胃炎を惹起し，慢性化させ，この慢性胃炎を背景に胃潰瘍，十二指腸潰瘍が生じるため，ヘリコバクター・ピロリを除菌すると消化性潰瘍が速やかに治癒して再発が抑制される．非ステロイド性抗炎症薬（NSAIDs）も胃潰瘍・十二指腸潰瘍の原因となる．高齢者ではNSAIDsの服用機会が多く，また，高齢者ではNSAIDsの胃粘膜障害が強く出やすいことから，NSAIDsによる潰瘍のリスクが高く，注意が必要である．
⇨ヘリコバクター・ピロリ

医学的病理モデル（イガクテキビョウリモデル） ➡医学モデルを見よ．

医学モデル（イガクモデル） 英 medical model 同 医療モデル／医学的病理モデル．クライエントが抱えるさまざまな生活上の問題がクライエント自身に原因があるという考えのもと，クライエントの行動や態度を病態（あるいは疾患）としてとらえ，その病態を診断し，診断に基づいて治療を行うという視点に立ったモデルをいう．医療における検査→診断→治療という過程をソーシャルワークの援助過程に援用し，社会調査→社会診断→社会治療という展開で実践するのがこのモデルの大きな特徴といえる．このモデルの根底には，クライエントは身体的・心理的・精神的に病んでいると評価し，正常な状態に変えるあるいは近づける（治療する）という考えや，価値観があるといわれている．社会福祉分野の相談援助において，長い間このモデルを用いた実践が主流を占めてきたが，援助者が主導権をもつ医学モデルへの批判やモデルを用いた援助効果への疑問等により，現在はクライエントを主体におく生活モデルが支持されてきている．
⇨生活モデル，社会モデル

息抜き（イキヌキ） ➡リラクゼーションを見よ．

医原性疾患（イゲンセイシッカン） 英 iatrogenic disease／iatrogenic disorder 同 医原病／治原性障害／治原性疾患．治療のための医療行為によって新たに引き起こされた疾患をいう．医療中に医療行為によって偶発される有害な効果をも意味し，診断や医療に伴って起きた障害だけでなく，医療担当者の言葉や行動による自己暗示的な障害をも含まれる．

医原病（イゲンビョウ） ➡医原性疾患を見よ．

椅座位（イザイ） いすに座ること全般を「椅座位」とよぶ．いすの形状によって座位時間および立ち上がり動作は変わってくる．われわれがリラックスの際に使用するソファーは座面がやわらかいものが多く，座位時間の延長が期待できるが，立ち上がりの際は座面が低いためにむずかしい．認知症の人の場合，いすの高さや形状の変化に気づかず転倒につながる場合もあるので配慮が必要である．
⇨座位

意識（イシキ） 英 consciousness. 物をみたり聞いたり（知覚），計画を練ったり（思考），喜んだり悲しんだり（情動），われわれが自分の心の現象として直接的に経験できること．意識はさまざまな分野で多様な用いられ方をするため定義には異論もあるが，「清明度：覚醒の程度」「広がり」「質的」の3つの要素に分け，評価を行う．清明度とは，なにをどの程度気づいているかという程度であり，意識の深さ・レベルと関係している．「広がり」「質的」は，なにをどのように気づいているかという，意識の内容と関係している．
⇨意識障害，意識混濁，意識変容

意識混濁（イシキコンダク） 英 clouding of consciousness. 意識障害のうち，意識の清明度の障害（意識レベルの低下）を指す．意識混濁が重度である場合，生命予後や重篤な後遺症に直結するため，意識障害のなかでも意識混濁の評価は重要視される．意識混濁の程度により軽いものから，傾眠（somnolence），昏迷（stupor），半昏睡（semicoma），深昏睡（deep coma）の4段階に分類される．傾眠は外からの刺激がないと閉眼して眠り込んでしまう眠気が多い状態であるが，呼びかけなどの軽い刺激で覚醒する状態を指す．昏迷は大声や痛覚刺激により開眼する，あるいは手で払いのけるなどの反応を示すが，十分には覚醒させることができない状態を指す．半昏睡は強い痛み刺激でようやく反応をする状態であり，腱反射，角膜反射も消失すれば深昏睡となる．これらの分類法は簡便であるが，国や施設によって段階が異なり，同一用語で別の段階を指す場合もあるなどの問題点があるため，とくに急性期の意識障害患者の判定には，日本式昏睡尺度（JCS）やグラスゴー・コーマ・スケール（GCS）が利用される．
⇨意識障害

意識障害（イシキショウガイ） 英 disturbance of consciousness. 意識の清明度，広がり，質的なもののいずれかが低下した状態．意識障害のうち清明度が障害された状態を意識混濁，広がりが障害された状態を意識狭窄，意識混濁を背景に質的なものが障害された状態を意識変容とよぶ．なお，医療分野では意識混濁と意識変容の2軸で意識障害をとらえ，とくに意識混濁を重視し評価する場合が多い．意識障害を定量的に評価するスケールとして，3-3-9度方式または日本式昏睡尺度（JCS），グラスゴー・コーマ・スケール（GCS）がある．
⇨意識混濁，意識変容

意識変容（イシキヘンヨウ） 英 pathological dream states／alteration of consciousness. 意識障害のうち，意識の質（内容）が障害された状態．意識変容は基盤に意識混濁

があり，不安，情動の変動，精神運動興奮，知覚の変容などさまざまな系統の精神活動が障害された状態である．代表的な意識変容にはせん妄，アメンチアがあり，とくにせん妄は発生率の高さや生命予後との関係などのため，早期診断・早期治療が重視される．
⇨意識障害，意識，せん妄

維持期リハビリテーション（イジキリハビリテーション） ㊒ rehabilitation at chronic stage．急性期および回復期リハビリテーションの終了後に可能となった家庭生活・社会生活を維持・継続していくことを目的として行われる．維持期リハビリテーションの時期においては，健康管理や自立生活のための支援・介護負担の軽減を目的とした支援が，在宅や施設でさまざまなサービスとして提供される．これは患者とその家族が安定した日常生活を送れるよう支援するためのものであり，全国のリハビリテーション支援センターと地域リハビリテーション広域支援センターが中心となり，地域リハビリテーション体制整備が推進されている．

意識レベル（イシキレベル） ㊒ consciousness level．意識障害の程度．周囲の状況がどれだけ判別できるかでその程度（レベル）が示され，通常，痛み刺激，呼びかけ，視覚・聴覚刺激に対する反応，脳波検査などにより判定される．そのレベルを示すために，グラスゴー・コーマ・スケール（GCS），ジャパン・コーマ・スケール（JCS）などが用いられる．
⇨意識障害

易刺激性（イシゲキセイ） ㊒ irritability．認知症の行動・心理症状（BPSD）のひとつに分類され，いままでの本人であれば気に留めないようなささいなことに反応して容易に気分が変わることを指す．周囲の人からは，本人が短気になった，機嫌がころころ変わるようになったなどという表現で報告されることもある．とくに，ささいなことに反応して怒りっぽくなる状態は，易怒性とよばれる．易刺激性はアルツハイマー病（AD）患者の半数以上に認められるという報告もあるなど，出現頻度の高い症状である．易刺激性の評価尺度としては，介護者による精神症状を評価するための尺度であるneuropsychiatric inventory（NPI）がある．対応などは易怒性に準じる．
⇨易怒性，認知症の行動・心理症状

意思決定（イシケッテイ） ㊒ decision-making．複数の可能な行動の選択肢のなかから1つを選ぶこと．たとえば，朝食におにぎりを食べるかサンドイッチを食べるか，あるいはなにもしない（朝食を食べない）というように，いくつかの選択肢のなかから1つ（ときには複数）を採択することである．この例から分かるように，われわれは生活のなかで非常に多くの意思決定を行っているわけであるが，過去の研究から，人は必ずしも合理的に意思決定を行っているわけではない．医療や福祉の現場では，リスクや不確実性を伴う意思決定を迫られる場面が少なからず存在する．患者や家族の意思決定を支援するために，正確な情報提供と感情状態に配慮した（ポジティブな感情状態は柔軟な思考を促進する）かかわりが求められる．
⇨インフォームドコンセント

意思能力（イシノウリョク） ➡契約締結能力を見よ．

医師法（イシホウ） ㊒ Medical Practitioner Act．医師の任務，免許，試験，応招義務，無診察治療の禁止，異状死体の届出義務，処方箋の交付義務，診療録の記載・保存義務，保健指導義務などについて規定する日本の法律（昭和23年法律第201号）．医師は，医療及び保健指導をつかさどることによって公衆衛生の向上および増進に寄与し，もって国民の健康な生活を確保する（第1条）．

萎縮性膣炎（イシュクセイチツエン） ➡老人性膣炎を見よ．

移乗機（イジョウキ） ㊒ transferring apparatus ㊐ 移乗機器．ベッドから車いす，車いすからいす，いすから床などに乗り移る場合において介助が必要なとき使用される介助機器のひとつ．腰掛けタイプ・天井走行型・移動式懸吊リフターなどの種類がある．さまざまな移乗場面において介助者の負担が減ることにより，介護を受ける人の安全にもつながるといえる．

移乗機器（イジョウキキ） ➡移乗機を見よ．

移乗動作（イジョウドウサ） ㊒ transfer ㊐ トランスファー．介護を受ける人がベッドから車いす，車いすからいす，いすから便器の間を移るなどの乗り移り動作のこと．移乗動作の要素には，①本人の状態および能力，②介助者の能力，③福祉用具類，④環境，があり，これらを総合し「生活のあり様」を考えて移乗方法を検討する必要がある．

移乗動作訓練（イジョウドウサクンレン） ㊒ transfer practice／transfer exercise．ベッド，車いす，自動車，トイレ（便器）など他のものに乗り移る動作の練習のこと．車いす使用者が日常生活を営むうえで欠かせない動作でもある移乗を安全にできるように訓練することは，日常生活動作（ADL）の早期自立に役立つ．この動作を行うには座位が安定し，ある程度上肢の操作（動き）が自立できていることが重要である．

移乗用介護機器（イジョウヨウカイゴキキ） ㊒ transfer aid system／transfer aid apparatus．機械や器具を用いて介助者による抱え上げ動作の補助を行う機器を移乗介助機器という．非装着型と装着型とがある．この機器を使用することにより，要介護者を移乗させる際，介助者の力の全部または一部のパワーアシストを行うことができる．ベッド，車いす，トイレ，風呂などの移乗に使用されることが多く，移乗開始から終了まで，介助者が1人で使用することができる．この機器にはつり下げ式移動用リフトは含まれない．
⇨移乗機

異食（イショク） ㊒ pica．食物でないものを食べること（嚥下すること）．たとえば，ティッシュペーパー，トイレットペーパー，おしぼり，クレヨン，便などを食べる行為．認知症の行動・心理症状（BPSD）のなかの行動症状のひとつである摂食行動の障害．摂食行動の先行期は食物を認知し，それを食べようと欲求することから始まる．異食は，認知機能の低下という脱落症状に食欲・精神運動性・衝動性の亢進や気分変調を伴って生じるとも考えられる．高齢者の場合，加齢による嚥下機能の低下も加わり，異食が誤嚥，窒息や咽頭異物などの事故の原因になる可能性がある．また，液体であっても洗剤や消毒薬など口に入れると危険なものは，目につかない所に保管するよう注意する．摂食行動の障害は，異食のほかに過食，拒食などがある．

移送サービス（イソウサービス） ㊒ transfer service．高齢者や障害者等の移動困難者を対象とした移動サービスの

ひとつ．1970年代より障害者等を対象とした無償のサービスとしてボランティア団体等により行われたのが，日本の移送サービスの始まりといわれている．ボランティア団体等による移送サービスは，その後コスト増などの理由によりガソリン代等の実費相当額の支払いを要するようになったが，当時の道路運送法では違法であった．その後，2000年に介護保険法が施行されると介護タクシーが訪問介護に位置づけられ，多くのタクシー業者等が介護関連事業に参入するようになり，移送サービスは発展を遂げるようになる．ガソリン代等の実費相当額の徴収は，2004年の道路運送法において第80条の許可により運賃の収受が認められ，2006年の改正により福祉有償運送として法的に認められることとなった．近年では路線バスの縮小・廃止等により，地方自治体が独自で移送サービスを実施するケースもみられる．

⇨介護タクシー，訪問介護

遺族基礎年金（イゾクキソネンキン）㊥ Survivors' Basic Pension. 国民年金に加入中の被保険者，または加入者であった人で老齢基礎年金の資格期間を満たした人が死亡したときに，その人によって生計を維持されていた遺族に支給される年金．支給を受ける遺族は，①子のある妻，②子，となる．なお，子とは，18歳に達した日以後の最初の3月31日を経過していない子，または20歳未満で障害年金の障害等級1級または2級の子とされている．年金額は，772,800円（2014年4月分から）に子の加算が加わる額となる．第1子と第2子まではそれぞれ222,400円，第3子以降は各74,100円が加算される．遺族基礎年金を受けるためには，亡くなった日のある月の前々月までの公的年金の加入期間の3分の2以上の期間について，保険料が納付されているまたは免除されていること，また亡くなった日のある月の前々月までの1年間に保険料の滞納がないことが必要となる．

遺族共済年金（イゾクキョウサイネンキン）㊥ Survivors' Mutual Aid Pension. 公務員が被保険者である共済年金の加入者や退職共済年金等の受給者が死亡したときに，その人によって生計を維持されていた遺族に支給される年金．支給を受ける遺族の優先順位は，①配偶者および子，②父母，③孫，④祖父母，である．なお，子と孫は，18歳に達した日以後の最初の3月31日までの間にあってまだ配偶者がいない人か，加入者の死亡当時から引き続き障害の程度が1級または2級に該当している人となる．夫，父母，祖父母が受給する場合は，60歳以後の支給となる．また，遺族共済年金を受給できる人が，①遺族共済年金を受給できる妻で子がいる，②遺族共済年金を受給できる子がいる，に該当するときは，原則として，国民年金法による遺族基礎年金が合わせて支給される．また，子のいない30歳未満の妻や，30歳未満で遺族共済年金を受けることになった妻に子がいて，国民年金法による遺族基礎年金が受給できるときは，遺族共済年金は5年間の有期給付となる．なお，被用保険の一元化に伴い，2015年10月より受給権が発生する遺族共済年金は遺族厚生年金に統一された．

遺族ケア（イゾクケア）㊥ grief care／bereavement care. 死別による喪失体験から生じる感情等はgief（悲嘆）とよばれ，抑うつや絶望などの感情的反応，故人を想うことへの没頭などの認知的反応，動揺や緊張などの行動的反応，食欲不振や睡眠障害などといった生理的・身体的反応，の4種が挙げられる．これらの反応は一時的な反応であり，正常な反応であるが，ときにこれらの反応の長期化などにより精神科治療を要する場合もある．死別は遺族の死亡率や罹患率，自殺率を高めるリスク要因であることを示した研究も散見されることから，遺族ケアは重要と考えられている．具体的なケアには心理面のケアである情緒的サポート，具体的な生活上の困難への手段的サポートなどが挙げられる．これらの担い手は，遺族の状況に応じて家族や親族，友人，傾聴ボランティア，精神科医などの専門家まで多岐にわたる．遺族ケアは理解ある医療機関ないしは専門職，関連団体等により実践されているのが現状であり，疾病予防・精神保健の観点より政策的に位置づけられることが期待されている．

遺族厚生年金（イゾクコウセイネンキン）㊥ Survivors' Employees' Pension. 厚生年金加入中の被保険者が死亡したとき，または被保険者期間中の傷病が元で初診日から5年以内に死亡したとき，その人によって生計を維持されていた遺族に支給される年金．遺族厚生年金を受給する遺族の優先順位は，①配偶者または子，②父母，③孫，④祖父母，の順である．なお，子と孫は，18歳に達した日以後の最初の3月31日を経過していない子，または20歳未満で障害年金の障害等級1級または2級の子となる．子のある妻と子は，遺族基礎年金も併せて受給できる．老齢厚生年金の資格期間を満たした人が死亡したとき，あるいは1級，2級の障害厚生年金を受けられる人が死亡したときも支給される．30歳未満の子のない妻は，5年間の有期給付となる．夫，父母，祖父母が受給する場合は，死亡時において55歳以上であることが条件であり，60歳から受給することになる．また，65歳以上の遺族厚生年金の受給権者が，自身の老齢厚生年金の受給権を有する場合には，自分自身が納めていた保険料を年金額に反映させるため，老齢厚生年金を全額受給し，遺族厚生年金は老齢厚生年金に相当する額の支給が停止となる．

一次医療（イチジイリョウ）㊥ primary care ㊤ PC ㊜ プライマリケア．医療を一次・二次・三次医療に分けて，役割分担と連携のもとで医療が行われるように医療計画がなされている．簡単にいうと，一次医療とはかぜや頭痛，腹痛などの通常の外来診療をいう．また，二次医療とは比較的専門性の高い外来医療や一般的な入院医療を対象とし，そして三次医療とは脳卒中や心臓疾患などの高次医療を対象としている．一次医療は，特定の病気だけを診る専門医療とは違い，患者をひとりの人間として総合的に診療する医療である．疾病予防や健康管理を行い，さらに，在宅診療も含め，地域に密着した保健や福祉，介護分野とも連携した包括的な医療が求められるようになっている．疾病等の状態によっては専門的な医療機能をもつ病院等，ほかの医療機関と連携し適切な対応を行う．

⇨二次医療，三次医療

一次記憶（イチジキオク）㊥ primary memory. 道端の花の色やすれ違った人の顔や服の色など，数秒の間だけ保持される記憶をいう．これは今日の短期記憶に相当する概念で，記憶は短期記憶と長期記憶に分割されている．これはアメリカの心理学者ジェームズ（James W）によって提案された．

⇨二次記憶，長期記憶，短期記憶

一次救命処置（イチジキュウメイショチ）㊥ basic life

support 略 BLS．呼吸が止まり，心臓も動いていないと思われる人の救命ができるように，特殊な器具や医薬品を用いずに行う救命処置で，医療従事者に限らずに行える心肺蘇生法をいう．具体的には，心肺停止と思われる人がいた場合に行う次の対応と処置である．①人を集め，救急医療システム（119番）への迅速な通報，②迅速な救命処置（絶え間ない心臓マッサージ），③迅速な電気的除細動．近年，迅速な電気的除細動を病院に着く前に行うことを目的として，だれにでも使用可能な自動体外式除細動器（AED）が導入され，人の多く集まる場所に設置されるようになり，AEDを用いた電気的除細動までを医療従事者以外の者ができるようになっている．現在，介護現場や一般の市民を対象に一次救命処置のトレーニングが広く行われている．
⇨二次救命処置

一次性高血圧（イチジセイコウケツアツ）➡本態性高血圧を見よ．

一次判定（イチジハンテイ）㊥ primary decision．一般に介護保険制度における要介護（要支援）認定のためにコンピュータによって介護サービスの必要度を判定することをいう．一次判定では，要介護（要支援）認定の申請者について，介護認定調査員の訪問による認定調査（基本調査項目と特記事項からなる）と主治医意見書の結果から，コンピュータによって統計的推計が行われ，要介護認定等基準時間が算出される．運動能力の低下していない認知症の人に関しては，その時間に認知症加算が加えられ，合計時間に応じ，非該当〜要介護5に判定される．一次判定の確定は，介護認定審査会において，一次判定の結果が，特記事項や主治医の意見書との整合性が取れているかの確認および必要に応じた修正ののちに行われ，厳密にはこれらの過程すべてが一次判定となる．一次判定の結果は，介護認定審査会による二次判定の際の資料となる．
⇨二次判定，要支援・要介護認定，介護認定審査会

一次予防（イチジヨボウ）㊥ primary prevention．疾病の発現を促進させる要因を除去し，健康を増進させることで疾病を予防する段階をいう．健康な状態から発病し治癒や死などに至るまでの疾病の自然史（natural history）に対応した三段階の予防対策のひとつである．一次予防のうち，特定の疾病に対する予防を特異的予防といい，感染症に対する予防接種や，職業病の予防のための教育が例として挙げられる．非特異的な予防は健康づくり（health promotion）であり，栄養，運動，休養などの生活習慣を整えるための教育が一例である．一次予防では，自覚症状のない人に疾病予防について関心をもってもらい，予防活動を長期継続できるようにすることが重要である．疾患予防の考え方は心身機能や環境の改善を通して生活機能や社会参加の向上を目指す介護予防施策でも用いられている．介護予防における一次予防は，活動的な状態にある高齢者を対象者として，介護予防についての知識普及や地域での介護予防活動支援を行うものである．
⇨二次予防，三次予防

一次予防事業（イチジヨボウジギョウ）㊥ primary prevention project ㊥ 一般高齢者施策．介護保険の第1号被保険者が，要介護状態または要支援状態となることを予防する事業．介護保険サービスの「地域支援事業」のなかに介護予防事業があり，対象者により「一次予防事業」と「二次予防事業」に分類される．二次予防事業は，要支援，要介護になるおそれのある高齢者が対象であるのに対し，一次予防事業は，第1号被保険者すべての人（活動的な高齢者）を対象とする．一次予防事業は，「介護予防普及啓発事業」「地域介護予防活動支援事業」「一次予防事業評価事業」の3つで構成され，介護予防に関する活動の普及・啓発，自発的な活動の育成・支援などを行う．市区町村または地域包括支援センターが実施主体であり，地域によって具体的な事業内容や呼称は異なる．増大する介護保険財政の円滑な運営という観点からも，予防を重視し，要介護認定を受けていない元気な高齢者も介護保険制度の対象とした取組みである．
⇨二次予防事業

一過性脳虚血発作（イッカセイノウキョケツホッサ）㊥ transient ischemic attack 略 TIA．脳血管障害により一過性に麻痺，脱力，巧緻運動障害，感覚障害，失語，同名半盲などの局所神経症状が出現するものをいう．通常，数分〜数十分以内に完全に消失し，定義上は24時間以内に回復したものとしている．原因は多種多様であるが，大部分は頸部頸動脈分岐部のアテローム動脈硬化病変に形成された壁在血小板／フィブリン血栓が剥離して微小血栓として末梢の動脈を閉塞することによって発症する．基礎疾患には，動脈硬化病変，心疾患（弁膜症，心房細動，虚血性心疾患，心筋症，亜急性細菌性心内膜炎など），頸部または頭蓋内閉塞性血管病変，血液凝固・線溶系異常などがある．微小血栓が容易に溶解して血流が再開されるため，局所神経症状の発現は一過性にとどまる．また，脳血管にもともと高度の狭窄性病変や閉塞があり，潜在的な血流不全が存在することがある．これに脱水や血圧低下などの血行力学負荷が加わって一過性に血流不全状態が強くなることによって局所神経症状を発現する，脳血管不全によるTIAが知られる．TIAの患者の20〜30％は脳梗塞に移行し，短期間にTIAが頻発しているときは脳梗塞発症のリスクが高い．

一酸化炭素中毒（イッサンカタンソチュウドク）㊥ carbon monoxide poisoning．鉱山，炭鉱などでの炭塵爆発，工場でのガス漏れなどの事故，家庭内の燃料用ガスの不始末やストーブ，こたつなどで使用する練炭や木炭などの燃焼不良，自動車の排気ガスによる事故，ガス自殺などで起こる．症状は急性期症状と慢性期症状に分けられる．急性期症状はさらに次の3期に分けられる．①前駆期：頭痛，めまい感，悪心・嘔吐，呼吸困難，感覚・運動鈍麻などに始まり，しだいに意識障害が起こる．②主期（極期）：意識混濁から昏睡に至る時期で，意識障害の持続時間は一酸化炭素曝露時間により1時間〜数日，十数日までさまざまである．意識障害の持続時間が長いときには，後遺症状が重い傾向がある．③後期（回復期）：主期をすぎ，意識障害その他の症状がしだいに回復または固定する時期である．間欠型一酸化炭素中毒では，急性期症状が数日で軽快したあと，数日〜数週間の無症状期あるいは症状軽快期をおいて再び意識障害その他精神神経症状が出現する．慢性期症状としては，神経症状としてパーキンソン症候群，運動麻痺，発語障害，けいれんなどがあり，精神症状としては失語，失行などの巣症状，健忘症候群，認知症，情意障害などが生じ，重篤な場合には失外套症候群が現れる．意識障害が12時間以内

のものは6か月～2年程度でほぼ完全に回復し，重症例では種々の程度の精神神経症状を残し，症状は2～3年で固定する．神経病理としては，急性期に脳浮腫がみられるとともに，急性期・慢性期ともに白質の脱髄がほぼ全例にみられ，約半数に淡蒼球病変がみられる．

一般健康診断（イッパンケンコウシンダン） ⓔ general health examination ⓙ 定期健康診断．事業者が，労働安全衛生法第66条に基づき，労働者に対して実施する法定健康診断．事業者は，労働者の健康確保のために，労働者に対し，1年に1回以上または6か月に1回以上，医師による健康診断を実施することが義務づけられている．一般健康診断は，この法定健康診断に含まれ，その種類は，雇入時の健康診断，定期健康診断，特定業務従事者の健康診断，海外派遣労働者の健康診断，給食従業員の検便である．検査項目は，既往歴および業務歴の調査，自覚症状および他覚症状の有無の検査，身長，体重，腹囲，視力および聴力の検査，胸部X線検査および喀痰検査，血圧の測定，貧血検査，肝機能検査，血中脂質検査，血糖検査，心電図検査，尿検査の11項目である．健康診断実施後，事業者は，結果の記録，保存，所轄労働基準監督署長への報告，労働者への通知を行い，必要時には作業の転換や，労働時間の短縮，医師や保健師による保健指導等を行うことが求められる．

一般高齢者施策（イッパンコウレイシャシサク） ➡一次予防事業を見よ．

一般病床（イッパンビョウショウ） ⓔ general beds. 2000年に医療法の第4次改正により病床区分の見直しが行われ，一般病床は精神病床，感染症病床，結核病床，療養病床以外の病床と定義された．主に急性期の疾患を扱う一般病床と，主に長期にわたり療養を必要とする患者が入院する療養病床とに区分することにより，病院の機能の違いが明確にされた．病院における病室の広さの基準と人員配置基準も見直された．一般病床の医師は入院患者16人に1人，看護師は入院患者3人に1人，薬剤師は入院患者70人に1人と，人員配置標準が示された．療養病床において医師は入院患者48人に1人，看護師は入院患者4人に1人，薬剤師は入院患者150人に1人と定められた．一般病床と療養病床の違いは入院料の差で，一般病床は平均在院日数，看護職員の比率などにより算定され，療養病床の入院基本料は，包括化点数となっている．
⇨療養病床

溢流性尿失禁（イツリュウセイニョウシッキン） ⓔ overflow incontinence／paradoxical incontinence ⓙ 奇異性尿失禁．本人が意識することなく尿が漏れてしまう尿失禁の種類のひとつをいう．膀胱から尿道口までの尿道に，慢性的に通過障害があると，排尿時に膀胱に尿が残ることを残尿といい，その膀胱内に残る尿の圧力が尿道を閉じる力を上回ることから膀胱にたまった尿があふれて流れ出てしまう．残尿が起こる原因として，神経因性膀胱，前立腺肥大，低活動膀胱などがある．たとえば，神経因性膀胱では，脊髄損傷や骨盤内臓器手術，糖尿病などが原因で，膀胱から仙髄への神経が障害されて，排尿反射が起こらないことで，膀胱に尿がたまる．前立腺肥大では，尿道を取り巻く前立腺が肥大して，尿道を圧迫し，尿の通り道を極端に狭くするため，膀胱に尿が残る．
⇨尿失禁

遺伝性脊髄小脳変性症（イデンセイセキズイショウノウヘンセイショウ） ⓔ hereditary spinocerebellar degeneration ⓙ ポリグルタミン病．小脳や脊髄の変性による遺伝性の疾患．遺伝形式には優性と劣性がある．この疾患には多くの病型があり，過去においてはMenzel型，Holmes型，Machdo-Joseph disease等とよばれていたが，遺伝子解析の進歩により，遺伝子が同定され，同定された順にSCA1，SCA2などのように現在ではよばれている．日本では，CAGリピートの延長が関係しているMachdo Joseph disease（SCA3）が多い．症状の組み合わせは病型により異なるが，小脳性失調症状による歩行障害や言語障害が主体である．病気が進行すると歩行ができなくなり，嚥下障害も加わってくることがある．SCA3では，前頭筋のジストニアによる目を見開いた顔貌がみられることがある．SCA6は，比較的進行が遅く，体幹の失調と小脳性の言語障害が特徴である．画像検査では小脳や脳幹の萎縮が認められる．遺伝性痙性対麻痺は脊髄病変が主体の疾患である．治療薬には，タルチレリン水和物が投与されることがある．
⇨小脳萎縮

遺伝的素因（イデンテキソイン） ⓔ hereditary predisposition．親から子へ受け継がれる遺伝的因子．遺伝の素因が関連する疾患を広義の遺伝子疾患という．

遺伝〔子〕病（イデンビョウ） ⓔ hereditary disease／genetic disease．遺伝的要因により引き起こされる疾患を称して遺伝病という．遺伝病には，狭義と広義のものがあり，前者は遺伝子の異常がメンデルの法則にしたがって発症するものをいい，後者は，染色体異常や複数の遺伝子と環境因子が相互に作用して発症するものをいう．メンデル遺伝病には，常染色体優性遺伝と劣性遺伝，X連鎖性遺伝（伴性遺伝）などがある．優性遺伝は，両親のいずれかが特定の遺伝子をもち，劣性遺伝は，両親ともに有した場合に発症する疾患をいう．常染色体優性遺伝には，ハンチントン病やマルファン症候群などがある．常染色体劣性遺伝には，フェニルケトン尿症や鎌状赤血球貧血などが有名である．またX連鎖性遺伝は，性染色体のX染色体にある遺伝子が影響する遺伝子病で，多くは劣性遺伝である．代表的なのが赤緑色盲や血友病である．広義の遺伝病のなかに染色体異常による疾患があるが，この代表が21番目の染色体が3本ある（トリソミー）ダウン症である．また，心筋梗塞，糖尿病，高血圧，高脂血症，がんのような生活習慣病は，多数の遺伝子が関与していることが考えられることから多因子遺伝病といわれている．

移動介護従業者（イドウカイゴジュウギョウシャ） ➡ガイドヘルパーを見よ．

移動支援事業（イドウシエンジギョウ） ⓔ transportation support service．屋外での移動が困難な障害者等に対して，外出のための支援を行うことにより，地域における自立生活および社会参加を促すことを目的とし，社会生活上必要不可欠な外出および余暇活動等の社会参加のための外出の際の移動を支援する事業である．移動支援事業は，厚生労働省の定める，地域生活支援事業のうち市町村を実施主体とする市町村地域生活支援事業のひとつとして位置づけられている．実施方法は，各市町村の判断により地域の特性や個々の利用者の状況やニーズに応じた柔軟な形態で実施することとされており，マンツー

マンによる支援である個別支援型，複数の障害者等への同時支援等を想定したグループ支援型，福祉バス等車両の巡回による送迎支援などの車両移送型などが想定されている．事業の対象者は障害者等であって，市町村が外出時に移動の支援が必要と認めた人とされ，その判断は各市町村の裁量にゆだねられている．
⇨地域支援事業

移動用リフト（イドウヨウリフト） 英 transfer lift. 要介護者または要支援者の移動や移乗のために用いるリフトの総称．介護保険制度に位置づけられているサービスのひとつである「福祉用具貸与」の対象品目のひとつ．介護給付の対象となるリフトの条件は，平成18年厚生労働省告示第256号により「床走行式，固定式又は据置式であり，かつ，身体をつり上げ又は体重を支える構造を有するものであって，その構造により，自力での移動が困難な人の移動を補助する機能を有するもの（取付けに住宅の改修を伴うものを除く）」と定められている．床走行式リフト，固定式リフト，据え置き式リフトなどがあるほか，「段差解消機」「立ち上がり用いす」「入浴用リフト」「可搬型階段昇降機」なども含まれる．
⇨福祉用具貸与

意図振戦（イトシンセン） ➡企図振戦を見よ．

易怒性（イドセイ） 英 irritability. 認知症の行動・心理症状（BPSD）のひとつであり，いらいらしてささいなことで不機嫌になる，いままでの本人であれば怒らないようなことで怒り出す，といった怒りっぽさのこと．認知症では，感覚情報を含む情報処理過程や環境要因，病前性格，神経伝達物質などさまざまな要因が怒りの発現にかかわっているため，対処方法も多様である．ただし，高橋智は，認知症の人の怒りを4つ（①認知機能の低下を受け入れられないために生じる怒り，②被害妄想的な内容に基づく怒り，③身体接触を含んだケアに対する怒り，④周囲の不用意な対応への怒り）に大別し，とくに④の怒りが認知症の人では多く認められると報告している．不適切な対応への怒りは適切なケアにより対応可能なことが多く，易怒性への対応の第一は他のBPSDと同様，非薬物療法であり，適切なケアにもかかわらず易怒性が改善しない場合に薬物療法を併用するべきであろう．
⇨認知症の行動・心理症状

医の倫理（イノリンリ） 英 medical ethics. 患者の診療に際して医師が守るべき道徳的義務を示し，医師の職業倫理指針のこと．「医の倫理」は，古代ギリシャの「ヒポクラテスの誓い」が最初とされる．それは，①病人に最善を尽くし害を与えないこと，②安楽死と堕胎の禁止，③患者を差別しないこと，④守秘義務，⑤師匠である医師に敬意を払うこと，などであるが，医師が患者にとってよい医療を決めて施すというパターナリズム的考え方が中心であった．現代では，パターナリズムに代わって，患者の権利を尊重する「医の倫理」が中心となり，世界医師会（WMA）が医の倫理マニュアル（medical ethicsmanual）を示している．その内容は，「1章；医の倫理の主要な特徴」「2章；医師と患者」「3章；医師と社会」「4章；専門家集団の一員としての医師」「5章；倫理と医学研究」である．日本医師会も2000年に「医の倫理綱領」を採択し，2004年には「医師の職業倫理指針」を作成している．

易疲労性（イヒロウセイ） 英 easy fatigability. 通常よりも疲れやすい，という身体的な状態を易疲労性という．疲れを感じること（疲労感）は，微熱，頭痛，筋肉痛，脱力感，思考の障害，抑うつ状態などを同時に経験することも多い．易疲労性の原因は，身体的だけでなく，精神的，物理的，化学的，生物的な要因を含む．日常生活では，睡眠時間や熟睡感の減少などの睡眠習慣の変化，生活資金の増減による生活状況の変化，家族や親せきや友人などの人間関係の変化などの，さまざまな要因が考えられる．身体的な問題として，加齢は大きな要因である．人体を複雑な機械にたとえると，いくら点検整備をしても衰えていくことからは免れない．高齢になり，体力や集中力の低下，回復力の遅延，意欲の低下，認知機能の低下などは，他者から易疲労性とみなされることにつながる．

衣服気候（イフクキコウ） ➡被服気候を見よ．

衣服着脱（イフクチャクダツ） 英 dressing and undressing. 衣服とは「着るもの」の総称である．着脱には着る，かぶる，履く，着ける，脱ぐ，外す等着脱にかかわる動作がある．衣類には「身体の保護」「体温調節」「衛生保持」「活動性の向上」「自己表現」などの機能もある．また，生活習慣や行事等，さまざまな場面における社会的な活動や参加には欠かすことのできない装いとしての役割もある．介護保険における要介護認定は，「介護の手間」の多寡により要介護度を判定するものであるが，衣類着脱動作については認定調査項目の第2群生活機能「10．上衣の着脱」「11．ズボン等の着脱」などで評価される．衣類着脱の介護にはさまざまな障害形態や，認知症の行動・心理症状（BPSD）などの症状，生活場面が想定される．利用者に負担をかけない方法や精神的な苦痛を与えない介助方法が必要である．利用者の選択性と自己決定を尊重するためにも，更衣をする前に衣類を選んでもらうことや承諾を得ることも大切である．

異物収集（イブツシュウシュウ） 英 collectionism. 認知症でみられる「収集」には，トイレットペーパーやタオルなど，集められても周囲へ影響が少ないものと，空き缶など，ごみの類としか理解できないものがあり，異物収集とは，後者にあたる行動障害のひとつを指す．いずれも同じ種類の物を続けて集める傾向がある．収集する合理的な理由は見いだしにくいものの，本人にとっては何らかの動機があることが多く，一概に否定せずに行為を尊重する配慮も必要となる．異物の場合，収集により家中がごみに埋もれてしまう場合もあるが，行為を中止させることが容易でない場合が多い．当人に行為の記憶がない場合には，適宜収集物を処分する方法もあるが，盗まれたと訴える場合もあるため記憶機能の評価も必要である．異物収集のためにゴミ屋敷となってしまう事例のなかには，固執と常同行為により収集を続ける前頭側頭葉変性症（FTLD）が含まれる場合もある．
⇨認知症の行動・心理症状，前頭側頭葉変性症

意味記憶（イミキオク） 英 semantic memory. 特定の時間や場所に関連しない一般的な情報の記憶であり，言語や計算，概念など社会全般における普遍的な情報の記憶である．意味記憶のモデルとして長期記憶は，自転車の乗り方などの運動や技能など言語化されない記憶である手続き記憶と，言語で表現される記憶である宣言的記憶（陳述記憶）に分類される．さらに，宣言的記憶は出来事の記憶であるエピソード記憶と，われわれが通常「知識」

とよんでいる意味記憶に分類される．コリンズ（Collins AM）とキリアン（Quillian MR）の意味ネットワークモデルが有名であるが，意味記憶とエピソード記憶を区別しない理論もあり（ACTモデルなど），議論の分かれるところである．なお，前頭側頭型認知症（FTD）の一群で，意味記憶の障害を主な特徴とする疾患があり，意味性認知症（SD）とよばれる．SDでは，初期より語義失語（意味性失語）を呈する点が特徴であるが，言語だけでなく視覚，聴覚，触覚などのさまざまな感覚様式を超えた意味記憶の認知障害を示す．
⇨エピソード記憶，意味性認知症，長期記憶

意味性失語（イミセイシツゴ）➡語義失語を見よ．

意味性認知症（イミセイニンチショウ）㋙ semantic dementia. 主として側頭葉前方部と底面を中心とした限局性脳萎縮を呈し，語の意味や物品の意味などの意味記憶が進行性に障害される臨床症候群．前頭側頭型認知症（FTD），非流暢性失語と並んで前頭側頭葉変性症（FTLD）における3つの臨床サブタイプのひとつに分類される．多くは萎縮に明らかな左右差があり，左優位の萎縮例では，物品の呼称ができず言葉の意味が分からないといった語義失語を呈し，右優位の萎縮例では，身近な人や有名人の顔が分からないといった相貌の認知障害や有名建造物の認知障害を伴う．病初期においては，日常生活動作（ADL）は保たれ，進行性の言語症状が目立つ．しかし，FTD同様の常同行動や食行動異常などの行動障害を認めることも多い．根治療法はなく，言葉の保持に言語リハビリテーションがある程度有効であるという報告がある．
⇨ピック病，前頭側頭型認知症，前頭側頭葉変性症

医薬分業（イヤクブンギョウ）㋙ separation of dispensing and prescribing functions ㋯ SDP. 処方箋発行までを医療機関の仕事とし，調剤を薬局の仕事として分けることをいう．1951年，連合軍占領下の日本で，医師法，歯科医師法，薬事法の3法の位置が改正され，医師，歯科医師の処方箋発行が義務化された．しかしながら，日本医師会の反発などによって，1956年に施行されるまでの間に，医薬分業は骨抜きとなった．事態が動き始めたのは，1974年，医師の処方箋料が前年までの60円から500円に増額された時期である．さらに1990年代以降，膨大な薬価差益が明るみに出て，これが薬漬け医療，さらには医療費増大の一因として批判を浴び，薬価差益の抑制が図られた結果，院外処方箋を発行する医療機関が増え，医薬分業が現実のものとなりつつある．医薬分業によって，複数の医療機関から投薬を受けている患者の薬を，かかりつけ薬局が総合的に管理できるなどのメリットが指摘されているが，医療費全体の伸び抑制には役立っていない．

医療過誤（イリョウカゴ）㋙ malpractice／malpraxis ㋤ 診療過誤．医療過誤は医療事故の一類型であり，医療行為に関する医療従事者の無知・過失により生じる．医療過誤の要件は，ある患者に医療行為を施したこと，当該患者の健康ないし生命が侵害されたこと，その両者の間に因果関係があること，医療従事者に専門家としての注意義務違反があったこと，とされる．注意義務は，結果予見義務と結果回避義務に大別される．日常診療の現場でヒヤリハット（ニアミス），インシデント，アクシデントの事例が報告・記録・蓄積・共有され，医療事故防止の教育，リスクマネジメントの研修，医療安全管理体制の整備に役立てられている．医療過誤に対する訴訟が起こされ，民事責任および刑事責任が問われることがある．医療が細分化・高度化されるなかで，医療従事者は生涯学習を心がけ，たえず，知識，技術を習得しなければならない．
⇨医原性疾患

医療ソーシャルワーカー（イリョウソーシャルワーカー）㋙ medical social worker ㋯ MSW. 保健医療分野において社会福祉の立場から患者のかかえる経済的，心理的・社会的問題の解決，調整を援助し，社会復帰の促進を図るソーシャルワーカーをいう．MSWという国家資格はなく，社会福祉士や精神保健福祉士が基礎資格とされている．MSWの主な業務は，①療養中に生じる「心理的・社会的問題の解決・調整援助」，②地域における在宅サービス等の情報提供や関係機関との連携のもとに行う「退院援助」，③退院後の社会生活に向けた「社会復帰援助」，④必要な医療を安心して受けられるための「受診・受療援助」，⑤治療費の支払いや生活費等の「経済的問題の解決」，⑥関係機関等とのネットワーク形成等の「地域活動」である．

医療費控除（イリョウヒコウジョ）㋙ medical deduction. 納税者が自身の医療費または納税者と生計をひとつにする配偶者等のために医療費を支払った場合，一定の金額の所得控除を受けることができる税金控除のひとつである．対象となる医療費はその年の1月1日～12月31日までに支払われた医療費である．しかし，医療費控除の対象となる医療費は，実際に支払った医療費から保険金などで補てんされる金額を差し引き，さらにその差額が10万円を超えた額，あるいはその年の総所得金額等が200万円未満の人は総所得金額等5％の金額を超えた額になる．保険金などで補てんされる金額とは，たとえば生命保険契約などで支給される入院費給付金や健康保険などで支給される高額療養費などが該当する．介護保険制度のサービスを利用した場合もサービスの種類により認められる場合があるが，健康診断の費用や健康増進のための健康食品などは該当しない．医療費控除は5年前までさかのぼり申告が可能である．

医療扶助（イリョウフジョ）㋙ medicaid／medical benefit in public assistance. 生活保護制度において，被保護者が傷病によって治療を必要とする場合に医療を提供する扶助（生活保護法第15条）．医療扶助は，原則，指定された指定医療機関に委託して行われる現物支給である．福祉事務所において医療券を発行し，医療券を指定医療機関に提出して医療を受ける．なお，障害者総合支援法等における公費負担医療が適用される場合や，被用者保険の被保険者または被扶養者については，各制度において給付されない部分が医療扶助の給付対象となる．医療扶助が適用される範囲は，①診察，②薬物または治療材料，③医学的処置・手術またはその他の治療並びに施術，④居宅における療養上の管理およびその療養に伴う世話その他の看護，⑤病院または診療所への入院およびその療養に伴う世話その他の看護，⑥移送の範囲内で実施，となる．

医療法（イリョウホウ）㋙ Medical Care Act. 医療機関に関する法律（昭和23年法律第205号）．目的は，医療を提供する体制の確保と，国民の健康の保持にある．病院・

診療所・助産所の開設・管理・整備の方法などを定める．医療機関とは，医療法で規定された病院，診療所，介護老人保健施設，調剤を実施する薬局，その他の医療を提供する施設を指す．前述の4つの施設のうち，医療サービス（医業・歯科医業）を行う医療機関としては，病院と診療所だけと規定されている．在宅医療などの例外を除き，病院や診療所以外で医療サービスの提供を行うことはできない．介護との関連では，認知症の人の入院に関する処遇が問題となる．精神障害者の入院に関して，一般の医療を規定する医療法では，精神病患者を精神病室でない病室に入院させないとされているが，臨時応急のため入院させるときは，精神病室でない病室にも入院させることができる（医療法施行規則第10条）．
⇨精神保健及び精神障害者福祉に関する法律，障害者自立支援法

医療法人（イリョウホウジン） Ⓔ medical juridical person／medical corporation．病院，医師もしくは歯科医師が常時勤務する診療所又は介護老人保健施設を開設することを目的として，医療法の規定に基づき設立される法人（医療法第39条第1項）．医療法人は，生命や身体の安全に直接かかわるために非営利性が特徴となっている．医療法人には，人の集まりを基盤とした「社団たる医療法人」と提供された財産を運営するための「財団たる医療法人」の2つがある．また「社団たる医療法人」には「出資持分のある医療法人」と「出資持分のない医療法人」がある．そして「出資持分のある医療法人」のなかには「出資額限度法人」があり，「出資持分のない医療法人」のなかには「基金制度を採用した医療法人」がある．さらに医療法を根拠とする「社会医療法人」，租税特別措置法を根拠とする「特定医療法人」という特別な類型がある．「社会医療法人」はこれまで「公益性の高い医療」を担ってきた自治体病院に代わって，地域医療の中心を担うことが期待される法人で，ケアハウスの設置・運営などの社会福祉事業に加え，収益業務も認められるほか，社会医療法人債の公募債も発行できる．一般の医療法人と特定医療法人は，各事業年度のすべての所得に対して法人税が課されるのに対して，社会医療法人では，収益業務に対してのみ法人税が課され，病院や診療所，介護老人保健施設の運営といった医療保健事業に対しては非課税となっている．

医療保険制度（イリョウホケンセイド） Ⓔ health insurance system．疾病や負傷，死亡，分娩などの事由に対して加入する保険者が保険給付を行う制度．医療保険制度の保険給付には現物給付と現金給付があり，前者には療養の給付が，後者には高額療養費や傷病手当金などがある．医療保険制度の種類には，職域保険である被用者保険，地域保険である国民健康保険，後期高齢者医療制度がある．被用者保険には全国健康保険協会管掌健康保険，組合管掌健康保険，船員保険，国家公務員共済組合，地方公務員等共済組合，私立学校教職員共済制度がある．日本の医療保険制度は1922年に制定された健康保険法に始まり，1961年の国民皆保険体制により，国民はいずれかの医療保険に加入することとなっている．皆保険当初は被用者保険の療養の給付は被用者本人が10割給付，被用者家族と国民健康保険が5割給付であったが，その後の度重なる改正により，現在は被用者保険，国民健康保険ともに7割給付となっている．

医療保護入院（イリョウホゴニュウイン） Ⓔ admission for medical care and custody．入院を必要とする精神障害者で，自傷他害のおそれはないが，精神保健指定医による診察の結果，本人の同意による任意入院を行う状態にないと判定された場合に，配偶者・親権者・扶養義務者・後見人または保佐人（以下，家族等）のいずれかの人の同意によって入院する制度（精神保健福祉法第33条第1項及び第2項）．家族等の該当する人がいない場合等は市町村長が同意の判断を行う．2013年の精神保健福祉法の改正によって保護者制度が廃止され，2014年4月1日から医療保護入院における同意要件が，保護者から家族等のうちのいずれかへと変更された．また，精神科病院の管理者に，①医療保護入院者の退院後の生活環境に関する相談および指導を行う退院後生活環境相談員（精神保健福祉士等）の設置（法第33条の4関係），②入院者本人や家族からの相談に応じて，必要な情報提供を行う地域援助事業者（相談支援事業者等）の紹介（法第33条の5関係），③医療保護入院者の退院による地域生活への移行促進の体制整備（法第33条の6関係），が義務づけられた．

医療面接（イリョウメンセツ） ➡問診を見よ．

医療モデル（イリョウモデル） ➡医学モデルを見よ．

医療連携体制加算（イリョウレンケイタイセイカサン） 認知症の人の日常的な健康管理や医療ニーズへの適切な対応がとれる等の体制を整備している事業所を評価するもの．「認知症対応型共同生活介護における医療連携体制加算に係る施設基準」（平成12年厚生省告示第26号）では，当該事業所の職員としてまたは病院等との契約により看護師を1名以上確保していること，看護師による24時間連絡体制を確保していること，重度化した場合の対応に係る指針を定め，入居時に入居者またはその家族に当該指針の内容を説明し，同意を得ていることとされている．「指定地域密着型サービスに要する費用の額の算定に関する基準及び指定地域密着型介護予防サービスに要する費用の額の算定に関する基準の制定に伴う実施上の留意事項について」（平成18年3月31日厚生労働省通知）では准看護師は認められないこと，同一法人の他施設に勤務する看護師を活用する場合は当該事業所の職員と併任可であること等が示されている．

イレウス Ⓔ ileus Ⓙ 腸閉塞症．小腸や大腸の内容物である糞便やガスなどが肛門から排出される消化過程のなかで，何らかの原因により腸内に通過障害を起こした状態のことをいう．その原因は，腸管内の硬い便，腫瘍，巨大ポリープなどの異物，開腹手術後の腸の癒着，腸重積や腸捻転のような腸の異常によるものがあり，これらを機械的腸閉塞という．また，腸の支配神経の異常による運動低下で，腸内容物が停滞するものを機能的腸閉塞という．症状は，突然の激しい腹痛と嘔気・嘔吐で，腹部の膨満も伴う．腹痛は，激しい痛みが間欠的に出現する疝痛発作が特徴であるが，腸捻転のような絞扼性腸閉塞では，激しい痛みが継続する．吐物は，最初胃の残渣物であるが，ひどくなると便臭がする腸内残渣物が吐物に混じる．

イレオストミー ➡回腸ストーマを見よ．

入れ歯（イレバ） ➡義歯を見よ．

胃ろう（イロウ） Ⓔ gastro stoma／gastric fistula．胃と体表または隣接臓器との間に管状交通（ろう孔）のあるものをいう．人工的に造設する場合と，病的にできる場合

がある．人工的に胃ろうを造設する場合は，経口摂取や経鼻胃管栄養法の実施が不可能な場合などに，栄養ろうの目的であることが多い．胃ろうは人工的な栄養・水分補給法のなかで，経鼻経管栄養法や中心静脈栄養法より苦痛が少なく，栄養を腸から自然な形で吸収できる方法である．
⇨経皮内視鏡的胃ろう造設術，胃ろう造設術

胃ろう造設術（イロウゾウセツジュツ） 㿨 gastrostomy. 胃ろうを人工的に造設する胃ろう造設術は，胃の前壁を開口し，胃内腔を体外に誘導して腹壁に固定し胃と腹壁にできた穴に胃ろうカテーテルを通して留置することで形成される．人工的に造設された胃ろうには，直接腹壁に開口する直接ろうと，一定のろう管が介在する間接ろうがある．胃ろう造設術は開腹手術で行われる場合と，内視鏡を用いて経皮的に行われる場合がある．経皮内視鏡的胃ろう造設術（PEG）は，内視鏡を用いて胃ろうを形成する手術法である．造設された胃ろうには一時的胃ろうと永久胃ろうがある．人工的に胃ろうを形成する場合は，経口摂取や経鼻胃管栄養が不可能な場合等，栄養ろうの目的で造設されることが多い．
⇨経皮内視鏡的胃ろう造設術，胃ろう

インシデント 㿨 incident. 医療行為や管理面において，重大な事故には至らず結果的に未然に防がれたものをいう．一般的には「ヒヤリハット」も含まれる．インシデントの具体例としては，徘徊して交通事故に遭いそうになる，熱湯に手を入れ火傷しそうになる，歩行中につまずき転倒しそうになる，食べ物を喉に詰まらせる，などがある．実際のインシデントの事例をまとめた「インシデントレポート（ヒヤリハット報告書）」は，事故を未然に防止するための対策を講じる資料として有益である．なお，未然に防ぐことができず事故に至った事象は，「アクシデント（accident）」とよばれる．
⇨ヒヤリハット

インスリン 㿨 insulin. 1921年に発見された血糖を下げる唯一のホルモン．筋肉や脂肪細胞に血液からブドウ糖が取り込まれるのを助ける働きがある．血糖が上がると膵臓にあるランゲルハンス島のβ細胞でつくられるインスリンが分泌され，血液中のブドウ糖を細胞が利用するのを促進させ，血糖を下げて正常に戻す．インスリンが不足するか，その効きが悪くなり血糖が高い状態が続くことによって，糖尿病になる．糖尿病の治療に使われているヒトインスリンは遺伝子工学的に合成されたものである．
⇨糖尿病

インスリン療法（インスリンリョウホウ） 㿨 insulin treatment／insulin therapy. インスリンの分泌が不足している，もしくは分泌されてもそのインスリンがうまく働かず血糖が高くなる糖尿病に対して，不足したインスリンを注射することで血糖をコントロールする治療法．現在，治療に用いられるインスリン製剤には，皮下注射後の効果発現開始時間や持続時間などの違いによって，超速効型，速効型，中間型，持続型（持効型溶解）の4種類があり，さらにそれらを混ぜ合わせた混合型がある．患者の状態によって，それぞれの特徴に応じて使い分けられる．1型糖尿病の治療ではインスリンの使用が必須となるため，自己血糖測定を行い，超速攻型インスリンと持続型インスリンを調整したインスリン製剤を注射して血糖を正常化する強化インスリン療法等が行われる．2型糖尿病の治療でも，食事療法，運動療法および，経口血糖降下薬によっても血糖が下がらない場合，インスリンによる治療を行い，不足しているインスリン分泌を補う．
⇨インスリン

陰性感情（インセイカンジョウ） 㿨 negative feeling. 人が抱く感情は主観的に肯定的な感情と否定的な感情に分けることができる．このときの否定的な特徴をもつ感情を陰性感情といい，怒りや不安，嫌悪感，不快感，恐怖感，抑うつ，自責感などが含まれる．とくにケア場面においては，ケア提供者が患者や利用者およびその関係者との相互行為やコミュニケーションの過程で相手に抱く否定的な感情のことを指すことが多い．ケア提供者が陰性感情をもちながら相手にケアを提供するという矛盾した状況におかれると，意図したケアが実践できない不全感，社会的要請にこたえていないことから派生する無力感などが生じるといわれている．陰性感情をもつこと自体に問題はないが，ケア提供者にとって精神的負担となり，相手との関係性にも影響を及ぼす場合があるため，適切に対処することが望まれる．

陰性症状（インセイショウジョウ） 㿨 negative symptom. イギリスの精神学者ジャクソン（Jackson JH）が提唱したジャクソン学説のなかの概念．彼は，中枢神経系は階層構造をもち，上位機能が下位機能を支配・統括していると考え，上位の脳の機能喪失により生じる感情の欠如，適応力の減少などの症状を陰性症状とよび，これまで上位の脳の機能により支配されてきた部位の機能が解放されることにより生じる幻覚や妄想などの症状を陽性症状とよんだ．現在では，統合失調症の症状を記述する際に使用されることが多いが，神経系の疾患に分類される症候群の症状の記述にも使用される．陰性症状の代表例としては感情の平板化，抑うつ，意欲の低下，無関心，興味の喪失などがある．認知症においては行動・心理症状（BPSD）の陰性症状が早期から末期まで認められる場合が多いため，適切なケアや非薬物治療・薬物治療が必要である．
⇨統合失調症，陽性症状

インターディシプリナリーチーム 㿨 interdisciplinary team 略 IDT. 多くの専門職がクライエントの課題に対応する場合，その課題を専門職間でどのように担当するか，その方法によりチームの形態が異なる．インターディシプリナリーチームとは，多くの専門職がそれぞれの専門的アプローチにより同一課題に共に対応する形態である．上下関係がなく，相互依存性の高い形態であることから，支援が重複しないようカンファレンス等により専門職が担う役割の分担などの調整が必要となる．これに対して，あらかじめ課題を分担し，それぞれの専門職の支援領域を明確にして支援を実施する形態をマルチディシプリナリーチームという．これらの2種のチーム形態は，どちらか一方を採用する場合もあれば，当初はマルチディシプリナリーチームをとり，時期をみてインターディシプリナリーチームへ移行していく場合もある．その判断は課題の特性（たとえば緊急度など）による．クライエントの支援において，現時点ではどのチーム形態がもっとも有用なのかを判断することが重要である．
⇨多職種協働，マルチディシプリナリーチーム

インタビュー法（インタビューホウ） 英interview method. 面接者と対象者が対面し会話を通してデータを収集する技法．形式により構造化面接法，半構造化面接法，非構造化面接法に分類される．
⇨構造化面接法，半構造化面接法，非構造化面接法

インターフェロン 英interferon 同IFN. ウイルス感染などに誘発された宿主細胞が分泌する，ウイルス増殖抑制タンパク質をいう．感染細胞が分泌したインターフェロンは，周囲の細胞のインターフェロンレセプターに結合し，短時間で抗ウイルス状態を発現させる．ウイルス感染初期の防御因子として重要である．インターフェロン製剤は抗ウイルス療法，免疫療法に用いられる．

インターフェロン療法（インターフェロンリョウホウ） 英interferon therapy. インターフェロン製剤を用いた治療をいい，抗ウイルス療法，免疫療法として用いられる．インターフェロン製剤にはα，β，γ型のそれぞれに天然型と遺伝子組換え型があり，すべて注射剤である．α，β型インターフェロンはB型，C型慢性活動性肝炎，C型慢性肝炎，腎がん，多発性骨髄腫，慢性骨髄性白血病（CML）などの治療に，γ型インターフェロンは腎がん，成人T細胞型白血病などの治療に用いられる．インターフェロン投与時の副作用としてうつ症状，錯乱，血小板・白血球減少，甲状腺炎，間質性肺炎，タンパク尿などがある．インターフェロン製剤の投与による自殺企画・既遂の報告が複数例あり，副作用が認められた際にはインターフェロン投与の中止を考慮する．α，βインターフェロンとショウサイコトウ（小柴胡湯）は併用禁忌である．

インテーク面接（インテークメンセツ） 英intake interview 同受理面接．援助過程の初期段階において相談者が自らの課題解決のために相談機関等へ来談する段階をいう．受理ともよばれ，援助の開始でもある．

インテグレーション 英Integrated education 同統合教育．障害をもった人など，社会福祉の支援対象者が，地域社会，一般社会に受け入れられ統合するための考え方，援助，および過程をいう．また，地域の福祉資源等をネットワーク化し，支援対象者の日常生活を支援することも含む．
⇨ノーマライゼーション

院内感染（インナイカンセン） 英hospital infection／hospital-acquired infection／nosocomial infection. 病院内で細菌やウイルスなどの病原微生物に接触することにより引き起こされた感染．病院内での微生物接触に起因するものは，退院後など病院外で発症したものも含まれる．また，患者のみならず医療従事者も対象となる．感染経路は，ヒトからヒトへの交差感染と，同一個人内での内因感染がある．「院」という文字は，病院以外にも用いられるので，病院感染という表現や，昨今，病院に限らず，施設や在宅医療においても感染管理の重要性が増したことから，医療関連感染という表現も広く使用されている．免疫力の低下した患者，未熟児，高齢者などの易感染性患者は，感染力の弱い微生物によっても，院内感染を起こす可能性がある．さらに，薬剤耐性菌の出現や日和見感染の増加など，院内感染の種類や内容も変化してきている．このため，医療機関全体として対策に取り組むことが必要であり，「院内感染対策委員会」を設け，予防対策と教育などを組織的に行うことが求められる．

インフォーマルケア 英informal care 同インフォーマルサービス／インフォーマルサポート．家族，近隣住民，ボランティアなどが行う，制度外の援助．インフォーマルケアに対して，公的機関が制度に基づいて行う援助をフォーマルケアという．
⇨フォーマルケア

インフォーマルサービス ➡インフォーマルケアを見よ．

インフォーマルサポート ➡インフォーマルケアを見よ．

インフォームドコンセント 英informed consent 略IC. 患者は，自分の受ける治療に関して，十分な情報開示を受け，自身の価値観・治療目標に合わせて自分で決定する権利をもっている．このような医療に関する「知る権利」と「選択する権利」からなるインフォームドコンセントは，倫理原則である自律尊重原則，および，「患者の望まない治療を拒否する」判例の積み重ねによって確立されてきた．インフォームドコンセントの構成要素は，①情報の公開，②理解，③自発性，④意思能力，⑤同意，の5つである．それは，「医師と患者が意思決定過程を共有すること」でもあり，医師は，十分な情報提供を行い，繰り返し話し合い，患者の意見を聴き，また，患者に選択肢について教育したり，さらなる熟考を促したり，説得したりする．そして，患者は，自分の価値観や目標に応じて，自身の身体・健康に関する自己決定を行う．また，自発性については，強要・嘘・不当な影響下にないことが必要である．開示すべき情報は，(a)病名・病態，(b)検査や治療の内容・目的・方法・必要性・有効性，(c)その治療に伴う危険性と発生頻度，(d)代替治療とその利益・危険性・発生頻度，(e)医師が薦める治療を断った場合，それによって生じる好ましくない結果，などを開示する必要がある．また，より大きな侵襲を伴う治療法の場合には，たとえ頻度が稀であっても，深刻な危険については，患者と十分に話し合っておく必要がある．実際の医療現場において，患者自ら治療方針の決定に参加するインフォームドコンセントは，患者の自己管理の意識と意欲を向上させることに役立っている．

インフォームドチョイス 英informed choice. 日常臨床の現場で，しばしば「患者の同意をとりつける」「IC；informed consentをとる」という言葉が用いられるが，それは，とりもなおさず「専門家である医師が薦める治療に，患者は同意するはずだ」という先入観が根底にある．これは必ずしも，インフォームドコンセントという概念の真意を表していない．インフォームドコンセントは，厳密にはインフォームドチョイス（informed choice）あるいはインフォームドデシジョンメイキング（informed decision making）であり，患者は，情報開示を受けたあと，インフォームドコンセント（医療同意：informed consent）することもあるし，インフォームドリフューザル（医療拒否：informed refusal）することもありうるのである．

陰部洗浄（インブセンジョウ） 英washing the genital area. 湯を流しながら陰部を洗浄し，清潔を保つこと．陰部は湿度が高く，排泄物が皮膚に接触しうるため，尿路感染や皮膚感染などを起こしやすく，清拭だけでは清潔を保ちにくい．座位を保つことができる人の場合には，トイレやポータブルトイレに座った状態で，湯を入れたシャワーボトルやペットボトルを用いて洗浄することができる．座位を保つことがむずかしい人の場合には，ベッド

上で湯をおむつや吸水シートに吸収させるなどして洗浄する．せっけんを用いる場合には，布に少量のせっけんと適量の湯をつけてしっかり泡立て，圧力をかけずに洗い，湯で流す．その際，粘膜を傷つけないように，しっかり泡立てること，確実に洗い流すことが重要である．陰部洗浄を行うときには，カーテンを引く，タオルをかけるといった，羞恥心に対する配慮が不可欠である．
⇨清拭

インフルエンザ ㉄influenza／grip／grippe ㊇la grippe ㊐流行性感冒．インフルエンザウイルスを病原とする気道感染症であるが，重篤化することがあるため，一般のかぜ症候群とは区別してとらえるべきである．インフルエンザは毎年11月上旬あたりから散発的に流行し始め，1～2月ごろにピークを迎えた後に，急速に減少して，4月上旬ごろまでには終息する．流行の程度と時期はその年によって異なる．インフルエンザにはA，B，Cの3型があるが，流行しやすいのはA型およびB型である．A型またはB型インフルエンザウイルスに感染すると，1～3日の潜伏期間の後に，発熱，頭痛，全身倦怠感，筋肉痛や関節痛などの症状が突然，出現する．そして咳や鼻汁などの上気道炎症状が続き，約1週間の経過で軽快するのが一般的である．とくに，高齢者や，呼吸器・循環器・腎臓などに慢性疾患をもつ患者，免疫機能が低下している人においては，重篤化しやすいため注意が必要である．
⇨上気道感染症

インフルエンザウイルス ㉄influenza virus ㊂FLUV．オルトミクソウイルス科（*Orthomyxoviridae*）に属し，A，B，Cの3型に分類される．流行的な広がりをみせるのはA型とB型である．A型インフルエンザでは，数年から数十年ごとに世界的な大流行がみられるが，これは表面抗原の変化によって起こる．これを不連続抗原変異というが，A型インフルエンザウイルスでは，この不連続抗原変異が頻繁に起こるため，毎年のように流行を繰り返す．一方，B型，C型では亜型ウイルスは存在しない．また，カモやアヒルなどの水鳥を宿主とするウイルスは鳥インフルエンザウイルスとよばれているが，日本では，ニワトリなどの家禽（飼育している鳥）に感染し，家禽の間で重大な被害を生じる可能性が高いウイルスを，鳥インフルエンザウイルスとよんでいる．

インフルエンザワクチン ㉄influenza vaccine．インフルエンザの予防としては，流行期に人ごみを避けること，避けられない場合にはマスクを着用すること，睡眠不足を避けること，栄養を十分にとること，外出後にはうがいや手洗いを励行することが基本である．インフルエンザワクチンの活用も普及しているが，感染や発症そのものを完全に防御することはできない．しかし施設入所者を対象とした調査では，重症化や合併症の発生を予防する効果が認められている．日本では，65歳以上の高齢者および，60歳以上65歳未満の人で，心臓，腎臓もしくは呼吸器の機能などに一定の障害を有する人に対しては，本人の希望により，一部実費徴収の形でインフルエンザワクチンの予防接種を受けることができるため，高齢者自身が予防接種を受けることが推奨されている．病院や施設，訪問系サービスなどでは，職員を介して広がることが指摘されているため，職員を対象としたワクチン接種も勧奨されている．

う

ウイリス動脈輪閉塞症（ウイリスドウミャクリンヘイソクショウ） ➡もやもや病を見よ．

ウイルス 英virus．単独では増殖できず，他の生物の細胞に寄生して増殖する大きさが20～300nm（ナノメートル：1mmの100万分の1）の微小な微生物．構造も細胞壁，細胞膜，細胞質，核という構造をもたず，遺伝情報をもつ核酸（DNSまたはRNA）がタンパク質の殻（カプシド：capsid）で包まれた簡単な構造となっている．B型肝炎やインフルエンザなどのウイルス性疾患は，ワクチン接種により感染・重症化の予防が可能である．ノロウイルスによる感染性胃腸炎は，ヒトからヒトへの感染と，汚染した食品を介して起こる食中毒に分けられ，1～2日間の潜伏期間を経て，嘔気・嘔吐，下痢・腹痛，37℃台の発熱がみられる．感染予防対策や感染症発生時に適切な対応を行うためには，感染経路，潜伏期（間），他者への感染性を有する期間等の特徴の把握が必要である．ヒト免疫不全ウイルス（human immunodeficiency virus：HIV）感染による認知症や軽度認知症障害（MCI）では，実行機能障害や情報処理速度の低下，注意力の低下など皮質下認知症の特徴を有することが多いが，高活性抗レトロウイルス療法によって生命予後は劇的に改善している．

ウイルス感染症（ウイルスカンセンショウ） ウイルスが人間の体内に侵入して引き起こす感染症をいう．ウイルスの大きさは，20～970nm（ナノメートル：1mmの100万分の1）と非常に小さな病原体である．ウイルスは単独では増殖できないため，人間の体内に侵入して増殖する．感染経路には，接触感染，飛沫感染，空気感染，経口感染，昆虫媒介感染，血液感染，母子感染などさまざまな経路からウイルスが体内に侵入する．身近な主なウイルス感染症は，感染性胃腸炎，インフルエンザ，麻疹，風疹，水痘，肝炎，帯状疱疹，エイズなどがある．抗ウイルス薬として，一部のウイルスの増殖を抑制する薬はあるが，まだ開発段階といえる．また抗生物質は効力がない．認知障害を起こす脳の病気には，帯状疱疹（ヘルペスウイルス）による脳炎，梅毒（梅毒トレポネーマ）による進行麻痺，クロイツフェルト・ヤコブ病（異常プリオンタンパク質）による急激な認知症の出現がある．

ウイルス性脳炎（ウイルスセイノウエン） 英viral encephalitis．種々の向神経性ウイルスおよび全身性感染症としてのウイルスが脳炎を起こした状態をいう．単純ヘルペス脳炎，日本脳炎，インフルエンザ脳炎などがある．炎症は脳にとどまらず，髄膜炎を起こすこともあるなど，原因ウイルスによって侵される部位に多少差がある．予後に関しても，ウイルスによってかなり違いがある．一般的には頭痛，感冒様症状などの前駆症状で始まり，意識障害，けいれんなど急性症状が起こる．意識障害が目立たず，緊張病様症状など精神症状が前景に出る場合もあり，注意が必要である．後遺症として精神障害，知能低下，人格変化，さらに錐体外路系の神経症状を残すことがある．
➡脳炎

ウェクスラー成人用知能検査（ウェクスラーセイジンヨウチノウケンサ） 英Wechsler adult intelligence scale 略WAIS．1955年アメリカの心理学者ウェクスラー（Wechsler D）が，ウェクスラー・ベルビュー知能検査を成人用に改訂し作成した知能検査．日本では2006年に第3版であるWAIS-Ⅲが標準化されている．WAIS-Ⅲは16～89歳までの成人を対象としている．14の下位検査から構成されており，言語性IQ（VIQ），動作性IQ（PIQ），全検査IQ（FIQ）の3つのIQに加え，言語理解（VC），知覚統合（PO），作業記憶（WM），処理速度（PS）の4つの群指数も測定することができ，より多面的な評価および解釈が可能である．検査に要する時間が長いため，被験者の年齢や体調，疲労度によって実施方法を考慮する必要がある．

ウェクスラーメモリースケール 英Wechsler memory scale 略WMS．1945年にアメリカの心理学者ウェクスラー（Wechsler D）によって作成され，世界的にも用いられている記憶検査．日本では2001年にウェクスラーメモリースケール改訂版（WMS-R）が標準化されている．標準化の際にすべての被験者にウェクスラー成人知能検査改訂版（WAIS-R）を実施し分析を行っているため，知能との関係をみることもできる．適用年齢は16～74歳で，検査に要する時間は45～60分である．WMS-Rには言葉を用いた問題と図形を用いた問題があり，13の下位検査から構成されている．「一般的記憶」「注意／集中力」「言語性記憶」「視覚性記憶」「遅延再生」の5つの記憶指標を得ることができるため，包括的に記憶を測定することが可能な検査である．5つの指標は100点が平均であり，記憶障害の程度は70～79点が境界域記憶障害，50～69点が軽度記憶障害とされるが，下位検査の結果をかんがみ総合的に解釈することが望ましい．

ウェルニッケ・コルサコフ症候群（ウェルニッケコルサコフショウコウグン） 英Wernicke-Korsakoff syndrome．ドイツの精神神経科医ウェルニッケ（Wernicke C）は，アルコール中毒患者等で，急激に発症し，眼筋麻痺，意識障害，失調等を呈し，10日ほどで死亡した症例を1881年に報告した．一方，これとは無関係に，1877年にロシアの精神科医コルサコフ（Korsakoff S）が，アルコール中毒患者に起こる多発神経炎に合併して，健忘，見当識障害，作話，病識欠如などの特徴的な精神症状を呈する一群の患者がいることを報告した．あとになって，両者の病理所見が共通していること，ウェルニッケ脳症は必ずしも致死性ではなく，これらがコルサコフ症候群にみられる特徴的な健忘症候群を呈することが明らかになって，ウェルニッケ・コルサコフ症候群とよばれるようになった．主たる原因はチアミン（ビタミンB_1）欠乏で，早期にこれを投与すればウェルニッケ脳症から回復することもあるが，長引くと，急性期の症状が治まったあとにコルサコフ症状群が明らかになると理解されている．
➡コルサコフ症候群

ウェルニッケ失語（ウェルニッケシツゴ） 英Wernicke's

aphasia 同 感覚性失語．感覚失語のひとつに分類されるのが一般的である．優位半球の上側頭回の後3分の1にあるウェルニッケ中枢を中心に中側頭回，下側頭回，角回，縁上回に広がる病巣によって，言葉の理解が不良になる．他人の言語は単に音響として聴くが，言葉は自発的にしゃべるのが特徴である．書字言語にも障害があり，読みにも錯読がみられることもある．発語に関係する神経や筋肉の異常による構音の困難はみられないが，同じ言葉を繰り返す保続，文法の誤りもみられ，悪化するとなにを言っているのかが分からない語漏になる．
⇨ブローカ失語

ウェルニッケ脳症（ウェルニッケノウショウ）英 Wernicke's encephalopathy．長期のアルコール常用などによるチアミン（ビタミンB_1）の欠乏によって起こる脳症．急性，亜急性に発症し，意識障害を伴う精神症状，外眼筋麻痺による眼球運動障害，失調性歩行が三大症状である．多くの場合，失調性歩行で始まる．神経病理学的には第三脳室，第四脳室，中脳水道周辺の灰白質に小血管の増生を伴う不完全な壊死と基質の粗鬆化がみられる．とくに乳頭体や中脳水道周辺の変化がいちじるしい．慢性期になると意識清明で，記憶障害，見当識障害，作話からなるコルサコフ症候群を呈する場合もある．末梢神経障害を合併する場合は，コルサコフ病という．
⇨コルサコフ症候群

ウェルビーイング　英 well-being．人生のよりよいあり方を意味し，身体的，精神的，社会的に良好な状態を表す概念である．日本語としては，「幸福」「福利」と訳される．1946年の世界保健機関（WHO）憲章草案において，「健康」を定義する記述のなかで用いられた．認知症の人のウェルビーイングの向上を目指した方法としては，パーソンセンタードケアが挙げられる．パーソンセンタードケアでは，その人らしさ，ひとりの人間として周囲に受け入れられ，尊重されることを高めることが求められる．研究においては，個人がどのように感じ，生活しているかを測定するため主観的幸福感（subjective well-being）や生活満足感（life satisfaction）を測定する尺度が開発されている．
⇨主観的幸福感

う蝕（ウショク）英 dental caries／dental decay 同 虫歯．一般的には虫歯とよばれ，口腔細菌の侵襲によって，歯の硬組織（エナメル質，象牙質，セメント質）が破壊される状態を指す．う蝕が進行すると，歯を失うことにつながり，歯を失うことで，食行動に多大な影響を与えるため注意が必要である．若年者のう蝕は咬合面に多いが，高齢者の場合には歯頸部と根面部および隣接面に多いとされる．う蝕の原因としては，歯垢（デンタルプラーク）の付着や，酸を産生しやすくする糖質の摂取頻度の高さ，唾液量の減少などが挙げられる．歯周病と密接に関係しており，歯周病になると歯と歯肉の間の溝（歯周ポケット）が深くなり，歯と歯の間にも隙間ができるため，歯根面や歯間部に好発しやすい．う蝕や歯周病になると，歯槽膿瘍，骨髄炎などの化膿性炎症を起こし重症化することがあるため，早期に治療を受けることが望ましい．

内田クレペリン精神作業検査（ウチダクレペリンセイシンサギョウケンサ）英 Uchida‑Kraepelin psychodiagnostic test 略 UKT．ドイツの精神医学者クレペリン（Kraepelin E）の連続加算による作業曲線研究を基に，日本の心理学者内田勇三郎が開発した作業検査．検査用紙には一桁の数字が横一列に何行も並んでおり，被験者はできる限り速くたくさん加算作業をするように教示を受けた後，1行目から検査者の指示どおりに1分ごとに行を変えて連続加算作業を15分間行う．5分間の休憩を挟んだ後，再び15分間連続加算作業を行う．被験者の連続加算作業の結果得られる作業速度の変化を示す作業曲線，誤答の有無などから，総合的に被験者の作業能力や心理的特徴を判定する．初頭努力や終末努力，休憩効果の有無や，作業量の激しい変化などが評価のポイントとなる．

うっ血性心不全（ウッケツセイシンフゼン）英 congestive heart failure 略 CHF．生体諸臓器の組織の酸素需要に応じた充分量の血液を心臓が送出し得ない状態で，心機能異常の終末像として各種の心疾患においてみられる．生体は種々の代償機能を働かせ心拍出量を維持するが，その結果として，静脈系はうっ血をきたす．心拍出量低下，腎血流量減少のためナトリウムと水が貯留し，静脈系のうっ血から呼吸困難，肺うっ血，チアノーゼ，肝腫，脾腫，尿量減少，むくみ，腹水などを起こすことが多いなど，このような臨床症状，所見を含む症候群と考えてよい．原因となる心疾患がある場合，呼吸器系の感染症，貧血，高血圧，不整脈，外科的侵襲などが誘因となることが少なくない．原因疾患や誘因の除去に加えて，安静による心臓の負荷の軽減，強心配糖体などによる心筋収縮力の改善，低ナトリウム食や利尿薬などによる過量の液体貯留の調整が治療として挙げられる．
⇨心不全

うつ状態（ウツジョウタイ）英 depressive state 同 抑うつ状態．悲観的な考えや憂うつで気分が落ち込んだ状態．いつもより集中が続かない，判断力が低下する，物事を考えることがむずかしい，気力がわかない，それまで楽しみにしていたことや興味のあったことに対しても意欲がわかない，興味・喜びを感じられない，などがみられる状態を指す．たとえば，家族との死別や離婚，仕事での失敗など，だれもが経験した際には気持ちが落ち込んで一過性のうつ状態になると考えられるような場合もあれば，脳の疾患やその他の精神疾患により引き起こされるうつ状態もある．うつ状態では，気落ちするなどのほかに，不眠，食欲不振，不安，絶望感，焦燥，疲れやすさ，人との交流の拒絶，希死念慮なども現れる．
⇨うつ病，躁うつ病，気分障害

うつ病（ウツビョウ）英 depression 独 Depression．気分障害の一種であり，うつ病エピソードのみを示すものをうつ病性障害，単極性うつ病という．躁病エピソードのある場合は，双極性障害となる．アメリカの精神医学会による精神疾患の診断・統計マニュアル第5版（DSM-5）では，①ほとんど一日中，毎日の抑うつ気分，②ほとんど一日中，毎日の興味，喜びのいちじるしい減退，③いちじるしい体重減少，あるいは体重増加，またはほとんど毎日の食欲の減退，または増加，④ほとんど毎日の不眠，または睡眠過多，⑤ほとんど毎日の精神運動性の焦燥または制止，⑥ほとんど毎日の易疲労性，または気力の減退，⑦ほとんど毎日の無価値観，または過剰であるか不適切な罪責感，⑧思考力や集中力の減退，または決断困難がほとんど毎日認められる，⑨死についての反復思考，特別な計画はないが反復的な自殺念慮，自殺企画，

または自殺するためのはっきりした計画，の9つの基準のうち，少なくとも①と②のどちらかを含んだ5つの症状が2週間以上持続することを要件としている．うつ病の治療には，薬物療法と精神療法がある．
⇨躁病，気分障害，躁うつ病

うつ病自己評価尺度（ウツビョウジコヒョウカシャクド）
㊑Center for Epidemiologic Studies Depression Scale ㊐CES-D．1977年に米国国立精神保健研究所疫学センターのラドルフ（Radloff LS）により一般集団におけるうつ症状の疫学研究用に開発されたうつ状態を自己評価できるスケールをいう．ツァン（Zung WWK）のツァン自己評価式抑うつ性尺度（SDS），ベック（Beck AT）のベック抑うつ質問票（BDI），ミネソタ多面人格目録（MMPI）を参考に質問項目を検証し妥当性や有用性が確認されている．20項目の質問項目から構成され，それぞれの項目について過去1週間における頻度を4段階で評価し，0～3点で採点して60点満点中16点以上を気分障害としてうつと判定する．CES-Dはうつの評価を意図して開発されたが，うつを特異的に評価するものでなく，こころのつらさを評価する側面が強いことが指摘されている．1985年に島悟らによって日本語版が作成され標準化されている．
⇨ツァン自己評価式抑うつ尺度

ウロストミー ➡人工膀胱を見よ．

上乗せサービス（ウワノセサービス） 介護保険の対象になっているサービス介護保険の量（利用回数，利用時間）を支給限度額（保険給付の上限）以上に増やすことである．これは，自治体が独自の判断で行うサービスであり，実施の有無，内容についてもさまざまである．上乗せサービスは，地域のニーズに即したサービスを提供できるが，自治体の経済状況に左右されるという側面もある．なお，介護保険制度に含まれない介護サービスを市町村が独自に実施するものは，横出しサービスとよばれる．
⇨横出しサービス

運転経歴証明書（ウンテンケイレキショウメイショ） ㊑driver's license certificate ㊐ゼロ免許証．高齢等の理由により運転免許証を自主返納した際，申請によって交付される証明書．自動車の運転に不安のある高齢ドライバーが運転免許証の取り消しを行うと，金融機関の口座の開設等の手続きに必要な本人確認書類（身分証）が失われるという問題があった．そこで，高齢者の免許証の自主返納を促進するため，2002年に導入されたのが運転経歴証明書である．2012年の改正では，住所などの記載事項の変更や，紛失した場合に再交付ができるようになるなど本人確認書類としての機能が向上した．なお，運転経歴証明書と名前の似た「運転免許経歴証明書」もあるが，証明する事柄は異なる．

運動機能（ウンドウキノウ） ㊑motor function．筋肉の活動と関節の動きを神経系により制され，経年的に環境や個人の意志などで向上したり，低下したりする機能をいう．運動は筋肉の活動と関節の動きによって起こり，神経系（中枢神経，末梢神経）の制御により適切な機能を果たしていく．こうした運動機能の獲得は，たとえば人間は生まれたころは首も腰も安定せず，体の機能が未熟であるが，脳の発達，骨や筋肉の発達とともに姿勢が変化し，生後多くの年月を経て正常発達といわれる一定の決まった動きを身につけ，その後自力で動くことのできる機能を獲得していく．また年齢を重ねるにしたがい，さまざまな練習や生活習慣などにより個別性の高い運動機能を獲得する場合もある．
⇨感覚機能

運動機能障害（ウンドウキノウショウガイ） ㊑motor dysfunction ㊐運動障害．筋肉や骨，関節，神経（末梢，中枢）に何らかの障害が生じ，運動（体をうまく動かすことが）できなくなった状態をいう．原因としては脳血管障害の後遺症による片麻痺，脊髄損傷による上肢や体幹，下肢の麻痺，末梢神経損傷による麻痺，脊髄小脳変性症などによる失調症，パーキンソン症候群では筋固縮による無動・運動の緩慢などがある．近年では進行性および全身性の骨格筋量および骨格筋力の低下を特徴とするサルコペニア（sarcopenia）症候群が報告されている．とくに加齢性のサルコペニアは加齢以外に原因がなく，外部と接触が減少していく高齢者にとっては運動機能障害を起こさないためにも社会参加や外出，人と接する機会を増やすなど，閉じこもり症候群から廃用症候群に移行しない手立てが必要である．

運動失調（ウンドウシッチョウ） ㊑motor ataxia／ataxia．麻痺や筋力の低下・不随意運動がないにもかかわらず生じる協調運動の障害を指す．原因としては，小脳・大脳・脊髄・内耳の神経の疾病などがあり，小脳が協調運動にもっとも関係していると考えられている．大脳基底核の障害でも運動失調が起こりうるが，その場合は不随意運動のほうが目立つことが多い．
⇨脊髄小脳変性症

運動障害（ウンドウショウガイ） ➡運動機能障害を見よ．

運動神経（ウンドウシンケイ） ㊑motor nerve ㊖motorius／nervus motorius ㊐体性神経遠心路．体性神経には興奮を中枢神経から末梢器官（骨格筋）に伝える遠心性神経と，逆に末梢器官（感覚受容器）から中枢神経に伝える求心性神経とがある．興奮を中枢から末梢器官に伝える神経，すなわち，筋肉に直接到達してこれを作動（支配）させる神経が運動神経である．
⇨感覚神経

運動麻痺（ウンドウマヒ） ㊑motor paralysis．大脳皮質にある運動中枢（運動野）から筋繊維までの神経伝達経路のどこかが遮断され，意識的・意図的・随意的に筋肉を動かせず，運動ができない状態をいう．大脳皮質から内包・脳幹・脊髄を経て脊髄前角細胞に至るまでの上位運動ニューロンの経路遮断（核上性麻痺）と，脊髄前角細胞から筋繊維に至るまでの下位運動ニューロンの経路遮断（核下性麻痺）により，筋緊張や筋収縮，反射等の神経学的性状が異なる．また麻痺の程度により，随意運動が完全に消失する完全麻痺と，随意運動が低下する不全麻痺に分かれ，さらに麻痺の出現部位により，単麻痺，片麻痺，対麻痺，四肢麻痺と分類される場合がある．
⇨片麻痺，対麻痺，四肢麻痺

運動療法（ウンドウリョウホウ） ㊑exercise therapy／therapeutic exercise．運動を手段として用いる治療様態をいう．リハビリテーションにおいて物理療法，日常生活動作訓練と並ぶ主要な治療法であり，減退した運動機能の回復や，糖尿病や高血圧など内科的な病期の予防・治療に有効とされている．運動療法には，筋力増強訓練，心肺機能改善訓練，麻痺回復促進訓練，関節可動域回復訓練，歩行訓練などが含まれる．

え

エアウェイ ⓔairway. 直訳すると気道のことであるが，日本でエアウェイとカタカナで使用するときには，気道を確保するための器具を指すことが多い．気道を確保するためには，手で下顎を持ち上げる方法があるが，この用手気道確保では気道の開通ができない場合に器具を用いる．器具には口から挿入する経口エアウェイと，鼻から挿入する経鼻エアウェイとがある．経口エアウェイは，咽頭反射が認められない舌根沈下のある深昏睡状態の人に適応されるが，経鼻エアウェイは，舌根沈下はあるが咽頭反射が認められる昏睡状態の人にも使用できる．これらのエアウェイは，用手気道確保を行いながら挿入し，エアウェイが挿入されたあとも用手気道確保を継続しなければならない．エアウェイには，管状になっているものと，左右両側に溝があるものがある．用手気道確保およびエアウェイの挿入後は，必ず「気道の開通が維持できているか」を評価する必要がある．

エアーマットレス ⓔair mattress. 褥瘡の予防と発生後のケアに使用される体圧分散用具のひとつ．人間の身体には凹凸があり，就寝時に仙骨などの身体の一部に圧力が集中することが，褥瘡の原因となる．エアーマットレスは，体の形に合うように体が沈みこむことで接触面積が広くなり，身体にかかる圧力（体圧）を分散させる．エアーマットレスに入れる空気は，多すぎても少なすぎてもいけない．多すぎると身体が浮かび上がってしまい接触面積は減り，褥瘡になりやすくなる．また，少なすぎると，仙骨が床につくなど褥瘡になりやすくなる．なお，体圧分散用具には空気（エアー）以外にも，ウレタン，水（ウォーター），ゲルなどの種類がある．

エイジズム ⓔageism ⓙ年齢差別．年齢を理由に個人や集団を不利に扱ったり差別したりすることであり，とくに高齢者に対する偏見や差別を指す．エイジズムは，第1の差別である人種差別（racism），第2の差別である性差別（sexism）に続く第3の差別として位置づけられる．この言葉は，1960年代に，アメリカの老年学者バトラー（Butler RN）によって初めて使われた．なお，医療社会学者のパルモア（Palmore EB）は，エイジズムの概念を発展させ，高齢者が年齢を理由に偏見，差別の対象となる否定的エイジズムだけでなく，高齢者が年齢を理由に各種優遇を受ける肯定的エイジズムが存在することを指摘している．

エイズ ⓔacquired immunodeficiency syndrome ⓡAIDS ⓙ後天性免疫不全症候群．ヒト免疫不全ウイルス（HIV）に感染した状態をHIV感染症とよび，主としてヘルパーT細胞であるCD4を表面に有するCD4陽性リンパ球に対する感染親和性が強いため，その細胞が減少して細胞性免疫不全を起こし，エイズ指標疾患とよばれるカリニ肺炎などの日和見感染症やカポジ肉腫などの悪性腫瘍が生じた状態をいう．がんや長期にわたるグルココルチコイドおよび免疫抑制薬の使用など，免疫不全を起こす原因がほかにないことが前提となる．感染経路として性行為，血液または血液製剤（汚染注射器や針の共用，針刺し事故を含む），母子感染が主なものである．HIVに感染すると，多くは2週～2か月後に発熱，皮疹，関節痛，リンパ節腫脹などインフルエンザのような急性期症状を呈し，2～3週間で自然に軽快して無症状になる．数年～十数年を経てCD4陽性リンパ球数が低下すると，持続性全身性リンパ節腫脹，発熱，下痢，口腔カンジダ症，体重減少などを伴うエイズ関連症候群を呈する．エイズ指標疾患がみられるとエイズ発症と考えられる．治療はヌクレオシド系逆転写酵素阻害薬，HIVプロテアーゼ阻害薬，非ヌクレオシド系逆転写酵素阻害薬を用いてHIVそのものを抑える抗HIV療法と，免疫不全状態を背景に出現する日和見感染の治療に分けられる．
⇨ヒト免疫不全ウイルス，日和見感染

エイズ脳症（エイズノウショウ） ⓔacquired immunodeficiency syndrome encephalopathy. 後天性免疫不全症候群（AIDS）による日和見感染や免疫不全に伴う腫瘍などの二次病変だけでなく，ヒト免疫不全ウイルス（HIV）の中枢神経系への直接侵入によって脳症を生じることがある．精神運動活動の低下が特徴的な精神症状であり，自発性低下，思考の緩慢がみられる．運動失調，脱力，振戦などの神経症状を伴う場合もある．緩徐に進行するものから，急速に認知症を呈し死に至るものまで多彩な臨床像をとる．HIVの脳への感染によって大脳白質を中心に血管周囲のリンパ球，マクロファージの浸潤と多核白血球の集簇からなる多巣性の炎症性病変が引き起こされ，しだいに周囲の軸索髄鞘の障害によってびまん性の白質淡明化を呈する．このため，進行した例では頭部MRIのT_2強調画像やFLAIR画像において大脳白質から基底核にびまん性の高信号がみられる．
⇨エイズ

H_2遮断薬（エイチツーシャダンヤク） ➡H_2受容体拮抗薬を見よ．

H_2受容体拮抗薬（エイチツージュヨウタイキッコウヤク） ⓔH_2-receptor antagonist ⓡH_2遮断薬／H_2ブロッカー．ヒスタミンの作用のうちH_2受容体を介するものを遮断する薬物．胃酸分泌細胞である胃粘膜の壁細胞上にはムスカリン受容体，H_2受容体，ガストリン受容体が存在し，これらの受容体の刺激による壁細胞のプロトンポンプの活性化を介し，胃酸が分泌される．そのため，壁細胞のH_2受容体に対し，胃酸分泌を促進させるヒスタミンと競合的に拮抗する薬物は胃酸分泌を抑制することになる．胃や十二指腸の消化性潰瘍の治療効果は高いが，服薬中止後の再発率が高いため，中止時は漸減療法を行う必要がある．代表的なものとしてシメチジン，ラニチジン塩酸塩，ニザチジン，ファモチジン，ロキサチジン酢酸エステル塩酸塩などが挙げられる．副作用の頻度は低いが，血液障害や発疹が報告されている．最初に臨床応用されたシメチジンは，ステロイド受容体に結合することにより，女性化乳房や乳汁分泌などを起こす．また薬物相互作用としてチトクロームP450を抑制して他の薬物の代謝を抑制し，それらの薬物の作用を増強する効果が

H₂ブロッカー（エイチツーブロッカー）➡H₂受容体拮抗薬を見よ．

HDLコレステロール（エイチディーエルコレステロール）㊤ high density lipoprotein cholesterol ㊥高密度リポタンパク質コレステロール／善玉コレステロール．アポタンパク質を約50％含有するため水和密度が1.063〜1.210g/dlと高く，平均粒子径は7〜10nmのもっとも小型のリポタンパク質である．リン脂質に次いでコレステロールを多く含有し，末梢組織細胞やマクロファージから余分なコレステロールを肝臓へ逆転送している．虚血性心疾患や脳梗塞発症率と有意な負の相関がある．高トリグリセリド血症，肥満，とくに内臓脂肪型肥満，喫煙，肝機能障害，βブロッカーやサイアザイド系利尿薬などの薬物で低下する．
➡LDLコレステロール

栄養（エイヨウ）㊤ nutrition．生物が生命を維持し，成長，活動などをするために，外界から必要な物質を食物として取り入れ，消化・吸収して利用する過程をいう．取り入れなければならない物質を栄養素という．栄養素には，主に炭水化物（糖質），脂質，タンパク質，ミネラル，ビタミンがあり，「5大栄養素」といわれる．認知症の人は，食べることを忘れる，食べ方がわからない，食べられるかどうかの認知ができない，食物を誤嚥する，食膳の一部を残す，食べることを拒否するなどの食物摂取に関する症状や状態がみられる場合がある．健康状態を維持するために，必要な食物や水分が十分に取り込めるように，食行動に対する援助は重要である．

栄養アセスメント（エイヨウアセスメント）㊤ nutritional assessment．高齢者の場合，医療機関や介護施設に入院・入所している人だけでなく，在宅で生活している人もさまざまな要因で栄養が不足し，低栄養状態に陥りやすいことが指摘されている．栄養状態は日常生活に影響を及ぼし，治療を必要とする患者に対してその効果や予後を左右するため，栄養状態についてアセスメントする必要がある．栄養スクリーニングを行い，何らかのリスクがあると判定された人に対して，さらに問診，身体測定，栄養状態の臨床検査などによって詳細な評価を行う．また，高齢者の栄養状態で，とくに低栄養状態を総合的に評価するツールも開発されており，mini-nutritional assessment（MNA）が欧米でもっとも普及し，日本人にも有用であることが示されている．ただし，このスケールはコミュニケーションをとることが可能な人でなければ利用することはできない．

栄養サポートチーム（エイヨウサポートチーム）㊤ nutrition support team ㊥ NST．管理栄養士だけでなく，医師，看護師，薬剤師などの多職種が連携して患者の栄養状態の改善を図ることを目的とした医療チームを指す．日本でも，医療機関において栄養状態をアセスメントし，改善するための取り組みを系統的に実施することによって，患者の予後が改善し，医療費の抑制にもつながることから，NSTを立ち上げることが義務づけられている．NSTを設置することにより診療報酬を得られる仕組みも設けられている．高齢者の低栄養は，病態が改善するのを遅らせるだけでなく，悪化させる危険性をはらむ．さらに日常生活活動作（ADL）や意欲の低下，および医療や介護にかかる費用の増加を招くことが指摘されている．低栄養について1人ひとりの状態や生活状況を詳細に評価し，その人のレベルに合わせてどのような対策が可能かを考えるアプローチが求められる．

栄養士（エイヨウシ）㊤ dietitian．栄養士法によると，「栄養士の名称を用いて栄養の指導に従事することを業とする者」を指す．栄養士には，栄養士と管理栄養士があり，栄養士は都道府県知事から免許を受けて，栄養の指導に従事する人を指し，管理栄養士は厚生労働大臣から免許を受けて，傷病者に対するアセスメントと指導や，不特定多数の対象者に対して継続的に食事を提供する施設における対象者のアセスメントおよび管理，指導を行う人のことを指す．とくに病院などでは，患者の栄養状態が治療効果に影響を与えることが認められており，管理栄養士による栄養管理・栄養指導が期待されている．多職種で栄養サポートチーム（NST）を構成して，栄養管理や指導を行った場合には，診療報酬において栄養管理実施加算を請求することができるなど，管理栄養士を含む多職種チームで患者の栄養改善に取り組むことが求められている．
➡管理栄養士

栄養障害（エイヨウショウガイ）㊤ nutritional disorder／trophopathy．食事による栄養素の供給が不適当，または吸収障害（消化管吸収面積の減少，消化管運動の亢進，消化液の分泌障害）での利用障害（栄養素の利用障害で腸管からの吸収が正常であっても吸収された栄養素を合成し，生体内で利用ないし貯蔵する機能が低下しているため，結果的にはエネルギー供給不足となり，生命維持・増殖に問題が生じる）あるいは，体組織の崩壊の増大などにより栄養素が欠乏し，正常な代謝が侵されたときに生じる病態を栄養障害という．大きく分けて，①補給栄養素全体が不足するもの，②栄養素のうちタンパク質の供給が不足するもの，がある．一般には，食事調査，血液検査，尿などの生化学的検査，身体計測，臨床症状などから判定される．認知面の低下や，加齢とともに摂食・嚥下障害が生じ経口的に摂取困難になると必要な栄養素の確保が困難（栄養失調状態）となり，正常な日常生活が営めなくなる．①②いずれも共通した症状としては，体重減少・発育不良・下痢・貧血・浮腫・感染抵抗力の低下・低体温などが挙げられる．
➡低アルブミン血症，摂食障害，嚥下障害，低栄養

栄養所要量（エイヨウショヨウリョウ）➡食事摂取基準を見よ．

栄養素（エイヨウソ）㊤ nutrients．栄養素とは，通常は食品の成分として消費される物質で，下記のどれかに当てはまるものである．①エネルギーを供給するもの，②成長，発達，生命の維持に必要なもの，③不足すると特有の生化学または生理学上の変化が起こる原因となるもの，など栄養のために摂取する物質を指す．主なエネルギー産生物質である炭水化物，脂質，タンパク質を3大栄養素とよぶ．また，ビタミン，ミネラル等の微量栄養素も身体機能を維持するために必要であり，これらを合わせて，5大栄養素とよばれる．「日本人の食事摂取基準」では，タンパク質，脂質，炭水化物，脂溶性ビタミン（ビタミンA，D，E，K）と水溶性ビタミン（ビタミンB_1，B_2，B_6，B_{12}，C，ナイアシン，葉酸，パントテン酸，ビオチン），ミネラル（ナトリウム，カリウム，カルシウム，マグネシウム，リン，鉄，亜鉛，銅，マンガン，ヨウ素，

セレン，クロム，モリブデン）について，1日あたりの基準が設定されている．

疫学（エキガク） Ⓔepidemiology／lemology／loemology／loimology．人間を個人ではなく集団として観察し，対象の度数の分布と規定因子を研究する学問．対象は病気だけにとどまらず，健康に関するすべての事象である．方法としては，健康状態について年齢，性，人種，地域などの分布型を示し，対象となる事象の分布型を別の条件下での同じ事象の分布型と比較することの違いから規定因子を追及しようとするものである．規定因子はさまざまな学問によって知ることができるが，集団を用いて度数分布から解明するのが特徴である．

腋窩検温（エキカケンオン） Ⓔaxillary thermometry．体温とは，生物，とくに動物の体の温度のことをいい，人間が生きている徴候として重要な生理的指標のひとつで，脈拍・呼吸・血圧などとともにバイタルサインのひとつとして挙げられる．体温は体内において産生する熱と体外へ放散する熱とが均衡を保っていれば，常に一定である．この均衡を保つ役目をするのが，視床下部（大脳の基部）にある体温調節中枢である．体温には，直腸・口腔・腋窩の体腔温があるが，一般には腋窩で測定され，古くから水銀体温計を用いて測定されていたが，破損すると水銀に触れることで皮膚炎を起こすことがあり，現在はほとんど，電子体温計が用いられている．腋窩で測定する場合の注意点としては，腋窩が汗で濡れていないかを確認し，自分で挟むことができない衰弱した人や認知面の低下のある人には，介護者が挟み腕を押さえることが必要である．実際に測定する際には，①電子体温計では「88.8」等と表示されているかを確認する，②腋窩中央に斜め下から深く入れる（体軸に対して30～45度くらいの角度），③左右の腋窩によって多少の体温の差があるため，あらかじめ測定する腋窩を決めておくとよい．

エコマップ Ⓔeco-map Ⓙ生態地図／社会関係地図．マッピング技法のひとつであり，対人援助におけるアセスメントツールとして幅広く活用されている．この方法は，1975年にソーシャルワーカーのハートマン（Hartman A）により，一般システム理論と生態学理論をもとに考案された．エコマップでは，言葉で表現したのでは分かりにくいクライエントとその家族，社会資源との関係を，円や線を用いて分かりやすく表現する．まず，クライエントと家族の関係を中央の円のなかに描く．そのうえで，家族とそれを取り巻くさまざまな社会資源（施設，病院，近隣住民など）との間におけるつながりを描く．そのつながりが重要で強いものであれば太い実線，それが弱いものであれば点線，ストレスや葛藤に満ちたものであれば刻み目のある線で表現する．

壊死（エシ） Ⓔnecrosis／mortification／sphacelation／sphacelism Ⓓ Nekrose．生きた個体のなかで一部の細胞，一部の組織が死ぬことにより，時間の経過とともに形態学的にしだいに変化することをいう．通常，生体の生命に別状はない．変化の過程は原因，組織の種類，環境によって異なる．梗塞を代表とする血液循環障害に基づく局所の栄養障害，膵液の漏出や胃液の逆流といった分泌物ないし排泄物，火傷や凍傷を起こす温度，腐食剤などの薬物および毒物，長時間の圧迫といった機械的作用，電気や放射線などが原因となる．変化の進行の違いから生じる特定の形態変化によって凝固，液化，腐敗，乾燥に分類される．これらの組織は，生体内で異物として処理され自家融解して吸収，肉芽組織が発育して瘢痕を形成したり，肉芽組織で被包されることによって，健常組織との間に分画線が形成され脱落するなどが起こる．
⇨壊疽

SGマーク制度（エスジーマークセイド） ⒺSG mark system．一般財団法人製品安全協会が消費生活用製品の安全性を認証する制度．この制度は，1973年に消費生活用製品安全法に基づき開始された．SGとは，safe goods（安全な製品）の頭文字を合わせたものである．福祉用具をはじめ，乳幼児用品，家具・家庭用品，台所用品，スポーツ・レジャー用品，家庭用フィットネス用品，自転車・自動車用品などについて認証が行われている．福祉用具としては，棒状杖，簡易腰かけ便座，シルバーカー，手動車いす，歩行車（ロレータおよびウォーキングテーブル），電動介護用ベッド，ポータブルトイレ，入浴用いす，電動立上り補助いすの9品目がある．

エストロゲン補充療法（エストロゲンホジュウリョウホウ） Ⓔestrogen replacement therapy ⓐERT．エストロゲン失調に起因する疾患に対する治療法．更年期にみられるのぼせ，発汗，顔面熱感などの不定愁訴に対する治療，あるいは閉経後のホルモン失調による亜急性，慢性障害への予防療法として，欧米を中心に有効性が検討されている．閉経による皮膚の菲薄化に伴う障害，萎縮性腟炎，尿失禁，骨粗鬆症や脂質異常症の予防による骨折や冠動脈疾患の発生抑制，さらには閉経期以降のアルツハイマー病（AD）への効果に期待がもたれている．その反面，子宮がんや乳がん，血管の狭小が要因となる疾患の発生率の上昇が危惧されている．実施に際して禁忌とされている場合があり，心筋梗塞，静脈血栓塞栓症，脳卒中，乳がん，子宮がんの合併や既往を把握し，便益性と危険性の十分な考慮が望まれる．実施中，実施後には，婦人科がん検診や乳がん検診が重要である．
⇨ホルモン補充療法

エスノグラフィー Ⓔethnography．もともと文化人類学や社会学の分野で用いられていた調査法で，対象とする社会や集団の日常的な行動様式を詳しく記述する方法．その社会や集団で生活する人の主観的な意味世界を知るために，研究者は実際に比較的長期間そこのフィールドに入って生活し，その生活実態をさまざまな視点で参加しながら観察する．観察から生じる仮説を対象者に提示し，対象者の語りをデータ化する．この一連のプロセスを繰り返していくことで，その社会や集団の文化への理解が深まっていく．

エスノメソドロジー Ⓔethnomethodology．1960年代にアメリカの社会学者ガーフィンケル（Garfinkel H）が社会学の構造＝機能主義を批判して提唱した現代社会学の方法論のひとつであり，人々の方法論を意味する．社会成員によって用いられている方法論そのものを指す．ある社会がその社会として存在するために秩序の自明性や基盤は，日常生活における常識的な人々の生き方にあると考え，日常で当事者たちが自覚していない社会を成立させている方法論を記述する試みである．もともと研究対象を指す言葉であったが，今日では研究方法そのものも指す言葉となった．エスノメソドロジーの対象は，社会の成員が自分たちの社会生活を組織するために暗黙の

うちに共有している方法論であり，人々が日常を構成する仕方やその実践を具体的に研究するものである．研究手法としては，会話分析が広く用いられている．

壊疽（エソ） 英 gangrene 同 脱疽．壊死の一種で，通常，外界と直接交通している壊死部にみられる．腐敗菌の感染がないときには，壊死部はしだいに乾燥し，暗青黒色の硬いミイラのような乾性壊疽となる．壊死部に腐敗菌感染が重なり，腐敗が起こると灰緑色の泥状物に変化し，悪臭を放ち湿性壊疽となる．循環障害による凝固壊死から壊疽になることが多い．
⇨壊死

N式精神機能検査（エヌシキセイシンキノウケンサ） 英 Nishimura dementia scale 略 NDS．高齢者の精神機能検査．改訂長谷川式簡易知能評価スケール（HDS-R）とならび日本で広く利用されている認知症スクリーニング検査として作成され，記憶や一般常識に加え，見当識，概念構成，空間認知，運動構成機能などの項目も取り入れた検査で，高齢者の認知機能の変化が加齢による自然なものなのか，認知症によるものなのかを判別する．点数は9～100点で，認知機能が保たれているほど得点が高くなる．正常（100～95点），境界レベル（94～85点），軽度認知症（84～60点），中等度認知症（59～35点），重度認知症（34点～）の5段階で重症度を推測することができる．

N式老年者用日常生活動作能力評価尺度（エヌシキロウネンシャヨウニチジョウセイカツドウサノウリョクヒョウカシャクド） 英 new clinical scale for rating of activities of daily living of the elderly 略 N-ADL．高齢者の日常生活での動作を多面的にとらえて日常生活能力を評価するスケール．日常生活における基本的な動作能力を「歩行」「生活圏」「着脱衣・入浴」「摂食」「排泄」の5つのカテゴリーに分け，各カテゴリーでその重症度を7段階評価する．自立して日常生活が営める状態は10点，ほぼ自立して日常生活が営める状態は9点，日常生活に軽度の介助や観察を要する状態は7点，日常生活に部分介助を要する状態は5点，日常生活に部分介助を多く要する状態は3点，日常生活に全面的な介助を要する状態は1点，日常生活に全面的な介助を要し活動性や反応性がまったく失われた状態は0点となる．各項目には具体的な状態が示されているため，対象者の日常のようすをよく観察している介護者からの情報によって評価する．N式老年者用精神状態尺度（NMスケール）と併用することで，高齢者の実際の能力を総合的に評価することができる．

NPO法（エヌピーオーホウ） ➡特定非営利活動促進法を見よ．

NPO法人（エヌピーオーホウジン） ➡特定非営利活動法人を見よ．

エネルギー代謝（エネルギータイシャ） 英 energy metabolism．われわれは生きるために，食事をして栄養素を取り込んでいる．エネルギーを作り出す源は，糖質・脂質・タンパク質であるが，これらの栄養素は消化管で消化され，細胞に取り込めるくらいの大きさに分解され吸収される．吸収された栄養素は，細胞のなかで，ATP（アデノシン3リン酸）などの高いエネルギーをもつ物質に作り変えられる．ATPは3つあるリン酸を1つ離してADP（アデノシン2リン酸）になるとき，エネルギーを放出する．このエネルギーを使って細胞は体に必要な物質をつくる仕事をする．このエネルギーの産生と利用の過程をエネルギー代謝という．絶食したような場合は，まず貯蔵分の糖質は，1～2日でエネルギーとしてなくなり，次に数週間は脂質が使われ，最後にタンパク質が使われる．

エネルギー代謝率（エネルギータイシャリツ） 英 relative metabolic rate 略 RMR．体内で消化・吸収したものをエネルギー源にして使用すること．われわれ人間は身体を動かしたり，考えたりするときエネルギーを使用している．人体は外界より摂取した食物のもつ化学的エネルギーを変換・利用して生命を営んでいる．栄養素は体内に吸収され，さまざまな過程を経て排泄され，この間に新旧物質の交替が行われる．これを代謝という．心臓の拍動・呼吸運動・体温保持などに使われる必要最小限のエネルギーを基礎代謝量という．一般に1日に使うすべてのエネルギー代謝量の70％が基礎代謝量にあたり，これを基準にして肉体労働の不可の程度を表す方法がエネルギー代謝率である．エネルギー代謝率はある作業について作業に消費されるエネルギー量を基礎代謝量で割った値である．エネルギー代謝率は動的筋作業の強度をうまく表す指標であり，精神的作業や静的筋作業はあてはまらない．なぜならこれらはエネルギーをあまり消費しないからである．また，この値は年齢・性別・体格・季節などに影響されることはない．エネルギー代謝率が分かると，作業者にとってどのくらいきつい作業なのかが分かる．

エピソード記憶（エピソードキオク） 英 episode memory／episodic memory．最終学歴や職歴，結婚や子どもの誕生などのように，個人の生活史や体験と結びつく記憶．1972年にカナダの心理学者タルヴィング（Tulving E）が，意味記憶と対比させた記憶の概念である．「昨晩レストランで家族そろって食事をした」というように，いつどこでどのような経験をしたというようにストーリーを説明できる経験の記憶である．時間軸に沿って覚えているもの，経験した当時の感情が含まれるものもある．意味記憶のような一般的な知識や概念を複数回反復して記憶したものではなく，とくに記憶しようと意識しなくても，個人が生活のなかで一度体験した出来事や情報などを具体的に記憶しているものである．強い感情とともに経験され脳に蓄積されたエピソード記憶ほど，忘れにくいと考えられる．認知症では，まずエピソード記憶が障害される場合が多い．
⇨意味記憶

エビデンス・ベイスド・ケア 英 evidence-based care 同 根拠に基づくケア．ケアを実施する人の個人的な経験や慣習などではなく，科学的に検証された研究成果に基づいたケアを重視する立場を指す．「エビデンス・ベイスト：根拠に基づく」という考え方は，もともとは医療において導入されたが，近年では対人援助における幅広い領域で用いられるようになった．この根拠に基づいたケアは，合理的なケアを提供するが，要介護者の声を軽視するという批判もある．要介護者の語り（ナラティブ）に注目したケアは，「ナラティブ・ベイスド・ケア」とよぶことができる．
⇨ナラティブ・ベイスド・ケア

エビデンス・ベイスド・メディスン 英 evidence-based medicine 略 EBM 同 根拠に基づく医療．疫学や統計学の知識を活用したもっとも妥当な信頼できる医学研究の

成果を根拠として，医師の経験や医療施設の特性と個々の患者の特有の臨床状況や価値観に配慮し，社会規範を無視することなく臨床上の決断をくだしながら医療を行うための一連の行動指針である．その手順には，臨床上の疑問点を拾い上げること，膨大なデータベースを用いて文献を検索すること，文献の結論がどの程度，真実を反映したものかを吟味すること，文献から得られた結果をその患者に適応してよいかを判断すること，などがある．診療ガイドラインやクリニカルパスの作成でも活用され，経験主義の枠内にとどまった医療から，過去の患者での経験を科学的に解析した信頼性の高い医療が実践されるようになった．また，患者はいつも標準的な医療の内容を知ることができるようになった．

LDLコレステロール（エルディーエルコレステロール） 英 low-density lipoprotein cholesterol 同 悪玉コレステロール．コレステロールはリポタンパク質のうち低比重リポタンパク質（LDL）にもっとも多く分布し，LDLの50％の重量を占める．血管の内膜には血漿成分が浸透しているが，コレステロールの主な担い手であるLDLが血管内皮細胞を通過中に内膜細胞成分や間質に接触することで変性し，内膜細胞にコレステロールを沈着させる．酸化変性したLDLは，内皮細胞を障害してマクロファージに過剰のコレステロールを蓄積させ，動脈硬化を進展させる．高血圧，喫煙，冠動脈疾患の家族歴，低HDLコレステロール血症，糖尿病などが重なると，心血管系イベント発症リスクは高まる．LDLコレステロールは，加齢とともに増加する．また，女性では閉経後の増加がいちじるしい．

⇨HDLコレステロール

遠隔記憶（エンカクキオク） 英 remote memory．記憶の分類方法にはさまざまあるが，ごく短時間だけ覚えている記憶を短期記憶，数日間など最近の記憶を近時記憶，数年以上覚えているようなかなり前の記憶を遠隔記憶という．遠隔記憶は，子どものころに経験した個人的な出来事や社会的事象など，数か月〜数十年にもわたるような時間的にかなり古い記憶である．たとえば，小学生のころの担任やクラスメイトの名前，若いころに発生した重大な事件などが遠隔記憶にあたる．高齢になっても衰えにくい内容がある．

⇨近時記憶，短期記憶，長期記憶

嚥下（エンゲ） 英 swallowing．食物を認識し口腔内で噛み砕き，口腔内から咽頭へ送り込み，その後，咽頭から食道，食道から胃へと送り込む一連の輸送機構のことを「摂食・嚥下」という．摂食・嚥下のメカニズム5期とは，次のとおりである．①先行期（食物を視覚・嗅覚などから認識する），②準備期（食物を咀嚼し飲み込みやすく加工する），③口腔期（口腔から咽頭へ食塊を送り込む），④咽頭期（咽頭から食塊が食道に入るまでの時期のことで，運動はすべて嚥下反射（不随意運動）によって行われる．正常では，1秒以内に食塊が咽頭から食道に入る）また，食塊が食道に送られるとき，気道に入らないように喉頭蓋が後屈して喉頭口を閉鎖する．このとき声門も閉鎖し，一時的に無呼吸となる，⑤食道期（食道から胃へ食塊を送り込む）での移送は，重力と蠕動運動により行われる．食物が気道に入らないように④の状態になっているが，何らかの原因でこの機能がうまく作用しないとき誤って食物が気道に入ってしまうことがある（誤嚥）．

⇨咀嚼

園芸療法（エンゲイリョウホウ） 英 horticultural therapy．土をつくり，種をまき，育て，収穫し，食べるという一連の園芸のプロセスを活用することで心身の状態を改善する方法である．園芸療法は，認知症予防・進行抑制，生活の質（QOL）の維持・向上などを目的に，認知症ケアの領域においても用いられる．認知症の人の「表情が豊かになった」「会話が増えた」などの効果が認められる．日本園芸療法学会では，「園芸療法士」の資格認定制度がある．園芸療法士の資格には，認定登録園芸療法士（一定水準の知識と技術を習得した人），専門認定登録園芸療法士（認定登録園芸療法士を指導できる人），高等認定登録園芸療法士（園芸療法分野での博士論文指導ができる人）の3種類がある．

嚥下訓練（エンゲクンレン） 英 swallowing training．摂食・嚥下障害のリハビリテーションとして，直接食物を用いて行う直接訓練と，食物を用いないで行う間接訓練に大きく分けられる．間接訓練は，咀嚼・嚥下関連機関への働きかけ，各器官の機能や運動の協調性を改善させるものである．誤嚥性肺炎の予防としての嚥下準備体操（呼吸訓練）などがある．①嚥下体操（食事前や嚥下訓練開始前の動機づけや準備運動の位置づけの体操で，いくつかの簡単で低負荷の運動が組み合わされたもの／肩の運動や頸部可動域訓練，胸郭の運動等），②口唇・ほほの訓練（口唇マッサージ，ほほのマッサージや構音訓練「パ」「マ」「バ」行の発音練習をすることで口唇閉鎖を促す訓練），③舌の訓練（舌の可動域訓練），④咽頭の訓練（前口蓋弓をレモン水に浸して凍らせた綿棒等で前口蓋弓を軽く圧迫しながらこする方法），がある．間接訓練は，誤嚥や窒息のリスクが少なく，急性期から慢性期まで幅広いが，認知面の障害があり指示理解が不良な対象等では実施困難な場合もある．内視鏡検査，嚥下造影，フィジカルアセスメントの結果をもとに，どの器官にどのような目的で行うか明確にすることが大切である．直接訓練とは，実際に食物を用いて行う訓練で，嚥下機能を評価して適切な食形態，安全な姿勢調整，嚥下法を選択することが大切となる．

嚥下障害（エンゲショウガイ） 英 deglutition disorder．摂食・嚥下障害ともいう．食べること，飲み込むことの障害のことで，「うまく食べられない」「飲み込めない」「むせてしまう」が主症状となるが，これを主訴とする症例は，実際にはあまり多くはない．本人・家族が嚥下障害を自覚していないことが多く，自覚していないだけに肺炎や窒息に対する意識も乏しく合併症のリスクも高いので，その症状を見逃さず食事場面の観察などから嚥下障害を疑うことが大切である．主な症状として，食事中や食後にむせや咳が多い・よく熱を出す・食事時間が長い・体重減少，などが挙げられる．通常，健常者では誤嚥や喉頭侵入が起こると，生体の防御反応により気道内に侵入したものを機械的に除去する「咳」や「むせ」として喀出されるが，高齢者や摂食・嚥下障害者はこの反応が低下しているため，誤嚥しても咳が出ないことがある．摂食・嚥下障害を引き起こす疾患として，①機能的障害：脳疾患（多発脳障害），神経変性疾患，筋疾患（重症筋無力症など），廃用症候群，（薬物性摂食・嚥下障害など），②器質的障害：嚥下関連機関の腫瘍，炎症・変形性頸椎症など，③神経心理的障害：認知症，高次脳機能障害，

うつ，拒食，などが挙げられる．

嚥下食（エンゲショク） 摂食・嚥下障害者用の食事のことで，①咀嚼調整食，②嚥下調整食，が挙げられる．①は，咀嚼が不十分であったり，残存歯が少ない，あるいはない患者に適応される．歯茎でもつぶせる硬さに調理をした食事であり，素材の形も保たれている．一般に広く知られている「ソフト食」は，これに相当する．②は誤嚥や咽頭残留を防止するように調整された食事で，咀嚼に問題がなくても，咀嚼することで誤嚥を招く恐れのある人に提供する．咀嚼をさせないように咀嚼調整食に「あん」などをかけてまとまりやすくした食事や，粒がない状態までピューレ状にした食事がある．これらは咀嚼しなくても食塊が形成される形態である．また，介護食は，一般に高齢者向けの食事といわれ，自分の歯を失ったり唾液の分泌が少なくなったりして咀嚼する力が低下した人に適する，咀嚼しやすい食事である．具体的には，ひと口で食べやすい大きさにする，野菜や芋類には隠し包丁を入れる，長時間火を通してやわらかくする，肉は薄切りのものを用いる，麺類は短く切るなど，工夫が必要である．このように工夫することで，脳梗塞後遺症による摂食・嚥下障害などによる栄養失調や，誤嚥による肺炎などを防ぐことができる．嚥下しにくい食事にはこんにゃく，かまぼこ，おからなどのボロボロしているものや，ひき肉，てんぷら，フライ，わかめ，もち，のりなどの，口腔内に付着するものが挙げられる．
⇨摂食障害，嚥下障害，誤嚥

嚥下性肺炎（エンゲセイハイエン） ➡誤嚥性肺炎を見よ．

援護寮（エンゴリョウ） ➡ホステルを見よ．

炎症（エンショウ） 英fire／inflammation／phlogosis ラinflammatio．炎症の概念はギリシャ医学の昔からフレグモーネ（蜂巣炎・蜂窩織炎：できものが皮下組織に幅広く広がった状態）の意味で使われており，この言葉は「燃える」という概念を示している．炎症の「炎」は肺炎，中耳炎，虫垂炎など，日常使われている言葉で，身体の一部分の器官名をつけて，その部分に起こった熱や痛みを伴う病気を示している．炎症の局所症状には，発赤・腫脹・疼痛・局所熱感が認められる．これを，炎症の4主要症状といい，その他患部の機能障害が認められ，膿瘍をつくり，膿汁が排出されることもある．また，全身症状として，悪寒戦慄・発熱・白血球増加症・全身倦怠感・腰痛・関節痛を訴えることがある．ケアのポイントとしては，患部を安静にしたり，患部を高くして腫脹の軽減を図ったりするとよい．炎症の初期には冷あん法が効果的である．また，炎症症状と新たな感染を予防する目的で，薬物療法（抗生物質の使用）が用いられる場合がある．
⇨感染症，化膿，アレルギー

援助困難事例（エンジョコンナンジレイ） 英hard-to-reach client．クライエントが援助に対して拒否的あるいは消極的なため，援助をスムーズに行うことができない事例をいう．虐待や多様な問題が複合した家族，近隣住民との関係がこじれた事例は，援助困難事例とよばれることが多い．援助困難事例に対する適切な対応では，他職種，他機関との連携を強化し，チームでアプローチすることが求められる．なお，社会構成主義の立場からいえば，援助困難事例という言葉は，クライエントに対する否定的なラベリングである．援助がうまくいかないことを正当化し，援助職の心理的防衛を図るレトリック（修辞）という見方もできる．

エンゼルケア 英postmortem care．死後の処置のことをいう．エンゼルケアは，死者の人格や尊厳を守るケアであるとともに，安らかな旅立ちができるように遺体を整えることで，遺族の悲しみの緩和や慰めにつながる可能性があり，ケアとして重要な意味をもつ．遺体の状況によっては，感染症予防が目的のひとつになる場合もある．従来は慣例にしたがって実施するのが一般的であったが，生前の本人や遺族の意向を重視した方法で行うように変化しており，家族にも無理のない範囲で参加を勧めることが多くなった．ケア内容は，遺体の変化を考慮した遺体の管理法を取り入れ，可能な限り故人の元気なころの姿に近い状況にすることが原則である．身体を綺麗に清拭し，頭髪を整え，男性では髭を剃り，女性では上品で自然な化粧を施すが，家族の意向に沿って実施し，希望の衣類を装着する．今日では体液漏れの予防目的で綿を詰めることや包帯等での遺体の拘束は，根拠がないので行わない．
⇨エンバーミング

エンド・オブ・ライフ・ケア 英end of life care 略EOL．疾患を限定せず，老いや病などにより，人が人生を終える時期に必要とされるケア．ヨーロッパでは，死が差し迫った患者に提供される包括的なケア（狭い概念）．北米では，患者・家族と医療スタッフが死を意識するようになったころから始まる年単位にわたる幅のある期間（広い概念）などと考えられており，ターミナルケア同様に時期についてはあいまいな点もある．日本でも，ターミナルケアよりエンド・オブ・ライフ・ケアのほうが短い期間のイメージがあったが，むしろ長い単位を表している．その理由は，エンド・オブ・ライフ・ケアはアルツハイマー病（AD）等，倫理的課題も含め，死を見据えたころから提供されるケアだからである．エンド・オブ・ライフ・ケアの特徴は，「その人のライフ（生活・人生）に焦点を当てる」「生活の質（QOL）を最期まで最大限に保ち，その人にとってのよりよい死を迎えられるようにする」ことである．人生の最晩年，倫理観を踏まえた日々のケアの積み重ねこそがエンド・オブ・ライフ・ケアには重要になる．
⇨緩和ケア，終末期ケア

円背（エンパイ） 英humpback／round back 同亀背／脊柱後彎症．さまざまな原因によって背骨が後方に突出する形で変形した状態．病期・疾病が原因の「構築性後彎」と，普段の姿勢の悪さからくる「機能的後彎」がある．認知症ケアにおいては，構築性後彎として老人性後彎症が多くみられる．主な原因は骨粗鬆症による椎体骨折であるが，腰背筋の機能不全・椎間板変形などが原因となることもある．

エンバーミング 英embalming 同死体防腐処置．遺体の腐敗や変化を薬液の注入により遅延させ，損傷部位を修復することで葬送までの遺体の外観や衛生を保つために行う一連の手技をいい，血液を含む体液の吸引後にエンバーミング溶液を注入する以外はエンゼルケアに準ずる．土葬が基本の欧米では，遺体から感染症が蔓延することを防止する目的もある．エンバーミングは，エンバーマーとよばれる葬儀専門の技術者や医学資格を有した医療従事者によって施され，アメリカやカナダ等欧米諸

国では一般的な遺体の処理方法となっている．アメリカのエンバーミング率は地区によっては95％を超えている所もあるが，近年，大都市部等ではその率は低く，火葬の拡大に伴ってアメリカ全土でのエンバーミング率は低下しているといわれる．日本では仏教の影響から99％以上が火葬で行われており，エンバーミングの慣習はない．また病院等で死亡した場合の遺体は即時，いわゆるエンゼルケアが行われるため，欧米と比較すると腐敗や感染症のリスクは低いといえる．
⇨エンゼルケア

エンパワメント Ⓔempowerment. 個人や集団が，自分たちの人生（社会生活）に影響を及ぼす事柄について，自分たちが現在あることを肯定的に受け入れることを重要な要素としながら，自分自身でコントロールできるようになることを意味する．自分自身が知識や社会的技術をもち，自分で問題解決する能力をもつということである．

延命治療（エンメイチリョウ） Ⓔlife prolonging treatment／life sustaining treatment. 画一的な定義はないが，一般的には，病気が治る見込みがないにもかかわらず，延命するためだけに行われるすべての手段・医療処置を指す．たとえば，心肺蘇生術，人工呼吸器，抗不整脈薬や抗菌薬などの薬物投与，化学療法，人工透析，輸血，点滴や経管栄養による人工的水分栄養補給などの医学的処置を含む．ときに，延命治療実施に関する患者の意向が不明であったり，患者の意向に反していたり，意思決定手続きが公正でなかったり，また生命だけでなく死の経過や苦痛を長引かせたりする点で倫理的に問題となる．延命治療は，一般的には，患者本人が終末期の状態にある場合になされている医療的処置を指すが，「終末期」の定義そのものが一定でないため，医学的な視点（現在の病状・予後や死期の切迫の程度，当該処置の中止による死期への影響の程度）からだけでなく，患者の価値観「どのような生活の質（QOL）を望むのか，どのような治療目標を望むのか」をも考慮して，当該処置が延命治療にあたるのかどうかを判断する必要がある．また，同一の処置であっても，あるときには救命を目的とすることもあり（救命治療），あるときには延命を目的とすることもある（延命治療），またあるときには緩和を目的とすることもあるので（緩和ケア），それらの境界線を明瞭に引くことはたいへん困難である．実際の臨床現場では，それぞれのケースの個性に応じて，当該処置が「延命治療」なのか，「救命治療」なのか，「緩和ケア」なのかを判断する必要がある．
⇨終末期ケア

お

OECD8原則（オーイーシーディーハチゲンソク）🇬🇧 Organization for Economic Cooperation and Development privacy guidelines. プライバシー保護と個人データの国際流通についてのガイドラインに含まれる個人情報の取り扱いに関する基本原則．以下の8つからなる．①収集制限の原則（情報主への通知または同意が必要である），②データ内容の原則（情報は利用目的に沿ったもので，正確で最新，かつ完全なものにする），③目的明確化の原則（情報収集する目的を明確にする），④利用制限の原則（情報は収集時に提示した目的以外に利用しない），⑤安全保護の原則（情報はセキュリティに気を配り，安全に保護する），⑥公開の原則（どのように情報を収集するのかを公開し情報の種類，利用目的，管理者等を明確にする），⑦個人参加の原則（情報主の情報がどこにあるのか確認する方法を説明し，苦情や異議申立ての権利を保障する），⑧責任の原則（情報管理者・責任者は以上の原則を実施する）．

O-157（オーイチゴーナナ） ㋶ *Escherichia coli* O157：H7. 腸管出血性大腸菌（enterohemorrhagic *E. coli*：EHEC）などが原因で起こり，下痢，血便，腹痛を伴う腸管出血性大腸炎（enterohemorrhagic colitis）を引き起こすばかりではなく，その後に貧血，意識障害，けいれん，無尿の症状がみられる溶血性尿毒症症候群に移行し，不幸な転帰をたどる場合もある．加熱が不十分な食材から感染し，きわめて少数の菌でも発症し感染症・食中毒を起こし，感染者の便から容易に二次感染が起こる．この菌はベロ毒素を作り出し，ベロ毒素は大腸粘膜内に取り込まれたのち，タンパク質の合成を阻害する．タンパク質欠乏状態となった細胞は死滅するため感染2〜3日後に血便と激しい腹痛を引き起こす．毒素は血液中にも取り込まれ，血球や腎臓の尿細管細胞を破壊し，溶血性尿毒症症候群，急性脳症等を引き起こし，急性症症は死因となることがある．菌は牛等の糞便から検出されるが，加熱に弱いため，生肉を食べないことや，十分な加熱をすることが最大の予防となる．

応益負担（オウエキフタン）🇬🇧 benefit principle. 自らが受けた利益に応じて対価を支払うこと．医療や介護サービスを受けたとき，受けたサービス量に応じて一定率の利用料を支払うことをいう．例として，利用者が受けたサービスの総額の1〜2割を支払うことが定められている保険サービスの利用者負担がある．支払い能力の有無にかかわらず定率の支払いを求められるので，支払い能力が低い人にとっては必要なサービスを控えなければならないという問題が指摘されている．定率負担ともいう．
⇨応能負担

横臥位（オウガイ）➡側臥位を見よ．

嘔気（オウキ）🇬🇧 nausea ㋡吐き気／悪心．胃のなかにあるものを吐き出したいという切迫した不快な自覚症状をいう．嘔気は，延髄にある嘔吐中枢が刺激されて起こり，この刺激が強度であれば嘔吐するが，軽度では嘔気となる．嘔気の発生機序は，嘔吐中枢の刺激のほか，小腸上部の逆蠕動，胃壁の緊張低下，胃液の分泌減少，胃壁の貧血などの関連が考えられる．精神的要因も強く，不快感や，過去に嘔吐した体験から，大脳皮質を刺激することによって起こることもある．薬物による嘔気では，抗がん剤によるものが代表的であり，嘔吐中枢が刺激されることで起こる．放射線の照射部位によっては，食道や胃に粘膜炎を起こすことが原因になる場合もある．対処法としては安静を心がけ，横向きに寝て体幹を内側に曲げる，冷たい水やレモン水で含嗽をしたり，氷等を口に含むと効果的である．また，においが強いものを避け，ゆっくりと腹式呼吸を行うことで嘔気が楽になることがある．適切な制吐剤を用いることも有効である．

応急処置（オウキュウショチ）🇬🇧 emergency treatment／emergency measure. 応急処置とは負傷などに対して医療機関受診までに行う手当てをいう．厳密には応急処置は救急隊員が行う行為と定義されているため，一般市民が実施する場合は応急手当（first aid）とよぶ場合もある．広義では，応急処置に止血法と心肺蘇生法も含めることがあったが，現在ではより緊急性が高い「救命処置」として，応急処置とは区別される．応急処置を適切に行うことにより，治療期間が短縮できるが，逆に応急処置をしなかったり，適切でなかった場合は，治癒に時間がかかったり，場合によっては取り返しのつかないことが生じる可能性がある．軽いけがのときの応急処置はRICE療法であり，その内容は，①安静にして患部を動かさない（Rest），②冷却する（Ice），③包帯などで圧迫する（Compression），④患部を心臓より高い位置に保つ（Elevation），である．RICE療法によって疼痛・腫脹が軽減し，治癒も早くなる．ただし，RICE療法の後は，必ず医療機関を受診するように伝えることが大切である．
⇨一次救命処置，二次救命処置

応召義務（オウショウギム）➡診療義務を見よ．

黄色ブドウ球菌（オウショクブドウキュウキン） ㋶ *Staphylococcus aureus*. 自然界に広く分布しているグラム陽性球菌であり，ヒトの皮膚・鼻腔・腸管・外尿道口などに常在するブドウ球菌の一種．ブドウ球菌属のなかでもっとも病原性が高いのが，黄色ブドウ球菌であり，耐食塩である．ヒトの化膿創で汚染された食品から感染し，増殖した菌の産生する毒素によって発症する毒素型食中毒の原因菌でもある．症状は嘔気，嘔吐，下痢がみられ，致死率は10〜15％と高い．近年，メチシリン耐性黄色ブドウ球菌（methicillin resistant *Staphylococcus aureus*：MRSA）による院内感染が問題になっている．健康人が発症することはほとんどないが，免疫力が低下した人では，呼吸器感染症，術後肺炎，化膿性疾患などを引き起こす．MRSAが検出されたら，単なる保菌者なのか，感染症を起こしていないかを確認し，治療や隔離の必要性を判断する．飛沫感染の可能姓はほとんどなく，咳嗽が激しく，MRSAを周辺にまき散らしているのでない限り隔離の必要はない．MRSAは大部分が接触感染であるため，二次感染を予防するには職員や家族の手

洗いの励行が重要である.

黄疸（オウダン） 英 jaundice 独 Ikterus ラ icterus. ビリルビンはヘモグロビンを母体として主として網内系でつくられ（非抱合型），これが肝細胞でグルクロン酸抱合され（抱合型），胆汁で排泄される．この過程が障害されると血中のビリルビンが増加するが，これによってビリルビンが組織に沈着した状態を指す．臨床的には皮膚，強膜，粘膜の黄染としてみられる．通常，血中ビリルビン量は1mg/dl以下で，2mg/dl以上になると顔面皮膚の黄染が他者に気づかれることが多い．血中ビリルビンは増加しているが皮膚，強膜，粘膜に黄染を認めない状態を，潜在性または不顕性黄疸とよぶ．なお，ニンジン，カボチャ，ミカンなどの多食による高カロチン血症においても手掌，足底などの皮膚に黄染をきたすことがあり，偽黄疸とよばれる．また，高齢者では眼球結膜下に脂肪が沈着し，紛らわしいこともある．

嘔吐（オウト） 英 vomiting／vomition／egestion ラ emesia／vomitus. 胃内容物を吐くことをいい，腹壁筋と横隔膜の反射的収縮によって起こる．嘔吐の機序は，嘔吐中枢に刺激が加わると胃の出口が閉ざされ，反対に胃の入口がゆるみ，胃に逆流運動が起こり，それに伴って横隔膜や腹筋が収縮して胃を圧迫し，胃の内容物が排出される．嘔吐の原因には，消化管通過障害，脳圧の上昇，精神的・心理的な刺激などがあり，精神原因では個人差が強く，条件反射化されやすい．がんの化学療法では，中枢神経の一部には，嘔吐を誘発する物質に反応して嘔吐中枢を刺激する部分があり，血液中の化学物質の影響を受けやすいことが主な原因である．また，ある種の抗がん剤は末梢の神経を介し嘔吐中枢を刺激することによって嘔吐が生じる．嘔吐時は，食事を控え，衣類による締めつけなどにも注意し，誤嚥を予防するために頭を少し高くして横になる．嘔吐によって水分とともに電解質も失われ，電解質異常や脱水症状がでてくる．進行すると栄養状態の悪化や，けいれん・意識障害などを起こすこともあり注意が必要である.

⇨嘔気

応能負担（オウノウフタン） 英 ability-to-pay principle. 自らの支払い能力に応じて対価を支払うこと．所得が少なく支払い能力の低い人には福祉サービスの利用料や所得税・住民税等の負担額を少なくし，所得が多い人からはより高い負担率で支払いを求めるという方法である．例として養護老人ホームやケアハウス，軽費老人ホームの入居費用がある．利用者の収入や資産に応じて課せられる「応能割」の部分があり，所得に応じて段階ごとに負担額が設定されている.

⇨応益負担

悪寒（オカン） 英 chill／algor／ague／rigor／shiver. 体温が急激に上昇するときにみられる独特な感覚をいい，全身がぞくぞくとする不快な寒けを感じ，ふるえが伴うことが多い（悪寒戦慄）．人間には体内の条件を一定に保つ働き（恒常性）があり，体温調節機能はそのひとつである．体温調節の機序は，身体各部に散在する温度受容器によって感知された温度情報は視床下部にある体温調節中枢に集められ，体温が基準値より高ければ皮膚血管の拡張や発汗によって熱の放散を増加させ，逆に低ければふるえなどによる産熱量の増加と，皮膚血管の収縮などによる熱放散の減少が図られ，体温が基準値に戻るように調節される．発熱とは，各種の発熱物質（pyrogen）によって体温が正常以上に上昇することであるが，この発熱物質は，体温調節中枢の基準値を高温側にずらす作用があり，そのときには体温が低すぎる状態と同じ反応が生じる．すなわち，体温調節中枢の基準値が高い温度に設定されると，実際の体温は低いために皮膚血管の収縮や立毛によって熱放散を抑制し，筋肉のふるえを起こすことで熱産生を促す．悪寒はこのときに生じる不快感覚である．悪寒時はかけ物を多くしたり，電気毛布などを用いて保温に努めるが，ふるえや立毛が治まり，暑さを訴えるようになったときには，かけ物を減らし，熱の放散を促すようなケアが必要になる.

起き上がり介助（オキアガリカイジョ） 一般的にベッドに仰向けに寝ている対象者を介助により起き上がらせ，ベッドの端に座らせること．介助する場合には，力で抱え上げるのではなく，てこの原理などボディメカニクスを活用することで，介護者にも本人にも身体的負担のかからない方法を身につけることが大切である．以下にその手順を簡単に説明する．①横（側臥位）になってもらう．両膝を立て，腕を組んでもらう．②両膝をベッドの下に降ろす．③骨盤を押さえながら，上半身を弧を描くように起こす．骨盤を押さえることで支点ができ，てこの原理で体幹を起こせば，あまり力をかけずに起こすことができる.

⇨立ち上がり介助

屋外歩行レベル（オクガイホコウレベル） 杖や補装具等を使用しても，他者の介助を要することなく，最低限ひとりで家（病院）の近所を散歩できる状態をいう.

お薬手帳（オクスリテチョウ） 英 medicine notebook. 医療機関で処方された薬の情報を記録し，服用履歴等を自分で管理するためにつくられた小型の手帳．一部の医療機関や調剤薬局から始まったサービスであったが，病歴や副作用歴，薬の飲み合わせチェックなどの効果が期待されて2000年から国の制度になった．2011年の東日本大震災発生直後の混乱のなかで，「お薬手帳」によって疾病歴や薬剤服用歴が確認できたため，避難先でも継続して治療を受けることが可能となったといわれる．現在の普及率は約6割程度である．薬局が「薬剤服用歴管理指導料」を得るためには，手帳に調剤日，薬剤名，用法，用量，服用時の注意などの情報の記載とともに，「飲み残した薬剤数の確認」「処方薬にジェネリックの有無の情報提供」をすることが条件である．薬局で調剤を行うときに手帳への記載代が徴収されるが（70歳未満の人では3割の自己負担），診療報酬改定により2014年4月より「手帳をつくらない」場合は，調剤料が若干安くなった.

OJT（オージェーティー） 英 on-the-job training. 職場内で行われる職業指導手法のひとつで，職場の上司や先輩が部下や後輩に対し具体的な仕事を通じて，仕事に必要な知識・技術・技能・態度などを指導教育することをいう.

⇨Off-JT

悪心（オシン） ➡嘔気を見よ.

オストメイト 英 ostomate. がんや事故などで消化管や泌尿器が障害されたために，便や尿を排泄するための排泄孔（ストーマ）を腹壁に造設した人のこと．人工肛門保有者，人工膀胱保有者ともいい，ストーマの種類別にコロストメイト（結腸ストーマ保有者），イレオストメイ

ト（回腸ストーマ保有者），ウロストメイト（尿路ストーマ保有者）という．ストーマでは排泄をコントロールできないため，排泄されてくる便・尿を貯留するための装具（パウチ）を取りつけ，必要に応じて交換しながらの生活となる．ストーマと装具の適切な管理（ストーマケア）には専門的な知識が必要であり，認定看護師の一分野には，ストーマケアの領域を含む皮膚・排泄ケア分野が設けられている．日本オストミー協会などでは，社会復帰と生活の質（QOL）向上，福祉増進，バリアフリーを促進する活動が展開されている．
⇨ストーマ

オタワ憲章（オタワケンショウ） 英 Ottawa Charter for Health Promotion. カナダのオタワで開催された，第1回世界ヘルスプロモーション会議（1986）において採択された健康に関する指針．直訳すると健康促進（ヘルスプロモーション）のためのオタワ憲章となる．これは，2000年までの間にhealth for all（すべての人の健康）を実現するための行動指針が示されたものであり，ヘルスプロモーションを「人々が自身の健康をよりよく管理改善することができるようになるためのプロセス」と定義している．また「健康は人生の目的ではなく，日々の暮らしを支える資源のひとつ」としたうえで，健康促進に向けた以下の3つの基本戦略が示された．①アドボケイト（advocate）：健康の擁護支援活動を通じ，生物・文化・社会・政策要因など，健康に影響を与える状況の改善を行う．②能力の付与（enable）：健康状態の差異を減らし，すべての人が健康の潜在能力を最大限に引き出せる等しい機会と資源の確保を行う．③調停（mediate）：社会における関心の違いを仲介し，社会・文化，経済的な組織の違いを超えて健康づくりに向けた妥協点を模索する．
⇨ヘルスプロモーション

オピオイド鎮痛薬（オピオイドチンツウヤク） 英 opioid analgesics. オピオイド鎮痛薬は薬理学的には医療用麻薬に分類され，法律で医療用に使用が許可されている麻薬のこと．オピオイド鎮痛薬は，体内のオピオイド受容体（モルヒネ受容体）に結合することにより，鎮痛効果を発揮する薬で，オピオイド受容体と結合すると脊髄と脳への痛みの伝達が遮断されることにより痛みが治まるといわれている．鎮痛効果の違いによって，強オピオイドと弱オピオイドの2つに分けられる．強オピオイド鎮痛薬は，がんの痛みに対してもっとも強力な鎮痛効果があり，モルヒネがその代表となる．そのほかにオキシコドン塩酸塩水和物，フェンタニル，コデインリン酸塩水和物，ペンタゾシン等がある．しかし，吐き気・嘔吐，便秘，眠気等の副作用もある．痛みが弱い段階で最初に用いられる鎮痛薬には，医療用麻薬ではない非オピオイド鎮痛薬がある．鎮痛効果はオピオイド鎮痛薬に比べて弱いが，抗炎症・解熱・鎮痛作用があり，がんの痛みだけでなく，頭痛や腰痛，歯の痛みなどにも使用される．

Off-JT（オフジェーティー） 英 off-the-job training. 職場を離れて行われる職業指導手法のひとつで，法人や事業所内等の集合研修や外部での研修等で仕事に必要な知識・技術・技能・態度などを教育することをいう．Off-JTは対象者を一同に会して実施できるので効率性が高い．
⇨OJT，条件づけ

オペラント条件づけ（オペラントジョウケンヅケ） 英 operant conditioning. 同 道具的条件づけ．行動分析学の創始者であり，徹底的行動主義者であるアメリカの心理学者スキナー（Skinner BF）は，学習を生じさせるための操作，および学習過程である条件づけを，受動的な条件づけであるレスポンデント（古典的）条件づけとオペラント（道具的）条件づけに分けた．オペラント条件づけとは，自発的な反応であるオペラント行動に，自発行動を増加させる刺激（強化子）を随伴させ，その反応頻度や反応型を変容させる条件づけである．オペラントが結果を得るための道具であることから，道具的条件づけともよばれる．
⇨条件づけ，レスポンデント条件づけ

オリーブ橋小脳萎縮症（オリーブキョウショウノウイシュクショウ） 英 olivopontocerebellar atrophy 略 OPCA. 厚生労働省指定の特定疾患治療研究費補助金の助成対象疾患（公費対象）である．小脳の委縮，脳幹の委縮があり，脳内細胞のオリゴデンドログリアに障害が発生するということが確認されているが，根本原因の解明までは至っていない．小脳皮質，橋底，下オリーブ核におけるニューロンの消失を特徴とする進行性疾患，運動失調，振戦，不随意運動，構音障害を起こす．脊髄小脳変性症の一種で多系統委縮症の一病型である．中年以降に発病する弧発性疾患で，遺伝性はない．初発・早期症状として小脳性運動失調が前景に現れ，歩行時にふらふらする，手先をうまく使えないなどパーキンソン病と似た症状がみられる．経過とともにパーキンソン症候群，自律神経症状（排尿障害や起立性低血圧など）を呈することが多い．パーキンソン病であるかオリーブ橋小脳萎縮症であるかを判別するには，小脳・中小脳脚・橋底部の萎縮がないか等，脳MRIによって脳内の状態を確認する．
⇨脊髄小脳変性症

オレンジプラン ➡認知症施策推進5か年計画を見よ．

温あん法（オンアンポウ） 英 application of heat／hot compress. 湯たんぽや電気毛布，湯に浸したタオルなどを用いて身体の一部，または全体を温めるケア方法．①手足の冷えの緩和，②発熱前に生じる悪寒戦慄時の保温による不快感の緩和，③手術時の低体温の防止，④便秘時の腸蠕動促進，⑤筋肉や関節の痛みの緩和，の目的で行われることが多い．温あん法時の事故として，熱いと感じない程度の温度でも，皮膚に長時間接触することで熱傷を生じることがある（低温やけど）．とくに，皮膚の痛みを感じにくい高齢者や麻痺のある患者には注意を要する．一般的に，出血時やその疑いがあるとき，炎症の強い時期は症状が悪化するため行わない．
⇨あん法，冷あん法

音楽療法（オンガクリョウホウ） 英 music therapy／musicotherapy. 音楽のもつ生理的・心理的・社会的働きを，心身の障害の回復，機能の維持改善，生活の質（QOL）の向上に向けて，意図的・計画的に活用して行われる治療的・教育的技法．あるメロディーやリズムをもった曲を聴く，あるいは歌う，演奏をするといった音楽活動は，私たちの感情や気分に大きな影響をもたらす．音楽を用いて心身の健康を図る療法である．音楽には2通りの作用がある．ひとつは「調整作用」で，快い音楽は自律神経の働きを整える．もうひとつは「ゆさぶり作用」といい，音階の速さなどの変化が人の知情意全体を刺激する．コミュニケーションを円滑にして自己表現を促す音楽

は，うまく使うことで有力な治療手段となりえる．認知症の人への音楽療法は，生活動作でみられる攻撃性・興奮等を鎮める効果があるとされ，歌唱・音楽鑑賞・楽器演奏等が一般的に行われている．
⇨芸術療法

オンコール体制（オンコールタイセイ） 英 on-call system．医療施設や介護施設で採用されている勤務形態のひとつで，緊急時に対応するために待機していること．とくに，夜間や週末など出勤者が少ない時間帯をカバーするために用いられる．当直のように施設内にいる必要はなく，いつでも出勤要請に応じられるように連絡が取れる状態であれば，自宅などの施設外にいてもよい．

温湿布（オンシップ） 英 hot compress／hot pack 同 ホットパック．あん法のひとつ．あん法には温あん法と冷あん法があり，さらにそれらは湿性と乾性に分けられる．温湿布は湿性温あん法に当たり，温湯にタオルやガーゼを浸して固く絞り，局所の皮膚を十分に覆うように当てて直接的に温熱刺激を与える．急性期を脱した炎症の炎症性産物（うみや滲出液など）の吸収促進とそれによる疼痛緩和，筋肉の疲労回復促進，血行促進による浮腫の軽減や腸管の蠕動促進，体温上昇によるリラクセーション効果，静脈注射液の皮下漏れや筋肉内注射時の薬液吸収促進などを目的に用いられる．理学療法として神経痛や関節痛などに用いられることもある．湯たんぽやカイロのような乾性温あん法より熱伝導率が高いため，温まりやすく冷めやすい．急性期の炎症，拡大や悪化が考えられる炎症，血栓症，出血傾向，循環障害，感覚麻痺がある場合，体温調節機能が不十分な高齢者などに用いる際は注意が必要である．使用目的や貼付部位，対象者の状態や好みなどを考慮し，熱傷にも注意する．
⇨冷湿布，冷あん法，あん法

温熱環境（オンネツカンキョウ） 英 residential thermal condition／thermal environment．居住環境全体が安定した温度に保たれるよう整備されるべき環境．身体機能が低下している人の場合，急激な温度変化への対応は困難となり，ヒートショックを起こしかねない．とくに，体温や血圧などにかかわる自律神経の機能低下が指摘される認知症の人の場合は，なおさらである．個人管理されている住宅などでは，経済的な面から室温の調整が限定的になりがちである．日本の家屋は，夏季の高温多湿に対する通風の確保が優先され，冬季への対応が不十分である．さらに，居住環境の計画では，家族の団らんや居場所にかかわる居間や食堂，寝室などに注意が向けられ，素肌をさらすことが多い生理・衛生にかかわる便所や脱衣室，浴室などは人の目に触れない場所に配置されるとともに，環境的な整備もおろそかになりがちである．よって，居住環境において，便所や脱衣室，浴室などの生理・衛生諸室が他の部屋に比べ，とくに不利な環境条件を有することをあらかじめ理解したうえで，その整備を忘れることなく実施し，安定した温熱環境の実現を図ることが重要である．
⇨湿度環境

温熱療法（オンネツリョウホウ） 英 thermotherapy／hyperthermia．全身あるいは局所に温熱を用いて血流と新陳代謝を促進させ，筋緊張や疼痛の緩和を図る理学療法で，熱源には温湯，電気，赤外線，超音波などが用いられる．また広義には，氷などを使った局所の冷却も温熱療法に含まれる．なお，がん治療においても行われ，正常組織が温熱によって活性化するのに対して，悪性腫瘍細胞は熱に弱いという性質を利用した治療法で，化学療法や放射線療法と組み合わせることで治療効果を高める．
⇨あん法，理学療法

オンブズパーソン 英 ombudsperson 同 オンブズマン．オンブズマンはスウェーデン語で「代理人」を意味する言葉で，市民の代理人として行政機関に対する苦情処理や行政活動の監視などを行う人を指す．現在はジェンダー視点からオンブズパーソンという言葉が一般化している．オンブズパーソンは行政の福祉サービスや施設等に関する苦情を公正かつ中立な立場で調査し解決するなど，必要に応じてその対応を図る人である．地方自治体や民間社会福祉団体等では「福祉オンブズパーソン制度」を実施し，介護保険などの福祉サービスの苦情解決を行っている．社会福祉法においては権利擁護制度として，福祉サービス利用援助事業（日常生活自立支援事業）や，運営適正化委員会等の制度が規定されている．運営適正化委員会は，福祉サービスに関する利用者等からの苦情の適切な解決や，日常生活自立支援事業の適正な運営の確保のため，各都道府県社会福祉協議会に第三者的機関として設置が義務付けられたものである．

オンブズマン ➡オンブズパーソンを見よ．

か

外因性精神障害（ガイインセイセイシンショウガイ）㊥ exogenous psychosis ㊦ exogene Psychose ㊥ 身体因性精神障害. 精神障害を原因によって分類すると，外因性精神障害，内因性精神障害，心因性精神障害となる．精神障害の成立動機は複雑であり，外因性，内因性，心因性がすべて関係している場合が多い．外因性精神障害は，遺伝，環境，心理的荷重などが直接の原因ではなく，外傷，炎症，血管障害，老化などによる脳の器質的変化によるもの（器質性精神障害），脳以外の身体疾患が原因で起こるもの（症候性精神障害），薬物や毒物で起こるもの（中毒性精神障害）などをいう．症状は，それぞれの疾患によって異なり，脳の障害部位や程度によってさまざまである．
⇨内因性精神障害，心因性精神障害

絵画療法（カイガリョウホウ）㊥ art therapy ㊦ Maltherapie／Zeichentherapie. 絵画を通じて催眠・暗示・精神分析などの心理的手段を使い，精神的な働きかけによって病気を治療しようとする心理療法の技法のひとつ．患者が自由に描いた絵をもとに，言語では表現できない内面的な問題を読み取り，治療に役だてる．絵を描くことに集中することで患者自身が不安やストレスから解放されたり，作品を通して自分を見つめ直すこともできる．視覚的表現のアートセラピーとしての絵画療法は，音楽やダンスなどとともに認知症の人の治療的な活動に利用されている．絵画療法では基本的に作品の完成結果よりも，その創造過程が重視され，認知症の人のケアで先駆的な事例が蓄積されている．
⇨芸術療法

介護（カイゴ）㊥ care／nursing. 一般に身体上または精神上の障害があることにより日常生活を営むのに支障がある人に対し，心身の状況に応じ行う援助のことをいう．2007年の社会福祉士及び介護福祉士法の改正において，介護福祉士の定義が「専門的知識・技術をもって，入浴，排泄，食事その他の介護等を行うことを業とする者」から，「専門的知識・技術をもって，心身の状況に応じた介護等を行うことを業とする者」と変更された．このような経過からも介護が本人の自立を目指し，有する能力に応じ過不足なく提供される個別的な援助を志向する概念であることがうかがえる．また，身体介護だけではなく，認知症介護など，認知機能等の低下によって起こる問題に対する援助も介護とよばれる場合がある．本人とのやり取りの過程で積み重ねた情報をもとにした根拠のある介護が是とされるが，一般に家族等の専門職以外によって行われる援助も介護とよばれており，日常的な世話のレベルから専門的実践のレベルまで幅広く用いられている．
⇨ケアワーク，介助，生活支援

介護うつ（カイゴウツ）㊥ caregiver depression. 介護うつとは，主に家族を介護する介護者が，介護を行う生活に関係してうつ病，もしくはうつ状態になることをいう．合意された明確な定義が示されているわけではないが，狭義には介護負担に伴って発症するうつ病のことを指す場合が多い．ただし，介護者がおかれた状況として，介護者となることが現実化したことの不安によるものや，介護生活が終了したあとの展望に関して生じるものを含める場合もある．また，うつ病の診断がある場合だけでなく，質問紙等で見積もられる，抑うつ状態を含める場合も多い．介護うつを引き起こす直接的な背景は強い介護負担であるとされるが，介護負担全般の影響要因と同じく，介護者自身の健康状態や性格傾向，補助介護者等のサポート関係，被介護者の疾病や障害の程度や性質など，介護者と被介護者を取り巻くさまざまな要因が影響する．被介護者の認知症（認知機能の障害や，行動・心理症状：BPSD）は，そのなかでも強い要因として指摘されている．
⇨介護負担

介護過程（カイゴカテイ）㊥ care process／nursing process. 利用者の生活の質（QOL）の向上に向けて，生活上の問題を把握し，それを解決するために必要な介護のあり方を個別に考察し，計画を立て，実施・評価していく一連の流れをいう．具体的な介護過程の流れとしては，①情報収集，②アセスメント，③課題の明確化，④介護計画の立案，⑤介護計画の実施，⑥介護計画の評価と修正，といった手順が一般的である．とくに介護計画を立案する場合には，短期目標（早期に解決すべき課題）と，長期目標（長期的に解決していく課題）に分けて策定していくことが重要である．また介護計画の策定などの際には，利用者や家族の希望を尊重するとともに，懇切ていねいな説明を行い，同意を得ることが不可欠である．

介護休暇（カイゴキュウカ）㊥ care leave. 「育児休業，介護休業等育児又は家族介護を行う労働者の福祉に関する法律（育児・介護休業法）」により位置づけられているもので，要介護状態にある対象家族の介護を行う労働者は，その事業主に申し出ることにより，要介護状態にある対象家族が1人であれば年に5日まで，2人以上であれば年10日まで，介護のために休暇を取得できるというもの．ここでいう「要介護状態」とは，負傷，疾病または身体上もしくは精神上の障害により，2週間以上の期間にわたり常時介護を必要とする状態をいい，「対象家族」とは，配偶者（事実上婚姻関係にある人を含む），父母および子（これらの者に準ずる人として，労働者が同居し，かつ，扶養している祖父母，兄弟姉妹および孫を含む）である．介護休暇を取得できる労働者は，要介護状態にある対象家族の介護などを行う人であるが，日々雇用される人や，労使協定で勤続6か月未満の労働者，週の所定労働日数が2日以下の労働者のうち労使協定の締結により対象外とされた労働者に除外される．このほか育児・介護休業法では，①介護休業制度，②育児休業制度，③子の看護休暇制度，④法定時間外労働の制限，⑤深夜業の制限，⑥転勤の配慮，⑦不利益取扱いの禁止，などの制度が定められている．

介護給付（カイゴキュウフ）㊥ long-term care benefit. 介

護保険からの保険給付には，要介護1〜5と認定された被保険者に対する「介護給付」と，要支援1・2と認定された被保険者に対する「予防給付」，要介護状態等の軽減または悪化の防止に資する保険給付として条例で定めるものとして「市町村特別給付」がある．「介護給付」の種類としては，①（特例）居宅介護サービス費，②（特例）地域密着型介護サービス費，③居宅介護福祉用具購入費，④居宅介護住宅改修費，⑤（特例）居宅介護サービス計画費，⑥（特例）施設介護サービス費，⑦高額介護サービス費，⑧高額医療合算介護サービス費，⑨（特例）特定入所者介護サービス費，があり，（特例）がつくものは緊急等やむを得ない理由によって要介護認定の効力が生じる日以前にサービスを受ける場合等である．なお，現行の介護保険法における施設介護サービス費に関する条文（第48条）には，介護療養型医療施設は含まれていないが，2018年3月31日までの間，経過措置として介護療養型医療施設も保険給付の対象となっている．

介護給付費（カイゴキュウフヒ） 英 long-term care benefit expense. 介護保険法に規定する居宅介護サービス費，地域密着型介護サービス費，居宅介護サービス計画費，施設介護サービス費，特定入所者介護サービス費，介護予防サービス費，地域密着型介護予防サービス費，介護予防サービス計画費，特定入所者介護予防サービス費のほか，特例居宅介護サービス費，特例介護予防サービス費など，介護保険から給付される費用の総称．介護給付費は，サービスの種類，利用者の要介護度，サービス提供時間，サービスを提供する施設・事業所の規模，職員配置などによって介護給付費単位数が定められている．それらの施設・事業所が提供したサービスにしたがって受領する介護報酬（単位数×1単位当たりの金額）は，この単位数によって算定され，原則としてその1〜2割を利用者から徴収し，残りの8〜9割を保険者から支払等について委託を受けた国民健康保険団体連合会に対して請求する．なお1単位当たりの金額は10円が基本であるが，地域ごとの物価などが勘案され，現在，7つの地域区に分けられており，たとえば訪問介護では，1級地（11.26円）からその他地域（10円）に分類されている．

介護教室（カイゴキョウシツ）「介護教室」という場合，現に介護をしている家族介護者を対象とした「家族介護教室」のことを指すことが一般的である．とくに「地域支援事業の実施について（2006年6月9日・厚生労働省老健局長通知）」によれば，地域支援事業の「任意事業」の例示として「家族介護支援事業」を掲げ，"要介護被保険者の状態の維持・改善を目的とした，適切な介護知識・技術の習得や，外部サービスの適切な利用方法の習得等を内容とした教室を開催"と説明しており，これに基づいて多くの市町村で「家族介護教室」が実施されている．一方では，①特別養護老人ホームや老人保健施設が，独自に地域住民等を対象として介護の理念や技術について指導する「介護教室」を開催しているものや，②一部の病院が入院患者の退院後の生活を考慮して，その家族に対して介護方法等を指導するもの，③公益社団法人埼玉県看護協会のように，現職のホームヘルパーや介護職員を対象として教室を開催しているものなど，さまざまな形態がある．

介護記録（カイゴキロク） 英 care record 同 ケース記録．介護施設などにおいて利用者に対して行われた介護内容，その利用者個々の状態の変化や生活の状況などについて克明に記述されたもの．介護記録の目的は，①職員間で情報の共有化を図り，介護を組織的，継続的に行うため，②介護に関する内容を正確に残すことが，いざという時の法的な証拠となるため，③利用者により良い介護サービスを提供するとともにケアプランに反映させるため，④利用者・家族と職員のコミュニケーションを深めるため，⑤職員の意識と介護の専門性を高めるため，⑥職員の研修に役立てるため，とされる．介護記録に記される内容としては，食事，入浴，排泄などに関する介護はもとより，利用者の生活状況や身体的・精神的な不調など多岐にわたり，日中帯，夜間帯などの時間区分により記述されることが多い．
⇨支援経過記録

介護殺人（カイゴサツジン） 英 care-related murder. 統一的な定義はないが，高齢者犯罪が増加しているなか，「平成20年版犯罪白書」において高齢者犯罪について特集を行っており，そのなかで，高齢の親族による殺人のうち，その主な原因・理由が「将来を悲観71.4％」「介護疲れ28.6％」「無理心中25.0％」「激情・憤怒25.0％」であるとしている．また，厚生労働省が2006年度から公表している「高齢者虐待の防止，高齢者の養護者に対する支援等に関する法律に基づく対応状況等に関する調査結果」のなかで，"虐待等による死亡事例"についてその件数等を整理しており，このことに関する説明では，「介護している親族による，介護をめぐって発生した事件で，被介護者が65歳以上，かつ虐待等により死亡に至った事例」としている．2007〜2013年度までの死亡者数は，173人であり，①事件形態では，「養護者による被養護者の殺人」が45.7％，「介護等の放棄による被養護者の致死」が24.9％，「介護等放棄を除く養護者の虐待による被養護者の致死」が15.0％，「心中」が9.2％，「その他」が5.2％，②被害者の性別では，女性74.0％，男性26.0％，③加害者は，息子44.5％，夫23.7％，娘15.0％，妻9.2％などとなっている．また，死亡事例に至る理由等については明らかにされていないが，虐待の発生要因としては，「虐待者の障害・疾病」「虐待者の介護疲れ・ストレス」「家庭における経済的困窮」「虐待に至るまでの被害者と加害者の人間関係」「被害者の認知症状」などが多いと報告されている．なお警察庁も2007年から，殺人の動機として「介護・看病疲れ」を公表するようになっており，このことを動機とする殺人は，2007〜2012年までで234件報告されている．

介護サービス計画（カイゴサービスケイカク） 英 long-term care service plan 同 ケアプラン．介護を必要とする人が，最適なサービスを利用できるよう，心身の状況や生活環境などをふまえ，利用者や家族の希望などを考慮のうえ，サービスの種類・内容・量などについて，週間における計画・月間における計画などとして定めたものであり，利用者個々に合った適切な計画として作成される．介護保険法における介護サービス計画は，要介護者が居宅サービスを利用する際の「居宅サービス計画」，要支援者が居宅サービスを利用する際の「介護予防サービス計画」，要介護者が施設サービスを利用する際の「施設サービス計画」に分けられる．すなわち，居宅サービスを利用する場合は，要介護認定を受けたのち，原則として要介護度ごとに定められている区分支給限度額の範

囲内において居宅介護支援事業者に介護サービス計画の作成を依頼することが一般的であり，その事業者の介護支援専門員が作成する．また，利用者や家族がセルフケアプランとして作成することも可能である．なお要支援の認定を受けた場合は，介護予防支援事業者（地域包括支援センター）が「介護予防サービス計画」として作成することが一般的（セルフケアプランも可）である．たとえば訪問介護を利用する場合は，その居宅サービス計画（介護予防サービス計画）に基づいて，実際にサービスを提供する訪問介護事業者が具体的な計画，すなわち①アセスメント（利用者の基本情報の把握，訪問介護についての利用者の意向の確認，利用者の実態把握と課題の抽出など）を行い，②訪問介護計画原案（長期・短期目標の設定，具体的なサービス内容，所要時間，料金の設定など）を作成し，③訪問介護計画原案について利用者への説明と利用者の同意を得たうえで，最終的な訪問介護計画が決定され，計画に基づいたサービス提供が行われる．「施設サービス計画」は，当該介護保険施設の計画担当介護支援専門員が，入所者の希望およびアセスメントの結果に基づき，入所者とその家族の希望を勘案して，入所者や家族の生活に対する意向，総合的な援助の方針，生活全般の解決すべき課題，サービスの目標と達成時期，具体的なサービス内容などを記載した施設サービス計画の原案を作成し，サービス担当者会議での検討を経て，入所者・家族への説明と同意を得たうえで最終的な施設サービス計画が決定され，その計画に基づいたサービスが提供される．

介護サービス情報の公表（カイゴサービスジョウホウノコウヒョウ） Ⓔ publication of long-term care service information. 介護保険制度は，利用者自らが介護サービス事業者を選択し，契約によりサービスを利用することが原則であることから，選択の際に必要なサービスや事業者に関する情報へのアクセスが円滑にできるよう，介護保険法に基づき，すべての事業者に対して，介護サービスの内容や運営状況に関する情報を公表することが義務づけられている．公表される内容は，原則として，①基本情報（名称，所在地，連絡先，サービス従業者の数，施設・設備の状況や利用料金などの事実情報）と，②運営情報（利用者本位のサービス提供の仕組み，従業者の教育・研修の状況，介護サービス事業所のサービス内容，運営等に関する情報など）である．公表までの仕組みは，(a) 介護サービス事業者が，都道府県が指定する情報公表センターに「介護サービス情報」を報告，(b) 報告された「介護サービス情報」の運営情報のうち，都道府県が調査が必要と判断した事業所については，都道府県が指定する調査機関による事実確認のための調査，(c) 調査がない事業所は報告された内容を，調査がある事業所は調査後に「介護サービス情報」としてインターネットを活用することにより情報公表センターが公表することとなっている．

介護支援専門員（カイゴシエンセンモンイン） Ⓔ care manager Ⓙ ケアマネジャー．要介護者等からの相談を受け，その心身の状況等に応じ適切な居宅サービスや施設サービスなどを利用できるよう市町村，サービス事業者・施設等との連絡調整等を行う人であって，要介護者等が自立した日常生活を営むのに必要な援助に関する専門的知識および技術を有する人．具体的な業務としては，①介護サービス計画（ケアプラン）の作成，②サービス事業者等との連絡調整，③サービスの実施状況の把握（モニタリング），④市町村から委託を受けた場合の要介護認定・要支援認定に関する調査などがあり，居宅介護支援事業所のほか，介護保険施設などに配置することとされている．介護支援専門員になるためには，一定の資格や実務経験がある人が，毎年1回都道府県が行う「介護支援専門員実務研修受講試験」に合格したあと，「介護支援専門員実務研修」を修了し，各都道府県の介護支援専門員資格登録簿への登録を行い，介護支援専門員証の交付を受けなければならない．

介護実習・普及センター（カイゴジッシュウフキュウセンター） Ⓔ center for practice and promotion of personal care. 福祉用具の研究開発及び普及の促進に関する法律によって実施されている事業．各都道府県，指定都市が1ないし複数か所設置し，障害がある人や介護者が福祉用具（介護機器）や住宅を使いこなしてそれぞれの生活の質（QOL）を高めることを推進する拠点としている．「目的」は，①介護の実習を通じて住民への介護知識・技術の普及を図る，②高齢化社会はみんなで支えるという考え方を広く啓発する，③介護機器の展示・相談体制を整備し，介護機器の普及を図る，などである．各地では機器を使う介護講座，福祉用具プランナー養成，障害疑似体験，腰痛予防研修などが行われている．全国のセンターの連絡調整は公益財団法人テクノエイド協会が行う．認知症ケアの分野でも住まい・医療・介護・予防・生活支援が一体的に提供される地域包括ケアシステムのなかで自分でできることの拡大，支援ロボット，介護用具手づくりサークル，介護ストレス予防，介護の明朗化等が期待されている．

介護者（カイゴシャ） ➡養護者を見よ．

介護従事者（カイゴジュウジシャ） Ⓔ care worker. 人の行動を何らかの方法で援助することを業として行う人のこと．高齢者介護と障害者支援で制度化されている分野で働く人たちは介護福祉士，社会福祉士，看護師，また理学療法士などのリハビリテーション系の療法士が挙げられる．これらの職種は国家資格によって国民のなかで質が保証され，また自ら定めた倫理綱領を公示している．さらにその人たちと協働するケア専門員や各段階のホームヘルパーたちがいる．それぞれの人たちは自分の専門や職能分野で研さんに励み，技能の高揚に励んでいる．今後に展望されるのは，生活課題を抱えた人や家族に接して，多分野の従事者が連携するチームワークを実践することである．この方向は，認知症初期集中支援チームや地域ケア会議などを内容とする，地域包括ケアの発足をみても明らかである．課題としては，介護の質と量を持続させるための待遇の改善，および腰痛予防など労働安全のための介護機器の開発等がある．

介護職員基礎研修（カイゴショクインキソケンシュウ） 介護保険制度発足以前からホームヘルパー1, 2, 3級があったが，2006年にこれらの上位に介護職員基礎研修が創設された．基礎的技術の向上，理念として尊厳を支えるケア，社会保障の仕組み，ソーシャルワークの応用，在宅・施設共通に対応できるものとなっている．介護の実務経験が1年未満の人の場合，講習時間は500時間（講義360時間，実習140時間），2級ヘルパーからの取得は350時間である．施設においては，介護福祉士の数が少ないときに，

在宅ケアのために養成されたホームヘルパーを援用している状態であったことが改善され，施設が福祉職や看護職との連携を行う業務形態であるゆえに有用である．2013年にホームヘルパー2級が移行して「介護職員初任者研修」が開始され，2015年に実務経験3年の人から介護福祉士さらに認定介護福祉士に至るキャリアパスが整理された．また認知症対応が強化され痰の吸引等の医療行為実施が加えられて「介護職員実務者研修」に移行する．

介護タクシー（カイゴタクシー） Ⓔ welfare taxi. 介護保険制度の介護サービスの指定を受け，かつタクシー運行の免許ももって，両方の業務を行うこと．ホームヘルパーが運転も行う場合が多い．居宅介護に基づいて，ケアプランに組み込まれサービスが提供される．たとえば通院の場合，原則として自宅から乗車までと病院で下車してから受付までの必要な院内移動や介護（車いす使用を含む），乗車料金はメーターにより通常のタクシー料金を支払う．通院つき添い以外の人の便乗はできない．帰路も予約が必要であり，待たせる場合は待ちメーター分が自己負担となる．通院のほか生活必需品の買い物，家族の見舞い，介護施設などの見学，役所に行く等にも利用できる．買い物やレストランめぐり，ドライブ等は給付外の自己負担となる．その他自治体によっては類似の移送サービスがある．

介護付き有料老人ホーム（カイゴツキユウリョウロウジンホーム） 有料老人ホームのなかでとくに介護機能に重点をおく類型のホーム．個々の入居者の要支援・要介護度に応じて，特定施設入所者生活介護を提供する．費用は，①入居費，②月々の費用（入居費の分割分，食費，管理費，医療費，特注サービス料金等），③介護費・医療の自己負担分，介護材料費等が必要である．
⇨サービス付き高齢者向け住宅，ケアハウス

介護手当（カイゴテアテ） 原子爆弾被爆者に対する援護に関する法律第31条に定められている手当．被爆者健康手帳を保持している人を対象に支給される．厚生労働省令で定める範囲の精神上または身体上の（明らかに原子爆弾の傷害作用による）障害により介護を受けていて，その費用がかかっている場合に介護手当が支給される．国の制度であるが，都道府県で支給される．例として広島市の場合，診断書を提示したうえで障害が中度の人の月額上限が69,520円，重度の人が104,290円（2012年4月現在），家族介護の場合で費用を伴う場合 21,270円である（その他，健康保険，介護保険を使う場合自己負担分は無料になる）．

介護抵抗（カイゴテイコウ） Ⓔ resistance to care. 介護者による介護を拒否する状態をいう．相手がそのときにしてほしい（あるいはしてほしくない）ことと介護行為とのミスマッチから起こる．ケアを行おうとする行為の直前に同意を得ることによって避けられることがある．すなわち尊厳の保持と自立支援の理念にかえり，インフォームドコンセントのステップを踏むことが求められる．入浴の拒否と定時の服薬とでは許される時間の差はあるが，対人ケア技術で達成すべき課題である．従前の生活習慣，環境あるいは慢性の病症（認知症を含む）や障害から起こる介護抵抗は，本人との関係性が深くなることによって対応策が見いだされてくることもある．認知症の場合はとくに栄養障害，脱水，発熱，痛み，便秘，失禁，服用している薬の作用，生活リズム，記憶障害，見当識障害，判断力の低下，対人関係の不適応などの表現として起こるので，普段の生活をよく観察し，変化に早く気づくことで対応することが望ましい．

介護認定審査会（カイゴニンテイシンサカイ） Ⓔ certification committee of needed long-term care. 各保険者におかれていて，介護保険により介護または介護予防サービスを受けるための前提となる要支援・要介護度の認定を行う．多数の申請に規定の期間（申請後30日）以内に対応するため，介護認定審査会が判定し，保険者が要支援・要介護度を認定する．介護認定審査会は保健・医療・福祉にかかわる有識経験者で構成され，人数は標準は3～5人が多い．要介護認定は全国統計から算出された基準時間に照らして1次判定（コンピュータ判定）が算出される．次に，調査員が特記事項として加えた状態記述および医師の意見書をもとに，介護認定審査会が要支援・要介護度（非該当を含む）を2次判定をする．保険者が認定し，申請者に報告する．

介護認定調査員（カイゴニンテイチョウサイン） ➡認定調査員を見よ．

介護福祉士（カイゴフクシシ） Ⓔ certified care worker. 介護福祉士は，1987年の「社会福祉士及び介護福祉士法」の制定による，要介護高齢者や障害者などに対して介護や介護指導を行う介護専門職の国家資格であり，1988年4月から施行され，まさに介護の中心に位置する専門職の立場が明確にされたということができる．「社会福祉士及び介護福祉士法」第2条第2項において「介護福祉士」とは，第42条第1項の登録を受け，介護福祉士の名称を用いて，専門的知識・および技術をもって，身体上・または精神上の障害があることにより日常生活を営むのに支障がある人に対して心身の状況に応じた介護（喀痰吸引，その他のその人が日常生活を営むのに必要な行為であって，医師の指示のもとに行われるもので，厚生労働省令で定めるものに限る）を行い，並びにその人およびその介護者に対して介護に関する指導を行うことを業とする人をいう．
⇨社会福祉士，ケアワーカー

介護福祉士養成施設（カイゴフクシシヨウセイシセツ） Ⓔ training institutions for certified care workers. 介護福祉士を養成するための施設を指し，介護福祉士資格取得のルートのひとつ．平成27年10月現在，全国に404学科の養成課程（1～4年制）が存在する．ケアを受ける人が，尊厳と自立心を保持して身体機能と同様に社会性やコミュニケーション能力を低下させず，地域のなかで生活することを支援するための専門職としての技量を高めることを目的にしている．2016年度の卒業生までは，養成施設を卒業することによって介護福祉士の資格を取得することができたが，2017年度の卒業生からは，介護福祉士国家試験の受験資格が付与されることとなり，資格取得のためには介護福祉士国家試験に合格することが必要になった．しかし，2017～2021年度に養成施設を卒業した人は，卒業した月が属する年度の翌年度（4月1日）から5年間国家試験受験の有無にかかわらず，介護福祉士の資格を有することとなり，この5年間のうちに国家試験に合格・もしくは介護業務に5年間従事することで，5年経過後も介護福祉士資格を有することとなる．

介護扶助（カイゴフジョ） Ⓔ long-term care assistance. 生活保護を受給している人への扶助のひとつ．生活保護

を受けている65歳以上の高齢者および40～64歳の医療保険の被保険者が，要介護または要支援になって受ける介護・介護予防サービスは，「介護扶助」として現物給付される．なお介護保険料は，食費・日用品等が含まれる生活扶助として給付される．

介護負担（カイゴフタン） ⓔ caregiver burden. 介護することで介護者が受ける負担感を表す概念．高齢者虐待の背景にある要因としても考えられており，自宅で高齢者を介護する介護者や，介護施設従事者等の介護負担感を軽減する取り組みが重要とされている．介護家族の負担軽減については認知症の人と家族の会に代表される当事者団体や，各自治体で展開される家族支援事業等により取り組みが進められている．一方，介護施設従事者等の介護負担感についても注目され，要因や対策に関して調査研究が進められている．介護負担感を定量的に評価するために使用される尺度として，代表的なものにZarit介護負担尺度（Zarit caregiver burden interview：ZBI）がある．これは親族を介護した結果，介護者が情緒的，身体的健康，社会生活および経済状態に関してこうむった被害の程度を測定できる尺度であり，22項目で構成されている．荒井由美子らによって翻訳され8項目の短縮版も作成されており，介護家族等の介護負担感を測定する尺度として広く調査研究や臨床現場で用いられている．

介護報酬（カイゴホウシュウ） ⓔ long-term care fee. 介護サービスを提供した事業所がその対価として受ける報酬．現行の介護保険法では，居宅介護支援等の一部のサービスを除いて利用者負担が1～2割とされており，残りは保険給付として保険者（市町村等）から事業所に支払われる．保険者が介護報酬の審査・支払に関する業務を国民健康保険団体連合会に委託している場合は，事業所は各都道府県の国民健康保険団体連合会に介護報酬の請求を行うこととなる．介護報酬の算定基準は，サービスの種類と利用者の要介護（要支援）状態区分，事業所の所在地等を勘案して厚生労働省告示により定められており，厚生労働大臣はこれを定める場合には，社会保障審議会の意見を聴くこととされている．一般的にサービス事業所は提供したサービス費用について，翌月10日までに国保連に請求し，翌々月に国保連から介護報酬として支払いを受ける．

介護保険（公的）（カイゴホケン） ⓔ public long-term care insurance. 社会保険制度のひとつ．要介護（要支援）認定を受けサービスを利用した際に保険給付を受けることができる．公的介護保険制度は40歳以上の人が強制加入となり，保険料を支払う仕組みであるため，サービスを受けられる年齢も40歳以上となる．40歳以上65歳未満を第2号被保険者，65歳以上を第1号被保険者とし，前者が保険給付を受けるには「特定疾病」が原因で要介護・要支援認定を受けていることが条件となっている．公的介護保険制度創設の背景には要介護高齢者の増加や介護期間の長期化に加え，核家族化や介護する家族の高齢化等，これまで介護を支えてきた家族をめぐる状況の変化がある．公的介護保険制度は，2000年4月1日から実施されている．

介護保険（私的）（カイゴホケン） ⓔ private long-term care insurance. 公的介護保険とは異なり，民間の保険会社等が販売する保険商品のひとつ．将来の介護不安に備えて任意で加入するもので，公的介護保険では賄えない介護費用の補てんをする．給付内容は商品によって異なるが，一般的には要介護状態になったときに支給される介護一時金と，以後継続的に支給される介護年金等がある．給付条件もそれぞれの商品により異なり，公的介護保険と連動するものや，保険会社が独自に定めた基準で支給するものがある．生命保険等と同様に加入者の希望する給付内容によって保険料も変動する．公的介護保険は40歳からの強制加入となるが，私的介護保険は年齢による条件はなく各保険会社の規定によって決められている．

介護保険サービス運営基準（カイゴホケンサービスウンエイキジュン） 介護保険の給付対象となるサービス事業所には，そのサービスごとに「人員，設備及び運営の基準」または「人員及び運営の基準」が厚生労働省令で定められている．たとえば介護老人福祉施設であれば「指定介護老人福祉施設の人員，設備及び運営に関する基準」訪問介護事業所であれば「指定居宅サービス等の事業の人員，設備及び運営に関する基準」に規定されている．これらの基準はそれぞれのサービスが，その目的を達するために必要な最低限度の基準を定めたものであり，この基準を満たさない場合には介護保険事業所としての指定は受けられず，また，事業開始後に違反が認められた場合には指導や指定取り消し等の行政処分の対象となる．

介護保険暫定被保険者証（カイゴホケンザンテイヒホケンシャショウ） ➡介護保険資格者証を見よ．

介護保険資格者証（カイゴホケンシカクシャショウ） ⓔ certificate in long-term care insurance ⓙ 介護保険暫定被保険者証．要介護認定・要支援認定の申請時に発行される証明証．申請を行うには介護保険被保険者証を市町村等の窓口に提出する必要がある．認定結果等が記載された新しい介護保険被保険者証が交付されるまでの間，介護保険資格者証が代替の証明書として発行される．介護保険資格者証の有効期限は，認定申請から認定結果がでるまでの期間となる．介護保険被保険者証に代わるものとして暫定的に用いられることから「介護保険暫定被保険者証」とも表現される．認定結果を待たずに介護サービスを受けようとするときには，介護保険資格者証を事業者または施設の窓口に提出することとなる．

介護保険事業計画（カイゴホケンジギョウケイカク） ⓔ insured long-term care service plan. 国の示す基本指針（介護保険事業に係る保険給付の円滑な実施を確保するための基本的な指針）に即して都道府県と市町村が3年1期として策定する計画．都道府県は「都道府県介護保険事業支援計画」，市町村は「市町村介護保険事業計画」を定めるよう介護保険法に規定されている．市町村計画では，給付対象となる介護サービスや地域支援事業の量の見込み，認知症である被保険者の地域における自立した日常生活の支援に関する事項や医療との連携に関する事項等が定められている．都道府県計画では，介護保険施設の種類ごとの必要入所定員総数や介護サービス情報の公表に関する事項，介護支援専門員の確保または資質向上に資する事業に関する事項等が定められている．国は，市町村や都道府県がその計画に定められた事業を実施しようとするときは，その事業が円滑に実施されるように，必要な情報の提供や助言その他の援助に努めることとされている．

介護保険施設（カイゴホケンシセツ） 英 facility covered by long-term care insurance． 指定介護老人福祉施設，介護老人保健施設，指定介護療養型医療施設，の3種類を指す．指定介護老人福祉施設は老人福祉法で規定する特別養護老人ホームの設置許可を受けている必要があり，都道府県知事に申請し指定を受ける．事業運営は地方公共団体または社会福祉法人にしか認められていない．介護老人保健施設は，施設サービス計画に基づいて，看護，医学的管理下における介護および機能訓練，その他必要な医療並びに日常生活上の世話を行う施設である．開設者は地方公共団体，医療法人，社会福祉法人その他厚生労働大臣が定めるものとされている．指定介護療養型医療施設は，入所者に施設サービス計画に基づいて療養上の管理，看護，医学的管理下における介護等の世話および機能訓練，その他必要な医療を行う施設である．指定介護療養型医療施設は2018年3月31日で廃止され，他の介護施設等に転換することとなっている．
⇨介護老人福祉施設，介護老人保健施設，介護療養型医療施設

介護保険審査会（カイゴホケンシンサカイ） 英 certification committee for long-term care insurance． 保険者（市町村等）が行う保険給付に関する処分等に対して審査請求（不服申立）があった場合に審理・採決を行う機関．各都道府県に知事の付属機関として設置されるが，中立性・公平性を担保するため知事の指揮監督を受けない．介護保険審査会（以下，審査会）の委員は，被保険者代表，市町村代表，公益代表の三者で構成され，その他，保健・医療・福祉の学識経験者を専門調査員としておくことができる．審査会の会長は公益代表委員から選ばれる．審査請求は，処分があったことを知った日の翌日から起算して60日以内に，文書または口頭でしなければならないとされており，審査会は，審査請求を受理したときは，原処分をした市町村およびその他の利害関係人に通知することとなる．審理を行うため必要があると認めるときは，審査請求人もしくは関係人に対して報告や意見を求め，出頭を命じて審問し，医師その他審査会の指定する人に診断・調査をさせることができる．

介護保険被保険者証（カイゴホケンヒホケンシャショウ） 介護保険の被保険者に発行される証明証．介護保険の給付対象となるサービスを受ける場合にサービス事業所に提示しなければならない．また，要介護（支援）認定申請の際には市町村等の窓口に提示する．被保険者証には氏名，生年月日，被保険者番号のほか，要介護度，認定の有効期間や認定審査会の意見，担当する居宅介護支援事業所や入居する介護保険施設等の名称が記載され，全国で様式が統一されている．第1号被保険者はすべての人に発行され，第2号被保険者には要介護（支援）認定申請を行った人，および被保険者証の交付申請をした人に発行される．被保険者が資格を喪失したときにはすみやかに被保険者証を返還しなければならず，紛失等があれば市町村の窓口で再交付の申請を行うことができる．

介護保険負担限度額認定証（カイゴホケンフタンゲンドガクニンテイショウ） 介護保険施設や短期入所生活介護等を利用する場合，介護サービス費の自己負担分と食費，居住費（滞在費）を負担する必要がある．ただし，低所得の要介護高齢者等（特定入所者）については，食費と居住費（滞在費）に負担限度額を設け，それを超える部分には特定入所者介護（予防）サービス費（以下，補足給付）を給付し，本人の費用負担を軽減することができる．この給付を受けるためには保険者（市町村等）に申請し介護保険負担限度額認定証の交付を受ける必要がある．負担限度額は特定入所者の所得区分等に応じて3段階に分けられており，補足給付の額は国が定めた基準費用額からそれぞれの負担限度額を差し引いた額となる．利用者本人は，施設等に介護保険負担限度額認定証を提示し，定められた負担額を支払う．施設等は補足給付について保険者に請求し支払いを受ける．

介護浴槽（カイゴヨクソウ） 英 care-bathtub． 介護が必要な人が使用するリフトなどの介助機能が装備された据置式の浴槽をいう．介護浴槽には，身体機能が低い人が使用する特殊浴槽（寝位：座位保持不可能，座位：座位保持可能・立位不可能），2人で入ることができる家庭浴槽，1人で入る個別浴槽などがある．認知症になっても，自尊心や羞恥心などは保たれているため，大勢の前で裸になることや他者のペースに合わせた入浴は，苦痛となっている場合もあるのでなじみのある個別浴槽や家庭浴槽での個別対応が望ましい．個別浴槽や家庭浴槽といった物理的な環境を整えたうえで，介護者が入浴の手順をきちんと伝え，不安を与えない環境下での入浴が望ましい．

介護予防（カイゴヨボウ） 英 preventive long-term care． 増え続ける高齢者が介護を必要とする状態（要介護状態）となることを可能な限り防ぎ（遅らせ），また，高齢者が要介護状態にあっても，それ以上に状態が進行・悪化することを防ぎ，改善を図る取り組み．介護予防の目的は，高齢者がどのような状態にあっても，生活機能の維持・向上を積極的に図り，要支援・要介護状態の重症化を予防・軽減し，高齢者自身の生活や暮らしを尊重しつつ自己実現を図るとともに，できる限り自立した生活が送れるようにすることにある．制度としては，2005年の介護保険制度改革に始まり，要介護度が要支援1・2の人を対象として要支援状態の改善や悪化の予防を行う予防給付と，一般的な状態にある高齢者が介護を必要とする状態に陥らないよう支援する地域支援事業とに分類される．
⇨要支援状態

介護予防・生きがい活動支援事業（カイゴヨボウイキガイカツドウシエンジギョウ） 高齢者の生きがいや社会参加に関する施策は，1963年に公布された老人福祉法における老人クラブの創設に始まる．その後，ゴールドプラン（高齢者保健福祉推進10か年戦略：1989年）での高齢者の生きがいと健康づくり推進事業の創設や，長寿社会開発センターを中心とする高齢者の社会活動の普及と啓発活動などが行われてきたが，ゴールドプラン21（今後5か年間の高齢者保健福祉施策の方向：1999年）に至り，健康で生きがいをもって社会参加できる活力ある高齢者像の構築が基本目標のひとつとして記されるようになった．こうした流れは，高齢者が要介護状態に陥らず長く自立して生活できるよう支援する介護予防・生活支援事業（2000年／2003年より介護予防・地域支え合い事業）のなかの介護予防・生きがい活動支援事業へと受け継がれた．2006年からは，介護予防に資する事業を中心に介護保険制度の地域支援事業のなかで再編され，介護予防事業としてそれぞれの地域のなかで独自の形をとりつつ展開されている．
⇨地域支援事業

介護予防居宅療養管理指導（カイゴヨボウキョタクリョウヨウカンリシドウ）㊥ management and guidance for in-home medical service for preventive long-term care. 要支援1または2の認定を受けて在宅で療養する通院困難な高齢者が，要介護状態とならず可能な限りその居宅において自立した日常生活を営むことができるよう，高齢者の能力に応じ介護予防を目的とした療養上の管理や指導，助言等を自宅訪問にて行うサービス．訪問は，サービス内容に応じて医師，歯科医師，薬剤師，管理栄養士，歯科衛生士等（歯科衛生士が行う介護予防居宅療養管理指導に相当するものを行う保健師，看護師・准看護師を含む）が担当するが，医師・歯科医師からは，要支援者や家族等に対する介護予防サービス利用上の留意点，介護方法等についての指導や助言，また介護支援専門員（ケアマネジャー）に対してはケアプランの作成に必要な情報の提供が行われる．同じように，薬剤師からは薬学的な管理と指導，歯科衛生士等からは口腔の清掃や有床義歯の清掃に関する指導，管理栄養士からは栄養指導が行われる．

介護予防ケアプラン（カイゴヨボウケアプラン）㊥ preventive long-term care plan. 介護保険の認定結果が要支援1または2となった高齢者や介護予防・生活支援サービスを対象に，要介護の状態に陥らず住みなれた地域で安心して生活を継続することができるよう，日常生活における高齢者本人の個別的な状態特性を踏まえた目標の設定を行い，地域の公的サービスや介護保険サービスを利用しながら本人自身の意欲を高めつつ目標に向かうことができるよう作成する，高齢者の自立に向けた目標指向型サービス利用調整計画書．ケアプランの作成は，原則として地域包括支援センター（委託された居宅介護支援事業所を含む）における利用申し込みの受諾により始まる．地域包括支援センターでは，一定期間後に作成されたプランの評価を行い，見直しが必要と判断された場合には，状況の具体的な分析の下，より利用者に合った介護予防ケアプランの策定を行う．
⇨介護予防ケアマネジメント，介護支援専門員

介護予防ケアマネジメント（カイゴヨボウケアマネジメント）㊥ preventive long-term care management. 2006年に施行された改正介護保険法において，高齢者が要介護状態に陥ることを予防するための具体的手段のひとつとして地域支援事業のなかに位置づけられた．住みなれた地域で安心して生活を継続することができるよう，高齢者本人が主体的にできることをできる限り自分自身で行うことを基本とする，生活機能の向上に向けた働きかけを行うことがその中心である．具体的には，日常生活における高齢者本人の個別的な状態特性を踏まえた目標設定を行い，本人自身の意欲を高めつつ目標に向かうことができるよう，セルフケアや地域の公的サービス，介護保険サービスなどの適切な選択と高齢者の自立に向けた目標志向型プランの策定，計画の実施，さらに達成状況の評価とそれに合わせた計画の見直しを行う．できないことの補完や問題解決を目指すのではなく，目標の到達によって生まれる生活の質（QOL）の向上を目指す働きかけであることに特徴がある．
⇨介護予防ケアプラン，介護予防サービス，介護支援専門員

介護予防サービス（カイゴヨボウサービス）㊥ preventive long-term care service. 要介護認定審査の結果，要支援1または2のいずれかに認定された高齢者が，要介護の状態に陥らないよう生活機能の向上を目指して作成された介護予防ケアプランに基づき利用するサービス．サービス内容は大きく6つに分類され，①訪問系サービス：介護予防訪問介護，介護予防訪問入浴介護，介護予防訪問看護，介護予防訪問リハビリテーション，介護予防居宅療養管理指導，②通所系サービス：介護予防通所介護（デイサービス），介護予防通所リハビリテーション（デイケア），③短期入所系サービス：介護予防短期入所生活介護（ショートステイ），介護予防短期入所療養介護（ショートステイ），④居住系サービス：介護予防特定施設入居者生活介護，⑤地域密着型サービス：介護予防認知症対応型通所介護，介護予防認知症対応型共同生活介護，介護予防小規模多機能型居宅介護，⑥住環境改善：特定福祉用具の購入費支給，住宅改修費の支給，がある．
⇨介護予防ケアマネジメント，介護予防ケアプラン

介護予防支援（カイゴヨボウシエン）㊥ preventive long-term care support. 要介護認定審査の結果が要支援1・2のいずれかに認定された高齢者が介護予防サービスを適切に利用できるよう，市町村または委託を受けた医療・社会福祉法人等の地域包括支援センターにおいて介護予防ケアプランの作成やサービス利用の調整など，サービス事業所等と連絡・調整を行いつつ支援すること．すなわち，要支援の人が要介護状態に陥らないよう，予防の観点から介護予防ケアマネジメントを行う支援といえる．こうした支援事業を行う指定介護予防支援事業所は，地域包括支援センターにおくことが法律上の前提とされているが，指定介護予防支援事業所は，その事業の一部を外部の指定居宅介護支援事業所に委託することができる．介護予防支援の事業は，2006年に施行された改正介護保険法の規定により行われるが，利用に際しての自己負担はなく，介護保険により無料で受けることができる．
⇨介護予防ケアマネジメント，介護予防サービス，介護予防ケアプラン

介護予防事業（カイゴヨボウジギョウ）㊥ long-term care prevention project. 高齢者が要介護・要支援状態に陥ることの予防を目的とした，介護予防制度における地域支援事業のひとつであり，対象者の違いから大きく2つに分類される．一次予防事業では，主に活動的な状態にある65歳以上の高齢者を対象に，たとえば，パンフレットなどの配布による介護予防の基本的な知識の普及や，介護予防にかかわる地域ボランティアの育成支援など，生活機能の維持または向上に向けた取り組みが行われる．二次予防事業では，主に要介護状態に陥るリスクが高いと考えられる65歳以上の高齢者を対象とし，運動器機能の向上，栄養改善，口腔機能の向上プログラムや閉じこもり予防などの通所型介護予防事業，保健師，栄養士，歯科衛生士の指導や個別相談などの訪問型介護予防事業，そして二次予防事業評価事業とが行われる．こうした介護予防事業は，地域によりその内容・呼称が異なり，それぞれの地域における独自の活動が行われている．

介護予防・日常生活支援総合事業（カイゴヨボウニチジョウセイカツシエンソウゴウジギョウ）㊥ care prevention and daily life support project in the elderly-care insurance system. 2011年の介護保険制度の改正にあた

り，介護サービスの基盤強化を図るべく，市町村が地域支援事業において主体的に多様なマンパワーや社会資源の活用を図りながら介護予防および日常生活支援のための施策を総合的に行えるよう創設された事業．この事業では，要支援者，介護予防・生活支援サービス事業対象者に対し，市町村が定める訪問型および通所型サービスを提供する．配食サービスや安否確認，緊急時の対応等を行う「生活支援サービスにかかわる事業」適切なサービスの提供に向けたケアプランの作成等を行う「ケアマネジメントにかかわる事業」のすべてを一括して総合的に実施する．これにより，「要支援」と「非該当」を行き来するような高齢者や，二次予防から一次予防対象となった高齢者などに対しても，市町村の判断で切れ目のない総合的なサービスの提供が可能となった．

⇨地域包括ケア，地域支援事業

介護療養型医療施設（カイゴリョウヨウガタイリョウシセツ） 英 medical long-term care sanatorium．介護老人保健施設，介護老人福祉施設とならぶ介護保険施設のひとつに位置づけられている．療養病床（旧療養型病床群）には，この介護型療養病床とともに，医療保険による医療型療養病床とがあり区別されている．老人性認知症疾患療養病棟は介護保険による介護型療養病床のひとつであり，老人性認知症疾患治療病棟は，医療保険による医療型療養病床のひとつである．介護療養型医療施設では，要介護認定審査結果が要介護1以上で，急性期治療が終わり病状は安定しているものの長期間の治療を必要とする高齢者を対象に，医学的管理下での介護・看護，その他の必要な医療が提供される．しかし，医療や看護の必要性の低い高齢者が介護保険給付を受けながら入院しているという批判や，医療型療養病床との差別化が困難となっていることなどから，2018年3月31日末までに現行の介護療養型医療施設を廃止し，介護療養型老人保健施設へと転換していくことが決まっている．

⇨介護保険施設，介護療養型老人保健施設，療養病床

介護療養型老人保健施設（カイゴリョウヨウガタロウジンホケンシセツ） 英 health institute on long-term health care for the aged．厚生労働省は，医療や看護の必要性が低い高齢者の社会的入院の増加や，介護型と医療型療養病床との差別化が困難であることなどから，2012年3月までの介護型療養病床の全廃と医療型療養病床の大幅な削減を決めるとともに，廃止後に入所者の受け皿となる施設の整備を進めた．その施設が，2008年に制度化され新設されていた，新型老健または療養型老健ともよばれる介護療養型老人保険施設である．これはいわば，介護型療養病床と介護老人保健施設を統合したような施設であり，看護職員による夜間の日常的な医療処置や看とりへの対応，急性増悪時の対応など，従来の介護老人保健施設よりも医療機能を強化した施設となっている．しかし，医療施設から老健施設への転換で収入減が見込まれることなどから介護療養型老人保健施設の整備が進まず，また従来の介護老人保健施設では医療必要度の高い高齢者を受け入れることがむずかしいこともあり，介護型療養病床の廃止を2018年3月31日まで猶予することとなった．

⇨介護老人保健施設

介護老人福祉施設（カイゴロウジンフクシシセツ） 英 facility covered by public aid providing long-term care to the elderly．特別養護老人ホーム．介護保険法上の名称であり，実態は特別養護老人ホームと同じである．入所定員29人以下の特別養護老人ホームの場合には地域密着型介護老人福祉施設の指定を受けることができる．施設では，要介護認定を受けていて日常生活に介護を要する65歳以上の，原則要介護3以上の高齢者を対象に，施設サービス計画に基づく入浴，排泄，食事などの介護をはじめ，その他の日常生活上の世話，機能訓練，健康管理，療養上の世話などのケアが提供される．すべての介護サービスは介護保険の適用となるが，食費や居住費などの生活費用に限り保険適用はなく，全額自己負担となる．居室環境には，多床室を含む従来型と，全室個室で少人数グループ（10人以下）を1つの生活単位としてケアを提供するユニット型とがある．老人福祉法では，30人以上の入所定員をもつ特別養護老人ホーム（特養）で，開設者の申請に基づき都道府県知事より指定を受けた施設を指す．

⇨介護保険施設

介護老人保健施設（カイゴロウジンホケンシセツ） 英 long-term care health facility．介護保険法に，「要介護者に対し，施設サービス計画に基づいて，看護，医学的管理の下における介護及び機能訓練その他必要な医療並びに日常生活上の世話を行う事を目的とする施設」と定義されているように，病状安定期にあり入院治療を必要としないが，リハビリや看護・介護を必要とする要介護者に対し，施設内のみならず在宅においてもその有する能力に応じた自立生活を送ることができるよう，サービス提供を行う施設．すなわち，特別養護老人ホームなどのような終の住処としての生活施設ではなく，在宅復帰を目的とした中間施設として位置づけられている．介護・看護の職員配置は3：1であるが，リハビリ専門職である作業療法士，理学療法士または言語聴覚士の配置が決められている．また，設置に際し，他の介護保険施設では介護保険法に基づく「指定」が必要であるが，介護老人保健施設は「許可」制であることも特徴のひとつである．

⇨介護保険施設，介護療養型老人保健施設

介護労働安定センター（カイゴロウドウアンテイセンター） 英 care work foundation 略 CWF．「介護労働者の雇用管理の改善等に関する法律」に基づく指定法人として厚生労働大臣から全国で唯一指定された公益財団法人である．介護関係業務に従事する労働者について，雇用管理の改善，能力の開発および向上，労働力の需給調整に対する支援等を行うために必要な事業を実施することにより，介護労働者の職業の安定その他福祉の増進に資することを目的としている．主な事業として，介護労働者等の能力開発・向上，介護事業主等に対する介護労働者の雇用管理改善，能力開発・向上および福祉増進に関する相談援助並びに介護労働者の雇用管理に関する調査研究等を行っている．介護事業所における介護労働者の就労の状況，賃金等の労働条件の状況，就業意識の状況等に関する「介護労働実態調査」を毎年実施している．

概日リズム（ガイジツリズム） 英 circadian rhythm／diurnal rhythm．生物の日周リズムが外界の光や温度の直接作用の結果ではなく生物に内在する約24時間を周期とする内因性リズム．生物には昼と夜を作り出す1日のリズムがあり，ヒトの24時間リズムのうちもっとも明確なも

ののひとつが睡眠-覚醒サイクルである．一定の時間がくると自然に眠くなり，一定時間眠ると自然に目が覚める睡眠-覚醒のサイクルが備わっている．自律神経の調整により1日周期で血圧，体温，内分泌の変動が起こることなども概日リズムの代表的な例である．睡眠-覚醒サイクルのリズムが乱れて起こる症状としてよく知られているのが時差ぼけであり，不眠症やうつ病とも関係があるといわれる．

介助（カイジョ） 英 assistance．援助者が要援助者の動作や生活行為を直接援助する行為．食事，入浴，排泄などの具体的生活行為，生活活動，動作に対して行われる．これに対して介護は介助に加えて相談援助，などを含めたより広い対人援助活動を指す概念である．
⇨全介助，部分介助，自立

介助スペース（カイジョスペース） 介助者が介護をするために必要な空間．介護者の肩幅寸法と対象者の立ち上がり等の動作軌跡を考慮すると，前方および側方に500mm程度の空間を設けておくことが望ましい．対象者の日常生活動作（ADL）が，手すりなどの物的介助を用いて自立しているのであれば，トイレなどの空間スペースは広すぎないことが望ましい．なぜなら，片麻痺の場合などでは広すぎると下衣操作の際に，壁や手すりに片側面を壁や手すりにもたれることができないため，広すぎる空間が自立の妨げになる場合もある．しかし，対象者のADLに介助を要すと，移乗動作や入浴，排泄のそれぞれの場面において，車いすやシャワーチェア，リフトなどの福祉用具の活用が増える．たとえば，自宅でシャワーチェアを利用するようになると，シャワーチェアが通行可能な有効幅員，段差，福祉用具が設置できる浴室スペースに加え，介助スペースが必要となる．よって，介助スペースは，対象者のADLの状況に応じた空間スペースの検討が必要である．

介助用車いす（カイジョヨウクルマイス） 英 manual attendant-controlled wheelchair．移動に必要な操作を介助者が行う車いす．自操用車いすと違い，車輪にハンドリム（大車輪の外側に固定された小型の輪）を備えておらず，介助者用のグリップ部分にブレーキレバーがついているものが多いが，このような型に加え，自操用車いすに介助用グリップをつけた型，姿勢変換機能がついた型（背もたれが倒れるリクライニング，背もたれと座面角度が一定のまま倒れるティルティング）も，介助用車いすに含まれる．
⇨車いす介助

疥癬（カイセン） 英 scabies／gale／itch／mange．ヒトヒゼンダニ（疥癬虫）が皮膚の角質層に寄生して起こる皮膚疾患．指間，腋窩から上腕内側，下腹部，陰部，大腿部など皮膚のやわらかい部分に2～5mm大の淡紅色小丘疹が多発する．ヒトヒゼンダニは，雌が0.4mm大，雄は0.2mm大で4対の脚を持つ．交尾した雌は，角質層にトンネル（疥癬トンネル）をつくりながら1日に2～4個の卵を産み，4～6週で死亡する．卵は3～5日でふ化し10～14日で成虫になる．虫体や虫卵，糞などに対するアレルギー反応として激しい掻痒が生じ，とくに就寝時に温まると強くなるため，掻破して湿疹のようになる場合があり，不快感のため不眠を訴える場合もある．皮膚の直接接触，寝具や衣類を介した間接接触で感染し，潜伏期間は約1カ月である．免疫力が低下した高齢者では，重症化してきわめて強い感染力をもつノルウェー疥癬（角化型疥癬）となりやすく，集団感染につながる．内服薬と外用薬による治療が可能で，通常の疥癬であれば，一般的な感染症対策でよく，隔離は不要である．

咳嗽（ガイソウ） 英 cough 同 咳．気道内の異物や分泌物を排除するための防御反射のひとつで，深い吸気のあとに呼吸筋の急激な収縮によって起こる呼気である．咳嗽は，ほとんどの呼吸器疾患で認められる症状であり，アレルギーや喫煙，気温・湿度の変化などで咽喉頭が刺激されることによっても生じる．分泌物の有無によって湿性咳嗽と乾性咳嗽に，出現期間によって急性咳嗽（3週間以内）と慢性咳嗽に分類できる．咳嗽は生体の防御反射であるため，薬での鎮咳を図る前に原因を特定して対処することが優先される．長引くと体力を消耗し，睡眠や日常生活にも影響するため，鎮咳薬の使用や安楽への援助が必要となる．また，衰弱や疼痛で十分な咳嗽ができない場合は，異物や分泌物を喀出しやすいように，気管支拡張薬や粘液溶解薬の使用，室内の加湿，体位の調整などによって苦痛の軽減に努める必要がある．
⇨アレルギー

咳嗽反射（ガイソウハンシャ） 英 cough reflex．気道から異物を排除するために起こる肺の防御反射である．気道に異物が入ると，喉頭や気管・気管支粘膜の神経終末が刺激され，迷走神経から延髄にある呼吸中枢や咳中枢に伝達される．中枢からは脊髄神経を介し横隔膜や肋間筋を収縮し強い呼気を引き起こす．咳嗽反射は誤嚥を防ぐのに重要な働きをもち，正常な反射が起これば，摂食・嚥下機能障害に対する誤嚥のリスクは少なくなる．誤嚥や異物等が入った場合以外に，咳嗽反射が長時間続くときには呼吸器系・神経系の疾患を疑う．

回想法（カイソウホウ） 英 reminiscence therapy．バトラー（Butler RN）が1960年代初めにライフレビューとともに提示した概念で，それまで否定的にとらえられてきた高齢者の過去への回想の価値を見直した．バトラーの提唱以降，欧米をはじめとして日本でも高齢者の保健・医療・福祉分野で展開をみせている．個人回想法は，1対1で行い，面接のセッションを系統的に継続して行う場合が多いが，日常的なケアの場で，意図的に回想法を活用してケアに生かすことも重要な応用方法のひとつである．グループ回想法は，グループの力を生かす方法と回想法を相乗させた方法である．認知症の人の回想法の効果としては，情動機能の回復・意欲の向上・発語回数の増加・表情などの非言語的表現の豊かさの増加，集中力の増大，行動・心理症状（BPSD）の軽減，社会的交流の促進，他者への関心の増大，支持的，共感的な対人関係の形成，などが挙げられている．回想法の職員への効果としては，1人ひとりの高齢者の生活史や生き方に対する敬意の深まりとグループメンバーの社会性の再発見・日常の接し方への具体的示唆・仕事への意欲の向上・個別の高齢者に即したケアプランのための基礎的情報の拡大・世代間交流の進展，などが挙げられている．介護する家族にとって，いま自分の目の前にいる父や母は，以前の自分たちを育ててくれた人と同じであるとは思いにくいものである．日常ではみられない活発な会話や生き生きとした表情から，対人関係能力などの再発見・具体的な会話や対応への示唆・家族の歴史の再確認・世代間交流の自然な進展などが，介護する家族への効果として

示されている．
⇨ライフレビュー

階段（カイダン） 英 stair．高低差のある場所を連絡するための段になった通路．階段に関する建築の法令や基準は，一般的な安全性を建築基準法で定め，高齢者への配慮は「高齢者が居住する住宅の設計に関わる指針（高齢者の居住の安定確保に関する法律）」のなかで，住宅の専用部分と共用部分についてそれぞれ「基本レベル」と「推奨レベル」に分けて示している．対応の原則は，①安全かつ容易に昇降できる勾配や形状，②踊り場を設けて転落した場合に転落距離を短くする，③踏面，段鼻は，つまづかないようにする，④上下移動を補助する手すり，および転落を防止する手すりの設置，⑤足下が暗がりにならないような照明である．階段の安全の基本である勾配について，専用住宅では次のように定めている．「基本レベル」：勾配≦22／21，550mm≦T＋2R≦650mm，T≧195mm，推奨レベル：勾配＝6／7として，他は同じ（T：踏面，R：蹴上げ）．なお，建築基準法で求める踏面は150mm以上，蹴上は230mm以下とされている．「住宅の品質確保の促進に関する法律」に基づく居住性能基準のひとつである「高齢者等配慮」では，階段の安全性について，等級5～1の性能表示を示している．「高齢者が居住する住宅の設計に関わる指針」の「基本レベル」は等級4，「推奨レベル」は等級5に該当する．
⇨踏面，段鼻

回腸人工肛門造設術（カイチョウジンコウコウモンゾウセツジュツ） ➡回腸ストーマを見よ．

回腸ストーマ（カイチョウストーマ） 英 ileostomy 同 イレオストミー／回腸人工肛門造設術．消化器系ストーマには結腸ストーマ（コロストミー：colostomy）と回腸ストーマの2種類がある．回腸とは，小腸の肛門側約5分の3を占める腸管である．回腸ストーマは小腸の末端部（回腸）につくられる．回腸ストーマからは，刺激の強い消化酵素を含んだ水様から下痢状の便が排泄される．そのため，パウチの粘着剤による皮膚障害や，パウチと皮膚の透き間に便が潜り込み皮膚の発赤やびらん，ただれをつくりやすい．結腸ストーマに比べ，手入れがむずかしく，外出や生活上の制限が多くなる．

改訂長谷川式簡易知能評価スケール（カイテイハセガワシキカンイチノウヒョウカスケール） 英 revised version of Hasegawa's Dementia Scale 略 HDS-R．認知症評価スケールとして1974年に長谷川式簡易知能評価スケール（HDS）が発表された．特徴として簡易な方法で短時間に施行でき，正常者は回答できるが，認知症の人では回答が困難という質問から構成されている．HDSは11問からなっていたが，時代の変化とともに不適切になった項目があったため，1991年にHDS-Rが発表された．年齢，日時の見当識，場所の見当識，言葉の即時記銘，計算，数字の逆唱，言葉の遅延再生，物品記銘，言語の流暢性を問う9つの設問で構成されている．HDS-Rはあくまでも簡易スクリーニング検査であり，この結果のみによって認知症の診断をくだすことは危険である．また，施行時の体調不良，難聴等の特徴が検査結果に影響することを十分に配慮する必要がある．

改訂PGCモラールスケール（カイテイピージーシーモラールスケール） 英 revised version of Philadelphia Geriatric Center morale scale．戦場における兵士の士気や職場における従業員の士気を評価する尺度としてロートン（Lawton MP）により開発され，カットナー（Kutner B）らによって老化・高齢者問題の研究に取り入れられた．改訂PGCモラールスケールは，「心理的動揺」「孤独感・不満足感」「老いに対する態度」の3つのモラールを測定するもので，幸福な老いの程度あるいは主観的生活の質（QOL）の評価を目的としている．17項目からなる，記入式の調査票である．

ガイドヘルパー 英 guide helper 同 移動介護従業員．視覚障害者を対象とした「同行援護」重度重複障害者を対象とした「重度訪問介護」知的障害者・精神障害者を対象とした「行動援護」などのガイドヘルプサービスが存在するが，これらのサービスの提供者として外出時の移動の介護等，外出時のつき添いに関する業務を行う人のこと．実施自治体ごとに異なるが，2級以上の訪問介護員等の介護有資格者や看護師等は知的障害者・精神障害者の外出介護従事者として認められることがあるが，視覚障害者移動介護従業者と全身性障害者移動介護従業者として業務を行うには養成研修の受講が必要とされることが多い．その場合前述の有資格者は養成のプロセスで学習済の研修内容を免除されることが多い．

介入（カイニュウ） 英 intervention．処遇，治療といった，個人への直接的な働きかけにとどまらず，個人とその人を取り巻く社会や環境，あるいは両者の相互作用に着目して専門的な対応を行うこと．地域づくり，心理的葛藤状態への援助等，幅広い内容を含み，援助者の積極的な援助姿勢を意味する点で処遇とは異なる．

海馬（カイバ） 英 hippocampus．大脳辺縁系の一部で，記憶や空間学習能力にかかわる脳の器官である．大脳の両側にある側脳室の下角面に接し，5cmほどの長さのきわめて特殊な形に湾曲した形状をしている．記憶の整理と定着に関連性があるとみられ，日常的な出来事，勉強した情報は，海馬のなかで一度保管されたあと，大脳皮質にためられていくといわれている．海馬には新しい記憶，大脳皮質には古い記憶が蓄積され，海馬が機能しなくなると，短期記憶に異常をきたすこととなる．海馬は記憶の司令塔といわれ非常に重要な組織であるが，虚血に対し非常に脆弱で，アルツハイマー病（AD）における最初の病変部位とされる．

回復期リハビリテーション（カイフクキリハビリテーション） 英 recovery phase on rehabilitation．厚生労働省の医療政策における，急性期から在宅療養に至るまでの切れ目のない医療サービスの一環として始まったリハビリテーションである．まず地域の救急医療の機能を有する医療機関において，手術など集中的な治療および急性期のリハビリテーションを行い，次に回復期リハビリテーションの機能を有する医療機関において，集中的に機能回復と日常生活動作（ADL）の自立を図り，その後在宅あるいは多様な居住の場において，生活目標型の継続的なリハビリテーションで機能の維持を図る．なお，リハビリテーションの実施にあたっては，医師等が定期的な機能検査等をもとにその効果判定を行い，リハビリテーション実施計画書を作成する必要がある．
⇨急性期リハビリテーション，維持期リハビリテーション

開放骨折（カイホウコッセツ） ➡複雑骨折を見よ．

潰瘍（カイヨウ） 英 fester／ulcer／ulceration 独 ulcus 略

UI. 皮膚や消化管粘膜など表面を覆う上皮組織が欠損し，その下層の組織に至った状態をいう．このうち，上皮組織の欠損にとどまる軽い段階のものはびらんという．代表的なものに，胃・十二指腸潰瘍がある．

解離性大動脈瘤（カイリセイダイドウミャクリュウ） 英 dissecting aneurysm of the aorta 独 Aneurysma dissecans der Aorta. 大動脈の動脈壁の脆弱化のため動脈が異常に進展し限局的に拡張した状態を大動脈瘤という．大動脈瘤の一型で動脈の内膜に亀裂が生じ，中膜（3層構造をつくる大動脈の真ん中の層の膜）にて壁の剥離が起き，内外層に解離されこぶが形成されたものが解離性大動脈瘤である．病因としては高血圧，動脈硬化，感染症等があり，50～70歳の男性に多くみられ，血圧のコントロールが重要な疾患である．解離による症状は突発する胸部，背部の激痛がみられ破裂すると重篤な経過をたどる．

回廊（カイロウ） 英 corridor／loop. 認知症の人の施設における回廊とは，ループ状の形態をしたひと続きの廊下を指す．そして，この回廊に面して居室やその他の諸室が配置された平面形状を回廊型プランとよぶ．この回廊型プランは，主に1980年代ごろを中心とする比較的大規模な施設計画において主流となったプランである．当時の回廊型プランは，認知症の人の徘徊を物理的に抑制しないようにすることが主な目的であり，徘徊を認知症の行動・心理症状（BPSD）ととらえた場合の表面的な対処といった意味合いが強い．結果として，廊下がひと続きであることのみが短絡的に優先されたため，同じような景色が連続する非常に分かりづらい環境を生み出したのである．現在，この回廊型プランは認知症の人の環境認知を混乱させ，徘徊を中心とするBPSDを助長しかねないといった判断から小規模介護を志向する施設ではあまり用いられなくなっており，たとえ回廊型プランであったとしても，その回廊をユニットごとに分節化するなどの改善が試みられている．

カウンセラー 英 counselor. 依頼者の抱える問題，悩み等に対して，専門的知識，技術を用いてカウンセリングを行う人をいう．カウンセリングは職場，学校，病院などさまざまな分野で行われている．一方，カウンセリングを受ける人をクライエントとよぶ．
⇨カウンセリング，クライエント

カウンセリング 英 counseling. 問題を解決することや個人の可能性，成長発達のための助言を行うことをいう．精神衛生，学校教育，産業，結婚等さまざまな分野で行われている．心理カウンセリングの場合，カウンセラーが明確な解決法を提示することはなく，クライエントがカウンセラーの援助を受けながら自らと向き合い，気づき，理解，洞察を通して問題解決を行う．カウンセラーとクライエントとの1対1の面接によって行われることが主であるが，少人数のグループで行うグループカウンセリングもある．アドバイス，ケースワーク，精神療法等とは区別される．
⇨カウンセラー，クライエント

替え玉錯覚（カエダマサッカク）➡カプグラ症候群を見よ．

下顎呼吸（カガクコキュウ） 英 mandibular respiration／sternomastoid breathing. 吸気時に下顎が下がり，口を開けて呼吸している状態をいう．呼吸不全の状態であり，瀕死時の患者にみられる．
⇨呼吸困難

過活動膀胱（カカツドウボウコウ） 英 overactive bladder 略 OAB. 自分の意思とは関係なく，膀胱が収縮してしまう状態をいい，急に強い尿意が起こったり（尿意切迫感），トイレが近くなる（頻尿）などの症状を伴う．がまんができず尿が漏れてしまう（切迫性尿失禁）こともある．原因は，加齢によるもの，冷え，脳卒中やパーキンソン病などの脳や神経の疾患で神経伝達が困難になる．前立腺肥大症により，尿が出にくくなり膀胱に負担がかかる，骨盤内の筋肉が弱くなるなどがある．
⇨切迫性尿失禁，頻尿

鏡現象（カガミゲンショウ） 鏡に映る自分をみて自分であると認識できず，他人と相対しているかのように，話しかけるなどの行動をとる現象で，見当識が失われた際に起こる認知症にみられる症状のひとつである．認知症の特徴的症状である見当識障害は，時間，場所，人の見当識が失われるが，そのうちの人の見当識が失われ，自分自身の認識ができなくなると，鏡に映る自分を他人と判断して，話をするなどの行動をとる．たとえば80歳の認知症の人が，自分を30歳と認識していれば，鏡に映る，白髪頭でシワの多い顔をみても自分であるとは認められない．周囲の人が，それを指摘しても，「私はこんなに老けていない」と否定するといった行動を取ったりする．

かかりつけ医（カカリツケイ） 英 primary doctor. 地域の身近な診療所の医師をいう．比較的小規模な医療施設であることから受診の手続きが簡単で待ち時間が短いとされている．「主治医」とほぼ同義で使われるが，かかりつけ医はより長く地域に密着し，患者の健康状態・体質・病歴を把握しているといわれており，また，必要に応じて専門医や病院の紹介も行う．診療行為のほか健康相談や生活指導も行っており健康の維持，病気の予防といった面でも重要な役割を果たしている．地域における認知症への取り組みとしてかかりつけ医には，①早期段階での発見・気づき，②日常的な身体疾患対応，健康管理，③家族の介護負担，不安への理解，④専門医療機関への受診誘導，⑤地域の認知症介護サービス諸機関との連携，などが期待される．介護保険制度の要介護認定を受けるにはかかりつけ医などによる主治医意見書が必要である．
⇨主治医意見書，主治医，認知症サポート医

可逆性認知症（カギャクセイニンチショウ） 英 reversible dementia. 認知症のなかでも治療することにより，回復の望める認知症があり，このような認知症を可逆性認知症とよぶ．可逆性認知症の原因としては，正常圧水頭症，硬膜下血腫，ビタミンB_{12}欠乏症，甲状腺機能低下症，脳腫瘍，大量の薬物使用・飲酒，有害物質（鉛，水銀等）脱水，梅毒による脳障害，ヒト免疫不全ウイルス（HIV）感染症，その他の感染症（ウイルス性脳炎など）等がある．原疾患を治療することにより，認知症の症状が改善することがあり，不可逆性認知症との鑑別診断が重要である．

角化型疥癬（カクカガタカイセン）➡ノルウェー疥癬を見よ．

核家族（カクカゾク） 英 nuclear family. アメリカの人類学者マードック（Murdock GP）が分類した，人類に普遍的にすべての家族の基礎的な単位となる世帯構成のこと．総務省統計局の「世帯・家族の属性に関する用語」

によれば，①夫婦のみの世帯，②夫婦と子どもからなる世帯，③男親と子どもからなる世帯，④女親と子どもからなる世帯，の4つを核家族世帯としている．
⇨複合家族

学習療法（ガクシュウリョウホウ） 英 learning therapy. 読み，書き，計算を中心とする教材を用いた学習を継続することにより前頭前野機能を活性化させ，認知症の症状改善をもたらす非薬物療法で，教材を介した支援者と学習者のコミュニケーションが重視される．東北大学・川島隆太教授と公文教育研究会により2004年に登録された商標（第4744480号）である．
⇨非薬物療法

喀痰吸引（カクタンキュウイン） 英 sputum suction／sputum sucking／expectoration absorption. 咳などで気道分泌物である痰を吐き出すことができない人に対して，吸引装置を使用し排痰することをいう．気管内吸引と口腔内吸引，鼻腔内吸引の方法があるが，気管内吸引は危険が伴うことから，高度な技術を要する．介護職員が実施する場合は痰の吸引についての制度を遵守することが求められる．研修を受けることによって介護職員でも一部可能になっている．
⇨気管内吸引

拡張期血圧（カクチョウキケツアツ） 英 diastolic blood pressure／diastolic pressure 同 最低血圧／最小血圧. 血圧には収縮期と拡張期があり，収縮期は心臓が全身に血液を送り出すために収縮した状態で，拡張期は心臓が完全に弛緩して血液の押し出しが止まった状態である．このときの血圧が拡張期血圧で，最低血圧ともいわれる．拡張期には心臓は血液を送り出していないが，収縮期のときに拡張していた大動脈などの太い血管が収縮して，たまっていた血液を緩やかに送り出すため，血圧は低い値を示すが，一定値を保つ．血圧値は血管の硬さ（血管抵抗）と血液量（心拍出量）により決まるが，血液の粘度の上昇や血管が硬化すると，血流が悪くなり，血管壁にかかる圧力は高まりさまざまな疾患の原因となりやすい．拡張期血圧の正常値は60〜90mmHgとされ，90mmHg以上で高血圧とされる．
⇨収縮期血圧

角膜（カクマク） 英 cornea／dellen／keratoderma. 眼を構成する層状の組織のひとつ．眼球の外被膜の前方にある透明な部分で，もっとも外界に近い部分に位置する．直径は約12mm，厚さは中央部が約0.5mm，周辺部が0.7mmの時計皿状の膜である．眼に光を取り入れ，光を屈折させて水晶体とともに眼のピントを合わせる働きがある．組織的には5つの層からなり，体表から順に角膜上皮，ボーマン膜（外境界膜），実質層，デスメ膜（内境界膜），角膜内皮からなる．血管は存在せず，酸素や栄養分は涙や前房水から供給される．表面は常に涙で覆われ，乾燥と眼球内部への侵入を防いでいる．知覚に敏感で，角膜反射や涙分泌反射を起こして眼を保護する．ごくわずかな変形や混濁で視力に非常に大きく影響する．

ガーグルベースン 英 gargling basin. ベッド上などで，うがい（含嗽）した水や嘔吐物を受けるために使う介護用品．容器のふちがインゲン豆形にカーブしており，口腔内から出したものがこぼれないようほおに密着するようになっている．似た形状・用途の膿盆は主にステンレス製であるが，ガーグルベースンはプラスチック製で軽いため，握力が低下した高齢者でも取り扱いやすく，洗浄・保管もしやすい．使い捨てタイプもある．
⇨口腔ケア，嘔吐

鵞口瘡（ガコウソウ） ➡口腔カンジダ症を見よ．

火災報知器（カサイホウチキ） 英 fire alarm. 感知された火災発生の情報を建物内部にいる人々に知らせ，迅速な避難や初期消火を促すとともに，その情報を消防機関へ通報する役割を担う設備．具体的には，自動火災報知設備や火災通報装置，住宅用火災警報器などがこれに相当する．火災報知器はその感知方式によって，主に火災による煙を感知するものと火災による急激な温度上昇を熱として感知するものとに大別される．これらの感知方式に基づいて自動的に火災を感知し，建物内に警報を発するものを自動火災報知設備とよぶ．火災通報装置は，ボタンを押すことで消防機関へ通報するタイプもあるが，火災時のきわめて混乱する状況を考慮した場合，自動火災報知設備による火災の感知に伴って自動的に通報する連動タイプが望まれる．なお，火災などの発生は，身近に起こりうる日常的な災害であると強く認識し，定期的な避難訓練や火災報知器などの保守・点検をおろそかにしないよう常に心がけねばならない．

火災予防（カサイヨボウ） 英 fire prevention. 火災が発生した場合，身体機能が低下した高齢者の被害が大きいといわれる．とくに，認知，判断，行動に障害が多くある認知症の人の場合，配慮が必要になる．消防法において，防火基準が定められていて，認知症向けのグループホームにおいてもスプリンクラーの設置が義務づけられるようになった．火をまったく使わない生活は現実的にむずかしく，また火を使わなくとも漏電等，電気による火災もありうる．火や熱源を使うときには，利用者だけでの使用ではなく，職員など管理ができる人が必ず傍にいて対応できるようにしておく必要がある．また，万一火が出た場合に備え，初期消火，通報，避難の対策をして，日ごろより訓練をするなど非常時に備えて危機管理をしておくことが重要である．

家事援助サービス（カジエンジョサービス） 英 housekeeping help service. 地域での自立した生活を支えることを目的として，介護保険法による生活援助サービスや障害者総合支援法による家事援助の対象にならない人に対して，掃除，洗濯，ゴミ出し，布団干し，食事のしたく，買い物，外出時のつき添い等の日常生活支援を自治体や社会福祉協議会等が比較的低額で提供する仕組み．利用対象を低所得者に限定しているケース，逆にひとり親世帯，難病患者，産前産後の人も対象とするなど範囲を広げているケースもある．登録した地域住民ボランティアがサービスを提供し，謝礼として地域通貨や地域商品券を受け取るなど地域の支え合いシステムとして運用している自治体も存在する．

下垂体（カスイタイ） 英 hypophysis／pituitary body／pituitary gland ラ glandula pituitaria 同 脳下垂体．間脳の視床下部から下方に突出している内分泌腺．蝶形骨下垂体窩に位置し短茎により脳底部に付着している約0.5gの小指大の臓器である．腺性の前葉と神経性の後葉からなり，主に他の内分泌腺の分泌量の増減・分泌時期等の高度な調節を行う機能をもつ．前葉からは成長ホルモン，甲状腺刺激ホルモン，副腎皮質刺激ホルモン，プロラクチン（乳腺刺激ホルモン）が，後葉からはバゾプレ

シン（抗利尿ホルモン），オキシトシン（子宮収縮，乳汁刺激ホルモン）が分泌される．下垂体はそのすぐ上部の間脳にある自律神経系の最高中枢である視床下部と密接に連携している．視床下部-下垂体系は身体の恒常性維持に中枢的な働きをもつ1個の機能単位と考えられている．

仮性球麻痺（カセイキュウマヒ）➡偽性球麻痺を見よ．

仮性作業（カセイサギョウ）認知症の人にみられる行動・心理症状（BPSD）のひとつ．ものを入れたり出したりを繰り返すような，周囲の人からすると目的や意味の分からない行動．過去の仕事で身についた行動，家事の動き，人形を抱いて赤ちゃんをあやすような行動，目につく品物をどんどん片づけるなどの行動が挙げられる．

仮性認知症（カセイニンチショウ）㊑pseudodementia ㊓Pseudodemenz ㊛偽性認知症．実際の知能低下がないにもかかわらず，あたかも認知症であるかのような症状を示すのが仮性認知症である．症状としては，精神状態が不安定であったり，言動がまとまらなかったりするが，記憶障害やもの忘れがなく，あってもごく軽度にとどまる．姓名や年齢のような簡単な質問に答えられず，でまかせの応答がみられ，活動性の低下，日常生活の障害等，外見的には高度な認知症を思わせる状態のこともある．原因としては，強い精神的なショックや長期にわたるストレス，うつ病，薬の副作用，脱水，栄養不足からも起こることがある．仮性認知症の多くはうつ病が原因であり，高齢者に多くみられる．抗うつ薬で改善がみられるため，認知症との鑑別診断が重要となる．

かぜ症候群（カゼショウコウグン）➡上気道感染症を見よ．

家族介護支援事業（カゾクカイゴシエンジギョウ）介護保険法第115条に定められた，市町村が実施主体の地域支援事業のひとつ．介護を行っている家族等の負担軽減を目的に任意事業として実施される．介護教室や介護者交流事業の実施，慰労金の給付などが主な内容である．
⇨地域支援事業

家族教育（カゾクキョウイク）㊑family education．患者の家族に対して疾患の説明とそれに伴う障害，今後の生活予測，治療と予後，介護方法，社会資源の紹介，などを行い，家族の疾患への理解と対応力の向上を目指す教育のこと．認知症ケアにおいては家族の存在が非常に重要であり，とくに同居家族が認知症を理解して適切な対応をとれることや，日々の生活での摩擦をじょうずに回避できることが患者の症状の緩和に大きく貢献する．しかし，これまでのようにやりとりができない，周辺症状への対応にストレスを感じる，などの困難や負担を抱えるケースも多く，認知症の治療や専門的なケア以外に家族を支え強化する視点を援助者がもつ必要がある．

家族支援（カゾクシエン）㊑family support．要介護者等の援助の直接的対象者だけでなく，支え手である家族を支援すること．家族自身も主体者として，介護以外の帰属先や役割をもてることが介護に対する意欲を維持し，その力を要介護者に向けてもらうことにつながる．

加速歩行（カソクホコウ）㊑festinating gait／festination．パーキンソン病にみられる歩行異常の症状．錐体外路症状でパーキンソン病，パーキンソン症候群の姿勢保持障害のひとつである．重心の中央が変位しているときに起こる不随意な歩行の加速で，体が前方に傾き，足は自分の重心を追いかけるように，しだいに速くなり，歩幅がしだいに狭くなり，駆け足になることをいう．患者は足を挙げた状態を維持できないことがあり，前向きの転倒を起こすことがある．

家族療法（カゾクリョウホウ）㊑family therapy．個人および個人を取り巻く家族関係や家族員全体を対象として行うカウンセリング．家族をひとつのまとまりをもったシステムとみなし，その家族システムを対象としてアプローチしていく．家族とともに問題解決をしたり，家族自身の力で問題解決していくことを援助するための方法．認知症の問題は，本人はもちろん，その家族の問題ととらえることが重要である．認知症の行動・心理症状（BPSD）のために不適切な介護をしてしまい，さらにBPSDが助長されると家族を混乱させることになる．認知症についての理解，介護方法，接し方の工夫に加え，経済的問題，家族間の人間関係に生じる問題に対処しなければならない．

家族歴（カゾクレキ）㊑family history．患者の家族の健康状態，病歴，死因などのことをいう．とくに遺伝性疾患や生活習慣病の病歴のある家族がいる場合は診断や病状変化の予測のために非常に重要な情報となる．

課題分析（カダイブンセキ）➡アセスメントを見よ．

課題分析票（カダイブンセキヒョウ）㊑assessment sheet ㊛アセスメントシート．介護保険制度においては介護サービス計画作成の前提として課題分析が行われるが，課題分析票の項目により必要な情報を収集し，課題分析を実施し，利用者や家族が直面している生活課題を明らかにして，必要となる援助の内容を導き出す．課題分析票は厚生労働省の提示した課題分析標準項目の内容を備え，課題分析に必要と考えられる質問内容を表にしたもので，定型的にチェックを入れたり数値を記入したりする部分と自由記述の両方を備えている場合が多い．
⇨課題分析標準項目

課題分析標準項目（カダイブンセキヒョウジュンコウモク）介護サービス計画作成においては，要介護者等の状況を把握し，その生活課題を整理し，本人や家族の要望を明らかにするためにアセスメントが行われるが，課題分析標準項目はアセスメントが客観的に行われるための目安となる必ず把握すべき内容を示したものである．課題分析票はアセスメントのためのツールでありさまざまな書式が存在するが，課題分析標準項目は厚生労働省が「介護サービス計画書の様式及び課題分析標準項目の提示について」（1999年11月12日老企第29号厚生省老人保健福祉局企画課長通知）によって提示した「基本情報に関する項目」9項目，「課題分析（アセスメント）に関する項目」14項目の合計23項目からなる．
⇨課題分析票，アセスメントツール

肩呼吸（カタコキュウ）㊑shoulder breathing．通常の呼吸では酸素が取り込めず，肩を動かしながら補助呼吸筋を使って胸郭を大きく動かしながら呼吸する状態．呼吸困難が強くなると，あらゆる呼吸筋（大小胸筋や前鋸筋等）を動員しようとする働きが生じ，肩の上下運動が起きる．

カタルシス㊑catharsis ㊛通利．精神医療においては，心の内にあるさまざまな不安やイライラ，苦悩や怒り等の感情を言葉として，行動として，また情動として外部に表現すると，その苦痛が解消され，安堵感や安定感を得ることができる．これをカタルシス効果という．面

接，自由連想法，芸術療法，遊戯療法などでカタルシスが起こり，治療効果が現れる．

喀血（カッケツ） 英 hemoptysis．咽頭以下の喉頭や気管，気管支の気道や肺の呼吸器系から咳とともに吐き出される鮮紅色の出血をいう．痰の成分が多い場合は血痰，血液の成分が多い場合は喀血という．それに対し，胃などの消化器官からの出血は暗赤色で吐血といい，鑑別が必要である．喀血は肺結核や肺がん，気管支拡張症，肺塞栓症，肺梗塞，肺うっ血，血液疾患などでみられる．量が多いと，呼吸不全や窒息を起こす．
⇨吐血，血痰

葛藤（カットウ） 英 conflict．対立する2つあるいはそれ以上の要求，衝動などが同時に存在して衝突している状態．以下の3つの型がある．①接近-接近型葛藤：同時に2つの引きつける力（正の誘因性）がある場合，映画館で2つの魅力的な映画から1つを選ぶときなど．②回避-回避型葛藤：同時に2つのいやな力（負の誘因性）に挟まれた場合，いやな宿題をしなければ先生にしかられるなど．③接近-回避型葛藤：対象が同時に正と負の誘因性をもっている場合，インターネットゲームを楽しみたいが睡眠不足になる．

活動制限（カツドウセイゲン） 英 activity limitations．2001年，国際生活機能分類（ICF）によって，心身機能・身体構造活動，参加環境因子・個人因子とカテゴリーが分けられた．そのなかの「活動」とは，行動のことであるが，活動制限とは本人が活動を行うときの困難を指す．
⇨国際生活機能分類

合併症（ガッペイショウ） 英 complication．合併症には2つの意味がある．①病気の合併症の場合は，ある疾患が前提となって生じる続発性の病態・病変・疾患をいう．糖尿病の3大合併症には，腎障害，網膜障害，神経障害がある．高血圧の合併症は，脳梗塞，脳出血，心疾患，腎障害がある．インフルエンザの合併症は，肺炎や脳症等がある．②手術や検査などの合併症の場合は，手術併発症，検査併発症であり，手術や検査などのあと，それらが基となって生じる疾患や症状をいう．消化器の手術後に腹腔内の癒着が生じ，合併症としてイレウスが生じることがある．消化管内視鏡検査の合併症として消化管穿孔や出血がある．血管内カテーテル検査の合併症として血管破裂，出血等がある．

家庭的環境（カテイテキカンキョウ） 英 homelike environment．高齢者施設計画の変遷のなかで「医療モデルから生活モデルへ」という基本理念の転換は，ケアの質の向上に対応したものとして重要なポイントとなった．環境に影響されやすい認知症の人にとって，自分がそれまで生活してきたと同じようななじみの空間にいることや，普通の暮らしができる環境であることが不穏を緩和する．これは，民家改修型の宅老所やグループホームが認知症ケアに相応しいことが経験的に実証され，小規模多機能型施設の普及へつながっている．家庭的環境では身体スケールにあった小規模で多様な空間があり，とぎれのない生活行為を何気なく行うことができる．ユニット型特養のようにたとえ大規模施設でも空間の分割，仕上げ材料の工夫や家庭用の設備・家具の採用等によって家庭的環境をつくることはできる．調理のにおいや雑多な生活音も家庭らしさを強化する．家庭的環境は認知症の人がその人らしく主体的に生きるために欠かせないものである．
⇨施設的環境

家庭内事故（カテイナイジコ） ➡住宅内事故を見よ．

家庭内暴力（カテイナイボウリョク） ➡ドメスティックバイオレンスを見よ．

カテコールアミン 英 catecholamine．カテコールアミンは，分子内にカテコールの構造をもつ生体アミンの総称で，アドレナリン，ノルアドレナリン，ドパミンなどがある．副腎髄質細胞，脳や末梢の神経細胞で生成・合成され，副腎髄質ホルモンあるいは神経伝達物質として働く．血管の収縮，神経伝達，物質代謝（血糖値上昇など）に関与し，また，ストレス反応に重要な役割を果たす物質である．カテコールアミンが過剰に放出されると，重度の高血圧や発汗，動悸，頭痛が起こる．また精神的にも興奮することがある．カテコールアミンが低下すると，心身の脱力感や意欲低下が起こりやすく，抑うつ状態を生じることがある．

カテーテル 英 catheter．医療用の管状の器具で，体腔や消化管，尿管，血管などに挿入し，体液の排出，薬液や造影剤などの注入点滴に用いる．使用部位，目的，形状，材質により血管造影用カテーテル，心臓カテーテル，腹腔・胸腔穿刺用カテーテル，中心静脈カテーテル，血管留置カテーテル，吸引留置カテーテル，尿道カテーテル等の種類がある．残尿を膀胱から流出させるために尿道から膀胱に挿入したものは単にカテーテルといい，膀胱内に常に入れておくものは持続留置カテーテル，定期的に自分で行うものは間欠的自己導尿カテーテルという．尿道留置カテーテルが挿入されていると尿路感染症を合併しやすいので，カテーテルの管理が重要である．

寡動（カドウ） 英 hypokinesia．麻痺や筋力低下，運動失行がないにもかかわらず，日常の習慣的動作や随意運動がきわめて緩慢な状態をいう．パーキンソン病でよくみられる．体を動かすための脳からの指令伝達がうまくできなくなることから，動作の1つひとつに時間がかかる．指令から反応まで非常に長い時間が必要で，歩幅も非常に狭くなるなど小さな動作しかできなくなるのも特徴である．また精神障害や心因反応として生じる場合もある．表情の動きも少なくなり，じっとしていることが多くなる．
⇨無動無言症，パーキンソン病

カニューレ 英 cannula．体腔・血管内などに挿入し，薬液の注入や体液の排出，あるいは気管への空気の通路とする場合等に用いるパイプ状の医療器具をいう．気管カニューレをとくにカニューレということもある．気管カニューレは気管切開したところが自然に閉じるのを防ぎ，気道を確保するために気管孔に挿入するもので，喀痰・分泌物の吸引や長期の人工呼吸管理が容易になる．しかし切開部の気管が直接空気に触れるため，感染を起こしやすく，出血や皮下気腫等も合併しやすく注意が必要である．人工呼吸管理のエアーリーク防止，唾液，吐物の誤嚥防止のためにカフつきカニューレがある．カフの有無，側孔つき，吸引ライン，スピーチライン，スピーキングカニューレ等，用途，材質，形態によりさまざまな種類がある．

化膿（カノウ） 英 purulence／suppuration．組織が損傷し，ブドウ球菌，連鎖球菌，緑膿菌などの細菌に感染することで好中球の浸潤と炎症組織の溶解が起こり，粘調性の

膿が生じること．まれに化学物質などが原因となることがある．限局した化膿は膿瘍とよばれ，皮下や粘膜下まで広がる場合は蜂窩織炎となる．治療は化膿している患部を切開し排膿することと抗生物質の塗布，服用が行われる．化膿している部分が少ない場合は抗生物質の服用だけの場合もある．糖尿病に罹患していたり，栄養状態が良くないといった場合は治癒が遅れることもある．また，悪化すると痛みが強くなり日常生活にも支障をきたすことから，早期に発見し医療機関で治療を受けることが望ましい．

可搬型階段昇降機（カハンガタカイダンショウコウキ） 階段でのスムーズな移動を支援し，利用者の安全性や介助者の負担軽減につながる福祉用具．2009年から介護保険制度の給付対象となり，購入しなければ利用できなかった可搬型階段昇降機が，階段移動用リフト・車いす付属品としての扱いのため介護保険レンタルで利用できるようになった．
⇨固定型階段昇降機

過敏性腸症候群（カビンセイチョウショウコウグン） 英 irritable bowel syndrome 略 IBS．主に大腸の運動および分泌機能の異常で起こる病気や症状の総称である．検査を行っても炎症や潰瘍など明らかな異常が認められないにもかかわらず，下痢や便秘，ガス過多による下腹部の張りなどの症状が起こることがある．以前は大腸の機能の異常によって引き起こされる病気ということで「過敏性大腸症候群」とよばれていたが，最近では，大腸だけではなく小腸にも関係することなどから過敏性腸症候群とよばれるようになってきている．本疾患の症状は主に便通の異常である．症状の現れ方によって，不安定型，慢性下痢型，分泌型，ガス型の4つに分けられる．排便により，しばらくは症状が軽快するが，またぶり返す．不安定型では腹痛および腹部の違和感，下痢と便秘が複数日間隔で交互に現れる（交代性便通異常）．また，慢性下痢型では少しでもストレスや不安を感じると下痢を引き起こす．神経性下痢などともよばれる．分泌型では強い腹痛のあと，大量の粘液が排泄される．さらにガス型では常に「ガスが漏れて周囲の人に嫌がられているのではないか」という不安に苛まれ，意識がその一点に集中し，余計におならが出てしまう症状がある．

カプグラ症候群（カプグラショウコウグン） 英 Capgras' syndrome 同 替え玉錯覚／ソジーの錯覚．身近な人物，家族・恋人・親友などが，そっくりの替え玉として入れ替わってしまったという妄想的確信．1923年にフランスの精神科医カプグラ（Capgras JMJ）らによって報告された．統合失調症・認知症・心因性健忘・脳の器質的損傷・急性錯乱状態などでもみられることがある．鏡に映る自分を自分以外の人であると確信する場合や，人物に限らず，動物，建物や道路などの無生物が替え玉として入れ替わっている対象となったり，自分が歩んできた人生は偽りの人生であると思い込んだりする症例もある．
⇨フレゴリ症候群

家父長主義（カフチョウシュギ） ➡パターナリズムを見よ．

下部尿路閉塞性疾患（カブニョウロヘイソクセイシッカン） 英 lower urinary tract obstruction．下部尿路とは腎臓から排出される尿管に始まり，膀胱，尿道にわたる部位をいい，そのどこかが閉塞する疾患のことを下部尿路閉塞性疾患という．膀胱腫瘍，ポリープ，前立腺肥大などがあり，どの部位に閉塞があるかの診断が必要で，検査方法として内視鏡検査のほか，超音波エコー検査，造影検査などがある．

過眠（カミン） 英 hypersomnia．夜十分に眠っているにもかかわらず，日中に強い眠気が生じ，起きているのが困難になる状態である．また1日10時間以上の睡眠を最低2週間常にとっているか，日中に何度も居眠りをしてしまう場合に過眠症と診断される．過眠症は世界的には1,000～2,000人に1人にみられる病気で，発症は主として10～20歳代で，有病率はナルコレプシーよりやや少ないと推測されている．過眠症は日中の過度の眠気，または長時間の夜間睡眠が繰り返されることによって特徴づけられる．夜間に眠れなくて疲れてしまうのと異なり，過眠症の患者は日中の眠るべきではない場面，仕事中，食事中，会話中などに何度も居眠りを強いられる．患者はしばしば長時間の睡眠から起きるのがつらく，ぼんやりしてしまうこともある．ほかの症状としては，不安，いらだち，活力の欠乏，落ち着かない気分，思考の遅延，発声の遅延，食欲減退，幻覚，そして記憶障害などがある．場合によっては，家庭や社会，仕事などにおいての能力が欠落する．

仮面うつ病（カメンウツビョウ） 英 masked depression．身体症状の主訴が前面に立ち，憂うつ感・不安・強迫のような精神症状が目立たない病像を示す．クラール（Kral VA）により提唱され，抑うつの精神症状を身体症状が覆い隠す（masked）病像に対する呼称として定着しており，疾病及び関連保健問題の国際統計分類第10回修正（ICD-10）においては「その他のうつ病エピソード（F32.8）」に分類されている．代表的な症状には，不眠，痛み（肩凝り，腰痛，頭痛；とくに筋収縮性頭痛・緊張性偏頭痛），めまい（とくにふらつき），全身倦怠感，食欲不振（消化器系の不調）などがある．ただし，いずれの主訴についても，異常と断定しうる明確な客観的所見は認められないことが多いため，心気症的不定愁訴とみなされがちであり，根本に潜むうつ症状への治療が遅れる場合があるという問題点がしばしば指摘される．
⇨うつ病，不定愁訴

仮面高血圧（カメンコウケツアツ） 英 masked hypertension．病院や診療所で測る血圧値は正常でも，家庭や職場など日常の生活のなかで測ると高い値を示す人が存在する．このようなケースは本当は高血圧にもかかわらず，病院では正常血圧という「仮面」をかぶっているようにみえることから，「仮面高血圧」とよばれる．近年，だれでも簡単に測れる電子血圧計が普及したことで，このような状況が予想以上に多いことが分かってきた．仮面高血圧にはいくつかの種類がある．代表的なものには，就寝中は正常な血圧にもかかわらず眠りから目覚めるころにかけて急激に血圧が上昇するタイプの「早朝高血圧」や，夜間の睡眠中にも血圧が下がらず，朝も高いままの状態が続く場合や，夜間になって血圧が上昇するタイプの「夜間高血圧」がある．とくに，夜間高血圧は高血圧が続いている時間が長い分，血圧が血管や心臓に与える負担も大きくなり，脳卒中や心筋梗塞で夜間に突然死する危険性が高まることがある．

仮面様顔貌（カメンヨウガンボウ） 英 mask like face．病気によって表情が乏しくなり，まばたきが減り，1点を見つめるような顔つきになること．あたかもマスクをしたよ

うになる．錐体外路症候群によって起きる．主として神経変性疾患のパーキンソン病や全身性強皮症などにおいて特徴的な症状とされている．

粥食（カユショク） 英paste-diet／kayu-diet．米（うるち米）などの穀類や豆類，芋類などを多めの水でやわらかく煮た料理をいう．粥は，その形態から軟食（または半流動食）と位置づけられ，常食（一般の食事）と流動食（流動状になっている食事）の中間に位置する．軟食は主食の形態が粥であるため，重湯と全粥の混合割合によって決定される．重湯とは，米と水の割合を1：10で炊いた上澄みのことであり，全粥とは米と水の割合を1：5で炊いたものである．この重湯と全粥の混合割合により，軟食には全粥（重湯0：全粥10）と七分粥（重湯3：全粥7）が該当し，それ以外の五分粥（重湯5：全粥5），三分粥（重湯7：全粥3）等は半流動食となる．消化器系の術後患者の食事は重湯から始め，三分粥→五分粥→七分粥→全粥→常食へと進めていくことになる．種々の疾患の発熱，食欲不振，歯および口腔内の障害時，咀嚼・嚥下能力の低下，下痢，手術後の初期などに用いられる．

過用症候群（カヨウショウコウグン） 英overuse syndrome．筋力低下に陥った筋肉を使いすぎることなどで，さらなる筋力低下や筋損傷を起こすこと．過用という言葉で強度の筋力増強や長時間の歩行など，いわゆる「スパルタ式」の訓練と誤解されやすいが，実際は麻痺や廃用筋力低下で弱った筋には，通常よりもわずかに多い筋力訓練でも過用になりやすく損傷を生じやすい．また，廃用性筋萎縮の場合でも廃用の程度が強いほど，過用の危険性も大きい．これは訓練のために行ってよい運動の許容範囲が狭くなることを意味する．筋力低下がいちじるしい場合には通常の生活でさえも筋力低下を助長する危険性があるため，日常生活でさえ制限が必要になることもある．認知症の場合はこの「過用症候群」を理解できない場合が想定されるため，環境設定を含めたコーディネートが必要となる．

カラーコーディネーション 英color coordination．インテリア空間において，色彩の配置や調和，対比を考えること．①床・壁・天井の基調色（ベースカラー），②カーテンや家具などの配合色（アソートカラー），③照明，インテリア小物などの強調色（アクセントカラー）の順番で進めるのが一般的である．色彩には心理的効果があり，たとえば，黄や赤などの暖色系で少し暗めの色彩を用いた空間は，落ち着いた雰囲気を演出する．認知症ケアの環境でも，この効果を利用して，ひとりでいる寝室と，複数でにぎやかにすごす空間では，色彩のトーンを調整して雰囲気を変え，そこでの活動や生活リズムの形成を支援する．また，加齢により色覚の機能低下が生じるため，カラーコーディネーションでは，高齢者が見分けやすい色相と明度のコントラストに注意した配色が必要である．
⇨彩度

柄澤式「老人知能の臨床的判定基準」（カラサワシキロウジンチノウノリンショウテキハンテイキジュン） 英Karasawa's Clinical Classification of Senility 同老人知能の臨床的判定基準．柄澤昭秀（1989）によって提唱された行動観察式評価法であり，認知症の重症度の判定に用いられる．①日常生活能力，②日常会話・意思疎通の観点から，具体的例示に照らして，（高水準維持を含む）正常（－）（±）から異常衰退（軽度（+1）～最高度（+4））の範囲でそれぞれ判定したうえで，総合的に評価する．このとき，能力低下や衰退については，衰えているほうの段階で判定する．改訂長谷川式簡易知能評価スケール（HDS-R）やMini-Mental State Examination（MMSE）のように患者本人に心理検査を行う測定法ではないので，本人不在の状況や，検査に非協力的な場合，言語理解能力や表現能力がいちじるしく低下しているような場合にも，ある程度の評価ができるという利点がある．その一方で，評価に際しては，評価対象者の日常生活について熟知している，家族・介護者・友人等，関係者から確かな情報を得ることが必須である．現在では，介護保険適用の際の認知症重症度の判定基準である「認知症高齢者の日常生活自立度」（厚生労働省）のほうが広く用いられている．
⇨認知症高齢者の日常生活自立度判定基準

空の巣症候群（カラノスショウコウグン） 英empty nest syndrome．40～50代の中高年期の，主に女性（とくに主婦）に生じる抑うつ状態のこと．子育ての終了，すなわち子どもの家庭からの健全な自立・独立である「巣立ち」が契機となることから，象徴的に「空の巣」とよばれる．養育責任からの解放は達成感を得られる「荷下ろし」である反面，目的や愛着対象の喪失感をも伴う．また，この時期に長年連れ添った夫との関係性の希薄化ないしは悪化が重なると，これらがさらに大きなストレッサーとなり，充実感や自尊感情がいちじるしく損なわれ，空虚感や無力感が募り，身体的不調や抑うつ症状を引き起こす．それまでの人生の目標のひとつであり，生活の中心となっていた子育てを終え，献身的に打ち込む対象を見失ったときの虚脱感や意欲低下という点では，バーンアウト（燃えつき症候群）との類似性が指摘される．リプロダクティブヘルスの観点からは，いわゆる更年期に生じる内分泌系の変調が精神面に影響を与えている可能性も考えられる．
⇨バーンアウト

カルシウム拮抗薬（カルシウムキッコウヤク） 英calcium antagonist．血圧降下薬のひとつで，細胞内へのカルシウムの流入を阻害する薬物の総称．カルシウムが細胞内に流入することで血管が細くなり血圧が上昇するが，カルシウム拮抗薬は平滑筋，心筋などのカルシウムチャネルの機能を拮抗（阻害）し，平滑筋の弛緩を起こして血圧を下げる作用がある．冠状動脈を拡張し心筋への血流が増加することから，狭心症などの心血管疾患に対しても使用される．

カルバマゼピン 英carbamazepine 略CBZ．てんかんの大発作，精神運動発作のほか，てんかん性格（情緒不安定など）やてんかんに伴う精神症状の治療に用いられる薬のこと．そのほか，躁病，躁状態，統合失調症の興奮状態，三叉神経痛や舌咽神経痛の治療に使われることもある．副作用として，過敏症症候群（発疹，日光過敏症など）のほか，血液障害（再生不良性貧血など），中毒性表皮壊死融解症，全身性エリテマトーデス（SLE）様症状，肝機能障害，眠気，めまい，ふらつきが現れることがあり注意が必要である．

加齢（カレイ） 英aging 同老化．①「加齢現象」とよばれ，歴年齢を重ねる（加齢に伴う身体的変化は誕生の期間から始まり，成長，成熟，老化の過程を経て死で終わる）

経過中に起こる形態的・生理機能的変化のこと．②老化のこと（senescenceは状態を示す）で成熟期以降の過程のなかで，年齢に伴い各臓器機能あるいはそれらを統合する機能が低下することをいい，個体の恒常性の維持が不可能になり，死に至る過程をいう．この過程における現象が「老化現象」である．個体の老化の原因は，内因（遺伝子にプログラムされた過程）と外因（個体を形成する細胞に生体の内外から影響を与える）の両者によって進行すると考えられている．寿命の長い高等動物であるヒトは，長期間にわたる外因からの影響が大きい．細胞レベルでは分裂時計とよばれるテロメア（体細胞の染色体末端）が，テロメアDNAの分裂のたびに短縮し，有限分裂寿命を決めているといわれ，ヒトの寿命決定の因子のひとつとされる．

加齢黄斑変性（カレイオウハンヘンセイ） 英 age-related macular degeneration 略 AMD 同 老人性黄斑変性／老人性円板状黄斑変性．黄斑の加齢変化で，主に網膜色素上皮細胞，ブルッフ膜，脈絡膜毛細血管板の加齢変化に関係した黄斑変性の総称．つまり，ものをみるときに重要な働きをする黄斑という組織が，加齢（50〜60歳以降）とともにダメージを受けて変化し，視力の低下を引き起こす疾患のこと．この症状は早期と後期の2つの病期があり，早期は黄斑部に黄色の点状斑や網膜色素上皮の萎縮や色素脱失などが出現，後期は，網膜色素上皮の萎縮が広がり地図状になり，新生血管による出血や滲出斑，繊維性瘢痕などがみられる．また，脈絡膜由来の新生血管が関与する滲出型（exudative type）と新生血管の関与がなく，網膜色素上皮細胞や脈絡膜毛細血管板の萎縮をきたす萎縮型（dry type）がある．臨床的には前者が重要で，従来，老人性円板状黄斑変性症とよばれていた．滲出型では増殖組織を伴った新生血管から黄斑に出血や滲出を生じ，最終的には瘢痕化し，視力の著明な低下や中心暗点をきたすといわれる．

加齢性記憶障害（カレイセイキオクショウガイ） 英 age-associated memory impairment 略 AAMI 同 老年性記憶障害．主に加齢（老化）に伴う認知機能，とりわけ記憶力の低下のこと．認知症の診断の際には，中核症状である記憶力の低下が，正常な高齢者にみられる範囲内にとどまっているのか，あるいは病的なレベルなのかを見分ける必要がある．正常な加齢現象，すなわち一次的老化と考えられるのは，一般に，物品や人物の名前や体験の一部を思い出せない（ど忘れ・もの忘れ）状況ではあるが，症状が進行することはなく，判断力や見当識は保たれているので，社会活動や日常生活に不適応的な支障が生じない場合である．たとえば，話題となっている著名人の名前がうまく思い出せないなどである．多くの場合，その本人が「自分はそれを思い出せない」という自覚をもっている．発生頻度，日常生活上の困難度，病識等の点で，二次的老化である認知症や，認知症に移行する可能性がきわめて高い境界例である軽度認知障害（mild cognitive impairment; MCI）とは基本的に区別される．

カロチノイド ➡カロテノイドを見よ．

カロテノイド 英 carotenoid 同 カロチノイド．黄，橙，赤を示す天然色素の一群をいう．自然界に広く存在するが，動物はカロテノイドの生合成系をもたないため，動物に含まれるカロテノイドはすべて植物起源である．非極性の分子構造を呈し水に溶けない．炭素原子と水素原子のみの構成のカロチン類と，酸素原子を含むキサントフィル類とがある．天然のカロテノイドには，βカロテン，αカロテンなど約600種類あり，野菜や果物などから摂取することが必要で，熟したものほど含有量が高く，さまざまな種類の野菜や果物などから1日計10mgとることが望ましいとされている．目安として，「健康日本21」（厚生労働省）で推奨している，1日350g以上（うち，緑黄色野菜を120g以上）の野菜をとることで補われるといわれている．野菜は，抗酸化力が強いビタミンCやEなども含み，カロテノイドと強調して作用を高め合う．βカロテンは，ビタミンAとしての効力がもっとも強い．

がん ➡悪性腫瘍を見よ．

眼圧（ガンアツ） 英 intraocular pressure／intraocular tension 略 IOP．眼球内を満たしている眼内液の圧力のこと．大気圧よりもわずかに高く，この大気圧との差を眼圧の値として表す．単位はmmHg（水銀柱ミリメートル）．眼圧の異常による疾患に，緑内障がある．

簡易精神症状評価尺度（カンイセイシンショウジョウヒョウカシャクド） 英 brief psychiatric rating scale 略 BPRS．イギリスの医師オーバーオール（Overall JE）ら（1962）によって作成された精神症状の包括的尺度．この尺度は16項目（のちに18項目）からなり，1（症状なし）〜7（最重度）の7段階で評価する．とくに統合失調症の症状評価に関しては，現在でもその有用さと簡便さが広く支持されている．日本においては，宮田ら（1995）による日本語版簡易精神症状評価尺度（BPRS），Oxford大学版の日本語版（北村ら，1985），24項目からなるUCLA版（Ventura et al., 1993）などの改良版も用いられている．評価方法は，患者本人に対して個別に構造的面接を行い，心気症・不安・情動的引きこもり・思考解体・罪業感・緊張などの各項目について，それぞれの症状の有無と程度を聞き取り，面接者が評価する．

肝炎（カンエン） 英 hepatitis．肝臓にびまん性の炎症を生ずる病態をいい，その原因によって，ウイルス性肝炎，自己免疫性肝炎，アルコール性肝炎，薬物性肝炎などに分類される．さらに重症度などで，急性肝炎，亜急性肝炎，劇症肝炎，慢性肝炎などに分類され，慢性化すると肝線維化を伴う．臨床症状（黄疸，食欲不振など）や肝生検により診断される．

感音性難聴（カンオンセイナンチョウ） 英 sensorineural hearing loss．「内耳または内耳より奥の聴覚伝導路」の障害によって，気導・骨導聴力ともに悪化した状態．伝音難聴に比べて音の歪みを感じることが多い．①内耳性難聴；内耳有毛細胞の障害，②後迷路性難聴；蝸牛神経により皮質聴覚野までの聴覚伝導路の障害，を併せて感音性難聴という．補充現象（ファウラー現象）の有無で両者を区別でき，①は陽性，②は陰性となる．薬物や外傷・疾患などさまざまな原因が考えられるが，原因が不明なものも多い．

寛解（カンカイ） 英 remission／palliate．ある疾患の経過において，異常所見が消失・減少したり検査成績が好転した状態．治癒がむずかしい疾患の病勢が止まった場合も寛解という．異常所見の残る割合によって完全寛解，部分寛解と分類する．

感覚記憶（カンカクキオク） 英 sensory memory 独 Sinnesgedächtnis．自覚はないが，感覚器官で受容した

刺激に関する情報を，瞬時保持する記憶機能，またはそのプロセスを指す．感覚記憶は，その記憶容量が小さいため，注意を向けられなければすぐに失われるが，意識化によって短期記憶へと移行すると考えられる．これらの感覚記憶は五感に対応しているので，視覚の感覚記憶は視像として，聴覚記憶は音声，嗅覚記憶はにおい，味覚記憶は味，皮膚感覚記憶は肌触りや温度・圧・痛み・かゆみ等として，受け取った刺激をそのまま保持するのが特徴である．保持時間の観点から，記憶は感覚記憶・短期記憶・長期記憶に区分される．短期記憶と同様，感覚記憶も，加齢や認知症等の疾患の影響を受けると考えられる．
⇨長期記憶，短期記憶

感覚機能（カンカクキノウ）生体が感覚器官や内臓などの身体器官を通して，外界の刺激や生体内部の情報を受けて中枢神経系に伝える機能をいう．感覚は五感（外受容感覚）と，痛覚・温度感覚・内臓感覚や平衡感覚といった内受容感覚に分けられる．

感覚障害（カンカクショウガイ）㊥ disturbance of sense／sensation disorder. 感覚の変調をきたした状態をいい，次のような種類がある．①異常感覚：しびれる，②感覚鈍麻・感覚低下：感覚が鈍くなっている，③感覚麻痺・感覚消失・感覚脱失：完全に感覚を失っている，④感覚過敏：刺激への反応が強すぎる，⑤錯覚：ある刺激が他の刺激のように感じられる．原因疾患は多様であり，多発性脳梗塞・糖尿病・がん・膠原病・感染症等によって引き起こされる．なお，感覚障害が認められないにもかかわらず，認知の障害がみられるのは失認である．知っているはずの音が何の音か分からない状態（聴覚失認），知っているはずの対象物がなにか分からない状態（視覚失認）等がある．

感覚神経（カンカクシンケイ）㊥ sensory nerve. 末梢神経のひとつ．各種の感覚受容器からの感覚情報を中枢神経に伝達する役目をもつ求心性神経である．脳神経（嗅神経・視神経・聴神経・動脈神経・三叉神経・顔面神経・舌咽神経・迷走神経）と脊髄から起こり後根を通って各感覚器に分布している脊髄神経とがある．運動神経に対するものである．

感覚性失語（カンカクセイシツゴ）➡ウェルニッケ失語を見よ．

感覚統合（カンカクトウゴウ）㊥ sensory integration. 感覚には，視覚・聴覚・嗅覚・味覚・皮膚感覚（触覚）のほか，筋肉・関節の動きに関する運動感覚（固有覚・固有受容感覚），姿勢と重力に関する平衡感覚（前庭覚），内臓感覚等がある．人は環境からの刺激を取捨選択し，自らの多様な感覚情報を，目的に応じて総合的に適切に活用することで，姿勢や運動の制御や事物の操作，社会的・文化的活動を成り立たせ，環境への適応を可能にしている．この感覚情報の合理的な組織化が脳のなかで適切になされている状態ならびに，その一連の処理過程を感覚統合とよぶ．周囲の環境に刺激が乏しくても，反対に過剰であっても，感覚が統合された状態が損なわれる．また，感覚器官の機能低下に伴い，統合状態が維持できなくなる恐れがある．これらの統合を回復・維持し，機能性の回復を図る手段として，前庭覚・固有覚・触覚に働きかける感覚統合訓練がある．

環境アセスメント（カンキョウアセスメント）㊥ environ-mental impact assessment ㊥ 環境影響評価．高齢者居住環境アセスメントは，高齢者に影響を及ぼす環境要因を明らかにして，よりよい適応をもたらす居住環境の実現を目的として研究がなされている．アメリカでは1960年代より今日まで，老年環境心理学等の分野を中心に一般の高齢者と認知症の高齢者を視野に入れて，各種居住環境評価尺度が開発されている．一般高齢者を対象にした代表的なものとして，モース（Moos R）による多面的施設環境評価法（MEAP）があり，認知症の高齢者についてはワイズマン（Weisman GD）による認知症ケア環境アセスメント（PEAP）が挙げられる．これらを参考に児玉らにより，前者については「高齢者居住環境評価法」，後者については「認知症高齢者への環境支援のための指針」として日本の状況を踏まえた改定がなされている．これらの尺度から高齢者の居住環境に共通の次元として，安全性・見当識・身体的自立・適切な刺激・社会的交流・生活の継続性・自己選択等の重要性が示される．
⇨認知症高齢者への環境支援のための指針，多面的施設環境評価尺度

環境移行（カンキョウイコウ）㊥ environmental transition. 人生の出来事や移動により環境が変わることを指す概念をいう．若年期の人生の出来事として，入学・卒業・就職・結婚などがあり，高齢期には退職・病気による入院・介護のための施設入所などがある．これらに伴い，暮らす建物や近隣などの物理的環境，周囲の人間関係や役割などの対人的環境，習慣や生活のルールなどの社会文化的環境の変化に直面する．通常，人は環境の変化を知覚し，認知された環境像に基づき，環境に働きかけ，新たな環境に対応していくが，うまくできないときには不適応や危機的な状況に陥る．とくに認知症の人は，環境を知覚・認知する力が低下しているので，入院や施設入所により，自宅と異なる物理的環境，人間関係，暮らしのルールの変化を受け止められず，心理的・身体的に大きなダメージをこうむりやすい．
⇨リロケーションダメージ

環境因子（カンキョウインシ）㊥ environmental factors. 個人に影響を与えるもの（物質的環境・他者との接触・社会の構造など）のこと．世界保健機関（WHO）は，人間のすべての活動を「生活機能」ととらえ，それは心身機能・身体構造，個人による活動，社会への参加の3要素から構成され，性別や年齢などの個人因子と個人を取り巻く環境因子との相互作用により力が発揮されたり，阻害されたりするという「国際生活機能分類（ICF）」モデルを2001年の改定で示した．新しいモデルでは，同じ障害レベルでも，環境の影響により生活機能が変化する観点が加えられたことが大きな特徴である．具体的な環境因子の分類をみると，日常生活を行うにあたり必要な物理的な物や用具，周囲を取り巻く自然環境（気候，光など），家族や友人などかかわりのある人々，社会の意識やイデオロギー，サービス・制度・政策まで幅広い内容が含まれている．さらに環境には，個々人の生活機能の発揮を促す促進的環境と阻害的環境がある．認知症ケア分野においても，認知症の人の理解や阻害要因をICFの視点から幅広くとらえ，個々人が力を発揮できるケアへと適用する取り組みがみられる．

環境影響評価（カンキョウエイキョウヒョウカ）➡環境アセスメントを見よ．

環境行動学（カンキョウコウドウガク）ⒺEnvironment behavior study　㊂EBS．環境と行動の関係を扱う研究分野．生態学的な研究から実験的な研究まで幅広い．用いる手法は観察や実験が中心である．危険な場所は敬遠される傾向にあるなど，環境により行動が規制されることは日常経験するが，環境という仕かけが行動を誘発させることもある．ベンチの置き方により，だれでも利用してよいと思わせたり，知らない人であっても声をかけやすい位置関係になったりする．単純に環境が行動を誘発させるのではなく，人がその環境を把握，理解，意味づけをし，行動につながるという考え方が多い．直接的判断ではなく，経験やその人の好みなどが影響することから，環境のもつ意味合いを理解することは，認知症の人の行動を誘発させたり落ち着かせたりする効果が期待できる．
⇨環境心理学，人と環境の相互作用

環境支援（カンキョウシエン）ⒺEnvironmental support．認知症の人の生活歴や心身機能に配慮した環境を提供することにより，認知症の行動・心理症状（BPSD）の緩和やその人らしさを保持する取り組みをいう．認知症への配慮がない環境の下では，認知症の人は設備をうまく使えない．自分の居場所を見失うなどの状況となり，自信喪失や混乱に陥ることがある．認知症ケアにおける環境の要素には，建物や設備など物理的環境，介護者のかかわりなどの社会的環境，サービス・プログラムなど運営的環境がある．環境支援は，これら3つの環境要素を生かして認知症の人を支援する．アメリカでは環境心理学や環境デザイン分野で実績があるが，日本ではそれに加えて認知症ケア技術として取り組まれている．環境支援を進める手段として「認知症高齢者に配慮した施設環境づくり支援プログラム」が開発されており，認知症高齢者への環境支援のための指針（PEAP）やキャプション評価法はこのプログラムのツールである．
⇨環境調整，認知症高齢者への環境支援のための指針，キャプション評価法

環境刺激（カンキョウシゲキ）ⒺEnvironmental trigger／environmental stimuli．騒音・汚染・天候・地理的特性・建造物・情報などの物理的環境，多様な人々により形成される社会的環境，習慣・制度などの文化的環境から構成された，人間を取り巻く刺激のこと．レヴィン（Lewin K）は，人間の行動は，生理的な欲求や本能的な願望，個人のもつ特性だけで決まるのではなく，その人を取り巻く環境の変化や環境のもつ特徴などの環境要因との相互作用によって決まるとした．近年の人間―環境理論では，人間は環境刺激に単に反応する受動的な存在ではなく，能動的に刺激に働きかけ，自分の行動と環境を変化させて適応を図ると考えられている．認知機能が低下して環境への適応が困難となる認知症の人に対して，適切なレベルの環境刺激の調節が必要である．身のまわりになにもものを置かないような環境の下では，環境刺激が少なすぎて意欲の低下につながり，また環境刺激が過剰であると落ち着かなくなり混乱を招くことになる．認知症の人の適応能力やニーズに対応した適切な環境刺激の状態へと，身近にいる介護者などが環境調整を行うことが大切である．
⇨環境調整，環境支援，五感の刺激，人と環境の相互作用

環境心理学（カンキョウシンリガク）ⒺEnvironmental psychology．物的な環境を心理的な手法で分析・研究をする学問．環境の要素を心理学的手法で分析したのが始まりとされている．心理学分野の研究で扱う環境は比較的抽象化あるいは概念化された環境を対象とすることが多く，人とのかかわりを「明るい・暗い」「広い・狭い」など空間の性質について，人を介した手法で分析することが多い．認知マップの研究では，環境をどのようにとらえているのかをマップとしてとらえ，認知症の人に対しても試みられるようになった．一方，建築分野など物的環境をつくる側の分野では具体的な環境を心理的手法で分析することが多く，「小規模で家庭的なリビングのあるA施設では規模の大きいB施設に比べ会話が多く発生し交流がみられる」のように，実際のデザインに役立てるための研究が多い．認知症の人に対して，落ち着きがみられる空間，活動しやすい，活動が起こりやすい空間などの提案はこの環境心理学の研究から提案されたものが多い．また，環境で発症する行動を心理学的手法等でとらえる環境行動学と研究においては共通性もあるが，環境心理学は人に内在する要素を主題とする一方，顕在化した行動を主題とする環境行動学とは成果の応用分野に違いがみられることもある．
⇨環境行動学，人と環境の相互作用

環境制御装置（カンキョウセイギョソウチ）ⒺEnvironmental control system．重度障害者に残された機能を活用して，センサーやスイッチを作動させ，身のまわりにある電化製品などの操作を助ける福祉機器．基本システムは，本体・入力装置・表示器の3つから構成され，環境制御専用機とコンピュータとを組み合わせて使うタイプがある．重度障害のある人が，まばたき・呼気・頭の動きなどで意思表示することにより，テレビ，照明，電話，電動ベッドの上下などを自分で操作することが可能になる．想定される障害者は，脊髄損傷，筋萎縮性側索硬化症（ALS），筋ジストロフィー，脳血管障害後遺症などによる四肢麻痺の人である．重度障害の人の自立と介護の軽減に有効であるが，安全確保に十分配慮が必要である．とくに暖房器具やベッドの上下などの操作は，意識が鮮明でスイッチ操作を確実に行えないと危険である．厚生労働省の日常生活用具の給付の対象ではないが，助成対象としている区市町村がある．

環境整備（カンキョウセイビ）ⒺEnvironmental control．多義的な用語であるが，医療・福祉分野における環境整備とは，通常の環境のなかでは不都合や生活に制約が生じる利用者に対して，多様なニーズを取り入れ，環境の可能性を最大限に生かすことにより，利用者の能力やよりよい適応を引き出し，生活の質（QOL）の向上に寄与する取り組みと定義できる．環境整備は，「居住環境を計画する→環境をつくる→暮らしに合わせて調整する→利用者が使う→使い勝手を評価する」というプロセスから構成され，各プロセスに建築や医療・福祉など多様な専門家の関与が必要である．環境整備の対象者は介護を必要とする高齢者，心身に障害をもつ人，病気療養中の人，保育や養育が必要な子ども，経済的に困窮する人，さらにこれらの介護・看護・世話に当たる家族や専門家など利用者も多様である．利用者の満足や効果を生み出すためには，環境整備のプロセスに利用者の参加が不可欠であるが，認知症の人など意思表示が困難な利用者へ

の配慮が必要である．環境整備の対象となる環境は，福祉用具などの機器，住宅，施設環境，地域環境と広がりをもつ．医療・福祉分野の環境整備の具体的な成果として，福祉用具の活用，住宅改修，ユニバーサルデザインの製品やまちづくり，認知症の人に配慮した環境づくりなど，環境改善の手法も多様に発展している．
⇨環境支援

環境調整（カンキョウチョウセイ） 英environmental manipulation／environmental regulation／environmental adjustment．看護学分野においては療養環境の調整，発達障害や知的障害分野では療育環境の調整，リハビリテーション分野では生活環境の調整を指す．看護分野では，ナイチンゲールによる環境論が看護技術として位置づけられている．各分野での環境調整に共通しているのは，健康や心身機能の低下した対象者を取り巻く物理的環境，人間関係などの人的環境，職業や家計などの社会的環境を調整することにより，単に不都合を取り除くだけではなく，健康の回復，子どもの発達，障害者の自立など積極的なゴールを目指している点である．認知症ケア分野においても，認知機能や記憶の低下により自宅や施設の環境のなかで混乱や不適応に直面する対象者に対して，個々のライフスタイルや心身状況にふさわしい環境へと調整を図ることにより行動の安定や，認知症の行動・心理症状（BPSD）の緩和をもたらすことが可能である．近年，認知症ケア技術として在宅環境や施設環境の調整への取り組みが行われている．

環境適応能力（カンキョウテキオウノウリョク） 英environomental adaptation ability．人は，老化しても，さまざまな環境に適応しながら生活を組み立てることができる．高齢者の能力と環境圧力の関係から環境適応を説明したのが，図に示すロートン（Lawton MP）らが提示した生態学的モデルである．環境圧力とは，行動する際に環境から加えられる負荷を指す．このモデルによると，それぞれ自分の能力に適応する環境圧力のレベルがあり，それより強すぎると高齢者は混乱や不快な感情をもちやすくなり，逆に弱すぎても行動しようとする意欲が阻害される．また，このモデルは高齢者の能力が低下するとともに，適応できる環境圧力の範囲が狭くなることも示している．加齢により身体的，認知的能力が衰えても，高齢者が適切な行動がとれるように環境圧力を調整することが重要である．

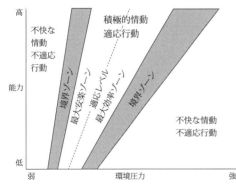

(Lawton MP, Nahemow L：Ecology and the aging process；Psychology of Adult Development and Aging. American Psychological Association, 1973.)

環境的介入研究（カンキョウテキカイニュウケンキュウ） 英environmental intervention study．介入研究とは実践を介して研究者が対象にかかわる方法を指す．ドイツの社会心理学者のレヴィン（Lewin K）が提唱した，実践による社会的問題の解決を目標としたアクションリサーチが有名である．現在は高齢者の生活環境に関する分野においても介入研究が進められており，建築計画を専門とする研究者が住宅，施設，地域において，観察や調査だけでなく環境計画や施工にも参加し，生活の質（QOL）を高める効果を実証的に評価する研究などがみられる．とくに，認知症高齢者への環境支援のための指針（PEAP）を活用した環境づくりは，効率的にプログラム化されており，研究者だけでなく施設のスタッフでも環境的介入の検証ができるように工夫されている．
⇨アクションリサーチ

環境の質（カンキョウノシツ） 英environmental quality．広さや温度，照度などの数値のみに頼るのではなく，雰囲気や経験，文化の個別的な感性を含めた総体としての環境を指す．つまり，人が環境から受け取る情報や刺激の意味が問われる．たとえば，同じ食堂であっても，性別や年齢，それに個人歴（パーソナルヒストリー）とよばれるこれまでしてきた仕事の種類や家族構成，家庭での役割などの記憶によって環境のもつ意味は異なり，健康なときと老化して体が思うように動かなくなったときでは，家の窓からみえる風景は異なる文脈のなかで認識されるであろう．介護が必要となっても環境内に本人にとって意味のある豊かな生活世界が広がるのであれば，生活の質（QOL）は決して低下しないであろう．とりわけ認知症ケアを実践するにあたっては，多様で質の高い環境のあり方を模索することが求められる．

環境負荷（カンキョウフカ） 英environmental load．①施設等の建築を維持する際に環境に与える負の影響のことを指す．規模の大きな施設ほど，使用される資源やエネルギー，排出される熱や炭酸ガス，廃棄物など，周辺環境に多くの負荷を与えており，環境保全のための環境負荷軽減の取り組みは，現代の施設運営の大きな課題となっている．②人が活動しようとした際に環境が人に対して与える負荷のことを示し，環境圧力ともよばれる．ロートン（Lawton MP）らが提唱した人と環境との生態学的モデルにおいて用いられている．人の能力と環境負荷との間に適度なバランスが保たれていると適応した行動がとれるが，高齢化や認知症の進行により人の能力が低下した場合，このバランスが崩れて不適応行動が出現しやすくなる．これは，活動が不活発になったり，不適切な心理症状が生じたりする大きな要因である．適切な居住環境を整備して環境負荷を軽減することによって，能力の低下した高齢者であっても環境に適応することが可能となり，生活の質（QOL）の改善に大きく寄与しうる．
⇨環境適応能力

関係妄想（カンケイモウソウ） 英delusion of reference 独Beziehungswahn．精神疾患の診断・統計マニュアル第5版（DSM-5）によれば，妄想とは，外的現実に対するまちがった推論に基づく誤った確信であり，相反する証拠があっても変わることのない強固な信念体系である．その人の属する文化や社会において，共通理解を得がたく，受け入れられがたい確信であることが特徴的である．その妄想の内容には被害・誇大などの多様な主題が含まれ

ており，その1つが他者と自己との関係性を主題とした関係妄想である．これは，周囲の状況や出来事を，自分自身と結びつけて確信する非合理で訂正不可能な思い込み（誤った信念）といえる．その妄想の内容に自ら疑念を抱いている場合や，訂正可能である場合には，関係念慮とよぶ．統合失調症ならびに妄想性障害によくみられる症状のひとつであり，他者のなに気ないしぐさや態度から，たとえば「好意（恋愛妄想）や嫌悪感（忌避妄想）の表れであるに違いない」という，自分自身へ向けられた特別な意図や意味として確信する症状を指す．
⇨統合失調症

間欠性跛行（カンケツセイハコウ） 英intermittent claudication／intermittent lameness．一定の距離を歩くと下肢の筋肉に痛みが生じて歩行困難となり，休息により寛解するが，再び歩行すると同様の痛みにより歩行困難となる．これらの症状を繰り返す病態を間欠性跛行という．閉塞性血栓血管炎や閉塞性動脈硬化症などによる下肢動脈の閉塞・狭窄のほかに，脊柱管狭窄症，腰部椎間板ヘルニアなどが原因で起こる．診断には血管造影などが用いられ，治療には血行再建術や抗凝固薬などによる薬物療法，運動療法が有効である．

間欠的口腔食道経管栄養法（カンケツテキコウクウショクドウケイカンエイヨウホウ） 英intermittent oro-esophageal tube feeding 日IOE法．摂食障害や嚥下障害を有する人（患者や利用者等）に対し行われる間欠的な栄養管理法で，間欠的に口腔から食道へカテーテルを挿入する場合をいう．また，カテーテル挿入時に咽頭反射（gag reflex）が著明なケースでは経鼻的に行われる場合がある．主な目的は，栄養補給とその管理を行うことにあり，慢性期において経口摂取を行っている場合と胃ろうなどを設置している場合の間を埋める代償的方法でもある．経口摂取が多少は可能であるが，それのみでは低栄養，脱水になってしまう人に有効とされる．この方法はカテーテルを留置しないため，口腔，鼻腔，咽頭の清潔を保ちながら食物の注入により食道の蠕動を誘発することができる．さらに，食物が胃に入るまでに温められるため，下痢や胃食道逆流の減少が期待できる．また，咽頭への間欠的な動的刺激や食道蠕動を繰り返し誘発することで，嚥下機能を改善させる可能性が期待できる．

間欠導尿（カンケツドウニョウ） 英intermittent urethral catheterization．排尿障害により残尿が増加し，尿閉となる場合等において，カテーテルによる排尿が必要となる．その際に一定時間ごとに消毒したカテーテルを外尿道口より膀胱に挿入し導尿する方法をいう．状態に応じ医師や看護職等が実施する場合と患者等が自らで行う場合とに分けられる．導尿回数は約6時間ごとに1日4回が標準とされ，感染の頻度は低いため，排尿障害の最善の対症療法とされている．間欠導尿のなかで，患者等本人が実施する方法を「間欠的自己導尿法」または「無菌的自己導尿法」という．これは何らかの原因で排尿が起こらず膀胱に尿が貯留し過伸展を起こさないように，一定の間隔で，自分でカテーテルを挿入し，尿を排出する方法である．脊髄損傷などが原因で排尿反射中枢が障害され排尿障害を起こし，膀胱内に尿が多量に残り（残尿），膀胱が過伸展し，膀胱粘膜や筋層の虚血，神経障害や出血，尿路感染が起こりやすくなる場合の感染予防のひとつである．

間欠熱（カンケツネツ） 英intermittent fever ラfebris intermittens．1日の体温差が1℃以上の変化をとり，体温が最低時に正常体温（37℃以下）に低下する発熱をいう．間欠熱の原因とされる疾患は，ハマダラカによって媒介されるマラリア，シラミやダニに咬まれ発症する回帰熱，皮膚や粘膜，種々の臓器の粘膜の感染巣から細菌が血液内に入り播種される敗血症等である．検査方法は，体温を計測し，1日の体温差が1℃以上あって37℃以下まで下がった場合に確定する．高熱と平熱を繰り返すため，体温を細かく計測し，平熱と高熱の差を調べる．不規則に高熱と平熱を繰り返す，定期的に高熱と平熱を繰り返す等の発熱も多いため，診断の確定のためには，体温計測による正確な数値が必要となる．治療法は，原因により異なるが解熱薬，ステロイド薬の投与等で発熱を緩和させることができる．そのほか，熱型の代表的なものとして日内差が1℃以内，38℃以上の高熱が持続する稽留熱，日内差が1℃以上37℃以下にならない弛張熱がある．
⇨弛張熱

緩下薬（カンゲヤク） 英laxative．下剤の一種で峻下薬より効果が弱く，軟下薬より効果の強いものを指す．便秘に対して使用され，排便回数を増加させるが，日常的に使用すると逆に便秘が慢性化する場合があるので注意が必要である．

看護過程（カンゴカテイ） 英nursing process．一般的な定義は「個別的な看護ケアを提供するための系統的問題解決アプローチ」であるが，そのほかにもさまざまな定義がある．優先順位に沿って科学的な方法で看護ケアを計画，実施し評価する看護師の思考過程の軸となっている．看護過程は，①アセスメント，②診断，③計画立案，④実施，⑤評価の5つの過程に分けている場合が多い．各過程は看護実践全体を構成するうえできわめて重要な働きをもち，部分的に欠くことはできない．1950年代にホール（Hall L）が初めて「看護過程」という用語を用い，看護ケアの3つの側面をcare, cure, coreとした．その後，ジョンソン（Johnson DE），オーランド（Orlando IJ）が3段階の看護過程を唱え，ユラ（Yura H）とウォルシュ（Walsh MB）らは看護過程の構成要素を「査定・計画・実施・評価」の4つとした．アメリカ看護婦協会（ANA）は，顕在するあるいは潜在する健康問題の診断が看護実践に必須であるという見解で「診断」を看護過程の独立した段階とした．看護過程が現在の5つの段階になったのはこのときからである．1995年に日本看護科学学会の看護学学術用語検討委員会は看護過程に対する見解を示し，人間関係の過程は実践の内容に包含されることとし，「問題解決法の構造を取り入れた過程」を中心に定義づけ，2011年の同会第9・10期委員会においては「対人的援助関係の過程を基盤として，看護の目標を達成するための科学的な問題解決法を応用した思考過程」の筋道としている．

看護記録（カンゴキロク） 英nursing record．看護師によって記載される患者および看護活動に関する記録類の総称．看護記録は，概念や義務として法的な規定の明記はないが，看護内容を法的に証明する資料や看護監査等の資料として活用されている．看護記録は，助産録が，「保健師助産師看護師法」で5年間，その他の記録については「保険医療機関及び保険医療養担当規則」で3年間，「医療法」で2年間の保管義務が定められている．看護記録の

種類は，入院時記録，看護計画表，看護経過記録・体温表・看護（退院時）要約などがある．記載の原則は，①記入には黒インク，ボールペンを使用（夜間帯は一般的に赤を使用），②略語・記号は正確に記載，③記載事項修正時は，横線2本を引いて書き直し，修正液を使用してはならない，④日時と責任（署名）の明記等である．看護経過記録の様式は，経時記録，1969年ウィード（Weed LL）の提唱による問題思考システム（POS），フォーカスチャーティング（焦点方式記録，DAR方式／data：情報，action：看護行為，response：患者の反応）がある．

看護計画（カンゴケイカク）⊛ nursing care plan. 看護過程の段階のひとつ．看護過程は，アセスメントを「情報の収集」と「得た情報がなにを意味するのかを判断し，患者のもつ看護上の問題を明確にする」ととらえ，情報収集→看護診断→計画立案（具体的看護行為の計画）→実施→評価の5段階の流れで展開される．看護診断は，看護上の問題点をもとにした看護診断名（看護診断ラベル）で，①定義（状態を簡潔に説明），②診断指標（症状や徴候），③関連因子（看護診断ラベルの状態の出現，悪化させる可能性のある因子）で構成されている．看護計画立案時の留意点として，①個別性，②患者と協議したもの，③患者の状態に応じ変更，④具体的実現可能な目標の実施，⑤具体的かつ包括的な看護ケアの実施，⑥優先順位を決めて実施，⑦継続計画，⑧実施した看護計画を評価し，次の計画に生かすこと，等が挙げられる．1940年代に非看護専門職者に指示を与えるためのケア計画としてアメリカで始まり，その後，問題解決過程を基盤とする看護過程が「看護実践基準」（米国看護師協会，1973）に組み入れられた．日本では1940年代末〜1950年代にかけて，アメリカに留学した看護師によって問題解決過程の一環として看護計画が紹介され，1967年の吉武香代子らの「看護計画」の出版により臨床現場に普及したといわれる．
⇨看護過程，アセスメント

喚語困難（カンゴコンナン）⊛ word finding difficulty ⊜ 語健忘．失語症のなかでも，話すことの障害であり，病前と同様には自分の考えや気持ちを言葉で表現できない症状を指す．話すときに使いたい言葉がすぐに出てこない状態（呼称障害）であり，とくに名詞を想起する際に顕著である．健忘失語とよぶこともある．健常者であっても，とっさに言葉が浮かばない，いわゆる「ど忘れ」は起こりうるが，失語症者ではさらに頻繁に起こる．そのため，これ・それ・あれ，というような代名詞の使用が会話中に多くなったり，過度に回りくどい話し方（迂言）になったりする．アルツハイマー病（AD）の人では典型的に認められる症状のひとつであるが，初期には音韻的・統語的側面は保たれているものの，認知症の進行に伴い，話量の割に意味の薄い発話（empty speech）や，当初の発話意図を忘れた迂言が目立つようになる．最終的には，構音障害を伴う意味不明瞭な発話（ジャルゴン）を経て，無言症へと至る．

看護師（カンゴシ）⊛ nurse. 1948年に制定され2001年に改正された「保健師助産師看護師法」には「厚生労働大臣の免許を受けて，傷病者もしくは，褥婦に対する療養上の世話又は診療の補助を行うことを業とする者をいう」とある．看護師は高校卒業後3年以上，文部科学大臣・厚生労働大臣の指定を受けた学校または養成所で修業し，国家試験に合格することが必要である．日本看護協会は看護ケアの広がりと質の向上のため，独自に専門看護師（CNS），認定看護師（CN）の資格を定めている．そのうち認定看護師は特定の分野において，熟練した看護技術と知識を用いて水準の高い看護実践のできる看護師をいい，看護現場において，実践・指導・相談の3つの役割を果たす．2010年2月までに21分野に分かれ，そのなかの1つに認知症看護があり，認知症の各期に応じた療養環境の調整，およびケア体制の構築，認知症の行動・心理症状（BPSD）の緩和・予防を行う．
⇨専門看護師，認定看護師

看護者の倫理綱領（カンゴシャノリンリコウリョウ）⊛ Code of Ethics for Nurses. 2003年に日本看護協会は国際看護師協会（ICN）の「ICN看護師の倫理綱領」をもとに「看護者の倫理綱領」を作成した．看護者の倫理綱領は前文と15の条文からなっている．前文にはあらゆる場で実践を行う人としての行動指針であること，専門職として責任の範囲を社会に対して明示すると書かれている．15の条文のすべては「看護者は」から始まり，人としての尊厳および権利を尊重し，差別なく平等に看護を提供する．信頼関係の下，対象者の自己決定を尊重し，責任をもち，守秘義務を遵守する．そして看護者は看護の質の向上のため，常に努め，よりよい社会づくりに貢献すると書かれている．

ガンザー症候群（ガンザーショウコウグン）⊛ Ganser's syndrome ⊜ 拘禁反応．ドイツの精神科医ガンザー（Ganser SJM）による症例報告（1898）において指摘された，ヒステリー性もうろう状態の一種．刑務所や留置場のような閉鎖環境において，拘禁状況によって意識レベルの低下が典型的に引き起こされることから，拘禁反応とも称される．症状としては，簡単な質問へのわざとらしい的外し応答，性格変容のほか，意識混濁など意識障害や幻覚（偽幻覚），身体表現性障害が認められる．純粋な拘禁反応のほかには，青年期のパーソナリティ未熟者が，困難な状況に直面したときに示す反応にもしばしば認められる．擬似認知症，あるいは，ミュンヒハウゼン症候群と同じく虚偽性障害とよばれることもあった．しかし，これらの症状が一過性（仮性）であり，また，概して当事者にはその記憶が残らないことから，現在では，詐病の可能性を除外できる場合には，心理的防衛の失敗による解離性障害（あるいは意識障害）とみなし，疾病及び関連保健問題の国際統計分類第10回改訂（ICD-10）においては他の解離性（転換性）障害（F40.8）と分類される．

観察法（カンサツホウ）⊛ observational method. 心理学におけるもっとも基本的な研究法のひとつで，人間の行動を自然な状況や実験的な状況の下で観察，記録，分析し，行動・言動を記録して，質的・量的な特徴や行動の法則を解明する方法．観察法には，自然観察法（主には仮説設定を行う準備段階で，観察対象について，なるべく主観を入れず正確に記述・分析するもの）と，実験観察法（一定の状況下で仮説に基づき行動に影響を及ぼす要因（独立変数）と，それに伴う行動や内的状態の変化を観察し（従属変数）関係性を調査する方法）がある．

カンジダ症（カンジダショウ）⊛ candidiasis／candidosis／moniliasis／moniliosis／mycodermatitis. カンジダは人の口腔内，腸管内，膣，皮膚などに常在している．カ

ンジダ症は酵母状真菌の一種であるカンジダによって起こる感染症をいう．免疫力が低下している患者に発病することが多く，日和見感染や抗菌薬投与による菌交代現象として引き起こされる．カンジダ性口内炎，膣カンジダ症，皮膚カンジダ症などの表在性カンジダ症と，臓器移植を受けた患者，熱傷患者，血液疾患や悪性腫瘍，膠原病，糖尿病，エイズ（AIDS）の患者や副腎皮質ステロイド，免疫抑制薬投与を受けていちじるしく免疫力が低下した患者が起こす深在性カンジダ症がある．医療従事者の指手を介した院内感染症としても知られる．

冠疾患集中治療室（カンシッカンシュウチュウチリョウシツ） 英cardiac care unit 略CCU．循環器系，とくに心筋梗塞や狭心症などの心臓血管系の疾患を抱える重篤患者を対象としたものであり，集中治療室は，病院内の機能に特化した施設である．呼吸，循環，代謝その他の重篤な急性機能不全の患者の容態を24時間体制で管理し，より効果的な治療を施すことを目的としている．

間質性肺炎（カンシツセイハイエン） 英interstitial pneumonia／pneumonitis／interstitial pneumonitis．肺の間質組織を主座とした炎症をきたす疾患の総称．炎症のあと，組織の線維化（肺線維症）をきたすものもある．原因としては，薬物，アレルギー，ウイルス感染，無機塵・有機塵・エアゾルの吸入，放射線，膠原病などさまざまである．原因が不明な特発性間質性肺炎は特定疾患とされており，予後が悪いことが多い．

感情失禁（カンジョウシッキン） 英emotional incontinence 同情動失禁．脳血管疾患等による脳損傷者に後遺症として出現する感情の障害．感情の変化が不安定で外界からの刺激に対し，容易に笑ったり泣いたりする症状．健常者でもみられる「涙もろさ」などよりもその程度が重く，かつコントロールが効かなくなっている場合を指す．本人に自覚があり，止めようとするが，一度始まると容易に止めることができない．なお，脳損傷者では「強制泣き」「強制笑い」という症状が出現することがある．これらとの違いは，感情失禁は引き金となる原因が明らかで，悲しい，おかしいという感情を伴うため，反応が出現することそのものは不適切でない．それに対し，「強制泣き」「強制笑い」は，原因がないのに場面にそぐわない「泣き」や「笑い」の表情変化が出現し，抑制できない状態を指しており，両者は異なる症状である．

感情転移（カンジョウテンイ） 英transference／emotional transference 独Ubertragung．単に転移ともいう．精神分析における重要な概念としてフロイト（Freud S）により提唱された．心理療法において患者が治療者に対してもつ感情や，態度の変化．心理療法の過程で，患者が自分の不安や葛藤を徐々に治療者に開示するようになると，その不安や葛藤の背景にある過去の体験に由来する感情を治療者に対して無意識のうちにもつようになる．自分に対する治療者の態度を歪めて知覚し，この人は自分に好意をもっていると思い込んだり，怒りや敵意を抱くようになったりする．前者のような肯定的感情をもつことを，正の転移（陽性転移），後者のように否定的な感情をもつことを，負の転移（陰性転移）という．逆に治療者が患者に陽性・陰性の感情を向けてしまう現象を「逆転移（counter transference）」という．転移は心理療法場面だけではなく，医療やケアの場面，一般の対人関係でも起こりうるものである．

⇨精神分析，逆転移，心理療法

冠状動脈（カンジョウドウミャク） ➡冠動脈を見よ．

感情表出（カンジョウヒョウシュツ） 英expressed emotion 略EE．患者の家族が，患者自身に対して表出する感情のことであり，疾病の経過に影響を与えると報告されている．当初は主として統合失調症の再発との関連で論じられてきたが，最近では，神経症，うつ病，認知症の人のEEについても検討されるようになっている．EEはキャンバーウェル家族評価尺度（CFI）等の面接法によって表情，態度などが量と質で評価される．EEの構成要素として，「批判的コメント」「敵意」「感情的巻き込まれすぎ」「暖かみ」「肯定的言辞」等が想定され，CFIの下位項目になっているが，このうち「批判的コメント」「敵意」「感情的巻き込まれすぎ」の感情表出が高い（high-EE）状態にある家族は低い（low-EE）状態にある家族と比べ，患者の再発率が高くなるということが多くの研究で指摘されている．

⇨キャンバーウェル家族評価尺度，統合失調症

感情労働（カンジョウロウドウ） 英emotional labour．近年増加している労働形態で，自分が他の人間に対して抱く気持ちをコントロールしながら行う仕事をいう．これは，アメリカの社会学者ホックシールド（Hochschild AR）が提唱した働き方の概念で，感情の抑制や鈍麻，緊張，忍耐などを不可欠の職務要素とする労働．体力を使って対価を得る「肉体労働」やアイディアなどを提供する「頭脳労働」に対して，サービス業，営業，教師，医療，介護などの感情労働に従事する人は，常に自分自身の感情をコントロールし，相手に合わせた言葉や態度で応対することが求められる．

緩徐進行性失語（カンジョシンコウセイシツゴ） ➡原発性進行性失語を見よ．

肝性昏睡（カンセイコンスイ） ➡肝性脳症を見よ．

肝性脳症（カンセイノウショウ） 英hepatic encephalopathy 同肝性昏睡．肝臓の機能低下による意識障害であり，別名を肝性昏睡という．肝硬変が進行した場合や劇症肝炎などの重篤な肝障害によって引き起こされる．直接の原因については不明な点が多いが，肝機能低下により血液中にタンパク質の分解生成物であるアンモニアなどが増えることにより引き起こされると考えられている．

間接援助技術（カンセツエンジョギジュツ） 英indirect social work．社会福祉の援助活動において，要援護者の問題解決の際，直接本人に働きかけるのではなく，地域社会の仕組みや福祉サービスの改善，再編成等の取り組みで，間接的な援助を行う技術であり，大きくは以下の5つの項目がある．①コミュニティワーク（地域援助技術），②ケアマネジメント，③社会福祉管理運営（福祉施設運営方法，アドミニストレーション），④社会政策（福祉制度・法律），⑤社会福祉調査法．

⇨直接援助技術

関節可動域（カンセツカドウイキ） 英range of motion 略ROM．骨と骨をつなぐ関節の動く範囲を表した表現であり，リハビリテーション分野で使用されることが多い．各関節はその形態が異なる場合があり，関節の分類によって可動方向・可動の範囲（可動域）が変わる．日本整形外科学会，日本リハビリテーション医学会が「関節可動域表示ならびに測定法」を作成している．

関節可動域訓練（カンセツカドウイキクンレン）㊥ range of motion exercise. 関節の可動域の維持・拡大を主目的とした訓練である．固有感覚受容器と視覚を通じて運動パターンを習得するのに有効であり，運動方向や大きさに注意を向けさせる．方法として，①他動運動（訓練）と，②自動運動（訓練）があり，①はリハビリテーション専門職（理学療法士，作業療法士）が痛みなどの配慮を行いながら実施する．とくに急性期および回復期において意識障害がある場合，関節可動域訓練は重要視されている．②は対象者自身が行う訓練であり，プーリーなどの機器を利用して行う方法や，リハビリテーション専門職により指導された内容を自宅などで行う．認知症の人に行う場合は，初期においては関節可動域訓練を行うことの意味を理解してもらえない場合もあるので，対象者がさわられることをどう思っているのかを観察などで確認しておく必要がある．また，直接訓練できない場合は，作業活動などで目的とする可動域の自動運動を促すように配慮する必要がある．
⇨自動運動，他動運動

関節拘縮（カンセツコウシュク）㊥ arthrogryposis. 拘縮は，皮膚，筋，腱，靱帯，関節包などの軟部組織が，炎症や損傷に起因して収縮あるいは短縮を起こし，本来の長さを維持することができなくなった状態をいう．発症原因については不動作性に伴う廃用症候によるもの，関節運動を過度に，またあやまって行った結果生じる過用・誤用症候，脳血管疾患の対象者に多い筋緊張亢進のため起こる痙性拘縮などがある．関節拘縮は関節運動が阻害されるため，日常生活動作を困難にし，自立した生活を阻害する要因となる．また，いったん発生した関節拘縮の改善は容易ではなく，改善に時間を要し，苦痛を伴うこともある．
⇨拘縮

間接照明（カンセツショウメイ）㊥ indirect lighting／indirect illumination. 壁面や天井面などに一度反射させてから作用面を照らす照明．高齢者にとって，間接照明は，均質光ゆえに高齢者特有の不快グレアが少なく，直接照明より優れている．不快グレアがあると，その付近はみえにくくなり，転倒の要因となったり，認知症では，床に反射する不快グレアを異物ととらえ，「なにかいる」などの幻影や妄想などから興奮や不安に至ることもある．認知症の人が住まう環境では，蛍光灯がむき出しになっている直接照明には，熱に強く燃えにくい布地（防火布）でカバーして光量を和らげるなど，住まいの照明への配慮も重要である．

関節リウマチ（カンセツリウマチ）㊥ rheumatoid arthritis ㊡ RA. 多発生の関節炎を主訴とする原因不明の進行性疾患であり，女性に多い（男女比1：2.5〜4）．好発年齢は30〜50代である．初期は「手足の関節腫脹」「疼痛」「朝のこわばり」といった関節炎症状から，徐々に骨破壊，変形などの関節症状をきたし，皮下結節や肺線維症などの関節外症状も併発する．関節リウマチの病期の程度はスタインブロッカーのStage分類（Ⅰ〜Ⅳ）により初期，中期，高度進行期，末期に分類され，機能状態の程度はアメリカリウマチ学会による改訂Class分類（Ⅰ〜Ⅳ）よって，日常生活の実施状況や趣味活動の制限などが分類される．

感染症（カンセンショウ）㊥ infectious disease／infection／infective disease. 病原体の感染によって起こる疾患．微生物が生体内に侵入し，定着，増殖した状態を感染という．感染が成立するためには，①感染源，②宿主，③感染経路，の3つの要因が必要である．感染の状態は2つに大別され，感染して症状が発現した状態を顕性感染，感染しても症状の発現しない状態を不顕性感染という．
⇨顕性感染，不顕性感染

感染症法（カンセンショウホウ）➡感染の予防及び感染症の患者に対する医療に関する法律を見よ．

感染症予防（カンセンショウヨボウ）㊥ prevention of infection. 一般には，感染症の発生を予防するための対策をいう．感染のための3要件に着目し，①病原体を明らかにして取り除くこと，②病原体があっても宿主に到達するまでの感染経路を遮断，または環境を改善すること，③感染が起きても発病しないようにヒトの抵抗力を強めること，が予防策の原則となる．標準予防策として米国疾病管理予防センター（CDC）が「隔離予防のためのガイドライン2007」にスタンダードプリコーションを示している．それは，感染症の疑いや診断の有無に関係なく，すべての患者の，①血液，②すべての体液，分泌物，汗以外の排泄物，③創傷，④粘膜，を感染の可能性があるものとして対応するという考えの下，処置ごとの手洗いや手指消毒の実施，手袋やマスクなどの個人防護用品などの使用を基本としている．

感染の予防及び感染症の患者に対する医療に関する法律（カンセンノヨボウオヨビカンセンショウノカンジャニタイスルイリョウニカンスルホウリツ）㊥ Act on Prevention of Infectious Diseases and Medical Care for Patient Suffering Infectious Diseases ㊡ 感染症法．感染症の取り扱いに関する法律．1999年に伝染病予防法・性病予防法・後天性免疫不全症候群の予防に関する法律を包含し，患者の人権に配慮した良質な医療を提供するとともに，積極的に情報を提供することによって住民の協力を得て，発生予防とともに感染症の罹患およびそれによる犠牲者を最小限にし，かつ感染拡大を防ぐことを目的に制定・施行された法律である．その後，感染症をその危険性，緊急対応の必要性などから1〜5類感染症に分類し，1〜5類感染症と新型インフルエンザ等感染症の疑似症患者および無症状病原体保有者または新感染症にかかっていると疑われる人にも感染症法が適応される．

患側（カンソク）㊥ affected side. 麻痺や外傷，障害のある部位側．これに対して麻痺や障害のない部位側を健側という．
⇨健側

がん対策基本法（ガンタイサクキホンホウ）㊥ Cancer Control Act. がん対策について定めた日本の法律（平成18年6月20日法律第98号）．基本的施策は，①がんの予防および早期発見の推進・がん検診の質の向上等，②がん医療の均てん化の促進等・専門的な知識および技能を有する医師その他の医療従事者の育成・医療機関の整備等・がん患者の療養生活の質（QOL）の維持向上，③研究の推進など，である．

間代性けいれん（カンダイセイケイレン）㊥ clonic convulsion. けいれんとは，一過性に骨格筋が不随意に収縮する発作である．主には，脳の中枢性の疾患（頭部外傷，脳血管性障害，脳腫瘍，てんかんなど）や，それ以外の全身性の疾患（低酸素症，低血糖・低ナトリウム血症，

腎不全，熱性けいれん，薬物中毒など）により起こる．既往症や発症状況の確認とともに，鑑別診断が必要となる．けいれんには，突然に手足の収縮と伸展を繰り返しガクガクと震える間代性けいれんと，突然の四肢や体幹などの筋強直（つっぱりやこわばり）と身体のねじれなどが生じる強直性けいれんがある．けいれんはてんかん発作と同義ではないが，てんかん発作における運動症候のひとつである．

⇨けいれん，強直性けいれん

浣腸（カンチョウ）㊧ enema／cleansing enema／glycerin enema．肛門から腸内に浣腸液を注入し，腸管を刺激して腸蠕動を促進し排便を促す医療行為．便秘など自然排便がないときや検査・手術・出産時の腸内洗浄を目的に行う．注入する浣腸液は50％グリセリン溶液80〜100mlを使用することが多く，浣腸液を38〜40℃に温めて使う．浣腸を受ける人は左側を下にして横になり（左側臥位），リラックスする．浣腸容器のチューブの先まで浣腸液を満たし，チューブの先端にグリセリン液かワセリンなどの潤滑油をつける．チューブはへそに向けて肛門からそっと挿入し，角度を変えて脊柱に沿って約3.5〜4.5cm挿入する．へそに向かって5cm以上無理に押し入れると直腸壁を傷つけたり，直腸穿孔を起こしたりする危険があるので注意する．浣腸液をゆっくり注入し，ゆっくりチューブを抜く．肛門をペーパーなどで押さえ3〜5分は排便をがまんしてもらい，その後排便するようにする．実施中は浣腸を受ける人のプライバシーの保護と羞恥心に配慮しながら観察とケアを十分に行う．

冠動脈（カンドウミャク）㊧ coronary artery ㊧ arteria coronaria ㊙ 冠状動脈．ヒトの身体の血管系は，動脈，毛細血管，静脈からなる．このうち，生体に必要な酸素や栄養を含む血液を心臓から末梢へ送り出している動脈は，心臓に近い大動脈と，その他の弾性線維の働きにより血液の全身への供給を助ける大血管から構成される．冠動脈は後者に含まれ，さらに，心臓自体が必要とする酸素や栄養を供給する働きも担っている．大動脈弓の起始部（大動脈洞）より右冠動脈と左冠動脈が分かれ出て心臓を取り巻き，さらに枝分かれして心臓の各部に分布する．たとえば脳梗塞は，ラクナ梗塞，アテローム血栓性梗塞，心原性脳塞栓症に分けられるが，アテローム血栓性梗塞の発症には，脂質異常症とともに冠動脈の動脈硬化を伴っていることが多い．冠動脈の動脈硬化は，狭心症や心筋梗塞，不整脈，心不全の原因にもなる．危険因子として，加齢や動脈硬化性血管病の家族歴のほか，脂質異常症や高血圧，糖尿病，肥満，喫煙などが挙げられる．

陥入爪（カンニュウソウ）㊧ ingrown nail／onychocryptosis．爪の角が爪内部の肉に刺さって炎症を起こした状態．巻き爪とは異なるが巻き爪を併発していることもある．第1趾に好発する．主な原因は，深爪や外傷，先の細い靴やハイヒールなど足の形に合わない靴を履いていたことによる圧迫などである．一時的な炎症はアクリノール液による冷却で治ることがあるが，長期化すると肉芽組織が生じ出血しやすくなる．また痛みで靴が履けないなどの状態になるので，皮膚科の専門医を受診して適切な治療を行う．皮膚に食い込んだ爪を皮膚からはなすようなテーピングによる治療や，爪の下にガーゼや綿などを挿入し爪を浮き上がらせる保存的治療，爪をまっすぐ根元まで切るという根治的手術がある．日常的には，深爪をしないように爪を切るなどの手入れと清潔の保持，感染予防などのケアを行う．

観念失行（カンネンシッコウ）➡観念性失行を見よ．

観念性失行（カンネンセイシッコウ）㊧ ideational apraxia ㊙ 観念失行．脳損傷後に起こる高次脳機能障害のひとつ．失行とは，運動麻痺や失調等がなく，またなにを行えばよいかを理解しているのにもかかわらず，日常的な行為を意図的に行うことができなくなった状態をいう．観念性失行は，両手に起こる道具の使用障害である．リープマン（Liepmann H）の古典論では，複数の物品を用いて行う一連の動作（系列動作）が行えなくなる状態を指す．たとえば，お茶をいれるという動作が，茶筒（茶葉），ポット（湯），急須，湯飲み茶碗を目の前にしても，手順が分からなくなり，茶葉を湯飲み茶碗に直接入れてしまったり，茶筒にお湯を入れてしまったりするといった誤った動作をしてしまう．脳の損傷部位としては，言語優位半球（通常左半球）の頭頂葉後方が有力視されているが，まだ議論が続いている．なお，最近では，歯ブラシがうまく使えないなど，単一物品の使用ができなくなることも含めて観念性失行とみなす立場が有力になってきている．

⇨失行

間脳（カンノウ）㊧ interbrain／diencephalon／deutencephalon．間脳は終脳とともに大脳を構成する．主に視床，視床下部，視床上部からなる．間脳の大部分を占める視床は中枢神経系のなかでもっとも大きい神経核の集合体で，嗅覚以外の感覚情報がすべて集められ大脳皮質に伝達される．視床は，出血や梗塞の好発部位でもあり，その損傷が血管性認知症（VaD）を引き起こすほど記憶や言語などの認知機能に重大な影響を与えうる戦略的重要部位のひとつである．視床下部は生体環境のホメオスタシスを維持する中枢で，内臓の働きや血圧，血糖値，体温などの調整にかかわる自律神経系とホルモン系の働きを調節している．下垂体から成長ホルモンや乳腺刺激ホルモンなどが分泌されるが，この分泌を調節するのが視床下部から放出される種々のホルモンである．たとえば，視床下部，下垂体，副腎系からなるHPAアクシスはストレス反応指標であるコルチゾールなどの分泌を促し，ストレス状況への抵抗力を高め，交感神経系とともにストレス状況に対応する．さらに，視床上部にある松果体は睡眠などに関連するホルモンであるメラトニンを合成している．

乾皮症（カンピショウ）➡皮脂欠乏症を見よ．

鑑別診断（カンベツシンダン）㊧ differential diagnosis．さまざまな症状や種々の検査結果などを踏まえて，類似した状態が示される可能性のある疾患のなかからもっとも合致する疾患を特定すること．その原因疾患に適切な治療や対応をより早く実施するために重要である．たとえば認知症では，種々の器質性の原因疾患の特徴とともに，認知症のような状態を示す非器質性疾患についても理解され，適宜，除外されて進められる．鑑別診断・および認知症全般において除外すべき状態としては，精神疾患の診断・統計マニュアル第5版（DSM-5）を踏まえ，①年齢に関連した認知機能の低下，②せん妄，③認知症のせん妄の併発，④知的能力障害，⑤物質中毒または物質離脱，⑥主診断が気分障害，⑦統合失調症，⑧詐病，が挙

げられている．原因疾患としてもっとも多いアルツハイマー病（AD）では，他の認知症性疾患とは異なり，末期までは認知症以外には明らかな神経学的異常が呈されないという特徴に着目し，他の疾患やその合併症を考慮することが推奨されている．

γグルタミルトランスフェラーゼ（ガンマグルタミルトランスフェラーゼ） 英 γ-glutamyl transferase 略 γ-GT 同 γグルタミルトランスペプチダーゼ．体内の腎臓，膵臓，肝臓に多く分布し，血清や尿などにも存在する酵素．肝疾患や胆道疾患，膵疾患による二次的な肝障害の際に増加し，血清中でも上昇するため，疾患の指標として血液検査の項目に含まれている．基準値は成人男性では10〜50 IU/l，成人女子では9〜32IU/lで，とくにアルコールの過飲による肝障害で上昇する．500 IU/l以上のきわめて高度の増加では急性アルコール性肝炎や閉塞性黄疸など，200〜500 IU/lの高度増加ではアルコール性肝障害や閉塞性黄疸など，100〜200 IU/lの中等度増加，100 IU/l以下の軽度の増加ではアルコール性肝障害や薬物性肝障害などが高頻度に認められる．軽度増加では慢性肝炎，脂肪肝なども含まれる．薬物性肝障害とは服用した薬物による肝障害をいうが，他の疾患の治療のために投与された薬物やそのタンパク結合物の遅延型アレルギー反応による場合も多い．抗菌薬や消炎鎮痛薬，循環器用薬，精神神経用薬などの薬物のほか，健康食品の摂取との関連も指摘されている．

γグルタミルトランスペプチダーゼ（ガンマグルタミルトランスペプチダーゼ） ➡ γグルタミルトランスフェラーゼを見よ．

γグロブリン（ガンマグロブリン） 英 γ-globulin．グロブリンとは血漿，乳汁，筋肉，卵白，大豆など動植物界に広く分布する単純タンパク質の総称で，さらにいくつかの群に分離される．γグロブリンは，血漿中の血清グロブリンが電気泳動（荷電粒子の移動）によりアルブミン画分に続いて分画されるうちのひとつである．γグロブリンの大部分が免疫グロブリンで，抗体機能をもつ．免疫グロブリンはIgG，IgA，IgM，IgD，IgEの5つからなるが，ヒトの全免疫グロブリンの75％をIgGが占める．免疫血清検査におけるIgGの基準値は739〜1,649mg/dlで，200 mg/dl以下に減少すると原発性免疫不全症候群，200〜738 mg/dlでは原発性免疫不全症候群のほかにステロイドや免疫抑制薬の投与，放射線照射など，1,650〜4,000 mg/dlの増加では膠原病や自己免疫疾患，関節リウマチなど，4,000 mg/dl以上では多発性骨髄腫が高頻度で関連する．

緘黙（カンモク） 英 mutism 同 無言症．大脳皮質の言語領域や，発声・構音器官に異常がないにもかかわらず，音声言語による表出がない状態を指す．声を発しないものから少しは話す，小声では話すというものも含む．原因としては，心因性のもの，脳の器質的障害によるものがある．心因性のものは小児でしばしばみられ，学校教育法上は情緒障害の一種とされている．まったく言葉を発しないものを全緘黙，特定の場面でのみ話さない，たとえば学校ではひと言も話さないが，家では問題ない，というような場合を選択性緘黙（場面緘黙）とよぶ．脳の器質的障害によるものは，脳幹部，視床，視床下部，大脳皮質前帯状回，脳梁などの病変で生じ，発語衝動そのものが失われるために起こると考えられている．重篤な脳血管障害や脳変性疾患の末期には，眼球以外の身体の動きも失われる無動性無言となることもある．

管理栄養士（カンリエイヨウシ） 英 registered dietitian．栄養士法（1947年）の一部改正時（1962年）に設けられた名称独占の資格であり，2000年の改正で免許制となった．管理栄養士になるには，栄養士免許をとり一定期間栄養の指導に従事した者，または管理栄養士養成施設を修了して栄養士免許を得た者が，管理栄養士国家試験を受験することができ，合格者は厚生労働大臣から免許を得る．管理栄養士は，①傷病者を対象に，療養のため必要とする栄養指導，②個人を対象に，健康の保持増進のための個別的で高度な専門的知識および技術を要する栄養指導，③特定多数人を対象に，継続的に食事を供給する施設における利用者の身体の状況，栄養状態，利用の状況等に応じた特別の配慮を必要とする給食管理，④これらの施設に対する栄養改善上必要な指導等を実施することができる．管理栄養士は，入院患者の栄養サポートチーム（nutrition support team；NST）の一員としても活動している．
⇨栄養士

緩和医療（カンワイリョウ） 英 palliative medicine／palliative treatment 同 緩和医療学．疾病の治療を目指すのではなく，その対象（患者・利用者・入居者等）の苦痛の緩和と生活の質（QOL）の向上を目標とする医療．日本では当初，終末期ケアとして主に悪性疾患の末期患者に対する治癒や延命ではなく，痛みなど疼痛をはじめとした身体的，精神的な苦痛の除去を目的とした医療を意味していた．緩和医療は，緩和ケアにおける一部であり，緩和医療と緩和ケアはイコールとはいえない．近年では悪性疾患だけでなく，慢性疾患，認知症疾患，神経難病など非悪性疾患，小児や高齢者の緩和ケア・緩和医療が議論されるようになった．
⇨緩和ケア

緩和医療学（カンワイリョウガク） ➡緩和医療を見よ．

緩和ケア（カンワケア） 英 palliative care．世界保健機関（WHO）の緩和ケアの定義によると，「生命をおびやかす疾患による問題に直面している患者とその家族に対して，疾患の早期発見により痛み，身体的問題，心理社会的問題，スピリチュアルな（霊的，魂の）問題に関してきちんと評価を行い，それが障害とならないように予防したり対処したりすること．それにより，患者とその家族の生活の質（QOL）を改善するためのアプローチである」と記している．したがって，緩和ケアはがん末期のケアに限定されるものではなく，どのような病気であっても，病気のどの段階であっても，苦痛などのつらい症状を積極的に和らげ，患者とその家族のQOLを改善するケアである．緩和ケアは，身体的，精神的，社会的，スピリチュアルな苦痛を全人的苦痛（トータルペイン）ととらえて患者と家族をアセスメントし，医師や看護師，薬剤師，理学療法士，ソーシャルワーカー，臨床心理士など多職種によるチームで援助を行う．在宅や施設では，ケアマネジャーやホームヘルパーなどもチームメンバーとなる．
⇨終末期ケア，緩和医療

緩和ケア病棟（カンワケアビョウトウ） 英 palliative care unit．厚生労働省が定めた緩和ケア病棟設置基準を満たし承認された病棟をいう．主に悪性腫瘍あるいは後天性

免疫不全症候群の患者の緩和ケアを病棟単位で行うことが目的である．入院患者に対する看護師の人数や緩和ケア担当医師がいる体制が定められている．一般病棟よりも患者1人あたりの床面積が広く，家族の控え室や談話室，患者と家族が使える台所など家庭に近い環境をつくることが求められている．健康保険で緩和ケア病棟入院料が適応される．全国に緩和ケア病棟入院料の届出受理施設は，339施設，6,847床（2015年9月1日現在）である．緩和ケア病棟は，生きている時間をできる限りその人らしく生きることができるようにケアを提供する場であり，終末期を生ききり穏やかに最期を迎える場，看取りの場ともなっている．看病に疲れた家族のために患者が一時的に入院する（レスパイト入院）などの利用もある．
⇨ホスピス

き

奇異性尿失禁（キイセイニョウシッキン） ➡溢流性尿失禁を見よ．

既往歴（キオウレキ） ㊥ past history／anamnesis ㊚ PH．生まれてからこれまでに患った主な病気の履歴のこと．かぜなどの軽い病気は含まれない．過去にどのような病気を患っていたか，どの薬を飲んでいるか，過去にどのような病気で入院したかなどを知ることは，これからの治療法や支援，介護を行ううえで関連スタッフが共有する大切な情報のひとつである．

記憶（キオク） ㊥ memory．覚える（記銘・符号化），覚えたことを保持する（保持・貯蔵），思い出す（想起・検索）の3過程があり，いくつかの分類法があるが，代表的なものとして短期記憶と長期記憶がある．新たに記銘された事柄は，まず短期記憶にとどまり，そこでリハーサルを繰り返しながら永続的な長期記憶に移行するといわれる．短期記憶に関連する，より高度な処理過程としてワーキングメモリー（作業記憶）がある．これはいくつかの事柄を同時処理する際に使用するものと仮定される．保持された記憶の質に基づいた分類もある．タルヴィング（Tulving E）は長期記憶をエピソード記憶と意味記憶に分け，前者は，体験した出来事の記憶であり，後者は，ものの概念や知識の記憶であるとした．このほかに，運動技能のようなものを手続き記憶とよび，さらに保持時間の長短に着目した，即時記憶，近時記憶，遠隔記憶という分類もある．即時記憶は，短期記憶と同様の短時間の記憶であり，遠隔記憶はかつて体験した記憶，近時記憶はその中間を指す．
⇨短期記憶，ワーキングメモリー，長期記憶

記憶愁訴（キオクシュウソ） ㊥ memory complaint．記憶障害について，本人が自覚し訴えること，およびその訴え．2005年の岩佐一らの調査によれば，地域在住の高齢者（70〜84歳）の約3割に記憶愁訴があり，その内容は，「人名を忘れる」と，予定の記憶（展望的記憶）に関する愁訴が全体の約2.5割，「物品をどこに置いたか（しまったか）忘れる」が約2割を占めた．記憶障害はアルツハイマー病（AD）の初期症状であり，記憶愁訴の有無は，その早期発見のための有用な指標となる．しかし加齢による記銘力の低下との鑑別はむずかしい．2008年に植田恵らは記憶愁訴があり，もの忘れ外来を受診した高齢患者の問診表の調査から，認知症を疑う生活上の記憶の問題を「もの忘れについて周囲に気づかれている」「数日前のことを忘れている」「忘れていることを指摘されても思い出せない」「メモ等の工夫ができない」の4項目に絞り，記憶愁訴があり，かつ，このような事実がある場合に健常範囲とはいえない記憶障害が始まっている可能性があることを示唆した．
⇨アルツハイマー病，記憶障害

記憶障害（キオクショウガイ） ㊥ memory impairment／amnesia ㊛ Gedächtnisstörung．新しいことを覚えられない記銘力の障害，覚えているはずのことを思い出せない障害，通常体験した出来事の記憶（エピソード記憶）の障害を指す．また，多くはないが，ものの概念や知識の記憶に当たる意味記憶の障害が顕著に現れる意味記憶障害の例もある．記憶障害の原因としては脳損傷（頭部外傷，脳血管疾患）によるもの，認知症などの脳変性疾患によるものが多いが，心因性のものもある（心因性健忘）．このうち，脳損傷や心理的ショックを伴う出来事など，記憶障害の原因となる事柄の生起時期が明確である場合は，それ以前のことを思い出せない逆向（性）健忘と，それ以後のことを覚えられない前向（性）健忘とに分けられる．記憶障害の病変部位としては，海馬，扁桃体などの側頭葉内側面，乳頭体や視床などの間脳，前頭葉眼窩面などがある．アルツハイマー病（AD）では海馬と，その周辺領域の細胞の脱落により，初期から重篤なエピソード記憶障害がみられる．
⇨記銘力障害，アルツハイマー病

記憶力（キオクリョク） ㊥ anamnesis／mneme．記憶には覚える（記銘・符号化），覚えたことを保持する（保持・貯蔵），思い出す（想起・検索）の3過程がある．通常，記憶力といった場合はこのすべての過程を含み，新しく体験したことを覚える能力（記銘力）のことや，過去に体験したことを覚えている能力を指して広く用いられている．学術用語というよりは一般的に幅広く使われている用語である．たとえば「記憶力がよい」というのは，一度にたくさんのことを覚えられる能力が高いことを示して用いられ，特定の記憶材料を短時間でどれだけ多く覚えられるかを競う「記憶力選手権」などというものもある．一方で昔のことをよく覚えているということをたたえて「記憶力がよい」と表現される．また，「記憶力が低下した」というのは，加齢のためにもの覚えが悪くなったことを指す場合から，認知症のような疾患のために記憶障害が生じている場合まで含めて用いられる．記憶力の善し悪しは通常記憶検査を用いて測定される．
⇨記銘力，記憶障害

機械換気（キカイカンキ） ㊥ forced ventilation．換気には大きく分けて自然換気と機械換気がある．また，その方式については，給気方式，排気方式，その組み合わせの3とおりがある．一般の住宅であれば自然換気でも十分であるが，機密性が高くなってきた最近の住宅では，浴室，トイレ，台所のように湿気やにおいの出るところでは排気型の換気装置（換気扇が一般的）をつけることが多い．認知症の人の場合，自分の判断で換気を行うことはむずかしく，衛生的な空気環境を保つために換気をする必要がある．トイレでは入ったことを感知して自動的に動き出し，一定の時間で停止するような換気装置があってもよい．居室等においても，失禁等でにおいがこもることもあるので，安全管理の点から窓を使う自然換気ではなく強制的な機械換気装置の検討が必要である．
⇨自然換気

期外収縮（キガイシュウシュク） ㊥ premature beat／premature contraction／extrasystole．心拍が生じると予想されるタイミング（基本調律）よりも早期に出現する心

拍（早期収縮）である．加齢や基礎心疾患の合併がある場合には現れやすく，ストレス，睡眠不足，疲労，アルコール摂取過多なども誘因となる．症状は多様で，動悸や胸部不快感が自覚される．自覚の程度にも個人差があり，個々の感受性や期外収縮が起こる間隔などが関連するのではないかと考えられている．期外収縮は心房期外収縮と心室期外収縮に大別され，それ自体は良性の不整脈で生命に危険を及ぼさないと考えられており，自覚症状の軽減を目標に基礎心疾患の有無などを考慮して薬物治療が導入される．しかし，頻発すると心機能の低下をきたし，拡張型心筋症（左室のびまん性収縮障害と左室拡大を特徴とする）様の病態となる場合には，薬物療法ではなくカテーテルアブレーションが考慮される．

企画振戦（キカクシンセン）➡企図振戦を見よ．

気管カニューレ（キカンカニューレ） 英 tracheostomic cannula／tracheotomy tube 同 気管切開チューブ．呼吸困難のときに外から頸部を切開して気管に穴を開けて（気管切開）直接気管内に挿入する管．気道を確保するために口や鼻孔から挿入される気管内チューブとは区別される．気管カニューレは，単管（管が1つだけ）と複管（内管と外管），カフつきとカフなし，シリコン製や金属製などがあり，挿入後ひもで頸部に固定される．気管カニューレを通して呼吸ができ，痰やその他の分泌物などを吸引で除去することができ，切開した穴の閉塞予防としても機能している．カフ圧過剰による気道粘膜の障害予防やカフ圧不足による誤嚥予防などのカフ圧管理，口や鼻呼吸とは異なる気管孔からのバイパス呼吸による加湿や感染予防が必要である．また，声を出せないことに対する精神的なケアや筆記やパソコンの使用，ジェスチャーなどコミュニケーション手段の工夫が必要である．通常は応急処置で使用されるが，人工呼吸器の装着により長期に及ぶこともあり，いずれも身体にとって異物である気管カニューレ管理が重要である．
⇨気管切開，呼吸困難

気管支喘息（キカンシゼンソク） 英 bronchial asthma．発作性の咳や喘鳴，呼吸困難，胸苦しさが繰り返し起こる．これらの症状に加えて可逆性の気道閉塞がみられることと，慢性閉塞性肺疾患（COPD），中枢気道疾患，心不全などの他疾患の除外などにより診断される．病型にはアトピー型と非アトピー型があり，後者はアレルゲンが特定できず疲労やストレスも誘因となる．重症度は症状の現れが毎週か，毎日か，日常生活へ支障をきたすかという基準により判断され，軽度から致死的な高度のものまで存在する．治療は重症度に応じて4段階のなかから該当する治療ステップが適用され，長期管理には基本的に吸入ステロイド薬が用いられる．急性憎悪に備えて薬物アレルギーの有無や喘息による呼吸不全の既往などが確認される．喘鳴や呼吸困難がなくても気道閉塞の可逆性が示される場合には，気管支喘息の治療対象となる．また，高齢者の喘息ではCOPDの合併がみられるなど，病状が複雑化する可能性も指摘されている．

気管切開（キカンセッカイ） 英 tracheostomy．気道の確保には気管内挿管がもっとも確実とされるが，①上気道狭窄や閉塞（外傷，炎症，腫瘍，異物など），②遷延性意識障害患者の気道確保と誤飲や誤嚥の予防，③長期間の人工呼吸管理，④肺炎や無気肺により頻回な気道の吸引や洗浄が必要な場合などに，外科的技術による気管切開が導入される．気管切開の部位は第2～4気管軟骨間であるが，緊急性の高い場合には輪状甲状靭帯の穿刺または切開が導入される．気管切開部から気管にチューブ（気管カニューレ）を挿入することで気道が確保され，気管カニューレをとおして呼吸や分泌物の吸引が行われるほか，種類によっては声も出せる．気管カニューレは，経口や経鼻から挿入する場合に比べてチューブ内の死腔が少ない，口腔内，鼻腔，副鼻腔の感染を起こしにくい，管理が容易であるなどの利点はあるが，直接に気管内に空気を取り込むことによる感染症や切開部位の出血を起こす可能性がある．
⇨気管カニューレ

気管切開チューブ（キカンセッカイチューブ）➡気管カニューレを見よ．

気管挿管（キカンソウカン）➡気管内挿管を見よ．

気管内吸引（キカンナイキュウイン） 英 tracheobronchial suction．慢性呼吸不全，開胸開心術後，神経性疾患などで随意の咳嗽（せき）や喀痰喀出が困難な患者に，鼻や口，気管切開口，気管チューブ，気管カニューレより吸引カテーテルを挿入し，気管・気管支内の分泌物，血液，異物などを吸引する操作である．胸腔ドレナージのような胸腔内に貯留する気体や液体の体外への持続的吸引に対して，一時的な吸引のひとつとして位置づけられる．吸引チューブは，やわらかな素材で，かつ，気管チューブの直径の半分以下のものが使用されるとともに，吸引操作の実施前後の十分な酸素化や吸引中の肺胞虚脱，低酸素症，低血圧を予防するための呼吸・循環モニタリングが必須事項として挙げられている．十分な吸引のために，有効な呼吸法や効率的な排痰などを目的に行われる肺（呼吸）理学療法の併用も推奨されている．

気管内挿管（キカンナイソウカン） 英 intubation／tracheal intubation 同 気管挿管．気道を確保するために口や鼻から気管内にチューブを挿入すること．気道を確保するためにもっとも確実な方法であり，確実な挿管は救命の可能性を大幅に高めると考えられている．窒息などによる気道閉塞，酸素投与で補正されない呼吸不全（低酸素血症，高炭酸ガス血症，頻呼吸状態など），原因によらないあらゆるショック状態（心原性，敗血症性，神経原生など），重篤な意識障害（脳卒中，外傷性，薬物性，中毒など）など心肺蘇生時に重篤な障害をきたす場合に実施される．通常は経口挿管が第1選択となり，喉頭鏡により声門を確認しながら行われる．実施の利点がある一方で，挿管には技術を要し，挿管時には歯の損傷やのどからの出血，喉頭けいれんが起こる可能性があるほか，食道などの部位にあやまって挿入される危険もある．挿管が困難な場合や挿管が長期にわたる場合には，気管切開が考慮される．

危機介入（キキカイニュウ） 英 crisis intervention．人はなにか普段と異なる状況に直面した際に，自らのもつ力を行使して柔軟に対応し，元の均衡状態を保つように動く．しかし，進学，就職などの発達課題的に解決を必要とされる場面，死別，退職のような喪失体験などのライフイベント，暴力，災害などに巻き込まれたときに，何らかの原因でその機能がうまく働かなくなることがある．これまでの方法では対処することができなくなると，個人内の均衡状態が急激に失われ，混乱や不安が生じる危機的な状況に陥る．危機介入とは，このような状態にある

人に対して迅速に行う，問題解決的な介入のことをいう．そのアプローチは，根本的な問題解決というよりは，まずはその状況から抜け出し，本来の均衡状態を取り戻すことが目的とされ，短期集中的に面接や環境調整などを行っていく．なお危機介入は，個人に対してだけではなく，集団や組織，地域が対象となる場合もある．

起居動作（キキョウドウサ）㊥ bed and transfer activity. 日々の動作，立ち居振る舞いのことであり，具体的には寝返り，起き上がり，座位，ベッド上の移動，ベッド・いすなどからの立ち上がり動作，マット・畳・布団などからの立ち上がり動作，立位からマット・畳・布団などへ座る動作などがある．日本のリハビリテーションの領域においては，布団やベッド，畳や床の上で，臥位から立位まで姿勢を変換する諸動作を起居動作と総称していることが多い．この起居動作は日常生活動作（ADL）を遂行するための手段としての意義をもつ．また，道具や設備などの環境に応じて動作が発生することになる．

起居様式（キキョヨウシキ）㊥ daily living style. 在宅生活のなかで行われる基本的な生活の仕方．身体機能面から考えると洋式スタイルのほうが生活はしやすいが，認知症の場合は病前の生活スタイルが大きく影響する．対象者の発症前の起居様式を十分理解したうえで環境設定を考える必要があり，適正な環境設定により日常生活動作（ADL）の維持または改善が期待できる．

危険因子（キケンインシ）㊥ risk factor. 特定の疾患の発症に寄与する個人の生活習慣や行動，遺伝的要因，生物学的要因，環境要因をいう．たとえば，認知症ないしアルツハイマー病（AD）の危険因子としては，遺伝的危険因子，血管性危険因子（高血圧，糖尿病，高コレステロール血症），喫煙が挙げられている．このうち遺伝的危険因子を除く2つの因子は後天的要素ととらえられ，認知症発症の予防を目指した介入による効果が期待されている．血管性危険因子について，中年期の高血圧や糖尿病，高コレステロール血症が高齢期の認知症ないしADの発症や認知機能低下をきたすリスクである可能性が指摘され，中年期の時点からの生活習慣病の厳密な管理や治療が推奨されている．生活習慣の改善という点では，日常生活におけるウォーキングやジョギングなどの有酸素運動，身体活動が着目されており，認知症予防に向けて個々のライフスタイルに合わせて導入し，継続することが推奨されている．

危険商法（キケンショウホウ）➡点検商法を見よ．

起座位（キザイ）㊥ sitting up position. 上半身をほぼ90°に起こした状態で，枕やクッションを抱えるように前かがみの姿勢を保つこと．心疾患や肺疾患などによる呼吸困難を軽減する目的で行われる．心臓を高い位置に保つことで，肺うっ血の軽減や肺活量の増加を図り，呼吸を助けることができる．疲労しやすいので対象となる患者には注意が必要である．
⇨座位

きざみ食（キザミショク）㊥ minced food. 噛む力（咀嚼力）が弱い人のために，食物を小さく刻んで食べやすくした食事のこと．食塊の大きさによって，粗きざみ，きざみ，極きざみなどと段階を設けて，その人に応じた工夫がなされている．しかしながら，きざみ食には，細かく刻んでいてみた目が悪い，口のなかでまとまりにくく嚥下が困難になる，口のなかに残りやすい，誤嚥しやすく誤嚥性肺炎や窒息の危険があるなどの問題点がある．噛む力が弱い人が，食べやすく・やわらかく・楽しんで食べられるよう，舌で押しつぶせる程度のソフト食や軟菜，とろみ食など食事形態の見直しが検討されている．咀嚼力は摂食・嚥下機能の一部であるため，その人の摂食・嚥下機能全体をアセスメントして適切な食事形態を選ぶことが大切である．
⇨ソフト食，ペースト食，とろみ食，流動食

義肢（ギシ）㊥ prosthesis／artificial limb. 四肢体幹の解剖学的欠損やその機能を補う装置．義肢の使用目的は，解剖学的欠損部位に装着して身体の一部として使用し，欠損部位の機能代償あるいは身体の自然な外観を整え，日常生活や社会生活に役立たせることである．義肢は，リフターなどの環境制御装置や電動車いすなどの補装具と目的は同じであるが，外見が身体の一部とみなせる点が異なっている．
⇨義手，義足

義歯（ギシ）㊥ denture／dental prosthesis／artificial dentition ㊐入れ歯．欠損した歯や歯槽部分を補うことによって，欠損していなかった状態に近づけて，口腔の生理・機能・審美を回復するもの．高齢者が歯を失う原因は虫歯や歯周病である．80歳以上の高齢者で義歯のない人とある人では，日常生活動作（ADL），日常生活，社会生活の仕方がまったく異なっているという報告や，寝たきり高齢者への積極的な義歯の使用による成果が報告されている．義歯は歯を失った高齢者の寝たきり予防や認知症予防（介護予防），さらに健康的で生活の質（QOL）の向上に貢献している．しかし，義歯が合わない，痛みがある，発音が悪い，汚れなど義歯装着に伴うトラブルもあり，適切な対処が必要となる．義歯には，残存歯の有無による部分床義歯と総床義歯，樹脂や金属など床材の違いによる義歯の分類がある．歯科医師および歯科技工士による義歯の作成と修理，メンテナンスが行われる．義歯の正しい装着と掃除・洗浄，日常的な口腔ケアによって口腔衛生を保つことが大切である．

義肢装具士（ギシソウグシ）㊥ prosthetist and orthotist. リハビリテーション医療のなかで切断に対する義肢，身体運動障害に対する補装具の採寸・採型・製作，身体への適合調整を行う専門職のこと．また，医師をリーダーとして看護師，理学療法士，作業療法士，医療ソーシャルワーカー等の医療関連職と連携を図り，チーム医療に貢献する専門職である．

気質（キシツ）㊥ temperament. 人がもつ行動様式や，なにか物事に直面した際の情緒的反応を指す．性格は環境との関連で形成される後天的なものであるのに対し，気質は生得的なものとみなされ，性格の基盤要因ともとらえられる．気質の分類の代表的なものとして古代ギリシャの四体液説を引き継いだガレノス（Galenus C）の分類がある．これによれば人は血液，粘液，胆汁液，黒汁液の4種の体液より構成されており，このうち，どの液が多いかでその人の気質が決定づけられるという．すなわち血液が多い血液質の人は，明るく順応的，粘液が多い粘液質の人は，冷静で感情の変化が少ない，胆汁が多い胆汁質の人は，積極的で短気，そして黒汁液が多い憂うつ質の人は，慎重で消極的とされた．現代では四体液説そのものは生理学的に否定されたが，この4分類は長く引用されてきている．また，クレッチマー（Kretschmer

E）は気質を精神疾患の症状と結びつけて，非社交的で生真面目な分裂質，社交的で快活な躁うつ質，几帳面で融通が利かない粘着質に分類している．
⇨人格

器質性精神障害（キシツセイセイシンショウガイ）㊥ organic mental disorder. 頭部外傷，脳血管障害，脳腫瘍，頭蓋内感染症，薬物，アルコール，老化，正常圧水頭症，パーキンソン病，膠原病などによって脳の形状や構造などに病理的変化が生じたことを原因とする精神障害をいう．広義にとらえれば，感染症など脳疾患以外の身体疾患に伴って生じた精神障害が含まれることもある．代表的なものに，アルツハイマー病（AD）などの各種の認知症，ならびにアルコール依存症や薬物依存症などがある．器質性精神障害全般にみられる症状として，①せん妄などの意識障害，②認知症症状，③記銘力障害，④幻覚・妄想，⑤気分の不安定さなどの感情の障害，⑥活動性の低下や無頓着さなどの性格変化，などがある．総じて，CT検査やMRI検査といった脳画像診断などの検査を通して脳の病変を推定することができる点が機能性精神障害との相違点といえる．
⇨機能性精神障害

希釈症候群（キシャクショウコウグン）➡水中毒を見よ．

義手（ギシュ）㊥ artificial arm. 上肢の切断には義手を用いる．義肢の一般的構成は，断端に直接接触するソケット，支持部や継手，手先具からなる．義手は目的に応じて，①装飾用義手（外観を整えるためのもの），②作業用義手（外観にとらわれず作業目的に適するように製作されたもの），③能動義手（ケーブルを介して上肢帯の動きを継手や手先具に伝え動作を行うもの），④動力義手（節電や炭酸ガスを利用して手先具を制御して動作を行うもの）に分けられる．また，切断部位により肩義手，上腕義手，肘義手，前腕義手，手部義手がある．
⇨義肢

偽性球麻痺（ギセイキュウマヒ）㊥ pseudobulbar paralysis ㊥ 仮性球麻痺．脳神経が支配する筋群の筋力低下によって生じる軟口蓋・咽頭・喉頭・舌などの運動麻痺．これは，多発性脳梗塞，進行性核上性麻痺などの神経変性疾患，脳炎などの疾患によって，舌咽神経・迷走神経・舌下神経などの神経核（下位運動脳神経核）が集まっている延髄と大脳皮質を結ぶ神経路である皮質核路が障害されることが原因である．症状は，発声と言葉の生成が困難となる構音障害，食べ物の飲み込みが困難となる嚥下障害である．さらに，本当の情動変化ではなく，状況にそぐわずに情動運動が生じる強迫笑いや強迫泣きがみられることもある．

偽性認知症（ギセイニンチショウ）➡仮性認知症を見よ．

義足（ギソク）㊥ artificial leg. 下肢の切断には義足を用いる．義肢の一般的構成は，断端に直接接触するソケット，支持部や継手，足部からなる．義足は切断部位により股義足，大腿義足，膝義足，下腿義足，サムイ義足，足部部分義足がある．
⇨義肢

基礎代謝率（キソタイシャリツ）㊥ basal metabolic rate ㊥ BMR. 目覚めている状態で，呼吸・循環，肝臓や腎臓など生命を維持するために必要な最小限のエネルギー代謝量のこと．正確な基礎代謝量の測定は困難なので安静時のエネルギー消費量を測定して得る．人がどれくらい食べたらよいかのエネルギー必要量は，基礎代謝量に生活活動に必要なエネルギー消費量を加えて求める．基礎代謝率は，その人の基礎代謝量が，年齢別，性別に算出された日本人の基礎代謝基準値と比較して，どのくらいの違いがあるかを計算したものである．基礎代謝率の計算は，（実測値－基準値）÷実測値×100＝基礎代謝率（％），±10％が正常範囲である．実測値は安静時エネルギー消費量を携帯用簡易熱量計や間接熱量計で測定して算出する．体の大きさや性別，年齢，体温，栄養状態，妊娠，気候の影響を受ける．年齢では2～3歳が最高で，成人になるにしたがって順次減少する．ホルモンの影響も受け，甲状腺機能検査としても用いられる．

基礎年金（キソネンキン）㊥ basic pension. 1986年から実施された年金制度改正により，全国民を対象に適用される国民年金のうち，共通に支給される定額部分の年金．老齢基礎年金，障害基礎年金，遺族基礎年金のことで，一般には老齢基礎年金を指す場合が多い．現在の国民年金は，20～60歳までの40年間の強制加入制度である．
⇨老齢基礎年金

帰宅願望（キタクガンボウ）㊥ desire to go home. 「家に帰りたい」という欲求や気持ちのこと．これは，施設に入居または滞在している場合のみならず，在宅の場合でも生じることがある．「ドア付近をウロウロする」などの認知症の行動・心理症状（BPSD）が生じる原因として，認知症であることのほか，生活環境，不適切な介護者の対応や治療状況，認知症の人の心身の状態など複数の要因が考えられている．帰宅願望はBPSDのひとつであり，帰宅願望の心理過程の根底には，家族など周囲にいる人々との関係性や，現在の自分に関する見当識障害や記憶障害がある．そのうえで，「いま，ここ」にいることへの不安や恐怖，退屈さ，落ち着いていられない感が生じて，帰宅願望に至るのではないかと推測される．したがって，帰宅したい「家」が，必ずしも現在の住居や現存する家を指しているとは限らないことも念頭におく必要がある．

既知化（キチカ）未知なるもの・現時点ではみえていないものを体系化すること．体系化できれば，全容を理解することができ，目標とすべき課題が明らかになる．

気道確保（キドウカクホ）㊥ airway management. 鼻腔あるいは口腔から肺胞に至るガス交換のための通路が閉塞しないように，下顎を持ち上げ舌根部や喉頭蓋の咽頭への落ち込みを改善するものである．患者に対して頭側の手を前額部～前頭部に当てて圧力をかけ，他方の手指を下顎下面の先端（オトガイ部）に当て，下顎を持ち上げる．心停止後10～15秒以内，呼吸停止後2分程度で筋肉が弛緩し，舌根部や喉頭蓋が咽頭部に落ち込む「舌根沈下」が起こり，気道を閉塞する．完全気道閉塞が起こると，発声も呼吸もできなくなり，急速にチアノーゼが出現し，数分～10分で心停止に至る．舌根沈下を改善するには下顎を持ち上げることが有効である．舌は下顎と密着しているので，下顎を持ち上げると舌根部や喉頭蓋の咽頭への落ち込みを改善できる．気道を確保した状態で，10秒以内に呼吸・脈の状態を観察する．
⇨心肺蘇生法

気導聴力（キドウチョウリョク）㊥ air conduction. 空気伝導による純音に対する聴力で，いわゆる「聴力」である．外耳や中耳などがつかさどる音を内耳に伝える働き（伝

音系）と，伝音系より内部がつかさどる聴覚受容に関与する働き（感音系）という機能のいずれをも反映している．それに対し，頭蓋骨の振動により直接内耳に伝えられる骨導聴力は，感音系の機能が反映されている．いずれも，防音室内でオージオメータにより測定されるが，気導聴力はレシーバを耳にかけるのに対して，骨導聴力はレシーバを耳のうしろの骨の部分に当てる．気導聴力のみが低下している場合は音を伝える器官の異常（伝音性難聴）と考えられ，気導聴力と骨導聴力のいずれもが低下し，気導骨導差がない場合は，音を感じる器官の異常（感音性難聴）と考えられる．さらに，混合型もある．伝音性難聴については原則として，外耳の耳垢塞栓や外耳道狭窄，中耳の中耳奇形や耳管狭窄症など，原因疾患の治療により聴力の改善は期待できる．
⇨骨導聴力

企図振戦（キトシンセン） 㓁 intention tremor 同 企画振戦／意図振戦．振戦とは身体の一部や全身における，不随意の律動的で粗大なふるえのことである．安静時に生じる安静時振戦と，意図的な動作や姿勢時に生じる動作時振戦に大別される．後者は姿勢時振戦と運動時振戦に分けられ，運動時振戦に企図振戦が含まれる．「企図」（企画）とは精神的な企画ではなく，「指標追跡」や「目標到達」を意味しており，すばやく不規則な不随意運動である動作時ミオクローヌスや，小脳性運動失調との区別が求められる．多発性硬化症をはじめ，変性疾患や代謝性疾患，炎症性疾患，小脳や中脳で歯状核視床路を侵す血管障害，小脳や中脳近傍で歯状核視床路を侵す腫瘍性疾患などに伴い出現する．企図振戦の治療は，まずはミオクローヌスや姿勢時振戦に準じた治療が行われる．なお，「企図振戦」の用語には，律動性の不随意運動の振戦と非律動性の不随意運動（ミオクローヌスなど）が含まれることも多く，用語の症候学的な厳密さの欠如も指摘されている．
⇨振戦

機能回復訓練（キノウカイフククンレン） 㓁 rehabilitation training／restorative training．加齢や病気によって，損なわれた身体機能の維持・回復を目的として行われる訓練のこと．筋力強化訓練，関節可動域訓練，歩行訓練，座位・立位バランス訓練，起居・移乗動作訓練などがあり，筋力維持やバランス感覚の改善による日常生活の自立を目指す．病院や施設だけでなく在宅でも実施されており，患者の家族への指導も機能回復訓練に含まれる．
⇨運動療法，日常生活動作

機能訓練事業（キノウクンレンジギョウ） 㓁 functional training project．障害者総合支援法での自立支援（機能訓練）事業では，地域生活を営むうえで，身体機能・生活能力の維持・向上等のために，一定の支援が必要な障害者に1人ひとりの状態や希望に応じて，日常生活動作（ADL），社会活動参加，健康管理，その他について，おおむね2年程度のプログラムをもとに，支援を行う．知的障害者，精神障害者への「生活訓練」と身体障害者への「機能訓練」の2種類がある．

機能肢位（キノウシイ） ➡良肢位を見よ．

機能障害（キノウショウガイ） 㓁 impairments．肢体不自由，聴覚障害・視覚障害，知的障害などの障害，思考，情緒，記憶，感情や気分の障害，てんかんなどの意識の障害，内臓や皮膚の障害など，心理的・生理的または解剖学的な構造機能の何らかの喪失，または異常の状態を指す．1980年に，世界保健機関（World Health Organization；WHO）が国際障害分類（International Classification of Impairments, Disabilities, and Handicaps；ICIDH）として提唱．2001年の国際生活機能分類（International Classification of Functioning, Disability and Health；ICF）では，障害を3つのレベルで把握しようとする点はICIDHと変わらないが，マイナスよりもプラスを重視し，機能障害でなく「心身機能・構造」，能力障害でなく「活動」，社会的不利でなく「参加」というニュートラルな観点でとらえるようになった．
⇨国際生活機能分類，能力障害，社会的不利

機能性精神障害（キノウセイセイシンショウガイ） 㓁 functional mental disorder．脳の器質的変化を見いだすことはできないものの，精神機能に病的変化がみられる精神障害．古典的な精神障害の区分との対比で考えると，おおむね，器質性精神障害は「外因性精神障害」に，機能性精神障害は「内因性精神障害」や「心因性精神障害」に相当する．機能性精神障害に該当する代表的な疾患に，統合失調症，うつ病，気分障害，神経症，不安障害などがある．なお，器質性精神障害と機能性精神障害の区分は便宜的なものである．生物学的な検査所見に病変がないといっても，それは現時点で施行可能な検査の範囲内での結果であり，検査方法が改良されるか新しい検査方法が開発されれば，機能性精神障害が器質性精神障害に変わる可能性もある．臨床上では，これは治療方針や予後を判断するための有用な区分である．基本的に，器質性ならば原疾患の治療が第1選択に，機能性ならば薬物療法と精神療法を組み合わせるといった精神科治療が選択されていく．
⇨器質性精神障害

機能性尿失禁（キノウセイニョウシッキン） 㓁 functional incontinence．膀胱やそれを制御する機構に尿失禁の原因はなく，認知症や脳血管障害などによる心身の機能低下が原因で尿失禁をきたす状態をいう．認知症の人では，尿意があっても，見当識障害からトイレの場所が分からない，尿意のあることを適切に伝えられない，排泄の方法が理解できずにトイレで適切に排尿できない，などの場合に失禁してしまう．また，脳血管障害などでは，麻痺や筋力低下に伴う移動能力の低下や，手の巧緻性の低下などによる日常生活活動（ADL）の低下によってトイレでの排尿に間に合わず失禁してしまう状態もある．トイレまでの距離，手すりの設置や照明，段差の解消など住環境の整備，排泄方法・排泄用品などの選択，適切な声かけや介助によって心身の機能低下を補う環境整備と尿失禁を予防するケアの工夫が必要である．
⇨尿失禁

機能的自立度評価表（キノウテキジリツドヒョウカヒョウ） 㓁 functional independent measure 略 FIM．1983年にグレンジャー（Granger CV）らによって開発されたADL評価法である．各種あるADL評価法のなかでも，介護負担の評価が可能であり，信頼性，妥当性も高くリハビリや介護分野で幅広く活用されている．FIMの特徴は，①どの疾患にも適応できる，②評価者がリハビリの専門家である必要がない，③実際に自分で「行っている」状況を記録し介助量をチェックできる，などであり，具体的には「運動項目」と「認知項目」に分類され運動項目は

「セルフケア・排泄・移乗・移動」の4つの中項目からなり，認知項目は「コミュニケーション・社会的認知」の2項目からなる．FIMの採点基準は，①介助者を要するかどうかを評価し，次に，②要する場合にはどの程度の介助を要するのか，各動作の介助量を7点から1点で評価する．評価項目がすべて満点であれば126点，全介助であれば18点となる．また1週間以内にFIM得点が10以上低下する場合は「急性増悪」とみなされる．

亀背（キハイ） ➡円背を見よ．

キーパーソン ㊥ key person. 介護を行ううえで，中心的な役割を担う人のこと．要介護者の介護方針を決めるうえで重要な個人であり，要介護者の日常生活や経済状況，社会的ネットワークに実質的にもっとも大きな影響力や指導力のある個人を指す．認知症の人が介護保険サービスを利用する際には判断能力が不十分な場合が多いために，介護方針を決めるケアマネジメントの過程でアセスメントを行う際にキーパーソンが必要になる．キーパーソンは，主たる介護者である場合もあるが，サービス利用にかかわる事項を決定する能力を有することが必要となる．そのため主たる介護者ではなく別居の親族や近隣住民等であることもあり得る．一方で，身寄りがない，もしくは同居介護者にも支援が必要な場合には，成年後見制度を利用し，後見人がこれを担うこともある．キーパーソンは，本人の要望や認識，心身の状況を配慮し，介護サービスの契約や介護方針の決定に努めることが求められる．
⇨ケアマネジメント，アセスメント，成年後見制度

ギプス ㊥ cast／gypsum. ギプス（石膏）末は，白い硫酸カルシウムの粉末であり，水や湯を加えると硬く固まる．骨折・靭帯損傷などの治療において，患部が動かないよう外から固定・保護し安静を保つために用いられる包帯材料もしくは包帯法の略称で，整形外科などの医療機関で使用される．近年はよりスピーディな処置と強度が得られることから，水硬性樹脂を含んだガラス繊維（グラスファイバー）製のものが主流となりつつある．

気分障害（キブンショウガイ） ㊥ mood disorder. 気分の高揚状態である躁や抑うつの気分変化を主症状とする精神障害であり，昔のうつ病，躁うつ病，抑うつ神経症などを統合した概念．大別すると，①うつ病相のみを示すうつ病性障害（depressive disorder），②躁と抑うつの二病相をもつ双極性障害（bipolar disorder），③一般身体疾患による気分障害や物質誘発性の気分障害がある．うつ病性障害には大うつ病性障害と気分変調性障害などがあり，双極性障害には本格的な躁状態が現れる双極Ⅰ型障害と軽躁状態にとどまる双極Ⅱ型障害などがある．抑うつ症状には，悲観的で憂うつな気分，活動への興味や喜びのいちじるしい減退，思考力や決断力の減退，食欲の減退，活動の制止，不眠，焦燥感，疲労感，罪責感，自殺念慮などがある．躁症状には，自尊心の誇大，睡眠欲求の減少，観念奔逸，注意散漫，過活動，多弁（しゃべりすぎ），買いあさりなどの社会生活上の逸脱行為がある．主な治療法として薬物療法と精神療法がある．
⇨躁うつ病，うつ病

基本的人権（キホンテキジンケン） ㊥ fundamental human rights. 日本国憲法の第97条は「人類の長年にわたる自由獲得の努力の成果であって，侵すことのできない永久の権利」であると定義している．人間が，人間として当然もっている基本的な権利．日本国憲法では，思想・表現の自由などの自由権，生存権などの社会権，参政権，国・公共団体に対する賠償請求権などの受益権を基本的人権として保障している．

基本動作（キホンドウサ） ㊥ basic action. 寝返り，起き上がり，四つ這い，座位保持，立ち上がり，立位保持，移乗，歩行などで，それのみは目的をもった行為ではなく，日常生活動作（ADL）を遂行するうえで土台となる動作．個々の基本動作の遂行方法は何とおりもあり，運動麻痺や筋力低下などの機能障害により，制限されたり，残存機能を生かすことで，障害があっても行える場合もある．また，基本動作実施時のマットレスの固さ，いすの高さや座面の固さ，背もたれの有無，手すりの有無などの環境によって発揮される能力が異なる．基本動作が障害されると，介護者の肉体的負担の増加につながる．アルツハイマー病（AD）では中期以降まで基本動作が障害されることは少なく，できる限り長く維持することが重要である．
⇨日常生活動作

記銘（キメイ） ㊥ memorization／memorizing／registration. 記憶（memory）には，①みたり聞いたりするなどして知覚された外界の情報を覚える記銘または符号化（encoding），②その覚えた情報が記憶表象として形成されとどめる保持（retention）または貯蔵（storage），③頭のなかにとどまっている記憶表象のうち必要な表象を探し出して思い起こす想起（recall）または検索（retrieval）という情報処理過程があると考えられている．このうち，記銘は記憶表象が形成されるまでの最初の過程を指す．なお，記銘とほぼ同義である符号化は必ずしも意図的な過程を指すとは限らないのに対し，記銘は本人が意識して覚えようとする意図的過程を指すことが多い．
⇨記銘力

記銘力（キメイリョク） ㊥ memorization. 新しく知覚された外界の情報を覚え込む記銘の働きの能力をいう．記銘を行う際には，受身的に情報を丸ごと覚え込む働きのほかに，長期記憶（long-term memory）としてすでにもっている知識情報を活用して情報を意味づけて覚えるなどといった，能動的な処理も駆使されると考えられている（たとえば，歴史上の出来事の年号をごろ合わせして覚える，歴史の流れの理解から複数の年号を関連づけて覚えるなど）．記銘力を測定する課題には，改訂長谷川式簡易知能評価スケール（HDS-R）やウェクスラー式成人用知能検査（WAIS）のなかにある「6-8-2」などの数唱課題や，「桜-ネコ-電車」といった複数の単語をその場ですぐに答えてもらう即時再生，または数分後に答えてもらう遅延再生の課題などがある．
⇨記銘，記憶力

記銘力検査（キメイリョクケンサ） ㊥ retention test. 記銘の能力を調べる検査．しかし，記銘の働きのみを取り上げて測定することは臨床上むずかしいため，事実上「記銘-保持-想起」という一連の記憶の能力を調べる記憶検査といえる．この検査は，高次脳機能障害など，知能全般に大きな低下はみられないが記憶に障害が生じている状態などにおいて主に使用される．具体的には，①言語性の検査として「三宅式対語（脳研式）記銘力検査」，②視覚性の検査として「ベントン視覚記銘検査（BVRT）」や「レイ複雑図形検査（ROCFT）」，③多面的に記憶能力

を調べる検査として「ウェクスラーメモリースケール（WMS）」，④記憶のリハビリテーションに向けた検査として「リバーミード行動記憶検査（RBMT）」などがある．
⇨記銘力，記銘力障害

記銘力障害（キメイリョクショウガイ） Ⓔdisturbance of memorization retention disorder. 知覚が正常で，注意も集中し，記銘すべき情報内容の理解があるにもかかわらず，記銘力が大きく低下している状態．アルツハイマー病（AD）では，記銘させて数分程度の間隔をおいた遅延再生や，その間に会話や計算問題を行うなどの干渉を入れたあとでの再生によって測定される短期記憶（short-term memory）が，初期段階から障害される．また，ADでは，長期記憶の一種である「朝食でなにを食べたか」などの質問で測定されるエピソード記憶も初期から障害される．さらに，なかには記銘力障害によって欠落した記憶内容を埋めるような作話（confabulation）を伴うこともある（当惑作話）．たとえば，本人が食べたにもかかわらず「飼い猫が食卓に飛び乗って食べた（だから私は食べていない）」などと事実に反した主張をする．ほかに，アルコール依存症に伴う栄養障害などで生じるコルサコフ症候群（Korsakoff syndrome）においても，失見当識（disorientation）や作話を伴う記銘力障害がみられる．
⇨記銘力

偽薬（ギヤク） ➡プラセボを見よ．

虐待（ギャクタイ） Ⓔabuse／tyrannism. 他者からの不適切な扱いにより権利利益が侵害される状態や生命，健康，生活が損なわれるような状態におかれることをいう．虐待には高齢者・障害者・児童・配偶者（DV）などがあり，それぞれに防止法が制定されている．虐待の種別は身体的虐待，心理的虐待，性的虐待，経済的虐待，放棄放任である．高齢者虐待においては，客観的な権利侵害の状態を「虐待」ととらえることで虐待の深刻化を予防するようになっている．虐待を受けている本人が虐待を受けている認識があるか，被害の訴えがあるかどうかは関係ない．また虐待者にその認識や悪意があるかどうか，虐待の原因（介護疲れ，生活苦，疾病・障害など生活上の問題）は問われず，虐待であるかどうかの判断は市町村などの行政が行う．高齢者虐待に関しては，被虐待者の6〜8割に認知症があるとされている．

虐待に関する通報義務制度（ギャクタイニカンスルツウホウギムセイド） 高齢者虐待の防止，高齢者の養護者に対する支援等に関する法律（高齢者虐待防止法）第7条には「高齢者の生命又は身体に重大な危険が生じている場合」は「市町村に通報しなければならない」とあり，その他「高齢者虐待を受けたと思われる高齢者を発見した者」は「市町村に通報するよう努めなければならない」とある．この法律において虐待の通報者は「虐待を受けたと思われる」範囲での通報が認められており，本当に虐待であるかどうかの判断やその根拠は求められない．そのため結果として虐待でなくてもそれを問われることはない．また通報義務のほうが，業務上の守秘義務よりも強い義務であることが規定されている．同じように個人情報の保護に関する法律（個人情報保護法）においても例外規定があり（第16条，第23条），たとえば虐待を受けている人を見つけた場合，本人が意識不明や認知症などにより意思を確認することが困難であるとき，個人情報の保護よりも生命の保護を優先して，通報しなければならない．

逆転移（ギャクテンイ） Ⓔcounter-transference. フロイト（Freud S）の精神分析療法のなかで，感情転移（emotional transference）と対になる用語．精神分析療法では，後年の心理的問題の核となる幼少時の体験に伴う心的葛藤を重視する．療法中の現実のかかわりとは関係なく，患者が治療者に幼少時の心理的な重要人物に対する感情や態度を無意識的に向けるのが転移，転移感情を受けた治療者の反応として無意識的に抱く患者への感情や態度を逆転移という．これらには，幼少時の母親への甘えなど相手に近づこうとする親近的な陽性感情と，幼少時に母親にたたかれた恐怖や怒りなど相手への回避や攻撃，拒否といった陰性感情がある．無意識的ゆえに，本人が転移や逆転移を自覚することはむずかしい．しかし，治療者が逆転移に即した対応を取り続けることは不適切な治療関係に陥る危険があり，その点で治療者が自分の逆転移について認識することは重要である．こうした心理現象は精神分析療法に限らず，援助関係全般に生じると考えられる．
⇨感情転移

逆流性食道炎（ギャクリュウセイショクドウエン） Ⓔreflux esophagitis. 胃液が食道へ逆流し，食道の粘膜に炎症が起こる病気で，高齢者では食道裂孔ヘルニアに伴って生じることが多い．逆流性食道炎は，胃や十二指腸内容物が逆流し，胃液や胆汁，腸液，膵液により下部食道粘膜が消化性変化を起こし，症状には悪心，嘔吐，胸焼けが特徴的であり，心窩部の痛み，胸の痛み，嚥下障害などがある．甘いもの，辛いもの，脂肪の多い食事を控え，過食を避けるようにするとよい．骨粗鬆症のため，胸椎が圧迫骨折を起こし背中が丸くなる円背のある人は，逆流性食道炎を起こしやすくなる．治療には粘膜保護薬，胃酸分泌抑制薬，制酸薬および消化管運動改善薬が投与される．

逆向性健忘（ギャッコウセイケンボウ） Ⓔretrograde amnesia. 記憶障害をきたした時点から，それ以前の健全な時期にさかのぼって数分から数時間，まれに数日から数週間に及ぶ記憶が脱落した状態．特定の時間と場所に関する個人的体験の記憶であるエピソード記憶の障害のひとつである．たとえば，頭部外傷によって昏睡となり，その状態から回復したあと，昏睡中のことはもちろん，外傷を受ける以前のある一定期間まで記憶が欠損しているような状態をいう．原因として頭部外傷や一酸化炭素（CO）中毒，縊死未遂などによる器質性脳損傷が挙げられる．そのほかに脳損傷とは関係なく心因反応でも生じることがある．逆向性健忘は，記憶情報がどの程度さかのぼって障害されているかという期間で表すが，その傾向として，古い情報よりも新しい情報の障害のほうが強いという「時間的勾配」があることが少なくない．そのため，発症時から遠い時期（若年時）の体験であるほど，記憶が保持されやすい．
⇨前向性健忘

ギャッチベッド Ⓔgatch bed. ベッドの上半分，下半分，または全体を電動式リモコン等の操作により簡単に上下させることができるベッド．このベッドにより起き上がりなどが困難な人が自ら，あるいは介護者により安楽

起き上がり動作を行うことができる．寝返りが困難な人には，介護者が介護しやすいようベッドの高さを調整することで介護負担の軽減を図ることができる．また，ベッドに補助手すりをつけることで立ち上がりや車いすへの移乗が容易となるなど，本人の力を引き出す配慮もなされている．

キャプション評価法（キャプションヒョウカホウ） ⓔ caption evaluation method. 当初，街の景観を評価する目的で日本で開発され，今日では利用者の目線から施設環境を評価する有効なツールとしても活用されている．施設を利用する人が，よいまたは悪いと感じるところを写真に撮り，「何のどのようなこと」に気づいて，「どのように思ったのか」を短いキャプションに表現してキャプションカードにまとめる．現場で感じたことを自分の言葉で評価する「作業付随型＋定型自由記述式評価法」である．施設のケア環境の改善に向けて，各自の気づきや課題を共有するうえで有効な方法である．評価の対象は，目にみえる環境のみならず，音やにおい，過去の体験でもかまわない．集まったキャプションカードをもとに，参加者がコミュニケーションを十分に深めたのちに，場所ごとやテーマごとに整理を行い，施設環境の改善の資料にする．キャプションをテキストデータとして分析することも可能である．

キャラバン・メイト ⓔ caravan mate. 認知症を理解し，認知症の人や家族を温かく見守る「認知症サポーター」を地域に増やし，安心して暮らせる町をつくっていこうという運動が全国で展開されている．この認知症サポーターを養成する講師役が「キャラバン・メイト」である．キャラバン・メイトは市町村等の自治体の事務局と協働して，地域（町内会，老人会など），職域（金融機関，タクシー会社，スーパーなど），学校（小学校，中学校，高校など）で「認知症サポーター養成講座」を開催し，地域社会に認知症の理解者，見守り者を増やす活動に取り組んでいる．

キャリアパス ⓔ career path. 過去から現在までの自分の仕事を通じて，こうありたいと自らが描く将来像を筋道を立てて作り上げる計画．昇給，昇格，仕事のやりがいなどの目標を達成するために，自らの能力を高めるべく計画を段階的に具体化，明確化するものである．これを設定することで目標意識が高まり，仕事に対するスキルも効率よく高めていくことができる．キャリアパスは個人の自己啓発で自らのキャリアを磨いていくために活用するものであると同時に，企業の人事部門などで雇用者の適性を把握し最適な職務を与えるための判断材料として活用されている．

キャンバーウェル家族評価尺度（キャンバーウェルカゾクヒョウカシャクド） ⓔ Camberwell Family Interview ⓡ CFI. Leff JP, Vaughn CE（1980）によって開発された感情表出（expressed emotion；EE）の代表的な評価尺度のひとつである．患者の主要な家族に患者不在の場で半構造化された面接を行い，録音して分析を行う．家族の発言は批判的コメント（criticism），敵意（hostility），感情的巻き込まれすぎ（emotional over-involvement；EOI），暖かみ（warmth），肯定的言辞（positive remarks）の5つに分類される．これらの感情表出の高低が患者の予後にかかわるとされるが，とくに批判的コメント，敵意，感情的巻き込まれすぎの3つは，重要な要素とされている．統合失調症の患者の予後の研究では，否定的感情表出が多い家族は，少ない家族よりも患者の予後が不良であるという報告がある．最近では統合失調症に限らず，各種精神疾患やその他の疾患を対象としても広く使用されている．
▷感情表出

吸引（キュウイン） ⓔ aspiration／derivation／myzesis／sucking／suction. 体腔内や管腔内に異常に貯留した浸出液や分泌液，血液などを体外に他動的に導き出し，気道閉塞を予防し，有効な換気を維持するために行う医療行為のこと．吸引方法は一時的吸引と持続的吸引に大別される．一時的吸引は口腔・鼻腔・気管に貯留した痰や分泌物などを，必要時に体外に排出するために吸引する方法である．気道からの吸引は，口腔・鼻腔およびその他の気道に貯留した分泌物や異物を陰圧をかけて吸引して除去し，気道を清浄に保ち，換気を良好にする目的で行われる．気道からの吸引には，口腔・鼻腔内吸引と気管内吸引がある．持続吸引は，吸引管を挿入し，水の落差やモーターを利用して血液や体内の浸出液，貯留液を一定期間継続的に吸引する方法である．これには水封式による胸腔内吸引やサイフォンの原理を用いた胃内容物吸引，創部からの吸引などがある．

吸引器（キュウインキ） ⓔ aspirator／suction apparatus／evacuator. 陰圧をかけた吸引によって体腔内より浸出液やガスなどの物質を取り除く装置や器械．吸引の目的によって一時的吸引と持続的吸引があり，目的に適した吸引器を選んで用いる．手術時の出血，浸出液，分泌物などの吸引に用いる装置，中央配管方式の吸引装置，サイフォン式吸引装置，落差を利用した吸引装置，水柱圧を利用した吸引装置がある．吸引器は吸引調節器，吸引びん，吸引管，連結管からなり，吸引器の種類には，手動式，足踏式，電動式がある．喀痰吸引で用いる吸引器は，電動式の小型吸引器が主である．吸引器は，落下や逆流の起こらない水平な場所に設置し，電源配置にも留意する．吸引器の清潔管理や使用後の消毒と機器の点検管理を常に行い，事故や故障の予防に努める必要がある．

嗅覚障害（キュウカクショウガイ） ⓔ dysosmia／olfactory disturbance／olfactory disorder. 嗅覚機能の低下および喪失の総称．量的側面では嗅覚過敏，嗅覚減退，嗅覚脱失（無嗅覚）など，質的側面では異臭症や嗅覚幻覚などの障害が当てはまる．

救急救命士（キュウキュウキュウメイシ） ⓔ emergency life guard. 重度傷病者が病院や診療所に搬送されるまでの間に，救急救命処置を行うことを業とする者で，1991年に成立した救急救命士法により新設された．救急救命士は，医師の指示の下に，重度傷病者の搬送途上における救急救命処置を行う．具体的には，心肺機能停止状態の人に対しては，医師の直接的指示の下に，乳酸リンゲル液を用いた静脈路確保のための輸液や，食道閉鎖式エアウェイ，ラリンゲアルマスク，気道チューブによる気道確保および薬物（アドレナリン）の投与を行う．救急救命士の活動にあたっては，救急医療機関の医師などによって，救急救命士が行う処置についての手順の作成や，救急救命士の教育，事後的な評価，直接的な処置開始の指示を行う体制（メディカルコントロール体制）が重要となっており，医療側と消防側の協力の下で，都道府県単位と地域単位で取り組みの充実が図られてい

救護施設（キュウゴシセツ）㊥ aid station／dressing station．生活保護法第38条に定められた保護施設のひとつ．「生活保護法」が規定している5種類の保護施設（救護施設，厚生施設，医療保護施設，授産施設，宿泊提供施設）のうちのひとつである．救護施設は，身体上または精神上いちじるしい障害があるために独立して日常生活の用を弁ずることができない要保護者を入所させ，生活の扶助を行うことを目的としている．したがって入所者は，複合したハンディキャップをもっている人や，精神障害寛解者であることが多く，養護，または訓練をしても社会復帰の困難な人を収容して，生活扶助を行うことを目的とする施設となっている．
⇨生活保護法

救護法（キュウゴホウ）生活保護法の前身となる法律で，1929年に制定され，1932年より施行された．生活困窮者の救護を国の義務としており，救護法は家族制度による私的扶養や隣保相扶を前提にし，救護対象も制限的であったが，国による救済を制度化し，施設収容救護を認め，収容者の救護費と施設設置費の補助を定めていた．救護法は，65歳以上の老衰者，13歳以下の子ども，妊産婦，障害者など労働能力を欠き，貧困のため生活ができない人々を対象としていた．内容は，生活扶助・生業扶助・医療扶助・埋葬費の支給で，市町村による義務救助の救貧法であった．これによって社会事業施設が急速に設置され，当時としては進歩的な救貧法規であったが，生活困窮者の地位を法的に保障していない内容のものであり，1946年に生活保護法が制定されるとともに廃止された．
⇨生活保護法

球症候群（キュウショウコウグン）㊥ globus syndrome．精神科領域における，意識野の狭窄，あるいは運動系または感覚系機能障害を主症状とする神経症性障害である転換性障害（古典的分類におけるヒステリー神経症に含まれる）にみられる症状のひとつである．下腹部から胸部，喉頭にかけて球のようなものが込み上げてくる感じがして，喉に詰まるという感覚が訴えられたり，いがいがするような症状が自覚される場合もある．症状に見合う器質的異常は認められず，心理的問題が身体症状に置き換えられることにより現れるととらえられている．器質性疾患，てんかん，統合失調症や詐病との鑑別が必要であるとされる．耳鼻咽喉科領域における「咽喉頭異常感症」と同様の状態を指し，軽度の喉頭粘膜の異常がある場合のほか，舌根扁桃肥大や頸椎変形がみられたり，胃食道逆流症などの胃腸障害や更年期障害，重度の貧血などにより症状が自覚されることもあるといわれている．

求心性視野狭窄（キュウシンセイシヤキョウサク）㊥ concentric contraction of visual field ㊤同心性視野狭窄．網膜の異常により視野の周辺部分が障害され，中心部だけしかみえなくなる病態．緑内障（末期），視神経萎縮，網膜色素変性症などの病気でみられる．ケアの場面においては，狭窄をもつ人は視野全体が狭くなることで，足もとのものに気づかずにつまずいたり，障害物にぶつかったりするので通路にはものを置かないなどの配慮が必要になる．

急性黄色肝萎縮症（キュウセイオウショクカンイシュクショウ）➡劇症肝炎を見よ．

急性肝萎縮症（キュウセイカンイシュクショウ）➡劇症肝炎を見よ．

急性肝炎（キュウセイカンエン）㊥ acute hepatitis ㊨hepatitis acuta ㊛ AH．肝臓の細胞が，広い範囲にわたって破壊される病気を肝炎といい，そのうち1～2か月で治ってしまうものを急性肝炎という．ほとんど自覚症状がなく，多くは，ビリルビンが沈着するため，皮膚や白目の部分が黄色くみえる黄疸が現れて初めて気づく．また，尿中に排泄され，尿が褐色となる．黄疸とともにだるさ，気力がなくなるなどの全身倦怠感，易疲労感，食欲不振などの全身症状が現われる．また，味やにおいの好みが変わったり，吐き気，嘔吐，下痢，腹痛なども出現したりする．急性肝炎の原因のほとんどは肝炎ウイルスの感染によるものである．

急性期リハビリテーション（キュウセイキリハビリテーション）㊥ acute phase rehabilitation．疾病による廃用症候群を予防し，早期の日常生活動作の向上と社会的復帰を図るために，十分なリスク管理の下でできる限り発症後早期からリハビリテーションを行うこと．急性期リハビリテーションの実施内容は，早期座位・立位，装具を用いた早期歩行訓練，摂食・嚥下訓練，セルフケア訓練などが含まれる．
⇨回復期リハビリテーション，維持期リハビリテーション

急性硬膜下血腫（キュウセイコウマクカケッシュ）㊥ acute subdural hematoma．脳表の小動脈・静脈の損傷で硬膜とクモ膜の間に血腫が生じた状態．血腫の大きさが意識障害の強さと関係する．血腫除去術が必要．多くは，転倒，打撲などによる頭部外傷によって生じるが，しばしば，脳挫傷や脳浮腫も生じるため，減圧術が必要となる．頭部CTでは，三日月状の高吸収域がみられる．

急性腹症（キュウセイフクショウ）㊥ acute abdomen．突然の腹痛を主症状とし，緊急手術を必要とする場合，および緊急手術を念頭に経過観察を要する場合をいう．腹部大動脈瘤破裂，腸間膜動脈血栓症，絞扼性イレウス，消化管穿孔，胆囊穿孔，ヘルニア嵌頓，結腸軸捻転など緊急手術を要する疾患に注意が必要である．緊急搬送を考慮すべき腹痛の随伴症状には，腹壁緊張または圧痛，高度貧血，吐血・下血，腹膜刺激症状，グル音消失，腹部の異常膨隆，ショック徴候などがある．腹痛を主症状として急性に発症した急性胃炎，急性膵炎，尿路結石も広義には含まれる．急性腹症で開腹手術の緊急性を判断するために腹膜刺激症状や急速な貧血の進行は重要な所見である．嘔吐のある人では，誤嚥に留意する必要があり，救急搬送では，十分な気道確保のうえ，意識レベルを含むバイタルサイン（体温，脈拍，呼吸，血圧），SpO_2測定を繰り返し観察する必要がある．

休息ケア（キュウソクケア）➡レスパイトケアを見よ．

吸入（キュウニュウ）㊥ inhaler．ネブライザーなどの器具を使って，薬物を霧状にして経口から噴霧する方法．喘息などの治療に用いられる．認知症の人が，うまく薬物を吸い込めない場合は，一度息を吐いてから吸入器を口の前に持っていき口を開けてもらうようにする．
⇨ネブライザー

吸入器（キュウニュウキ）➡ネブライザーを見よ．

給付管理（キュウフカンリ）㊥ benefit management．介護

保険制度において，介護支援専門員（ケアマネジャー）が作成した居宅サービス計画（ケアプラン）により，利用者が必要な介護サービスをどれだけ利用したか，費用がいくらかかったか等の内容を記載し，国民健康保険団体連合会（国保連）に毎月書類を提出し費用請求をすること．広く解釈すれば，アセスメント（課題分析），ケアプランの作成，サービス担当者会議，ケアプランの利用者への説明と同意などの一連の業務を総括して給付管理業務という．介護保険制度において介護支援専門員が行う重要な仕事のひとつである．

救命救急（キュウメイキュウキュウ） 英 critical care. 救命救急は，一次〜三次に分けられる．一次救急とは，かぜによる高熱や家庭では処置できない切り傷などの治療である．二次救急とは，入院や手術が必要な段階の患者が対象であり，三次救急とは，心筋梗塞や脳卒中，頭部損傷など，一刻を争うような状態の患者に対する医療を行うこと．認知症の人は，このような事態になったときに，状態を適切に訴えられない場合やパニックになってしまう場合が多い．日ごろから介護している人に必ずつき添ってもらい，本人の状態が通常とどのように違うか伝えてもらうことが重要となる．また，認知症の人が安心できるようにかたわらにつき添ってもらうことも必要である．介護者は，緊急事態に備えて，日ごろから主治医の連絡先，お薬手帳，保険証などを持ち出せるようにまとめておくとよい．

QT延長症候群（キューティーエンチョウショウコウグン） 英 long QT syndrome 略 LQTS. 突然，脈が乱れてくらみや意識を失う発作が起こる遺伝性の病気．意識を失う発作が止まらない場合は死亡することがある．しかし，発作がないときは自覚症状はまったくない．また，検査をしても心電図のQTといわれる波形の部分が正常に比べて長い以外は異常が見つからない．

仰臥位（ギョウガイ） 英 supine position／dorsal position 同 背臥位．背部を地につけ臥床させた仰向けの姿勢のことで，背臥位ともいう．背部は支持基底面が広く安定しており，筋活動がもっとも少なく，安静・休息時，就寝時，診療時に用いられることが多い．ケアの場面においては，長時間仰臥位を継続すると廃用症候群として褥瘡などを引き起こすので留意が必要となる．
⇨腹臥位，側臥位

協会けんぽ（キョウカイケンポ） ➡全国健康保険協会管掌健康保険を見よ．

共感（キョウカン） 英 empathy. 本人が，みたり，考えたり，感じたりしていることについて援助者が本人の立場に立って感じたり，理解を深めたりすること．対人援助の基本であり重要な姿勢である．本人が「分かってもらえた」と感じることで，援助者への信頼とともに安心感や情緒的な安定がもたらされる．しかし，共感はあくまでも援助者の経験，知識などを通じて得られたものであるため，「援助者が本人のすべてを理解できるわけではない」という視点に立つことが大切である．

共済年金（キョウサイネンキン） 英 mutual aid pension. 国家公務員や地方公務員等が加入する公的年金．国家公務員が加入する「国家公務員共済」，地方公務員が加入する「地方公務員共済」，私立学校の教職員が加入する「私立学校教職員共済」がある．その他には「農林漁業団体職員共済」「JR共済」「JT共済」「NTT共済」がある．給付には，年をとったときに支給される退職共済年金，障害を負ったときに支給される障害共済年金，死亡したときに支給される遺族共済年金等の3種類がある．

胸式呼吸（キョウシキコキュウ） 英 costal breathing. 胸筋（肋骨や肩）を上げる呼吸で，胸郭の運動による呼吸をいう．安静時や胃が上がり横隔膜の動きが制約された場合にも行われる．胸が上下するので，肩や首に力が入りやすく緊張し，姿勢が悪くなったり，息が浅い状態になるときもある．
⇨腹式呼吸

共助（キョウジョ） 英 mutual-aid／mutual-support. 災害時等において近隣で互いに助け合うこと．具体的には地域の要援護者の避難誘導を行う等，周囲の人たちと協力して互いに助け合う活動を指す．日々の生活まで広げると高齢者の見守りなどの活動も含まれる．また，将来起こるかもしれない危険に対し，予測される事故発生の確率に見合った一定の保険料を加入者が公平に分担し，万一の事故に備える「保険」も「共助」のひとつである．

狭心症（キョウシンショウ） 英 angina／angina pectoris／stenocardia. 虚血性心疾患のひとつで，心臓の栄養血管である冠動脈の異常（動脈硬化，攣縮による狭窄など）により，一過性に血流が不足することによって，心筋が酸素不足に陥り，胸痛・胸部圧迫感などの痛みが生じること．症状はほかに，心窩部から頸部や左肩へ向かう放散痛，動悸・不整脈，頭痛，嘔吐，息切れ，腕のしびれ，歯茎の違和感などがみられる場合もある．階段や坂の昇降時，寒い朝などに症状が現れやすい．2〜3分安静にしていると症状は軽減する．心電図，血液検査で診断できる．誘因には，高血圧，脂質異常症，肥満，高尿酸血症，ストレス，喫煙などがある．狭心症と診断された場合は，狭心症の内服治療などのほかに，誘因となる病気の治療や禁煙が必要となる．
⇨虚血性心疾患

強心薬（キョウシンヤク） 英 cardiotonic. ジギタリス配糖体製剤を中心とした心臓の働きを強くする薬．強心薬は心臓の筋肉（心筋）に作用して，その収縮力を強くするとともに心拍数を減らす．心不全の治療に用いられる．

胸髄損傷（キョウズイソンショウ） 英 thoracic cord injury. 脊髄は，上から，頸髄，胸髄，腰髄，仙髄に分けられる．胸髄は1番から12番まである．転倒，交通事故などによる胸椎骨折，損傷により，胸髄まで損傷が生じる．上肢の機能は保たれるが，下半身に運動・感覚麻痺が生じる．自律神経障害として，便秘，下痢，水様便，便失禁，尿失禁，多尿，尿閉，尿意切迫などの排便・排尿機能障害が生じる．

共生社会（キョウセイシャカイ） 英 convivial society. 性別・国籍・年齢などさまざまな違いがある人々が，相互に支え合いながら，主体的に暮らしていける社会のこと．ここではすべての人が社会から阻害されることなく，人間社会として生きることが認められ，その支援体制が整っている．社会参加が困難な環境におかれていた障害者等が，積極的に社会に参加し，貢献していくことが可能となり，人としての個性や人格が尊重される社会である．

強制適用（キョウセイテキヨウ） 英 mandate. 健康保険への加入が法律的に義務づけられていること．強制適用されないのは，農林水産業・サービス業（旅館・料理飲食店・理容理髪等）・法務（弁護士・会計士等）・宗教（神

社・寺院・教会等）などの個人事業所，または，業種によらず常時使用する従業員が4人以下の個人事業所である．

強直（キョウチョク）㊥tetany／ankylosis．一般的には，固くこわばること，の意で使われ，医学的には，以下2つの意味で使われている．①tetany：筋肉のぴくつき，けいれん，手足のけいれんを特徴とする臨床的神経症候群．重症の場合は喉頭けいれんとけいれんを呈する．これらの所見は，中枢および末梢神経系の過度の興奮を反映している．低カルシウム血症やアルカローシスによるイオン化カルシウムの血清レベルの低下によることが多いが，まれにマグネシウムの低下によることもある．臨床的にはとくに手足の遠位筋にみられ，顔面筋にも起こる．過換気，副甲状腺機能低下症，くる病，尿道症などが原因となる．②ankylosis：関節内の病変が主な原因で，関節が線維性あるいは骨性に結合し，まったく動かない状態．関節部の骨および軟骨の変形や癒着により，関節可動域が制限される．結合織の癒着による線維性強直，軟骨性強直，骨組織で癒合している骨性強直に分けられる．まれに先天性の場合がある．
⇨硬直

強直性けいれん（キョウチョクセイケイレン）㊥tonic cramp／entasia／tonic convulsion．筋肉の異常な収縮が長く続き筋肉がこわばった状態で，四肢，頸部，体幹などの筋のつっぱりあるいはこわばりが起こり，このため身体がねじれるものを強直性けいれん，筋肉の収縮と弛緩が交互に反復する状態で，手足が突然に屈曲伸展してガタガタとふるわせるものを間代性けいれんとよぶ．しばしば，意識消失を伴い，突然発作的に生じるてんかんの症状として認められる．
⇨けいれん，間代性けいれん

協働（キョウドウ）㊥coproduction／cooperation．複数の主体が共通の目標をもち，協力して活動すること．近年，福祉，地域づくり，認知症ケアなどさまざまな分野で使われており，地域社会において，対等な立場で，お互いの不足を補い合い，共に協力して課題解決に向けた取り組みをしていくうえでの1つの重要なキーワードとなっている．認知症ケアにおいても，家族，地域住民，介護保険事業所，医師，成年後見人，警察署，消防署，市役所，幼稚園，小学校など，支援が必要な人にかかわる人・専門職・各種機関が，本人や認知症ケアについての情報を共有し，関係者全員が「理解」することで，認知症の人を「尊重」することが可能となる．そしてどのように支え合うことができるかを共通目標とした取り組みが各地で展開されている．認知症サポーター養成，地域包括ケア，共生社会の実現などの活動もその一環である．

強迫観念（キョウハクカンネン）㊥obsessional idea ㊥Zwangsvorstellung．強迫性障害（obsessive-compulsive disorder）の主症状．本人にはそれが不合理であるという認識があるにもかかわらず，同じ思考や衝動を繰り返し，取り払おうと思ってもなかなか取り払うことができない考え．たとえば，医者に大丈夫といわれても，自分が重大な病気にかかっているのではないかと恐れたり，歌や音楽が頭に浮かんできて取り払うことができなかったり，人を突き飛ばしてしまうのではないかと恐れたりする状態．

強迫性障害（キョウハクセイショウガイ）㊥obsessive-compulsive disorder ㊥OCD．本人にはそれが不合理であるという認識があるにもかかわらず，取り払うことができずに同じ思考や同じ行為を繰り返してしまう精神疾患．同じ思考を繰り返す強迫観念（obsessional idea：反復し継続する思考，衝動，イメージ）や同じ行為を繰り返す強迫行為（compulsive act：手を洗う，順番に並べる，数を数える，声を出さずに頭のなかで言葉を繰り返すなどの反復行動）のいずれかがみられ，日常生活や業務，社会活動，人間関係に支障をきたす．前頭側頭型認知症（FTD）でみられる常同行動（stereotyped behavior：たとえば，いつも決まったいすに座る，ひたすら数を数え続ける，1日中同じコースを何kmも歩き続けるなど）も，強迫性障害でみられるものと同様であるが，FTDの場合は，自己の強迫症状に対する自我違和性が認められない点で異なる．

胸膜炎（キョウマクエン）㊥pleurisy／pleuritis．肺の表面を覆う臓側胸膜と，胸壁，横隔膜，縦隔を覆う壁側胸膜からなっている．両胸膜に囲まれた部分が胸膜腔で，ここに炎症が生じ胸水がたまる病気を胸膜炎とよぶ．感染症，がん，膠原病などで生じる．呼吸により変動する胸痛や進行すると呼吸困難が生じる．

共鳴（キョウメイ）㊥resonance．話し手は自分の思いを相手が受け止めてくれていると感じ，聴き手は話し手の思いが伝わっていると感じる状態．「共鳴」の状態では，沈黙していても相互に思いを感じることができる．「共感」と似ているが，「共感」の場合は相手の感情を理解し，その思いを聴き手の言葉として戻す理知的な回路を通過する．「共鳴」のほうがより直観的といえる．

虚血性心疾患（キョケツセイシンシッカン）㊥ischemic heart disease ㊥IHD．冠動脈の狭窄や閉塞により，心筋に血液が届かないことが原因で心臓に障害が起こる疾患の総称．一過性に血流が不足して起こる場合は狭心症，完全に冠動脈が閉塞，またはいちじるしい狭窄が起こり，心筋が壊死してしまった場合は心筋梗塞という．
⇨狭心症

居住空間（キョジュウクウカン）㊥living space．法律的な定義はないが，高齢者の住まいやそれを取り巻く物理的環境を指す．住生活基本法では住宅を中心にまちづくりや医療・介護など生活支援サービスも視野に入れ「居住環境」とよび，「高齢者が居住する住宅の設計に関わる指針（高齢者の居住の安定確保に関する法律）」では高齢者の利用する玄関・便所・浴室・脱衣室・寝室・食事室・バルコニー・通路等を「日常生活空間」とよんでいる．住宅施策による高齢者の住まいとして，一般住宅（持家，公的賃貸住宅，民間賃貸住宅）とサービス付き高齢者住宅がある．福祉施策による住まいとして，居住系施設（ケアハウス，軽費老人ホームA型・B型，養護老人ホーム，認知症高齢者グループホーム）と介護系施設（介護老人福祉施設・介護老人保健施設・介護療養型医療施設）がある．有料老人ホームは，健康型・住宅型・介護型と幅がある．地域における利用施設として，福祉系利用施設（地域包括支援センター・小規模多機能型施設・通所介護施設・サロン等），医療系施設（病院・診療所等），交通機関（鉄道・バス・道路・旅客施設・駐車場等），生活施設（商業施設・文化教育施設・公園等）がある．地域包括ケアでは，日常生活圏に必要な福祉・医療施設やサービスを整備することを目指している．グループホームや介護

系施設など一部を除き，認知症の人への配慮は不十分な状況である．
⇨施設的環境

居住費（キョジュウヒ）㉺ resident expense．光熱水費などの居住にかかる費用をいう．介護保険施設に入所した場合，サービス費用の1割または2割のほか，居宅で生活している高齢者と同様に「居住費（滞在費）」と「食費」が2005年の介護保険の制度改正で利用者負担となった．この「居住費」については，国が示す施設の居住費に要する平均的な費用の額を参考にしながら，各施設が定めており，施設と利用者の契約で成り立っている．しかし，低所得者世帯の利用者負担が過重にならないよう，補足給付とよばれる所得に応じた負担限度額が設けられている．基準費用額との差額を特定入居者介護サービス費として施設に給付することで，利用者の負担の軽減が図られている．

拒食症（キョショクショウ）➡神経性食欲不振症を見よ．

居宅介護支援（キョタクカイゴシエン）㉺ in-home long-term care support．居宅の要介護者等が，居宅サービス，地域密着型サービス，その他，居宅において日常生活を営むために必要な保健・医療・福祉サービス等の適切な利用をすることができるよう，本人の依頼を受けて，その心身の状況，おかれている環境，家族の希望などを勘案し，居宅サービス計画（ケアプラン）を作成するとともに，サービスの提供が確保されるように，サービス事業者等との連絡・調整を行うことをいう．また，介護保険施設等への入所を要する場合には，その紹介，その他便宜の提供を行う．
⇨ケアマネジメント

居宅介護支援事業所（キョタクカイゴシエンジギョウショ）㉺ in-home long-term care support provider．介護支援専門員（ケアマネジャー）が，介護サービスを受けるために必要な「要介護認定」の申請代行，介護保険で受けられる居宅サービスの紹介，インフォーマルなサービスの相談，要介護者等の依頼を受けての居宅サービス計画（ケアプラン）の作成，介護サービス提供事業所などとの連絡・調整，居宅支援サービス費にかかる費用の計算や請求などを行う事業所のこと．法人格が必要で，申請により，都道府県が認可することになる（2018年度以降は，市町村）．介護支援専門員への相談等は，全額介護保険からの給付となるため，利用者負担はない．

居宅サービス（キョタクサービス）㉺ in-home service．介護や入浴，看護，リハビリなどのサービスを自宅で受けるもの（①訪問介護，②訪問入浴介護，③訪問看護，④訪問リハビリテーション，⑤居宅療養管理指導）と，通所や短期入所など施設・事業所に出向いて受けるもの（⑥通所介護，⑦通所リハビリテーション，⑧短期入所生活介護，⑨短期入所療養介護，⑩特定施設入居者生活介護），そして福祉用具や住宅改修などの費用が支払われるもの（⑪福祉用具貸与，⑫特定福祉用具販売，⑬住宅改修費支給）がある．1日でも長く住み慣れた家庭や地域で暮らすためには，この居宅サービスの利用が大切である．
⇨施設サービス，地域密着型サービス

居宅サービス計画（キョタクサービスケイカク）㉺ in-home service plan．居宅介護支援事業所の介護支援専門員（ケアマネジャー）が要介護者等に対して，在宅生活を支援するための計画をいう．「居宅サービス計画」を作成するためには，まず課題分析をし，要介護者等の生活上の課題・ニーズを明らかにし，居宅での生活維持・向上のために，どのようなサービスをどのように提供すれば自立支援につながるのかを明確にする．とくに認知症の人の場合，本人の意をくみ取るなど本人の内なる世界を大切にすることが必要である．その後，本人も参加するサービス担当者会議で解決すべき課題，そのための目標と達成時期，具体的な手立て（利用するサービス等の種類，内容，担当者，負担する金額）等を検討し，本人や家族の合意を経て，「居宅サービス計画」が作成される．これは適時見直されることが義務づけられており，常に本人のニーズが適切に充足されることが求められる．
⇨施設サービス計画

居宅療養管理指導（キョタクリョウヨウカンリシドウ）㉺ guidance for management of in-home medical long-term care．居宅で生活している要介護者等を対象に，病院，診療所，または薬局の医師，歯科医師，薬剤師等の医療従事者が直接，利用者の自宅を訪問し，療養上の管理や指導を行う介護保険下の居宅サービスのひとつである．医療従事者は，上述のほか，厚生労働省令で定める歯科衛生士や，歯科衛生士が行う居宅療養管理指導を担当する保健師，看護師および准看護師など多岐にわたっている．その内容は，利用者の病状や心身の状況，おかれている環境等を把握し，居宅サービス計画の作成に必要な情報提供やサービス提供にあたり，留意事項を助言することとされている．居宅の利用者に対し，低栄養防止や口腔ケアなどが行われることにより，介護予防の視点からも重要な役割を果たしている．

起立性低血圧（キリツセイテイケツアツ）㉺ orthostatic hypotension．安静臥床後起立した際に血圧の急激な低下（起立後3分以内に収縮期血圧で20mmHg以上，拡張期血圧で10mmHg以上の低下）がみられるものをいう．症状として，ふらつき，立ちくらみ，頭痛，複視または視野狭窄・眼前暗黒感，四肢あるいは全身のしびれ（異常感覚）などが多い．原因は，自律神経障害によることが多く，糖尿病，パーキンソン病などのほかに，利尿薬の過剰投与で，循環血漿流量の減少で生じることもある．

起立保持具（キリツホジグ）㉺ stander．麻痺などの症状のため自力で立つことがむずかしい身体障害者の起立動作を保つための補装具．とくに，身体を自分で保持できない子どもは，身体の歪みを発症しやすく，正常な発育のために姿勢を保持した状態で骨格に体重をかける訓練が必要とされている．

切れ痔（キレジ）➡裂肛を見よ．

筋萎縮症（キンイシュクショウ）㉺ muscular atrophy／amyotrophy．筋肉が系統的・進行性に萎縮する疾患をいい，通常骨格筋の萎縮を指す．原因として，筋そのものが原因として萎縮する筋ジストロフィー症，ミオパチーなど筋原性筋萎縮と筋を動かしている運動神経が障害される神経原性筋萎縮，筋を動かしている運動神経を調節している大脳の働きの限弱，関節や，寝たきりなどで，筋の使用頻度が少なくなって筋萎縮を呈する廃用性筋萎縮や，サルコペニアがある．

筋萎縮性側索硬化症（キンイシュクセイソクサクコウカショウ）㉺ amyotrophic lateral sclerosis 略 ALS 同 アミトロ．主に中年以降に発症し，一次運動ニューロン（上位

運動ニューロン）と二次運動ニューロン（下位運動ニューロン）が選択的にかつ進行性に変性・消失していく原因不明の疾患である．症状は，筋萎縮と筋力低下が主体であり，進行すると上肢の機能障害，歩行障害，構音障害，嚥下障害，呼吸障害などが生じる．一般に感覚障害や排尿障害，眼球運動障害はみられないが，人工呼吸器による長期生存例などでは認められることもある．病勢の進展は比較的速く，人工呼吸器を用いなければ通常は2～5年で死亡することが多い．発病率は人口10万人あたり1.1～2.5人で，50歳未満の発症は少なく，50代から発症率が上昇し始めて，60～70代でもっとも発症率が高く，80代では減少傾向となる．有病率は人口10万人あたり7～11人．

禁忌（キンキ） 英 contraindication／incompatibility ラ contraindicatio.「してはならないこと」の意味．宗教学，人類学用語としての禁忌は，タブーとよばれている．医療上でのしてはならないことは，不適当で患者の予後を大きく悪化させる術式，検査，投薬，調剤等を指す．絶対的禁忌と相対的禁忌の2つに分けられる．

緊急ショートステイ（キンキュウショートステイ） 英 emergency short stay. 居宅で寝たきりや認知症等の高齢者を介護している家族が，病気やけが，葬儀への参列等の急用，本人への虐待や罹災等により介護ができなくなった等，緊急性が高い場合に，家族に代わって一時的に市町村が委託契約している施設で介護する事業．各市町村の独自事業であるため，その対象者の範囲，利用期間，利用者負担金，利用手続きは異なるため，担当の介護支援専門員（ケアマネジャー）や地域包括支援センターに問い合わせが必要である．介護保険によるショートステイの空きがなく，やむを得ない事情による場合利用できるが，入院加療が必要であったり，感染する恐れの高い感染症（インフルエンザ等）にかかっているなど，利用者の状況により施設での受け入れが困難な場合がある．また，施設との契約により，利用者は介護保険法に基づく利用料，および食費等の実費負担が必要になってくる．
⇨ショートステイ

緊急通報機能付電話貸与（キンキュウツウホウキノウツキデンワタイヨ） 認知症の人等に対し，GPSつき携帯電話型の緊急通報装置を貸与すること．これにより，緊急時に家族や消防署，警察署などに高齢者の居場所を知らせたり，連絡することで，緊急時の対応を図ることができる．また，孤独感や不安をかかえる高齢者等に対し，安否確認や声かけサービスを行い，高齢者等の孤独感を和らげ，住み慣れた地域で安心した生活が続けられるような支援も，可能性として広がる事業である．
⇨緊急通報装置

緊急通報システム（キンキュウツウホウシステム） 英 emergency alarm system／emergency report system. ひとり暮らしの高齢者等に対し，緊急通報装置を貸与することにより，急病や災害等の緊急時に，迅速かつ適切な対応をするなど，ひとり暮らし世帯のリスク管理を目的としたシステム．各市町村は，介護保険外の在宅支援事業として行っている．このシステムは，突然の発作や車いすからの転倒などの非常時に，ペンダント等のリモコンの緊急ボタンを押すことにより，あらかじめ登録されている親族，近隣者などの協力者，消防指令センター，主治医，介護センター等に緊急通報される．また，緊急通報を受けた側も遠隔操作により声をかけて室内のようすを確認したり，救急車の出動も要請できる．

緊急通報装置（キンキュウツウホウソウチ） 英 emergency call unit. ひとり暮らしの高齢者等が，自宅で急病になった場合などの緊急時に，すぐ関係者に連絡できるような通報装置をいう．非常用ペンダントの緊急ボタンを押すだけで利用者からの緊急通報を受けることができる，専用装置などが活用されている．各市町村により詳細は異なるが，ひとり暮らし世帯が対象となって緊急通報装置が貸与される．緊急通報装置を設置すると，24時間，看護師による健康相談などのサービスも併せて受けられる市町村もある．また，ひとり暮らしの高齢者を地域で見守るという観点から，利用にあたっては，近所で協力員を2～3人指定しておき，協力してもらうなどの仕組みづくりが大切である．

緊急度判定（キンキュウドハンテイ） ⇨トリアージを見よ．

筋強剛（キンキョウゴウ） ⇨筋固縮を見よ．

筋けいれん（キンケイレン） 英 muscle spasm／myospasm／muscle cramp. 不随意に筋肉が激しく収縮することによって起こる発作．原因は，中枢性のもの，代謝・末梢循環など全身性のものに分かれる．中枢性の場合，意識障害を伴いやすいてんかんによって生じることが多いが，意識障害を伴わない脳腫瘍などが原因のこともある．末梢神経や末梢循環障害などで，下肢ふくらはぎなど局所に筋けいれんが生じるこむら返りもこのひとつである．

筋固縮（キンコシュク） 英 muscle／rigidity／muscular rigidity 同 筋強剛．強剛，強直．パーキンソン病などでみられる筋の固縮は，筋のトーヌスが亢進している状態で，手足などの関節の屈伸を受動的に行った場合に不随意の抵抗として感じられるものであり，錐体外路症状である．鉛の管を折り曲げているような持続性の抵抗を鉛管現象（lead pipe phenomenon）といい，筋強剛ともいう．持続性の抵抗のなかに，歯車のようなごつごつとした抵抗を感じる場合があり，これを歯車現象（cogwheel rigidity）といい，手関節でよくみられる．固縮と似た症状として，痙縮とgegenhaltenがある．痙縮は錐体路症状であり，筋の抵抗は屈曲あるいは伸展の初期のみにみられ，折りたたみナイフ現象という．Gegenhaltenは，屈伸運動を行った際に，最初は抵抗がないのに，繰り返し行っているうちに抵抗が増加してくる現象で，前頭葉症状とされている．
⇨硬直

近時記憶（キンジキオク） 英 recent memory. 神経心理学的に，記憶は，記憶事項の体験から取り出しまでの時間経過の観点から，即時記憶（immediate memory：数十秒以内の記憶），近時記憶（数分から数日の記憶），遠隔記憶（remote memory：数週から数十年の記憶）に分けられる．一般的に認知機能検査や認知症のスクリーニング検査などでは，近時記憶の機能を測定する方法として，検査者が3つの単語をいい，被検者に繰り返させて即時記憶が正常であることを確認したあと，ほかの課題を与えて3～4分後にさきに記憶させた3つの単語を答えさせる，というような課題を実施する．
⇨遠隔記憶，即時記憶

近時記憶障害（キンジキオクショウガイ） 英 recent memory disturbance. 近時記憶の障害．数分から数日の期間の情報を保持する能力が障害されている状態．アルツハイマー病（AD）では，「少し前の出来事をすっかり忘れてしまう」というような近時記憶障害が目立つ．そのため，少し前に言ったこともすぐに忘れてしまうので，何度も同じ質問を繰り返したり，同じ行動を繰り返したりする．

筋ジストロフィー（キンジストロフィー） 英 muscular dystrophy. 筋細胞の壊死・再生などのジストロフィー性変化により，筋萎縮と筋力低下が進行していく遺伝性筋疾患の総称をいい，出生時より顕著な筋力低下を示す先天型筋強直性ジストロフィーなども含まれる．常染色体優性遺伝であるが，子の世代のほうが症状が重くなるという表現促進現象を認める．軽症例では本症と気づかれないことも多い．平均寿命は55歳程度とここ20年間改善がみられていない．

金銭管理サービス（キンセンカンリサービス） 英 financial management service. 福祉サービス等の利用料，家賃，公共料金，税金，医療費などの日常生活費の出し入れの代行を行ったり，年金や福祉手当の受領に必要な手続き等を利用者に代わって行うサービス．「金銭管理サービス」を行っている事業として，社会福祉協議会の「日常生活自立支援事業」がある．相談からサービスの提供に至るまで，各地域の社会福祉協議会に所属する「専門員」「生活支援員」がサポートする．判断能力が不十分な認知症の人等が対象となる．しかし，本人にこのサービスを利用する意思があり，契約の内容がある程度理解でき，対等な立場で契約することが前提である．相談は無料であるが，サービスを利用する際は料金がかかる．
⇨権利擁護

禁治産・準禁治産（キンチサンジュンキンチサン） 英 interdiction and quasi-interdiction. 成年後見制度の前身．明治時代に創設されたもので，民法に存在した．「家の財産を治めることを禁ずる」という意味をもち，国家が私有財産の処分の禁止を宣告し，それを戸籍に記載するものであった．本人の保護や財産の保護という点が重視され，差別的印象を与えたことから，制度活用への抵抗感は大きかった．「禁治産」「準禁治産」という二種の分類で，一律に行為能力を制限するものであったため，軽度の判断能力低下がある人に対しては，制限が過剰になった．また，配偶者が後見人等になることが決められており，高齢な場合や複数に保護が必要な場合には活用がむずかしかった．これらを改善するため，現在の成年後見制度は「本人保護」だけでなく「本人の自己決定の尊重」「ノーマライゼーション」という新しい理念を加味，「身上配慮」という点を重視したものとなった．また，補助類型を創設，判断能力の程度に応じた同意・取消権，代理権の，本人の同意に基づく付与という方法をとっている．2000年4月現在の成年後見制度制定により，禁治産・準禁治産は廃止された．
⇨成年後見制度

筋肉内注射（キンニクナイチュウシャ） 英 intramuscular injection. 皮下組織より深い筋肉に薬液を注入する方法．静脈や皮下注射では痛みを伴う薬物や，量が多い場合も用いられる．筋肉は，皮下組織よりも血管が多いので薬物の吸収が早い．また，三角筋，大腿部，臀部の中殿筋（外側の上）の筋肉に注射するため，静脈注射などに比べて，血管がみえにくい人や認知症で注射が理解できず多少動く人に実施しやすい場合がある．やせている人に筋肉内注射をする場合は，臀部を選ぶのがよい．筋肉内は血管が多いので血管を直接刺さないように，穿刺後に血液の逆流がないことを確認し，逆流や激痛がある場合は抜いて圧迫する．注入後，薬物によってはもむことにより薬物の吸収を促したり，しこりを残さないようにしたりする．もんではならない薬物もあるので，確認することが必要である．

筋無力症（キンムリョクショウ） 英 myasthenia. 末梢神経と筋肉のつながりの部分（神経筋接合部）において，脳からの指令によって神経側から出される神経伝達物質（アセチルコリン）の筋肉側の受け皿（アセチルコリン受容体）が自己抗体により攻撃される自己免疫疾患．なぜこのような抗体がつくられてくるのかは，まだ分かっていない．厚生労働省により特定疾患に指定されている難病である．全身の筋力が低下し，疲れやすくなる．とくに眼瞼下垂，複視などの眼の症状を起こしやすいことが特徴である．症状が眼だけの場合を眼筋型無力症とよび，全身に現れる場合を全身型筋無力症とよぶ．嚥下がうまくできなくなる場合もある．重症化すると呼吸筋の麻痺を起こすこともある．対症療法として，コリンエステラーゼ阻害薬が使用されるが，根治的には免疫療法が必要である．
⇨特定疾患

く

空間構成（クウカンコウセイ）Ⓔspatial structure. 1つの建築物等のなかで空間をどのようにつなげていくかを考えること. 簡単なように思えても, 一般的に全体の枠が決まっていて, 必要な空間をパズルのように詰めていっても, 収まりきらないことがある. また, 生活の場として利用してきた住宅の空間構成は生活習慣と密接な関係が生じ, おおむね地域内では気候等の関係で似たような空間構成になることが多い. 一般的には南側に居室, 東側に台所などは共通している内容である. 一方, 認知症の人向けの施設等を計画するときには, 居室を外部に面するようにまず配置することから, トイレや浴室が住宅と異なり, 中央の外気に面さない場所におかれることが多くなる. 生活と気候等の地域性からできてきた「トイレは奥のほうにある」のように住み慣れてきた空間構成と, サービス提供を主目的とする施設等との空間構成は根本的に異なり, 認知症の人にとって慣れるまでに時間がかかることが多い. このようなことから良質な民家を利用した施設は, 空間構成からは使いやすいものになることが多い.

空間的見当識障害（クウカンテキケントウシキショウガイ）Ⓔplanotopokinesia. 時間, 場所, 人物などを正しく認識する能力を見当識（orientation）といい, この能力が障害された場合を見当識障害（disorientation）, または失見当という. 見当識障害のうち, 場所や空間のなかでの自分あるいは物体の定位に困難を示す障害が空間的見当識障害であり, 頭頂葉の損傷により生じるとみられている. 認知症のなかでも, とくにアルツハイマー病（AD）で空間的見当識障害がみられることが多く, 自分がいまどこにいるのか分からなくなったり, 見慣れた建物や道が認知できずに目的の場所へ行けなくなったりして, 道に迷ってしまうことが起こる.
⇨見当識障害

空間領域化（クウカンリョウイキカ）Ⓔterritoriality Ⓒ個人的領域形成. 自分の周辺の空間をなわばり（テリトリー）とすることによって, 安定した生活の基盤をつくろうとする, 社会的・心理的作用である. 動物の場合には, 一定の空間を専有化して資源を独占する排他的なわばりがつくられるが, 人の場合はもう少し複雑で, 階層性のある領域を形成することで, 個人のプライバシーを守りながら, 他者や社会とのかかわりを維持している. 施設に新たに入居した高齢者が, そのなじみのない施設空間をいかに領域化できるかは, その環境に適応できるかどうかに大きくかかわる問題である. ある空間が, 過去の生活環境との継続性を強く感じられたり, 自分で空間のしつらえに手を加えてパーソナライズすることができたり, あるいは自分でお気に入りの場所を見つけ, そこでの他者とのかかわりをコントロールすることができるのであれば, その空間は領域化されやすい. 反対に, そこでの行動や交流が自分の意のままにならない空間は, 適切に領域化されることが困難といえる.
⇨パーソナライゼーション, テリトリー, 段階的空間構成

口すぼめ呼吸（クチスボメコキュウ）Ⓔpursed-lip breathing. 鼻から息を吸い, すぼめた口から息を吐く呼吸. 口すぼめ呼吸は, 気道に予備圧力を生じさせ, 息を吐くとき気道を広く保ち, 息切れを楽にし, 血中酸素量を増加させる. その理由は, 呼気に際して口をすぼめ, 口腔内に抵抗をつくると, これが気道内圧に影響し, 気管支内外の圧差が減少し, 気道の虚脱を起こしにくくなるためであると考えられる. 肺気腫, 慢性気管支炎や慢性閉塞性肺疾患の人には, 自然に口すぼめ呼吸を行っている人が多く, このことは視診上, 重要なポイントともなる. 認知症の人は, 呼気時に「唇に力を込めて」「ほおを膨らませないでプーと吹いて」, 吸気時に「口を閉じて」というだけでなく, 介助者もいっしょに行うと理解しやすい.

区分支給限度基準額（クブンシキュウゲンドキジュンガク）介護保険制度の対象に該当する場合には, 要介護状態の程度（要介護状態区分）と要支援状態の程度（要支援状態区分）に応じて, 居宅の場合は介護給付および予防給付の支給限度額, 施設の場合には介護給付額が限度額管理期間内に設定される限度額を厚生労働大臣が定めている. これは利用者の状況に応じた適正なサービスを提供する観点から, 必要な居宅介護サービスのモデルを用いて要介護度ごとに区分支給限度基準額を設定するものである. 支給限度額範囲内でサービスを利用すると原則9割が保険給付で1割自己負担（2015年8月からは一定以上の所得を有する第1号被保険者は2割自己負担）となるが, 支給限度額を超えるサービスを受けた場合, 超えた分の費用は全額利用者負担となる. 区分支給限度基準額は, 介護保険の被保険者証に記載されている.
⇨種類支給限度基準額

区分変更（クブンヘンコウ）現在, 介護保険制度の要介護認定を受けている人の心身の状態がいちじるしく変化した場合には, 有効期間満了前の認定有効期間内でも, 市町村に要介護度の区分変更申請を行うことができる. 区分変更は状態が悪化し, 要介護状態区分の重いほうに変更するケースが想定されることが多く, 申請の手続きは基本的には要介護認定手続き（新規・更新）と同様になる. また市町村は, 要介護認定を受けた被保険者の介護の必要程度が低下したことにより, いま受けている要介護状態区分（要介護度）以外の区分（通常より軽度の区分）に該当したときは職権により要介護状態区分の変更認定を行うことができる. 区分変更の申請も原則として本人, 家族が行う. また本人や家族が申請に来られない場合, 居宅介護支援事業者（ケアマネジャー）や介護保険施設, 地域包括支援センターも申請を代行することができる. 要支援認定を受けている場合で, 心身の状態がいちじるしく変化した場合には, 要介護認定申請（新規）の扱いになる. 要介護区分の段階は要支援1, 2. 要介護1〜5までである.

クモ膜下出血（クモマクカシュッケツ）Ⓔsubarachnoid

hemorrhage／subarachnoidal hemorrhage 略SAH．脳を覆う3層の髄膜のうち脳に接して，脳溝まで脳を覆っている脳軟膜とその上を覆うクモ膜との間の空間「クモ膜下腔」に出血が生じ，脳脊髄液中に血液が混入した状態をいう．全脳卒中の8％を占め突然死の6.6％がこれに該当するといわれる．50～60歳で好発し，男性より女性が2倍多いとされる．多くは脳動脈瘤の破裂（約80％）によるもので，その他に頭部外傷，脳腫瘍，脳動静脈奇形や脳動脈解離の破裂によるものなどがある．突然始まる，強い持続性の頭痛が主たる症状である．嘔吐を伴うこともある．出血が高度であれば意識障害をきたし頭痛を訴えることはできない．

クライエント 英client．医療や福祉の分野では来談者をクライエントとよぶ．最近では医療サービスを受けたり，福祉サービスを利用したり，それらのサービスが必要とされた当事者や家族も含まれる．またコンピュータネットワークにおいては，一般企業では得意先や顧客のことを指す．さらに弁護士事務所や会計事務所では依頼主を指すこともある．

クリティカルパス ➡クリニカルパスを見よ．

クリニカルパス 英clinical pathway 同クリティカルパス．疾患や病態，手術ごとに，その治療の目標および目指す最適な状態（到達目標）に向け，最適と考えられる医療の介入内容をスケジュール表（パス）にしたもの．さらに，クリニカルパスの評価・改善を行うことで医療の質を向上させるマネジメントシステムも含まれる．

グリーフケア 英grief care．死別などによって愛する人を失うなど喪失体験をしたときに，悲嘆（grief）の感情をもつが，その感情を表出し，処理できるようにすることをグリーフケアという．悲嘆の感情にふたをしてしまうと，思わぬときに心理的揺さぶり，身体の不調などを起こし，日常生活に支障をきたす場合もある．故人を知っている人と話すことや，同じように愛する人を亡くした人同士で話すことで，悲嘆の感情を思慕などの感情に昇華させていくことができる．また，認知症の人が大切な人を亡くしたときもできる限り事実を知らせ，いっしょに悲しむ時間を十分にもち，話に耳を傾ける，故人の写真を飾るなどの行為をサポートすることが大切である．

クーリングオフ制度（クーリングオフセイド） 英cooling-off／cooling-off system／cooling-off period．本来の意味は，「頭を冷やす」ということで，消費者が契約したあとで冷静に考え直すことからこの用語が使われている．商品・サービスの購入の申込みや契約締結した場合でも，一定期間に消費者側からの一方的かつ無条件で申込みの撤回や契約解除を認める制度．1973年の割賦販売法改正で確立した消費者保護制度である．訪問販売（キャッチセールスなど無店舗販売を含む），電話勧誘販売，マルチ商法，特定継続的役務提供（外国語教室，エステティック，学習塾，家庭教師派遣，パソコン教室，結婚相手紹介サービスの6種），業務提供誘引販売取引が特定商取にかかわる法律により対象となっている．このほかに割賦販売やゴルフ会員契約，保険契約など，それぞれの各種業法によって個別にクーリングオフ制度がある取引もある．しかし，通信販売は特定商取にかかわる法律の対象になっているが，クーリングオフ制度がない．テレビショッピングやインターネットでの申込みも通信販売に分類されているため，申込み時に返品や契約解除の条件の確認をする必要がある．

グループケア 英group care．グループケアとは，従来の施設ケアの中心であった集団的ケア環境を小規模単位による生活環境に改善し，いくつかの居室や食堂などの共有スペースを1つの生活単位として整備し，家庭的の環境のなかで入所者を小規模グループに分けて実施するケアをいう．これは生活環境を整備するとともに，それまでの流れ作業的ケアから生活を共にするケアを目的とすることを意味しているので，利用者は人間として生きる価値を意識して意欲が表れたり，利用者が言いたいことやニーズが聞ける関係性を構築し，より個人を尊重したケアの効果が期待される．
➡ユニットケア

グループスーパービジョン 英group supervision．スーパーバイザー（指導する人）と，数人のグループを構成したスーパーバイジー（指導を受ける人）との関係間における対人援助法．グループで行う場合のスーパービジョンをグループスーパービジョンという．グループスーパービジョンでは，メンバー同士が意見交換することによる学習効果が期待できたり，相互の意見交換で新しい気づきや共感が生まれる．そこでほかのメンバーが取り上げた事例の問題解決方法等を自分の担当する事例に応用できることもある．対人援助職者（医療福祉教育現場，とくに相談援助職）が常に専門家としての資質の向上を目指すため，スーパーバイザー（熟練した指導者）が示唆や助言を与えながら行う教育方法となる．これに対して1対1でスーパービジョンを受けることを，個人スーパービジョンという．
➡スーパービジョン，スーパーバイザー，スーパーバイジー

グループダイナミックス 英group dynamics 同集団力学．人間が集団になると個人がばらばらに行動するというのではなく，集団内の構成員の相互依存関係から生まれる動力に従って行動するという力学的特性をいう．つまり，このことは個人が集団から影響を受けるばかりでなく，個人も集団に影響を与えることを意味している．グループダイナミックスに関する実証的・行動科学的研究は，1930年代に「社会心理学の父」とよばれたレヴィン（Lewin K）によって創始された．グループワークの実践では，人間にとって重要な社会的環境である集団を意図的に形成し，そこで生じるグループダイナミックスを活用して，1人ひとりのメンバーへの援助を行う．グループダイナミックスを効果的に取り入れるためには，グループの基本特性や発展過程を理解して援助することも重要になる．

グループホーム 英group home．地域社会において，認知症高齢者や障害者等が専門スタッフ等の支援を受けながら，少人数で共同生活を営む住居をいう．認知症の人を対象としたグループホームは，1980年代に北欧で始まった．これまでの寝かせきりではなく，民家を借りて認知症の人と共同生活をする形で行われた．日本でも北欧型のグループホームとして宅老所という形で行われてきたが，2005年介護保険制度改正から，「認知症対応型共同生活介護」として介護保険制度サービスの対象となった．認知症対応のグループホームは9人を1ユニットとしている．

グループリビング 英 group living. ひとり暮らしの孤独や不安が解消され，バランスのよい食事も仲間と楽しめるグループリビングは「自立」と「共生」をキーワードに，比較的元気な高齢者が支え合いながら生活する小規模共同住宅である．非血縁的なつながりを大切にしながら各種の生活支援サービスや地域支援を積極的に活用して，施設入居ではない自由な暮らしが保障されている．各個室でプライバシーが守られ，共用スペースでの音楽会など精神的に豊かな暮らしも得られ，地域との交流もある．食事，清掃，入浴その他の方法は入居者同士が話し合ったルールに従って行い共同生活を送るが，生活支援を外部委託するかどうかは運営主体によって異なる．生活に互助性があることと自分に必要な福祉サービスだけを購入するため経済的にも合理的であり，ターミナルケアを経験している事例もある．1990年代から日本でも増え始め，開設にあたっては厚生労働省や公益財団法人による助成も活用できる．

グループワーク 英 social group work 同 集団援助技術／ソーシャルグループワーク．グループ（小集団）を媒体として参加する個々のメンバーの成長や，問題解決を促す社会福祉の専門援助体系である．グループのプログラム活動に参加することで，メンバー間相互の影響を受けながら，個人が変化（成長，発達）する援助の過程をいう．個々のメンバーのアセスメントからメンバー個々のニーズを見いだし，1人ひとりの課題解決をするために目的をもって個々のメンバーへ働きかけていく．具体的には，個々のメンバーとの関係で①受容・共感，②信頼関係の構築，③制限（メンバーの限界線を示す），④直面化，などを適宜行っていく．
⇨ケースワーク，コミュニティワーク

車いす介助（クルマイスカイジョ） 英 assistance of the wheelchair. 身体障害のために自力歩行が困難な場合や不安定な人が，移動手段のために車いすを用いる．このとき車いすでの目的地までの移動や，車いすからほかのいすやベッドなどへの移動を手助けすることをいう．

グレア 英 glare. 過剰な輝度または輝度対比，乱反射などのために引き起こされる，まぶしさを伴う視覚の不快感．高齢者は健常者に比べてよりグレアを感じやすい．さらに認知症になると判断能力も低下することから，大きなグレアにより錯覚を起こし，その結果，恐怖感を抱いたり，方向喪失になったりする場合がある．特別養護老人ホームなどの廊下の床は，長尺シートやリノリウムなど光を反射させやすい滑らかな素材を使用していることがあるため，グレアが生じやすい状態にあり，窓の大きさや配置，照明の種類などを工夫してグレアを防ぐ対策が求められている．

クレアチニン 英 creatinine 略 Cr. 筋肉中クレアチンリン酸の終末代謝産物．血中クレアチニン（SCr）は腎糸球体で再吸収されず，尿中クレアチニン（UCr）として排泄される．SCr基準値は0.7～1.2mg/dlであり，男性は女性よりやや高い．24時間UCr値は，筋肉クレアチン総量（筋肉量）に比例し，成人では体重1kgあたりほぼ一定である．UCr基準値は男性で15～25mg/kg/日であり，男性は女性よりやや高い．SCr低値を示す病態には，筋肉量減少（筋疾患，筋ジストロフィー），運動不足（長期病臥，サルコペニアなど）があり，尿中排泄量増加（妊娠，尿崩症）がある．他方，SCr高値（2.5mg/dl以上）の病態には，糸球体濾過量（GFR）低下・尿中排泄量減少（腎炎，腎不全，ネフローゼ，糖尿病，肝硬変，ショック，脱水，火傷，筋損傷など）がある．UCr高値をきたす薬物には，非ステロイド性抗炎症薬（NSAIDs），サイアザイド系降圧利尿薬，中枢神経系薬などがある．

グレーチング 英 grating. 屋外排水溝などに用いられる格子状の溝蓋．素材は鋼製が多く，車道用・歩道用などがある．住宅改修では浴室等で脱衣室に水が入らないように入り口にグレーチングを設置する場合がある．

クロイツフェルト・ヤコブ病（クロイツフェルトヤコブビョウ） 英 Creutzfeldt-Jakob disease 略 CJD. 感染性タンパク質粒子プリオン（prion）による感染症．中年・初老期に発症し，ミオクローヌス，錐体路または錐体外路徴候，小脳症状，視覚異常，無動無言，進行性認知症などを特徴とし，通常，発症後1年以内に死亡する．しばしば，特徴的な脳波パターン（周期性同期性放電：PSD）を示す．病理学的には，大脳および小脳皮質に，神経細胞変性・萎縮と星状神経膠細胞増殖が観察される．孤発性，医原性（角膜・硬膜の移植など），家族性のほかに，変異型（vCJD）がある．これは牛海綿状脳症（狂牛病：BSE）の脳神経系を食べて感染する．イギリスで1986～1996年にBSEが多発したので，その間に通算6か月以上滞英した人の献血は禁止されている．今日，BSEは低感性症の人畜共通感染症のひとつと考えられ，「感染症の予防及び感染症の患者に対する医療に関する法律」では，第5類感染症に分類されている．日本では，飼料規制，30か月齢超牛の頭部（舌，ほほ肉を除く）・脊髄など特定危険部位（SRM）の除去がなされている．

クロックポジション法（クロックポジションホウ） 英 clock position. クロックポジションとはアナログ時計の文字盤の数字の位置関係をいい，自分とものとの位置関係を把握するために，視覚障害者が簡単に記憶できるように配慮したものである．とくに，食卓上にあるものや料理の置いた位置関係を把握し，記憶しやすいように時計の文字盤にたとえて説明する方法である．たとえば，食器の位置の場合には，「はしが6時の位置」「ご飯が7時の位置」「味噌汁が5時の位置」「魚が10時の位置」「おでんが2時の位置」などと説明する．1枚のお皿に盛りつけられた料理を1つずつ説明するときにも，同じような方法が使える．

グローバリゼーション 英 globalization 同 世界規模化. 1970年代から使われるようになった言葉で，社会の同質化と多様化が同時に進行するような「世界規模化」のことを指す．「ヒト，モノ，カネ，情報」などの移動が国境を越えて地球規模でさかんになったことにより，政治的・経済的・文化的な境界線や障壁がボーダーレス化，地球規模での情報ネットワークや市場が形成され，情報や資本などが自由に移動する．その影響を世界各地が同時に受けるようになり，さまざまな変化を引き起こすことを意味する．

グローバルディテリオレーションスケール 英 global deterioration scale 略 GDS. リスバーグ（Reisberg B）によって1982年に開発された初期から重度までの認知症の重症度を全般的に評価する観察式の評価尺度である．記憶，見当識など認知機能の状態に応じて7段階で評価し，段階1は認知機能の低下なし，段階2は非常に軽度の認知機能低下であり，加齢による健忘相当，段階3は軽度の認

知機能低下で，不慣れな場所で道に迷ったり，よく使用する単語や名前を想起しづらくなったりするなどいくつかの兆候のうち1つが認められ，本人の自覚が始まり否認が表れ始め不安が付随する段階である．段階4は中等度の認知機能低下で，現在や最近の出来事についての記憶，ある人物の歴史の記憶，連続した引き算における集中力などに障害が表れる．段階5以上は援助なしで生活することが困難となり，段階5は深刻な中等度の認知機能低下で，住所や電話番号，卒業した学校の名前，孫，時間や曜日，季節，簡単な計算などが困難となる．段階6は重度の認知機能低下で時折，全面的な世話をする配偶者の名前を忘れたり，最近の出来事や人生で得た経験をほとんど思い出せず，生活リズムは頻繁に乱れる．段階7は最重度の認知機能低下で，すべての言語能力は失われ，話し言葉はみられない．全般的な固縮と進行性の神経学的反射がしばしばある状態である．とくに臨床的認知症評価法（CDR）や認知症機能評価別病気分類（FAST）とともに認知症の全体を簡易に把握し，進行過程を評価できる点で臨床評価に多用される有用なスケールである．
⇨臨床的認知症評価法

け

ケアカンファレンス ➡サービス担当者会議を見よ．

蹴上げ（ケアゲ） 英 riser. 蹴上げとは階段の1段上がっている部分を指す．高さと形状に配慮が必要で，蹴上げの高さは高いと危険になり，低すぎると段数が増え結果的に階段の面積が大きくなる．一般的には住宅で20cm程度，公共施設で15～18cm，屋外の公共的階段で15cm程度である．住宅では2間（約3.6m）で45度の勾配の階段で上り下りするのが一般的で，その場合，1段の蹴上げの高さは21～22cm程度になる．構造で決まってくる寸法で，2分の1間程度長くゆるやかにした階段も最近はでてきている．形状については踏面（進行方向の階段1段の長さ）を少しでも長くとろうと段の端（段鼻）が出た形状のものも住宅ではよく見かける．下りるときの踏面確保には有効であるが，上るときに引っかかる可能性がある．できればこの段鼻の出っ張りは避けたい．段の端に色をつけた滑り止めをつけてはっきりと確認できるようにする工夫などによって，階段の1段1段が認知しやすくなる．
➡踏面

ケア付きマンション（ケアツキマンション） 通常の一般の賃貸ではなく，高齢者用として入居の要件も60歳以上としているところが多い．単身者だけではなく，夫婦の入居等に配慮した広い居間や浴室，台所など，設備も整っている．元気な高齢者や，介護認定があっても身のまわりのことは自立されている高齢者の入居を想定しているところが多い．自立した生活を送りたいが，ほんの少しサポートや安心感がほしいといった人を対象とした施設である．あくまでマンションが基本になるので，介護の必要状態が深刻に進んだ場合や，認知症で徘徊などがある場合には退去しなければならない施設が大半である．

ケアハウス 老人福祉法（1938年）による軽費老人ホームの1類型である．低額な料金で入所し，食事の提供や入浴，その他の日常生活の便宜を供与することを目的としている．60歳から利用でき（夫婦の場合はどちらかが60歳以上であれば入居できる），ケアハウスでの介護ニーズについては外部の介護サービスの導入または特定施設入居者生活介護で対応する．
➡軽費老人ホーム，地域包括ケア

ケアプラン ➡介護サービス計画を見よ．

ケアホーム 英 care home. 日中活動している精神障害者・知的障害者で，地域において自立した日常生活を営むうえで，食事や入浴等の介護や日常生活上の支援を必要とし，障害程度区分2以上である人に対して，①家事等の日常生活上の支援，②食事・入浴・排泄等の介護，③日常生活における相談支援，を目的として，必要な介護・支援等を実施する障害者総合支援法における居住系サービスである．ケアホームには，より重度の障害者にも対応できるよう「世話人」に加えて「生活支援員」が配置されている．ケアホームで生活する障害者は，原則としてホームヘルパーの派遣を受けることはできない．また，訪問系と日中系のサービスの「組み合わせの利用」については，訓練施設利用時間中のホームヘルパー派遣など，支援の時間帯が重なる場合などは，原則として認められない．
➡グループホーム

ケアマネジメント 英 care management. 「利用者の社会生活上のニーズを充足させるため，適切な社会資源と結びつける手続きの総体」として定義づけられる．認知症の人へのケアマネジメントでは，認知症の人の特徴により，ケアマネジメントに特異性が生じる．認知症の人の特性としては，意思表示が十分でない場合が多く，虐待や消費者保護に関しても利用者の権利が侵害されやすい．そのため，認知症の行動・心理症状（BPSD）に対するケアプランへの対応や，介護者の介護負担軽減に対応するケアプランを考慮して実施していくことが必要である．そして，高齢者であろうと疾患や障害をもった人であろうと，そうした人たちが地域社会で生活し続けていけるよう支援することを目的としている．
➡介護支援専門員

ケアマネジャー ➡介護支援専門員を見よ．

ケアリング 英 caring. 人と人のかかわりのなかで，その人を気遣う気持ちのことで，すべての人がケアリングを日常生活のなかで行動として表している．ローチ（Roach S）は，「ケアリングは，自分や他者に世話をする人間的能力を呼び起こす力であり，重要な出来事や人に関心を寄せることであり，世話をする力を行動に表す能力を含むものである」と述べている．ケアリングは，人間である本質的徳性（道徳をわきまえた正しい品性）である．とくに，対人関係を行うすべての専門職にとって重要な行動である．対象と専門職の双方的なかかわり合いのなかで，対象はゴール，専門職は自身の成長を達成していくことでケアリングが発揮できる．認知症の人の心が穏やかになるようケアを実践することで，ケアする側も自身に不足しているものに気づき成熟する．

ケアワーカー 英 care worker. ケアワーカーとは，高齢者や障害者等に対して介護や介護指導を行う専門職をいい，1987年の「社会福祉士及び介護福祉士法」の制定により国家資格として介護福祉士が認められ，1988年4月から施行された．「社会福祉士及び介護福祉士法」第2条第2項において「介護福祉士」とは，第42条第1項の登録を受け，介護福祉士の名称を用いて，専門的知識・および技術をもって，身体上または精神上の障害があることにより日常生活を営むのに支障がある者に対して心身の状況に応じた介護（喀痰吸引を含む）を行い，並びにその者およびその介護者に対して介護に関する指導を行うことを業とする者をいう．
➡社会福祉士，介護福祉士

ケアワーク 英 care work. ケアワークとは，一般に介護職員等の専門職が職務として行う介護のことをいう．すなわち原則として，家族による介護等はケアワークから除外されるが，論者によっては介護とケアワークを同義

とみなし，論じている場合もあり注意が必要である．ケアワークは，身体的な介護にとどまらず，物理的な環境を整える行為や本人の不安や不快を取り除くためのコミュニケーションなどを含め，本人がその人らしく生きられるために行う包括的な援助を指して用いられる．本人が自ら主体的に行う意欲が高まるように働きかけ，できる生活行為は本人が行い，できない生活行為を支援するといった自立支援が重視される．

頸肩腕症候群（ケイケンワンショウコウグン）㊇ cervico-omo-brachial syndrome. コンピュータ・VDT作業者，キーパンチャー，流れ作業従事者など，上肢を長時間使用する作業者に好発する作業関連筋骨格系障害．頸肩腕（頸部・肩・上肢）の痛み，こり，しびれなどの感覚障害，当該部位の運動障害，レイノー病や冷えなどの末梢循環障害，睡眠障害などの精神症状，倦怠感，動悸，ドライマウスなど，自律神経失調症状を含む症候群である．類縁疾患には胸郭出口症候群，腕の神経絞扼症候群，変形性頸椎症，頸椎骨軟骨症，追突事故症候群，パンコースト（Pancoast）腫瘍などがあり，慢性疲労症候群や線維筋痛症，膠原病などとの鑑別診断も必要である．原因を特定して原因療法を行うべきである．原因が判然としない場合，鎮痛薬・筋弛緩薬の投与，温熱療法，機能訓練，ストレッチなどの対症療法を行う．心身症的症状を伴う患者に対しては，精神安定剤などを投与する．なお，VDT作業者の健康管理のために，VDT健診が行われている．

⇨慢性疲労症候群

経口感染症（ケイコウカンセンショウ）㊇ disease by peroral infection／communicable disease by peroral infection. 感染源となる病原体が口から体内に侵入して発症する感染症．感染経路は，ドアノブやスイッチ，その他病原体に汚染された場所をさわった手指を介して体内に入る場合や，直接汚染された食品を摂取することによって病原菌が体内に侵入する場合がある．腸管出血性大腸菌（O-157），サルモネラ菌，黄色ブドウ球菌などによる感染性胃腸炎，大腸炎として発症し，腹痛，嘔吐，下痢など消化器症状を呈する．ノロウイルスによるノロウイルス感染症は冬季に流行する感染性胃腸炎であり，病院や老人福祉施設での集団感染を起こし社会問題となっている．ウイルスに感染した二枚貝やカキを加熱せずに食べることで発症する．経口感染とともに感染者からの便や嘔吐物の飛沫感染により二次感染を起こす．発症時には対症療法として脱水に注意し，嘔吐物を適切に処理して院内感染を防止することが必要である．施設で感染が確認された場合は，市町村および保健所に報告する義務がある．

経口摂取（ケイコウセッシュ）㊇ ingestion. 食物や飲み物，薬などを口から身体に取り込むことであり，多くの人が日常的に行っている生活動作．口から食物を摂取するには，次のような身体内部の働きがある．まず，食物を認知して口に運び口腔内で歯と唾液で咀嚼する．嚥下可能な大きさの食塊を形成すると舌を使って咽頭へと送り込む．咽頭に食塊が触れると不随意反射により食物が気管に流れ込まないように喉頭蓋でふさぎ，食道が開いて食物が流入し，蠕動運動で胃へと送り込まれる．健康であれば困難なく食物を口から摂取することができるが，認知症や脳血管疾患などにより摂食・嚥下機能に障害が及ぶと，口から食べることができにくくなる．口から食物を食べるということは，単に栄養補給をするだけではなく，食を味わい仲間と楽しく食事をする喜びにもつながる．食欲増進や咀嚼による脳刺激などの点からは，もっとも生理的な栄養摂取法である．

芸術療法（ゲイジュツリョウホウ）㊇ art therapy. 絵や音楽などの芸術手段を用いて，心の病気を治療する精神療法．絵を描く（絵画療法），貼り絵の制作（コラージュ療法），ダンス（舞踏療法）などの芸術活動は自己表現のひとつの手段といえる．こうした芸術のもつ表現活動の意味や役割を生かす療法が芸術療法である．被援助者がさまざまな芸術を鑑賞したり，創作活動を行うことによって，被援助者自身の言葉では説明できない心の世界や感情などの不安を表現することができる．芸術療法では，美しい作品やよい音楽などを作り出すことが目的ではなく，作品制作や身体活動を行う過程を通して，自分自身の世界や無意識の世界など，自己表現したいと思うものを表現できるような援助を行う．こうした創作活動のなかで自由に自分を表現することによって，精神的な安定を図り，自分をいやすことができる．また，言葉でコミュニケーションをとるのが苦手な人にも，芸術療法は有効な治療手段となる．

⇨絵画療法，音楽療法

経静脈栄養法（ケイジョウミャクエイヨウホウ）㊇ intravenous hyperalimentation ㊂IVH. 経口摂取ができない場合や手術前後の栄養管理を必要とする場合において，腸管が機能していない，もしくは腸管の安静が必要なときに，静脈を経由して栄養補給を行う方法．短期間の栄養管理（2週間以内）には，末梢静脈栄養法（PPN）を行い，栄養管理が長期間（2週間以上）に及ぶ場合は，中心静脈栄養法（TPN）が適応される．PPNは，四肢の末梢静脈にカテーテルを挿入し，比較的浸透圧の低い栄養輸液を投与する方法であり，投与できるカロリーには限界があるため，長期間の栄養管理には不向きである．3～4日間でカテーテルを交換するとともに，輸液ルートを交換して感染を防ぐ必要がある．TPNは，中心静脈にカテーテルを挿入し，エネルギーや水分，アミノ酸，ビタミン，電解質，微量元素を補給する方法である．浸透圧の高い輸液を投与できるため，必要とするエネルギー量の投与が可能であり，栄養改善に適している．手技が複雑であり，静脈血栓や感染の危険があることに留意する必要がある．

⇨中心静脈栄養法，末梢静脈栄養法

痙性跛行（ケイセイハコウ）㊇ spastic gait. 錐体路障害による痙性麻痺性歩行である．足・膝関節を動かさず，股関節屈伸のみの歩行のため，歩幅が狭く，動きが硬い．片麻痺の場合，片麻痺歩行（コンパス歩行・分回し歩行）であり，対麻痺の場合，両足を交差し，はさみ歩行（scissors gait）・あひる歩行となり，しばしば自らの足にひっかかり転倒する．下肢腱反射は亢進し，バビンスキー反射などの病的反射がみられる．また，膝・足のクローヌスが陽性になり，立位ないし歩行中に足関節がひとりでにガクガクと震える．痙性跛行は，頸髄・胸髄レベルの頸椎症，脊髄腫瘍（転移性腫瘍を含む），外傷（脊髄損傷），筋萎縮性側索硬化症（ALS），多発性硬化症（MS），HTLV-I関連脊髄症（HAM/TSP）などの脊髄疾患だけでなく，脳梗塞，硬膜下血腫，脳腫瘍，脳性麻痺などの大

脳レベル片側・両側の病変でも生じる．

痙性麻痺（ケイセイマヒ）　㊥ spastic paralysis．錐体路上位運動ニューロンレベルの損傷による運動障害．前頭葉運動野から内包，中脳の大脳脚，橋底部，延髄錐体，脊髄側索，脊髄前角まで錐体路すべてのレベルの病変で生じる．筋肉が硬直し，上肢・下肢の運動が困難な状態である．麻痺部で筋トーヌス，伸張反射が亢進し，上肢の随意運動障害，下肢の歩行障害（痙性跛行）などがある．腱反射は亢進し，膝・足のクローヌス，病的反射を伴う．当該の病変を有する血管性認知症の人にも痙性麻痺がみられる．たとえば，肘・膝・股関節などを受動的に屈曲（伸筋は伸展）させると，最初は強い抵抗があるが，さらに屈曲を進めると突然，抵抗が消失する．これは，折りたたみナイフ現象とよばれる．
⇨麻痺性歩行

傾聴（ケイチョウ）　㊥ active listening．聴くことは，相手の話す言葉を聞くだけでなく，心の声に能動的に耳を澄ますことである．相手の語る話に耳を突き出し，自分自身の心をまっすぐにして，よく聞くことを表している．また，本人の訴えに非審判的態度で心を傾けて聴くことを指す．このよく聴く技能は，傾聴といわれ，対人援助の基本技能であるばかりでなく，重要な価値観，姿勢，もしくは態度であるともいわれている．傾聴は，人の話をじっくり聴いていると，話し手が見聞きしたこと（経験），したこと（行動），感じたこと（感情），およびその人の価値観や考え方（ものの見方）が含まれていることに気づく．多くの場合，これらは語る言葉，言葉を語る際の声の調子や間のとり方，表情や動作などを通して聴くことができる．

頸椎（ケイツイ）　㊥ cervical vertebrae　㊨ vertebrae cervicales．背骨は体の支柱としての大黒柱であり，上下に連なるトンネルをつくり脊髄を通し保護する重要な役割をもつ，脊椎（骨）の連続である．頭蓋骨の下から始まる上部7つの脊椎を頸椎とよぶ．以下，12個の胸椎，5つの腰椎，骨盤の一部である仙椎（仙骨部），尾骨へと続く．7つの頸椎は第1頸椎（C1）から順に第2頸椎（C2）〜第7頸椎（C7）と称し，とくに第1頸椎をその形状から環椎，第2頸椎を軸椎とよぶ．この環椎と軸椎の組み合わせと頭蓋骨（後頭骨）とで構成される関節によって，頭の前後屈，側屈，回旋の運動が行われる．また脊椎を構成する椎体と椎弓によって囲まれた椎孔がトンネルを形成し，そのなかを脊髄が通り，上下の脊椎の重なりの隙間（椎間孔）から左右の末梢神経が出ていく．なお頸椎は，脳に栄養を送る重要な椎骨動脈を通す横突孔も有している．

頸椎カラー（ケイツイカラー）　㊥ cervical collar．頸椎装具のなかでもっとも普及している簡便な装具で，頸椎の可動域（動く範囲）を制限し，安静を保つことを目的に処方される．スポンジやウレタンなどでつくられた軟性装具と，ポリエチレンなどでつくられた硬性装具がある．軟性装具はほとんど制動力をもたないが，装着すると「頸椎を動かしてはならない」という心理的な効果がもたらされるといわれ，装着感は快適である．硬性装具は前後屈方向の可動性をある程度制限するが，回旋の制動力はほとんどない．適応疾患は，頸椎周囲の筋や神経根などの安静を目的とする頸椎捻挫，頸椎椎間板症，頸椎症性神経根症，頸椎椎間板ヘルニアなどのほか，頸椎前屈制限を目的とする軽度の環軸関節亜脱臼や，環軸関節回旋脱臼，頸椎術後などで幅広く用いられている．

頸椎後縦靭帯骨化症（ケイツイコウジュウジンタイコツカショウ）　㊥ ossification of posterior longitudinal ligament　㊛ OPLL．後縦靭帯骨化症が頸椎のレベルで認められたものをいう．必ずしも症状を発現しないが，約半数は骨化巣が脊髄あるいは神経根を圧迫し，脊髄症と神経根症を引き起こす．初発症状として上肢のしびれ・痛み，頸部痛，下肢のしびれの順でみられ，進行すると知覚鈍麻，上下肢の腱反射異常，病的反射が出現し，痙性麻痺を呈する．麻痺が高度になれば全横断型脊髄麻痺となり，膀胱直腸障害も出てくる．頸部痛や神経根性疼痛など疼痛を主訴とする場合は，まず保存的治療が行われる．保存的治療としては，頸椎カラーあるいは頭蓋直達牽引が行われるが，根治的治療とはならない．消炎鎮痛薬や筋弛緩薬など薬物治療も行われる．頸椎過伸展を避けるように，また転倒や転落の予防に向けた生活指導が重要である．
⇨後縦靭帯骨化症

軽度認知障害（ケイドニンチショウガイ）　㊥ mild cognitive impairment　㊛ MCI．ピーターソン（Petersen RC）らにより1999年に提唱された．MCIの診断基準は次の4項目を充足するものとされる．①もの忘れ（本人の訴えもしくは家族・介護者による指摘）がある．②年齢の影響だけでは説明できない記憶障害がある．しかし，③身体活動，日常生活，社会活動は保たれている．④認知症の診断基準は満たさない．MCIは，アルツハイマー病（AD）の前段階，前臨床期であり，慢性・進行性である．日本の高齢者（65歳以上）のMCI有病率は10〜15％，ADへのコンバージョン率は年10〜20％，2012年の推定有病者数は約400万人とされる．複数の標準化された認知機能検査，アミロイドβペプチド沈着マーカー，神経障害バイオマーカーなどを用い，高齢者に生じる生理的なもの忘れ・記憶障害，血管性・外傷性疾患などとの鑑別診断を行い，MCIを早期発見し，原因療法（アミロイドワクチンなど），薬物療法に加え，訓練・行動療法，生活支援・ケアを実施する．
⇨アルツハイマー病

経皮感染（ケイヒカンセン）　㊥ percutaneous infection．感染経路の分類のひとつで，病原体が皮膚から浸入することによって感染すること．病原体を保有している動物や昆虫にかまれたり，傷口から病原体が入ること，また病原体の付着した注射針や医療器材であやまって皮膚を刺すことなどによって感染することもある．感染源には蚊やダニがあり，日本脳炎やマラリアに代表される蚊の媒介による感染は，日本国内での発症はきわめて少なく，マラリアに至っては，海外旅行者が感染する輸入感染症がほとんどである．ヒゼンダニによる疥癬感染症は人から人に感染し，抵抗力の低下した高齢者施設や在宅看護・介護現場での深刻な問題となっている．手の指の間や陰部に好発し，疥癬トンネルという不規則線状の皮疹が特徴である．ヒゼンダニは熱に弱く，50℃で10分間加温すると死滅するといわれている．他者との接触を避け，使用した寝具や寝衣は消毒をして，施設内感染を予防する必要がある．

経鼻経管栄養法（ケイビケイカンエイヨウホウ）　㊥ nasogastric tube feeding．経口摂取が不可能な嚥下障害や意

識障害，あるいは手術などで，一時的に経口摂取が不可能となった患者で腸管が機能している場合，栄養チューブを経鼻的に胃・十二指腸・空腸に留置して栄養剤を注入する栄養法．経鼻経管栄養法は経腸栄養法ともよばれ，栄養チューブの挿入場所によって名称が異なる．いずれにしても，腸管の機能が保たれていることが原則である．鼻にチューブがあるため不快感を伴い，チューブが抜去される危険性があり，長期間の栄養法には適さず，通常4週間未満程度の比較的短期間の栄養管理に用いられる．経鼻経管栄養法を実施しているときは，チューブ固定を厳重にし，栄養剤を注入する前に必ずチューブの挿入位置を確認することが重要である．不十分なチューブ固定で栄養を注入した場合，誤嚥性肺炎の危険性を高める．また，栄養剤注入後はチューブ内に栄養物が残らないように微温湯を注入して洗浄し，チューブの閉塞を予防する．チューブは，2週間に1回程度，交換する．
⇨鼻腔栄養，胃ろう

経皮的動脈血酸素飽和度（ケイヒテキドウミャクケツサンソホウワド）英 percutaneous arterial oxygen saturation 略 SpO_2．血液中のヘモグロビンと酸素の結合割合を示す動脈血酸素飽和度（SaO_2）の測定方法には，動脈血を採血して測定する方法と，非観血的にパルスオキシメーターを用いて経皮的に測定する方法があり，後者により測定できるのが経皮的動脈血酸素飽和度である．パルスオキシメーターは，患者の指先に光が出るプローブをはさみ，酸化ヘモグロビンと還元ヘモグロビンの吸光度の差を利用することにより経皮的に酸素飽和度を測定する機器である．経皮的動脈血酸素飽和度は実際の動脈血中の酸素飽和度にほぼ等しく，正常値は100〜95％とされる．パルスオキシメーターによる測定は患者の負担が少なく連続的に計測が可能であり，機器の小型化，価格の低下により臨床現場では広く使用されている．ただし，プローブの装着法の誤りや患者のバイタルサインが安定しない場合は低く測定されることがあるので注意が必要である．
⇨酸素飽和度

経皮内視鏡的胃ろう造設術（ケイヒナイシキョウテキイロウゾウセツジュツ）英 percutaneous endoscopic gastrostomy 略 PEG．何らかの原因で経口的に栄養摂取が困難になった人への栄養補給の方法．腸管が機能しており長期的な栄養管理が必要な場合に適応される．非開腹的に内視鏡下で腹壁から胃内にカテーテルを挿入して胃ろうを造設する．カテーテルにはチューブ式とボタン式があり，活動量の多い患者やチューブを抜去する可能性がある患者には，ボタン式が使用されることが多い．さらに，胃のなかの固定の構造によってバンパー式とバルーン式があり，バンパー式は耐久性があり不慮の抜去の危険性は少ないが交換時の手技がむずかしく，バルーン式は交換手技は容易であるが耐久性が低く，不慮の抜去の危険性が高いというそれぞれの特徴がある．胃ろう周囲の皮膚は，微温湯などで毎日清潔に保ち，皮膚トラブルを予防する．栄養剤注入後は，残渣物をなくすために必ず微温湯を注入する．残渣物の残留によりチューブ内が不潔になると，下痢などを起こす可能性がある．
⇨胃ろう造設術，胃ろう

軽費老人ホーム（ケイヒロウジンホーム）英 low-cost home for the elderly．無料，または低額な料金で，食事の提供やその他日常生活上必要な便宜を供与することを目的とする，老人福祉法に基づく入所施設．A型，B型およびケアハウスの3種類がある．A型の利用者は，原則として60歳以上の人で基本利用料の2倍相当程度以下の収入である人で，①身寄りのない人，②家庭の事情等によって家族との同居が困難な人．B型は，原則として60歳以上の人で，家庭環境，住宅事情等の理由により居宅において生活することが困難な人（自炊ができない程度の健康状態にある人を除く）とされている．ケアハウスは，介護保険法上の指定を受ければ，特定施設として位置づけられ，心身状態が車いす対応程度であっても生活できるような建物設備条件を備え，地域の在宅サービスを利用しながら自立的な生活が継続できるように考えられている「介護対応型」として設置されている．
⇨ケアハウス

傾眠（ケイミン）英 drowsiness．意識障害（consciousness disturbance）の程度のひとつ．たたいたり声をかけたりと周囲からの刺激があれば覚醒し反応するが，刺激がなくなると意識が混濁して眠ってしまう状態．傾眠状態では，錯覚（illusion）や妄想（delusion），せん妄（delirium）を呈することもある．認知症の場合，不眠のために夜間に動き回るようなことがしばしば起こり，日中に傾眠が起こりやすくなる．

契約制度（ケイヤクセイド）英 contract system．「措置制度」と対になる用語で，2000年の介護保険制度創設によって導入された．「措置制度」は，一定の要件を満たす場合に，福祉サービスの供給を行政が「行政処分」として決定するもので，当事者の自己決定は尊重されにくい側面があった．これに対し，「契約制度」は，サービスを自分で選び，自分で決定することができるという「自己選択」「自己決定」という特徴をもつ．また，「措置制度」が当事者の財産に応じて支払いを求めるという「応能負担」であるのに対し，「契約制度」では受けたサービス量に応じた支払いという「応益負担」を，「自己責任」で支払うことを求めている．「契約制度」とすることによりサービス提供側に競争原理が働き，サービスの質が上がることが期待された．また，利用者側が，客観的なサービス情報を入手できるよう「介護サービス情報公表制度」や「第三者評価制度」も創設された．さらに，判断能力の低下により「自己選択」「自己決定」できない人のサービス利用のために，「日常生活自立支援事業」や「成年後見制度」も誕生した．障害分野でも障害者総合支援法にて，同様の契約制度が導入されている．
⇨措置制度

契約締結能力（ケイヤクテイケツノウリョク）英 contractual capacity 同 事理弁識能力／意思能力．民法上では第7条「事理を弁識する能力」と表現され，法学一般では「意思能力」と表現される能力のこと．契約締結の前提に必要な「意思表示」ができないため，契約締結能力のない人による契約は，無効（そもそも効力を生じない）となる．社会福祉協議会が福祉サービス利用援助事業（日常生活自立支援事業）のサービス利用の契約を行うにあたり，「契約締結能力」の有無を，契約締結判定ガイドラインを用いて判断している．これは，ある程度の判断能力の低下がある人との契約によるサービス提供をするため，「この契約により自分がどんなサービスを受けることができるのか」「このサービスを利用することで

利用料を支払う必要があることを理解できるか」を確認したうえで，有効な契約によるサービス提供を図るためである．この場合，契約締結能力がない場合には，法定後見制度の活用がふさわしいということとなる．法定後見制度でも，補助，保佐類型の場合には一定程度の契約締結能力を有すると判断されており，後見類型の場合には契約締結能力を欠く常況にあると判断されている．

けいれん 英convulsion／cramp／spasm．けいれんには，筋肉の突発的・一過性の細かい不随意運動から，長時間持続する筋緊張亢進状態まで含まれ，広義である．①コンバルジョン（convulsion）：大脳病変による一過性の異常・過剰興奮による不随意的発作運動現象で，筋肉が激しく収縮して生じる発作（fit）であり，てんかん発作が含まれる．大脳病変がないヒステリー性けいれんもこれに含まれる．②ミオクローヌス（myoclonus）：大脳・脳幹・脊髄病変によるもので，一部の筋肉が急激に不規則に収縮し，しばらく継続する現象を指す．③テタニー（tetany）：運動神経（下位運動ニューロン）病変による強直性けいれんを指す．④クランプ（cramp）：骨格筋病変による筋収縮を指し，こむらがえり（腓腹筋のけいれん），職業性けいれん（ジストニア：dystonia＝失調を含む）などがある．後者には，書痙，音楽家（ピアニスト，バイオリニスト）けいれん，タイピストけいれんなどがある．そのほか，スパズム（攣縮）があるが，急激な筋肉の収縮現象を広く意味し，顔面けいれんなどが含まれる．
⇨不随意運動

劇症肝炎（ゲキショウカンエン） 英fulminant hepatitis 同電撃性肝炎／急性肝萎縮症／急性黄色肝萎縮症．肝炎ウイルス（主なものは，A型，B型，C型），化学物質（薬物を含む）などによる肝炎で，症状発現後8週以内に高度肝機能障害による肝性昏睡Ⅱ度以上の脳症をきたし，プロトロンビン時間40％以下を示すものとされる．発病後10日以内に肝性脳症が発現する急性型，11日以降に出現する亜急性型がある．重度の黄疸が現れ，急速に意識障害に陥り，早期から出血傾向を伴い，肝濁音界の縮小がみられる．血清総ビリルビン値は10mg/dl以上（基準値0.2～1.2mg/dl）の場合が多く，血清トランスアミナーゼ値は，初期にはいちじるしい高値を示すが，数日中には低下する．血清タンパク質は低下し，血小板数も減少する．脳浮腫，消化管出血，腎不全，播種性血管内凝固症候群（DIC），全身感染症を生じ，これらの合併症が直接死因となる．劇症肝炎に対して確立された治療法はない．全身の管理が欠かせず，人工肝補助装置を使った交換輸血，血漿交換（プラスマフェレーシス）などが行われる．致命率はきわめて高く，生存率は20～30％である．

下血（ゲケツ） 英melena．消化管病巣からの出血があり，血液成分を肛門から排出するもの．肉眼的に出血を確認できる下血・血便（黒色便：タール便，鮮血便，粘血便を含む）と確認できない潜血便がある．血便の性状は，病態，出血部位，腸内滞留時間に左右される．黒色便は，食道静脈瘤，急性胃炎，胃がん，胃・十二指腸潰瘍，上行結腸がんなど，上行結腸より口側からの出血の場合が多く，鮮血便は横行結腸がん，S状結腸がん，直腸がん，痔など，肛門により近い病巣からの出血が多い．粘血便は感染症（赤痢，腸チフス，腸結核など），潰瘍性大腸炎などによるタール便には腸内滞留時間が8時間以上必要とされるが，病巣が上部消化管にあっても大量出血で腸管通過時間が短いと鮮血便になる．非ステロイド性抗炎症薬（NSAIDsなど）の服用，心身のストレスでも血便を生じる．なお，便潜血テストは，大腸がん検診（スクリーニング）に利用される．

下剤（ゲザイ） 英cathartic／purgative／purge／laxative ⑦cathartica．便が出ないことや腸管麻痺による便秘，あるいは腹圧をかけることが危険な状態の場合に，腸内容物を強制的に排出させる目的で用いられる薬物．薬物の作用によって，腸管内に水分を貯留させて腸内容物の容量を増加させ便をやわらかくして排泄しやすくする機械的下剤と，大腸粘膜に直接作用し，蠕動運動を亢進させることで排泄を促す刺激性下剤に分けられる．薬物には内服薬と坐薬がある．酸化マグネシウムに代表される内服用の下剤は，服用後8～12時間で効果が発現するため，就寝前の空腹時に服用することで夜間の睡眠を妨げない．また，十分な水分で服用すると薬物の効果が高まる．下剤は，常用または長期間使用により薬物習慣性を生じることがあるため，食事療法，運動療法，排便習慣など適切な生活指導を行い，長期間の服用を避ける．直腸刺激性の坐薬は，肛門部付近に便があり，便が硬くて排泄困難な場合に有効である．

化粧療法（ケショウリョウホウ） 英cosmetic therapy．精神科の病院や介護保険施設などで行う，精神疾患や認知症の人々のための心理的な療法のひとつ．化粧を用いた情動活性プログラムに基づき，リラックスしながら自信や満足感，自己肯定感などを得ることを目的とした療法的ケアである．

ケース記録（ケースキロク） ➡介護記録を見よ．

ケーススタディ 英case study 同事例研究．各専門領域におけるさまざまな課題や問題の解決を図ったり，統計的な調査を行ったりする研究方法．個人または集団や共同体を1単位として研究を行うのでケーススタディとよぶ．看護教育や介護教育のなかの思考訓練として活用されている．ケーススタディは，医療現場の研究や学校教育，社会福祉の領域で活用されている．統計的調査方法は，社会学や心理学領域でされている．思考過程の訓練としての事例研究は，看護，介護の領域で行われている．

ケースワーク 英case work／social case work 同個別援助．社会福祉領域における個別援助の概念．援助者が利用者1人ひとりに対して個別的に接し，直面している問題の解決を援助する技術，活動も含まれる．起源は19世紀後半のイギリスの慈善組織協会（Charity Organization Society）が行った訪問活動．パールマン（Parlman HH）はケースワークの要素を「6つのP」，①person：援助を求めている人，②professional person：個別援助に必要な知識や技術をもっている人，③problem：調整を必要とする社会的問題，④provisions：個別援助を行うために必要な制度や制度改正へ向けての行動，⑤place：援助を行うための場所，⑥process：問題解決への援助過程，で示した．
⇨バイスティックの7原則

血圧（ケツアツ） 英blood pressure 略BP．血液が血管壁に及ぼす側圧力．心拍動をエネルギー源とする波動圧・動脈圧であり，主に心臓から拍出される血液量（心拍出量）と，血管の硬さ（血管抵抗）によって決まる．波の頂点を収縮期（最大）血圧，波の底を拡張期（最小）血

圧といい，その振れ幅を脈圧という．通常，水銀血圧計を利用して，圧迫帯マンシェット（カフ）を上腕に巻きつけ，心臓レベルで測定する．血圧の性差は明確ではないが，年齢に比例して血圧は上昇する．個人内では日内変動，測定条件，メンタルな要因（たとえば，白衣高血圧）などによって変動する．したがって，血圧管理のためには，毎日同じ時間帯・条件下で測定するのがよい．なお，世界保健機関（WHO）は高血圧を，収縮期血圧140mmHg以上，または拡張期血圧90mmHg以上と定義している．高血圧，動脈硬化は脳血管疾患を生じ，血管性認知症（VaD）の原因となる．
⇨高血圧症

血圧降下薬（ケツアツコウカヤク）➡降圧薬を見よ．

血液凝固阻止薬（ケツエキギョウコソシヤク）㊞ anticoagulant ㊐ 抗凝血薬／抗凝固薬．血液凝固に関連する因子の活性を抑制することで，血液の凝固を防いだり凝固時間を延長する薬物．血小板の凝集抑制により血栓を予防するアスピリンは，狭心症・心筋梗塞や虚血性脳血管疾患（一過性脳虚血発作・脳梗塞）における血栓・塞栓形成の抑制や，冠状動脈バイパス術（CABG）あるいは経皮経管冠状動脈形成術（PTCA）後の血栓・塞栓形成の抑制に使用される．肝臓におけるビタミンK依存性凝固因子の働きを抑制して，血液凝固時間の延長や血栓形成を抑制するワルファリンカリウムは，静脈血栓症や肺塞栓症，脳血栓・塞栓症の治療や予防に用いられ，服用中はビタミンKの含有量が多い緑黄色野菜の摂取に注意が必要である．体外で使用される薬物にヘパリンナトリウムがある．静脈内留置ルート内の血液凝固や血液透析・人工心肺その他の体外循環装置使用時の血液凝固防止，輸血用血液や血液検査の際の血液凝固防止に用いられる．いずれの薬物においても，使用中は出血傾向に注意をする必要がある．

血液透析（ケツエキトウセキ）㊞ hemodialysis／hematodialysis ㊑ HD．慢性腎不全になると，腎臓の機能である老廃物の排泄や水分量の調整，体液バランス・血圧の調整などが低下し，体内に老廃物や水分が蓄積して尿毒症となり生命を維持することが困難になる．その際の治療法のひとつとして血液透析が行われる．血液透析とは，機能の低下した腎臓に代わって体外で人工腎臓（ダイアライザー）を使って血液中に蓄積した老廃物や余分な水分を取り除き，水や体液バランスを整えてきれいになった血液を再び体内にもどすことである．血液透析を行う際には，一気に比較的多量の血液をダイアライザーに送り込むため，内シャントとよばれる動脈と静脈を体内でつなぎ合わせた血管がつくられる．シャント部は清潔にして感染を予防し，圧迫で血管をつぶさないように注意する必要がある．透析は通常，1回4〜5時間で週3回行われる．日常生活では，体重のコントロールをはじめ，塩分やタンパク質，カリウムなどを制限した食事，水分摂取などの制限が必要となる．

血液透析療法（ケツエキトウセキリョウホウ）㊞ dialysis therapy．医療行為のひとつで腎臓の機能を人工的に代替することである．腎機能が正常の10〜15%以下になると移植や透析療法が必要になり，透析療法により生命を維持しある程度まで普通に生活できるようになる．末期の腎不全では，尿毒症を防止しなくてはならず，外科的な手段で血液の「老廃物除去」「電解質維持」「水分量維持」を行わなくてはならない．この医療行為が血液透析といわれ，人工腎，血液浄化とよばれることもある．腎不全が進行すると，透析療法が必要となる．透析療法には血液透析と腹膜透析の2種類の方法がある．腎機能が正常の15%以上あっても，尿毒症の症状や高カリウム血症，心不全などの危険性があり，治療によって改善しない場合は透析療法が必要となる．
⇨腎不全

結核（ケッカク）㊞ tuberculosis ㊑ TB．ヒト型結核菌の空気感染（飛沫核感染）による慢性感染症であり，肺結核がもっとも多い．局所感染巣が結核結節を形成し，乾酪壊死，肺出血（喀血）を起こす．全身的には消耗熱，発汗，敗血症，衰弱がみられる．日本の結核感染率は50%弱であり，累積発症率は約10%とされる．感染者の約5%は感染直後から1〜1年半までに発症する（一次結核）．残りの約5%では，結核菌は冬眠状態となり，5〜50年後に，加齢・免疫能低下があると，菌の増殖（内因性再燃）を引き起こして発症する（二次結核）．なお，残りの感染者は無症候性キャリアのまま一生涯発症しない．今日，「感染症の予防及び感染症の患者に対する医療に関する法律」では第2類感染症に指定され，予防接種法の下，BCG接種が行われている（生後12か月未満；標準的には5〜7か月で接種）．患者は高齢者が多く，70歳以上が50%以上，80歳以上が30%である．施設入所高齢者の集団感染・発生を予防するために，利用者および職員の定期検診が実施されている．
⇨予防接種法

血管性認知症（ケッカンセイニンチショウ）㊞ vascular dementia ㊑ VaD ㊐ 脳血管性認知症．脳梗塞や脳出血などの脳血管障害を原因とする認知症で，認知症全体の2〜3割を占めるといわれている．血管障害の種類によって，皮質性，皮質下性，白質性，戦略的部位の単一病変によるもの，などに分類される．早期から，歩行障害，易転倒性，尿失禁，偽性球麻痺，などの神経症状を認めることが多い．認知機能障害として，記憶障害，遂行機能障害などがみられるが，記憶障害は軽いことも多い．血管性病変以外の部分は保たれているので，症状は"まだら"で，血管障害の大きさや部位によって症状が多彩であることが特徴である．精神症状として，無為・無関心が認められ，廃用症候群の予防が重要である．新たな血管性病変の出現により，新たな症状が加わるため，進行は連続的ではなく階段状であることが多い．治療は，高血圧症や糖尿病，脂質異常症などの血管障害の危険因子に対する治療が中心であり，機序に応じた抗血小板療法や抗凝固療法が必要である．

血管造影（ケッカンゾウエイ）㊞ angiography．生体器官（とくに，動脈，静脈，心腔など）の血管または内腔の状態を可視化する医用画像処理技術．心臓の左側や動脈系を観察する場合には大腿動脈から，心臓の右側や静脈系を観察する場合には，内頸静脈や大腿静脈からカテーテルを挿入し，目的臓器に誘導し，X線が透過しないヨード造影剤を血管内に注入したあと，蛍光透視法を用いて血管や腫瘍などを診断する．心臓を除く器官の画像は通常デジタル・サブトラクション・アンギオ（DSA）で撮影される．今日，血管造影はX線写真だけでなく，CT血管造影や磁気共鳴断層撮影（MRI），三次元血管造影（3D-DSA）などの画像処理もなされている．この手法を用い

た治療も行われるが，心筋梗塞など，狭窄・閉塞した血管系に対するバルーンカテーテルで血管を拡張させる血管形成術，経皮的冠動脈形成術（PTCA），経皮経管血管形成術（PTA），腫瘍への血流を止める血管塞栓術（肝がんに対する経カテーテル動脈塞栓療法：TAEなど），血管以外の臓器に対する治療（膿瘍穿刺ドレナージを含む）などのインターベンショナルラジオロジー（IVR）がある．

血行障害（ケッコウショウガイ）㊥ disturbance of blood circulation. 血液の流れに障害をきたしている状態で，その2大原因は，血管性要因と血液性要因である．血管性要因を大別すると，炎症や動脈硬化により血管が閉塞するものと，血管が強く収縮して血行が悪くなるものに分けられる．血管が閉塞する病気で末梢血管の場合には，閉塞性動脈硬化症と閉塞性血栓血管炎，冠動脈の場合は心筋梗塞，脳動脈の場合は脳梗塞がある．血管が収縮する疾病には，レイノー病がある．血液性要因に対して，年齢，生活習慣（喫煙，塩分過剰摂取，エネルギー過剰摂取，身体活動不足など），肥満，感染症・炎症，疲労，ストレスなどは脂質異常症をもたらし，血液粘性・流動性を修飾し，糖尿病，動脈硬化とあいまって，血行障害を引き起こす．生活習慣の変容，脂質異常症の改善，血圧・糖尿病の管理を行うのがよい．
⇨閉塞性血栓血管炎，動脈硬化

血色素（ケツシキソ）➡ヘモグロビンを見よ．

結晶性知能（ケッショウセイチノウ）㊥ crystallized intelligence. キャッテル（Cattell RB）は1963年，因子分析法を用いて，知能は流動性知能と結晶性知能とに大別できるとした．結晶性知能は，家庭・学校教育の場で言語・聴覚的に学習した知識，職場での経験などを通して，後天的に構築された経験知・判断力であり，日常生活の状況に対処する能力である．この能力は60歳ごろまで徐々に上昇しピークに達する．その後，70〜80歳になってなだらかに低下する．他方，流動性知能は，脳の生理的成熟に密接に関連する先天的知能である．新しい環境にすばやく適応し，作業記憶の容量や情報処理の速さ，抽象的な問題解決能力などに現れ，柔軟なひらめき・思考をするという特徴がある．この能力は30代でピークに達する．60歳ごろまでは維持されるが，その後は急速に低下する．
⇨流動性知能

血小板凝集阻害（阻止）薬（ケッショウバンギョウシュウソガイヤク）㊥ platelet aggregation inhibitor ㊐抗血小板薬．血液凝固生成機構は，血小板血栓の生成とフィブリン血栓の生成に大別される．血小板血栓の生成を予防する薬を抗血小板薬とよび，フィブリン血栓の生成を抑制するものを抗凝固薬とよぶ．そのうち，抗血小板薬すなわち血小板凝集阻害（阻止）薬の代表的なものには，①血小板内cAMPやカルシウムイオンに関係する薬物のうち，チエノピリジン骨格を有するクロピドグレル硫酸塩とフォスフォジエステラーゼ3（PDE3）阻害薬であるシロスタゾール，②トロンボキサンやプロスタグランジンに関連する薬物のうち，COX-1阻害薬には非ステロイド性抗炎症薬（NSAIDs），高純度EPA製剤イコサペント酸エチルがある．抗血小板薬による出血性合併症には血圧，糖尿病などの病態がかかわり，その予防には生活要因（喫煙，塩分摂取，エネルギー摂取，身体活動など）

の管理が重要である．

血清アルブミン（ケッセイアルブミン）㊥ serum albumin. アルブミンは一般的には肝臓で生成されるタンパク質で，血清のなかにもっとも多く（血清100ml中4〜5g）含まれている．食事タンパク質の摂取に反映するので，栄養状態の判定の指標になる．アルブミン濃度が低下している場合は，肝疾患，ネフローゼ，栄養失調が疑われる．
⇨低アルブミン血症

血栓（ケッセン）㊥ thrombus. 生体の心臓や血管内で血液が凝固したもの．血栓は，血管内皮細胞の障害，血流の変化，血液成分の変化などにより形成される．血管のもっとも内側の内皮は正常ならば血栓を生じないが，血管内皮が障害されていると血小板がそこに凝集してフィブリン形成が起こり，塊（血栓）がつくられる．高血圧，高脂血症，糖尿病などがあると血管内皮細胞が障害されやすい．また，脱水により血液が濃縮されているとき，動脈瘤や心臓弁膜症で血流の変化があるとき，ベッドに寝たきりで体を動かさないことで下肢の静脈還流が悪いときなどで血栓を生じる．血栓により，血管の狭窄や閉塞を生じて循環障害をきたす．この病的な状態を血栓症という．血栓が冠状動脈に生じた場合は心筋梗塞を発生する．頸部の動脈や脳内の動脈に生じると，脳梗塞（脳血栓）を引き起こすことになる．血栓がはがれて血管内を移動して血管を閉塞することもある．これを塞栓という．
⇨脳血栓症

血痰（ケッタン）㊥ bloody sputum／hemosputum. 痰に血液が混じったもの．血液は気管や肺などの呼吸器官からのもの，鼻腔や咽頭などからのものがある．呼吸器官からの出血が多い場合は，痰に血液が混じっているというより，血液そのものが排出されたようにみえる．このときは喀血という．喀血は胃や食道などの消化管からの出血による吐血との鑑別が必要である．主な鑑別点は，喀血は咳とともに出ることが多く，吐血は吐き気などがあり，嘔吐する．喀血は赤く泡沫を伴っているが，吐血は黒っぽい色をしていることが多い．血痰があったときには，気管や肺などの疾患をまず考える．原因疾患としては，肺結核，肺がん，肺炎，気管支炎，気管支拡張症，などがある．過去には肺結核が多かったが，現代は肺がん，肺炎，気管支炎，気管支拡張症，などが多い．血痰があったときは，呼吸器内科を受診して診察を受け，胸部X線検査，胸部CT撮影，喀痰の細胞診，喀痰の細菌検査などが必要である．
⇨喀血，吐血

血糖値（ケットウチ）㊥ blood sugar level／blood glucose level. 血液中のブドウ糖の濃度のこと．健常者の場合，空腹時の血糖値は80〜100mg/dl程度であり，食後，若干高値を示す．血糖値は血糖値を下げるインスリン，血糖値を上げるグルカゴン，アドレナリン，コルチゾールなどのホルモンにより，非常に狭い範囲の正常値に保たれている．体内におけるブドウ糖はエネルギー源として重要である反面，高濃度のブドウ糖は生体に有害であるため，インスリンなどにより，その濃度が一定範囲に保たれている．
⇨糖尿病，ヘモグロビンA_{1C}

血尿（ケツニョウ）㊥ hematuresis／hematuria ㊐赤血球尿症．尿に血（赤血球）が混入していること．尿が赤い

ことを肉眼的血尿という．これは尿の色調変化のことで，必ずしも血尿ではないことがある．色調変化があり，顕微鏡検査で赤血球が含まれていれば，肉眼的に確認できる血尿ということになる．尿の色調変化はあるが，顕微鏡検査で赤血球が認められないときは，色素尿といわれる．肉眼的色素変調は認められないが，顕微鏡検査で赤血球が認められた場合は，顕微鏡的血尿とする．原因疾患には，膀胱炎，尿路結石，ネフローゼ症候群，腎がん，尿管がん，膀胱がんなどの尿路系疾患がある．

血便（ケツベン） 英 hematochezia．血液が付着，あるいは混入した便を血便という．便の表面に血液が付着している便は，下部消化器からの出血によるものが多く，裂肛などの肛門周囲からの出血によるものが多い．便そのものに血液が混入している場合，黒色便や粘液が混じっているものを粘血便，さらに膿が混じっているものを膿粘血便といい，原因としては，大腸がん，潰瘍性大腸炎，細菌性胃腸炎などがある．

解熱鎮痛薬（ゲネツチンツウヤク） ➡解熱薬を見よ．

解熱薬（ゲネツヤク） 英 antipyretic／antifebrile／febrifuge／refrigerant 同 解熱鎮痛薬．熱さまし薬．直接・間接的に中枢神経系に作用して，異常に上昇した体温を下げる薬物．通常，鎮痛作用を併せ持つので，解熱鎮痛薬というのが妥当である．直接的に中枢神経に作用するキニーネ薬と，発熱の原因物質となるプロスタグランジンの生成を抑えるアスピリン様薬物，アニリン系などの2群に大別される．

下痢（ゲリ） 英 diarrhea／enterorrhea／fluor．健康時の便と比べて，粥状あるいは水様で排泄される便のことをいう．口から摂取された食物はさまざまな酵素で消化され主に小腸で栄養を吸収し，大腸で水分が吸収されるが，大腸での水分コントロールができず，未吸収の水分や，腸壁から排泄された水分によって粥状・水様のまま排泄されることを下痢という．原因は過食，腹部の冷え，胃腸炎により，水分のコントロールができない腸の運動異常によるものと，ウイルス感染によって引き起こされるものがある．また，大腸がん，潰瘍性大腸炎などによる慢性の下痢で，腹痛，腹水，体力消耗といった症状が4週間以上続くものもある．

下痢原性大腸菌（ゲリゲンセイダイチョウキン） ➡病原性大腸菌を見よ．

ケリーパッド 英 Kelly pad．心身機能の低下により，寝床から移動できなくなった利用者に対して，寝床の上で寝たまま洗髪するための福祉用具．市販されているゴム製やビニール製が一般的であるが，大きめのビニール袋やバスタオルを用いた手作りのものも使用される．大がかりな，洗髪車などと比べると，利用者への負担が少なく，手軽で安楽な状態で洗髪ができる．

ゲルストマン症候群（ゲルストマンショウコウグン） 英 Gerstmann's syndrome．脳の左角回やその近辺に限局した病巣で同時に生じるとされる，手指失認，左右識別障害，失書，失算という4つの徴候をまとめて，ゲルストマン（Gerstmann J）が提唱した症候群である．手指失認とは，指の識別が困難となり，指の名前を言ってもどの指かが分からず，指をさわってその指の名前を聞いても分からない障害である．また，身体の左右が識別できず患者自身でも検査者の身体についても同様に生じる左右識別障害，自発書字も書き取りも困難となる失書，計算が困難となる失算が起こる．ゲルストマン症候群はこれらの障害が，脳損傷後に生じたものであり，さらに記憶や認知などほかの機能に比べて4徴候が顕著であると認識しておくことが必要である．ゲルストマン症候群は優位大脳半球（右利きの人は通常，左側大脳半球）の角・および縁上・という部分の症変と関係しているといわれている．

限界集落（ゲンカイシュウラク） 社会学者大野晃が1991年に提唱した概念で，過疎化などで人口の50％以上が65歳以上の高齢者になり，冠婚葬祭など社会的協同生活の維持が困難になった集落をいう．

幻覚（ゲンカク） 英 hallucination 独 Halluzination．外界の刺激がなく実際には知覚していないのにもかかわらず，知覚したと感じる体験．感覚の種類により，幻視（visual hallucination），幻聴（auditory hallucination），幻触（tactile hallucination），幻味（gustatory hallucination），幻嗅（olfactory hallucination），体感幻覚（cenesthopath）などがある．幻覚は認知症でみられることがある症状で，妄想（delusion）と連動して出現することが多い．認知症の約30～40％で何らかの幻覚や妄想がみられるといわれている．たとえば，応接間に孫が立っている姿がみえる（幻視）ために，「孫が遊びに来ているからおやつを準備してあげなければ」という妄想にとらわれたり，寝室の壁から物音がする（幻聴）といって「隣の人が聞き耳を立てて私を見張っている」という妄想を抱いたりすることがある．統合失調症では幻聴が多いのに対して，認知症では幻視の頻度が高いといわれる．

健康型有料老人ホーム（ケンコウガタユウリョウロウジンホーム） 要介護の認定を受けておらず，介護がまだ必要ではない高齢者が，ひとり暮らしの不安や，老後を楽しむ等の理由で入居する有料老人ホームのこと．施設の運営は民間事業者がしており，入所者の希望により家事のほとんどをスタッフに依頼ができるシステムとなっている．温泉やシアタールーム，スポーツジムを完備して専門のスタッフがいる施設も多い．ただし，入所者が要介護状態や日常の医療ケアが必要となると退去しなければならない場合もある．入所時にその点を確認する必要がある．

⇨有料老人ホーム

健康診断（ケンコウシンダン） 英 health examination／somatoscopy．とくに自覚症状のない人が，各種の計測・検査を用いて疾病の有無だけでなく現在の健康状態の査定を行い，生活習慣病の予防，隠れた病気を早期に発見するために行う健康管理の一要素．健康診断は，個人の意思にかかわらず必ず行われなければならないものと，個人の意思で自由に受けることのできるものとの2つに大別される．前者には，労働安全衛生法により，企業が労働者に対して年に1～2回必ず行わなければならない法定検診（定期健康診断）がある．怠った場合には罰金の支払いが要求される．

健康日本21（ケンコウニホンニジュウイチ） ➡21世紀における国民健康づくり運動を見よ．

言語機能（ゲンゴキノウ） 英 faculty of language．ヒトだけがもつコミュニケーション手段である言語に関する能力は，誕生してから成長とともにその機能が獲得される．生まれたばかりから1歳ごろまでは，発生器官の発達が十分でないことにより，泣き声を発するのみで，意味の

ある言葉を発することはない．母親や周囲の大人の発する言葉に注意を向け，言葉の意味を理解して，1歳ごろになると意味のある単語を発することができるようになる．そして，発育とともに言語によるコミュニケーションがとれるようになり，言語機能が発達してくる．言語機能に携わっているものには，次のようなことがある．音を言葉として認識し，学習するためには聴力機能が必要である．言葉を発するためには，声帯，咽頭，喉頭，軟口蓋，口唇などの運動機能が必要である．言葉の意味を理解するためには，側頭葉の大脳皮質のウェルニッケ中枢（ウェルニッケ野）の機能が関与している．発語には，前頭葉の大脳皮質のブローカ中枢（ブローカ野）の機能が関与している．

言語障害（ゲンゴショウガイ）㊇speech and language disorder．言葉を話すことと理解することの障害をいう．言葉を話す障害には，適切に音声で言葉を出せないことがある．これには，口，舌，咽頭，口蓋などの発声に関する器官の障害による構音障害や吃音症などがある．そして，前頭葉にある発語に関する中枢（ブローカ中枢）の障害でも言いたい言葉が出なかったり，言い間違いをしたりするなどの言葉を話すことが障害される．言葉を理解する障害は，側頭葉のウェルニッケ中枢の障害で生じ，相手の言っていることが理解できないという症状が出る．たとえば，脳梗塞を起こして，明瞭に言葉を話すことができなくなり，聞き取りにくくなるのは，構音障害である．脳梗塞により顔面の筋肉や舌の運動が円滑にできなくなっているからである．そして脳梗塞が運動性や感覚性の言語野やそれに関連する部位にあると失語症により，自発話や聴覚認知に障害が起こる．この場合，構音障害が併存していることもある．また，言葉だけでなく，書字や読字に障害がみられることもある．
⇨構音障害，失語〔症〕

言語中枢（ゲンゴチュウスウ）㊇speech center／language center．言葉を発することと言葉を理解する機能の中枢のこと．この中枢は大脳皮質にあり，言葉を発することの中枢はブローカ中枢（ブローカ野）であり，右利きの人は優位半球である左側の前頭葉に存在している．言葉を理解する中枢はウェルニッケ中枢であり，右利きの人は左側の側頭葉に存在する．左利きの人でも多くは右側に言語中枢があるが，20％程度の人は右側にあり，両側にあると考えられる人もいる．ブローカ中枢は運動性言語中枢ともいい，詳しくいうと下前頭回の弁蓋部と三角部にある．ウェルニッケ中枢は感覚性言語中枢ともいい，シルヴィウス溝に接する上側頭回に位置している．このウェルニッケ中枢とブローカ中枢は弓状束という経路により結ばれている．言語中枢は，頭部外傷，脳血管障害，脳腫瘍などにより障害されることがある．ブローカ中枢が障害されると言葉を話すことが障害され，ブローカ失語（運動性失語症）を呈する．ウェルニッケ中枢が障害されると言葉を理解することが障害され，ウェルニッケ失語（感覚性失語症）を呈する．

言語聴覚士（ゲンゴチョウカクシ）㊇speech-language-hearing therapist ㊩SLHT．1997年に言語聴覚士法が制定され，この法律によって定められた国家資格である．「厚生労働大臣の免許を受けて，言語聴覚士の名称を用いて，音声機能，言語機能又は聴覚に障害のある者についてその機能の維持向上を図るため，言語訓練その他の訓練，これに必要な検査及び助言，指導その他の援助を行うことを業とする者をいう」と定義されている．このように言語聴覚士は，話す，聞く，表現するといった言葉によるコミュニケーションや，摂食・嚥下障害の評価と指導・訓練も行う．

言語聴覚リハビリテーション（ゲンゴチョウカクリハビリテーション）㊇speech-language-hearing rehabilitation．言語や聴覚の障害に対して訓練や心理的サポート，指導，助言などを行うこと．それを担う言語聴覚士が，医師，リハビリテーションスタッフ，病棟スタッフ，ソーシャルワーカー，また小児においては教育や療育機関，家族などと連携しながら展開される．言語聴覚障害はコミュニケーション障害と，併せて生じることの多い摂食・嚥下障害に大きく分類され，コミュニケーション障害はさらに聞こえの障害（聴覚障害），言語の障害（言語発達障害，失語症），話し言葉の障害（構音障害，吃音，音声障害），高次脳機能障害に分類される．治療・訓練により正常なレベルまで回復するもの，完全には回復しなくとも実用レベルとなるもの，実用レベルまで到達しないものなど，原因によって予後はさまざまである．訓練・指導には機能訓練と，活動制限に対する実用的コミュニケーション訓練，さらに文字盤など機器を用いた拡大・代替コミュニケーション手段の獲得訓練などがある．
⇨言語聴覚療法

言語聴覚療法（ゲンゴチョウカクリョウホウ）㊇speech and language therapy／speech therapy／language therapy ㊩ST．言語聴覚障害に対するリハビリテーションで，一般的に言語聴覚士が行う言語訓練のことを指す．言語聴覚障害は聞こえの障害（聴覚障害），言語の障害（言語発達障害，失語症），話し言葉の障害（構音障害，吃音，音声障害），高次脳機能障害などに分類されるが，ここでは構音障害と失語症に関する言語療法について紹介する．構音障害とは，呼吸→発声→共鳴，構音という過程によって生成されるスピーチのプロセス障害とされ，構音障害に対する言語療法は，これらの各プロセスについて対応したアプローチが行われる．失語症とは「大脳損傷によって生じる後天的な言語機能障害」とされ，「話す」「聞く」「書く」「読む」すべてに影響が及ぶとされている．対象者の訓練意欲の高い聴覚刺激や保たれている言語機能を，繰り返し刺激し促通を図る「刺激法」や「遮断除去法」，言語情報処理モデルで言語症状を検討する「認知神経心理学的手法」などがある．
⇨言語聴覚リハビリテーション

言語的コミュニケーション（ゲンゴテキコミュニケーション）㊇verbal communication ㊐言語的伝達媒体．言語や絵，文字を使って2人以上の人間同士が意思や感情，メッセージなどを相手に伝え，相手からも受け取り，共有することである．認知症の人との言語的コミュニケーションは，正確な情報を得ることができない場合もあるが，自発的な発言，言葉の内容，言葉の使い方，意思表示の仕方，対話への意欲，対話の内容，言葉の理解，興味・関心のあるところ，字を読むこと，字を書くこと，絵を描くことなど，言語的コミュニケーションを活用することで情報の共有を図ることができる．
⇨非言語的コミュニケーション

言語的伝達媒体（ゲンゴテキデンタツバイタイ）➡言語的コミュニケーションを見よ．

顕在的記憶（ケンザイテキキオク）➡陳述的記憶を見よ．

幻視（ゲンシ） 英 visual hallucination．視覚性の幻覚．視覚的な刺激がないにもかかわらず，みえると感じる体験．認知症の症状として現れることがあり，とくにレビー小体型認知症（DLB）でよくみられる．「応接間に人が座っている」「ベッドに女の人が寝ている」「壁に蛇がはっている」など，ほかの人にはみえないが本人にはありありとみえている．DLBにおける幻視の発生メカニズムとしては，後頭葉の視覚野の機能低下が関与しているといわれている．
➪幻覚

現実見当識訓練（ゲンジツケントウシキクンレン）➡リアリティオリエンテーションを見よ．

幻嗅（ゲンシュウ） 英 olfactory hallucination．嗅覚性の幻覚．視覚的な刺激がないにもかかわらず，なにかのにおいを感じる体験．認知症における出現頻度は低い．
➪幻覚

幻触（ゲンショク） 英 tactile hallucination．触覚性の幻覚．尻や性器をさわられている，虫が背中をはっている，電気をかけられたようにビリビリするなど，実際にはそのような刺激がないにもかかわらず感じる体験．認知症における出現頻度は低い．
➪幻覚

顕性感染（ケンセイカンセン） 英 apparent infection．ウイルス・細菌等の病原体に感染し，自覚的あるいは他覚的な症状を呈することをいう．対して，感染しても発病しない場合を不顕性感染という．顕性感染となる要因として，①病原体側の性質，②生体側の抵抗力があり，それらの相互関係によって発病するかどうかが決まる．
➪不顕性感染

顕性誤嚥（ケンセイゴエン） 英 manifest aspiration．口腔の食物や唾液などは，嚥下作用で生理的に食道へ移動するが，あやまって食道ではなく気道のうち下気道（声帯より末梢の気管，気管支，細気管支，肺）に嚥下される誤嚥のうち，誤嚥に伴う生理的な咳反射がみられる場合をいう．顕性誤嚥は，主に食事中，あるいは嘔吐に伴い意識しているが口腔内の唾液や食物を誤嚥することをいう．顕性誤嚥は咳反射のない不顕性誤嚥と同様に誤嚥性肺炎の原因となり，あるいは呼吸困難，さらには窒息死に至ることもある．基礎疾患として脳血管障害，認知症，パーキンソン病や筋萎縮性側索硬化症など退行性神経・筋変性症などがある．顕性嚥下や肺炎の予防が重要であり，窒息については気道の確保などの救急救命処置が必要である．
➪不顕性誤嚥，誤嚥性肺炎

健側（ケンソク） 英 unaffected side／healthy side．麻痺や障害などがある場合の患側に対して，麻痺や障害などのない部分側のことをいう．脳血管障害などにより麻痺が生じた側を麻痺側（患側）とよび，障害を受けていない側を健側というのが一般的である．
➪患側

倦怠感（ケンタイカン） 英 lassitude．身体的あるいは精神的な疲労感や消耗感であり，労働に比例しない，日常生活の妨げとなるほどの，持続する主観的な感覚と定義される．「体がだるい」「体がしんどい」といった行動をしようとするときの疲れやすさや脱力感，全身の衰弱感のみならず，「やる気が出ない」「集中力がない」といった精神的疲労感も含む．その病態にかかわる機序は多くの要素が考えられており，単一の原因で起こるわけではない．感染症，悪性腫瘍，代謝・内分泌異常，栄養障害，貧血などの多くの身体疾患，抑うつ，不安，不眠などの精神的要因，疼痛や薬物の影響なども含めて把握する．倦怠感は患者の主観的評価であるため，身体面，精神面，環境面などを多面的に評価する．日常生活にどの程度影響を及ぼしているかを判断し，十分な休養をとるとともに，治療可能な倦怠感の原因があれば，その治療を行う．

幻聴（ゲンチョウ） 英 auditory hallucination．幻覚のなかのひとつの症状で，実在しない音や人の声などが聞こえること．幻聴には，物音が主の要素的幻聴と，人の声（幻声）を中心とした複合性幻聴がある．前者は，「トン・トン・トン」や「ジー・ジー」などの実際には聞こえない物音が単独あるいは連続して聞こえてくる．後者は，短い単語，何人かの会話，話しかけ，命令などがある．自己が考えていることが声となって聞こえてくる幻聴を思考仮声という．幻聴を訴える疾患でもっともよくみられるのが統合失調症で，この特徴は，本人を中傷する内容や行動を注釈する内容のものが多く，思考仮声は本症の第1級症状に挙げられている．高齢者の幻聴の多くは，軽い意識障害を伴うせん妄にみられることが多く，また心不全や脳卒中などの身体疾患の急性期，また抗パーキンソン薬，抗ヒスタミン薬などの薬物によっても出現することがある．また，アルツハイマー病（AD），血管性認知症（VaD），レビー小体型認知症（DLB）などの認知症疾患にもみられるが，多くは幻覚症状として幻視のほうが頻度は高い．
➪幻覚

懸吊式リフト（ケンチョウシキリフト）➡床走行式リフトを見よ．

見当識（ケントウシキ） 英 orientation 独 Orientierung．個人に関連する人，時間，場所に関する認識のことを指し，人が自立した社会生活を送るうえで非常に重要なものである．人に関する見当識は，自分がだれなのかという自己の基本属性（年齢，経歴など）に関する認識であるが，家族など身近な人たちと自分との関係の認識を含める場合もある．時間に関する見当識とは，日時，季節など，現在自分がおかれている時点が，現在・過去・未来との連続線上でいつに当たるのかの認識である．また場所の見当識とは，空間のなかで自分がいまいる場所がどこか，についての認識である．このなかで時間と場所の見当識は時々刻々と変化していく．そのため，常に最新のものに更新される必要があるが，記憶障害が生じるとそれが困難となり，見当識障害・失見当（識）が起こる．
➪見当識障害，リアリティオリエンテーション

見当識障害（ケントウシキショウガイ） 英 disorientation／unorientation 同 失見当識．見当識に生じた障害を見当識障害とよぶ．認知症では早期から出現する症状のひとつであり，スクリーニング検査の必須項目となっている．検査では半構造化された面接を通して年齢，日付，場所などを質問して口頭での回答を求める．検査がむずかしい場合は行動観察から判断する．見当識障害の背景にはさまざまな認知機能の問題が想定される．日付や時間の見当識障害は意識障害や記憶障害があれば出現する．また，家族がだれか分からないという人の見当識障害には，記憶障害や相貌失認が関連している．トールビー

(Taulbee L）とフォルサム（Folsom JC）によって開発された現実見当識訓練（RO）は，認知症の人の混乱は見当識障害が原因であるととらえ，日付や場所に関する強力な刺激を与えることにより，見当識障害が原因で起こっている行動や感情の問題を改善させるものである．
⇨リアリティオリエンテーション

原発性進行性失語（ゲンパツセイシンコウセイシツゴ） 英 primary progressive aphasia 略 PPA 同 緩徐進行性失語．1982年にメスラム（Mesulam MM）が「認知症をきたさず，言語機能障害のみが緩徐に進行する疾患」をPPAとして報告した．その後，さまざまな症例が報告されてきたが，2011年にタイプ分類と診断基準が国際的に統一された．これによれば，PPAは言語症状により3タイプに分けられる．すなわち，発話が非流暢，ないし統語障害がある，非流暢／失文法型（PPA-agrammatic），言葉の意味理解障害から事物の概念の消失（意味記憶障害）へと進む，意味障害型（PPA-semantic）ないし意味性認知症（semantic dementia），そして音韻面の障害が目立つlogopenic型（PPA-logopenic）である．PPAは疾患の進行に伴い，認知症へと移行する場合が多く，これらの背景病理の研究も進んでいる．
⇨失語〔症〕，意味性認知症

現病歴（ゲンビョウレキ） 英 history of present illness 略 HPI．診察を受けようと思った症状の始まりから現在までの経過のこと．現病歴は，医師が診断をするときにもっとも大切なことであり，患者との問診により聴取する．どのような症状がいつからどのように始まったかは，現病歴において重要である．たとえば，頭痛ならば突然始まったのか，徐々に始まったのかで，疑われる疾患が決まってくる．そして，その症状のようすを具体的に聴取する．痛みならば，どのような痛みで，どの部位にあり，体位や体動による変化，どのように経過しているのかを聴取する．患者が主に訴えている症状以外の症状（随伴症状）についても注意を向け，現病歴聴取のなかで明らかにしておく．診察にくるまでに受けた治療も現病歴に含まれる．たとえば，薬局で購入した薬の服薬や近医での治療などである．現病歴を正確に十分に聴取することで，特定の疾患が想定され，診断のための検査などの方針が決まってくる．現病歴をうまく聴取することは，医師の技術である．
⇨既往歴

健忘（ケンボウ） 英 amnesia．記憶障害のうち，通常エピソード記憶（出来事や体験の記憶）の障害をよぶ．また単なる「もの忘れ」のことを指す場合もあるが，病的なものに限っていえば，健忘は外傷や脳血管疾患，認知症などの記憶に関連する脳の部位の器質的損傷で生じる．しかし，これらの器質的損傷がまったくないのに心的外傷やストレスなどにより記憶障害が生じることもあり，これを心因性健忘とよぶ．また，健忘を障害の原因となった脳損傷が起こった時点を中心とした時間軸で分ける分類があり，その時点よりもあとのことを新たに覚えられない障害を前向（性）健忘，その時点よりも前のことを思い出せない障害を逆向（性）健忘という．即時記憶や知的機能など，エピソード記憶以外のものに障害がなく，純粋にこれらの記憶機能の障害のみを呈している場合をとくに（純粋）健忘症候群とよぶ．
⇨前向性健忘，逆向性健忘

健忘症（ケンボウショウ） 英 amnesia／forgetfulness．新しいことや起こったことを記憶してあとで思い出せない状態，すなわち，記憶の障害．この状態はいくつかの疾患でみられる．たとえば，神経変性疾患のアルツハイマー病（AD），視床や両側の側頭葉内側の脳梗塞などの血管障害，アルコール多飲によるビタミンB_1不足によってみられるウェルニッケ・コルサコフ症候群，ヘルペスウイルスによる脳炎，頭部外傷などでみられる．健忘の分類には前向性健忘と逆行性健忘がある．前向性健忘は発病の時点からさきのことを記憶できないことで，逆行性健忘は発病の時点より過去のことを思い出せないことである．健忘が症状である一過性全健忘では，前向性健忘とさまざまな程度の逆行性健忘がみられる．健忘があるときの意識は清明で，多くは数時間で回復する．この発作中は，生活はいつものようにできているが，何度も同じことを聞いたり確認したりする状況がみられる．原因は，海馬の一過性脳虚血発作やてんかんなどが考えられている．
⇨前向性健忘，逆向性健忘

幻味（ゲンミ） 英 gustatory hallucination．幻覚のひとつの症状で，味覚に関するもの．なにも食べていないのに味を感じる現象である．統合失調症にみられることが多く，その訴えは「変な味がする，毒を入れられたに違いない」となり，被毒妄想につながる．
⇨幻覚

権利侵害（ケンリシンガイ） 英 injustice／encroachment of rights／invasion／infringement．人のもつ権利がおびやかされたり，侵害されたりすることを指す．とくに，認知症の人が権利侵害を受ける可能性は，他の高齢者に比べて高い．全国社会福祉協議会の「地域福祉権利擁護事業の運営基盤強化に関する調査研究事業」における調査では，権利侵害の区分を，①経済的・物質的利益に対する侵害，②生命・身体に対する侵害，③人格に対する侵害とした．また，高齢者虐待では，身体的虐待，性的虐待，心理的虐待，ネグレクト（介護や世話の放棄），経済的虐待と定義されており，認知症の人が侵害を受けることが多いといわれている．

権利擁護（ケンリヨウゴ） 英 advocacy 同 アドボカシー．権利を代弁・擁護することで，英米語のアドボカシーの翻訳である．アドボカシーは個人の権利（自由権・財産権・契約権等）と生活を，本人の立場・感情・利益に立って代弁することである．「声を上げる」という意味のラテン語VOCOに由来する．具体的には，自らの権利や生活のニーズを主張することが困難な社会的弱者（高齢者や障害者等）を支援し，援助者が福祉サービス事業者や行政・制度等に対して，「本人の意思を表明できるように支援することである．また表明された意思の実現を権利として擁護していく活動」や，本人の利益を本人に代わって擁護することも含まれる．すべての権利擁護の基本として，本人の力を信じエンパワメントすることによる権利擁護（セルフアドボカシー）が本来目指されるが，その過程で本人と向き合い，その意思決定を助け，権利主張を受け止め代弁する支援（ケースアドボカシー）も重要となる．
⇨成年後見制度，権利擁護事業

権利擁護事業（ケンリヨウゴジギョウ） 英 advocacy program．高齢者や障害者が自立した生活を送れるように

支援する事業．「地域福祉権利擁護事業」が2007年より「日常生活自立支援事業」に名称変更し，都道府県社会福祉協議会が実施主体となり行っている事業である．事業の一部を市区町村社会福祉協議会にも委託できる．具体的な援助内容は，①福祉サービスの利用援助，②苦情解決制度の利用援助，③住宅改造，居住家屋の賃借，日常生活上の消費契約および住民票の届け出等の行政手続きに関する援助等，④上述にかかわる援助として「預金の払い戻し，預金の解約，預金の預け入れの手続き等利用者の日常生活費の管理（日常的金銭管理）」「定期的な訪問による生活変化の察知」がある．利用できる人は判断能力が不十分であるが，上述の契約を判断できる能力を有していると認められる人で，サービスの担い手は社会福祉協議会の常勤職員（専門員）と非常勤職員（生活支援員）である．利用者の判断能力が低下してきて契約内容を理解できなくなってきたときには，成年後見制度の利用を勧める．

⇨日常生活自立支援事業

こ

降圧薬（コウアツヤク） 英 hypotensive drug／depressor／hypotensor 同 血圧降下薬．高血圧症の治療に使用される薬物．血圧を低下させ，よい値にコントロールして脳血管障害や心筋梗塞などを起こさないことが目的である．降圧薬は作用機序の違いにより，カルシウム拮抗薬，アンギオテンシンⅡ受容体拮抗薬（ARB），アンギオテンシン変換酵素（ACE）阻害薬，利尿薬，β受容体遮断薬，α受容体遮断薬の6種類がある．カルシウム拮抗薬は血管を拡張することで血圧を下げる．ARBはアンギオテンシンⅡが受容体に結合することを抑制して，その作用を抑えて血圧を下げる．ACE阻害薬は酵素の働きを抑えることでアンギオテンシンⅡの合成を抑制して血圧を下げる．利尿薬は尿を出すことにより，血中のナトリウムと水分を低下させて，血圧を下げる．β受容体遮断薬は心臓の働きを抑制して血圧を下げ，α受容体遮断薬は血管の収縮を抑えることで血圧を下げる．これらの降圧薬を単独，もしくはいくつかの薬を併用して血圧をコントロールしている．

抗うつ薬（コウウツヤク） 英 antidepressant 独 Antidepressiva．うつ病・うつ状態の治療薬を総称して抗うつ薬とよぶ．最初の抗うつ薬はイミプラミン塩酸塩（imipramine hydrochloride）というベンゼン核を3つもった化合物である．イミプラミン塩酸塩には神経細胞の末端で放出された神経伝達物質のモノアミン神経伝達物質（セロトニン，ノルアドレナリン）の細胞内再吸を妨げる薬理作用があることから，うつ病はモノアミン不足により生じるのではないかという仮説が唱えられ始めた経緯がある．その後，イミプラミン塩酸塩と似た薬物が次々と登場した．三環系抗うつ薬とよばれる一群である．しかし，三環系抗うつ薬には口の渇き，眠気といった抗コリン作用とよばれる不快な副作用がつきまとった．最近は，副作用をそいだ形の選択的セロトニン再取込み阻害薬（SSRI）や選択的セロトニン・ノルアドレナリン再取込み阻害薬（SNRI）が開発され，薬物治療の主流になっている．このほかにノルアドレナリン作動性・特異的セロトニン作動性抗うつ薬も登場し，治療薬選択の幅が広がっている．
⇨神経伝達物質

高LDLコレステロール血症（コウエルディーエルコレステロールケッショウ） 英 hyper-LDL-cholesterolemia．血液中のLDL（low density lipoprotein）コレステロールの値が高い状態を指しており，脂質異常症のタイプのひとつ．血中のLDLコレステロールの値が140mg/dl以上を高LDLコレステロール血症と診断する．LDLコレステロールは悪玉コレステロールともいわれ，過剰にあると血管壁に蓄積して動脈硬化を進行させる原因のひとつである．脂質異常症には，このほかにHDL（high density lipoprotein）コレステロールが低いタイプと中性脂肪が多いタイプがある．いずれも動脈硬化を進展させる．高LDLコレステロール血症であっても自覚症状はないが，心筋梗塞や脳梗塞などの心血管疾患の危険因子である．原因としては，先天的な要因による家族性のものもあるが，肉類や脂肪分が多い食生活，アルコールの摂取，暴飲暴食，運動不足，喫煙が挙げられている．したがって，運動と食生活の改善を最初に図る．それでもLDLコレステロールの値が高いときは，薬物治療が必要である．

構音障害（コウオンショウガイ） 英 dysarthria 同 構語障害．言葉を正しく発音できないことをいう．構音障害があると音声言語が明瞭でないので，言葉が聞き取りにくい．構音に関係しているのは，口唇，舌，咽頭，口蓋，喉頭の運動である．たとえば，口唇の運動がうまくできないと「パピプペポ」をはっきりと言えない．そして，舌の動きが悪ければ「ラリルレロ」が言いにくくなる．咽頭筋の麻痺があって口蓋の運動が悪ければ鼻声になる．小脳の障害で協調運動がうまくできないとろれつが回らない話し方となる．上述のような構音障害は神経や筋肉の病気で生じ，運動失調性構音障害とよばれる．原因疾患には，脳梗塞，脳出血，筋萎縮性側索硬化症（ALS），筋強直性ジストロフィー，脊髄小脳変性症などがある．口蓋裂のような先天性の形態異常によるものを器質的構音障害とよぶ．運動障害や形態異常がない構音障害を機能的構音障害という．たとえば，幼児のような言葉を発することで，言語の発達が遅いことや，環境の影響などで生じる．

口蓋（コウガイ） 英 palate．口腔の天蓋を形成し口腔と鼻腔を分けている骨，筋性の板．口蓋の前方部分は硬口蓋で，手で触れてみれば硬いことが分かる．後方は軟口蓋といい，触れてみるとやわらかいことが分かる．硬口蓋の内部に上顎骨の口蓋突起と口蓋骨の水平板があり，口腔粘膜が覆っている．口腔粘膜は厚く骨膜に固着して，正中線に口蓋縫線とよばれる隆起がある．軟口蓋の内部は主に横紋筋からなり，後端は遊離して口狭の上縁を形成している．脳幹部の血管障害，筋萎縮性側索硬化症（ALS）などで軟口蓋の運動が障害されることがあり，鼻声となる．
⇨軟口蓋

口角炎（コウカクエン） 英 angular stomatitis／perleche．上唇と下唇の合わさるところを口角といい，左右にある．この部分の皮膚や粘膜の炎症を口角炎という．小児や高齢者に多くみられる．唾液により湿っている皮膚に二次的に感染が起こることが原因である．口角の皮膚は口のなかに少し落ち込んでおり，唾液と接触しやすいことが誘因のひとつである．このほか，基礎疾患があり全身の抵抗力が低下しているとき，ビタミンB群の欠乏，ステロイドの長期使用，糖尿病，鉄欠乏性貧血などが誘因となる．症状としては，口角部の皮膚が赤くただれ，亀裂がみられる．開口により炎症のある皮膚の亀裂が広がり，痛みを感じる．さまざまな細菌で感染が起こるが，症状が長く持続するときはカンジダによることがある．治療は，抗生物質の入った軟膏，カンジダによる場合は抗真菌薬を用いる．ビタミン不足であればビタミンを補給する．炎症の起こっている皮膚の清潔を保ち，唾液で

高額介護サービス費（コウガクカイゴサービスヒ）⊛ subsidy for high-cost long-term care. 介護保険における保険給付額が，月々の1割・2割負担（福祉用具購入費等一部を除く）の世帯の合計額が所得に応じて上限額を超えた場合，その超えた分が介護保険から支給される．設定区分はあるが，市区町村民税課税世帯の対象者は，上限額44,400円を超えた場合超過額分が「高額介護サービス費」として，償還される．支給を受けるためには，市区町村に申請することが必要である．

高額療養費（コウガクリョウヨウヒ）⊛ high-cost medical care benefit. 1か月の医療費の自己負担額が一定額を超えた場合，申請により医療保険の保険者から還付される制度．70歳未満では一定額の基準は所得区分により上位所得者，一般，住民税非課税世帯に分かれており，一般区分は80,100円+（総医療費−267,000円）×1％が1か月の自己負担限度額となる．同一月に同一の医療機関等に支払った一部負担金が21,000円以上の場合は，同一世帯の21,000円以上の支払い分を合算してこの自己負担限度額を超えた分が支給される．過去12か月内において高額療養費が3回以上支給される場合，4回目以降は自己負担限度額が軽減される．70歳以上75歳未満の場合は所得区分が現役並み所得者，一般，住民税非課税世帯区分Ⅱ，住民税非課税世帯区分Ⅰに分かれ，一般区分は62,100円が自己負担限度額となっている．過去12か月内において高額療養費が3回以上支給される場合，4回目以降は現役並み所得者と一般の所得区分のみ自己負担限度額が軽減される．
⇨医療保険制度

口渇（コウカツ）⊛ dry mouth／mouth dryness／thirst. 口腔内が乾燥しているように感じることではなく，のどが渇いて水を飲みたくなることをいう．口腔内乾燥は，唾液の分泌が減少することや，心理的要因で生じるもので，口渇とは異なる．一方，口渇では，水分の摂取不足や身体から水分がなくなることで水分量が減少すると，体液は濃縮し血漿浸透圧が上昇する．この浸透圧の上昇が視床下部にある渇中枢を刺激して水を飲みたくなる．渇中枢の感受性は高齢になると低下しているので，高齢者はのどが渇きにくくなり，水分補給が減少して脱水状態になりやすくなる．口腔内乾燥を生じさせる原因疾患のひとつがシェーグレン症候群であり，抗コリン薬の副作用によっても出現する．口渇と関連のある疾患には，脱水症，下痢，利尿薬などによる循環血液量の減少，そして血漿浸透圧の上昇を起こすことがある糖尿病や高ナトリウム血症などがある．

高カリウム血症（コウカリウムケッショウ）⊛ hyperpotassemia／hyperkalemia. 血中のカリウムが高値である状態のこと．正常値は3.5〜5.0mEq/lである．カリウムは筋の収縮や神経の働きに関係し，ナトリウムとともに体液浸透圧や酸塩基平衡の維持に関与している．高カリウム血症は，果物や野菜などのカリウムを多く含む食品の過剰摂取でも起こるが，腎機能が正常ならば高値にはならない．腎不全のように腎機能が低下していると高カリウム血症が認められる．消化管内への出血があると溶血した赤血球からのカリウムが吸収されて高カリウム血症になることがある．また採血時に赤血球が破壊されるとカリウム値は高くなる．ジゴキシン中毒，横紋筋融解症，高血糖時のインスリン欠乏，家族性周期性四肢麻痺などでも高カリウム血症が認められる．高カリウム血症の症状は，不整脈，筋力低下，倦怠感，四肢のしびれ感，などである．高カリウム血症では心電図でT波の増高がみられ，心室細動を生じて死に至ることもある．治療は，カリウムを多く含む食品の摂取を控え，重曹の投与，ポリスチレンスルホン酸ナトリウムの投与などが行われる．

交感神経（コウカンシンケイ）⊛ sympathetic nerve ㋺ pars sympathica. 循環，呼吸，体温など，体のホメオスタシスを維持するために必要な機能を担っている自律神経系には，交感神経と副交感神経がある．それぞれ，機能的には抑制的，あるいは促進的に相反する作用を生じる．交感神経系の核は第1胸髄から第12胸髄と第1，第2腰髄の側角にある．ここからの神経は脊髄から出て脊椎傍や脊椎前の神経節を介して各臓器に達している．交感神経系の神経伝達物質は，アドレナリンとノルアドレナリンである．交感神経系は，生体がストレス状態におかれたときに重要な役目を果たしている．主な交感神経の作用効果としては，活動亢進により血管が収縮することが挙げられる．そして，心筋収縮力増加，血圧上昇，心拍数増加を生じさせる．呼吸器系に対しては，気管支径を拡張させる．消化管に対しては，運動を低下させる．瞳孔を散大させるが，頸部交感神経が障害されると瞳孔は縮瞳し，眼瞼が下垂する（ホルネル症候群）．汗腺に対しては，発汗を生じさせる．
⇨副交感神経

後期高齢者医療制度（コウキコウレイシャイリョウセイド）⊛ old elderly healthcare system ㊥ 長寿医療制度．「高齢者の医療の確保に関する法律」に基づき2008年4月から施行され，後期高齢者（75歳以上）と前期高齢者（65〜74歳）で一定の障害があると認定された人を対象にした医療制度である．後期高齢者はすべて健康保険の被保険者，被扶養者の資格を失い後期高齢者保健制度加入となる．手続きは，75歳になると在職中であっても自動的に行われるためとくに必要がなく，保険者である広域連合から保険者証が1人1枚送付される．ただし健康保険の被保険者，被扶養者の資格喪失の手続きは必要である．毎月の保険料は，均等割額と所得による応能負担であり，年金18万円以上の人は年金から天引き（特別徴収）となり，それ以外の人は納付書や口座振替などの納付方法（普通徴収）がある．自己負担は，窓口で保険証を提示する医療費の1割負担が基本であり，現役並み所得者（課税所得145万以上）の人は3割負担である．なお，自己負担の限度額は所得に応じ4段階で上限が設けられているほか，一部負担金などについても申請による減額制度が設けられている．
⇨高齢者の医療の確保に関する法律

抗凝血薬（コウギョウケツヤク）➡血液凝固阻止薬を見よ．
抗凝固薬（コウギョウコヤク）➡血液凝固阻止薬を見よ．
拘禁反応（コウキンハンノウ）➡ガンザー症候群を見よ．
口腔カンジダ症（コウクウカンジダショウ）⊛ oral candidiasis ㊥ 鵞口瘡．カンジダ（Candida）属の真菌による表在性真菌感染症であり，古くは鵞口瘡とよばれていた．カンジダ菌は常在菌として健康な人にも存在するが，免疫力や抵抗力の低下によって起因する日和見感染と考えられる．種類は偽膜性カンジダ症，慢性肥厚性カンジダ

症，慢性萎縮性カンジダ症に分類される．症状は，口腔粘膜または舌に白色の偽膜あるいは白苔が散在・付着し，白苔を剥離すると発赤・びらんとなる．治療は，抗真菌薬の投与，アムホテリシンBでの頻回なうがいやミコナゾールの塗布などがある．口腔カンジダ症を放置すると，誤嚥性肺炎などの真菌感染症を発症することになる．また，口腔乾燥症，不潔な義歯の装着，口腔衛生状態の不良などの誘発があれば，口腔ケアなどの適切な対応が必要である．

口腔乾燥症（コウクウカンソウショウ） 英 xerostomia／dry mouth 同 ドライマウス．唾液分泌の阻害，減少により口腔内が乾燥した状態．原因は，全身的には糖尿病，シェーグレン症候群などの疾患，薬物性，情緒的因子などがあり，局所的には唾液腺の炎症・腫瘍，放射線障害，唾液前管の通過障害，加齢による唾液腺の萎縮などがある．症状は，口渇感，灼熱感，口腔粘膜や口唇の乾燥感や疼痛，咀嚼・嚥下障害などがある．口腔乾燥症は，粘膜障害や口臭，摂食・嚥下障害，誤嚥性肺炎を引き起こすことがある．治療は，原因が明らかで治療可能の場合は原因の除去が基本であるが，原因が不明である場合には，根本的な治療法はなく，保湿薬などでの対症療法が主である．シェーグレン症候群には，口腔乾燥改善薬や副腎皮質ホルモン，人工唾液などが用いられるが，口腔機能低下による乾燥症では含嗽薬，口腔内軟膏，トローチ薬による保湿と口腔機能訓練や口唇・ほおの運動機能訓練などが必要である．

口腔機能障害（コウクウキノウショウガイ） 英 oral dysfunction. 咀嚼機能を含む摂食・嚥下機能，発声・発語機能，呼吸機能などの口腔機能が，何らかの原因によって障害され摂食・嚥下障害，発声・発語障害，呼吸障害を呈すること．原因としては，全身性と局所性に分けられる．全身性には，クモ膜下出血や脳梗塞などの脳血管障害，脳腫瘍などの脳障害，神経・筋疾患などがある．局所性にはう蝕（虫歯）や歯周病，歯牙欠損などの歯科関連，口腔乾燥症，粘膜炎症，顎関節疾患などがある．口腔機能に障害があると，栄養面では栄養の偏りやエネルギー不足となり体力や免疫力の低下につながり，誤嚥性肺炎の誘発にも影響を及ぼす．また，発声や発語障害があると人とコミュニケーションが維持できずに閉じこもりやうつ状態，認知機能の低下などに影響する．呼吸障害では，呼気と関連して飲み込みの際に喉頭の調整がうまくいかないために誤嚥する可能性が高い．口腔機能障害の予防には，口腔機能訓練などが有効である．

口腔ケア（コウクウケア） 英 oral care．口腔内を清潔に保つことを目的に口腔機能維持につながるケア．口腔内の状態により，消化・呼吸，コミュニケーション機能への影響だけでなく，口腔内の感染は口腔とつながる部位への感染の危険にもつながるため，口腔内を清潔に保つ必要がある．方法は，歯磨きや口腔内清拭，含嗽法，義歯洗浄などがある．口腔内清拭は，自力で歯磨きができない患者の口腔の清潔を保ち，感染防止，歯科疾患防止，食欲増進を目的に行う．具体的な方法は，自分の歯がある場合は歯ブラシを使用して痛くない程度の圧力で磨く．歯がない場合には洗口液などに浸したガーゼを指に巻き，咽頭側から口先のほうへ食物残渣や汚れをかき出すようにする．意識障害のある患者や理解力に問題のある患者には，安全確保のためにバイトブロックや舌圧子などを用いる．含嗽法は，食物残渣やほこり，細菌などを洗い流す目的と口腔内に湿気を与える目的で，水・ぬるま湯を口腔内に入れ，ほおを動かして口腔内または喉を洗浄することをいう．就床の場合は，顔を横に向けて吸い口ボトルなどを利用して口腔内に水を入れ，口角からガーグルベースンに排出させる．
⇒口腔マッサージ，歯垢

口腔検温（コウクウケンオン） 英 oral thermometry．口のなかの舌下で検温する方法．核心部温度の測定部位として行うものをいう．口腔検温は，口腔粘膜が外部の影響を受けやすく，冷たいものを食べた場合は低い測定値が示され，温かいものを食べた場合は高い測定値が示される．口腔温は直腸温より0.4〜0.6℃低く，臥床時は腋窩温より0.2〜0.3℃高く，起座時には0.3〜0.5℃高いといわれている．測定法は，口唇の中央から舌の裏の左右どちらかに30〜40度斜めから挿入し，口唇を閉じ，舌を動かさないように5分間測定する．測定後は消毒に留意する．一般に，成人女性が基礎体温を測定する際に用いられる．小児では歯や舌で体温計を噛んだり，舌が動いたりする可能性が高く，必ずしも適した測定方法とはいえない．また，意識レベルの低下がある患者，理解力に問題のある患者，呼吸困難のある患者などは，口腔乾燥症であったり閉口しなかったりするために，口腔検温は行わない．

口腔マッサージ（コウクウマッサージ） 英 oral massage．食事中にむせるなどの口腔期・咽頭期の障害や麻痺のある人を対象に，嚥下反射を起こす部分の感受性を高め，嚥下に関与する筋力を増し，動きをよくするマッサージ．食べるときには口唇のまわりの筋肉とほお周辺の筋肉，舌の筋肉が必要となる．しかし，高齢者や要介護者はこの筋肉が低下したり，疾患や薬の副作用で唾液の分泌が減少することから，口腔内汚染を引き起こしやすく，嚥下機能の低下にもつながる．口腔内マッサージを実施することで口腔内の唾液分泌を促進し，感染予防や誤嚥性肺炎を予防する効果がある．具体的な方法は，①耳下腺のマッサージ（両手でやさしくほおを包み，ゆっくりと円を描くようにマッサージする），②ほおのマッサージ（ほおの中央部，舌根の左右，舌根部をマッサージする），③アイスマッサージ（食前に口腔内をきれいにし，氷水に浸した綿棒を上顎や舌の奥を刺激する）などがある．
⇒口腔ケア

口腔リハビリテーション（コウクウリハビリテーション） 英 mouth rehabilitation．脳血管障害などの病気による障害，老化などによって，麻痺や拘縮，緊張，弛緩などで咀嚼・嚥下，発音などの口腔機能の障害のある人に対して，口腔機能の向上や回復，低下を防ぐ目的で行うリハビリテーション．口唇や舌，ほおなどの運動機能や感覚機能を中心として進められる．口腔リハビリテーションは食事摂取機能，コミュニケーション機能の維持・向上に影響する．具体的には，①ほおの体操（深呼吸→左右ほおに空気を移動→下口唇），②口じゃんけん（グー：口を結ぶ，チョキ：舌を前に突き出す，パー：大きく口を開ける）などを実施する．③ブラシでストレッチ（ほおの内側を上下に円を描く→上下口唇と口輪筋→舌背の奥から前→舌の側面）などがある．

抗けいれん薬（コウケイレンヤク） 英 anticonvulsant．けいれんとは，全身または一部の筋肉の不随意かつ発作的

収縮を示す症候名である．抗けいれん薬は，てんかんおよびけいれんに使用する薬物をいう．てんかんは，脳細胞のネットワークに起きる異常な神経活動のため反復性の発作をきたす疾患で，てんかん発作はけいれんであることが多い．しかしけいれんは必ずしもてんかんではない．てんかん発作には意識消失・変容が主でけいれんを伴わないものもある．各種の系統の薬が使用されており，発作の種類などに応じて使い分けられる．①バルビツール酸系：フェノバルビタール，プリミドン，②ヒダントイン系：フェニトイン，③スクシンイミド系：エトスクシミド，④スルフォンアミド系：アセタゾラミド，⑤ベンズイソキサゾール系：ゾニサミド，⑥ベンゾジアゼピン系：クロナゼパム，ジアゼパム，ニトラゼパム，クロバザム，⑦分子脂肪酸系：バルプロ酸ナトリウム，⑧イミノスチルベン系：カルバマゼピン，などである．

攻撃的行為（コウゲキテキコウイ） ㊤ aggressive behavior. 介護者等の無抵抗の相手に対し，意図して危害を加えようとする行動．攻撃される側に身体的，心理的な介護負担が強く，対応を誤れば「高齢者虐待」を引き起こす可能性もあり，認知症の行動・心理症状（BPSD）のなかでもとくに対応困難な症状のひとつでもある．認知症の攻撃的行為は，着脱衣・排泄・入浴介助といった日常生活援助時，また自立者の場合は，本人の目的行動を阻害された場合に発生することが多い．認知症の攻撃的行為の大半は，刺激となる状況が当人に，「不安・恐怖・痛み」や「怒り」の感情を引き起こし，また認知症の人自身に易刺激性があり，自分の行動を制御できないところから突発的に起こると考えられる．よって「攻撃的行為」を誘発しにくい声かけ等の介入の仕方の工夫が必要である．日常から精神的安定が得られるような生活環境刺激の調整や非薬物療法も有効な手立てである．また身体的要因があったり，当人の不安，興奮が激しく苦痛を感じている場合は，適切な医療対応，薬物治療も必要である．

高血圧症（コウケツアツショウ） ㊤ high blood pressure／hypertension ㊧ HBP／HT. 高血圧が持続し治療が必要な状態をいう．複数回の血圧測定で収縮期血圧（最高血圧）が140mmHg以上あるいは拡張期血圧（最低血圧）が90mmHg以上である状態を高血圧症としている．家庭血圧計で測った場合は，診察室での測定より血圧値は低くなることが多いので，135/85mmHg以上を高血圧とする．原因により本態性高血圧と何らかの原因疾患により生じる二次性高血圧とに区分される．多くは本態性高血圧で生活習慣上の危険因子，遺伝素因，加齢などが関連して発症すると考えられている．塩分過剰摂取，常習多量飲酒，ストレス，肥満，運動不足，喫煙などが危険因子である．本態性高血圧の治療では，生活習慣の改善と併せて降圧薬による血圧管理が図られる．降圧薬としてさまざまな種類が開発されている．高血圧は血管病変（動脈硬化）の危険因子であり，放置すれば脳卒中，狭心症や心筋梗塞，腎不全など重篤の疾患を引き起こす．血管性認知症（VaD），アルツハイマー病（AD）の危険因子でもある．

抗血小板薬（コウケッショウバンヤク） ➡血小板凝集阻害（阻止）薬を見よ．

抗血小板療法（コウケッショウバンリョウホウ） ㊤ antiplatelet therapy. 動脈硬化巣での血栓形成防止を目的とした療法．血栓の形成を予防することにより，脳梗塞・心筋梗塞の再発リスクを低下させる．類似の治療に抗凝固療法がある．血栓の主成分はフィブリンと血小板であり，このうち，血小板の凝集を抑えて血栓形成を阻害するのが抗血小板薬であり，フィブリンの形成を阻止するのが抗凝固薬である．抗血小板療法は，血小板を凝集させる因子（トロンボキサン）の生成を阻害して，血小板凝集を抑制する．よく用いられるのがアスピリンである．アスピリンは鎮痛解熱薬として知られているが，抗血小板薬としても使用される．オザグレル塩酸塩水和物は，主に急性期の治療に使用される．そのほか，多くの抗血小板薬が開発されている．血小板凝集を抑えることは出血の際の止血がしにくくなることでもあるため，脳梗塞治療においても脳出血の危険性がある場合は抗血小板療法を用いない．心原性脳塞栓再発予防には，抗凝固薬が用いられる．

高血糖（コウケットウ） ㊤ hyperglycemia. 血中のグルコース濃度（血糖値）が正常値より高い状態．空腹時の正常血糖値は70～110mg/dlで，食後は正常時血糖値に比べ高値を示す．180mg/dlを超えると尿へ糖が出るようになる．血糖値は感染時や炎症時，あるいは身体にストレスがかかったときに一時的に上昇するが，糖尿病の場合は空腹時に持続的に高血糖値を示す．

後見人（コウケンニン） 成年後見制度における任意後見人と法定後見人の総称．成年後見制度は任意後見制度と法定後見制度に大別できる．任意後見制度は判断能力があるうちに，判断能力が不十分になったときに備えてあらかじめ任意後見人に"してもらいたいこと"を決めておき，公証役場で公正証書にして任意後見人と契約する．一方，法定後見制度は認知症や知的障害，精神障害等によりすでに判断能力が不十分な人に対し，本人の権利を守る援助者として成年後見人等を家庭裁判所が選任し，本人を法的に支援する．本人の判断能力に応じて「成年後見」「保佐」「補助」の3類型に分かれる．
⇨成年後見人

膠原病（コウゲンビョウ） ㊤ collagen disease. 1942年にアメリカの病理学者クレンペラー（Klemperer P）らによって提唱された概念．全身の結合組織や臓器に炎症を起こす急性・慢性の疾患群で，結合組織の膠原線維にフィブリノイド変性がみられたためこの名称が用いられた．現在，膠原線維だけでなく結合組織全体に変化が生じていることが明らかになり，欧米では結合組織病という名称が用いられているが，日本では従来の慣習により膠原病の名称が広く使用されている．クレンペラーによって挙げられたリウマチ熱，関節リウマチ，全身性エリテマトーデス（SLE），強皮症，皮膚筋炎および多発的筋炎，結節性動脈周囲炎の6疾患（古典的膠原病）に加え，現在では新たに混合性結合組織病，シェーグレン症候群，好酸球性筋膜炎なども膠原病関連疾患に分類された．なお，古典的膠原病のうちリウマチ熱は溶連菌に対する免疫反応によるものであることが明らかになり，膠原病からは除外されている．

構語障害（コウゴショウガイ） ➡構音障害を見よ．

抗コリン作用薬（コウコリンサヨウヤク） ㊤ anticholinergic agent. アセチルコリンがアセチルコリン受容体に結合するのを阻害する薬物の総称であり，代表的なものにアトロピン，スコポラミンがある．これにより副交感神経が抑制される．抗コリン作用薬により，消化管の運

動抑制，心拍数の上昇などの作用が生じる．このため治療薬としては，胃・十二指腸潰瘍，胃腸のけいれん性疼痛，胆管・尿管の疝痛，迷走神経性徐脈，有機リン中毒（副交感神経興奮薬中毒）などに対して用いられる．眼内圧を上昇させるため，緑内障患者では使用は禁忌である．精神科では抗精神病薬の副作用であるパーキンソニズムに対して，それを抑えるために抗コリン作用薬が用いられることがある．また，三環系抗うつ薬には抗コリン作用がある．アルツハイマー病（AD）に用いられるアセチルコリン分解酵素阻害薬（ドネペジル塩酸塩など）は脳内のコリン作動性神経系を賦活する作用をもっており，それと抗コリン作用薬を併用することは望ましくない．

高脂血症（コウシケッショウ） Ⓔ hyperlipemia／hyperlipidemia Ⓙ 脂質異常症．血液中の脂質の値が基準値よりも高い状態を指す．脂質の種類ごとに基準値が定められており，総コレステロール220mg/dl以上，中性脂肪150mg/dl以上，LDLコレステロール140mg/dl以上，HDLコレステロール40mg/dl未満のいずれかを満たす場合をいう．HDLコレステロール値は高いほうが望ましく，このため現在では高脂血症に替わり脂質異常症という呼称が用いられるようになった．放置すると動脈硬化が進み，脳梗塞や虚血性心疾患にかかる危険性が高まる．家族性高コレステロール血症など遺伝的な原因で生じる場合もあるが，高脂肪の食事，運動不足など生活習慣に起因する場合が多い．脂質異常症は肥満とも関連し，さらに糖尿病，高血圧が重なると動脈硬化の危険性がさらに高まるので，これら4要因を合わせたメタボリックシンドロームという概念も用いられている．脂質異常症の治療では，まず適正体重を維持する食事療法と定期的な有酸素運動の継続が重要であり，それでも改善しない場合，薬物治療を行う．

高脂血症治療薬（コウシケッショウチリョウヤク） Ⓔ lipid-lowering drug／lipid-lowering agent．脂質の代謝メカニズムに対応して各種の薬が開発されている．HMG-CoA還元酵素阻害薬（スタチン系薬物：プラバスタチンナトリウム，シンバスタチン，アトルバスタチンカルシウム水和物）は，肝臓においてコレステロール合成にかかわる酵素を阻害することでコレステロール値を下げる．プロブコールは，コレステロールから胆汁酸への変換を促進することでコレステロール値を下げる．陰イオン交換樹脂であるコレスチラミンは，排泄された胆汁酸の再吸収を阻害することでコレステロール値を減少させる．エゼチミブはコレステロールが小腸から吸収されるのを阻害して血液中のコレステロール値を下げる．フィブラート系薬物（クロフィブラート，ベザフィブラート），およびデキストラン硫酸エステルナトリウムは，トリグリセリド（TG）の加水分解を促進することで，血中TG濃度を減少させる．スタチン系，フィブラート系薬物は，腎機能が低下していると副作用である横紋筋融解症を生じやすいので注意を要する．

光視症（コウシショウ） Ⓔ photopsia．眼に光が当たっていないのに，視野の中心や端に光が飛んでみえたり，チカチカ・キラキラ光を感じたりする症状で，主に硝子体の老化によって引き起こされる．硝子体とは，目のなかを満たしているゼリー状の物質で，これが加齢によってしだいに収縮し，網膜から離れていくと，後部硝子体剥離という状態になる．その状態で目を動かすと，部分的につながった網膜が引っ張られ，このとき視神経が刺激を受けることで実際にはない光を感じる．網膜と硝子体の間の癒着が長く残り，光視症が数週間から数年間持続することもある．後部硝子体剥離は，光視症だけでなく飛蚊症の原因にもなる．脳の血管の病気，過労や睡眠不足などが原因で光視症が起こることもある．また，網膜裂孔や網膜剥離が原因となることもあるので，思い当たる症状がみられる場合は，すぐに眼科を受診することが望ましい．

高次脳機能障害（コウジノウキノウショウガイ） Ⓔ higher brain dysfunction．医学的，学術的な定義では，高次脳機能障害は，脳損傷に起因する認知（記憶・注意・行動・言語・感情など）の障害全般を指す．症状は多岐にわたり，失語症，失行症，記憶障害，注意障害，遂行機能障害，社会的行動障害などが含まれる．脳の損傷の部位によって症状の現れ方は異なる．一方，厚生労働省が2001年から開始した「高次脳機能障害支援モデル事業」で身体障害が目立たない，あるいは程度が軽いにもかかわらず，とくに記憶障害，注意障害，遂行機能障害，社会的行動障害といった認知の障害が原因となって，日常生活や社会生活にうまく適応できない人たちがいることが分かり，このような認知障害を「高次脳機能障害」とよぶ行政的な定義が設けられた．診断は問診や行動観察にコンピュータ断層撮影（CT），磁気共鳴断層撮影（MRI），単一光子放射断層撮影（SPECT）などの画像検査，神経心理学検査などを併せて行われる．脳の損傷は脳血管障害（脳梗塞，脳出血，クモ膜下出血など）や交通事故や転落事故などが原因で生じることが多い．

公衆衛生（コウシュウエイセイ） Ⓔ public health．地域・社会のレベルで人々の健康を保持・維持・増進させるためのさまざまな活動．国際的には世界保健機関（WHO）によって「地域社会の組織的な努力を通じて疾病を予防し，生命を延長し身体的精神的機能の増進を図る科学であり技術である」と定義されている．国内においては地域保険法に基づき，各地域の保健所が中心となり生活習慣病や感染症などの病気の予防や，公共の衛生に取り組んでおり，各大学や研究機関での研究も進められている．

後縦靱帯骨化症（コウジュウジンタイコツカショウ） Ⓔ ossification of posterior longitudinal ligament Ⓐ OPLL．後縦靱帯は脊椎の椎体と椎間板の後面に沿い，脊柱管の前壁を縦走する．何らかの原因でこの靱帯が肥厚，骨化し，緩徐に脊髄を圧迫して脊髄症状を呈するものが後縦靱帯骨化症である．後縦靱帯骨化症は頸椎部にもっとも多く発生するが，胸椎にもしばしば認められる．男性に多く，好発年齢は40歳以降である．原因は不明であるが，常染色体優性遺伝といわれている．保存的治療としては，頸椎カラーあるいは頭蓋直達牽引を行うが，根治的治療にはならない．脊髄症状の出現により，手術の治療が行われる．
⇨頸椎後縦靱帯骨化症

講習予備検査（コウシュウヨビケンサ） 更新期間が満了する日などにおける年齢が満75歳以上の高齢者が運転免許の更新を受ける際に義務づけられている検査．高齢ドライバーの増加から，道路交通法が一部改正され，2009年から実施されている．運転免許更新時に受けることが義務づけられている高齢者講習の前に記憶力・判断力を確

認する簡易な検査を行うことで，検査結果を踏まえた高齢者講習が実施される．検査項目は，①検査時における年月日，曜日および時間を回答する時間の見当識，②一定のイラストを記憶し，採点には関係しない課題を行ったあと，記憶しているイラストをヒントなしに回答し，さらにヒントをもとに回答する手がかり再生，③時計の文字盤を描き，さらにその文字盤に指定された時刻を表す針を描く時計描画，の3点である．
⇨高齢者講習

拘縮（コウシュク） 英 contracture ラ contractura．関節の運動制限には，拘縮と強直がある．拘縮とは，関節を構成する骨・軟骨の変化ではなく，軟部組織の変化により運動制限をきたしたものである．軟部組織とは，皮膚，皮下組織，関節周囲組織，腱・腱膜，筋などをいい，皮膚性拘縮，結合組織性拘縮，筋性拘縮，神経性拘縮，関節性拘縮といった分類が知られている．後天性の拘縮の原因は，長期の安静・固定のほかに，関節の炎症，阻血性拘縮などが挙げられる．これらの原因に加え，肢位（上肢・下肢などの位置）や固定の期間，以前から存在した病変や関節可動域制限，年齢など多くの要素が拘縮の程度に影響を及ぼす．
⇨関節拘縮，強直

公助（コウジョ） 英 public-aid／public-support．公助の公は，国（政府・行政等）と理解することができる．したがって，公助とは国民の生存権を確保するため国が法律を制定し，行政が実施すること．日本では社会保険，生活保護，社会福祉サービス等を意味する．近年の地域福祉や地域包括ケア等の展開に注目すると，地域住民や当事者の主体的な参加によって，住み慣れた地域で安心した生活を継続できる体系が求められる．しかし，この場合は国民の生存権の確保に関して，国（政府・行政等）はボランタリーな助け合いや当事者の力だけにゆだねるのではなく，国（政府・行政等）も加わった新たな体系を確立することが求められる．
⇨自助，共助

甲状腺（コウジョウセン） 英 thyroid gland ラ glandula thyroidea．頸部前面に位置する内分泌器官で，甲状腺ホルモンおよびカルシトニンを分泌する．正常重量は，男性15〜35g，女性10〜25gで，上下方向に3〜5cm程度の長さがある．甲状軟骨のやや下方に位置し，気管を前面から囲むように存在する．蝶が羽を広げたような形をしており，甲状腺の左右の部分（右葉，左葉とよばれる）が上下に伸びており，それらは幅の狭い中央部（峡部）でつながっている．超音波検査で形態を調べ，推測式によりおよその重量が推測できる．甲状腺には甲状腺濾胞が詰まっており，濾胞の壁には濾胞上皮細胞が1層に並んでいる．この細胞から甲状腺ホルモンが分泌される．濾胞内にはコロイドが蓄積されている．コロイドの主成分は甲状腺ホルモンの前駆体であるサイログロブリンである．濾胞の外側には，別種の細胞（濾胞傍細胞）が所々に存在しており，この細胞がカルシトニンを分泌する．濾胞の隙間には毛細血管が非常によく発達している．

甲状腺機能亢進症（コウジョウセンキノウコウシンショウ） 英 hyperthyroidism．甲状腺ホルモンの分泌が亢進して起きる病気で，バセドウ病が原因であることが多い．バセドウ病は20〜30歳代の女性において頻度が高い．甲状腺刺激ホルモン（TSH）レセプターに対する自己抗体（TRAb）ができ，自己免疫反応が原因で，甲状腺ホルモンの過剰な生成が起きる．多汗，頻脈，心悸亢進，体重減少，疲れやすい，手指のふるえ，興奮しやすい・落ち着かないなどの精神症状，眼球突出などの症状がみられる．甲状腺の腫大を伴うことが多いが，初期には認められないこともある．血中TSH，遊離トリヨードサイロニン（FT3），遊離サイロキシン（FT4）の濃度を調べ，TSH低下，FT3とFT4は上昇，さらにTRAb陽性，甲状腺刺激抗体（TSAb）陽性であれば診断がつく．治療には，抗甲状腺ホルモン薬（チアマゾール，プロピルチオウラシルなど），手術，アイソトープ治療の3種類がある．通常，抗甲状腺ホルモン薬内服治療をまず行い，症状が消失しない場合に手術，またはアイソトープ治療を実施する．
⇨バセドウ病

甲状腺機能低下症（コウジョウセンキノウテイカショウ） 英 hypothyroidism．甲状腺ホルモンの分泌低下により，甲状腺機能が低下して生じる．全身の臓器の機能の低下，エネルギー代謝機能の低下がみられる．成人に起こり症状がはっきり出ている場合には粘液水腫ともよばれ，小児に起こる場合はクレチン病ともよばれる．免疫異常による慢性甲状腺炎（橋本病）など甲状腺そのものの病気から生じる場合が多いが，まれに甲状腺刺激ホルモンを分泌する脳の下垂体の障害により二次的に起きる場合もある．橋本病は女性に多い．活動性が低下し，寒さに対して弱くなり，足がむくむ，元気がなくボーっとしているなどの症状，認知機能の低下，末梢神経障害（手足のしびれ），運動失調（ふらつき）など神経症状もみられる．早期に診断し，甲状腺ホルモン補充療法を開始すれば，認知機能低下をはじめさまざまな症状は回復する．そのため，治療可能な認知症のひとつとされている．診断には甲状腺ホルモン，甲状腺刺激ホルモンなどの測定を必要とする．

甲状腺ホルモン（コウジョウセンホルモン） 英 thyroid hormone 略 TH．全身の細胞に作用して細胞の呼吸量，生命エネルギー産生量を増大させ，基礎代謝量を維持，または促進させる．甲状腺ホルモンの分子は，アミノ酸のチロシンが2つ縮合し，側鎖の芳香環上に3個または4個のヨード（ヨウ素）が付加した構造をしており，ヨードの数により，トリヨードサイロニン（T_3）とサイロキシン（チロキシン；T_4）の2種類がある．生理活性は，T_3のほうが強いが，血中を循環する甲状腺ホルモンのほとんどはT_4である．甲状腺ホルモンの分泌量は，脳の下垂体前葉から分泌される甲状腺刺激ホルモン（TSH）により調節されており，甲状腺刺激ホルモンの刺激により，血中への分泌量が増加する．甲状腺刺激ホルモンは，間脳の視床下部から放出される甲状腺刺激ホルモン放出ホルモン（TRH）によって調節されている．甲状腺からはT_3，T_4のほかに，カルシトニンとよばれる別の生理作用をもつホルモンも分泌されるが，これは甲状腺ホルモンとはよばない．

口唇ジスキネジア（コウシンジスキネジア） 英 oral dyskinesia．口腔周囲，舌を中心とした不随意運動であり，口唇や舌，下顎を繰り返しモグモグと動かしているのが特徴である．高齢者に多くみられ，加齢により増加する．症状としては，咀嚼様運動，口すぼめ，開口，舌の突出，舌捻転，口唇振戦等がある．原因としては大脳基底核の

障害で出現するといわれている．薬物の服用による副作用として生じることが多く，向精神薬（クロルプロマジン塩酸塩等のフェノチアジン系向精神薬），抗パーキンソン薬（L-ドパ等）の副作用で生じたり，三環系抗うつ薬や消化器用薬の長期服用の副作用により発症することもある．また，神経変性疾患（パーキンソン病，多系統萎縮症，ハンチントン病等）の症状のひとつとして口腔周囲の不随意運動がみられたり，不適合な義歯の長期使用による舌癖が，同様な症状を呈することがある．
⇨ジスキネジア

更新認定（コウシンニンテイ） 介護保険制度では，被保険者が要介護認定を受けると認定の有効期間（おおよそ6か月間）が発生する．認定有効期間が終了すると介護保険制度における介護サービスを受けることができなくなるため，要支援者・要介護者は有効期間終了後も介護サービスを利用したい場合，認定を更新するための申請を行う．更新認定とは，有効期間の更新のために認定すること．通常，認定有効期間の満了の日の60日前から，満了の日までの間で更新認定の申請を行う．更新認定の申請は，初回の認定申請と同様である．家族，指定居宅支援事業者等による代行申請も可能である．
⇨認定有効期間，要介護区分の見直しの申請

公正〔正義〕原則（コウセイゲンソク） 英 justice. 公正原則は，倫理4原則のひとつである．公正原則は，正義原則，公平原則あるいは平等原則ともいわれている．非人道的梅毒研究であるタスキギー事件（1932〜1972）の反省に立って作成されたベルモントレポートにより提唱（1978）された原則である．公正原則は人々を公平・平等に扱うことを要求している原則である．これは"等しい"ものは等しく扱う」ことを意味している．したがって，人々は，価値あるものを平等に受け取る権利があるので，医療においても，平等に治療を受ける権利がある．つまり，同様な状況にある患者に対しては，同様な首尾一貫した医療がなされる必要があるということである．しかし，この原則を実践するにあたって，なにを基準として"等しい"とするのかが，常に問題となる．とくに，医療資源が希少で限られている場合に，この公正原則は問題となる．たとえば，脳死臓器移植における希少な臓器の配分の優先順位，新型インフルエンザワクチンの接種順位などが，希少な資源配分の問題である．また，日常臨床における人的医療資源の配分では，たとえば人手不足の状況において，手のかかる重度の認知症の人に多くの時間を割いて，他の患者に十分に手が回らないということは，公正原則にかなうのかといった問題も出てくる．
⇨生命倫理の4原則

構成失行（コウセイシッコウ） 英 constructional apraxia 同 構成障害．物体や図版の細部を明確に知覚し，対象の構成部分の関係を把握して正しく再構成するための活動の障害．脳血管障害や認知症などにより，左または右の頭頂葉等の損傷が生じた場合に起こる視空間（認知）の障害のひとつ．構成という活動には，みたものを正しく認識し，脳内で再構成し，さらにそれを空間のなかで再現するという一連のプロセスが含まれる．つまり，再構成するという行為だけでなく，視覚認知，運動などさまざまな要素が含まれているため，「失行」の枠組みでは説明しがたい．この考えから，最近は「構成障害」とよばれることが多くなっている．図形の模写，自発描画，マッチ棒による図形の構成，コース立方体組み合わせテスト，ウェクスラー成人用知能検査第3版（WAIS-Ⅲ）の「積み木問題」等の構成課題で検出される．

構成障害（コウセイショウガイ） ➡構成失行を見よ．

抗精神病薬（コウセイシンビョウヤク） 英 antipsychotics／major tranquilizer. 大きく2つに分けられ，定型抗精神病薬と非定型抗精神病薬がある．前者は主に中脳辺縁系のドパミン作動性ニューロンのドパミンD_2受容体を遮断し，妄想や幻覚などの精神症状を軽減する．後者はドパミン作動性ニューロンのドパミンD_2受容体を遮断する作用に加えて，セロトニン$5HT_{2A}$受容体拮抗作用や穏やかなドパミンD_2受容体拮抗作用などを有する．これらは統合失調症の治療薬として用いられ，一部は双極性障害などに適応がある．現在日本で使われる非定型抗精神病薬には，①セロトニン・ドパミン拮抗薬（リスペリドン，パリペリドン，ブロナンセリン，ペロスピロン塩酸塩水和物），②多受容体作用物質（オランザピン，クエチアピンフマル酸塩，クロザピン），③ドパミン部分作動薬（アリピプラゾール），の8つがある．適応はないが，認知症の行動・心理症状（BPSD）の治療に使われることもある．
⇨向精神薬

抗精神病薬の副作用（コウセイシンビョウヤクノフクサヨウ） 英 side effects of antipsychotic. ドパミンD_2受容体遮断作用による錐体外路反応には，急性ジストニア，アカシジア，パーキンソン症候群，遅発性ジスキネジー，頻脈，低血圧，勃起不全，傾眠，高プロラクチン血症など，ムスカリン性アセチルコリン受容体遮断作用には，便秘，眼のかすみ，口渇など，ヒスタミンH_1受容体遮断作用による副作用には眠気，鎮静，体重増加などがある．$α_1$アドレナリン受容体遮断作用による低血圧，めまい，射精障害などがあり，過度のドパミン抑制によるといわれている悪性症候群などがある．とくに非定型抗精神病薬では体重増加，高血糖がみられ，リスペリドン以外では糖尿病を合併している患者では禁忌あるいは慎重投与となる．2005年にアメリカ食品医薬品局（FDA）は，オランザピン，アリピプラゾール，クエチアピンフマル酸塩，リスペリドンを使用した17の臨床試験結果（対象5,106人）から，これらの個々の非定型抗精神病薬では差はみられなかったが，全体では認知症高齢者の死亡率を1.6〜1.7倍に高めるという警告を行った．

向精神薬（コウセイシンヤク） 英 psychotropic drug. 狭義には日本において麻薬及び向精神薬取締法（昭和28年法律第14号）で個別に指定された物質を指す．広義には中枢神経系に作用し，精神活動に何らかの作用を及ぼす薬物の総称．抗精神病薬，抗うつ薬，気分安定薬，抗不安薬，睡眠薬，覚醒剤などが含まれる．精神活動に影響を及ぼす薬物の存在は古来より知られてきたが，近代では1952年にクロルプロマジン塩酸塩の統合失調症に対する効果が発見された時点から精神薬理学が始まったということができる．1957年にはブチロフェノン系の薬物であり，クロルプロマジン塩酸塩より優れた効果を有するハロペリドールが開発され，同時期に最初の三環系抗うつ薬であるイミプラミン塩酸塩が見いだされている．1984年には第1世代の非定型抗精神病薬であるリスペリドンが開発されている．2013年に，かかりつけ医のための行動・心理症状（BPSD）に対する向精神薬使用ガイドライ

ンが示された．
⇨抗精神病薬

厚生年金基金（コウセイネンキンキキン） ㊥ employees' pension fund．1階部分の基礎年金（国民年金保険），2階部分の厚生年金の上の3階部分に位置する認可法人およびそこでの給付のこと．厚生年金保険法（昭和29年法律第105号）を根拠法とする．加入員の老後の生活をより保障するため，老齢に対して給付を行う．すべての企業が厚生年金基金に加入しているわけではない．厚生年金基金に加入している企業に勤めている加入員は，厚生年金のかけ金に加えて厚生年金基金のかけ金も支払う．なお企業が半額負担することが原則である．

構造化面接法（コウゾウカメンセツホウ） ㊥ structured interview．事前に決められたインタビューの流れや質問項目に従って行われる面接法．回答も「はい」「いいえ」など自由度が少ないのが特徴である．調査者による影響が少ないとされ，調査目的に沿った回答が得られやすい．
⇨インタビュー法，半構造化面接法，非構造化面接法

梗塞（コウソク） ㊥ infarct／infarction．交通枝（吻合枝）をもたず毛細血管に移行する終動脈が閉塞し，血管の支配領域で血流がとだえ，酸素や栄養が細胞組織に行き届かず，酸欠に陥った部分が限局性に壊死する状態をいう．塞栓や血栓によることが多い．貧血性（白色）梗塞と出血性（赤色）梗塞とがある．貧血性梗塞は，血流が単一の血管系で供給されている組織でみられ，梗塞壊死部位に血流がないために組織中に血液が乏しく，白色梗塞ともよばれる．主に脳梗塞，心筋梗塞，脾臓，腎臓などでみられる．形状は閉塞された動脈部分を頂点とした円錐形を呈し，割面はくさび形となる．脳梗塞では壊死に陥った脳組織は融解壊死する（脳軟化症）．出血性梗塞は，梗塞壊死部位に血流があって組織中に血液を含み，赤色梗塞ともよばれる．血流が複数の血管系で供給されている組織，肺（肺動脈，気管支動脈），肝（肝動脈，門脈），腸，性巣などでみられる．梗塞が生じてからの経過により新鮮梗塞，陳旧性梗塞に区分される．

拘束帯（コウソクタイ） ➡抑制帯を見よ．

抗体（コウタイ） ㊥ antibody ㊛ Ab．抗体は，血液中や体液中に存在し，免疫の機能を担う糖タンパク分子で，リンパ球のうちB細胞によってつくられる．体内に侵入してきた細菌・ウイルスなどの微生物や，微生物に感染した細胞，特定のタンパク質などを抗原として認識し，結合する．抗体が抗原に結合してできた複合体を白血球やマクロファージといった食細胞が認識・貪食して，体内から除去するように働く．免疫グロブリン（immunoglobulin）ともよばれ，血漿中のγグロブリンに相当する．すべての抗体は，Y字型の4本鎖構造（軽鎖・重鎖の2つのポリペプチド鎖が2本ずつ）を基本構造としている．重鎖にはγ鎖，μ鎖，α鎖，δ鎖，ε鎖の，構造の異なる5種類があり，この重鎖の違いによって免疫グロブリンの種類が変わる（IgM，IgD，IgG，IgA，IgEの5種類）．1種類のB細胞は1種類の抗体しかつくれず，また，1種類の抗体は1種類の抗原しか認識できない．ヒト体内では，数億といった単位のB細胞がそれぞれ異なる抗体を作り出し，あらゆる抗原に対処しようとしている．
⇨γグロブリン

高窒素血症（コウチッソケッショウ） ㊥ azotemia．腎臓に行く血液が減少して腎機能が低下し，血液中の老廃物である窒素含有物が排泄されず，血中濃度が異常に高くなった状態をいう．血流が減少する原因として，脱水・嘔吐・下痢などによる血液量の減少，出血・熱傷など水分が体外に失われるような状態，あるいはショック，心不全などによる心臓の機能障害のため，腎血流が低下した状態，腎動脈塞栓症，腎動脈閉塞などがある．症状としては，尿量減少または無尿，意識障害，皮膚蒼白，頻脈，口渇，浮腫などがみられる．

高中性脂肪血症（コウチュウセイシボウケッショウ） ㊥ hypertriglyceridemia．脂質異常のうちで，血中の中性脂肪が異常に高い状態をいう．中性脂肪（中性脂質）は脂肪酸のグリセリンエステルのことで，血液中の中性脂肪はほとんどがトリグリセリドである．血中トリグリセリドが150mg/dl以上の場合とされ，高トリグリセリド血症ともいう．脂肪なので，血液中には溶けず，タンパク質と結合しており，リポタンパクとして存在する．男性，内臓脂肪型肥満の人に多く，心血管疾患と関連が深いとされ，動脈硬化症への影響も示唆されている．血中濃度が1,000 mg/dl以上のような異常高値の場合は急性膵炎の原因となることもある．中性脂肪は食事から摂取される以外に，肝臓でつくられるエネルギー源でもあるが，余った分は脂肪組織に蓄えられ，皮下脂肪，内臓脂肪とよばれる．高中性脂肪血症の原因として，生活習慣によるもの，家族性脂質異常症，他の疾患によって起こる二次性脂質異常症などがある．

高張性脱水症（コウチョウセイダッスイショウ） ㊥ hypertonic dehydration．電解質（主にナトリウム）より水分がいちじるしく失われている状態で，細胞外液の浸透圧が上昇して起こる脱水．高ナトリウム血症や水分欠乏性脱水ともいう．水分摂取量の低下・発熱（発汗）・多尿などによって出現する．自力で水分摂取が困難な乳幼児や高齢者に多くみられる．症状は，発熱や口渇感，口腔内粘膜・舌の乾燥，尿量低下（乏尿），倦怠感，血清ナトリウム濃度上昇（150mEq/dl以上），血清塩素濃度上昇（110mEq/dl以上）で，重症になると，不穏や興奮，見当識障害，昏睡などの精神障害がみられる．治療は，まず，生理食塩水液で細胞外液の不足を補正して，その後，5％ブドウ糖液を点滴する．とくに，認知機能に障害のある高齢者の場合は，日々の生活状況や健康状態を十分に観察して，水分摂取を促す必要がある．
⇨低張性脱水症

硬直（コウチョク） ㊥ rigidity．固く張ってこわばっている状態であり，医学的には，全身硬直と部分硬直がある．全身硬直には，スティッフパーソン症候群のような疾患や除脳硬直もあるが，てんかんやパニック障害，抗うつ薬の副作用によるセロトニン症候群などでも全身硬直が起こる場合がある．部分硬直では，筋肉の硬直がよく知られている．パーキンソン病などでみられる筋の固縮は，筋トーヌスが亢進している状態で，手足の関節の屈伸を受動的に行った場合に抵抗として感じられるものであり，錐体外路症状である．骨格筋を収縮させ，刺激を除くと正常の筋は弛緩するが，収縮の状態が長く続くのが筋強直性ジストロフィーなどの筋強直症候群にみられるミオトニアである．また，髄膜刺激症状のひとつとして，頭部を前方に屈曲させるときにのみ抵抗があり，左右に回転させるときには抵抗を感じない項部硬直がある．

⇨強直

公的年金（コウテキネンキン）英public pension. 老齢や障害, 生計維持者の死亡等を原因として所得の減少や中断, 喪失等が発生したとき, 国の管理運営上の責任および国民の共同連帯の下に社会保険方式で給付される年金. 日本国内に住所を有する20歳以上60歳未満のすべての国民が加入する国民年金（基礎年金）, その上乗せ年金として民間被用者などを対象とした厚生年金, 公務員や私立学校教職員などを対象とした共済年金の3種類がある. 国民年金の加入者は, 職業の違いなどによって第1号被保険者（自営業者など）, 第2号被保険者（民間被用者や公務員, 私立学校教職員など）, 第3号被保険者（第2号被保険者に扶養されている20歳以上60歳未満の配偶者）に区分されており, 保険料の納付方法はそれぞれの区分によって異なる. また, 保険料の納付を免除する仕組みが設けられており, 生活保護受給者などを対象とした法定免除のほか, 経済的理由により保険料の納付が困難な人を対象とした申請免除がある.

公的扶助（コウテキフジョ）英public assistance／public help／public support. 生活に困窮している人に対して, 国や地方公共団体が全額公費負担によって最低限度の生活を保障するために必要な給付を行うこと. 日本では, 社会保険や社会手当とともに所得保障制度のひとつとして位置づけられているが, 社会保険のように保険料の拠出を給付の前提条件としていないことから, 所得保障における最終的なセーフティネットとされている. 公的扶助の中核である生活保護制度は, 憲法第25条に規定された国民の生存権を保障するとともに, その自立を助長することを目的としている. 生活保護法に規定された各種の給付は, 先行して実施される資産調査によってその要否が判定される. また, 生活保護の給付においては, 要保護者が最低限度の生活を維持することができるように, その不足分を補う程度において行うものとされている.

抗てんかん薬（コウテンカンヤク）英antiepileptic drug／antiepileptic 略AED. 脳機能異常に基づく, 発作性の運動・感覚・自律神経の異常であるてんかん発作に対する薬物. 薬理作用としては, てんかん発作の焦点となる脳の局所の神経細胞の過剰な活動を抑制したり, 活動刺激が他の部位に伝わることを抑制したりすることである. 種類は, ①バルビツール酸誘導体（フェノバルビタール）, ②イミノスチルベン誘導体（カルバマゼピン）, ③ヒダントイン誘導体（フェニトイン）, ④GABAトランスアミナーゼ阻害薬（バルプロ酸ナトリウム）, ⑤ベンズイソキサゾール系（ゾニサミド）があり, てんかん発作のタイプや患者の年齢などにより選択する. これらの薬物は, 脳の機能低下自体を改善するというより, 発作が起こらないようにする対症療法であり, しばしば長期服用が必要となる.

後天性免疫不全症候群（コウテンセイメンエキフゼンショウコウグン）➡エイズを見よ.

行動異常（コウドウイジョウ）英abnormal behavior. 個人の行動のなにをもって異常とし, なにをもって正常とするのか. その判断はむずかしい. 一般には, ①文化的標準からの逸脱（個人が属する文化のなかで異常とみなされる）, ②統計的標準からの逸脱（統計的に発生頻度がいちじるしく低い）, ③行動の不適応性（個人や社会にとって害をなすとみなされる）, ④主観的苦痛（本人にいちじるしい心理的苦痛をもたらす）などが示された行動を異常として判断することを基準においている. これらの判断の基準については, 行動だけでなく, 思考, 感情においても同様である. これらの基準は単独で適用されるものではなく, 個人の行動に対しての総合的な判断が求められる. なお, 正常の基準としては, ①現実の適切な認識, ②行動を自発的に制御できる能力, ③自尊感情と受容, ④情緒的な関係を形成する能力, ⑤生産性, が挙げられる. 行動異常をもたらす精神疾患に関しての診断マニュアルとして, アメリカ精神医学会（APA）による精神疾患の診断・統計マニュアル第5版（DSM-5）, 世界保健機関（WHO）から出されている疾病及び関連保健問題の国際統計分類第10回改訂（ICD-10）がある.

合同家族（ゴウドウカゾク）➡複合家族を見よ.

行動観察（コウドウカンサツ）英behavioral observation. 行動を客観的に観察すること. 行動の観察の方法は多くあるが, 心理学においては, 実験的行動分析, 応用的行動分析などがあり, 環境をデザインする分野では, 行動の種類の時間量を分析するタイムスタディ, 行動の軌跡を分析するラインスタディ, 行動の滞在場所などを分析するスペーススタディという分類や, 生態的行動観察, 介入的行動観察など, 各分野でその手法が開発されている. 認知症の人など, 行動・心理症状（BPSD）の結果として行動に問題が生じることがあるので, どのようなときにどのような行動が生じるのか, 観察から原因を探り出すことになる. 時間, 場所, 対人関係など特定の要因でBPSDが出ることが多いので, 客観的な行動観察が必要である. 現場での行動観察は, 非参与型の生態的観察が望ましく, 観察者も本人に影響を与えないように注意する必要がある.

行動制限（コウドウセイゲン）英action restriction. 精神的な疾病等により他人に危害を加えたり, 本人の生命維持にかかわるような行動をとったりするときに, その行動を何らかの手段で制限する必要があるときに行われていた. しかし, このような重大な状況とは別に, 管理上, あるいはサービス提供者側の都合で行動を制限させてきた現実があり, 現在は虐待として位置づけられるようになり, 防止対策が求められるようになった. 認知症の人の場合, 危険状況の判断がむずかしいこともあり, 危険行動を未然に防ぐために, 行動を発生させないという環境的「行動制限」の工夫をすることがある. たとえば, 劇薬などの保管庫に鍵をかける, あるいはこのような部屋の入口を分かりにくいしつらえにして, むやみに入らないようにする, などである. ベランダ等の転落防止の柵も広い意味では「行動制限」のひとつでもある. このように本人の意思による行動を制限してはならないが, 危険に結びつく行動を発生させず未然に防ぐためのデザインは認知症の人にとって大事な工夫のひとつである.

⇨物理的行動制限

行動療法（コウドウリョウホウ）英behavior therapy. 本来, 心理療法のひとつであったが, 最近では認知療法と併せて, 認知行動療法として扱われることが多くなっている. 認知症ケアの分野においても利用され, リハビリテーション効果だけでなく, 認知症による適正でない行動を改善・修正させるために利用されている. 認知症によりできなくなった行動のなかには, 体で覚えていたこ

とがあり，記憶の改善等何らかのきっかけによりできるようになることもある．このように日常生活でできていた行動と，できていない状況との違いをみたり，できる行動でもしていない行動を見つけて生活のリズムをつくり，関連する行動ができるようにしたりするなど，本来の行動に近づけるように，指導，ケアをしていくことを目指すものである．

抗ドパミン薬（コウドパミンヤク） 英 antidopaminergic agent／dopamine antagonist 同 ドパミン拮抗薬．ドパミンの受容体に結合し，ドパミンの作用に拮抗する薬物．ドパミンは，体内でつくられるカテコールアミンであり，神経伝達物質のひとつである．薬理作用として，血圧上昇，消化管運動抑制，催吐作用などがある．ドパミンからノルエピネフリン，エピネフリンが生成される．脳内のドパミン受容体には，D_1受容体とD_2受容体があり，末梢のドパミン受容体には，血管平滑筋のDA_1受容体と，自律神経末のDA_2受容体がある．

⇨カテコールアミン

口内炎（コウナイエン） 英 stomatitis．口腔内粘膜の細菌性，ウイルス性あるいは原因不明の炎症病変をいう．病変が限局している場合には，口角炎，歯肉炎，舌炎などの別名がつけられる．物質的刺激やウイルス・真菌などの感染に原因がある原発性口内炎と，全身疾患や皮膚疾患の部分症状として現れる続発性口内炎がある．抗がん薬や免疫抑制薬の治療による副作用，抗生物質の投与による菌交代現象としても発症する．種類は，水泡性，カタル性，びらん性，潰瘍性，アフタ性，紅斑性などがある．原因は，カタル性口内炎は口腔内の不衛生やう齲（虫歯），義歯などによる刺激などがある．アフタ性口内炎はストレス，ビタミン不足，内分泌異常が原因で，口腔粘膜の発赤，腫脹，疼痛，唾液分泌過多，口臭，食欲低下などを呈する．治療は，テトラサイクリン塩酸塩含有の副腎皮質軟膏の塗布，ビタミンB_2・B_6・C剤の投与などがある．

高尿酸血症（コウニョウサンケッショウ） 英 hyperuricemia．血液中の尿酸値が異常に高い状態をいい，7mg/dlを超える場合を高尿酸血症とする．尿酸は，新陳代謝，運動によるエネルギー消費，食品摂取などにより生体内に生成されるプリン体が代謝されてできる物質である．高尿酸血症の原因は，産生過剰と排泄低下，混合型の3型がある．産生過剰型には，プリン体を多く含む食品の過剰摂取や肥満のほか，溶血性貧血，レッシュ・ナイハン症候群などの疾患によるものがある．排泄低下型には，慢性腎不全，高乳酸血症，1型糖尿病，妊娠高血圧症，利尿薬などがある．合併症として，痛風，尿酸結石，腎障害，動脈硬化症，高血圧などが知られている．

抗認知症薬（コウニンチショウヤク） 英 nootropic／antidementia drug．認知症に対する治療薬．中核症状に対する治療薬では，根本治療薬としては承認されたものはまだなく，現在使われているのは，症状の進行を遅らせる対症療法である．アルツハイマー病（AD）では，脳内のアセチルコリン合成系の活性低下がみられるので，アセチルコリン系を賦活する薬物が用いられる．日本で現時点で使用されている抗認知症薬は，ADに適応がある4種であり，最初に認可されたアセチルコリンエステラーゼ阻害薬（AChEI）であるドネペジル塩酸塩のみが長く使われてきたが，2011年，別のAChEIであるガランタミン臭化水素酸塩とリバスチグミン，さらにNMDA（N-methyl-D-aspartate）受容体拮抗薬であるメマンチン塩酸塩が認可された．認知症の行動・心理症状（BPSD）に対しても，薬物治療が行われることがあり，BPSDに対しては前述の薬物が有効な場合もあるが，日常診療では，定型・非定型抗精神病薬や抗うつ薬，抗不安薬，睡眠導入薬が，適応がないにもかかわらず使われている．

更年期（コウネンキ） 英 climacterium．女性の加齢に伴う生殖期から，非生殖期への移行期のことをいう．思春期より，卵巣から卵胞ホルモンであるエストロゲンが分泌され月経が始まり，妊娠が可能になる．40歳を過ぎるころから卵巣機能の低下により，エストロゲンの分泌が低下し，月経周期が乱れ，やがて卵巣の機能が停止し，閉経を迎える．日本人の平均閉経年齢は50歳であるが，個人差が大きい．閉経年齢前後の約10年間，卵巣機能が低下し始め，機能が停止するまでの時期を更年期という．この時期にエストロゲンの分泌が低下することで月経不順，顔のほてり，のぼせ，手足の冷え，動悸，めまい，抑うつ，不眠，頭重感，疲労感，肩こり，関節痛，手足のこわばりなどの更年期症状を自覚することがある．また，骨塩量（BMC）低下による骨粗鬆症や，血液中の脂質代謝変動によって脂質異常症や動脈硬化が起こりやすい状態となり，心筋梗塞，脳卒中などの心血管系疾患とも関連してくるようになる．

⇨更年期障害

更年期障害（コウネンキショウガイ） 英 climacteric disturbance／climacteric disorder／climacteric syndrome／menopausal disturbance．更年期（成熟期から老年期への移行期）に起こる自律神経系の失調症状を主とする症候群のことをいう．原因は，卵巣機能などの性腺機能の衰退により，視床下部（内分泌・自律神経系）に変調をきたすためと考えられている．症状は，①自律神経失調症状においては，のぼせ（ホットフラッシュ），発汗，動悸，めまい，②精神神経症状においては，情緒不安定，抑うつ，不安感，疲労感，③その他においては，腰痛，関節・筋肉痛，吐き気，食欲不振，皮膚の乾燥感，かゆみ，排尿障害，性交障害，外陰部の違和感などが挙げられ，症状の種類や程度には個人差が強く現れる．治療法は，薬物療法としてホルモン補充療法，漢方療法，精神安定薬，心理療法などが用いられ，心理的要因が強い場合は精神療法も有効となることがある．

⇨更年期

抗パーキンソン病薬（コウパーキンソンビョウヤク） 英 antiparkinson drug．パーキンソン病やパーキンソン症候群の治療薬．パーキンソン病では，脳線条体のドパミンが減少するが，ドパミン作動系の機能低下は，コリン作動系の機能亢進を招き，運動障害などの症状が出現する．抗パーキンソン病薬としては，①減少したドパミンを補うドパミン補充療法（L-ドパ，L-ドパ配合剤），②抗コリン薬（トリヘキシフェニジル塩酸塩など），③ドパミン遊離促進薬（アマンタジン塩酸塩），④ノルエピネフリン前駆体（ドロキシドパ），⑤ドパミン作動薬（ブロモクリプチンメシル酸塩，ペルゴリドメシル酸塩など），⑥ドパミン分解酵素のMAO-B阻害薬（セレギリン塩酸塩）がある．パーキンソン病の症状，程度，副作用の有無などにより選択，あるいは併用する．

⇨パーキンソン病

紅斑（コウハン）㊥ erythema. 皮膚にみられる発疹，皮疹のことで，皮膚面より隆起しない赤みを主体とした斑をいう．真皮乳頭部と乳頭下層の血管拡張のため，血管内の赤血球のヘモグロビンによって赤くみえる．ガラス板で圧迫すれば，紅色調は減少する（硝子圧法）ので，出血による紫斑と区別できる．紅斑ができることを発赤ともいう．また，紅斑を主とする皮膚疾患を紅斑症という．このなかには，強い全身症状を伴うもの，掻痒感があるもの，疼痛があるものなどがあり，原因もさまざまである．代表的なものに多形紅斑，ベーチェット病がある．

抗ヒスタミン薬（コウヒスタミンヤク）㊥ antihistamine. ヒスタミンは，アレルギーや炎症の際に抗原抗体反応の結果として遊離され，平滑筋の収縮（気管支平滑筋が収縮すると喘息が生ずる）や血管透過性の亢進（蕁麻疹，発疹，鼻炎など）などのアレルギー症状の原因となっている．この作用を担うヒスタミン受容体はH_1受容体とよばれ，抗ヒスタミン薬はこの受容体の作用を抑制することで，アレルギー症状を抑える．抗ヒスタミン薬は第1世代と第2世代に分類されている．第1世代は脂溶性が高いため脳血液関門を容易に通過して眠気，鎮静作用がある．第2世代は，鎮静作用は少ないものの肝臓で代謝されるためにほかの薬物との相互作用がみられる場合がある．

公費負担医療（コウヒフタンイリョウ）㊥ publicly funded health care. 国や地方公共団体が一般財源（租税）によって医療費を負担する制度であり，医療保障制度のひとつとして位置づけられている．公費負担医療の主たる種類としては，結核や感染症，特定疾患などを対象とした医療のほか，戦傷病者や原爆被爆者などを対象とした医療，生活保護法上の医療扶助，母子保健法上の養育医療，障害者総合支援法上の自立支援医療などが挙げられる．また，病気の種類や患者の重症度などの状態によって医療費の全額が公費負担として適用される場合と，医療保険給付が優先されて自己負担分に適用される場合に大きく区分される．

抗不安薬（コウフアンヤク）㊥ anxiolytic／minor tranquilizer. 向精神薬のひとつ．日常生活に支障をきたすような不安や焦燥などの症状を軽減する薬物の総称である．代表的な抗不安薬のベンゾジアゼピン系の薬物は中枢神経系で抑制的に作用する神経伝達物質である$γ$-アミノ酪酸（GABA）の作用を増強することにより抗不安作用をもたらす．抗不安薬は血中の半減期によって，短時間型（半減期3～6時間），中間型，長時間型，超長時間型（半減期100時間以上）に分類される．半減期が短ければ短いほど，迅速に血中濃度がピークに達し，その後，すみやかに血中から除去される．副作用には昼間の眠気などがあるが，とくに数週間以上服薬していると身体的な依存が形成される．この状態で服用を急にやめると，いらいらしていてもたってもいられないようになったり，けいれん発作などの重篤な症状が現れることがある．そのため世界保健機関（WHO）は30日以内の服用を推奨している．認知症の行動・心理症状（BPSD）に対して抗不安薬を使用すると転倒の大きなリスクになる．
⇨精神安定薬，向精神薬

興奮（コウフン）㊥ excitement／excitation. 興奮は，必ずしも病的な状態を指す言葉ではないが，ここでは病的な状態，つまり症状のひとつとして解説する．知情意という言葉があるように精神現象は大きく3つに分けられる．1つ目は知的機能であり，なにかについて知る働きである．2つ目は欲動あるいは意志で，なにかに対する働きかけであり，3つ目が感情で，なにかを知ることによって引き起こされる自分自身の変化である．五感を通して生じる感情や情動，観念によって生じる情動，そして感情から変化した持続的な気分がある．感情の特徴は，①状態であり，②内外の刺激に対する反応として起き，③意識や意志の関与がなく，④多くの場合，快・不快として体験される．また，広義の感情には，感覚や感情，情動，熱情，気分，情操がある．このなかで情動は臨床的にもっとも重要な感情であるが，情動の興奮性が減退した場合の典型例のひとつが感情鈍麻であり，興奮性の亢進が気分の安定性の欠如，あるいは易刺激性として現れる．また，認知症などでみられる興奮もある．
⇨焦燥感

硬膜下血腫（コウマクカケッシュ）㊥ subdural hematoma. 外傷により引き起こされる急性硬膜下血腫と慢性硬膜下血腫がある．認知症ケアの領域では，慢性硬膜下血腫が問題となるが，これは，硬膜下に新生被膜に包まれた流動血腫がたまった状態である．比較的軽い頭部外傷があり，何の症状もなく経過したあとに，3週間～3か月を経て，頭痛やさまざまな程度の意識障害などの頭蓋内圧亢進症状が現れ，片麻痺や失語症などの局所症状を伴う場合もある．さらに，日常の言動の変化，記憶障害など認知症の症状がみられることもある．外傷の既往がない場合もある．大部分は大脳半球，前頭・頭頂・側頭部に発生する．高齢者では，脳萎縮により，頭蓋骨と脳との間に余裕があるため，かなりの血液量にならないと症状が出現しないこともある．血腫の除去により，これらの症状が軽減する場合が多いが，繰り返し症状が出現する場合は，硬膜下-腹腔シャント術を行ったり，開頭術で被膜を取り除くこともある．

高密度リポタンパク質コレステロール（コウミツドリポタンパクシツコレステロール） ➡HDLコレステロールを見よ．

高齢化社会（コウレイカシャカイ）㊥ aging society. 総人口に対して高齢者（65歳以上の人）の割合が高くなっている社会のこと．国際連合の分類では65歳以上人口の比が7％を超えた社会を「高齢化した（aged）社会」としている．また，一般的に14％以上を高齢社会という．日本の65歳以上人口の割合は23％（2010年10月国勢調査）であり，2020年には29.2％，2030年には31.8％，2050年には39.6％になると推計されている．

高齢者（コウレイシャ）㊥ elderly person／senior citizen. 世界保健機関（WHO）の定義では65歳以上の人を高齢者としている．老人という言葉も使われているが，同じ年齢でも生物学的，生理学的，心理学的側面において相当の個人差があり，一律に年齢で何歳から老人とするかを区分することは困難である．加えて「老人」という語はよい意味では使われないこともあり，年齢が高いことを意味する「高齢者」という語が広く用いられるようになっている．ただし，法律上は「老人」という語が用いられており，老人福祉法でも，対象となる老人についての定義はされておらず，その解釈は社会通念にゆだねられている．国際的にみれば人口統計等で65歳を区切りとして用いていることが多く，具体的な施策の対象となる

老人の範囲については，65歳以上を原則としている．ただし，軽費老人ホーム（ケアハウス）やサービス付き高齢者向け住宅等は60歳以上の人を入所の対象としている．

⇨高齢者の医療の確保に関する法律

高齢者医療確保法（コウレイシャイリョウカクホホウ）➡
高齢者の医療の確保に関する法律を見よ．

高齢社会対策基本法（コウレイシャカイタイサクキホンホウ）㊀ Basic Act on Measures for the Aging Society. 1995年12月に制定された，国をはじめ社会全体として，高齢社会対策を総合的に推進するための法律（平成7年法律第129号）．基本理念として，①国民が生涯にわたって就業，その他の多様な社会活動に参加する機会が確保される公正で活力ある社会，②国民が生涯にわたって社会を構成する重要な一員として尊重され，地域社会が自立と連帯の精神に立脚して形成される社会，③国民が生涯にわたって健やかで充実した生活を営むことができる豊かな社会，の3点が挙げられている．基本的施策として「就業・所得」「健康・福祉」「学習・社会参加」「生活環境」「調査研究等」「国民の意見の反映」について明らかにした．本対策を総合的に推進する目的で高齢社会対策会議が設置され，内閣総理大臣を会長に全閣僚が委員として任命されている．

高齢社会対策大綱（コウレイシャカイタイサクタイコウ）
㊀ general politic measurement for the aged society. 高齢社会対策基本法（平成7年法律第129号）第6条の規定に基づき定められる，高齢社会対策の中長期にわたる基本的かつ総合的な指針．1996年7月に公表された大綱が，5年後の2001年12月に「高齢社会対策の大綱について」として見直されたものが廃止され，2012年9月7日，新たな高齢社会対策大綱が閣議決定された．この高齢社会対策大綱は，法第2条に掲げる次のような社会が構築されることを基本理念としている．①国民が生涯にわたって就業その他の多様な社会的活動に参加する機会が確保される公正で活力ある社会，②国民が生涯にわたって社会を構成する重要な一員として尊重され，地域社会が自立と連帯の精神に立脚して形成される社会，③国民が生涯にわたって健やかで充実した生活を営むことができる豊かな社会，これらの社会の構築に向け，①「高齢者」のとらえ方の意識改革，②老後の安心を確保するための社会保障制度の確立，③高齢者の意欲と能力の活用，④地域力の強化と安定的な地域社会の実現，⑤安全・安心な生活環境の実現，⑥若年期からの「人生90年時代」への備えと世代循環の実現という6つの基本的考え方に則り，高齢社会対策を進める指針が示されている．

⇨高齢社会対策基本法

高齢者虐待（コウレイシャギャクタイ）㊀ elder abuse. 高齢者虐待防止法によって規定されたもの．虐待を行う主体によって，「養護者による高齢者虐待」（高齢者を現に養護する，たとえば同居や近居の親族等による虐待）と「養介護施設従事者等による高齢者虐待」（介護保険法，老人福祉法で規定されている施設・事業で業務に従事している人による虐待）の2つに大別されている．それぞれに，身体的虐待，心理的虐待，放棄放任，性的虐待，経済的虐待の5種別の虐待が定義され，虐待を受けている高齢者や養護者の「虐待の自覚」を問わず，「客観的事実」に基づいて虐待をとらえ，早期発見・早期対応を行うことが重視されている．厚生労働省が毎年発表している調査結果では，要介護状態の被虐待高齢者の約7割に認知症があることが把握されており，認知症の人のケアの充実が，虐待の予防につながると考えられる．また同様に，単身介護者が虐待に至りやすいことも分かっており，介護者の孤立を防ぐことも虐待予防につながるのである．

⇨虐待，高齢者虐待の防止，高齢者の養護者に対する支援等に関する法律

高齢者虐待の防止，高齢者の養護者に対する支援等に関する法律（コウレイシャギャクタイノボウシコウレイシャノヨウゴシャニタイスルシエントウニカンスルホウリツ）㊀ Act on the Prevention of Elder Abuse, Support for Caregivers of Elderly Persons and Other Related Matters ㊂ 高齢者虐待防止法．高齢者虐待を防止し，高齢者の尊厳を護ることを目指すものである（平成27年法律第31号）．そのため，虐待に至った養護者への支援もうたっている法律である．市町村に高齢者虐待防止の対応責務が課せられており，市町村・地域包括支援センターが通報の受付，事実確認，支援のキーコーディネートを行っている．必要な場合には，市町村は「立入調査」，老人福祉法の「やむを得ない事由による措置」による保護・分離，「面会制限」，成年後見の「市町村長申立」といった権限を行使することができるようになっている．保健医療福祉関係者には早期発見義務があり，発見した場合には通報することとされている．また，高齢者保護の施策に協力する義務も課せられている．さらに，高齢者虐待防止法は，施設・事業所に対して，従事者等が虐待を行わないために，「研修の実施」「苦情対応体制の整備」等を図ることを義務づけている．

⇨地域包括支援センター

高齢者虐待防止ネットワーク（コウレイシャギャクタイボウシネットワーク）厚生労働省が，高齢者虐待の防止，高齢者の養護者に対する支援等に関する法律（高齢者虐待防止法）第3条，16条をもとに推進しているネットワークのこと．市町村が「高齢者虐待防止ネットワークを活用し，高齢者虐待の防止から個別支援に至る各段階において関係機関・団体等と連携協力し，虐待のおそれのある高齢者や養護者・家族に対する多面的な支援を行う」として，以下の3つのネットワークを構築することが推進されている．①「早期発見・見守りネットワーク」：近隣住民や自治会，民生委員などから構成され，普段の生活から相談を受けたり，生活の変化に気づいたりすることによって虐待の早期発見につなげる．②「保健医療福祉サービス介入ネットワーク」：居宅介護支援事業所などのケアマネジメント機関や訪問介護の事業所等から構成され，日常的に支援を行うなかで虐待防止や早期発見に努めチームで検討・対応する．③「関係専門機関介入支援ネットワーク」：警察，消防，保健所，医療機関，裁判所，法律関係者等，通常の相談範囲を超えた専門的な対応が必要な機関から構成され，機関立ち入り調査や緊急時の対応など市町村の権限発動に協力する．

⇨高齢者虐待の防止，高齢者の養護者に対する支援等に関する法律

高齢者虐待防止法（コウレイシャギャクタイボウシホウ）
➡高齢者虐待の防止，高齢者の養護者に対する支援等に関する法律を見よ．

高齢者講習（コウレイシャコウシュウ） 運転免許証の更新期間が満了する日における年齢が70歳以上になる高齢者，または運転免許証を失効させ，再び免許を取得する際に70歳以上になる高齢者に対する講習．道路交通法の改正で，1998年から義務化された．高齢者講習の内容には，①ビデオなどで交通ルールを再確認すること，②機械を使って動体視力や夜間視力などを測ること，③車を運転して指導員から助言を受けること，④危なかった点などを話し合うことが含まれる．75歳以上の高齢者は，講習の前にさらに講習予備検査を受ける必要がある．また，加齢に伴う身体機能の低下が自動車等の運転にいちじるしい影響を及ぼしているかどうかの確認として行われる「チャレンジ講習」に合格すれば，「特定任意高齢者講習（簡易講習）」を受講することで高齢者講習が免除される．

高齢者サロン（コウレイシャサロン） 高齢者の外出機会が減少して，しだいに社会との接点を失うなど，いわゆる「閉じこもり」を個人の問題として放置せず，高齢者を孤立させない社会的な仕組みのひとつとして「サロン活動」がある．活動の特徴は，①歩いて行ける場所，②参加が自由，③できる人ができることを楽しみながら，④やりたいことをやる，であり，サロン活動の効果は，「外出のきっかけ」をつくり，①地域とつながる・仲間ができる，②こころの健康づくり，③体の健康づくり，④情報を受け取ることができることである．自宅から近く，顔見知りや気心の知れた人間関係のなかで，楽しみの活動や介護予防につながる軽易な運動，おしゃべりなどが魅力となって，高齢者の外出機会につながっている．これらは全国老人クラブ連合会が推進しているものであるが，全国社会福祉協議会では，地域のなかで，高齢者に限らず，障害児・者，子育て中の人が，生きがい活動と元気に暮らすきっかけを見つけ，地域の人同士のつながりを深める自主活動の場として，また，地域における交流の場を通して，住民の地域への関心を深め，近隣での見守りや助け合いを育む地域づくりの一環として広められている．高齢者の増加に伴い，さまざまな民間団体や住民組織等によるサロン活動が活発に進められ，名称，内容も多種多様である．自治体や社会福祉協議会等が規定を設け，助成金を支給する等の援助をしているところもある．

高齢者，障害者等の移動等の円滑化の促進に関する法律（コウレイシャショウガイシャトウノイドウトウノエンカツカノソクシンニカンスルホウリツ） Ⓔ Act on Promotion of Smooth Transportation, etc. of Elderly Person, Disable Person, etc. Ⓙ バリアフリー新法．高齢者，障害者等の自立した日常生活および社会生活を確保することで，公共の福祉の増進に資することを目的とした法律（平成18年法律第91号）．公共交通機関の旅客施設および車両等，道路，路外駐車場，公園施設ならびに建築物の構造および設備を改善するための措置，一定の地区における旅客施設，建築物等およびこれらの間の経路を構成する道路，駅前広場，通路その他の施設の一体的な整備を推進するための措置その他の措置を講ずることにより，高齢者，障害者等の移動上および施設の利用上の利便性および安全性の向上の促進を図ろうとするものである．従来の交通バリアフリー法とハートビル法を一本化し，旅客施設，特定建築物（学校，病院，劇場，ホテル，老人ホーム等），建築物特定施設（出入口，廊下，階段，エレベーター，便所，敷地内の通路等）などについて，高齢者や障害者が移動等を円滑に行えるようにするための基準が定められている．

高齢者生活福祉センター運営事業（コウレイシャセイカツフクシセンターウンエイジギョウ） Ⓔ welfare center of aging life. 高齢者に対して，介護支援機能，居住機能および交流機能を総合的に提供することにより，安心して健康で明るい生活を送れるように支援し，さらに高齢者の福祉の増進を図ることを目的とする事業．居住部門を指定通所介護事業所等に合わせ，またはその事業所等の隣地に整備した小規模多機能施設（生活支援ハウス）において実施する．実施主体は市町村．①高齢等のため居宅において生活することに不安のある人に対して必要に応じた住居の提供，②居住部門利用者に対する各種相談，助言，緊急時の対応，③居住部門利用者に対する介護サービスおよび保健福祉サービスの利用手続きの援助，④利用者と地域住民との交流を図るための各種事業および交流のための場の提供等，を行う．

高齢者世帯（コウレイシャセタイ） Ⓔ elderly household. 厚生労働省が実施する国民生活基礎調査における世帯類型のひとつで，65歳以上の人のみで構成されるか，もしくはこれに18歳未満の未婚の人が加わった世帯をいう．65歳以上の人1人のみの一般世帯を高齢者単独世帯，また夫65歳以上，妻60歳以上の夫婦1組のみの一般世帯を高齢夫婦世帯という．
⇨高齢者単独世帯

高齢者専用賃貸住宅（コウレイシャセンヨウチンタイジュウタク） 国土交通省と厚生労働省が連携し，住宅と福祉の両面から進めてきた高齢者の住まいの総合的な対策の一環で，高齢者住まい法に規定する高齢者の入居を受け入れる賃貸住宅（高齢者円滑入居賃貸住宅）のうち，高齢者単身・夫婦世帯に賃貸するもの．2011年4月の改正により高齢者向け優良賃貸住宅とともに廃止され，サービス付き高齢者向け住宅に一本化された．一般的に略して高専賃（こうせんちん）とよばれ，高齢者が円滑に入居し安心できる賃貸住宅市場の整備を目的に，2001年10月1日に全面施行された「高齢者の居住の安定確保に関する法律」に基づくものである．
⇨高齢者の居住の安定確保に関する法律

高齢者総合相談センター（コウレイシャソウゴウソウダンセンター） Ⓔ information and guidance service for the elderly Ⓙ シルバー110番．高齢者およびその家族が抱える各種の心配ごと，悩みごとを解決するため各種情報を収集，整理し，電話相談，面接相談等に応じるほか，高齢者の居住環境の改善に関する啓発，研修，福祉機器の展示，情報誌の発行等も行っている．各都道府県に1か所設置されており，プッシュホンで「♯8080（ハレバレ）」を押せば地域のセンターにつながるようになっている．

高齢者単独世帯（コウレイシャタンドクセタイ） Ⓔ old single-person household. 65歳以上の高齢者のうち，ひとり暮らしをしている世帯のこと．2012年の調査では，高齢者のいる世帯のなかで23.3％を占め，夫婦のみの世帯の30.3％についで多い．高齢者単独世帯では認知症の発症により，自身になにかあった場合等において，まわりに支援を求めることなどの判断・発言がむずかしい．したがって全国の自治体は，高齢単独世帯の把握，地域

高齢者の医療の確保に関する法律（コウレイシャノイリョウノカクホニカンスルホウリツ）⊛ Act on Assurance of Medical Care for Elderly People ㊉ 高齢者医療確保法．①国民の高齢期における適切な医療の確保を図るため，医療費の適正化を推進するための計画の作成および保険者による健康診査等の実施に関する措置を講ずること，②高齢者の医療について，国民の共同連帯の理念等に基づき，前期高齢者にかかわる保険者間の費用負担の調整，後期高齢者に対する適切な医療の給付等を行うために必要な制度を設けること，によって国民保健の向上および高齢者の福祉の増進を図ることを目的とする法律（昭和57年法律第80号）．2006年の「健康保険法等の一部を改正する法律」により，2008年度から老人保健法の名称を変更し施行された．これにより75歳以上の後期高齢者に対し後期高齢者医療制度が創設され，これまでの保健事業は健康増進法へと移行した．また，40歳以上のメタボリック症候群への対策，ひいては生活習慣病の予防のため「特定健診・特定保健指導」を健保・組合など医療保険者が実施する制度が始まった．

高齢者の居住の安定確保に関する法律（コウレイシャノキョジュウノアンテイカクホニカンスルホウリツ）⊛ Act on Securement of Stable Supply of Elderly Person Housing．高齢者が日常生活を営むため，必要な福祉サービスの提供を受けることができる良好な居住環境を備えた高齢者向けの賃貸住宅等の登録制度を設けるとともに，良好な居住環境を備えた高齢者向けの賃貸住宅の供給を促進するための措置を講じ，併せて高齢者に適した良好な居住環境が確保され高齢者が安定的に居住することができる賃貸住宅について終身建物賃貸借制度を設ける等の措置を講ずることにより，高齢者の居住の安定の確保を図り，もってその福祉の増進に寄与することを目的とした法律（平成13年法律26号）．高齢者世帯向け賃貸住宅制度，高齢者の入居を拒まない民間賃貸住宅の登録制度，終身建物賃貸借制度等が盛り込まれている．本法律により，「高齢者円滑入居賃貸住宅」「高齢者専用賃貸住宅」「高齢者向け優良賃貸住宅」の概念がなくなった．
⇨高齢者専用賃貸住宅，高齢者向け優良賃貸住宅

高齢者福祉（コウレイシャフクシ）⊛ welfare for the aged．高齢者の福祉の向上に資する施策や諸活動のことを指す．老年期には，身体・精神機能の低下，社会活動の機会の減少，経済力の低下，家族・友人・知人などの死別などを経験する．それに伴い，健康・経済・労働・生きがい・住宅・対人関係などに関連する生活課題に直面することになる．一方で，少子高齢化の進行により，家族機能の低下，高齢者世帯の増加，老親扶養意識の変化等が生じるため，それらの課題の解決が困難となり，社会的対応が必要となった．また，高齢者人口の増加を背景に，老人福祉の対象は国民一般へ拡大し，そのニーズも多様化している．これらの課題を解決するための施策，諸活動が老人福祉といえる．そのため，国は，1995年に高齢社会対策基本法，それに基づく政府の総合的な高齢社会対策のうち，長期的な指針として高齢社会対策大綱を定め，これら多様なニーズに対して，各分野が別個に対応するのではなく，社会全体として取り組む必要があることを示している．

高齢者保健福祉推進10か年戦略（コウレイシャホケンフクシスイシンジュッカネンセンリャク）⇨ゴールドプランを見よ．

高齢者向け優良賃貸住宅（コウレイシャムケユウリョウチンタイジュウタク）⊛ high quality rental housing for the elderly．高齢者の居住の安定確保に関する法律（平成13年法律26号）に基づき，バリアフリーなどの一定の建築基準・サービス基準などを満たして都道府県知事の認定を受けたもの．2011年4月の法改正により「高齢者円滑入居賃貸住宅」「高齢者専用賃貸住宅」とともに廃止され，一本化する形で「サービス付き高齢者向け住宅」制度が始まった．

口話（コウワ）⊛ oral communication．聴覚障害者が，相手が話す音声言語を読話によって理解し，自らも発語により音声言語を用いて意思伝達を行う方法．話し手の唇や顔面筋肉の動きから話された言葉を理解する読話（読唇ともいう），発音・発話，残存聴力の活用による聴き取りに基づいている．聴覚障害者が視覚，触覚，筋感覚を利用して音声言語の発音を習得し，声で話すことをいう．

誤嚥（ゴエン）⊛ mis-swallowing／accidental aspiration．飲食物があやまって食道ではなく気管に入ってしまうこと．水分や食物を口から取り込み，咽頭から食道・胃へと送り込むことを嚥下といい，5つの時期に分けられている．①先行期：飲食物の形や量，質などを認識する，②準備期：飲食物を噛み砕き，飲み込みやすい形状にする，③口腔期：飲食物を口腔から咽頭に送り込む，④咽頭期：飲食物を咽頭から食道に送り込む，⑤食道期：飲食物を食道から胃に送り込む．この嚥下機能が加齢や疾患により低下する，または腫瘍などにより通過しにくい，といった状態から，誤嚥を引き起こす．誤嚥し，むせる，咳き込むといった外見から誤嚥の発生が明らかに分かるものを顕性誤嚥という．誤嚥が起こってもむせが起きないものを不顕性誤嚥という．飲食物だけでなく，唾液が気管に入る場合もあり，肺に細菌が入り肺炎を引き起こすきっかけにもなる．高齢者では不顕性誤嚥が増加し，夜間に起こりやすい．
⇨嚥下

誤嚥性肺炎（ゴエンセイハイエン）⊛ aspiration pneumonia ㊉ 嚥下性肺炎．飲食物や唾液があやまって食道ではなく気管に入ってしまうことを誤嚥といい，その結果生じる肺炎．誤嚥後，肺炎を発症するかは，身体状況，誤嚥した内容物（病原体の種類や量）などが影響し，必ず発症するものではない．むせる，咳き込むなど誤嚥の発生が明らかな顕性誤嚥に比べ，睡眠中など無意識のうちに，唾液が気道に入る不顕性誤嚥により起こる場合が多い．脳卒中などにおいて，神経伝達物質が欠乏し，咳反射（咳やむせといった動作）や嚥下反射（うまく飲み込めない）の神経活動が低下して起こる．高齢者に多く発症し，再発を繰り返すのが特徴．症状は，発熱，咳，喀痰などであるが，高齢者では典型的な症状が出現しない場合もあり，発見が遅れる可能性がある．肺炎の治療とともに，誤嚥を予防することが重要で，口腔ケアにより，肺炎病原菌の定着予防，飲み込みやすい食事などの工夫，食事中・食後，また就寝中に上体を起こすなど体位の工夫が必要である．

五感の刺激（ゴカンノシゲキ）⊛ stimulus of five senses．比較的遠方の情報をとらえることができる視覚はみている方向の情報を得るのに適しており，聴覚はほぼ全方位

からの情報を得ることができる．嗅覚，触覚，味覚は近距離あるいは直接接しているときに得られる感覚である．それぞれの感覚は特徴をもちお互いに補完しており，全体として生命を維持するための機能を果たしているとされている．また，嗅覚は記憶との関係が強く，記憶を喚起する働きがあるといわれている．これら，だれもがもっている五感であるが，認知症の人の場合，認知のレベルや判断のレベルなどで十分機能しないものもある．これら五感全体を生かした生活をすることにより，認知症により機能しにくくなった感覚を働かせることが重要である．食事の前には食べ物の香りがして空腹感を確認する，栄養だけでなくテーブルのしつらえや食器なども考え「みた目も含めた美味しさ」を提供する，夏は暑さを，冬は寒さを感じるなど，施設では後回しにしがちな対応が生活では重要である．
⇨環境刺激

呼気胸郭圧迫法（コキキョウカクアッパクホウ）➡スクイージングを見よ．

小刻み歩行（コキザミホコウ） 英brachybasia 仏marche à petits pas．小股歩行ともいう．パーキンソン様歩行に似ているが，前進はゆっくりであり，歩幅は小さく，足は地面を離れず，滑らすように足を前に出す．突進現象はなく，パーキンソン病患者にもみられることがあるが，大脳基底核に両側性病変がある場合にみられ，アルツハイマー病（AD）でもみられることがある．筋緊張は亢進しているが，歯車様固縮より，Gegenhaltenあるいは鉛管様固縮，または攣縮と固縮の混じった症状（rigo-spasticity）を示すことが多い．
⇨パーキンソン症候群

語義失語（ゴギシツゴ） 英gogi aphasia 同意味性失語．失語の「意味型」ともよばれる．語義失語は超皮質性感覚失語の一型であり，復唱は良好であるが名詞や具体語の意味，すなわち，語義の理解に障害をもつことが特徴である．たとえば，利き手はどちらかたずねられ「利き手って何ですか？」と聞き返すように，文の理解に障害は認めず，質問文中の語彙だけを正確に切り取って聞き返すというような独特な反応がみられる．なお，左側頭葉萎縮優位の意味性認知症（SD）例でも語義失語が初期から認められるが，語義失語が言語の問題に限定されるのに比べ，SDでは視覚，嗅覚，触覚などのさまざまな知覚表象を経由しても対象となる「モノ」の理解ができなくなる点が特徴的であり，このような特徴から，認知症と分類されている．
⇨失語〔症〕，意味性認知症，意味記憶，前頭側頭葉変性症

呼吸（コキュウ） 英respiration．酸素（O_2）を外気から摂取し，細胞内に移送するとともに，細胞内で産生された二酸化炭素（CO_2）を外気に排出することをいう．肺で行われるガス交換を外呼吸，全身の組織で行われるガス交換を内呼吸という．呼吸とは一般的に，外呼吸を指す．外呼吸に必要な要素は，換気，拡散，肺血流である．換気（吸気と呼気）は，大気と肺胞間で行われる気体の出入りで，吸気によって気体を取り込み，呼気によって気体を外へ排出する．換気が不十分な場合，肺胞への新たな酸素供給は不足し，体内には二酸化炭素が貯留する．肺胞と肺毛細管血との間で行われる酸素と二酸化炭素の交換は，拡散によって行われる．また肺への気体の出入りのみではガス交換はうまくいかず，酸素が肺胞に入ってきても，その肺胞に血液がなければ体は酸素を取り込むことはできない．加齢とともに肺胞が拡張し，予備呼吸量が減少するため残気量が増加するうえ，呼吸筋の筋力低下，胸壁の硬化などにより換気が不十分になりやすい．安静時の成人の呼吸数は1分間に12〜18回で，1回の換気量は500ml程度である．

呼吸困難（コキュウコンナン） 英dyspnea／labored breathing／difficulty breathing．呼吸する際に不快感や苦痛などの自覚症状がある場合や，努力性の呼吸が他者からみて観察されている状態をいう．両者がある場合もある．呼吸困難は，酸素欠乏で起きるが，肺性呼吸困難のほか，心臓性呼吸困難，貧血性呼吸困難，運動性呼吸困難，アシドーシス性呼吸困難，情動性呼吸困難，脳性呼吸困難などの種類があり，さまざまな原因・要因で生じる．また，起こり方により，突発性呼吸困難や発作性呼吸困難，持続性呼吸困難があり，呼吸相による分類では，吸気性呼吸困難，呼気性呼吸困難，混合性呼吸困難がある．動脈血液ガスや血液，胸部X線，肺機能などの検査により診断され，安静療法や薬物療法，吸引や吸入療法，酸素吸入が行われる．

呼吸不全（コキュウフゼン） 英respiratory insufficiency／respiratory failure．「呼吸機能障害のため動脈血ガス（とくにO_2とCO_2）が異常値を示し，そのため正常な機能を営めない状態であり，室内空気呼吸時の動脈血酸素分圧（PaO_2）が60Torr以下となる呼吸器系の機能障害，またはそれに相当する状態」と定義されている．そのなかでも動脈血炭酸ガス分圧（$PaCO_2$）が45Torr以下のものがⅠ型呼吸不全，45Torr以上がⅡ型呼吸不全と分類される．呼吸不全状態が1か月以内に急性に起こる場合を急性呼吸不全といい，1か月以上続く状態を慢性呼吸不全という．急性呼吸不全の原因は，肺炎や熱傷，多発性外傷などで，呼吸困難を伴うものが多く，呼吸や脈の回数が増加する．慢性呼吸不全の原因は肺気腫などの慢性閉塞性肺疾患や気管支拡張症などで，自覚症状が出にくいため，注意が必要である．

国際アルツハイマー病協会（コクサイアルツハイマービョウキョウカイ） 英Alzheimer's Disease International 略ADI．世界中のアルツハイマー病協会のためのネットワークとして，もっとも優れた実践の情報，技術，モデルを共有し交換し合うために1984年に設立された団体．ロンドンに本部をおき，アメリカでは非営利団体として記されている．また，1996年から世界保健機関（WHO）と公式な関係をもっており，認知症の人やその家族を支援することを主な活動としている非営利の団体である．具体的な活動としては，①9月21日を認知症本人や家族への施策の充実を目的とする「世界アルツハイマーデー」と1994年に制定し，2012年より9月を世界アルツハイマー月間とし，世界各国で啓発活動を行っている．また，②発展途上国で認知症の人の増加やその影響についての調査や，研究の支援を行ったり，③医療従事者，認知症の人や家族，ボランティアが参加する国際会議を主催して，認知症に関する的確な情報をインターネットや書籍を通して発信するなどをしている．「公益社団法人認知症の人と家族の会」は，1992年からADIに加盟している．

国際疾病分類（コクサイシッペイブンルイ）➡疾病及び関連保健問題の国際統計分類を見よ．

国際障害分類（コクサイショウガイブンルイ）ⓔ International Classification of Impairments, Disabilities and Handicaps ⓡ ICIDH. 1981年の国連障害者年の前年にあたる1980年に制定された「機能障害・能力障害・社会的不利の国際分類」に始まる．障害者の増加や人権尊重の考えに基づくもので，疾患や事故により，機能・形態障害が起こり，それにより社会的不利をこうむる障害と生活機能を分類したものである．その後，障害のマイナス面を分類するという考え方から，生活機能というプラス面をみる視点に変わり，2001年には改訂が行われ，環境因子等の観点もつけ加えられた．その新しい分類はICFと略され，日本語では「国際生活機能分類」とされており，「心身機能・身体構造」「活動」「参加」「環境因子」の因子で構成されている．「環境因子」が加わったことで，障害者だけでなく，すべての人の保健・医療・福祉の考え方の基盤となりうる分類となった．
⇨機能障害, 能力低下, 社会的不利

国際生活機能分類（コクサイセイカツキノウブンルイ）ⓔ International Classification of Functioning, Disability and Health ⓡ ICF. 人間の生活機能と障害の分類方法として，2001年5月，世界保健機関（WHO）の総会において採択された．それまでは障害に関する国際的な分類としてWHOが1980年に疾病及び関連保健問題の国際統計分類（ICD）の補助として公表した「国際障害分類（ICIDH）」が用いられていたが，改訂版としてICFが採択された．ICIDHは障害を機能障害，能力障害，社会的不利という3つの次元でとらえ，「心身機能の喪失や異常」「日常生活を送るための能力の低下」「社会的活動の制約」といったマイナスの側面が強調されていた．一方で，ICFでは生活機能というプラス面を含めて中立的視点からみるように視点を転換している．社会環境要因をより重視し，「心身機能・身体構造」「活動」「参加」という3つの次元とそれらの相互作用のモデルを提案したのが特徴である．また環境因子と個人因子により，健康状態に影響することを示した．
⇨背景因子, 環境因子, 個人因子

告知（コクチ）ⓔ disclosure. 以前は「病名告知」といわれ，医師のパターナリズムから，がん患者などに，真実の病名を告げないといったことが日常的に起こっていた．しかし，その後，患者の「知る権利」が尊重されるようになり，現在では，多くの医師が病名告知を行っている．また，患者の今後の医療ケアや生活を考慮した場合，告知されるべきものは病名だけではなく，病態や病状，治療法についての選択肢，予後，さらにはサポート体制などの社会資源や医療ケアチームのかかわり方についても情報を提供することが望ましい．したがって，告知（disclosure）を，今後は真実告知（truth telling）とよぶのが適切であろう．医師による告知は，患者本人に意思能力があるときには，原則として本人に対して行われる．そして，本人が，家族の同席を拒否するといった例外的ケースを除いては，家族は本人に対する精神的支援や日常介護においてもっとも重要な役割を果たすことになるため，本人の了解を得て，介護にあたる家族もいっしょに告知がなされるのが望ましい．しかし，本人に意思能力がないときには，本人は情報を理解・認識・保持できず，かえって混乱をきたすだけで，告知は意味をなさなくなる．そのような場合には，一般的には家族に伝えることになる．ただし，認知症だからといって，すべての人が意思能力がないわけではないので，本人に告知を受けるのにふさわしい意思能力があるのかどうか，適切に判断する必要がある．告知は，患者・家族・医療ケアチームが今後，継続して信頼関係を深めていく出発点であり，①心理的配慮，②タイミング，③告知の内容，について配慮し，継続して支援する姿勢が重要である．

コグニスタット ⓔ Neurobehavioral Cognitive Status Examination ⓡ COGNISTAT／NCSE. 認知機能の多面的評価を目的に，アメリカで開発された心理検査の日本語版である．この検査では，成人の認知機能を複数の下位検査によって評価し，その結果に基づいて，保持されている能力と，障害されている能力の判断が可能な検査である．下位検査には，①時間・場所・自己に関する認識を反映する「見当識」，②注意の持続や短期記憶を反映する「注意」，③指示の理解と行為を反映する「理解」，④聴覚言語の受容と表出を反映する「復唱」，⑤視覚認知，言語表出，意味記憶を反映する「呼称」，⑥視覚構成，視覚・運動協応，視覚性短期記憶，筆記技能などを反映する「構成」，⑦近時記憶・エピソード記憶の記銘，保持，想起を反映する「記憶」，⑧ワーキングメモリーや計算スキルを反映する「計算」，⑨抽象的思考・類推力や語彙知識を反映する「類似」，⑩一般知識や状況理解力を反映する「判断」があり，これらの検査得点（素点）を標準得点に換算し，プロフィールを作成する．認知症の臨床評価における有用性が高く，そのことを支持する研究も複数報告されている．
⇨改訂長谷川式簡易知能評価スケール, Mini-Mental State Examination

国民皆年金（コクミンカイネンキン）ⓔ universal coverage of public pension insurance. すべての国民を何らかの公的年金制度の対象とすること．日本では自営業者や無業者も含め，原則として20歳以上60歳未満の全国民が公的年金制度に加入している．1957年の社会保障制度審議会の「国民年金制度に関する基本方策」の答申のなかで方向が示され，1959年に国民年金法が成立，1961年に国民年金制度による国民皆年金が確立された．その後，1985年の法改正により基礎年金制度が導入され，基礎年金（国民年金）と会社員などが加入する被用者年金（厚生年金）などの上乗せ部分からなる「2階建て」の体系に組み直された．この制度により，老後すべての人が老齢基礎年金を受け取ることができ，加えて厚生年金加入者は老齢厚生年金などを受け取ることができる．

国民皆保険（コクミンカイホケン）ⓔ universal coverage of health insurance. すべての国民に何らかの医療保険制度を適用すること．日本では1958年の国民健康保険法（昭和33年法律192号）の全文改正により，1961年から全国で国民健康保険事業がスタートし，だれでも保険医療を受けられる「国民皆保険」体制が確立した．全国民は，各種共済組合・組合管掌保険・国民健康保険・政府管掌保険・船員保険のうちいずれかに加入することとなる．なお75歳の誕生日に後期高齢者医療制度に移行し，国民健康保険から自動的に脱退し，後期高齢者だけの独立した医療制度に組み入れられる．

国民健康保険法（コクミンケンコウホケンホウ）ⓔ National Health Insurance Act. 国民健康保険事業の健全な運営を確保し，もって社会保障および国民保険の向

上に寄与することを目的とする日本の法律（昭和33年法律192号）．経緯としては，1938年に農村における農民の医療確保を目的に法律第60号として制定された同名の法律を全面的に改正し，国民の疾病，負傷，出産または死亡に関して必要な保険給付を行うものとした．市町村および特別区，国民健康保険組合を保険者とし，当該の市町村または特別区の区域内に住所を有する人を被保険者とする．

国民年金基金（コクミンネンキンキキン） 英 national pension fund. 国民年金法の規定に基づく公的な年金であり，国民年金（老齢基礎年金）とセットで，自営業者など国民年金の第1号被保険者の老後の所得保障の役割を担う制度．サラリーマン等との年金額の差を解消するための公的な年金制度として1991年に創設された．これにより，自営業者などの公的な年金は，国民年金（老齢基礎年金）と国民年金基金からなる「2階建て」となった．

国民年金法（コクミンネンキンホウ） 英 National Pension Act. 1959年に制定された，国民年金制度について定めた日本の法律（昭和34年法律第141号）．その目的は，第1条に「国民年金制度は，日本国憲法第25条第2項に規定する理念に基づき老齢，障害または死亡によって国民生活の安定が損なわれることを国民の共同連帯によって防止し，もって健全な国民生活の維持及び向上に寄与することを目的とする」と記されている．また，国民年金の給付は，第2条に「国民年金は，前条の目的を達成するため，国民の老齢，障害又は死亡に関して必要な給付を行うものとする」と記されている．なお，本法律によって，日本は国民皆年金制度へと移行した．
⇨国民皆年金

国立精研式認知症スクリーニング・テスト（コクリツセイケンシキニンチショウスクリーニングテスト） 英 Dementia Screening Test 略 DST. 大塚俊男ら（1985, 1987）によって開発された認知症のスクリーニング検査のひとつであり，長谷川式簡易知能評価スケール（HDS），Mini-Mental State Examination（MMSE）等についでよく用いられる．質問項目は，以下の16問より構成される．「生年月日（見当識）」「今日の月日（見当識）」「昨日の曜日（見当識）」「5月5日は何の日（常識）」「成人の日はいつ（常識）」「信号を渡る色（常識）」「母の姉の呼称（常識）」「妹の娘の呼称（常識）」「太陽の昇る方角（常識）」「西から風が吹いたときの風船の方角（論理）」「北をみたときの右手の方角（論理）」「短文の復唱（言語性聴覚刺激・言語理解）」「18＋19（計算・集中）」「32-16（計算・集中）」「4つの数字の復唱（言語性聴覚性即時記憶）」「数字の逆唱（2桁，3桁，4桁）（言語性聴覚性即時記憶）」．スクリーニング検査のなかでは，比較的難易度の高い項目も含まれている．カットオフポイントは，10／11で感度0.85，特異度0.85である．

国連高齢者原則（コクレンコウレイシャゲンソク） 英 United Nations Principles for Older Persons. 1991年の国連総会で決議された高齢者の人権を保障するための原則で，自立，参加，ケア，自己実現，尊厳の5つの基本原理と18の原則が示されている．高齢期においておびやかされることの多いこれらの原則は，高齢者の生活の質（QOL）を高めるための視点として必要であり，すべての高齢者が社会に参加でき，自己実現の可能性を伸ばしていけるようにすることが，世界レベルでの大きな課題である．

語健忘（ゴケンボウ） ⇨喚語困難を見よ．

個室化（コシツカ） 高齢者介護施設は，従来，病院の多床室をモデルにつくられており，介護する立場のモデルであった．その後，生活の質（QOL）重視の考え方も導入され，介護施設の個室化が進んだ．そのときには居室を並べる形態が多く，施設全体が非常に長くなり使いにくいものもみられた．そこで，廊下でつなげる形から共用空間に面して居室を配置するクラスター型の配置も提案され，ユニット単位の規模も小さくなるようにするデザイン上の提案も多くなった．多床室型の施設と個室型の施設が混在するようになり，また，介護保険制度導入でホテルコスト（居住費と食費）は個人負担が原則になり，実際の利用と支払いの格差は解消した．ただし，ホテルコストを低くしたい利用者もいるのが事実で，すべてが個室化の流れにあるわけではない．多床室であってもうまく仕切りの工夫を入れた個室的多床室も提案されてきている．
⇨ユニットケア

誤食（ゴショク） 英 accidental ingestion. 食物ではないものを食べてしまうこと．高齢者は，視覚・味覚の低下など身体機能の低下や認知機能の低下により，十分な注意をはらえない，または取り違えや思い込みが原因で，誤食を起こす危険性が高い．日本中毒情報センターが運営する「中毒110番」に誤食事故の問い合わせが多い家庭用品としては，乾燥剤や義歯洗浄剤，芳香・消臭剤，食器洗い用洗剤などがある．家族や介護者は，製品の使用や保管に注意し，誤食の危険性を認識しておく必要がある．誤食したときの対応は，まずなにを摂取したのかを確認すると同時に，意識がない場合や，けいれんなど，すでに重篤な症状がある場合は，ただちに医療機関へ搬送する必要がある．重篤な症状がない場合でも，摂取したものによって危険度や対処方法に違いがあるため，十分に観察し，かかりつけ医に報告する必要がある．

個人因子（コジンインシ） 英 personal factors. 国際生活機能分類（International Classification of Functioning, Disability and Health；ICF）のなかの分析要素のひとつで，健康状態，心身機能，障害の状態を相互の影響関係および独立項目として分類し，当事者の視点による包括的・中立的記述をねらいにする医療基準．なお，ICFは世界保健機関（WHO）の世界保健総会において，国際障害分類（ICIDH）の改訂版として採択した．
⇨国際生活機能分類

個人情報の保護に関する法律（コジンジョウホウノホゴニカンスルホウリツ） 英 Act on the Protection of Personal Information 同 個人情報保護法．法律の基本理念としては「高度情報通信社会の進展に伴い個人情報の利用がいちじるしく拡大していることにかんがみ，個人情報の適正な取り扱いに関し，基本理念および政府による基本方針の作成その他の個人情報の保護に関する施策の基本となる事項を定め，国および地方公共団体の責務等を明らかにするとともに，個人情報を取り扱う事業者の遵守すべき義務等を定めることにより，個人情報の有用性に配慮しつつ，個人の権利利益を保護することを目的とする」こと，および「個人情報は，個人の人格尊重の理念の下に慎重に取り扱われるべきことにかんがみ，その適正な取り扱いが図られなければならない」ことを掲げている．

2003年に成立し，2年後の2005年に全面施行された．

個人情報保護法（コジンジョウホウホゴホウ）➡個人情報の保護に関する法律を見よ．

個人的領域形成（コジンテキリョウイキケイセイ）➡空間領域化を見よ．

コース立方体組合せテスト（コースリッポウタイクミアワセテスト） Ⓔ Kohs block-design test. コース（Kohs SC）によって知能を測定することを目的にして1920年に開発された．問題としては，赤，白，青，黄，赤と白，青と黄に塗り分けられた1インチ（2.54cm，日本版は3cm）四方の立方体を組み合わせることによって，見本と同じ模様を構成することが求められる．問題は，全部で17問あり，難易度順に実施される．制限時間内に構成できない問題が5問以上続いた場合（日本版は2問連続），検査は終了となる．構成にかかった時間と正確さで採点される．結果は，精神年齢，IQ等が算出される．コースは，このテストで分析，統合，比較，熟慮，完成，弁別，判断，批判，決定などの心的操作を含む一般知能の測定を意図していた．立方体組み合わせの問題は，ウェクスラー式知能検査をはじめとして，その後，多くの知能検査の問題のひとつとして取り入れられている．日本版は，1966年に大脇義一により聴覚障害児を対象にして標準化されている．現在は，高齢者の年代別の素点やIQの平均，SDの情報が提供されている．

個性化（コセイカ）➡自己実現を見よ．

五大栄養素（ゴダイエイヨウソ） Ⓔ five major nutrients. 体内で消化・吸収され，エネルギーとして利用される炭水化物，筋肉や血液などを構成するタンパク質，エネルギー源となる脂質の三大栄養素に加え，身体の調子を整え，他の栄養素の働きを助けるビタミンと，身体の機能を維持し調整するミネラル（カルシウム，鉄，亜鉛など）を加えた5つの栄養素のことをいう．

誇大妄想（コダイモウソウ） Ⓔ megalomania／delusion of grandeur. 現実にはない自己への過大な評価や事実を，強い確信をもって思い込む妄想．自分は非常に優れた人間だ，どんなことでもできる能力がある，ソーシャルメディアで何千人もの異性とつき合っている，もうすぐ総理大臣になる，高貴な血筋だ，など，自己の能力，経済力，業績，血統を過大にとらえ，揺るがない確信を抱く．それを吹聴し，またそれに基づいて行動しようとし，周囲と摩擦を生じる．躁うつ病（双極性障害）の躁状態で生じることが多いが，統合失調症でも外界の事象がすべて自分と関係があるという考えから，世界が自分を中心に動いている，自分は世界を自由にできるという確信に至る誇大妄想や，躁うつ病と同様の上述の妄想を生じることがある．

骨粗鬆症（コツソショウショウ） Ⓔ osteoporosis. 骨では，骨を壊す働きをする破骨細胞が骨を吸収（骨吸収）し，骨をつくる働きをする骨芽細胞が新しい骨をつくる（骨形成）という骨代謝を繰り返している．このバランスが崩れ，骨強度が低下し，骨折の危険性が高い状態を骨粗鬆症という．原因疾患がなく，加齢や閉経により骨密度が低下することで起こる原発性骨粗鬆症と，特定の疾患や，内服薬が原因で骨強度が低下する続発性骨粗鬆症の2つに大きく分類される．骨強度とは骨密度（骨に含まれるミネラルの量）と骨質（骨の素材としての質や骨の代謝の状態）の2つの要因からなり，骨強度の70%が骨密度によって規定されるといわれている．骨粗鬆症の診断は，骨密度を測定し，若年成人平均値（YAM：20〜44歳）の70%未満で骨粗鬆症と診断する．70%以上〜80%未満で，すでに脆弱性骨折（ささいな負荷がかかるだけで起こる骨折）がある場合も骨粗鬆症と診断される．

骨導聴力（コツドウチョウリョク） Ⓔ bone conduction. 聴力には，空気から鼓膜を振動させた場合の「気導聴力」と，頭蓋骨を振動させた場合の「骨導聴力」がある．「気導聴力」では，外耳道の奥にある鼓膜の振動が耳小骨に伝わり，内耳の液を振動させることにより音が聞こえる．「骨導聴力」では，頭蓋骨の振動が直接内耳に伝わり音として聞こえる．さらに，「骨伝導」は音が頭蓋骨の機械的振動によって内耳に伝えられることであり，頭蓋骨の振動が直接内耳液に伝わる圧縮骨伝導，頭蓋骨の振動により，慣性で耳小骨連鎖が振動し，アブミ骨経由で内耳に伝わる慣性骨伝導がある．「骨導聴力」の測定には，特別な装置を耳のうしろにある側頭骨乳突部に当てて，音を出し行う．骨導聴力の測定により，感音難聴，伝音難聴の区別ができる．「骨導聴力」を利用して，外耳，中耳に障害がある伝音性難聴用の補聴器が開発されている．
➾気導聴力

骨盤底筋訓練（コツバンテイキンクンレン） Ⓔ pelvic floor muscle training Ⓐ PFMT. 高齢者および女性の腹圧性尿失禁，切迫性尿失禁の治療法のひとつ．肛門挙筋および尿道周囲，腟周囲の括約筋群を随意的に収縮させて行う下部尿路リハビリテーションの訓練法である．これらの筋を鍛えることにより，尿道の閉鎖圧を高め，骨盤内臓器の支持を補強し，腹圧時に反射的に尿道閉鎖圧を高めるコツを習得することを目標とする．まず骨盤底筋の機能を体験・学習させ，おなかや太ももに力を入れさせないようにして，感覚としては腟周囲の筋肉や肛門括約筋をなかへ引き込むようにして収縮させる．最大収縮力で8〜12秒間の収縮維持と，引き続き収縮と同じ時間の弛緩をさせ，この反復を1日に80〜100回行わせる．訓練開始時の患者の筋力により収縮時間や，収縮回数は適宜減らす．また患者には尿失禁を生じるような腹圧時，たとえば咳やくしゃみ，運動時などに，骨盤底を意識的に収縮させるように指導する．

骨密度（コツミツド） Ⓔ bone mineral density. 骨に含まれるカルシウムなどのミネラル成分の量で，X線や超音波により測定する．二重エネルギーX線吸収法（DXA）は，2種類のエネルギーのX線を測定部位（腰椎，大腿骨など）に当て，成分を他の組織と区別するもので，骨量（g）を単位面積（cm^2）で割った値で算出し，$1cm^2$あたりの骨量（g/cm^2）を，骨密度として表現する．正常値は，若年成人平均値（YAM：20〜44歳）の80%以上とされている．骨粗鬆症の精密検査，治療の経過観察，また骨折の危険性予測に有用である．骨量は，男女とも加齢によって減少するが，その減少率は男性よりも女性で大きく，女性ホルモン（エストロゲン）の影響を強く受ける．骨量は最大値に達したのち，閉経まで維持されるが，閉経後，エストロゲンの分泌がなくなると，骨量減少は加速し，その後，徐々に減少し続ける．一方，男性の骨量は，50歳ごろよりゆっくり減少する．
➾骨粗鬆症

固定型階段昇降機（コテイガタカイダンショウコウキ） 身体的な問題で安全な階段昇降が困難な場合に用いる設置

型の福祉用具で，階段に沿って設置したレールの上をいすが昇降する．一般的に住宅など屋内で用いられ，操作が容易でいすに座ったまま安全に階段を昇降することができるが，デメリットとして階段の有効階段幅が20～30cm狭まることにより家族の昇降の妨げになる場合がある．

コーディネーション機能（コーディネーションキノウ） 物事を調整してまとめあげること，すなわち，ある目的を達成するために，その目的に適する社会資源を調整することである．社会福祉の対人援助の分野では，「協働」「連携」「連絡調整」にあたる．最善の支援に向けての各機関・団体間の連携をもって実現しようとするもので，1つの機関・団体内では実現できない援助を，多くの機関・団体が連携することにより実現しようとする行為．保健，医療，専門職間連携といったフォーマルなサポートだけでなく，家族や近隣，ボランティアなどのインフォーマルなサポートや生活関連資源の連携までも含まれる．

コーディネーター 英coordinator. 一般的には，物事を調整する役の人のこと．社会福祉の対人援助の分野では，「協働」「連携」「連絡調整」にあたる人を指す．コーディネーターは各専門職と連携をとりながら，個々の利用者のニーズに合わせてサービスやサポートを調整する．

古典的条件づけ（コテンテキジョウケンヅケ） ➡レスポンデント条件づけを見よ．

孤独死（コドクシ） 一般的に，ひとり暮らしの人がだれにも看取られることなく，当人が居住する住居内で疾病等により死亡すること．孤立死・独居死のような類語もあるが，法的に明確的な定義はない．また，死後，長期間経過していたにもかかわらず，周囲の人が知らなかった場合も孤独死とよばれる．なお孤立に関しては，独居，同居にかかわらず，「無支援な状態，あるいは排除された状態」と位置づけられる．

誤認（ゴニン） 英misidentification. あやまって認識し，そのように思い込んでいること．誤認の対象が人物の場合は人物誤認とよび，対象がある事実の場合は事実誤認とよぶ．それに対し妄想は，「泥棒が入り込んで，通帳を盗んだ」などの思い込みを指し，実際には，自分がしまい込んだのにもかかわらず忘れてしまうという記憶障害に伴って起こることが多い．しかし，誤認と妄想を正確に区別することはむずかしい場合も多い．人物誤認には，「だれかが部屋のなかにいる」など，他人が自分の家に住み込んでいると思い込む「幻の同居人」，鏡に映った自分を自分自身と認識できず他の人間と認識してしまうために鏡に向かって話しかけたりする「鏡現象（鏡徴候）」や，テレビの画面の出来事を，現在起きているものとあやまって理解したり，テレビの出演者を現実に目の前にいる人と誤認して話しかける「TV徴候」などがある．
⇨人物誤認

コーネル認知症抑うつ尺度（コーネルニンチショウヨクウツシャクド） 英Cornell scale for depression in dementia 略CSDD. コーネル大学のアレクソポウロス（Alexopoulos GS）らによって1988年に開発された患者本人による評価と介護者からの観察評価によって抑うつ症状を測定する尺度で，19の質問項目により構成される．評定者間の相関も高く，信頼性，妥当性，感度ともに高いことが確認されている．日本版は，シュレイナー（Schreiner AS）ら（2003）によって脳卒中患者，うつ病の高齢者を対象にして開発されている．また，堤田梨沙ら（2011）は，アルツハイマー病（AD）の患者を対象とした日本語版の作成を試みている．認知症の発症に伴い，抑うつ症状が併発する可能性については20～50％とされている．抑うつ症状の併発に伴い，不安，いらいら，動機づけの低下等が起こり，実際の認知症の重症度以上に，生活機能が低下（過剰障害）したり，認知機能障害の促進等が起こる可能性が高くなる．このような観点からも，初期から認知症の抑うつ症状の判定は，重要となってくる．

コーネルメディカルインデックス 英Cornell medical index. コーネル大学のブロードマン（Broadman K）らによって1955年に作成された質問紙法による心理検査．日本版は，金久卓也，深町建（1983）によってCMI健康調査票として標準化・改訂されている．質問内容は，身体的項目（目と耳，呼吸器系，心臓脈管系，消化器系，筋肉骨格系，皮膚，神経系，泌尿生殖系，疲労度，疾病頻度，既往症，習慣）と精神的項目（不適応，抑うつ，不安，過敏，怒り，緊張）により構成されている．適用は，14歳以上である．質問項目の特徴として，身体面，精神面の症状について，広範で，詳細，かつ分かりやすく問う形式となっている．結果は，自覚症プロフィールによる判定と，深町による神経症判別基準，9個の特定の精神的自覚症項目による精神的不健康状態の判定の3側面から判定される．主に，医療現場で使われているが，教育現場，職場等での身体面，精神面でのスクリーニングテストしても用いられている．

孤発性アルツハイマー病（コハツセイアルツハイマービョウ） 英sporadic Alzheimer's disease. 孤発（sporadic）とは，時々発生すること，散発性に発生することという意味であるが，医学的には，遺伝的な素因がなく発症する疾患につけられる．アルツハイマー病（AD）のなかで，1家系に複数の患者がみられ，遺伝子変異が原因となる家族性アルツハイマー病がわずかにみられるが，それ以外を孤発性アルツハイマー病といい，日本のADはほとんどが孤発性である．
⇨アルツハイマー病

コーピングスキル 英coping skill. 人がストレスに満ちた状況にあるときに，ストレス反応を低減するために行われる対処行動（コーピング）のためのスキルのことをいう．ラザルス（Lazarus RS）らは，コーピングを問題焦点型コーピングと，情動焦点型コーピングの2つに分類している．問題焦点型コーピングは，特定の問題や状況に焦点を当て，それを変えたり，将来それを経験しないですむ方法を見つけようとする対処法である．情動焦点型コーピングは，状況を変えたり問題解決を図るのではなく，ストレスに関連する不快な情動の低減を図ろうとする対処法である．人はこの2つのコーピングを用いて，問題解決を図ろうとする．これらのコーピングによって問題解決が図られるとストレス状態は解消するが，うまくいかない状態が続くと，慢性的にストレス反応が顕在化し，心身へ影響を及ぼすことになる．

個別援助（コベツエンジョ） ➡ケースワークを見よ．

コホート研究（コホートケンキュウ） 英cohort study. 特定の集団（コホート）を対象として長期間，経過を追う

疫学研究．疫学研究とは，集団における健康状態や疾患の分布，これらに影響を与える可能性がある諸要因について検討する，公衆衛生研究の基礎的方法論であるとされる．疫学研究によって，疾患の真の原因が分からなくても，有効な予防法を見いだしたり，効率的な対応方法を確認したりすることができる．疫学研究の父とよばれるイギリスのスノウ（Snow J）は，疫学調査の結果から，コレラ菌が発見されるより50年も前に，ロンドンにおけるコレラの流行を有効に予防することに成功した．高齢者を対象に，日本で行われている大規模なコホート調査には，九州大学による久山町研究，筑波大学による利根町研究，東日本大震災の影響で中断しているが東北大学による女川町研究などがある．これらの研究では，生活習慣病や原因が分からない認知症などの疾患の危険因子や自然経過が明らかにされつつある．

鼓膜検温（コマクケンオン） 検温とは体温を測定することで，その方法には，測定する部位別に腋窩検温，口腔検温，直腸検温，鼓膜検温がある．それぞれの測定部位によって腋窩温＜鼓膜温＜口腔温＜直腸温の順に体温は高くなる．鼓膜検温には赤外線を利用した耳式体温計を使用する．鼓膜およびその周辺の温度（中枢温に近い）を最短1秒で測定できる．耳式体温計の先（プローブ）が鼓膜方向に深く挿入されないと正確な測定値が得られないなど，挿入する向き・深さなどの条件により，測定値にばらつきが生じやすい．

コミュニケーション 英 communication. コミュニケーションの語源は，「ラテン語のcommunicare（共有する）といわれ，メッセージの共有」と定義されている．今日のIT（情報技術）社会は，コミュニケーションにおける時間・空間のバリアフリーが実現したともいわれている．すなわち，日常生活や社会経済活動が一瞬のうちに実現可能な社会である．インターネット電話サービスを活用すれば，顔と顔を合わせての対話も可能である（個人情報の漏えい等リスクもある）．しかし，職場・社会・地域・学校・家庭ではコミュニケーションがうまくできない，との指摘もある．とくに企業では採用条件に「コミュニケーション能力」を重視する傾向がある．チームで仕事をするためには「他者との意思疎通」ができる対話力を求めている．一方，福祉分野での対人支援では，コミュニケーションのなかでも，ノンバーバル（非言語）コミュニケーションを理解する能力が重要視される．言語での意思表示が困難な認知症の人や，障害のある人の喜怒哀楽などの表情や動作，姿勢（傾聴姿勢など）等から意図をくみとり，そのメッセージを共有しなければならない．

コミュニケーションエイド 英 communication aid. 言語障害者の意見伝達装置で福祉機器の一種．横浜市総合リハビリテーションセンターは，「病気や事故のために発声できない人や，先天性障害のために言葉のやりとりがむずかしい人への支援機器」として，携帯用会話補助装置（50音順に並んだボタンを押す機器と，1個または2個のスイッチを利用し，50音パネルから文字を1つずつ選ぶ機器），文字盤，音声出力コミュニケーションエイド，意思伝達装置を，インターネットで市民に紹介している．2013年の参議院選挙から成年後見人の選挙権が認められた（成年後見制度の対象から身体障害者は除外されている）．その際，ある自治体は，成年被後見人が選挙権を行使できるよう障害者の意思決定支援と行動支援のツールとして，コミュニケーションボードを活用して，全国的に注目された．なお，重度障害者用意思伝達装置は，障害者総合支援法に規定する補装具費の支給対象である．一方，障害者のコミュニケーションエイドは日常生活用具給付等事業の対象である．
⇨重度障害者用意思伝達装置

コミュニケーション支援事業（コミュニケーションシエンジギョウ） 英 communication support project. 聴覚，言語機能，音声機能，視覚その他の障害のため，意思疎通を図ることに支障がある障害者等に，手話通訳等の方法により，障害者等とその他の人の意思疎通を仲介する手話通訳者等の派遣を行い，意思疎通の円滑化を図ることを目的としている．コミュニケーション支援事業は，2006年の地域生活支援事業障害者が自立した日常生活や社会生活を営むことができるよう地域の特性や利用者の状況に応じた事業を効果的・効率的に実施し，障害の有無にかかわらず国民が相互に人格と個性を尊重して安心して暮らすことのできる地域社会の実現を目的としている．実施主体は市町村（政令指定都市・中核市・特別区を含む）である．これには，相談事業，成年後見制度利用支援事業，日常生活自立支援事業，移動支援事業等と並列の公費補助がなされている．

コミュニケーション障害（コミュニケーションショウガイ） 英 communicative disorder. 聴覚，言語機能，音声機能，視覚その他の障害のため，意思疎通を図ることに支障があること．たとえば，構音障害，吃音，言葉の遅れなどである．しかし，現状は，社会人のコミュニケーション障害やビジネスでのコミュニケーションがうまくできない等の場合にも「コミュ障」という言葉が使われている．従来の身体的・精神的な原因による「意思疎通不足」プラス大人のコミュニケーション障害（対人関係のコミュニケーションが苦手など）を含む概念として使用されている．
⇨コミュニケーション

コミュニティオーガニゼーション 英 community organization 同 地域組織化活動．コミュニティワークに包括される概念で，同じ問題をもつ地域住民を組織化して，地域社会の変革を目指す援助技術のこと．集団が抱える未解決の問題の解決策を見いだすことだけでなく，集団の連帯や個人の自発性などを育成し，継続的な問題解決能力を高め，問題発生の予防を目指す．
⇨コミュニティワーク

コミュニティケア 英 community care 同 地域ケア．従来の社会福祉施設中心のケアから在宅福祉への道筋を示した理念．イギリスのコミュニティケア（障害者に対する施設ケアから在宅ケアへ）の思想が日本に影響を与えたといわれている．1971年の中央社会福祉審議会答申でコミュニティケアを「社会福祉の対象を収容施設において保護するだけでなく，地域社会すなわち居宅において保護を行い，その対象者の能力のより一層の維持発展を図ろうとするものである」と定義している．つまり，入所ケアと居宅ケアを併せてコミュニティケアとしたといわれている．この考え方は，現在も原則的に踏襲されている．たとえば入居施設も在宅福祉の一貫として位置づけられている．1979年，全国社会福祉協議会が「在宅福祉サービスの戦略」で，コミュニティケアに替わって「在

宅福祉サービス」（在宅ケアと専門的ケア含む）の用語を用いるようになったといわれている．
⇨コミュニティワーク，コミュニティオーガニゼーション

コミュニティデベロップメント 英community development．「地域社会のなかで集団の自治と自主選択をなによりも重視し，近隣レベルで住民自らのニーズを検出・確認し，その充足に参加していくように支援するもの」と定義される．歴史的には，「国連が積極的に使用したこともあり，コミュニティデベロップメントという言葉が途上国における開発援助を意味することが多かった」といわれている．日本の場合，国の各計画や自治体の総合計画（基本構想）にも「地域社会開発」と「住民参加」の視点でコミュニティデベロップメントが活用されてきた．また，各自治体の地域福祉計画理論の礎ともいえる．
⇨コミュニティオーガニゼーション

コミュニティワーク 英community work 同地域援助技術．地域社会の問題を解決していく専門技術であり，計画立案や運営管理の技法を併せ持つソーシャルワークの一方法．コミュニティデベロップメントやコミュニティオーガニゼーションを包括する概念として使用される．今日の地域包括ケアシステムを展開していくには，コミュニティワークの支援スキルが求められる．展開における主体は，地域住民や民間事業所・団体・行政などであり，自助・共助・公助の相互連携と役割が大切である．また「地域」を重層的（1層：自治会・町内会の組み・班の圏域，2層：自治会・町内会の圏域，3層：学区・校区，4層：市町村の支所，5層：市町村全域）にとらえたコミュニティワークが必要である．日本では，社会福祉協議会の職員がオーガナイザーとしてコミュニティワーカーの役割を果たしている．しかし，これからの地域社会の問題を発見し解決していくためには，NPO法人・社団（財団）法人・社会福祉法人の協働・共創によるコミュニティワークが求められる．
⇨コミュニティオーガニゼーション，コミュニティケア，コミュニティデベロップメント

コメディカルスタッフ 英co-medical staff 同パラメディカルスタッフ．病院で医療業務を行う専門職のなかで，医師以外の総称．看護師，薬剤師，臨床検査技師，診療放射線技師，理学療法士，検査技師，管理栄養士，作業療法士，視覚訓練師，言語聴覚士，歯科衛生士，歯科技工士，臨床工学技士，義肢装具士，救急救命士等の職種をいう．薬剤師と看護師はメディカルに含まれるとしてコメディカルに含めない場合があり，歯科医療にかかわる職種については「コデンタル」という呼称も使用されている．

雇用保険法（コヨウホケンホウ） 英Employment Insurance Act．（昭和49年法律116号）．失業者への給付による生活・雇用の安定，就職の促進，失業の予防，雇用状態の是正，雇用機会の増大，労働者の能力の開発・向上，福祉の増進など，日本における雇用に関する施策を総合的に定めた法律．1974年に失業保険法（昭和22年法律第146号）に代わって，社会における雇用構造の変化等に対処するために制定され，名称も雇用保険法に改められた．2009年には，厳しい雇用情勢を背景に非正規労働者へのセーフティネット機能の強化を目的として，改正法が成立．非正規労働者の介護保険の加入要件の緩和，企業や家計の負担を軽減するための雇用保険料率の引き下げ等が盛り込まれた．2010年の改正では，非正規労働者の雇用保険の適用範囲が拡大されたが，雇用保険料率は引き上げられた．

コリンエステラーゼ阻害薬（コリンエステラーゼソガイヤク） ➡アセチルコリンエステラーゼ阻害薬を見よ．

コリン作動性神経（コリンサドウセイシンケイ） 英cholinergic nerve．アセチルコリンを神経伝達物質とする神経をコリン作動性神経という．筋肉運動を支配する末梢神経（運動神経）の神経筋接合部，交感神経節前線維と副交感神経節前後線維の終末はアセチルコリンを神経伝達物質としているので，コリン作動性神経である．中枢神経系にもコリン作動性神経があり，中隔野から海馬への投射は，海馬での記憶の固定に関係している．前脳基底部から大脳皮質に広く投射しているコリン作動性神経は，注意，集中，認知に関係している．アルツハイマー病（AD）の治療薬であるコリンエステラーゼ阻害薬の効果はこの神経系に関係していると考えられている．中脳レベルでは，脚橋被蓋核と背外側被蓋核から視床につながるコリン作動性神経は，上向性網様体賦活系の一部として覚醒レベルの調節に関係している．
⇨交感神経，副交感神経

コルサコフ症候群（コルサコフショウコウグン） 英Korsakoff's syndrome．1877年にロシアの精神科医コルサコフ（Korsakoff S）が，アルコール中毒者に起こる多発神経炎に合併して，特徴的な精神症状を呈する一群の患者がいることを報告した．これらの精神症状をコルサコフ症候群とよぶ．前後してドイツの精神神経科医，ウェルニッケ（Wernicke C）が報告したウェルニッケ脳症と近縁の病態であることから，現在では，ウェルニッケ・コルサコフ症候群とよばれることもある．コルサコフ症候群は，発症後のことを覚えられない前向健忘，発症直前からさかのぼって一定の期間の記憶が失われる逆行健忘，時間や空間に関する見当識障害，作話を特徴とし，患者は病識を欠くことが多い．コルサコフ症候群は，チアミン（ビタミンB_1）の欠乏で起こるウェルニッケ脳症に引き続いて顕在化するものが多いが，このほか，頭部外傷，意識障害を起こすような全身疾患回復期の通過症候群として観察されることもある．症状は，ゆるやかに回復することもある．
⇨ウェルニッケ・コルサコフ症候群

コルセット 英corset．腰痛患者などへの装具療法として用いられる腰仙椎装具のこと．主材料によってやわらかいもの，硬いものがある．腰仙椎の固定と椎間板の免荷を目的に，腰部脊柱管狭窄症の間欠性跛行，術後も含めて全腰椎疾患と腰痛に適用される．急性腰痛では安静が基本となるが，即時コルセットを装着することによって，腰痛軽減と日常生活動作（ADL）拡大の助けになる．なお腰痛を治すわけではなく，活動性の低下によって筋力低下も起こりうるので，運動プログラムと組み合わせて処方され，作業姿勢などの生活指導も重要になってくる．

ゴールドプラン 英Gold Plan 同高齢者保健福祉推進10か年戦略．1990年からの10年間を見据えて高齢者対策強化の目的で策定された計画．高齢化社会に備えて，1989年12月に当時の大蔵・厚生・自治の3大臣合意で発表された．とくに大きな課題である高齢者介護基盤の量的整備を長期計画的に進めることとした．消費税導入の趣旨を踏ま

え，市町村における在宅福祉対策の緊急実施，施設の緊急整備が図られた．それをねらいとして，ショートステイ（5万床），デイサービスセンター（1万か所），在宅介護支援センター（1万か所），また在宅福祉の推進のため，ホームヘルパー（10万人）の養成など，それぞれ具体的な目標値が示され，ショートステイ，デイサービスセンター，在宅介護支援センターを全市町村に普及させることが目標となった．施設については，特別養護老人ホーム（24万床），老人保健施設（28万床），ケアハウス（10万人），高齢者生活福祉センター（400か所）についての10年間の整備目標が示された．その他，「寝たきり老人ゼロ作戦」として，機能訓練や健康教育等の整備，脳卒中情報システムの整備，在宅介護指導員の計画的配置も挙げられた．

ゴールドプラン21（ゴールドプランニジュウイチ） 英 Gold Plan 21 同 今後5か年間の高齢者保健福祉施策の方向．2000年からの介護保険制度の施行に向けて，ゴールドプラン後の高齢者保健福祉施策の方針を示すため1999年に発表された「今後5か年間の高齢者保健福祉施策の方向」．市町村介護保険事業計画の集計に基づいた介護サービス等の整備目標が示されたが，高齢者保健福祉施策の方向性に重点がおかれた．介護サービスの量・質の充実とともに，介護予防の重要性が強調され，介護サービスと介護予防サービスが高齢者保健福祉政策の両輪として位置づけられた．基本的な目標は，①活力ある高齢者像の構築，②高齢者の尊厳の確保と自立支援，③支え合う地域社会の形成，④利用者から信頼される介護サービスの確立であり，それらに向けた具体的な施策としては，①介護サービス基盤の整備，②認知症高齢者支援対策の推進，③元気高齢者づくり対策の推進，④地域生活支援体制の整備，⑤利用者保護と信頼できる介護サービスの育成，⑥高齢者の保健福祉を支える社会的基礎の確立がある．

コレクティブハウジング 英 collective housing．デンマーク，スウェーデンなど北欧で1970年代以降に始まった，個々の独立した住戸（キッチン，浴室は設置）のほかに，居住者の共有スペース（キッチンやダイニング）が設けられた共同生活のスタイルのこと．居住者のプライベートな生活は確保しつつ，共有で使用するスペースがあることで，居住者同士のつながりを築いていくことを目指している．当初，働く女性やひとり親家庭での子育てを，孤立してしまわないようにコレクティブハウジングというコミュニティで行うことに関心がもたれていた．その後，デンマークでは50歳以上のシニア向けのコレクティブハウジングの取り組みも行われている．日本で最初に導入されたのは，阪神・淡路大震災後の復興コレクティブハウジング（ふれあい住宅）である．その後，NPO法人が中心になり多世代型コレクティブハウジングの取り組みがなされ，コミュニティへの帰属意識を育む新しい住み方として評価されている．

コレステロール 英 cholesterol／cholesterin．コレステロールはタンパク質，炭水化物，脂質の三大栄養素の脂質に含まれる．コレステロールはあらゆる細胞の細胞膜の構成成分であり，生体内での胆汁酸，ステロイドホルモン，ビタミンDの合成材料として重要である．通常，1日あたり約0.3～0.5gが食物から摂取される．生体内では肝臓で1～1.5gが合成されている．肝臓で合成されたコレステロールは超低密度リポタンパク（VLDL），低密度リポタンパク（LDL）などによって，末梢組織に運ばれる．コレステロールは動脈硬化などの生活習慣病との関連も注目されている．血中のコレステロールが多い，あるいは少ないことを脂質異常症という．診断は総コレステロール値ではなくLDLコレステロール値，HDLコレステロール値，中性脂肪値によって行う．ガイドラインの数値の適用は75歳以上では見解が分かれているが，75歳未満では適用できるとされている．
⇨LDLコレステロール，HDLコレステロール

根拠に基づく医療（コンキョニモトヅクイリョウ） ➡エビデンス・ベイスド・メディスンを見よ．

根拠に基づくケア（コンキョニモトヅクケア） ➡エビデンス・ベイスド・ケアを見よ．

混合型認知症（コンゴウガタニンチショウ） 英 mixed dementia．広義には単独で認知症を起こす可能性のある疾患を2種以上合併している認知症を指すが，一般にはアルツハイマー病（AD）と血管性認知症（VaD）の合併を意味する．アルツハイマー病変と血管性病変が独立した病理学的過程であれ，あるいは病因論的に関連した過程であれ，とくに高齢者では，ADと脳血管障害はしばしば合併する．脳虚血によってADが進行しやすいことが報告されているほか，高血圧症，糖尿病などの危険因子が共通していることなどが知られている．

今後5か年間の高齢者保健福祉施策の方向（コンゴゴカネンカンノコウレイシャホケンフクシシサクノホウコウ） ➡ゴールドプラン21を見よ．

コンサルテーション 英 consultation．一般的には，主に企業や自治体の計画策定においての相談，助言指導の意味で使用される．社会福祉場面ではキャプラン（Caplan G）がコミュニティ支援の方法として，「コミュニティの人々が，ともにクライエントを支えようという理念を方法論的に具体化させ，技術的に発展させたもの」と述べている．コンサルテーションでは，コンサルタント（consultant）がコンサルティ（consultee）に助言・支援を行う．コンサルティは，患者や利用者に援助を行う専門職や，ボランティア等で援助をしている市民の場合もある．たとえば，認知症ケアにおいて，利用者の心理的理解について助言を行う専門家がコンサルタントであり，介護職がコンサルティとなる．両者は対等な関係にあり，一時的な関係で援助が行われる．コンサルタントは，原則として部外者で，コンサルテーションの話題は，コンサルティが直面している課題，たとえば認知症ケアでは利用者への対応に関する課題が中心となる．なお，コンサルテーションはカウンセリングとは異なるので，コンサルティの個人的な問題や心理的問題には原則として深入りしない．

昏睡（コンスイ） 英 coma／exanimation 独 dämmerschlaf．脳の機能が低下し，意識が覚醒しない状態をいう．重症の意識障害を示す．刺激に対して顔をしかめたり手で払いのけたりする動作がみられる半昏睡から，強い痛み刺激によってもまったく反応しない深昏睡までのレベルがある．
⇨意識障害，意識レベル

コントラスト 英 contrast．周辺の環境からある環境要素を視覚的に引き立たせること．環境の分かりやすさをより向上させる手法として用いられる．認知症の人は，視力の低下や視野狭窄などの障害によって環境に対する広

範囲な情報収集が困難となり，注意を向けるべき環境情報への手がかりが得にくくなる．そのため，認知症の人に重要な環境情報を提示する場合，色や形状，材質，照明などの変化によってコントラストをつけ，より分かりやすい環境情報とする必要がある．しかしながら，環境の分かりやすさのみを重視するあまり，過度なコントラストやコントラストを多用化することは，逆に認知症の人の環境認知を混乱させるとともに，家庭的な環境を阻害する要因にもなりうる．よって，コントラストをつけるべき重要な環境情報を認知症の人との関係から十分に検討し，家庭的な環境と共存できるようなデザインとして計画されることが重要である．

コンピュータ断層撮影（コンピュータダンソウサツエイ）
㊙computed tomography ㊗CT ㊙CTスキャン．1972年，イギリスのハンスフィールド（Hounsfield GN）によって開発された．胸部や腹部など，広い面にX線を当て，透過したX線を，直角に固定したX線フィルム上に投射する従来のレントゲン写真と異なり，人体の断面を画像化することができる画期的な検査技法である．人体周囲の円周上にX線を発する管球を置き，これと同じ円周上180度の位置に検出器を置く．これを円周上に回転させることにより，360度の方向から透過性を測定し，コンピュータが行う演算によって断面図を作成して，心臓など動きのある部位の撮影が可能な方法や，連続する断面を画像化する方法が開発され，現在では，立体像を構成することも可能になっている．磁気共鳴断層撮影（MRI），単一光子放射断層撮影（SPECT）など，異なる画像検査手技の，おのおのの長所，短所を知ったうえで，患者への安全性，情報の制度，コストパフォーマンスなどを考慮して検査バッテリーを作成することが重要である．

コンプライアンス ㊙compliance ㊙法令遵守．企業が事業活動において法律を遵守すること，広くは倫理や道徳などの社会的規範を守って行動することを指す．福祉分野では，疾患・障害等により自分で自分の権利を守ることができない人は，福祉サービスの提供を受けなければ生活が困難な状況のなかにあることが多く，サービス提供者との間に上下関係（パワーインバランス）が発生しやすい．加えて，サービス提供が密室のなかで行われ，利用者がサービス提供について苦情を言いにくい，いわゆる権利擁護の必要な状況におかれている．コンプライアンスを意識するために，第三者評価を受けて公表する仕組みを用いたり，経営側がリスクマネジメントを見直したりするという動きもある．また，単なる法令遵守としてのコンプライアンスではなく，個人の尊厳を守ることに資する福祉のコンプライアンスルールをつくることの重要性も指摘されている．最低基準を定めた法律上の運営基準よりも高い水準で，事業所，施設が，目指すべきケアの実現を，自分たちの決めたルールに基づいて提供しようというよびかけがなされている．
⇨権利擁護

昏迷（コンメイ） ㊙stupor．意識は保たれているが，意志や欲動の発動がまったくみられない状態．自発活動がなく，外界の刺激に反応しない無動状態を呈する．統合失調症の緊張型やうつ病，心因反応，器質性精神病などでみられる．統合失調症の緊張型でみられるものを緊張病性昏迷という．無動（常同姿勢），無言である場合のほか，相手から言われた言葉をそのままオウム返しにする反響言語や相手の動作をそのまま模倣する反響動作，相手の命令・指示に自動的に従う命令自動がみられることもある．なお，軽度～中等度の意識障害（痛み刺激で反応，覚醒する程度の意識レベル）の意味で用いられる場合もある．

さ

座位(ザイ) 英sitting position. 座ること全般を指す. 座位姿勢についてとくに関節可動域の制限がなければ, 厚生省(現厚生労働省)が推奨する90°ルール(股関節, 膝関節90°)で, 脊椎はとくに腰椎部の前彎を維持することが望まれる. 車いすを使用している場合は, 対象者自らが除圧動作ができるのかを把握しておく必要がある. 除圧ができない場合は, 皮膚の状態をみながら, 連続座位時間を2時間以内に決めていくべきである.

座位移動レベル(ザイイドウレベル) 日常生活において人が移動する能力を表す言葉. 主に下肢の切断や運動障害などがあり, 歩行による移動が困難な場合, 床に座った姿勢では, または手と膝を使ってはう動作のみで, 屋内の平面移動を行う移動能力のこと. またいすに座るようにベッドの端に腰かけ, 手や肘を使ったり体幹を揺らしたりして臀部をずらしながら移動する場合もある. 床上座位での移動方法には, 足部で床を蹴る力を利用した前方移動と後方移動がある.

細菌性食中毒(サイキンセイショクチュウドク) 英bacterial food poisoning. 細菌性食中毒(腸内感染症)は, 病原微生物に汚染された食物, 飲水などを経口摂取すること, 汚染された糞便・吐物などの処理後に手指に付着した病原微生物を経口摂取することで起こる. 原因微生物は細菌, ウイルス, 原虫など多彩である. ウイルスにはロタウイルスやノロウイルスなどがある. 細菌ではサルモネラ菌, 腸炎ビブリオ菌, 病原性大腸菌, カンピロバクター, 黄色ブドウ球菌などがある. 症状は軟便から血便, 水様便までさまざまな程度の下痢, 腹痛, 悪心, 嘔吐や発熱を伴う. 頻回の水様性下痢, 飲水不足, 発熱から脱水症を併発し倦怠感, 口渇, 乏尿, 起立性低血圧などの症状がみられる. 重症になると意識障害, ショックを引き起こす. ボツリヌス食中毒では毒素により球麻痺, 視力低下, 複視などの神経麻痺症状がみられる. 吐物・糞便から感染するため, 二次感染を予防するには手洗い励行, 排泄物の付着した環境・リネン類の処理を行う.

採光(サイコウ) 英lighting. 外部から室内へ自然光を取り入れること. 太陽光を光源とし, 直射光と反射光とがある. 高齢者をはじめ, 認知症の場合は, 十分な採光や通風, 快適な室温などの確保が重要となり, 日光浴を代表とする適度な採光が疾病予防にもつながる. 要介護を伴う居室に必要な窓面積(有効採光面積)は, その床面積の7分の1以上とされ, とくに認知症などの生活のリズムが感じにくい要介護者にとっては, 昼夜のリズムが感じられるようカーテンやブラインドなどを効果的に用い, 光環境を整える必要がある. このように高齢者・認知症の人において採光は重要なものといえるが, 照明等光源の色温度が高くなるにつれてグレア感も高くなり, 高齢者のほうが若年者よりもグレアを感じやすくなることが知られている. 不快なまぶしさについては配慮が必要である.
⇨グレア

再興感染症(サイコウカンセンショウ) 英re-emerging infection disease. 世界保健機関(WHO)は1990年に再興感染症を「既知の感染症で, すでに公衆衛生上の問題とならない程度までに患者が減少していた感染症のうち, 近年再び流行し始め, 患者数が増加したもの」と定義した. マラリア, ペスト, ジフテリア, 結核, サルモネラ症, コレラ等の13疾患がある. 第二次世界大戦時(1943年)には, 結核死亡率は人口10万対235.3であった. 終戦とともに急激に低下し, 1970年以降は過去の病気とみなされていた. 罹患率が上昇傾向を示した(罹患率人口10万対34.6)1999年に厚生省(現厚生労働省)は, 結核緊急事態宣言を発しているが, その後は減少傾向にある. 結核予防会結核研究所疫学情報センターによると, 2010年の罹患率は人口10万対18.2であるが, 70歳以上の高齢者の罹患率は, 人口10万対56.4と高い. 加齢に伴う健康問題によって, 第二次世界大戦時に感染していたものが発症に至っていると考えられている.

罪業妄想(ザイゴウモウソウ) 英delusion of culpability/delusion of guilt. 自分が一般的な道徳に大きく反し, 周囲の人々に迷惑をかける罪深い存在であると考える妄想. 過去の小さな過ちやだれのせいでもないような失敗を, すべて自分のせいであると自分を責める. その考え方は, 周囲の人たちにはとうてい理解できないが, 周囲の人が「そんなことはない」といくら説得しても, 訂正して思い直すことができない. 自分の存在がまわりに迷惑をかけていると希死念慮を抱き, 自殺企画に至ることもまれではない. うつ病(大うつ病性障害)のうち, 発症後時間とともに中等度以上に重症化した人に現れるのが典型的であるが, 初老期, 老年期にみられる退行期メランコリー(DSM診断にはない術語)という疾患類型では, うつ病と同様の症状も伴いながら, 病初期よりこの罪業妄想を主とする微小妄想が出現することを特徴とする. 自殺リスクも高い. この類型を気分障害としてではなく, 内因性精神病の一類型として考えようという主張がある.

財産管理(ザイサンカンリ) 英property management. 福祉現場で「財産管理」という場合, 判断能力に低下がみられる人の財産管理を指すことが多い. そのうちのひとつが, 社会福祉協議会が提供する福祉サービス利用援助事業(日常生活自立支援事業)によるサービスの一環のなかでの生活支援員による財産管理, もうひとつが成年後見制度(法定後見制度)での, 成年後見人等による身上配慮義務を伴う財産管理である. 前者には代理権はなく, 後者には後見類型の場合には包括的代理権があるという違いがある. このほか, 判断能力が低下していない人で, 自分で自分の財産管理関係の行為ができない人(たとえば, 骨折の治療入院中で家族の支援を受けられないような場合)が, 任意代理契約によって他者に財産管理関係の行為を委任する方法もある. この任意代理契約による財産管理は, 任意後見契約を締結する場合の移行型のなかでも使われることがある.

⇨日常生活自立支援事業

最小血圧（サイショウケツアツ）➡拡張期血圧を見よ．

財政安定化基金（ザイセイアンテイカキキン）介護保険制度における財政面での安定を図るため，都道府県に設置されている基金．介護保険法第147条に「都道府県は，次に挙げる介護保険の財政の安定化に資する事業に必要な費用にあてるため，財政安定化基金を設けるものとする」と規定している．具体的には，予想を上回る介護給付費の増加や第1号被保険者からの保険料の未納によって市町村の保険財政が赤字になった場合，市町村の財政面を支援するため，資金の貸付や交付が行われる．貸付は，毎年財政不足額の全額（交付があれば交付分を減額）を貸付する．交付は，3年ごとに原則として保険料未納額の2分の1を交付する．財政安定化基金の財源は国，都道府県，市町村がそれぞれ3分の1ずつ負担している．2006年以降の貸付は減少している．そこで，2011年の介護保険法等の一部改正において，市町村への貸付が減少したことによる余裕分を，第1号被保険者の保険料の上昇を緩和するため，財政安定化基金の財源を活用することになった．

在宅医療（ザイタクイリョウ）㊆home-based health care．患者の自宅などの居宅において医療を提供することをいう．在宅医療には，患者の求めに応じて患家において診療が行われる場合（往診）と，居宅で療養している患者に対して，計画的かつ定期的に訪問して診療する場合（訪問診療）がある．訪問診療は，1992年の医療法改正により初めて導入された．在宅医療に積極的に取り組む在宅療養支援診療所は，緊急時の連携体制および24時間往診・訪問看護ができる体制を備えている．在宅医療をもっぱら行う在宅専門診療所も近年増えつつある．在宅医療の導入は，①外来通院から寝たきりの状態になり，在宅医療となる場合，②外来通院中に入院となり，退院とともに在宅医療となる場合，③病院からの紹介で初めて在宅医療となる場合，の3とおりが考えられる．在宅医療を円滑に進めるには，診療所や病院との連携のみならず，さまざまな医療・介護職との協働が欠かせない．
⇨在宅ケア

在宅介護（ザイタクカイゴ）➡在宅ケアを見よ．

在宅介護支援センター（ザイタクカイゴシエンセンター）㊆home-based care management center．1990年に厚生省通知「在宅老人福祉対策事業の実施及び推進について」の別添4の「老人デイサービス運営事業実施要綱」で事業化された．その後，1994年に老人福祉法に老人介護支援センターという名称で位置づけられたが，在宅介護支援センターという名称のほうが一般的になっている．在宅介護支援センターは，1998年に標準型，基幹型，単独型の3類型になり，その後2000年に基幹型と地域型（標準型＋単独型）の2類型になった．支援の必要な高齢者や，そのおそれのある高齢者およびその家族に対して在宅介護の相談窓口として，必要なサービスを総合的に連絡調整する機関としての役割を担ってきたが，介護保険法が施行されてから在宅介護支援センターのほとんどが居宅介護支援事業者としての役割を担うようになった．多くの在宅介護支援センターは介護保険のなかでの居宅介護支援を行うとともに，介護保険の対象にならない高齢者への支援，介護予防，生活支援サービスの調整などの事業を行っていた．2005年に介護保険法が一部改正され，地域包括支援センターが創設された．在宅介護支援センターの一部は地域包括支援センターとして活動している．地域包括支援センターは介護保険外のサービスも含み，地域の社会資源を総合的に活用して介護予防のマネジメント等を行う中立・公正な拠点として期待されている．
⇨地域包括支援センター，地域支援事業

在宅看護（ザイタクカンゴ）➡訪問看護を見よ．

在宅緩和ケア（ザイタクカンワケア）生命をおびやかす疾患による問題に直面している患者とその家族が，住み慣れた地域で，いつも住んでいる家で生活を継続するために提供される緩和ケアのことである．緩和ケアについては，世界保健機関（WHO）は「生命をおびやかす疾患による問題に直面している患者とその家族に対して，疾患の早期より痛み，身体的問題，心理社会的問題，スピリチュアルな問題に関してきちんとした評価を行い，それが障害とならないように予防したり対処したりすることで，生活の質（QOL）を改善するためのアプローチである」と定義している．在宅緩和ケアにとって重要なことは，患者とその家族が尊厳と自立（自律）をもって生活するために，入院できる医療機関（拠点病院）が在宅緩和ケアを提供する診療所，訪問看護，訪問介護等と連携し，切れ目なくサービスを提供できる体制を整備することである．厚生労働省では，従来がん対策の一環として緩和ケアを取り上げてきたが，近年在宅緩和ケア対策推進事業を実施し，いちじるしい高齢化の進展への対応として，終末期医療を含む在宅医療について検討している．
⇨在宅ターミナルケア

在宅ケア（ザイタクケア）㊆home-based care／domiciliary care／in-home support service ㊌在宅介護．日常生活の営みに支障がある高齢者等が施設や病院等ではなく，住み慣れた地域で，住み慣れた家で生活を継続するために提供されるケアのことである．この場合のケアには，家族等が提供するインフォーマルなケアと，介護保険のように社会的サービスとして提供されるフォーマルなケアがある．日常生活の営みに支障がある高齢者等が在宅生活を継続するためには，家族介護者等への支援とともに，地域におけるフォーマルなケアサービスの提供システムの整備と，それらのサービスの質の向上が求められる．2011年の介護保険法等の一部改正で提示された地域包括ケアシステムは，在宅ケアを推進するための政策といえる．

在宅サービス（ザイタクサービス）㊆home-based care service／domiciliary service／home service．日常生活の営みに支障がある高齢者等が施設や病院等ではなく，住み慣れた地域で，いつも住んでいる家で生活を継続するために整備されているサービスのことをいう．これらのサービスには，介護保険法等において規定されている訪問介護，短期入所生活介護，通所生活介護等がある．これら以外に，医療，看護，リハビリテーション等，多様な在宅サービスがある．
⇨居宅サービス，在宅ケア

在宅酸素療法（ザイタクサンソリョウホウ）㊆home oxygen therapy／domiciliary oxygen therapy ㊥HOT．慢性呼吸不全による低酸素症の改善を図るために，酸素供給装置による高濃度酸素を酸素吸入器具から吸入し，肺胞の酸素分圧と動脈血酸素分圧を正常に保ち，細胞の酸素不足を改善することである．HOTは低酸素症の症状

改善・緩和と病状悪化・合併症の予防に効果がある。さらに、住み慣れた地域での生活の継続が可能となり、その人の生活の質（QOL）向上を図ることができる。そのために、療養者の主体的な自己管理を高める支援と医学的管理および療養生活支援を医療・保健・福祉によるチームケアとして提供する必要がある。HOTの実施上の注意点として火気厳禁、延長チューブの管理、酸素流量・吸入時間などの遵守、機器の確実な操作が挙げられ、さらに感染予防や呼吸困難など症状の悪化への早期対応が不可欠となる。認知症の人では鼻カニューレが外れている、呼吸苦を訴えられない、などの状況により、自己管理の困難や不足を介護者が代替することになる。認知症のHOT利用者と介護者支援には、よりいっそうの医療・福祉の連携・協働が求められる。
⇨酸素療法

在宅静脈栄養法（ザイタクジョウミャクエイヨウホウ） 英 home parenteral nutrition 略 HPN 同 在宅中心静脈栄養法。在宅静脈栄養法は、消化吸収の障害があり長期に及ぶ在宅での栄養療法が必要な場合に選択され、高カロリーの輸液による栄養成分の投与を行い、栄養状態を正常に保つ療法である。高カロリー輸液は必要な栄養をすべて静脈から投与できることから、total parenteral nutrition（TPN）とよばれる。鎖骨下静脈を経由して上大静脈にカテーテルを挿入し、輸液を送る。その方法には体外式と皮下埋め込み式（CVポート）があり、身体への侵襲度は高い。そのため、中心静脈からHPNを実施するための前提条件は、①病態が安定しており、在宅中心静脈栄養によって生活の質（QOL）が向上すると判断される、②医療担当者の在宅中心静脈栄養指導能力が十分で、院内外を含む管理体制が整備されている、③患者と家族がTPNの理論やHPNの必要性をよく認識して、両者がHPNを希望し、家庭で輸液調整が問題なくでき、注入管理も安全に行えて合併症の危険性が少ないと判断される、とされている。これらの条件が満たされ、安全に実施できるよう在宅医療チームによるシステム化された支援が不可欠になる。
⇨中心静脈栄養法

在宅ターミナルケア（ザイタクターミナルケア） 英 home-based terminal care。住み慣れた家で療養者と家族が生活の質（QOL）の高い日々を十分に生きられるよう多職種が連携し、包括的に支援することをいう。対象は予後が3〜6か月と診断され、これ以上の積極的治療の効果が期待できないと判断された患者とその家族とされている。しかし、日本老年医学会の「立場表明」（2012）の「高齢者の終末期の医療及びケア」では、認知症の人などは予後の判断が困難なことから、予後を規定していない。また、2002年に世界保健機関（WHO）は、緩和ケアとは生命をおびやかす疾患による問題に直面している患者とその家族に対して、痛みやその他の身体的問題、心理社会的問題、スピリチュアルな問題を早期に発見し、的確なアセスメントと対処（治療・処置）を行うことによって、苦しみを予防し、和らげることで、生活の質（QOL）を改善するアプローチである、と定義した。緩和ケアは、がん患者だけでなく、高齢者にとっても重要である。これからの在宅ターミナルケアは、療養者・家族とともに「診断名、健康状態、年齢にかかわらず、差し迫った死、あるいはいつかは来る死について考える人が、生が終わるまで最善の生を生きることができるように支援する」エンド・オブ・ライフ・ケアを追求していくことが求められている。
⇨在宅緩和ケア

在宅中心静脈栄養法（ザイタクチュウシンジョウミャクエイヨウホウ） ➡在宅静脈栄養法を見よ。

在宅ホスピス（ザイタクホスピス） 英 home hospice。身体的苦痛や死の恐怖を和らげ、個人の尊厳を保ちながら生を全うできるよう、最期を迎えるケアを行う施設がホスピス（緩和ケア病棟）であり、ホスピスで行うターミナルケア（終末医療）を患者本人が住み慣れた自宅で行うものを、在宅ホスピスという。一般的に、レントゲンや血液検査、輸血、点滴など全身状態を維持するために必要な検査や治療は行う。また、必要に応じて、症状緩和のための外科的治療や放射線治療が行われることがあり、医師、看護師、臨床心理士などのチームによって行われる。
⇨ホスピス、緩和ケア、尊厳死

在宅レクリエーション（ザイタクレクリエーション） 日常生活の営みに支障がある高齢者等が、自宅でレクリエーションを行うことである。一般的にレクリエーションとは、仕事や勉強などの精神的・肉体的疲れを、休養や娯楽によって癒すこと、また、そのために行う休養や娯楽と定義されている。つまり、遊び、休養、楽しい、のんびり、自由といったイメージがある行為を自宅ですることである。具体的には、お茶や食事、コミュニケーション、入浴等がある。これらの行為への支援は、日常生活の営みに支障がある高齢者等の生活の質（QOL）を向上させるために重要である。

最低血圧（サイテイケツアツ） ➡拡張期血圧を見よ。

最低生活保障（サイテイセイカツホショウ） 日本国憲法25条の規定する生存権保障の理念に基づき、国民に対し国が保障する、「健康で文化的な最低限度の生活水準」をいう。そのため、資産や能力等のすべてを活用してもなお生活に困窮する人に対し、困窮の程度に応じて必要な保護を行い、最低生活を保障すると同時にその自立を助長することを目的とする「生活保護制度」のことである。最低生活を保障するための費用については、生活扶助・住宅扶助・教育扶助・医療扶助・介護扶助・出産扶助・生業扶助・葬祭扶助があり、生活保護を受けるための要件等については、市（区）部では市（区）が、町村部では都道府県が福祉事務所を設置しており、生活保護の相談・申請窓口をおいている。
⇨生活保護、扶助

彩度（サイド） 英 saturation。色の鮮やかさの尺度。加齢による眼光学媒体の濃度増加や、老人性縮瞳による瞳孔径の縮小によって、網膜上の刺激強度（網膜照度）が年齢とともに減少することで分光感度も変化する。それに伴い、わずかながら彩度が減少するという現象がみられ、色が白っぽくみえるようになる。加えて、認知症の場合、肯定的な反応を示す図柄は「色がはっきりしており、彩度が高いもの」とされている。そのため、高齢者に関する施設内の案内表示や照明には十分な配慮が求められ、認知症の人にはとくに明度・彩度・輝度のコントラストを加味した明確なサイン計画が望まれる。

採尿器（サイニョウキ） 英 urinal 同 収尿器／尿器。身体可動性の低下などによりトイレでの排尿が困難な場合に、

ベッド上などで臥位または座位姿勢で尿をとるために用いる容器．採尿器は大別すると，受尿器と蓄尿器が一体になっているもの（一体型採尿器）と受尿器と蓄尿器が別々になっていてチューブで連結したもの（セパレート型採尿器）がある．男性用と女性用では，受尿器の形が異なる．女性用は陰部を広く覆うことができるように受尿器の口が広くなっており，男性用は陰茎が入る程度の受尿器の口の広さになっている．セパレート型採尿器では，尿をセンサーが感知して自動で尿を吸引するタイプのものもある．一体型採尿器にはガラス製とプラスチック製があり，セパレート型採尿器はプラスチック製である．

座位バランス（ザイバランス） 英 sitting balance. 座位において身体の重心線を一定の支持基底面内に収めることのできる能力をいう．座位とは殿部から下肢を支持基底面とし，上半身を起こしている体位であり，椅座位（いすに腰かけた体位），正座，あぐら，長座位，半座位（ファウラー位）などがある．人間の身体は，中枢神経系と筋骨格系の働きによってバランスを保持している．バランスの移動を察知しそれを修正するために，視覚，固有知覚受容器，前庭，筋力，関節の可動性が一体となり，安定した前後左右の動きが可能になる．支持基底面に対して重心の位置をたえず変えることによって，体のバランスを維持することができ，座位の姿勢では重力が集中している腰部や殿部がそれを行っている．
⇨姿勢バランス

座位保持（ザイホジ） 英 sitting posture holding. 上半身を起こして座位の姿勢を保つこと．認知症の病状把握における能力評価では，「運動習慣の喪失」に関する評価指標として，「座っていられるか」「姿勢を保っていられるか」が含まれている．また，回復期リハビリテーション病棟入院料の「日常生活機能評価」項目のひとつでもあり，「できる」「支えがあればできる」「できない」のいずれかで評価する（「支え」とは，いす・車いす・ベッド等の背もたれ，手による支持，あるいはほかの座位保持装置等をいう）．座位保持ができなくなる原因には，身体失認や視空間失認，バランス機能の低下，脊椎の変形や筋緊張の低下などが関与する．
⇨座位保持装具

座位保持装具（ザイホジソウグ） 英 supportive seating systems 同 シーティングシステム．装具とは，四肢・体幹の疾病や機能障害を対象とし，安静・固定・支持・運動の制御などを目的とする用具であり，座位保持装具は，安定した座位を矯正，あるいは保持するためのものである．座り，背，下腿，足部，頭部および体幹を，板，金属，マット，クッション，ベルトなどで支持することにより座位を保持する．補装具費の給付対象である．座位保持装具が使用者に適合するように調整することをシーティングという．座位保持機能の障害があり座位を保持することができない人が適切な座位保持装具を使用することにより，褥瘡および脊柱の弯曲を予防し，食事，移動など日常生活活動を行いやすくなる．
⇨シーティング，補装具

催眠商法（サイミンショウホウ） 狭い会場に人を集め，販売員が巧みな話術で場を盛り上げながら集団のなかで，催眠的な手法を導入し冷静な判断ができなくなったあと，高額な商品を売りつける方法．最初に始めた業者の

名前が「新製品普及会」という団体であったため，その頭文字をとってSF商法とよばれる．また，はじめのうちは日用品や食料品を無料，または，ただ同然で配る際に，希望者に挙手をさせ，大声で「ハイ，ハイ」と言わせることから「ハイハイ商法」ともいう．よくある会場の例としては，商店の空き店舗，一般家庭の一室やガレージ，空き地など．ただ同然で配られるものとしては，プラスチックの容器などの商品，乾麺などがあり，売られる商品として，市価より高額な布団類，健康器具，健康食品などがある．法定書面を受け取った日から8日以内であれば，クーリングオフすることができる．

サイロキシン 英 thyroxine. 甲状腺ホルモン，ヨード4分子を含むアミノ酸の一種．T_4という記号で示される．もう1つの甲状腺ホルモンは，サイロキシンからヨード1分子がとれたトリヨードサイロニン（triiodothyronine）で，T_3という記号で示される．トリヨードサイロニンは，サイロニンの1〜2%の血中濃度である．これらのホルモンのうち，ホルモンとしての作用を発揮するのは，タンパク質と結合していないフリーサイロキシン，フリートリヨードサイロニンであるが，これはサイロキシンの0.03%，トリヨードサイロニンの0.3%にすぎない．2つの甲状腺ホルモン（T_3, T_4）は脳下垂体から分泌される甲状腺刺激ホルモン（TSH）の支配を受ける．サイロキシンとトリヨードサイロニンの両方が上昇すると甲状腺機能亢進症，逆に両方が低下すると甲状腺機能低下症とよばれる．一方が増加し，他方が正常または減少する場合もあり，それぞれ，さまざまな疾患の診断指標となる．
⇨甲状腺

作業記憶（サギョウキオク） ➡ワーキングメモリーを見よ．

作業せん妄（サギョウセンモウ） 英 occupational delirium 同 職業せん妄．せん妄は，何らかの身体的問題を直接原因として変動を伴って生じる意識障害（意識の「質」の障害）で，通常，感覚（幻視，幻聴など），論理（被害妄想など），情動（興奮，攻撃性など）の3つの側面に異常がみられる．高齢になるほど多い．過活動型と低活動型があるが，過活動型は対応が困難になることが多く，低活動型は抑うつ状態とまちがえられやすい．作業せん妄（または職業せん妄）は，主に過活動型せん妄で現れるもので，幻視など幻覚に左右され会話もまとまりがなくなり興奮するなか，自分の（元）職業に関連した言動をとる状態を指す．たとえば，設計の仕事をしていた人が床に指で何本も線を引く動作をしたり，事務員がパソコンを打つ動作を繰り返したり，機械整備関係の人がベッドを解体しようとしたりする，などである．意識障害により，場所と時間の見当識が失われ，現在の，あるいは過去にしていた仕事をその場で行っている認識になっていると考えられる．

作業療法（サギョウリョウホウ） 英 occupational therapy 略 OT. 身体または精神に障害のある人，またはそれが予測される人に対し，その主体的な生活の獲得を図るために，諸機能の回復，維持および開発を促す作業活動を用いて，治療，指導および援助を行うことである．作業の内容は日常生活動作，工芸，手芸，スポーツ，遊戯など多様である．老年期作業療法の目的は生活行動障害の軽減と新たな生活活動の遂行，生活の質（QOL）の向上である．生活行動には，自分の生存や生活維持のための

「日常生活活動」，職業や子育てなどの「生産活動」，すること自体を楽しむ「余暇活動」があるが，高齢者の場合は「日常生活活動」「余暇活動」が大きな役割を占める．作業療法による介入は，生活に必須な活動である「日常生活活動」に関してなされることが多いが，自分らしさを取り戻し，また周囲の人たちがその高齢者の個性に出会える「余暇活動」に対する支援も重要である．
⇨リハビリテーション，理学療法士，言語聴覚士

作業療法士（サギョウリョウホウシ） 英 occupational therapist 略 OT．医療従事者（コメディカルスタッフ）の一員であり，理学療法士（PT），言語聴覚士（SLHT），視能訓練士（ORT）とともに，リハビリテーション職と称されるうちのひとつである．作業療法士とは，1965年に制定された「理学療法士及び作業療法士法」で規定され，厚生労働大臣の免許を受けて，医師の指示の下に，身体または精神に障害のある人に対し，主としてその応用的動作能力または社会的適応能力の回復を図るため，手芸，工作その他の作業を行うことを業とする人をいう．1988年には，老人性痴呆疾患治療病棟及び老人性痴呆疾患デイケア，1991年には老人性痴呆疾患療養病棟が創設され，それぞれに専従作業療法士の配置が義務化され，2013年には認知症初期集中支援チームの一員に明記されるなど，作業療法士が認知症の人にかかわる機会が増えている．
⇨リハビリテーション

錯語（サクゴ） 英 paraphasia．いわゆる言いまちがいにあたるが，失語症などではその出現頻度が高い．その言いまちがい方により「語性錯語」「音韻性錯語」などに分類される．たとえば，実物や絵カードのりんごをみてその名称を「いす」というような日本語として実在する語（実存語）への誤りを「語性錯語」という．つまり，視覚的には正しく認識されており，一度は「りんご」と記憶された名称であるにもかかわらず，その名称（呼称）を誤ることである．この語性錯語のなかでも，りんごをみて「みかん」というような，同じカテゴリーや意味的に関係する語への誤りを「意味性錯語」という．それに対して，りんごを「りんま」というように，音の誤りを「音韻性錯語」あるいは「字性錯語」という．また，りんごを「かみたごい」のように，目的とする語がなにかを推測できないほどの誤りになる場合を「新造語」という．以上のような錯語になっている場合であっても，失語症のタイプや重症度によっては，話している本人は誤りにまったく気づかない場合も少なくない．
⇨ジャルゴン

錯視（サクシ） 英 optical illusion／visual illusion／parablepsia．知覚には，視覚，聴覚，触覚，嗅覚，味覚がある．あやまって知覚することがあり，それらは幻覚と錯覚に分けられる．幻覚とは，実際には存在しないものをあたかもあるかのように知覚するものであり，錯覚とは，実際にはあるが，あやまって別のものとして知覚することをいう．実際に聞こえない音や人の声が聞こえることを「幻聴」といい，実際にはないものがみえることを「幻視」という．幻視があるかどうかは，そこにはだれもいないのに，「子どもがいるからお菓子をあげよう」と言って，お菓子をあげようとしたり，だれもいないのに人に話しかけるような行動から察することができる．錯視は，床面がワックスで光っているのが，水面のようにみえるため避けて通ろうとしたり，床に落ちているごみを虫だと思い，つまもうとする動作などから察することができる．これらは，さまざまなタイプの認知症でみられるが，レビー小体型認知症（DLB）では，幻視や錯視がみられることが多い．
⇨錯覚，幻覚，幻聴

錯書（サクショ） 英 paragraphia．名称などを言う際の誤りである「錯語」に対して，書字の誤りのことである．失語症などではその誤り方が特異であったり，誤る頻度が高いなど，本人はその誤りに気づかないことも多く，その誤り方も多様である．たとえば「新聞」の絵カードを提示し，その名称を漢字で書くように指示した場合，『深海』『お焼き』『猪木』『審問』のように漢字の一部分の誤り，同じ読み方をする別の漢字の誤り，あるいは日本語に存在しない文字への誤りなどがある（図A）．また，失語症の場合は平仮名や片仮名の書字は漢字よりもむずかしい場合が多く，『しんふん』『じんぷん』『いんゆん』などさまざまな誤りがみられる．さらに，『いんへいこ』のように目的とする語をまったく推測できない誤りや，漢字も同様に日本語に存在しない文字を記すなどがみられる（図B）．このような誤り方のなかでも，新聞の絵カードをみて『本』『いす』『しんかんせん』などの実存する名称への誤りを語性錯書，『しんうん』『じんぷう』などの文字単位の誤りを字性錯書あるいは音韻性錯書という．

A	B
新聞	しんづん

⇨失語〔症〕，錯語

サクセスフルエイジング 英 successful aging．「幸福な老い」と訳されている．「幸福な老い」の前提条件として，長寿・健康・経済的安定が挙げられる．それは，個人の遺伝子によって決まるのではなく，生活の仕方によって獲得できるものであるとされ，老化というプロセスに従ってうまく適応することができたうえで，幸福な老後を迎えることができる状況といえる．「幸福な老い」という高齢者の生活を評価するという点においても，①病気・疾病を避け身体的健康を図ること，②精神的健康の維持を図ること，③家族だけではなく，他人や社会に携わって生きることが，高齢者の社会適応をも表す，生活の質（QOL）を保障する重要な要因といえる．

錯乱（サクラン） 英 confusion．ある程度の意識混濁を背景に，病状の悪化や何らかの誘因によって思考や言動が混乱した状態を呈すること．失見当識や幻覚，興奮，不安，焦燥など，多彩な症状が生じる．せん妄，もうろう状態などの意識障害のほか，思考障害，てんかん，心因性反応，統合失調症の急性期，重症の躁病など，さまざまな精神症状の悪化に対して用いられる．
⇨不穏

作話（サクワ） 英 confabulation／fabrication．記憶障害を背景とし，認知症の人が意図せずに，現実に起こっていないことをあたかも起こったかのように確信することによって，外界に対してその話をすること．作話には，荒唐無稽で現実には絶対にあり得ない事柄を語る自発作話や空想作話と，あやまった記憶に対する正当な反応の誘

発作話がある．前者は妄想との区別がつけにくい．後者は，あやまった記憶に基づくと指摘されるとおり，記憶，見当識，判断，理解等の障害により生じている．認知症の人は，自分の健忘に対して記憶を補完するために作話をするので，本人には自覚がない．その内容も，作話をする認知症の人の生活状況等の情報をもっていないと，事実なのか作話なのか，聞き手側は判断することがむずかしい．作話は器質性精神病，とくにコルサコフ症候群の際にみられる．

坐剤（ザザイ）⇨座薬を見よ．

差し込み便器（サシコミベンキ）㊥bedpan．身体可動性の低下などによりトイレでの排泄が困難な場合に，ベッド上で臥位姿勢で排泄するために用いる容器である．差し込み便器には，和式・洋式・和洋折衷型がある．プラスチック製，ほうろう製，ステンレス製のほか，空気を入れて使用するゴム製のものがある．和式は小型で差し込み部分が薄型になっているため，小柄な人や腰上げができない人にも適している．しかし，差し込み部分が長いため腰部に当たり，褥瘡や骨突出のある人には不向きである．また，容量が少ないため排泄量が多い場合には不向きである．洋式は支持面積が広く容量が大きいため大柄な人に使用しやすいが，差し込み部分の厚みがあるため腰部が上がるために排泄しにくく，尿が背部に流れてしまう危険性がある．和洋折衷型は差し込み部分を和式より短くし，和式と洋式の中間くらいの容量にしたものである．ゴム製のものは，空気を入れて便器の形状にするためやや不安定であるが，やわらかく皮膚への圧痛が少ないという利点がある．

嗄声（サセイ）㊥hoarseness／trachyphonia／frog in the throat ㊥Heiserkeit．声音障害のひとつで，発声時の声の質の異常をいう．構音の機能は保たれるが，反回神経麻痺などによる発声時の声帯の閉鎖不十分，両側の声帯間に異物や腫瘍が挟まること，喉頭炎などによる声帯の質的変化などによって起こる．高度のときは声帯が開いたままでまったく振動せず，声が出ない失声となる．
⇨失声

座席昇降機（ザセキショウコウキ）自動または手動により，座席部分が垂直または斜め方向に昇降する機器．移動や移乗，作業姿勢の保持など利用者の生活環境に適した高さの調整や，移乗時などの介助者の負担軽減を目的にしている．主に階段昇降機と段差解消機があり，いずれも設置には小規模工事が必要となる．それぞれ設置されたいすに座り昇降するものと，車いすごと乗り込み昇降するものがある．これらは介護保険の福祉用具貸与の対象となっている．
⇨段差解消機

錯覚（サッカク）㊥illusion．実在の対象を実際と異なるものとして知覚すること．知覚の異常には，実物を歪めて知覚する知覚変容と，新たな知覚としての偽知覚がある．偽知覚には，外的刺激に反応した場合とそうでない場合に生じるものがあり，錯覚は偽知覚に含まれる．錯覚は病的な要因に影響されず，実際にある対象・刺激をあやまって知覚しているもので，正常な状態でも認められる．種類として，完成錯覚（ゲシュタルト心理学の完結の原理により感覚的な手がかりが意味をなさないとき，知覚体験を記憶やファンタジーによりやや変容させ，全体の意味が通るようにする錯覚），感情錯覚（夜間怖いという感情がある場合に木の影を人間に誤認するなど，不安や恐怖・歓喜などの強い感情状態において生じる錯覚），変像錯覚（壁の染みに人の顔をみるなど，本来不定形のものが動物の姿や人間の顔など，はっきりとした形をもつものにみえる錯覚），などがある．
⇨幻覚

サテライト型施設（サテライトガタシセツ）satelliteとは，原義で従者の意味．衛星とも訳される．つまり，サテライト型施設とは，市町村と特別養護老人ホーム等の福祉施設等が連携し，その基盤の下で，高齢者ができる限り住み慣れた場所で生活を続けることができるように，各地域の民家や公民館などを利用してその本体施設に準じたサービスを受けることができる施設をいう．各地域の範囲とは，近隣小学校区や中学校区等の範囲である．サテライト型居住施設については本体となる特別養護老人ホームのサテライト型特別養護老人ホームがあり，全室個室ユニット型で個別の玄関を設けていることが多い．また，サテライト型デイサービスは，食事・入浴・排泄などの日常介護に加え，本体施設同様に，レクリエーションのサービスも提供している．
⇨サテライトケア

サテライトケア㊥satellite care．高齢者ができる限り住み慣れた場所で，なじみの人たちと生活を継続することを目的として，本体となる指定介護老人福祉施設，介護老人保健施設，または病院や診療所等が密接に連携をとりながら，その本体施設とは別の場所において，その地域に住み慣れた人々を対象とする，地域密着型介護サービス．

作動記憶（サドウキオク）⇨ワーキングメモリーを見よ．

サービス管理責任者（サービスカンリセキニンシャ）㊥service chief administrator．サービス管理責任者の業務は，療養介護計画，生活介護計画，就労移行支援計画等の個別支援計画の作成である．また，関係機関との連携や，事業者への助言指導を行う．療養介護，生活介護，共同生活援助，自立訓練，就労継続支援A型，就労継続支援B型の各人員に関する基準のなかで，利用者数に応じて配置されている．たとえば，療養介護の場合，利用者の数が60人以下の場合1人以上の配置である．サービス管理責任者の資格は，障害者の保健・医療・福祉・就労・教育分野における支援業務の実務経験（3～10年）かつ研修修了者（従業者初任者研修・サービス管理責任者研修）である．
⇨サービス担当者会議

サービス担当者会議（サービスタントウシャカイギ）㊥care conference／service staff meeting ㊙ケアカンファレンス．居宅サービス計画の作成や変更時に介護支援専門員が開催する会議．介護サービス利用者とその家族，介護支援専門員，サービス管理者，生活支援員など利用者にかかわる医療・保健・福祉のサービス担当者が参加する．開催の目的は，介護支援専門員による課題分析の結果をもとに，介護サービス利用者と家族に提供されるサービス計画を協議することであり，情報を共有しておのおのが自らの役割を理解し，よりよいサービスにつなげる．
⇨サービス調整会議

サービス調整会議（サービスチョウセイカイギ）㊥service management meeting．障害者総合支援法によるサ

ービス提供は，原則として生活支援員（療養介護・生活介護・ケアホーム・自立訓練等）または相談支援専門員（重度障害者等包括支援）が作成したサービス等利用計画を受けて作成された個別支援計画に沿って行うことが前提とされている．よって生活支援員や相談支援専門員がサービス等利用計画を立てるときは，各個別支援計画との間に食い違いがあってはならない．つまり，サービス調整会議とは，当事者を中心として関係者が集まり開催される会議の総称であり，各事業所の担当者が集まってサービスの調整を行う会議である．個別支援会議，ケア会議等の名称で使い分けられる場合もある．

⇨サービス担当者会議，障害者相談支援専門員，生活支援員

サービス付き高齢者向け住宅（サービスツキコウレイシャムケジュウタク）㊥ elderly housing with supportive services.

2001年に高齢者の居住の安定確保に関する法律が成立し，高齢者向け優良賃貸住宅制度，高齢者専用賃貸住宅制度，高齢者円滑入居賃貸住宅制度等ができた．しかし，同法の改正によって，2011年10月より上述の制度は廃止になり，サービス付き高齢者向け住宅の登録制度が創設された．同制度は，欧米各国に比べて整備が遅れている高齢者向けのサービス付き住宅の供給を促進するために制度化されたもので，独居高齢者や夫婦のみの高齢者の世帯が急増していること等への対応であった．バリアフリー住宅で，少なくとも安否確認や生活相談サービスは必要であり，それ以外に介護・医療と連携し，食事の提供や清掃・洗濯等の家事援助等のサービスを提供する．都道府県へ登録することが義務づけられており，その供給を促進させるため供給促進税制が創設された．

⇨高齢者の居住の安定確保に関する法律，ケアハウス，グループリビング，シルバーハウジング

サービス提供事業者（サービステイキョウジギョウシャ）

介護保険制度外で提供する場合もあるが，一般的には介護保険制度の下で介護サービスを提供する事業者のことである．指定居宅サービス事業者，指定地域密着型サービス事業者，指定居宅介護支援事業者，介護保険施設，指定介護予防サービス事業者，指定地域密着型介護予防サービス事業者，指定介護予防支援事業者がある．一定の条件を満たすと都道府県によって指定（地域密着型サービスにおいては市町村が指定する）を受けることができる．指定を受けている施設介護サービスは社会福祉法人と医療法人が大部分を占めているが，在宅介護サービスでは，社会福祉法人，医療法人，民間企業，農協，生協，特定非営利活動法人等の多様な主体が参入している．要介護者・要支援者が安心して介護サービスを選択し利用できるように，サービス提供事業者は法令を遵守する義務が課せられているとともに，すべての事業者は法令遵守責任者を選任することになっている．1999年から福祉医療機構は電子情報網（WAM NET）を構築し，サービス提供事業者に関する情報等を提供している．多様な主体によるサービス提供事業者の比較検討や介護サービス全体の質の向上のため，サービス提供事業者による介護サービスの情報の提供や公開，運営の透明性を図ること，評価制度の導入が積極的に行われている．

サービス提供責任者（サービステイキョウセキニンシャ）

介護保険制度が始まった2012年4月に新たに創設された職種で，中核的な訪問介護員である．その前身は1985年から設置されていた主任家庭奉仕員にある．サービス提供責任者に求められる役割は，①利用申し込みの調整，契約，②訪問介護計画の作成，③サービス担当者会議への参加，④訪問介護員への指導・相談，⑤サービス利用者からの相談，⑥訪問介護サービスの提供である．介護保険制度における訪問介護では，身体介護と生活援助に対して介護報酬が設定されたため，これらの業務に関する介護報酬は身体介護と生活援助の介護報酬に含まれているが，2005年の介護保険法等の一部改正によりサービス提供責任者による①～⑤に関する業務に対して初回面接加算が設定された．2011年の介護保険法等の一部改正によりサービス提供責任者の配置基準は，当該事業所の利用者数が40人，またはその端数を増すごとに1人以上となっている．サービス提供責任者の役割に見合った介護報酬の設定に関する検討が求められる．

サービス評価（サービスヒョウカ）㊥ program evaluation.

サービスを利用する人にとって，当該サービスがどの程度役立っているかを判断すること．サービス評価には自己評価や外部評価，サービス利用者による評価がある．自己評価には，サービスを提供している人の自己評価とサービスを提供している事業者の自己評価がある．外部評価とは，当該サービスについて関係のない第三者がサービス提供主体を評価する第三者評価がある．サービス利用者による評価は，事業者が自主的に実施していることが多い．サービス評価が注目されるようになったのは，サービスを利用する人が必要とするサービスを選択する仕組みが一般化したことに起因する．サービスを利用する人の満足度を高め，その人権を擁護し，サービスを適切に利用できるように，またサービス全体の質の向上のために，利用者を支援する仕組みとして存在する．介護保険制度では，2002年から認知症対応型共同生活介護事業所における第三者評価が義務づけられ，現在，多様な種別のサービス提供事業者が第三者評価を受けている．

詐病（サビョウ）㊥ malingering／pathomimesis／simulated disease／simulation.

病人ではないのに，意識的に病気があるようにふるまうことをいう．精神疾患の診断・統計マニュアル第5版（DSM-5）では，詐病と作為症は区別されている．詐病は虚偽，またはいちじるしく強調された身体的，あるいは心理的な症状を意図的に作り出す行為であり，仕事の回避，犯罪の訴追を逃れるなど何らかの動機づけがあるとされる．一方作為症は，上述の動機づけとなるような外的な誘因がない点で，詐病とは異なっている．また，賠償が問題となるいわゆる賠償神経症などの場合には身体障害・身体的愁訴が多い．詐病は意識的になされるため，不自然，あるいは演技的な印象を与える場合もあるが，高齢者の身体的愁訴ではその判別がむずかしい場合もあるので，判別には注意が必要である．

サプリメント ㊥ dietary supplement.

人が口から摂取するものは，医薬品と食品に分けられる．食品には，乳児や妊産婦，嚥下困難者など対象別に形態や機能を強化した特別用途食品，病気のリスクの軽減や健康に有効な栄養成分を強化した保健機能食品，それ以外の一般食品がある．一般食品は，健康の保持増進に資する「健康食品」と「その他の一般食品」に分けられ，サプリメントは健

康食品のうち，主に特定成分が濃縮された錠剤やカプセル状の製品を指す．しかし，菓子類や飲料を含むこともあり，定義は一定ではない．アメリカでは，従来の食品・医薬品とは異なるカテゴリーの食品で，ビタミン，ミネラル，アミノ酸，ハーブなどの成分を含み，通常の食品と紛らわしくない形状のものと定義されている．生活習慣病や認知症予防に効果があるとされる成分を強化したサプリメントもある一方，医薬品とサプリメント間の薬物相互作用も指摘されている．

座薬（ザヤク） 英 suppository ラ suppositorium 同 坐剤．医薬品を，体温や分泌液で融解する基材に均等に混和し，一定の形状に成型したもので，直腸または腟に適用する固形外用薬のこと．直腸には円錐形や紡錘形，腟には球形や卵形のものが用いられる．局所的な適用としては，直腸では排便促進や抗炎症作用，腟には抗炎症作用やホルモン作用などに用いられる．全身的な適用としては，鎮痛や解熱などを目的として肛門から直腸に挿入する．経口薬は腸管から吸収され，門脈を経て肝臓で代謝されたあとに全身循環に至るのに対し，座薬は直腸下部から吸収されて直腸部の静脈叢から静脈血流中に入り，肝臓で代謝を受けることなく全身を循環する．そのため薬物を効果的に作用させることができる．また，経口投与のできない人への適用や食事摂取の影響を受けないなどの利点がある．

サルコイドーシス 英 sarcoidosis．多臓器の類上皮細胞肉芽種形成を主徴とする原因不明の全身疾患．肺，眼，皮膚などに多い．特異的な症状はなく，形成された肉芽種の位置や大きさによって症状も異なる．約半数は集団検診時の胸部X線写真で肺門リンパ節腫脹として発見されるが，その多くは無症候性である．一部に急激に進行し呼吸困難に至るものもある．眼症状としては霧視や羞明，皮膚症状では丘疹や結節性皮疹，外傷や手術痕での肉芽種形成，結節性紅斑などがある．このほか，末梢神経障害，心臓の障害，腎障害，筋炎などさまざまな症状が起こりうる．2年ほどの経過で，無治療で自然治癒することが多いが，心不全，呼吸器障害などを呈する場合は注意を要する．とくに，これらを併発すると予後が悪い．治療を行う場合は，ステロイドを用いる．肺門部の結核，悪性リンパ腫，がんのリンパ節転移などとの鑑別を要する．
⇨特定疾患

サルモネラ ラ Salmonella．サルモネラ属に属する腸内細菌．グラム陰性短桿菌．腸チフス，パラチフスを引き起こす菌を除き，腸炎を引き起こす菌をサルモネラ菌，引き起こされた症状をサルモネラ症とよぶ．サルモネラによる急性胃腸炎は，日本の食中毒の上位を占める．一般にサルモネラ症は，人畜共通伝染病であるが，健康な成人から他者への感染は比較的少ない．汚染された卵，肉，乳などで，菌が大量に増加し，複数の人がそれを食べることで集団食中毒が発生する．乳児，高齢者などでは人から人への感染も起こる．食中毒のほか，ペットのミドリガメの体内に保菌されていることが多く，子どもがミドリガメに噛まれて発症することもある．24時間以内に急激に発症し，発熱，腹痛，水様便（ときに粘血便），悪心，嘔吐などを示す．確定診断は便の培養による．ニューキノロン系薬が有効であるが，症状消退後も便から排菌されることがあるので10日間は注意が必要．

三環系抗うつ薬（サンカンケイコウウツヤク） 英 tricyclic antidepressant 略 TCA．構造式に2つのベンゼン核を含む三環系構造をもつ薬物であり，第1世代TCAと，抗コリン性副作用の少ない第2世代TCAに分類され，TCAは，新規抗うつ薬が副作用で使えない場合や，効果が不十分な場合に現在でも使用されている．現在では，うつ治療の第1選択薬は選択的セロトニン再取り込み阻害薬（SSRI）やセロトニン・ノルアドレナリン再取り込み阻害薬（SNRI）となっている．TCAの副作用として，抗コリン作用による口渇，便秘，頻脈，排尿障害，せん妄，中枢性のヒスタミンH_1受容体阻害作用による眠気，倦怠感，体重増加，$α_1$受容体阻害作用による屹立性低血圧，めまい，過鎮静が挙げられる．高齢者への使用においては，起立性低血圧やめまいは転倒による骨折などの危険につながりやすく，せん妄や眠気，過鎮静は，高齢者の生活の質（QOL）の低下を招きやすいため，注意が必要である．
⇨選択的セロトニン再取り込み阻害薬

三叉神経痛（サンサシンケイツウ） 英 trigeminal neuralgia／prosopalgia ラ trismus dolorificus．三叉神経は，12種類ある脳神経のうちの5番目，第Ⅴ脳神経．顔面の感覚，咬筋，側頭筋など咀嚼に関する運動を支配する．感覚枝は第1枝眼神経，第2枝上顎神経，第3枝下顎神経に分かれて，顔面，頭部，口腔内の感覚をつかさどる．三叉神経痛は，片側の三叉神経枝の支配領域に限局した痛みの発作で，歯磨き，髭剃り，咀嚼あるいは寒冷暴露などをきっかけとして突発的に起こり，数秒から2分ほどで消退する．「針を突き刺されたような」「ナイフで切られるような」「電撃のような」などと表現される激しい痛みを伴うが，これ自体は生命予後や機能に影響を与えるものではない．50歳代以降の女性に多い．特発性三叉神経痛は神経所見を欠くことが特徴で，脳底動脈による三叉神経根圧迫が原因であることが多い．感覚障害等の神経所見を伴う場合，あるいは両側性に起こる場合は，症候性を疑う必要がある．内科治療が無効のときは外科治療を試みるが，効果は限定的であることが多い．

三次医療（サンジイリョウ） 英 tertiary care．二次医療では対応がむずかしい疾患や病態に対して，高度な先進設備を整えた医療施設で行われる先端的な医療．原則的に都道府県全域あるいはそれを超えた範囲の患者を対象としている．各科専門医が先進的な医療技術により特殊かつ専門的な診断，治療を行う．特定機能病院，救命救急センター，総合周産期母子医療センター，がんセンター，大学病院などがその役割を担う．
⇨一次医療，二次医療

三次予防（サンジヨボウ） 英 tertiary prevention．疾病が発症し治療したあとに再発や合併症，機能障害を防ぎ，社会復帰を促進する悪化防止，リハビリテーションの段階．三次予防は，健康な状態から，発症し治癒や死などに至るまでの疾病の自然史（natural history）に対応した3段階の疾病予防の最後の段階である．三次予防に対応する疾病の自然史は，治療後に治癒するだけでなく，治癒しても後遺症が残る場合や，慢性の経過をたどる場合，また死亡する場合もあるなど，多様である．疾病の経過に合わせて，医療，リハビリテーションにより重症化や後遺症の防止に取り組むとともに，障害に対する補装具の利用，居住環境の改善，雇用促進などの社会参加

へ向けた対策が用られる．疾病予防の考え方は介護予防施策でも用いられており，介護予防における三次予防は，要支援・要介護状態にある人への要介護状態の改善，重度化を予防するための対策である．
⇨一次予防，二次予防

酸素吸入器（サンソキュウニュウキ） 英 oxygen inhaler. 酸素療法において酸素を投与するための器具．使用する酸素吸入器は酸素投与方法により異なる．酸素投与方法は，患者の1回換気量以下の酸素を供給する低流量システム，患者の1回換気量以上の酸素を供給する高流量システム，呼気時に流れている酸素をリザーバーバッグにためて，吸気の際に供給される酸素とともにバッグ内の酸素を吸入させるリザーバーシステムがある．低流量システムでは，鼻カニューレ，簡易酸素マスクなどが用いられるが，吸入酸素濃度は設定できず，患者の呼吸パターンに左右される．鼻カニューレは，簡便で食事や会話が可能であるため病院内でだけではなく，自宅など病院外でも使用されるが，酸素流量6l/分以上の投与は推奨されない．高流量システムでは，ベンチュリーマスクが用いられ，小さな出口から高圧の酸素を流して周囲の空気を引き込み酸素と空気を混合して30l/分以上の総流量に設定して供給するものである．使用の際には，マスクが密着していないと期待した酸素濃度が得られないため注意が必要である．リザーバーシステムでは，リザーバーつきフェイスマスク，リザーバーつき鼻カニューレなどがあり，低流量システムよりも高濃度の酸素吸入が可能になり，酸素の節約になる．
⇨酸素療法

酸素供給装置（サンソキョウキュウソウチ） 英 oxygen supply equipment. 自宅など病院外で酸素療法を実施する在宅酸素療法（HOT）に用いられる酸素を供給する機器．酸素供給装置の種類は，酸素濃縮器，液化酸素装置，携帯用高圧酸素ボンベなどがある．酸素濃縮器は，家庭用電源で動き，室内気から窒素を分離し，酸素を濃縮して90％以上の酸素を発生させる機器で，HOT患者の9割以上が使用している．液化酸素装置は，低温で液化した酸素を気化して酸素を供給する機器である．自宅では大きな定置式の親容器から酸素を吸入し，外出時には親容器から携帯用の子容器に液体酸素を小分けして充填して使用する．設置場所の制限や取り扱いのむずかしさから，普及率は1割程度である．携帯用高圧酸素ボンベは，圧縮された高圧の酸素を軽量化されたボンベに詰めたものである．アルミ合金や高強度ガラス繊維の多層構造で内圧に耐える材質と構造になっている．1l（気体容積150l前後），2l（気体容積300l前後）の容器が多く使用されており，むだなく酸素を利用できるように，吸気時のみ酸素が流れる呼吸同調式デマンドバルブを併用する場合がある．
⇨在宅酸素療法，酸素濃縮器，酸素用高圧ガスボンベ

酸素濃縮器（サンソノウシュクキ） 英 oxygen concentrator. 病院外の自宅などで酸素療法を実施する在宅酸素療法（HOT）に用いられる酸素を濃縮する機器．酸素濃縮器は，家庭用電源で動き，室内気の79％の窒素を分離し，酸素を濃縮して90％以上の酸素を毎分約5〜6l程度発生させる．安全性が高いため，HOT患者の9割以上が使用している．膜型と吸着型があるが，現在は吸着型が使用されることが多い．吸着型酸素濃縮器は，シリンダー内に窒素を吸着する機能のある多孔質の吸着材（ゼオライト）を入れ，濃縮器に取り込んだ空気を酸素と窒素とに分離し，酸素を89〜95％程度（製造会社や酸素流量により異なる）まで濃縮するものである．室内の空気を酸素と窒素に分離するので，室内の酸素濃度は上昇しない．なお，外出時や停電・機器の故障などの緊急時に備えて，携帯用高圧酸素ボンベなどを備えておく必要がある．
⇨在宅酸素療法

酸素飽和度（サンソホウワド） 英 oxygen saturation. 酸素飽和度（SaO_2）は，血液中のヘモグロビンと酸素が結合している割合を示す．1分子あたりのヘモグロビンは最大4分子の酸素を結合でき，実際に結合した酸素量と結合可能な酸素量の比率が酸素飽和度である．酸素飽和度の正常値は95％以上で，酸素飽和度が90％まで低下すると呼吸不全の境界値となる．酸素飽和度は，動脈血を採血して測定する動脈血酸素分圧（PaO_2）に一致して増減する．動脈血酸素分圧の増加はS字状の酸素解離曲線を描き，動脈血酸素分圧が60mmHgのとき酸素飽和度は90％，動脈血酸素分圧が80mmHgのとき酸素飽和度は95％を示す．一般的臨床では動脈血酸素分圧に代わる指標として，非観血的で簡便なパルスオキシメーターを用いた経皮的動脈血酸素飽和度（SpO_2）を測定することが多い．
⇨酸素療法，経皮的動脈血酸素飽和度

酸素用高圧ガスボンベ（サンソヨウコウアツガスボンベ） 圧縮された高圧のガス（酸素）を入れておく金属製の容器．充填された高圧ガス容器の内圧は150気圧であり，容器は内圧に耐える鋼鉄製である．一般的に，内容積3.4l（気体容積500l）入り，10l（気体容積1,500l）入り，40l（気体容積6,000l）入りの3種類が，医療施設で使用される．高圧ガス容器の耐圧検査（容器再検査）は，定期的（1989年3月以前製造の容器の耐圧検査期限は3年，1989年4月以降製造の容器の耐圧検査期限は5年）に行う必要があり，検査を行った年と月が打刻される．耐圧検査期限が切れている容器への高圧ガスの充填は禁止されている．また，在宅酸素療法（HOT）を行っている患者の外出用のものとして，携帯用酸素ボンベがある．小型で軽量化されており，アルミ合金や高強度ガラス繊維の多層構造で，内圧に耐える材質と構造になっている．1l（気体容積150l前後），2l（気体容積300l前後）の容器が多く使用されている．
⇨酸素療法，酸素供給装置

酸素療法（サンソリョウホウ） 英 oxygen therapy. 種々の原因により生じた低酸素血症あるいは組織の低酸素状態を改善するために，吸入器の酸素濃度を室内気の約21％よりも高めて吸入させる治療法である．一般的な適応基準としては，成人では動脈血酸素分圧（PaO_2）が60mmHg未満または動脈血酸素飽和度（SpO_2）が90％未満のときである．酸素療法はPaO_2が高まることで低酸素血症を改善し，呼吸困難感，精神機能低下などの低酸素血症の随伴症状を和らげ，心肺系への負荷を減少させる．酸素投与方法は，患者の1回換気量以下の酸素を供給する低流量システム，患者の1回換気量以上の酸素を供給する高流量システム，呼気時に流れている酸素をリザーバーバッグにためて，吸気の際に供給される酸素とともにバッグ内の酸素を吸入させるリザーバーシステム

がある．酸素療法の合併症としては，慢性呼吸不全などの肺胞低換気となっている患者に高濃度酸素が吸入されることにより呼吸中枢が抑制されるCO_2ナルコーシス，50～60％以上の高濃度酸素を長時間吸入することにより身体にさまざまな異常を生じる酸素中毒がある．

残存機能（ザンゾンキノウ）㊥ remaining function. 病気や障害などにより，機能低下や機能喪失があったとしても，残る機能または，別のもので活用することのできる能力をいう．社会福祉法第3条「その有する能力に応じ自立した日常生活を営むことができるよう」，介護保険法第1条「これらの者が尊厳を保持し，その有する能力に応じ自立した生活ができるよう」，障害者自立支援法の第1条「障害者及び障害児がその有する能力及び適正に応じ自立した日常生活又は社会生活ができるよう」とあるように，有する能力こそが残存能力であり，保有能力ともいえる．リハビリテーションや国際生活機能分類（ICF）の考え方により，低下した機能の向上のみでなく，補い発展していく機能にも注目し，残存機能と考える．

三大栄養素（サンダイエイヨウソ）㊥ three major nutrient. 食品に含まれる成分のうち，人体に必要とされる成分を栄養素といい，そのうち主要なものである．炭水化物，タンパク質，脂質を指す．炭水化物は米飯やパン，麺類などの主食に多く含まれ，筋肉の運動，体温保持，心臓や脳などさまざまな活動のエネルギー源となる．肉類，魚，大豆などに多く含まれるタンパク質は筋肉，皮膚や臓器，血液，免疫をつくる．ヒトの体の構成成分の約20％がタンパク質である．脂質はエネルギー源になるほか，細胞壁やホルモンの材料になる．一方，ビタミン，ミネラルを微量栄養素という．微量栄養素も人体への重要性は高く，たとえば亜鉛の不足は味覚の低下，ビタミンB_1やB_{12}の不足は認知機能の低下と関連している．

三大介護（サンダイカイゴ） 食事介助・入浴介助・排泄介助という身体的介護のことを指す．介護の歴史において，同じ時間にいっせいにケアを行うという大規模で集団的な身体介護中心の時代の考え方があった．その後，箱庭療法や音楽療法，絵画療法など，アクティビティ中心の時代が到来するが，集団的という言葉が抜け切れていなかった．近年には，大規模ケアから，ユニットケア等，本人を中心に考えるパーソン・センタード・ケアの理念に基づき，個別ケアを中心とした介護が重視されている．また，2007年の「社会福祉士及び介護福祉士法」の改正により，定義のなかで，介護福祉とは「入浴，排泄，食事その他の介護」等を行うことを業とする人としていたところを「心身の状況に応じた介護」を行うことを業とする人と改められた．
⇨食事介助，入浴介助

三大死因（サンダイシイン） 死亡率の高い3疾患を指す俗称．2011年，厚生労働省「人口動態統計（確定数）の概況」によれば，日本国民の死因は，頻度の高い順に，第1位：悪性新生物（28.5％），第2位：心疾患（15.6％），第3位：肺炎（10.0％），第4位：脳血管疾患（9.9％）であった．2010年までの統計と比較すると，3位と4位の順位が逆転している．性別でみると，男性の死因順位は，総人口の順位と変わらないが，女性では2010年の統計と同様，第3位が脳血管疾患，第4位が肺炎である．人口10万人に対する死亡率を性別に比較すると，1位の悪性新生物については，男性で346.9人，女性で222.7人，3位の肺炎は，男性108.4人，女性89.8人と男性の死亡率が高い．2位の心疾患，4位の脳血管疾患については，女性のほうが若干高い．老衰については，男性の第8位で人口10万人対20.4人，女性では第5位で人口10万人対61.4人と女性で高率になる．総人口死亡率では，2010年の35.9人から2011年には41.4人と増加している．

三大生活習慣病（サンダイセイカツシュウカンビョウ）㊥ three lifestyle-related disease ㊙三大成人病．1955～1964年以降，「主として脳卒中，がんなどの悪性新生物，心疾患などの40歳前後から急速に死亡率が高くなり，しかも全死因のなかでも上位を占め，40～60歳代の働き盛りに多い疾患」を成人病といい，成人病検診の推進に伴い国民の間に広まった．その後，喫煙と肺がん，塩分と高血圧など，生活習慣と疾患の関連が明らかになり，生活習慣を改善することで健康増進と疾病予防を推進する方針を明確にする疾病概念として，1996年より成人病に代わって「生活習慣病」が導入された．生活習慣病とは，食事，運動，休養，喫煙，飲酒などの生活習慣が，その発症・進行に関与する疾患群のことを指す．前述のように，死因の多くを脳血管疾患，悪性新生物，心疾患が占めることから，これらを三大成人病といい，その延長で「三大生活習慣病」も用いられることがあるが，近年は糖尿病や脂質異常症対策が強化されているためか，あまり使われていない．
⇨一次予防，21世紀における国民健康づくり運動

三大成人病（サンダイセイジンビョウ）➡三大生活習慣病を見よ．

三団体ケアプラン策定研究会方式（サンダンタイケアプランサクテイケンキュウカイホウシキ）㊙包括的自立支援プログラム．「全国老人保健施設協会」つまり，老健施設・特養・療養型の3団体が共同開発したケアプラン作成方式．介護保険制度施行前の1997年5月の厚生省（当時）「高齢者ケアサービス体制整備検討委員会」で，国が推奨した5つのアセスメント手法のなかで，この方式が位置づけられた．また，1998年3月の「介護支援専門員標準テキスト」（初版）や，2000年6月の「介護支援専門員基本テキスト」（初版）のなかでも，9つの方式のひとつとして「包括的自立支援プログラム」が解説されている．2003年5月の「改訂　介護支援専門員基本テキスト」から「課題分析の種類」の項目削除により，国は現在，特定の方式の推奨をしていない．この方式を管理・開発していた「三団体連絡会議」は，2007年3月に事実上解散している．

三動作歩行（サンドウサホコウ）㊥ three-point gait ㊙常時二点支持歩行．杖歩行パターンのひとつで，杖→患側→健側の順に3回の動作で歩行する．健側が出るときは残りの患側と杖の2点で支持しており，常時二点支持歩行または常時二点歩行ともいう．常に2点で支持するため安定しているが，歩行速度は遅い．健側と患側の位置関係により，健側が患側よりもうしろにある「後型」，健側と患側の位置が揃う「揃型」，健側が患側よりも前に出る「前型」の3つの型に分けられる．これに対して，杖と患側を同時に出したあとに健側を出す2回の動作で歩行する二動作歩行がある．二点一点支持歩行または二点一点歩行ともいう．
⇨二動作歩行

残尿（ザンニョウ）㊥ residual urine／retained urine. 排尿後に膀胱内に尿が残ること．残尿は健康な人であって

も数ml〜15ml程度ある．一般的に50ml以上の残尿がある場合治療の対象となることが多いが，明確な規定はない．残尿が多くなる原因としては，前立腺肥大症や後部尿道弁，尿道狭窄などの下部尿路通過障害や脊髄損傷や脳血管疾患，糖尿病による神経因性膀胱，加齢による膀胱収縮力の低下などがある．残尿が多いと尿路感染や水腎症の原因となるので注意が必要である．また，残尿感と残尿量に関係はないため，残尿感がなくても残尿がないというわけではない．残尿を測定するには，排尿直後に膀胱内にカテーテルを挿入して尿を採取し測定する導尿による測定方法と超音波検査による測定方法がある．導尿による測定方法は体への負担が大きいが正確である．超音波検査による測定方法は体への負担は小さく，簡便であるが測定値が不確実な場合がある．
⇨残尿感

残尿感（ザンニョウカン） 英 residual sensation of urine／residual urine．排尿したあとも膀胱内に尿が残っていることにより生じる，下腹部の不快感・違和感のことをいう．前立腺肥大症，前立腺がん，膀胱結石などによって排尿困難となり，膀胱が伸展した状態が長期にわたると，膀胱の収縮力が低下する．膀胱の収縮力が低下することにより残尿が生じる．また，膀胱炎によって膀胱の感受性が亢進している場合は，残尿がなくても残尿感が生じる．不安や緊張などの精神的な理由によっても残尿感を感じることがある．残尿の計測方法には導尿による実測のほかに，超音波によって手軽に測定できる膀胱用超音波画像診断装置もある．残尿感の背景には，疾患が潜んでいることが多いので，本人の自覚症状のほか，1回の排尿量，排尿回数，水分摂取量なども関連のある観察項目である．

三半規管（サンハンキカン） 英 three semicircular ducts．鼓膜の奥，左右側頭骨の錐体とよばれる部位に，聴覚，平衡感覚をつかさどる内耳とよばれる部位がある．半規管は内耳の一部であり，3つの半円弧からなるため，三半規管とよばれる．外側半規管，後半規管，前半規管の3つで，これらは3次元のグラフのように，互いに垂直な3つの弧面を形成している．構造的には側頭骨内部の弧の形をした骨迷路のなかに，感覚細胞をもつ上皮細胞によって形成される管状の膜迷路がある．膜迷路のなか，および膜迷路と骨迷路の間隙はリンパ液が満たしている．頭の位置が動いたり，向きが変わったりすると，骨のなかにうがたれた管である迷路は当然，いっしょに移動する．ところが迷路のなかにあるリンパ液は，慣性の法則によって少し遅れて動く．そのため，結果的には，骨迷路のなかをリンパ液が流れたのと同じ状況が起こり，その動きを膜迷路の感覚細胞がとらえ，頭位を把握し，身体の平衡を保つ．

残便感（ザンベンカン） 英 sensation of incomplete evacuation．排便したあとも，便意が直腸内に残っていると感じる感覚．便意（defecation desire）は，便によって直腸壁が伸展したという刺激が脊髄神経を通って大脳に伝えられることで生じる．したがって残便感は，便秘のように乾燥した硬い便が排泄しきれずに直腸内に残る，あるいは直腸がんなどの通過障害によって便柱が途中でとぎれ，直腸に便が残るなどによって生じる．機能性消化管障害の診断基準を示したローマ・スリー（ROME Ⅲ）診断基準によれば，機能性便秘（がんなどの通過障害ではなく，消化管の筋力低下などの機能面の障害や老化によって起こる便秘のこと）の診断基準のひとつに，「排便の約25％に残便感がある」とされている．残尿感に比べてなじみの薄い用語であるが，排便や消化器疾患の重要な自覚症状である．
⇨便秘，便意

サンルーム 英 sunroom．温室効果や居住領域の拡張という機能だけではなく，環境調節空間，または適切な室内空間の温度管理のための予熱空間ともとらえることができる．高齢者や障害者は，寒暖差が激しい居室移動には身体的負担が伴うため，サンルームなどを玄関や居室などにじょうずに取り入れることで室温管理がしやすくなる．また，住宅内において高齢者の居室は日当たりのよい南側が適しているといわれている．日光を浴びることで規則正しい生活が促進されるとともに，寝たきりや認知症になった場合においても，外の景色を楽しめる適度な環境への刺激が重要である．また，住宅内において玄関に十分な広さを確保できない場合，居室に隣接しているサンルームからスロープをつないで，実用的な外出経路となる効果も期待できる．

し

肢位（シイ） 英 limb position. 構え, 姿勢. 四肢（extremity）の位置を示す. 顔を前面に向け, 手のひらを前にみせ腕をわきに下げた直立姿勢を解剖学的肢位という. 四肢・体幹を動かしたときの関節の可動範囲（関節可動域）を測定する際に, 測定開始の基本肢位を0°として表示する. 解剖学的肢位と基本肢位はおおむね一致するが, 肩関節が外旋していない点で異なり, すなわち「気をつけ」の姿勢が基本肢位である. 一方, 関節の固定術をする場合, 関節の拘縮が起きても日常生活動作（ADL）への影響が少ない肢位のことを機能的肢位とよぶ（膝関節：10～20°屈曲, 手関節：10～20°背屈など）. とくに, 長期臥床で関節運動が制限された場合, 関節可動域が低下することが多い. できる限り拘縮が起こらないようポジショニングや体位交換により機能的肢位を保持する.

ジェネラリストソーシャルワーク 英 generalist social work. 1990年以降, 提示されるようになった統合的ソーシャルワークの体系. 従来のケースワーク, グループワーク, コミュニティワークの方法を一体としてとらえたソーシャルワークの方法を指す. すなわち, これまでのソーシャルワークの援助方法であったケースワーク（個人）・グループワーク（集団）・コミュニティワーク（地域）の3つの支援方法を包括的に総合化・融合化したのがジェネラリストソーシャルワークである. ジェネラリストソーシャルワークの反対概念にスペシック（児童・障害・高齢・貧困等の個別分野に特化した）ソーシャルワークがある. また, ジェネラリストソーシャルワークの支援方法を共通基盤とした認定社会福祉士は, ①高齢分野, ②障害分野, ③児童・家庭分野, ④医療分野, ⑤地域社会・多文化分野ごとの認定となっている.

ジェネリック医薬品（ジェネリックイヤクヒン） 英 generic drug／generic medicine. 特許期間が過ぎた医薬品について, 特許内容をもとに製造される薬品, 後発医薬品のこと. 先発医薬品が, 製薬会社が命名した商品名でよばれるのに対して, 後発医薬品は化学物質の一般名（generic name）でよばれることから, ジェネリック医薬品とよばれる. 医薬品の開発, 販売には, 巨額の研究費, 長い時間を要し, 大きな投資リスクを伴うが, ジェネリック医薬品の場合, 開発費は不要で, 検査も比較的簡単であるため, 安価に販売できるというメリットがある. 一方, 供給の安定性, 効能に関する不信等の理由により, 使用率はアメリカ合衆国90％以上, ヨーロッパ諸国60～80％に対して, 日本では2011年の調査で, およそ40％にとどまっている. 厚生労働省は, 国民医療費を抑制する目的で, 2007年に,「後発医薬品の安全使用促進アクションプログラム」, 2013年には「後発医薬品のさらなる促進のためのロードマップ」を策定してジェネリック医薬品使用推進を図っている.

支援経過記録（シエンケイカキロク） ケアプランを実施（サービス提供）した期間内の, 状況, および評価を記したものをいう. ケアマネジメントという業務のなかでアセスメント→ケアプラン原案の作成→サービス担当者会議→ケアプランの確定（同意）→支援の実施→モニタリング→評価→再アセスメント（あるいは, 終結）という流れを把握できる記録こそが支援経過記録である. モニタリングを通じて把握した, 利用者やその家族の意向・満足度等, 援助目標の達成度, サービスの調整内容, サービス計画の変更の必要性等についても記録する. 介護記録と支援経過記録の違いは, 介護記録は何人ものスタッフによって, かかわりや本人の状況・発言などを詳細に書くことを求められるが, 支援経過記録は, 要点をまとめて書くことが重要であり, その後のケアに影響を与える兆しなども記載するとよい.
⇨介護記録

ジェンダー 英 gender. 解剖学に基づく生物学的な性差ではなく, 文化的・社会的につくられた性差のこと. ジェンダーという言葉はフランス語やドイツ語のように「女性名詞」や「男性名詞」あるいは,「中性名詞」など, もともと言語学上の用語として使われ, 説明されてきた. この言語学の文法上の用語が「社会的性別」という意味で知られるようになったのは, 国際的に広がった女性解放運動のあとの1970～1980年代である.「女だから家事と育児をするべき」「男子厨房に入らず」などという固定的な思い込みをジェンダーバイアスという. バイアスとは, 偏見や偏向という意味である. このジェンダーバイアスが, さまざまな社会差別や排除に結びつく. そのため, 人権の視点も含めて, 是正していかなけばならないが, 性別にかかわらず, すべての人が尊重され能力を発揮できる社会こそが, 男女平等・男女共同参画の視点といえる.

支援費制度（シエンヒセイド） 英 support expense system. 2003年に施行された制度で, 障害のあるなしにかかわらず, すべての人々が幸せに生きていくことができる社会を目指し, ノーマライゼーションの理念を実現するために, これまで行政が「行政処分」として障害者サービスを決定してきた「措置制度」を改め, 障害者がサービスを選択し, サービスの利用者とサービスを提供する施設・事業者とが対等な関係に立って, 契約に基づきサービスを利用するという制度のことである. 支援費制度の下では, 障害者がサービスを選択することができ, 障害者の自己決定が尊重されるとともに, 利用者と施設・事業者が直接かつ対等な関係に立つことにより, 利用者本位のサービスが提供されるとした. ところが, 施行直後から利用できない, 利用しにくいなどの不満が相次ぎ, 財源問題などの理由により2006年4月に障害者自立支援法へ移行した.

自我（ジガ） 英 ego. フロイト（Freud S）によって考案された精神分析学上の概念で, 人間の心の構造における一部分. 自我は, ①意識する作用の主体としての自我（I）と, ②意識される客体としての自己（me, self）に分けられ, 前者を自我意識とよび, 後者を自己意識とよぶ. 自我意識には能動性意識, 単一性意識, 同一性意識, 限界性意識, 実存意識, 実行意識がある. 自我意識が障害さ

れると，さまざまな症状が出現する．たとえば，自身の感覚等を自分のものであると意識する実存意識が障害されると離人症に，自分の言動を自分でしているという実行意識が障害されると「させられ体験」になる．

歯科医師法（シカイシホウ） 英 Dental Practitioners Act. 1948年7月30日に成立した，歯科医師の免許，試験，研修，業務等に関する法律（昭和23年法律第202号）．第1章：総則（第1条），第2章：免許（第2条〜第8条），第3章：試験（第9条〜第16条），第3章2：臨床研修（第16条の2〜第16条の6），第4章：業務（第17条〜第23条の2），第5章：歯科医師試験委員（第24条，第28条），第5章2：雑則（第28条の2，3），第6章：罰則（第29条〜第31条の3），附則（第32条〜第45条）よりなる．歯科医師の国家資格，業務独占，名称独占などの根拠となる事項が定められ，国家試験や臨床研修，試験委員や研修施設のあり方等が規定されている．歯科衛生士法，歯科技工士法と合わせ，歯科三法とよばれることがある．一方，医師法，薬剤師法との関連も深く，これらの法律に定められた歯科医師，医師，薬剤師の届出義務を根拠として，2年に一度，都道府県が調査を行い，違反者はその氏名が公表される．

歯科衛生士（シカエイセイシ） 英 dental hygienist. 歯科衛生士法により厚生労働大臣の免許を受けた，歯科医師（歯科医業をなすことのできる医師を含む）の直接の指導の下に，歯牙および口腔の疾患の予防処置として次に掲げる行為を行う人のことをいう．その行為とは，①歯牙露出面および正常な歯茎の遊離縁下の付着物および沈着物を機械的操作によって除去すること，②歯牙および口腔に対して薬物を塗布すること，の2つである．口腔機能を高めることにより誤嚥や肺炎，窒息の予防や，経口摂取の質と量の向上といった効果があるため，歯科衛生士による介入が期待されている．

視覚運動ゲシュタルトテスト（シカクウンドウゲシュタルトテスト） ➡ベンダーゲシュタルトテストを見よ．

視覚失認（シカクシツニン） 英 visual agnosia. 失認のなかでも，視覚による認識の障害であり，視力や視野には問題がないにもかかわらず，みえているものが何であるかが分からない障害である．たとえば，眼鏡をみて，丸いガラスが2つと曲がった棒があることは分かるが，全体を1つのまとまりとしてとらえることができない．そのため，眼鏡とは認識できず，名前を言うことも，その用途を説明することもできないのである．しかし，眼鏡をさわると，つまり触覚を通してその物体の情報を入力すると，「眼鏡」と名称をいうことができる．この視覚失認のなかには，なじみがある人の顔をみても，顔であることや鼻や口，目などを部分的には認識できるが，それがだれなのかを認識できない「相貌失認」も含まれる．この相貌失認が重度の場合には，鏡に映った自分の顔も自分であると認識できない．しかし，その人の声を聞けばだれであるかを認識できるのである．

視覚障害（シカクショウガイ） 英 visual disorder. 視力や視野に障害があり生活に支障をきたしている状態をいう．視覚障害は厚生労働省が定める障害のうち身体障害に含まれ，全盲と弱視に大別される．なお，弱視は医学分野で用いられる意味と，リハビリテーションや教育の分野で用いられる意味があるため，英語のまま「ロービジョン（low vision）」として使用されることもある．視覚障害の範囲は，身体障害者福祉法により1〜6級までの等級に分けられる．視覚障害の原因となる主な眼疾患として，白内障や緑内障などがある．高齢視覚障害者のリハビリテーションでは，視覚補助具を利用して生活の質（QOL）を保つことや，危険度を評価して転倒，火傷など視覚障害から生じる事故を防ぐ，視覚代行リハビリテーションが必要となる．また，65歳以上の高齢視覚障害者は，介護保険と障害者自立支援法による福祉施策を活用できる．
➡弱視

視覚情報（シカクジョウホウ） 英 visual information. ヒトは外界からのさまざまな情報を，視覚，聴覚，嗅覚，味覚，触覚の五感を通じて得ている．その五感から得る情報の7割は視覚からの情報といわれる．高齢者は徐々に五感の機能が低下するが，視覚からの情報に依存することが多い．高齢者は視覚の黄変化による明るさへの反応低下，色彩の識別機能低下などがみられがちであり，さらに白内障や緑内障などによる視覚機能の低下が頻発する．認知症の人の場合は，それらの視覚機能の低下に加えて，視覚情報の収集過程に一般高齢者と異なる認知機能の低下傾向がみられる．たとえば，重要なサインなどの視覚誘導情報を見過ごしたり，視覚的探索が不活発で注視箇所がかたよるなど，一般高齢者に比べて有意に視覚情報の収集過程に課題が多い．したがって，サインなどの重要な視覚誘導情報はできる限り低所部分に明確で分かりやすく，繰り返し提供するなどの支援が，生活の質（QOL）を高めるうえで重要となる．

視覚中枢（シカクチュウスウ） 英 visual center. 外界の情報を視覚的にとらえる一連の仕組みを視覚系とよぶ．脳の後頭葉には視覚野があり，眼球から入力された情報は，脳の底部で左視野の視神経は右半球の視覚野に，右視野は左半球の視覚野につながるように交差している．後頭葉は1次視覚野（V1）から5次視覚野（V5）に分けられ，V2〜V5はV1の前方にあるため，合わせて視覚前野とよばれる．1次視覚野は視覚情報から抽出した形や色，動きや奥行きなどの情報を高次の視覚野へ送る機能があり，視覚前野は1次視覚野から受け取った情報を処理・統合し，物体の認識や空間認知を行う．視覚情報のうち，動きや奥行きの情報は頭頂連合野に送られ，みているものがどこにあるかが判断される．一方，色や形の情報は側頭連合野に送られ，みえているものが何であるかが判断される．

自我同一性（ジガドウイツセイ） ➡アイデンティティを見よ．

弛緩性麻痺（シカンセイマヒ） 英 flaccid paralysis／flaccid palsy. 運動麻痺は，上位運動ニューロンの障害によるものと下位（末梢性運動ニューロンの障害）によるものに大別される．弛緩性麻痺は下位運動ニューロン障害においてみられる．下位運動ニューロンの障害では，上位運動ニューロンからの運動の指令が筋肉に伝わらないために弛緩性麻痺を示す．
➡痙性麻痺

色覚異常（シキカクイジョウ） 英 dyschromatopsia／color vision defect. 色覚とは，可視光線のなかで色を感じ，光の波長の差を識別する機能である．色覚異常は，何らかの原因による網膜の視細胞（光受容細胞）の機能異常で，色を感じる能力や色の差を識別する能力に異常が生じるものであり，視力の異常とは異なる．色の感覚は光

の波長で決まる色相，色の鮮やかさで白の混じる度合いである飽和度，色の明るさである明度の3つの要素によって決まる．色覚異常はある色を見分けることが困難な色弱と，見分けることのできない色盲に分かれ，先天性のものと後天性のものに分類される．先天性色覚異常はX染色体劣性遺伝によるもので，日本人男性の5%，女性の0.2%程度にみられる．後天性色覚異常は網膜の視細胞のうち，とくに青錐体系が後天的に障害される疾患にみられる．先天性と異なり色覚の異常を自覚することが多く，通常，視力障害や視野異常などの視機能の異常を伴う．

⇨色弱

磁気共鳴断層撮影（ジキキョウメイダンソウサツエイ）㊥ magnetic resonance imaging ㊧ MRI．特殊な環境（強力な磁場のなか）におかれた生体に対して電波を照射し，それによって得られる信号から断層画像を得る技術．身体の上下方向（水平断），前後方向（矢状断），左右方向（冠状断）それぞれの画像を描出することができ，脳の形態および病変を三次元的にとらえることができる．また，撮像条件を種々に設定することができ，目的に応じて使い分けることができる．頻用されているのは，脳萎縮の程度を観察するのに適しているT_1強調画像，脳実質内の病変の検出に適しているT_2強調画像，脳表面における病変を検出するのに適しているFLAIR画像，急性期の梗塞病変の検出に適している拡散強調画像である．MRI検査では強い静磁場が常に発生しているため，体内，体外の金属に関する確認が安全性維持においては必須である．

色弱（シキジャク）㊥ color weakness／color anomaly／dyschromatopsia．色覚異常のひとつであり，赤・緑・青の正常な3色覚が先天的，あるいは後天的な要因により障害されたものである．先天的な色弱は，2色覚と異常3色覚の場合がほとんどである．通常，等色は3原色により成立するが，2色覚では2つの原色により等色が成立する．異常3色覚は，等色が成立するには3原色必要であるが，混色比が一般色覚者と異なり，一般の見え方や色弁別は2色覚に近い．以前は色弱者に対して社会的にはほとんど配慮することもなく，色覚検査の結果だけをもって職業従事を制限するなどが行われていたが，現在は人材活用や人権の観点から色弱者の視覚特性に配慮した視環境や色彩のデザインを行うなど，色弱者に不利にならないような視環境を構築することで不利なく活動できるようにするカラーユニバーサルデザインが実践されている．

⇨色覚異常

色盲（シキモウ）㊥ color blindness／achromatopsia／achromatopsy／chromatelopsia／chromatodysopia．色覚異常のなかでも，ある色を見分けることができないものを色盲という．網膜には赤，緑，青の3つの光スペクトルに応答する視細胞（光受容細胞）があり，これら3つの要素の刺激の比率により色の知覚が生じている．遺伝子異常や損傷により，これらの要素の1つないし2つを欠くと色盲となる．また，4次視覚野（V4）が損傷を受けても色盲になった症例が報告されており，網膜での波長分析などに問題がなくても，脳の損傷や障害によって色覚に異常が生じることが示されている．

⇨色覚異常，色弱

支給限度基準額（シキュウゲンドキジュンガク）㊥ standards for limit of allowance．支給限度額は介護保険の障害者総合支援法での，在宅サービスに適応されるもので，施設入所には適応されない．介護保険制度では，居宅サービスと地域密着型サービスの各サービス（ただし，認知症対応型共同生活介護・特定施設入居者生活介護・地域密着型特定施設入居者生活介護等の施設生活で提供されるものを除く）は，ケアプランに基づき居宅サービスを組み合わせて使うが，これらのサービスの合計量については，要介護，要支援別に保険対象の上限額が定められている．したがって，利用者の状況のほか，この限度額を踏まえてケアプランが作成される．また，支給限度額を超えるサービスを受けた場合は超える分の費用は全額利用者負担となる．また，限度額の管理は1か月単位（月のはじめから末日まで）で行われ，新規認定で月途中から限度額管理が行われる場合でも，1か月分の限度額が適応される．

視空間失認（シクウカンシツニン）㊥ visual spatial agnosia．視覚失認のように，物体そのものの認識ではなく，空間の認識がむずかしい高次脳機能障害のひとつ．そのなかには，バリント症候群，半側空間無視，地誌的障害などが挙げられる．このバリント症候群には，①視線がある方向やある対象物に固定してしまい，随意的に動かすことができない（精神性注視麻痺），②ある1つの対象物を注視すると，その視野に他の対象物が入ってきても認知できない（視覚性注意障害），③注視している対象物をつかもうとすると，手に麻痺などがないにもかかわらず，違う方向へ手を出してしまいつかめない（視覚性運動失調），といった3つの徴候がある．また半側空間無視は，視空間失認（視空間認知障害）のなかでももっとも出現率が高く，身体や空間の左右どちらか半側を無視する障害であるが，右大脳半球損傷による左半側空間無視が多い．この場合たとえば，お盆に載せた食事の左側にあるおかずを食べ残したり，絵の模写では，左側を書き落としたりする．また，左側の空間を無視することから，体の左側をよくぶつけたりもする．さらに地誌的障害（地理的障害）は，街並失認と道順障害に区分される．この街並失認では，なじみの建物でも常に初めてみる建物のように感じるため道に迷い，道順障害は，目の前の建物は認識できても，街並みの空間や自分と建物の空間関係を認識できないため，どちらの方向に行けばよいのかが分からず道に迷うことになる．

⇨高次脳機能障害

視空間認知障害（シクウカンニンチショウガイ）認知症にみられる徘徊は地誌的な記憶の問題なども併発した結果であると考えられる．そのため，記憶など他の認知面に問題がなく，この視空間認知障害の症状だけがみられる場合には，認知症と区別した適切な対応が重要となる．

刺激伝導障害（シゲキデンドウショウガイ）㊥ conduction defect／conduction block．心臓には収縮をつかさどる固有心筋のほかに，興奮を効率的に心臓全体に伝導する刺激伝導系とよばれるシステムがある．刺激伝導路は洞結節がペースメーカーとなって，そこから発生した電気的興奮が左右の心房筋，アショフ・田原結節（房室結節），房室束（ヒス束），左右の脚，プルキンエ線維を経て心室筋に伝わっていく．刺激伝導系が障害されると不整脈が起こる．不整脈の発生機序は，刺激生成異常と刺激伝導

異常に大別され，刺激伝導系の障害では刺激伝導路のどこかが遮断される場合（洞房ブロック，房室ブロック，脚ブロックなど）と，正規の伝導路以外の異常な伝導路を刺激が伝導する場合（WPW症候群など）がある．
⇨不整脈

止血（シケツ） 英hemostasis．出血が止まった状態，あるいは出血を止めることを指す．止血は，血液中のフィブリノゲンが出血部位で繊維化して，血液の体外への流出を止める重要な生命維持のための機能である．傷が大きいと，自然な止血機能のみでは多くの血液を失ってしまうため，人為的に出血を止める必要がある．その方法を止血法といい，直接圧迫止血法，間接圧迫止血法，止血帯法などがある．直接圧迫止血法では，出血部位にガーゼなどを当て，その上から手で押さえるなどして，直接圧を加えることで出血を止める．間接圧迫止血法では，出血部位よりも心臓に近い部位を走行する動脈を圧迫することで血流を止めて止血を図る方法であり，この際に止血帯を用いる場合を止血帯法という．傷の部位や大きさ以外に，抗凝固薬の服用なども止血の困難さに影響する．
⇨出血傾向

思考（シコウ） 英thinking／ideation．思考は高次精神機能や知的作用として知られ，知識を構成し，その知識を新しい状況に適用することである．高次精神機能は認知機能ともいわれ，知覚・記憶・理解・判断・学習などを含む．また思考は，推論といった論理的思考や問題解決との関連も指摘されており，これらの上位概念として位置づける考え方もある．さらに思考は，その正確さ，形式，量の側面に分けられ，思考の正確さは形の正しい認識や時間の長さの評価につながる．思考の形式には抽象的な思考の認識から空想的な思考まで，思考の量的側面には連想の測度や作業量，記憶の範囲が含まれる．思考は，「物事を『考える』という行為・行動である」といわれるとおり，その個人がなす行為や行動として観察されることで，思考内容が推測される．

歯垢（シコウ） 英dental plaque／bacterial plaque．歯の表面や口腔内の金冠，義歯等に付着する黄白色の有機性沈着物．主成分は，水分および口腔内常在菌と食物残渣，その代謝物である．口腔ケアが不十分な場合に認められ，口腔内の自浄作用の行われにくい歯頸部周囲に多い．う蝕（虫歯）の原因であり，また，歯垢沈着後1週間くらいで，そのなかに歯石が形成され，歯肉炎，慢性辺縁性歯周炎（歯槽膿漏）等の原因にもなる．
⇨口腔ケア，う蝕，歯周病

嗜好（シコウ） 英preference．食嗜好（個人の食べ物や飲み物に対する好みや好き嫌い）のほか，喫煙，趣味や性行動の選択に対しても用いられる．食嗜好は，過去の体験や社会文化，地域特性と深くかかわって形成される．そのため経験を積み重ねることで少しずつ変化する．また，妊娠や老化の影響によっても変化する．生命の維持に必須ではないが，精神的なリラックスや高揚感などを生じるタバコ，コーヒー，アルコールなどをまとめて嗜好品という．タバコは生活習慣病や認知症の関連因子であり，また適量のワインを摂取した場合には，認知症の予防効果があることが報告されている．
⇨嗜好品，味覚

思考障害（シコウショウガイ） 英disturbance of thought／thinking disorder／thought disorder．思考障害は思考形式の障害と思考内容の障害の2つに分けて考えられる．前者は，「患者が自身の考えの経過を内省して叙述する，思考のメカニズムの異常である．すなわち，外部の観察者には異常が明らかな思考の過程を，患者は自分自身の言葉で述べている」とされ，例として，考えがあふれ出るように話す観念奔逸，考えがゆっくりとなる思考制止，考えが途中でとぎれてしまう思考途絶，考えが回りくどいものになる迂遠思考があり，これらは思考障害をもっている本人の言動から観察される．後者は，「主として自己に関係づけられた妄想で，不合理な内容をもち，訂正不能である」とされ，認知症の妄想には「大事なものが盗られた」という物盗られ妄想，配偶者が「浮気をしている」という嫉妬妄想などがある．認知症の場合は，背景に認知機能障害に伴う理解，判断の低下や障害が指摘される．

嗜好品（シコウヒン） 英favorite item．栄養を目的とせず，味わいや香り・快い刺激などを得るために，個人の好みで用いるもの．茶，コーヒー，アルコールなどの飲食物のほかに，タバコなどがある．前頭側頭型認知症（FTD）では，症状として甘いものを好んだり，特定の食品に固執する場合がある．

自己覚知（ジコカクチ） 英self-awareness．われわれ個人個人が，いまどのように感じているか，いまどのような行動をとろうとしているかについて，客観的に意識し自己の状態を評価すること．この社会的な行為はきわめて重要である．なぜならば，人は他者をみるときに，自らの価値観，道徳的判断，感情で一方的に判断してしまうことが多い．しかしわれわれの価値観はそもそも多様であり，自分の価値観が絶対的ではない．「価値観の相対的存在性」を，単に理念として理解するではなく，日々の生活のなかで，実践できなければならない．一般の生活のなかでも重要であるが，とくにヒューマンサービス，対人援助業務に携わる専門職にとっては，本人がどのような価値観，道徳的判断，意見，感情をもちやすい人間であるのか，常時自己覚知する作業が必要不可欠である．なぜならば，専門職の場合，個人的な価値観が影響するのは好ましくないし，偏見やかたよった判断を生まないように，自分の感情を素直に正確に認識することが求められるからである．そうしなければ，対人援助を受ける要介護高齢者や認知症の人が価値観の押しつけによる被害をこうむるからである．この点はいくら強調しても強調しすぎることはない．さらに，専門職のなかでも管理職をはじめとし，教育研修に携わるソーシャルワーカーは，すべての介護職員が意識して自己覚知に努められるように教育しなければならない．サービスを提供する現場では，サービスの質を常に一定に保つ必要があり，介護に働く職員の個人的な価値観やその場での感情の流れで行われてはならないからである．

自己管理（ジコカンリ） ➡セルフケアを見よ．

自己決定（ジコケッテイ） 英self-determination．常識的な表現になるが，自己決定とは「自分にかかわる諸々の事柄に関して，当該の自己が，最大の幸福が得られるように，主体的に判断し決定することである」ということができる．自己決定は，社会福祉のソーシャルワークの原則のひとつでもあり，日本の社会福祉に大きな影響を与えた北欧の社会福祉の基本原則にも含まれる．さら

に，自己決定は，国際人権規約でもその重要性が述べられ，人間の基本的権利のひとつとされている．北欧の基本原則は，残存応力の活用，自己決定，継続性の3つである．日本国憲法では，第3章の国民の権利及び義務の第13条において，個人の尊重がうたわれている．具体的には，「すべて国民は，個人として尊重される．生命，自由及び幸福追求に対する国民の権利については，公共の福祉に反しない限り，立法その他の国政の上で，最大の尊重を必要とする」とされる．同条は，国民の自己決定の権利を国民個人の尊重という観点から明らかにしたものと解釈できる．高齢者の自己決定に限定した場合，要介護高齢者だけでなく，とくに，認知症を患った段階，あるいはその後の自己決定が問題となる．認知症が重度化した段階では，事理弁別能力が衰えることから，当該高齢者の自己決定を社会的に援助する成年後見システムが不可欠となる．当該高齢者が成年後見制度利用しようとする場合，経済的な自己負担が大きい点が是正すべき今後の課題となる．

自己決定権（ジコケッテイケン） 英 self-determination right．自分で自分のことを決める権利．憲法上の自己決定権の根拠条文は，主として憲法第13条であり，とりわけ幸福追求権条項のことであるとされている．介護保険法では，高齢者自らの選択に基づいたサービス利用をうたい措置から契約へと移行しており，契約の際には重要事項説明書をもって説明と同意が必要となっている．また，情報の開示と利用者や第三者からの評価が義務づけられている．同じくケアプラン作成にあたっても，本人や家族の同意による承諾が必要である．また，身寄りのない認知症の人や，知的障害のある人等，その判断能力が不十分な人に対しての自己決定権を保障するための制度として成年後見制度が設けられており，この制度では本人の判断能力の程度によって自己決定権を最大限認めている．しかし，認知症の人の判断能力の判断は慎重になされるべきであり，援助者の能力の不十分さやアセスメントの不足なども考えられることから，個人の判断に頼らず各専門職による合議が必要である．
⇨成年後見制度

死後硬直（シゴコウチョク） 英 death rigor．死亡すると全身の筋肉は弛緩するが，時間経過とともに筋肉の収縮が起こり硬化する．この硬化して動かない現象をいう．死後硬直は，通常死後2～3時間から始まり首・肩・腰，次いで肘・手・足，手指・足指にて完成する．下行性かつ中枢から末梢へ進展することが多い．上肢は5～6時間，下肢は7～8時間を要する．硬直の進行は，気温が高いと早く，低いと遅い．一般に，死後48時間くらいから，発現した順に寛解する．

自己効力感（ジココウリョクカン） 英 self-efficacy．人間が行動を起こす前に感じる，「がんばればうまくいくはずだ」といった行動の結果についての予測（結果期待）に対する，それを自分がうまく実行できるという予測（効力期待）や自信のこと．心理学者バンデューラ（Bandura A）によって提唱された，社会的学習理論の中核をなす概念．自己効力感は，次の3つの次元で理解される．①マグニチュード：どの程度の強さの行動までならできるかという見通し，または個人が感じる対処や解決可能性のレベル，②強度：その行動の見通しや対処，解決可能性をどのくらいできるかという確信の強さの程度，③一般性：ある特定の場面で実施された行動や対処が場面や状況を越えてどの程度まで般化するかという次元．高齢者の場合，できるという行動の見通しや程度が低いと，外出頻度の低減による閉じこもりなど活動制限に影響する．一方，実際の日常生活動作（ADL）と自己効力感との間に乖離があると，転倒などの危険が高まる場合がある．

自己実現（ジコジツゲン） 英 self-fulfillment／self-realization／self-actualization 同 個性化．代表的な見解として，ホーナイ（Horney K），ユング（Jung CG），マズロー（Maslow AH），ロジャーズ（Rogers CR）が，自己実現に言及している．ホーナイは真の自己の成長過程を，ユングは個性化を同義語に用い，自己自身になることを，マズローは「自身の内なる可能性を実現し，自身の使命を達成して人格内の一致・統合を目指すこと」を，ロジャーズは「自己を受容して防衛性から解放され，より大きな自律性や総合性を得るため心理的に成熟していくこと」を，自己実現であると述べている．看護・福祉の分野では，マズローの欲求階層説の最終段階にあたる自己実現がよく知られている．それは，欲求階層説では生理的欲求や社会的欲求が満たされないと生起しないとされるので，高齢者においても，自己実現に至るには，その前の欲求が満たされていることが必要である．
⇨欲求階層説

自己同一性（ジコドウイツセイ） ➡アイデンティティを見よ．

自己評価（ジコヒョウカ） 英 self-evaluation．サービスを提供している人の自己評価とサービスを提供している事業者の自己評価を指す．サービスを提供している人の自己評価は，これまで利用者に提供してきたサービスが適切，有効であったか，目標の達成がどの程度なされたか，利用者の満足度，利用者やその家族等のストレングス（元来もっている力，スキル，嗜好など目標達成のために活用できる要素）をとらえることができたか，利用者やその家族等への配慮の程度，新たな課題が発生していないかどうか等を確認することである．自己評価を行う場合，利用者との援助関係のなかで，可能であれば利用者の意見も求めて実施することが望ましい．このような自己評価はサービスの質の向上とサービスを提供している人の成長や自己覚知に寄与する．一方，サービスを提供している事業者の自己評価は，サービス提供事業者の組織全体としてのサービスの適切性や有効性，目標達成度，利用者満足度，地域への配慮の程度，新たな課題の確認に加え，組織として法令遵守，情報公開，運営の透明性の確保等を検討することである．事業者の自己評価を行う場合，組織に属する人の意見も求めて実施することが望ましい．このような自己評価はサービスの全体的な質の向上に寄与する．

自己負担額（ジコフタンガク） 英 copayment and deductible．自己負担額決定の原則は2種類ある．応能負担と応益負担である．前者の応能負担は，人々の支払いの能力に応じて負担することである．医療・介護・福祉の各サービスにおいて，保険料やサービスの対価を所得の多寡に応じて支払うことを意味する．また，税金を所得に応じて支払うことも意味する．後者の応益負担は，応能負担とまったく異なる原則である．すなわち，人々が受けた利益（ベネフィット）に応じて負担することである．

医療・介護・福祉の各サービスにおいて，本人の所得に関係なく，受けたサービスの量に応じて対価を支払うことを意味する．

事故報告書（ジコホウコクショ）㊀accident report．医療・介護事故とは，医療・介護サービスの全過程で，患者・利用者に対し何らかの不利益な結果を与えた場合（事故），または与える危険のあった場合（ヒヤリ・ハット）をいう．提供者側の過誤・過失の有無を問わず，不可抗力によるものも含む．また，身体的傷害のみならず，財産的損害（患者・利用者の物を壊した，紛失した等）や精神的損害（無視をする，不安や傷つくような言動をする等）も含む．事故報告書では，事故の経過や結果などを述べる．その目的は，①事故の体験を職員全員で共有して事故の再発防止に役立てること，②的確な情報開示を目指し，「記録」として機能させること，である．事故報告書の作成は事故防止対策を立てる基礎であり，リスクマネジメントの一環として重要な意味をもつ．

事故防止対策（ジコボウシタイサク）㊀accident prevention．医療事故や介護事故に至らなくても，場合によっては事故に直結したかもしれないケースが多くなってきている．そこで，まちがった医療行為や介護行為が行われそうになっても未然に防止したり，行った医療行為や介護行為にまちがいがあっても患者や利用者に被害が及ばないようにしたりする事故防止対策が必要になる．事故に至る背景には，現場では多数のヒヤリ・ハット事例がある．その事例を収集し，分析することによって，事故の再発や重大な事故防止につながるとされている．厚生労働省では，2001年に医療安全対策の一環として「リスクマネジメント作成指針」を発表し，ヒヤリ・ハット事例収集事業をスタートした．その後，各職場で事故対策防止策が取り組まれるようになってきている．
⇨ヒヤリハット，リスクマネジメント

自殺（ジサツ）㊀suicide．自ら命を絶つこと．近年は「殺」という文字を含まない「自死」を用いることも増えている．全年齢の自殺者は年間約3万人で推移しているが，高齢者の増加とともに高齢者の割合が増える傾向がある．日本の高齢者は諸外国と比べて自殺既遂率が高く，とくに女性に顕著である．高齢者の自殺では病苦による自殺がもっとも多い．認知症の人による認知症を苦にした自殺企図は認知症の人の約5％に認められる．本人への病名告知を行う場合には，告知後の本人と家族への心理的サポート体制が整っていることが不可欠であり，慎重な対応が求められる．さらに認知症の人の家族介護者の自殺や心中が社会問題として取り上げられており，なかでも高齢世帯での介護では認知症の人とともに家族も社会的に孤立しやすい状況にあることから，家族介護者の心身の状態に配慮し，認知症の人および家族全体を支えることが必要である．

自殺総合対策大綱（ジサツソウゴウタイサクタイコウ）㊀comprehensive measures to prevent suicide．日本の自殺による死亡率は欧米先進諸国と比較して高い水準にあり，起因する要因も世代，社会環境によって複雑化してきている．こうした状況にかんがみ，国を挙げて自殺対策を総合的に推進することを目的にした「自殺対策基本法」が2006年10月に施行された．自殺総合対策大綱（以下，大綱）は，この自殺対策基本法に基づき，政府が推進すべき自殺対策の指針を示したものである．大綱は施策の推進状況や目標達成状況等を踏まえ，おおむね5年をめどに見直しを行うこととされており，2007年6月に初めての大綱が策定されたあと，2008年10月に一部が改正され，2012年8月に初めて全体的な見直しが行われた．見直しでは「だれも自殺に追い込まれることのない社会の実現」を目指すことが明記されるとともに，地域レベルの実践的かつ包括的な取り組みの拡充，若年層における自殺対策強化，支援に対するアクセシビリティの向上，支援者の養成・教育の推進等が盛り込まれた．

自殺対策基本法（ジサツタイサクキホンホウ）㊀Basic Act on Suicide Countermeasures ⓙ自殺対策法．年間の自殺者数が3万人を超える日本の状況に対処するため，「だれも自殺に追い込まれることのない社会の実現」を目指して制定された法律．自殺に取り組む市民団体が中心となって10万人の署名を集め，議員立法によって制定された．2006年6月21日に公布，同年10月28日に施行．主として内閣府が所管するほか，内閣府に設置された自殺総合対策会議が「自殺総合対策の大綱」を定める．施策の遂行そのものは国と地方公共団体が行う．社会的要因も踏まえて総合的に取り組むほか，自殺防止のための調査研究，早期対応の中心的役割を果たす人材（ゲートキーパー）の養成，こころの健康づくりの促進，適切な精神科医療の受診支援，自殺未遂者の再度の自殺防止，遺された人への支援など，幅広い支援を行っている．国，地方公共団体，関係団体，民間団体，企業および国民の役割を明確にし，その連携・協働の推進を図っている．
⇨自殺総合対策大綱

自殺対策法（ジサツタイサクホウ）➡自殺対策基本法を見よ．

脂質（シシツ）㊀lipid．糖質やタンパク質とともに，生体を構造している物質群．水に溶けない生体内分子の総称である．天然の脂質はその構造から，単純脂質・複合脂質・誘導脂質に分類される．単純脂質は，脂肪酸とアルコールがエステル結合でつながった脂質を指し，中性脂肪が一般的である．この中性脂肪は，エネルギーの貯蔵型である．複合脂質には，リン脂質・糖脂質・リポタンパク質がある．誘導脂質には，脂肪酸・脂肪酸アルコール・ステロイド・色素類・脂溶性ビタミン・炭化水素などがある．

脂質異常症（シシツイジョウショウ）➡高脂血症を見よ．

四肢麻痺（シシマヒ）㊀paranalgesia／quadriplegia／tetraplegia．運動麻痺はその分布によって単麻痺，片麻痺，対麻痺，四肢麻痺の4つに分類される．上下肢が両側性に運動麻痺を示す場合を四肢麻痺という．頸髄膨大部より上で脊髄が損傷を受けると対麻痺の特殊型として四肢麻痺が生じる．高齢者においては，脳血管障害が反復し，両側性の大脳障害による四肢麻痺をきたすことがある．このときは発語，嚥下が障害される．また，発作性の四肢の弛緩性麻痺を特徴とする周期性四肢麻痺は，その原因は不明の点も多いが，糖質代謝やカリウム代謝と関係している場合もある．

歯周病（シシュウビョウ）㊀periodontal disease．歯を支持するセメント質・歯根膜・歯槽骨・歯肉などを歯周組織という．歯周病は，歯周組織の病変の総称で，歯肉炎や辺縁性歯周炎などをいう．日本歯周病学会では，歯周病を，歯肉炎（単純性歯肉炎・複雑性歯肉炎・歯肉多傷・歯肉退縮）・歯周炎・咬合性外傷に分類している．歯周病

の原因には，歯垢中の細菌・歯石・歯肉ポケット・不良な修復・歯並び・う蝕（虫歯）や，さらに漸進的な因子として，糖尿病・喫煙・栄養不良・口内炎・薬物・血液や免疫疾患などが挙げられている．予防として，口腔内の洗浄や歯垢コントロールが重要である．

自助（ジジョ） Ⓔ self-help／self-reliance. 自分のことを自分で行うこと，自らの健康管理をすること，他人の力を借りず自分で問題を解決すること．「自助」は，家族や知人との助け合い，ボランティア活動といった「互助」，介護保険に代表される社会保険制度およびサービスを利用する「共助」，一般財源による高齢者福祉事業や生活保護，人権擁護や虐待対策，税金による公の負担を含む「公助」とともに，地域包括ケアシステムを構成する要素である．2025年をめどとして，高齢者の尊厳保持と自立生活の支援の目的の下で，可能な限り住み慣れた地域で自分らしい暮らしを最期まで続けるよう地域の包括的な支援・サービス提供体制を目指す地域包括ケアシステムのなかでは，少子高齢化や財政状況から，今後共助や公助の大幅な充実を期待することはむずかしく，自助や互助の果たす役割が大きくなることを意識した取り組みが必要とされている．

自傷行為（ジショウコウイ） Ⓔ self-injurious behavior. 自分の身体を傷つける行為のことで，自分の髪の毛を引っ張り続ける，頭を壁に打ちつける，かきむしる，などが該当する．認知症に固有のものではなく，多くの精神障害によって出現する症状である．自傷行為の原因を一概に指摘することはできないが，自傷という行動症状の背景に，怒りや不満，不快などの心理的背景があることが想定される．認知症の人の自傷行為では，本人が行為の程度を加減したり，傷による痛みや身体への影響を適切に見積もったりすることができないことから，放置せずにまずケアを見直し，必要に応じて医療と連携して，その軽減を図る．ケアの見直しにあたっては，症状の頻度や程度をアセスメントして，認知症の人にとってなにが怒りや不満の原因になっているのかを特定するとともに，原因の除去・緩和につなげる．またときに身体的不調が原因となることもあり，身体状況の見直しも必要である．
⇨認知症の行動・心理症状

自助具（ジジョグ） Ⓔ self-help device. 身体機能の低下により，日常の動作が行えなくなったときに，その動作を補うための道具．握力の弱い人が瓶の蓋を開けるためのオープナーや離れた場所のものをとるリーチャーなどがある．自助具を使用することで，身体機能の代替・補完だけでなく，利用者自身が自分で動作を行える達成感や喜びにつながる．1993年に制定された福祉用具の研究開発及び普及の促進に関する法律（福祉用具法）で，福祉用具とは「心身の機能が低下し日常生活を営むのに支障がある老人又は心身障害者の日常生活上の便宜を図るための用具及びこれらの者の機能訓練のための用具並びに補装具をいう」とされている．自助具は，福祉用具の一部である．
⇨福祉用具

自助グループ（ジジョグループ） ➡セルフヘルプグループを見よ．

四肢冷感（シシレイカン） Ⓔ cold feeling of extremity. 手足に感じる冷えのこと．日常においてみられる四肢冷感は，症候として医学的に確立したものではない．四肢冷感を示す病態でもっとも重要なのはショック（神経原性ショック，アナフィラキシーショックなど）であり，血圧低下により末梢循環が障害され四肢冷感がみられる．ショック以外の原因としては，①器質的疾患（甲状腺機能低下症など），②機能性疾患（自律神経障害など），③生活習慣・心理的ストレス，④体質によるもの，などが挙げられる．四肢冷感については，まずは身体疾病である可能性を検討することから始める必要がある．機能的障害による病態については，自律神経機能の異常による起立性調節障害について評価する必要がある．これらの可能性を検討したあとに，生活習慣の乱れや心理的ストレスによる心身症としての四肢冷感について検討することとなる．

ジスキネジア Ⓔ dyskinesia. 本人が意図せずに筋肉が動いてしまう不随意運動のひとつで，とくに顔や上半身を中心に生じる筋肉の収縮と緊張を繰り返す症状をいう．口をすぼめる，歯を食いしばる，舌を左右に動かすなどの症状．運動をつかさどる神経系のうち，意図しない運動やその調整を行う錐体外路に異常が生じると，ジスキネジア・ジストニア（捻転性または反復性の異常な運動・姿勢をきたす），アカシジア（静座不能，気持ちが落ち着かない）などの不随意運動の障害がみられ，これらを総称して錐体外路症状という．ジスキネジアは薬物の副作用によって出現することが多く，パーキンソン病に対する薬物療法で用いられるレボドパの長期服用によってジスキネジアが生じ，手足や頭がくねるように動く症状がみられる．また，抗精神病薬の長期服用による副作用でみられるジスキネジアは，服用後数か月を経てから症状が現れることから，遅発性ジスキネジアともいわれ，口や舌をもぐもぐと動かす症状がみられる．薬物の副作用の場合には，服用量の見直しや中止を検討する必要がある．

システム理論（システムリロン） Ⓔ system theory. 相互に作用し合う複数の要素が結合し合い全体を構成していることをシステムといい，システムの設計・制御・解析を行うための理論がシステム理論である．社会学者パーソンズ（Parsons T）が人の行為をシステムとしてとらえたことが人と環境を1つのシステムとして把握する出発点となり，その後社会福祉分野においても応用が試みられている．要介護者とその周辺の環境を1つのシステムとしてとらえケアの対象とする視点は，ジェネラリストソーシャルワークの成立に寄与した．
⇨ジェネラリストソーシャルワーク

姿勢（シセイ） Ⓔ posture. 体位（position）と構え（attitude）の組み合わせによる身体各部の位置関係を示す言葉．体位とは身体軸と重力の方向がどのような位置関係にあるのかを示し，構えとは，頭部・体幹・四肢といった身体の各部分の相対的な位置関係を示す．力学的に「よい姿勢」とは，身体の重心の位置が低く，身体の中心を垂直に通る重心線が支持基底面の中心に近い状態にあり，姿勢が安定していることとされている．生理学的に「よい姿勢」とは，疲労や消費エネルギーが少なく，内臓器官の圧迫や負荷が少ない姿勢とされている．

死生観（シセイカン） Ⓔ attitude toward life and death. 死や生にまつわる価値や目的などに関する考え方のこと．高齢者の多くは自らの死について意識しており，高齢者

の医療や介護においては，疾病の治療やリハビリテーション，日常生活の継続だけではなく，遠くない将来に訪れる死の問題についても考えていく必要がある．高齢者は，死が身近であることを感じ不安になったり，また，寝たきりのまま死にたくないといった死にざまへの恐れを抱いている場合もある．こうした高齢者の死への思いに対して，回避的になることなく真摯に向き合っていくことが求められる．

姿勢バランス（シセイバランス） ⓔ balance of posture. 「姿勢」とは，体の構えのことをいう．姿勢は「立位」や「座位」などの静的な行動や「歩く」「走る」などの動的な行動が伴う．これらの行動をとるとき，その行動がうまく遂行されるつり合い，均衡などを「姿勢バランス」という．姿勢バランスが崩れることにより，立位や座位，歩行などをうまく行うことができずに転倒してしまったりする．たとえば，安定した立位姿勢がとれているとき，体の横側からみた重心線は「耳→肩→股関節→膝関節後方→足関節前方」に収まる．姿勢バランスが崩れる要因は，麻痺，筋力低下，脚長差などさまざまである．姿勢バランス異常がみられるときは，単に「バランスが悪い」と片づけるのではなく，その要因を突き止めて，対応することが重要である．

姿勢反射障害（シセイハンシャショウガイ） ⓔ postural reflex disturbance. 重心線が最適重心円内を外れると感覚受容器が誤差を検出し，姿勢保持にかかわる筋肉の緊張を自動的に調整し誤差を最小にする動作（姿勢反射）がみられるが，それが困難な状態を姿勢反射障害という．パーキンソン病の四大徴候（振戦，固縮，無動，姿勢反射障害）のひとつであり，生活障害度が強い．姿勢保持障害，姿勢・歩行障害などさまざまな表記がある．姿勢反射障害の原因としてさまざまな可能性が検討されてきたが，いまだ確立された解釈はない．極端に体が傾いていたり，一見窮屈な半座位になっていたり，前傾前屈姿勢となっていたりするが，自分からは矯正することがむずかしい．確認する方法として，pull-testとして立位の患者の背後に立ち，一声注意をうながし，患者が倒れても十分サポートできる用意をしたのち，肩を後方から軽く急に引くと，正常では一歩引き下がって立ち直ることができるが，トトトッと後方へ突進したり，丸太のように一歩も出さずに倒れることがある．
⇨パーキンソン病

施設介護（シセツカイゴ） ⓔ institutional long-term care. 介護保険法に基づいて，「介護老人福祉施設（特別養護老人ホーム）」「介護老人保健施設」「介護療養型医療施設」の3つの介護保険施設に入所することによって提供される介護サービスのことであり，それらの施設サービスの利用者に対し，施設でも自立的な生活の維持，生活の質（QOL）の向上を目指して行われる全般的な介護のことをいう．従来の施設介護は集団ケアが中心であったが，介護保険制度の下では，身体拘束廃止やユニットケアという個別支援の取り組みが進められている．また前述の3つの介護保険施設に限らず，有料老人ホームやケアハウス等でのケアも含めて，自宅から移り住んだ先の施設で提供される介護についても，一般的に施設介護と称されることがある．
⇨施設サービス

施設サービス（シセツサービス） ⓔ institutional service. 介護保険施設等に入所してサービスを受けること．このようなサービスを行う施設は総称して「介護保険施設」とよばれる．介護保険施設には，「介護老人福祉施設（特別養護老人ホーム）」「介護老人保健施設」および「介護療養型医療施設」の3種類の施設がある．施設サービスを利用するためには，在宅サービスと同じように「要介護認定」を受けることが必要である．ただしこの認定で「自立」や「要支援」の判定を受けた人は，介護保険施設サービスを利用することができない．介護保険施設以外にも，介護保険が利用できる特定施設がある．特定施設で利用できる介護サービスの種類は，施設サービスではなく，居宅サービスとなる．介護保険における「特定施設」として，「有料老人ホーム」「ケアハウス（軽費老人ホーム）」「養護老人ホーム」「サービス付き高齢者向け住宅」「認知症対応型共同生活介護（グループホーム）」などがある．
⇨居宅サービス，介護保険施設，施設サービス計画，要支援・要介護認定

施設サービス計画（シセツサービスケイカク） ⓔ institutional care plan. 介護保険制度では，「利用者の個別性を尊重し，継続的な介護サービスを提供する」という理念の下，利用者の生きる意欲や力を引き出し，その人らしい日常生活が送れるような介護サービスを提供するため，入所者に対し「施設サービス計画」を作成し，介護実践することが義務づけられている．入所者本人や家族の希望，心身の状況，生活歴，病歴，生きがい等を考慮したうえで担当介護支援専門員が「施設サービス計画」原案を作成し，多職種によるサービス担当者会議においてその内容について専門的見地から意見を求める．「施設サービス計画」原案は入所者またはその家族に対して説明を行い，文書により同意を得なければならない．「施設サービス計画」作成後，その実施状況の把握を行い必要に応じて計画の変更を行う．施設入所時・退所時に，居宅との間で切れ目のない継続的なケアが提供されることが求められていることから，施設と在宅のサービス計画の連続性を図ることも重要である．障害者総合支援法においても，同様に施設サービス計画が作成されている．
⇨介護サービス計画，施設サービス，サービス担当者会議

施設的環境（シセツテキカンキョウ） ⓔ institutional environment. 老年環境心理学では，施設的環境を，①建物・家具・近隣などの物理的環境，②家族や友人などの人的ネットワーク・ケアのかかわりなどの社会的環境，③施設の規則・スケジュール・人員配置などの運営的環境，の3つの側面からとらえる．従来の施設環境は巨大で単調な空間（物理的環境），なじみのない多数の入居者との暮らし（社会的環境），介護業務の都合で決められる生活スケジュール（運営的環境）など，在宅の環境とは大きく異なる．通常そこに暮らす人は環境の影響を大きく受けるとともに，環境に働きかけて自分がすごしやすいように環境を調整し，環境と人の相互間で働きかけが行われる．しかし，自分で環境調整が困難な認知症の人は，不適切な環境の影響を強く受けて，認知症の行動・心理症状（BPSD）の要因となることが明らかになっている．認知症の人が適応しやすい家庭に近い環境を制度として実現したのが，グループホームや個室ユニット型施設である．グループホームは1ユニット5～9人で構成され，

調理などの家事に参加できる家庭的な環境と買い物や地域とのつながりを保ちやすい立地が求められる．個室ユニット型施設は1ユニットの定員を10人以下として，プライベート空間（個室）を中心に，セミプライベート（ユニットのリビング），セミパブリック（施設内の交流），パブリック（地域との交流）へと，個人の居場所と生活の広がりに配慮した空間構成が求められる．またどのような施設も，「認知症高齢者への環境支援のための指針（PEAP）日本版3」などを活用した施設環境づくりにより，施設環境を認知症の人にふさわしい環境へと変えることが可能である．
⇨家庭的環境

施設ホスピス（シセツホスピス） 不治の病によって限られた時間を自分らしく生きることを可能にするために，最期まで本人を中心とした広範囲なケアを行うことをホスピス・ケア（hospice care）という．こうしたケアは，在宅でも医療施設でも行えるが，さらに専門的に行う施設をホスピスという．治る見込みのない患者の苦痛や死に対する恐怖を和らげ，尊厳を保ちながら最期を迎えるケアをターミナルケアとよび，痛みをとり，介護をする医師，看護師などのチームが必要で，施設に限らず在宅でも行われている．
⇨終末期医療，在宅ホスピス

自然換気（シゼンカンキ）㊤gravity ventilation．換気を行うことで，空気の循環がよくなり衛生的な効果が期待できることはいうまでもない．換気は戸や窓を開けることによって行われる部分もあるが，日本の伝統的な住宅においては，天井や柱と壁の隙間，欄間により換気が自然に行われた．近年，住宅の気密性が向上した分，換気がむずかしくなり，次世代省エネ基準において計画換気を実施するよう義務づけられた．とりわけ，ケアを要する施設や，住まいにおいての換気は排泄物などのにおいの問題とも直結し，要介護者の自尊心にも影響を与える．そのため，介護者は要介護者の気持ちの負担にならないよう，自然に換気を取り入れながらケア環境を構築する必要がある．

自然死（シゼンシ）㊤natural death．特別な病気などによらず死に至ること．生命の維持に不可欠な，生体の恒常性を維持できなくなった結果の死のことである．自然死は尊厳死と同義のものとして扱われる．尊厳死は「過剰医療を避け尊厳をもって自然な死を迎えさせること」とされ，過剰な医療を中止・不開始した結果起きる死は，自然死とみなされている．日本では介護保険のなかで福祉施設の看取り加算が認められており，尊厳死についても考えていく責務がある．また，福祉施設における尊厳死は医療との連携が不可欠である．
⇨尊厳死

事前指示書（ジゼンシジショ）㊤advance directive．患者または健常人が，将来，判断能力を失った際のことを考え，終末期において延命治療の中止を求めるなど，自らの望む医療についての意思・意向を前もって表記した書類のこと．とくに，終末期から回復不可能になった場合，①医療従事者や家族・親族に，どのような治療をしてほしいかという個人の意思を記述し周知しておく，②判断能力が失われたときに，本人に代わって決定を行う代理人を指定しておく，という形式がある．一般的に，①はリビング・ウィルとよばれる．事前指示書は，法的な拘束力はもたないが，近年，自分らしく死を迎えたいという人が増加し，事前指示書を記述する人も増加している．
⇨終末期ケア，リビングウィル

事前評価（ジゼンヒョウカ）㊤assessment．介護過程の第1段階において，介護サービス利用者がなにを求めているのかの生活ニーズを正しく知ること，そしてそれが生活全般のなかのどのような状況から生じているか，また身体機能を確認するため，本人や家族とも相談し，援助活動を行う前に行われる評価のこと．利用者の問題の分析から援助活動の決定までのことを指し，援助活動に先立って行われる一連の手続きをいう．この評価によって，今後のケアにあたりどのような介護が必要なのかという，ケアプランの作成につなげていく．
⇨アセスメント

自尊感情（ジソンカンジョウ）㊤self esteem．自己に対する評価感情のひとつとされ，自分自身を基本的に価値があるものであるとする感覚のことである．自分に対する態度や自己概念のひとつでもあるため，通常，自分自身が自尊感情を常に感じ取っているわけではない．しかし，自尊感情は，その人の行動や言動，対人関係や他者理解の仕方を方向づけるものである．同じ経験をしても，自尊感情が高い人は低い人よりもその経験を肯定的に受け止めやすいことが知られ，心理的健康には欠かせない．自尊感情は他者と比較した自己の優越性を指すのではなく，他者の評価を参照しつつも，それをもとに構成されたその人の独自な評価基準によって自らに価値があると感じられることが必要であり，自己受容と密接に関係している．自尊感情は人が社会とかかわり，成長を目指していこうとするうえで，欠かせない心理的基盤であることから，認知症の人だけではなくケア従事者にとっても不可欠なものである．

死体検案書（シタイケンアンショ）㊤death certificate／certificate of death．人の死の医学的な証明であり，医師の作成する書類のなかでもっとも重要なもののひとつである．死亡診断書と死体検案書は，書式は同じであるが，はっきりと区別される．原則として死亡診断書は，診療し，かつその死に立ち会った医師が診療内容などの情報をもとに書く書類であり，一方，死体検案書は診療中の患者以外の死亡か，診療中の患者であっても診療にかかわる疾病以外の死亡の場合に書く書類である．医師は死体検案書（死亡診断書）交付の求めがあった場合にはこれを拒んではならず，発行する義務がある．また，死体検案書の場合はまず医師が死体を検案する必要がある．死体検案書（死亡診断書）は，厚生労働省管轄による死因統計上の基礎資料に用いられるほかに，保険金交付のための証拠書類などのように，死者を取り巻く人々に生じた社会的問題に回答する資料としての役割も大きい．

死体防腐処置（シタイボウフショチ）➡エンバーミングを見よ．

自治会（ジチカイ）㊤neighborhood association．住民にもっとも身近なコミュニティ組織として，防災・防犯・清掃・資源回収・福祉・生活改善・祭りなどの多機能性をもち，生活に密着した活動をはじめとした多様な活動を行っている．「住みよいまち」を実現するため，そこに住む人々が協働で地域内のさまざまな課題解決に取り組むとともに，親睦を図りながらまちづくりを進める団体で

あり，問題対処機能，環境・施設維持機能，親睦機能の3つの機能をもつ．

視聴覚二重障害（シチョウカクニジュウショウガイ）➡盲ろうを見よ．

市町村保健センター（シチョウソンホケンセンター）㊤ municipal health center. 地域における母子保健・老人保健の拠点であり，保健所とは異なった健康づくりの場である．また，センター長は医師である必要はなく，保健師が中心になっている．
⇨保健所

弛張熱（シチョウネツ）㊤ remittent fever. 熱型による分類のひとつであり，弛張熱は1日の体温差が1℃以上の変化をとるが，37℃以下にまでは下がらないものをいう．敗血症，ウイルス感染症をはじめ種々の感染症，化膿性疾患，悪性腫瘍，膠原病などでみられる．熱型については，弛張熱のほかにも稽留熱，間欠熱，波状熱，周期熱，二峰性発熱がある．

失禁（シッキン）㊤ incontinence／urinary incontinence ㊥ incontinentia. 不随意に尿あるいは便を排泄することをいう．括約筋に対する神経支配が，その緊張を失うことによって生じる．原因は，神経系の損傷による場合もあり，意識障害による場合もある．失禁は，高齢者に多くみられるが，精神・神経系疾患や昏睡などでも生じる．尿失禁はいくつかの種類に分類される．腹圧性尿失禁は，括約筋による緊張が弱く腹圧が上昇すると尿が漏れる．切迫性尿失禁は，尿意が急に激しく起こり間に合わず尿が漏れる．溢流性尿失禁は，尿が膀胱に入りきらずに，尿があふれる．前立腺肥大などが原因となる機能性尿失禁は，泌尿器の疾患や精神疾患により尿を漏らしてしまう．認知症が原因でトイレの場所に迷って，尿を漏らすなどの真性尿失禁は，尿管裂孔や閉口など解剖学的に異常を認めるもので，混合性尿失禁は，複数の原因によって尿失禁を引き起こすものである．便失禁は，女性では分娩時の肛門裂傷によるものや，肛門疾患・肛門手術の後遺症などによって発生する．
⇨便失禁，尿失禁

失見当識（シツケントウシキ）➡見当識障害を見よ．

失語〔症〕（シツゴ）㊤ aphasia. いったん獲得された言語の理解と表出が障害された状態．話す・聞く・読む・書く，という言語モダリティ（図）のすべてが障害された状態を失語という．1つの言語モダリティの障害が単独で障害された場合，順に純粋語ろう・純粋語唖，純粋失読，純粋失書という．認知症をはじめとした他の障害の経過のなかで生じる場合は失語，失語が障害の中心である場合を失語症という．失語が生じると，言語を用いたコミュニケーションに大きな支障が生じる．言語中枢はその多くが左半球優位であり，言語中枢を含んだ器質障害が背景にあるが，その障害部位によってブローカ失語，ウェルニッケ失語，伝導失語をはじめとした多様な種類がある．失語の種類には障害部位を基準としたもののほか，発話特徴を基準とした流暢性失語，非流暢性失語などの名称もある．失語の理解のためには，表出された症状と障害部位，そしてその機能についての十分な神経心理学的理解が不可欠である．そのため失語症検査やニューロイメージング（脳の活動を画像として観察する手法）を通して失語の様相を明らかにする．一般に失語症とよばれるときには，言語以外の認知機能の低下はないか，あ

	音声言語		
言語理解	聞く	話す	言語表出
	読む	書く	
	書字言語		

言語モダリティ

ってもごく限定的な場合を指し，言語リハビリテーションによって長期的には機能回復できる可能性もある．しかし認知症に伴う失語は認知症の進行の過程で出現するものであり，他の認知機能障害とともに徐々に進行する．コミュニケーション量が病前と比べて不足することがないよう，非言語的コミュニケーションも活用してコミュニケーション維持に努めることが重要である．
⇨ブローカ失語，ウェルニッケ失語

失行（シッコウ）㊤ apraxia. 身体的な運動機能に支障がなく，その運動の意味も理解できているのに，運動を遂行することができない状態．失認や麻痺による運動障害は除外される．衣服を着ることができない着衣失行，図形の模写などができなくなる構成失行，一連の系列的行為（手紙を折って封筒に入れるなど）ができなくなる観念失行などがある．多くの失行には頭頂葉の障害が関連している．神経心理学検査のひとつであるWAB失語症検査などで評価されるが，診察場面ではパントマイムをしてもらう，時計を書いてもらう，実際に洋服を着てもらう，といったことで簡便に評価することも多い．高次脳機能障害のひとつであるが，認知症の経過中にも高頻度にみられる．失行がより単純な動作の障害を指すのに対し，実行機能障害は社会的文脈のなかでのより複雑な一連の行為の障害を指しており，両者は区別される．

実行機能障害（ジッコウキノウショウガイ）㊤ executive dysfunction ㊥ 遂行機能障害. ある目的の達成のために行動をやり遂げるには，その課題のルールの維持や切り替え，情報の更新を行い，思考や行動を制御する認知システムが正常に機能する必要があるが，このシステムの障害を実行機能障害という．前頭前野の障害によるものと考えられており，ワーキングメモリとも深い関連がある．ほぼ同一概念を指す用語に遂行機能障害が用いられることがあるが，この場合，認知システムそのものよりも，実際の日常生活における種々の行為が前頭葉損傷によって障害される高次脳機能障害のひとつとして説明されるときに用いられることが多い．実行機能は，目標の設定・計画の立案・目標実現のための計画の実行・効率的な実行，の4要素からなり，いずれかがうまく機能しなければ障害が生じる．人間の日常生活では，状況に適応できるように，自分の思考や行動をコントロールして目的を果たす必要があり，実行機能は社会適応に大きく関連している．認知症では比較的早くから，料理や服薬などの日常的な行動ができなくなることから，実行機能障害によって認知症が気づかれることもある．実行機能障害のある人への支援では，目的の行動自体を単純にし，目的の行動を小さく分けて伝えるなどの工夫が有効である．

失神（シッシン）㊤ faint／syncope／loss of consciousness／deliquium animi／eclysis ㊧ LOC. 短い一過性の意識

消失を意味する．心停止（あるいは極度の徐脈）と呼吸停止（完全，または不完全）などが原因で，血圧低下に伴い，脳血流が減少し脳の酸素化が妨げられることで突発的に意識を失う．意識消失と同時に，全身の筋緊張が低下し姿勢保持が不可能になる．数秒から1～2分以内に，完全に回復するのが特徴である．突如発生するが，めまい・耳鳴・視力低下・発汗・手足の冷汗・嘔気・嘔吐など，全身の違和感が先行することもある．また，顔面蒼白・皮膚湿潤・脈拍が触れない，ときには心音聴取も不可能になる場合がある．20秒以上続くときは，けいれんを伴うこともある．

失声（シッセイ） Ⓔ aphonia. 声帯や脳の器質的な異常がないにもかかわらず，声が出ない状態をいう．古典的にはヒステリーに分類される．失声をはじめとしたヒステリーは，心理的葛藤やストレスが直接本人に自覚されずに抑圧され，無自覚のうちに身体症状に現れる．こうした心理的な機制は転換とよばれている．器質的な原因で声が出ない場合と比べると，声が出ないこと自体への不安が顕著ではないことが多い．鑑別にあたっては，神経学的検査をていねいに行ったうえで器質的疾患ではないことを確定する必要があり，安易にヒステリーによる失声と決めてしまわないことが重要である．失声と確定されれば，心理療法やカウンセリングが適応となる．多くが比較的短期間で改善するが，失声が改善しても，失立，失歩などの症状が代わって出現することもあるので，これらの症状の背景にある心理的葛藤やストレスの改善を目指すことが必要になる．
⇨ヒステリー，てんかん

失調（シッチョウ） 明らかな麻痺がないにもかかわらず，随意運動や姿勢を正常に保つための協調運動ができない状態のことを運動失調という．小脳半球の障害では四肢の運動失調が，小脳虫部の障害では体幹の運動失調がみられる．また，バリント症候群など両側性の頭頂後頭領域の障害では，上肢の運動機能に問題がないにもかかわらず，注視したものをつかもうとしてもうまくつかむことができない視覚失調がみられる．

質的研究（シツテキケンキュウ） Ⓔ qualitative research. フィールドワーク，ケーススタディ，面接，観察等，仮説の生成や調査対象の質的構造の解明のために行われる調査．近年では，教育学，心理学，看護学，社会学などさまざまな分野で行われるようになってきた．質的研究は量的研究と対立するものではなく，相互補完的なものとして考えられている．質的研究の方法には，グラウンデッド・セオリー・アプローチ，KJ法，質的内容分析，エノスグラフィー，ライフストーリー，現象学的アプローチなどがある．基本的な4つの技術として，①「研究する人間」の探求／思考と感覚のログ化，②「はじめにテーマありき」の原則，③多重同時並行的な研究展開，④仮説の明確化，がある．収集されたデータがよいものであるに越したことはないが，質的研究ではデータ収集以上にデータ分析が重要であるといわれている．

湿度環境（シツドカンキョウ） Ⓔ humidity environment. 湿度とは，空気中の水蒸気の量や，空気の湿り具合を表す量である．相対湿度と絶対湿度があり，普通は相対湿度を指し，空気1m³中に存在する水蒸気量とその温度における飽和水蒸気量との比を百分率で表す．高齢者の温度管理については，高齢者生活熱環境研究会が作成した「高齢者・身障者に配慮した住宅熱環境評価の基準値」がある．これによれば，居間や食堂など比較的多数で使う居室最適環境として，夏季25度±2度，中間期24度±3度，冬季23±2度が望ましいとされる．しかしながら，夏場の冷房による冷気に不快感を覚える高齢者も少なくない．足もとの冷気を気にするあまり，上半身の暑さをがまんする高齢者もいる．認知症の場合，適温や体調不良のサインを伝えることのむずかしさが伴うため，より注意が必要である．十分な水分補給に基づいた，各個室における温度・湿度管理を細やかに調節できる環境が望ましい．
⇨温熱環境

失読（シツドク） Ⓔ dyslexia. 脳の器質障害によって生じる，言語モダリティ（失語の項参照）のうちの「読む」機能の障害．すなわち書かれた言葉の理解が困難な状態（視力障害は除外）である．多くの場合ほかの失語とともに出現するが，まれに失読のみが顕著にみられることもあり，その場合は純粋失読とよばれ，自分で直前に書いた文章も読むことができない．失読になると，本を声に出して読むことも同時にむずかしくなるが，理解はできても音読がうまくできない錯読は，失読とは異なる状態である．読んで理解することができないが，聴覚的な理解はできる可能性がある．また失読症という場合は，生まれもって失読の症状をもつ学習障害を指す．失読をはじめ，失語をもつ高齢者や認知症の人に対して，非言語的コミュニケーションや機能する言語機能を活用してコミュニケーション量を維持し，心理的安定を図ることが重要である．

嫉妬妄想（シットモウソウ） Ⓔ delusion of jealousy. 配偶者やパートナーが自分以外の異性と浮気していると確信する妄想のことで，病的な嫉妬とされる．その病因論は諸説あり，逆説的性障害説や性的能力の減退，身体的条件や素質・性格，生活史などが知られている．愛情をもつ対象の喪失に対する不安がきっかけとなることもある．正確には不実妄想とよぶべきであると主張する研究者もいれば，嫉妬妄想の例をオセロ症候群（Othello syndrome）とよぶ研究者もいる．嫉妬妄想は，妄想性障害，統合失調症，アルコール依存症などのほか，認知症の人にみられることもある．最近の認知症の人を対象とした研究では，嫉妬妄想はレビー小体型認知症（DLB）においてとくに多くみられる可能性が示唆されており，それには活発な幻視体験が関与している可能性が報告されている．

室内気候（シツナイキコウ） Ⓔ indoor climate／room climate. 室内における温度・湿度，気候の調節は一般的に温度20～22度，湿度60％が好ましいとされている．夏季や冬季は冷暖房を用い，適温を保つように管理を行うが，急な気温変化への適応が困難な乳幼児や高齢者においては季節を問わず22～23度以下にならないように配慮する必要がある．認知症の場合は，自身で快・不快を訴えることが困難であるため，よりいっそうの配慮が求められる．また症状の進んだ認知症の人はベッド上での生活が主となるが，天井や床と，ベッド高さ付近での温度・湿度が異なるため，温度計の高さをベッド位置に合わせるようにし，介助者の目が行き届くように周辺環境を整備することが望ましい．

失認（シツニン） Ⓔ agnosia. 失認は高次脳機能障害のひ

とつであり，さまざまな種類があるが，知的面のいちじるしい低下や感覚障害，言語障害などはないこととされている．失認は感覚系あるいは認知される対象により分類できる（表）．その症状は，1つの感覚からだけでは，その対象を認識することができないが，別の感覚を通すと認識できるのである．たとえば，視覚失認がある人の目の前にコップを置いた場合，その物体の存在はみえているが，それがなにかが分からず名前を言うことはできない．しかし，その物体をさわる（触覚）と，コップと答えることができるのである．このように，認識することに障害のある特定の感覚や対象により，視覚失認，聴覚失認，手指失認などの症状名がつけられている．また，高次脳機能障害の関連する認知障害として，視空間認知障害の半側空間無視，バリント症候群や，身体失認のゲルストマン症候群などが挙げられる．以上のように一般的には，失行・失認は，脳の限局的な障害に起因する巣症状として出現すると考えられていたり，検査場面では，知的障害などがなく指示の理解が可能であるにもかかわらず認知や行為ができない状態といわれていたりする．ただし，認知症では脳の広範な損傷に伴い同様の症状が出現することがあり，生活のなかで正しく認知できないことや行為（動作）できない場合に，単に認知症だからと早計に判断するのではなく，失行・失認を疑うとともに行為や認知が円滑になる方策を考えることが重要である．

失認の分類

感覚系		対象	
視覚	視覚失認	物体	物体失認
		相貌，表情	相貌失認
		色	色彩失認
		環境	環境失認
聴覚	聴覚失認	語音	純粋語聾
		環境音	環境音失認
		音楽	感覚性失音楽
触覚	触覚失認	物体	
		素材	
		空間・定位	
その他関連する認知障害			
視空間認知障害		半側空間無視	
		地誌的障害	
		バリント症候群	
身体失認		片側身体失認	
		両側性身体失認	ゲルストマン症候群

⇨失語〔症〕，ゲルストマン症候群，視空間認知障害

疾病及び関連保健問題の国際統計分類（シッペイオヨビカンレンホケンモンダイノコクサイトウケイブンルイ） 英 International Statistical Classification of Disease and Related Health Problem 略 ICD 同 国際疾病分類．疾病や死因の国際的な統計基準として，世界保健機関（WHO）によって公表された分類を指す．疾病や死因の統計などに関する情報の国際的な比較，医療機関における診療記録の管理などに使われている．1900年に国際死因分類として初めて制定され，ほぼ10年ごとに改訂が繰り返され，第7版から疾病分類が加えられた．現在は1990年に改訂された第10版（ICD-10）が用いられている．

実務者研修（ジツムシャケンシュウ） 介護職員の質の向上とキャリアアップの仕組みが法律改正により整備され，「実務者研修」が創設された．これにより「介護福祉士国家試験」の受験要件である実務経験3年に加え，2015年度から6か月の実務者研修の受講修了が義務づけられることとなった．

質問紙法（シツモンシホウ） 英 questionnaire method．資料の収集方法のひとつで，調査する事項について質問用紙を用意して対象者に回答を求める方法とされている．質問紙の内容構成により，量的なデータも得られるし，また，質的なデータを得るような問いも設定できる．研究者が，その質問紙によりなにを測定しようとするのか，なにを見いだそうとするのか，というようなデータ収集の目的を明確にしたうえで，特定の質問紙を選択することが肝要である．個別でも集団でも実施できる．実施対象は，小・中・高校生あるいは成人用というように，検査が分けられていることが多い．

指定管理者制度（シテイカンリシャセイド） それまで地方公共団体や，その外郭団体に限定していた公の施設の管理・運営を，株式会社をはじめとした営利企業・財団法人・特定非営利活動法人・市民グループなど法人その他の団体に包括的に代行させることができる制度．また，指定管理者制度は，住民の福祉を増進する目的をもってその利用に供するための施設である公の施設について，民間事業者等が有するノウハウを有効に活用することにより，住民サービスの質の向上が図られ，施設の設置を効果的に達成する目的のため，2003年9月に設けられた制度である．指定管理者制度が適用される福祉関連の施設としては，高齢者施設・障害者施設・保育所・児童館・保養所・福祉作業所等がある．

CTスキャン（シーティースキャン） ➡コンピュータ断層撮影を見よ．

シーティング 英 seating．長時間の座位をとる人の身体機能や生活状況を考慮し，最適で快適な座位姿勢をとることができるように，いすや車いすなどの機能を調整するさまざまな技術のことをいう．シーティングによって最適な座位姿勢を確保することにより，座り心地がよくなると同時に，身体の傾きなどが改善され，座位姿勢がよくなる．座位姿勢がよくなることにより，褥瘡の予防や改善を図ることができるようになる．また姿勢の悪さから生じる食事の際の誤嚥を防ぐことができる．

シーティングシステム ➡座位保持装具を見よ．

私的年金（シテキネンキン） 英 private pension．国民の加入義務である，国民年金・厚生年金・共済年金（共済組合の年金）は公的年金といわれる．それに対し，個人や私企業，その協会や団体で，公的年金に加え，任意で加入する年金を「私的年金」とよぶ．これは，公的年金のみでは，老後の年金受給額に不安を感じる場合，国民年金加入者が国民年金基金や確定拠出年金に加入したり，厚生年金の加入者がさらに加入する厚生年金基金，確定給付年金や確定拠出年金などがある．これは3階建て年金構造のうち，国民年金加入者には2〜3階部分，厚生年金加入者には3階部分となる．また，私的年金ではあるが「公的年金等控除」の対象とされるものは多い．ただし，加入においては自由ではあるが，法的に公的年金制度の下に年金の拠出，資金の運営の損益や受給額への税制優遇措置を伴うものから，法的優遇や制約を受けない

ものまで，一般的に私的年金とよばれるものの範囲は広い．
⇨国民年金基金，厚生年金基金

自動運動（ジドウウンドウ）㊥automatism／active exercise／exercise／automatic movement ㊧AE．自動運動は，対象者自ら随意的に筋を収縮させて身体運動を行う運動療法のひとつである．
⇨他動運動，自動介助運動

自動介助運動（ジドウカイジョウンドウ）㊥active assistive exercise ㊧AAE．自動運動を行う際，ある身体部分が麻痺や筋力低下，関節可動域制限などがあるために，自分自身の力だけでは動かすことができない場合，機能が残っている他の部位を利用して動かすことをいう．場合によっては理学療法士などが手伝うこともある．たとえば「脳梗塞の後遺症で右片麻痺の人が，自分の左上肢で右上肢を持ち上げる」などがこの例である．
⇨自動運動，他動運動

自動体外式除細動器（ジドウタイガイシキジョサイドウキ）㊥automated external defibrillator ㊧AED．裸の胸に貼った電極のついたパッドから自動的に心臓の状態を判断する医療機器．心室細動（不整脈）を起こしている場合，強い電流を一瞬流して心臓にショックを与えること（電気ショック）で，心臓の状態を正常にもどす機能をもっている．

視認性（シニンセイ）㊥visibility．対象の存在を認める，またはその性質を認識するときの容易さの程度をいう．「対象」とは，ピクトグラムなどのサインや文字などを指す．この定義は，視対象とその背景によるものであるが，視認するのは人間であるため，人間の特性も踏まえなくてはならない．視認性は，視力に大きく影響されるため，視環境の設計においては，利用者の視覚特性を考慮する必要がある．たとえば，認知症の人への実験では，認知症の人の目線は中位から低位が多いため，サインや表札は，中位から低位に設置することが望ましいことが報告されている．

視能訓練（シノウクンレン）㊥orthoptics／orthoptic exercise．視覚障害に対する医学的リハビリテーションのこと．光学的補助具の活用，視機能訓練，開眼手術のいずれか，あるいはこれらを総合して視力の活用，向上を図る．

視能訓練士（シノウクンレンシ）㊥orthoptist ㊧ORT．眼科専門の医療技術者．視能訓練士の資格は1971年に国により法律で制定され国家資格となった．視能訓練士の業務は眼科全般の視力，視野，色覚，眼球運動などの検査，斜視や弱視の訓練等，多岐にわたる．

死の受容五段階（シノジュヨウゴダンカイ）死にゆく人々の心理的過程について研究した精神科医キューブラー・ロス（Kübler-Ross E）によって提唱された．彼女の著書『死ぬ瞬間』によれば，自身の致命的な疾患を知った患者は，大きな「衝撃」を受けたあと，それを「否認（第1段階）」しようとする．しかし，その否認が維持できなくなると「怒り（第2段階）」や憤り，ねたみなどがそれに替わり，その後，延命のための「取り引き（第3段階）」を試みるとされる．さらに病状が進行し，手術や再入院，さまざまな喪失などが加わってくると「抑うつ（第4段階）」の状態（反応的な抑うつと準備的な抑うつ）を示すようになる．こうした段階を経て，最終的に「受容（第5段階）」に達するとされる．ただし，これらの各段階は人によって継続する期間が異なったり，ときには段階が重なって現れたりすることもある．また，たいていの場合，患者は各段階を通じて最期まで何らかの「希望」を持ち続けており，こうした希望を支えるための配慮が必要とされる．

紫斑（シハン）㊥purpura／suggillation．血液（血小板・凝固因子・異常タンパク）・血管支持組織の脆弱・血管内圧上昇・血管炎など種々の因子により発症する皮膚組織内の出血．紫紅色の斑点状になっているものをいう．直径3mm以下のものを点状出血，直径1～5cmのものを斑状出血という．ガラス板で圧迫しても退色しないのが特徴で，紅斑と識別できる．時間の経過とともに退色・変色する．
⇨老人性紫斑

自分史（ジブンシ）㊥autobiography．自分の歴史，自分自身の生涯，あるいは半生の出来事を文章化したもの．さまざまな自分の人生を思い返し，過去に起こった出来事を，自分史において追体験することにより，「自己の再発見」につながる．自分が過去にどんなことをしてきたのか，なにを思い考えたのかを記録として残し，他人に伝えることができる．

死亡診断書（シボウシンダンショ）㊥death certificate／certificate of death．人が死亡した場合に，医師または歯科医師が作成交付する書類．死亡診断書（死体検案書）は，①人間の死亡を医学的・法律的に証明する，②日本の死因統計作成の資料となる，という2つの大きな意義をもっている．また，医師は次の2つの場合には，死体検案を行ったうえで，死亡診断書ではなく死体検案書を交付することになっている．①診断継続中の患者以外の者が死亡した場合，②診療継続中の患者が診療に係る傷病と関連しない原因により死亡した場合で，医師は正当な理由がなければ，書類発行の求めを拒否できない（医師法19条2項）．
⇨死亡届

死亡届（シボウトドケ）㊥notice of death．死亡の事実を知った日から7日以内（国外で死亡したときは，その事実を知った日から3か月以内）に提出する書類（戸籍法第86条，第87条）．通常，医師の作成した死亡診断書（死体検案書）を添えて，死亡者の死亡地・本籍地または届出人の所在地の市役所，区役所または町村役場に提出する．手続き対象者は，親族，同居者，家主，地主，家屋管理人，土地管理人等，後見人，保佐人，補助人，任意後見人である．
⇨死亡診断書，死体検案書

死亡率（シボウリツ）㊥death rate／mortality rate／lethality／mortality．ある特定の人口に対する一定期間中に死亡した人の割合．一般的には人口1,000人あたりの人数，もしくはパーセントで表す．日本では10月1日からの1年間で計算する．

嗜眠（シミン）㊥lethargy ㊨lethargia．意識障害のひとつである意識の清明度が低下した状態（意識混濁）の特定の段階をいう．一般に，外界から十分な刺激（強い痛みや身体を揺り動かすなど）があれば，一時的に覚醒方向への反応を示すが，刺激をやめるとすぐに眠り込んでしまう状態のことを指す．同じような意味で使用される用語に傾眠（somnolence）があるが，傾眠は嗜眠よりもや

や意識の清明度が高い場合に使用される．しかし，これらの分類（段階）を示す用語は国や人によって意味内容が異なることもある．そこで近年では，グラスゴー・コーマ・スケール（GCS）や日本で広く普及している日本昏睡尺度（JCS）（3-3-9度方式）などが使用されている．ただし，これらの尺度は急性期における意識水準の評価を目的としていることから，実際の使用にはこうした尺度の性質や問題点を十分に理解しておくことが肝要である．

⇨傾眠，意識障害

視野（シヤ） 英 visual field 略 VF．みえる範囲（平面的な2次元の広さ）のことではなく，視線にあたる中心部から周辺に向かうにつれ低下していく立体的・3次元的な視覚の感度分布のことをいう．感度が同じ位置をつないでいくと，島のような形の等高線（視野の島）で表すことができる．感度の計測には大別して，等高線を測定して視野全体の変化を把握する動的視野検査と，測定点を決めてそれぞれの位置で感度を測定する静的視野検査の2種類がある．また，網膜の視神経乳頭には視細胞（光を感じる細胞）がないので信号は脳まで届かず，みえない部分（マリオット盲点）が存在するが，これはだれにでも存在するもので病気ではない．

社会活動（シャカイカツドウ） 英 social activity．社会への奉仕を主な目的として行われる活動であり，営利企業が利益の追求ではなく公益のために行う活動などを指す場合が多い．地域や社会のなかで，自分以外のだれかのために役立とうとする，個人あるいは団体の自発的な活動をいう．

社会活動法（シャカイカツドウホウ） ➡ソーシャルアクションを見よ．

社会環境（シャカイカンキョウ） 英 social environment．社会全体のようすや雰囲気のことであり，地域環境・社会環境・現代社会・社会情勢・社会状況・風潮・世論・時代の雰囲気・時代精神・ツァイトガイスト・社会全体の流れ等が含まれ，広い意味をもつ．

社会関係地図（シャカイカンケイチズ） ➡エコマップを見よ．

社会行動法（シャカイコウドウホウ） ➡ソーシャルアクションを見よ．

社会サービス（シャカイサービス） 英 social service．社会サービスには，児童福祉・障害者（児）福祉・老人福祉・母子寡婦福祉などがある．社会福祉の目標は，日本国憲法第13条に示されている幸福追求権の具現化を目的としている．福祉サービスの利用を必要とする人は，低所得者にとどまらず，子どもから高齢者まで，障害者・慢性疾患患者を含む，生活上何らかの問題・障害を有し，自立生活のための支援を要する人々，また，長期化，社会・経済・文化構造の急激な変化などによって，生活の質（QOL）を維持できない人々であり，そのすべての人々がその生涯のいずれかの段階においても，日常生活にかかわる多様なサービスを利用することによって，生活を維持するとともに，QOLを保持・向上させることを目的とする．

⇨社会福祉

社会参加（シャカイサンカ） 英 social participation．地域社会を構成する一員として，社会，経済，文化などの分野における活動に参加すること．社会福祉法（昭和26年法律45号）第4条では，「福祉サービスを必要とする地域住民が地域社会を構成する一員として日常生活を営み，社会，経済，文化その他あらゆる分野の活動に参加する機会が与えられるように，地域福祉の推進に努めなければならない」と規定され，社会参加が地域福祉の推進の目的概念とされている．また，障害者基本法では，障害者の自立とともに社会参加の支援等の施策を実施することが国および地方公共団体の責務として掲げられ，社会参加の機会の確保等を旨とする障害者（児）支援のための障害福祉サービス（訓練等給付など）が障害者総合支援法の下に整備されている．さらに，高齢社会対策基本法では，活力ある地域社会の形成を図るために高齢者の社会参加の促進に向けて必要な施策を講ずるものとされている．このように，社会参加は，障害者福祉や高齢者福祉における基本的施策のひとつとして位置づけられている．

社会支援ネットワーク（シャカイシエンネットワーク） ➡ソーシャルサポートネットワークを見よ．

社会資源（シャカイシゲン） 英 social resource．人々の社会生活上のニーズを充足するために活用される物資や資金，施設・事業所，設備，人材，制度などの総称．認知症ケアの領域では，認知症の人やその家族のニーズを充足し，生活の質（QOL）を高めていくために，医療や保健，社会福祉，リハビリテーション，栄養など多様な専門領域の物的・人的な社会資源が必要とされる．提供主体から社会資源を類型化した場合，フォーマルな分野とインフォーマルな分野に大別される．前者には行政，法人，民間機関・団体のサービスや職員等があり，後者には家族，親戚，友人，同僚，近隣の人，ボランティア等によるサポートがある．利用者は，これらの分野における社会資源を適切に組み合わせて利用することになるが，介護保険制度では介護支援専門員（ケアマネジャー）や地域包括支援センターが，障害者総合支援法では相談支援専門員が，利用者やその家族のニーズに対応した社会資源を調整するという役割を担っている．

社会生活技能訓練（シャカイセイカツギノウクンレン） 英 social skills training 略 SST 同 ソーシャルスキルトレーニング．認知行動療法を基盤としたリハビリテーション技法のひとつ．日本では，主に精神障害者を対象として，精神疾患から派生する社会生活上の困難（生活障害）を克服し，ひいては精神疾患の改善につなげていくために，対人関係のなかで必要とされるコミュニケーション技能などを獲得ないし回復，維持していくことを目的とした訓練プログラムが設定されている．具体的には，日常の生活場面を想定したグループを設定し，メンバーはロールプレイ等によるコミュニケーションの練習を行う．そのなかで，メンバーのよかった言動を評価して，メンバーが自信をつけられるように留意するとともに，実際の場面でうまくコミュニケーションがとれるように練習していく．精神科病院など医療機関では，精神疾患のある入院患者に対する「入院生活技能訓練療法」が診療報酬化されているほか，障害者総合支援法に規定された社会福祉施設等でも積極的に実践されている．

社会的介護（シャカイテキカイゴ） 英 socialized long-term care．家族にゆだねられてきた介護問題を社会全体で支えていくべき問題としてとらえ，要介護者やその家族の生活支援に向けて，施設・事業所等によるサービス提供

を中心とした介護を実施していくこと．その背景には，人口高齢化の急速な進展による要介護高齢者の増加や家族形態の変化によるひとり暮らし，高齢者夫婦のみ世帯の増加，さらには女性の労働市場への進出などが挙げられる．このような状況の下で家族の介護機能が低下してきたこと，さらには国民の介護不安が高まってきたことにより，介護サービスの基盤整備が求められるようになった．2000年より開始された介護保険制度は，国民が共同連帯の理念に基づいて負担する保険料を財源に組み入れて介護サービスを給付する仕組みであり，社会的介護を促進していくことが目的のひとつである．

社会的入院（シャカイテキニュウイン）㊀social hospitalization. 医療的には入院の必要性がない状態であるにもかかわらず，家族等が不在，あるいは介護が困難である，退院後の在宅生活を支援するための地域の社会資源が不足しているなどの理由により，医療機関などへの長期入院を続けている状態にあること．人口の急速な高齢化の進展に伴う要介護高齢者の増加，人々のライフスタイルの変化等による社会的入院の増加は，医療保険財政を圧迫させるなどの社会問題を生み出していた．そのようななか，1980年代には老人保健法（昭和57年第80号）の施行により老人診療報酬が設定され，老人保健施設が創設されるなど社会的入院の解消が試みられてきた．また，2000年より介護保険制度が開始され，要介護高齢者を社会全体で支えるという介護の社会化が図られてきた．しかし，精神障害者の社会的入院も含めて，この問題は解消されたとはいえず，地域での在宅生活を支援するサービスの量的整備と質の確保・向上のための取り組みが求められている．

社会的排除（シャカイテキハイジョ）㊀social exclusion ㊁ソーシャルエクスクルージョン．人々が社会，経済，政治，文化などの分野における活動に参加できず，社会との関係から排除されている状態のこと．現代社会において貧困や低所得，失業，住宅の劣悪さや確保困難，健康不良，家族関係の断絶や不安定さなど，個人や集団，地域を取り巻く多様な社会問題が要因とされている．そして，これらの社会問題を解決するためのサービスや支援の提供システムが機能していないこと，すなわち，要援護者が制度の谷間におかれていることが見過ごされたり，要援護者の生活ニーズが適切に把握されず，必要なサービスや支援が受けられなかったりすることなどによって引き起こされる．なお，日本では，2000年に厚生省が公表した「社会的な援護を要する人々に対する社会福祉のあり方に関する検討会」のなかでソーシャルインクルージョン（社会的包摂）が取り上げられ，すべての人々を社会的排除や孤立などから援護し，社会的なつながりを構築するための提言が行われている．
⇨社会的包摂

社会的不利（シャカイテキフリ）㊀handicap ㊁ハンディキャップ．世界保健機関（WHO）は，1980年に人間の障害に関する分類として国際障害分類（ICIDH）を公表し，障害を機能障害，能力低下とともに「社会的不利（handicap）」という3つの次元（レベル）の連続した階層構造として位置づけた．これは，機能障害や能力低下の結果として，個人に社会生活上の不利益が生じてしまい，正常な役割を果たすことが制限されたり，妨げられたりする状態を意味している．つまり，障害の3つの次元には因果関係があると考えられている．なお，WHOは，社会環境との関係性の下に障害概念の見直しを行い，2001年に国際生活機能分類（ICF）として公表した．そのなかで，社会的不利は「参加（participation）」に置き換えられ，否定的な表現から中立的な表現に改められるとともに，障害の3つの次元が個人因子や環境因子とともに相互に影響し合う関係性にあるものとして位置づけられている．

社会的包摂（シャカイテキホウセツ）㊀social inclusion ㊁ソーシャルインクルージョン．社会的なつながりを喪失している，または，つながりから排除されているすべての人々を，社会の構成員として包み支え合うこと．ソーシャルインクルージョンの訳語でもある．日本では，2000年12月に厚生省（当時）が公表した「社会的な援護を要する人々に対する社会福祉のあり方に関する検討会」のなかで，人々の社会的孤立や排除などの問題が指摘されるとともに，それらを克服して今日的な「つながり」を再構築していくための新しい社会福祉の理念として，ソーシャルインクルージョンが取り上げられている．また，社会福祉専門職団体協議会として，各専門職団体が策定した「ソーシャルワーカーの倫理綱領」（2005年）では，ソーシャルワーカーの社会に対する倫理責任のひとつとしてソーシャルインクルージョンが取り上げられ，「ソーシャルワーカーは，人々をあらゆる差別，貧困，抑圧，排除，暴力，環境破壊などから守り，包含的な社会を目指すよう努める」と定めている．
⇨社会的排除

社会福祉（シャカイフクシ）㊀social welfare. 個人や家族，地域社会が直面する日常生活上の障害や困難に対して，社会的な対応による解決あるいは緩和を図り，生活の質（QOL）を維持・向上させていくことを目的とした諸活動の総称．歴史的には，相互扶助や救済，慈善・博愛事業などに始まり，国家の政策的介入による社会福祉関係法・制度に規定されたサービス実践へと移行していった．そして，2000年に社会福祉法が施行されたことで，行政主導による措置制度から事業者と利用者との間での契約方式による利用制度へと転換されてきた（一部では措置制度が存続している）．このことは，社会福祉の対象の拡大やニーズの多様化・高度化などを背景として，個人の尊厳の保持や自己実現，自立支援など利用者の立場に立った社会福祉制度の構築が，よりいっそう重視されるようになったことを意味している．また，社会福祉サービスの量的拡充とともに質的向上への積極的な取り組みも進められている．

社会福祉運営管理（シャカイフクシウンエイカンリ）➡ソーシャルアドミニストレーションを見よ．

社会福祉協議会（シャカイフクシキョウギカイ）㊀councils of social welfare. 社会福祉法（2000年施行）において，地域福祉の推進を図ることを目的とした団体として位置づけられた民間組織であり，各市区町村，都道府県および全国（1か所）を単位として設置されている．市区町村社会福祉協議会は，社会福祉を目的とする事業の企画および実施，社会福祉に関する活動への住民の参加のための援助，社会福祉を目的とする事業に関する調査，普及，宣伝，連絡，調整および助成等を行う．具体的には，訪問介護などの介護保険サービス事業や地域のネットワークづくり，ボランティアの普及と推進，ボランテ

ィア活動に関する支援等を実施している．都道府県社会福祉協議会は，社会福祉を目的とする事業で各市町村に共通する広域的な見地から行うことが適切と考えられるものを実施するほか，事業に従事する人の養成および研修，事業の経営に関する助言および指導等を行う．全国社会福祉協議会は，全国を単位として都道府県社会福祉協議会が設置する連合体であり，相互の連絡および事業の調整を行う．

社会福祉計画法（シャカイフクシケイカクホウ）　➡ソーシャルプランニングを見よ．

社会福祉士（シャカイフクシシ）㊗ certified social worker. 「社会福祉士及び介護福祉士法」（1988年施行）に規定された名称独占の国家資格であり，「専門的知識及び技術をもつて，身体上若しくは精神上の障害があること又は環境上の理由により日常生活を営むのに支障がある者の福祉に関する相談に応じ，助言，指導，福祉サービスを提供する者又は医師その他の保健医療サービスを提供する者その他の関係者との連絡及び調整その他の援助を行うこと」（第2条第1項）を業務としている．また，業務上の義務として，要援助者に対する誠実義務や信用失墜行為の禁止，秘密保持義務，福祉サービス関係者等との連携保持，資質向上の責務などが規定されている．社会福祉士となるためには，大学等で指定科目を修めて卒業した人，社会福祉士短期・一般養成施設等で社会福祉士として必要な知識および技能を修得した人など所定の受験資格を満たした人が，国家試験に合格して社会福祉士となる資格を取得したうえで，厚生労働省の社会福祉士登録簿への登録を受けなければならない．
⇨介護福祉士

社会福祉事業（シャカイフクシジギョウ）㊗ social welfare services. 社会福祉を目的とする事業のうち，規制と助成を通じて公明かつ適正な実施の確保を図らなければならないものとして，社会福祉法第2条に定める事業のことをいう．社会福祉事業には，第一種社会福祉事業と第二種社会福祉事業がある．第一種社会福祉事業とは，利用者への影響が大きいため，経営安定を通じた利用者の保護の必要性が高い事業とされている．経営主体は，行政および社会福祉法人が原則である．施設を設置して第一種社会福祉事業を経営する場合は，都道府県知事等への届出が必要となる．第二種社会福祉事業とは，比較的利用者への影響が小さいため，公的規制の必要性が低い事業とされている．経営主体の制限はなく，すべての主体が届出をすることにより事業経営が可能となる．
⇨第一種社会福祉事業，第二種社会福祉事業

社会福祉事業法（シャカイフクシジギョウホウ）　➡社会福祉法を見よ．

社会福祉施設（シャカイフクシシセツ）㊗ social welfare institution. 社会福祉法や，福祉六法（生活保護法・児童福祉法・母子及び寡婦福祉法・身体障害者福祉法・知的障害者福祉法・老人福祉法）をもとにつくられた，社会福祉事業を行うための施設の総称．とくに社会福祉法上では第一種社会福祉事業を行う施設を指して社会福祉施設と定義・呼称される．また，第二種社会福祉事業に属する事業を行う施設も法外の一般通例として同様の呼称をされる場合がある．社会福祉施設の運営にあたっては，サービスの利用者とサービスを提供する施設間の契約に基づき行われる利用契約制度による「介護報酬」「介護給付費」により運営されるものや，措置権者が要援護者を社会福祉施設へ入所させるなどの措置に基づき支弁される「措置費」により運営されるものがある．

社会福祉従事者（シャカイフクシジュウジシャ）社会福祉事業所等に従事する人を指す．児童福祉施設，高齢者福祉施設，障害者福祉施設などに勤務，または外部から参加している人が多い．従事者の業務は，対象者の生命，身体，精神，生活にかかわるため，高い専門性が要求される．したがって，採用にあたっては資格を所有し，高度な専門性を担保していることが求められることがある．また，公務員採用の場合は，特定の業務に就くにあたって任用資格を必要とすることがある．

社会福祉主事（シャカイフクシシュジ）㊗ social welfare officers. 社会福祉主事とは，社会福祉法に定められている任用資格であり，都道府県，市および福祉に関する事務所を設置する町村におかれる職である．また，福祉に関する事務所をおかない町村におくこともできる職である．任用資格とは，特定の業務に任用されるときに必要な資格であり，各種社会福祉施設の職種に求められる基礎的資格としても準用されている．社会福祉主事は，福祉に関する事務所において，生活保護法，児童福祉法，母子及び父子並びに寡婦福祉法，老人福祉法，身体障害者福祉法，知的障害者福祉法に定める援護，または育成の指定，更生の措置に関する事務を行う人である．

社会福祉政策（シャカイフクシセイサク）国や地方公共団体が行う社会福祉推進のための施策をいう．社会福祉政策は制度により具体的な方法が定められ，その枠組みのなかで実践されていくものである．最近では，国や地方公共団体だけでなく，社会福祉に携わる諸機関・諸団体が行う独自の施策も社会福祉政策に含めて考えられるようになってきている．イギリス等において福祉政策という場合，労働者保険を中心とする社会政策を包含した概念で，経済政策と並んで幅広い政府施策を総称する用語であるが，日本で福祉政策という場合は，労働者政策としての社会政策や教育，住宅，保健，行政などを除いて，狭義の社会福祉の政策を指して用いられることが多い．

社会福祉法（シャカイフクシホウ）㊗ Social Welfare Act ㊖ 社会福祉事業法．日本の社会福祉の目的・理念・原則と，対象者別の各社会福祉関連法に規定されている福祉サービスに共通する，基本的事項を規定した法律（昭和26年法律第45号）．1951年の制定時は社会福祉事業法という名称であった．2000年5月に社会福祉法に名称と内容が大幅に改正され，同年6月に施行された．社会福祉サービスの定義・理念，福祉事務所・社会福祉審議会・社会福祉主事など行政組織にかかわる規定，社会福祉法人にかかわる規定，社会福祉協議会，共同募金など地域福祉にかかわる規定，福祉サービスの情報提供や利用者の権利擁護システムが盛り込まれている．改正したポイントは，多様なサービス提供者の参入という規制緩和で，サービスの多様性と質の競争をねらいながら，情報開示や評価を努力目標として，利用者の選択肢を増やそうとしている点，また，利用者の権利擁護システムを整備し，サービス提供者との対等性を図り，地域の福祉サービスの総合的な向上を目指している点である．措置から契約へという今日的な福祉制度の理念転換の現れでもある．

社会福祉法人（シャカイフクシホウジン）㊗ social welfare corporation. 1951年に制定された社会福祉事業法

（2000年に社会福祉法に全面改正）により創設された，社会福祉事業を行うことを目的として，社会福祉法の定めるところにより設立された法人をいう．また，社会福祉事業のほか，定められた要件を満たす場合には公益事業，および収益事業を行うことができる．2006年の改正前の民法第34条に基づく公益法人から発展した特別法人であり，公益性と非営利性の両面の性格を備えている法人格となる．日本国憲法第89条に規定している公の支配に属しない慈善，または博愛の事業に対する公金支出禁止規定を回避するために制度化されたのが社会福祉法人制度である．

社会福祉六法（シャカイフクシロッポウ）➡福祉六法を見よ．

社会復帰（シャカイフッキ）➡リハビリテーションを見よ．

社会保険（シャカイホケン）㊀social insurance. 社会保障の分野のひとつで，国民が生活するうえでの疾病，高齢化，失業，労働災害，介護などの事故に備えて，事前に強制加入の保険に入ることによって，事故が起きたときに，現金または現物給付により生活を保障する相互扶助の仕組みである．日本では，医療保険，年金保険，介護保険，雇用保険，労災保険の5種類の社会保険があり，国や地方公共団体といった公の機関が管理運営している．保険とは，事故に備えて，社会生活を営む人が多数集まり，財貨を拠出して，共通の準備財産をつくり，それによって個人の経済生活を安定したものにしようとする仕組みである．保険料を主体として出来上がった財産を中心にひとつの集団が組織され，保険集団の運営主体と参加者の関係が生じる．あらかじめ取り決められた共通の条件が生じた場合に限って保険給付の支払いが行われる．これによって，集団のなかで，事故によるリスク分散が図られている．

社会保険診療報酬（シャカイホケンシンリョウホウシュウ）社会保険に加入している人が，保険診療の際，病院，診療所などの医療機関や調剤を請け負った薬局が行った保健医療サービスに支払われる報酬，公定価格のこと．患者はこの一部を窓口で支払い，残りは公的医療保険より支払われる．日本では出来高払い制度と包括払い制度を取り入れている．医療機関等は実施した診療内容等に基づき，診療報酬明細書を保険者に請求し，保険者は診療報酬点数表に基づいて支払う．診療報酬点数には医科，歯科，調剤の3種類がある．診療報酬の価額は2年に1回，中央社会保険医療協議会の答申により決められる．保険を適用しない自由診療の場合の医療費は，患者が全額を負担する．

社会保険方式（シャカイホケンホウシキ）㊀social insurance system. 現在，社会保障制度のうち，医療保険，年金，介護保険では，加入者が保険料を拠出し，それに応じて給付を受ける．この仕組みを社会保険方式という．基本的に保険料を納めなければ給付は受けられない．給付は，保険料の額や，支払った期間に応じて決められるため，拠出と給付の関係がより明確であり，保険料拠出について加入者の合意を得やすい傾向がある．社会保険方式と対比されるのが，給付を税金で賄う税方式である．

社会保障（シャカイホショウ）㊀social security. 国民が，病気，けが，出産，障害，老化，失業などにより，自立した生活を維持できなくなった場合に，このようなリスクに対して，国または社会が，必要な生活保障を行うこと，またはその制度のこと．日本においては，日本国憲法25条に定められているように，「すべての国民は，健康で文化的な最低限度の生活を営む権利を有する．国はすべての生活部面について，社会福祉，社会保障及び公衆衛生の向上及び増進に努めなければならない」とされている．日本の社会保障制度には，生活保護（公的扶助），社会保険，社会福祉，公衆衛生の4つがある．

社会保障審議会（シャカイホショウシンギカイ）㊀social security council. 厚生労働省におかれる審議会のひとつである．主な事務としては，厚生労働大臣または関係各大臣の諮問に応じて，社会保障や人口問題に関する重要事項を調査審議すること，それらの重要事項に関して厚生労働大臣または関係行政機関に意見を述べること，医療法，児童福祉法，社会福祉法，身体障害者福祉法，精神保健及び精神障害者福祉に関する法律，介護保険法等の規定によりその権限に属させられた事項を処理することである．また，社会保障審議会の組織，所掌事務および委員その他の職員，その他社会保障審議会に関し，必要な事項については，政令で定める．審議会には，①統計分科会，②医療分科会，③福祉文化分科会，④介護給付分科会，⑤医療保険保険料率分科会，⑥年金資金運用分科会がおかれている．また，審議会および分科会には，部会をおくことができる．

社会保障制度に関する勧告（シャカイホショウセイドニカンスルカンコク）㊀recommendation on social security system. 第二次世界大戦後の日本の社会保障の理念や定義，社会保障制度の展開に重要な影響を与えたとされる内閣総理大臣の諮問機関「社会保障制度審議会」の「社会保障制度に関する勧告」（1950年）では，「社会保障制度とは，疾病，負傷，分娩，廃疾，死亡，老齢，失業，多子，その他困窮の原因に対し，保険的方法又は直接公の負担において経済保障の途を講じ，生活困窮に陥った者に対しては，国庫扶助によって最低限度の生活を保障するとともに，公衆衛生及び社会福祉の向上を図り，もってすべての国民が文化的社会の成員たるに値する生活を営むことができるようにすること」と定義している．この勧告には，日本国憲法第25条の生存権規定の理念を具体的に実現するために，疾病・老齢等の社会生活上の事故に対して，経済保障と公的扶助が社会保障制度のなかで中心的な位置づけを与えられていたことが理解できる．

社会モデル（シャカイモデル）㊀social model. 1970年代より英米で研究が行われてきた障害学において示された考え方である．社会モデルは障害の原因を社会に求めるといった考え方であり，障害が個人に原因があるといった医学モデルと対峙している．しかしながら，このような原因帰属の視点に立った社会モデルに対し，個人に障害の義務や責任を負わせるべきではないことが重要であり，障害の原因を社会に求めたものではないと解釈する責任帰属の視点に立った社会モデルも示されてきている．近年では，いずれか一方のモデルを用いた障害対策ではなく，両モデルの利点に視点をおいて障害を克服していくための策を講ずるべきであるといった，医学モデルと社会モデルの統合が提唱されてきている．

社会リハビリテーション（シャカイリハビリテーション）㊀social rehabilitation. リハビリテーションの世界的な機関である国際リハビリテーション協会（RI）の社会委

員会は，1980年代初頭から社会リハビリテーションの定義の検討に取り組み，1986年に「社会リハビリテーションとは，社会生活力（SFA）を高めることを目的としたプロセスである．社会生活力とは，さまざまな社会的な状況のなかで，自分のニーズを満たし，1人ひとりに可能なもっとも豊かな社会参加を実現する権利を行使する力を意味する」と定義している．RIは，この定義の前提として，「機会均等」の重要性を挙げている．障害者が参加を望んだときに障害があることを理由に拒否されることのない社会，各個人が社会資源を自己の生活に有効に取り入れて，自己の生活ニーズを充足させていく社会生活力を高めるための援助や各種プログラム等の実施が求められている．

視野狭窄（シヤキョウサク） Ⓔ visual field constriction．視野周辺部の感度の低下により視野が縮小・消失することをいう．緑内障などの目の病気に起因するもの，脳性麻痺などの脳の病気に起因するものに分けられ，狭窄の形によって，視野の全周囲から視野が狭まってくる求心狭窄，視野の一部分が不規則な形で狭くなる不規則狭窄，固視点を境に片目あるいは両目の視野が半分欠損する半盲狭窄，緑内障に多い鼻側視野狭窄などがある．視野の狭窄・沈下が進んでも中心の視力は比較的末期まで保たれることが多い．

弱視（ジャクシ） Ⓔ low vision Ⓙ ロービジョン．病気やけがなどのために視覚に何らかの障害があり，日常生活を送るための十分な視力がない，視野が狭くなるなどの状態をいう．生活にさまざまな支障をきたすことがある．

若年性認知症（ジャクネンセイニンチショウ） Ⓔ dementia with early onset．18歳以上65歳未満で発症する認知症の総称．日本では，老年性認知症の約130万人に対して約4万人と発症報告が少ないが，若年性認知症の本人と家族は老年性認知症と異なる支援を必要としている．若年性認知症は，就労や家事を担うことが期待される年齢に発症するために，経済的問題や家族の介護体制上の問題が生じる．介護サービスをはじめ，ほとんどの社会資源が高齢者向けに開発されていることから，若年者のサービスの利用は困難なことが多く，その結果，家族の介護負担がますます増大する状況にある．

遮光眼鏡（シャコウガンキョウ） Ⓔ protecting eye glass．障害者等の身体的機能を補完し，または代替し，かつ，長期間にわたり継続して使用される補装具に該当するもので，遮光眼鏡は羞明への対応として効果がある．ただ，まぶしさは上部からの光も否定できないため改良するか，あるいはサンバイザー等でのカバーが必要となることがある．通常の眼鏡に装着するクリップオン式のものもある．その他，歩行用の補助具には，遠見用単眼鏡，フレネルの膜プリズム（眼鏡に装着して視野を拡大させるもの），白杖等がある．

視野障害（シヤショウガイ） Ⓔ disturbance of visual field．加齢に伴う網膜の感受性の低下，水晶体の障害，眼調節力の低下等により，視野が狭くなる．さらに，脳萎縮，脳動脈硬化等により，脳に器質的な変化が生じると，視野狭窄，視覚失認等が起こりやすくなる．ウォルフ（Wolf E）は，20～70歳代の人を対象に視野の測定を行った結果，外側，内側，下側とも，年齢とともにみえる範囲が徐々に狭くなると報告している．とくに，周辺視野の狭窄は壮年期から起こるが，75歳を過ぎると顕著となり，上方前方視が困難になってくる．このような視野狭窄になると，危険物や信号機，道路標識等の見落としによる負傷や事故の可能性が高まることになり，日常生活に及ぼす影響が大きくなる．

尺骨遠位端骨折（シャッコツエンイタンコッセツ） Ⓔ distal ulna fracture．尺骨の手関節側に近い部位での骨折．尺骨単独骨折の場合，橈骨骨頭脱臼を伴う場合が多い（モンテジア骨折）．モンテジア骨折の場合には，多くの場合手術が行われる．骨折を整復固定すると，脱臼も整復される．

尺骨神経麻痺（シャッコツシンケイマヒ） Ⓔ ulnar nerve paralysis／ulnar palsy．肘の内側を通る尺骨神経の麻痺をいう．骨折や肘部管症候群，ギヨン管症候群などが原因で起こる．小指球と骨間筋の萎縮による鉤手や鷲手（claw hand），第五手指徴候，手の尺側と第五指（小指），第四指（薬指）尺側の異常感覚と感覚鈍麻などが認められる．遅発性尺骨神経麻痺（delayed ulnar nerve palsy）は，上腕骨頭骨折などの肘部での尺骨神経の外傷後，時間をおいて麻痺症状が徐々に出現するものをいう．疼痛はそれほど強くなく，むしろ異常知覚を訴えることが多い．尺骨神経領域の知覚障害，小指球筋や骨間筋の萎縮も認められることがある．

斜方接近法（シャホウセッキンホウ） 利用者の健側のベッドに対して，車いすを30～45°向きに接近させる方法のこと．健側に近づけることで，健側の上肢と下肢を使って安全に移動することができる．たとえば，ベッドから車いすへの移乗のとき，片麻痺または対麻痺で上肢と体幹の筋肉が十分ある場合には斜方接近法，四肢麻痺で部分介助の場合には直角接近法（車いすをベッドに対して直角に接近させる方法），側方接近法（車いすをベッドの側方に接近させる方法）が適している．
⇨側方接近法，直角接近法

ジャルゴン Ⓔ jargon．失語症にみられる発話症状のひとつである．新造語はりんごを「かみたいご」のように目的とする語が推測できないほどの誤りであるが，単語であるという推測はできる程度の長さである．それに対し，ジャルゴンはもう少し長く新造語が連続した発話をいう．認知症の場合は，部分的には日本語として存在する語が含まれるが，全体としては意味が不明な意味性ジャルゴンや，あいまいな音の連続でまったく内容が分からない未分化ジャルゴンなどが，認知症の症状が重度になるに従い多くなる傾向にある．

シャワーチェア ➡浴槽内いすを見よ．

シャワー浴（シャワーヨク） Ⓔ shower bath．体力の消耗を避けたい場合や浴槽をまたぐことが困難な場合等に行う．入浴に比べてエネルギーの消耗が少なく，皮膚を清潔にすることができる利点がある．一方，温熱効果があまりないため十分に身体が温まらない，ウォッシュクロスにせっけんをたっぷりつけて洗わないと汚れが残る等の欠点もある．また，シャワーの湯をかけるときは，湯の温度を確認し，心臓に負担をかけないように足先からかけ，麻痺のある場合は，麻痺のない側からかける．シャワーチェア（入浴用いす）等の福祉用具（背なし・背つきタイプ，座面回転タイプ，肘かけ跳ね上げタイプ等）を活用して座位姿勢の安定を保ちながら，洗体や洗髪の入浴の介助を行う等の注意も必要である．

シャント Ⓔ shunt．一般的には，ある流れが本来の道筋

から別の道筋へと流れていくことを指し，近道あるいはバイパスの意味で使われる．医療の分野では「短絡」と訳され，人工透析のための血流路などを作成することをいう．正常圧水頭症では，認知症様症状と歩行障害，頻尿等の症状がみられるが，髄液シャント術を行うことにより症状の改善が期待できる場合がある．少量の髄液を抜くタップテストを行ってみて症状がよくなれば，髄液シャントを考慮する．シャント術は，頭からお腹のなかへ髄液を流す方法や，腰からお腹のなかへ髄液を流す方法もある．髄液シャント術後数日で症状などが改善する場合もあれば，数週間，数か月で改善することもある．症状の改善の理由が患者ごとに異なるため，治療前に明らかに予測することはできない．

周期性四肢運動障害（シュウキセイシシウンドウショウガイ）英 periodic limb movement disorder 略 PLMD. 睡眠中に四肢（主に下肢）の不随意運動が周期的に生じるために睡眠が障害され，その結果，昼間に過度の眠気を生じたり，不眠の訴えに至ったりする病態である．

自由時間活動（ジユウジカンカツドウ）➡余暇活動を見よ．

収集癖（シュウシュウヘキ）英 collectionism／collecting mania. ものの収集および所有に対する病的欲求，あるいはそれに基づく習慣的・反復的行動のこと．慢性の統合失調症や強迫神経症，また一部の認知症（とくに前頭側頭型認知症）などに伴って出現する．対象・症例によって収集されるものはさまざまであるが，多くの場合，収集されるものには価値や有用性はほとんどなく，集める行為自体に原初的喜びや満足感を得ていると考えられている．欲求不満による精神的苦痛を逃れたり，快感を繰り返し求めたりする嗜癖の一種とも考えられる．

収縮期血圧（シュウシュクキケツアツ）英 systolic pressure／systolic blood pressure／maximal blood pressure. 心臓が収縮したときの血圧（最高血圧）のこと．血管の硬さ（血管抵抗）と血液量（1回の心排出量）によって変化するので，血管が硬化したり，血液の粘度が高くなったりすると上昇する．成人では通常100〜140mmHgの範囲であり，それ以上は高血圧と判断される．高齢になるほど上昇する傾向にある．血圧は，血管性認知症（VaD）との関係は当然であるが，アルツハイマー病（AD）とも関係があることが，近年の研究から示唆されてきている．さらに，中年期での血圧構成4要素（収縮期血圧・拡張期血圧・脈圧・平均動脈圧）と晩年期での認知症リスクを調べたところ，最大の予測因子は収縮期血圧であり，脈圧は収縮期血圧以上にリスク情報を提供することはないとの報告もある．今後の詳細な研究が待たれる．

重症急性呼吸器症候群（ジュウショウキュウセイコキュウキショウコウグン）英 severe acute respiratory syndrome 略 SARS. 急激な高熱・呼吸困難を伴う肺炎が特徴の新興感染症．10日以内にSARSの流行地域から帰国するか，SARS患者の体液に触れる等の接触があり，38℃以上の発熱，咳や息切れ等の呼吸器症状がある場合感染が疑われる．死亡率は約10%で，高齢者や他に疾患がある人の場合は50%に及ぶ．SARSは，2002年11月から中国南部広東省で発生し，ベトナム，香港，北京，シンガポール，カナダなどの各地でも流行した．定義後まもなく，SARS患者の気管洗浄液から新種のコロナウイルスが分離され，SARSの病原体であることが判明してSARSコロナウイルス（SARS coronavirus）と命名された．なお，2003年6月に流行は終息した．

住所地特例（ジュウショチトクレイ）介護保険や国民健康保険において，特別養護老人ホーム等の介護保険施設に入所したり，病院または診療所等に入院したりすることにより，住所を当該施設所在の市区町村に変更した場合には，その市区町村の医療・介護費用の財政負担が重くなるため，被保険者については住所変更前の市区町村を保険者とする住所地特例を設けている．2か所以上の介護保険施設に入所し，順次住所を施設に移動した被保険者については，最初の施設入所前の住所地の市区町村が保険者となる．また，介護保険施設のほか，住所地特例対象施設として，①特定施設（一定の条件に該当する有料老人ホーム等），②養護老人ホーム，③サービス付き高齢者向け住宅も同様の取り扱いとなる．

愁訴（シュウソ）英 complaint. 患者が訴える症状のこと．一般に，全身の倦怠感や疲労感，動悸や息切れ，首や肩のこりなどの身体的不調を訴えるものの，原因となる明らかな器質的異常が認められない不定愁訴という状態・臨床像が知られている．
⇨不定愁訴

住宅改修（ジュウタクカイシュウ）英 house adaptation 同 ハウスアダプテーション．高齢者や障害者が自宅で自立した生活を続けるため，住宅のなかにあるバリア（障壁）を除去したり，適切な空間条件・環境条件を整えるよう，改造・改修を行うこと．多くの人にとって，身体機能が低下しても自宅で自立してすごしたいとする希望は強いが，一般的な住宅は，決して安全で安心できる空間ではないのが実情であり，自宅における環境の不備を要因とする家庭内事故死者数は毎年かなりの数に上っている．住宅改修を行うことの目的は，身体機能が低下しても生活動作が継続でき，家庭内の不慮の事故を減少させるような，安心・安全な環境づくりと，介護が必要になった場合に介護を容易にしたり，負担を軽減したりすることにある．建築，医療，福祉の専門家が連携して，利用者の身体的・心理的・社会的側面をしっかりと把握・配慮したうえで，改修の必要性と効果を明確にして取り組むことが求められる．なお，介護保険制度のなかに住宅改修費の支給が位置づけられているほか，地方自治体ごとに改修費用に対する助成が行われている．
⇨バリアフリー

住宅型有料老人ホーム（ジュウタクガタユウリョウロウジンホーム）厚生労働省「有料老人ホーム設置運営標準指導指針」において示された有料老人ホームの一類型である．そのほかには，介護付き有料老人ホーム（一般型特定施設入居者生活介護，外部サービス利用型特定施設入居者生活介護），健康型有料老人ホームがある．住宅型有料老人ホームとは，生活支援等のサービスがついた高齢者向けの居住施設である．介護が必要となった場合，入居者自身の選択により，地域の訪問介護等の介護サービスを利用しながら，当該有料老人ホームの居室での生活を継続することが可能な施設のことである．ただし，特定施設入居者生活介護の指定を受けていないホームにあっては，広告，パンフレット等において「介護付き」「ケア付き」等の表示を行ってはいけないこととなっている．

住宅内事故（ジュウタクナイジコ）英 home accident 同 家

庭内事故．住宅内で起こる事故のこと．厚生労働省による人口動態調査の家庭内における不慮の事故死をみると，交通事故死をはるかに上回る高齢者が亡くなっており，事故原因は上位から，浴室での溺死，食べ物による窒息，転倒・転落，火災による火や煙の順である．死亡には至らない日常の事故を東京消防庁で緊急搬送された高齢者の実態からみると，8割が転倒事故であり，自宅の居間・寝室，玄関・勝手口，廊下・縁側で多く発生している．高齢者にとり転倒事故の影響は深刻であり，移動能力低下や自信喪失をもたらし閉じこもりや寝たきりの原因のひとつになっている．在宅の認知症の人に焦点を当てた大規模な住宅内事故に関する調査は見当たらないが，在宅サービスを利用する認知症の人への事例調査では，転倒・転落，けがや骨折，異物誤飲・異食・誤嚥，気づかないうちの外出・徘徊，やけど・失火など，介護者が予想しない多様な事故の発生が報告されている．事故の発生メカニズムは複雑であるが，住宅安全チェックリストで住まいを評価して，日ごろ見逃している危険部位に気づくことは比較的容易であり，かつ有効な予防策である．

住宅扶助（ジュウタクフジョ）㊤housing assistance．生活保護の種類は，①生活扶助，②教育扶助，③住宅扶助，④医療扶助，⑤介護扶助，⑥出産扶助，⑦生業扶助，⑧葬祭扶助である．住宅扶助は，困窮のため最低限度の生活を維持することのできない人に対して，住居や補修，その他住宅の維持のために必要なものについて金銭給付によって行うものである．ただし，これらができないときや適当でないとき，その他保護の目的を達するために必要があるときは，現物給付によって行うことができる．また，住居の現物給付は，宿所提供施設を利用させ，または宿所提供施設にこれを委託して行うとともに，保護金品を保護受給者に代わって直接家主に支払うことも可能となっている．

集団援助技術（シュウダンエンジョギジュツ）➡グループワークを見よ．

集団検診（健診）（シュウダンケンシン）㊤mass survey／mass examination／mass screening．会社・工場などの事業体や学校などがその構成員に，また，地方公共団体などが地域を対象にまとまった人数で一度に行う健康診断のこと．主として結核，成人病，がん，職業病などの早期発見を目標とする．労働安全衛生法第七章健康の保持増進のための措置第66条（健康診断）では，「事業者は，労働者に対し，厚生労働省令で定めるところにより，医師による健康診断を行なわなければならない」としている．また，学校保健安全法第三節（健康診断）第11条では，「町村の教育委員会は，学校教育法第十七条第一項の規定により，翌学年の初めから同項に規定する学校に就学させるべき者で，当該市町村の区域内に住所を有する者の就学に当たって，その健康診断を行わなければならない」と，健康診断を受けさせる義務について示している．集団検診は，この義務を果たすために行われることが多い．
➡健康診断

集団精神療法（シュウダンセイシンリョウホウ）㊤group psychotherapy．集団を対象とした精神療法のこと．アメリカの内科医であるプラット（Pratt JH）が「結核患者学級」と名づけた教育的な治療グループをつくったことが始まりとされる．集団精神療法の種類は理論や技法構成などによってさまざまであるが，普通は数人または十数人の集団（患者）が一定のテーマなどについて話し合い，それを治療者が促進し，そこで生じる相互作用などを活用して治療的な展開に発展させるものとされる．集団精神療法の治療的要因（therapeutic factor）については，ヤーロム（Yalom ID）らの報告などに詳しい．言語による相互作用を機軸とした心理的過程を心理的介入によって治療的な展開に発展させる狭義の集団心理療法を集団精神療法という研究者もいれば，認知症の集団療法として，回想法，音楽・絵画療法を挙げる研究者もいる．

集団力学（シュウダンリキガク）➡グループダイナミックスを見よ．

集団リハビリテーション（シュウダンリハビリテーション）全人間的復権を目指すためには，障害された機能を取り戻す機能訓練のみならず，広い分野にわたる支援が必要である．リハビリテーションは，①医学的リハビリテーション，②教育的リハビリテーション，③職業的リハビリテーション，④社会的リハビリテーション，⑤リハビリテーション介護の5つに分類されるが，これを集団で実施することをいう．認知症疾患における集団リハビリテーションにおいては，他者とのコミュニケーション，グループ内の交流と活動性の改善，生活のなかでの役割と達成感等，作業療法と介護ケアを中心とした残存機能を利用しての生活の再構成が重要である．たとえば，ゲームやパズル等の非生産的作業，簡単な工芸作品づくり等の生産的作業，グループホームでの環境調整，集団療法（音楽療法，回想法等）等のリハビリテーションプログラムが実施されている．

重度障害者用意思伝達装置（ジュウドショウガイシャヨウイシデンタツソウチ）㊤augmentative and alternative communication ㊂AAC．コミュニケーションエイドの一種で，身体障害者に給付される補装具としての名称．なお，2013年度からは障害者総合支援法により，障害者手帳を持たない難病患者も補装具費支給制度の対象となった．2006年10月より，AACが日常生活用具から補装具に移行されたことに伴い，導入において身体障害者更生相談所における判定が必要となった．現在，補装具の本体としては，購入基準においても，2種類の製品群（名称）に大別されている．①意思伝達機能を有するソフトウェアが組み込まれた専用機器（文字等走査入力方式），②生体信号の検出装置と解析装置にて構成されるもの（生体現象方式）．文字等走査入力方式には，通信機能が付加されたものもある．対象者は，重度の両上下肢および音声・言語機能障害者であって，AACによらなければ意思の伝達が困難な人．難病患者等については，音声・言語機能障害および神経・筋疾患の人とされている．
➡コミュニケーションエイド

収尿器（シュウニョウキ）➡採尿器を見よ．

揉捏法（ジュウネツホウ）㊤kneading ㊂揉捻法．術者の手指を用いて筋肉などの深部組織を押し，こね，つまみ，搾るようにもむ方法．効果として，①硬くなった筋肉を和らげ，血液の流れを促進させる，②リンパの流れを促進させ，老廃物の排泄を助ける，③皮膚の新陳代謝を促進させる，④皮下脂肪の代謝を助ける，⑤筋肉の張りを和らげ，痛みを緩和する，がある．左右の手掌を交互にねじるように揉捻する手掌揉捻法，指頭でつかむ

ようにしてもみほぐす指頭揉捏法，手根を当てて円を描くようにもみほぐす手根揉捏法，母指腹で円を描くようにもみほぐす母指揉捏法がある．

揉捻法（ジュウネンホウ）➡揉捏法を見よ．

終脳（シュウノウ）➡大脳を見よ．

周辺症状（シュウヘンショウジョウ）➡認知症の行動・心理症状を見よ．

終末期（シュウマツキ）㊥ terminal period／terminal stage ㊇ターミナル期．終末期については，日本学術会議の「終末期医療のあり方について：亜急性期の終末期」では，「悪性腫瘍などに代表される消耗性疾患により，生命予後に関する予測がおおむね6か月以内」としている．しかし，厚生労働省や各医学会で終末期の期間については明確な定義がなされていない．厚生労働省の「終末期医療の決定プロセスに関するガイドライン」では，「どのような状態が終末期かは，患者の状態を踏まえて，医療・ケアチームの適切かつ妥当な判断によるべき」であるとしている．「高齢者の終末期の医療およびケア」に関する日本老年医学会の「立場表明」では，終末期を「病状が不可逆的かつ進行性で，その時代に可能な限りの治療によっても病状の好転や進行の阻止が期待できなくなり，近い将来の死が不可避となった状態」であると定義している．ここでは慢性疾患や老化，障害を併せ持つ高齢者の予後予測は困難であるため，具体的な期間を明記していない．

終末期医療（シュウマツキイリョウ）㊥ terminal care．生命予後に関する予測がおおむね6か月以内，あるいはこれ以上積極的治療の効果が期待できないと判断された患者とその家族に対し，症状の緩和と苦痛の除去を主体として，生活の質（QOL）の向上を目指して行われる医療をいう．まず，医師等の医療従事者から適切な情報と説明がなされ，それに基づいて患者が医療従事者と話し合いを行い，患者本人による決定を基本としたうえで，終末期医療を進めることがもっとも重要な原則である．その後終末期医療における医療行為の開始・不開始，医療内容の変更，医療行為の中止等は，多専門職種の医療従事者から構成される医療・ケアチームによって，医学的妥当性の適切性をもとに慎重に判断すべきである．日本老年医学会の「立場表明」では，「最善の医療およびケア」とは，「単に診断・治療のための医学的な知識・技術のみではなく，他の自然科学や人文科学，社会科学を含めた，すべての知的・文化的成果を還元した，適切な医療およびケア」としている．
⇨緩和医療，終末期

終末期ケア（シュウマツキケア）㊥ terminal care ㊇ターミナルケア．終末期の人は全人的苦痛として身体的，精神的，社会的，霊的苦痛をもつといわれている．その苦痛を医師，看護職のみならず介護職，作業療法士，理学療法士，栄養士，医療ソーシャルワーカー，薬剤師，ボランティアや家族などを含めたチームアプローチを通じて，苦痛や不安を包括的に緩和するケアを，終末期ケアという．本人だけでなく家族などへのケアも含まれる．高齢者の終末期の医療およびケアにおいては，苦痛の緩和と生活の質（QOL）の維持・向上に最大限の配慮がされるべきである．患者の苦痛を緩和し，死への恐れを軽減し，残された期間のQOLを維持・向上させるための医療とケアが，終末期の医療およびケアの主体となるべきである．日本老年医学会の「立場表明」では，終末期の医療およびケアとは，「痛みやその他の身体的症状を和らげるのみならず，患者の心理的，精神的な要求を真摯に受け止め，援助し，患者のQOLを維持・向上させる医療およびケアである」としている．
⇨緩和ケア，エンド・オブ・ライフ・ケア

羞明（シュウメイ）㊥ photophobia．「眼が光によって強く刺激されるため，光をまぶしく感じ，光を受けることを嫌う状態をいう．眼痛や流涙を伴う」とされている．ベーチェット病では，眼症状は主症状のひとつであり，羞明を生じる場合がある．また，神経症状が前面にでる神経型ベーチェット病の慢性進行型では，若年で認知症の症状を呈する場合もある．

主観的幸福感（シュカンテキコウフクカン）㊥ subjective well-being ㊇生活満足度．自分自身が幸福であると感じているかどうかを意味する．学術的には，サクセスフルエイジング（幸福な老い）の測定に関する概念として発展してきた．サクセスフルエイジングの測定に関する研究は，1940年代から近年に至るまで続けられており，生活満足度尺度やモラールスケールなどの各種尺度が開発されてきた．なお内閣府では，国民生活選好度調査において1978年から日本の幸福感を計測している．そこでは，もっとも不幸と感じる場合に0点，もっとも幸福と感じる場合に10点として点数を回答してもらう方法が採用されている．この調査によれば，高齢であることは幸福度にマイナスの影響を与える．なお日本は先進国のなかでも幸福度（平均値）が相対的に低い．
⇨サクセスフルエイジング，生活の質

縮瞳（シュクドウ）㊥ miosis．瞳孔が正常時より縮んでいる状態のこと．反対に正常時より散大している場合は散瞳という．瞳孔は，虹彩にある瞳孔括約筋の収縮により縮瞳し，瞳孔散大筋の弛緩で散瞳する．通常，瞳孔は暗い場所では散大するが，縮瞳を起こした瞳孔は縮小したままである．また，光刺激に対しアルツハイマー病（AD）の患者と健常高齢者との間に縮瞳率および縮瞳時間の違いがあることから，被験者の認知症の有無を判定するものもある（痴呆診断システム：長岡技術科学大学保有特許）．被験者の眼に光を照射して，所定時間経過後の縮瞳率を健常者の縮瞳率と比較して小さい場合，またはその眼が最大に縮瞳するまでの縮瞳時間が健常者の縮瞳時間より長い場合，または縮瞳率と縮瞳時間の両方を検出して，少なくとも一方が健常者の値に対して有意差がある場合，その被験者は認知症と判定するとしている．

宿便（シュクベン）㊥ constipation／coprostasis ㊇滞留便．便秘により腸内に長く停滞していた便．高齢者，長期臥床患者の場合，腸管の緊張の減弱や蠕動運動の低下により，腸内容物の通過が遅れるために水分が過剰に吸収され，硬便になり滞留しやすい．直腸がんや腹膜炎などの疾患が原因で，停滞する場合もある．加齢や長年の宿便の習慣などで，末梢神経障害により直腸や肛門の感覚が鈍くなり，直腸内に停滞し硬い便塊（嵌入便）になることもある．また，認知症の人の場合，排便動作（便器に座って力むなど）を行うことがむずかしくなることも，停滞する原因となる．

主治医（シュジイ）㊥ one's doctor／family doctor．一般的には，①（何人かの医師のなかで）主となってその患者

の治療にあたる医師，②かかりつけの医師，ととらえられていることが多い．しかしながら，医療者側からみれば，それぞれの診療の場により入院主治医，外来主治医，病院主治医，在宅主治医が存在する．医師の所属する医療機関で異なることが考えられるし，医師の意識も異なるであろう．高齢者では複数の疾患を有していることも多く，一時期専門医としてかかわった医師よりも，長年にわたり診療にかかわった「かかりつけ医」の要素をもった主治医が求められているのであろう．現在の超高齢社会の日本においては，主治医の機能は，行政とのかかわりからも，地域包括医療のなかでさらに中心的な役割を担う．

主治医意見書（シュジイイケンショ） 英 primary doctor judgment on long-term care. 医師が病名や病状はもとより，医学的な見地から，認知症の有無や在宅介護で必要な配慮や介護の中身についてまでも記入する重要な書類．機械的な一次判定を補う二次判定での大切な資料であり，要介護または要支援になるかどうかを左右するものである．介護保険の申請書には主治医の名前の記入欄があるが，とくに認定医などの条件はなく，場所指定もない．しかしながら，ここで指名した医師に市町村から意見書の依頼が行うことになる．どの医師を主治医にするのかは，介護者や家族などのまわりの人々にとり，さらに大きな問題となっている．

主訴（シュソ） 英 main complaint 略 MC. 病苦についての患者・利用者の訴えのうち，主要なもの．主たる訴え．患者・利用者側が援助してほしいこと，実際に困っていること，援助者が援助が必要と思うことの3つを含む．

手段的日常生活動作（シュダンテキニチジョウセイカツドウサ） 英 instrumental activites of daily living 略 IADL. 日常生活の基本的動作である「日常生活動作（ADL）」の概念における範囲を一部の社会生活活動にまで拡張したものをいい，今日では趣味活動も含める．評価項目として電話の使用，買い物，食事の準備，洗い物，洗濯，移動，服薬管理，財産管理などがあるが，これらの活動は，時代背景，文化的背景，社会習慣などにより大きく影響を受け，さまざまなものとなるため，結果の評価は慎重に行うべきである．

腫脹（シュチョウ） 英 swelling／tumor. 発赤，腫脹，灼熱，疼痛からなる炎症の4徴候のひとつで，ある組織が腫れて膨らみ，容積が局所的に増大することをいう．上記4徴候は紀元前30年ごろのローマ人ケルスス（Celsus AC）による医学書に記載があり，その後ガレノス（Galenus C）により機能障害が追加され5徴候となった．炎症により毛細血管が拡張し血流が局所的に増加すると，拡張した血管から血液成分の浸出が起こり，腫脹につながる．炎症による腫脹であれば，抗生物質の投与が効果的である．

出血傾向（シュッケツケイコウ） 英 hemorrhagic diathesis／bleeding tendency 同 出血性素因．出血とは，血液が血管外に出ることをいう．生体には本来止血機構が働き，自然に出血することはなく，何らかの原因で出血してもすぐに止まる．出血傾向とは，この止血機構に何らかの障害が生じ，通常なら出血しないような軽い刺激，あるいは特別な誘因がなく出血し，一度出血すると止まりにくい状態をいう．原因には，血小板の異常，血管障害，血液凝固系の異常がある．高齢者は毛細血管がもろくなっているために内出血が生じることがある．症状は，皮膚の点状出血・斑状出血，歯肉出血，鼻出血，消化管出血，頭蓋内出血などがある．代表的な疾患としては，血友病，突発性血小板減少性紫斑病，フォン・ヴィルブランド病などが挙げられる．入浴介助時に体をこすることで出血したり，血圧測定時の圧迫でも出血することがある．徘徊やパーキンソン症状のみられる場合は，とくに転倒や打撲に注意し，安全な環境が得られるよう配慮する．

出血性素因（シュッケツセイソイン） ➡出血傾向を見よ．

受動喫煙（ジュドウキツエン） 英 passive smoking. 喫煙者のタバコの煙を吸入すること．1981年，平山雄によって初めて受動喫煙の害が提唱された．吸い込む可能性のある煙としては，主流煙（喫煙者が吸い込む煙）と副流煙（タバコの点火部分から立ち上がる煙）があり，とくに副流煙は主流煙に比べて，刺激が強く，また発がん物質などの有害成分の含有量も高いとされている．受動性喫煙の慢性影響として，肺がん，呼吸機能障害，虚血性心疾患などの増加が指摘されている．

主任介護支援専門員（シュニンカイゴシエンセンモンイン） 英 senior care manager 同 主任ケアマネジャー．介護支援専門員のうち，介護保険サービスやほかの保健・医療・福祉サービスを提供する人との連絡調整，ほかの介護支援専門員に対する助言・指導など，ケアマネジメントが適切かつ円滑に提供されるために必要な業務を行う人をいう．都道府県知事が行う主任介護支援専門員研修を修了する必要がある．地域の介護支援専門員に対する支援を行うため，地域包括支援センターに配置することが定められているほか，居宅介護支援事業所にも配置されている．

⇨介護支援専門員

主任ケアマネジャー（シュニンケアマネジャー） ➡主任介護支援専門員を見よ．

守秘義務（シュヒギム） 英 duty of confidentiality 同 秘密保持義務．医療従事者が，職務上得た患者の個人的あるいは社会的な事項や，患者の病歴，医学的状況などの情報に関する秘密を守らなければならない，とする倫理原則のひとつ．「業務上・職務上知り得た秘密を他に漏らしてはならない」という法律上の義務である．秘密の保持が必要とされる職業については，各種の法律により定められている．これらの法律上の守秘義務を課された者が，正当な理由なく職務上知り得た秘密を漏えいした場合，処罰の対象となる．

⇨秘密保持

腫瘍（シュヨウ） 英 tumor 仏 tumeur 同 新生物．生体の細胞が自律的に過剰に増殖してできた組織の集団のこと．病理学的には新生物と同義である．原則として単一の細胞に由来するものを指す．異常な細胞増殖であっても，自律的でなく，反応性に起こるものは過形成とよばれて区別される．細胞動態的には良性腫瘍と悪性腫瘍に分類され，組織学的には上皮性腫瘍と非上皮性腫瘍に分類される．

⇨悪性腫瘍，良性腫瘍，腫瘍マーカー

受容（ジュヨウ） 英 acceptance. 自己や他者，環境などの対象をありのままに受け入れること．たとえば，クライエント（来談者）中心療法を提唱した臨床心理学者ロジャーズ（Rogers CR）は治療者（セラピスト）が備えてお

くべき態度条件のひとつとして，クライエントに対する「無条件の肯定的配慮（unconditional positive regard）」を挙げている．この配慮は，何らかの条件つきのあり方ではなく，クライエントを一人の人間として尊重し，クライエントのなかで流れている感情がどのようなものであっても，それを評価したり判断したりすることなく，純粋に受け止めようとすることとされる．カウンセリングなどの場面において「受容」とほぼ同じ意味内容でとらえられる．このほかにも，「受容」という用語は障害受容の例などでも使用される．日本では，障害受容の定義は上田敏の定義が広く知られている．その定義によれば，障害受容とは「あきらめでも居直りでもなく，障害に対する価値観（感）の転換であり，障害をもつことが自己の全体としての人間的価値を低下させるものではないことの認識と体得を通じて，恥の意識や劣等感を克服し，積極的な生活態度に転ずることである」とされ，受容の本質として価値の転換や心理的克服といった積極的な意味合いを強調している．なお，南雲直二によれば，障害受容は自己受容と社会受容の2つに区別でき，障害受容の本質は社会受容にあるとされている．

腫瘍マーカー（シュヨウマーカー） 英tumor marker．正常細胞ではほとんど産出されず，腫瘍細胞から特異的に産出される生体物質，または腫瘍細胞が生体内にあることによって産出される生体物質を指す．血液中に遊離してくる因子を抗体を用いて検出し，腫瘍の存在を検索する臨床検査のことを示す場合が多いが，摘出された腫瘍の病理組織標本を免疫染色し，腫瘍の確定病理診断や組織型の鑑別に用いることもある．代表的な腫瘍マーカーとしてCEAやCA19-9などが挙げられる．ただし，健康人でも血液中に存在することもあり，また腫瘍以外の疾患でも異常値が出ることもあり，さらに臓器特異性も低いため，腫瘍マーカーのみで特定の悪性腫瘍の存在を診断できるものはPSA（前立腺がんの腫瘍マーカーに用いる）などごく少数である．最終的な診断には，医師による診察や他の臨床検査等の結果による総合的な判断が必要となる．しかし腫瘍マーカーを定期的に検査することにより，たとえば腫瘍の再発の有無や病勢，手術で取り切れていない腫瘍，画像診断でみえないような微小な腫瘍などに関する有用な情報を得ることができる．
⇨腫瘍，悪性腫瘍

受理面接（ジュリメンセツ） ➡インテーク面接を見よ．

種類支給限度基準額（シュルイシキュウゲンドキジュンガク） 市町村は，介護保険サービス別に保険料を決めたり，基準額の上乗せの設定ができたりする．市町村によっては事業所の数が少なく，ある介護サービスが提供されていなかったり，不足したりするという事態があり，ほかの居宅要介護被保険者のサービス利用が妨げられるおそれもある．このため市町村は，地域のサービスの量を考えて，区分支給限度基準額の範囲内で，特定のサービスの種類別の支給限度基準額を条例で定めることができる．市町村は支給限度基準額を上回る額を独自に設定でき，この費用は第1号保険料から支払われる．種類支給限度基準額を超えたサービス利用は，居宅サービス全体が区分支給限度基準額の範囲内であっても，保険給付の対象とならない．
⇨区分支給限度基準額

巡回訪問入浴車（ジュンカイホウモンニュウヨクシャ） 寝たきり等で日常的に入浴できない高齢者や障害者を在宅介護している家庭に出向き，入浴設備を運び込んで入浴サービスを行う専用自動車のこと．訪問入浴介護とは，介護保険における居宅サービスのひとつであり，自宅の浴槽での入浴や，通所サービスなどでの入浴も困難な，重度の要介護者が対象となる．利用者は寝たままの姿勢で入浴することができる．巡回型の訪問入浴車で浴槽を持ち運び，看護師，介護職員らが入浴のサービスを行う．医師による入浴許可が必要．2006年から始まった，介護予防訪問入浴では，居宅における入浴の支援を行うことによって，利用者の生活機能の維持，または向上を目指す．
⇨訪問入浴介護

循環器疾患（ジュンカンキシッカン） 英cardiovascular disease／circulatory disorder．血液を全身に循環するための臓器である心臓や血管などの循環器の疾患の総称．高血圧，虚血性心疾患（狭心症や心筋梗塞），不整脈，心臓弁膜症，心筋症，大動脈瘤，先天性心疾患，心不全，感染症（感染性心内膜炎や心筋炎），肺血栓塞栓症，深部静脈血栓症など広範な疾患が含まれる．脳梗塞や脳出血といった脳血管疾患をこれに含めることもある．循環器疾患は高齢者に一般に多く存在し，心疾患は日本の死因の第2位（15.5%）を占め，また循環器疾患全体にかかる医療費は国民医療費の第1位（20.5%）である（平成25年度厚生労働省統計）．そのため主要危険因子である高血圧，高コレステロール血症，喫煙などを減らすことで循環器疾患を予防することが重要視されている（平成23年度厚生労働省統計）．
⇨心疾患

准看護師（ジュンカンゴシ） 英licensed practical nurse／assistant nurse／practical nurse 略LPN．保健師助産師看護師法において，「都道府県知事の免許を受けて，医師・歯科医師又は看護師の指示を受けて，傷病者若しくはじょく婦に対する療養上の世話又は診療の補助を行うことを業とする者をいう」と定義される．准看護師の養成は戦後の看護師不足を補うために開始された．現在，准看護師養成所，高等学校衛生看護科等で養成されており，准看護師の資格を得てさらに2年以上の専門教育を受けると，看護師国家試験の受験資格が得られる．高等学校への進学率が低い時代は，女性が中学校卒業後に働きながら学校に通い，資格を取得するケースが多かったが，近年では医療の高度化や看護職の地位向上，高学歴化に伴い，看護系大学を卒業した看護師が増える一方で，准看護師養成校は徐々に減り，准看護師数も減少傾向にある．2014年の看護職員（保健師・助産師・看護師・准看護師）の就業者数は約150万人で，このうち看護師は約108万人，准看護師は約34万人である．
⇨看護師，保健師助産師看護師法

順向性健忘（ジュンコウセイケンボウ） ➡前向性健忘を見よ．

純粋語ろう（ジュンスイゴロウ） 英pure word deafness．脳損傷後に生じる症状であり，純音聴力検査では聴力レベルには問題がなく，また環境音でも救急車のサイレンや猫の鳴き声などを認識することには問題はない．しかし，復唱になると1音でも困難となる．そのため，話を聞いて理解をすることは困難であり，聞き返すことが多くなる．その一方，内言語は保たれているため，自分から

話すことや呼称，音読，文字の理解，書字などに問題はみられない．このように純粋語ろうは聴力レベルの問題ではないため，聞き返されても大きな声で言い直すことには意味がなく，むしろ不快感を与えてしまいかねないため注意が必要である．

障害基礎年金（ショウガイキソネンキン） 㼯 disability basic pension. 国民年金法に基づく年金給付の一種．1986年4月から実施された年金制度の改正によって導入された，各年金制度に共通する障害年金である．受給要件は，①初診日において被保険者または被保険者であった人（60歳以上65歳未満）であること，②障害認定日において障害等級1級または2級の状態にあること，③保険料の滞納期間が3分の1以上ないこと，2026年3月31日以前に初診日のある障害の場合は直近の1年間に保険料の滞納がないこと，として支給される．また，初診日が20歳未満である障害については，20歳になった日から支給される．被用者年金制度（厚生年金保険，各種共済年金）に加入している人については，障害基礎年金と併せて障害厚生年金または障害共済年金が支給される．障害基礎年金の額は定額制で，2級の障害年金を基準にし，1級はその1.25倍である．手続きには医師の診断書が必要である．
⇨障害厚生年金，障害共済年金

障害共済年金（ショウガイキョウサイネンキン） 㼯 disability mutual aid pension. 国家公務員共済組合法等に基づく年金給付の一種．国民年金の障害基礎年金に上乗せする年金として給付される報酬比例の年金給付．①初診日において組合員であること，②障害認定日において障害等級1級，2級または3級の障害の状態にあること，を要件として支給される．年金額は，標準報酬と組合員期間に応じて計算される．2級および3級は，平均標準報酬月額の1000分の7.125に組合員期間の月数を乗じた額（2003年4月以降の組合員期間については，平均標準額の1000分の5.481に組合員期間の月数を乗じた額）と職域加算額（共催年金制度独自の制度で，公務上の障害と公務外の障害では支給額が異なる）を合計した額で，1級はその1.25倍となっている．なお，3級の障害者には障害共済年金のみが支給される．
⇨障害基礎年金，障害厚生年金

障害厚生年金（ショウガイコウセイネンキン） 㼯 disability employees' pension. 厚生年金保険法等に基づく年金給付の一種．国民年金の障害基礎年金に上乗せして給付される報酬比例の年金給付．①初診日において被保険者であること，②障害認定日において障害等級1級，2級または3級の障害の状態にあること，③保険料の滞納期間が3分の1以上ないこと，直近の1年間に滞納がないこと，を要件として支給される．年金額は，標準報酬と被保険者期間に応じて計算され，2級および3級は，平均標準報酬月額の1000分の7.125に被保険者期間の月数を乗じた額（2003年4月以降の被保険者期間については，平均標準報酬額の1000分の5.481に被保険者期間の月数を乗じた額）で，1級はその1.25倍となっている．なお，3級の障害者には障害厚生年金のみが支給される．なお，3級の障害厚生年金には最低保証額がある．
⇨障害基礎年金，障害共済年金

障害高齢者の日常生活自立度（ショウガイコウレイシャノニチジョウセイカツジリツド） 㼯 independence degree of daily living for the disabled elderly 㼰 寝たきり度．「障害老人の日常生活自立度（寝たきり度）判定基準」作成検討会が厚生省の依頼を受けて，1991年10月に公表した判定基準．「寝たきり」の概念については全国的に統一的な定義がなく，その把握方法についても関係者の間で個々に行われていた状況を踏まえて作成された．この基準では，障害をもつ高齢者の日常生活自立度をランクJ（生活自立），ランクA（準寝たきり），ランクB（寝たきり），ランクC（重度寝たきり）に分けている．ランクJは，何らかの障害等を有するが，日常生活はほぼ自立しており，独力で外出する状態．なお，「障害等」とは，疾病や傷害およびそれらの後遺症あるいは老衰により生じた身体機能の低下をいう．ランクAは，屋内での生活はおおむね自立しているが，介助なしには外出しない状態．ランクBは，屋内での生活は何らかの介助を要し，日中もベッド上での生活が主体であるが座位を保つ状態．ランクCは，一日中ベッド上ですごし，排泄，食事，着替において介助を要する状態．
⇨認知症高齢者の日常生活自立度判定基準

障害者介護給付費等不服審査会（ショウガイシャカイゴキュウフヒトウフフクシンサカイ） 㼯 examination board for appeal with nursing care payment, etc. for persons with disabilities. 「市町村の介護給付費等に係る処分に不服がある障害者又は障害児の保護者は，都道府県知事に対して審査請求をすることができる」（障害者自立支援法，第97条）が，その取り扱いをさせるため，都道府県知事が任意に設置することができる諮問機関のこと．その位置づけとしては都道府県知事が諮問した審査請求事案を審理し，都道府県知事に審理結果を答申．都道府県知事は，その答申を尊重して裁決を行うことになる．あくまで裁決は都道府県知事が行う．委員の定数は，5人を標準として，都道府県が条例で定めることができる．また「委員は人格が高潔であって，介護給付費等に関する処分の審理に関し公正かつ中立な判断をすることができ，かつ，障害者等の保健又は福祉に関する学識経験を有する者」（障害者自立支援法，第98条）とされている．

障害者雇用率制度（ショウガイシャコヨウリツセイド） 㼯 Employment Rate System for Person with Disabilities. 身体障害者および知的障害者について，一般労働者と同じ水準において常用労働者となりうる機会を与えるために，労働者の数に対する障害者の割合（障害者雇用率）を設定し，事業主等に雇用義務を課すことにより，それを保障する制度（精神障害者については，雇用義務の対象ではないが企業の実雇用率の算定時には障害者数に算入できる）．設定された雇用率は民間企業で2.0％，国・地方公共団体および特殊法人等で2.3％であるが，機械的に一律の雇用率を適用するのになじまない業種には除外率制度もある．また障害者雇用納付金制度により，雇用率未達成企業（常用労働者200人以上；2015年4月からは100人以上）から納付金を徴収し，雇用率達成企業に対して調整金，報奨金を支給して，障害者の雇用水準を引き上げることをねらっている．

障害者自立支援法（ショウガイシャジリツシエンホウ） 㼯 Services and Supports for Persons with Disabilities Act. 障害者基本法（昭和45年法律第84号）の基本的理念にのっとり，他の障害者等の福祉に関する法律と相まって，障害者及び障害児がその有する能力及び適正に応じ，自立した日常生活または社会生活を営むことができるよ

う，必要な障害福祉サービスの給付等の支援を行い，障害者等の福祉の増進を図るとともに，障害の有無にかかわらず国民が相互に人格と個性を尊重し安心して暮らすことのできる地域社会の実現に寄与することを目的として，2006年4月に施行された法律（平成17年法律第123号）．本法により，いままで障害の種類（身体障害・知的障害・精神障害）によって差があった福祉サービスが一元化され，共通の制度により提供されることとなった．2013年4月に障害者自立支援法の改正が行われ，名称も障害者総合支援法（正式名称：障害者の日常生活及び社会生活を総合的に支援するための法律）と改められた．
⇨支援費制度，障害者総合支援法，医療法

障害者総合支援法（ショウガイシャソウゴウシエンホウ） 正式名称は「障害者の日常生活及び社会生活を総合的に支援するための法律」．それまでの応益負担を原則とする「障害者自立支援法」に代わり，制度の谷間のない支援の提供，個々のニーズに基づいた地域生活支援体系の整備等を内容としている（平成17年法律第123号）．変更のポイントは以下の7点．①新たな基本理念の規定：「自立」という表現から「基本的人権を享有する個人としての尊厳」と明記，②障害者の範囲の見直し：一定の難病の患者が対象として追加，③障害支援区分への名称・定義の改正，④障害者に対する支援の見直し，⑤地域生活支援事業の見直し：市町村および都道府県の必須事業の追加など，⑥サービス基盤の計画的整備：障害福祉計画に必ず定める事項の追加およびサービス提供体制を計画的に整備するための規定の設定など，⑦検討規定：施行後3年以内をめどとして検討．
⇨障害者自立支援法

障害者相談支援事業（ショウガイシャソウダンシエンジギョウ） 障害のある人の福祉に関するさまざまな問題について，障害のある人等からの相談に応じ，必要な情報の提供，障害福祉サービスの利用支援等を行うほか，権利擁護のために必要な援助も行う．相談窓口は市町村（または市町村から委託された指定特定相談支援事業者，指定一般相談支援事業者）で，事業内容の概要は次のとおりである（各市町村により異なる）．福祉サービスを利用するための情報提供，相談・社会資源を活用するための支援，社会生活力を高めるための支援，ピアカウンセリング，専門機関の紹介，等で，対象者は障害のある人やその保護者などである．

障害者相談支援専門員（ショウガイシャソウダンシエンセンモンイン） 一般的には「相談支援専門員」とよばれる．障害者等の相談に応じ，助言や連絡調整等の必要な支援を行うほか，サービス利用計画の作成を行う．市町村，指定一般相談支援事業者，指定特定相談支援事業者など相談支援業務を実施する場合，必ず配置する必要がある．次の要件を両方満たした場合に資格を得たことになる．①実務経験障害者の保健・医療・福祉・就労・教育の分野における相談支援・介護等の業務における実務経験（3～10年）．②相談支援従事者（初任者）研修の修了．

障害者福祉（ショウガイシャフクシ） 英 welfare for the handicapped. 心身に障害のある人に対して供給される，社会福祉のさまざまなサービスの総称をいう．

障害年金（ショウガイネンキン） 英 disability pension. 公的年金制度のなかの一類型で重度の障害を負ったときに受給できる年金．大きくは以下の2つに分けられる．①障害基礎年金：国民年金の加入者が対象で，加入期間中に障害1級・2級の認定を受けている間，受給できる．②障害厚生年金：厚生年金の加入者が対象で，加入期間中に障害1級・2級の認定を受けている間は障害基礎年金に上乗せする形で，また3級の認定を受けている間は障害厚生年金のみ受給できる．

消化器系ストーマ（ショウカキケイストーマ） ➡人工肛門を見よ．

消化酵素（ショウカコウソ） 英 digestive enzyme. 消化に関与する酵素の総称をいう．摂取された食物は，消化管通過中に機械的に小さい塊に粉砕されて，唾液・胃液・膵液・腸液など消化腺から分泌される消化液によって分解され，小腸で栄養素として吸収される．消化液には，唾液・胃液・膵液・腸液などのように消化酵素を含むものと，胆汁などのように消化酵素は含まないが酵素を働きやすくするものとがある．また，消化酵素は消化管内に分泌されるものと，細胞内で消化にかかわるものとに分けられる．消化酵素の作用は一般的には加水分解であり，大分子から構成されている栄養素は分解されて小分子となり吸収されやすい状態になる．分解される栄養素によって炭水化物分解酵素，タンパク質分解酵素，脂肪分解酵素の3種類に分けられる．

償還払い（ショウカンバライ） 英 reimbursement. 介護保険や医療保険などのサービスを利用した際の費用について，一度全額をサービス利用者が負担したあと，申請等により，保険者から一定の金額が払い戻される仕組みのこと．これに対し，あらかじめ払い戻す金額を控除して，サービス利用者が費用を請求し，保険者がサービス事業者に控除分を支払うことを「委任払い」とよぶ．

上気道感染症（ジョウキドウカンセンショウ） 英 upper respiratory tract infection 略 URTI 同 かぜ症候群．かぜなどの症状を引き起こすウイルス，細菌，マイコプラズマ，クラミジアが鼻粘膜から咽頭粘膜に感染し，これらの部位にウイルスが増殖することによって，鼻水，くしゃみ，鼻づまり，喉の痛みなどの症状が現れることを上気道感染症という．気道の上部である鼻腔，咽頭，喉頭までの感染症を上気道感染症といい，それ以下の気管支，細気管支，肺の感染症は下気道感染症という．治療は原因によるが，ウイルスの場合，抗菌薬（抗生物質）は無効である．細菌性感染症の合併の際に抗菌薬を使用するが，対症療法（安静，睡眠，水分や栄養補給，保温）が重要となる．通常，1週間以内に自然治癒するが，肺炎などを併発することもあるため，注意が必要である．

小規模施設（ショウキボシセツ） 正確には法令上の定義はない．運営単位が小さい施設の総称を指す．たとえば，特別養護老人ホームの場合，省令では定員29名以下の施設は小規模特別養護老人ホームという．また要介護状態にある人や重度の障害者等が入所する施設，救護施設，乳児院，認知症高齢者グループホーム等，消防法では小規模社会福祉施設と分類している．

小規模生活単位型特別養護老人ホーム（ショウキボセイカツタンイガタトクベツヨウゴロウジンホーム） ➡ユニット型特別養護老人ホームを見よ．

小規模多機能型居宅介護（ショウキボタキノウガタキョタクカイゴ） 通い（デイサービス）を中心として，利用者の容体や希望に応じて，随時訪問（ホームヘルプサービス）や宿泊（ショートステイ）の3つを組み合わせてサー

ビスを提供することにより，利用者の居宅における生活の継続を支援するサービス．前身は宅老所とよばれる介護保険制度外のサービスであったが，2006年4月の介護保険法改正により制度化された．通常の介護保険サービスは，回数や日数に応じて，負担費用が決まるのに対し，1か月の費用が定額の月額定額報酬（包括払い方式）を採用している．
⇨地域密着型サービス，小規模多機能型居宅介護事業所

小規模多機能型居宅介護事業所（ショウキボタキノウガタキョタクカイゴジギョウショ） 圓 小規模多機能ホーム．小規模多機能型居宅介護を提供する事業所のこと．認知症高齢者グループホームや，地域密着型特別養護老人ホーム，サービス付き高齢者向け住宅などと併設されることも多い．全国に4,664事業所（2015年1月現在）がある．ほかのサービスと比較して，収支状況が厳しく，数が増えなかったが，複数の介護報酬改定で報酬が上がったことにより，徐々に数が増えてきている．
⇨小規模多機能型居宅介護

小規模多機能ホーム（ショウキボタキノウホーム） ➡小規模多機能型居宅介護事業所を見よ．

条件づけ（ジョウケンヅケ） 㦯 conditioning．行動主義・心理学における学習の一形態のことで，条件づけには，レスポンデント（古典的）条件づけとオペラント（道具的）条件づけがある．レスポンデント条件づけは，もともと反応とは関係のない中性刺激が，生物学的に意味をもつ刺激と関係づけられることによって反応を喚起するようになる学習である．オペラント条件づけは，環境から何らかの結果を引き出すために行われる反応の学習である．レスポンデント条件づけには条件刺激と無条件刺激の対提示が重要であるが，オペラント条件づけでは弁別刺激・反応・強化刺激（強化子）という3項随伴性が重要となる．認知症ケアにおいても，こうした条件づけの理論に基づいた対応が試みられている．
⇨レスポンデント条件づけ，オペラント条件づけ

少子高齢化（ショウシコウレイカ） 㦯 declining birth rate and aging population．社会における65歳以上の高齢者人口が増加し，15歳未満の子どもの人口が減少すること．日本の少子高齢化は主に平均寿命の伸びと出生率の低下によるものである．国際連合の定義に基づくと，日本は1970年に「高齢化社会」とよばれる7％を超え，1994年には「高齢社会」とよばれる14％を超えた．2007年には21％を超える「超高齢社会」に世界で初めて到達し，今後も高齢化が進むことが予測されている．一方，出生率では，合計特殊出生率（15〜49歳の女性の年齢別出生率を合計したもの，1人の女性が生涯に産む子どもの数を示す指標とされる）は2005年に1.26まで減少し，今後は1.35前後で推移すると予測されているが，出生数は年々減少している．日本の人口は2005年に初めて，死亡数が出生数を上回る自然減に転じ，2006年にはいったん増えたが，2007年から減少が続いている．

常時二点支持歩行（ジョウジニテンシジホコウ） ➡三動作歩行を見よ．

小集団活動（ショウシュウダンカツドウ） 㦯 small group activity 略 SGA．数人から十数人のグループ（小集団）で行うプログラムを用いた活動である．認知症の人を対象とした小集団活動では，日常生活動作（ADL）や手段的日常生活動作（IADL）の維持・向上，生産的活動，遊び・余暇活動などを通して，運動機能・感覚機能・知的機能・社会的機能・心理的機能などに働きかけることによって，治療・訓練・援助に応用している．介護福祉士・社会福祉士・作業療法士・医師・看護師等の専門職が支援を行いながら活動を実施している場合が多い．福祉施設等において，レクリエーション活動として展開されることもある．

症状性精神障害（ショウジョウセイセイシンショウガイ） 㦯 symptomatic psychosis．脳器質性精神障害と中毒性精神障害を除いたほかの身体的基礎をもつ精神障害．症状性精神障害の基礎疾患にはあらゆる身体疾患がありうるが，実際に身体疾患に伴って精神症状を示す例は必ずしも多くはない．症状性精神障害の精神症状は，意識障害を中心とした急性外因反応型である．高齢者においては，注意集中困難や疲労，脱力感，不安定な感情状態を呈する過敏情動性衰弱状態が多くみられる．症状性精神障害を基礎疾患別に分類すると，①急性感染症によるもの，②代謝障害などの内科疾患によるもの，③内分泌障害によるもの，などに分けられる．治療については基礎疾患の治療が重要である．また，身体疾患や服用している薬物など，原因が早期に判断がつかない場合が多く，両者が複雑に絡み合って精神症状を引き起こすこともあるため，ていねいに経過を追うことが必要である．

常染色体優性遺伝（ジョウセンショクタイユウセイイデン） 㦯 autosomal dominant inheritance．遺伝性（家族性）の疾患を分類するために用いられる遺伝形式のひとつ．常染色体上に存在する1対の遺伝子の一方に異常があれば，発症する発症様式を指す．どちらか一方の親から原因遺伝子を受け継いだだけで発病するため，家系のどの世代にも患者が存在し，患者と健康者との間に生まれた子どもが同疾患を発症する可能性は，男女を問わずに50％となる．進行性筋ジストロフィー（顔面肩甲上腕型），ハンチントン病，フォン・レックリングハウゼン病，遺伝性小脳性運動失調症，筋強直性ジストロフィーなどが代表的な常染色体優性遺伝の疾患である．

焦燥感（ショウソウカン） 㦯 fretfulness／agitation．一般的には，いらだち焦る感覚のことをいい，認知症の行動・心理症状（BPSD）としても発現する．BPSDのなかでも対応が困難であり，在宅介護や入院中の管理面で難渋する症状のひとつである．認知症疾患では，前頭側頭型認知症（FTD）において焦燥の頻度が高いとされる．焦燥感を抱いているときの具体的行動としては，たえず動き続ける，外部刺激に対する過剰な反応，怒りっぽさ，不適切で無目的な言語・動作，不眠，症状の時間的変動などが挙げられる．焦燥を改善するためには，焦燥の誘因があればそれを取り除き，誘因が見つからなくても行動観察からどのような理由があるのかを推測するよう努めることが重要である．また，認知症の進行例では言語的コミュニケーションがむずかしくなるため，笑顔でやさしく体をさするなど，非言語的なかかわりも重要になる．

小腸機能障害（ショウチョウキノウショウガイ） 㦯 small intestine dysfunction．小腸機能の低下，または喪失のため，消化・吸収が妨げられ，水分，電解質，主要栄養素，微量元素などの維持が困難になった状態を指す．短腸症候群（short bowel syndrome）や吸収不良症候群（malabsorption syndrome）ともほぼ同義である．絞扼性イレウス，腸間膜動脈血栓症，腸間膜静脈血栓症などに対

して小腸広範囲切除が行われたため吸収面積が減少した場合と，クローン病やアミロイドーシス，特発性仮性腸閉塞症などの疾患によって，小腸が切除されていなくても有効に吸収できない場合とに大別される．前者の場合，術後から安定期までの時間経過によって消化・吸収障害の程度が変化する．後者の場合には原疾患に対する治療が必要であり，原疾患の病状によって症状が変化する．一般療法として栄養管理がもっとも重要であるが，小腸は部位によって吸収する物質が異なるため，切除された（あるいは疾患に罹患した）部位によって発生する症状が異なる．なお，狭義では法律用語として，身体障害者福祉法第4節に定める，肢体不自由以外の内部障害のうちの小腸機能障害を指す場合もある．

情緒障害（ジョウチョショウガイ） 英 emotional disturbance. 教育行政分野では情緒の現れ方がかたよっていたり，激しかったりする状態を自分の意思ではコントロールできず，学校生活や社会生活に支障となる状態．選択性緘黙などの心理的，環境的要因を主な原因とする不適応状態を指して用いられる．一方で，医学的な用語としての情緒障害には厳密で普遍性のある定義はなく，症状や状態像を指して用いられることが一般的である．脳の障害が原因と考えられている発達障害とは区別される．情緒障害をもつ子どもに対しては，人間関係の構築や安心，安定できる環境づくり，主体性や自立性を育てるかかわりが重要となる．

情動（ジョウドウ） 英 emotion 独 Affekt. 感情は気分と情動に大別されるが，急激に起こり自律神経系や内分泌系などの身体的変化を随伴する一時的な感情の動きを情動という．情動は刺激に反応して急激に生起し，短時間で収束する．怒り，恐れ，苦しみなどの感情が挙げられる．情動の中枢は扁桃体にあり，不快情動には扁桃体を中心とするシステムが働き，一方，快情動には扁桃体のほかに側坐核を中心としたシステムも関与している．

情動失禁（ジョウドウシッキン） ➡感情失禁を見よ．

常同症（ジョウドウショウ） 英 stereotypy. 同じ行為を繰り返す症状であり，神経基盤としては前頭葉眼窩面の障害においてみられる．常同症がもっとも目立つ認知症疾患は前頭側頭型認知症（FTD）であり，診断基準にも挙げられている．アルツハイマー病（AD）との鑑別にも重要な症状である．常同行動が時間軸上に展開され日常生活においてのさまざまな行為を，毎日決まった時間に行う「時刻表的行動」がみられるようになる．決まった食事を毎日繰り返す行動も常同症のひとつである．常同症の症状自体は強迫性障害でみられるものと同様であるが，自己の強迫症状に対する自我違和性が認められない点で異なる．病期の進行につれて，膝さすり，鼻歌，手をたたくなど，単純な繰り返し動作として現れるようになる．
⇨前頭側頭型認知症

小脳萎縮（ショウノウイシュク） 英 cerebellar atrophy. 文字どおり小脳が萎縮していることをいう．小脳萎縮をとらえる方法は，X線CTやMRIによる画像検査である．視覚的に小脳が小さくみえ，小脳表面の小脳溝の開大や第4脳室の拡大などの所見が認められる．小脳が萎縮する代表的疾患は，脊髄小脳変性症である．これには遺伝性と孤発性のものがある．小脳皮質萎縮症では小脳の萎縮が主体であるが，多系統萎縮症では小脳萎縮に加えて，脳幹の萎縮や大脳の萎縮も認められる．小脳に生じた脳血管障害においても経過すれば小脳の局所的，全体的な萎縮が認められることがある．脊髄小脳変性症のような神経変性疾患において小脳の萎縮と関連する症状としては，失調症状があり，身体のバランスをとることや，巧緻運動がむずかしくなる．
⇨脊髄小脳変性症

小脳性運動失調症（ショウノウセイウンドウシッチョウショウ） 英 cerebellar ataxia. 腫瘍，血管障害，変性疾患，奇形などの小脳疾患に伴い，小脳機能が障害され，筋力や深部感覚には異常がないのに生じる運動失調の症状を指す．小脳半球は同側半身の共同運動を調整しているため，小脳半球の障害では各筋群の協調運動が困難となり，四肢の筋トーヌスの異常，筋緊張の低下，患側方向への偏倚歩行，拮抗運動の障害，共同運動の障害，指先の巧緻運動障害，指鼻試験の障害，ホームズ・スチュアート現象，さらには企図振戦や小脳性発語（断続性・爆発性の発話）が出現する．一方で小脳虫部からは，上位に向かい反対側の大脳皮質運動野へ至る線維と下位脳幹の神経核に至る線維があり，これらは主に歩行を調整している．アルコールなどで小脳虫部が損傷を受けると体幹運動失調をきたし，起立・歩行の障害（腰の動揺が強いよろけ歩行，開脚歩行）を示し，姿勢や体位の保持が困難となる．

消費者被害の防止（ショウヒシャヒガイノボウシ） 悪質業者による住宅リフォームや，布団・健康食品等の訪問販売，展示会商法，利殖商法などの消費者被害は，とくに高齢者に増加している．このような悪質商法被害の未然防止や被害拡大の防止には，周囲の見守りが重要となるため，地域の見守り活動やネットワークづくりに取り組んでいる自治体もあり，ホームヘルパーや民生委員，ケアマネジャーなどが高齢者の消費者被害を発見した場合に，地域の消費生活センターに通報する仕組みづくりなどがある．認知症の人の被害防止には，成年後見制度の利用が有効である．悪質商法の被害が疑われる場合には，消費生活センター等に相談することで，クーリングオフ制度や解約が可能な場合がある．

消費生活センター（ショウヒセイカツセンター） 英 consumer affairs center. 消費者保護を目的とした都道府県・市町村の行政機関．都道府県には設置義務，市町村には設置の努力義務が課されている．名称は自治体によって異なるが，商品やサービスなど消費生活全般にかかわる苦情や問い合わせなどの消費者からの相談を専門の相談員が受けつけ，公正な立場で処理に当たる機関であり，主に消費生活相談と情報提供・啓発活動を行う．消費生活相談では，衣・食・住など消費生活全般にかかわる商品やサービスへの苦情や問い合わせに対して問題解決を支援する．消費者被害の未然防止や，暮らしに役立つ情報を資料やパンフレットにより情報提供している．また暮らしのなかでの苦情相談の事例や身のまわりの事柄などをテーマとした講座の開催などの啓発活動を行う．消費者被害の救済や被害の未然防止を図るためにさまざまな取り組みを行っており，高齢者の消費者トラブルに対しての取り組みも実施している．認知症の人が悪質商法に巻き込まれた苦情相談も増加しており，早急な対策が求められる．

情報開示（ジョウホウカイジ） 英 information disclosure.

公の機関などが業務上の記録等の情報を広く一般に開示することをいう．介護サービスにかかわる情報開示としては，介護サービス情報の公表制度がある．介護保険制度の「利用者本位」「高齢者の自立支援」「利用者による選択」といった基本理念を実現し，利用者と介護サービス事業者との対等な関係構築に寄与することを目的としている．利用者は，介護サービス情報の公表システムにおいて，公表されている情報を活用し，介護サービス事業者を選択することができる．

静脈血栓症（ジョウミャクケッセンショウ） 英 venous thrombosis／phlebemphraxis／phlebothrombosis. 四肢の静脈に血栓が生じる疾患の総称．静脈には表在静脈と深部静脈とがあるが，問題になるのは大腿静脈・膝窩静脈など深部静脈血栓症であり，これが肺血栓塞栓症（pulmonary thromboembiolism）の原因となる．肺血栓塞栓症になると，肺胞に血液が流れずガス交換ができなくなり，呼吸困難をきたし，最悪の場合は死亡する．発症の誘因としては血液凝固の亢進，静脈血のうっ滞，血管壁の病変が挙げられる．血液凝固の亢進の原因としては，手術侵襲やエストロゲン製剤の使用，抗リン脂質抗体症候群などがあり，血流うっ滞の原因としては脱水，長時間同じ姿勢でいること，心不全などがある．飛行機内などで長時間同じ姿勢を取り続けることで発症することがあり，俗にエコノミークラス症候群ともよばれる．また，術後の長期臥床も手術侵襲と併せて発症の誘因となるため，術後は下肢挙上や早期離床，運動，弾力包帯・弾性（圧着）ストッキングの着用が推奨されている．女性に多くみられ，静脈が圧迫されやすい左下肢に多く発症する．浮腫，下肢全周の発赤腫脹，発熱などが主要な症状であり，感染が加わると腫脹が高度となり，チアノーゼを呈するようになる．

静脈内注射（ジョウミャクナイチュウシャ） 英 intravenous injection. 薬液を直接静脈内に注入する注射法をいう．注射には薬液を投与する部位によって，皮内注射，皮下注射，筋肉内注射，静脈内注射などがある．静脈内注射は，他の投与法に比較して容量の制限がなく，効果が現れるのが早い．少量を一度に投与する場合には注射器を用いるが，50mlを超える場合には点滴（輸液）で投与する静脈内持続点滴注入法があり，輸液ポンプを用いて長時間一定速度で投与する静脈内持続注入法もある．静脈内注射は，静脈内持続注入法に比較して血中濃度が急激に高くなるために，副作用が現れる確率も高くなる．そのため，作用の強い薬物などを静脈内注射に用いると危険な場合が多く，この投与法を用いる場合には注意を要する．静脈内注射は，一般的には末梢の静脈から投与するが，高カロリー輸液は高濃度ブドウ糖液の使用により血管炎を引き起こすリスクがあるため，中心静脈という太い静脈（通常は鎖骨下静脈，内頸静脈，大腿静脈）経路から投与する．この場合の栄養法を，中心静脈栄養法とよぶ．
⇨中心静脈栄養法

静脈瘤（ジョウミャクリュウ） 英 varix. 静脈の血流増加や弁機能不全により静脈血の流れが障害され，静脈が拡張・蛇行して浮き出た状態をいう．下肢の表在静脈に生じやすく，下肢にできるものは下肢静脈瘤といわれる．もっとも多くみられるのは静脈弁の機能不全によって起こる一次性静脈瘤であり，遺伝的要因のほか妊娠，肥満，立ち仕事が関係する．二次性静脈瘤は，静脈血栓症に続発するものである．下肢の表在静脈のほか門脈圧亢進症によって生じる食道静脈瘤があり，直腸肛門部の静脈に生じる痔核も静脈瘤の一種とされる．下肢静脈瘤の症状は，初期には下肢のだるさ，こむらがえり，色素沈着などがあり，慢性期には血栓性静脈炎や皮膚炎，下腿潰瘍などの皮膚病変を生じる．軽度の場合は，長時間の立位を避け，弾性（着圧）ストッキングの着用，臥床時に足を挙上することで静脈血還流を促す保存療法が行われる．症状が強く保存治療で改善しない場合は，ストリッピング（静脈抜去術），高位結紮，瘤切除などの手術のほか，最近では内視鏡的硬化薬注入による治療などが行われている．
⇨食道静脈瘤

照明環境（ショウメイカンキョウ） 英 luminous environment／lighting environment. 室内の安全で快適な光環境を整えるために，適切な照明計画を行うことが重要である．高齢者の生活における照明の最大の役割は，衰えてきた視覚能力をサポートすることであり，高齢者の視覚特性を把握することが重要である．作業や活動の際，高齢になると若いときよりも高い照度を必要とするが，照度を高くするだけでは不快なまぶしさ（グレア）を感じることになるので，複数の光源を組み合わせたり，直接光源が目に入らないような配置にするなど工夫する．明るい場所から急に暗い場所に移行する際の暗順応がむずかしくなるため，室内に強い陰影が生じないような工夫も重要である．移動・歩行の安全性を確保するうえでは，とくに階段や廊下などの足もとが暗くなると転倒・転落の危険につながるため，足もとを照らすような配慮が必要となる．水晶体の黄変化によって色の識別がつきにくくなるため，演色性のよい光源を用いる．また照明の効果として，落ち着いた色の光を用いることで，家庭的な雰囲気を演出することも可能である．
⇨光環境

処遇困難事例（ショグウコンナンジレイ） 何らかの支援を必要とする利用者・家族に対して，福祉専門職等が支援を進めるうえで困難を感じる事例．支援を必要とする利用者・家族とは，「認知症の利用者」「医療依存度が高い利用者」「サービス受け入れに拒否的な利用者・家族」「虐待の可能性がある家族」「独居の利用者」「経済的問題のある利用者・家族」「精神障害のある利用者・家族」「苦情・要求が多い利用者・家族」などが具体的に挙げられる．また，支援する専門職側の経験不足や関係機関・職種の連携に困難を抱えることが原因となる場合もある．

職業せん妄（ショクギョウセンモウ） ➡作業せん妄を見よ．

職業倫理（ショクギョウリンリ） 英 professional ethics. ある職業に就く個人や団体が，その社会的な役割を果たすために課せられた行動基準であり，社会的規範をいう．専門職の職能団体においては職業倫理を「倫理綱領」として定めている．介護福祉士・社会福祉士・医師・看護師など専門職の職能団体では倫理綱領を設けており，利用者の利益を擁護するための規律・規範が定められている．専門職は行動基準としての倫理綱領を遵守することが求められているのである．認知症の人へのケアにかかわる専門職は，認知症の人本人の自律や，尊厳を擁護していく責任があり，倫理基盤に基づいたケアの実践のため高い倫理観が求められている．

食行動異常（ショクコウドウイジョウ）㊇ eating disorder. 食行動の異常を主症状とする種々の障害をいう．思春期から青年期の女性に好発する神経性食思不振症，神経性過食症や，認知症の行動・心理症状（BPSD）としてみられる異食，盗食，過食，拒食などがある．異食は，紙，ごみ，せっけん，草花など，食べ物ではないものを口にすることである．食べ物であるか否かの認知がつかなくなっている状態であるが，なにかの欲求があって満たしてほしいというサインであるともいわれる．盗食は，ほかの人の食べ物をとって食べることである．過食は，食事の量や回数が非常に多くなることで，記憶障害から食事をしたことを忘れ，繰り返し食事をするために生じる．また，満腹中枢が障害されて起こる場合もある．拒食は，食事をとることを拒否することである．食べるという行動そのものを忘れていることもあるが，脱水や低栄養，慢性疾患の悪化，便秘といった体調の変化，義歯不良，口腔内の傷，嚥下障害など口腔機能の問題，抑うつ状態の症状として現れたり，嗜好の問題，介護者に対する抵抗として現れることもあり，原因とその対応は一様ではない．
⇨異食，拒食症

食事介助（ショクジカイジョ）㊇ feeding. 食事に伴う何らかの困難を生ずる人に対して援助を行うこと．具体的には，食べ物を口に運ぶこと，食事に必要な動作を補助することなどを指す．認知症の人は，食べる意欲を失っていたり，誤嚥の可能性があったりするため，食べることへの支援が必要となる．そのため，自ら食べる力を発揮できる環境を整えることも食事介助に含まれる．また，食事時の姿勢・食物形態・食器や食事環境・技術に留意して行う必要がある．
⇨三大介護

食事摂取基準（ショクジセッシュキジュン）㊇ dietary reference intakes ㊄ 栄養所要量．健康を維持するために，1日あたり必要な栄養素，およびエネルギーの量を数値で示したものである．これまでの考え方は，日本が貧しかった時代に栄養素の不足に対応する考え方であったが，現在において，ライフスタイルが変化し，個人によって栄養摂取状況がさまざまになり，疾病構造も変化し生活習慣病・認知症など個々人への対応が必要になってきた．過剰摂取による健康障害にも配慮する必要が生じ，従来「栄養所要量」といわれていたが，2005年から「食事摂取基準」と呼称されるようになった．食事摂取基準には，推定エネルギー必要量（エネルギーの不足と過剰のリスクのもっとも低くなる摂取量）と各栄養素の指標，①推定平均必要量，②推奨量，③目安量，④耐用上限量，⑤目標量（生活習慣病の一時予防のために目標とすべき摂取量），がある．食事摂取基準は最新の国内外の学術論文や資料をもとに「日本人の食事摂取基準策定検討会」によって，5年ごとに「日本人の食事摂取基準」として策定・公表される（2016年7月現在は，2015年度版）．

食事療法（ショクジリョウホウ）㊇ dietetic therapy／dietetic treatment／diet therapy／alimentary therapy. 疾病治療のため適正栄養素を摂取できるように食品構成や献立を作成，調理し，病人に提供する療法をいう．病人に与える食事を病人食といい，とくに治療を目的としたものを治療食という．食事療法を行う際には，原則的には医師が食事の処方箋（レシピ）である食事箋を作成し，これに基づいて栄養士が献立を作成して，治療食として提供される．また，患者・家族は栄養士や医師，看護師などから指導を受けることができる．糖尿病・腎臓病・高血圧症・脂質異常症・肥満・低栄養をはじめさまざまな疾病・病態の治療に取り入れられている．
⇨糖尿病食事療法

食生活指針（ショクセイカツシシン）㊇ dietary guideline. 国民1人ひとりが食生活の改善に取り組むように，厚生労働省が文部科学省や農林水産省と協議して策定する望ましい食生活を示した指針をいう．その時代ごとの国民の健康状態を考慮しつつ，望ましい食習慣を提示している．日本で最初に食生活指針が示されたのは1945年で，戦時下の厳しい食糧難を切り抜けることを目的として，主食には玄米が推奨され，雑穀や野草など食糧になるものについて言及している．近年は，糖尿病などの生活習慣病，がん，心臓病が大きな健康問題となっており，野菜の摂取不足，食塩や脂肪のとりすぎ，肥満者の増加などといった問題に対して，食生活の改善を呼びかけている．最新の指針は2000年に策定され，その推進のために，2005年には，なにをどれだけ食べたらよいかを具体的にイラストで示した「食事バランスガイド」が厚生労働省と農林水産省の共同で策定された．また，2006年には「妊産婦のための食生活指針」が策定されている．さらに，21世紀における国民健康づくり運動（健康日本21・第二次）が2012年に策定され，そのなかには，健康づくりの基本要素である栄養・食生活に関する目標や，目標を達成するための基準，指針などが盛り込まれている．
⇨21世紀における国民健康づくり運動

褥瘡（ジョクソウ）㊇ bedsore／pressure sore ㊇ decubitus ㊌ 床ずれ．持続的圧迫による皮膚と皮膚関連組織の壊死を生じた状態をいう．廃用症候群のひとつであり，長期臥床中の人の仙骨部・坐骨結節・足の踵部分など骨が突出している部位に好発する．症状の現れ方は，局所の発赤・表皮剥離に始まり，皮下組織，筋肉や骨まで達する場合もあり，進行度によりステージⅠ～Ⅳに分類される．体力が衰えていると褥瘡の局所感染が全身感染を引き起こし重篤となることがあるので注意を要する．原因は外的因子と内的因子に大別され，外的因子としては組織に垂直に作用する体圧，摩擦・ずれが関係する．内的要因としては，加齢，低栄養，麻痺，皮膚の湿潤または乾燥などさまざまなことが関係する．褥瘡発生予測のためスケールが考案されているが，ブレーデンスケールがもっともよく用いられている．褥瘡はやむを得ない発症もあるが，予防の余地が大きい．除圧・減圧（支持面の調整と体位変換），皮膚面の保湿と保清（清潔），栄養状態の管理などが重要である．体圧分散を図る寝具として，エアマット，ムートン（羊毛皮），ウレタンフォームなどが用いられる．治療は瘡の程度により外用薬と被覆材（ドレッシング）による保存療法，外科手術が行われる．乾燥は瘡治癒を阻害するとされ，表皮のびらん・潰瘍が生じた場合は，フィルムなどで覆い湿潤環境を保持する湿潤療法が基本とされる．壊死組織がある場合には，水洗や壊死組織除去（デブリドマン）が行われる．
⇨廃用症候群

食中毒（ショクチュウドク）㊇ food poisoning／foodborne intoxication／sitotoxism／bromatoxism. 食品に起因する感染症および中毒性疾患の総称．病原微生物によるも

のと，フグや毒キノコなどの自然毒によるもの，また農薬や殺虫剤などの混入毒物によるものがある．病原微生物のうち細菌によって引き起こされる細菌性食中毒には，感染型と毒素型がある．感染型食中毒は，サルモネラ菌や腸炎ビブリオなどの細菌が付着した食品を食べることで発症し，腸管内で菌が増殖すると発熱を伴う症状が現れる．また毒素型食中毒は，ボツリヌス菌やブドウ球菌などが付着した食品中で毒素（エンテロトキシン）が増殖するため，摂取後短時間で激しい嘔吐などの症状が現れる．毒素は熱に耐性があるため，食品を熱加工しても予防効果はない．感染型食中毒を発症した場合は，吐物をすみやかに片づけるとともに感染者を隔離し，消毒と手洗いを徹底して行う必要がある．

食道静脈瘤（ショクドウジョウミャクリュウ） 英 esophageal varices. 肝硬変や突発性門脈圧亢進症などの疾患で門脈圧が上昇すると，血液の流れが妨げられるため門脈系から上大静脈系への血流のバイパス（副路，分流）が生じ，その側副血行路である食道下部や胃噴門部の静脈が怒張して瘤状になった状態．原因疾患の85〜90％は肝硬変であり，そのうち約85％がウイルス性肝炎（C型肝炎，B型肝炎）である．アルコールが原因の肝硬変は10％である．静脈瘤は表在性で潰瘍化しやすいため，未破裂の状態ではとくに自覚症状はないが，破裂すると大量の出血（吐血）を引き起こし，出血性ショックで死に至ることがある．肝硬変患者に対する内視鏡検査で発見されることが多く，出血の危険性を予知したり治療の必要性の有無を判断できる．また食道静脈瘤の治療は内視鏡的治療が主流であり，出血時の緊急止血術や出血予防の治療も行われている．

食道発声（ショクドウハッセイ） 英 esophageal speech. 喉頭がん，下咽頭がん，食道がん，甲状腺がんなどによって喉頭の全摘出手術を受けた場合，声帯による発声が不可能となる．その場合の代用発声方法のひとつとして食道発声がある．具体的には，口や鼻から食道内に空気を取り込み，その空気を逆流させながら，食道入口部の粘膜を声帯の代わりに振動させて「げっぷ」のような音を出して音声を発する．他の代用音声としては，人工的につくられた電気式人工喉頭，手術で食道と気管をつなぐことで声を出すシャント発声などが挙げられる．食道発声は他の発声方法に比べ，手術や器具が不要であり費用がかからない点が利点である．一方で声を出すまで一定期間の練習を必要とするため，この方法を途中であきらめる人がいる点，ある程度の体力を要するため，手術後の経過や加齢などの理由で不向きな人がいる点などの短所もある．

植物状態（ショクブツジョウタイ） 英 vegetative state 同 遷延性意識障害．何らかの脳損傷により大脳皮質の広範囲の機能が失われた状態にあるが，呼吸，循環など生命維持に必要な脳幹部分の機能は保たれている状態を指す．医学的には遷延性意識障害とほぼ類義語である．また，日本脳神経外科学会において，「自力移動が不可能である，自力摂食が不可能である，便・尿失禁がある，声をだしても意味のある発語がまったく不可能である，簡単な命令にはかろうじて応じることもできるが，ほとんど意思疎通は不可能である，眼球は動いていても認識することはできない，といった状態が治療にもかかわらず3か月以上続いた場合を植物状態とみなす」と定義されている．脳外傷，脳卒中が主要な発生原因であり，平均余命は3年程度であるが，10年以上にわたり生存可能な例も存在する．なお，脳死とは植物状態とは異なり，生命維持に必要な脳幹部分の機能も不可逆的に停止している状態を指す用語である．
⇨脳死

食文化（ショクブンカ） 英 food culture. 食物の種類，加工法，食具，調理や食事に関する制度・習慣などを総称するものとして表現される．近年では，食産業の影響もあり，人々の生活に占める食の形態や意味，食事の時間帯や調理法など家族関係の変容が問われるようになった．2005年に日本の食および伝統文化の知識や道徳を学ぶ食育を通して，国民の健全な心身と豊かな人間性の育成を目指すものとして出された「食育基本法」は，世界に類をみないものとして注目された．しかし一方で，国家レベルで文化や生活に介入するものとしての批判もある．人々の1日の食事の回数や時間帯あるいは調味料の種類や嗜好などは，基本的には家族を単位として長年にわたり培われてきたものであり，幼児期から身についている食に関する習わしは，容易には変えがたいものである．住み慣れた地域や自宅を離れて施設で生活する高齢者にとって，食事の種類や嗜好品の変化は，食への興味や関心を妨げやすいので注意が必要である．

食物繊維（ショクモツセンイ） 英 dietary fiber. 食品中に含まれる難消化性の食物成分の総称．具体的には，ペクチン，コンニャクマンナンなどの植物性成分とコラーゲンなどの動物性成分，人工甘味料の多糖類誘導体がある．食物繊維を多く含む食品には，玄米，そば，ライ麦パン，サツマイモ，ゴボウ，切り干し大根，おから，ひじき，干し柿，リンゴなどがある．水溶性食物繊維は，胃など消化管内で水分を含んでゲル状になり膨張するため，満腹感から食べすぎを防いだり排便を促す整腸作用，さらにコレステロールや腸内で生じる発がん性物質を吸着し排泄する作用などから，血清コレステロールの改善，肥満防止，直腸がんの予防に効果があるとされている．また便秘や糖尿病の高齢者には，ペクチンなどの水溶性食物繊維を含む完熟果実，豆類，カボチャ，海藻類などの摂取を促すことで，食物の消化吸収を遅延して血糖値の上昇を抑えたり，保水作用で便秘の予防にも効果があるとされている．

食欲（ショクヨク） 英 appetite. 食べることへの欲求．摂食は主に脳の視床下部により制御されている．食欲の異常は摂食行動の障害として現れる．摂食障害は大きく食べすぎてしまう過食症と，食べなくなる拒食症に分けられる．認知症疾患では，前頭側頭葉変性症（FTLD）で食行動異常の出現頻度が非常に高く，食欲の亢進や嗜好の変化，食習慣の変化がみられる．食欲の変化としては，とくに早期に食欲の増加がある．

書痙（ショケイ） 英 writer's cramp 独 Schreibkrampf. 紙に字を書こうとしたり，また書き始めたりすると手指にこわばりやふるえが起こり，字が思うように書けなくなる状態のことをいう．原因は明らかではないが，筋緊張や姿勢を制御する中枢神経の異常が想定され，不随意運動のひとつとみることができる．しかし，字を書くこと以外の動作は普通にできることや，不安や緊張によって増悪するところから心因的な要素も関与しているとされる．好発年齢は20〜40歳で，字を書くことの多い職業の

人や男性に多い．作家，ピアニスト，タイピストなど身体の一部を反復して長期に動かす人に多い傾向があることを考えると，過度の使用とストレスによる影響も考えられる．発症の前に手のけがが認められる場合もある．原因がはっきりしていないので，治療法は確立していない．対症療法として，筋肉のふるえを止める作用のある抗コリン薬や筋緊張や不安を和らげる抗不安薬が使われることがある．
⇨不随意運動

ショートステイ Ⓔ short-term stay. 介護老人福祉施設（特別養護老人ホーム）や，介護老人保健施設などに短期間入所し，入浴・排泄・食事等の介護その他の日常生活上の世話や機能訓練，医療サービスが受けられる介護サービスをいう．利用する施設により，短期入所生活介護と短期入所療養介護の2種類に分けられる．短期入所生活介護とは，在宅で介護を行っている家族等が，介護疲れの休養・入院・冠婚葬祭等の行事・仕事の都合・その他の理由により介護できない場合に介護老人福祉施設等に一時的に入所し，日常生活の介護，および機能訓練等が受けられる介護サービスである．短期入所療養介護とは，介護老人保健施設や介護療養型医療施設などに短期間入所し，医学的な管理の下での介護や機能訓練，その他の必要な医療が受けられる介護サービスである．

ジョハリの窓（ジョハリノマド） Ⓔ Johari window. アメリカの心理学者ルフト（Luft J）とインガム（Ingham H）が提唱した自己および他者からみた自己の領域を表す概念．自分に関するすべての事柄の領域は自分も他者も知っている（開放領域），自分は知っているが他者は知らない（隠蔽領域），自分は知らないが他者は知っている（盲点領域），自分も他者も知らない（未知領域）の4つに分けることができる．これら4つを図にすると，4つの四角形の領域にすることができ，それが窓にみえることと，提唱者の2人の名前をとってジョハリの窓という．盲点領域や隠蔽領域を小さくし，開放領域を広げていくことが対人関係の構築や自己理解に重要であり，そのためには自己開示とフィードバックという2つの行動が重要になる．

徐脈（ジョミャク） Ⓔ bradycardia／brachycardia／bradysphygmia／oligocardia Ⓛ pulsus infrequens. 1分間の脈拍数が60拍未満の状態．健常者でも激しいスポーツをするアスリートや迷走神経緊張がある場合には徐脈になることもあるが，自覚症状がみられないことが多い．しかし，徐脈に伴い血圧の低下やめまい，失神といった中枢神経症状，息切れや浮腫などの心不全症状，さらには日中の心拍数が40拍/分未満などの症状がみられる場合には，治療が必要である．徐脈は，心疾患以外にも両側の眼球を圧迫したり頸動脈を圧迫することによって引き起こされる．リラクゼーションを目的として，眼球の周囲や頸部のマッサージを行う際は，長時間圧迫しないように注意することが必要である．また，高齢者は便秘予防の緩下薬や消化薬など複数の薬を内服していることが多いが，基礎疾患に腎臓の機能低下がある場合には，高マグネシウム血症（4～5mEq/l）で徐脈を発症することがあるため，薬の管理には注意が必要である．
⇨不整脈

初老期うつ病（ショロウキウツビョウ） Ⓔ presenile depression Ⓢ 退行期うつ病．初老に発症するうつ病であり病前性格としては，完全主義，律儀，責任感の強さといった執着気質と，几帳面，秩序を好むといったメランコリー型が挙げられる．うつ病の誘因として遺伝的要因や神経解剖学的変化，内分泌機能の調節異常，日内変動の異常などがあるが，初老期うつ病では近親者や友人との死別，健康の問題や退職による経済的・社会的地位の低下などのライフイベントに伴う喪失体験も重要な誘因である．症状は，定型的なうつ病に比べて精神運動抑制は少なく，心気的な訴えや，肩こりや腰痛，頭重感といった自律神経症状，罪業妄想，貧困妄想，被害妄想などの妄想傾向もみられる．経過として，病相期を反復するものはまれであり，長期にわたるものが多く予後不良とされる．初老期うつ病に対する治療法には，薬物療法，電気けいれん療法，精神療法，社会的療法などがある．

自律（ジリツ） Ⓔ autonomy. 自らの意思に基づき，自身の規範において主体的に判断や行動をすること．

自立（ジリツ） Ⓔ independence／self-support. 自らの意思決定に基づき，生活主体者として身体的・精神的・社会的に他者から規制されずに一人立ちすること．

自立訓練（ジリツクンレン） Ⓔ training for independent living. 障害者総合支援法による，自立訓練（生活訓練）事業は，地域生活を営むうえで，生活能力の維持・向上等を目的に，一定期間の訓練が必要な知的・精神障害者を対象に実施される．訓練内容は，通所事業と宿泊事業に分類されており，通所事業は日中活動を通じて，生活能力の維持・向上等を目的としている．また宿泊事業は，前述の対象者のうち日中，一般就労や外部の障害福祉サービスを利用している人等を対象とし，一定期間，夜間に居住の場を提供し，帰宅後に生活能力等の維持・向上を目的としている．これとは別に，地域移行に向けた関係機関との連絡調整を行い，積極的な地域移行の促進を図ることも目的としている．

自立支援（ジリツシエン） Ⓔ support for independent living. 利用者自らの意思に基づき，自立した質の高い生活を送るように，必要なことを支援すること．

自立支援医療（ジリツシエンイリョウ） Ⓔ medical payment for services and supports for persons with disabilities. 障害者総合支援法における自立支援給付のひとつである．心身の障害を除去・軽減するための医療について，医療費の自己負担額を軽減する公的負担医療制度で，対象者は，①精神通院医療：精神保健及び精神障害者福祉に関する法律第5条に規定する統合失調症などの精神疾患を有する人で通院による精神医療を継続的に要する人，②更生医療：身体障害者福祉法に基づき身体障害者手帳の交付を受けた人で，その障害を除去・軽減する手術等の治療により確実に効果が期待できる人（18歳以上），③育成医療：障害を有する児童で，その障害を除去・軽減する手術等の治療により，確実に効果の期待できる人（18歳未満），とされている．

自立支援給付（ジリツシエンキュウフ） Ⓔ payment for services and supports for persons with disabilities. 障害者総合支援法に基づき，介護給付費，特例介護給付費，訓練等給付費，特例訓練等給付費，特定障害者特別給付費，特例特定障害者特別給付費，地域相談支援給付費，特例地域相談支援給付費，計画相談支援給付費，自立支援医療費，療養介護医療費，基準該当療養介護医療費，補装具費及び高額障害福祉サービス等給付費の支給をい

う．サービスは，個々の障害のある人々の社会活動や介護者，居住等の状況を踏まえ，個別に支給決定が行われる「障害福祉サービス」と，市町村の創意工夫により，利用者の人々の状況に応じて柔軟に実施できる「地域支援事業」がある．

自立支援プログラム（ジリツシエンプログラム）㊤ independence support program. 生活保護制度の見直しに基づき，被保護者の状況や自立阻害要因について類型化し，それぞれの類型ごとに取り組むべき自立支援の具体的内容および実施手順等を定め，これに基づき個々の被保護者に必要な支援を組織的に実施するものである．自立支援プログラムは，就労による経済的自立のためのプログラムのみならず，身体や精神の健康を回復・維持し，自分で自分の健康・生活管理を行うなど日常生活において自立した生活を送ること，および社会的なつながりを回復・維持し，地域の一員として充実した生活を送ることを目指すプログラムを幅広く用意し，被保護者の抱える多様な課題に対応する．

自律神経（ジリツシンケイ）㊤ autonomic nerve. 循環，呼吸，消化，分泌，排泄，体温調節など，基本的な生命活動の維持に働いている神経．自律神経は内臓，心筋，平滑筋，腺などほぼ全身に分布しており，無意識的に制御されている．自律神経は交感神経と副交感神経の2種類があり，交感神経は散瞳，心拍数増加，血圧上昇などエネルギーを消費する変化をもたらすのに対し，副交感神経は縮瞳，心拍数減少，血圧低下，消化管運動の亢進など，エネルギーを確保する変化をもたらす．自律神経が障害されると主な症状として，起立性低血圧や，排尿・排便障害，眼球・口内の乾燥，手足の冷感，脈拍異常や発汗低下といったものが現れる．
⇒交感神経，副交感神経

自律神経失調症（ジリツシンケイシッチョウショウ）㊤ dysautonomia. 自律神経系の働きに機能的障害が発生し，そのバランスが崩れたために起こる病的状態．自律神経失調症は不定愁訴症候群とよばれるほど不定の症状が出没する特徴をもつ．症状としては，頭痛や頭重感，肩こり，めまい，下痢など多岐にわたる．治療にあたっては，人間学的観点からの患者理解と，それに基づいた心理・社会的要因に由来するストレスと病態発生の関連づけなど，心身両面からのアプローチが求められる．自律神経失調症の薬物療法は，薬の性質やその作用部位から脳の自律神経中枢に作用する中枢性薬物と，交感・副交感神経の末梢に作用する末梢性薬物に分類される．

自立生活（ジリツセイカツ）㊤ independent living ㊎ IL. 1970年代にアメリカで始まった概念で，重度障害者が，身体的，物理的には他者に依存しなければならない状態であっても，自己決定に基づいて，自らの意思で主体的に生活を送ることを意味している．また，1982年の身体障害者福祉審議会答申において，「自立生活とは，四肢麻痺など重度な障害者が，介助者や補装具等の補助を用いながらも，心理的には開放された責任ある個人として主体的に生きることである」としている．
⇒自立生活運動

自立生活運動（ジリツセイカツウンドウ）㊤ independent living movement. 1970年代にアメリカで始まった自立生活（IL）運動は，重度障害者が社会のなかで，自己決定に基づき自らの意思で人間としての権利を主張し，社会の一員として参加していこうとする運動である．それまでは，日常生活動作（ADL）の自立によって，職業や社会面での自立を可能とするいわゆる「身体的側面での自立」の考え方であったが，IL運動によって，生活の質，人生の質を問う全人間的権利の復権である「人間らしく生きる権利の回復」という運動であった．
⇒自立生活

自律尊重原則（ジリツソンチョウゲンソク）㊤ autonomy. 生命倫理の4原則のひとつ．非人道的梅毒研究であるタスキギー事件（1932～1972）の反省にたち，作成されたベルモントレポートにより提唱された倫理原則．ベルモントレポートにおいては，respect for personsと表され，自律の保障と，自律が低下した人の保護を謳っている．自律尊重原則は，意思能力のある個人は自己決定をすることができること，他人の自己決定を尊重すること，あるいは他人が適切な自己決定をすることができるように支援することを意味する．自己決定をするために必要な意思能力とは，自分が受ける医療やケアの内容を理解でき，それを受けるのか受けないのかを自分で判断する能力を指す．医療者は，患者本人の同意なしでは，手術などの侵襲的医療行為を行うことはできない．また，臨床研究においても，被験者に対して適切な説明をし，本人の自発的同意を得なければならない．そして，患者が適切な自己決定をするためには，真実を告知すること，患者が理解できるように情報提供をすること，患者が強制されずに自発的に決定すること，患者があやまった決定をしないように適切なアドバイスをすることが重要である．自律尊重原則からは，インフォームドコンセントの権利およびプライバシー権（守秘義務と個人情報保護）も導かれる．また，自律は，自立と同じ発音であるため，しばしば混同されるので注意が必要である．自律はautonomyであり，「自分のことを自分で決めることができる」ことを意味するが，自立はindependence, self-helpであり，「自分のことを自分でできる」「自分でできることは自分でする」ことを意味する．
⇒生命倫理の4原則

自立歩行（ジリツホコウ）㊤ independent walking. 自立歩行についての一般的な判断基準はないが，対象者の障害の程度や能力，あるいは性格や周囲の環境などを総合的に勘案し，杖や補装具を用いたとしても限られた環境下だけでなく，屋外，公共交通機関，実際の生活場面で歩行ができることをいう．

事理弁識能力（ジリベンシキノウリョク）➡契約締結能力を見よ．

視力障害（シリョクショウガイ）㊤ visual impairment ㊥ 視力低下．一般的にさまざまな原因により視力が低下した状態を指す．先天的な視力障害と後天的な視力障害があり，先天的な視力障害の原因としては，先天性白内障，先天性緑内障，未熟児網膜症，小眼球症，網膜芽細胞腫などが挙げられる．後天的な視力障害の原因としては，近視，遠視，乱視，老視などの屈折・調節力の障害による裸眼視力の低下がまず挙げられる．しかし，それ以外にも角膜，水晶体，硝子体，前房，瞳孔などの眼透光体の混濁・異常，緑内障による視神経萎縮，ぶどう膜炎による網膜障害・硝子体混濁などのような他の疾患，弱視や心因性視力障害などの感覚系の障害，または黄斑変性や中毒などによっても視力障害が生じる．なお，視覚障

害とは広く視機能の低下を指す用語であり，視力障害以外にも視野障害や色覚異常も含まれる．
⇨視覚障害

視力低下（シリョクテイカ）　➡視力障害を見よ．

シルバーサービス　㋒ private service for senior citizen. 厚生労働白書により「民間部門により市場原理に基づき，利用者が高齢者であることを意識して，提供されるサービス及び商品」と定義し，民間事業者が提供する60歳以上の高齢者を対象とした福祉サービスである．具体的には，有料老人ホーム，ケアハウス等の居住関連分野，訪問介護（ホームヘルプサービス），通所介護（デイサービス）等の介護関連分野，福祉用具貸与・販売等の介護用品等関連分野，保険，不動産担保型融資等の金融関連分野，その他（介護予防・生活支援，生きがい関連，社会基盤整備など）の事業である．

シルバーサービス振興会（シルバーサービスシンコウカイ）　㋒ Elderly Service Providers Association. 民間シルバーサービスの育成・振興を目的として，1987年3月に民間事業者等を会員とし，設立された団体のことである．多様化する高齢者のニーズに対応するために，公的政策と創造性・効率性をもった民間サービスが互いに役割を分担し合い，それぞれの役割を果たすように努めることが社会的に必要であるとして，また，一般社団法人シルバーサービス振興会では，厚生労働省のガイドラインなどをさらに具体化した基準との理念に基づき活動を行っている「シルバーマーク制度」を設け，良質のサービスを行っている事業者にシルバーマークを交付して質の向上を図っている．

シルバー人材センター（シルバージンザイセンター）　㋒ silver human resources center. 1986年に高齢者雇用安定法によって法制化された一定地域に居住する定年退職者等を対象として，労働意欲をもつ高齢者の希望に応じて臨時的・短期的な就業の機会を確保，提供することを目的として設立された都道府県知事の指定する公益法人である．厚生労働大臣への届け出によって無料での職業紹介事業を行うことができる．

シルバーハウジング　㋒ senior housing. 高齢者が安心して快適に生活することができるようバリアフリー設備が整えられた公営住宅．1987年に高齢の単身者および夫婦世帯が自立して安全に生活を営むことができることを目的に制定され，1993年には市町村の委託を受けた生活援助員（ライフサポートアドバイザー：LSA）が常駐し，生活相談や安否の確認，緊急時の対応など日常生活支援サービスを提供している．住宅設備は，手すり，段差の解消，緊急通報システム等高齢者の生活特性に配慮した仕様である．住宅供給主体は，地方公共団体・都市再生機構，住宅供給公社である．入居対象者は，60歳以上の単身世帯，いずれか一方が60歳以上の夫婦世帯，60歳以上のみからなる世帯，障害者単身世帯，障害者とその配偶者からなる世帯である．利用料は，利用者の年間所得により決定され，1～10万円程度である．介護が必要となった場合は，居宅介護サービスを利用する．

シルバー110番（シルバーヒャクトウバン）　➡高齢者総合相談センターを見よ．

シルバーマーク制度（シルバーマークセイド）　㋒ silver mark. 一般社団法人シルバーサービス振興会が行う認定制度である．1989年に創設，高齢者が安心して健康に暮らすことができるように質の高いサービスや商品を提供する事業者に安全性，倫理性，快適性など福祉適合性の視点から基準を設定し，その基準を満たすものにシルバーマークを交付している．シルバーマークの対象は，訪問介護・訪問入浴介護・福祉用具販売・福祉用具貸与・在宅配食の5つの在宅サービスである．サービスごとに職員配置，職員研修，サービスの実施等に関する認定基準を設けており，認定の有効期間は2年間である．

事例研究（ジレイケンキュウ）　➡ケーススタディを見よ．

しろそこひ（シロソコヒ）　➡白内障を見よ．

心因性精神障害（シンインセイセイシンショウガイ）　㋒ psychogenic mental disorder. ストレスなどの心的要因によって生じる精神面の強い反応として起こる障害．心因性精神障害には神経症，心因反応などがあり，心理的な要因で起こる障害をいう．継続的なストレス，人間関係，性格，精神的ダメージを受ける出来事など心理的，環境的な要因が発病の原因となるが，明確な原因や理由がはっきり認識できるのが心因性精神障害の特徴である．不安，脅迫症状，心気症，抑うつ，ヒステリー精神症状などがみられる場合をいう．心因反応は環境要因と個人的な要因によって起こるが，個人の人格の関与の大きいものは神経症とよばれる．
⇨心因反応，心身症，神経症

心因反応（シンインハンノウ）　㋒ psychogenic reaction. ストレスフルな出来事に対して反応性に出現する精神障害であり，心理的影響をもった出来事が原因となって身体・精神・日常生活に支障をきたす状況．反応性精神障害ともよばれ，一度に大きなストレスがかかるか，持続的なストレスにさらされることによって起こる，不適応反応である．「急性ストレス反応」「心的外傷性ストレス反応」「適応障害」の3つのサブカテゴリーがあり，「急性ストレス反応」「心的外傷性ストレス反応」は重大なストレスによって発症し，急性の経過をとる．「適応障害」は日常生活のなかで持続的なストレスを原因として発症し，個人のストレス脆弱性が強調され，症状も多様である．ストレスなどの心的要因によって生じる精神面の強い反応を心因性精神障害という．
⇨心因性精神障害，心身症

腎盂腎炎（ジンウジンエン）　㋒ pyelonephritis／nephropyelitis. 細菌感染を原因とする腎盂ならびに腎実質の炎症のこと．病理学的には腎杯の炎症，壊死，変性などが認められる．先天性の尿路異常や慢性尿路感染，結石・腫瘍などによる尿路狭窄・閉塞など，基礎となる尿路系疾患を有している場合が多いため，腎盂腎炎を診断した際には基礎疾患の検索および治療が必要となる．感染経路は主に上行性であり，一側性のことが多いが両側性のこともある．臨床症状としては，血尿，混濁尿，膿尿，発熱，腰背部痛，背部叩打痛，悪心などがあり，検査所見としては白血球尿，細菌尿などが挙げられる．しかし自覚症状に乏しく，症状も不定である場合も多い．起炎菌として大腸菌などのグラム陰性桿菌が多いとされる．ときに敗血症や播種性血管内凝固症候群（DIC）などを起こし，重症化することもある．

心エコー（シンエコー）　➡心臓超音波検査を見よ．

新エンゼルプラン（シンエンゼルプラン）　㋒ New Angel Plan. 1999年12月，少子化対策推進関係閣僚会議で決定された「少子化対策推進基本方針」に基づく重点施策の

具体的実施計画として「重点的に推進すべき少子化対策の具体的実施計画について（新エンゼルプラン）」が大蔵，文部，厚生，労働，建設，自治の6大臣合意により策定された．実施期間は2000〜2004年の5か年計画である．重点的に取り組む8つの目標は，「保育サービス等子育て支援サービスの充実」「仕事と子育ての両立のための雇用環境の整備」「働き方についての固定的な性別役割分業や職場優先の企業風土の是正」「母子保健医療体制の整備」「地域で子どもを育てる教育環境の整備」「子どもたちがのびのび育つ教育環境の実現」「教育に伴う経済的負担の軽減」「住まいづくりやまちづくりによる子育ての支援」である．新エンゼルプランは，1994年に策定された子育て支援施策の10か年計画の「今後の子育て支援のための施策の基本的方向について（エンゼルプラン）」と「緊急保育対策等5か年事業」を見直したものである．

人格（ジンカク） 英 personality 独 Persönlichkeit．個人の心理面の特性，人柄，または人間の人としての主体的な側面など，心理学ではパーソナリティなどともいわれる．人格は性格とほぼ同義語で使われることがあり，人間の精神機能の持続的な特徴のうち知的な側面は知能とよばれ，情意面の側面は性格ともよばれる．独立した個人としての人間性や人としての総合的特性だけではなく，人格者という場合には，価値観や人間性が優れていることなどを示す．心理学における人格は，個人に独自の行動傾向や知能的面を含んだ広義の概念を指す場合もある．ライフサイクルにおいては，幼少期における発達段階の経験や体験などが，人格の形成に大きく影響を与えている．
⇨気質

人格障害（ジンカクショウガイ） ➡パーソナリティ障害を見よ．

人格変化（ジンカクヘンカ） 英 personality change 独 Persönlichkeitsveränderung．脳血管障害などの脳の器質的な疾患，統合失調症などの機能性疾患，一時的な破壊体験に起因するもので，いったん形成された人格が変化することをいう．症例として人格特性のかたよりや異常性がみられる．一般的に高齢者の人格の変化は，がんこで自分中心で内向的で用心深いといわれてきたが，高齢者の心理学研究や人格の加齢変化についての縦断的な追跡研究などで明らかにされてきたように，高齢者特有の人格特徴などはなく，人格は中年期から高齢期においても本質的には変わらない．人格が変化するというよりも，人格の先鋭化ともいうもともとの人格特徴が，より際立ってくる場合もある．認知症になって短気になったり，攻撃的になったりして人格が変化するといわれるのは，感情をコントロールできなくなったり，意思の疎通が困難になったりするためである．また，前頭側頭型認知症（FTD）は脳の前頭葉や側頭葉の萎縮がみられる認知症であるが，前頭葉が萎縮することで反社会的な行動などの人格の変化がみられる．

心悸亢進（シンキコウシン） 英 cardiopalmus 同 動悸．心臓の拍動を自覚している状態を指す．とくに心臓の拍動が異常に強く速くなっていると感じ，違和感や不快感がある場合に用いられる．実際に心臓の拍動が亢進している場合が多いが（100回/分を超すものを頻脈とよぶ），正常心拍でも動悸を感じる場合もある．心悸亢進の直接的な原因となりうる心疾患として，期外収縮や心房細動，心房粗動などの不整脈があり，また大動脈瘤や心臓の拡大のために胸壁に拍動が強く伝わる場合もある．心疾患以外でも，運動，貧血，発熱，薬物（気管支拡張薬，甲状腺薬，アトロピン，エフェドリン塩酸塩，カフェイン，ニコチンなど）使用時や，ストレスなどの精神的原因によっても心悸亢進が出現することがある．問診と理学所見，心電図などによって原因を明らかにし，原因疾患に対する治療を行う．
⇨頻脈，不整脈

心気神経症（シンキシンケイショウ） 英 hypochondriacal neurosis／hypochondria．その背景として説明しうる身体疾患がないにもかかわらず，身体症状や不調を訴え続ける病態．多くの場合，心拍，腹部膨満，発汗，痛みなどのような身体の生理的反応を疾患と関連づけ，医療機関での検査で異常なしといわれても納得せず，同じ医療機関を頻回に受診したり，他の医療機関を転々とすることがある．一般に老年期においては多くの場合，心気症状は認知症や，うつ病の随伴症状として出現することが多い．とくに，アルツハイマー病（AD）などの認知症において，初発症状として心気症状のみが出現し，やがて認知症症状が顕在化することもあるため，注意が必要である．治療については，一般成人であれば，抗不安薬の使用や精神療法などの非薬物療法が行われるが，老年期においてはこのような治療は適応とならない場合が多い．なかでも抗不安薬の使用については筋脱力やせん妄のリスクがあることから，老年期において新たに処方開始することはない．

心筋炎（シンキンエン） 英 myocarditis．細菌，ウイルス，真菌などの感染症，あるいはリウマチ熱や他の膠原病，薬物性など種々の原因により，心筋に局所的，あるいはびまん性の炎症性変化が出現した状態を指す．コクサッキーウイルスはヒト心筋に親和性が高いといわれているが，ウイルス性の心筋炎の発生にも自己免疫が関与している可能性が指摘されている．発症様式により急性心筋炎と慢性心筋炎に分けられ，組織学的には実質性心筋炎と間質性心筋炎とに分けられる．多くの心筋炎患者では，かぜ症状（悪寒，発熱，頭痛，倦怠感）や食欲不振，悪心，嘔吐などの消化器症状が先行し，その後，数時間から数日の経過で心不全症状や胸痛，ショック，不整脈などが出現する．心電図や心臓超音波検査，トロポニンTなどの心筋特異的な物質によって診断を行うが，特異的所見に乏しいため診断に苦慮する場合もある．診断確定が必要な場合は心筋生検を行う．ウイルスに対する抗ウイルス薬を投与するほか，対症療法としてステロイド，γグロブリン投与などで治療を行う．治療を行えば予後良好な場合が多いが，場合によっては重症化し，重度の不整脈や心不全を呈することもある．

心筋梗塞（シンキンコウソク） 英 myocardial infarction 略 MI．心筋を養う冠状動脈の血液の流れが滞る虚血性心疾患のひとつ．心臓を養っている冠状動脈が閉塞や狭窄などを起こし，心臓の筋肉に酸素が届かず虚血状態となって壊死する病気である．突然の発症が多く，急性心筋梗塞の病状を呈する．心筋が虚血状態に陥っても壊死にまで至らない前段階を狭心症という．突然強い胸部の痛みや苦悶感が生じ，数時間以上続く．顔面蒼白になり，苦悶，冷や汗，血圧低下，などを伴い，意識不明に陥ることもあり，絶対安静が原則である．発症後，急性期に

は致死的不整脈が起こりやすく，死亡する危険性が非常に高い．時間が長引くほど心筋の壊死が進み，心機能の不可逆的低下が進行していく．ただちに救命処置にかかる必要がある．発症6時間以内の心筋梗塞の場合，積極的に閉塞した冠動脈の再灌流療法を行う．発症から24時間以内の症例では，再灌流療法の成功率が高いとされる．再灌流には閉塞した冠動脈にカテーテルを挿入して治療する場合と，点滴による血栓溶解療法がある．狭窄部位が3つ以上であった場合に緊急冠動脈バイパス術が行われるが，高度の医療設備の整った病院でないとむずかしい．
⇨虚血性心疾患，狭心症

真菌性肺疾患（シンキンセイハイシッカン）㊥ mycotic pneumonia ㊂ 肺真菌症．肺のなかに真菌，すなわちカビが増殖し，肺炎と似た症状が現れる病態である．病原となるカビは通常，自然界やヒトの体内に普通に存在しているもので，健康である限り，それらが肺のなかで増殖し，真菌性肺疾患を発症することはほとんどない．しかし，体の免疫力の低下や体の衰弱などが極端になると，体内のカビが増殖しだして肺炎症状を引き起こす．これを日和見感染という．とくに白血病や進行がん，ステロイド薬を長く服用している場合などでは，注意が必要である．よくみられる真菌性肺疾患には，ハトの糞などにいるクリプトコッカスとよばれるカビを吸い込んで病気を起こす肺クリプトコッカス症や肺アスペルギルス症がある．免疫力が落ち，衰弱した人に起こりやすい病気なので，治療がむずかしいことが多い．
⇨日和見感染

神経因性膀胱炎（シンケイインセイボウコウエン）㊥ neurogenic bladder．膀胱は脳からの指令を受け，尿をためたり排出したりする重要な臓器である．その膀胱へ脳からの指令がうまく伝わらず，排尿などの膀胱の働きが落ちた状態を神経因性膀胱という．頻尿や尿失禁，尿が出にくい，膀胱のなかに尿がある感覚はあるがうまく出せないといった症状である．似たような症状は細菌感染で起こる膀胱炎でも生じるが，それとは異なる．神経因性膀胱の原因にはさまざまなものがある．脊髄損傷や脳卒中，脳梗塞などで下半身麻痺や右半身麻痺，左半身麻痺になると神経因性膀胱になることがある．ほかにも，認知症やパーキンソン病，髄膜炎，腰椎椎間板ヘルニア，脊髄小脳変性症などが神経因性膀胱の原因に挙げられる．治療は，原因となる疾患の治療が第一である．原因不明の場合，膀胱の活動を抑える薬で対症療法を試みる．神経因性膀胱の尿失禁や頻尿などの症状は，他の病気にもみられる症状なので，疑わしい症状が出てきたら早めに泌尿器科を受診し，正しい対処をすることが必要である．
⇨膀胱炎

神経原線維変化（シンケイゲンセンイヘンカ）㊥ neurofibrillary tangle ㊂ NFT．ヒトの脳は加齢に伴って神経細胞がしだいに少なくなっていき，脳全体の重さも減少していくが，こうした生理的老化に脳病変が加わる人が増えていく．代表的な病気にアルツハイマー病（AD）がある．ADの脳病変の特徴は，老人斑と神経原線維変化とよばれる病変である．老人斑は，正常脳にも存在するβタンパクがアミロイドとよばれる塊を形成して細胞の外に沈着したものであるが，これとともに脳内に普通に存在するタウタンパクという物質が変化し，ねじれをもった線維を形成して神経細胞内にたまったものが，神経原線維変化である．こうした脳病変はしだいに脳全体に広がっていくためにADが進行していくと考えられている．とくに神経原線維変化は，脳のなかでは海馬とよばれる記憶の中枢領域を中心にその数が増えていく．そのためにADでは，記憶に関係する機能がいちじるしく障害されるのではないかと考えられている．この神経原線維変化はADだけではなく，進行性核上性麻痺，皮質基底核変性症，家族性前頭側頭型認知症，ボクサー脳症等の変性疾患でも観察される．このことから，神経原線維変化は，神経変性を示す疾患に共通した特徴的な病理変化であると考えられている．
⇨老人斑，アミロイドβタンパク質

神経循環無力症（シンケイジュンカンムリョクショウ）➡心臓神経症を見よ．

神経症（シンケイショウ）㊥ neurosis ㊂ ノイローゼ．精神的原因によって，精神的あるいは身体的症状が引き起こされた状態．神経症の精神症状には，不安，脅迫症状，心気症，抑うつ，ヒステリー症状があるが，身体症状には解離性四肢麻痺のような苦悩性のものがあり，器質的疾患は含まれない．解離性障害とよばれるヒステリーは，けいれん発作，後弓反張，失立・失歩，麻痺などや，精神症状としての興奮，もうろう状態を示す．不安神経症とよばれた不安を中心とする神経症は，パニック障害と全般性不安障害に分類され，急性の不安障害はパニック発作とよばれる．

神経心理学的検査（シンケイシンリガクテキケンサ）㊥ neuropsychological test．神経機能を対象とする神経学的検査とは異なり，高次脳機能障害を対象とする検査．失語，失行，失認などの症状のほかに，前頭葉症状，側頭葉症状などの大脳のより広い領域に関係する症状も含まれる．神経心理学的検査は高次脳機能障害にとどまらず，認知症だけではなく，器質的機能性損傷，統合失調症，うつ病などの精神障害者の認知機能障害を評価する指標として，治療，研究，薬物効果の評価などに用いられてきた．

神経性食欲不振症（シンケイセイショクヨクフシンショウ）㊥ anorexia nervosa ㊂ 神経性無食欲症／拒食症．摂食障害の一部で，食物摂取の不良または拒否，体重減少が特徴．思春期に自分のボディイメージが障害され，「自分は太っている」と考え食事をとることを恐れる場合が多い．アルツハイマー病（AD）の場合，食事のとり方が分からなくなり食べなくなることがある．介助しても食べられないか，確認する必要がある．前頭側頭型認知症（FTD）の場合，食べない行動となり拒食症のようにみえることがある．また，認知症や老いを悲観し，生きる意味を失い食事をとろうとしない行動もある．他の病気のために胃部不快感などがあり食事をとらなくなることもあるので，食事場面の観察や体調管理を行うなかで原因を考え，原因に合わせた対処法が必要である．食事場所を変えたり，外食をしたりすることによって，食事をとれるようになることもある．

神経性無食欲症（シンケイセイムショクヨクショウ）➡神経性食欲不振症を見よ．

神経痛（シンケイツウ）㊥ neuralgia．原因不明のものから原因の明らかなものまでを含め，体の特定の末梢神経領

域に起こる痛みを総称して神経痛とよぶ．発作性の痛みが短時間反復して現れることが多く，長時間続くことは少ない．部位としては，手足の末端や関節部位，肋骨などに起こりやすいが，全身の至る所に起こりうる．ただし，痛む部位が1本の末梢神経の支配している領域に限局している特徴があり，痛む部位を指などで圧迫したりすると，痛みが誘発されることが多い．ずきんと鋭い針で刺したような痛み，焼けつくような痛み，電気の走るような痛みなどさまざまな訴えがある．多くは原因不明であるが，周辺組織の末梢神経への圧迫や炎症などが原因となっていることもある．痛みはリウマチ性関節炎や痛風にも似ているが，神経痛では関節の変形や発赤，炎症は起こらない．中高年に比較的多くみられ，最近では高齢者の帯状疱疹の後遺症として神経痛が残るケースが増えている．
⇨関節リウマチ，変形性関節症

神経伝達物質（シンケイデンタツブッシツ）㋹ neurotransmitter／neurogen／chemical transmitter／nerve transmitter substance ㋺ neuromittor．神経細胞（ニューロン）からほかの細胞（神経細胞や筋細胞など）へ興奮，あるいは抑制の信号を伝える際に介在する化学物質．神経細胞内で合成された神経伝達物質は，神経細胞間の連結部（シナプス）のシナプス間隙とよばれる隙間に放出され，受け手の細胞の樹状突起にある受容体（レセプター）に結合することにより信号が伝わる．モノアミン，アミノ酸，神経ペプチドなどに分類されている．

神経難病（シンケイナンビョウ）㋹ intractable disease of the nervous system．脳神経細胞が原因不明の変化をした結果から起こる神経系疾患のなかで，明確な原因や治療法がないもの．とくに神経細胞が原因不明の変化を起こして脱落するものを神経変性疾患といい，自己免疫がかかわると考えられる免疫性神経疾患や遺伝子変異によるものもある．神経変性疾患は脳や脊髄にある神経細胞のなかで，ある特定の神経細胞が徐々に障害を受け脱落してしまうもので，筋萎縮性側索硬化症（ALS），脊髄小脳変性症，多発性硬化症，重症筋無力症，パーキンソン病，進行性核上性麻痺，アルツハイマー病（AD），レビー小体型認知症（DLB），皮質基底核変性症などがある．進行性核上性麻痺などは，認知症の症状を起こしやすいといわれている．疾患の一部については新しい治療が導入され，予後や症状が改善するものもあるが，ほとんどは徐々に進行することから，状況に応じた身体的・精神的なサポートが必要となる．とくに進行期から終末期にかけては，日常生活動作やコミュニケーション能力が障害されることがあり，看護・介護・リハビリテーションなどの総合的なケアが必要となる．
⇨神経変性疾患

神経梅毒（シンケイバイドク）㋹ neurosyphilis／neurolues．性行為によって感染する中枢性疾患のひとつ．細菌の一種である梅毒（*Treponema pallidum*）に感染すると，らせん形をした菌が一定の潜伏期を経て中枢神経へ入り込み，神経梅毒となる．10年以上の潜伏期を経て晩期に中枢神経へ入り込み発症する場合と，感染初期から中枢神経に入り込む場合がある．どの時期においても，神経梅毒が生じる可能性がある．無症状で脊髄液のみ異常を呈する無症候型，髄膜や血管にも感染が及ぶ髄膜血管型，脳実質全体に感染が及ぶ実質型に分類されている．髄膜血管型では，血管炎による片麻痺・失語などの症状が現れる．感染が脳実質に及ぶ実質型では，人格変化や知能低下，けいれん発作，精神病状態などを引き起こすので，高齢者の場合，認知症と紛らわしくなる．これを進行麻痺とよぶ．先進国では，ペニシリンを主とした抗生物質の進歩とともに比較的まれな病気になりつつあるが，最近ではヒト免疫不全ウイルス（HIV）と梅毒の合併例も報告されるようになり，新たな問題となっている．
⇨ワッセルマン反応

神経変性疾患（シンケイヘンセイシッカン）㋹ neurodegenerative disease．脳や脊髄にある神経細胞のなかで，ある特定の神経細胞群が何らかの原因で徐々に障害を受け脱落してしまう病気の総称．原因の分かっている変性疾患はほんのわずかで，大部分の変性疾患はまだ原因も治療法も分かっていない．変性脱落していく神経細胞は疾患によってそれぞれ異なっている．大別すると，認知機能が低下してしまう病気，円滑な運動ができなくなる病気，体のバランスがとれなくなり，歩行困難となる病気，全身の筋力が低下してしまう病気がある．認知機能が低下する変性疾患の代表がアルツハイマー病（AD）である．脳内に異常蓄積するβタンパクが神経細胞の変性脱落に関与している，と考えられている．円滑な運動ができなくなる疾患の代表的なものにパーキンソン病がある．これは，脳の深部にある黒質線条体とよばれる部位の細胞群が変性脱落していく病気である．このほかに，小脳が変性する脊髄小脳変性症がある．脊髄小脳変性症には遺伝により発症するものもあり，原因遺伝子が突き止められている．いずれも高齢者に発症する傾向があることから，加齢が何らかの関与をしているものと推測されている．
⇨脊髄小脳変性症，アルツハイマー病

新健康フロンティア戦略（シンケンコウフロンティアセンリャク）㋹ strategy for new health frontier．国民の健康寿命を延ばすことを目標に「健康フロンティア戦略」の内容をさらに発展させたもので，2007年4月18日，内閣官房長官主宰の「新健康フロンティア戦略賢人会議」において策定された．国民自らがそれぞれの立場等に応じ，予防を重視した健康づくりを行うことを国民運動として展開し，家庭の役割の見直しや地域コミュニティの強化，技術と提供体制の両面からのイノベーションを通じ，病人，障害者，高齢者も自己の能力を活用し充実した人生を送ることができるよう支援することとしている．国民自らが取り組んでいくべき分野として，「子どもの健康」「女性の健康」「メタボリックシンドローム克服」「がん克服」「こころの健康」「介護予防」「歯の健康」「食の選択」「運動・スポーツ」の9分野である．これらの対策を支援する「家庭・地域」「人間活動領域拡張」「研究開発」の3分野の対策も進めていくこととしている．実施期間は2007～2016年の10年間である．

心原性ショック（シンゲンセイショック）㋹ cardiogenic shock．全身に血液を送り出す心臓のポンプ機能が突然，機能不全に陥り，血液の拍出量が低下するために血圧が急激に下がってショックになるというもの．心筋梗塞のような心筋細胞が急速に壊死するような状態では，心原性ショックが起こりやすい．心筋梗塞の範囲が広いと心室中隔に穴が開き，動脈血と静脈血が混じり合うことがある．心タンポナーデとよばれる心臓破裂の場合な

どでは，ショックに至る．急性心筋梗塞の10～20％に心原性ショックがみられるといわれている．心筋梗塞以外では，急性の心不全でもショックが起きることがある．心不全は心臓のポンプとしての力が落ち，血液循環が落ちる病態で，通常はさまざまな心疾患において慢性状態で経過していることが多いが，そのうえさらに急激な心拍出量の低下でショックが生じる．心原性ショックの症状は突然，血圧が90mmHg以下となり，四肢が冷たく全身がぐったりとして，意識障害，昏睡となってしまう．早急に救命，救急処置が必要となる．
⇨心筋梗塞，心不全

人工関節置換術（ジンコウカンセツチカンジュツ）㊤ artificial joint replacement. 変形性の関節症や関節リウマチなど関節の病気や骨折，外傷などによって変形した関節を人工関節に置き換える手術．よく行われているのは，膝関節と股関節である．膝関節の人工関節は膝関節の滑らかな動きを再現できるように，大腿骨部，脛骨部，膝蓋骨部の3つの部分からできている．大腿骨部と脛骨部の本体は金属製であるが，脛骨部の上面と膝蓋骨の表面は耐久性に優れた硬いプラスチックでできていて，これが軟骨の代わりになる．人工股関節は特殊な金属，プラスチック（ポリエチレン），セラミックなどでつくられている．大腿骨側と骨頭，寛骨臼側（カップ）の部品が組み合わさって，人工関節を構成する．大きさや機種などは，患者の障害に適したものが選ばれる．人工関節は，無理をせずに使えば長い耐久性がある．すり減った場合には取り替えることも可能である．

人工肛門（ジンコウコウモン）㊤ artificial anus／colostomy／preternatural anus／enteroproctia ㊥ 消化器系ストーマ．腸の疾患や機能障害により，肛門の代用として腸管を腹部の体外に開口させ，そこから糞便を排泄させる状態のこと．糞便の排泄口をストーマという．人工肛門は，一時的なものと永久的なものとに分けられる．一時的人工肛門は，潰瘍性大腸炎や腸閉塞のときに病変部分の安静を保ち治癒を促すためにつくられるため，治癒すれば腸を吻合し開口部分は閉じられる．一方，永久的人工肛門は，直腸がんの治療のために直腸切断術をしたときにつくられるものである．永久的人工肛門を造設した人は，生涯にわたり排便の自己管理や開口周囲の皮膚の保護などを行うことになる．人工肛門造設者のことをオストメイトとよび，最近は公的施設などにオストメイトのためのトイレが増えている．永久的人工肛門造設者は，身体障害者の認定を受けることができる．障害者手帳が交付されると，市町村からストーマ装具が交付されたり，自費で購入する際に医療費控除を受けられたりする．
⇨オストメイト

人工呼吸器（ジンコウコキュウキ）㊤ artificial ventilator／mechanical ventilator／spirophore／respirator ㊥ レスピレータ／ベンチレータ．何らかの理由で，自力で呼吸運動ができなかったり，十分なガス交換ができなかったりする場合に，換気を代行，あるいは補助するために用いる医療機器のこと．人工呼吸器を使用している患者に対しては，設定した換気量や酸素濃度，気道内圧，呼吸回数などが正しく作動しているか否かを頻繁に観察することが重要である．突然の停電に備えて，日ごろから保守点検を行うことと，外部電源を確保していること，バッグバルブマスクを常設しておくことが大切である．人工呼吸器を装着している人は，声が出せないために，自分の意思を十分伝えられないストレスが大きいことを考慮して対応する必要がある．
⇨バッグバルブマスク

人工呼吸法（ジンコウコキュウホウ）㊤ artificial ventilation. 自発呼吸が微弱あるいは停止したために換気が不能になった人に対して，人工的に空気を肺に送り込み，換気を代行する方法のこと．方法には，口対口もしくは口対鼻で空気を送り込む人為的な方法，バッグバルブマスクを使って手動的に行う方法と，気管内に管を挿入もしくは気管を切開し，チューブを人工呼吸器につなげて機械的に行う方法がある．人為的および手動的に人工呼吸を行う際は，まず自発呼吸をしていないことを確認し，頭を後方に反らせ顎先を上に引き上げて気道を確保してから行う．人工呼吸のリズムは，1.5～2.0秒程度をかけて空気を送り込み，5秒程度の間隔をおいてから次の送り込みをする．呼吸も脈も停止している場合は，心肺蘇生法を行う．はじめに人為的人工呼吸を2回行い，次に圧迫部位（剣状突起）を毎分80～100回の速さで心臓マッサージを15回（2人で行うときは5回）行い，人工呼吸を2回（2人のときは1回）行う．
⇨バッグバルブマスク，心肺蘇生法

人工骨頭置換術（ジンコウコットウチカンジュツ）㊤ femoral head prosthetic prosthesis. 大腿骨頸部骨折など主に股関節の外傷や変性疾患で障害が生じた場合に人工の関節で置き換える手術．骨盤側の臼蓋はそのままにして関節の臼蓋側にうまくはまるような球状の金属製あるいはセラミック製の骨頭とそれに付随した棒状の金属を大腿骨内に挿入して固定する．臼蓋側も含め関節全体を人工関節とする人工股関節全置換術よりも手術による侵襲が少ないため，平均余命の少ない高齢者に適した手術とされている．手術時間は1～2時間程度である．術後はベッド上座位保持訓練から始め，2～3日して車いす移動，4～5日して杖歩行訓練を始める．この間に患側，健側の筋力訓練も同時に進行させる．受傷前の歩行能力が十分であれば約3週間から1か月で退院が可能である．しかし，手術の合併症として感染，脱臼，血栓症のリスクもある．高齢者ではこのほかに認知症や術後せん妄の出現頻度が高い．大腿骨頸部骨折の1年以内の死亡率は10～30％である．
⇨人工関節置換術

進行性核上性麻痺（シンコウセイカクジョウセイマヒ）㊤ progressive supranuclear palsy ㊙ PSP. 1964年に，スティール（Steele J），リチャードソン（Richardson JC），オルシェウスキィ（Olszewski J）の3人によって報告された，進行性の神経変性疾患．報告では，7人の剖検例を含む9例が示されている．その臨床的特徴としては，眼球が上下に動かない垂直性注視麻痺，嚥下の障害（偽性球麻痺），首がうしろへ反る（項部ジストニア）といった特徴的な神経症状を示す．これに認知症が合併する．進行が比較的早く平均で発病2.7年で車いす生活となり，4.6年で寝たきり状態となる．罹病期間は5～9年で，平均生存期間は5～6年である．死因は肺炎が多い．特徴的な神経症状に加えて，認知症症状はほぼ必発であり，皮質下性認知症といわれる動作の緩慢さと意思発動の低下を特徴とする認知症症状を示す．これに妄想などの精神症状

が加わっていることもある．有病率は10万人あたり6人程度と推定されている．発症年齢は初老期を中心に60代がピークで，男女比は5：2と男性に多い．いくつかの亜型があることが知られている．典型的な臨床像は，リチャードソン症候群とよばれる．皮質下にある神経細胞群の変性脱落があり，タウという異常なタンパク質の蓄積が関与していると考えられている．
⇨皮質下性認知症

進行性筋ジストロフィー（シンコウセイキンジストロフィー） 英 progressive muscular dystrophy 略 PMD 同 筋ジストロフィー．筋線維の破壊・変性により次第に筋萎縮と筋力低下が進行していく遺伝性筋疾患の総称．症候学的，遺伝学的にいくつかの類型に分かれているが，もっとも頻度が高いのはデュシェンヌ型である．デュシェンヌ型はX染色体劣性遺伝であり，男児のみに発症し，2～5歳に歩行の障害がみられ，次第に進行する．心筋や呼吸筋も障害されるため末期は心不全または呼吸不全で死亡する．根本的治療法はない．ベッカー型はジストロフィンタンパクの異常により発症する疾患で，デュシェンヌ型よりは予後が良好である．進行性筋ジストロフィー自体は筋肉疾患であり，認知症化することはない．

人口静態（ジンコウセイタイ） 英 state of population．人口や人口構成について，特定の瞬間的な時点でとらえた状態のこと．その時点に関する統計が人口静態統計である．人口静態統計として人口調査，登録人口調査，人口推計がある．人口静態統計は，ある一定の時点を基準として人口を把握するものであり，5年ごとに全数調査を実施しているのが国勢調査である．国内に3か月以上定住している外国人も含めた全人口を対象に，氏名，性別，生年月日，5年前の居住地，教育状況，職業，世帯状況，居住状況などを調査している．人口静態統計における人口は，調査人口，公簿人口，推計人口，夜間人口，昼間人口，現在人口，常住人口，従業地人口，出生地人口などに分けられる．
⇨人口動態

進行性非流暢性失語（シンコウセイヒリュウチョウセイシツゴ） 英 progressive non-fluent aphasia 略 PNFA．前頭側頭型認知症，意味性認知症を症状にもつ前頭側頭葉変性症（FTLD）のタイプのひとつ．FTLDにおけるPNFAの経過は，自分で話そうとしても言葉が滑らかに発音できないといった症状で始まり，しだいに言葉や文章の意味の理解も悪くなってくる．とくに，語義の理解に障害はないものの，音の構成がゆがみ，個々の音が聞こえにくくなるような発語の発語失行，文を構成することができなくなる文法障害，聞いた言葉を繰り返して言えなくなる復唱障害，言葉を思い出すことができず喚語困難となる語想起障害，あやまって言葉を使っても気づかない錯語等を呈するが，認知症の症状は目立たない．責任病巣は，左シルビウス裂周囲（下前頭回，中心前回下部，島回）と考えられている．
⇨ピック病，前頭側頭葉変性症

人口統計（ジンコウトウケイ） 英 population statistics．人口現象に関する統計であり，人口の変動，出生率や死亡率，性別・年齢別などの構成，世帯数，地域間や国家間の移動の動向などが調査されている．人口統計には，人口静態統計と人口動態統計の2種類がある．人口静態統計は，特定の瞬間的な時点の人口調査であり，代表的なものとして国勢調査がある．人口動態統計は，2つの時点（一定期間中）における出生，死亡，死産，婚姻，移動などの変化をとらえる統計調査であり，厚生労働省所管の「人口動態統計」や転入や転出など社会的要因による人口移動統計として総務省所管の「住民基本台帳人口移動報告」がある．人口は，全数調査である国勢調査の人口を基準としている．

人工透析療法（ジンコウトウセキリョウホウ） 英 artificial dialysis therapy．腎臓には，老廃物の除去，電解質の維持，水分バランスの維持といった機能があるが，腎不全によってこれらの機能が低下した場合，代替的に機能を補う治療法である．大別すると血液透析（HD）と腹膜透析（PD）がある．血液透析は，患者にシャントとよばれる2本のカニューレを挿入して血液を体外に排出し体内の尿素，クレアチニン，尿酸，カリウム，リン，水分を除去する方法で，週3回で1回に4～5時間を要する．血液透析には，医療施設に通院して行う方法と医師の管理の下，在宅で患者自身が実施する在宅血液透析（HHD）がある．腹膜透析は，持続的携行式腹膜透析（CAPD）が主流で，腹腔内に透析液（1.5～2.0l）を注入し，腹膜が透析膜となり，一定時間貯留させることで血液中の老廃物，過剰な電解質，水分を除去する方法である．1日に3～4回透析液の交換を行うもので，患者の社会生活への負担が少なくてすむが，腹膜炎などの合併症には注意が必要である．

人口動態（ジンコウドウタイ） 英 demographic analysis．人口の数は，出生や死亡による増減，移動，結婚や離婚などによる人口構成の変化によって常に変動している．一定期間内における人口の変動を人口動態といい，数や人口集団の変動をもたらす出生や死亡などを人口動態の要因という．市区町村長は届出のあった出生，死亡，死産，婚姻，離婚の5種類の人口動態事象について「人口動態調査票」を作成し，その調査票は，市区町村長から保健所長，都道府県知事を経由して厚生労働大臣に提出される．厚生労働省では，大臣官房統計情報部で集計・整理し「人口動態統計」を作成して毎年公表している．調査期間は，毎年1月1日から12月31日である．住民基本台帳に基づく人口移動統計「住民基本台帳人口移動報告書」は，総務省統計局が行っている．

人工膀胱（ジンコウボウコウ） 英 urostomy 同 ウロストミー／尿路ストーマ．膀胱や前立腺，または尿路の疾患によって，膀胱を切除せざるを得なくなり，膀胱が正常な機能を果たせなくなった場合に尿の排泄口（ストーマ：stoma）を腹壁に増設したものである．人工膀胱には，①回腸導管，②蓄尿型人工膀胱，③自排尿型人工膀胱，④尿管皮膚ろうの4種類がある．人工肛門造設者と同様に人工膀胱造設者はオストメイト（ostomate）とよばれる．造設後は，感染や閉塞などの合併症予防やストーマケアを自己管理できるように指導，支援していく．社会福祉制度としては，永久造設ならば，身体障害者（内部障害）として認定され，身体障害者手帳の交付によって，障害者年金の受給，日常生活用具の交付，交通機関や公共施設利用料の割引や無料化，各種控除といったさまざまなサービスを受けることもできる．オストメイトが外出先でもセルフケアできるよう，洗浄用シャワーなどがついたトイレが必要である．
⇨オストメイト

進行麻痺（シンコウマヒ） 英 general paresis／general paralysis. 脳の実質が梅毒トレポネーマ（*Treponema pallidum*）により侵されて起こる神経，精神疾患であり，梅毒感染後10〜20年を経過して発病する．ワッセルマン（Wassermann A）が1906年に梅毒との関連を発見し，次いで1913年，野口英世が患者の脳内に梅毒トレポネーマを証明したことで病因が確定した．全梅毒患者の約5％に進行麻痺がみられる．男女比は4対1くらいである．未治療または感染初期に十分な治療が行われない場合に発病しやすいといわれる．長い潜伏期を経て梅毒トレポネーマが脳実質に侵入し，幻覚や妄想といった精神病状態のほか，記憶障害や思考力の低下などの認知症が生じる．進行すると手足のけいれん，四肢麻痺となり，寝たきり状態に至る．別名「脳梅毒」ともいわれる．適切な治療をせずに放置すれば，余命は発症からおよそ3年ともいわれる．主にペニシリン系薬が治療薬の第一選択となる．これにより進行麻痺の症状が劇的に改善されることが分かっている．

新・高齢者保健福祉推進10か年戦略（シンコウレイシャホケンフクシスイシンジュッカネンセンリャク） ➡新ゴールドプランを見よ．

新ゴールドプラン（シンゴールドプラン） 英 New Gold Plan 同 新・高齢者保健福祉推進10か年戦略．1994年12月，大蔵・厚生・自治の3大臣合意により策定された高齢者保健福祉サービス計画．全国の地方自治体でまとめられた老人保健福祉計画において1989年に策定されたゴールドプラン（高齢者保健福祉推進10か年戦略）の目標水準を上回る高齢者保健福祉サービス整備の必要性が明確になった．このことにより高齢者介護対策のさらなる充実を図るためゴールドプランを全面的に見直し，ヘルパー数，訪問看護ステーション設置数，福祉サービスの量など整備目標を大幅に引き上げるとともに，今後の取り組むべき高齢者介護サービス基盤の整備に関する施策の基本的枠組みを策定し，新ゴールドプランとして新たな目標水準が設定された．その後，1999年12月，新ゴールドプランの終了と介護保険制度の導入に対応する新たな計画としてゴールドプラン21（今後5か年間の高齢者保健福祉施策の方向）が策定されている．

心疾患（シンシッカン） 英 heart disease. 心臓に関する疾患のこと．心臓は，心筋とよばれる筋肉からできており，血液を全身に送り出す生命の維持に必要な臓器である．心疾患には，生まれつきの先天性心疾患と生後に病気となった後天性心疾患とがある．先天性心疾患は新生児の100人に1人の割合でみられるといわれる．先天性心疾患でもっとも多いのは心室中隔欠損で，約37％を占める．次いで，心房中隔欠損が15％，肺動脈狭窄が10％，肺動脈，大動脈心房中隔などいくつもの欠損の重なるファロー四徴が9％，動脈管開存が6％などの順となる．後天性心疾患の典型は，心臓の筋肉に血液を供給している冠動脈に起こる冠動脈疾患である．虚血性心疾患ともよばれ，心筋梗塞や狭心症がその代表である．心房細動など不整脈の多くも後天性心疾患である．
⇨心筋梗塞

心室細動（シンシツサイドウ） 英 ventricular fibrillation 略 VF. 心臓は，心房付近にあるペースメーカーから規則的なリズムが心室筋に伝えられ拍動している．心室は規則的なリズムで拍動し，血液を全身に送り出しているが，この心室の規則的な拍動と収縮が失われ，不規則に細かくけいれんしているだけの状態を心室細動という．心電図上でも規則的な波形は消え，不規則にふるえるような波形だけになる．心室細動になると心室のポンプ機能は失われ，血液を送り出せなくなり，結果として血圧はほぼゼロになり，脳は虚血状態になり意識は消失する．そのまま心室細動が続くと死に至ることから，救急救命処置が必要である．心室細動は，心筋梗塞の急性期や心筋症などの心臓病に伴う心室頻拍が生じたときに起こるのがほとんどである．健康な人に急に心室細動が起こって，突然死することもまれにある．心室細動がみられたときは病院搬送を待たず，すぐに心臓マッサージを行い近くに常備されている除細動器で電気ショックをかけ，蘇生を試みる必要がある．
⇨心室頻拍

心室頻拍（シンシツヒンパク） 英 ventricular tachycardia 略 VT. 心室は心房付近にある洞結節とよばれる部位から規則的なリズム信号を受けて拍動しているが，これとは別に，心室筋内から異常な拍動刺激が出て期外収縮が3拍以上連続して現れた場合を心室頻拍という．もともと心臓に病気がなく，3拍程度の心室頻拍であれば心配がないこともあるが，心臓に病気があったり，連発の数が多かったりする場合は注意が必要である．30秒以内に自然停止する場合を非持続性心室頻拍といい，30秒以上持続する場合，あるいは30秒以内に重篤な症状が出現するために緊急治療が必要となる場合を持続性心室頻拍と分類している．心室頻拍では1分間に120〜250回の拍動となる．120回前後と心拍数が遅いと症状が出ない場合もあるが，180回を超える頻拍の場合血圧が下がって冷汗，しびれ，呼吸苦などさまざまな症状が現れる．心室頻拍から，さらに致死率の高い心室細動に進行することもあるため，治療が必要となる．
⇨心室細動，期外収縮

心身症（シンシンショウ） 英 psychosomatic disorder／psychosomatic disease 略 PSD. 日本心身医学会（1991）によると，「身体疾患のなかで，その発症や経過に心理社会的な因子が密接に関与し，器質的ないし機能的障害が認められる病態をいう．ただし，神経症やうつ病など，他の精神障害に伴なう身体症状は除外する」と定義される．心身症は独立した疾病を指すのではなく，種々の身体疾患や病的状態について心身の相関の視点から整理したもので，症状は多岐にわたる．心身症として取り上げられる疾患と病態の代表的なものは，気管支喘息，胃・十二指腸潰瘍，神経性皮膚疾患，過敏性腸症候群，関節リウマチ，本態性高血圧，甲状腺機能亢進症等がある．心身症を呈しやすい性格は，野心的，競争的，情熱的完全主義者で，敵意をもちやすく，いつも時間に追われているというA型行動パターン，また，感情を感じ取ることと感情を言語化することが制約されている失感情（alexithymia）等がある．

心神喪失（シンシンソウシツ） 英 irresponsibility／criminal irresponsibility. 精神障害等により物事の是非善悪を弁別し行動する能力がない状態．刑法上，心神喪失の場合は責任追及ができない．心神喪失等の状態で重大な他害行為を行った者の医療及び観察等に関する法律である医療観察法は，心神喪失等の状態で，重大な他害行為を行った者に対し，適切な医療を提供し社会復帰を促進

することを目的とした制度である．検察官は，不起訴処分か無罪等が確定した者に対し，医療観察法による医療及び観察を受けさせるかどうかを地方裁判所に申立て，その後，鑑定を実施する医療機関への入院等及び裁判官と精神保健審判員（医師）の各1名からなる合議体による審判で，本制度による処遇の要否と内容（入・退院・通院等）の決定が行われる．審判の結果，医療観察法の入院の決定となった者に対しては，指定入院医療機関（30床につき医師，看護師と作業療法士2名を含むコメディカルスタッフ7名）において，手厚い専門的な医療提供と，法務省所管の保護観察所に配置されている社会復帰調整官により，退院後の生活環境の調整が実施される．

人生周期（ジンセイシュウキ）➡ライフサイクルを見よ．

申請主義（シンセイシュギ） 国や公共の機関に対して許可や認可を願い出る行為を申請といい，介護保険などの福祉サービスの利用，生活保護や年金などの給付や免除に関することについては申請することが必要である．申請をすることにより要件が満たされていれば，福祉サービスを利用することや生活保護費・年金などを受給することができる．申請は原則として申請を受理する機関に対して書面で行う．申請者は国民であり，サービスや給付等を受ける権利を行使しないことも国民の自由とされており，これを申請主義という．申請主義では，申請権を行使できるよう国民に対して周知徹底することが必要である．近年，生活保護の申請がなかったために死亡に至った事例や家族介護における介護サービス利用の問題など，申請主義に対する課題もある．

申請代行（シンセイダイコウ） 介護サービスなど何らかの制度を利用する場合は，本人または家族が申請の手続きをしなければならない．本人または家族の申請が困難な場合は，規定された事業所等の申請の代行が認められている．介護保険の要介護認定申請では，当該利用申込者の意思を踏まえて，本人・家族に代わり，指定居宅介護支援事業者，地域密着型介護老人福祉施設，介護保険施設，地域包括支援センターなどが申請手続きの代行を行うことができる．障害者の場合は，障害者本人，障害児の場合は保護者が実施主体となる市町村に対し，申請者となって支給申請を行わなければならないとされているが，支給申請の代行は，障害者本人から申請の代行の依頼を受けた人であれば，だれでも可能である．基本的には市町村が判断するが障害区分認定調査や聞き取り等による支給決定手続きの過程で確認できることから，申請時に一律に委任状の提出を求めておらず，家族，申請代行事業者は委任状の提出を必要としない．

申請のみなし却下（シンセイノミナシキャッカ） 生活保護や介護サービス利用などの申請から定められた期間内に結果の通知がなく，延期の通知もない場合，また延期通知の見込み期間を経過しても申請の結果が通知されないときは，申請が却下されたものとみなすことができる．介護保険認定の申請では，申請をした日から30日以内に結果を通知するか，理由がある場合結果の通知を延期することができる．生活保護の申請では通常，申請のあった日から14日以内に結果を通知しなければならないとしているが，調査に日時を要するなどの理由があるときは30日まで延期することができる．申請後30日以内に通知がないときは，申請者は保護申請が却下されたものとみなすことができる．みなし却下の起こる理由として，調査資料の作成遅延や判定のための会議の遅延などがある．この場合，審査請求することができる．

新生物（シンセイブツ）➡腫瘍を見よ．

振戦（シンセン） 英 thrill／tremor／tremens．体が意思とは関係なく生じる律動的な細かいふるえのこと．不随意運動のひとつ．振動の大きさ・速さ・派生状況などで細かく分類される．おおまかな類型としては，字などを書くときなどに軽く手がふるえる姿勢時振戦や何の誘因や原因もなく主に手や足が速く細かくふるえる本態性振戦がある．振戦はパーキンソン病の主症状のひとつとされ，大脳基底部の黒質線条体の神経細胞障害によるものとされる．パーキンソン病の振戦は，安静時に生じる荒くゆっくりとした6ヘルツ前後のふるえを特徴としており，安静時振戦とよばれる．いずれの振戦も高齢者に生じることが多い．脳血管障害の後遺症として振戦が生じることがあるが，この場合も，安静時振戦でパーキンソン病の振戦と似ている．その場合は，パーキンソン症候群として扱う．いずれの振戦もストレス負荷，不安の増強，疲労などで増悪する傾向がある．このほかにも，甲状腺機能亢進症やアルコール依存症でも振戦がみられるため，鑑別診断は正確に行う必要がある．主に，抗パーキンソン病薬の投与が行われる．

⇨パーキンソン症候群，書痙

心臓神経症（シンゾウシンケイショウ） 英 cardiac neurosis／cardioneurosis／phrenocardia 略 CN 同 神経循環無力症．胸痛，動悸，胸の重苦しさ，息切れなどの心疾患を思わせる症状を呈するにもかかわらず，検査によって心臓などの器質的異常を認めない状態を指す．すなわち，心理的要因により起こる状態であり，精神医学的には心気神経症と診断されることが多い．実際にはストレスなどの明確な心理的誘因が特定されることもある．通常，症状は左胸部に限局した痛みであり，狭心症の胸痛部位（正中胸部）と対比される．またときに長時間持続したり，同部を手で圧迫することで悪化することなどが特徴的であるとされる．診断は，心電図，胸部X線，心臓超音波検査などの検査により，症状の原因となりうる心臓などの器質性障害が存在しないことによる．治療としては，心臓などに器質性障害のないことを十分に説明したのち，必要に応じ精神療法，抗不安薬などの薬物療法を行う．

⇨不安神経症，心気神経症

心臓超音波検査（シンゾウチョウオンパケンサ） 英 echocardiography／ultrasound cardiography 略 UCG 同 心エコー．超音波検査のひとつであり，非侵襲的に心臓を検査する方法．胸壁にプローブといわれる超音波の発振器を当て，生体内に超音波を送信し，構造物から反射して返ってくる受信波の遅れと強さから心臓の形態と機能を把握することにより，心機能の評価と心疾患の診断に利用する．心臓の形態や大きさ，心筋の厚さと動き，心臓弁の形態といった形態学的評価に加え，左心駆出率などの機能評価が可能である．またカラードプラ（超音波）法を併用すれば心臓内の血液の流れを可視化することも可能となる．そのため心筋梗塞およびその合併症，心臓弁膜症，収縮機能障害型の心不全，心筋症，心内膜炎，心外膜炎，心タンポナーデ，心臓腫瘍，先天性心疾患など，さまざまな心疾患の診断が可能であり，非侵襲的であるため，臨床場面においては広く用いられている．

心臓マッサージ（シンゾウマッサージ）⑱ cardiac massage. 心臓が機能を停止し全身への血液循環が障害されたときに，体外からの心臓の圧迫により，循環機能を維持する目的で行う手技である．通常は胸骨圧迫により行う．手法としては，胸骨正中部に手のつけ根を置き両手を重ねて，肘を真っ直ぐ伸ばし，垂直に体重をかけ，少なくとも100回／分以上の速さで圧迫を繰り返す．「少なくとも5cm以上沈むように」と推奨されている．人間の脳は2分以内に心肺蘇生が開始された場合の救命率は90％程度であるが，4分では50％，5分では25％程度であるとされる．したがって，できる限り早期より，中断なく胸骨圧迫を継続することが重要である．胸骨圧迫のみを行ったほうが，人工呼吸を交えた胸骨圧迫より予後が良好であるとされ，日本蘇生協議会による2010年改訂ガイドラインでは，人工呼吸は必ずしも必要ないとされている．
⇨心肺蘇生法

身体因性精神障害（シンタイインセイセイシンショウガイ）
➡外因性精神障害を見よ．

身体介護（シンタイカイゴ）⑱ physical care. 生活行為に対する直接的な援助のことで，主として日常生活動作（ADL）の援助を指すものである．主な内容としては，①食事に関する介護，②入浴に関する介護，③排泄に関する介護，④清潔に関する介護，⑤衣類の着脱に関する介護，⑥清拭に関する介護，⑦体位交換に対する介護，⑧移乗や移動に関する介護，など直接的な介護がある．関連するものとして，①通院や外出の援助，②就寝と起床の援助，③見守り援助，④流動食など特別な調理などがある．これら介護に対する質の保証として，従来のホームヘルパー養成講座に代わる「介護職員として介護サービスに従事する職員の共通の研修」として，「介護職員基礎研修」が2006年に創設された．さらに高い資格として国家資格である介護福祉士が養成されている．

身体機能（シンタイキノウ）⑱ body function. 実際に身体を動かして動作を行う能力のことで，年齢を重ねるにつれて「身体機能」は低下することが知られている．高齢者の「身体機能」の変化としては，関節や骨の屈曲や萎縮，握力や脚力などの低下，運動神経の低下，咀嚼力の低下などが挙げられる．これらの機能低下を予防するために，2006年から介護保険に予防給付が創設され，①運動機能の向上，②栄養改善，③口腔機能の向上，④閉じこもり予防・支援，⑤認知症予防・支援，⑥うつ予防・支援，に対して取り組みが行われている．そして高齢者の介護は，医療機関での治療やリハビリを経たのちに，身体機能がこれ以上回復しないであろうという地点からスタートするものである．

身体拘束（シンタイコウソク）⑱ restraint. ベッドや車いすに縛る，部屋に閉じ込める，薬物によって行動を抑制するなど介護を受ける人の行動を制限する行為．精神保健及び精神障害者福祉に関する法律第36条第3項「自殺企図又は自傷行為が著しく切迫している場合，多動又は不穏が顕著な場合，そのほか精神障害のために放置すれば患者の生命にまで危険が及ぶ恐れがある場合に限定して……」および介護保険指定基準の身体拘束禁止規定「サービスの提供にあたっては，当該入所者（利用者）またはほかの入所者（利用者）等の生命，または身体を保護するため緊急やむを得ない場合……」とあるように，生命の危機を守るため以外の拘束を認めていない．そして安易な拘束を避け，適切なケアを行うために，以下の3原則が提示されている．①身体拘束を誘発する原因を探り除去すること．②次の5つの基本的ケアを徹底すること．起きる，食べる，排泄する，清潔にする，活動する．③身体拘束廃止をきっかけに「よりよいケア」の実現を図ること．

身体拘束ゼロ作戦（シンタイコウソクゼロサクセン）⑱ physical restraint zero operation. 2000年6月に，厚生労働省によって組織された「身体拘束ゼロ作戦推進会議」を中心とした，身体拘束の廃止を目指した取り組み．基本は高齢者ケアにかかわる看護・介護スタッフだけでなく，施設や病院全体が，そして本人やその家族も含め全員が強い意志をもって取り組むことがなによりも重要である．①トップが決意し，施設や病院が一丸となって取り組むこと，②みんなで議論し，共通の意識をもつこと，③まず身体拘束を必要としない状態の実現を目指すこと，④事故の起きない環境を整備し，柔軟な応戦態勢を確保すること，⑤常に代替的な方法を考え，身体拘束するケースはきわめて限定的であること，など方針を確かなものにすることが大切である．また介護保険指定基準には身体拘束禁止規定がある．

身体失認（シンタイシツニン）⑱ asomatognosia ⑰身体図式障害．失認のなかでも，身体にかかわる認識の障害．身体失認のなかには，他者がさわった身体部位の名称は言えるが，他者から言われた部位を自分の身体で示すことのできない自己身体部位失認や，半身が存在しないかのような行為や行動がみられる半側身体失認などがある．また，「中指はどれですか？」など，指の名称を言われても，指の識別ができず，どの指かが分からない手指失認がある．この手指失認と左右の識別ができない左右弁別障害（左右失認），字が書けない失書，計算ができない失計算の4つの症状を併せもつ症候群があり，提唱者の名称からゲルストマン（Gerstmann J）症候群とよばれている．
⇨失認，ゲルストマン症候群

身体・心理・社会的アプローチ（シンタイシンリシャカイテキアプローチ）⑱ bio-psycho-social approach. 身体的・心理的・社会的，それぞれの側面から評価することと同時に，総合的に評価するものであり，利用者がよりポジティブな生活が送れるよう支援する方法のこと．高齢期には身体的な衰えが加齢と比例して起こり，老化現象に加え運動量の減少により廃用症候群になりやすいという健康面での「喪失」を受け，また配偶者などの身近な人の死や，定年退職や子育ての終了といった社会的な役割の終了，経済的収入の減少などで，心理的な「喪失」も受ける．またいままで暮らしてきた人間関係・社会的役割が減少し，より孤独感を味わわなければならないという，社会的な「喪失」も受ける．しかし，高齢者には「統合」や「英知（知恵）」といった，人生経験のなかで蓄積してきた知識や情報をまとめ，人生最期の時期の新たな発達課題をもっているという価値もあり，これらを総合的に理解し援助するためにも多面的なアプローチが必要である．

身体図式障害（シンタイズシキショウガイ）➡身体失認を見よ．

診断基準（シンダンキジュン）⑱ criterion／diagnostic

criteria. 研究，臨床，病理などにおいて，各疾患の診断を行うために策定された基準．診断者間での診断概念の差を少なくする目的で用いられる．代表的なものは，世界保健機関（WHO）における疾病及び関連保健問題の国際統計分類第10回修正（ICD-10）である．これは各国の診断概念の統一により国際統計比較を行うために作成されたものである．また，精神医学領域ではアメリカ精神医学会による精神疾患の診断・統計マニュアル第5版（DSM-5）がよく用いられる．これらの診断基準は主として統計のために用いられることが多いが，一方，主要な疾患についてはそれぞれ独自に，より詳細な診断基準が策定されている．認知症領域では，アルツハイマー病（AD），レビー小体型認知症（DLB），前頭側頭葉変性症（FTLD），特発性正常圧水頭症（iNPH）などにおいて，それぞれ診断基準が策定されており，研究や臨床現場で診断のために利用されている．

シンチグラフィ 英 scintigraphy．放射線学的検査のひとつで，アイソトープ（放射性同位体）を体内に投与し，それが放出する放射線を撮影するものである．それぞれのアイソトープには組織親和性があることを利用して各臓器などの機能を評価する．認知症においては脳血流シンチグラフィや心筋血流シンチグラフィなどが用いられる．このうち脳血流シンチグラフィでは^{123}I-IMP，^{99m}Tc-HMPAO，^{99m}Tc-ECD，^{113}Xeガスなどの核種が用いられ，アルツハイマー病（AD），脳血管障害，前頭側頭型認知症（FTD），レビー小体型認知症（DLB）などの診断で使用される．また心筋血流シンチグラフィではMIBGが用いられ，パーキンソン病やDLBの診断の際に使用される．
⇨単一光子放射断層撮影

心的外傷後ストレス障害（シンテキガイショウゴストレスショウガイ） 英 posttraumatic stress disorder 略 PTSD．地震，事故，戦争，虐待等により生命がおびやかされる危険に遭遇したあともなお，心気状態，不安状態あるいは抑うつ状態が遅延ないし遷延し持続的に続く状態．その症状は，情動鈍化や無関心，孤立，周囲に対する無関心，心的外傷を思い起こさせる状況からの回避，反復して外傷を再体験する（外傷状況のフラッシュバック），自律神経の過覚醒，過剰な警戒心，集中困難，抑うつ，不眠，自殺念慮等である．PTSDは6か月以内の潜伏期間を経て発症し，経過は症例によってさまざまであるが回復は期待できる．一部慢性化する場合は，持続的な人格変化となる場合もある．PTSDの治療には，認知行動療法（cognitive behavioural therapy），眼球運動による脱感作および再処理法（EMDR），集団療法，選択的セロトニン再取り込み阻害薬（SSRI）等の抗うつ薬等が効果的といわれている．

心嚢炎（シンノウエン） ➡心膜炎を見よ．

心肺機能停止（シンパイキノウテイシ） 英 cardiopulmonary arrest 略 CPA 同 心臓停止．心臓・肺のどちらか，または両方が機能停止した状態．どちらが先に機能を失っても短時間で両者の障害に至る．心臓および肺の機能は身体各部位に必要な酸素を届けることであることから，この状態を放置すると死に至るため，すみやかな蘇生処置がなされなければならない．人間の脳は2分以内に心肺蘇生が開始された場合の救命率は90％程度であるが，4分では50％，5分では25％程度であるとされる．蘇生措置の方策としては，原因により，自動体外式除細動器（AED），胸骨圧迫（心臓マッサージ）などがある．
⇨心臓マッサージ，自動体外式除細動器

心肺蘇生法（シンパイソセイホウ） 英 cardiopulmonary resuscitation 略 CPR．何らかの要因によって，心停止や呼吸停止など生命の危機に直面していると考えられる傷病者に対し，救急隊の到着までに一次救命処置としての心肺蘇生法が行われる．一次救命処置は，呼吸と循環をサポートする一連の処置で，「JRC（日本版）ガイドライン2010」により行われるようになっている．傷病者を発見した際，①反応がなければ大声で呼び応援を要請し，119番通報と自動体外式除細動器（AED）を依頼する，②気道を確保せずに呼吸の確認を行う，③呼吸がなければただちに胸骨圧迫を開始する（30回），④人工呼吸ができる場合は，気道を確保し30：2で人工呼吸を加える，⑤AEDの装着により電気ショックの必要性を確認する，⑥必要な場合はそのまま電気ショックを実施する，⑦必要がないと判断された場合，ただちに心肺蘇生法を再開する，⑧救急隊に引き継ぐまでは心肺蘇生法を続ける．適切な心肺蘇生法の実施により救命が可能なことから，普段より講習を受けることや手順の確認などを行っておくことが重要である．
⇨心臓マッサージ，救命救急，人工呼吸法，自動体外式除細動器

心肺停止（シンパイテイシ） ➡心肺機能停止を見よ．

心不全（シンフゼン） 英 cardiac failure／heart failure／cardiac insufficiency／insufficiency of heart／cardiac incompetence 略 CF．心臓の主たる役割である拍出機能の低下のために全身に必要な酸素，栄養などがいきわたらない状態．経過により急性心不全，慢性心不全に分けられ，急性心不全の原因は心筋梗塞などであり，慢性心不全の原因は心筋症や心臓弁膜症などである．また，障害部位により左心不全，右心不全がある．左心不全では体循環系のうっ血を示し，血圧低下，浮腫，手足の冷感，意識障害などがみられる．さらに上流にあたる肺のうっ血をきたし，肺高血圧症，労作時呼吸困難などの症状を呈する．肺うっ血による呼吸困難では，横になるより座位のほうが呼吸が楽であることが典型的である（起坐呼吸）．右心不全では静脈系のうっ血が起こり，その結果，全身の体液の貯留をきたす．とくに下肢の浮腫は心不全における重要な兆候のひとつである．また，左心不全では肺うっ血から右心負荷をきたし，右心不全を引き起こすことが多い．診断は心臓超音波検査，胸部レントゲン，血液検査などにより行う．治療としては，原疾患の治療が優先されるが，心不全に対する薬物療法として強心薬や，全身体液の貯留に対して利尿薬が用いられる．

腎不全（ジンフゼン） 英 renal failure．腎臓の血液をろ過することにより体内の老廃物などを排泄し，電解質バランスを補正するといった機能が低下した状態．急性腎不全と慢性腎不全に分けられる．急性腎不全は出血，急激な血圧低下，脱水などにより起こり，慢性腎不全は糖尿病，高血圧，免疫系の異常などにより起こる．高カリウム血症，浮腫，骨粗鬆症などの症状がみられる．治療について，急性腎不全では，原因となる状態のコントロールのほか，水分や老廃物の過剰蓄積を防ぐ対応によってある程度回復可能である．慢性腎不全については早期で

は，塩分制限，低タンパク食などの食事療法などが行われるが，重症化し尿毒症の症状が出現した場合，透析療法が行われる．透析療法には血液透析と腹膜透析があり，日本では血液透析が選択されることが多い．

人物誤認（ジンブツゴニン）㋲misidentification．認知症の人によくみられる症状のひとつ．人物誤認は，鑑別の必要がある．認知症の類型によってもその症状は異なる．アルツハイマー病（AD）の中期以降の場合は，よく知っている家族を知らない人と言うなどの人物誤認を呈する場合もある．レビー小体型認知症（DLB）の場合は，幻覚の有無にかかわらず誤認がみられることが多い．人物誤認は，ADやDLBにかかわらず改善しにくいといわれており，とくに，DLBの人物誤認の場合には，記憶と情動に関連した障害が関与するといわれているため，できうる限り感情を安定させるように，周囲の人が対応することにより症状が軽減する場合がある．また，人物誤認を受けた介護者はよりストレスが高くなるといわれており，介護者に対する適切な心理教育が重要視される．

心包炎（シンホウエン）➡心膜炎を見よ．

心房細動（シンボウサイドウ）㋲atrial fibrillation／auricular fibrillation ㋽AFIB／Af．通常であれば洞房結節からの刺激に反応して収縮するはずの心房が，勝手に部分的に収縮を繰り返す病態．このため正常な刺激伝導が行われず，心室の収縮が不規則となる．その結果，心室から拍出される血液量（心拍出量）が不十分となり心不全の悪化因子となることがある．また，心房内での血流が滞ることから血栓が形成されやすくなり，塞栓症のリスクとなる．多くが心筋梗塞，僧帽弁疾患，心不全，高血圧，甲状腺機能亢進症などの基礎疾患をもつが，孤発例もみられる．高齢ほど発症頻度が高い．40％は無症候性であるが，脈の不整や胸部不快感を訴えることもある．一般に発作性，持続性，永続性の3類型に分けられるが，経過として初期には発症後自然に消失する発作を繰り返しながら，次第に頻度や持続時間が増大し，やがて持続するという経過をたどるとされる．心電図によるP波の消失，RR間隔の不整などにより診断される．治療としては，まず基礎疾患の十分な治療が重要であるが，抗凝固療法などの薬物療法も用いられることがある．

心房粗動（シンボウソドウ）㋲atrial flutter／auricular flutter ㋽AFL．通常，心臓の電気刺激は洞結節より起こり，心房を経て心室に至る一方通行のルートをたどるが，心房粗動では，多くの場合右心房内でループ状に電気信号が回転し続けるために，心房の心拍数が異常に増加する状態となる．症状は動悸のほか，心拍出量が減少したための症状として，胸部不快感，脱力感，失神などの症状がみられることがあるが，自覚症状がないこともある．診断はまず心電図により鋸歯状とよばれる規則的で速い心房興奮の所見などにより行われる．治療は薬物療法により心室の収縮数の適正化が行われる．さらに，電気信号のループを切る手術（カテーテルアブレーション法）が試みられる．この治療法は，電気ループが三尖弁周囲に起こる，いわゆる古典的心房細動の症例では，きわめて有効性が高い治療法である．さらに，心房粗動では心房内の血栓形成から梗塞をきたすリスクもあるため，抗凝固療法が行われることがある．

心膜炎（シンマクエン）㋲pericarditis ㋺心嚢炎／心包炎．心臓を取り囲む膜（心膜）に何らかの炎症が起こっている病態を指す．経過によって急性心膜炎と慢性収縮性心膜炎に分けられ，急性心膜炎は感染症，リウマチ性，腫瘍性などにより起こる．症状は多くの場合，発熱と胸部の痛みである．胸痛はときに左肩から左手に広がる痛み（放散痛）を伴う．炎症に伴い心膜腔に血液や体液が貯留することがあるが，これが大量であった場合，心臓の収縮を阻害するため，急速に心機能が低下することがある（心タンポナーデ）．慢性収縮性心膜炎は緩徐進行性の経過をたどる．原因はがん性，結核性，甲状腺機能低下症などによるもの以外は多くが原因不明である．主たる症状は，息切れ，易疲労感，せきなどの症状である．診断は，聴診による心膜摩擦音（なにかがこすれるような音）の聴取や，心臓超音波検査などが用いられる．治療としては原疾患の治療のほか，非ステロイド性消炎鎮痛薬（NSAIDs）が使用されるが，進行性経過をたどるものでは，外科的心膜切除術が選択されることもある．

信用失墜行為の禁止（シンヨウシッツイコウイノキンシ）介護福祉士は国家資格のため，社会福祉士及び介護福祉士法に基づき，秘密保持義務，名称の使用制限，信用失墜行為の禁止といった職務に関する義務がある．したがって，それに違反した場合には，介護福祉士の資格を取り消されたり罰金が科せられたりすることとなる．いわゆる専門職としての倫理責任である．信用失墜行為の禁止は，2007年に改正された社会福祉士及び介護福祉士法のなかに，第45条（信用失墜行為の禁止）「社会福祉士又は介護福祉士は，社会福祉士又は介護福祉士の信用を傷つけるような行為をしてはならない」と定められている．認知症と寝たきりの姉妹の口座から多額の預貯金を勝手に引き出した判例等，違反した場合は罰則として，登録の取り消し，または期間を定めて介護福祉士の名称使用制限となる．介護福祉士は専門職意識が高いほど，信用を落としてはならないという葛藤が生じ，プレッシャーとなりストレスとなる場合も多い．

心理教育（シンリキョウイク）㋲psychoeducation．地域生活支援の視点から，「認知症高齢者と家族等いわゆる当事者が，種々の症状を抱えながら地域に適応するために，当事者に対して，病気の性質や治療法，対処方法等，療養生活に要する正確な知識や情報を提供することによって，効果的な治療やリハビリテーションを進めるための教育的援助アプローチの総称」とされる．実際には，保健・医療においては，疾病や障害の特長と理解，薬の作用・副作用と服薬の方法，再発予防，日常生活と支援の方法，家族がストレスを抱えたときの対処方法等について，福祉においては，社会資源や支援制度等の情報提供を通して当事者の自立生活を支援することとなる．心理教育を行う際には，専門職が統一した見解をもってアプローチをしなければ当事者が困惑することになるため，専門職が十分に情報共有を行い，アプローチの目標と方法を統一し，当事者が主体的な地域生活を送るためのエンパワメントを得ることができるような体系的な方法をとるべきである．

心理的虐待（シンリテキギャクタイ）㋲psychological abuse ㋺精神的虐待．外傷，暴行，生命の危険のある暴力，身体拘束等の身体的虐待，高齢者夫婦のドメスティックバイオレンス等の性的虐待，介護拒否，食事や医療の不提供，戸外の締め出し等の健康を損なうような放置を意味するネグレクト，年金，財産の不正使用等の経

済的虐待に並ぶ虐待のひとつである．いちじるしい心理的外傷を与える言動によって，不安，おびえ，うつ，うつ状態，無表情，攻撃性等が生じるものをいう．たとえば，言葉の暴力，どう喝，無視，拒否，自尊心を踏みにじる行為が挙げられる．心理的虐待の定義はむずかしく，身体的虐待，性的虐待，ネグレクト，経済的虐待に含まれないものを除く消去法により定義づけられているが，多くの場合，身体的虐待，性的虐待，ネグレクト，経済的虐待の影響により，同時に心理的虐待もこうむることが考えられる．日本では，2000年に法改正された成年後見制度により，経済的虐待が生じないような対応がなされたほか，2006年には高齢者虐待防止法が制定され，介護に従事する者は虐待の可能性がある場合の早期発見と対応のため，市区町村の担当窓口や地域包括支援センターへの通報が義務づけられた．

心理テスト（シンリテスト） 英 psychological test. 知能検査，人格検査，精神作業能力検査や発達検査等のその他の検査に分類される．検査を実施することにより，言語表出できない心理的側面をも客観的に評価し，鑑別診断や治療選択の決定に用いる．知能検査の成績は知能指数（IQ）で示され，標準知能100との比較で判断する．田中・ビネー知能検査，成人用のウェクスラー成人用知能検査（WAIS），その小児版（WISC），コース立方体組合せテスト等がある．人格検査は情意の特性を評価するもので，対象者が内省的に自己評価をして「はい」「いいえ」の答えを選択させる質問紙法と，漠然とした模様や絵等の目的のはっきりしない刺激を対象者に示し，それに対する反応の回答を求めることにより，パーソナリティの深層にある特性をとらえる投影法がある．質問紙法には，ミネソタ多面人格テスト（MMPI），矢田部・ギルフォード性格検査（Y-G検査），コーネル・メディカル・インデックス（Cornell Medical Index）等がある．投影法には，ロールシャッハテスト，P-Fスタディ，文章完成テスト（SCT）等がある．

診療ガイドライン（シンリョウガイドライン） 英 medical guideline. それぞれの疾患について，推奨される診断，治療，予後，予防などを，実証研究の評価結果に基づいて，担当学会などの専門家によってまとめられた指針．実証研究についてはその規模や方法論の制度から重要度を分類し，推奨すべきものかどうか示される．ガイドラインは強制力を伴うものではなく，医師が診療の方法を選択する際の参考となるものである．認知症関連では，認知症疾患治療ガイドライン，特発性正常圧水頭症診療ガイドライン第2版などがある．

診療過誤（シンリョウカゴ） ➡医療過誤を見よ．

診療義務（シンリョウギム） 英 physician's obligation to deliver medical care 同 応召義務．法に基づく医師の義務のひとつ．医師法第19条第1項に「診療に従事する医師は，診察治療の求があった場合には，正当な事由がなければ，これを拒んではならない」と記載されている．さらに1955年旧厚生省の通達では「1．医師法第十九条にいう『正当な事由』のある場合とは，医師の不在又は病気等により事実上診療が不可能な場合に限られるのであって，患者の再三の求めにもかかわらず，単に軽度の疲労の程度をもってこれを拒絶することは，第十九条の義務違反を構成する．2．医師が第十九条の義務違反を行った場合には罰則の適用はないが，医師法第七条にいう『医師としての品位を損するような行為のあつたとき』にあたるから，義務違反を反覆するが如き場合において同条の規定により医師免許の取消又は停止を命ずる場合もありうる．」とされる．なお，歯科医師，薬剤師，助産師にも同様の規定がそれぞれの法律にある．

心療内科（シンリョウナイカ） 英 department of psychosomatic medicine. 患者のストレスに伴う身体，精神および社会的側面を全人的にみていこうとする心身医学（psychosomatic medicine）を実践する診療科．心療内科という名称は日本に固有のもので，最初に誕生したのは九州大学病院である．心身医学の主たる対象は，心身症，摂食障害，パニック障害，うつ状態，社会不安障害，睡眠障害，自律神経失調症等であるが，同時に，脳血管障害，脊髄損傷，関節リウマチ等の身体障害に伴う気分障害等の患者も含まれる．治療に関しては，身体障害に伴うさまざまな精神医学的問題に対し，心身医学の専門医のみが実施するのではなく，精神科医と医療スタッフが，連携して共同に治療を進めていくことがある．これをコンサルテーション・リエゾン精神医学（consultation liaison psychiatry）という．1996年に厚生省が心療内科を標榜科として認めたあと，心療内科が増え精神科との区別があいまいになったため，精神科に通院することを嫌う患者により，心療内科への受診が増したと思われる．

心理療法（シンリリョウホウ） 英 psychotherapy 同 精神療法．主に心理療法の専門職によって対象となる精神疾患や心身症，不適応に陥っている人に対し，対話や訓練を用いて，認知・情緒・行動などに働きかけ，適応的な変容をもたらすものである．治療法と技法については，深層心理学系，行動理論系，人間性心理学系等があり，おのおののクライエントのニーズと心理検査結果等に基づき，体系的で具体的な技法がある．心理療法の口火を切ったアメリカの心理学者ロジャースのクライエント中心療法をはじめ，精神分析療法，行動療法，認知行動療法，集団療法，家族療法，芸術を利用した療法等がある．

す

随意運動（ズイイウンドウ）㊥ voluntary movement／autocinesis／autokinesia／autokinesis. 運動のなかでも自己の意思や判断あるいは意図に基づく運動のこと．随意運動ではない場合の運動は不随意運動である．
⇨不随意運動

髄液シャント（ズイエキシャント）㊥ cerebrospinal fluid shunt. 脳脊髄液を，脳室内または脊椎からその外に排出する手術のこと．老年期では主に特発性正常圧水頭症の際に行われる．術式は大きく分けて以下の3種に分けられる．①V-Pシャント（脳室-腹腔シャント）．脳脊髄液を脳室から腹腔に排出する．②V-Aシャント（脳室-心房シャント）．脳脊髄液を脳室から心房に排出する．③L-Pシャント（腰椎-腹腔シャント）．脳脊髄液を腰部から腹腔に排出する．このなかでV-Pシャントが選択されることが多い．通常，手術は1時間程度である．手術に伴うリスクとしては，感染症などの一般的なリスクのほかに，シャント閉塞，脳脊髄液過剰排出がある．過剰排出については，近年シャントチューブに調圧弁のついたものが開発されたことにより減少している．
⇨正常圧水頭症

遂行機能障害（スイコウキノウショウガイ）➡実行機能障害を見よ．

水腎症（スイジンショウ）㊥ hydronephrosis. 腎臓より下流の尿路が何らかの要因により通過障害をきたしたために，腎盂によって作成された尿が排泄されず，腎盂・腎杯に尿がたまった状態．先天性と後天性があり，後天性の原因は，尿路結石，腫瘍，炎症などであるが，結石の頻度が高い．急性発症の場合，多くが脇腹から下腹部にかけての急性の痛みを訴えることが多いが，緩徐進行性の例では痛みを感じない場合も多い．尿路感染症を併発した場合は熱発などの症状を呈する．両側尿路の通過障害をきたしたときには急性腎不全となる．治療としては原因となった通過障害の治療を行うが，一時的に経皮的腎ろうを行うこともある．

錐体外路（スイタイガイロ）㊥ extrapyramidal tract ㋶ tractus extrapyramidales. 中枢神経から筋肉に至る神経系のうち，錐体路以外のものを指す．錐体路が随意運動に関係している特定の神経系であるのに対し，当初，不随意運動に関係する神経路が想定され，錐体外路とよばれることとなったが，現在では，錐体外路という特定の神経路は存在しないとされるため，「錐体外路障害」「錐体外路症状」といった臨床症候を表現する以外には用いられなくなった．錐体外路の経路はいまだ明確ではないが，大脳基底核が関与していることは明らかである．錐体外路症状としては，振戦，舞踏病，ミオクローヌス，アテトーゼ，バリスムス，ジストニアなどがある．

錐体路（スイタイロ）㊥ pyramidal tract. 中枢神経系が支配する運動神経のひとつで，大脳皮質の運動野から起こり脊髄に向かって下行する運動性経路のうち，延髄錐体を通過するものをいう．これ以外の下行性の運動伝達路を錐体外路といい，随意運動を無意識的に調節する働きをする．哺乳類における随意運動の主要経路である．

スイッチOTC薬（スイッチオーティーシーヤク）㊥ switch OTC drug. これまで医療機関で処方されていた薬で，一般の薬局で販売できるようになったもの．一般に販売されていても安全性が認められるものではあるが，漫然と長期投与することは好ましくない．最近では，湿布薬，胃の薬，痛み止めなどさまざまな種類の薬が扱われるようになっている．

水頭症（スイトウショウ）㊥ hydrencephalus／hydrocephaly／cerebral edema. 髄液は脳室内の脈絡叢でつくられ，通常は脳室を通って最終的には脳表のクモ膜顆粒で吸収される．これらの脳脊髄液は脳を保護する役割も担っているが，産生が過剰になったり，吸収されなくなると髄液がたまってくる．小児の水頭症の過半数は先天性である．小児では骨が融合していないために，脳室拡大とともに頭囲そのものが拡大することがある．

水分補給（スイブンホキュウ）㊥ hydration. 生命を維持するために水分を摂取すること．人間の水分保有量は，成人で約60％である．高齢者では成人に比べ水分保有量が少なくなることに加え，感覚機能の低下から喉の渇き（口渇）を感じにくくなり，水分を要求することさえも少なくなる．さらに，トイレへ行く回数を減らすために水分を摂取することを控える，あるいは失禁することを恐れ，意識的に水分摂取を控えるなどの心理的な要因からも脱水症や電解質異常になりやすい状況にある．それゆえに，水分補給は健康な状態を維持していくうえでは重要なケアである．1日に必要とされる水分量とは，25～30ml×体重（kg）とされ，体重が50kgの人では1,250～1,500ml程度である．食事量などを考慮しながら適正な水分量が提供されることが重要である．嚥下障害のある場合は，水分にトロミ剤を加えて粘度を調整し，少しずつ飲んでもらうようにする．また，高齢者は喉の渇きを訴えることが少ないことから，介護者が気づき，こまめに声をかけて好みの飲み物を提供するように気をつける．

水疱（スイホウ）㊥ blister／bulla. 皮膚に水ぶくれが生じる状態．高齢者では天疱瘡，類天疱瘡をはじめ比較的介護の現場でも見かけることが多い．治療は疾患によって異なるが，ステロイド薬の塗布，免疫抑制薬やステロイド薬の内服薬などがある．創部を清潔に保ち，ガーゼなどで皮膚の表面を保護する．重傷例や二次感染をきたした場合は入院し，全身管理が必要になることが多い．

睡眠・覚醒リズム（スイミンカクセイリズム）㊥ sleep-wake rhythm. 睡眠は生体内に存在する時計機構によって担われている．この生体リズムには1時間や1か月などのリズムや24時間を周期とする概日リズムとよばれるものがあり，睡眠覚醒リズムはその一種である．睡眠覚醒リズムは，種あるいは年齢に固有のリズムであり，短い周期をもっている．たとえばヒトは90分の単位で睡眠と覚醒を繰り返す．年齢よる変化では新生児，乳幼児，児童，成人，高齢者において相違する．たとえば，新生児

期には昼夜を問わずに3〜4時間ごとの哺乳や排泄以外はほとんど眠ってすごすが，やがて昼寝が1回になり，成人では夜間のみまとまった睡眠をとるパターンとなる．高齢者においては入眠時刻と起床時刻が共に早くなり，睡眠覚醒リズムが早まる．認知症の人は朝方に眠り始め，昼すぎまで寝てしまうこともある．また睡眠覚醒リズムは性差，労働環境，生活の夜型化などにおいても違いが生じる．
⇨概日リズム

睡眠・覚醒リズム障害（スイミンカクセイリズムショウガイ） 英 sleep-wake rhythm disorder. 同じ時間に眠れなくなり，毎日1時間程度睡眠時間がうしろにずれていくタイプや夜眠れなくなるタイプなどがみられる．ヒトは約25時間の周期で睡眠覚醒リズムを示すが，通常は朝日を浴びる，食事をとるなどの習慣的な行為で24時間周期を保っている．この現象を同調（entrainment）という．ヒトはこのほか，始業時刻，社会的接触，時刻を知ることなどの社会的要因も重要な同調因子となる．ところが，このリズムが乱れると通常の生活環境では同調できなくなる．このような乱れが起きる要因として，ライフスタイルの変化がもたらす生活の夜型化による起床時刻の遅れ，仮眠の頻度が高くその時間帯が遅いこと，夜勤や交代制勤務などの労働環境などが挙げられる．また，加齢に伴う睡眠構造の変化として中途覚醒が増えたり，睡眠が分断され，夜間の睡眠に満足が得られにくくなるといったことがみられる．
⇨概日リズム，睡眠障害

睡眠時無呼吸症候群（スイミンジムコキュウショウコウグン） 英 sleep apnea syndrome 略 SAS. 睡眠呼吸障害は，sleep disordered breathing（SDB）の日本語訳であり，睡眠時無呼吸症候群との概念的な違いは，睡眠呼吸障害には睡眠時低換気や不規則呼吸などほかの病も包括されていることにある．睡眠時無呼吸症候群は，睡眠時に呼吸が頻回に停止する疾患で，厳密には睡眠時に10秒以上の無呼吸が睡眠1時間あたり5回以上みられる場合を指し，1時間あたりの無呼吸数という表現が基準になっている．眠りに入ると呼吸が止まってしまうことを繰り返すため，患者は熟睡感不良や夜間の中途覚醒，早期不眠を自覚することが多い．また，このようなことから，日中に強い眠気を催し，しばしば抑うつ気分や意欲低下を生じる．そのほか，心不全，高血圧，頭痛，いびき，心電図変化がみられる．このようなことが続くとストレスによりさまざまな生活習慣病を引き起こすこととなる．一晩中いびきが持続するか，呼吸停止といびきが交互に繰り返される状態は，睡眠呼吸障害の主要な症状として検査が必要である．

睡眠時遊行症（スイミンジユウコウショウ） ➡夢遊病を見よ．

睡眠障害（スイミンショウガイ） 英 sleep disorder／sleep disturbance. ヒトの睡眠と覚醒に関連する多様な困難な症状を指す用語．2004年にアメリカで「睡眠障害国際分類第2版（ICSD-2）」が刊行され，①不眠症群，②睡眠関連呼吸障害群，③中枢性過眠症群，④概日リズム睡眠障害群，⑤睡眠時随伴症群，⑥睡眠関連運動障害群，⑦孤発性の諸症状，正常範囲内と思われる異型症状，未解決の諸症状，⑧その他の睡眠障害，の8つに分類されている．具体的な症状として，なかなか寝つけない，途中で何度も目が覚めるなど睡眠の量や質に関係するもの，望ましい時間に寝起きができないといった時間帯に問題があるもの，睡眠時無呼吸症候群に代表される呼吸障害など異常な状態などがある．いわゆる不眠症はこの睡眠障害の代表的な症状であり，これらは心理的な要因，身体的な要因，不安や抑うつが招く精神医学的な要因，服用している薬やアルコール，カフェインなどの薬理学的な要因，勤務シフトや時差ぼけなどの生理学的な要因などが関連している．
⇨不眠症

睡眠導入薬（スイミンドウニュウヤク） 英 drug for sleep induction／soporific／sleep inducer. 入眠障害に用いられる睡眠薬のこと．不眠にはさまざまな種類があり，大きく分けると一晩のなかで眠れない時期によって，①なかなか眠りにつけない（入眠困難），②いったん眠るが眠りが分断されて安定した眠りが得られない（中途覚醒），③いったん眠ったあと，明け方の早い時期に起きてしまいその後眠れない（早期覚醒）などがある．睡眠薬には薬の作用時間によって超短時間作用型，短時間作用型，中間作用型，長時間作用型などに分類できるが，作用時間の長短は薬が代謝されて血中濃度が最高値に達してから半減するまでの時間に基づいている．入眠困難は不眠のなかでも訴えがもっとも多く，一般的には入眠に30分〜1時間以上かかり，本人が苦痛と感じる場合を指す．睡眠導入薬として用いられるのは超短時間作用型である．このような薬物はすみやかに効果が発現し，翌朝にはほとんど体外に排出されることから覚醒時に薬の影響はほとんどみられない．これにより眠りに入るときのみ薬物の作用を利用し，その後はなるべく自然な睡眠の経過を送ることとなる．
⇨不眠症，睡眠障害，中途覚醒

睡眠パターン（スイミンパターン） 英 sleep pattern. 睡眠の長さ・深さ・1日に占める時間帯と回数をいう．一定ではなく個人差が大きく，同一人物でさえ年齢によって大きな差があり，睡眠の量も質もしだいに変化するが，量の不足を質で補うこともできる．睡眠パターンに影響を与えるものには年齢，性別，社会生活のスケジュール，文化や規律，季節，食事，体調などさまざまな要因がある．たとえば年齢とともに睡眠の質は悪くなっていく．高齢になると眠りが浅くなり，断片的な睡眠パターンになりがちである．また女性のほうが睡眠障害を訴える割合が多いとされる．一方，昼寝を習慣に取り入れる文化圏に住む人々の睡眠パターンと日本人のそれは明らかに相違する．先進国での夜勤労働者など夜型のパターンで生活する人々が増えているが，睡眠パターンには以上のようなこと以外にも住環境などの外的要因によっても違いが生じる．最近は日常生活がいちじるしく変化し，大人だけでなく子どもの眠りについての悩みも社会的な問題となっている．
⇨睡眠覚醒リズム

スクイージング 英 squeezing 同 呼気胸郭圧迫法．気道の分泌物の貯留を認めるような急性，または慢性呼吸障害に対し，呼吸に合わせながら手掌で胸郭の圧迫と解放を繰り返す排痰法で，呼吸理学療法のひとつ．スクイージングは，もっとも身体への侵襲が少なく安全な排痰法で，手技は排痰体位と併用して行われ，分泌物が貯留している部分を上にして呼気時に胸郭を圧迫することで，

分泌物の移動を促進させることや吸気量の増加により末梢気道に空気が送られるようにするものである．この手技により，気道分泌物が移動する，換気量が増加する，無気肺の改善，肺胸郭コンプライアンスの改善，といったことが期待できる．多くは，外科手術後の患者や慢性呼吸不全の急性憎悪，人工呼吸器の管理下におかれている患者，神経筋疾患患者，脊髄損傷患者などで実施されるが，血液循環の不安定な患者や骨粗鬆症，多発性肋骨骨折，肺梗塞，肺内出血などの患者には禁忌となるため，適応かどうか慎重に判断する必要がある．

すくみ足（スクミアシ） 英frozen gait．パーキンソン病などに現れる無動の症状のひとつで，歩き始めようとするときに足がすくんで，前に足が出ない症状．同時に，小刻み歩行や突進歩行などがみられることもある．姿勢が悪くなり，転倒の危険も高くなる．
⇨小刻み歩行

スクリーニング 英screening．「ふるい分ける」ことで，多数のなかから特定の条件に合うものを抽出するために選別すること．スクリーニングは「ふるいにかける」「条件に合うものを選びだす」という意味である．認知症のスクリーニングテストは，主に精神科などの外来の診察場面で用いられており，もの忘れを訴えて受診した人に対して，そのもの忘れが認知症の疑いがあるのかないのかを調べるものである．ただしこのスクリーニングテストでは認知症の有無が診断されるわけではなく，あくまで疑いのあり・なしの目星をつけるものであり，詳しい診断は医師による診察，その他の精密な検査の結果に基づいて行われるものである．現在使用されている認知症のスクリーニングテストの代表的なものとして「改訂長谷川式簡易知能評価スケール（HDS-R）」「N式精神機能検査（NDS）」「Mini-Mental State Examination（MMSE）」が挙げられる．

スタンダードプリコーション 英standard precaution 同標準予防策．1996年にアメリカ疾病管理予防センター（CDC）が発行した隔離予防策ガイドラインにより提唱された「感染症の有無にかかわらず，すべての患者に適用する疾患非特異的な予防策」のことであり，病院や介護施設などで，患者と医療従事者を感染事故の危険から守られるためにとられる標準感染予防策のことである．患者の汗を除く分泌物（血液・体液），排泄物，傷のある皮膚，粘膜などを感染の危険を有するものとみなす．感染症の有無を問わず，すべての患者を対象に，またどのような場合においても実施する基本的な感染症対策で，具体的な予防策としては，手洗い，手袋やガウンの正しい着用，器具や器材の正しい取り扱い，患者の隔離などが挙げられる．ただしウイルスや細菌の保菌者であることを理由にサービスを受けられないようにするためのものではないことに留意が必要である．

スティグマ 英stigma．ゴッフマン（Goffman E）により「人の信頼をひどく失わせるような属性」，そして「ある個人を全体や普通の個人からの汚名や軽蔑の対象に陥れるもの」と定義されている．ここでいう属性とは，疾病や障害といった外面的な特徴のみならず，性格的な特徴や人種などといった集団的な特徴まで，広い範囲に及ぶ．しかし，スティグマは文化的影響を受けやすく，そのとらえ方は固定化できず現在に至っている．山口創生らは，精神障害者に対するスティグマが知識，態度，差別という3要素を含む包括的な言葉であり，知識は無視，態度は偏見，差別は行動の問題としてとらえるソーニクロフト（Thornicroft G）らの知見を支持している．黒田浩一郎らは認知症の人に対するスティグマについて，精神障害者に対する態度・意識に関する研究を参考に，社会的受容という概念から認知症に対する受容態度ととらえようとしている．認知症の人の数は増加の一途をたどっており，また，認知症の人が住み慣れた地域での生活を送るためには，スティグマの軽減策が喫緊の課題である．
⇨社会的排除

ストーマ 英stoma．人工肛門や人工膀胱など，造設された排泄孔のことを指す．消化管に関しては，大腸から排便できないときに腹部に人工肛門を造設する．排便はパウチなどを用いて外出もできる．人工膀胱の開口部もストーマとよぶが，こちらは採尿パックを貼ったり，カテーテルを留置したりして管理する．その袋の管理などをストーマケアという．いずれも，ストーマ保有者をオストメイトとよぶ．
⇨オストメイト

ストーマ装具（ストーマソウグ） ➡パウチを見よ．

ストレス 英stress．ストレスフルなイベントであるストレッサー，そのストレッサーに対する個人の評価であるストレス認知，そしてストレス反応の3側面を総称して用いられる場合が多い．健康への影響，すなわち健康障害の結果である疾患発症との関係において，ストレスは3つの立場より検討が行われてきている．第1に，ストレスフルなライフイベントが身体的疾患を引き起こすという視点からの検討であり，マイヤー（Meyer A）によって医学的診断の一環として提唱され，後の研究者によって尺度開発が行われている．第2に，ストレス認知に主眼をおいた心理学的な側面からの検討であり，ラザルス（Lazarus RS）らのストレス認知理論がもっとも知られており，これはストレッサーとストレス反応の間にストレス認知が存在するという考え方である．第3に，生物学的な立場からの検討であり，病原体や物理的・心理的ストレッサーなどのすべてのストレッサーは同一の生理反応パターンを引き起こすというセリエ（Selye H）の主張がもっとも知られている．
⇨ストレッサー

ストレスモデル 英stress model．ストレスモデルについては，多くの研究者がさまざまな学問の観点から提唱をしているが，もっとも影響力をもっているのはラザルス（Lazarus RS）らが提唱したストレスモデルである．これは心理学の視点から示したストレスモデルであり，ストレス認知理論とよばれている．この理論に従ったモデルは，セリエ（Selye H）などのストレスモデルとは異なり，ストレッサーとストレス反応の間にストレス認知をおいた点に特徴がある．つまり，ストレッサーがストレス反応を直接引き起こすのではなく，ストレッサーに対するとらえ方がストレス反応の発生に関与するという考え方である．ラザルスらはストレス認知について，ストレッサーを脅威なものであるか好ましいものであるかを評価する一次的評価と，対処の有無を判断する二次的評価があると述べている．高齢者分野ではこのストレスモデルを用いた研究が数多く行われており，要介護高齢者の家族介護者のストレスや介護職員の離職に関する研究などが例として挙げられる．

ストレッサー 英 stressor. 医学的には個人に負荷を与える出来事を指し、心理学的にはその出来事に対する個人の認知的評価までを含む概念. 心理学的立場から提案されたラザルス（Lazarus RS）らのストレス認知理論によると、ストレッサーは個人の資源に重荷を負わせる、あるいは資源を超えると認識された要求と定義されている. ストレッサーは要求の持続時間により、一過性のストレッサーと持続するストレッサーの2つに分類される. 前者はイベント型のストレッサーであり、要求の終始が明確であり持続時間が短く、その発生が第三者から確認が可能であることから認知的評価との分別ができ、衝撃の大きい要求であることなどが特徴として挙げられる. 後者は慢性型のストレッサーであり、要求の終始が不明確であり持続時間が長く、その発生が第三者から確認しにくいことから認知的評価と分別が困難であり、日常生活のなかにある比較的小さな出来事の蓄積である等といった特徴が挙げられる.
⇨ストレス

ストレングスモデル 英 strengths model. 従来クライエントの抱える問題を、病理など弱点や欠点としてとらえ、専門職のアセスメントによる原因の追及や診断をもとに、その原因の軽減や除去を行うとしてきたことに対して、その人がもっている強さや力に着目して、それを引き出し活用していく理論のこと. ラップ（Rapp CA）による「ストレングスモデル」によれば、ストレングスを個人の強さと環境の強さに大別し、個人の強さには熱望・能力・自信が、環境の強さには資源・社会関係・機会を挙げ、このほかにも健康・愛情・信念・忍耐力など、個人・集団・コミュニティの存在を支え、その行動の原動力となるあらゆる資源や特性がストレングスであるとしている. そしてなかでも本人自身の関心や願望、つまり本人自身が主体的に「〜がしたい」ということがもっとも重要な要素であるとしている.

スーパーバイザー 英 supervisor. スーパービジョンにおいてスーパーバイジー（被指導者）に対して指導を行う人のこと. 主な役割として、①管理的機能：スーパーバイジーの能力に見合った業務によって成長を図れるように管理すること、②教育的機能：知識・技術の活用方法・不足している知識等を指摘すること、③支持的機能：業務においてスーパーバイジーの成長を認め、改善点を指摘して、より成長できるよう支持すること、がある. 所属機関によって、担当するケースによって要求されるものが変わるため、個別の事例を題材にした面接等（双方向のやり取り）を通し、スーパーバイジーの成長を図る.
⇨スーパービジョン、スーパーバイジー

スーパーバイジー 英 supervisee. スーパービジョンにおいてスーパーバイザー（指導する人）から指導を受ける人のこと. 通常業務に精通した職場の上司をスーパーバイザーとして、初任者や経験未熟な人がスーパーバイジーとして直接的な指導・教育・管理を受けるものである. 医療や福祉現場ではスーパーバイザーを配置していない職場も多いことが課題である.
⇨スーパービジョン、スーパーバイザー

スーパービジョン 英 supervision. スーパーバイザーとスーパーバイジーの関係における対人援助法. 対人援助の専門家としての資質の向上を目指すための教育方法である. 大別すると、個人スーパービジョンとグループ・スーパービジョンがあり、個人は1対1で、グループは数人でスーパーバイザーにつくことをいい、具体的には実際の面接場面や模擬面接（ロールプレイ）を通して、スーパーバイジーに対して自らが気づくことを促す手法である. このためには以下の3点が重要である. ①管理的機能：スーパーバイジーの能力を把握し、その能力に見合う業務を担当させるなかで成長を図れるように管理すること. ②教育的機能：すでに獲得している知識や技術の活用を促す方法を示唆したり、不足している知識を指摘し課題を示すこと. ③支持的機能：スーパーバイジーが業務上でできていることを支持するとともに、できていないことに気づき、取り組もうとする意思を励ますこと.
⇨スーパーバイザー、スーパーバイジー

スピリチュアルケア 英 spiritual care. 終末期がん患者に限らず人、生のさまざまな場面・状況で、生きる意味を失い自分に価値をおけなくなった人、空虚、孤独、疎外等を感じている人のスピリチュアルペイン（自己の存在と意味の消滅から生じる苦痛）を和らげ、軽くし、なくすケアのことである. 重大な病にかかったとき、あるいは自らの死期を悟ったとき、人は身体的な苦痛や精神的な苦痛を超えた苦痛を覚える. その経験のない苦痛を緩和するのがスピリチュアルケアである. スピリチュアルとは、一般的には「霊的な」「精神的な」という意味と解釈されるが、現在では心理学や宗教から音楽、ヒーリング（癒し）、心霊現象関連まで幅広く使われている. しかし、ここでいうスピリチュアルは人の心や魂を指している. ホスピスにおいては、スピリチュアルケアがない状態というのは考えがたく、緩和ケアの柱は、身体的ケア、心理・精神的ケア、社会的ケア、スピリチュアルケアの4つとなる. しかし、日本では施設としてのホスピスは次第に増えてきているが、スピリチュアルケアの浸透は不十分なままである.

スピロヘータ感染症（スピロヘータカンセンショウ） 英 *Spirochaeta* infection. スピロヘータは、細長いらせん状の形状をしたグラム陰性菌で、トレポネーマ属（*Treponema*）、ボレリア属（*Borrelia*）、レプトスピラ属（*Leptospira*）に分類される. トレポネーマ属は、ヒトや動物に寄生し、性交による感染によって梅毒を引き起こす. また、ボレリア属では、マダニの媒介により発病するライム病、シラミやダニの媒介により発病する回帰熱がある. レプトスピラ属では、ネズミや家畜などで汚染された水や土壌を介して感染する出血性黄疸（黄疸出血性レプトスピラ症／ワイル病）がある. 感染症ごとに適切な薬物治療、対症療法が行われる. 梅毒では、ペニシリン系薬物を第1選択とし、ライム病にはペニシリン系やテトラサイクリン系の薬物、回帰熱はテトラサイクリン系、マクロライド系の薬物、出血性黄疸には、ペニシリン系やテトラサイクリン系の薬物が投与されることになる. 感染症ごとに経過や症状が異なることから、病期や症状に応じた看護ケアが必要である.
⇨梅毒

スプリンクラー 英 sprinkler. グループホーム火災のたびに、スプリンクラー設置にかかわる議論が高まってきた. 2006年の火災後、総務省消防庁は自力避難が困難な入居者のいる小規模社会福祉施設で延べ床面積275m²以上の施設にはスプリンクラー設置を義務づけた. 2010年

の火災後，スプリンクラーの補助対象を設置義務のない275m²未満にも拡充した．そして2013年の火災後，原則として延べ床面積にかかわらず設置することを義務づけるように見直された．スプリンクラーは火事の初期消火の際に自動的に作動する消防設備であるため，要介護度の高い人のいる施設ではとくに効力を発する．しかし，普及が進まないのは補助金が出てもさらに自己負担が必要で経済的に対応できないことが主要因である．火事発生時には感知・通報・消火に対応する設備とともにソフト面での対応も重要である．夜間の職員配置の改善，職員数の確保，日ごろの消防訓練，派遣消防職員の指導や近隣の応援体制づくりなどが勧められている．
⇨防火区画，防火性能

スプリント ➡副子を見よ．

スモールステップ ➡短期目標を見よ．

スライディングシート 英 sliding seat 同 トランスファーシート．滑りやすい素材でできたシートのこと．寝返りなどの体位変換時の摩擦を軽減できる．さまざまなスライディングシートが販売されており，滑りやすい生地でできた筒状タイプとシートタイプがある．大きさもロングサイズとハーフサイズなどがあり，対象者の体格や残存能力などさまざまな状況に合わせて使い分けができる．筒型スライディングシートは，介護する側・される側，共に楽に移動ができる優れもので，褥瘡の予防にもなる．シートタイプのスライディングシートは，折って使うことができるので敷き込みやすく，移動だけでなく寝返りの補助・訓練などにも使用できる．また，縦・横・斜めと動き，あらゆる方向への移動を楽に行うことができるものや360度自在に回転する抜群の滑り性があるもの，軽く薄い携帯に便利なものまである．スライディングシート利用における利点は，介護者・被介護者の負担を大きく軽減できることで，欠点は，スライディングシートを敷き込む手間がかかることと，じょうずに活用できるまでに練習やなれが必要なことである．

スライディングボード 英 sliding board 同 トランスファーボード．車いすやベッド，車などの移乗に使用する．木やプラスチックなどでできており，表面は滑りやすく裏面は滑り止めの加工がされていて，介護保険の福祉用具貸与の対象用具でもある．被介助者がある程度座位を保つことができ，かつ，立位移乗を行うには重介助の場合に適している．また，臀部に褥瘡のある人は皮膚のずれや摩擦によって悪化させる可能性があるのでスライディングボードの利用は避ける．スライディングボード導入には条件があり，ベッドの高さが調節可能なことと，車いすの肘置きや足置きが可動することが必要である．スライディングボード利用における利点は，持ち上げることなく移乗できることから介助量が軽減でき，介助者の腰痛の予防になる．欠点は，スライディングボードを敷き込む手間がかかることと，じょうずに活用できるまでに練習やなれが必要になることである．

スリングシート 英 sling seat．自力で移動することができない人を介助リフトで運ぶときに，その人を乗せるためのシートのことである．頭からすっぽり包み込むハイバック型，頭を支える必要のない人に適しているローバック型，介助者が扱いやすい脚分離型などの種類がある．スリングシートの大きさには，頭から太ももまでを包み込むフルサイズシートと，背中から太ももまでを包み込むハーフサイズシートがあり，介助される人の身体状態や体重などを考慮して，スリングシートを選ぶ必要がある．機能としてはベッドや車いすに運ぶもののほかに，入浴専用のシートもある．介護負担を軽減する目的の吊り具ではあるが，使いづらい面も多かった．現在は，スリングシート着脱の手間を解消して介助者の労力を軽減するタイプも出てきており，以前より使いやすくなってきている．

スロープ 英 slope．一般的には，でこぼこのない傾斜地，斜面，坂となるが，福祉用語では，さまざまな段差を解消するための用具を意味している．高齢者や障害者の移動を容易にしたり補助したりすることで，行動や活動の範囲を拡大させる機能をもつ．また，転倒防止などリスクの回避にも役立っている．段差スロープは，室内と室外に分けられ，室内用スロープは，玄関から室内に出入りするための大型スロープや畳等の段差解消用に使う小型スロープ等がある．室外用スロープも，階段の段差を解消し車いす移動を容易にするものや車に装着するもの，車そのものの出入りの段差を解消するものなどがある．形態としては，住宅改修等で固定するものや取り外しが可能なもの，持ち運びに便利な携帯用のものまである．材質も木材，プラスチック，ゴム，アルミなどさまざまである．身体機能が自立している人，補助の必要な人，どちらにもスロープの高さや角度が重要であり，周囲も含めて安全に配慮しなければならない．

せ

背上げ機能（セアゲキノウ） 介護ベッドについている機能のことをいい，寝返り・起き上がり・立ち上がり動作や離床を容易にする機能．身体機能だけでの起き上がりが困難になってきた際，介護ベッドの背上げ機能を利用すると容易に起き上がることができる．浅く腰をかけ，昇降機能を利用して立ち上がりやすい高さに調節すると，立ち上がることが容易になり，さらに介助バーを利用すると安定した立位を維持できる．無理なく自分で離床し，離床時の介助負担を軽減することも可能である．また，ベッド上では背上げ座位を安定させ，この姿勢で日常生活の一部を行うこともできる．ベッド上で食事などを行うためには，床ずれや誤嚥性肺炎に気をつけ，身体のずれを抑えて正しい姿勢を保持する必要がある．背上げ機能を利用して上体を起こし，心肺機能の維持，覚醒を促す．機能低下を未然に防止することも大切である．

性格障害（セイカクショウガイ） 英 personality disorder. 性格障害は，犯罪者を医学的に説明しようとした研究より始まったといわれている．シュナイダー（Schneider K）は性格障害を正常と質的に連続する平均からの変異・逸脱ととらえ，「その人の人格の異常さ故に，自らが悩むか，社会が苦しむ異常」と定義し，10の精神病質の類型を示している．この類型は，精神疾患の診断・統計マニュアル第4テキスト改訂版（DSM-Ⅳ-TR）や疾病及び関連保健問題の国際統計分類第10回修正（ICD-10）の前身となっている．DSM-Ⅳ-TRにおける性格障害とは，正常から逸脱した内的体験や行動の様式が広がりと持続性をもって認められ，複数の場面でみられ，遅くとも青年期には顕在化し，その後も持続していることとされている．そのため，統合失調症の発症後の人格変化などは性格障害には含まれない．DSM-Ⅳ-TRでは，性格障害をABCの3群に分け，A群には統合失調質パーソナリティ障害など3障害，B群には境界性パーソナリティ障害など4障害，C群には回避型パーソナリティ障害などの3障害と特定不能のパーソナリティ障害があり，計11の分類に分けている．
⇨パーソナリティ障害

生活援助（セイカツエンジョ） 英 life support／life assistance／life aid／life help. 広義の意味では，金銭を支出したり介護のための労力を提供したりして生活を援助することである．介護保険上の生活援助とは，身体介護以外の訪問介護であって，高齢者本人や家族が家事を行うことが困難な場合，訪問介護員（ホームヘルパー）が利用者の下へ行き，調理，洗濯，掃除，買い物などの家事や生活等に関する相談，助言などを行う．介護保険の基本的な考えとして自立支援というものがあり，ホームヘルパーが行う生活援助は，それを行うことによって利用者の生活の質（QOL）が高まり，自立意欲を向上させるものでなければならない．そのためには利用者が望んでいること，目標としていることをよく理解し，できる限り本人の自立意欲が高まるように生活援助を行っていくことが大切である．

生活援助員（セイカツエンジョイン） ➡ライフサポートアドバイザーを見よ．

生活課題（セイカツカダイ） ➡生活ニーズを見よ．

生活環境（セイカツカンキョウ） 英 living environment. 認知症ケアにおいて環境が大きく影響することがさまざまな研究によって明らかにされている．これらの研究では，適切な介護や看護の下，環境の整備が認知症の行動・心理症状（BPSD）を減少させる一方，生活の活性化にも寄与する治療的な役割を担うものとされている．そして，このような環境は一般に治療的環境とよばれている．元来，認知症の人のケア環境は医療モデル（medical model）といわれる環境が主であった．この医療モデルは，医学的治療のための環境であったため，認知症の人の自立を前提とした環境は重視されず，大規模・無機質・隔離・殺風景といった日常の生活環境には存在し得ない非日常の環境要素で構成されていた．しかしながら，環境の治療的役割の重要性が実証されてくるにしたがって，認知症の人の生活環境は，生活の質（QOL）の向上を目的とし，現在では人と環境との関係性を重視する心理社会的モデル（psychosocial model）へと大きく転換している．

生活機能障害（セイカツキノウショウガイ）「生活機能」とは，人が生きていくための機能をいい，「生活機能障害」とは，身体機能および認知精神機能において何らかの障害が生じたため，日常生活を営むうえでの能力を保てず「生活機能」に障害を生じることをいう．日常生活を行うには，食事，移動，入浴，排泄などの基本的な日常生活動作（BADL）と，電話，金銭管理，外出などの手段的日常生活動作（IADL）が必要である．この日常生活を営む能力を保てなくなる原因は，加齢，疾患による障害，廃用症候群によるものなどさまざまである．加齢による筋肉減少や関節の変形は，移動などの生活機能障害の原因となり，階段昇降や入浴などに困難が生じやすくなる．また，脳萎縮や脳梗塞などの認知機能低下は，料理や服薬管理などのIADLが阻害されやすくなる．疾患は臓器や運動器の障害を引き起こし，歩行困難や尿失禁が起こる場合もある．廃用症候群は，寝たきりでの床ずれ，関節の拘縮，筋萎縮，誤嚥など生活機能を妨げる．とくに高齢者では，自立した生活を維持するためにも生活機能をできる限り保つ必要がある．

生活訓練施設（セイカツクンレンシセツ） ➡ホステルを見よ．

生活権（セイカツケン） 同 生存権．人間が人間らしく生きる権利のこと．憲法第25条は，「すべて国民は，健康で文化的な最低限度の生活を営む権利を有する」（第1項），「国は，すべての生活部面について，社会福祉，社会保障及び公衆衛生の向上及び増進に努めなければならない」（第2項）と述べ，国民の生活権，生存権を基本的人権として保障している．国は病気や失業のため働くことができないなどして収入を得られない人たちに対しても，安心して生活していけるための保障をすることをここに示して

いる．こうした国民の生活の保障を，国家の任務とすべきであるとする社会国家の理念の確立に伴い，第一次世界大戦後，基本的人権のひとつとして明確に宣言されるようになった．国民の生活権は，世界人権宣言や国際人権規約でもうたわれるなど，国際的に広く認められており，憲法の生活権保障の規定は，生活を守り社会保障を充実させていく国民の要求や運動のよりどころにもなっている．
⇨基本的人権

生活構造（セイカツコウゾウ） 英life structure．1970年代からさかんに使われるようになってきた住民と地域社会との関係を表す概念．生活構造の定義は研究者によりさまざまであるが，その最大公約数的な定義を挙げるならば，個人が社会のなかで取り結び，所属している社会関係，社会集団の組み合わせである．生活構造は，家庭，職場，地域などのさまざまな生活の場において，生活時間，生活空間，所得・資産などが組み合わされて構成されている．生活時間は，就業意識の変化，就業形態の多様化，労働環境の変化，女性の社会進出，高齢者の社会参加の増大に応じて，就労，家事，余暇などに影響を与えている．生活空間は，交通や通信ネットワークの整備が進み人々の行動範囲が拡大し，住宅事情の改善や自然環境の保全，生活関連社会資本が整備されることなどにより生活の利便や快適さに関係している．所得や資産における格差は，会社の規模，就労形態の違い，親からの資産継承の有無などによる社会経済システムのもつ閉鎖性や機会の不均等により生活の格差につながっている．

生活支援（セイカツシエン） 英livelihood support．援助対象者の生活を側面的に援助する行為のことをいう．高齢者等に対する「介護」との対比の文脈のなかで用いられる場合は，単なる身体の介護にとどまらず，援助対象者の生活上のニーズに応じた援助という意味や，生活行為の主体は援助対象者であり，それを側面的に援助するという意味が強調される．また，生活上の問題を解決するための援助だけではなく，生活を活性化するような働きかけという意味を包含する用語として用いられる場合もある．

生活支援員（セイカツシエンイン） 英life support adviser．本項で記述する生活支援員は，日常生活自立支援事業実施要領（旧名称地域福祉権利擁護事業，以下「本要領」）に規定する生活支援員である．本要領の目的は「認知症の人，知的障害者，精神障害者等のうち判断能力が不十分な者に対して，福祉サービスの利用に関する援助等を行うことにより，地域において自立した生活を送れるよう支援すること」である．この目的を実現するのが生活支援員である．判断能力低下者（利用者）と本要領の実施主体である都道府県・指定都市社会福祉協議会で締結された契約（生活支援計画）に基づいて利用者を支援するのが生活支援員である．具体的な主な業務としては，判断能力低下者の，①福祉サービス利用支援，②日常的金銭管理，③定期的な訪問による日常生活の見守り等がある．本要領では，本事業の職員採用には，利用者の権利擁護に関する高い意識を有する人の確保に努めることを明示している．

生活支援ハウス（セイカツシエンハウス） 英life support house．独立して生活するには不安のある人に，住まい・生活相談・緊急時の対応・地域住民との交流などのサービスを提供する高齢者向けの福祉施設である．介護サービスは対象外のため，通所介護，訪問介護などの居宅サービスを利用する．一時的な仮住まいの要素が強く，入居できる期間も3か月としている施設もある．法的には市町村長が入居の判定を行う措置施設である．入居資格について，各生活支援はハウスごとに違いはあるものの60歳以上としている施設がもっとも多く，要介護度は「自立」～「要支援」程度．利用料は，収入に応じて無料から5万円くらいまで，水道料金と光熱費は別途実費が必要．食事のサービスを受ける場合は食事代（1日1,500円程度）が別計算になる．利用方法は，市町村の老人福祉担当課に申し込む．

生活習慣病（セイカツシュウカンビョウ） 英life style-related disease．生活習慣が原因で起こる疾患の総称で，がん，脳血管疾患，心疾患，そして脳血管疾患や心疾患の危険因子となる高血圧症，糖尿病，動脈硬化症，脂質異常症（高脂血症）などを指している．こうした生活習慣病の背景には，食事や運動，喫煙，飲酒，ストレスといった生活習慣が存在しており，重度化や慢性化により，国民医療費にも大きく影響してくることから，日本の課題として対策が講じられてきている．生活習慣病の1次予防という観点から，厚生労働省は2000年に「健康日本21」を策定し，国民の健康づくり運動を推進してきた．さらに2008年からは，内臓脂肪型肥満に加えて，高血糖，高血圧，脂質異常のうち2つ以上を併せ持った病態であるメタボリックシンドローム（内臓脂肪型症候群）およびその予備群に対しての予防・改善を目的として，医療保険者には40歳以上で75歳未満の被保険者・被扶養者を対象とした特定健診・特定保健指導の実施を義務づけている．
⇨メタボリックシンドローム

生活ニーズ（セイカツニーズ） 英life needs 同生活課題．人間が生活をするうえで満たされていない状態であり，一般的には生活のなかで生じる要求・要望といわれる．ニーズの定義は，「本人あるいは家族が，実際に生活上等で困っているもの，本人あるいは家族が援助してほしいと望んでいるもの，専門職の目で援助が必要と思われるものの総体」とされるが，生活ニーズは，生活上の課題ととらえられる．ケアマネジメントの実践過程では，日常生活において生じるさまざまな問題から，その生活ニーズを的確に把握し，解決することが生活の質（QOL）の向上を目指すうえで求められ，生活ニーズは本人，あるいは家族が自立した生活を送るために解決しなければならない課題である．要介護者などを支援するためには，生活全般での情報を分析し，解決すべきその人の課題（ニーズ）を抽出，明確にすることで，解決の目標設定をして具体的な計画立案，実践をしていく．

生活の継続性（セイカツノケイゾクセイ） 生活の継続性は，環境への適応能力が低下している認知症の人にとって，急激な環境移行における混乱を回避させるにとどまらず，残存能力の維持にもつながる重要な役割を担っている．適切な支援や配慮がない状態で，在宅などの長年住み慣れた環境から施設を中心とする未知で不慣れな環境へと移行することを余儀なくされた場合，しばしば，その人に過剰な肉体的・精神的ストレスを与え，その症状に悪影響を及ぼしかねない．そのため，生活の継続性は認知症の人のための主な居住環境評価尺度や環境支援指

針（NURSやPEAPなど）においても，重要な項目のひとつとして挙げられている．生活の継続性を支援する主な要因には，家庭的な環境の創出，従前ライフスタイルの継続，思い入れのある家具や物品の利用などが挙げられることから，生活の継続性は物理的な環境のみならず，認知症の人の生活における生活様式や趣味・趣向といった，その人らしさを総合的にとらえたケア環境であるといえる．
⇨なじみの環境，持ち込み家具

生活の質（セイカツノシツ）㊗ quality of life ㊂ QOL．障害や疾患などをもった対象者の身体的，精神的，社会的，経済的，すべてを含めた生活の質を意味し，1人ひとりがおかれているさまざまな状態のなかでも，どれだけ人間らしく，自分らしい，そして望みどおりの生活を送り，人生に幸福を見いだしているか，ということを評価する概念である．介護や医療においては，対象者の生活，暮らしを整え，その人の希望に合わせて介護サービス等を提供し，生活の質の維持や向上を図るQOLの視点をもつことが大切である．「QOLを向上させる」「QOLが高い」などと使われることが多い．
⇨日常生活動作，手段的日常生活動作，ノーマライゼーション

生活場面面接（セイカツバメンメンセツ）自宅や病室など，その人の生活の場で行う面接．決まった面接室で行うのに比べて，居室でケアをしながら行ったり，廊下などでの何気ない声かけや立ち話のような形をとる面接である．また，日常生活あるいは外出先などでも，そのタイミングと場を状況に合わせて柔軟に活用できる面接である．援助の必要な人が緊張せずに自分や家族の現状を語ることができ，援助者の理解が深まるメリットがある．介護施設などでは，相談室のような場所ではなく，実際に利用者が生活する場所（居室・廊下・食堂・居間など）で面接を行うことで，利用者の生活動作を生活場面で具体的に把握できるほか，利用者がリラックスして心情を話せる利点がある．
⇨生活支援

生活不活発病（セイカツフカッパツビョウ）➡廃用症候群を見よ．

生活福祉資金貸付制度（セイカツフクシシキンカシツケセイド）㊙世帯更生資金貸付制度．低所得者世帯，障害者世帯，または高齢者世帯に対し，就労に必要な技術習得のための資金，就学に必要な資金，住宅の改修に必要な資金，その他，一時的に必要な資金等を低金利または無利子で貸しつけるとともに，必要な援助指導を行う制度である．民生委員を通じ，必要な相談支援を行うことで，その世帯の経済的自立と生活意欲の助長促進，社会参加の促進を図り，安定した生活が送れるようにすることを目的としている．実施主体は都道府県社会福祉協議会．借り入れは，民生委員を通して市町村社会福祉協議会を経由し，都道府県社会福祉協議会に申込書を提出する．申込内容の確認と貸付の審査を行い，貸付決定通知書または不承認通知書を送付される．貸付決定となった場合は，都道府県社会福祉協議会に借用書を提出し，貸付金交付となる．

生活扶助（セイカツフジョ）㊗ public assistance．生活保護法第12条，第30条，第31条などにおいて規定される保護の種類のひとつ．具体的には，困窮のため最低限度の生活を維持することのできない人に対して，①衣類その他の日常生活の需要を満たすために必要なものを購入するための費用，②移送，について金銭給付をもって行われる保護である．生活扶助は，第1類（食費・被服費等の個人単位の経費）や第2類（光熱費・家具什器等の世帯単位の経費及び地区別冬季加算）などのほか，加算（妊産婦加算，介護施設入所者加算など）などで構成される．生活扶助は原則として被保護者の居宅において行われるが，それによっては目的を達しがたいときや被保護者が希望したときには被保護者を救護施設等の施設に入居させることができる．なお，介護老人福祉施設において施設介護を受ける被保護者に対して生活扶助を行う際に，保護金品を交付することが適当でないとき，その他保護の目的を達成するために必要があるときには，上述した施設の長または管理者に対して生活扶助を交付することができる．
⇨生活保護法

生活保護（セイカツホゴ）㊗ public assistance．生活保護法により，日本国憲法第25条に規定する理念に基づき，生活に困窮している国民に対して，健康で文化的な最低限度の生活を保障するだけでなく，さらに積極的にそれらの人々の社会的自立を促進することを目的とし，生存権を実現することにある．この法律には3つの原理として，無差別平等の原理・最低生活保障の原理・補足性の原理があり，公的扶助として，生活扶助・住宅扶助・教育扶助・介護扶助・医療扶助・出産扶助・生業扶助・葬祭扶助の8つがある．また，4つの原則として申請保護の原則，基準及び程度の原則，必要即応の原則，世帯単位の原則があり，具体的な保護基準については，年齢別，世帯構成別，所在地別によって決定される．都道府県や市に設置される福祉事務所が，国の法定受託事務として実質的に担うことになっている．1996年度以降，被保護実人員，被保護世帯数とも増加傾向にあり，被保護世帯のうち，高齢者世帯が45.5％（2015年2月）を占めている．
⇨生活保護法

生活保護法（セイカツホゴホウ）㊗ Public Assistance Act．現行の生活保護法は，1950年に制定．日本国憲法第25条に基づいて，国がすべての国民に対してその困窮の程度に応じて必要な保護を行い，最低限度の生活の保障とその自立を助長することを目的としている．制度の考え方は，4つの原理（国家責任による最低生活の保障，無差別平等，最低限度の生活の保障，保護の補足性）と4つの原則（申請保護の原則，基準及び程度の原則，必要即応の原則，世帯単位の原則）として示されている．保護の種類は，生活扶助，住宅扶助，教育扶助，介護扶助，医療扶助，出産扶助，生業扶助，葬祭扶助の8種類であり，必要に応じて単給または併給として行われる．保護の種類に応じて現物，または現金にて給付される．
⇨生活権，公的扶助，生活保護

生活満足感尺度（セイカツマンゾクカンシャクド）㊗ life satisfaction index ㊂ LSI．人々が生活に対して，どの程度満足しているのかを測定するための評価尺度．保健医療・福祉分野における生活の質（QOL）の研究では，人々が主観的に認識しているQOLを評価する指標のひとつとして位置づけられており，高齢者を対象とした研究を中心に広く活用されている．生活満足度の測定方法には，人々の生活を取り巻くさまざまな領域（対人関係，

健康，就労，経済状況，居住環境，社会参加活動，幸福感など）を組み合わせて作成された尺度を用いて測定するというアプローチと，生活全般に対する総合評価を行うための尺度を用いて測定するというアプローチに区分されている．また，生活満足度を適切に測定するためには，信頼性と妥当性，および一次元性が統計学的に立証された尺度が用いられなければならない．

生活満足度（セイカツマンゾクド）➡主観的幸福感を見よ．

生活モデル（セイカツモデル）㊥ life model. 生活モデルは1980年代以降に提起され，現在ソーシャルワーク実践において重要かつ中核的なモデルとして位置づけられている．このモデルは，ギターマン（Gitterman A）とジャーメイン（Germain C）によって生態学を学問的基盤に体系化されたもので，人と環境との交互作用に重点をおいているところに特徴がある．生活モデルでは生活過程に起こった諸問題（生活課題）を病理ではなく，他者や場所，組織，思考，情報及び価値などを含むさまざまな生態系の要素間における交互作用の結果としてとらえ，人とこれらの要素（環境）との関係性を重要視している．生活モデルを用いると，クライエントの生活課題が環境との交互作用のなかでどのように生じ，その生活課題に対してクライエントがどのように対処しているか，あるいは対処したかといった実態を複合的にとらえることが可能となる．

生活リズム（セイカツリズム）㊥ life rhythm. 生活者固有の生体リズムを基盤とした日常生活のすごし方のこと．生活リズムは生活の各要素が影響し合い，その場や状況に合わせて一定の周期で短期的あるいは長期的に繰り返し現れるものである．具体的には日常生活を営むうえでの行動や日課等が挙げられ，一定の習慣として定型化されているものを指す．生活リズムはこれまでの生活の積み重ねのうえに成立しており，生活リズムの乱れや急激な変化は心身の状態にも影響を与えることが考えられることから，支援を行う際には生活者のリズムを尊重しつつ生活リズムと支援の調整をしていく必要がある．また，生活リズムは継続性をもつことから，生活者本人の今後の生活におけるリスクの予測にも活用することができる．

生活歴（セイカツレキ）㊥ life history. 生活様態の変化の歴史を指すものであり，生活歴を知ることによって現在，および未来の生活にかかわる行動や思考の傾向を推察することが可能となる．生活歴を把握するためには，出生，就学，就職，結婚，疾病等の生活に変化を及ぼす契機になると考えられる情報と，そうした契機を生活者がどのようにとらえ，実際の生活がどのような変化を伴ったのか，また趣味や嗜好をどのように形成してきたのかという情報を，関連づけて明らかにしていくことで，時間的経緯にしたがって生活に関する情報を整理していくことが求められる．生活歴を把握する際は，正確で緻密な事実確認を行うことに専心するのではなく，生活者本人の目線から今後の生活傾向を推察していくことを視野に入れ，生活者が語る思いや感情等に寄り添うことも重要となる．しかしながら，介護職員は生活歴の重要性を十分に認識しつつも，「把握」という実践面において十分に達成できていないことを示す研究もみられ，実践上のむずかしさが指摘されている．

生業扶助（セイギョウフジョ）㊥ occupational assistance. 生活保護法第17条，第36条などにおいて規定される保護の種類のひとつである．具体的には，困窮のため最低限度の生活を維持することのできない人，またはそのおそれのある人に対して，①生業に必要な資金，器具または資料，②生業に必要な技能の修得，③就労のために必要なものについて金銭給付をもって行われる保護である．なお，生業とは生活を営むための仕事のことであり，生業扶助は，要保護者の稼働能力を引き出し，それを助長することによって，その人の自立を図ることを目的としている．ほかの扶助と異なり「困窮のため最低限度の生活を維持することのできない人」のほか，「そのおそれのある人」についても対象としている点に特徴がある．生業扶助の内容には「専ら生計の維持を目的として営まれることを建前とする小規模の事業を営むために必要な資金又は生業を行うために必要な器具若しくは資料」のための生業費，「生計の維持に役立つ生業に就くために必要な技能を修得する経費」である技能修得費，「就職の確定した被保護者が，就職のため直接必要とする洋服類，履き物等」のための就職支度費がある．

⇨生活扶助

清拭（セイシキ）㊥ bed bath／sponge bath／blanket bath. 身体を清潔にする方法は，入浴やシャワー浴が代表的であるが，さまざまな理由によりこれらの保清法ができない場合，清拭は代替的に皮膚の汚れを落とし清潔を保つ方法である．清拭には，全身清拭と部分清拭があり，目的に合わせて実施されることになる．清拭はタオルを使用して行われるが，温湯やタオルは冷めやすいため，冷感を感じさせないよう湯の温度，室温には十分配慮する．さらには，お湯で拭いたときに発生する気化熱によって寒さを感じることもあるため，体表温度が下がらないように，バスタオルやタオルケットなどで覆いながら行うことも忘れないようにする．清拭には，せっけんを用いる場合，温湯のみを用いる場合，沐浴剤を用いる場合，または組み合わせる場合などがある．せっけんを用いる場合は，刺激の少ないものを使用し，せっけんが肌に残らないようによく拭き取ることが必要である．また，清拭中は声をかけながら状態を観察することや，残存機能の活用も重要である．

静止時振戦（セイシジシンセン）㊥ resting tremor／tremor at rest. 安静時に起こる規則的なふるえで，4～6ヘルツのふるえとされる．自ら動くことによって随意運動が誘発され，静止時の振戦は減弱ないし消失する．それに対して，随意運動の際に起こる振戦を企画振戦という．

⇨振戦，企画振戦

脆弱性骨折（ゼイジャクセイコッセツ）㊥ insufficiency fracture. 骨粗鬆症を背景とした病的骨折の総称．脆弱性骨折を生じやすい部位は，脊椎の圧迫（とくに胸腰椎移行部に好発する），大腿骨頸部，大腿骨転子部，上腕骨近位部，橈骨遠位部である．

正常圧水頭症（セイジョウアツスイトウショウ）㊥ normal pressure hydrocephalus. 脳室が拡大しているにもかかわらず，腰椎穿刺で明らかな頭蓋内圧の亢進を認めないものを正常圧水頭症という．高齢者に多く，ぼーっとした精神活動の低下や，もの忘れ，尿失禁や歩行障害などから，認知症とまちがわれることもある．髄液排除テスト（タップテスト）で髄液を抜き，その前後の動き

を比較して改善する症例では，髄液を脳室腹腔シャントや腰椎腹腔シャントなど脳外科的な処置を行うことがある．

精神安定薬（セイシンアンテイヤク）㊧ tranquilizer. 精神安定薬は，強力精神安定薬と緩和精神安定薬に分けられ，前者は抗精神病薬，後者は抗不安薬とよばれている．抗精神病薬は妄想や幻覚などの精神病の陽性症状のほか，無気力や感情鈍麻などの陰性症状，認知機能障害などにもその薬効が期待されている．第1世代抗精神病薬にはドパミンD_2受容体遮断作用があり，なかでもハロペリドールは幻覚や妄想作用に対して薬効が強く，鎮静作用も期待される．第2世代抗精神病薬はセロトニン$5-HT_2$受容体遮断作用が強く，なかでもセロトニン・ドパミン拮抗薬であるリスペリドンは陽性・陰性症状の両方を改善させる効果が期待できるが，一方で副作用としてアカシジアが生じやすいといわれている．抗不安薬は不安や緊張を除去あるいは軽減する薬効が期待でき，主にベンゾジアゼピン誘導体が用いられる．ベンゾジアゼピン誘導体はγ-アミノ酪酸$_A$（$GABA_A$）受容体のγ-アミノ酪酸（GABA）（中枢神経に広く存在する抑制性伝達物質；γ-amonobutyric acid）に対する親和性を増加させるといわれている．
⇨抗精神病薬，向精神薬

精神医学（セイシンイガク）㊧ psychiatry ㊦ Psychiatrie. 精神の異常あるいは病的状態など，精神疾患全般（現在では，発達障害なども含む）を対象とする医学の一部門で，その原因，経過，症状，治療法などについて科学的思考を用いて研究する．「精神医学」が学問分野として形をなすようになったのは19世紀になってからで，1808年にドイツの医学者ライル（Reil JC）によって「精神医学」という言葉がつくられ，その前後にピネル（Pinel P）やハインロート（Heinroth JCA）らによって，精神疾患の体系的な分類が試みられていった．最近では，脳の活動や心身症状の相関などを多角的に解明するために，内科学，小児科学，脳外科学，精神科学，遺伝学，行動学，心理学，犯罪学，教育学など，多数の近接領域の学問分野の知見も取り込んでおり，学際的な部門となっている．

精神運動性障害（セイシンウンドウセイショウガイ）㊧ psychomotor disturbance. 各種の精神疾患にみられる行動上の異常と意志統合の障害を指し，症状は行動過多状態と行動過少状態がある．たとえば，うつ病の症状としての認知機能障害および行動機能障害があり，焦燥感（イライラして落ち着かない）と抑制（動きがほとんどない）が2週間以上にわたってみられたりする．また，統合失調症の場合は，症状の現れ方によってタイプ（破瓜型，緊張型，妄想型など）別に分類されるが，そのうちの緊張型の場合は，精神運動性障害が主な症状で，興奮と昏迷が特徴的となる．興奮状態では，とくに理由も目的もなく動き回ったり，大声を出したり，支離滅裂な言葉を発し，興奮しすぎると周囲の人に対して攻撃的になることもある．これに対して，昏迷状態では，周囲に対する反応が鈍くなったり，自発的活動や運動が低下したりする．そして，この興奮と昏迷の両極端な状態を交互に繰り返す．
⇨うつ病，統合失調症

精神衛生（セイシンエイセイ）㊧ mental hygiene. 精神的健康（mental health）を保ち，かつ増進し，精神障害の予防・対策の実践を行うことを指す．精神的健康とは精神障害がなく，個人が社会のなかで良好な適応状態にあることを意味するが，社会文化的価値基準や個人的特性（性格や対人的行動など）の違いにより，常に相対的な側面もある．精神医学を中心に，心理学，社会学，保健学，看護学，社会福祉学，教育学，法律学，経済学，人類学，生物学等の諸科学が活用されており，学際的な側面をもっている．現在の日本における精神的健康の増進とは，具体的には，学校や職場における精神的な疲労，ストレス，悩みなどの軽減・緩和を目的としている．そのために，いじめや各種ハラスメント（パワーハラスメント，セクシャルハラスメントなど）への対策，うつ病や自殺の予防，それに関する啓発活動などが中心となっている．さらに，精神的健康を損なっている人に対するサポートや，再発防止策も精神衛生の概念に含まれる．
⇨精神障害

精神衛生センター（セイシンエイセイセンター）➡精神保健福祉センターを見よ．

精神科デイケア（セイシンカデイケア）㊧ psychiatric day care. 精神科のリハビリテーションの一種で，精神障害者の社会生活機能を回復することを目的に行われる．日本では1994年より開始され，個々の患者に応じたプログラムに従ってグループごとに治療する集団精神療法を指し，実施時間は患者1人あたり1日につき6時間を標準としている．デイケアは，第二次世界大戦直後の1946年ごろに，イギリスのビエラ（Bierer J）やカナダのキャメロン（Cameron DE）によって，時期を同じくして創始された治療形態である．両者ともデイホスピタルという形で，入院治療に代わる密度の濃い身体的，精神的治療を自宅から通院する患者に実施し，1950年代には，日本でも開始された．デイケアは，精神障害で通院中の患者を対象とした診療のことを指し，作業，話し合い，スポーツ，料理，ゲームなど，さまざまなグループ活動が組み合わされていて，そこで生まれる集団的人間関係の体験自体が，治療や回復に反映される可能性が大きい．
⇨精神科ナイトケア

精神科デイナイトケア（セイシンカデイナイトケア）㊧ psychiatric day-night care. 精神科のリハビリテーションの一種で，精神障害者の社会生活機能を回復することを目的に行われる．日本では1996年から開始され，実施時間は患者1人あたり1日につき10時間を標準としている．医師を中心に，看護師，作業療法士，精神科ソーシャルワーカー，臨床心理技術者などが配置されており，集団精神療法，作業療法，レクリエーション活動，創作活動，生活指導，療育指導，心理教育などが展開される．実施目的としては，再入院，再発予防，慢性期患者の居場所，生活リズムの維持等があり，利用者の利用目的としては，生活する力を高める，周囲の人とうまくつき合うこと等がある．精神障害者の退院後の生活支援を含め，日常生活の地域移行における受け皿の機能も果たしており，最近は，発症早期，急性期等の患者を対象に，目的，利用期間等をより明確にした取り組みが行われるようになってきている．
⇨精神科デイケア，精神科ナイトケア

精神科ナイトケア（セイシンカナイトケア）㊧ psychiatric night care. 精神科のリハビリテーションの一種で，精神障害者の社会生活機能を回復することを目的に行われ

る．夜間のみ患者を入所させ，診療を行う医療施設で，日本では1986年より開始された．基本的には，16時以降に開始され，実施内容の種類にかかわらず患者1人あたり1日につき4時間を標準とする．昼間働いている人や夜間に不安のある人などが利用し，話し合いや講座，手工芸，音楽プログラムなど，治療スタッフによるチームアプローチによって集団精神療法や生活技能訓練，心理教育などを実施している．治療の目標としては，自己理解や疾病理解，対人関係スキルの回復，再発・再休職予防を目指したセルフケアの獲得，思考や行動パターンの修正，基礎体力の回復，モチベーションを高める職業場面の再現，パソコンや業務関連のスキル向上，リラクゼーション目的など，認知行動療法を用いた手法も実施されている．
⇨精神科デイケア

精神科病院（セイシンカビョウイン）㊇ psychiatric hospital. 精神障害を抱える患者を治療・保護する，精神保健福祉法に基づいた病院を示す．近年では，医療機関名の呼称を「心療クリニック」「メンタルクリニック」などに変更して，外来患者が受診しやすい環境を工夫している．日本の精神科の病床数は，先進諸国と比べても，人口に対して世界でもっとも多く，入院期間ももっとも長い．先進諸外国は精神科病院を減らし，患者が地域で安心して暮らせるような制度を推進しており，とくにイタリアでは，精神科医バザーリア（Basaglia F）の主張に従い，1980年代末には世界で初めて精神病院を廃絶し，予防や医療，リハビリテーションは原則として地域精神保健サービス機関で行っている．日本でも，社会生活に順応するための小規模作業所を併設したり，デイケアなどのサービスを行ったりする病院もあり，社会復帰が比較的スムーズに行われる例も徐々に増えているが，慢性長期入院群では，高齢化，長期入院による生活能力の低下，家族機能の低下などから，社会復帰が困難な例が多いのが現状である．

精神科リハビリテーション（セイシンカリハビリテーション）㊇ psychiatric rehabilitation. 精神障害等の精神科の病気のために失われた社会的機能を回復して，生活の質（QOL）の向上が維持できるように支援する方法．精神科病院などでは，作業療法，レクリエーション療法，集団精神療法，家族教室などが行われ，具体的に，統合失調症に対する生活技能訓練（SST），うつ病休職者に対するリワークのためのデイケア，認知症に対する回想法などがある．地域においては，退院後の一定期間，訓練や指導を受ける社会復帰施設として，「精神障害者授産施設」などがある．さらに，「地域生活支援センター」の援助を基盤として，家族会，自助グループ，ボランティア活動，就労支援組織なども支援を行っている．ここでは，身体的な機能回復だけではなく，社会的（家族関係の維持，職業復帰，経済的な自立），個人的（アイデンティティの確立，自己決定）な機能回復も含めて，健常者と同じように人間らしく地域のなかで生き生きと生活を送ることができるような支援が目標とされている．

精神鑑定（セイシンカンテイ）㊇ psychiatric evidence. 一般的には司法官からの要請により，精神障害が疑われる対象に行われる司法鑑定のひとつである．精神障害には，機能性精神病，器質性精神病，神経症，人格障害，物質依存または中毒，意識障害，さらには知的障害，認知症などが含まれる．精神鑑定の目的は，対象者の精神能力を判断することである．責任能力とは，事物の是非・善悪を識別し，それにしたがって行動する能力とされている．つまり，弁別能力と識別能力とが共に備わっているかどうかを判断することである．たとえば，成年後見制度を活用するに際して，認知症の有無とその程度を精神鑑定する場合には，鑑定者は一般に精神科医であるが，日本ではとくにその資格は定められていないのが現状である．精神鑑定結果は，書面により司法官に提出される．鑑定書はあくまでも補助であり，最終的判断は司法官にあるということである．

精神機能障害評価票（セイシンキノウショウガイヒョウカヒョウ）㊇ mental function impairment scale ㊂ MENFIS. 1991年に本間昭らによって開発された，認知症の人の精神機能障害を症状評定によって評価するための尺度のこと．認知症の臨床的な評価方法には，認知症の中核症状を中心とした認知機能を評価するものと，認知症の行動・心理症状（BPSD）を評価するものとに分かれ，MENFISは後者に位置づけられる．MENFISは認知症の人の精神機能障害を認知機能，動機づけ機能，感情機能の3つの側面からとらえており，3つの下位尺度から構成されている．認知機能は「場所の見当識」「時間の見当識」「最近の記憶」「昔の記憶」「会話理解」「意思表示」「判断」の7項目，動機づけは「自発性」「興味・関心」「気力」の3項目，感情機能は「感情表現の多様性」「感情表現の安定性」「感情表現の適切性」の3項目から構成されている．評価方法は各項目の障害程度を「まったく障害なし（0点）」〜「完全な障害（6点）」の7段階で評価し，3つの尺度ごとに合計点を算出し，全体を合計して重症度に関する総合評価や下位尺度ごとの独立した評価も可能である．

精神健康（セイシンケンコウ）➡メンタルヘルスを見よ．

精神疾患の診断・統計マニュアル（セイシンシッカンノシンダントウケイマニュアル）㊇ diagnostic and statistical manual of mental disorders ㊂ DSM. アメリカ精神医学会による精神障害に関するガイドラインで，精神科医が患者の精神医学的問題を診断し，標準的な治療について参照する際の指針を示すための手引きである．世界保健機関（WHO）による疾病及び関連保健問題の国際統計分類（ICD）とともに，世界各国で用いられている．1952年に初版（DSM-I）が出版されて以降，随時改定が行われ，最新版は2013年に出版された第5版（DSM-5）となっている．DSMの特徴として，病因論を排し，精神症状のみを論理的推察と統計学的要素を取り入れて分類したことにより，診断基準が明確になったため，それまで医師の主観的な判断で診断される傾向が多かった精神障害に対して，より客観的な判断を行うことが可能になり，医療スタッフ側の意見や技量の差異による診断の相違が最小限となったことが挙げられる．また，精神障害者を5つの側面からとらえる多軸システムの立場を明確にしている．
⇨疾病及び関連保健問題の国際統計分類

精神障害（セイシンショウガイ）㊇ mental disorder ㊅ Geistesstörung. 精神疾患の総称で，脳の器質的変化や機能的障害によって，さまざまな精神的・身体的症状や行動の変化が現れる状態を指す．原因により，先天性，外因性（脳への直接的・生理的影響からの発症），心因性

（性格や環境からのストレスなど心理的影響からの発症），内因性（明確ではないが，遺伝的素因をもとにした発症）に分けられてきたが，分類の妥当性を疑わせる研究成果が蓄積されてきたため，現在は，アメリカ精神医学会による精神障害の診断・統計マニュアル第5版（DSM-5）や世界保健機関（WHO）による疾病及び関連保健問題の国際統計分類第10回修正（ICD-10）といった，症状記述（数，持続性，社会的機能の支障など）による操作的診断定義が主流となっている．これまで，症状に対する名称には，社会・文化・時代の変化によって差異があり，時代による症例の名称変更なども存在した．具体的には，知的障害，人格障害，統合失調症，躁うつ病，神経症，精神作用物質による急性中毒や依存症などで，医療の対象となる心の病を表しており，認知症も含まれる．

精神障害者（セイシンショウガイシャ） 英 mentally handicapped person. 精神障害（精神疾患）を抱える個人を示す．精神障害者は，日本の複数の現行法律上で規定されているが，精神保健福祉法の1995年改定の際に出された「精神障害者保健福祉手帳の障害等級の判定基準」において，次のような能力の障害の有無を援助の際の基準としている．①適切な食事摂取や身辺の清潔保持，規則正しい生活維持のための行動を自発的かつ適切に行う．②金銭管理と買い物（金銭の認知，買い物への意欲，買い物に伴う対人関係処理）ができる．③自発的かつ規則的に，通院と服薬を行い，病状や薬の副作用等について適切に主治医に伝えることができる．④他人の話を聞き取り，自分の意思を相手に伝えるコミュニケーション能力や，他人と適切につき合う能力がある．⑤身辺の安全保持や危機対応能力がある．⑥各種の申請等社会的手続きや銀行や福祉事務所，保健所等の公共施設を適切に利用する能力がある．⑦趣味・娯楽への関心，文化的社会的活動へ参加する．

精神遅滞（セイシンチタイ） 英 mental retardation 略 MR. 1970年ごろまで，精神薄弱（schwachsinn）と称された概念で，知的能力の発達が遅滞し，学習や知的な作業，身辺の管理，社会的な生活が困難な状態をいう．その後，精神遅滞が長期間利用されてきたが，1998年の「精神薄弱の用語の整理のための関係法律の一部を改正する法律」により，知的障害（intellectual disability）に統一された．厚生労働省による「精神薄弱児（者）福祉対策基礎調査（1990）」では，「知的機能の障害が発達期（おおむね18歳まで）に現われ，日常生活に支障が生じているため，何らかの特別の援助を必要とする状態にあるもの」とされている．具体的には，各種知能検査などによる知能指数（IQ），その他の総合的な診断に基づき，軽度（IQ50〜70程度）・中等度（IQ35〜50程度）・重度（IQ20〜35程度）・最重度（IQ20以下）に分類される．なお，認知症などの成人・老年期に発症する知的機能の低下や，計算能力など部分的な困難さを伴う「学習障害」とは異なる．
⇒知的障害

精神的虐待（セイシンテキギャクタイ） ➡心理的虐待を見よ．

精神的ケア（セイシンテキケア） 英 mental care. 精神的ケアとは，精神面での援助や介護を指し，代表的な精神的ケアとしては，精神的苦痛に対する緩和ケアがある．近年では，精神的な問題を解決する側面ばかりでなく，心の健康を保持・増進させる援助を含むようになってきている．認知症の問題への精神的ケアとしては，認知症を患っている本人に対する精神的ケアと，患者の介護を担う家族への精神的ケアの問題が中心となる．認知症を患っている本人への精神的ケアの柱のひとつには，認知症の行動・心理症状（BPSD）の成因とそれへの対応がある．たとえば，見かけ上，同じ「徘徊」であったとしても，その成り立ちと対応は異なっており，BPSDの成因を検討するなかで，よりよい対応を模索すること，すなわち「理にかなったメンタルケア」の必要性が高まっている．日常生活上の問題への対応から，正しい筋道を立てて，理論化する作業がメンタルケアにも要求されているといえる．
⇒緩和ケア

精神病院法（セイシンビョウインホウ） 英 Mental Hospital Act. 1919年に，精神疾患のある患者を精神科病院に保護し治療を行う目的で定められた法律（大正8年法律第25号）．この法律によって，精神障害に対する公共の責任として精神科病院を公的に設置する考え方が初めて明らかにされた．ただし，この法律では，精神科病院を，精神疾患のある患者の治療の場としてとらえるものではなく，保安面から精神疾患のある患者を収容する施設とするものであった．また，公立病院の設置は進まず，法律制定後10年以上たった1931年の調査によれば，患者総数7万人余に対し，収容数は1万5千人程度にすぎなかった．1946年に公布された日本国憲法（第25条2項）の制定を契機とし，1950年にこの法案は廃止され，新しく「精神衛生法」が制定された．
⇒精神保健指定医

精神病者監護法（セイシンビョウシャカンゴホウ） 英 Mental Patient Custody Act. 1900年に，精神障害者を，路頭に迷う救護者にさせないことを意図して制定された法律（明治33年法律第38号）．これにより，それまでは地方にゆだねられていた精神障害者に対する規制が，全国的なものとなった．この法律制定のきっかけには，相馬事件（精神障害者の収容にかかわる御家騒動）があったと考えられている．しかし，障害者の医療保護に関する規定をほとんど含まず，「私宅監置」いわゆる座敷牢（私的な軟禁施設）制度を一定の要件の下に合法化するものであった．1946年に公布された日本国憲法（第25条2項）の制定を契機とし，1950年にこの法案は廃止され，新しく「精神衛生法」が制定された．
⇒精神病院法，精神保健指定医

精神分析（セイシンブンセキ） 英 psychoanalysis. フロイト（Freud S）によって，1880年代に神経症の治療法として創始された体系．広義には，フロイト以後の分派を含めた理論体系全体も指す．精神分析は，精神医学にとどまらず，芸術，宗教，哲学，文化人類学などの領域にも広く影響を与えている．フロイトは当初，ヒステリーの治療を行うなかで，意識下に存在する精神的外傷の記憶を再生させ，それを意識化することの重要性を主張した．さらに，治療過程での転移や抵抗の現象を明らかにし，性衝動や攻撃衝動を重要視した．精神構造としては，自我，超自我，エスの3領域に分けて考えている．フロイト以後，彼の後継者らはそれぞれの視点からフロイトの理論を批判しつつこれを継承し，新たな理論を発展させていった．その対象も成人の神経症にとどまらず，子ども，

高齢者，精神病，境界例へと拡大している．
⇨神経症，精神医学

精神分裂病（セイシンブンレツビョウ）➡統合失調症を見よ．

精神保健（セイシンホケン）➡メンタルヘルスを見よ．

精神保健及び精神障害者福祉に関する法律（セイシンホケンオヨビセイシンショウガイシャフクシニカンスルホウリツ）㊤Act on Mental Health and Welfare for the Mentally Disabled ㊥精神保健福祉法．精神保健と精神障害者福祉について規定した日本の法律（昭和25年法律第123号）．①精神障害者の医療及び保護を行うこと，②障害者総合支援法とともに精神障害者の社会復帰の促進，自立と社会経済活動への参加の促進のために必要な援助の実施，③精神疾患の発生予防や，国民の精神的健康の保持及び増進に努めること，によって精神障害者の福祉の増進及び国民の精神保健の向上を目的とする．1993年に障害者基本法が成立し，従来からの対象であった身体障害者・知的障害者に，精神障害者が加えられたこと等を受け，1995年に精神保健福祉法へと改正された．1999年の改正ではホームヘルプ等の福祉サービスが法定化されたが，2005年の障害者自立支援法（現・障害者総合支援法）の施行で身体・知的・精神の三障害が一元化された．2014年の改正では，入院医療中心の精神医療から地域生活への移行を促進するため，精神障害者の医療の提供を確保するための指針（厚生労働大臣告示）が策定され，保護者制度の廃止，医療保護入院の見直し等が盛り込まれた．
⇨障害者総合支援法，障害者自立支援法，医療法

精神保健指定医（セイシンホケンシテイイ）㊤designated psychiatrist．精神保健福祉法第18条に基づき，医師に認定される資格である．精神保健指定医の資格申請には，次の4つの規定を満たす必要がある．①5年以上の臨床経験を有すること．②3年以上精神障害の診断または治療に従事した経験を有すること．③統合失調症，躁うつ病，中毒性精神障害，児童・思春期精神障害，症状性または器質性精神障害，老年期認知症のそれぞれの圏内にある精神障害について実務を経験したことを示すケースレポートを提出すること．④厚生労働省が定めた研修を修了していること．研修では，患者の人権に関する知識の習得を目的として，関連法制度などの講習が集中的に実施される．この背景には，患者本人の意思に基づかない入院や，いちじるしい行動制限を患者に与えることの判断を，指定医が行わなければならない点が挙げられている．

精神保健センター（セイシンホケンセンター）➡精神保健福祉センターを見よ．

精神保健福祉士（セイシンホケンフクシシ）㊤psychiatric social worker ㊣PSW．精神保健分野での資格のひとつ．1997年に制定された「精神保健福祉士法」に基づき，1998年より施行された精神科ソーシャルワーカーの国家資格である．1999年に第1回の国家試験が実施された．精神保健福祉士には，精神的・肉体的なハンディキャップなどにより，社会で孤立し，日常生活を送るのが困難な人たちに対し，当事者がそれぞれの課題を解決し，よりよい生活を実現できるように，専門知識と技術をもって援助することが要請される．ソーシャルワーカーの国家資格である社会福祉士の援助対象のなかに「精神上の障害のある」ものが含まれるが，ここでいう「精神上の障害」とは，知的障害や情緒障害を指し，精神保健福祉士が対象とする精神障害者は含まれていない．2005年に「障害者自立支援法」が成立したことから，精神保健福祉士の活動のひとつとして，精神障害者と地域住民が共に暮らす街づくりの構築が挙げられており，ノーマライゼーションに向けた地域活動も期待されている．
⇨精神保健指定医，社会福祉士，臨床心理士

精神保健福祉士法（セイシンホケンフクシシホウ）㊤Psychiatric Social Worker Act．1997年に成立，1998年に施行された，精神保健福祉士の資格を定めてその業務の適正を図り，精神保健の向上及び精神障害者の福祉の増進に寄与することを目的とする法律である（平成9年法律第131号）．この法律において「精神保健福祉士」が，専門的知識及び技術をもって，精神科病院，その他の医療施設で，障害者の日常生活や社会生活を総合的に支援し，社会復帰に関する助言，指導，訓練などの援助を行うことと規定されている．精神保健福祉士の第1回国家試験は1999年に実施された．「精神保健福祉士法」が制定された時代背景には，国家レベルでの，精神障害者の社会復帰に向けた制度や社会資源づくりが課題として認識されたことがある．1993年に「障害者基本法」が，1995年には「精神保健福祉法」が制定されている．

精神保健福祉センター（セイシンホケンフクシセンター）㊤mental health center ㊥精神衛生センター／精神保健センター．「精神保健及び精神障害者福祉に関する法律」第6条に定められた，精神保健の向上および精神障害者の福祉の増進を図るための機関であり，都道府県単位（指定都市を含む）に設置されている．その業務としては，①精神保健福祉に関する知識の普及，②精神保健福祉に関する調査研究，③精神保健福祉に関する相談指導のうち複雑困難なものを行うこと，④精神医療審査会の事務局の役割，⑤精神障害者保健福祉手帳の交付の際の判定，⑥通院医療費の公費負担の判定，⑦障害者自立支援法の規定により，市町村に対して意見を述べることや必要な援助を行うことを規定している．名称は1965年「精神衛生センター」，1987年「精神保健センター」と変遷してきている．

精神保健福祉法（セイシンホケンフクシホウ）➡精神保健及び精神障害者福祉に関する法律を見よ．

精神療法（セイシンリョウホウ）➡心理療法を見よ．

生前遺言（セイゼンユイゴン）➡リビングウィルを見よ．

製造物責任法（セイゾウブツセキニンホウ）㊤Product Liability Act ㊥PL法．1994年制定され1995年より施行．製品の欠陥のせいで消費者が人的・物的被害を受けた場合，損害賠償責任はそれをつくったメーカー側にあると考えることができると，製造物に関する責任を定めた法律（平成6年法律第85号）．PL法の目的は，製品の事故によって消費者が受けた被害を補償することにある．PL法第1条では，製造物（製品）の欠陥により消費者の人身・財産に損害を受けたとき，製造業者等の損害賠償の責任について定めており，被害者の保護を図り，国民生活の安定向上と国民経済の健全な発展に寄与することを目的としている．この法律では，製造業者の故意・過失の有無を問わず製造業者に賠償責任を負わせることを定めている．PL法施行前は，消費者は泣き寝入りをしていたが，法施行により，欠陥事故が起こった後処理として「被害者の救済」と，防止策として「欠陥事故及びその被害

生存権（セイゾンケン）➡生活権を見よ．

生態地図（セイタイチズ）➡エコマップを見よ．

性的逸脱行為（セイテキイツダツコウイ）⊕ sexual anomaly action．性に関することで社会的な規範から外れた行動を指す．とくに，認知症の人が引き起こす認知症の行動・心理症状（BPSD）のひとつとして挙げられることが多く，「卑猥なことを話す」「異性の身体をさわる」などの例が挙げられる．認知症のなかでは，とくに前頭側頭型認知症（FTD）でみられることが多い．このBPSDの背景には，「脱抑制」がある．「脱抑制」とは，抑制が機能しなくなったことを意味し，社会的ルールを守れなくなり，気のおもむくままに行動し，周囲を気にしないといった「わが道を行く行動」が顕在化することを指す．脱抑制は前頭葉眼窩面の障害でみられるといわれているが，近年の研究では，右側の側坐核，上側頭皮質，内側側頭葉構造物の萎縮との関連性も指摘されている．

性的行動（セイテキコウドウ）⊕ sexual behavior．一般的には，性交も含め，男女の性の行為を性行為（sexual act）と称し，さらに拡大して性に関する行動を総称したものを性的行動としている．認知症ケアにおいて，性的行動が社会の規範を逸脱した場合には，認知症の行動・心理症状（BPSD）のひとつになる．しかし，人間はたとえ高齢になったとしても，生ある限り男女が異性への関心をもち続けることは正常なことであり，性的欲求は加齢に伴い減退する傾向にはあるが，なくなることはない．また，性は人間の根幹にかかわることであり，個人の人間性にも深くかかわっている．認知症ケアの場面において，当事者の性的行動は，本人の内的・心理的欲求を示すものであることを，ケアする側は認識しつつ，工夫できることを検討すべきであろう．

⇨性的逸脱行為

成年後見制度（セイネンコウケンセイド）⊕ adult guardianship system．民法に規定される制度で，認知症や知的障害，精神障害等により判断能力が不十分な人の権利を守り法的に支援する制度．2000年に「自己決定の尊重」「残存能力の活用」「ノーマライゼーション」と「本人保護」という理念の下，判断能力が不十分で介護保険等における福祉サービスの利用契約や手続き，申請等が自らできない人のために，介護保険制度と同時期に始まった．成年後見人等は「意思尊重義務」と「身上配慮義務」という2つの義務を守り（民法第858条），次の2つの仕事を行う．①身上監護（本人の「生活」にかかわる決定をすること），②財産管理（「財産」を本人のために管理・使用すること）．また，権限外行為として成年後見人等には以下の権限はない．①身体の強制を伴う行為（たとえば監禁や閉じ込める等），②婚姻・離婚・養子縁組・臓器移植等，③手術や麻酔注射等の医療同意，④身元保証人や連帯保証人になること，⑤死後事務として埋葬等，⑥居住用不動産の処分は家庭裁判所の許可が必要，⑦その他，事実上の介護．

⇨権利擁護

成年後見人（セイネンコウケンニン）⊕ adult guardian．認知症や知的障害，精神障害等により自ら判断することができない人の権利を守り法的に支援する人．成年後見人は本人や親族等からの申立により家庭裁判所から選任され，被後見人を代理して契約などの法律行為をしたり，被後見人または成年後見人が，本人が行った不利益の法律行為を取り消したりすることができる．ただし，食料品や衣料品などの日用品の購入など「日常生活に関する行為」については取消の対象外である．成年後見人の職務は本人の心身の状態や生活状況に配慮しながら，財産を適正に管理し，必要な代理行為を行うことである．また定期的に後見事務報告書を家庭裁判所に提出し，後見活動内容を報告しなければならない．基本的に後見活動は本人が死亡するまで，または判断能力が回復して後見が必要なくなるまで続くものである．成年後見人には本人の親や兄弟などの親族のほかに，第三者後見人として弁護士・司法書士・社会福祉士等，市民後見人もいる．

政府管掌健康保険（セイフカンショウケンコウホケン）⊕ government-managed health insurance．中小企業で働く従業員やその家族が加入する健康保険．従来，社会保険庁が運営していたが，2008年10月1日より新たに全国健康保険協会が設立され，その協会が運営している．この協会が運営する健康保険の愛称を「協会けんぽ」という．保険料は，地域の医療費の違いを反映した都道府県単位の保険料率による．健康保険の給付は，被保険者証で治療を受けるときの療養の給付，立て替え払いのときの療養費，緊急時などに移送されたときの移送費，療養のために休んだときの傷病手当金，出産したときの出産育児一時金・出産手当金，死亡したときの埋葬料などがある．医療機関で受診した場合の医療費の一部自己負担の割合は，小学校入学前は2割，小学校入学以後70歳未満は3割，70歳以上75歳未満は2割（いままで1割だった人は特例措置「1割」を継続）となっている．ただし，70歳以上75歳未満で現役並みの所得がある場合は3割負担となる．

⇨全国健康保険協会管掌健康保険

生命維持管理装置（セイメイイジカンリソウチ）臨床工学士法では，定められる人の呼吸，循環または代謝の機能の一部を代替し，または補助することが目的とされている装置で，具体的には人工心肺装置および補助循環装置，人工呼吸器，血液浄化装置（人工腎臓を除く），除細動装置および閉鎖式保育器をいう．慢性的な疾患や治癒困難な悪性疾患などでおかつ重度の認知症や高齢者の生命維持に対しては，長さだけに目を向けて長生きをさせるよりも，いかに生き，よりよい最期の時間をどのようにすごすかに重点をおくケアが求められている．

生命兆候（セイメイチョウコウ）➡バイタルサインを見よ．

生命倫理（セイメイリンリ）⊕ bioethics．生命倫理は，1960年代以降にアメリカを中心に発展したbioethics（バイオエシックス）の訳語として用いられることが多い．1960年代以降，アメリカではタスキギー事件などの人々の"いのち"を尊重しない医学実験や医療問題が顕在化してきた．このような患者に対する権利侵害事件によって，患者の権利を求める声が上がり，公害・環境問題などと相まって，社会的・経済的・人権的・政治的不公正に対する市民運動（フェミニズム運動・人種差別撤回・反核反戦・消費者運動・機会均等など）が活発化してきた．社会においても個人主義が台頭し，家族や宗教・教育における伝統的社会制度や価値観への変容があった．そして，医学や科学の進歩によるさまざまな弊害も起こり，科学の中立性への疑問も呈された．これらの社会運動に

より，いままで自明のこととされてきた人間・生命・医学・自然・社会などに関する価値観や倫理観が問い直されることになった．生命倫理は，このような大きな「文化的変化」と「科学的変化」が出会うことによって起こる「難局」や「倫理的問題」に対して，人々はどのように賢く対処していけばよいのかを問う，社会的反応から生まれた新しい学問であるととらえることができる．したがって，生命倫理は，生（生殖補助医療・妊娠中絶・遺伝子診断・クローン・ES細胞，iPS細胞・再生医療など），病（治療方針の意思決定・研究倫理・緩和ケア・医療の差し控え中止・医療過誤訴訟・医療者患者関係・守秘義務など），老（認知症・終末期医療・看取り・虐待など），死（脳死・臓器移植・安楽死など），における"いのち"に関するあらゆる倫理的問題にかかわっている．そして，生命倫理には，医療者（医学）のみでなく，看護学・倫理哲学・法学・公共政策など多くの専門家が，それぞれの専門領域を越えて，協働して考えるアプローチが必要である．

生命倫理の4原則（セイメイリンリノヨンゲンソク）㊤ four principles of bioethics. 自己決定の尊重を意味する「自律尊重原則」，患者に善をもたらせという「善行原則」，患者に害をなすなという「無危害原則」，すべての人を公平に扱えという「公正・正義原則」からなる．倫理原則のうち，「自律尊重原則」「善行原則」「公正・正義原則」の3つが，ベルモントレポート「生物医学および行動科学研究におけるヒト被験者保護のための国家委員会報告書1978」において，ビーチャム（Beauchamp TL）らによって提唱された．ベルモントレポートは，非人道的な梅毒研究であるタスキギー事件（1932～1972）の反省にたって，「米国研究規制法」に基づいて設置された米国国家委員会より提出されたレポートである．その後，1979年，3原則に加えて，「生物医学・医療倫理の諸原則1979」のなかで，「無危害原則」がビーチャムとチルドレス（Childress JF）によって示された．
⇨自律尊重原則，善行原則，無危害原則，公正（正義）原則

生理機能検査（セイリキノウケンサ）㊤ physiological function test. 検査者が，直接被験者に行う検査．循環器系の頸動脈エコー，心エコー，消化器系の腹部エコーなどのエコー検査や，心電図検査，呼吸機能検査，脳波検査，聴力検査など多岐にわたる．

生理的老化（セイリテキロウカ）㊤ physiological senescence. 生理的老化とは，高齢に伴う変化であり，代表的なものは，髪の毛が白くなったり，皮膚が乾燥し，しわになったりすることなどである．視力，聴力，嗅覚など知覚の老化も，目がみえにくい，耳が遠くなる，など一般に経験する．また，ただのもの忘れは，健忘といわれ，生理的老化でも起きるが，認知症の初期との区別は困難である．さらに，説明が冗長で，例を多く引くが効果的な情報量は少ないなど言語的な変化も，老化でしばしば経験があり，思考スピードの衰えなどと相まって，認知症と誤解されることもある．これらの機能低下のため，改訂長谷川式簡易知能評価スケール（HDS-R）やMini-Mental State Examination（MMSE）などの簡易な認知症スクリーニングスケールの得点が低下することもあり，注意が必要である．
⇨病的老化

世界アルツハイマーデー（セカイアルツハイマーデー）㊤ World Alzheimer's Day. 現在，世界中で多くの国が参加している国際アルツハイマー病協会が，1994年9月21日にスコットランドのエジンバラで国際会議を開いた際，会議の初日を「世界アルツハイマーデー」と宣言し，アルツハイマー病（AD）や，その他の認知症にかかわる社会の認識を高め，世界の認知症の人と家族へ，支援と希望をもたらすことを目的とした日である．日本では公益社団法人「認知症の人と家族の会」が，この日に全国で広報活動や記念講演を展開している．同会は国際アルツハイマー病協会の一員（国際名・日本アルツハイマー病協会）として，2004年の国際会議を成功させ，認知症の人と家族のために日々活動している．病気を知り，正しく理解すること，そして同じ立場の認知症と向き合う人々が，お互いに支え合うことこそ，これからのわれわれが目指す地域包括ケアにつながる．
⇨国際アルツハイマー病協会

世界規模化（セカイキボカ）➡グローバリゼーションを見よ．

世界人権宣言（セカイジンケンセンゲン）㊤ Universal Declaration of Human Rights. 人類社会のすべての構成員の譲ることのできない権利をうたった基本的な国際文書．1948年12月10日に第3回国際連合総会において採択された．前文及び本文30条からなる．本文では，平等かつ無差別の「基本原則」（第1条，第2条），生命，身体及び司法手続きに関する保障や，自由権的権利に関するものなどの「市民的及び政治的権利」（第3条から第21条），労働基本権に関するものや社会保障，母性及び児童の保護等に関するものなどの「社会的，経済的及び文化的権利」（第22条から第27条）を宣言している．世界人権宣言には法的な拘束力はないが，多くの国際条約や，各国の憲法，国内法等に大きな影響を与えた．この宣言の内容をより詳細に規定し，条約化したものとして国際人権規約がある．毎年12月10日は「人権デー」として，世界中で記念行事が行われている．

世界保健機関（セカイホケンキカン）㊤ World Health Organization ㊥WHO. 国際連合（国連）が設置する専門機関のひとつ．すべての人々が可能な最高の健康水準に到達することを目的として設立された．人間の健康を基本的人権のひとつと位置づけ，その達成を目的とした諸活動を国際的に行っている．日本は1951年に加盟した．ここで健康は「完全な身体的・心理的・社会的ウェルビーイングの状態であり，単に疾病又は病弱が存在しないことではない」と定義される．このように人の健康を，bio-psycho-socialな視点からとらえることは，2001年にWHOが採択した国際生活機能分類（ICF）においても重視されている．ここでは従来のように障害の否定的な側面のみに着目するのではなく，健康を目標とした生活機能とその障害およびその背景因子の相互作用によって障害をとらえようとしている．保健医療福祉領域では，WHOにおける健康の概念や障害のとらえ方を理解した支援のあり方を目指していく必要がある．

セカンドオピニオン㊤ second opinion. 患者が自分の診断，治療方法などについて，主治医以外の医師の意見を聞きたいと思ったときに相談する仕組み．患者は基本的に主治医と最良の方法について話し合い方針を決めるが，患者がその他の選択肢や別の意見を聞きたいと思っ

たときに，自由診療（自費）にて主治医以外の医師の診療を受ける．主治医はセカンドオピニオンを受けたいと申し入れがあった際には快く受け入れ，紹介状を書くことが求められる．

咳（セキ） ➡咳嗽を見よ．

脊髄小脳変性症（セキズイショウノウヘンセイショウ） 英 spinal cerebellar degeneration／spinocerebellar degeneration．成人に発病する非遺伝性脊髄小脳変性症のなかでは，代表的な疾患である．主に小脳系，黒質線条体系，自律神経系が障害される．病因は不明で，これといった治療法も確立されていない．特定疾患治療研究事業の対象として医療費の補助が受けられるほか，介護保険の特定疾病のひとつとなっている．

脊髄性筋萎縮症（セキズイセイキンイシュクショウ） 英 spinal muscular atrophy 略 SMA．小児期発症のタイプと，成人発症の下位運動ニューロン症候のみを呈するものがある．大部分で遺伝子異常があり，小児期に発症するもののなかには呼吸不全をきたすような重篤なタイプもある．2009年に，厚生労働省の特定疾患認定対象に追加された際に，病名として脊髄性筋萎縮症という用語に統一された．経過中に上位運動ニューロン症候が出現したり，亡くなったのち解剖所見によって筋萎縮性側索硬化症（ALS）と診断されるケースも多く，鑑別が問題となる．

脊柱管狭窄症（セキチュウカンキョウサクショウ） 英 spinal canal stenosis．脊柱を構成する骨，椎間板，靱帯などの要素によって，脊柱管や椎間孔が狭く，神経根の絞扼性障害をきたして症状を発現するもの．腰部に発現すると腰痛や，足のしびれ，足を引きずって歩くなどの症状がみられる．検査は単純X線検査，MRI検査脊髄造影やCTミエログラフィー検査などを行う．治療には，痛みを取るための非ステロイド消炎鎮痛薬，筋弛緩薬などを用いる．保存的療法が効果を得ない場合，腰部の脊柱管などについては手術にて除圧を行うこともある．

脊柱後彎症（セキチュウコウワンショウ） ➡円背を見よ．

脊椎圧迫骨折（セキツイアッパクコッセツ） 英 vertebral compression fracture／spinal compression fracture．骨粗鬆症を基盤とし，くしゃみや咳，軽微な外傷（しりもち）で発生することが多い．骨折すると，体動での痛み，骨折部を中心とした帯状痛が発生する．骨折の好発部位は，第11，12胸椎，第1，2腰椎に多い．多発性に骨折がみられることも多い．骨折部位の椎骨が固まるまでの一定期間は，安静やギプス，コルセットによる固定が必要である．

脊椎すべり症（セキツイスベリショウ） 英 spondylolisthesis．ひとつの椎骨が尾側の椎骨に対して前方へすべった状態の総称．加齢による腰椎変性などの結果，腰椎の前後方向にすべりを生じたものを腰椎変性すべり症とよぶ．腰椎分離症が原因ですべりを生じたものを腰椎分離すべり症とよぶ．すべり症の評価には，腰椎側面X線像での程度により4段階に分けるマイヤーディングの分類が一般的に用いられる．症状は，腰痛，下肢痛，膀胱直腸障害など脊柱管狭窄症と同様の症状がみられる．
➡脊柱管狭窄症

脊椎分離症（セキツイブンリショウ） 英 spondylolysis．椎弓の上関節突起と下関節突起の中間部の骨性連絡を欠く疾患．第4，5腰椎に多い．分離症の成因に先天性要因がある．腰痛，臀部痛，大腿部痛を訴える場合が多いが，特有のものはない．脊椎分離により，脊椎前方部分が滑り出すと脊椎すべり症とよばれる．
➡脊椎すべり症

セクシュアリティ 英 sexuality．性的なすべての事象，現象を指す．アメリカ心理学会（APA）によると，セクシュアリティは次の3つの構成要素からなっている．①性的行動や活動から快楽を得る特質．②性行動のすべての側面．③精神分析理論における器官快感．このうち，2番目の性行動のすべての側面には，性的嗜好や性的自認が含まれる．性的嗜好とは，個人がもつ性的行動の方向性や様式を指し，性的自認とは，自分が男性である，あるいは女性であるという性に関する自己意識のことを指す．男性性・女性性といった性的自認まで含めると，人間は死ぬまで性的な存在であるといえる．また，性は人間の根幹にかかわることであり，その人の人間性にも深くかかわっている．
➡性的行動

世帯更生資金貸付制度（セタイコウセイシキンカシツケセイド） ➡生活福祉資金貸付制度を見よ．

舌下錠（ゼッカジョウ） 英 sublingual tablet．舌下錠は，舌の下に含み唾液に溶かし口のなかの粘膜からすみやかに血液中に吸収させる錠剤．使い方は，錠剤をそのまま飲み込んだり噛んだりせず，舌の下に入れて自然に溶かす．崩壊時間は2分以内である．口腔内が乾燥しているときは，水を少し含んで舌を湿らせてから舌の下に入れる．舌下粘膜からの吸収は早く，また肝初回通過効果を受けずに全身血流に薬物が到達する．飲み込むと，作用の発現が遅れたり，肝初回通過効果のため薬の作用が無効になる．それは，経口投与の場合，小腸から吸収された薬物は門脈を通って肝臓を経て全身へ移行するが，肝臓には多くの酵素が存在し，薬物によっては大半が代謝されるためである．狭心発作時に用いるニトログリセリン錠などがある．

赤血球尿症（セッケッキュウニョウショウ） ➡血尿を見よ．

舌根沈下（ゼッコンチンカ） 英 glossoptosis．舌の筋肉が弛緩することにより舌根部が後下部の咽頭部に落ち込む現象．意識障害やショック状態，顔面神経麻痺などが原因で起きる．気道が閉塞されるために，呼吸困難，喘鳴，チアノーゼ，血圧低下，四肢の冷感などの症状が現れるほか，いびきや睡眠時無呼吸症候群の原因になる．口腔内の吐物や分泌物を除去するとともに，下顎挙上を行い気道を確保することが必要となる．

摂食障害（セッショクショウガイ） 英 eating disorder．摂食障害は，心理的な要因で食行動の異常を呈する疾患で，大きく分けて，神経性食欲不振症（AN）と神経性過食症（BN）に分類される．神経性食欲不振症は，肥満恐怖のための食事制限を行う「制限型」と，飢餓の反動で過食になり，やせを維持するために，自己誘発性嘔吐，または下剤・利尿薬または浣腸の誤った使用を行う「むちゃ喰い／排出型」があり，行動の特徴として隠れ食い，盗み食い，万引きなどがみられる．神経性過食症は，自制不可能な発作的むちゃ喰いを繰り返し，それをなくし体重増加を防ぐために，自己誘発性嘔吐，下剤や利尿薬の使用，過度なダイエットなどを行う．そして食事制限によるやせを達成できなかったことへの自己不全感，反復されるむちゃ喰い後の体重増加への不安感，むちゃ喰い

に対する罪悪感が特徴的である．

舌苔（ゼッタイ） 英 coating of tongue. 舌の表面に白色または黄褐色，または黒色の苔状にみえるものをいう．上皮のくず，細菌や真菌，唾液の成分，食物残渣などが舌の表面に付着したものである．舌苔はとくに体の異常がなくてもしばしばみられるが，口呼吸，熱性疾患，唾液分泌低下などによる口腔内の乾燥や食物摂取の低下，意識障害などによる口の運動の低下，または，口腔内の不衛生などによって出現しやすい．口腔ケアを心がけ，口腔内の清潔を保つことで予防・改善が可能．
⇨口腔ケア

切迫性尿失禁（セッパクセイニョウシッキン） 英 urge incontinence. 突然の強い尿意のためにトイレまでがまんできず，尿が漏れてしまうこと．たとえば，水仕事をしていたら急に尿意を催して漏らしたり，トイレ内にもかかわらず下着をおろす前に漏らしたり，尿意の訴えがあり，介助に行くとすでに漏らしていたり，不随意に尿が漏れることである．排尿と排尿の間で少量の尿が頻繁に漏れることもあれば，多量の尿が漏れることもある．多くの場合，とくに原因がないのに脳からの命令が膀胱までうまく伝わらず，膀胱が勝手に収縮し尿道括約筋を締め切ることができずに尿を漏らしてしまう．脳血管障害などにより脳からの命令のコントロールがうまくいかなくなったときなど，原因が明らかなこともある．男性では，前立腺肥大症も切迫性尿失禁の原因になる．
⇨過活動膀胱，頻尿

説明責任（セツメイセキニン） ➡アカウンタビリティを見よ．

セツルメント 英 settlement. スラム街などの貧困地域へ入り込み，貧しい人たちとともに生活し，交流することを通して，その地域の改良を目指した運動またはその拠点．世界最初のセツルメントは，1884年にバーネット（Barnett SA）がイギリスのロンドンのイーストエンドに創設したトインビーホールである．その後，アメリカにも広がり，1886年にニューヨークのスラム街にネイバーフッドギルドが設立された．1889年にはシカゴに，アダムス（Addams J）がハル・ハウスを創設した．日本においては，1897年に片山潜が創設したキングスレー館が有名である．セツルメントは，その地域で暮らす人たちを変革を起こす主役であると位置づけた．そして，社会制度の問題点等を指摘し，社会制度の改善や新たな社会制度の創設に取り組むなどソーシャルアクションの源流となった．

セーフティネット 英 safety net. 安全網のことである．語源はサーカスなどで落下防止のために張る網のことであるが，転じて人々の生活を守る制度を意味するようになった．白澤政和によれば，相対的に健康で文化的な生活水準を確保できる程度のレベルの保障を社会が提供する働きをセーフティネットといい，人々が経済的な危機に陥っても最低限の安全を保障してくれる社会の制度や対策を意味する．セーフティネットを広義にとらえるのであれば，病気，失業，引退，死亡などのライフイベントに対応することになり，広い範囲の所得保障政策や福祉政策全般を指す．より具体的には，社会保障としての医療，年金，介護などの社会保険制度，生活保護といった公的扶助制度，対人福祉サービス，雇用サービス，教育サービス，公衆衛生などから構成され，不測の事態に備えた諸制度全般を指す．少子高齢化の進行のなかで，このセーフティネットの人的資源，財源が枯渇しつつあり，「新たなセーフティネットの再構築」が喫緊の課題となっている．なお，セーフティネットは，狭義にとらえる場合，低所得者への所得保障政策に限定される．

セミパブリックスペース 英 semi-public space. 居住施設において，全体で共有される空間領域．小規模生活単位型（ユニット型）施設では，ユニット外の共用空間やホール，従来型の施設では大食堂や浴室なども該当する．リハビリテーションやアクティビティ，イベントなど，施設側のプログラム活動が行われ，主に施設スタッフがこの空間の管理を行う．プログラムの行われていない時間帯には，入居者が自発的に利用することもあり，入居者がユニット外に生活範囲を広げる拠点として活用される可能性をもつ．
⇨セミプライベートスペース，パブリックスペース，プライベートスペース，段階的空間構成

セミ・ファウラー位（セミファウラーイ） 英 semi-Fowler's position. 水平になったベッドなどに仰臥位になった状態から上半身が15〜30度挙上した姿勢．呼吸困難時は，上半身を挙上することで，横隔膜が下降し呼吸がしやすくなる．
⇨ファウラー位

セミプライベートスペース 英 semi-private space. 居住施設において，プライベートスペースの外側にあって，少数の入居者によって共有される空間領域．グループホームや小規模生活単位型（ユニット型）施設では，ユニット内のリビング・ダイニング空間が該当する．その空間の管理の主体が，施設スタッフではなく，そこを共有する入居者側にあることが重要である．そこでは，施設側の都合やスケジュールに合わせて一方的に介護を提供するのではなく，入居者1人ひとりの要望や状況を尊重し，入居者が主体となって自立的に生活を展開することが重視される．スタッフのサポートは欠かせないが，入居者自らが生活の主体であることを自覚できるように，入居者に働きかけ，入居者と協働しながら支えていく姿勢が求められる．セミプライベートスペースが入居者にとって居心地のよく魅力的な空間になりうるかどうかが，入居者の生活の質（QOL）にもっとも影響を与え，施設のケアの質を測るものといっても過言ではない．
⇨セミパブリックスペース，空間領域化，プライベートスペース，段階的空間構成

ゼラチン 英 gelatin. 脂肪分など，その他の物質をほとんど含まない純粋な動物性タンパク質．動物の骨，軟骨，皮膚，腱などにはコラーゲンという不溶性タンパク質が多量に含まれているが，これらの組織を長時間煮沸すると，コラーゲンは変性して水溶性になり抽出される．この誘導タンパク質をゼラチンとよぶ．栄養学上は不完全タンパク質である．ゼラチンは，食品，写真感光膜，薬用カプセル，細菌培地などに利用される．

セラピー 英 therapy. 治療・療法を意味する言葉である．しばしばサイコセラピー（精神療法・心理療法）を指す言葉として用いられる．サイコセラピーでは，薬物や外科的な手段を用いず，主にセラピストとの対話（カウンセリング）や特定の作業を通して，症状や認知症の行動・心理症状（BPSD）の消失や低減，安定感や適応感の増加，人間的成長を目指した援助活動を行う．高齢者に対

してしばしば用いられるものに，音楽療法，回想法，リアリティオリエンテーション，動物介在療法，園芸療法，芸術療法などがある．サイコセラピーは，薬物など直接的な治療方法に比べると，その効果を測定することが困難で，十分に一貫した効果が報告されていないのが欠点であるが，副作用が少なく，どのような状態の対象者にも試みることができることが長所である．近年では，とくにBPSDに対して，薬物で症状を抑えるのではなく症状を軽減させる方法として注目されている．

セラピスト ㊥ therapist. 専門的な知識と技術をもち，訓練と経験を積んだ治療・療法の専門家であり，精神療法（心理療法）を行う人を指すことが多い．精神療法においてセラピストは，援助を必要とする人の話を聴き，問題を明確化し，アセスメント（査定）を行い，治療計画を立て，適切な療法による介入を行い，結果を評価する．また，必要に応じて検査，危機介入，助言，教育や指導なども行う．そのためには，精神医学や臨床心理学，カウンセリングなどを学び，専門的な訓練やスーパービジョンを受けて技量を高めていくこと，高い職業的倫理観をもち，自分の経験に開かれており，クライエントの問題と自分の問題とを混同しないなど，成熟した人格の持ち主であることが求められる．2015年現在でセラピストという国家資格はない．精神科医や臨床心理士，言語聴覚士，作業療法士，理学療法士などをセラピストとよぶことがある．

セルフケア ㊥ self-care ㊌ 自己管理．自分の体調や心の状態に敏感になり，心身共によい状態をキープできるように自己管理すること．健康管理を自分で行うこと．自分の抱えているストレスやわずかな体調の変化に気づけるようになり，それに対処する方法を身につけ自分を大切にすることが重要である．
⇨ストレス

セルフケアマネジメント ㊥ self-care management. 体調や心の健康管理には，1人ひとりが自らの役割を理解し，ストレスやその原因となる問題に対処していくことが大切である．雇用する企業としても，社会的責任の履行，人的資源の活性化，労働生産性の維持・向上を図るうえで，社員のメンタルヘルスについて組織的かつ計画的に取り組む必要がある．働く人の心の不調の未然防止と活力ある職場づくりを目指して，職場内での役割に応じて必要なメンタルヘルスに関する知識や対処方法を習得する必要がある．主に介護等の福祉分野で，福祉や医療などのサービスと，それを必要とする人のニーズをつなぐ手法のことをいう．

セルフヘルプグループ ㊥ self-help group ㊌ 自助グループ．何らかの困難を抱えた当事者からなるグループ．セルフヘルプグループでは，交流会（集い，ミーティング）が開催され，当事者同士による，日々の悩みなどについての率直な意見交換が行われている．この交流会では，専門職による支援とは異なる当事者ならではの支え合い（ピアサポート）の効果が期待される．認知症ケアとの関連でいえば，認知症の人を介護する家族の会や認知症の人本人の会の活動がある．全国的な活動を展開している公益社団法人認知症の人と家族の会（旧呆け老人をかかえる家族の会）のほかに，各自治体においても活動が行われている．近年では細分化が進み，一般的な家族会のほかに，若年性認知症の会，男性介護者の会，息子介護者の会，娘介護者の会などがある．
⇨ピアサポート

セロトニン・ノルアドレナリン再取り込み阻害薬（セロトニンノルアドレナリンサイトリコミソガイヤク） ㊥ serotonin-noradrenaline reuptake inhibitor ㊂ SNRI. 第4世代の抗うつ薬．うつ病の治療では選択的セロトニン再取り込み阻害薬と並び第1選択薬として使用される．シナプス間に放出されたセロトニンとノルアドレナリンの再吸収を阻害し，シナプス間の濃度を増加させることにより症状の改善が期待される．選択的セロトニン再取り込み阻害薬と比べ，ノルアドレナリンを増加させることで，意欲面の改善に期待がもてる．国内で承認されているのは，ミルナシプラン塩酸塩，デュロキセチン塩酸塩の2薬．いずれもうつ病，うつ状態に加え，後者は糖尿病性神経障害に伴う疼痛の適応をもつ．従来の三環系抗うつ薬と比較して口渇等の副作用は少ないといわれるが，前者では高齢男性で尿閉をきたすことが多く，前立腺肥大など尿閉のある人には禁忌とされる．

ゼロ免許証（ゼロメンキョショウ） ➡運転経歴証明書を見よ．

遷延性意識障害（センエンセイイシキショウガイ） ➡植物状態を見よ．

全介助（ゼンカイジョ） ㊥ total assistance. 生活全般における行為を，援助者が介助しなければ行えない状態を全介助状態という．自立や部分介助（一部介助）とは対をなす語である．
⇨介助，部分介助，自立

前屈姿勢（ゼンクツシセイ） ㊥ stooped posture. 体幹全体を前に倒すことを前屈といい，立位の状態で体幹を前に倒し，それを保った状態．あるいは，床面で座位の状態で体を前に倒した状態などを指す．

鮮血便（センケツベン） ㊥ hematochezia. 便のなかに鮮血が混じる，便の表面に血液が付着している，または新鮮血そのものが排出された状態である．下行結腸がん，直腸がん，痔核などにより，下行結腸，S状結腸，直腸，肛門周辺の下部消化管から出血があった場合にみられる．出血源が肛門に近いほど，新鮮な血液のままの色を示す．これに対し，食道，胃，十二指腸，空腸上部までの上部消化管からの出血では，タール便といわれる黒色の便を示す．まれに，食道，胃，十二指腸からの大量出血があった場合にも，消化管の通過時間によっては鮮血便を認めることもある．出血部位にかかわらず，多量の鮮血が排泄された場合は，便の性状と合わせて全身状態の観察を行う．既往歴，意識レベル・血圧低下の有無，体温の低下，呼吸促迫の有無などバイタルサインの変化などの全身状態の観察は，適切な処置につなぐために重要な情報となる．

宣言的記憶（センゲンテキキオク） ➡陳述の記憶を見よ．

善行原則（ゼンコウゲンソク） ㊥ beneficence. 生命倫理の4原則のひとつ．非人道的梅毒研究であるタスキギー事件（1932～1972）の反省に立ち，作成されたベルモントレポートにより提唱された倫理原則である．善行原則は，恩恵原則ともいわれている．医療者は，患者の利益・幸福のために，「善を促進する」「害を防ぐ」「害を除去する」といった積極的な"よい行為"をすることが求められている．そして，その"よい行為"とは医療専門家の視点ではなく，患者の立場に立った"善"である必要がある．

そこで，「なにが，患者本人にとっての"善"か」「なにが"最善の利益"か」について，患者と医療者の間で合意が必要となる．まず，本人の病識（病気についての認識）を確認し，今後の治療に対する要望，たとえば治療目標はなにかなどを理解する．そして，誤解や不安な点について耳を傾け，本人の価値観を尊重した，本人にとっていちばんよいと思われる治療方法を提案する．もし，患者が不適切な選択をするようであれば，医療者は説得し，話し合いを重ねる必要がある．したがって，善行原則にのっとった意思決定においては，合意のプロセスにおける共感を伴ったコミュニケーションが重要となる．
⇨生命倫理の4原則

前向性健忘（ゼンコウセイケンボウ） 㽺 anterograde amnesia 圄 順向性健忘．記憶障害の原因となる脳損傷，中枢神経系疾患の発症や薬物等の服用の時点を基準として，それ以降の記憶障害をいう．前向性健忘はいわゆる記銘力障害であり，即時記憶，短期記憶，近時記憶について，もの覚えの悪さや，あるいは学習能力の低下という結果となって現れる．認知症，とくにアルツハイマー病（AD）では，初期症状としてみられる症状である．具体的には，大切なものを置いた場所を忘れる，置いたことを忘れることなどが頻繁に起こるようになる．前向性健忘のほかにADが進行すると，新しい記憶（体験）から忘れる記憶障害を逆向性健忘という．結果的には昔のことや若いころのことを覚えていることがある．
⇨記銘力障害，即時記憶，短期記憶，近時記憶

全国健康保険協会管掌健康保険（ゼンコクケンコウホケンキョウカイカンショウケンコウホケン） 㽺 Japan Health Insurance Association 圄 協会けんぽ．社会保険庁が政府管掌健康保険を運営していたが，新たに全国健康保険協会を設立して事業の引き継ぎがなされている．健康保険組合がない事業所の労働者を被保険者とする健康保険のことで，加入者のほとんどは中小企業の従業員や家族である．全国健康保険協会は，健康保険法に基づき，2008年10月1日に厚生労働省所管の特別の法律により設立された法人（公法人）である．民間企業に働くサラリーマン（従業員）のうち，勤務先が健康保険組合に加入していない場合，国民皆保険の原則から被用者は全国健康保険協会に加入することとなる．
⇨政府管掌健康保険

全国社会福祉協議会（ゼンコクシャカイフクシキョウギカイ） 㽺 Japan National Council of Social Welfare．社会福祉法に基づきすべての都道府県・市町村に設置されている社会福祉協議会（社協）の中央組織として，各社会福祉協議会との連絡・調整，福祉に関する調査・研究，出版等の活動を行っている．また福祉サービス利用者，社会福祉関係や社会福祉施設等の活動への支援，推進などを通じ社会福祉の増進に努めている．記録としては，1908年に創設された中央慈善協会とその後身を母体とし，1951年に社会福祉事業法の施行により，全国区の公的関与のある民間社会事業関連団体と合併・改組され，「財団法人中央社会福祉協議会」として発足，1955年に現在の「社会福祉法人全国社会福祉協議会（全社協）」に改称された．
⇨社会福祉協議会

全国デイサービスセンター協議会（ゼンコクデイサービスセンターキョウギカイ） 老人ホーム併設型デイサービスセンターから単独型デイサービスセンターへと主流が移っていくなか，デイサービスセンターの事業発展を図るために1993年4月に発足した全国社会福祉協議会の在宅事業組織．全国デイサービスセンター協議会のデイサービス事業は，ショートステイ事業，ホームヘルプ事業と並び，在宅3本柱として基幹的なサービスとして在宅事業を支えてきた．また小規模老人デイサービス事業（D型），痴呆性老人向け毎日通所型デイサービス事業（E型）が開始され，さらに身体障害者デイサービス事業も整備されたことで利用者のニーズに応じたサービスが提供できるようになった．その後，各都道府県における組織の推進を図りながら，2001年4月に全国老人福祉施設協議会と合併して新体制となり，現在は在宅サービス委員会デイサービスセンター部会として位置づけられている．
⇨全国社会福祉協議会

仙骨（センコツ） 㽺 sacral bone／sacrum 㹨 os sacrum．脊柱（背骨）の腰椎の下にある骨．仙椎が5個癒合して仙骨となる．仙骨の下に位置する尾骨，両側にある腸骨などと骨盤を形成する．身体の表面から仙骨が触れる部分を「仙骨部」という．仙骨部は仰向けの姿勢（仰臥位）で体重がかかるため，褥瘡ができやすい部分である．

仙骨座り（センコツズワリ） 座る姿勢が変化したもの．骨盤の後傾，脊柱の後彎，股関節伸展，膝関節屈曲の状態．この姿勢で長く座位をとっていると，褥瘡になるリスクが高くなる．仙骨座りになる原因には，①いすや車いすのサイズが合っていない，②ドーナツ型の円座など，不適切なクッションを使用している，③脊柱や股関節などに関節可動域制限がある，④座位姿勢が苦痛である，⑤筋力や体力が低下している，などがある．仙骨座りを回避するためには，適切ないす・車いすやクッションの使用，座位をとる時間の検討などが必要である．

センサー 㽺 sensor．高齢者の動きや状況を感知して，離れた場所からそのようすをモニターできるシステム．ベッドからの転倒・転落を予防する離床センサーや，建物からの外出を感知する徘徊センサー，おむつの濡れを感知して随時交換を可能にするおむつセンサーなどが，介護の現場でよく用いられている．認知症の人のケアを行ううえで，一時も目を離さずにいることは実際困難であり，また常に介護者に見張られている状況では，本人もストレスを感じることとなる．人手不足の現場では，高齢者の身体拘束にもつながりかねない．センサーの適切な使用は，高齢者の行動を見守り自立を支援をするうえで有効な手法と考えられる．ただし，本人の行動を事前に制限するような使用は人権侵害に該当し，導入する際は慎重な配慮が求められる．
⇨物理的行動制限

全失語（ゼンシツゴ） 㽺 global aphasia／total aphasia．運動性失語，感覚性失語の両方ともに失語（言語障害）である状態．言語機能が全般的に障害された失語である．失語とは言語領野の損傷により，言語機能に障害が生じ，各種の言語活動に支障をきたした状態である．運動失語はブローカ領域に損傷があるために，言語理解はできるが，発語が困難な失語であり，感覚失語はウェルニッケ領野に損傷があるために，発語はできるが，言語理解が困難な失語である．アルツハイマー病（AD）の失語の特徴は語発見の障害と理解の障害が指摘されている．具体的には，語彙の貧困化，省略と冗漫で迂遠な話し方，

錯誤，意味性ジャルゴンなどである．

染色体（センショクタイ） ⓔchromosome．細胞の核内にあり，細胞分裂期に塩基性色素で染色される棒状の構造体．DNAとヒストンで構成されるヌクレオソームを基本単位とする遺伝情報の担い手．染色体の数はヒト46本，チンパンジー48本，ネコ38本，イヌ78本と種により異なる．ヒトは，22対の常染色体と1対の性染色体からなる．

染色体異常（センショクタイイジョウ） ⓔchromosomal aberration／chromosome aberration／chromosome anomaly．染色体に何らかの異常があること．染色体の数の過剰あるいは不足といった数的異常と，交差がうまくいかず一部が欠失，転座，重複，逆位といった構造の異常がある．妊婦の年齢が高いほど染色体異常を起こすリスクは高い．児には奇形，発育・運動の障害，精神発達の遅れ，性腺発育・機能障害などがみられる．代表的な染色体異常としては，21番染色体のトリソミーであるダウン症候群，18番染色体のトリソミーであるエドワーズ症候群，13番染色体のトリソミーであるパトー症候群がある．また，性染色体異常には，男性核型の正常であるXYのX染色体が過剰にあるクラインフェルター症候群，女性核型の正常であるXXのX染色体の1本が完全あるいは部分欠失したターナー症候群などがある．

全身性エリテマトーデス（ゼンシンセイエリテマトーデス） ⓔsystemic lupus erythematosus ㊥SLE．膠原病のひとつで，皮膚，神経，循環器，呼吸器，消化器，泌尿器など全身のあらゆる臓器に起こる原因不明の炎症性の自己免疫疾患．特徴的な皮膚症状として，頰から鼻にかけて丘疹状の蝶形紅斑が挙げられるほか，光過敏症を伴うことが多い．中枢神経が侵された場合，CNSループスとよばれ，うつ，けいれん，髄膜炎などのほか多彩な症状がみられるが，易疲労感，集中力困難，不眠，頭痛といった軽度のものも少なくない．ループス腎炎ではタンパク尿や浮腫などの原因となり，重度化すると腎不全に至る．発症は若年女性に好発．ステロイド療法により生存率は高くなったが，関節リウマチなど他の膠原病と違い，症状が安定していたとしても，終生ステロイドを継続する必要があるとされる．

全人的苦痛（ゼンジンテキクツウ） ➡トータルペインを見よ．

全人的ケア（ゼンジンテキケア） ⓔholistic care．がん患者のためのホスピスケアのなかから生まれた理念のひとつで，がん患者の痛みは単に身体的な痛みだけではなく，精神的，社会的，霊的（スピリチュアル）な側面から構成されるトータルペインであることを理解し，包括的にケアしていくことをいう．全人的ケアを行っていくためには，単に担当医師と看護師，緩和ケアスタッフなどの医療メンバーだけでなく，家族も積極的にかかわった形でのチームケアによるアプローチが求められる．

尖足（センソク） ⓔdrop foot／talipes equinus．足関節が足底側に屈曲，拘縮して背屈できず，足先が下垂した状態．もっとも多い原因は先天性内反足で内反や内転変形などを伴う．ほかにはポリオやシャルコー・マリー・トゥース病，腓骨神経麻痺などによる背屈筋の筋力低下から麻痺性尖足が起こり，脳性小児麻痺や脳卒中による痙性麻痺が底屈筋の緊張亢進を生じさせ痙直麻痺が起こる．長期臥床により足の重みやかけ布団の圧迫などによる習慣性尖足，また一方の下肢が短いためそれを補うために尖足になることがある．長期臥床が予想される場合には，副子や足板を用いて足首を垂直に固定したり，離被架を用いて布団の重みを緩和するなどの予防が大切である．重度の尖足には手術が必要で，自己判断で矯正を図ろうとしないことである．

浅速呼吸（センソクコキュウ） ⓔpanting．高温環境で起こる呼吸型で，1回の換気量が少なく，速くて浅い呼吸で短い吸息とやや長く続く呼息からなる．視床下部にある体温調節機構が関与する．

選択的セロトニン再取り込み阻害薬（センタクテキセロトニンサイトリコミソガイヤク） ⓔselective serotonin reuptake inhibitor ㊥SSRI．第3世代の抗うつ薬．セロトニントランスポーターに選択的に作用し，シナプス間に放出されたセロトニンの再吸収を阻害し，シナプス間の濃度を増加させることにより症状の改善が期待される．国内で承認されているのは，フルボキサミンマレイン酸塩，パロキセチン塩酸塩水和物，塩酸セルトラリン，エスシタロプラムシュウ酸塩．うつ病の治療ではセロトニン・ノルアドレナリン再取込み阻害薬（SNRI）と並び第1選択薬として使用される．うつ病，うつ状態のほか，パニック障害，強迫性障害，社交不安障害などにも適応をもつ．従来の三環系抗うつ薬と比較して肝障害，口渇等の副作用は少ないといわれるが，セロトニン症候群，アクチベーション症候群，離断症候群といった副作用が報告されている．

善玉コレステロール（ゼンダマコレステロール） ➡HDLコレステロールを見よ．

先天性代謝異常（センテンセイタイシャイジョウ） ⓔenzymopathy／inborn error of metabolism．遺伝子の異常により，生まれつき特定の酵素が欠損したり，機能が低下していることが原因で，栄養分を生命維持に必要なエネルギーに変換していく，また不要な物質を排泄できる形に分解していく，という代謝が滞ることによって起こる病気である．新生児期から症状が現れるが，非特異的なものが多いため，近親婚，死産，家系内の幼少児の原因不明死の有無など，家族歴の聴取が重要である．アミノ酸代謝異常症としては，フェニルケトン尿症，メープルシロップ尿症，ホモシスチン尿症，シスチン尿症，糖代謝異常としては，糖尿病やガラクトース血症，脂肪酸代謝異常症としては，ミトコンドリア病やペルオキシソーム病，リポタンパク代謝異常症として家族性高コレステロール血症，膜担送タンパク質異常症には銅担送タンパク質の変異で起こるウィルソン病，リソソーム代謝異常症では糖代謝異常をきたすムコ多糖症や脂質代謝異常をきたすゴーシェ病などがある．また，核酸代謝異常症にはレッシュ・ナイハン症候群やアデノシン・デアミナーゼ（ADA）欠損症がある．

蠕動運動（ゼンドウウンドウ） ⓔperistalsis．筋肉が伝播性に収縮する運動で，管内の内容物を一定の方向に移動させる．消化管だけではなく卵管，尿管，胆管，分泌器官などでみられる．自律神経によりもたらされる運動であり，意思により動かすことはできないが，ストレスなど精神的な要因や，水分や食塊など物理的，化学的刺激などのほか，視覚や嗅覚刺激により誘発される．加齢により動きは低下し，高齢者の嚥下困難や便秘の原因になる．

前頭前野（ゼントウゼンヤ） 英 prefrontal area. 大脳の感覚野，運動野に属さない連合野のなかで，前頭葉の前方に位置する．大脳のあらゆるところから線維連絡があり，遂行機能，情動や動機づけとそれに基づく意思決定，社会的行動，などさまざまな高次脳機能に関与しており，「ヒトをヒトたらしめる中枢」「大脳の調整役」と考えられている．個体発生的にはもっとも遅く成熟する部位であるが，加齢に伴いもっとも早く機能低下が起こる部位でもある．

前頭側頭型認知症（ゼントウソクトウガタニンチショウ） 英 frontotemporal dementia 略 FTD. 進行性の変性性認知症．形態的には前頭・側頭葉の変性・萎縮を認め，早期より脱抑制，無関心・無気力，共感性の低下，常同・強迫的，食など行動異常や実行機能障害を認めるなど特徴的な臨床像を呈する．一方，エピソード記憶や視空間認知は比較的保たれる．1994年，Lund大学とManchester大学のグループが提唱した概念で，その下位分類として前頭葉変性型，ピック型，運動ニューロン型の3亜型が設けられた．
⇨ピック病

前頭側頭葉変性症（ゼントウソクトウヨウヘンセイショウ） 英 frontotemporal lobar degeneration 略 FTLD. アルツハイマー病（AD），レビー小体型認知症（DLB）についで3番目に多い変性性認知症．1996年にManchester大学のグループが提唱した概念で，前頭葉あるいは側頭葉に病変を有する変性疾患を臨床的特徴から，前頭側頭型認知症，進行性非流暢性失語，意味性認知症の3亜型に分類される．脱抑制や「わが道を行く」行動，常同行動といった社会的に容認されがたい行動異常を呈する前頭側頭型認知症と混同して使用されて，混乱も多い．近年，分子病理学的検討により，脳内に集積する封入体の特性によって，Tau, TDP, FUS, UPSの4型に分類される．この分類から，大脳皮質基底核変性症や進行性核上性麻痺も広く本疾患に含まれるようになった．
⇨ピック病

前頭葉機能検査（ゼントウヨウキノウケンサ） 英 frontal assessment battery 略 FAB. 前頭葉の機能を評価する検査．2-1tapping課題，語流暢課題，Stroop test, trail making test, ハノイの塔やwisconsin card sorting testなど遂行機能，概念，思考，保続，反応抑制などに焦点を当てた課題がある．また，これらの課題を包括的に組み合わせたテストバッテリーとして遂行機能障害症候群の行動評価（behavioral assessment of dysexecutive syndrome ; BADS）やfrontal assessment battery at bed side（FAB）がある．FABは概念化課題，柔軟性課題，行動プログラム課題，反応の選択課題，抑制課題，把握行動課題の6課題で構成され，比較的簡便に実施することができる．前頭葉眼窩部の損傷などでみられる社会的行動や意思決定の障害を評価する検査としてはgambling課題がある．

全般性脳萎縮（ゼンパンセイノウイシュク） ➡びまん性脳萎縮を見よ．

全般性不安障害（ゼンパンセイフアンショウガイ） ➡不安神経症を見よ．

潜伏期（センプクキ） 英 incubation period. 病原体による感染が起こってから発症するまでの期間をいう．たとえば，感染性胃腸炎の原因とされるノロウイルスの潜伏期は24〜48時間，ロタウイルスの潜伏期は24〜72時間，梅毒による認知症では潜伏期が10年以上など，病原体によって潜伏期が異なる．また，感染の際の病原体量に依存し，多量の病原体に暴露した場合には潜伏期は通常短くなる．潜伏期は症状がなくても他者への感染性を有する場合もある．インフルエンザのように，病原体によっては薬物の予防投与により発症や重症化を予防することができる．

前方アプローチ（ゼンポウアプローチ） 英 direct anterior approach 略 DAA. 車いすからベッド等への移乗方法のひとつ．介護現場では移乗時に使用される方法をその方向から「立位」「前方」「側方」と分けてよび，立つことのできる人は，いったん立ってから移乗する立位アプローチを，そうでない人は前方アプローチ，あるいは側方アプローチを選択する．前方アプローチの例として，車いすからベッドへ移乗する場合は，まず膝の下に手を差し込み，そこから，腕力を利用して足をベッドの上へ乗せる．腕では無理な場合は，足あげ紐という紐を利用し，身体を前方に倒して手を補助用のボードに置き，腰を前方に移動する．ベッド上で腰を側方に移乗するが，むずかしい場合は頭部支持枕を使用する．
⇨側方アプローチ

前方突進（ゼンポウトッシン） 英 propulsion. パーキンソン病でみられる歩容のひとつ．姿勢反射障害があるため，歩行時に体幹が前かがみになると，前方に移動した自分の重心を追いかけるようにしだいに加速して，すぐに停止することができない現象．このとき，歩幅は小さく小刻みで歩隔も狭く，歩隔が広い水頭症の歩容と区別される．

喘鳴（ゼンメイ） 英 wheeze／stridor／grating sound／stertor ラ laryngismus paralyticus. 呼吸のときに聞こえる雑音のこと．呼吸器疾患の患者が，呼吸に際してゼーゼーやヒューヒューといった音を発する．気道に狭窄があるときに生じる．すなわち，気管支壁の浮腫や肥厚，粘液付着，気管支攣縮などにより生じる．喘鳴のある人を聴診器で聞くと，ラッセル音（ラ音）という異常な呼吸音を聴取できる．気道に狭窄があるときに聞こえるラ音を連続性ラ音（乾性ラ音）という．連続性ラ音は，狭窄のある部位により音色が異なる．太い気管支の狭窄では，低音が聴取される．細い気管支の狭窄では，高音が聴取される．ラ音は呼気時にも吸気時にも聴取される．細い気管支の狭窄をきたす代表的な疾患は気管支喘息，びまん性汎細気管支炎などである．低音が聴取されるときは，太い気管支が腫瘍や固い痰などで狭窄されていることが考えられる．喘鳴があったときは，呼吸器疾患の存在を考えて対処しなくてはならない．

せん妄（センモウ） 英 delirium 仏 délire. 意識の混濁した状態に，錯覚や幻覚を伴う興奮した症状のこと．意識障害の一種である．脳の器質性疾患のみでなく，脱水，栄養障害，感染症，頭部外傷，心疾患，手術，薬物などが原因で起こることがある．したがって，認知症の患者だけではなく，高齢者ではよくみられる症状である．せん妄は，急激に，しかも夜間に発症することが多いこともあり，この場合は夜間せん妄とよばれる．高齢者では比較的早い時間帯で発症することが多く，夕暮れ症候群，あるいは日没症候群とよばれることが多い．具体的な症状としては，不安や恐怖感が強く，落ち着きなく歩き回

ったり，錯覚や幻覚のために周囲の状況を誤認して，興奮するためにその場の状況にそぐわない言動が現れる．高齢者では治療により回復しても，繰り返し現れることも多い．

専門看護師（センモンカンゴシ）🄴 certified nurse specialist 🄰 CNS．専門看護師制度は複雑で解決困難な看護問題をもつ対象に対して水準の高い看護ケアを効率よく提供するための，特定の専門分野の知識・技術を深めた専門看護師を社会に送り出すことにより，保健・医療・福祉の発展に貢献し併せて看護学の向上を図ることを目的としている．1996年6月より認定が開始された．専門看護の認定には実務研修が通算5年以上あり，うち3年間以上は専門看護分野の実務研修であること．看護系大学院修士課程修了者で，専門看護師教育課程基準の所定単位を修得したのち，日本看護協会専門看護師認定審査に合格後，登録される．認定は5年ごとに業績を含め更新審査を受けて継続となる．専門看護師の役割は，①卓越した看護の実践，②ケア提供者へのコンサルテーション，③保健医療福祉間のコーディネーション，④論理的な問題や葛藤の解決を図る，⑤看護者のケア向上のための教育的役割，⑥実践の場における研究活動の6つが挙げられる．専門看護分野として2012年7月現在，がん看護，精神看護，地域看護，老人看護，小児看護，母性看護，慢性疾患看護，急性・重症看護，感染症看護，家族支援，在宅看護の11分野がある．
⇨認定看護師

専門職連携（センモンショクレンケイ）🄴 interprofessional work 🄰 IPW 🄳 多職種連携．一般的には，多職種が「共通の目標」の下，その達成に向けいっしょに活動し働くことをいう．専門性の高い職種につく場合，自身の業務に徹するあまり，周囲に目が向けられないときもあり，ひとりの「生きていくうえでなにかしらの援助が必要な人」に対しては，一つの専門的スキルのみで対応するだけでは不十分なこともある．援助の円滑化は，チームのあり方にかかっているといっても過言ではなく，最大限の支援の効果を上げるためには，チームの形成，すなわち連携のための高度な技術等の習得が望まれる．
⇨チームアプローチ，チーム医療，ケアマネジメント

専門職連携教育（センモンショクレンケイキョウイク）🄴 interprofessional education 🄰 IPE．専門領域（学科）を超えて連携したうえで，利用者ニーズにこたえることができる人材を育成するため，同じ場所で共に学び，お互いのことを学び合うことをいう．近年は保健・医療・福祉の人材育成において，専門性のみでなく，専門職連携教育の重要性が指摘されるようになり，2008年には，日本保健医療福祉連携教育学会が設立され，他職種との連携を具体的に教授していく教育方法にかかわる議論の場もできている．しかし，日本の養成機関では，固有の専門職の養成カリキュラムは確立しているものの，他職種との連携をどのように進めるかの具体的な展開方法にかかわる教育カリキュラムがきわめて脆弱である．専門職教育のなかに他職種との連携教育プログラムを取り入れている大学も一部にすぎず，今後は他職種との連携のあり方を教育カリキュラムとして構築していくための，具体的な教育内容や方法の開発が急務といえる．

前立腺（ゼンリツセン）🄴 prostate 🄛 prostata．臓器のひとつで，男性のみに存在する生殖器．膀胱の直下にあり，尿道を取り巻くように存在しており，クルミ大で，重さは10g程度が一般的である．大きく内腺と外腺に分類される．前立腺の機能についてまだ解明されていない点も多いが，主な役割として前立腺液（prostatic fluid）の分泌が挙げられる．前立腺液は精液の成分の約3割を占め，射精時に精囊より分泌された精囊液と精巣でつくられた精子といっしょになって精液を構成することで，体外に射精された精子を防御したり活性を与えたりする作用がある．また前立腺は射精における収縮や尿の排泄などの機能も担っていると考えられる．
⇨前立腺肥大症，前立腺がん

前立腺がん（ゼンリツセンガン）🄴 prostatic cancer／prostatic carcinoma．前立腺（外腺）に発生するがんで，組織学的には90％以上が腺がんである．もともと欧米において発生率の高い疾患で，アメリカでは男性でもっとも多いがんであるが，日本でも近年急増している．加齢，食事（動物性脂肪），遺伝，男性ホルモンの存在が発症に関与すると考えられているが，そのメカニズムはまだ解明されていない．発生してから症状を呈するがんに至るまでに30年以上かかるといわれており，高齢がんの代表で50歳以前の発症はまれである．進行が遅いため，早期がんの治療成績は良好で，生存率・治癒率は高く，生命予後も他のがんに比べて良好である．進行がんになると骨やリンパ節に転移しやすく，治癒は困難になる．初期には無症状であるが，やがて排尿困難・頻尿・血尿などといった前立腺肥大症と類似の症状が出現する．診断は前立腺特異抗原（PSA），直腸内指診，経直腸超音波（エコー）検査などで行い，確定診断には生検で組織診を行う．治療は手術療法，ホルモン療法，放射線療法（外照射と内照射：小線源照射治療）がある．
⇨前立腺，前立腺肥大症

前立腺肥大症（ゼンリツセンヒダイショウ）🄴 benign prostatic hyperplasia／prostatic hyperplasia 🄰 BPH．前立腺の内腺が腫大した状態であり，加齢と性ホルモンの変化が発症に影響する．肥大した前立腺により尿路が圧迫され，排尿困難が出現するが，二次的な膀胱の機能変化に伴う症状もあり，前立腺の大きさと症状は必ずしも相関しない．初期には尿道抵抗が高まり，排尿に時間がかかるようになり，尿道の不快感や夜間の頻尿，尿意切迫感などが出現する．中期になると残尿が認められるようになり，排尿にいきみが必要となる．細菌感染が起こりやすくなり，飲酒などによって前立腺が充血すると突然排尿できなくなる急性尿閉（acute urinary retention）も出現する．さらに進行すると，膀胱は常に拡張して収縮作用での排尿ができなくなり，絶えず尿が漏れ出してしまう状態（溢流性尿失禁：overflow incontinence）となり，腎臓からの尿の流出も妨げられ腎機能障害を起こす．排尿障害の程度，前立腺の大きさ，膀胱機能，腎機能などを測定して診断するが，前立腺がんとの鑑別が必要なため前立腺腫瘍マーカーの値も測定する．病態は必ずしも進行性ではなく，症状があっても日常生活に支障がなければ経過観察を行い，患者の体力や社会的適応によって治療法が選択される．薬物療法としては，$α_1$ブロッカーやアンチアンドロゲン製剤，$5α$還元酵素阻害薬などがある．手術としては経尿道的前立腺切除術，開腹手術，レーザー手術が行われる．
⇨前立腺，前立腺がん

そ

増悪（ゾウアク）㊒ exacerbation. 病気の症状が悪化しているようすを表す言葉である．たとえば，アルツハイマー病（AD）の場合，中核症状である記憶障害について，初期の段階では近時記憶の障害やエピソード記憶の障害であったものが，やがて遠隔記憶の障害，作業記憶の障害，意味記憶の障害が現れ，ついには手続き記憶の障害が出現し，食事，排尿，排便の仕方，さらには歩行動作ができなくなるようなことを記憶障害の増悪という．

躁うつ病（ソウウツビョウ）㊒ manic-depressive insanity／manic-depressive psychosis／manic-depressive illness／affective psychosis／circular psychosis ㊂ MDI ㊐ 双極性障害．感情面に異常が現れ，気分が高揚して興奮したり（躁病），うつ気分になったり（うつ病）する機能性精神疾患である．このように極端な気分が交替して現れることから，躁うつ病とよばれるようになった．なお，アメリカ精神医学会（APA）の精神疾患の診断・統計マニュアル第3改訂版（DSM-Ⅲ-R）で初めて気分障害という用語が用いられるようになった．躁うつ病の発症の原因は不明であるが，環境的・精神的要因や身体疾患などが指摘されており，躁病期がなく，うつ病期のみの患者が多い．高齢者では具体的な発症のきっかけとなるのは，配偶者の死や近親者の死，転居などが挙げられている．なお，高齢者では少ないといわれているが，躁状態のみが現れる場合は躁病といわれる．
⇨気分障害，躁病

騒音（ソウオン）㊒ noise. 一般的に高齢になるほど聴力は低下するといわれる．加齢性難聴の特徴は，高音域の聴力が低下することと，言葉の聞き取りが悪くなる（語音明瞭度の低下）ことである．騒音のある環境は，語音明瞭度をますます低下させ，円滑なコミュニケーションを阻害する要因となりうる．とくに認知症が進行すると，刺激を取捨選択する能力や理解する機能が低下し，音刺激に対して敏感になりやすい．通常であれば気にならないレベルの換気扇の音が，耐えがたい騒音として感じるようになったり，テレビの音や音楽の音に気を取られて会話が成り立たなくなることもある．ときには騒音によって自分が攻撃されていると思い込んで混乱し，パニックに陥ることもある．認知症の人のコミュニケーションを阻害しないために，騒音のない静かで落ち着いた環境づくりに配慮が必要である．
⇨光環境

臓器提供意思表示カード（ゾウキテイキョウイシヒョウジカード）㊒ donor card ㊐ ドナーカード．臓器移植の基本理念であり，移植医療を適正に実施するための規定を定めた，臓器の移植に関する法律（平成9年法律第104号）にのっとって，自らの臓器提供に関して意思を表示するためのカードのことで，日本臓器移植ネットワークが発行している．日本全国の郵便局，都道府県庁，運転免許試験場，市町村役場，保健所，コンビニエンスストアなどで手に入れることができ，自分でカードに記載し，財布，運転免許証，健康保険証などとともに持ち歩けばよく，とくにどこかに届け出したり登録したりする必要はない．近年では意思表示ができる欄のある保険証や，インターネットでも可能な場合もある．また，2010年10月21日以降に発行された運転免許証の裏面下部には，臓器提供意思を記す欄が設けられている．2010年7月17日以降は脳死移植は家族の同意が得られれば認められるようになった．
⇨ドナー

双極性障害（ソウキョクセイショウガイ）➡躁うつ病を見よ．

装具（ソウグ）㊒ brace／orthosis. 疾病や損傷のために機能に障害が生じた四肢や体幹に使用する器具．使用する身体の部位により，上肢装具（肩装具，肘装具，手関節装具など），体幹装具（カラー，コルセットなど），下肢装具（短下肢装具，長下肢装具，足底挿板など）に分類される．また，その機能によって，固定用装具と矯正用装具，静的装具と動的装具などに分類される．装具を使用する目的は，①安静・固定・保護，②変形の予防・矯正，③機能の代償・コントロール，などである．装具は医師の処方によって作製される．装具の処方や作製にあたっては，その目的や適応を十分に把握し，使用する患者に最適なものを提供することが重要である．

装具療法（ソウグリョウホウ）㊒ orthotic therapy. 保存療法のひとつで，装具（上肢装具，体幹装具，下肢装具など）を使用して，治療（進行の予防，矯正，症状の緩和，機能の代償など）を行うこと．装具療法は医師の指示により行われるが，その目的や効果などを十分に検討する必要がある．また，装具療法においては，医師のみではなく，看護師，理学療法士，作業療法士，義肢装具士，医療ソーシャルワーカーなどの多職種が関係するため，よりよいチームアプローチが求められる．
⇨装具

相互依存性（ソウゴイゾンセイ）➡人と環境の相互作用を見よ．

総合相談支援事業（ソウゴウソウダンシエンジギョウ） 介護保険法第115条の44の地域支援事業（被保険者が要介護状態等となることを予防するとともに，要介護状態等になった場合においても，可能な限り，地域において自立した日常生活を営むことができるよう支援する）のなかの包括的支援事業のひとつ．この事業は，地域の高齢者が，住み慣れた地域で安心してその人らしい生活を継続していくことができるようにするため，どのような支援が必要か把握し，地域における適切なサービス，関係機関および制度につなげる等の支援を行うものである．

相互浸透性（ソウゴシントウセイ）➡人と環境の相互作用を見よ．

葬祭扶助（ソウサイフジョ）㊒ funeral assistance. 生活保護法（生保第18条）に規定される8つの扶助のひとつ．困窮のために最低限度の生活を維持することができない人に対して遺体の運搬，火葬または埋葬，検案，納骨の葬儀にかかる費用が給付される．金銭給付が原則であるが

喪失体験（ソウシツタイケン） 老年期は内外ともに失うこと，それまで備わっていたものを失うことを体験する．このような体験が喪失体験である．高齢になるにしたがって，内外ともに喪失体験の連続といえる．内的には精神的，身体的な諸機能が低下し，外的には職業，地位，役割，経済力，人間関係などに変化が生じ，喪失体験が多くなる．逆に老年期には新しく獲得するものはほとんどなくなる．このように価値や愛情，別離などの喪失体験によって，悲嘆や絶望感といった情動的苦しみを経験することになる．そのために生活場面で，不自由さや不満を感じる体験が多くなり，しかも自分の力では解決がむずかしくなることもあり，依存的になりやすい．

相談支援（ソウダンシエン） 社会生活上の問題を抱えた人に対して，援助者が主に個別援助の方法を活用して，問題解決の手助けを図ることをいう．障害者総合支援法では，相談支援とは，基本相談支援，地域相談支援および計画相談支援をいい，「基本相談支援」とは，相談支援事業者が職務として行う相談のことをいい，「地域相談支援」とは，地域移行支援および地域定着支援をいい，「計画相談支援」とは，サービス利用支援および継続サービス利用支援をいい，「一般相談支援事業」とは，基本相談支援および地域相談支援のいずれも行う事業をいい，「特定相談支援事業」とは，基本相談支援および計画相談支援のいずれも行う事業をいう（5条17項）．

躁病（ソウビョウ） 英 mania／submania．躁うつ病の躁病期のこと．躁病期（躁状態）では，感情が異常に，しかも持続的に高揚し，多弁・多動になり熱狂的な言動が多くなる．具体的には，心身の活動が活発で，テンポが速くなり，気分爽快，楽天的，易刺激的，誇大的，妄想的になる．さらに，不眠，観念逸脱，注意散漫，食欲亢進等の症状が現れる．そのため他人の迷惑も考えずに，昼夜を問わず訪問したり電話をしたりして，疲れを知らずに活動し続ける．また服装等も派手になり，飾りたてることもある．しかし，注意力の低下をきたすために，混同や錯覚を起こすことが多くなる．周囲の人に迷惑を及ぼしたり，治療拒否があるため，早期に専門医の受診が必要である．ただし，高齢者は躁病の発生は少ないといわれている．
⇨うつ病，気分障害

掻痒感（ソウヨウカン） 英 itchy sensation．かゆみのことであり，身体のある部分がムズムズ，モゾモゾ，カイカイと表現されるように感じる，不快な感覚．皮膚の圧迫や摩擦，過度の暑さ・寒さ，光の刺激などにより生じる．膨疹や発赤など皮膚の変化を伴う場合は，蕁麻疹，汗疹（あせも），虫さされなどが原因のことが多く，外見上の皮膚の変化を伴わない場合は，肝臓疾患，慢性腎不全，糖尿病，貧血，内臓悪性腫瘍，神経症などが原因のことが多い．とくに高齢者は，過度の乾燥が原因となり，乾燥・寒冷な気候，頻回なせっけんの使用などにより増強する．かゆみを感じた部分の皮膚をかく，こすることは皮膚の状態を悪化させ，かゆみを増強させる．さらに，不眠，イライラ感へつながることもある．かゆみの原因を取り除くことが基本であるが，爪を切る，皮膚の清潔を保つ，皮膚を保湿する，心地よい環境を整える，衣類の調整をすることにより，かゆみの程度を軽減できる場合もある．

側臥位（ソクガイ） 英 side lying lateral position 同 横臥位．人が寝そべった姿勢（臥位）のひとつ．体の右側を下にして横向きに寝るのを「右側臥位」，体の左側を下にして横向きに寝るのを「左側臥位」という．側臥位の姿勢を安定させ，リラックスするためには，腰を引き，膝関節を軽く曲げた状態にする．
⇨仰臥位，腹臥位

即時記憶（ソクジキオク） 英 immediate memory．60秒以内の間，保持される記憶．聴覚的に提示された（音声でいわれた）数列，あるいは視覚的に提示された（みせられた）数列などをその直後に再生できる記憶であり，記銘あるいは記銘（能）力といわれる．即時記憶は刺激提示から再生までの間に，干渉や妨害刺激のない場合の記憶である．聴覚的刺激あるいは聴覚言語性刺激の記憶容量（直接記憶範囲）は，健常成人では7±2個，すなわち5～9個である（数字列の場合）．即時記憶は，アルツハイマー病（AD）の初期においてはほとんど障害されることはないといわれている．具体的には，ADの初期の段階では，数列の順唱や単語の復唱などの音韻的なもの（記憶材料）は比較的よく再生されるが，数列の逆唱は障害がみられることがあるといわれている．

足底板（ソクテイバン） 英 patten／sole plate／foot plate．足のアーチを支えたり，足の骨を正常な位置に補正したりするために，靴のなかに入れる，あるいは足に直接つける装具のひとつ．変形性膝関節症や扁平足などに使用する．痛みをとり，立位や歩行の安定性を向上させるための保存的な装具療法に使用する．
⇨装具

側方アプローチ（ソクホウアプローチ） 英 postero-lateral approach 略 PLA．車いすなどから便器へ移乗する方法のひとつ．便器の真横に便器と同じ向き（高さもできるだけそろえる）で車いすをつけて行う．便器側方に広いスペースが必要となるため，在宅のトイレではむずかしいことが多い．しかし，車いすのアームレストを外せば，わずかな距離で便器への移乗が可能となるため，比較的障害の重い人でも自力で利用できる利点がある．なお，車いすを便器の正面につける方法を，前方アプローチという．
⇨前方アプローチ

側方接近法（ソクホウセッキンホウ） 頸髄損傷など四肢の筋力低下・麻痺の人が，ベッドから車いすへ移乗するときの介助方法のひとつ．ベッドの側方につけた車いすに対して，利用者は片手をベッドに，もう片方の手を車いすのクッションについて，前屈姿勢になって腰を上げながら（プッシュアップ）側方に移動する．スライディングボードの使用方法を練習することで，移乗をスムーズに行うことも可能である．そのほか，直角につけてうしろ向きに移乗する直角接近法がある．また，上肢，体幹の筋力がある程度ある不全麻痺や，対麻痺，脳卒中後遺症による片麻痺などでは，車いすを利用者の健側に斜めにつける斜方接近法で行うことがある．
⇨斜方接近法，直角接近法

足浴（ソクヨク） 英 foot bath／pediluvium．入浴困難な人に対するケア技術のひとつであり，下肢の清潔を保つだけでなく，リラクゼーションや血液循環の促進などが期待できる．また入浴より簡便であり，ケアを受ける人の体力の消耗も少なくてすむことから，病中病後や高齢者

に適している．足が入る大きさのバケツや洗面器を用意し，40度前後の湯を入れ，そのなかに足をつけ洗ったり，マッサージしたりする．ケアを受ける人は，臥床もしくはいすやベッドに腰をかけてもらうのがよい．ただし臥床状態で行う場合は，立て膝とし，その膝下に大きめの枕などを挿入すると，姿勢が崩れにくく安楽である．また座位の場合は，後方や左右に倒れないように，姿勢の安定を図る工夫が必要である．

ソジーの錯覚（ソジーノサッカク） ➡カプグラ症候群を見よ．

咀嚼（ソシャク） ㊥ mastication／chewing．口腔内に取り込まれた食物を噛み砕き，噛み砕いた食物を，飲み込みやすいように唾液とよく混ぜ合わせ丸め，嚥下に適した食物の塊，すなわち，食塊をつくる一連の運動．この運動は，歯，口蓋，口腔粘膜，舌，咀嚼筋，顎骨，顎関節，唾液腺など，さまざまな器官の働きにより成り立つ．食塊をつくるためには，食物が固形物の場合は，上顎に対して下顎を上下，左右，前後，回転させるように動かし，上歯と下歯により食物を噛み砕くこと，食物の形状がゼリー状やペースト状の場合は，舌を上下左右に動かし，口蓋に押しつけることで，食物と唾液を混ぜ合わせて丸めて，まとめる必要がある．歯牙欠損，義歯不適合，咀嚼筋や舌の運動障害，口腔粘膜の感覚の低下などが生じると，食塊をつくることができなくなり，食物を咽頭へ送り込むことが困難となる．

ソーシャルアクション ㊥ social action ㊌ 社会活動法／社会行動法．社会福祉援助技術における間接援助技術のひとつ．法制度の創設など，社会福祉運営の改善を目指して，世論を喚起しつつ，国や地方公共団体に立法的・行政的をとるよう組織的に働きかけ，直接的に関係各方面に働きかける活動．その起源は19世紀イギリスにおけるセツルメント運動や社会改良運動にある．

ソーシャルアドミニストレーション ㊥ social administration ㊌ 社会福祉運営管理．間接援助技術のひとつ．ソーシャルアドミニストレーションは2つの意味を内包しており，1つはアメリカで発達したソーシャルウェルフェアアドミニストレーションで，社会福祉施設の人事管理や財務，運営管理のあり方を指す．もう1つはイギリスで発達したソーシャルアドミニストレーションであり，社会的ニーズや社会的研究を基礎として，国や地方公共団体による福祉政策決定と制度運用など行政のあり方を意味する．いずれにせよ社会福祉を合理的かつ効率的に運営・管理するためにとられる方法であり，サービスを提供する組織（機関や施設）を単位にして，その運営管理を進めるための援助活動技術である．領域としては，社会福祉政策，社会福祉行政，社会福祉施設の経営など社会福祉活動全般に広く及ぶ．社会福祉法第1章第6条には，福祉サービスの提供体制の確保等に関する国および地方公共団体の責務がある．

ソーシャルインクルージョン ➡社会的包摂を見よ．

ソーシャルエクスクルージョン ➡社会的排除を見よ．

ソーシャルグループワーク ➡グループワークを見よ．

ソーシャルサポートネットワーク ㊥ social support network ㊌ 社会支援ネットワーク．社会生活を送るうえでのさまざまな問題に対して，身近な（小地域）人間関係における複数の個人や集団の連携・協働による支援体制をいう．地域社会に存在する住民や社会福祉関連機関，施設の専門職，ボランティア等のさまざまな人により組み立てられ，サービス利用者の個々の生活環境や問題に応じた個別のネットワークがそれにあたる．この用語はインフォーマルなネットワークとその実践方法を示す場合と，フォーマルな援助やサービスを含めて，公私の資源・サービスのネットワークを示す場合がある．

ソーシャルスキルトレーニング ➡社会生活技能訓練を見よ．

ソーシャルプランニング ㊥ social planning ㊌ 社会福祉計画法．間接援助技術のひとつ．福祉，教育，経済，医療，文化など社会福祉を取り巻く状況の変化に対応して社会構造を計画的に変えていく技術．将来のあるべき姿を予測して福祉計画を立てることによって生活変動に対応しようとするもの．具体的には，保健医療と福祉サービスの連携や社会福祉施設整備計画，地域福祉計画などである．

ソーシャルワーカー ㊥ social worker．社会のなかで人々は，さまざまな知恵と工夫を凝らし，安全で安心できる暮らしを日々求め生活している．しかし，ときには病や事故，人間関係など諸問題が生じ，生活と環境の均衡が崩れ，生活のしづらさが生まれる．その人々に対し，本人，家族の生活環境や生活歴，おかれている社会環境など，さまざまな情報を集約し，熟練した援助の技能，技術を駆使して，その人なりの生きる力を支援していく専門職の総称．「社会福祉士及び介護福祉士法」には，「専門的知識及び技術をもって，身体上若しくは精神上の障害があること又は環境上の理由により日常生活を営むのに支障がある者の福祉に関する相談に応じ，助言，指導，福祉サービスを提供する者又は医師その他の保健医療サービスを提供する者その他の関係者との連携及び調整その他の援助を行うことを業とする者」とされている．
⇨社会福祉士

ソーシャルワーク ㊥ social work．社会福祉制度・政策体系を基軸とし，展開される専門職としての実践体系．社会福祉援助活動，社会福祉援助技術など専門的な知識や技術をもった援助者によって行われる援助活動のこと．利用者が自らの生活課題を達成・克服していくために，強さと積極的価値を図り，ミクロからマクロにわたる人間と環境への多次元的介入を行う．国際ソーシャルワーカー連盟によると，「さまざまな形態をもって行われるソーシャルワークは，人びととその環境の間の多様で複雑な相互作用に働きかける．その使命は，すべての人々が，彼らのもつ可能性を十分に発展させ，その生活を豊かなものにし，かつ，機能不全を防ぐことができるようにすることである．専門職としてのソーシャルワークが焦点をおくのは，問題解決と変革である．従ってこの意味で，ソーシャルワーカーは，社会においての，かつ，ソーシャルワーカーが支援する個人，家族，コミュニティの人々の生活にとっての，変革をもたらす仲介者である．ソーシャルワークは，価値，理論，および実践が相互に関連しあうシステムである」としている．
⇨相談支援，ケースワーク

蘇生不要指示（ソセイフヨウシジ） ㊥ do not attempt resuscitation order ㊌ DNAR指示．疾病の末期の心肺停止時に，救命の可能性がない患者に対して，本人または家族の要望によって，心肺蘇生法（cardiopulmonary resuscitation；CPR）を行わないことをいい，これに基づい

て医師が出す指示をDNAR指示という．ほぼ同じ意味でDNR指示（do not resuscitate）という語が使われていたが，蘇生する可能性が高いのに「絶対蘇生しない」という意味にとられるということで，最近では意味を和らげたDNAR指示が使われることが多い．アメリカにおいては，各州法でDNAR指示について定めているが，日本では，その内容について十分な総意が得られているとはいいがたい状況である．現在，日本では，ほとんどの急性期病院においてDNAR指示は出されているが，心肺停止時にCPRを実施しないということは，施設や在宅においても，看取りの実践を密室にしないためにも，今後は必要とされる指示である．しかし，ときにDNAR指示によって，CPR以外の生命維持治療までが制限されており，適切なプロセスを経ない延命治療の差し控えとなってしまっている可能性がある．今後は，CPR以外の医療処置についても具体的な指示をするPOLST（physician orders for life sustaining treatment）が必要となろう．日本臨床倫理学会が，POLST（DNAR指示）の適切な実践のために基本姿勢・書式・ガイダンスをホームページで公開している．
⇨心肺蘇生法

措置基準（ソチキジュン） 措置に要する費用の基準のこと．利用者サービスや施設運営のために必要な職員の人件費と施設の維持管理のための「事務費」そして利用者の直接処遇に必要な生活費等の「事業費」の2つの費用からなっている．基準単価は施設種別，規模，所在地などを勘案し厚生労働大臣が毎年度決定する．
⇨措置制度

措置施設（ソチシセツ） 老人福祉法における養護老人ホーム，児童福祉法における児童養護施設，生活保護法における救護施設など，措置（行政処分）によって入所を行う施設のこと．なお介護保険法による特別養護老人ホームやその他の介護サービス，障害者総合支援法による障害者支援施設などは利用者との直接契約で利用を行うが，やむを得ない理由により介護保険法等の規定によるサービスを利用できない場合には措置による利用を委託できることになっている．
⇨措置制度

措置制度（ソチセイド） ㊆ welfare referral system. 社会福祉サービスをどのように利用できるかというシステムについて，日本では戦後長い間，措置制度がとられてきた．措置制度とは行政機関が行政処分によって一方的にサービス利用に関する決定を行う仕組みで，そこには利用者の意向は求められることなく，また「措置制度では，とくにサービスの利用者は行政処分の対象者であるため，その意味でサービスの利用者と提供者の法的な権利義務関係が不明確である．このためサービスの利用者と提供者との対等な関係が成りたたない」と利用者と提供者の権利義務関係を明確にして，個人としての尊厳を重視した構造への変革が求められていた．この報告を受け，まず1997年に保育所の利用手続きを変更，そして2000年の介護保険制度，2003年の支援費支給方式など，契約制度への変更が行われてきた．

措置入院（ソチニュウイン） 精神保健及び精神障害者福祉に関する法律（精神保健福祉法：昭和25年法律第123号）による，行政が本人に対して命令して入院させること．同法22条から32条の規定により行われるもので，要約すると，①精神疾患がありそのために自傷行為や他害行為をしてしまったか，今後する危険性が高い，②一般市民，警察官，検察官，保護観察所長，矯正施設（刑務所等）の長の通報で都道府県知事・政令指定都市市長が医療機関を受診させる，③精神保健指定医2名が診察し2名そろって精神疾患により自傷行為・他害行為の危険性が高いと判断，④その診察結果を受けて都道府県知事・政令指定都市市長が行政措置として入院を命令する，というもの．指定の診察等が間に合わない場合には72時間を限度に緊急措置入院があったり，原則行動制限を伴う入院（閉鎖病棟など）となる．費用負担は所得に応じている．

疎通困難（ソツウコンナン） ㊆ difficulty of accessibility. 面接の際に，対象者との間で，互いに意思や感情が通じ合うことを疎通性という．ほぼ同じ意味で，フランス語のラポールという言葉が使われることもある．これは，言葉を介しての意思の疎通だけではなく，感情的共感（非言語的コミュニケーション）を含めて相互に理解し合えることを意味する言葉である．疎通性が保たれている場合には，話をしているうちに，それぞれの注意や関心，考えを理解・共有でき，互いに共感が得られるものである．そして，そうした共感によって，会話は絡み合い，調和した状態になっていく．逆に，こうした疎通がむずかしい状態を疎通困難とよび，古くから精神科の診察場面（たとえば，統合失調症の患者との面接場面）で用いられてきた．
⇨ラポール

ソニックガイド ㊆ sonic guide. 視力障害者用の歩行補助機器のひとつ．眼鏡型をしておりその中央部分に超音波送波器と受波器，ツルの部分にイヤホンがついている．超音波によって障害物を探知するとイヤホンから音を出して知らせる．使用するにはかなりの訓練を必要とするほか，腰から下の障害物は探知しきれないことが多いことから，白杖（障害物を触覚で確認するための白い杖）との併用が必要である．
⇨歩行補助機器

ソフト食（ソフトショク） ㊆ soft food. ミキサー食（食物をミキサーにかけて裏ごしした食事）の前の段階の食形態で，噛まなくても押しつぶせる程度のものであるが，食物の形は残っている．食物を噛み砕くことに障害がある場合は刻み食（食物を細かく切り刻んだ食事）を，噛み砕かれた食物と唾液が混ざり合った飲み込みやすい食物の塊（食塊）をつくり咽頭へ送り込むことに障害がある場合は，ミキサー食が用いられてきたが，おいしそうであると感じさせる見た目と味に欠けていた．ソフト食は，しっかりとした食物の形状を残し，見た目にもおいしそうであると感じられる食形態であり，摂食・嚥下の障害の有無や程度にかかわらず，食卓を囲む楽しみの提供が可能となる．
⇨ミキサー食，とろみ食

ソーラー ㊆ SOLER. かかわりを示す基本動作．イーガン（Egan G）は，利用者とかかわり合うときの基本動作のポイントを5つ挙げており，この5つの頭文字をとって「SOLER理論」とよんだ．S＝Squarely：利用者とまっすぐに向き合うこと．O＝Open：利用者に対して開いた姿勢をとること．L＝Lean：利用者のほうへ少し身体を傾ける．E＝Eye Contact：利用者と適度に目を合わせる．R＝Relaxed：リラックスして話を聴くこと．イーガン

は，このような動作をすることによって，自分が相手に十分に関心があることを自然に伝えることができるとした．ロジャース(Rogers C)は，来談者(クライエント)中心療法のなかで，カウンセラーとクライエントが「話したい事柄を，自由に話すことのできる安心した環境」と「相手から批判されることなく，話す内容を受け入れてもらえる信頼できる人間関係」を構築することが大切であると唱えている．
⇨バイスティックの7原則

尊厳（ソンゲン） 英 dignity. 尊厳は，ドイツの哲学者であるカント(Kant I)によると，「人格に備わる，なにものにも優先し，他のもので取って代わることのできない絶対的な価値である」とされている．したがって，老若・健康状態・社会的評価などが異なっても，その個人の尊厳が変わることはなく，歴史的にも，法的意味での「人権」(自由権・平等権・生存権など)によって保障されてきた．「人間の尊厳(dignity)」は，歴史的にも社会的にも深い含蓄がある概念であり，画一的に定義することはむずかしい．そして，この「尊厳」という言葉は，医療や介護の実践において，あまりに頻用されていながらも，その実，多くの意味合いをもち，また，人によって異なる意味に用いられている．たとえば，患者の権利に関するWMAリスボン宣言(1995)は「患者は，人間的な終末期ケアを受ける権利を有し，またできる限り尊厳を保ち，かつ平穏に死を迎えるためのあらゆる可能な助力を与えられる権利を有する」とあり，介護保険制度の理念にも，「人間の尊厳の理念に立つ社会保障の体系として，高齢者の自立を支援し，人生の最期まで人間としての尊厳をまっとうできるよう支援すること」とある．また，認知症の人々においても，認知機能の低下にもかかわらず，かつての自己のアイデンティティの継続によって，尊厳は保たれている．注意すべきは，「人間の尊厳(dignity)」と，「生命の尊厳(SOL)」がしばしば混同されていることである．「生命の尊厳」とは，人間の生物学的いのちに対して，絶対的な価値を認めるという考え方である．

尊厳死（ソンゲンシ） 英 death with dignity. 尊厳死という言葉は，社会で一般的に使用されているが，現在，尊厳死の定義については一定の見解はない．それは「尊厳」という言葉そのものにも画一的な定義がないからである．「尊厳死」という言葉が使用される状況として，たとえば，「むだな延命治療を打ち切って自然な死を望むこと」「むだな延命治療を差し控えて自然な死を望むこと」「患者本人の意思によって，延命治療をしないこと」「消極的安楽死と同義」「本人の意向に沿った終末期をすごすこと」「死の管理化に抵抗し，自然な死を望むこと」「苦痛を最大限に緩和する措置の希望」などがある．日本では，太田典礼によって創設された日本安楽死協会が日本尊厳死協会となり，会員は尊厳死の宣言書を書いている．また，「尊厳死法制化を考える議員連盟」は，終末期患者が延命措置を望まない場合には，延命治療の不開始（第1案），延命治療の不開始＋中止（第2案）について，医師は法的責任を問われないとする，いわゆる尊厳死法案の成立を目指している．自然で平穏な死を望むという患者の意向が尊重されることは望ましいが，その意思決定のプロセスにおいて，終末期の診断や治療の無益性，家族の代理判断，あるいは意思決定の手続き的公正性(中立性・透明性・コミュニケーション)に十分配慮されたプロセスが保障される必要があろう．また，英語death with dignityにはphysician aid in dying(自殺幇助)の意味も含んでいる場合もあることから注意が必要である．

た

体圧分散（タイアツブンサン） 布団やベッドなどの寝具から身体表面にかかる圧を「体圧」という．布団やベッドなどの寝具と身体が接触する部分を広くし，身体表面にかかる圧を減少させることを「体圧分散」という．体圧分散は褥瘡予防のために重要で，骨の突起部など，身体の一部分に圧がかかることを避けることが必要である．体圧分散の方法として，エアマットレスや低反発マットの使用などがある．

体位交換（タイイコウカン） ➡体位変換を見よ．

第一種社会福祉事業（ダイイッシュシャカイフクシジギョウ） 英 type one social welfare services. 社会福祉法人が行う社会福祉事業のうち，利用者への影響が大きいため，経営安定を通じた利用者の保護の必要性が高い事業（主として入所施設サービス）が該当する．経営主体は原則，行政および社会福祉法人．施設を設置して第一種社会福祉事業を経営しようとするときは，都道府県知事等への届出が必要になる．そのほかの人が第一種社会福祉事業を経営しようとするときは，都道府県知事等の許可を得ることが必要になる．個別法により，保護施設並びに養護老人ホームおよび特別養護老人ホームは，行政および社会福祉法人に限定されている．事業内容は，①生活保護法に規定する事業（救護施設，更生施設，医療保護施設，授産施設，宿泊提供施設），②児童福祉法に期待する事業（乳児院，母子生活支援施設，児童養護施設，障害児入所施設，情緒障害児短期治療施設，児童自立支援施設），③老人福祉法に規定する事業（養護老人ホーム，特別養護老人ホーム，経費老人ホーム），④障害者自立支援法に規定する事業（障害者支援施設），⑤売春防止法に規定する事業（婦人保護施設），⑥その他の事業が該当する．
⇨第二種社会福祉事業，社会福祉法人

体位ドレナージ（タイイドレナージ） ➡体位排痰法を見よ．

体位排痰法（タイイハイタンホウ） 英 postural drainage 同 体位ドレナージ．鼻腔から入った空気が肺に到達するまでの気道のうち，より肺に近く，細くなった気道末梢部分に貯留した痰などの分泌物を，重力を利用して体の外へ誘導する方法．咳ができない，吸引のみで痰を十分に除去できない場合などに行われる．重力を利用するには，分泌物が貯留している部位を上にした体位（左右どちらかを下に向けた側臥位，腹を下に向けた腹臥位，肺より頭が下がった体位など）を一定時間保つ必要があるため，体位に応じた枕やバスタオルの使用により，安楽に体位が保持できるよう支援する．また，体位の変化に伴う血圧，呼吸状態，意識レベルなどを観察する．とくに人工呼吸器装着中，気管切開中などでは，チューブやライン類への注意が必要である．体位排痰法前の吸入，体位排痰法中にてのひらや指を用いて，胸部をリズミカルに軽くたたくことなどして振動を与えることにより，より効果的な分泌物の排出が期待できる．

体位変換（タイイヘンカン） 英 changing position／repositioning 同 体位交換／ポジショニング．自分で体位を変えられない，あるいは自分では変えてはいけない人に代わって，身体の向きや姿勢を変えて保持すること．褥瘡の予防，同一体位による身体的苦痛の緩和，血液循環の改善，気分転換などの効果が期待できる．一方，自分の意思に関係なく身体の向きや姿勢が変わり，循環動態にも変化が生じるため，ケア提供者は，声かけ，説明を十分に行い対象者の心身の準備を整えたうえで実施する．呼吸状態，血圧などを観察することも必要である．姿勢を保持する段階では，ずれた衣類を整える，麻痺側・創傷などの患部は下にしない，浮腫のある部位は心臓より高く保つなどを考慮する．ビーズ入りの枕，ウレタン入りの三角形の枕などを用いることにより，良肢位を保ち，安楽にすごせるような工夫を行う．介護保険でレンタルできる福祉用具には，自動で体位変換のできるマットレスなどもある．

退院計画（タイインケイカク） 英 discharge planning 同 退院支援計画．疾病構造の変化，生活習慣病の増加，入院期間の短縮などにより，生活習慣病をもつ人や高齢者は，入院治療のみで医療が完結することは少なく，退院後，疾病をもちながら家庭や施設で生活することになる．退院後，快適にできる限り自立した生活へスムーズに移行できるよう，入院時から退院後の生活を見通しアセスメントを行い，必要な支援を明らかにして，多職種と連携を取りながら医療上および生活・介護上の課題解決のためのケアプランを立案する．その計画に基づいて，患者・家族が望む退院後の生活に必要となるケアの実現に向けて，保健・医療・福祉機関と連携を図りながら支援していく．介護保険の要介護認定を受けている場合は，介護支援専門員（ケアマネジャー）と連携を図りながら支援していく．入院中の患者が退院後，在宅で療養する場合に，患者の同意を得て，入院機関の医師または看護師等が，在宅療養を担う医師，歯科医師，歯科衛生士，薬剤師，介護支援専門員，訪問看護師等のいずれか3者以上と共同して療養上必要な説明や指導を行う場合を退院時共同指導といい，退院時共同指導料を算定できる．退院後に患者の世話をする患者の家族等に上述の指導を行った場合も同様に算定できる．
⇨退院調整看護師

退院支援計画（タイインシエンケイカク） ➡退院計画を見よ．

退院調整看護師（タイインチョウセイカンゴシ） 病院や診療所などの退院調整部門において，退院支援が必要な患者およびその家族に対し，退院調整計画を立案したり実施することで，健康面および生活面の支援を行う看護師．入院期間の長期化を回避し，在宅や施設へのスムーズな移行を含めた地域包括ケアに関する豊富な知識と，多職種との情報共有および連携の遂行が重要な役割となる．2008年の診療報酬の改定により退院調整加算が新設され，退院調整に関する部門と専従の看護師を配置する病院および診療所が増加している．

体温（タイオン） 英 body temperature 略 BT. 体の温度のこと．正確には体の内部の温度のことをいう．体の内部

の温度は測定することが困難なため，腋の下（腋窩温）や口のなか（口内温），直腸（直腸温）などで計測し，これを体温としている．正常な体温は35〜37℃台と個人差があるため，体温の変化をつかむためには1人ひとりの正常時の体温（平熱）を知っておくとともに，測定部位によって体温が異なるため，いつも同じ部位で測定する必要がある．高齢者の体温は皮下組織の減少や血流量減少により，皮膚の熱伝導が低いことや基礎代謝率の低下により，成人よりやや低い．また，加齢により汗腺の活動が減少するため，発汗能力が低下し，体温調節機能が低下する．そのうえ，発熱しても自覚症状を訴えることが少なく，重大な病気の兆候を見逃しやすい．寒冷刺激に対しても反応が鈍くなり，熱産生の開始が遅延する．以上より発熱の程度が原因疾患の程度と相関しないことが多いため注意が必要である．
⇨バイタルサイン，低体温

体温調節障害（タイオンチョウセツショウガイ） 体温を一定に保つことが困難になった状態．外気温の上昇，発熱時など体温が上昇した場合は，主に発汗することで体温を低下させる．真夏日に風通しの悪い屋内で長時間すごす，麻痺などにより皮膚での発汗困難などがあると，体温を低下させることが困難となり，高体温となる．反対に，外気温の低下，冷たいものに触れるなどで体温が低下した場合は，主に骨格筋が収縮することによりふるえが生じ，体温を上昇させる．加齢や麻痺による骨格筋量の低下，血液循環の悪化などがあると，ふるえにより体温を上昇させることが困難となり，低体温となる．高体温や低体温など体温を一定に保つことが困難な場合は，効果的な冷暖房機の利用，換気などによる室温の調整，気候に合わせた衣類の選択，頸部・腋窩・鼠径部など，皮膚表面近くを走行している動脈に沿って冷やす・温めることにより，体温の調整を支援することが必要となる．

体外心マッサージ（タイガイシンマッサージ） 英external cardiac massage 略ECM．心停止時に行う一時的救命処置のひとつ．心停止は，心臓のポンプ機能が停止した状態であることから，早い段階で心拍を再開させる必要がある．方法は，背板や固い床の上で，胸の真ん中に手のつけ根を置き両手を重ねて，ひじをまっすぐ伸ばして，100回／分以上の速さで，継続できる範囲で強く圧迫を繰り返しマッサージする．高齢者の場合は，肋骨や胸骨の骨折に注意する．これまでは「気道確保（A）・人工呼吸（B）・胸骨圧迫（C）」であったが，2010年の心肺蘇生法国際ガイドラインの変更により，胸骨圧迫が先になり，かつ気道確保（A）と人工呼吸（B）は省略可能となり，胸骨圧迫最優先でともかく早く始めて極力中断しない．また，胸骨圧迫の深さが4〜5cm程度から少なくとも5cm以上，胸骨圧迫のテンポは，100回／分程度から少なくとも100回／分以上となった．

体格指数（タイカクシスウ） 英body mass index 略BMI．肥満度を判定する指標で，体重（kg）÷〔身長（m）〕^{2}で算出する．統計的にもっとも病気にかかりにくいとされる22を標準とする．18.5未満を低体重（やせ），18.5以上25未満を普通，25以上を肥満とし，25以上30未満を肥満1度，30以上35未満を肥満2度，35以上40未満を肥満3度，40以上を肥満4度，の4段階に分類する．

体幹（タイカン） 英soma／truncus／trunk．人間の身体から頭，上肢（両手），下肢（両足）を除いた部分．頸部，胸部，腹部の骨格や筋からなる．

体幹機能障害（タイカンキノウショウガイ） 人間の身体から頭，上肢（両手），下肢（両足）を除いた部分を体幹という．体幹（頸部，胸部，腹部）の骨格や関節，筋などが疾患や外傷などでその機能が低下，あるいは消失すること．体幹機能障害では，座位姿勢や立位姿勢の保持などが困難，あるいは不可能になる．また，体幹機能障害はこれのみではなく，上肢や下肢なども同時に障害されていることが多く，日常生活を送るうえで困難をきたすことが多い．

体幹装具（タイカンソウグ） 英spinal orthosis．体幹部に装着する装具．体幹の変形の予防や防止，局所の安静や保護・固定，体重支持などの目的で用いる．

対鏡症状（タイキョウショウジョウ） 英mirror sign．自分の顔などの体の一部や全身を鏡に映して，自己の鏡像を長時間しきりに眺め続ける行動．アベリー（Abely P）が精神疾患の徴候としてとらえて記載した．認知症における症状としては，鏡に映る自分を自分であると認識できずに，他人として話をしたり，怒った顔でにらみつけるからと鏡を割ったりすることがある．
⇨鏡現象

退行（タイコウ） 英regression／retrogression／catagenesis／involution．児童の発達においてたとえば，弟や妹が生まれたことが誘因となり，上の子自身が幼いときにみせていた行動に戻る現象を退行という．しかし，退行は，マーラー（Mahler M）の分離・個体化説における再接近（ラプロシュマン）期のように，発達過程で一度は親から分離していった子供が再接近するという一般的な現象としてもみられる．さらに退行は，精神分析における発達論的ないし発生論的な視点からとらえることもできる．発達していったものが過去に戻るという臨床的概念であり，すべての心的現象は過去に起源をもち，早期の原型として後期のあり方を決定するという考え方に立った概念である．古典的な精神分析では，治療状況，治療的な場，治療構造の設定を元とし，そのなかで治療的な退行が起きて，その退行のなかで精神分析の治療者が構造を維持して治療を行う．

退行期うつ病（タイコウキウツビョウ） ➡初老期うつ病を見よ．

台座式リフト（ダイザシキリフト） 英wheeled hoist with solid seat．一般的に移乗や移動に介助が必要な場合，介助者が抱きかかえたりして車いすに移乗させ目的の場所まで移動させる．しかし，抱きかかえる介助が介助者に負担がかかるため腰痛を誘発させたり，介助される側にも痛みが伴うなど弊害も指摘されている．そこで人力ではなく機械を使って移乗や移動を行う介助方法が注目されている．多くはシート状やベルト状の釣り具を使って吊り上げ天井に設置したレールやキャスターで床を移動する形式のものであるが，吊り下げられる恐怖感や痛みもあるため，機器に備え付けられたいすなどの台座を使って座位を保持し床を走行して目的の場所まで移動するためのものを台座式リフトという．また，一般浴槽を利用できない人のためには寝たままあるいは座ったまま入れる特殊浴槽を使って入浴してもらうことが多いが，特殊浴槽ではなく一般浴槽に入るため浴槽内に設置し座面を上下させることで入浴を補助する装置も台座式リフトとよぶ場合もある．こちらは介護保険の福祉用具貸与

第三者評価（ダイサンシャヒョウカ）Ⓔ third-party evaluation．社会福祉法人等の提供するサービスの質を事業者及び利用者以外の公正・中立な第三者機関が専門的かつ客観的な立場から評価を行うもの．厚生労働省の「社会的養護の課題と将来像（2011年7月）」に基づき，社会的養護の施設については，その運営の質の向上を図るため，施設種別ごとの運営指針を定めるとともに，第三者評価及び自己評価の実施が義務づけられ，2012年度から実施されている．メリットとして，自らが提供するサービスの質について改善すべき点を明らかにし，取り組みの具体的な目標設定を可能とするとともに，評価を受ける過程で，職員の自覚と改善意欲の醸成，課題の共有化が促進されること．また，利用者等からの信頼の獲得と向上が図られることがある．行政監査が，最低基準を満たしているか等について確認するものであるのに対し，第三者評価は，よりよいものを目指し，福祉サービスの質の向上を意図している．

代謝症候群（タイシャショウコウグン）➡メタボリックシンドロームを見よ．

代謝性アシドーシス（タイシャセイアシドーシス）Ⓔ metabolic acidosis．血液pH（水素イオン指数）は，7.35～7.45に保たれているが，アシドーシスでは血液pHが7.35より低下し，血液が酸性に傾いた状態となる．代謝性アシドーシスは，下痢などアルカリ性物質を多く含む腸液を大量に喪失した場合や，糖尿病，飢餓状態，過度の運動など体内の脂肪を利用することでつくられるケトン体が増加するなどの原因により，血液中の酸性物質が増加した場合に生じる．とくに，ケトン体が増加した状態をケトアシドーシスとよび，頻度はもっとも高い．アシドーシスが進行すると，クスマウル（Kussmaul）大呼吸とよばれる，ゆっくりとした深く大きい規則的な呼吸がみられる．これは，肺から酸性物質である二酸化炭素を排出することにより血液pHを一定に維持しようとする生体の反応であり，代謝性アシドーシスに対する呼吸性代償とよばれる．さらに進行すると，ショック，傾眠，昏睡など意識障害も出現するため，血圧の変動，意識レベル，呼吸状態をとくに注意して観察する必要がある．
➡低カリウム血症

体重（タイジュウ）Ⓔ body weight．体重は身体の総重量を示す．つまり，骨格，筋肉，内臓，貯蔵脂肪，体液など体構成成分の合計重量である．また，体重の変化は体構成成分の変化を示す．体重を測定することは，エネルギーやタンパク質の代謝などの栄養状態の評価，成長や発達，浮腫，胸水，腹水など身体の異常の有無や評価，薬物投与量の決定の指標となる．また，治療上，食事や水分を制限している人の経過や効果の評価にもなる．たとえば，増減において，一定期間（数週間～数か月）の変化は栄養状態，数日間内の変化は体液の増減を示していることが多い．そのため，標準体重との比較だけではなく，計測値の変動にも留意する必要がある．体重は，食事，排泄，入浴，運動量，着衣の影響を受けるため，計測する際には時間や条件に配慮する必要がある．また，継続的に監視が必要な場合は最初に測定したときとできるだけ同じ条件で測定する．

第X脳神経（ダイジュウノウシンケイ）➡迷走神経を見よ．

代償（ダイショウ）Ⓔ compensation．人間の適応機制・防衛機制のひとつであり，欲求不満や心的葛藤状態に陥った折の無意識的解決方法のひとつである．この適応機制・防衛機制は，本来の欲求の目標と関係性の深いほかの目標に欲求を移し，その欲求を達成して，不快な緊張感を解消し，心理的な満足感を得る．たとえば，若いころから趣味や習慣として庭でたくさんの花や植物を育てていた園芸や庭仕事の好きであった人が高齢になり，身体が不自由になり，庭仕事ができなくなったときに，好みの季節の花を注文し，その花を生けて楽しむことで満足することも代償の例である．また，学生時代には，テニスクラブに所属し，さまざまな大会に出場したことのある高齢者が認知症の発症後進行が進み，在宅で暮らすことが困難になりグループホームに入居したあとで，地域のテニス大会の観戦をしたり，テレビの放送を通して楽しむこともその例といえる．
➡適応機制

対症療法（タイショウリョウホウ）Ⓔ symptomatic therapy．症状をなくしたり，軽減したりするための治療のこと．病気の原因を除去するための治療ではない．たとえば，頭痛に対しての鎮痛薬の処方，咳が止まらないときに鎮咳薬の処方などがある．これらは，痛みや咳という症状を和らげ，苦痛を軽減する．対症療法は，治療法がない場合や治療効果が望めない場合に，原因はそのままにし，自然治癒を待つことや苦痛の除去のみの効果を期待することを目的に行われる．また，対症療法を行いながら原因を探り，治療につなげることも多い．

退職共済年金（タイショクキョウサイネンキン）Ⓔ retirement mutual aid pension．共済組合に加入して保険料を納付し，組合員期間が25年以上あり，組合員期間等が1月以上あって退職している，または在職中で組合員期間が1年以上ある人が一定年齢（一般に65歳）に達したときに，老齢基礎年金に上乗せして支給される年金を指す．被保険者が死亡に至るまで支給される．特別支給の退職共済年金は，1961年4月1日以前に生まれた人で，60歳以上に達しており，公的年金に加入していた期間を合計した期間が25年以上あり，組合員期間が1年以上ある人に支給される．1953年4月2日以降に生まれた人の特別支給の退職共済年金の支給開始年齢は，生年月日により61～64歳と異なる．受ける条件や年金額の計算方法は，老齢厚生年金と同じであるが，退職共済年金には共済独自の加減額が加算される．

退職者医療制度（タイショクシャイリョウセイド）Ⓔ medical insurance system for the retired．会社・官庁などを退職した人が老人保健制度の適用を受けるまでの間，加入する医療保険制度．国民健康保険のなかのひとつの制度であり，会社を退職した人が社会保険から国民健康保険に移ることによって，国保の財源が急激に圧迫されることを防ぐことが目的．退職者医療制度の条件を満たす人については，国保に加入はしてはいるが，その診療費などは国保ではなく社会保険から負担されるようになるということ．2008年の新たな高齢者医療制度の創設に伴い廃止となったが，2014年度までには移行期間として65歳未満の退職者本人・被扶養者に同制度は存続され，65歳以上75歳未満の人は一般の国民健康保険に切り替わることになった．退職者医療制度の加入条件は，①

国民健康保険に加入していること，②老人保健制度（2008年4月以降は後期高齢者医療制度）の適用を受けていないこと，③厚生年金や共済年金などの受給者で，加入期間が20年以上，または40歳以降で10年以上あることであり，受診時の一部負担金は本人・被扶養者ともに基本は3割である．

対人援助職（タイジンエンジョショク） 輸 human service professional. 個人または集団を対象とする援助行為を行う職種のこと．医療・保健・福祉に従事する看護師，介護福祉士などのほか，幅広く人と接していく行為全体と考えると，教育，保育，ボランティア，さらに広げていくと近所づきあい，あるいは難民支援，国際協力といった市民活動も含まれる．

対人距離（タイジンキョリ） 輸 interpersonal distance. 社会生活のなかで人が相手との間でとっている行動に見合った距離をいう．文化人類学者のホール（Hall ET）は，人間同士の距離の取り方などの空間の使い方は，それ自体がコミュニケーションとしての機能をもつとして，親密距離，固体距離，社会距離，公共距離の4つの距離帯を提示して，現在広く支持されている．親密距離（15～45cm）は，直接体を触れ合うことにより親しさを表現する距離である．固体距離（45cm～1.2m）は，友人同士など親しい間柄で話し合う距離である．社会的距離（1.2～3.6m）では，個人的ではない事務的な会話が行われる．公共距離（3.6m以上）は，講演会などで，公衆との間にとる距離である．各距離帯の数字は北米での観察によるものであり，文化や環境により異なる．身の回りのケアを行うために，または高齢者の聴覚や視覚機能の低下のために，介護者が親密距離や固体距離に立ち入る場面が多くある．しかし，介護者と高齢者，または高齢者同士の間の対人距離は，親しさやそこで行われる行動により異なることを，ケアの際に配慮することが必要である．
⇨パーソナルスペース，テリトリー

体性神経遠心路（タイセイシンケイエンシンロ） ➡運動神経を見よ．

滞続言語（タイゾクゲンゴ） 独 stehende Redensart. 前頭側頭型認知症（FTD）のなかでも，ピック病と診断される認知症の人に顕著に現れる特異的な言語障害をいう．症状としては，日常会話のなかに，保続や語唱のような同一単語ではなく，短い言葉が挿入される形で繰り返される状態である．用いられる言葉は，意味のある反復言語とは異なり，コミュニケーションのなかで相手の質問の内容とは無関係である．また，どのような質問に対する受け答えであっても，常同的で惰性的な言葉が反復されることが特徴的である．コミュニケーションの過程において，一度ひとつの言葉や短い文の繰り返しがなされると，その反復は他動的かつ持続的であり，その言葉や，繰り返しを制止することはきわめてむずかしい．
⇨ピック病，前頭側頭型認知症

大腿骨頸部骨折（ダイタイコツケイブコッセツ） 輸 femoral neck fracture 略 FNF. 大腿骨の大腿骨頸部の部分に起こる骨折．骨粗鬆症を有する高齢者に多く発生し，治癒しにくい．その理由として，①外骨膜がないため，化骨が形成されにくい，②大腿骨骨頭部への血行が阻害されるため，骨頭壊死が生じやすい，③骨折線が垂直方向に走るため，両骨片が離開し，骨癒合が阻害される，④高齢者の骨再生能力が低下しているなどが挙げられる．

大腿骨大転子（ダイタイコツダイテンシ） 輸 greater trochanter of femur. 大腿骨は大腿部分にある人体でもっとも長く強い管状骨で，左右一対ある．大腿骨大転子は，大腿骨の大腿骨頸から大腿骨体に移行する部分の外側にある隆起で，上前腸骨棘の後下方で触診することができる．大転子の位置は股関節脱臼などで変化するので，重要である．

大腸がん（ダイチョウガン） 輸 colorectal cancer. 大腸に発生するがん腫であり，部位別に盲腸がん，結腸がん，直腸がんとよばれる．直腸がんが半数以上を占め，次いでS状結腸，上行結腸の順に多い．加齢とともに増加し，60～70歳代にもっとも発生しやすい．組織学的には腺がんが90％を占め，腺腫というポリープの一部ががん化して発生したものが多い．粘膜から発生ししだいに深く浸潤し，転移はリンパ行性，血行性，腹膜播種性などあるが，血行性による肝転移が比較的多い．大腸上部に発生したものは自覚症状が乏しく，腹痛や貧血などで発見されるが，S状結腸や直腸発生のがんでは，出血などの症状で比較的早期に発見されることもある．便潜血検査がスクリーニングとして有効であり，確定診断は大腸内視鏡の生検からの組織診でなされる．腫瘍マーカーとして，がん胎児性抗原（carcinoembryonic antigen；CEA）の測定は進行がんの進展度の指標となる．治療法としては，粘膜内に病変がとどまっている早期がんの場合は内視鏡治療が行われ，粘膜下層に浸潤した場合やリンパ節転移やがん遺残の危険がある例に対しては腸切除がなされる．末期がんを除いては外科的切除の成績がよく，肝転移に対しても切除が行われる．化学療法や放射線療法の補助的合併療法も行われる．
⇨大腸ポリープ

大腸ポリープ（ダイチョウポリープ） 輸 colonic polyp／polyp of the colon. 大腸の粘膜の一部がいぼ状に隆起したものの総称．日本において増加する傾向がみられており，男性に多く，加齢とともに出現頻度が増す．肉眼的には多くは有茎ないし亜有茎であり，部位は臨床例では直腸とS状結腸に多い．腫瘍性のポリープと非腫瘍性のポリープに大別され，腫瘍性のポリープには腺腫とがんとがあり，一方で非腫瘍性ポリープには若年性ポリープ，過形成ポリープ，炎症性ポリープがある．ポリープが大腸全体に多数存在する状態をポリープ症（polyposis）とよび，遺伝するものもある．大腸ポリープのうち8割以上は腺腫性であり，腺腫性のポリープはそのまま放置しておくとがん化するものもあるため，注意が必要である．多くは無症状であり，スクリーニングとして便潜血検査，そして大腸内視鏡で診断される．治療としては，主に内視鏡的ポリペクトミーが行われるが，ポリペクトミーが困難な例や生検後に断端にがんを認めるもの，粘膜下浸潤のあるものに対しては腸管切除を行う必要がある．
⇨大腸がん

耐糖能異常（タイトウノウイジョウ） ➡耐糖能障害を見よ．

耐糖能障害（タイトウノウショウガイ） 輸 impaired glucose tolerance 略 IGT 同 耐糖能異常．血液中のブドウ糖の代謝に異常が生じた状態をいう．具体的には，75g経口ブドウ糖負荷試験（75gOGTT）において，正常と糖尿病の間の値を示し，糖尿病に移行する可能性が高いとされている．

⇨糖尿病

大動脈解離（ダイドウミャクカイリ）⊛ aortic dissection. 大動脈の壁に亀裂が入り，壁が内膜と外膜とにはがれてしまう病気のこと．突然に発症することが多く，その場合は急性大動脈解離とよばれ，急性心筋梗塞とならんで，すぐに救急対処が必要な病態である．一方，大動脈の解離が徐々に進み，2週間以上経過した状態を慢性大動脈解離という．内科的処置で当面の対処ができる．急性大動脈解離が起こると，突発性に激烈な胸痛・背部痛がある．急性大動脈解離のうち心臓の左心室につながっている上行大動脈に解離が及ぶと心臓の周囲に出血が生じ，心タンポナーデという状態をきたし，死亡する危険性が高い．このような解離をA型とよび，緊急手術が必要となる．手術は上行大動脈を人工血管で置き換える大動脈置換術が一般的である．解離が上行大動脈に及ばないタイプをB型とよび，慢性大動脈解離と同様に血圧を下げる内科的治療で待機が可能なことが多い．いずれの型であっても初期治療に厳密な降圧と鎮痛処置が必要である．
⇨大動脈瘤

大動脈瘤（ダイドウミャクリュウ）⊛ aortic aneurysm／aneurysm of the aorta. 大動脈のうち，胸部大動脈あるいは腹部大動脈の血管が拡大し，こぶ状になって一部が突起してきたものである．このこぶは，長い年月をかけて徐々に拡大していく傾向があるため，はじめはほとんど症状がみられない．とくに胸部大動脈は，空隙のある胸郭のなかにでるために自覚症状は乏しく，胸部X線写真で初めて異常に気づかれることが多い．一方，腹部大動脈瘤はやわらかい腹部のへそのあたりで心拍の強いどきどきとした拍動を触れることでみつかりやすいが，一般的には動脈瘤そのものには痛みを伴うことがないので無症状のまま経過する．X線CT検査で確実に診断できる．大動脈瘤は破裂することがあり，破裂すると大量に出血し，すぐにショック状態に陥り，致死率が高い．大きな動脈瘤の場合，破裂する前に動脈瘤の部分を人工血管に取り替えて予防することが望ましい．
⇨大動脈解離

第二種社会福祉事業（ダイニシュシャカイフクシジギョウ）⊛ type two social welfare services. 社会福祉法人が行う社会福祉事業のうち，比較的利用者への影響が小さいため，公的規制の必要性が低い事業（主として在宅サービス）．経営主体の制限は原則なく，すべての主体が届出をすることにより事業経営が可能となる．事業内容は，①生活保護法に規定する事業，②児童福祉法に規定する事業，③児童福祉法に規定する施設，④母子及び寡婦福祉法に規定する事業，⑤母子及び寡婦福祉法に規定する施設，⑥老人福祉法に規定する事業（老人居宅介護等事業，老人デイサービス事業，老人短期入所事業，小規模多機能型居宅介護事業，認知症対応型老人福祉共同生活援助事業，複合型サービス福祉事業），⑦老人福祉法に規定する施設（老人デイサービスセンター，老人短期入所施設，老人福祉センター，老人介護支援センター），⑧障害者自立支援法に規定する事業，⑨障害者自立支援法に規定する施設，⑩身体障害者福祉法に規定する事業，⑪身体障害者福祉法に規定する施設（身体障害者福祉センター，補装具製作施設）など，⑫知的障害者福祉法に規定する事業，⑬その他の事業が含まれる．
⇨第一種社会福祉事業

大脳（ダイノウ）⊛ cerebrum ⊜ 終脳．解剖学的には，大脳は中脳および前脳の2部に区別され，前脳はさらに間脳および終脳の2部に区別される．間脳は腹側視床，視床（背側視床），視床下部，視床上部を含み，終脳は主に大脳皮質，白質，大脳基底核の3つの構造からなる．
⇨大脳皮質

大脳基底核（ダイノウキテイカク）⊛ basal ganglion／cerebral nuclei／basal nuclei ⊘ nuclei cerebri. 大脳皮質下にあるいくつかの神経核の集団．線条体，淡蒼球，黒質，視床下核の4つの神経核からなり，さらに，線条体は尾状核と被殻に，淡蒼球は外節と内節に分類される．大脳基底核は運動制御に重要な役割を担う高次中枢として知られ，大脳基底核には，大脳皮質の広い領域から，運動に関与した情報だけでなく，感覚や情動，あるいは認知機能に関する情報など，運動発現に影響を与えるさまざまな情報が入力される．これらの情報は大脳基底核で統合・処理されたのち，運動内容を決定する信号として，前頭葉の運動野から脊髄に出力される．その際，大脳基底核は，大脳皮質，とくに運動野や前頭前野が分布する前頭葉との間でループ回路を形成する．つまり，前頭葉から出力された運動情報や認知情報は，大脳基底核をめぐり，その大部分が視床を介して再び前頭葉にもどるようなループ回路のなかを伝達される．

大脳皮質（ダイノウヒシツ）⊛ cerebral cortex ⊘ cortex cerebri. 大脳の最外層を覆っている神経細胞の灰白質の薄い層．その下には，大脳髄質という白質がある．大脳皮質の厚さは部位によって異なり，1.5～4.0mmほどである．大脳皮質の表面には多数のしわがあり，皮質の表面積は新聞紙の一面大に相当する．大脳皮質は，部位によって組織構造が異なり，それに対応して機能も異なっている．大脳皮質には，知覚，運動，思考，推理，記憶などと関連した局在性があり，これを機能局在という．例として，大脳皮質の前後の中心部を通っている中心溝を境にした運動野と感覚野が挙げられる．また，嗅覚は大脳の中心部に，聴覚は側頭部に，視覚は後頭部に局在している．また，それ以外の広い連合野とよばれる部位があり，大脳の高次の統合機能に関連していると考えられる．

大脳皮質基底核変性症（ダイノウヒシツキテイカクヘンセイショウ）⊛ corticobasal degeneration ㊂ CBD. 大脳皮質と基底核（とくに黒質と淡蒼球）の神経細胞が脱落することにより，大脳皮質の症状として肢節運動失行，観念運動失行，半側空間無視，構成失行，失語，皮質性感覚障害，把握反射，他人の手徴候，ミオクローヌスなどが現れ，基底核の症状である錐体外路徴候として無動・筋強剛やジストニアが出現する．また，これらの症状に左右差がみられることも特徴である．日本では人口10万人当たり2人程度と推計され，男女比はやや女性に多いとされている．発症年齢は40～80歳代，平均60歳代である．死亡までの経過は平均6～8年である．死因は嚥下性肺炎または寝たきり状態に伴う全身衰弱が多い．病理診断でCBDと診断された例でも，非典型的かつ多彩な臨床像を呈した例が数多く報告されており，認知症で発症する例もまれではない．認知機能障害としてもっともよくみられるのが実行機能障害であるが，人格変化や認知症の行動・心理症状（BPSD）が目立ち前頭側頭葉変性症

（FTLD）と類似の症状を示すCBDもある．

代理権（ダイリケン） ある行為について，本来行うべき人に代わって一定の人がその行為を行うことができる法律上の地位・資格のこと．代理は法定代理と任意代理の2種類に分類され，代理権の発生原因はそれぞれ異なる．①法定代理：法律により代理権が発生，②任意代理：委任によって代理権が発生，に分類される．

代理行為（ダイリコウイ） 代理人が本人のためにすることを示してする行為．代理権の範囲内で直接本人に法律効果を生じること．民法上，代理人が本人のためにする行為と，行政法上，第三者のなすべき行為を行政主体が代わって行う行政行為．第三者自らがしたのと同じ効果を生ずる．

滞留便（タイリュウベン） ➡宿便を見よ．

タウタンパク質（タウタンパクシツ） 🄴 tau protein. 微小管の形成や安定化に関連する微小管付随タンパク質の一種で，主に神経細胞の軸索に存在する．タウタンパク質は過剰にリン酸化されると神経原線維変化を形成し，神経細胞の働きを抑制する．アルツハイマー病（AD）や前頭側頭型認知症（FTD）など神経変性疾患ではリン酸化されたタウタンパク質が蓄積する．認知症の診断方法として，脳脊髄液のリン酸化タウタンパクの測定が2012年から保険適用となった．

ダウン症候群（ダウンショウコウグン） 🄴 Down syndrome. 染色体異常により発症する先天性の疾患群．つり上がった小さい目を特徴とする特異的顔貌を呈し，やや長い舌，手に猿線，耳介低位，翼状頸などを伴う．また，知的障害が認められる．ダウン症候群では高率に奇形・合併症を伴い，鎖肛，先天性心疾患，先天性食道閉鎖症，白血病，円錐角膜，斜視，甲状腺機能障害などがみられる．原因としては，体細胞の21番染色体が正常では2本のところ，精子，卵子形成時の減数分裂における染色体不分離が原因で計3本持つことによって発症する21トリソミーが大部分であるが，その他，21番染色体が他の染色体に付着した転座型，個体のなかに正常核型の細胞と21トリソミー（21番目の染色体が3本ある核型）の細胞とが混在しているモザイク型によって起こるケースもある．母親の出産年齢が高いほど発生頻度は増加し，およそ25歳未満で2,000分の1，35歳で300分の1，40歳で100分の1の割合，全体では800分の1～1,000分の1という割合で発生しているとされている．

他害行為（タガイコウイ） 一般的には，他者に重篤な危害を加えてしまう行為や周囲にある器物を破壊，破損してしまう行為をいう．法的には，精神障害が原因で他者に対して他害行為を引き起こすおそれがある行為とは，殺人，傷害，暴行，性的問題行動，侮辱，器物破損，強盗，恐喝，窃盗，詐欺，放火，弄火等が示されている．他の人の生命，身体，貞操，名誉，財産等または社会的法益等に害を及ぼす行為であって，原則として刑罰法令に触れる程度の行為をいう．認知症の人の行動・心理症状（BPSD）について，暴力行為などに関し，他害行為という言い回しを従前から用いていたことが指摘されている．しかしながら，暴力行為の誘発や背景に関して多面的に深い考察と配慮，さらにその理解を元にした適切なケアや援助をすることにより，他害行為を防ぐこと自体が求められている．

多脚型杖（タキャクガタツエ） 杖先が分岐している杖をいい，杖先が3本に分岐しているものを3点杖，4本に分岐しているものを4点杖という．単脚杖と比べて安定感があるため，筋力低下や麻痺などにより歩行が不安定な者に有効である．ただし多脚型杖の使用は平坦な場所に限られるため，実質，屋外での使用はむずかしく，屋内用とされる場合が多い．
➡歩行補助杖

タクティールケア 🄴 tactile care. スウェーデン発祥のタッチケア．1960年代に看護師アーデビー（Ardeby S），ビルケスタッド（Birkestad G）らによって考案された．タクティールとはラテン語のタクティリス（Taktilis）に由来する言葉で「触れる」という意味．手を使って10分間程度，相手の背中や手足をやわらかく包みこむように触れる．優しい接触を継続的に行い，肌の触れ合いを通してオキシトシンというホルモンの分泌を促し，ストレスに関連するホルモン（コルチゾール）のレベルを低下させて，相手の不安な感情を取り除く効果を得るとされる．また，痛覚の信号より早く脳に到達する触覚の信号によって痛覚の信号の伝達を阻むゲートコントロール効果を通じて，痛みを緩和する作用があるとされる．

宅配給食（タクハイキュウショク） ➡配食サービスを見よ．

宅老所（タクロウショ） 宅老所に関する明確な定義，法律上の規定はない．多くは民家を活用し小規模，少人数，地域に密着した取り組みを行っている介護事業所をいう．サービス内容も通い，泊まり，自宅での支援，住まい，配食，家族支援などさまざまで，利用者も高齢者に限定せず，障害をもつ人や子ども，生活困窮者など支援が必要な人すべてを受け入れているところもある．運営形態も個人からNPO，社会福祉法人，株式会社，有限会社などがあるほか，サービスの一部を介護保険法や障害者総合支援法の指定を受け通所介護（デイサービス），短期入所（ショートステイ）を提供しているところもある．1980年代半ばから全国各地で草の根的な取り組みとして始まり，ほとんどが小規模な運営を行っており，大規模施設ではなじめない人や，住み慣れた地域との関係のなかで生活したい人などを受け入れている．

多系統萎縮症（タケイトウイシュクショウ） 🄴 multiple system atrophy 🄰 MSA. 運動障害を伴う非遺伝性の進行性変性疾患をいう．もともとは小脳性運動失調を主な症状とするオリーブ橋小脳萎縮症，パーキンソン症状を主とする線条体黒質変性症，また運動症状が目立たず自律神経症状が優位なシャイ・ドレーガー症候群として別々の疾患名が与えられていたが，いずれもαシヌクレインが凝集した細胞質内封入体という病理学的特徴から，現在では同一疾患とされている．日本では特定疾患の指定件数から1万1,000人ほどの患者がいるとされ，発症は中年以降（35～79歳；平均58歳）で男性にやや多いといわれている．パーキンソン症状，小脳性運動失調のほかに，排尿障害，起立性低血圧，睡眠時無呼吸などの自律神経障害を伴う．約20％に認知機能低下がみられる．

多幸症（タコウショウ） 🄴 euphoria. 精神症状の一種で，現実とは関係のない，過度の幸福感に包まれ，異常な陶酔感を伴う精神状態をいう．通常長い時間ではなく短い間に限られる．非常に強い幸福感およびそれに伴う興奮を表し，特定の薬物の副作用として生じる場合もある．また，認知症の行動・心理症状（BPSD）のなかで感情障

害に類別されるひとつの症状である．European Alzheimer Disease Consortiumは，2,808人のアルツハイマー病（AD）の患者を対象にNeuropsychiatric Inventory（NPI）12項目のBPSDに関して要因分析を行い，活動性亢進，精神病症状，感情障害，アパシーの4つの因子を抽出している．ADにおける重症度別にみる各BPSDに関する出現頻度では，多幸感について，重症度が増すほど高くなっていることが示されている．ほかのBPSDの出現頻度に比べて，軽度ではきわめて少なくなっている．
⇨認知症の行動・心理症状

多職種協働（タショクシュキョウドウ） Ⓔ multidisciplinary collaboration. 医師，歯科医師，薬剤師，看護師，保健師，ケアマネジャー，介護士，社会福祉士，理学療法士，作業療法士，栄養士，歯科衛生士などの保健・医療・福祉従事者がお互いの専門的な知識を生かしながらチームとなって患者・家族をサポートしていく体制．地域ケア会議は，多職種協働による事例検討を通して，他職種による客観的な視点が得られ，多職種の専門性を生かしたアセスメントが行える．また，さまざまな制度やサービスの提示，職種間連携による支援チームの形成にもつながるとされている．
⇨マルチディシプリナリーチーム

多職種連携（タショクシュレンケイ） ➡専門職連携を見よ．

多食症（タショクショウ） Ⓔ polyphagia. 食欲が異常に亢進し，大食する状態のこと．食欲に関連する前頭葉や脳下垂体などの脳器質疾患，糖尿病などの内分泌疾患，食欲調節に関連するホルモンや遺伝子異常，神経性大食（過食）症などの精神疾患などでみられる．前頭側頭型認知症（FTD）では，多食や盗食などの食行動の変化が特徴的で，他の認知症との鑑別診断の手がかりとなる．アルツハイマー病（AD）などでも，記憶障害により何度も食事を要求し，結果的に多食となることがある．

多臓器不全（タゾウキフゼン） Ⓔ multiple organ failure Ⓐ MOF. 生命の維持に必要な複数の臓器の機能が連鎖的に低下した状態．腎臓・呼吸器・肝臓・血液系・心血管系・消化器・神経系のうち2つ以上が同時，または連続して機能不全に陥った状態をいう．多臓器不全の原因としては，重症感染症，外傷，大手術，ショック，膵炎，大量出血，播種性血管内凝固症候群（DIC），心不全，低血圧，低酸素血症，悪性腫瘍などがある．頻度的には，重症感染症が圧倒的に多いとされている．

立ち上がり介助（タチアガリカイジョ） 床やいす・ベッドに座った状態から立ち上がるための動作を介助すること．この動作は，車いすやポータブルトイレへの移動に結びつき，相手の体の重心を高くするために，強い筋力やバランスが必要とされる．相手の足をいすやベッド側に十分引き，前かがみの姿勢を誘導するなど，ポイントを押さえることでスムーズに行えるようになる．
⇨起き上がり介助

立ち直り反射（タチナオリハンシャ） Ⓔ righting reflex. 動物が頭部や体幹を正しい位置に保つ反射群のこと．ヒトにおいては正しい姿勢である直立姿勢を維持・復元しようとする．立ち直り反射が障害されると直立姿勢の保持が困難になる．

脱健着患（ダッケンチャッカン） 麻痺がある人の衣服の着脱介助の方法．服を脱ぐときは麻痺のない側から，服を着るときは麻痺のある側から行う．

脱施設化（ダツシセツカ） Ⓔ deinstitutionalization. 精神科病院のような大規模で閉鎖的な環境のなか，長期間にわたり集団生活を強いられた場合の，弊害や問題を解決するために生まれた考え方や運動．1963年のアメリカのケネディ教書に端を発し，ノーマライゼーションの原理（高齢者や障害者が他の人々と同じように生活できる社会の実現を目指す考え方）や，入院医療から地域精神医療へという流れに影響を与えながら展開された．地域支援体制が整わないなかでの急激な地域移行は，治療の中断やホームレスの増加など，いくつかの問題を生じさせた．それは大規模施設から小規模施設への移行地域でのケア提供体制の整備・集団よりも個人の生活を基本にとらえた自律性や生活の質（QOL）を目指した支援のあり方を促進するきっかけとなった．

脱水（ダッスイ） Ⓔ anhydration／deaquation／dehydration／exsiccation. 体液量が正常よりも減少した状態．高張性脱水（水分欠乏性脱水），低張性脱水（ナトリウム欠乏性脱水），等張性脱水（混合性脱水）がある．高張性脱水は，水分摂取量の減少や発汗量の過多によって水分が細胞内から細胞外に移動することで起こる．低張性脱水は，嘔吐や下痢などにより細胞外液のナトリウムが欠乏し，細胞外から細胞内に水分が移動することで起こる．等張性脱水は水分摂取量の減少により，水分とナトリウムが同じ程度に失われることで起こる．

脱髄疾患（ダツズイシッカン） Ⓔ demyelinating disease. 神経活動は，神経細胞から出る小さな電線のような神経の線を伝わる電気活動によって行われている．家庭の電線がビニールのカバーからなる絶縁体によって被われているように，神経細胞の軸索も髄鞘という脂質の膜で被われている．この髄鞘が壊れてなかの軸索がむきだしになる病気が，脱髄疾患である．有髄神経ではこの髄鞘があるために電気活動が跳躍伝導を行い，神経伝導速度の上昇が可能となる．しかし，髄鞘が障害されると伝導速度が遅くなり，多彩な神経症状が引き起こされる．髄鞘を形成する細胞としては，乏突起膠細胞，シュワン細胞がある．代表的な疾患としては，多発性硬化症がある．

脱水症（ダッスイショウ） Ⓔ dehydration／hypohydremia／olighidria／oligidria／exsiccation. 脱水により生体の恒常性に破たんをきたした状態をいう．脱水症になると，口唇や舌の乾燥，皮膚の乾燥や緊張低下，眼窩陥没などの外見の変化，口渇，悪心・嘔吐，頭痛，全身倦怠感，立ちくらみ・めまいなどの自覚症状，体温上昇，頻脈，起立性低血圧，尿量減少，活動性の低下などが起こる．重症化するとせん妄や意識障害が出現し，生命維持が危険な状態となる．

脱疽（ダッソ） ➡壊疽を見よ．

脱抑制（ダツヨクセイ） Ⓔ disinhibition. 前頭側頭型認知症（FTD）の臨床症状として，自発性の低下や無関心，常同行為などとともに，たとえば高齢者の入所施設において，ほかの利用者の飲みかけのお茶に手を伸ばしたり，また，ほかの利用者が食べている最中の菓子を自分の口に入れたりする行動もその一例である．食堂内を歩き回り，人が食べているものを自分のもののようにとってしまう行為は，周囲から非難されることになるが，その批判に対して一見平然としている場合が多い．デイケアなどでは，このような行動をする人への対応に困惑してい

ることも見受けられるが，障害されている機能と，残存機能が明確であり，生活行為自体は保持されていることもあり，生活史のなかで行っていた活動を習慣化していくことなどにより，適応行動への変容にもつながる．さらに食事中の見守りや食事を済ませたのちに，ひとりそのテーブルにいてもらうのではなく，別の利用者や職員の集う場に案内するなどの配慮も脱抑制行動への積極的介入と考えられる．
⇨常同症

多動（タドウ） 英hyperanakinesis／hyperanakinesia／hyperkinesia．一般的には，落ちつきがなく始終動きまわり，自己制御のむずかしい行動を指す．このような多動行為を頻回に示す注意欠陥・多動性障害（ADHD）や自閉症などの発達障害の領域において，障害の本体を神経心理学的に解明する研究が展開されている．認知症の人の日常生活のなかでの過程では，介護者が目をはなすことができず困惑する現状も多い．多動という行為の背景に前頭連合野の損傷との関連も示唆されている．

他動運動（タドウウンドウ） 英passive movement／passive exercise．自分で随意的に関節を動かす自動運動と違い，第三者もしくは器械などの外力によって関節を動かすこと．拘縮や麻痺などで随意的に動かせない関節を他動的に動かすことで，関節可動域の維持，拡大による拘縮予防や疼痛緩和，血行促進などが期待できる．ただし関節の炎症や出血があるような場合は禁忌である．

他動的関節可動域（タドウテキカンセツカドウイキ） 英passive range of motion 略P-ROM．第三者によって動かしうる関節の範囲をいい，自動的関節可動域と異なり，筋力の影響を受けない．

多尿（タニョウ） 英polyuria．1日の尿量が多い場合で，2,500ml（厳密な定義はない）以上を多尿という．多尿は低張性（水利尿）と等張性に分けることができる．低張性の多尿（水利尿）は，水分の多量摂取や抗利尿ホルモン（ADH）の濃度が低い尿崩症，ADHに対する腎臓の反応が低下している腎性尿崩症，低カリウム血症，高カルシウム血症などが考えられる．等張性の利尿（浸透圧利尿）は，糖尿病などでみられる糖による利尿が主である．慢性糸球体腎炎，急性腎不全の利尿期も原因となる．そのほか，利尿薬投与なども多尿の原因となる．

多発梗塞性認知症（タハツコウソクセイニンチショウ） 英multi-infarct dementia 略MID．脳血管障害に起因して生じる認知症を示す際，古くは「脳動脈硬化症」とよんでいた．しかし，この用語は認知機能の低下をきたす責任病変がなにかが明確でなく，現在は用いられることはなくなっている．1970年，トムリンソン（Tomlinson BE）は空洞性の梗塞巣の容積が50mlを超えると認知機能の低下が生じることを報告し，「多発梗塞性認知症」の概念を提唱した．この概念は，血管病変が認知機能障害の責任病変となることを指摘した点で重要な意義があった．しかし一方では，脳血管障害に起因する認知機能障害＝多発梗塞性認知症とする誤解が生じ，大きな空洞性変化をきたさない白質病変やラクナ梗塞などの小血管病変の重要性が看過される契機にもなった．

多発性小梗塞（タハツセイショウコウソク） 英multiple small infarction．脳梗塞には臨床病型として，主にアテローム血栓性脳梗塞，心原性脳塞栓，ラクナ梗塞，ラクナ梗塞とアテローム血栓性脳梗塞の中間となる病態であるbranch atheromatous disease（BAD）といったものがある．このうちラクナ梗塞は，細動脈硬化に起因する1.5cm以下の穿通枝領域の小梗塞を指す．無症候性も多く，高血圧などを合併する人にみられやすい．医学的に多発性小梗塞という言葉の定義はないが，一般にはこのラクナ梗塞などの小梗塞が多発している状態を指す．

WHO方式がん疼痛治療法（ダブリュエイチオーホウシキガントウツウチリョウホウ） 英WHO method for relief of cancer pain．1986年以降にがん疼痛治療の成績向上を目指して世界保健機関（WHO）によって提唱された治療戦略であり，以下の6項目から構成される．①チームアプローチによる，がん患者の痛みの診断とマネジメントの重要性．②詳細な問診，診察，画像診断などによる痛みの原因，部位，症状の十分な把握の必要性．③痛みの治療における患者の心理的，社会的およびスピリチュアルな側面への配慮と患者への説明の重要性．④症状や病態に応じた薬物または非薬物療法の選択．⑤段階的な治療目標の設定．⑥臨床薬理学に基づいた鎮痛薬の使用法．WHO方式がん疼痛治療法が作成された意図は，全世界のあらゆる地域に存在するがん患者を痛みから解放することである．これは，発展途上国など医療が十分に普及していない地域でも，痛みに苦しんでいるがん患者を救うため，だれにでもできる疼痛治療法を普及させる，ということを目指している．WHO方式がん疼痛治療法は世界各国で翻訳されており，がん患者の緩和治療の普及に貢献している．

ターミナル期（ターミナルキ） ➡終末期を見よ．

ターミナルケア ➡終末期ケアを見よ．

多面的施設環境評価尺度（タメンテキシセツカンキョウヒョウカシャクド） 英multiphasic environmental assessment protocol 略MEAP．「そこを使う人が満足しているか」という視点で施設環境を評価するための尺度．建物・設備，生活の継続性，個人の尊重，交流，見守りのしやすさ，プライバシーの確保，情報とのつながり，入居者・職員の安心，家族の安心，空間や場所の雰囲気，職員のモチベーション，施設への愛着等の項目から構成される．職員自身・入居者・家族の施設環境への満足を職員の視点から各項目について「大変満足」～「大変不満」の5段階で回答する．居室や食堂など個々の空間・設備について，不適切な箇所を指摘する質問も用意されているので，不満の原因を具体的に把握することも可能である．「多面的」とよぶ理由は，質問項目が施設のケア的環境・物理的環境・運営的環境を取り上げていること，回答は職員が行うが入居者・家族・職員それぞれの施設環境への満足度を取り上げていることによる．
⇨認知症高齢者への環境支援のための指針

タール便（タールベン） 英tarry stool．便のなかに血液が混入した状態を示す，下血のひとつ．暗赤褐色から黒色で，のりのつくだ煮状の外観をした粘稠度の高い便である．胃潰瘍，十二指腸潰瘍，胃がん，急性胃炎，上行結腸がんなど，食道，胃，十二指腸，空腸上部までの消化管から出血があった場合にみられる．まれに大量の鼻出血や口腔内の出血を飲み込んだ場合にもみられることがある．これに対して，大腸から下部，肛門周辺からの出血は，鮮血便といわれ，新鮮な血液のままの色を示す．タール便，鮮血便ともに，中等量以上の出血があったことを示しており，肉眼的な観察が可能である．消化管か

らの出血が少量の場合は，肉眼的な便の変化は観察できないため，便潜血検査を行う．便潜血検査が陽性の場合，潜血便とよぶ．そのほか，鉄剤（造血剤）の内服により，特徴的なにおいのある黒色の便を呈することがあるが，タール便とは異なる．
⇨鮮血便

単一遺伝子病（タンイツイデンシビョウ）㊞ monogenic disease. あるひとつの遺伝子の異常（欠失，遺伝子内の塩基の欠落，置換，挿入などの変異）により発症する病気の総称．父，母の両方から受け継いだ一対の遺伝子の相互作用（メンデルの法則）により病気が発現するか否かが決まるため，メンデル遺伝病ともよばれる．遺伝子の変異は，親から引き継がれる場合のほか，突然変異による場合もある．単一遺伝子病は，常染色体優性遺伝病（常染色体上の対になった遺伝子の一方に異常があれば発病する），常染色体劣性遺伝病（常染色体上の対になった遺伝子の両方が異常であれば発病し，一方のみでは保因者となる），X染色体連鎖遺伝病（性染色体であるX染色体上に異常がある）のいずれかに分類される．常染色体優性遺伝病には，マルファン症候群，軟骨無形成症，筋強直性ジストロフィーなどがある．ハンチントン病など，成人に達したのち発病するものもある．ハンチントン病は徐々に進行する神経疾患で，不随意運動，精神症状，認知障害などをきたす．常染色体劣性遺伝病には，嚢胞性線維症，先天性代謝異常症であるフェニルケトン尿症やメープルシロップ尿症，ホモシスチン尿症，先天性甲状腺機能低下症などが含まれる．これら先天性代謝異常症は新生児マス・スクリーニングの対象となっており，早期発見・早期治療が可能となっている．X染色体連鎖遺伝病の多くは劣性遺伝病であり，男性にのみ発症する．赤緑色覚異常，血友病，デュシェンヌ型筋ジストロフィー，ベッカー型筋ジストロフィーなどが知られている．数は少ないがX染色体連鎖優性遺伝病も存在し，家族性くる病や遺伝性腎炎（アルポート症候群）などがある．この場合，男女とも発症するが，女性のほうが患者数は多く，また女性のほうが軽症の傾向がある．単一遺伝子病による個々の疾患の患者数は多くはないが，難病対策上の難病に該当するものが少なくない．

単一光子放射断層撮影（タンイツコウシホウシャダンソウサツエイ）㊞ single photon emission computed tomography ㊥ SPECT. 画像診断法のひとつ．脳血流シンチグラフィは，放射性同位元素（ラジオアイソトープ）で標識された薬物を体内に投与後，放出される放射線を画像化することによって薬物の分布を調べる検査である．シンチグラフィの断層撮影のことをSPECTとよび，異常に薬物が集まっている部位をより詳しくみることができる．脳血流シンチグラフィは，脳血管障害などでは脳内の血流が十分かどうか，アルツハイマー病（AD）などの神経変性疾患では，脳の機能が低下していないかどうかなどを判定することができる．

段階的空間構成（ダンカイテキクウカンコウセイ）㊞ hierarchical space composition. 居住施設の空間構成に，入居者が空間を領域化する仕組みを反映させ，私的空間（プライベートスペース）・準私的空間（セミプライベートスペース）・準公的空間（セミパブリックスペース）・公的空間（パブリックスペース）という段階的秩序を取り入れる手法．ニューマン（Newman O）が集合住宅などの配置計画として提唱していた考え方を，ハウエル（Howell S）が高齢者施設に適用した．プライベート空間は，プライバシーの求められる個人空間である．入居者全員で共用する食堂やホール，浴室などは準公的セミパブリック空間にあたる．セミプライベート空間は，プライベートとセミパブリックとをつなぐ中間領域であり，少数の入居者によって共有される談話室やユニット内のリビング・ダイニングである．パブリック空間は，地域に開かれ，入居者と施設外の人が出会う空間である．こうした段階性が考慮された空間と，その空間を生かす適切なケアによって，多様な居場所の選択肢が生まれ，1人ひとりの入居者個別の生活展開が期待できる．

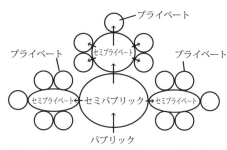

(Newman O : Defensible space ; Crime prevention through urban design Macmlllan, 1972)

⇨プライベートスペース，セミプライベートスペース，セミパブリックスペース，空間領域化

短期記憶（タンキキオク）㊞ short-term memory ㊥ STM. 記憶には保持の時間を基準にした分類と想起の性質に着目した分類があるが，前者において，保持時間が数秒から数十秒後と考えられている記憶を短期記憶という．短期記憶には，上述の情報保持時間の制約に加えて，一度に保持できる容量に厳しい限界があり，記憶範囲課題によって，この容量の限界は見積もられる．この課題は数字や文字，あるいは単語を記銘項目とし，それらの項目を複数回，ランダムな順序で系列的に提示される．提示直後に系列再生を求め，完全に正答できる最大の項目数を査定する．この項目数が指標となり，この値が記憶範囲とよばれる．この値は言語材料を用いた場合に通常，$7±2$の範囲に収まるとされる．ただし，この値とは，リハーサルなど能動的な方略を用いた場合のものであり，方略の使用などを妨害した場合には，4程度の値となる．短期記憶は，また知識にはない新奇的な刺激を一時的に保持することで，その情報を長期記憶へ定着させることが可能となるとされている．

⇨近時記憶，ワーキングメモリー，長期記憶

短期記憶障害（タンキキオクショウガイ）㊞ short-term memory disturbance. 記憶機能の障害は，脳損傷や精神神経疾患に伴って生じうる．記憶機能の低下が障害の中心となる主な病態としては，健忘症（amnesia）と認知症（dementia）がある．前者は，言語機能・注意機能・知的機能などは比較的保たれているにもかかわらず，記憶機能が特異的に障害された病態である．後者では，記憶障害が全面に現れやすいものの，注意・言語・思考・問題解決というほかの高次認知機能も全般的に低下する．健忘症は，脳の障害（外傷・脳卒中・腫瘍・脳炎など）が原因である器質性健忘と，基本的には脳に顕著な障害は

認められず，心的ストレス等を原因として発症する心因性健忘がある．健忘症には，発症後に新たに経験したことが覚えられなくなった前向性健忘と，発症前に経験し記憶していたことが思い出せなくなった逆向性健忘がある．逆向性健忘には時間的傾斜がみられ，発症時に近い出来事の記憶ほど障害されやすく，古い出来事の記憶は比較的保たれる．
⇨感覚記憶，長期記憶

短期入所生活介護（タンキニュウショセイカツカイゴ）⦿ short-term admission for daily life long-term care. 介護保険における居宅支援サービスのひとつ．在宅の要介護者，または要支援者を特別養護老人ホームやグループホーム，または老人短期入所施設に入所して，入浴・排泄・食事などの支援を受け，日常生活上の支援や機能訓練を提供する．介護保険制度のなかのサービスであり，介護支援専門員のマネジメントによって活用できる．
⇨居宅サービス，ショートステイ

短期入所療養介護（タンキニュウショリョウヨウカイゴ）⦿ short-term admission for recuperation. 介護保険における居宅支援サービスのひとつ．医療的なかかわりが多く，自立生活が困難な人を一時的に療養型の病院・介護老人保健施設などで生活を支援する．介護保険制度のなかのサービスであり，介護支援専門員のマネジメントによって活用できる．
⇨居宅サービス，ショートステイ

短期目標（タンキモクヒョウ）⦿ short-term goal 略 STG 同 スモールステップ．長期目標の達成に向けて，段階を踏んでいくための，利用者が達成しやすい小さな目標．STGの達成を積み上げていって，長期目標を実現していく．介護計画を作成するうえでいちばん身近な目標である．

段差（ダンサ）⦿ step. 段状に高低差のある部分のこと．玄関にある上りかまち，廊下と和室の間の敷居，浴室の入り口にある段差など，日本の住宅には伝統的な住宅工法や生活様式から多くの段差が存在して，下肢機能が低下した場合には行動を妨げるバリアとなる．「住宅の品質確保の促進に関する法律」では，住宅性能基準のひとつに「高齢者等配慮」を位置づけ，そのなかで段差についても，等級5〜等級1の性能表示をしている．等級3以上が高齢者等が安全に移動でき，介助式車いすでも基本的な生活行為ができるレベルであり，等級数が大きいほうが高い水準になる．等級3では，「玄関・勝手口・バルコニー・浴室の各出入り口を除き，室内の段差をすべて解消する」と定めている．等級4と等級5では，浴室への出入り口の段差解消も求めている．「高齢者が居住する住宅の設計に関わる指針（高齢者の居住の安定確保に関する法律）」の「基本レベル」は等級4，「推奨レベル」は等級5に該当する．介護保険による住宅改修では，居室・廊下・トイレ・浴室・玄関等室内の段差や屋外の道路までの段差を，歩行時の安全確保や車いす等の移動を容易にするために，床の上げ下げ工事やスロープの設置等の工事が可能である．固定されない設置式のスロープは福祉用具の対象である．認知症の人の場合にも，段差解消を行うことは転倒事故防止や自立維持に有効であり，新たな環境を使いこなせる早期に行うことが望ましい．

端座位（タンザイ）⦿ sitting position on the bed. ベッドなどの「背もたれのない」状況で座ること．この端座位は，①座面の高さ，②座面の硬さ，により安定度が変化する．①座面の高さ：安定した座位は股関節・膝関節・足関節が90°の状態をいい，座面が低いと骨盤が後傾しやすく立ち上がり時に過剰努力が必要となる．また，座面が高い場合には足底が床面に接地しないため座位不安定になるとともに，立ち上がりの際は前方に移動する必要がある．②座面の硬さ：ベッド上で行うことの多い端座位であるが，ベッドの硬さに座位の安定が影響する．褥瘡のリスクを減らすため，低反発素材などのやわらかい素材では座位の安定性は低下する．逆に硬めの素材は褥瘡のリスクは高まるものの端座位は安定し，立位などの次の動作にも移行しやすい．いずれを使用するにも対象者の身体状況の評価が大切になってくる．
⇨座位

段差解消機（ダンサカイショウキ）⦿ lifting platform for step. 狭いスペースでも設置できる垂直移動を助ける福祉用具のこと．操作は電動と手動があり，電動は自分で操作が可能であるが，手動の場合には介護者が行う．車いすや立位で使用するプラットホーム形式，座って使用するいす式，30cm程度の小さな段差へ対応するものなど，さまざまなタイプがある．大型のものは工事を必要とするが，小型の設置式のものは介護保険のレンタルの対象である．なお，直通階段や曲り階段に沿って上下運動して，昇降を助ける機器は階段昇降機とよぶ．

単純骨折（タンジュンコッセツ）⦿ simple fracture 同 閉鎖骨折／皮下骨折．骨折の分類のひとつで，体内において傷口とつながることなく骨だけが折れている状態．傷口を通じて外界に開放した開放骨折（複雑骨折）と対比して閉鎖骨折ともいわれる．開放骨折と比較して，骨折部への細菌感染の危険性が低く，機能障害を残すことが少ない．

単純ヘルペス脳炎（タンジュンヘルペスノウエン）⦿ herpes simplex encephalitis 略 HSE. 単純ヘルペスウイルスによって起きる脳炎．各年齢にみられるが，主に新生児期から6歳未満までと，成人では50〜60歳にひとつのピークを認める．成人の場合，頭痛，発熱，倦怠感，悪心・嘔吐などに加え，急性の意識障害（覚醒度の低下，幻覚・妄想，錯乱などの意識の変容）やけいれんもみられる．頭部CT検査，頭部MRI検査では，側頭葉・前頭葉に異常を検出することが多く，脳波検査では全例で異常が認められる．髄液を用いたウイルス学的検査により確定診断を行う．

単身介護者（タンシンカイゴシャ）単身で暮らす人（未婚者・別離した人等）が親の介護にあたるなど，親族などのかかわりが少なく主に1人で介護にあたる状態の人をいう．

胆道閉塞（タンドウヘイソク）⦿ biliary atresia 略 BA. 胆道は，肝臓から十二指腸まで胆汁を運ぶ管腔構造物であり，胆管ともいう．胆道閉塞（胆管閉塞）は，肝臓と十二指腸を結ぶ胆道が閉鎖している状態を指す．腫瘍，胆石，胆管損傷などの原因によってBAが起こると胆汁を十二指腸へ排出できなくなり，胆汁中のビリルビンが血中に蓄積し，黄疸を生じる．胆汁うっ滞が生じることにより胆嚢炎，胆管炎を含めた感染症，慢性化の場合は肝硬変を起こすこともある．

タンパク尿（タンパクニョウ）⦿ proteinuria／albuminuria. タンパク質が多量に含まれた尿のことをいう．正

常尿ではタンパクが排泄されており，その上限は150mgである．尿中タンパクは，アルブミン約30％，血清グロブリン約30％，タム・ホースフォール糖タンパク質などが約40％である．尿タンパクを検査する試験紙法はアルブミンに反応し，10mg/dl以上の濃度で陽性反応が出る．すべての尿タンパクを定量する24時間尿では，0.3g以上のタンパクが存在する場合をタンパク尿という．糸球体性タンパク尿は，糸球体毛細血管の透過性が亢進し，アルブミンなどの高分子タンパクが漏出する．糸球体腎炎やネフローゼ症候群などの糸球体疾患でみられる．尿細管性タンパク尿は，低分子タンパクは糸球体で濾過され近位尿細管で再吸収されるが，尿細管腔へのアルブミン排泄増加による再吸収阻害や尿細管間質性疾患による再吸収能力低下でタンパク尿を呈する．溢流性タンパク尿は，低分子タンパクが近位尿細管での再吸収能力を超えて濾過される場合，タンパク尿が検出される．多発性骨髄腫などでみられる．

段鼻（ダンバナ） 英 nosing．階段の踏面の先端のこと．段鼻が大きく出っ張っているとつま先をひっかけて転倒の危険がある．段鼻の出っ張りは蹴込（けこみ）とよび，「高齢者が居住する住宅の設計に関わる指針・高齢者の居住の安定確保に関する法律」では，30mm以下と規定されている．
⇨階段，踏面

ち

チアノーゼ 英 cyanosis. 皮膚，粘膜下の毛細血管において還元ヘモグロビンが5g/dl以上に増加した場合に認められる症状．一般に貧血患者，一酸化炭素中毒などでは出現しにくい．慢性呼吸器疾患などの二次性多血症では出現しやすい．とくに口唇，耳朶，爪床などに認めやすい．動脈血の酸素飽和度の低下を伴う中心性チアノーゼ（慢性閉塞性肺疾患(COPD)，うっ血性心不全(CHF)など）と，末梢での血流低下による末梢性チアノーゼ（ショック，寒冷曝露など）に分けられる．

チアプリド塩酸塩（チアプリドエンサンエン） 英 tiapride hydrochloride. ベンザミド系の第1世代抗精神病薬．脳梗塞後遺症に伴う攻撃的行為，精神興奮，徘徊，せん妄の改善・特発性ジスキネジアおよびパーキンソニズムに伴うジスキネジアに有効．投与方法は，チアプリドとして，1日75mg〜150mgを3回に分割経口投与する．年齢，症状により適宜増減する．パーキンソニズムに伴うジスキネジアの患者では，1日1回，25mgから投与を開始する．重大な副作用として，悪性症候群(syndrome malin)，昏睡，けいれん，QT延長，心室頻拍などがみられることがある．また，その他の副作用では，錐体外路症状，眠気・めまい，嘔気・食欲不振，口渇，便秘，血圧変動，不整脈，発疹等がみられることがある．高齢者の投与では，腎機能が低下していることが多く，高い血中濃度が持続するおそれがあるので，副作用（錐体外路症状等）の発現に注意し，低用量（たとえば1回25mg，1日1，2回）から投与を開始するなど慎重に投与することとされている．

地域医療（チイキイリョウ） 英 community health care. 地域住民の疾病の予防や健康維持・増進のために，医療機関が主導して，住民や企業，行政とともに行う総合的な医療活動．疾病の治療にとどまらず，在宅療養のサポートや高齢者・障害者の支援，子育て支援なども含まれる．

地域援助技術（チイキエンジョギジュツ） ➡コミュニティワークを見よ．

地域介護予防活動支援事業（チイキカイゴヨボウカツドウシエンジギョウ） 65歳以上の高齢者およびその支援のための活動にかかわる人を対象とする，一般介護予防事業のひとつ．地域における住民主体の介護予防活動の育成・支援をする事業で，介護予防に関するボランティア等の人材育成のための研修や，高齢者の社会参加活動を通じた介護予防に関する地域活動を実施する．認知症サポーター養成講座，介護予防指導者養成講座等が含まれる．

地域看護（チイキカンゴ） 英 community nursing. 地域で生活するあらゆるライフステージや健康レベルにある人々の健康の保持増進および生活の質（QOL）の向上を目指して実践される看護．地域看護の対象は，個人，家族，集団，地域である．
⇨保健師

地域ケア（チイキケア） ➡コミュニティケアを見よ．

地域ケア会議（チイキケアカイギ） 地域包括ケアの実現を目的とした，地域包括支援センターまたは市町村主催の会議．高齢者個人に対する支援の充実と，地域全体での課題を把握し解決へと導くために，多職種（包括職員，介護支援専門員，自治体職員，介護事業者，医師，看護師などの専門職および民生委員，自治会の代表者などの住民代表）が参加する．個別の事例検討から地域課題の把握，地域資源の開発等を行い，さらには介護保険事業計画等への反映など政策形成につなげる．
⇨サービス担当者会議，サービス調整会議

地域支援事業（チイキシエンジギョウ） 英 community support project. 2006年4月に創設された介護保険の介護予防事業である．高齢者が要介護状態・要支援状態になることを予防するとともに，要介護状態になった場合でも，可能な限り地域で自立した日常生活を営むことができるよう支援するための事業で，次の3つに分類される．①介護予防事業．②包括的支援事業．③任意事業．任意事業では，介護給付等費用適正化事業や家族支援事業（介護教室，認知症の人の見守りなど）が行われ，実施は市町村の任意である．2014年4月の介護保険法改正では，今後，在宅での医療と介護の連携体制の強化，認知症の早期発見・早期診断や相談体制等の強化及び民間企業，特定非営利活動法人（NPO），協同組合，社会福祉法人，ボランティア（地域住民）など，多様な主体による生活支援・介護予防サービスの体制整備について市町村が中心となって推進していけるよう，地域支援事業の充実が図られた．
⇨介護予防事業

地域資源（チイキシゲン） 英 regional resource. 「地域資源」についての固まった厳密な定義はないが，特定の地域に存在する自然資源のほか，地域で生産，生成された「流動資源」も含め，地域内に存在する地域内の人間活動に利用可能な（あるいは利用されている）有形，無形のあらゆる要素をいう．その特徴は，①非移転性（地域的存在であり，空間的に移転が困難），②有機的連鎖性（地域内の諸地域資源と相互に有機的に連鎖），③非市場性（非移転性という性格から，どこでも供給できるものではなく，非市場的な性格を有するもの），である．地域資源として，家族，親族，近隣，友人・同僚などの人材資源のほか，ボランティア組織，特定非営利活動法人（NPO），町内会などの地域の団体，組織，行政，企業等がある．そのほかに，伝統技術等の文化的資源がある．利用者を生活を支えるためには，基盤となる地域の資源のネットワーク化が必要である．

地域社会（チイキシャカイ） 英 local community. 居住地域を同じくする共同体のこと．生産，風俗，文化，習慣等に結びつきがあり，共通の価値観を有している点が特徴である．現代では産業化，都市化等が進行し，地域社会の機能も大きく変容し，弱体化している．

地域生活支援事業（チイキセイカツシエンジギョウ） 英 community life support program. 地域の障害者が，自身の能力と適性に応じた日常生活・社会生活ができるよ

う支援するためのさまざまなサービス事業をいう．「障害者総合支援法」に基づいて実施されるもので，実施主体は市町村（市町村地域生活支援事業）と都道府県（都道府県地域生活支援事業）である．事業の概要は以下のとおりである．①市町村地域生活支援事業，相談支援事業，虐待防止や権利擁護のための援助等事業（手話通訳派遣など），日常生活用具給付等事業，移動支援事業，地域活動支援センター等事業，居住支援など．②都道府県地域生活支援事業，専門性の高い相談支援事業（発達障害者に対する支援など），広域的な対応が必要な事業など．

地域組織化活動（チイキソシキカカツドウ）➡コミュニティオーガニゼーションを見よ．

地域福祉（チイキフクシ） Ⓔcommunity welfare．障害の有無や性別・年齢に関係なく，だれもが地域社会のなかでその人らしい生活を営むことができるよう支援する福祉の取り組み．「社会福祉法」の第1条「目的」に，「地域福祉の推進」が掲げられている．第4条に，「地域住民，社会福祉を目的とする事業を経営する者及び社会福祉に関する活動を行う者は，相互に協力し，福祉サービスを必要とする地域住民が地域社会を構成する一員として日常生活を営み，社会，経済，文化その他あらゆる分野の活動に参加する機会が与えられるように，地域福祉の推進に努めなければならない」としている．地域福祉の推進には，福祉の受け手であり担い手でもある住民の主体的参加が必須であり，行政はもちろん，事業者やボランティアなどが協力して取り組むことが必要不可欠である．

地域包括医療（チイキホウカツイリョウ） 地域において包括医療・ケアを，社会的要因を配慮しつつ継続して実践し，住民が住み慣れた場所で安心して生活できるようにその生活の質（QOL）の向上を目指すもの．治療（キュア）のみならず保健サービス（健康づくり），在宅ケア，リハビリテーション，福祉・介護サービスのすべてを包含するもので，施設ケアと在宅ケアとの連携および住民参加のもとに，地域ぐるみの生活・ノーマライゼーションを視野に入れた全人的医療・ケア．つまり，保健（予防）・医療・介護・福祉と生活の連携（システム）である．

地域包括ケア（チイキホウカツケア） Ⓔcommunity comprehensive care．地域包括ケアという概念を初めて提起したのは1970年代に，広島県御調町の公立みつぎ総合病院の山口昇医師である．山口は，脳血管疾患等の患者の生活の質（QOL）の向上を図っていくためには，治療，予防，リハビリテーション，介護，福祉を，専門職によるサービスだけではなく，地域ぐるみで住民参加で展開していかなければならないということで，昭和50年代から「地域包括ケア」という言葉を用いた．さらに，1980年代には病院に健康管理センターを増設し，ここに町役場の福祉と保健行政を集中させて，社会福祉協議会も移設し，保健医療介護の一体的な推進体制を構築することになった．行政組織の統合にまで及ぶという実践は，今日の地域包括ケアシステム構築の先駆けとなったのである．この地域包括ケアの創始より約25年後に介護保険制度が導入され，さまざまな介護サービスが導入された．2003年（平成15年）6月に公表された厚生労働省老健局に設置された高齢者介護研究会が「2015年の高齢者介護」と題した報告書で，介護保険と医療および福祉等の諸制度が連携し，さらに専門職間の多職種協働と地域住民参加を包括的に実現するために，政策理念として「地域包括ケアシステムの確立」を提起した．

地域包括ケアシステム（チイキホウカツケアシステム） Ⓔcomprehensive community care system．2003年6月に，厚生労働省老健局長の私的研究会として設置された高齢者介護研究会が「2015年の高齢者介護」と題した報告書で，介護保険と医療および福祉等の諸制度が連携し，さらに専門職間の多職種協働と地域住民参加を包括的に実現するために，政策理念として「地域包括ケアシステムの確立」を提起した．2008年に，厚生労働省の委託事業で行った地域包括ケア研究会報告書で，「ニーズに応じた住宅が提供されることを基本としたうえで，生活上の安全・安心・健康を確保するために，医療や介護のみならず，福祉サービスを含めたさまざまな生活支援サービスが日常生活の場（日常生活圏域）で適切に提供できるような地域での体制」と定義する．その際，地域包括ケア圏域については，「おおむね30分以内に駆けつけられる圏域」として定義し，具体的には「中学校区を基本とする」と定義している．地域包括ケアシステムは，2012年4月に改正された介護保険法第5条第3項に位置づけられた．

⇨地域包括ケア

地域包括支援センター（チイキホウカツシエンセンター） Ⓔcommunity comprehensive care center．「介護保険法」に基づき，地域の高齢者の保健医療の向上や福祉の増進を包括的に支援することを目的に，市町村に設置される施設．地域支援事業のうち，包括的支援事業を一体的に実施する地域包括支援センターは，市町村が設置主体となり，保健師・社会福祉士・主任介護支援専門員等を配置して，3職種のチームアプローチにより，住民の健康の保持および生活の安定のために必要な援助を行うことにより，その保健医療の向上および福祉の増進を包括的に支援することを目的とする施設である．（介護保険法第115条の46第1項）主な業務は，介護予防支援および包括的支援事業（①介護予防ケアマネジメント業務，②総合相談支援業務，③権利擁護業務，④包括的・継続的ケアマネジメント支援業務）で，制度横断的な連携ネットワークを構築して実施する．

地域包括支援センター運営協議会（チイキホウカツシエンセンターウンエイキョウギカイ） Ⓔmanagement council of community comprehensive care center．市町村は，地域包括支援センターの適切，公正かつ中立な運営を確保するため，地域包括支援センター運営協議会を設置することとなっている．（根拠法令：介護保険法第115条の46第1項，介護保険法施行規則第140条の66第4項）地域包括支援センターは，市町村が設置した運営協議会の意見を踏まえて，適切，公平かつ中立な運営を確保することとされている．センターの設置・変更・廃止などに関する決定は，市町村が行うものであり，運営協議会は市町村の適切な意思決定に関与するものである．このため，利用者や被保険者の意見を反映させることができるよう，構成員を選定する必要がある．

地域保健（チイキホケン） Ⓔcommunity health．地域住民の健康の保持および増進を図ることを目的とし，主に保険所や市町村を中心とする，疾病の早期発見や予防，健康増進のための保険活動であり，母子保健，老人保健，

歯科保険，精神保健，難病対策，感染症対策などを含む．広義では，食品保健，水道，生活衛生関係営業，薬事等の対物保健まで含むとされる．地域住民の健康問題への取り組みでは，地域住民の意識，地域の風土・文化や歴史，医療機関などの資源の状況により，その課題が大きく変わってくるために，地域の情報収集や健康ニーズを把握するための地域アセスメント，健康問題および課題を抽出し目標設定するための地域診断実施，地域保健活動計画の立案，地域保健活動の実施と評価のそれぞれのプロセスを明らかにし，地域住民を含む関係者が共有する必要がある．保健師は地域保健従事者の中核と位置づけられるが，効果的な地域保健推進のためには，地域住民の積極的・主体的な参加が必須である．
⇨地域保健法，地域包括ケア

地域保健医療計画（チイキホケンイリョウケイカク）㊗ community health and medical care plan．地域の特性を反映した住民の健康づくりと生活の質（QOL）の向上を目指す保健医療の活動のための基本的計画として位置づけられる．地域保健医療計画の立案に際しては，自治体における介護保険事業（支援）計画，母子保健計画，障害福祉計画等の地域住民の生活に密着する活動計画との関連，行政の役割，および地域の関係機関や地域住民の役割を明確にしていくことが求められる．法定計画としての地域保健医療計画は，都道府県知事が医療法第30条の規定に基づいた「医療計画」として策定するものであり，5年ごとに改定することが定められている．医療計画では，都道府県において病床の整備を行う際の地域的単位を一次医療圏，二次医療圏，三次医療圏を設定し，医療圏ごとの対応を検討することとなっている．法定計画としての「医療計画」に「医療費適正化計画」などの保健医療関連の計画を合わせて「地域保健医療計画」と名づけている事例がみられる．

地域保健法（チイキホケンホウ）㊗ Community Health Act．この法律は「保健所の設置その他地域保健対策の推進に関し，基本となる事項を定めることにより，母子保健法（昭和40年法律第141号）その他の地域保健対策に関する法律による対策が地域において総合的に推進されることを確保し，もつて地域住民の健康の保持，および増進に寄与すること」を目的とする．法において保健所は，①地域保健に関する思想の普及および向上，②人口動態統計，地域保健にかかわる統計，③栄養の改善および食品衛生，④住宅，水道，下水道，廃棄物の処理，清掃その他の環境衛生，⑤医事および薬事，⑥保健師にかかわること，⑦公共医療事業の向上および増進，⑧母性および乳幼児ならびに老人の保健，⑨歯科保健，⑩精神保健，⑪治療方法が確立していない疾病，その他の特殊な疾病により長期に療養を必要とする人の保健，⑫エイズ，結核，性病，伝染病その他の疾病の予防，⑬衛生上の試験および検査，⑭その他地域住民の健康の保持および増進のための企画，調整，指導およびこれらに必要な事業を行うことが規定されている．

地域密着型サービス（チイキミッチャクガタサービス）㊗ community-based care service．認知症の人や中等度・重度の要介護高齢者が住み慣れた地域で，地域の特性に応じた多様で柔軟なサービス受けながら，生活を継続できるように，平成18年4月の介護保険制度改正により創設されたサービス体系．指定地域密着型サービス事業の人員，設備および運営に関する基準では，サービスの内容として「夜間対応型訪問介護」「認知症対応型通所介護」「小規模多機能型居宅介護」「認知症対応型共同生活介護」「地域密着型特定施設入居者生活介護」「地域密着型介護老人福祉施設入所者生活介護」「複合型サービス」を示している．これらのサービスでは，施設や利用対象者数などの規模が小さく，利用者のニーズにきめ細かく応えることができることが大きな特徴となっている．地域密着型サービス事業所の指定，および指導監督は市町村が行い，サービスの利用は原則として，当該市町村の住民に限定される．
⇨小規模多機能型居宅介護，宅老所，認知症対応型共同生活介護

地域リハビリテーション（チイキリハビリテーション）㊗ community-based rehabilitation ㊗CBR．日本リハビリテーション病院・施設協会によって「障害のある人々や高齢者およびその家族が，住み慣れたところで，そこに住む人々とともに，一生安全に，いきいきとした生活が送れるよう，医療や保健，福祉および生活にかかわるあらゆる人々や機関・組織がリハビリテーションの立場から協力し合って行う活動のすべてをいう」と定義されている．CBRの実践においては，①直接援助活動における「障害の発生予防の推進」と「急性期～回復期～維持期リハビリテーションの体制整備」，②ネットワーク・連携活動の強化のための組織化活動として「円滑なサービス提供システムの構築」「地域住民も含めた総合的な支援体制作り」，③教育啓発活動として「地域住民へのリハビリテーションに関する啓発」への取り組み，が重視される．地域ケアを推進していくうえで「地域包括ケアシステム」における地域リハビリテーションの役割・機能の明確な位地づけが求められている．
⇨地域包括ケアシステム，地域保健，地域医療

遅延再生（チエンサイセイ）㊗ delayed recall．数分～1日後の記憶の再生能力．記憶テストの一種として記銘するもの（こと）を提示したあとに記憶保持のための一定の時間をおいて記憶の再生を求める．被検者がリハーサルを行うことなどを妨げるため，通常は記憶の保持時間中に計算や反応時間課題などの課題を行う．記憶の保持時間が長くなると被検者は長期記憶に頼るようになるため，遅延再生は長期記憶の状況を検討するために用いられることが多い．

チェーンストークス呼吸（チェーンストークスコキュウ）㊗ Cheyne-Stokes breathing．無呼吸と呼吸が繰り返される周期性呼吸のこと．呼吸パターンは，無呼吸から始まり，低呼吸，しだいに深さを増して過換気の状態になり，それに続いて低呼吸，そして無呼吸になることを繰り返す．脳血管疾患，重症心不全，モルヒネなどの薬物中毒，死の直前などでみられる．

知覚（チカク）㊗ perception／sensory perception ㊅ Wahrnehmung．ヒトの感覚的経験のなかで，まとまった対象や事物について知る経験を指す．知覚は知的な情報の媒介をするだけでなく，人々の感情に大きな影響と効果を与えている．知覚と感覚の区別は，明確ではない．単純な条件下においての単一の刺激により生じる感性体験を感覚とよぶ．他方，より複雑な条件下において刺激パターンから生じる感性体験を知覚とよぶ場合が多い．たとえば，森のなかで木々の香りや草・土のにおいを嗅

ぐのは感覚といえるが，森のなかにそのときにいると感じるのは知覚といえる．複数の感覚からの情報を同一の事象として知覚するためには，刺激の同時性が重要である．さらに，視聴覚的刺激の同時性の知覚は，時間のずれへの順応によっても変化することが示されている．時間知覚は，視覚・聴覚・触覚・嗅覚・味覚等の感覚モダリティ（感覚様相）とは異なり，固有の受容器をもたない．時間に関する知覚は，感覚モダリティの組み合わせによって同一ではないが，どの感覚モダリティからの情報も利用できることが示されている．

知覚錯誤（チカクサクゴ） 英 erroneous perception. 実際に存在する対象をまちがって別のものとして知覚するもの．例：壁にかけたコートが人にみえたり，ドアのきしむ音が自分を呼ぶ声に聞こえたりする等．

知覚障害（チカクショウガイ） 英 dysesthesia／sensory disturbance／perceptual disability. 知覚が障害された状態．知覚が障害されると，錯覚，幻覚（幻視，幻聴，幻味，幻触，幻臭），体感幻覚などがみられる．人の認識を形づくっている感覚，知覚，概念作用のなかで，感覚は，刺激によって生じた感覚受容器の興奮が神経路を上行し，大脳皮質の感覚中枢に達して生じる意識経験であるのに対して，知覚は，その感覚が大脳内の他の情報からの認知，弁別処理を受けた意味判断を含んだ現象である．また，概念作用は多様な知覚の共通属性や相互関係のなかから生み出される心理過程で，外界とは必ずしも対応せず，対象との直接的な時間関係がない．

蓄尿障害（チクニョウショウガイ） 英 disturbance of urinary collection. 排尿障害のひとつで，上位ニューロン障害によって，主に尿をためる機能が障害されることをいう．症状は，1回に少量の尿しかためられないため，尿意を頻回に感じ排尿回数が多くなる（頻尿），無意識に尿が漏れる（尿失禁），尿をがまんできず尿意を感じてすぐに尿が出る（尿意切迫感），夜間の排尿回数が多くなる，などである．原因としては，排尿筋の過活動や不安定，過反射によって膀胱が勝手に収縮する膀胱機能の過活動（過活動膀胱），加齢による排尿機能低下，糖尿病など器質的疾患，神経因性膀胱，などが挙げられる．そのため，高齢者に生じやすい障害である．

治験（チケン） ➡治療試験を見よ．

治原性疾患（チゲンセイシッカン） ➡医原性疾患を見よ．

治原性障害（チゲンセイショウガイ） ➡医原性疾患を見よ．

知的機能検査（チテキキノウケンサ） 英 intelligence test 同 知能検査．知的機能（環境に適応して新しい問題に対処していくなど，日常生活を送っていくために必要な記憶，見当識，注意と集中，計算，言語，学習，思考，判断などの認知機能）を測定する検査．検査の結果は，精神年齢・知能指数・知能偏差値などによって表される．

知的障害（チテキショウガイ） 英 intellectual impairment／intellectual disability. 知的能力が発達的に障害されている状態．一般的に，知的劣弱，発達遅滞，適応障害の3つの障害の側面をもつ．長らく「精神薄弱」という語が使用されていたが，ノーマライゼーションの流れを受けて障害の状態を的確に表現する語の検討がなされ，「知的発達障害」またはそれを簡略化した「知的障害」という語を用いるようになった．

知能（チノウ） 英 intelligence 独 Intelligenz. 事実や状況を分析し，思考にもとづいて判断をくだす能力のこと．知能には，記憶，意思の表現など精神機能のすべての要素が関与している．ウェクスラー（Wechsler D）は「知能とは個人が目的的に行動し，合理的に思考し，環境を効果的に処理する総合的または全体的な能力である」と定義している．

知能検査（チノウケンサ） ➡知的機能検査を見よ．

知能指数（チノウシスウ） 英 intelligence quotient 略 IQ. 知的な発達が標準より進んでいるか，遅れているかを示す数値．ドイツのシュテルン（Stern W）は，精神年齢と生活年齢の比をとるという考え方を示し，アメリカのターマン（Terman LM）がその比に100をかけてIQとした．IQ＝精神年齢／生活年齢×100となる（この方法は検査時の年齢を考慮しておらず，どの程度精神年齢が進んでいるのかわからないため，検査時の年齢における相対的な知能の程度を表示する方法としては知能偏差値が多く用いられる）．

遅発性ジスキネジア（チハツセイジスキネジア） 英 tardive dyskinesia 略 TD. 抗精神病薬を長期間服用した結果現れる副作用のひとつとされており，抗パーキンソン病薬治療薬服薬などドパミン作動薬服用時に出現する症状などと併せてジスキネジアとよばれている．主な症状としては，「繰り返し唇をすぼめる」「舌を左右に動かす」「口をもぐもぐさせる」「口を突き出す」「目を閉じるとなかなか開かずしわを寄せている」「勝手に手が動いてしまう」「手に力が入って抜けない」「足が突っ張って歩きにくい」，さらに「足を組んだりはずしたり」「いすから立ったり座ったり」等と同じ動作を繰り返さずにはいられないといった状態で，自分では止められない，または止めてもすぐに出現し，ほかの人からみると自分勝手に動いているのか，止められずに困っているのかが分からないような動きとされている．この症状は生活を障害することはさほどなく，重度化することもないといわれているが，軽いときには比較的見過ごされやすいことも多く，抗精神病薬を服薬時は日常的なようすを観察のうえ，少しでも上述のような症状がみられた場合は，主治医等に早期に相談することが重要とされている．
➡ジスキネジア

遅発性統合失調症（チハツセイトウゴウシッチョウショウ） 英 late-onset schizophrenia. 10〜30歳代に発症することが多いとされる一般の統合失調症とは区別され40歳代以降に発症する統合失調症を指す．発症例としては，統合失調症の全体の約15％を占め，また男性に比べ社会的孤立をしている女性にとくに発症例が多いとされる．一般的な若年層の統合失調症との大きな相違点としては，遅発性統合失調症の多くは，被害妄想型に相当する病像を呈し，若年層では少ない病像を呈する特性を有することから，一般の統合失調症と明確に区別されるようになった経緯がある．遅発性統合失調症の発症初期は本人には自覚がないことが多いものの早期に発見して適切な治療を行えば，症状を緩和し，通常の社会生活を送ることが可能となるとされている．したがって，遅発性統合失調症の症状の改善には，なによりも早期発見と早期治療が重要であるとされている．

痴呆症（チホウショウ） ➡認知症を見よ．

チームアプローチ 英 team approach. 認知症ケアのチームアプローチは，支援を実施する機関の職員，地域の関係機関に所属する複数の職種，家族や近隣の地域住民な

どの連携による支援の実践として理解される．さまざまな関係者が支援の目標を共有し，効果的なチームアプローチを行うためには，第1に支援の中心となる介護施設などの専門機関内における良好なチームの形成，第2に支援に関係するさまざまな機関同士のネットワークの形成，第3に支援対象者の近隣や知人など地域住民によるサポートネットワークの形成が求められる．チームアプローチの実践では，関係者間の連絡・報告によるきめの細かい情報共有と適切な責任の分担の取り決めが必要となる．チームアプローチが効果的に機能することによって，支援の対象者を取り巻く人間関係が明らかになると同時に，相互の信頼関係が強化され，その総合的な成果として，支援に携わる機関および職員の専門性の向上と援助の質の向上が期待される．
⇨チームワーク，チームケア

チーム医療（チームイリョウ） 英 team medicine. 健康上の問題をもち，医療やケアを必要とする対象者を中心にさまざまな医療専門職がチームをつくり，それぞれの専門性を生かしながらお互いに連携・協力して行われる医療の仕組み．

チームケア 英 team care. チームケアという考え方は1963年の世界保健機関（WHO）による「包括医療」にまで遡ることができるとされ，WHOと国連児童基金（UNICEF）によるプライマリー・ヘルス・ケアの重要性を示したアルマータ宣言（1978年）では地域社会を基盤として，健康増進に取り組む医療関係者や地域住民，さらにはコミュニティワーカーを含む関係者が共同で取り組むことの重要性が指摘されている．現在，日本ではケアに関係する医療，介護，福祉などの各職種の専門性と主体性を前提としつつ，多職種間の連携を重視するという文脈でチームケアという用語が使用されるのが一般的であるが，介護職や看護職などの同一職種内の協働を意味する場合もある．認知症のチームケアでは，第1にチーム内の職員の連絡や報告や目的の共有にかかわる「情報の共有」が，第2に職員の指導体制や研修にかかわる「資質向上への取り組み」が，第3に適切な役割分担やチーム内の個人を尊重するような「共同の体制」の重要性が指摘されている．

チームリーダー 英 team leader. ケアにかかわるチームには，ケアワーカーによる単一職種のチームと，ケアワーカーのほかに医師や看護師，理学療法士や作業療法士などが加わる多職種によるチームとがある．一般に認知症ケアにかかわるチームを統率するリーダーには，チーム構成員全体の資質向上への取り組み，利用者情報やケアの目標にかかわる適切な情報の共有，適切な役割分担や良好な人間関係の維持にかかわる共同体制の構築などの役割が求められる．多職種によるチームは医療機関のような各専門職の独自性を重視するマルチディシプリナリーモデル型のチームと，在宅ケアのように各職種の共同連携を重視するインターディシプリナリーモデル型のチームとに分けることができる．マルチディシプリナリーモデルにおいては，チームリーダーの専門性とケアの課題が一致する可能性が高くなるが，インターディシプリナリーモデルではチームリーダーの専門性とケアの課題とは必ずしも一致しない場合が多い．

チームワーク 英 team work. 目標を共有する個人が，集団を形成して行う連携や共同作業およびその成果を意味し，集団を形成するメンバー間の協力が強調される．個人が集団を形成しただけではチームワークは生じない．集団のメンバーが相互理解と信頼関係を醸成し，集団として共通の目標に向かって個々のメンバーが力を合わせるときにチームワークの成果が発揮される．チームのメンバー相互の信頼と協力は相乗効果を生み，チームワークによって得られる成果は，メンバーの力の総和を上回ることができる．また，チームのメンバーは目標達成を通じて，他のメンバーからの認知，仕事のやりがい，自己成長の契機等のメリットを得ることができる．チームリーダーの存在がチーム目標の設定，メンバー間の相互理解，信頼関係の強化，協力体制のあり方に大きな影響を及ぼすものと考えられる．チームワークは介護や看護におけるチームケアと近い意味をもつがより広く一般的な概念として理解される．
⇨チームケア，チームアプローチ

着衣失行（チャクイシッコウ） 英 apraxia for dressing／dressing apraxia. アメリカ精神医学会による精神疾患の診断・統計マニュアル第4テキスト改訂版（DSM-Ⅳ-TR）では，運動機能は障害されていないにもかかわらず，運動行為が傷害されているような認知機能の障害を失行といい，失語，失行，失認，実行機能の障害のうち，ひとつ以上の障害があることを認知症の診断基準のなかに含めている．失行のなかでも顕著な機能障害を示す着衣失行では，運動麻痺や失調などがなく，着衣を行う目的を了解しているにもかかわらず，服を着ることができない，ボタンをかけることができない，ネクタイを締めることができないなどの状態が認められる．着衣失行は，脳の局所的な障害により生じる神経症状である高次脳機能障害としてとらえられ，とくに劣位半球における機能障害が深くかかわるものとされている．認知症ケアにおける着衣失行への対応では，介護者による着衣失行についての十分な理解が前提となる．
⇨失認，失語〔症〕，実行機能障害

注意障害（チュウイショウガイ） 英 disturbance of attention／disorder of attention. 注意は認知，思考，行為，言語などの高次機能の根幹となるものである．注意障害は高次脳機能障害のひとつであり，あらゆる活動に影響を及ぼす．大脳の左右どちらが損傷を受けても注意障害は生じるが，とくに右半球の損傷のほうが，重症度や頻度が高い傾向にあるといわれている．注意障害の症状は多様であるが，主なものに，ひとつのことに集中して取り組める時間が非常に短い「持続性注意障害」，その時々の状況などに応じて，不要刺激や情報は無視をして，必要なものや情報を選びだして取り組むことができない「選択性注意障害」がある．さらにはひとつのことには集中して取り組めるが，考えたり行動したり取り組む内容が複数になると集中できなかったり，効率が急激に落ちたりする「容量性注意障害」などもある．また，どの種類の注意障害ということはできず，全般的に注意が低下している症状を「全般的注意障害」という．
⇨高次脳機能障害

中核症状（チュウカクショウジョウ） 英 core feature of dementia. 文字どおり認知症の症状の中核をなすものであり，脳の器質的障害に直接的に起因するとされる症状を指す．具体的には，記憶障害，見当識障害，理解・判断力の障害，失認，失行，言語障害（失語），実行機能

障害等が挙げられる．しかし，これらすべて同時に障害を受けるものではなく，たとえば，記憶障害については，早期の段階では，記憶のメカニズム（記銘，保持，想起）の第1段階である記銘力障害があり直前の記憶が失われていたとしても過去の記憶は比較的保持されていることも多いというように認知症の進行とともにそれぞれの症状の経過をたどるとされている．対して，認知症の行動・心理症状（BPSD）は，中核症状をベースとしつつも，その認知症の人の性格，周辺環境，人間関係等，取り巻く要因が複雑に交錯し，うつ状態や妄想のような精神症状や日常生活への適応を困難とするさまざまな行動であり，適切なケアにより情緒的安定が保たれれば必ずしも伴うものではない．
⇨認知症の行動・心理症状

中間施設（チュウカンシセツ） 英 intermediate facility／halfway house．老人保健施設を意味する．1985年の社会保障審議会の建議に基づいて1987年に「老人保健施設」が設置され，2000年の介護保険法の施行により，名称が「老人保健施設」から「介護老人保健施設」へと変更されている．「老人保健施設」の開設当初は，重介護を要する高齢者への医療と福祉のサービスの一体的な提供の必要性が強調され，病院と特別養護老人ホームの「中間施設」として位置づけられていた．これに対して，設置基準一条の二において「看護，医学的管理のもとにおける介護および機能訓練その他必要な医療並びに日常生活上の世話を行うことにより，入所者がその有する能力に応じ自立した日常生活を営むことができるようにすることとともに，その人の居宅における生活への復帰を目指す」ことが示されているために，医学的管理のもとにある要介護者を病院から居宅生活へと復帰させるという意味で，病院と在宅の「中間施設」として説明される場合がある．

中心静脈栄養法（チュウシンジョウミャクエイヨウホウ） 英 total parenteral nutrition 略 TPN．静脈栄養法のひとつ．長期にわたり，経口での栄養をとることができない場合（禁忌あるいは不能）に選択される．血流量の多い中心静脈といわれる上下大静脈に直接カテーテルを挿入，留置し，生体にとって必要な栄養や水分，ビタミン，ミネラルなど高浸透圧の栄養輸液を強制的に持続投与する．1日の必要栄養摂取量のほとんどすべての投与が可能であり，25～30kcal/kg/日以上の投与が可能である．これにより，体構成成分の維持，体重増加，生体防御機能の改善が期待できる．カテーテルの挿入部位は，鎖骨下静脈，内頸静脈，外頸静脈，大腿静脈などであり，もっともよく選択されるのが，右鎖骨下静脈である．挿入後は厳密な無菌管理が必要である．また，安定した投与が重要であるため，輸液ポンプを用いて管理を行う．
⇨在宅静脈栄養法

中枢神経系（チュウスウシンケイケイ） 英 central nervous system 略 CNS．神経系のなかで，全神経の統合・支配など中枢的役割を果たしている部分．脳と脊髄がこれにあたる．脳から出ているものは脳神経，脊髄から出ているものは脊髄神経とされる．CNSからは末梢神経系が出ており，末梢神経系の受けた刺激をとらえて音声・運動・反射などを指令している．

中性脂肪（チュウセイシボウ） 英 neutral fat．人間の体を動かすエネルギー源となる物質のひとつ．中性脂肪は脂肪酸とグリセロールがエステル結合し，リポタンパク中に存在する．トリグリセリド（トリアシルグリセロール）が大部分を占めている．生体内において，大部分は皮下組織などの脂肪細胞内にエネルギーを貯蔵するものとして存在している．これは，必要なときにすぐにエネルギー源になるなどの大きな役割があり，生命維持や活動に欠かせない．中性脂肪は，加水分解することにより，脂肪酸として遊離し，肝臓や心臓，筋肉などに運ばれ，エネルギーとして使われる．一方，エネルギーとして消費されなかった中性脂肪は余った脂肪として，生体内にそのまま貯蔵されていく．血中トリグリセリドの測定に際しては，食事摂取時間や，食事や飲酒などの影響を受けやすい．

中途覚醒（チュウトカクセイ） 英 arousal during sleep．寝つきが悪くなくても夜中に目が覚めて，その後眠れない状態．または，もう一度眠るまでに時間がかかる状態．全体的に浅い眠りになっていることが多く，何度も繰り返して起きてしまったり，眠っても疲れがとれない，日中眠くなる，集中力が低下するなどの症状も現れやすい．うつ病，睡眠時無呼吸症候群，むずむず脚症候群，脳変性疾患（脳卒中，認知症等），痒み，痛みなどがある場合に多く出現する．高齢者では睡眠が浅くなるため，中途覚醒が出現しやすくなる．また，アルコールを飲んで寝た場合でも睡眠は浅くなり，中途覚醒が出やすくなる．

聴覚（チョウカク） 英 audition／hearing／auditory sensation／auditory sense／acouesthesia．音波に対する感覚．人間では20ヘルツから2万ヘルツまでの音を聞くことができる．

聴覚失認（チョウカクシツニン） 英 auditory agnosia．失認のなかでも，聴覚による認識の障害であり，聴力には問題がないにもかかわらず，聞こえている音が何の音か，だれの声かが分からないなどの障害である．たとえば，聴覚失認のなかでも，動物の鳴き声や電車の音など，音は聞こえているが，何の声か何の音かを認識することができない環境音失認や，なじみのある人でも，声だけではだれであるかを認識できない音声失認などがある．また，なじみのあった音楽を聴いても音は聞こえるが何の曲であるかが認識できない感覚性失音楽や，声は聞こえるが，言葉として聴き取れず意味が理解できないといった，失語症の1類型である純粋語ろうなども，この聴覚失認のひとつである．
⇨純粋語ろう，視覚失認

聴覚障害（チョウカクショウガイ） 英 hearing impairment／dysacusia／dysacousia．音を聞く，または感じる経路に何らかの障害があり，話し言葉や周囲の音が聞こえなくなったり，聞きづらくなる状態．障害部位によって，「伝音性難聴」「感音性難聴」「混合性難聴」の3つに分けられる．「伝音性難聴」は，外界からの音を空気が振動して，内部へ伝える働きをする中耳と外耳（伝音系）に障害があり，音の振動が，内耳に十分伝わらない．外耳道閉塞，鼓膜狭窄，耳官狭窄，耳小骨連鎖異常，事故による故障（難聴）などが原因となる．「感音性難聴」は，内耳や聴神経・聴覚中枢の感音系に障害があり，外界の音を脳の中枢へ伝えることができない状態．老人性難聴，騒音性（職業性）難聴，抗生物質の薬害による難聴，遺伝などが原因となる．「混合性難聴」は，伝音系と感音系の両方に障害がみられ，小さい音は聞こえにくいが，大きい音でも響いてしまって聞こえにくいというような状

態がみられる.

長期臥床（チョウキガショウ） Ⓔ long-term bedridden／long duration bed rest. 長期間床についた状態を指し，廃用症候群の原因になる．障害は運動器系の障害（筋萎縮，筋力低下，関節拘縮，骨粗鬆症），循環器系の障害（起立性低血圧，静脈血栓症，褥瘡），精神の障害（意欲低下，抑うつ，知的機能の低下），呼吸機能の低下，尿失禁，便秘など精神・身体機能のほとんどすべてに及ぶ．高齢者の廃用症候群で注意すべきは発生しやすく進行が速い点である．1週間の安静で10～15％の筋力低下がみられ，2～3週間の安静で無視できないほどの機能低下を招く．どのくらいを長期というかの定義はなく，廃用症候群の発生について，竹内孝仁は「それは，安静の第1日目からみたほうがよく，日数を経るにしたがって不可逆性を増していくと理解しなければならない」と述べている．もうひとつは悪循環を生じやすい点である．運動機能の低下に心肺機能の低下も加わって活動のしにくさがもたらされる．精神面では，活動意欲の低下，うつ傾向をもたらし，自ら活動から遠ざけてしまう．そのため，さらなる臥床（寝たきり）をもたらす．したがって，高齢者ケアにおいては安静期間をできるだけ短くして，リスク管理をしつつ早期離床，早期リハビリテーションを図ることが重要といわれている．
⇨廃用症候群

長期記憶（チョウキキオク） Ⓔ long-term memory 略 LTM. 短期記憶とともに記憶の二重貯蔵モデルにおける概念であり，比較的長期にわたって持続する記憶と解され，感覚記憶および短期記憶が言語，イメージシンボル等の情報に変換され，記憶のネットワークに組み込まれることにより長期記憶になるとされている．また，長期記憶の容量は，現在のところ無限であると理解されており，記憶保持される期間も数分～数十年にわたることが特徴であるといえる．さらに，長期記憶は，特定の日時や場所と関連した個人的経験に関する「エピソード記憶」，言葉によって記述することが可能とする言語的レベルにおける「意味記憶」によって構成される「陳述記憶」（宣言的記憶と解される場合もある）と運動技能，知覚技能等の認知・行動レベルにおける手続き記憶，プライミング，古典的条件づけ等を構成要素とする「非陳述記憶」に分類される．
⇨感覚記憶，短期記憶障害，エピソード記憶

長期ケア施設（チョウキケアシセツ） Ⓔ long-term care institution. 医療施設や介護のための施設が整備される以前においては，医療・介護を要する高齢者や障害者に対する長期ケアは，家族を中心とする近親者によって行われていた．制度としての長期ケアについては世界保健機関（WHO）の報告（2007年）によると，1970年代以降，先進国における高齢化と非伝染性の疾患の増大により，長期的な医療ケアのプログラムが開始されるようになったとされる．WHOは，心身の障害，高齢者，AIDS，戦争犠牲者などを長期ケアの対象としており，それぞれの国の状況に応じて長期ケアプログラムを構成していくことの必要性を示している．日本における長期ケアプログラムの代表的なものは介護保険である．一般的に，長期ケア施設としては，特別養護老人ホームや介護老人保健施設などの入所施設が考えられるが，長期ケアをWHOが示すような「ロングタームケア」としてとらえる場合は入所型の施設だけではなく，デイサービスのような在宅ケアの施設も長期ケア施設に含まれることになる．
⇨世界保健機関

長期入所（チョウキニュウショ） Ⓔ long-term stay. 常時介護を必要とする認知症の人をはじめ，加齢に伴って生ずる心身の変化に起因する疾病等により，要介護状態になった人を対象に，専門的な機能を有する施設において長期にわたり，入浴・食事・排泄の基本的介護，ならびに機能回復訓練に加え本人の生き方や生活の仕方を把握し，パーソン・センタードの理念をもとに必要な援助を提供すること．長期入所は在宅支援のサービスと施設内完結の介護とに分けて考えられる傾向があるが，本来，要介護者および介護者家族の支援を目的としたサービスとして考えると，長期入所は介護者家族・要介護者本人両者にとって生活を守るサービスとしてバランスよく提供されることが望まれる．

長期目標（チョウキモクヒョウ） Ⓔ long-term goal 略 LTG. クライエントをどのように支援していくのかを考える福祉サービスの過程．各クライエントの個別性・独自性を尊重し，本人の自己決定を中心において検討されていくもの．設定されるケア目標を長期・短期と一定期間に分けて計画をし，短期目標（STG）はLTGへと達成するために，まず優先的に行うべき具体的なケアを行うための行動目標である．そうしたSTGをもとに積み上げられたLTGはクライエントの求める尊厳ある生活や暮らし方の広い意味でのニーズ目標であるが，漠然としたものではなく，達成できる具体的な最終的に到達したい目標がLTGである．
⇨介護サービス計画

長期療養型施設（チョウキリョウヨウガタシセツ） Ⓔ medical long-term care sanatoriums. 介護療養型医療施設においては，急性疾患の治療が終わり，症状が安定したものの長期間の治療が必要な人，また慢性疾患を有する要介護者が対象で，自宅での療養生活は困難とされる要介護者が入所されている．長期療養患者に適した員数の医師，看護師を配置し，機能訓練室，談話室等を設置することとされている．医療や看護などを受けられ介護職員が手厚く配置され介護の体制が整った医療施設（病院・診療所）であり，長期療養型施設は，必要な医療サービス，日常生活における介護，リハビリテーションなどを受けることができるとされている．特別養護老人ホームや介護老人保健施設に比べて，主に医療ニーズの高い要介護者を対象にしている．
⇨療養病床

超高齢社会（チョウコウレイシャカイ） Ⓔ ultra-aged society. 総人口に対して65歳以上の高齢者人口が占める割合を高齢化率という．世界保健機関（WHO）や国連の定義によると，高齢化率が7％を超えた社会を「高齢化社会」，14％を超えた社会を「高齢社会」，21％を超えた社会を「超高齢社会」という．日本は1970年に高齢化社会になり，1994年に高齢社会になった．2007年には21.5％となり，超高齢社会に入った．2013年には25.1％となり，人口の4人に1人は65歳以上の高齢者という時代に入った．2020年には29.2％，2030年には31.8％になると推計されている．先進国のなかでも，類をみない速さで「超高齢社会」となった日本は，今後の高齢社会の在り方や対策等について，世界中が注目している．

長座位（チョウザイ）⑱ long sitting position. 床の上で膝が伸びた状態の座位姿勢. 健常の場合は問題なく行うことができるが，下肢および体幹の筋短縮や関節拘縮が影響し，痛みが生じる場合には体幹が後方に倒れてしまいできない場合もある. この場合には，膝関節の下にクッションなどを必要に応じて使用することで可能となる. 普段の生活で使用する頻度は少ないが，ベッド上で食事を行う場合には長座位になることが多い. 食事を行う場合は座位時間が長くなるのでとくに痛みの評価を行い，食事中に痛みが伴わないかを把握する必要がある.
⇨座位

長寿医療制度（チョウジュイリョウセイド）➡後期高齢者医療制度を見よ.

腸詰菌（チョウヅメキン）➡ボツリヌス菌を見よ.

重複障害（チョウフクショウガイ）⑱ multiple disabilities. 医学上の障害が2つ以上有することをいうが，この定義は，厚生行政と学校教育法の定義が異なる. 前者は，視覚障害，聴覚ならびに平衡機能障害，音声・言語ならびに咀嚼機能障害，肢体不自由，内部障害，知的障害，精神障害を2つ以上併せ持つことをいう. 後者は，視覚障害，聴覚障害，肢体不自由，知的障害，病弱の5つのうち2つ以上を併せ持つことをいう.

腸閉塞症（チョウヘイソクショウ）➡イレウスを見よ.

直接援助技術（チョクセツエンジョギジュツ）⑱ direct social work skill. 社会福祉士及び介護福祉士法（昭和62年法律第30号）の制定にともない用いられるようになった用語. 社会福祉援助技術（ソーシャルワーク）には，直接援助技術と間接援助技術とがある. 直接援助技術は，ソーシャルワーカーが直接クライエントにかかわることによって問題解決・課題達成を図っていこうとする概念として用いられる技術である. 具体的にはケースワークとグループワークを指す. ケースワークは援助関係を形成する技法としてバイスティック（Biestek FP）のケースワークの原則などがある. グループワークは小集団における相互作用の力を活用する援助技術である. 間接援助技術には，クライエント援助を間接的な形で達成していこうとする技術であり，コミュニティーワーク，社会福祉調査，福祉運営管理，福祉計画などを指す. 直接援助技術と間接援助技術はクライエントを総合的に支援して行くうえでは両技術は欠くことのできない援助技術である.
⇨間接援助技術，ケースワーク，グループワーク

直腸検温（チョクチョウケンオン）⑱ rectal temperature. 体温を測定する方法のひとつであり，肛門から直腸内に体温計を挿入して測定する. 直腸温は核心温度であり，中心体温にもっとも近く，一定の温度を示す. 腋窩温よりも0.8～1.0℃高い. しかし，直腸検温は羞恥心を伴うことから，通常では行われず，低体温症の疑いがある場合や，全身麻酔施行中や継続的に監視が必要な場合に実施する. 成人の検温方法は，側臥位になり，体温計の検温部分を肛門から約6～10cm挿入する. 直腸用の体温計の使用が望ましい.

直角接近法（チョッカクセッキンホウ） 介護技術のひとつとして用いられる方法. クライエントをベッドから車いすへの移乗をする際，膝折れを防ぐために前腕を外側に回し手をつき，肩を引き下げるとともに上肢体幹を前屈するようにし，殿部を後方にずらしながら行う方法. 介護者は殿部の挙上と後方移動および下肢をフットレスにゆっくり降ろすのを介助する. ただし高く上げすぎると前方にのめり込んでしまうので注意を要する. 両方の殿部挙上が困難であれば，片方ずつ後方にずらすようにすることも可能である（図）. 本人のもっている能力を最大限活用し，本人の負担を軽減しながら介助するためのひとつの移乗介護技術である.

⇨斜方接近法，側方接近法

治療試験（チリョウシケン）⑱ clinical trial ⑲ 治験. 新規の医薬品，医療機器の製造販売にあたって国からの承認を受けるために行う臨床試験のこと. ヒトを対象とした有効性や安全性の科学的データを取得することを目的としている.

沈下性肺炎（チンカセイハイエン）⑱ hypostatic pneumonia. 高齢者の肺炎で多いのは，冬季に急性の上気道感染後に引き続き発症するものであり，その多くは細菌やウイルスの感染が原因で起こる. 高齢者に特徴的な肺炎に沈下性肺炎がある. これは長期臥床していることで，肺の気道内に分泌液が貯留し，それがなかなか排出できず，そこに細菌が繁殖して肺炎を起こすものをいう. また，仰臥位での長期臥床により肺内に血液がうっ滞し，細菌が繁殖しやすいことから沈下性肺炎に罹患するともいわれている. 誤嚥性肺炎は，嚥下障害等で食物が気道に入り，それが感染源となり肺炎をきたすもので沈下性肺炎とは区別される. いずれも高齢者に特徴的な肺炎であるが，その初期は，発熱，咳，喀痰などの肺炎症状が乏しいために見逃されることが多く，それによる重症化に注意が必要である.

陳述的記憶（チンジュツテキキオク）⑱ declarative memory ⑲ 宣言的記憶／顕在的記憶. 陳述記憶（宣言の記憶と解される場合もある）とは，非陳述記憶とともに長期記憶を構成する要素として分類され，イメージや言語として意識上にその内容を想起し，かつ陳述（宣言）することが可能な記憶と解されている. さらに，特定の日時や場所と関連した個人的経験に関するエピソード記憶，言葉によって記述することが可能となる言語的レベルでの意味記憶に大別される. 対する非陳述記憶（非宣言的記憶と解される場合もある）は，運動技能，知覚技能等の認知・行動レベルにおける手続き記憶といわれ，言語による記憶ではなく，経験，トレーニングなど，いわゆる体で覚えた記憶ということができる. さらに，過去の経験値に基づくプライミング現象，経験の繰り返しやトレーニングによって新たな反応（行動）が形成される現象を指す古典的条件づけ，非連合学習に細分類される.
⇨手続き記憶

鎮静（チンセイ）⑱ ataralgesia／sedation／remission. 中

枢神経系を薬物にて抑制し，意図的に意識を低下させること．また，薬物を用いて意識を低下させた状態を意図的に維持することも含む．主に人工呼吸器使用の際の自発呼吸や反射機能のコントロール，せん妄や不穏症状を鎮める，苦痛の緩和などで用いられる．なお，睡眠障害に対する睡眠薬の投与は含まない．鎮静の分類は，鎮静の時間を示す鎮静様式と鎮静の深さを示す鎮静水準がある．鎮静様式には，持続的鎮静と間欠的鎮静があり，鎮静水準には深い鎮静と浅い鎮静がある．深い鎮静は痛み刺激には反応せず，深い意識の低下をもたらすもの，浅い鎮静はコミュニケーションができ，簡単な命令にしたがうことができる程度の軽い意識の低下をもたらすものであり，近年では，浅い鎮静が推奨されている．鎮静を行ううえでは，倫理的視点からも検討し，妥当と判断された場合に実施することが望ましい．

つ

ツァン自己評価式抑うつ尺度（ツァンジコヒョウカシキヨクウツシャクド）⊛ Zung self-rating depression scale ㊂ SDS．抑うつ尺度の重症度を評価するための代表的な自己記入式質問票として，ツァン（Zung WWK）により1965年に開発され，1973年，福田一彦らによって日本語訳された抑うつ尺度．主としてうつ病の重症度評価として使用されるが，うつ状態のスクリーニング，うつ病の治療効果測定としても用いられる．質問票は，20の質問項目により構成され，各項目4段階評価とし，20項目の総合得点によって，抑うつ症状の重症度を評価する．陽陰性の判定は，40点以上をもって陽性と判定し「軽度うつ性あり」，50点以上で「中等度の抑うつ性あり」と判定される．設問項目としては，感情・生理・心理面の症状についての項目があり，20項目のうち半分の10項目が逆転項目となっている．また，被検者に設問パターンが分かりにくいよう工夫がされており，項目数も少ないことからなに事に対してもやる気が起きにくいうつ病患者にも実施することができ，採点も簡便であるとされている．

椎間板ヘルニア（ツイカンバンヘルニア）⊛ hernia of intervertebral disc／herniated disk／herniation of intervertebral disk／protruded disk．ヘルニアとは体内の臓器がもともとある部位から脱出した状態をいう．椎間板は中央がゼラチン質の髄核とその周囲を線維輪が覆っているが，脊柱を構成する錐体と錐体の間にある椎間板の一部が椎間腔から一部が突出した状態を椎間板ヘルニアという．その原因は，加齢や姿勢，動作によるといわれているが，最近では遺伝要因も注目されている．もっとも多い椎間板ヘルニアは，腰椎3，4，5番と仙骨の椎間腔のヘルニアで，突然の激しい腰痛がみられ，多くは1〜2週間のうちに痛みは軽減される．しかし，この「ぎっくり腰」といわれる症状が繰り返すと，下肢の片側あるいは両側の鈍痛，しびれ，感覚障害，筋力低下，浮腫，筋けいれんなどの神経障害を生じ，日常生活が困難なものになる．

終の住み家（ツイノスミカ） 終生住んでいるべきところ．また，最期に住むところ．死後に落ち着くところ．住み慣れた地域で，親しい人に囲まれながら人生の最期を迎えることが望ましいが，加齢や認知症の発症に伴い，人生の最期を「どこで迎えたいか」という自己決定のもとで選択することが困難となる．現代にはいり介護の社会化により，自宅以外にもさまざまな場所が終の住み家となる可能性が広がっている．その終の住み家で自身が望む人生の最期を迎えられるように，支援者はさまざまな総合的支援を考える重要な役割を担っており，またそうした役割が求められる．
⇨介護老人福祉施設，終末期ケア

対麻痺（ツイマヒ）⊛ paraplegia ㊂ PARA．両側下肢の運動麻痺．一般に，胸髄以下の脊髄の損傷・病変によって生じる．
⇨片麻痺，運動麻痺，四肢麻痺

通院等乗降介助（ツウイントウジョウコウカイジョ）㊂ 通院等のための乗車又は降車の介助．介護保険サービスにある訪問介護サービスの対象となる支援のひとつ．要介護者（要介護1以上）の利用者が病院へ通院するために，指定訪問介護事業者から派遣された訪問介護員の運転する乗用車で乗車・降車の際の介助を受けることをいう．訪問介護事業者のほか，介護タクシー会社等が指定訪問介護事業者の指定を受け，介護福祉士資格などをもつ運転手が乗降介助を行うなども想定されている．介護報酬の算定には，介護支援専門員の適切なアセスメントによる居宅サービス計画に加えられていること，また訪問介護事業者が行うサービスであること，などの条件が必要である．

通院等のための乗車又は降車の介助（ツウイントウノタメノジョウシャマタハコウシャノカイジョ）➡通院等乗降介助を見よ．

通所介護（ツウショカイゴ）⊛ day service ㊂ DS ㊂ デイサービス．介護保険サービスにある居宅サービスのひとつ．2005年の介護保険法改正前は，要介護者，要支援者という共通のサービス名称であったが，改正後は，要介護者を対象とするサービスと，介護予防通所介護と区別され提供されている．サービス提供の基準は，指定居宅サービス等の事業の人数，設備および運営にかかわる基準によって定められており，外出と社会的交流・家族負担の軽減・日常生活の訓練を目的にサービスが提供されている．入浴・排泄・食事等の介護，その他の日常生活上の世話・機能訓練が基本的なサービスとしてあり，閉じこもりや社会生活からの孤立を防ぎ，社会参加を目的としたDSや認知症の人を中心に専門のケアや相談助言を受けることができる認知症対応型のDS，さらに近年，介護予防を目的とした機能訓練を提供するDSもある．
⇨通所リハビリテーション，宅老所

通所サービス（ツウショサービス）⊛ adult day care service．サービス利用者がサービス提供施設に出向くことでサービスを受給するシステム．具体的には，高齢者施設の通所介護（デイサービス：DS），障害者福祉の各種厚生施設や授産施設，児童福祉の保育所など，広く実施されているサービス提供全体を指す．高齢者の通所サービスには，要支援者を対象とする予防通所介護と，要介護者を対象とする通所介護がある．さらにDSのほか，通所リハビリテーションとがあり，それらを合わせて通所サービスとされる．当該施設においては，入浴・食事・送迎・日常動作訓練・健康チェックなどが行われる．通所サービス以外のサービス提供方法としては入所サービス訪問サービスがある．
⇨通所介護

通所施設（ツウショシセツ）⊛ adult day care center．生活を施設内におく入所利用を目的とせず，保育・療育・治療・授産・更正などのために在宅など居宅もしくは入居施設から通って利用する施設をいう．児童福祉法における保育所，障害者自立支援法における通所授産施設，知的障害者福祉法における通所授産施設，介護保険法お

よび老人福祉法における通所介護などがこれに当たる．類似の施設に児童厚生施設や，老人憩いの家などの利用施設があるが，通所施設と別の範疇とされている．

通所リハビリテーション（ツウショリハビリテーション）
㊗ day rehabilitation. 介護保険サービスにある居宅サービスのひとつ．通所リハビリテーションはデイケアまたは通所リハと略されることがある．急性期のリハビリテーションを終え，症状が安定している維持期のリハビリテーションである．介護保険法第8条第8項には，「居宅要介護者（主治医が，治療の必要の程度が厚生労働省の基準に適合していると認めた人）が，介護老人保健施設，病院，診療所等に通院することにより心身の機能の維持回復を図り，日常生活の自立を助けるために，理学療法，作業療法その他の必要なリハビリテーションをいう」とされている．通所リハビリテーションの目的は，身体機能の維持と回復・認知症の人の認知症症状の軽減と日常生活の回復，日常生活動作（ADL）の維持と回復，手段的日常生活動作（IADL）の維持と回復，コミュニケーション能力と社会的関係の維持・回復を目指したサービスである．
⇨デイサービス，通所介護

痛風（ツウフウ） ㊗ gout／urate deposits／uric acid deposits ㊦ gutta. 食品によって体内に取り込まれたプリン体は体内で分解され尿酸となるが，その尿酸値が血液中で高値を示す高尿酸血症が持続した結果，析出した尿酸塩結晶が関節内の滑膜や軟骨上に付着することによって起こる，急性関節炎を主な症状とする疾患．痛風発作といわれる急性痛風関節炎は第1中足趾節関節に初発，好発し，足関節や足根間関節，膝関節などの下肢の関節が多い．激しい痛みを伴う単関節炎が特徴的な症状であり，前兆として局所の違和感を自覚する人もいる．進行すると，皮下結節（痛風結節）や腎機能障害（痛風腎）を引き起こす．血清尿酸値は痛風発作中に必ずしも高値を示すことはないため，診断の参考にはならない．
⇨プリン体

通利（ツウリ） ➡カタルシスを見よ．

つなぎ服（ツナギフク） ㊗ boiler suit. 認知症の人の不潔行為（オムツ外しや便いじりなど）を抑制するため，1970年代後半から使用された介護服である．この服を用いた指定介護老人福祉施設などの介護は，認知症の人の日常生活行動を抑制する身体拘束とも考えられ，1999年3月厚生省令「身体拘束禁止令」ならびに介護保険法などにより，当該入所者またはほかの入所者等の生命または身体を保護するため，緊急やむを得ない場合を除き，身体的拘束その他入所者の行動（不潔行為など）を制限する行為を行ってはならないと基本的に使用禁止された．認知症の人の不潔行為にいたる原因を探り，適切な排泄ケアを検討し対応していくことが重要である．

て

低アルブミン血症（テイアルブミンケッショウ） 英 hypoalbuminemia. 血清タンパク質の主要な構成成分であるアルブミンが正常範囲を下回る場合を低アルブミン血症という．血清タンパク質の総量は基準値が6.0〜8.0g/dlであり，アルブミンはそのなかの60〜70％を占める．アルブミンは血液の浸透圧を維持する働きがあり，減少すると浸透圧が低下して水分は血管から漏出し浮腫や腹水が起こる．低アルブミン血症の原因は，アルブミンの合成能力の低下か消費の亢進によることが多い．アルブミンの合成能力が低下する原因は，消化不良・栄養失調・肝硬変・急性肝炎などである．また，肝臓でのアルブミン合成が正常であってもアルブミン消費の亢進があると低アルブミン血症が生じる．消費亢進の原因として，①体外への漏出（尿中に漏れるネフローゼ，消化液に漏れるタンパク漏出性胃腸症，皮膚から浸出液として漏れる熱傷など），②体内でのタンパク異化亢進（重症感染症，発熱，甲状腺機能亢進症など），③組織液中に漏出する体内での分布異常（多量の胸水・腹水，全身浮腫など），が挙げられる．
⇨低タンパク血症

低栄養（テイエイヨウ） 英 subnutrition／hypoalimentation／undernutrition. 摂取カロリーの不足やある栄養素が不足することで健康になにかしらの問題が現れた状態である．低栄養には，エネルギー摂取不足によるもの，タンパク質摂取不足によるもの，エネルギーとタンパク質の摂取不足によるタンパク質・エネルギー欠乏症（PEM）に分けられる．高齢者は低栄養状態になりやすく，とくにPEMが問題となる．低栄養になると，心身の機能低下，たとえば，免疫能の低下による感染症罹患，疾患や創傷の治癒の遅れ，体重減少，老年症候群（褥瘡，筋萎縮など），貧血などがもたらされる．低栄養の要因は，身体または慢性疾患や症候（疼痛など），日常生活動作（ADL）や手段的日常生活動作（IADL），薬物の服薬状況などの身体的要因，知的能力または情緒の障害（認知症，うつ）などの精神心理的要因，社会的孤独（家族や近隣友人，地域）などの社会・経済的要因がある．評価は食事調査，身体計測や生化学検査，脱水の有無など包括的に行う．
⇨栄養障害

DNAR指示（ディーエヌエーアールシジ） ➡蘇生不要指示を見よ．

低温やけど（テイオンヤケド） 英 moderate-temperature burn. 通常，短時間の接触では熱傷を生じない温度に長時間接触することにより熱傷を生じること．低温やけど（熱傷）の発症には，熱源との接触と接触部の知覚低下が基盤になる．熱源の温度と接触時間に影響し，圧迫が加わるとさらに受傷のリスクが高まる．そのため，温あん法を実施する際，身体に接触した部分で起こることがある．また，接触部位の知覚低下の問題では，とくに高齢者，自分で身体を動かせない，麻痺がある，意識障害や知覚障害，糖尿病などで神経障害がある，睡眠導入薬や鎮痛薬・鎮静薬を内服している場合において注意をはらう必要がある．そのため，身体に直接触れないように使用し，就寝時は寝具から外へ出すなどの配慮が求められる．症状は初期であると痛みを伴わず，軽度の発赤や水疱がみられる程度であることが多いが，実際は深い組織まで壊死が進んでいたり，時間の経過とともに悪化することもある．

低カリウム血症（テイカリウムケッショウ） 英 hypokalemia. 低カリウム血症は血清カリウム値が3.5mEq/l以下に低下した場合をいう．カリウムの代謝異常は比較的高頻度にみられ，とくに高齢者に多い．生体のカリウムのほとんどは細胞内に存在し細胞外には1.4％しか存在しないが細胞外のカリウム値が代謝異常の情報となる．カリウムは果物，豆，肉に多く含まれており，普通の食事をしていればカリウムの摂取不足のために低カリウム血症になることはまれである．しかし，極端な栄養摂取のかたよりによるカリウム摂取不足，下痢など消化管からの喪失，発汗亢進，カリウムの細胞内への移行，尿中へのカリウム喪失などにより低カリウム血症が起こる．尿中へのカリウム喪失による低カリウム血症は多くが医原性であり，とくに頻度が高いのは利尿薬の服用による．低カリウム血症は失見当識，記銘力低下，呼吸筋麻痺，心筋への影響など，重篤な症状を引き起こす．
⇨代謝性アシドーシス

定期健康診断（テイキケンコウシンダン） ➡一般健康診断を見よ．

定期巡回・随時対応型訪問介護・看護サービス（テイキジュンカイズイジタイオウガタホウモンカイゴカンゴサービス） 2012年4月より介護保険サービスの地域定着型サービスのひとつとして導入され，可能な限り住み慣れた在宅生活を支えるという観点から，24時間365日必要な介護や看護の一体的なサービス提供を必要なタイミングで利用できるサービスのこと．利用の際，医師の指示に基づく看護サービスを必要としない利用者が含まれるのも特徴である．具体的サービス内容は，在宅の要介護者に定期的な巡回訪問や随時連絡を受け，入浴，排泄，食事等の介護その他の日常生活上の支援を行うとともに，看護師により行われる療養上の支援や必要な診療の補助を行うサービスである．ただし，療養上の支援や必要な診療の補助にあっては，主治医が治療の必要を認めた要介護者に限るとされている．また，このサービスには，①ひとつの事業所で訪問介護と訪問看護のサービスを一体的に提供する「一体型事業所」，②事業所が地域の訪問看護事業所と連携をしてサービスを提供する「連携型事業所」，がある．

デイケア 英 day care. 医療保険制度による精神科デイケアと，介護保険制度による通所介護リハビリテーションがある．精神科デイケアは，精神科医師の指導のもと社会生活機能の回復を目的に，精神科に通う患者に対するプログラムを実施する．一方，介護保険制度による通所リハビリテーションは，在宅で介護を要する要介護者

に対して行われる医学的管理下のリハビリテーションである．デイサービスの内容にリハビリテーションを加えたサービスで，生活機能の維持・向上を図るとともに，自立した日常生活が送れるようサービスを提供する．また，家族の介護負担の軽減を図ることも果たしている．
⇨通所リハビリテーション

定型抗精神病薬（テイケイコウセイシンビョウヤク）ⓔ typical antipsychotic. 化学構造の違いや作用の違い以外に，錐体外路症状の出現の有無などにより現在，定型抗精神病薬と非定型抗精神病薬に分類されているが，定型抗精神病薬は従来型ともよばれ，統合失調症の急性期における幻覚，妄想，思考障害等の陽性症状には有効とされながらも感情の平板化，会話困難，欲動低下などの慢性期における陰性症状には効果が低いとされており，さらに抗精神病薬による薬物療法上で問題視される錐体外路症状の副作用が大きいとされる．対する非定型抗精神病薬は陰性症状などの精神病作用の幅が広く，錐体外路症状が少ないなどのメリットがあるとされ，近年の治療指針において推奨されることが多いが，その一方で定型抗精神病薬の有益性も認められており，急激に非定型抗精神病薬による切り替えが行われるというものではないとされている．
⇨非定型抗精神病薬，統合失調症

低血糖（テイケットウ）ⓔ hypoglycemia. 健常者の場合，空腹時の血糖値は70～110mg/dlである．血糖値の95%はグルコースであり，中枢神経系にとって重要なエネルギー源であるため，血糖値の変動幅は通常きわめて狭い範囲に規制されている．低血糖とは，血漿グルコース濃度の減少（通常45mg/dl以下）により低血糖症状を呈する疾患群をいう．低血糖症状として，交感神経刺激症状（動悸，冷汗，振戦，不安感），副交感神経刺激症状（異常空腹感，悪心），中枢神経障害症状（頭痛，異常行動，けいれん）などを引き起こし，重篤になると低血糖昏睡に陥る．低血糖を起こす疾患・原因は種々あるが，糖尿病の薬物療法に伴うインスリンが過剰な状態になったときに起こることがもっとも多い．また，下痢や嘔吐の持続，激しい運動，アルコールの過飲などでみられる．軽度の低血糖の場合は，糖分を摂取すると回復するので，低血糖を起こす恐れがある場合には，普段からブドウ糖などを持ち歩くことが必要である．糖尿病治療でインスリン注射をしている場合などにおいて，運動や食事単位のまちがいなどと関連して起こることが多く注意が必要である．

デイサービス　➡通所介護を見よ．

低酸素脳症（テイサンソノウショウ）ⓔ hypoxic ischemic encephalopathy. 脳に十分な酸素が供給できなくなったために脳に障害をきたした状態．その原因は，脳梗塞，心停止，ショック，重篤な不整脈などによる脳血流の低下，窒息呼吸不全などの低酸素血症，大量出血，高度貧血，一酸化炭素中毒などの血中ヘモグロビンの低下によるもの，ならびにシアン（青酸カリ）中毒などは，細胞内に酸素を供給するが，細胞内での代謝過程が酸素を利用できない状態である組織中毒性低酸素症がある．酸素が脳に供給されない心停止の状態では，数秒以内に意識が消失し，3～5分以上では，脳障害をきたす．この場合，自己心拍が開始されてもミオクローヌス性てんかん，侵襲性高血糖や代謝亢進，高熱などがみられ予後はよくない．最近では，心拍が再開されたあとでも昏睡状態が継続する場合は，脳低温療法が機能回復に効果があることが報告されている．

T字杖（ティージツエ）ⓔ t-cane. 握り手，支柱，杖先ゴムから成り，握りの部分がT字型の杖．材質は木製のものや軽金属のものがある．立位・歩行時に体重を支持し，バランスを補助する目的で使用される．一点支持のため体重の免荷機能は十分ではない．握り方や，長さ，重さなどは利用者の身体状況に合わせて選択する．誤った設定では逆に転倒の危険性を増大させてしまう場合がある．杖先ゴムは滑り止めと杖をついた際の衝撃緩和の目的があり，すり減りやすいので定期的な点検と交換が必要である．介護保険制度の福祉用具貸与の対象外である．
⇨ロフストランドクラッチ，福祉用具

低体温（テイタイオン）ⓔ hypothermia. 体温が正常（35℃）以下に低下し，種々の症状を呈する病的状態をいう．低体温症は，事故や不慮の事態を原因とする偶発性低体温症と，心臓や肺手術などを安全に行うため身体を意図的に冷却する誘発性低体温症の2種類がある．偶発性低体温症の場合，体温が低下することにより新陳代謝が低下し心臓や肝臓，腎臓などの臓器の働きが不活発になり，さまざまな身体の不調が起き，身体の免疫力も低下し病気に罹患しやすくなる．低体温の原因は食生活の乱れなど生活習慣や，ある種の病的状態に随伴する場合があり，心不全，尿毒症，低血糖，呼吸不全時などに発症する．また，高齢者が低体温であるときは不機嫌，否定的な徴候を示し，手の動きが緩慢になったり，服のボタンをかけるなどの単純作業がうまくできない，つまずくなどの状態がみられる．高齢者は環境温度に左右されやすいため，室温や衣服の調節をこまめに行うように心がける．

低タンパク血症（テイタンパクケッショウ）ⓔ hypoproteinemia. 血清総タンパク質濃度が病的に低下した状態．血清中の総タンパクの60～70%がアルブミンであることから，低アルブミン血症による低タンパク血症がもっとも一般的である．通常，身体のなかでは，失われるタンパク質の量と新しくつくられるタンパク質の量が釣り合っているために，血液中のタンパク質濃度は一定に保たれている．低アルブミン血症の原因は合成能力の低下，あるいは消費の亢進による．アルブミン合成能力が低下する原因は，消化不良や栄養失調，またアルブミンのほとんどは肝細胞で合成されるため，重症の急性肝炎，肝硬変，飢餓，栄養不良などである．アルブミン消費が亢進する原因は，体外への漏出によるネフローゼ（尿中），熱傷（皮膚からの浸出液）などが挙げられ，体内でのタンパク異化亢進として重症感染症，発熱，甲状腺機能亢進症，悪性腫瘍が挙げられる．体内でのアルブミンの分布異常（組織中への漏出）としては，多量の胸水や腹水，全身浮腫などが挙げられる．
⇨低アルブミン血症

低張性脱水症（テイチョウセイダッスイショウ）ⓔ hypotonic dehydration. 水分よりもナトリウムなどの電解質がいちじるしく喪失し，塩分濃度が薄くなっている状態をいう．主として細胞外液（循環血液量）の減少による症状である．たとえば，大量に汗をかいたあとに水分のみを摂取したときや，発熱や下痢，嘔吐などによる体液の喪失に対して水分のみを補給することにより容易に陥

る．初期の症状は，発熱もなく口の渇きや皮膚粘膜の乾燥も少ないため，自覚症状として現れにくいという特徴がある．しかし，進行すると倦怠感や頭痛，吐き気，けいれんを引き起こすことがある．また，手足が冷たく脈拍も弱くなり，低血圧状態に陥りやすくなる．膵炎やアジソン病（原発性慢性副腎皮質機能低下症）の症状としても現れる．対策としては，水と塩分の経口投与を行い，水分のみの補給は避ける．
⇨高張性脱水症

低ナトリウム血症（テイナトリウムケッショウ） 英 hyponatremia. 血清ナトリウム値が低下した状態である．原因は嘔吐，下痢，胃液吸引などの，消化管性ナトリウム喪失による場合や，利尿薬によるナトリウム排泄などが挙げられる．特殊な場合として，下垂体後葉から分泌される抗利尿ホルモン（ADH）が過剰に分泌され，腎臓からの水の再吸収が亢進し，細胞外液量の増大と低ナトリウム血症となるADH不適合分泌症候群により生じる．ADH分泌過剰により血清ナトリウム値が125mEq/l以下になると，意識障害が起こる．人格変化・錯乱などの神経症状がみられ，重度になると筋肉のけいれんを起こし死に至る場合もある．治療としては，高張食塩水を利尿薬とともに投与し，尿中に排泄されるナトリウムを補充することを繰り返し行うことで，短期間に血清ナトリウム値を正常化することができる．水分制限もいっしょに行う．

ディファクトスタンダード 英 de facto standard. 事実上標準化した基準をいい，国内外の標準化団体「国際標準化機構（ISO），日本工業規格（JIS）」などが定めていないが，社会において標準化された基準のことである．たとえば，公的な言葉として使用されていた「痴呆」は，2004年に有識者によって検討され「認知症」に名称変更となり，現在では一般化された名称である．これはディファクトスタンダードといえる．

DV防止法（ディーブイボウシホウ） ➡配偶者からの暴力の防止及び被害者の保護等に関する法律を見よ．

ディフューザー 英 diffuser 同 アロマブリーズ／芳香拡散器. アロマテラピー（芳香療法）で用いる器具のことで，植物に含まれる揮発性の芳香物質を含む有機化合物「精油」の成分を空中に広げる．このアロマテラピーは，1920年代フランス人の香料研究者，科学者ガットフォッセ（Gattefossé RM）が提唱した．近年，日本においても補完・代替医療として広まり，認知症に対して，行動・心理症状（BPSD）や睡眠の改善などの報告がある．

低マグネシウム血症（テイマグネシウムケッショウ） 英 hypomagnesemia. 血清マグネシウム値が正常値（1.5～2.4mEq/l）以下に減少している場合をいう．原因は，栄養不良などマグネシウム摂取の減少，消化管からの吸収不全，体液の喪失・排泄の増加（利尿薬，アルドステロン症，甲状腺機能亢進症など）である．合併症として低カルシウム血症，低カリウム血症が挙げられ，マグネシウムは低カルシウム血症に関連していることが多く徴候や症状は類似している．マグネシウム濃度異常による症状は大きく消化器症状，神経・筋症状と循環器症状に分けられる．重度のマグネシウム欠乏はまれであるが，主な消化器症状としては脂肪性下痢，腸管切除による吸収の低下などが挙げられる．神経筋肉症状としてはけいれん，筋力低下，めまい，運動失調などが挙げられ，循環器症状として心室性不整脈，心不全，頻脈など，精神症状として抑うつ，無欲，興奮，不安などが挙げられる．
⇨低カリウム血症

デイルーム 英 day room. 一般的には談話や娯楽のために使う病院や介護施設の共用室であるが，新型特養が導入されたのは，プライバシーの高い個室と，ほかの人と交流するパブリックなデイルームがあることによって，生活にメリハリがつくこともひとつの理由であった．デイサービスのデイルームはケアの方針に沿った深い意義をもつ空間である．設置基準では1人当たり3m²以上の広さが求められる．機能的には，食事をする，大勢の利用者で同じ活動をする，個別プログラムに対応する，リハビリなどの訓練をする，静養する，などがある．認知症の人の場合は大きすぎる空間や大きな音が響く部屋は不得手のため，それなりの配慮が必要である．具体的には天井高を高くしすぎない，反響音を抑える，活動に応じてフレキシブルに利用できるためのパーティションや家具・設備を備えていること等である．また，運動的な活動をする場合には二重床にするなど転倒骨折防止策を考えておくのがよい．

適応（テキオウ） 英 adjustment. 臨床心理学や精神分析における精神の正常性，異常性を判断する指標のひとつ．適応は，自分自身が生活あるいは，活動する家庭，地域社会，職場，学校等において行われるものであり，対人関係，学校（就業）生活，集団生活等，さまざまな環境要因とのかかわりの状況を指す．環境に適応している状態とは，「環境に対して適切で有効な行動，反応ができている状態」を指すものであり，情緒的な安定，自己効力感，自己肯定感などがその特徴としてみることができる．逆に環境に適応できない不適応（maladjustment）とは，「環境に対して不適切で無効な行動あるいは，反応しかできない状態」を指し，不適応状態では，感情や気分の不安定，無力感や抑うつ，自己不全感などの特徴を認めるとされている．したがって，不適応状態にあるクライエントに対するカウンセリングを実施する際は，精神的ストレスや不適応の苦痛を回避し，不適応状態から適応状態への転換，変容させていくことが最大の目的であるといえる．

適応機制（テキオウキセイ） 英 adjustment mechanism. フロイトの心的装置論を背景に構成された概念．人間は，欲求不満状態や葛藤状態，不快な緊張感等の過大な負担に直面すると自我の破綻を逃れるために仮の手段をとって衝動を抑制，あるいは回避し現実的に適応しようとする行動をとるとされる．社会的に許容される合理的適応規制と無意識に一般的な防衛として行われる非合理的適応規制があり，非合理的適応規制は防衛規制，逃避規制，攻撃規制に大別され，そのなかで防衛規制は，さらに合理化，抑圧，同一視，投影，反動形成，置き換え，代償，補償などに分類され，逃避規制は，拮抗，否認，隔離などに分類される．防衛規制は，自我の再適応のメカニズムということになるが，広義においては自我と超自我が本能的衝動をコントロールするすべての操作を指す．逆にうまくコントロールができない場合は,葛藤あるいは緊張状態が継続し適応障害を起こし神経症発症へと移行することがあるとされる．

適応障害（テキオウショウガイ） 英 adjustment disorder／

maladjustment. 一般的に社会生活を営むに際しては，心理社会的ストレス（環境要因）と個人的素質（個人要因）とのバランスのなかでさまざまなストレス反応が起こっている．これは外的な刺激に適応するために必要な正常な反応であるとされている．対して，適応障害は，ストレスが過剰，長期間にわたる場合はこれらのバランスが崩れさまざまな不安，抑うつ，焦燥，過敏，混乱といった情緒的症状，不眠，食欲不振，全身倦怠感，頭痛，易疲労などの身体的症状に加え，アルコール依存，虚為の発言，過度な攻撃性等行動的な障害を伴い社会生活に支障をきたすストレス障害であり，精神疾患のひとつとして分類される．適応障害の出現に関しては，個人的素質が大きく関与するといわれているが，それ以上に心理社会的ストレスの過剰負荷が最大の要因と考えることがこの障害の基本的な概念とされている．したがって，生命の危機にさらされるような衝撃的な体験をその起因とする心的外傷後ストレス障害（PTSD）とは区別され，ストレス源を遠ざけるなど環境要因となることを除くことで改善を図ることが可能とされている．

適合高齢者専用賃貸住宅（テキゴウコウレイシャセンヨウチンタイジュウタク） 英 rental housing exclusively for the elderly. 2001年から施行された高齢者向けの住宅制度による高齢者専用賃貸住宅のうち介護保険法で定める一定の居住水準，①各住戸が台所，水洗トイレ，浴室，洗面設備等を備えて，その面積が25m²以上であること，②各住戸が，台所，浴室等が共用で，水洗トイレ，洗面設備のみを住戸に備えている場合は，その面積が18m²以上であること，③家賃が前払いの場合は，保全措置を講ずることなどの条件を満たすもの（適合するもの）として都道府県知事に届出がなされた住宅である．適合高齢者専用賃貸住宅は，有料老人ホームに該当せず入浴，排泄，食事の介護，食事の提供，洗濯・掃除等の家事，健康管理などのサービスを提供することができる．しかし，2011年10月20日に「高齢者の居住の安定確保に関する法律」の一部改正が施行され，適合高齢者専用賃貸住宅の制度は廃止された．2012年3月31日まで経過措置が適用され，また，同住宅は，「サービス付き高齢者向け住宅」へ登録，または「有料老人ホーム」に移行された．
⇨サービス付き高齢者向け住宅，有料老人ホーム

摘便（テキベン） 英 stool extraction. 便秘になり，自力での排便が困難になった場合に行う医療行為のこと．直腸内に指を入れ，直腸を指で刺激することで排便反射を促し，便を摘出する．摘便を行うときの症状は，肛門の出口に硬便が詰まって自力での排便が困難なとき，浣腸しても便汁のみの排泄のとき，麻痺のため自力での排便が困難なとき，心臓疾患などで怒責することが身体に負担となり硬便や宿便で自力での排便が困難なとき，などが挙げられる．摘便の方法は，①左側臥位で膝を曲げ全身の力を抜いてもらう，②身体の力を抜き，口でゆっくり呼吸してもらう，③薄手のゴム手袋をつけ，第2指先と肛門に潤滑油をつけ，声をかけてから肛門周囲を軽く輪状にマッサージし，便と肛門の間に空間をつくる，④肛門にゆっくり第2指を挿入し，便の位置や大きさを確認する，⑤指をゆっくり回しながら便を掻き出すが，便が大きいときは砕いてから出す．実施中に，痛みなどないか声かけし，腹部を押しながら行うと効果的である．

テクノエイド協会（テクノエイドキョウカイ） 英 The Association for Technical Aids 略 ATA. 正式名称は公益財団法人テクノエイド協会．1987年に，福祉用具に関する調査研究および開発の推進，福祉用具情報の収集および提供，福祉用具の臨床的評価，福祉用具関係技能者の養成，義肢装具士にかかわる試験事務等を行うことにより，福祉用具の安全かつ効果的な利用を促進し，高齢者および障害者の福祉の増進に寄与することを目的として設立．これまで厚生労働省所管であったが，公益法人制度改革に伴い2011年7月に公益財団法人へ移行した．主な取り組みは，福祉用具情報の収集および提供に関する事業，福祉用具の適合調整，使用指導等を行う福祉用具関係技能者の養成，資格認定および研修等に関する事業，福祉用具の臨床的評価に関する事業，福祉用具等に関する調査研究事業，義肢装具士国家試験の実施，認定補聴器専門店の認定に関する事業，福祉用具に関する書籍等の作成・編集および販売に関する事業などを行っている．

手すり（テスリ） 英 handrail. 転倒の防止，車いすなどへの移乗動作のために廊下，トイレ，浴室などに設置するもの．手すりの高さは一般に800mm程度ではあるが，支持のしやすさから考えれば，大転子の高さまたは肘が30°曲がる位置で把持できる高さがよい．認知機能が低下すると「歩きながら，障害物を避ける」といった複数課題では転倒の危険性が高くなることがいわれている．たとえば，居室から廊下の敷居の段差をまたぐ，玄関の上り框を上がる場合にはバランスを崩しやすいため，移動補助としての手すりは転倒予防には有効である．また認知症の人が利用する手すりを設置するためには，本人の動線を知ったうえで，動線上に手すりを設置することが望ましい．

鉄欠乏性貧血（テツケツボウセイヒンケツ） 英 iron deficiency anemia／asiderotic anemia／sideropenic anemia 略 IDA. 赤血球は細胞内に血色素を含有しており，鉄は血色素を構成する必須成分のひとつである．その鉄が体内で不足し，十分な血色素が生産できなくなり生じる貧血である．血液には，さまざまな成分が含まれ，そのひとつに赤血球がある．そのなかに含まれるヘモグロビンは，酸素と結合するヘムという物質と，グロビンというタンパク質が結合したものである．通常体内の鉄の出入りは少なくバランスは保たれているが，何らかの原因でこのバランスが崩れると鉄欠乏症となる．鉄が不足するとヘモグロビンの産生がうまくいかず，赤血球1個あたりのヘモグロビンが減り，赤血球の大きさが小さくなり小球性低色素性のIDAとなる．貧血の90％以上がこのIDAといわれる．高齢者の貧血で頻度がもっとも高いのはIDAであり，過半数が消化管出血による．貧血の一般的な症状は，動悸，息切れ，易疲労感であるが，高齢者の場合，ヘモグロビン濃度が9g/dl未満でも，これらの自覚症状のない場合が多い．

手続き記憶（テツヅキキオク） 英 procedural memory. プライミング，古典的条件付け，非連合学習とならんで長期記憶における非陳述記憶に分類され，技能を繰り返し経験，トレーニングすることで，その操作性，規則性を学習することによって獲得される記憶．いったん獲得した手続き記憶は，自動的に機能し長期間保たれるという特徴があるといわれている．また，獲得する技能の内容により，運動性技能学習（motor skill learning），知覚性

技能学習（perceptual skill learning），認知性技能学習（cognitive skill learning）の3種類に分類される．したがって，運動技能，知覚技能等の認知・行動レベルにおける記憶といわれ，言語による記憶ではなく経験，トレーニングなど反復することで習得されるといった，いわゆる体で覚えた記憶ということができ，たとえば，車の運転，スポーツ，タイピング，楽器演奏の練習等がこれに当たる．
⇨意味記憶，エピソード記憶

デマンド 英demand．要介護者や介護をしている家族の要望・希望を示す．対語の「ニーズ」は，要介護者などが欲していることだけではなく，専門職としての見地を踏まえた要介護者などに必要なことを示すのに対し，デマンドはあくまで要介護者などが主観的に欲していることである．
⇨ニード

テリトリー 英territory．人間の「生活領域」のことで，ある個人が，自分あるいは自分のものという意識をもち，そこを支配する一定の空間のこと．動物のテリトリーとしての「なわばり」は，他者の侵入から防衛された空間をいう．高齢者が施設入居によりひとつの建物内での集団生活を送るときに，このテリトリーという概念を応用して検討する必要がある．テリトリーは人間にとってかえるべき居場所であり，不可欠な欲求を満たす場でもあり，アイデンティティ形成の場であり，それがないと不安になるものである．すなわち施設で快適に暮らすには自分のテリトリーをもてることが基本となる．そして生活領域はプライベート，セミプライベート，セミパブリック，パブリックという段階的空間構成をもち，施設にこの段階に応じた多様な空間があり，個人がこれらをスムーズに使い分けできることが望ましい．
⇨パーソナライゼーション，空間領域化，段階的空間構成

伝音性難聴（デンオンセイナンチョウ） 英conductive hearing loss．聴覚の障害，「聞こえにくさ」の原因は3つに大別される．ひとつは中耳炎などのために外耳や中耳を伝わる音が届きにくくなる伝音性難聴である．極端な場合には外耳道に耳垢がたまって音が聞こえにくくなっている場合があり，認知症ケアの場合にはとくに注意が必要である．伝音性難聴は外耳道の治療や補聴器によって音が伝わるようになれば改善できる．
⇨感音性難聴，補聴器

電解質異常（デンカイシツイジョウ） 英electrolytic imbalance．ミネラルイオンが生体内でバランスを崩した状態で，生体の内部環境破壊を意味し，生命の危険を招くことがある深刻な状態である．細胞内液や血漿などを体液といい，これに溶け伝導性をもつミネラルイオンを電解質という．電解質には，体の水分を調節する働きがあるナトリウムイオン，筋肉や神経に関係するカリウムイオン，骨や歯の形成，神経刺激の伝達，血液の凝固に関係するカルシウムイオン，体内に酸素を供給するクロールイオンなどがある．これらのミネラルイオンは，体液内でのバランスをとりながら，人が生きていくうえで欠くことができない役割を果たしている．

てんかん（テンカン） 英epilepsia／epilepsy．てんかんは，反復性のけいれんを主な症候とするもので，意識障害を伴うことが多い．原因不明のものと，脳の疾患によるものとがある．前者は，幼少期から思春期にもっとも多くみられ，老年期ではほとんどみられない．主な検査には脳波検査がある．脳波検査は，頭部に電極をつけ，脳から発生する微弱な電波を増幅し，波形として記録するものである．老年期のけいれん発作を認めた場合，頭部外傷，感染，脳腫瘍，脳血管障害など，脳の器質的疾患によるけいれんである可能性があり，それらを詳しく調べる必要がある．アルツハイマー病（AD）では，その経過中，とくに進行した場合はけいれん発作をしばしば認めることが知られている．頻回に認めたり，呼吸が困難になるほどの重症の場合は，抗けいれん薬が投与される場合がある．
⇨意識障害

電撃性肝炎（デンゲキセイカンエン） ➡劇症肝炎を見よ．

点検商法（テンケンショウホウ） 同危険商法．高額な商品や修繕などの販売が目的にもかかわらず，家庭を訪問し家屋などの無料点検に来たと称し「工事をしないと危険」「布団にダニがいる」などといって消費者の不安をあおり，商品や修繕サービスを契約させようとする悪質商法のひとつ．特定商取引法によると，勧誘の際には，販売目的の訪問であることを消費者に明示することが義務づけられており，消費者に，商品の価格，性能等に関する重要事項を故意に告げない行為を，虚偽説明の場合と同様に罰則の対象とし，消費者は契約を取り消すことができる．

電磁調理器（デンジチョウリキ） 英induction heating cooker．誘導加熱により加熱する器具．ガスや火を使用せず電力のみで動作するため停電のときは使えないが，衣類に火が点火する等による火傷の危険が少ないことや空気汚染がないことから，近年とくに高齢者世帯で導入されている．行政による補助がでている場合もあるが，メリットばかりでなく留意しておくべき点がいくつかある．認知症の場合，火炎をみて危険と察知する習慣は身についているが，火の気がない場合には危険意識をもたない可能性がある．また，新しい操作方法を覚えることがむずかしく，自動安全装置は各種ついているが逆にそれが混乱を招く場合もある．鍋の材料，形，大きさに制限があり，ガスコンロの場合と同じ調理動作ではできない料理や少量調理がむずかしい場合があるため，使いこなしにくい．さらに電磁波の発生による過敏症の人やペースメーカー使用者への影響にも留意するべきである．

天井走行式リフト（テンジョウソウコウシキリフト） 英hoist trolley．移動用リフトは，自力での移動が困難な人の身体をつり上げ，または体重を支える構造を有するものである．そのなかのひとつである天井走行式リフトは，走行用のレールを天井に固定し，電動または手動で昇降操作するリフトである．レール固定には，屋内工事が必要となる．この天井走行リフトを使用し，介助者はつり具を身体に装着することで，安楽に屋内の移動をすることができ，介助量の軽減になる．この天井走行リフトのほかに，介護保険法では厚生労働大臣が定める福祉用具貸与にかかわる福祉用具に位置づけられている床走行式リフト，固定式リフトまたは据置式リフトがある．
⇨床走行式リフト

デンタルプラーク ➡歯垢を見よ．

転倒回避（テントウカイヒ） 英fall prevention．転倒を回避するためには，物理的・人的・運営の環境を工夫し，

たとえ転倒しても骨折しにくい環境づくりをすることも重要である．物理的環境では，床の上に物が散らからないように片づけることから始めて，手すりの設置や，手すり代わりに伝い歩ける家具の使用などを行う．視覚低下に対応し，手すりや段差を目立たせたり，足元灯を設置することもよい．また，転倒は足の裏で感じる床材との摩擦の差に起因する．すなわち高齢者の歩く経路の床が畳，カーペット，フローリングとそれぞれに滑りやすさが異なるときに，同じ力で進もうとして摩擦抵抗によりバランスを崩すことがある．そのため，履き物と床材の組み合わせと本人の脚力とを組み合わせて個別に検討する必要がある．人的・運営的環境では，高齢者のアセスメントによる心身や行動の特性を把握し，生活リハビリによる運動機能維持や介護方法の工夫，また見守り態勢をつくりチームケアを行うことが大切である．
⇨転倒・転落

電動義手（デンドウギシュ）㊥ electric prosthetic hand．バッテリーを動力源に小型電動モーターで作動する義手のこと．大別して，スイッチを使って制御するものと，断端部の筋電位によって制御するものがある．高価で日本ではあまり一般的ではないが，世界各国で普及している．
⇨義肢

電動車いす（デンドウクルマイス）㊥ electric wheel chair．電気モーターによる走行が可能な車いすをいい，シート下に大容量のバッテリーと電気モーターを備えているものが多い．日本の道路交通法では，時速6km未満は車両ではなく歩行者として扱われるため，電動車いすの時速も6km未満となっている．また車体の大きさは，長さ120cm，幅70cm，高さ109cmを超えないこととなっている．大容量のバッテリーと電気モーターを備えながら，無免許で運転することが可能なことから，電動車いす安全普及協会が発足し，電動車いすの健全な利用の促進を啓もうしている．

転倒・転落（テントウテンラク）転倒；ひっくり返ること．転落；ころがり落ちること．外傷や骨折につながり，生活の質（QOL）を根底から覆す危険性がある．後遺症が残ったり寝たきりになったりして精神的にも大きな悪影響を及ぼす．仮に軽度の事故であっても転倒後不安症候群で行動を抑えるようになり，筋力低下・廃用症候群，対人関係・社会参加の低下につながる．転倒・転落の要因は介護者の見守りの有無や方法による「管理要因」，移乗などの介護方法の不適切による「ソフト要因」，ベッドの高さ，床の状態，部屋の明るさなどの「環境要因」，機能障害や認知症など本人の心身状態による「患者要因」がある．とくに認知症の人の場合には，①危険の察知や予測がむずかしい，②杖や手すりなどの道具や設備を正しく使えない，③苛立ち・興奮などの認知症の行動・心理症状（BPSD）による事故のリスク，④治療のための精神薬のふらつき・筋肉弛緩などの副作用，⑤視力，視野，色覚の感度の低下，⑥起立性低血圧・入浴後低血圧などによるバランスの崩れ，などの要因がある．

と

トイレ環境（トイレカンキョウ） 英 toilet environment. 高齢者，とくに認知症への対応として，「分かりやすい」トイレ環境への工夫が重要である．トイレの場所を分かりやすくする支援として，日中はトイレドアにサイン，夜間はトイレまでの動線部に足元灯などを点灯し，トイレの照明を点灯しておく．また，ドアは開けて便器をみえるようにするなどトイレ場所の明示を心がける．介助スペースの確保として，前方および側方に500mm程度（人体の肩幅寸法）の介助スペースを設けることが望ましい．掃除のしやすさ・失禁への対応として，床は掃除がしやすい塩化ビニルシートなどの掃除がしやすい素材が望ましい．施設だけでなく，在宅でも同居家族への配慮や清潔保持の観点から，失禁で汚れた衣類を洗う場所として，洗面台とは別にスロップシンク（汚物流し台）を設けるとよい．

トイレ動作（トイレドウサ） 英 toilet activity. 人がトイレにおいて排泄する過程で行う一連の動作をいう．具体的には，尿意・便意をきっかけとして始まり，トイレに入りプライバシーを確保する過程，衣服を脱ぎ排泄の体制を整える過程，排泄する過程，身体を清潔にする過程，衣服を整えそれまでの生活の流れに戻る過程などからなる．なお，スムーズな排便のためには，排泄する過程における動作として姿勢を前傾に固定し足を膝より引き，腹圧をかけ排泄するといったようにさらに細かい動作をアセスメントし，必要に応じて支援することとなる．
⇒排泄

同一視（ドウイツシ） 英 identification. 無意識の心の動きである防衛機制の一形態で，ある他者（対象）の評判や望ましい状況，考えや感情，行動に自分を重ね近づけて，その他者と同じような傾向を示すことで満足する心理的な過程のことである．たとえば，ある他者に好意的な興味，関心がある場合，その相手の好むものに自分も興味をもつことが挙げられる．これはわれわれの通常の心的反応であり，認知症ケアにおいてもよくみられる場面でもある．ただし，好ましい対象との同一視のみではなく，恐怖や不安の対象と同一視することで自分自身を守ろうとする場合もある．したがって，ある他者が恐怖感や不安感を抱いている場面で，この同一視によって，認知症の人も同様に恐怖感や不安感を抱くこともあることから，周囲への影響や相互作用に留意しなければならない場面もある．

動悸（ドウキ） ➡心悸亢進を見よ．

動機づけ（ドウキヅケ） 英 motivation 同 モチベーション. ある目標に向かって一定の行動を起こし，その行動を方向づけ，維持する一連の心的な過程である．行動の原動力には，内的状態である動因あるいは動機があり，ある行動を引き起こす際に外的条件である誘因という刺激が加わり，行動に向かう．誘因とは，その行動を起こす目標やその目標のもつ魅力を指し，行動を誘発する要因である．行動の生起には，この一連の過程が必要で，たとえば，高齢者にある悩みがあって苦痛を感じている場合，相談してもよいと思う人（施設職員など）を知り，相談に行こうという気持ちになった．このような心の動きのとき，動機づけが高まったという．この動機づけが高いと，高齢者本人も悩みの解決に向け主体的・能動的になるため，相談援助やケアの効果が現れやすい．

道義的責任（ドウギテキセキニン） 英 moral responsibility. 道義はmoralの訳語であり，道徳と同義とされる．道義的責任とは，法律やルールのように明文化されておらず，外的強制力はないものの，ある集団や社会の規範や価値観のなかで，果たすことが望ましいと認められる責任のこと．

同居家族に対する訪問看護の禁止（ドウキョカゾクニタイスルホウモンカンゴノキンシ） 同居家族に対する訪問看護の禁止とは，厚生労働省による基準省令「指定居宅サービス等の事業の人員，設備及び運営に関する基準」の第71条において「指定訪問看護事業者は，看護師等にその同居の家族である利用者に対する指定訪問看護の提供をさせてはならない」とし，同居家族に対し訪問看護を行うことを規制した条項のことをいう．

道具的条件づけ（ドウグテキジョウケンヅケ） ➡オペラント条件づけを見よ．

統合教育（トウゴウキョウイク） ➡インテグレーションを見よ．

瞳孔散大（ドウコウサンダイ） 英 mydriasis. いわゆる黒目とよばれる部分のうち，虹彩とよばれる茶色の帯状のものの中心にあるものが瞳孔である．瞳孔は，散大したり縮小したりすることで，眼球内に入る光の量を調節し，また，近くのものをみようとすると，縮小して焦点を合わせることができる．光が当たると瞳孔は収縮し，小さくなる．これが対光反射である．瞳孔が大きくなることを散大とよぶ．片方だけの散大は神経の損傷でも起きるが，両側の瞳孔散大は，大脳と脊髄との間にある脳幹の障害で起きる．脳幹は，呼吸など重要な機能を司っており，両側の瞳孔散大は，そこが重篤な障害を受けていることを意味するため，死亡確認のうちのひとつの重要な徴候である．なお，眼科で眼底検査を受ける場合に散瞳薬を点眼することがあり，この場合も瞳孔は散大するが，数時間で回復する．

統合失調症（トウゴウシッチョウショウ） 英 schizophrenia 同 精神分裂病. 内因性精神障害のひとつで，発症頻度は100人に1人と高く，国や時代による違いはない．臨床精神医学上もっとも重要な病態であるが，病像が特異的なことや，治療上の困難さなどから，その実態や発症原因について現在でも不明な側面が多くある．精神症状は百人百様といわれ，1人の病者にすべての症状が出現するのではなく，病型や病気の時期によって異なる．発症初期は心身不調の訴え，身辺の不衛生，社会的引きこもりなどが多い．次に，妄想気分，被害感，幻聴，自我や感情あるいは行動の障害などの特徴的な症状が出現するが病識は薄い．ときに，妄想・幻覚に突き動かされて自傷他害，自殺の危険性を伴うことがある．慢性期には，

自閉，感情の鈍り，意欲減退などが目立ち，人格の欠陥や崩れが現れる．治療は薬物療法と生活療法が主体で，段階的に社会復帰に焦点を当てたアプローチを行う．統合失調症患者の高齢化問題も最近では注目されている．
⇨陰性症状，陽性症状

橈骨遠位端骨折（トウコツエンイタンコッセツ）㊥ distal radius fracture．橈骨は前腕にある2本の骨の親指側の骨．骨粗鬆症を有する高齢者に多い骨折のひとつである．転倒して手のひらをついたとき，橈骨の遠位端（手関節に近い部分）に起こる骨折である．

同語反復（ドウゴハンプク）㊥ palilalia／paliphrasia．同じ言葉を無意識的に繰り返すこと．自ら意図的に中断することが困難であるといわれる．基底核や前頭葉内側面との関連が指摘され，多くの要因が関与すると考えられている．認知症ケアの場面においては，比較的重度の認知症の人にみられ，同語反復によりコミュニケーションが成立しないことも多い．そのため，ケアする人が対応に困り疲弊してしまう傾向がある．また，施設においては周囲のほかの高齢者が，同語反復を不快に感じトラブルに発展する場合もある．したがって，周囲への影響も考慮しなければならない．同語反復をする認知症の人には，注意をほかに向け，それに集中できるような対応などを検討する必要がある．また，アルツハイマー病（AD）中期以降には言葉の終わりの音節を反復する（例：ありがとがとがと……）語間代が現れることがある．

動作緩慢（ドウサカンマン）㊥ bradykinesia．のろのろした動きのことを指す．精神的なものとしては，うつ状態の人は，声に力がなく意欲が低下しているために，動きがゆっくりで鈍い感じとなる．しかし，抑うつ気分は1日のなかでも変動することがあり，朝は元気がなく動きも少ないのに，午後や夕方になると動きが軽やかになることもある．一方，脳の器質的なものには，パーキンソン病がある．脳の一部の原因によるもので，じっとしていても手指が震えたり（静止時振戦），身体がこわばって固くなり（筋固縮），動きが乏しくなる（無動・寡動）．前かがみの姿勢となり，歩幅が小さく，小刻みな歩行となる．筋肉がこわばっているため，急な動きやスムーズな動きができなくなり，動作がゆっくりとなる．便秘，立ちくらみ，発汗が多いなどの症状や，抑うつを示すことも多い．治療には，パーキンソン病治療薬の服用が一般的である．また，パーキンソン病症状を呈する認知症には，レビー小体型認知症（DLB）がある．
⇨パーキンソン病，うつ病，筋固縮，姿勢反射障害

動作分析（ドウサブンセキ）㊥ operation analysis ㊤ OA．ある介護的な動作を行う際に，その動作の過程などを詳細に分解して，その動作を成立させている種々の要素や側面を運動学的・運動力学的・神経学的な観点から，身体各部位ならびに関節の時間的，空間的推移をもとにその動作のあり方の検討・分析を行うこと．たとえば，ベッド上での起き上がりを側臥位から行う動作の場合，①側臥位の状態で両下肢をベッドから下ろす（体幹を固定することができて下肢を持ち上げられる），②肘をついて上半身を起こす（骨盤帯を含めた体幹が重要であり，下側の上肢を伸ばして頭部が円を描くように上半身を持ち上げる．上下半身の重心と全体の重心の位置を考え，体幹が使用され下半身と体幹がつながっているか），③手をついた状態になりさらに上半身を起こし正中位をとる（肘上げをするとあとは自力でできるか，正中位がとれるか），の順序を，運動学・力学・神経学の側面から，安定した動作を検討・分析することである．

動作領域（ドウサリョウイキ）㊥ active area．日常生活動作における各動作（排泄動作，入浴動作など）を行う際に必要な領域．また，使用する設備のスペースも領域に含まれる．対象者が車いす使用者であれば，車いすが移動するスペース，一本杖使用者であれば一本杖で移動するスペースも含む．たとえば，対象者のベッドからベッドへの移乗の際に，介助者4人で介助した場合の必要動作領域は，介助者4人の動作領域と対象者がベッドからベッドへ移乗する動作領域を足した領域となる．

当事者組織（トウジシャソシキ）認知症の人の家族，アルコール依存症，盲ろうなど共通の体験や課題，疾病，障害をもった当事者を中心として，構成された組織のこと．援助・支援を受ける立場になりがちな当事者が中心となって主体的に活動する組織であり，当事者同士のピアサポートや学び合い，差別・偏見を一掃するための活動や制度・施策改善のためのソーシャルアクション等，当事者のための活動が行われる．

糖質（トウシツ）㊥ carbohydrate／saccharide．アルデヒド基または，ケトン基をもつポリアルコールとそれらの誘導体および縮合体の総称．糖質は体の主要なエネルギー源であり，消化・吸収され体の中で1gあたり4kcalのエネルギーになる．とくに脳では血液中の糖質（ブドウ糖）だけがエネルギー源となる．炭水化物は，単糖類，多糖類に分けられる．通常，炭水化物は，多糖類であるデンプンを多く含んでいる．炭水化物はもっとも多く必要とされる栄養素である．70歳以上の高齢者が必要とされる糖質（炭水化物）の食事摂取基準の目標量は50～70%／日とされている．

等尺性運動（トウシャクセイウンドウ）㊥ isometric exercise．関節を動かさず，筋肉を収縮，弛緩させる筋力強化のための静的な運動．炎症や骨折等により関節を動かすことができない場合に適している．ただし，頭蓋内圧亢進のおそれがある人，循環動態が不安定な人には禁忌である．

凍傷（トウショウ）㊥ frostbite／congelation．低温が原因で生じる皮膚や皮下組織の障害である．極度の低温や，0℃を少し下回る程度の温度でも長時間皮膚や身体がさらされると生ずる．極度の低温や長時間の寒冷下にさらされたとき身体の保護作用によって皮下の血行は極端に悪化し，部位によっては血行不全になる．低温に血行不全が重なることによって体組織は凍結し深刻な損傷が生じることになる．凍傷は心臓から遠い部位および寒冷にさらされる表面積が大きい部分にもっとも生じやすい．症状を3度に分類し，第1度凍傷では，局所は潮紅または，紫藍色を呈し，浮腫を伴っている．第2度凍傷は，局所は硬く腫脹し水泡を生じる．第3度凍傷は，組織が壊死を起こし局所は暗紫色のちに黒色となる．原則では，第1度，第2度は，回復する．糖尿病はしばしば凍傷の原因となるため，糖尿病患者は寒冷な土地への旅行を避けるなどの予防措置を講ずることが必要とされることがある．

盗食（トウショク）盗み食いのことで，いわゆる食行動に関する認知症の行動・心理症状（BPSD）の一種である．盗食が起きる状況として食事の際，他者に配膳された食事を自分のものと思い込んで食べてしまうことや，施設

のなかで徘徊し他者の部屋に入った際，置いてあった菓子類などを勝手に食べてしまうことなどが挙げられる．また，前頭側頭型認知症（FTD）のピック病の特性にみられるように，目の前に食物があるのを本能のままに食べてしまうこともある．こういった場合，盗食をした認知症の人自身は，食物は他者のものであるという認識がないため，他者のものだから食べてはならないと指摘しても理解できず混乱することがある．認知症による盗食は，高等感情の障害や脱抑制・反社会的行動といった前頭葉機能の障害が主な要因と考えられている．認知症ケアにおいては，盗食した人と盗食された人とのトラブルが生じやすいため，食事したことを忘れていないかなど，多角的な視点からのアセスメントが重要である．

同心性視野狭窄（ドウシンセイシヤキョウサク）➡求心性視野狭窄を見よ．

動線（ドウセン）㊥ traffic line. 人が動いた軌跡．たとえば，台所からトイレまで移動する場合，台所から廊下を通りトイレに移動する軌跡をいう．高齢者や障害者，認知症の人の動線は単純で短いことが望ましい．介護者の動線は介護動線という．2013年の高齢者の住宅内事故（東京消防庁）は，居室（73％），続いて階段（7.7％），庭（5％），廊下（4.7％）と続き，事故の場所は多岐にわたるが，圧倒的に居室の割合が高い．また，事故原因別割合では，転倒（46.6％），転落（8.9％），薬物中毒（7.9％）と続く．このことから，住宅内事故の予防には，滞在時間が長い居室や廊下など動線部のバリアフリー化が重要である．認知症では，トイレの場所が分からなくなり，尿・便失禁に至ることもあるため，見当識への支援として，日中は，トイレのサインを対象者がみえる場所に貼る，トイレの便器をみえるようにドアを開けておく，夜間は寝室からトイレまでの動線に足元灯を設置するなどの支援を行うことでトイレまでたどり着きやすくなる．また，自室前には，本人になじみのある飾り（メモリーボックス等）を設置することで，短い動線で居室にたどり着くことができるため，動線の見当識支援は有用な環境整備である．

糖代謝異常（トウタイシャイジョウ）㊥ glucose metabolism disorder. 血糖値が正常な値より高くなったり，いちじるしく低下した状態のこと．主な原因として，糖尿病やビタミンB_1不足が挙げられる．糖尿病は膵臓からのインスリン（糖脂質，アミノ酸代謝を調節するホルモン）の供給の不足，または作用の不足によって起こり，慢性の高血糖が持続する．これらの不足は種々の原因により起こり，糖尿病の重症度はインスリンの作用の不足の程度によって決まる．ビタミンB_1は，糖質代謝を主としたエネルギー産生に中心的な役割を果たす栄養素であり，補酵素として酵素と結合してその働きを助ける．酵素とビタミンB_1の働きにより体内で糖質はブドウ糖に分解され，中枢神経や末梢神経・脳などの唯一のエネルギー源となる．そのため，ビタミンB_1が不足すると，糖代謝がうまくいかずイライラしたり精神が不安定になったり，神経が正しく機能しなくなる．長期間不足が続くと，疲れやすくなるだけでなく，記憶力の低下，動悸，手足のしびれ，倦怠感などを引き起こす脚気心不全の原因となる．

動体視力（ドウタイシリョク）㊥ dynamic vision. 対象物が動いている際に視線を外さずに持続して識別する能力を動体視力とよぶ．動体視力には左右，水平方向の動きを識別するDVA動体視力と，遠くから手前に向かって近づくなどの前後方向の動きを識別するKVA動体視力がある．動体視力に対して，対象物が静止している場合の視力を静止視力とよぶ．

東大脳研式記銘力検査（トウダイノウケンシキキメイリョクケンサ）➡三宅式対語記銘力検査を見よ．

疼痛（トウツウ）㊥ pain／ache／dolor. 痛みを示す医学用語のこと．身体組織を実質的に侵害する刺激により生じた化学物質が痛覚神経終末に作用している可能性がある．疼痛には大きく分けて以下の3種類ある．①侵害受容性疼痛；ケガや火傷をしたときに出現する疼痛をいう．傷を負った部分に炎症が起こり，痛みを起こす物質が発生し，この物質が「侵害受容器」という部分を刺激することで疼痛となるため，「侵害受容性疼痛」とよばれる．②神経障害性疼痛；何らかの原因により神経が障害され，それによって起こる痛みを「神経障害性疼痛」という．坐骨神経痛や脳卒中や脊髄損傷による痛みなどがある．傷や炎症などがみえない場合，神経が原因となっていることがある．③心因性疼痛；傷や炎症などはないが，不安や社会生活で受けるストレスなど，心理・社会的な要因が関与する痛み．
⇨トータルペイン

導尿（ドウニョウ）㊥ catheterization／urethral catheterization. 膀胱にたまった尿をカテーテルを通して体外へだすこと．外尿道口から尿道を通して導尿カテーテルを膀胱内へ挿入し行う．導尿の目的は，前立腺肥大症，尿道狭窄などによる尿閉，手術後の尿閉や神経因性膀胱などによる，膀胱尿の除去およびその採取のほか，薬物注入や内視鏡検査，膀胱洗浄の前処置などである．導尿カテーテルには，バルーンカテーテル，ネトランカテーテル，チーマンカテーテル，金属カテーテルなどがあり，それぞれ状況に応じて用いられる．導尿は，一時的導尿・持続的導尿法等があり，いずれもカテーテルを尿道口から膀胱へ挿入し排尿させる．そのため細菌感染への注意は重要であり，清潔操作が必要とされる．また導尿は，あまり尿をため過ぎると感染のリスクが高くなるため300ml程度がよいとされている．膀胱の許容範囲は，約500mlとされ，尿は1分間に1ml生成されるので8時間を超えて排尿がない場合は，導尿を考慮する．その際，自らが行う自己導尿が用いられる場合もある．
⇨カテーテル

糖尿病（トウニョウビョウ）㊥ diabetes mellitus／diabetes ㊧ DM. インスリン作用不足による慢性の高血糖状態を主徴とする代謝疾患群であり，インスリン作用不足の原因によって，1型糖尿病と2型糖尿病に分類される．1型糖尿病は，膵B細胞（膵β細胞）の破壊や消失によるインスリン欠乏が原因であり，小児〜思春期に発症することが多い．また，肥満とは関係なくインスリン治療が生存に必要となる．2型糖尿病は，インスリン分泌の低下や抵抗性をきたす複数の遺伝子に過食（とくに高脂肪食），運動不足などの環境要因が加わることによるインスリン作用不足が原因であり，40歳以上の中年期に発症することが多い．日本人のDM患者の大部分を占めており，治療法は症例に応じて選択される．DMの確定には血液検査が必須であり，空腹時血糖が126mg/dlまたはブドウ糖負荷試験2時間後の血糖が200 mg/dl以上かつ

HbA$_{1c}$（NGSP）が6.5％以上の場合にDMと診断される．DMの合併症には，意識障害や昏睡をもたらす急性合併症（糖尿病性ケトアシドーシス，高血糖高浸透圧症候群）と，機能および生命予後を左右する慢性合併症（網膜症，腎症，神経障害，糖尿病足病変など）がある．DM患者の認知症発症リスクは，非DM患者に比べてアルツハイマー病（AD）では1.4倍，血管性認知症（VaD）では2.4倍高く，DM治療によって生じる低血糖も認知症発症リスクを高めることが明らかとなっている．認知症の治療やケアにとって，DMのコントロールは重要な指針である．

糖尿病食事療法（トウニョウビョウショクジリョウホウ）

㊥ diet therapy for diabetes／diet therapy of diabetes mellitus. 糖尿病は，食事，運動，薬物療法が治療の三本柱である．食事療法は血糖の上昇に直接かかわってくるため，とくに重要で，1日の摂取エネルギーを守り，過剰な摂取を避け，栄養素をバランスよくとることが大切である．高齢者ではエネルギー消費が低下していることもあり，身体活動量を25（kcal/kg標準体重）で設定することが多いが，労作にあわせて30〜35にすることもある．炭水化物は指示エネルギー量の50〜60％，タンパク質は標準体重1kg当たり1.0〜1.2g，脂質は指示エネルギー量の25％以内とする．日本糖尿病学会では食事療法に食品交換表を用いることを推奨している．食品交換表は，適正な量で栄養のバランスのよい食事献立がだれにも手軽にできるようにつくられたものである．食品を主にどのような栄養素が含まれているかによって6つの表に分けて，80kcal相当を1単位とする食品の目安（重量）が示されている．単位数が同じで，同じ表の食品であれば互いに交換して食べられる．

糖尿病性壊疽（トウニョウビョウセイエソ）

㊥ diabetic gangrene. 糖尿病の合併症である末梢神経障害や末梢血管障害に感染症が加わることで起こる，虚血性の皮膚病変．合併症である末梢神経障害では，知覚鈍麻のため熱傷や外傷に気づかず，治療が遅れて皮膚の潰瘍形成が起きやすい．また，末梢血管障害による末梢への血流低下に加え，高血糖状態による創傷治癒の遅延は皮膚の潰瘍の再生を妨げ，虚血状態（壊死）を容易に引き起こすため，最悪の場合は治療として切断を余儀なくされることもある．皮膚（とくに末梢の足）の観察や手指や足趾の間の清潔保持や保湿クリームの使用，外傷予防として靴下の着用を習慣づけるなど，予防的な側面での生活指導が重要である．

糖尿病性ケトアシドーシス（トウニョウビョウセイケトアシドーシス）

㊥ diabetic ketoacidosis. 高度のインスリン作用不足によって起こる急性合併症のひとつであり，高血糖（≧300mg/dl），高ケトン血症（脂肪の分解によりエネルギーが得られた場合に産生されたケトン体が血液中に高い割合で放出され，尿中に排出される状態），アシドーシス（動脈血のpHが7.3未満／酸性に傾くこと）をきたすことで，電解質バランスが悪化した状態をいう．インスリン注射の中止や減量，感染症の罹患や心身ストレスなどが原因で体内のブドウ糖の取り込みが極端に不足し，体内の細胞が飢餓状態に陥ることで生じる．激しい口渇や多飲・多尿，嘔気・嘔吐，腹痛などがみられ，重症化すれば意識レベルが低下して昏睡状態に至る．そのため，脳梗塞，脳出血などの脳血管疾患や急性胃腸障害，認知機能障害など，他の疾患と鑑別することが重要である．

糖尿病性神経障害（トウニョウビョウセイシンケイショウガイ）

㊥ diabetic neuropathy. 糖尿病に特有であり，代謝障害と血流障害が関与して生じる末梢神経障害である．広汎性左右対称性神経障害と単神経障害に大別されるが，一般的に糖尿病性神経障害は広汎性左右対称性神経障害を意味することが多い．いずれにしても，糖尿病以外の原因による神経障害と鑑別することが必要である．広汎性左右対称性神経障害は，高血糖の持続により発症および進展し，感覚・運動神経障害として両足の感覚障害（しびれや疼痛，知覚鈍麻，異常知覚），脱力やこむら返りといった徴候がみられる．また，自律神経障害として起立性低血圧や便秘，下痢，排尿障害，発汗異常などもみられる．単神経障害は糖尿病の罹患年数や血糖コントロールとの相関はとくになく，突然に起こる．脳神経障害として，外眼筋麻痺（動眼神経，滑車神経，外転神経の障害）や顔面神経麻痺が多い．

糖尿病性腎症（トウニョウビョウセイジンショウ）

㊥ diabetic nephropathy. 腎臓の糸球体の毛細血管の基底膜に存在するメサンギウム細胞が増生し，糸球体構造が破壊されることで生じる腎機能障害．1998年に人工透析導入患者の主要原疾患の第1位となって以降，患者数は増加の一途をたどっている．糖尿病性腎症の病気は第1期（腎症前期），第2期（早期腎症期），第3期A（顕性腎症前期），第3期B（顕性腎症後期），第4期（腎不全期），第5期（透析療法期）に分類される．そして，第4期（腎不全期）より人工透析の導入が始まり，第5期（透析療法期）では人工透析ならびに治療として腎移植の検討もなされる．第4期以前の患者は自覚症状が乏しいため，塩分やタンパク質の過剰摂取を控える腎臓病食への移行や水分管理，人工透析への心身の準備などのセルフケアを確立するための教育的支援が重要となる．

糖尿病性網膜症（トウニョウビョウセイモウマクショウ）

㊥ diabetic retinopathy. 高血糖による糖の代謝異常から網膜の毛細血管の閉塞により生じる視力障害．進行例として，代償的に網膜や虹彩に新生血管が生じたり，硝子体出血や網膜剥離を起こしたケースでは，重篤な視力障害を起こすものもある．治療は病期により異なるが，早期であれば血糖コントロールや高血圧の治療などにより悪化を防ぐことはできる．進行例については，眼科的治療として光凝固療法や手術での対応となる．糖尿病性網膜症による視力低下は，インスリン自己注射や血糖測定などの療養上の自己管理において支障となるだけではなく，糖尿病性壊疽を予防するために必要な足の観察も困難にする可能性がある．また，視覚情報が狭まることは日常生活行動の縮小を招き，認知機能や精神機能に影響を及ぼすこともある．糖尿病の合併症管理だけでなく，生活面や精神面への支援も重要である．

逃避（トウヒ）

㊥ escape. 防衛機制の一形態である．防衛機制は，判断力や内省力の状態により，いくつかに類型化されるが，逃避はそのなかでも神経症的な型に含まれる．不快な場面や緊張する場面，葛藤などをもたらすような状況から安定を求めて，一時的に自分を守ろうとしてなかば無意識的に逃れることをいう．非現実的な空想や白昼夢の世界で欲求を満たそうとすることや，疾病への逃避なども含まれる．軽度の認知症の人が，他者から指摘される認知症による自分自身のもの忘れに直面し，

不快感や葛藤を抱くことから逃れて，それを否定しつつ直視せずもの忘れのことを考えないようにすることが挙げられる．このように，切迫した状況におかれた際に，自我が傷つくことや崩壊することから守るための手段が防衛機制であるため，現実に対する適切な認識に基づいた機制として機能している限り，逃避は適応上，きわめて重要な役割を果たしているといえる．

頭部後傾法（トウブコウケイホウ）㊗ head tilt method. 気道確保の方法のひとつで，舌根沈下や気道内異物などによって気道閉塞を起した人に対して行われる．仰向けになった状態で，首を下から少しだけ持ち上げ，肩の下に枕などを入れ前額部を下にさげ，できるだけ頭を後ろに反らせ気道を直線化する．心肺蘇生法を行う際には，下顎挙上法などと組み合わせて行う．頸椎の損傷がある場合は障害を悪化させる危険性があり禁忌とされる．また，高齢者などで動脈硬化が強い場合は，過度に屈曲させてしまうことは危険である．
⇨気道確保，心肺蘇生法

動物介在療法（ドウブツカイザイリョウホウ）➡アニマルセラピーを見よ．

頭部保護帽（トウブホゴボウ）㊗ scalp guard. 転倒等の衝撃から頭部を保護することを目的とした帽子のことである．市町村が行う地域生活支援事業における日常生活用具給付等事業では，自立生活支援用具として位置づけられており，平衡機能または下肢もしくは体幹機能障害のある人が利用する場合，給付や貸与の対象となる．

洞房ブロック（ドウボウブロック）㊗ sinoatrial block. 洞結節で生じた刺激が心房へ伝達されにくい病態．洞不全症候群という大きな疾患グループの一疾患．洞房ブロックはSAブロックともいう．客観的には脈が乱れ，主として徐脈が起こる．主観的には，一時的に心拍が止まるわけであるから，ふらつき，めまい，ひどいときには意識の減損が起こる．高齢者においては，めまいや失神によって転倒が引き起こされ，大きな事故につながるリスクがある．

動脈硬化（ドウミャクコウカ）㊗ atherosclerosis. 動脈硬化とは動脈の血管が弾力を失って硬くなった状態のこと．加齢とともに動脈の内膜にコレステロールなどの脂肪がたまり粥状の硬化が始まる．さらに線維，ムコ多糖類，カルシウムなどが上乗せされるように増加して動脈硬化となる．リスク要因としては加齢だけでなく，脂質異常症，高血圧，糖尿病がある．動脈硬化が進行すると，その部位により，脳血管障害（脳梗塞や脳出血），虚血性心疾患（心筋梗塞や狭心症），腎不全，閉塞性動脈硬化症などを生じる．

動脈硬化性血栓性脳梗塞（ドウミャクコウカセイケッセンセイノウコウソク）高齢者においてはもっとも多くみられる脳梗塞である．脳の血管にもともと存在していた動脈硬化に血液の凝固性が亢進した（血管内において血液が固まりやすい状態）状態が重なり血栓ができあがる．この血栓が血流を止めたときにそこから先が梗塞巣となる．このタイプの脳梗塞は血圧の低くなる夜間の睡眠中，あるいは明け方などの安静時に起こりやすい．症状は時間と共に進行していくのが特徴である．最大の危険因子は高血圧である．症状や予後は各症例一定ではなく，梗塞巣の大きさや部位によって異なる．

動脈撮影法（ドウミャクサツエイホウ）㊗ arteriography ㊧ AG ㊥ 動脈造影法．X線不透過物質（主としてヨード造影剤）を使って血管の形態，血流の状態を撮影する検査である．それにより，主として動脈，場合によっては静脈の病変が診断できる．血管への物質注入は主として大腿動脈を使う．カテーテルを使って動脈に注入するSeldinger法がもっとも一般的であるが，最近ではdigital subtraction angiography（DSA）装置というコンピュータを使った撮影装置が開発されている．これは静脈にカテーテルを挿入するだけで，動脈を使うことなく造影剤を注入し，動脈の撮影を行うという画期的なものである．

動脈造影法（ドウミャクゾウエイホウ）➡動脈撮影法を見よ．

動脈閉塞（ドウミャクヘイソク）㊗ arterial obliteration. 何らかの理由で動脈が閉塞を起こした状態をいう．代表的なものに，①急性動脈閉塞症があり，それらは血栓が血流に運ばれて別の場所で閉塞を起こす動脈塞栓症と，血栓が大きくなりその場で動脈の閉塞をきたす動脈血栓症とに分かれる．ともに薬物療法もあるが，血栓を除去する外科的処置も必要とされる場合もある．②大動脈炎症候群は大動脈が炎症を起こし閉塞をきたすものである．閉塞の部位や程度で症状はさまざまである．症状が重い場合はステロイドホルモンを使う．③レイノー症候群は女性に多く，手足の細動脈が攣縮を起こし血流が途絶する病気である．治療としては血管拡張薬を飲んだり，場合によっては交感神経の機能を低下させる手術も行われる．

動脈瘤（ドウミャクリュウ）㊗ aneurysm／aneurism ㊵ aneurysma. 大きく分けると脳動脈瘤と大動脈瘤の2大グループがある．共に動脈の壁の一部が何らかの原因で（主として動脈硬化性および外傷性である）薄くなり，そこに動脈血の圧力を受け血管が外に向かって膨らむという病的な状態である．ここでは大動脈瘤について述べる．大動脈瘤は胸部大動脈瘤と腹部大動脈瘤の2つに大きく分けられる．胸部大動脈瘤では胸痛，嚥下困難，嗄声などが症状として出現する．腹部大動脈では半数が無症状である．腹部大動脈瘤では腎動脈分岐部の下方がこの好発部位であり，動脈硬化が最大の原因である．破裂した場合は，激しい激痛に襲われ，救命は困難なことが多い．なお突然胸や背中に激痛が走り，大動脈の内膜を裂いて行くような深刻な病気に解離性大動脈瘤がある．原因はまだ解明されていないが，疾病の進展予防には高血圧のコントロールが重要であるといわれている．

同名半盲（ドウメイハンモウ）㊗ homonymous hemianopsia. 視覚刺激が角膜を通って最終到着点の大脳後頭葉視覚領野に至る視路におき，その途中，視索（視交叉部）より中枢側において障害が起こったときに起こる半盲．その特徴は病変の反対側の視野に視野欠損（半盲）が両側の視野に起こる．この障害を起こす原因疾患には脳血管障害や脳腫瘍がある．

独語（ドクゴ）㊗ monologue. 話し相手が存在せずになされる談話，独り言である．認知症の症状などによる幻覚があり，幻視対象に向かって幻聴に伴うひとり言をいうこともある．この場合は，幻覚や妄想に支配されている場面である．空笑が伴うことも多い．このような幻覚に基づく対話性独語や，精神運動興奮に伴う独語などいくつかの類型が指摘されており，人格解体が進行する場合もある．会話として聞き取れないような小声で話す場合

もあれば，あたかも相手と会話しているように身振り手振りを交えながら行う場合もある．他者が独語を遮って話しかけると止まることもある．独語の背景には，人間的環境の乏しさによって増強され，さらに閉鎖的な施設環境や独居生活など，対人交流もなく無為に過ごすことによって生起されることが指摘されている．

特殊浴槽（トクシュヨクソウ） ㊥ special bathtub. 介護浴槽のひとつで，身体機能が低下し，入浴動作が全介助になった対象者に使用される．座位が可能な人では，座位式特殊浴槽，座位がとれない対象者には仰向けの状態で入浴できる寝位式特殊浴槽がある．認知症の進行とともに，寝たきりになり拘縮等が進行すると，施設では家庭浴よりも特殊浴槽での入浴のほうが安全であると判断がなされ，特殊浴槽での入浴になることが少なくない．認知症の人にとっては，「お風呂に入る＝リフトの上で裸のまま仰向けになる」ことにつながらないため，なじみのない特殊浴槽での入浴は恐怖感を感じることになる．そのため，特殊浴槽での入浴は入浴の手順を説明することに加え，脱衣後はバスタオルを体にかけるなど，安心感を与える入浴の工夫が重要である．

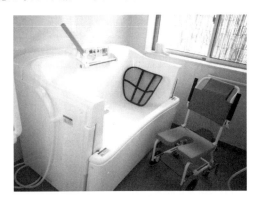

特定介護予防福祉用具販売（トクテイカイゴヨボウフクシヨウグハンバイ） 介護保険法第8条の2において規定される要支援者に対する特定福祉用具販売であり，用途が貸与になじまない福祉用具について，要介護状態になることや，現在の状態がそれ以上悪化しないようにすることを目的として販売するサービスのこと．具体的には，腰掛便座，尿や便の経路となる自動排泄処理装置の交換可能部品，入浴補助用具，簡易浴槽，移動用リフトのつり具などが販売の対象にあたる．販売は，福祉用具専門相談員の作成する販売計画に基づいて販売される．
⇨特定福祉用具販売

特定機能病院（トクテイキノウビョウイン） ㊥ advanced treatment hospital. 医療法に基づき厚生労働大臣より承認を受けた病院であり，高度な医療の提供，高度な医療技術の開発および評価，高度医療に関する研修等を実施する病院をいう．①厚生労働省令で定められた診療科目のうち10科目以上を有する，②同省令で定める数以上の病床数を有する（400床以上），③同省令で定められた人員要件を満たす，④同法で規定された施設を有する，⑤同省令および条例で定められた構造設備に適合する，などの条件がある．かかりつけ医や一般病院等からの紹介による診療を原則としている．

特定健康診査（トクテイケンコウシンサ） ㊥ specific medical check. 2008年4月から開始された健康診査であり，40～74歳の公的医療保険加入者を対象としている．目的は，糖尿病などの生活習慣病予防として，内臓脂肪を減少させる生活習慣介入が有効なメタボリックシンドローム（代謝症候群／内臓脂肪症候群）の該当者および予備軍の抽出である．検診の項目は，身体計測（身長，体重，体格指数：BMI，腹囲／内臓脂肪面積），理学的検査（身体診察），血圧測定，血中脂質検査，肝機能検査，血糖検査（空腹時血糖またはHbA$_{1C}$），尿検査である．検査結果から生活習慣病発症のリスクが高く，生活習慣を改善することで予防効果が期待できる対象については，専門スタッフ（保健師，管理栄養士）が生活習慣を見直すサポートを行う．また，糖尿病予防の観点としては，身体計測でリスクが抽出されなくても血糖検査で糖尿病が疑われた場合には，医療機関への受診を促したり，経過観察と並行した生活習慣病予防の指導を行ったりすることが，留意点として挙げられている．

特定施設（トクテイシセツ） ㊥ specialized facility. 介護保険法第8条11項において定められる施設であり，介護保険制度上の特定施設として指定を受けた施設をいう．定員は30人以上であり，具体的には「有料老人ホーム」「養護老人ホーム」「軽費老人ホーム」のほか，サービスつき高齢者向け住宅が特定施設として指定を受けているケースもある．ただし，特定施設は介護保険法において都道府県による総量規制ができることとなっており，特定施設としての基準を満たしている有料老人ホーム等であっても介護保険制度における居宅サービスを利用することを前提とした有料老人ホーム（いわゆる住宅型有料老人ホーム）等として特定施設の指定を受けていないものもある．
⇨特定施設入居者生活介護

特定施設入居者生活介護（トクテイシセツニュウキョシャセイカツカイゴ） ㊥ specialized care house. 介護保険制度における居宅サービスのひとつであり，要介護認定を受けた特定施設入居者に対し，可能な限り自立した日常生活を送ることができるよう，食事や入浴などの日常生活上の支援や，機能訓練などを提供するサービスをいう．都道府県・政令市・中核市が指導監督を行う介護給付によるサービスである．特定施設とは，特定施設の指定を受けた有料老人ホームや養護老人ホーム，軽費老人ホームが当てはまる．
⇨特定施設

特定疾患（トクテイシッカン） ㊙ 難病．特定疾患とは難治性疾患克服研究事業の対象に指定された疾患をいう．その対象疾患は130ある．その定義は，①原因不明で治療方法は未確立，後遺症を残すおそれがある．②経過が長期にわたり，経済的な問題はもちろんのこと，ケアなどに多くのマンパワーが要され，また本人も周辺も精神的に大きな負担を感じるもの，とされている．高齢者ケアなどでよく遭遇する疾患の例を参考のために記載する．脊髄小脳変性症，筋萎縮性側索硬化症（ALS），パーキンソン病，ハンチントン病，進行性核上性麻痺，正常圧水頭症，クローン病，潰瘍性大腸炎，特発性間質性肺炎，アミロイドーシス，後縦靱帯骨化症，ベーチェット病，メニエール病，突発性難聴，前頭側頭型認知症（新たに追加された），などである．
⇨特定疾病

特定疾患治療研究事業（トクテイシッカンチリョウケンキュウジギョウ） 治療方法が確立していない，いわゆる難病のうち特定の疾患（2015年5月現在で56疾患）について，医療の確率，普及を図るとともに，疾患に苦しむ患者の医療費負担の軽減を図ることを目的とする事業．実施主体は都道府県．対象の疾患に罹患し治療を受けており，保険診療の際に医療費の自己負担がある人を補助対象としている．日常生活にいちじるしく支障がある重症患者，低所得者を除いて，所得階層区分に応じた一部自己負担がある．自治体によっては56の特定疾患以外に独自に対象疾患を設けている．

特定疾病（トクテイシッペイ） 介護保険制度において第2号被保険者（40歳以上65歳未満）が要介護認定を受けるためには，老化に起因して発症した以下の16の疾病に罹患していることが必要である．それらは1998年政令412号第2条で定められている．①末期がん（医師が，一般に認められている医学的知見に基づき，回復の見込みがない状態に至ったと判断したもの）．②筋萎縮性側索硬化症（ALS）．③後縦靱帯骨化症．④骨折を伴う骨粗鬆症．⑤多系統萎縮症．⑥初老期における認知症．⑦脊髄小脳変性症．⑧脊柱管狭窄症．⑨早老症．⑩糖尿病性神経障害．糖尿病性腎症および糖尿病性網膜症．⑪脳血管疾患（外傷性を除く）．⑫進行性核上性麻痺，大脳皮質基底核変性症およびパーキンソン病．⑬閉塞性動脈硬化症．⑭関節リウマチ．⑮慢性閉塞性肺疾患（COPD）．⑯両側の膝関節または股関節にいちじるしい変形を伴う変形性関節症．である．
⇨特定疾患

特定入所者介護サービス費（トクテイニュウショシャカイゴサービスヒ） 介護保険法第40条12項に定められている，介護保険制度上の介護給付のひとつである．国が定める利用者負担限度額段階で第1段階～第3段階に該当する低所得者が，指定介護福祉施設サービス，介護保険施設サービス，地域密着型介護老人福祉施設入所者生活介護，短期入所生活介護，短期入所療養介護などを利用した場合，食事や居住等にかかった額に応じて支給される費用のことをいう．食費・居住費とも厚生労働大臣が定める基準費用額から利用者の負担限度額を差し引いた額が事業者に支払われる．

特定非営利活動促進法（トクテイヒエイリカツドウソクシンホウ） 英 Act on Promotion of Specified Non-profit Activities 同 NPO法．1998年3月に制定，12月に施行された日本の法律．6つの章から構成され，附則には，活動の分野が列記されている．同法の目的は，第1章第1条によれば，「特定非営利活動を行う団体に法人格を付与すること並びに運営組織及び事業活動が適正であって公益の増進に資する特定非営利活動法人の認定にかかわる制度を設けること等により，ボランティア活動をはじめとする市民が行う自由な社会貢献活動としての特定非営利活動の健全な発展を促進し，もって公益の増進に寄与すること」である（平成10年法律第7号）．同法は，2003年に別表に示す特定非営利活動の範囲を拡大させている．具体的には，①保健・医療・福祉，②社会教育，③まちづくり，④学術・文化・芸術・スポーツ，⑤環境保全，⑥災害救援，⑦地域安全，⑧人権・平和，⑨国際協力，⑩男女共同参画，⑪子ども，⑫情報化社会，⑬科学技術，⑭経済活動活性化，⑮職業能力開発，⑯消費者保護，の16の活動に分類され，⑰は以上の諸活動を支援する活動，である．

特定非営利活動法人（トクテイヒエイリカツドウホウジン） 英 non-profit organization 同 NPO法人／民間非営利組織．特定非営利活動促進法に基づいて特定非営利活動を行うことを主たる目的とし，同法に基づいて設立された法人である．特定非営利活動促進法第2条第2項によれば，NPO法人とは，特定非営利活動を行うことを主たる目的とし，以下の各号のいずれにも該当する団体であって，同法の定めるところにより設立された法人のことをいう．①次のいずれにも該当する団体であって，営利を目的としないものであること．(a) 社員の資格の得喪に関して，不当な条件を付さないこと．(b) 役員のうち報酬を受ける者の数が，役員総数の3分の1以下であること．②その行う行動が次のいずれにも該当する団体であること．(a) 宗教の教義を広め，儀式行事を行い，及び信者を強化育成することを主たる目的とするものでないこと．(b) 政治上の主義を推進し，支持し，又はこれに反対することを主たる目的とするものでないこと．(c) 特定の公職の候補者もしくは公職にある者又は政党を推薦し支持し，又はこれらに反対することを目的とするものでないこと．

特定福祉用具（トクテイフクシヨウグ） 英 specified equipment covered by public aid．介護保険法第8条第12項によれば，福祉用具とは，心身の機能が低下し日常生活を営むのに支障がある要介護者等の日常生活上の便宜を図るための用具であって，要介護者等の日常生活の自立を助けるためのものをいう．特定福祉用具は，介護保険サービスにおいて，福祉用具貸与と福祉用具販売に分けることができる．前者の福祉用具貸与の品目は，以下の13種類となる．①車いす．②車いす付属品（クッション，電動補助装置等）．③特殊寝台．④特殊寝台付属品（サイドレール，マットレス，スライディングボード，介助用ベルト等）．⑤床ずれ防止用具．⑥体位変換器（起き上がり補助装置を含む）．⑦手すり．⑧スロープ．⑨歩行器．⑩歩行補助杖（松葉杖，多点杖等）．⑪認知症老人徘徊感知機器（離床センサーを含む）．⑫移動用リフト（立ち上がり座いす，入浴用リフト，段差解消機，階段移動用リフトを含む）．⑬自動排泄処理装置．福祉用具は，要介護高齢者のための自立支援の用具であるが，当該高齢者の要介護度により，福祉用具利用に対するニーズも異なる．こうしたことから，要介護度別に介護保険で利用可能な福祉用具が異なってくる．具体的には以下となる．⑬自動排泄処理装置は，要介護4または要介護5の要介護高齢者しか利用できない．①車いす．②車いす付属品．③特殊寝台．④特殊寝台付属品．⑤床ずれ防止用具．⑥体位変換器．⑪認知症老人徘徊感知機器．⑫移動用リフトについては，要介護2～要介護5までの要介護高齢者しかレンタルすることができない．⑦手すり．⑧スロープ．⑨歩行器．⑩歩行補助つえの4品目に関しては，要支援1・要支援2，要介護1を含めて，すべての要介護高齢者がレンタルすることができる．注意すべきは，13種類の福祉用具について統一価格が設定されていないことである．事業者は都道府県の指定を受けているが，福祉用具のレンタル価格には格差があるので，レンタルする前に，事業者間で費用を相互に比較することが不可欠である．なお，レンタル費用は，要介護度別の

利用限度額の範囲内で，実際にかかるレンタル料の1割（2割）を自己負担する．

特定福祉用具販売（トクテイフクシヨウグハンバイ）⊛ sale of specified equipment covered by public aid. 介護保険法第8条第13項によれば，特定福祉用具販売とは，居宅要介護者について福祉用具のうち入浴または排泄の用に供するもの，その他の厚生労働大臣が定めるものの政令で定めるところにより行われる販売のことである．特定福祉用具販売は，居宅サービスのひとつである．福祉用具レンタルについては，13品目ある．これらは，レンタルが終了した時点で消毒がなされ，再度別の要介護高齢者がレンタルすることになる．しかし，福祉用具のなかには，レンタルになじまない品目がある．衛生上の問題から異なる要介護高齢者が再度利用するには適さない福祉用具が，レンタルではなく販売される．利用者側に立った表現でいえば，福祉用具購入ということになる．特定福祉用具の販売・購入の対象品目は，5種類ある．①腰かけ便座．②特殊尿器．③入浴補助用具（入浴用いす・浴槽用手すり・浴槽内いす・入浴台・浴室内すのこ・浴槽内すのこ）．④簡易浴槽．⑤移動用リフトのつり具部分．特定福祉用具の販売・購入に関する費用については，注意が必要である．当該年度の4月〜翌年3月末までの1年間に，10万円を上限とし，そのうちの1割（2割）を自己負担とする．対象品目は年度内1回限りの購入となる（たとえば，腰かけ便座が合わないということで，2つめの腰かけ便座を購入しても，介護保険の対象とはならない）．福祉用具の特徴としては，5種類の品目について，ホームヘルプサービスやデイサービス等と異なり，統一価格が設定されていないことである．事業者は，都道府県の指定を受けているが，福祉用具の購入価格には格差があるので，購入の前に，事業者間で費用を相互に比較することが不可欠である．支払方法に関しても2種類あり，こちらも注意しなければならない．購入先は，都道府県の指定を受けた福祉用具販売事業者に限定される．通信販売からの購入は認められない．同事業者から購入する場合は，福祉用具の代金全額（最大では10万円）を支払い当該保険者に還付申請を行い9割（8割）を受け取る「償還払い」となる．ただし，当該保険者に登録した事業者から購入する場合には，事業者に購入費用の1割（2割）だけ支払う「代理受領：事務委任払い」が可能となる．

特定保健指導（トクテイホケンシドウ）⊛ specific health guidance. 2008年度より，健康保険組合等の医療保険者は「特定健康診査等の実施に関する計画」の策定を義務づけられた．同計画のなかでは，「特定健康診査等の具体的な実施方法」「特定健康診査等の実施およびその成果に関する具体的な目標」等を定めることとされる．特定保健指導の対象者は，40歳以上75歳未満の被保険者および被扶養者であり，彼らを対象に，メタボリックシンドローム（内臓脂肪型肥満）の予防・解消に重点をおいた生活習慣病のための健診・保健指導が実施されている．具体的な目標は，糖尿病等の生活習慣病の有病者・予備群を減少させることである．特定保健指導の対象者の絞り込みは，以下の4つのステップにより行われる．①腹囲とBMIにより内臓脂肪蓄積のリスクを判定する．②検査結果，質問票により追加リスクをカウントする．③ステップ①②により保健指導レベルをグループに分ける．具体的には，積極的支援レベル，動機づけ支援レベル，情報提供レベルに分けられる．④積極的支援レベルとなった前期高齢者については，動機づけ支援レベルとする．

特定保健用食品（トクテイホケンヨウショクヒン）⊛ food for specified health uses ㊙ FOSHU. それぞれの食品は消費者庁の許可を受けた保健の効果（許可表示内容）が期待できることを表示した食品をいう．通称「トクホ」．医薬品とは異なり，病気の治療のために使用するものではなく，「健康」が気になる人を対象とする食品である．身体の生理学的機能などに影響を与える保健機能成分を含む食品で，おなかの調子を整える，血圧やコレステロールの高い値を正常に維持するのを助ける，食後の血糖値の上昇をゆるやかにする，歯の健康維持に役立つ，カルシウムの吸収を高める，鉄の補給をするなどの食品がある．2014年4月25日時点で，1,102品目が表示の許可を得て販売されている．販売するためには，食品の有効性や安全性についての審査を経て，表示についての国の許可を受けて「許可マーク」が付される．

特発性パーキンソン病（トクハツセイパーキンソンビョウ）⊛ idiopathic Parkinson's disease. 脳内の一部位である黒質や線条体が変性脱落してドパミンが枯渇し，さまざまな症状が出現する神経変性疾患である．本症は，パーキンソニズム（パーキンソン病類似症状）やパーキンソン症候群（原因が明らかなパーキンソニズム）という混同されやすい用語から明確に分ける意味で，特発性パーキンソン病（原因が不明なパーキンソン病）とされている．本疾患は高齢者の代表疾患でもあり，特定疾患（難病）でもあり，特定疾病でもある．もっとも中核的な症状は，無動あるいは寡動であるが，安静時振戦，姿勢異常などもある．表情が乏しく発語も少なく仮面様顔貌も特徴的である．日常生活がどの程度障害されているかを客観視するための尺度にホーン・ヤールのパーキンソン病尺度が頻用されている．治療にはL-ドパやドパミン作動薬がよく使われる．脳外科的な治療も試みられている．

特別養護老人ホーム（トクベツヨウゴロウジンホーム）➡介護老人福祉施設を見よ．

特別療養費（トクベツリョウヨウヒ）⊛ special medical expenses. 2つの用い方がある．ひとつは，介護保険における特別療養費である．介護保険で，特別療養費は，介護老人保健施設において，指導管理，リハビリテーション等のうち日常的に必要な医療行為として定められた特別療養費項目を行った場合に算定される．もうひとつは，国民健康保険における特別療養費である．保険料を納付期限から1年以上滞納すると被保険者証を返還することになる．その際，被保険者資格証明書を年金保険課に申請することができる．この証明書を用いて診察を受けた場合，全額自己負担することになる．その後，保険給付分として，本来の自己負担割合分を差し引いた7〜9割の払い戻しを受けることが可能となる．これを特別療養費という．

吐血（トケツ）⊛ hematemesis. 食道，胃，十二指腸などの上部消化管の内腔に流れた血液が口腔から体外へ排出された場合をいう．吐物に少量の血液が混じる程度のものは吐血とはいわない．原因は，胃潰瘍，十二指腸潰瘍，胃がん，胃粘膜病変，食道静脈瘤などである．通常は，胃内の塩酸によってヘモグロビンが塩酸ヘマチンに変化するため，黒褐色を呈したコーヒー残渣様となるが，食

道からの出血や大量の胃，十二指腸出血では新鮮血が排出される．吐血では，悪心・嘔吐，タール便などを伴うことが多い．頻脈，めまい，悪心，血圧低下時のあるときは，意識状態，血圧，脈拍，体温，呼吸，発汗などのショック状態の有無に注意する．また，吐物の性状や量を観察する．吐血は，黒褐色を呈したコーヒー残渣様であるが，咳込んだときに，気泡を含んだ鮮紅色がみられた場合は喀血が疑われるので，吐血と喀血の鑑別が必要である．吐血した場合は，禁飲食として，緊急内視鏡検査を行い，出血源を確認し，出血状態を把握して，止血操作を行う．
⇨喀血

床ずれ（トコズレ）➡褥瘡を見よ．

閉じこもり（トジコモリ） 英 homebound. 何らかの要因により意欲が低下すること（心理的要因）や，身体的能力の低下（身体的要因）により，自宅や居室等に引きこもって対人交流がなく，無欲・無為に過ごし，自宅や居室から出て生活を営むことや外出しないことを指す．自ら他者との交流を絶ち，閉じこもる人もおり，高齢者の場合，自宅や居室に閉じこもって生活を送ることで，廃用症候群や寝たきり，日常生活動作（ADL）低下や手段的日常生活動作（IADL）低下によって家事などをせず，不衛生な環境を引き起こす場合がある．対人交流がなく，さらに状況が悪化すると，認知症発症の引き金にもなりかねない．さらに，独居高齢者の場合は孤立死を引き起こす可能性もあり，社会問題化することも多い．このような状況下にいる高齢者には，民生委員や地域包括支援センター等の援助者が，積極的にかかわるなどの留意が必要である．同時に，地域住民によるネットワークづくりも視野に入れ，閉じこもっている高齢者を見守る体制づくりが重要である．
⇨引きこもり

閉じられた質問（トジラレタシツモン） 英 closed question. 「はい」「いいえ」で答えられる質問と，簡潔に2, 3の単語で答えられる質問技法で，求められている答えが決まっているような質問である．「熱はありますか」「年齢はいくつですか」のような質問方法である．面接場面において，消極的で口数が少ないクライエントがごく短く答えられる利点があり，またアセスメントに必要な情報を得るときには有用な方法である．初回面接の導入によく使用され，この閉じられた質問を効果的に使用すれば，次に開かれた質問をする契機にもなり，適切な援助関係を締結できる可能性もある．しかし，閉じられた質問を使用する際は，質問者の質問の意図が強く現れやすく，頻回に使用するとクライエントがかえって萎縮して，さらに面接に消極的になる可能性があるなど，この質問技法の使用には注意が必要である．
⇨開かれた質問

怒責（ドセキ） 英 bearing down. 排便時などに下腹部に力を入れること．「いきみ・いくむ」ともいう．便を体外に出す際には2つの力が大きく関与している．ひとつは直腸の収縮力で，もうひとつが怒責（いくむ）力である．直腸の収縮力は，自律神経による不随意的な収縮で，平滑筋が縮んで便を出そうとする力で，怒責（いくむ）力は，腹筋や呼吸筋といった横紋筋によるもので，意識的なコントロールが可能な力である．強く怒責（いきもう）と思えば，自分で意図的に力を加えることができ，これらの骨格筋が強ければ，それだけ強力な怒責（いきみ）を加えることができる．非常に強い便意があるときは，怒責せずに排便することができる（直腸の収縮力優位）．便秘時や便が固いときなどは，直腸の収縮がうまくいかず，その分だけ強い怒責が必要となる．少しの怒責でも血圧は，60～70mmHg上昇，強い怒責の場合は，100mmHgも上昇するといわれ，怒責による腹圧で血流が逆流し一過性の高血圧状態が生じる．高血圧の既往のある人や高齢者は，日ごろから腸内環境を整えて，便秘を予防する必要がある．

トータルペイン 英 total pain 同 全人的苦痛．患者にみられる苦痛や苦悩を，身体的苦痛として一元的にとらえるのではなく，心理的苦痛や社会的苦痛，人生の意味，死生観（スピリチュアル）の苦痛も含めた総体としてとらえる概念である．患者が抱える苦痛は，これら4つの苦痛が影響し合うことによって形成されるため複雑である．そのため，痛みをもつ患者のペインコントロールは病気に焦点を当てた対応では不十分であり，患者を全人的苦痛のある人間としてとらえた，包括的な全人ケアのなかで考えていくことが求められている．患者が病気として認知症を抱える場合，その苦痛や苦悩はひとつの側面で語られることは少なく，病気の進行とともに本人からの訴えは不明確になり得る．周囲の人間がその人のおかれた状況を多方面から考え，スピリチュアルな苦痛としてなにがあり，なにから対応していくのか，きめ細かに考えることが求められる．
⇨終末期ケア

独居（ドッキョ） 英 solitary life. 65歳以上の高齢者の世帯構造は，2013年の『国民生活基礎調査』（以下，基礎調査）によれば，単独世帯が25.6%，夫婦のみの世帯が31.1%，親と未婚の子のみの世帯が19.8%，3世代世帯が13.2%，その他が10.4%という分布であった．65歳以上の高齢者のいる世帯は，2,242万世帯であり，全世帯に占める割合は44.7%であった．独居は，世帯構造でいえば，単身世帯のことを意味する．1986年，単独世帯は13.1%であったので，この25年に2倍近くに増えたことになる．独居の問題性は，社会的に孤立する可能性が高いこと，また孤独死・孤立死の可能性が高いことにある．各地域社会において，独居高齢者に対する社会的な支援体制が早急に構築されることが必要不可欠である．高齢化が進行するなかで，独居単身高齢者は今後も増加することが予測されている．前述の基礎調査によれば，2013年時点で，独居単身高齢者は，男性165.9万世帯，女性407.1万世帯で女性が圧倒的に多い．単身世帯の3割弱が男性であり，7割強が女性である．また，男性の独居単身高齢者は前期高齢者の構成割合が多いのに対し（56.7%），女性の独居単身高齢者は，後期高齢者の構成割合が多い（62.2%）．後期高齢期に認知症の割合が高くなることからすれば，成年後見という観点からも，女性の独居単身高齢者に対する社会的支援がさらに重要であることが分かる．

突然死（トツゼンシ） 英 sudden death. 医療の想像を越えた早い経過で死に至る状況を指す．疾病及び関連保健問題の国際統計分類第10回修正（ICD-10）では突然死をさらに細かく，乳幼児突然死症候群，瞬間死，原因不明の突然死，目撃者のいない死，その他の原因不明死などに下位分類している．一般的には原因としては，虚血性心疾患（急性冠不全），悪性といわれる心室性不整脈，大動

突発性難聴（トッパツセイナンチョウ） 英sudden deafness／sudden sensorineural hearing loss. 突発性難聴は感音性難聴であり，感音性難聴のなかでもっとも多い内耳性難聴のひとつ．突然発症する難聴で，耳鳴り，耳閉感，回転性めまいなどを随伴することがある．難聴は一側に出現する．原因にはウイルス感染説と循環障害説があるがまだ決定されたわけではない．早期に適切な治療を始めると回復することもある．安静とステロイドを中心にした薬物療法が主たるものであるが，特殊なものとしては高圧酸素室に入る方法もある．

ドナー 英donor. 臓器移植においてドナーとは臓器を提供する人を指す．一方その臓器を受け取る人をレシピエントという．臓器移植のために提供できる臓器は，心臓，肺，肝臓，腎臓，膵臓，小腸，眼球などであるが，医学の進歩にしたがって対象臓器は増えていくであろう．ドナーとなるには，臓器移植法により，あらかじめドナーカードに自分の意思を書き込んでおく必要がある．実際には家族の反対がないことが必要である．ドナーは必ずしも死者とは限らない．生きている間にも，腎臓や肝臓の一部を提供する場合がある．この場合のドナーは家族の一員である場合が多い．しかし白血病における骨髄移植ではドナーは家族とは限らず，善意の登録者がドナーとなる場合がある．

ドナーカード ➡臓器提供意思表示カードを見よ．

ドネペジル塩酸塩（ドネペジルエンサンエン） 英donepezil hydrochloride. 現在，世界90ヶ国以上で承認，販売されている抗認知症薬．日本ではアルツハイマー病（AD）とレビー小体型認知症（DLB）に保険適応が認められている．ADでは疾患の進行に伴いアセチルコリンエステラーゼ活性が低下することが知られており，ドネペジル塩酸塩はコリンエステラーゼ阻害作用によって，シナプス間隙におけるアセチルコリン濃度を高めて神経伝達を促進する．

ドパミン 英dopamine 略DA. ノルアドレナリン，アドレナリンの前駆物質であり，また同時にドパミン自身が中枢神経の神経伝達物質（黒質線条体系）のひとつでもある．より大きなカテゴリーの物質群，カテコールアミンのひとつでもある．統合失調症や幻覚妄想状態との関連も推定されているが，詳細はまだ明確にされてはいない．臨床的には急性心不全などにおいて，昇圧アミンとして使用されている．

ドパミン拮抗薬（ドパミンキッコウヤク） ➡抗ドパミン作用薬を見よ．

ドパミン作動薬（ドパミンサドウヤク） 英dopaminergic agent. ドパミン受容体作動薬ともいう．ドパミン受容体を結合し直接刺激することでパーキンソン病の運動症状を改善し，L-ドパ治療に伴うジスキネジアやジストニアなどの発現を抑えることができる．ドパミン作動薬はその構造から麦角系と非麦角系に大別され，麦角系ドパミン作動薬は心臓弁膜症，心肺後腹膜線維症等の副作用が報告され，2007年からは非麦角系ドパミン作動薬の効果が不十分または副作用のため使えない症例等に限り，麦角系ドパミン作動薬が使用されている．また，非麦角系ドパミン作動薬は日中の睡眠発作や傾眠が報告されており，車の運転などをする際には主治医へ相談が必要である．

ドメスティックバイオレンス 英domestic violence 略DV 同家庭内暴力．domestic violenceという英語を直訳すると，domesticが「家庭内の」という意味であるため，本来は「家庭内暴力」を意味する言葉である．ただし，現在，domestic violence，通称DVという場合には，DV防止法（正式名称は「配偶者からの暴力の防止及び被害者の保護に関する法律」）のDVを意味するため，配偶者間（事実婚を含む）あるいは生活の本拠を共にする恋人（元恋人を含む）からの暴力を指す．暴力には，身体的暴力だけでなく，精神的暴力，性的暴力，経済的暴力，社会的暴力（子どもや友人を利用した暴力）も含まれ，都道府県の設置する配偶者暴力相談支援センターに相談できるほか，各市町村の婦人相談員にも相談できるようになっている．内閣府の調査結果では，女性の4人に1人が暴力を受けた経験があり，10人に1人が継続的な暴力を受けた経験があるなど，DVは特殊で例外的なことではない．
➡配偶者からの暴力の防止及び被害者の保護等に関する法律

ドライマウス ➡口腔乾燥症を見よ．

トランスファー ➡移乗動作を見よ．

トランスファーシート ➡スライディングシートを見よ．

トランスファーボード ➡スライディングボードを見よ．

トリアージ 英triage 同緊急度判定．災害医療で主に使われる用語で，災害時は医療者や医療設備も制約されるが，そのなかで，傷病者の緊急度，重症度，治療可能性などについて治療や後方搬送の優先順位を決めることをいう．災害などで多数の負傷者が出たときに，緊急の手当を加えれば生命が助かる見込みのある負傷者よりも，生命にはまったく危険のない負傷者を先に治療したり，医療機関に搬送したりすれば，助かる命も助からないことになる．それを防ぐために，治療や搬送の優先順位をつけて，負傷者を分類，選択することが必要になるのである．トリアージでは，①比較的簡単な手当で生命を救える重傷者，②数時間手当が遅くなっても生命に危険はないが，手術などのために入院が必要な負傷者，③外来治療で対応できる軽傷者や歩行可能な人，④明らかな遺体や，生命を救える見込みのない重篤な者，に分け，この順に順番づけて手当が施されるように分類していく．

ドールセラピー 英doll therapy 同人形療法．オーストラリアにおけるダイバージョナルセラピー（気晴らし療法）のひとつであり，赤ちゃん等の人形を用いて，認知症の人の他者を慈しむ気持ちや世話をしたいという気持ちを促進させたり，コミュニケーションツールとして活用したりすることにより，認知症の人の意欲や自信を取り戻させること等を目的としたセラピーのことをいう．

ドレッシングエイド 英dressing aid. 障害のために衣類の着脱が困難な人が，棒の先についた止め具（フックなど）に衣類を引っかけて，引き上げたり下ろしたりする道具のこと．上衣や下衣を着脱する際に，手の届かない部分の衣類に棒を伸ばす・棒の先端にあるカギ状のフックで衣類を引っ張ったり押し上げたりするための道具なので，さまざまに工夫された道具と使用方法がある．下肢や手指の機能を補う用具なので，道具を選ぶ際には，

①現状の身体機能がどの程度なのか，②使用者の知的機能，③手指の筋力や関節可動域，巧緻性，④細かな道具操作や手順の理解，状況判断能力等，を把握しておく必要がある．また，複数のエイドを活用する場合もあるが，できれば衣類のどの部分に必要なのかを十分に検討し，1本ですべてがまかなえるほうが望ましい．ドレッシングエイドは福祉用具の貸与，介護福祉用具購入費の支給等介護保険サービスや区市町村などにより支援されているところもある．

とろみ食（トロミショク） 英 thickened food. 口から食べる機能が障害されると，食べ物や飲み物が何らかの原因で食道に入らずに，誤って気管に入ってしまうことがある（誤嚥）．その原因は，①液状の食べ物や飲み物を飲み込もうとする前段階で，気道にそれらがだらだらと流れてしまう場合，②液状の食べ物や飲み物を飲み込もうとしたとき，気道の通り道を塞ぐタイミングがずれて，瞬間的に気道にそれらが流れてしまう場合，③飲み込んだあと，咽頭や口腔内に残った液状の食べ物や飲み物が気道に入ってしまう場合，などがある．このようなとき，片栗粉・小麦粉・くず粉・増粘剤などでとろみをつけ，まとまりやすくして，飲み込みやすくすることができる．とろみをつけすぎると逆に飲み込みにくくなり，誤嚥や窒息の原因となるので，その人の障害の状態により，とろみの量を調整して使用する．
⇨ミキサー食，ソフト食

とろみ調整食品（トロミチョウセイショクヒン） 液状の食べ物や飲み物を飲みやすくするために，とろみをつけるための食品．食べ物や飲み物に加えて混ぜるだけで，適度のとろみを簡単につけることができる粉末状，ゼリー状の物である．とろみをつけることで，口のなかでまとまりやすくなり，舌の上での食塊の移動を手助けして，咽頭への流入速度を抑えることができる．とろみ調整食品は，原料によって大きく3つの種類に分けることができる．①澱粉系は，もったりとしたとろみがつく．②グアーガム系は，澱粉系に比べて少量で強いとろみがつき，唾液の影響を受けにくく，とろみがつく時間も早い．③キサンタンガム系は，べたつきが少ないとろみがつき，素材の味やにおい，色を損なわないとろみをつけることができる．透明感のあるキサンタンガム系の物が主流となっている．1980年代ごろより，社会の高齢化に伴って，医療や介護の現場で使用されてきているが，「とろみ」を表現する言葉の種類が増えたため，とろみ調整食品を利用する人たちが戸惑うようになった．そのため，日本介護食品協議会では，利用する人たちの商品選択や使用する際の目安として，ユニバーサルデザインフード（とろみ調整食品）に，とろみ表現の目安の統一表示をして，とろみのつき方を4段階のイメージで表している（フレンチドレッシング状・とんかつソース状・ケチャップ状・マヨネーズ状のとろみのイメージと，とろみの強さやイメージ図，使用量の目安の項目が表示されている）．
⇨とろみ食

な

内因性精神障害（ナイインセイセイシンショウガイ）㊀ endogenous mental disorder. 内因性の語源はギリシャ語の「内部から発生する」である．外因性（身体的要因），心因性の要因なしに発病し，長期間の経過を観察するとその経過が個人の側に何らかの内因の存在を想定できる精神障害がある．このように，精神障害を発病原因により分類したとき，個人の素因が主たる発病原因であると考えられる精神障害を指す．内因性精神障害の発病メカニズムは，「脆弱性・ストレス」というモデルであると考えられている．脆弱性とは素因でもあり，脳の働き方の特性によって規定される心理的な特性である．また，個人がストレスを引き起こす環境下で生活すると，ストレスに適切に対処できず，その精神障害に特有な症状を引き起こすと説明される．内因性精神障害には，統合失調症と躁うつ病，非定型精神障害が含まれるとされている．内因という用語を避け「原因不明の精神障害」と表現する場合もあり，ドイツや日本で使用されてきた精神医学の概念である．

内視鏡（ナイシキョウ）㊀ endoscope. 主に人体内部を観察することを目的とした医療機器．先端を体内に挿入することによって内部の映像をモニターなどに映して手元で見ることができる．先端が曲がるようにつくられた軟性鏡と，金属製の筒のなかにレンズを収めた硬性鏡，カプセル型のものがある．軟性鏡は口や鼻から挿入して食道や胃を見たり処置をしたり，肛門から挿入して大腸を観察したり処置したりする消化器内視鏡や，気管支を見たり処置をする気管支内視鏡などがある．硬性鏡は，腹部や胸腔，その他の部位の手術に用いることが多い．内視鏡は，さまざまな診療科で用いられており，整形外科では関節内や脊椎椎間板，泌尿器科では膀胱や尿管，耳鼻科では鼻腔，副鼻腔，喉頭，産婦人科では膣や子宮などの検査や手術でも用いられている．

内視鏡検査（ナイシキョウケンサ）㊀ endoscopy. 内腔を有する臓器のなかにグラスファイバーでできたやわらかく屈曲がしやすいチューブや，先端にCCDカメラを埋め込んだチューブを挿入して直接観察する検査．口や鼻から挿入して食道，胃，十二指腸を検査する上部消化管内視鏡（胃内視鏡，胃カメラなど）や，肛門から大腸などを観察する下部消化管内視鏡（大腸内視鏡，大腸カメラ）を用いた検査が多く行われている．それ以外にも，膀胱内視鏡や子宮内視鏡，気管支鏡などを用いた検査も行われている．内視鏡の太さは目的とする臓器により異なり，気管支鏡は3～6mm程度，胃内視鏡では経鼻と経口があり5.5～10mm程度，大腸内視鏡は11～13mm程度と観察部位により太さも異なる．内視鏡検査を行う際には，観察だけではなく，診断のために病変部位の組織を生検する場合もある．内視鏡検査時には苦痛が少ないように局所の麻酔をしたり，点滴で鎮静薬や麻酔薬を用いたり，短時間作用する睡眠薬を用いる場合もある．

内出血（ナイシュッケツ）㊀ internal hemorrhage／internal bleeding. 血液の全成分が血管外に出ることを出血というが，出血があっても粘膜や皮膚が破れていない場合は，組織の内部や体腔内に血液がとどまることになり，内出血とよばれる．一般的には皮下に内出血が起きるケースが多い．頭部，胸部や腹部の内出血は死亡するケースもある．一方，血液が体表から体外に出るものを外出血とよぶ．内出血によるあざに対しては，最初は冷やす（アイシング）処置を行う．内出血が始まったばかりのときに，冷やすことにより血流を抑えることが重要である．内出血が止まったら，次は温めること（温熱療法）に切り替える．内出血の吸収を早め，損傷している患部周辺の細胞を回復させることが必要となる．
⇨脳内出血

ナイトケア㊀ night care. 精神科の治療領域で行われている社会復帰を促進するために夜間に行われる治療プログラムのひとつ．仲間との交流，ミーティングなどでストレスの対処方法などを学ぶ心理教育や絵画，書道，陶芸などの文化的活動，音楽，スポーツなどのレクリエーションなど，それぞれの施設によって工夫したプログラムが行われている．これらと同じ内容で日中に行われるデイケア，日中から夜間まで行うデイ・ナイトケア，日中3時間程度のショートケアがある．精神科病院や診療所などの医療機関で行われているものと保健所や精神保健福祉センターでも行われているものがある．これらとは別に1990年後半には夜間の介護が得られない寝たきりの高齢者や認知症の高齢者を夜間のみ一時的に特別養護老人ホームにおいて世話することで介護する家族の負担を軽減したり，寝たきりの高齢者や認知症の高齢者の生活が維持，向上するように援助することを目的とした「ナイトケア事業」が試みられていた．

ナイトホスピタル ➡夜間病院を見よ．

内反尖足（ナイハンセンソク）㋺ pes equinovarus／pestalipes equinovarus. 足が内反・内転・尖足位の形をとる変形を総称し内反尖足という．内反足ともよばれる．先天性のものと後天性のものとがある．後天性のものでは，内反尖足は脳卒中片麻痺患者の痙性麻痺ではかなりの頻度でみられる．先天性内反尖足は原因不明で，およそ1,000人に1人の発生率で男児に多く，約半数は両足に生じる．足関節の内反とは体重を足の小指側にかけるときに生じる動きで，内転とは足首を内側（身体の中心に向って）に屈曲した状態．これに，足首を底屈して足が尖った状態になる．内反尖足では，歩行時の姿勢がうまく保てなかったり，股関節，膝関節にも負担がかかったりする．また，脳血管障害などで筋緊張が高い人の場合は，足底を床につけたり，足底になにか押し当てたりすると，筋緊張が亢進し，逆に症状が強くなることもあるので注意が必要である．治療や状態の改善にはリハビリテーション，装具の使用，手術などの方法がある．

内部障害（ナイブショウガイ）㊀ disorder of internal organ. 世界保健機関（WHO）により提唱された国際障害分類試案の機能障害のひとつに属し，心臓，呼吸，腎尿路，消化など内部機能障害の総称と定義される．一方日

本の身体障害者福祉法では，心臓機能障害，腎臓機能障害，呼吸機能障害，膀胱・直腸機能障害，小腸機能障害，ヒト免疫不全ウイルスによる免疫機能障害，肝臓機能障害の7つを内部障害（内部機能障害）と規定している．内部障害がある人の特徴として，外見からは障害者と分かりにくいということがあり，日常生活においてさまざまな誤解を受けやすいことが指摘されている．ハートプラスマークは，内部障害のある人のことを知ってもらって，内部障害のある人の悩みを少しでも軽減するために，特定非営利活動法人ハート・プラスの会が作成したマーク．オストメイトマークは，オストメイト（人工肛門・人工膀胱を使用している人）を示すシンボルマーク．

オストメイトマーク

ハートプラスマーク

なじみの環境（ナジミノカンキョウ） Ⓔfamiliar environment. その人らしい環境，つまり，その人が長年住み慣れた在宅を中心とする居住環境であり，施設においては家庭的な環境の創出を意味する．施設における家庭的な環境とは，生活の継続性と密接にかかわる概念であり，認知症の人が長年住み慣れた在宅時の環境要素が可能な限り取り入れられ，心理的・社会的な関係性（従前ライフスタイルの継続，思い入れのある家具や物品の利用，空間の小規模化など）が再構築された環境である．この考え方は，パーソン・センタード・ケアと同様に，「認知症の人」の「認知症」よりもむしろ適切な支援や配慮の下「その人」そのものに焦点を当てた環境であるといえる．よって，認知症の人のためのなじみの環境には，認知症の人のその人らしさをパーソンフッドといった視点でとらえ，その人のアイデンティティの再構成はいうに及ばず，くつろぎや愛着，社会的一体性，主体的行動なども含めた総合的な環境整備が望まれる．
⇨生活の継続性，持ち込み家具，パーソン・センタード・ケア

ナースコール Ⓔnurse call. 病院や介護保険施設などに設置されて，患者や入居者と看護職，介護職などをつなぐ重要な看護・介護支援システム．患者や入居者が送信部の押しボタンを押すと信号が送信され，呼び出されると，看護職や介護職と患者や入居者間での通話のやりとりが可能となる．現在は，子機の使用により，親機のあるナースステーションやスタッフステーションに戻らなくても，フロア内のどこにいても対応できるようになり，患者と入居者の連絡をよりスムーズに行えるようになっている．ナースコールは，患者や入居者にとって「命の綱」であることを前提にした対応を心がける必要がある．

ナラティブ・アプローチ Ⓔnarrative approach.「ナラティブ」とは物語のこと．介護福祉の場では，会話を中心としたアプローチのことを指す．ナラティブ・アプローチは相談援助の立場，医療の立場，臨床心理の立場等さまざまに意味づけされ，さまざまなケアの場面で用いられる．相談援助では，利用者の現実として存在し，支配している「物語」を援助者は傾聴して，ストーリーを共有することを一義におき，利用者がもつ物語の意味を尊重しつつ新たな意味を創り出すことにより，問題解決につなげるとされる．医療では，物語は，①多様な意味のあるもの，②経験の意味づけ，③しかしそれは変化していくもの，である．そうした物語を治療者と患者によるストーリーのすり合せをすることをもとに，患者は問題をもち込み，治療者はそれを支援し，双方のやりとりを経て，新しい合理的なストーリーを創り出していく，とされる．臨床心理においては，ナラティブ・アプローチのなかでもっとも援助対象の物語を重視する実践はナラティブ・セラピーとされる．ナラティブ・セラピーとは，援助対象の自主性に任せて自由に記憶を語らせることによって，症状の除去や人生観の転換などの改善を図る心理療法とされる．

ナラティブ・ベイスド・ケア Ⓔnarrative based care 略NBC.「患者本人の物語に基づいたケア」を表す概念．NBCでは，「自分自身がだれなのか分からなくなった」「なぜ自分だけが認知症になったのか」という認知症の人が語る不安や戸惑い，怒りの物語に耳を傾け，その物語に寄り添ってケアを行う．この概念は，エビデンス・ベイスド・ケア（evidence based care；EBC）とよばれる「科学的根拠に基づいたケア」と対比的に論じられることがあるがNBCはEBCと対立関係にあるわけではない．
⇨エビデンス・ベイスド・ケア，ナラティブ・ベイスド・メディスン

ナラティブ・ベイスド・メディスン Ⓔnarrative-based medicine 略NBM. 患者が語る物語は，①多様な意味のあるもの，②経験の意味づけ，③しかしそれは変化していくもの，であることを認識し，「病気になった理由」「経緯」「症状」「病気についてどのように考えているか」といった物語から，患者が抱える問題を尊重し，治療者との意識のすり合せのもとで治療方法を考える医療のこと．科学的根拠に基づく医療（エビデンス・ベイスド・メディスン）を補完するものとしての認識もある．

軟口蓋（ナンコウガイ） Ⓔsoft palate／velum. 口腔の上壁，解剖学的には口腔と鼻腔の隔壁を口蓋とよぶ．前方は上顎骨によって形成される硬口蓋である．この後方に粘膜が延び，口腔と咽頭を隔てる口蓋咽頭弓を形成する．口蓋咽頭弓は，口蓋垂を含む口腔の後壁となる．この，硬口蓋よりうしろ，口蓋咽頭弓までを軟口蓋とよぶ．軟口蓋は，発声の際，調音器官として重要な機能を果たす．また，口から液体を飲み込んだり，食物を嚥下したりするとき，鼻腔と口腔の間を遮断する機能をもつ．

難聴（ナンチョウ） Ⓔdeafness. 伝音難聴，感音難聴，混合難聴の3つに大きく分けられる．伝音難聴は，音が伝わっていく過程に障害が生じたための難聴で，外耳（外耳口から鼓膜まで），中耳（鼓膜から耳小骨）に問題がある．感音難聴は，伝わった振動が内耳（蝸牛；かぎゅう）の感覚細胞を刺激し，その興奮が聴神経を伝わって大脳で音として認識されるまでの過程に障害が生じた難聴．混合難聴は，この伝音難聴と感音難聴が混在して起こったもの．両耳の聴力が40dBを超えると日常生活に支障をきたし始め，補聴器が必要になる．また，難聴の程度

によって身体障害者福祉法の対象となる．また，難聴があることで会話がかみ合わなかったり，コミュニケーションがうまくとれなかったりすることで，本来の認知機能より，認知機能の評価が低くなる可能性があるため注意が必要である．

難病（ナンビョウ）➡特定疾患を見よ．

軟便（ナンベン）㉺ soft stool．下痢のように形がなくなった便ではなく，ドロリとしたような便のこと．泥のような形状で，便器内の水のなかに広がってもある程度の形を保ち，腹痛を伴わないことが多い．原因は，食べ物や飲み物を急激に摂取する．とくに，肉類や揚げ物，牛乳や油っこい食事を過剰に摂取すると，胃や腸に通常以上の負担がかかり，その結果，十分な消化活動ができず消化不良となり軟便になる．冷たい飲み物や氷菓子を急激に摂取したり，腹部が冷えた際（水泳や冷房）にも内臓の動きが低下して軟便になる．また，ストレスが蓄積して精神状態が不安定になると，消化活動に影響して軟便となる．軟便は，腸内環境をリセットしようとする消化管の動きである．軟便が続く場合は，脱水症状や肛門周囲のびらんなどに注意する必要がある．

に

肉腫（ニクシュ） 英 sarcoma. 非上皮性組織に起源をもつ悪性腫瘍の総称．したがって，悪性腫瘍は上皮性組織から発生するがん腫と，非上皮性組織から発生する肉腫に二分される．肉腫には，線維肉腫，粘液肉腫，脂肪肉腫，軟骨肉腫，骨肉腫，平滑筋肉腫，横紋筋肉腫，血管肉腫，リンパ管肉腫などが含まれる．肉腫は一般にすみやかに発育し，その発育は浸潤性，組織破壊性である．がん腫に比べて若年者に発生するものも多く，がん腫より悪性度が高いものがある．

二次医療（ニジイリョウ） 英 secondary medical care. プライマリケアを担う医療機関の支援，二次救急医療，災害時医療救護機能など，プライマリケアに比べて，各診療科領域でより専門的で高度な診断機能や設備や入院治療の機能があり，入院治療を含む大部分の医療を完結できるレベルの医療．地域医療支援病院，地域の中核病院，一般病院などの医療機関が担当する．
⇨一次医療

二次感染（ニジカンセン） 英 secondary infection. ①宿主にある病原微生物の感染が成立したあとに，続いて別種の病原微生物による感染を受けること．たとえば，高齢者がインフルエンザに感染したあと，黄色ブドウ球菌による細菌性肺炎を合併することがある．この場合，黄色ブドウ球菌による感染が二次感染である．とくに血清アルブミン値の低下がある高齢者では，肺炎合併率が高い．ほぼ同時に2種以上の病原微生物に感染する混合感染（mixed infection）とは異なる．②ある病原微生物に感染した人から，さらに別の人に感染すること．たとえば，ノロウイルスやロタウイルスによるウイルス性胃腸炎に感染している人の嘔吐物や排便などへの直接接触や汚染物からの手指を介して，別の人もウイルス性胃腸炎になること．

二次記憶（ニジキオク） 英 secondary memory. 一次記憶に対して，すでに意識から遠ざかっている記憶で，ある出来事・事実の知識や以前に考えたり経験したりしたことがあるという意識を伴う記憶．これは今日の長期記憶に相当する概念である．
⇨一次記憶，短期記憶，長期記憶

二次救命処置（ニジキュウメイショチ） 英 advanced cardiac life support. 呼吸・循環機能に重篤な機能障害，いわゆる心肺危機が発生した患者に行う心肺蘇生法のうち，医師および十分に教育訓練を受けた看護師や救急救命士などが医師の指示下に医療用補助器具や薬物などを用いて行うものをいう．病院や救急車のなかなど整備の整った環境で行われる．二次救命処置の対象は「生命に危険のある病態」であって，心肺停止の有無を問わない．一次救命処置（BLS）に引き続いて行い，その内容は，①一次救命処置，②確実な気道確保，③有効な換気と循環を確保し，またそれを維持するのに必要な特殊な機器や技術の使用（人工呼吸器などを含む），④心電図のモニターと波形の解釈，⑤輸液や注射薬を投与できる点滴ライン（静脈路）の確保と維持，⑥蘇生後の管理を含む心肺停止患者の各種治療，などから構成されている．
⇨一次救命処置

二次性高血圧（ニジセイコウケツアツ） 英 secondary hypertension. 血圧（診察室血圧）の値が140/90mmHg以上，家庭では安静時の血圧（家庭血圧）が135/85mmHg以上は高血圧とされる．高血圧のうち，原因が特定できるものを「二次性高血圧」という．日本の高血圧症患者の約10％が二次性高血圧症である．原因を同定し治療することにより効果的に血圧を降下させることができる．その原因として腎障害（糖尿病性腎症，慢性糸球体腎炎，痛風腎，慢性腎盂腎炎，膠原病腎症など）から起こることがもっとも多く，その次が内分泌性の病気である．また，睡眠時無呼吸症候群も高血圧の原因となる．また近年は，薬の副作用として生じる高血圧も増えてきている．
⇨本態性高血圧

二次的トラウマティックストレス（ニジテキトラウマティックストレス） 英 secondary traumatic stress 略 STS. トラウマとは心理的外傷のこと．STSは二次受傷と訳される．「代理受傷」「共感性疲弊」「外傷性逆転移」とよばれている現象の総称であり，「外傷体験を負った人の話に耳を傾けることで生じる被害者と同様の外傷性ストレス反応」のこと．心理的外傷を負う出来事は自然災害，生命にかかわる大けが，暴力的な犯罪被害，児童虐待の被害，戦闘体験，親しい人の突然の予期せぬ暴力的な死，等さまざまである．二次受傷の症状としては，再体験，回避，覚醒亢進，燃え尽き，世界観の変容などが挙げられている．つまり，被害者の語りが繰り返し頭のなかで再生されたり，クライエントが描写した外傷体験がフラッシュバックや悪夢として体験されたり，夜道を歩くのが怖くなり，小さな物音に敏感になったり，家族の安全を極度に心配したり，支援者としての適性を疑うようになったりすること，などが含まれる．児童施設などで被虐待児を養育している職員にバーンアウト事例が多くみられるなどの報告がある．

二次判定（ニジハンテイ） 英 secondary decision. 介護保険制度における要介護（要支援）認定について，一次判定の結果を受けて介護認定審査会において要介護（要支援）認定の申請者の要介護状態区分等（非該当～要介護5）を最終的に確定させるプロセスのこと．一次判定では統計ソフトにより要介護認定等基準時間が算出され，それをもとに要介護状態区分等が判定されるが，二次判定では統計ソフトでは評価しきれない特有の手間の多少について議論し，要介護度を審査・判定する．また，要介護認定等基準時間が，32分以上50分未満に相当する人の場合，認知機能の低下や状態の安定性の観点から要介護1か要支援2かの議論がなされるほか，認定有効期間や要介護状態の軽減または悪化の防止のために必要な療養についての意見が検討される．
⇨一次判定，要支援・要介護認定，介護認定審査会

21世紀における国民健康づくり運動（ニジュウイッセイキニオケルコクミンケンコウヅクリウンドウ） 同 健康日

本21．平成12年3月31日厚生省発健医115号「健康日本21厚生事務次官通知」において「21世紀における国民健康づくり運動（健康日本21）の推進について」として全国都道府県知事，政令市長，特別区長あてにだされたもの．人口の急速な高齢化とともに，疾病全体に占めるがん，心臓病，脳卒中，糖尿病等の生活習慣病の割合は増加しており，これに伴って，要介護者等の増加も深刻な社会問題となっている．そのため従来にも増して，健康を増進し，発病を予防する「一次予防」に重点をおいた対策を強力に推進することにより，壮年期死亡の減少，認知症や寝たきりにならない状態で生活できる期間（健康寿命）の延伸等を図っていくことがきわめて重要として，生活習慣病およびその原因となる生活習慣等の国民の保健医療対策上重要となる課題について，2010年度をめどとした目標等が提示された．目標には，①栄養・食生活，②身体活動・運動，③休養・心の健康づくり，④タバコ，⑤アルコール，⑥歯の健康，⑦糖尿病，⑧循環器病，⑨がんが設定されている．

二次予防（ニジヨボウ） 英 secondary prevention. 健康な状態から，発病し治癒や死などに至るまでの疾病の自然史（natural history）に対応した3段階の疾病予防のひとつで，疾病を早期発見，早期治療する段階．二次予防では，症状が発現していない段階で疾病を早期発見することで，疾病の重症化や死亡のリスクを減らすことを目指す．主な対策は，検診によって精密検査が必要な人を見つけるスクリーニングで，がん検診や高血圧，高血糖などの特定健診が例として挙げられる．高血圧などの特定健診はメタボリックシンドロームの二次予防であるが，狭心症の疾病予防の視点では，狭心症のリスク要因を減らすための一次予防とみることができ，対象とする疾病によって，具体的対策の位置づけは変化する．疾病予防の考え方は介護予防施策でも用いられており，要支援・要介護状態となるリスクの高い人を見つけ，要支援・要介護状態に進展することを防止する対策が二次予防に当たる．
⇨一次予防，三次予防

二次予防事業（ニジヨボウジギョウ） 英 secondary prevention project. 介護保険の第1号被保険者が，要支援または要介護状態となることを予防する事業．介護保険サービスの地域支援事業のなかに介護予防事業があり，対象者により「一次予防事業」と「二次予防事業」に分類される．一次予防事業は，第1号被保険者すべてが対象なのに対し，二次予防事業は，要支援，要介護に陥るリスクの高い65歳以上の高齢者を対象とする．二次予防事業は，「二次予防事業の対象者把握事業」「通所型介護予防事業」「訪問型介護予防事業」「二次予防事業評価事業」の4つで構成される．市町村または地域包括支援センターは基本チェックリストを用い対象者を早期発見し，通所や訪問により，必要な相談，指導ほか介護予防に資するプログラムを実施し生活機能低下に早期対応する．また，事業計画で定めた目標値の達成状況等を検証し事業を改善していくことで，対象者の自立した生活と自己実現を支援し，要支援状態となるのを遅らせる取り組みである．

ニーズアセスメント 英 needs assessment. なにが必要（ニーズ）かを評価（アセスメント）すること．評価は問題，原因・要因，その影響などを調査して状況を理解することを目的とする．相談援助を行う場合クライエントの意思決定に必要な情報を提供する．ニーズアセスメントでのニーズとは，専門性や社会通念に基づく「客観的必要」のみならず利用者の主観的判断に基づく「主観的必要」にも注意をはらうべきとされる．その理由は，①客観的な必要判定が誤謬に陥らない保証はないこと，②客観的な必要判定は必ずしも疑問の余地なく示されるとは限らないこと，③専門性等に基づく必要の判定は権力的なものとなりがちであること，などで，その克服のためには主観的判定も生かすべきである．ニーズアセスメントには，①情報収集，②生活問題状況・ニーズおよびストレングス視点，を取り入れて，クライエントがすでにもっている「強み・資源」を導くという2つの側面・過程もある．

2015年の高齢者介護（ニセンジュウゴネンノコウレイシャカイゴ） 厚生労働省老健局・中村秀一局長の私的諮問機関としての「高齢者介護研究会」による2003年6月26日づけで報告された報告書「2015年の高齢者介護」をいう．報告は，今後も引き続き人口の急速な高齢化が進むことを踏まえて，中長期的な視野で高齢者介護のあり方をとらえる必要があることから，日本の高齢化にとって大きな意味をもつ『団塊の世代』が65歳以上になりきる10年後までに実現すべきことを念頭において，求められる高齢者介護の姿を描いたものである．概要は，今後の高齢化社会では「高齢者が尊厳をもって暮らせること」を最重要事項とし，「高齢者の尊厳を支えるケア」を確立していく方策として，①介護予防・リハビリテーションの充実，②生活の継続性を維持するための新しい介護サービス体系，③新しいケアモデルの確立：認知症高齢者ケア，④サービスの質の確保と向上，の4点が挙げられている．

日常生活活動（ニチジョウセイカツカツドウ） ➡日常生活動作を見よ．

日常生活機能の障害（ニチジョウセイカツキノウノショウガイ） 日常生活を行うには，基本的日常生活動作（ADL）と手段的日常生活動作（IADL）が必要であり，これらの日常生活を支えるために必要な最低限の能力を保てなくなった結果生じるのが日常生活機能の障害である．高齢者の場合の総合的な機能評価は疾病評価に加えもの忘れ・認知症の程度，行動・心理症状（BPSD），抑うつ気分・不安，意欲のほか，家族や介護環境等も評価項目となる．またIADLでは，公共交通機関を利用する（通院），薬を自分で分けて正しく飲める，買い物，料理など疾患管理上も重要な項目，身の回りの掃除，洗濯など清潔関連項目，電話，金銭管理，等を評価する．一方世界保健機関（WHO）は国際生活機能分類（ICF）を2001年5月に採択した．ICFでは生活機能（functioning）とは心身機能・構造，活動，参加のすべてを含む包括用語である．同様に障害（disability）は，機能障害（構造障害を含む），活動制限，参加制約のすべてを含む包括用語として用いられている．人の生活機能と障害は，健康状態（病気，変調，傷害，けがなど）と背景因子（個人因子・環境因子）のダイナミックな相互関係とされている．

日常生活自立支援事業（ニチジョウセイカツジリツシエンジギョウ） 日常生活のなかで，適切な判断が自分自身では十分ではないと自覚された高齢者や障害者と契約し，福祉サービス利用にかかわる情報の提供や各種の相談に応じたり，金銭管理の代行や書類等の預かり等の援助を

行うものである．1999年10月より全国の都道府県社会福祉協議会および政令指定都市社会福祉協議会で開始された（当初は地域福祉権利擁護事業）．ただし，事業の一部を市町村社会福祉協議会等に委託することもできる．利用対象は，判断能力が不十分ではあるが，契約の内容についての判断は可能である人であり，その対象は必ずしも認知症と診断された高齢者や療育手帳や精神障害者保健福祉手帳を有する人には限定されていない．また，利用にあたっては，サービスの利用料を負担するが，生活保護受給者は免除されている．福祉サービス利用者事業として社会福祉法第81条に規定されており，「日常生活自立支援事業実施要綱」によってその詳細が定められている．

日常生活動作（ニチジョウセイカツドウサ） 🇬🇧 activities of daily living 略 ADL 同 日常生活活動．日々の暮らしのなかで基本的かつ具体的な活動のことを指す．リハビリテーションの分野で，患者の機能障害に対する回復の効果測定に用いられるために開発されたものである．近年，高齢者の生活機能を測る尺度として用いられることが多くなっている．ADLは家庭における歩行や移動，食事，身支度，入浴，排泄等の自立度を測るものである．世界保健機関（WHO）では，生活機能の自立を高齢期の健康の指標としており，その場合，ADLを基本的日常生活動作（basic activities of daily living；BADL）とし，生活機能はBADLだけではなく，手段的日常生活動作（instrumental activities of daily living；IADL）とよばれる社会生活を重視した指標，たとえば交通機関の利用や電話の応対等の能力，買い物等の自立を加味することが必要であるとしている．日本では介護保険制度において要介護度の判定基準として応用されている．
⇨手段的日常生活動作

日常生活用具給付等事業（ニチジョウセイカツヨウグキュウフトウジギョウ） 市町村が行う地域生活支援事業の必須事業として行われるもの．1969年に老人日常生活用具給付事業が国の事業となり，今日までさまざまな形態によって引き継がれている．障害をもつ人々の在宅生活が円滑に行われるために福祉用具（補装具，機能訓練用具の総称）を給付するものである．種目は，介護・訓練支援用具，自立生活支援用具，在宅療養等支援用具，情報・意思疎通支援用具，排泄管理支援用具，居宅生活動作補助用具（住宅改修費）がある．利用者の身体機能の状況（肢体，視覚，聴覚・言語，内部等各障害特性ならびに程度）にしたがって給付の内容についての決定がされる．申請方法は，居住地の福祉事務所へ行う．本人または扶養義務者の所得に応じて，費用の一部または全額の負担がある．市町村が事業を行う場合の費用については，国が50％，都道府県が25％，市町村が25％となっている．利用負担の程度については，各市町村の判断に委ねられている．
⇨福祉用具

日内変動（ニチナイヘンドウ） 🇬🇧 diurnal variation／diurnal fluctuation／circadian variation／biorhythm．一般には，脳内の「体内時計」によって制御された体温や心拍数，血圧等の値が一日のなかで変化することをいう．認知症の人にはこうした覚醒と睡眠等のリズムの制御がむずかしくなったりするため，「体内時計」が混乱することも多く，一日の行動や状態が同じというわけにいかないことが多いとされている．認知症の行動・心理症状（BPSD）のひとつに黄昏症候群といわれる状態があり，夕方や夜になると不穏になり，興奮状態になったりする．しかし単純に，日内変動が原因であるばかりではなく，そうした症状に陥る背景を注意深くみることが肝心である．

日没症候群（ニチボツショウコウグン） ➡夕暮れ症候群を見よ．

ニード 🇬🇧 need．ニード（ニーズ）とは「要する，貧困，ならぬ，使う，不足，困窮」などの意であり，ブラットショー（Bradshaw JA）によるニードの分類では，①ノーマティブニード（客観的ニード），②フェルトニード（主観的ニード；いわゆる欲求），③エクスプレスドニード（主観的ニード；いわゆる需要），④コンパラティブニード（客観的ニード；類似的なニードを比較により明らかにして明確化したニード），に分けられる．ニードとウォンツ（wants）は関連した言葉であるがマーケティングでは「ニード；必要性」と「ウォンツ；欲求・欲望」は似て非なるものと解される．ケアマネジメントではニードを「困りごとや思い」と認識することもある．ニードは，身体的・社会的・心理的な日常生活上の課題やストレングス視点を取り入れて，クライエントがすでにもっている「強み・資源」も取り入れながら，専門家の「客観的判断」とクライエントの「主観的判断」をすり合わせて考えることが望ましい．
⇨デマンド

二動作歩行（ニドウサホコウ） 🇬🇧 two-point gait．杖を使用した歩行種類のひとつ．健側の手に杖を持ち，杖と患側の足を同時にだし，続いて健側の足をだす歩行方法である．健側の足をだす程度により，うしろ型，揃え型，前型に分けられる．うしろ型は，安定性はよいが速度が遅く，これに対し前型は，安定性は悪いが速度は速いとされる．

ニトラゼパム 🇬🇧 nitrazepam 略 NZP．ベンゾジアゼピン系の薬物で，睡眠薬，抗てんかん薬（抗けいれん薬），手術前夜や麻酔前に緊張などを少なくさせる鎮静薬として用いる．服用後15～45分程度で入眠の効果があり，その効果の持続は約6～8時間で作用時間の長さから中間型～長時間作用型の睡眠薬に分類され，不安，緊張，興奮などの症状を和らげる作用がある．不眠症の種類は一般的に入眠障害，中途覚醒，熟眠障害，早朝覚醒に分類されるが，NZPは，入眠障害，熟眠障害，早朝覚醒に対して効果が認められている．NZPの主な副作用としては，脳の働きを抑える作用のためにふらつきや倦怠感，眠気などがあり，筋弛緩作用もあるので転倒にも注意が必要である．一般に，短期作用型の睡眠薬に比較し，依存性や跳ね返り現象は少ない利点がある．

ニトログリセリン 🇬🇧 nitroglycerin．心臓は全身へ血液を送るポンプ機能を果たし，酸素や栄養を供給する．この心臓自体に血液を送る血管を冠動脈とよぶ．狭心症では，動脈硬化などによって冠動脈が細くなっているため，心臓の細胞へ酸素や栄養が行き渡らず，胸痛を生じたり，心機能にも影響を与えたりする．ニトログリセリンは硝酸薬という種類の薬物で，この冠動脈を拡張させ，血流を改善させる．ニトログリセリンは肝臓で代謝を受けやすく，口から飲んで腸から吸収されると，肝臓で代謝され薬効を発揮できない．そのため，舌下粘膜から吸収さ

れる舌下錠，舌下や口腔粘膜から吸収されるスプレーを用いる．投与後数分で効果が得られるが，作用時間は短く，狭心症の発作時の緊急薬として用いる．それに対して狭心症の症状をコントロールする目的では，貼付薬を用いる．皮膚に貼ることで肝臓を通過せずに薬の有効成分をゆっくり溶け出させることができ，長時間にわたって作用させることができる．

日本医療社会事業協会（ニホンイリョウシャカイジギョウキョウカイ） 英 Japanese Association of Social Workers in Health Services. 1953年にソーシャルワーカー（医療領域を中心として）の全国組織として結成，1964年には社団法人として認可され，2011年には公益社団法人として認定された組織である．その会員数は2014年現在5,044人となっており，各都道府県には医療ソーシャルワーカーの職能団体が組織され，各都道府県の団体と連携しつつ，活動を行っている．主な活動は，①保健医療分野での調査研究事業，②保健医療分野で働く社会福祉士の専門知識・技術に関する研修事業，③協会として認定医療社会福祉士制度を設定し，その養成を実施すること，④社会貢献に関する事業等，である．毎年1回，日本医療社会事業学会との同時開催で全国大会を実施している．1961年には「医療ソーシャルワーカー倫理綱領」を採択し，2011年には「医療ソーシャルワーカーの倫理綱領」を制定した．また，1989年，2002年には「医療ソーシャルワーカー業務指針」を作成している．東日本大震災の支援活動も活発に行ってきている．

日本介護福祉士会（ニホンカイゴフクシシカイ） 英 The Japan Association of Certified Care Workers. 1994年2月12日に設立された介護福祉士有資格者による職能団体であり，介護福祉士の職業倫理の向上，その専門性を高めていくことを目標としている．都道府県介護福祉士会が組織されている．1995年には「日本介護福祉士会倫理綱領」が作成されており，それに基づく行動規範が示された．その綱領によれば，介護福祉士会は，①利用者本位，自立支援，②専門的サービスの提供，③プライバシーの保護，④総合的サービスの提供と積極的な連携・協力，⑤利用者ニーズの代弁，⑥地域福祉に推進，⑦後継者の育成を役割とし，すべての人々が，住み慣れた地域において安心して老いることができる社会の実現を目指し，介護福祉士としての専門的知識・技術と倫理的自覚をもって，最善の介護福祉サービスを提供するように努める，としている．こうした倫理綱領に基づき，介護福祉士の研修，制度設計に関する調査・研究活動，普及啓発活動としての専門誌「介護福祉士」の発行を行っている．

日本看護協会（ニホンカンゴキョウカイ） 英 Japanese Nursing Association 略 JNA. 看護職（保健師・助産師・看護師・准看護師）の資格をもつ個人が自主的に加入し運営する，日本最大の看護職能団体．1946年に設立され，2011年には公益社団法人として認定された．基本理念は，人々の人間としての尊厳を維持し，健康で幸福でありたいという普遍的なニーズに応え，人々の健康な生活の実現に貢献することである．看護の質を高める活動として，医療安全対策，業務基準や行動指針の作成・普及，専門看護師・認定看護師・認定看護管理者の認定，生涯教育の推進，日本看護学会学術集会の開催・論文集の発行，看護専門図書館，教育助成を行っている．認知症ケアに関連する分野として，専門看護師制度における老人看護があり，認定看護師制度では認知症看護がある．

日本高齢者虐待防止センター（ニホンコウレイシャギャクタイボウシセンター） 英 Japanese Center for the Prevention of Elder Abuse 略 JCPEA. 2007年2月に特定非営利活動法人として設立された．その定款によれば，主として高齢者に対する不適切な処遇に対して，その予防や解決や回復のための諸事業を行い，高齢者やその養護者が家庭や福祉施設等の地域社会で人間としての尊厳を保持しながら安心して社会生活を営むことができるような社会の実現に寄与するためにあるとされている．会員制をとっており，こうした問題に関心のある団体や個人によって構成されている．その活動内容は多岐にわたっており，保健・医療・福祉の増進を図る活動はもとより，町づくりや国際協力，男女共同参画等の活動をも視野にいれている．具体的には事業所における虐待防止に関してアドバイザーを派遣し，提言・助言を行ったり，調査研究活動を行ったり，研修会（介護施設等の第三者評価等も含めて）を行ったりする等，虐待防止の啓発を行っている．

日本社会福祉士会（ニホンシャカイフクシシカイ） 英 Japanese Association of Certified Social Workers 略 JACSW. 1993年1月に任意団体として設立，翌年12月には全都道府県に支部が結成され，1996年4月には社団法人となった．社会福祉士の職能団体である．活動の基本は，社会福祉現場で働く社会福祉士同士の交流に主眼がおかれており，そうした交流を通して社会福祉士の仕事の専門性を高め，社会のなかでの社会福祉士の地位向上を目指している．研究誌「社会福祉士」を年1回発行し，社会福祉士の専門性の追究，業務の質的向上を図るという取り組みをしてきている．生涯研修制度を導入して，キャリアアップのための研修を実施している．委員会活動を活発にし，社会福祉士の社会的認知度，社会的活躍の場面の多様化を訴えてきている．世界のソーシャルワーカーとの連携を図る活動も推進している．権利擁護センター「ぱあとなあ」の運営も行っており，社会福祉士の社会的役割に関する新たな取り組みを行い，新たな活躍の場面の創出に関しても取り組んでいる．

日本精神保健福祉士協会（ニホンセイシンホケンフクシシキョウカイ） 英 Japanese Association of Psychiatric Social Workers. 1964年日本精神医学ソーシャルワーカー協会として設立，1999年に現在の名称に変更し，2004年に社団法人となり，2013年に公益社団法人へ移行した．協会の目的は，精神障害者等の生活と権利の擁護を軸に精神保健福祉士の職務に関する知識・技術ならびに倫理および資質の向上，資格制度の充実，発展にある．こうした目的の遂行のための各種事業に取り組んでいる．2011年度に中期計画を策定し，精神保健福祉士の量的増大，質的向上のためのプログラムを展開してきている．そのなかで専門職としての精神保健福祉士の資質の向上が盛り込まれており，自己研鑽のための研修機会の提供，拡充，養成教育との連動性をもった研鑽体制の必要性，スーパービジョン体制の構築についての検討が不可欠であるとしている．また，ジェネラリスト・ソーシャルワーカーとして広く担うことができる領域と精神保健福祉士固有の専門性が活用される領域の明確化が必要であるとしている．

日本赤十字社（ニホンセキジュウジシャ）㊓ Japanese Red Cross Society. 1952年に制定された日本赤十字社法によって制定された認可法人であり，略称は日赤（にっせき）とよばれている．社員とよばれる個人および法人参加者によって組織されている．各都道府県支部の下に病院，診療所，血液センター，献血ルーム，福祉施設などがあり，また看護師養成の日本赤十字看護大学や専門学校を運営している．災害の発生時には，国内の義援金（海外の場合には「救援金」）を取りまとめるという役割も担っている．国内災害の場合には，被災都道府県に義援金募集委員会が設置され，都道府県の義援金配分委員会によって，被災者に交付される．毎年12月には日本放送協会（NHK）と連動して「海外たすけあい募金」を行っている．機関紙「赤十字新聞」を発行，支部レベルでも広報誌を発行するところもある．表彰制度があり，寄付の表彰，献血の顕彰・表彰に区別されている．献血の受付や献血を原料とする血液製剤を製造し，医療機関への供給をするということに関しては日本で唯一の機関である．

日本臓器移植ネットワーク（ニホンゾウキイショクネットワーク）㊓ Japan Organ Transplant Network ㊧ JOT. 臓器移植のあっせんを行う公益法人．業務として，臓器移植を受けようとする患者（レシピエント）の登録，健康保険証や運転免許証などへの臓器提供意思表示の普及および臓器提供のコーディネートを行う．臓器提供の意思表示が確認された15歳以上の成人および家族の提供意思の同意が示される人で脳死と推定される場合，日本臓器移植ネットワークの移植コーディネーターが，臓器提供者（ドナー）の家族に臓器移植について説明したあと，法的脳死判定が行われ，移植を受ける患者の選定，臓器の摘出，搬送そして移植が行われる．移植の対象となる臓器は，心臓，肺，肝臓，腎臓，膵臓，小腸，眼球である．なお，15歳未満の小児については，本人が拒否する意思がなければ家族の意思表示で臓器移植を行うことができる．

日本ソーシャルワーカー協会（ニホンソーシャルワーカーキョウカイ）㊓ Japanese Association of Social Workers ㊧ JASW. 1958年，東京で国際社会福祉会議・国際ソーシャルワーカー連盟会議が開催され，翌年竹内愛二を会長として学者，実践者の幅広い会員を構成員とする日本ソーシャルワーカー協会が組織化された．数年後には活動が休眠状況に陥ってしまったが，1986年の同じく国際会議の開催に先立ち，1983年に阿部志郎，仲村優一らの努力により再建された．その後ソーシャルワーカーの国家資格，社会福祉士資格の実現にも関係組織としての大きな役割を果たした．その組織設立の経緯から国際ソーシャルワーカー協会とのつながりが深く，日本のソーシャルワーカー組織の代表としての役割を果たしている．またソーシャルワーカーの倫理綱領は国際的な基準に則り，協会の主導により関係団体4団体の合意に基づき2005年に策定された．現在は特定非営利活動法人として活動が継続している．

日本尊厳死協会（ニホンソンゲンシキョウカイ）㊓ Japan Society for Dying with Dignity. 高齢者の大半が病院で最期を迎えているのが現状であるが，在宅で死にたいと考えている人は6割以上いる．自分自身の死に方を自分で決めることができない状況があるなかで，日本尊厳死協会は，「治る見込みがなく，死が迫ったとき，死のあり方を自らの手で選択する権利をもつ，その権利を社会が認めること」を目的として1976年1月に発足した．当初は安楽死協会との表現であったが，1983年に会の名称変更が行われた．日本尊厳死協会のスローガンは「健やかに生きる権利，安らかに死ぬ権利を自分自身で守るために」である．不治の病に罹患した場合や，末期状態では無意味な延命措置を拒否することを生前に宣言し（リビングウィル），協会がその宣言を登録管理している．会員数は2012年末現在，約12万5,000人である．協会はリビングウィルの法制化を求めているが，尊厳死法制化に反対する立場も根強く，2013年の段階ではまだ実現していない．
⇨安楽死

日本認知症グループホーム協会（ニホンニンチショウグループホームキョウカイ）㊓ Japan Group-Home Association for People with Dementia. 1998年5月「全国痴呆性高齢者グループホーム連絡協議会」が結成され，その後，2000年に特定非営利活動法人を取得，「全国痴呆性高齢者グループホーム協会」が設立された．また，2005年10月に「全国認知症グループホーム協会」と改称され，2009年には一般社団法人化され，さらに2010年には公益社団法人と認定された．会員組織であり，正会員は認知症グループホーム事業を行う団体であり，準会員はこうした事業を行おうとする団体または個人，賛助会員は当協会の目的に賛同する個人または団体となっている．当協会の趣旨は，「住み慣れた町にグループホームを～その人らしく最期まで～」であり，グループホームの量的整備が課題であり，さらに量的拡大と同時にサービスの質を保証し，ケアの質の向上を図ることにある．機関誌の発行により情報交換・情報提供を行うことや，全国大会・講演会・研修等の実施や支援により認知症ケアに関する理解を深める活動を行ってきている．

日本認知症ケア学会（ニホンニンチショウケアガッカイ）㊓ Japanese Society for Dementia Care. 学会設立は2000年6月，現在は一般社団法人．2016年8月の時点で会員数約27,000人．学会の創設は介護保険制度がスタートした直後であり，高齢者介護の深刻化に対しての国民的関心が高まった時期でもある．認知症に関しては1972年出版された有吉佐和子の作品「恍惚の人」で衝撃的に社会に問われた問題として認識され，政策的に特別養護老人ホームの増設，またコミュニティケアを進める社会的なインパクトともなった．高齢者の介護問題は従来の身体ケアから，超高齢化に伴い増大する認知障害をもつ高齢者ケアが重要性を増している．認知症の人が安心して生活できる社会の構築には，単に日常のケアにとどまらず医学，看護学，心理学，福祉学，介護福祉学，社会学，建築学等のあらゆる分野の学際的な研究を基盤とした質の高いケアが必要との認識から学会は創設された．学会はケアの学際的な研究，ケア技術の教育，社会啓発活動等，質の高い認知症ケアの実現により，豊かな高齢社会の創造を目指している．認知症ケア専門士および上級専門士の認定を行っている．

入所施設（ニュウショシセツ）介護保険には介護給付対象の入所施設サービスとして，福祉系の生活援助・介護を主たる機能とする特別養護老人ホーム（介護老人福祉施設），機能訓練による在宅生活継続支援を主たる機能とする介護老人保健施設，医療管理を必要とする要介護者

のための介護療養型医療施設の3種の入所施設が規定されている．また生活の場を変更するサービスとしては地域密着型サービスの認知症の人のためのグループホーム，また定員29人以下の小規模特養ホームがある．また老人福祉施設ではないが，入所施設としての有料老人ホームは生活サービスが提供される施設で，介護付き型，住宅型，健康型の3種類がある．介護付き型で介護保険の特定施設の認定を受けた施設においては，施設職員から介護を受けられる．この場合は予防給付での利用も可能である．施設での生活は従来集団生活的であったが，近年グループリビングケアが推奨され，個室を基本としたユニット型の施設も増えつつある．
⇨有料老人ホーム，グループホーム

入浴介助（ニュウヨクカイジョ） Ⓔ bathing care．排泄介助，摂食介助と並ぶ介護におけるルーティンの介助領域．とくに日本において，肩まで湯につかる入浴スタイルは，入浴が単に身体洗浄の行為というだけではなく日常生活上の文化ともいえる．従来介護施設において，中介護以上の利用者には入浴装置を利用したいわゆる機械浴（特浴）が中心であったが，最近はユニット型の施設を中心に可能な限り在宅に近い個別浴槽を利用する介助が増えてきている．その際も必要に応じ昇降リフトを使用する場合もある．それは安全な入浴確保と介護者の負担軽減，腰痛予防の意味をもっている．入浴介助には障害に応じた介助が求められ，着脱衣の介助，不安なく浴槽に出入りする介助，浴槽で安定するポジションの確保等が重要になる．また体温や血圧の確認，湯の加減，入浴時間，脱衣室の室温等も安全面から注意を要する．同時に脱衣や移動，入浴待機時等におけるプライバシー保護にも留意する必要がある．入浴に際しても本人の残存能力を見極め，ノーマライゼーションを基調とする個別的な介助が求められる．
⇨三大介護

入浴拒否（ニュウヨクキョヒ） Ⓔ refusal of bath．認知症の高齢者は，多くの場合入浴を嫌がる傾向にある．その理由は裸にされ介助を受ける不安感，水に対しての恐怖感からと思われるが，根気よく入浴が楽しく，気持ちがよく，身体もきれいになることを伝え納得を得る努力が必要である．具体的なアプローチとして気持ちがよくなることを実感してもらうことが重要である．まず足浴をゆったり利用してもらう．アロマオイルの使用も効果的である．時間の経過とともに全身が温められ，穏やかな気分となる．手や顔もぬれタオルで拭いたり，ぬるま湯で洗ってみることを試みる．同時に水のいらないシャンプーを使って頭髪の洗浄を行い，清潔感を実感してもらう．汚れた身体の不快感に対しては感覚が鈍麻していても，清潔になることは結果的に爽快で快適な気分になる．その折に体の痛みやかゆみの有無の確認などしながら脱衣をしてもらい，シャワーの洗身につなげていく．シャワーは頭から温水を浴びせるということではなく，足・下腹部・腹・胸・手というように，恐怖感やずぶぬれになるという感覚をもたせず徐々に行う余裕をもった介助を心がける．その一連の援助の先に入浴の可能性も生まれる．入浴は気持ちのよいものであると実感をしてもらい入浴拒否を克服していく．

入浴サービス（ニュウヨクサービス） Ⓔ bathing service for the elderly．在宅での要介護者の入浴はその介護度と浴室の環境，また介護者の能力によって負担が左右される困難な介護のひとつである．介護保険では訪問入浴介護として居宅介護サービスのメニューとなっている．一般的に事業の形態としては事業者が移動浴槽を利用者宅に持ち込み，専用の車両から適温の温水を給湯し，入浴介助を行う．このサービスの利用者は家族介護や訪問介護による入浴や，通所介護における送迎を受けて利用する施設入浴の場合と比較して入浴がより困難な高齢者が対象となる場合が多い．入浴は身体的，生理的な負担も大きいので，安全な入浴には認知障害対応も含めてきめ細かな心身への配慮が必要になる．原則的には看護師がバイタルチェックを行い，介護者3人の体制で入浴介助を行う．通所介護においても入浴介助は要望も高く主要なサービスメニューとなっている．

入浴補助用具（ニュウヨクホジョヨウグ） Ⓔ bathing aid tool．介護が必要になった高齢者にとっても入浴を可能な限り自力で，そして安全に行うことは当事者の望みでもある．その際，適切な入浴補助用具の活用は，自立支援という側面から自力入浴の可能性を高め，安全確保の面でも非常に効果的であり大きな意味をもっている．特定の用具については介護保険の「特定福祉用具販売」として給付される．入浴補助用具の使用にあたっては，よく購入前に展示場や見本等で実物を確認し，サイズや深さなどのチェックし利用者に合ったものを入手することが大切である．また入浴チェアーなど浴室で置いて使用するものは足に滑り止めの機能がついているものを選ぶ．用具としては浴槽にまたいで入るためのバスボード，移乗台，踏み台が有効である．また安全な入浴を行うための用具としては浴槽内で使用する滑り止めマット，浴槽内チェアー，浴槽手すりなどがある．洗い場ではシャワーチェアー，シャワーキャリーなどが利用される．

入浴用リフト（ニュウヨクヨウリフト） Ⓔ bath lift．従来介護度の高い要介護者の入浴に利用される設備には，多くの場合寝たままのポジションで入浴ができるように浴槽自体が上下するか，あるいはストレッチャーの上部を浴槽に滑らせ，浴槽内に設置されている昇降装置によって入浴者が上下するシステムが採用されていた．最近ではより通常の入浴スタイルが求められ，座位での入浴を可能にするため，用途に応じた多様な形態の入浴設備や電動のリフトが開発されている．複数の入浴者が同時に入浴できる既存の浴槽の脇に設置されるリフトや，個別浴槽脇に固定式のもの，上からのつり下げ式のもの，移動式のリフトもある．多くの場合，横移動アームで洗い場から浴槽に利用者を円弧に回転させて浴槽に入らせる形態が多い．介護度が高くてもより自然な形での入浴を可能とし，また，介護者の介護負担軽減も図られる．機器の使用にあたっては浴室は狭く湿気が高く，滑りやすいので使用に習熟し，安全の確保が大切である．利用者が安全で，安心して，気持ちよく入浴ができることを支える機器として入浴用リフトは開発されている．

尿意（ニョウイ） Ⓔ micturition／micturition desire．排尿したいという感覚．膀胱に尿がたまってくると，膀胱壁の伸展受容体から発する信号が骨盤神経を経て脊髄を通り大脳皮質に至る．成人では，一定の膀胱容量（150〜250ml）になると尿意を感じ始める（初発尿意）．尿意を感じても，排尿のための膀胱の収縮は抑制される．

膀胱の最大容量は300〜500mlで、この尿量で最大尿意を感じる。尿意を感じてから約30〜60分はがまんできる。尿意は強弱を繰り返し、しだいに強くなってくる。がまんしすぎると鳥肌がたったり、寒気を感じることがある。認知症の人には、尿意を訴えることがむずかしい人もいるが、それに変わるサインをだしている。たとえば、下半身に手をもっていく、もじもじと動きだすなど、観察していると、その人なりのサインがあることが分かる。
⇨便意

尿管結石（ニョウカンケッセキ） 英 ureteral calculus／ureter stone. 尿路（腎、尿管、膀胱、尿道）のうち尿管に結石が存在する状態のこと。尿管結石は、腎で産生された結石が尿流とともに尿管内に下降し、嵌入したもの。好発部位は生理的狭窄部位である腎盂尿管移行部、総腸骨動脈との交差部、尿管膀胱移行部の3か所である。結石の成分となる無機成分や有機成分が尿中で飽和状態にあることで形成され、尿管結石ではカルシウム含有結石が多い。結石による疼痛は、尿路の急激な閉塞による腎内圧の上昇と、尿管壁の異常な蠕動亢進が原因のひとつであると考えられる。疼痛部位は腎・尿管の走行に沿った側腹部、腰背部、下腹部に多い。自律神経症状として冷汗、顔面蒼白、悪心・嘔吐などがみられる。また、第12肋骨と脊椎がつくる三角部（肋骨脊柱角）の叩打痛がみられる。直径4mm以下の結石はほとんど自然排石され、結石の80％以上は自然排石される。10mm以上の結石には、体外衝撃波結石破砕術（ESWL）などが適応される。

尿器（ニョウキ） ➡採尿器を見よ。

尿失禁（ニョウシッキン） 英 urinary incontinence／incontinence of urine／aconuresis／acraturesis. 排尿習慣が確立したあとに、尿が不随意に漏れることや状態。国際禁制学会による定義は、「不随意に尿が漏れる状態」である。高齢者における尿失禁の頻度は高い。尿道からの尿失禁で、切迫性尿失禁と腹圧性尿失禁は蓄尿障害、溢流性尿失禁は排出障害、機能性尿失禁は運動・認知障害と考えられる。切迫性尿失禁とは、こらえられない強い尿意とともに尿を漏らしてしまう病態である。原因疾患として脳血管障害、パーキンソン病などによる神経因性膀胱によるものがある。腹圧性尿失禁とは、咳や運動など、比較的急激に腹圧が加わった際に漏れることである。出産歴のある中高年の女性の罹患率が高い。溢流性尿失禁は残尿が溢れて出てくる症状で、排尿に時間がかかり、じわじわ漏れる。機能性尿失禁は、認知機能や運動機能の低下のために排泄動作ができず尿を漏らす症状で、泌尿器に問題はない。たとえば、認知症のためにトイレの場所がわからずトイレに間に合わない、あるいは歩行障害のためにトイレまで間に合わない、ということが考えられる。これらの尿失禁のタイプが重なっていることもある。
⇨便失禁

尿素窒素（ニョウソチッソ） 英 urea nitrogen 略 UN. 尿素は、食物や体タンパク質の分解から産生される有害なアンモニアの解毒のために、尿素サイクルの経路で合成されるタンパク代謝の最終産物である。主に肝で合成された無害な尿素は体液中に放出され、細胞内外に拡散する。尿素は体内で再び代謝に用いられることはなく、血液から腎糸球体を通って尿中に排泄される。尿素窒素の測定は、全血を用いて行われていたので血液尿素窒素（BUN）とよばれていたが、現在は血清試料について測定されているので、血清尿素窒素（SUN）である。尿素は細胞膜を自由に通過するので、BUNとSUNでほぼ同じ測定値が得られる。尿素は腎を介して排泄されるので、SUN/BUNは、腎機能低下の指標として臨床的に用いられている。基準範囲は8〜20mg/dl、施設、測定法などにより多少値は異なる。SUN/BUNは糸球体濾過値の低下、タンパク摂取量の増加、組織タンパクの異化亢進などの影響を受ける。

尿道炎（ニョウドウエン） 英 urethritis. 細菌を主とした微生物が尿道に侵入して炎症を起こしている状態。尿道の掻痒感、排尿時痛、粘液性あるいは膿性の尿道分泌物を認める。尿道に限局した炎症は男性が主であり、女性では膀胱、膣、外陰部の感染を合併する。臨床的経過により、急性尿道炎と慢性尿道炎に、炎症の原因菌により、淋菌性尿道炎（淋菌が原因のもの）と非淋菌性尿道炎（クラミジア・トラコマチスなど）に大別される。性行為により感染するものが多いが、医療行為により尿道に損傷を起こした場合に尿道炎になることがある。尿道留置カテーテルの挿入や抜去、長期間の留置による尿道損傷は、尿道炎の原因となり得る。羞恥心のため発見が遅れがちになるので排尿時痛、尿道痛、外尿道口からの排膿を観察することが重要である。尿道炎の治療として、原因菌に応じた抗菌薬の投与が行われる。水分摂取を促し、排尿をがまんしないように説明するなどのケアを行う。
⇨尿路感染症

尿道留置カテーテル（ニョウドウリュウチカテーテル） ➡バルーンカテーテルを見よ。

尿毒症（ニョウドクショウ） 英 uremia. 腎臓は、体内で産生される老廃物や過剰となった電解質を体外に排出する働きを担っている。尿毒症は、腎臓の機能が低下し、体内の水分や電解質のバランスが崩れること、尿のなかに排泄されるべき老廃物が体内に蓄積されることなどによって起こる。血液中に尿素、クレアチニン、尿酸などの窒素代謝産物が蓄積する。とくに通常の腎臓の機能の10％以下になると、全身に及ぶさまざまな症状が生じる。代表的な症状としては、倦怠感、尿量減少などのほか、消化器症状（食欲不振、悪心・嘔吐、下痢など）、心肺症状（動悸、息切れ、血圧上昇など）、精神神経症状（頭痛、抑うつなど）などがある。末期には意識障害、けいれんを呈し、昏睡に陥る。皮膚は黄褐色となり、掻痒感を訴える。そのほかにも、心不全、肺水腫、貧血などがみられる。保存的に管理が必要な重症の尿毒症の場合は、人工透析や腎移植などが行われる。
⇨腎不全

尿閉（ニョウヘイ） 英 urinary retention. 尿閉とは尿が生成されて膀胱内にたまっているにもかかわらず、排出できない状態を指す。膀胱内に尿の貯留を認めない無尿との区別が必要である。尿をまったく排出できない状態を完全尿閉、排尿困難が持続して大量の残尿がみられる状態を不完全尿閉という。尿閉の原因は、異物、結石、腫瘍による尿路の機械的閉塞、炎症、環境や精神面の影響、排尿を支配する神経の障害などによって、尿管・膀胱頸部・尿道の閉塞を生じることなどがある。短期間で尿閉をきたした場合を急性尿閉、長い期間を経て尿閉をきたした場合を慢性尿閉と称する。急性尿閉は、前立腺肥大

症など排尿障害を生じる疾患を有する患者に過度の飲酒や総合感冒薬の服用が引き金になって生じることが多い．長時間自然排尿がなく，膀胱内に過剰に尿が貯留すると，恥骨上部の痛みが激しくなる．膀胱破裂などの重篤な事態を避けるため，尿道カテーテルを用いた導尿，医師による膀胱穿刺などが行われる．
⇨無尿

尿路感染症（ニョウロカンセンショウ）⑨urinary tract infection ⑯UTI．腎，尿管，膀胱，尿道など，尿路系における感染症を指す．臨床で多くみられるのは膀胱炎，腎盂腎炎である．経過により，急性と慢性に区別され，細菌が尿路に上行（逆行）性，血行性，リンパ行性に侵入すると尿路感染症が発生する．原因は，大腸菌や緑膿菌などのグラム陰性桿菌が大部分である．感染の誘因には，尿の通過障害による停滞，尿路の閉塞，結石などの異物の存在などがある．発症の頻度は年齢とともに高くなり，男性の場合は前立腺肥大を起こしやすい高齢者に発症のリスクが高い．性別では，尿道が短く，尿道口が肛門に近接している女性に発症のリスクが高い．症状は感染を起こしている臓器により異なるが，一般には発熱，悪寒，下腹部の不快感，尿混濁，残尿感，全身倦怠感，腰痛などがある．治療は感染の原因菌に応じた抗生物質の投与が行われ，発熱時のケアとして，安静，冷罨法，尿量を増すための水分摂取などを行う．

尿路結石（ニョウロケッセキ）⑨urinary calculus／urolithiasis／urinary tract stone ⑯UTS．尿路（腎，尿管，膀胱，尿道）において，結石（尿中の難溶性塩類が析出・結晶化したもの）を生じた疾患の総称である．腎臓から尿管までを上部尿路といい，腎・尿管結石を上部尿路結石と称する．膀胱から尿道までを下部尿路といい，膀胱・尿道結石を下部尿路結石と称する．尿路結石の成分は，シュウ酸カルシウム，リン酸カルシウムなどのカルシウム含有結石がもっとも多い．結石を形成しやすい状態として，原発性副甲状腺機能亢進症，尿停滞，尿路感染，長期臥床がある．代表的な症状として，悪心・嘔吐，冷汗，顔面蒼白などの症状を伴った特有の仙痛発作，血尿がある．結石が膀胱近くの下部に達すると，頻尿，排尿時痛，残尿感などを呈する．尿道結石では閉尿などを生じる．疼痛に対する治療，水分摂取や点滴で尿量を増やしたり運動をしたりすることにより結石の排出を待つ保存的治療のほか，体外衝撃波結石破砕術（ESWL）などの手術療法が行われることもある．

尿路ストーマ（ニョウロストーマ）➡人工膀胱を見よ．

任意入院（ニンイニュウイン）⑨voluntary admission．精神保健福祉法に規定されている患者の人権の尊重，治療の効果を視野にいれた入院治療で，任意の意思による入院．入院にあたっては患者自身が自らの病状を認識でき，問題を理解して入院治療を求めていることが条件となる．入院に際しては書面による同意書が必要．任意入院は患者の自発的な意思によって入院となっていることからも解放病棟を利用し，患者の同意なしに意思に反する行動制限は認められない．それは隔離室の利用，閉鎖病棟での入院，外出制限，電話などの通信制限等，原則すべてが対象とされる．また本人の同意を得ることを基本としながらも，精神症状から行動制限が必要と思われる患者には，指定医の判断と保護者の同意があれば本人の同意なしで入院させられる医療保護入院，自傷他害の危険があると複数の指定医の判断で入院させる措置入院の制度がある．
⇨措置入院，医療保護入院

人形療法（ニンギョウリョウホウ）➡ドールセラピーを見よ．

認知（ニンチ）⑨cognition．心理学や脳科学などの領域において，人間などが外界にある対象を知覚したうえで，それが何であるかを判断したり解釈したりする過程のことを指す．脳には外界や内界から常に刺激が送られてくるが，脳はこのような刺激（たとえば光や音）を受け取り（知覚），情報として分析・統合して脳のなかで外部のようすを再現する．そして過去の記憶や蓄積された知識と照合しながらあれかこれかの選択，あるいはイエス，ノーの判断をしている．これには記憶，知識，言語，理解，見当識（時間や場所について正しく認識すること），思考，計算，注意力などの精神機能がかかわる．これを認知機能とよぶ．この認知機能に障害が生じると，単語の意味が理解できなくなる，判断力を失う，流暢に話せなくなる，指示に従って動作をすることができなくなる，親しい人物を識別できなくなる，よく知ってる場所を認知できず道に迷う，などといった症状が出現する．
⇨知覚

認知機能検査（ニンチキノウケンサ）⑨cognitive function test．認知機能障害を評価する検査．認知機能障害の意味する概念は広範であり，認知症以外の疾患でも認知機能障害を呈することがあるため，それぞれの疾患における認知機能評価がある．認知症における認知機能検査の代表的なものとしては，Mini-Mental State Examination（MMSE），改訂長谷川式簡易知能評価スケール（HDS-R）やN式精神機能検査（NDS）といった，主としてスクリーニングに用いられる検査や，アルツハイマー病評価スケール（ADAS）といった認知機能障害の推移を把握することを目的とした検査がある．認知機能のうち記憶機能を検査するものとしては，ウェクスラー記憶検査改訂版（WMS-R）やベントン視覚記銘検査（BVRT）がある．

認知機能障害（ニンチキノウショウガイ）⑨cognitive impairment ⑯認知障害．認知という言葉は，「知覚，理解，概念化，判断，感覚，推理，想像など知的作用の質的側面を包含する一般用語」と定義されており，精神医学用語としても知能障害を表す言葉のなかに分類されている．精神疾患の診断・統計マニュアル第4テキスト改訂版（DSM-Ⅳ-TR）では，認知症における認知機能障害を，記憶障害・失語・失認・失行・実行機能障害としていたが，最近改訂されたDSM-5では，注意力・実行機能・学習と記憶・言語能力・知覚‒運動・社会的認知の障害としている．疾病及び関連保健問題の国際統計分類第10回修正（ICD-10）は，認知症における認知機能障害を，記憶・思考・見当識・理解・計算・学習能力・言語・判断を含む多数の高次皮質機能障害と定義している．このように「認知」がかなり広い概念を含んでいることもあり，従来はあまり用いられてこなかったが，最近使用されるようになった．認知機能障害は認知症の中核症状に相当する．

認知行動療法（ニンチコウドウリョウホウ）⑨cognitive-behavioral therapy ⑯CBT ⑩認知療法．精神疾患に対する精神療法の一種．人の気持ちや行動のあり方は，も

のの考え方や受け止め方（認知）によって影響を受ける．そこで，認知の仕方を変えるように働きかけることで治療する方法がCBTである．うつ病，パニック障害，強迫性障害，神経性食欲異常症などに応用されており，薬物療法に匹敵する治療効果があるとされる．これらの患者は，ストレスがあったり気落ちしたときに，まわりの状況を必要以上に悪く受け止め，自分を責めたり，将来を心配したりしやすい（自動思考という）．その考え方を，日誌をつけることや，面接による質問などを通して，患者自身が自らのかたよった認知のあり方に気づき，修正を試みていくことを手助けする．この治療方法は，健康保険の対象となっている．
⇨行動療法

認知症（ニンチショウ） 愛 dementia／major neurocognitive disorder 同 痴呆症．偏見や差別的な意味を含む従来の痴呆という言葉に代わって，2005年から行政で使用されるようになり，現在は広く一般にも普及している．一度正常に達した知的機能が後天的な脳の障害によって持続性に低下し，日常生活や社会生活に支障をきたすようになった状態を指す．2013年に出版された精神疾患の診断・統計マニュアル第5版（DSM-5）においては，認知症に相当するdementiaという用語に代わって，major neurocognitive disorderという用語が導入された．認知症でみられる症状は，認知障害，精神症状・行動障害ならびに神経症状に大別される．認知症を呈する背景疾患はさまざまであるが，アルツハイマー病（AD），血管性認知症（VaD），レビー小体型認知症（DLB），前頭側頭葉変性症（FTLD）などの根治療法がない疾患のほか，慢性硬膜下血腫，特発性正常圧水頭症などの根治の可能性がある疾患もあり，それらを見逃さないことも重要である．

認知障害（ニンチショウガイ）➡認知機能障害を見よ．

認知症介護研究・研修センター（ニンチショウカイゴケンキュウケンシュウセンター） 愛 Dementia Care Research and Training Center. 認知症の介護に関する研究および研修を行うセンターとして2000〜2001年にかけて設置された．認知症に関しての専門の研究・研修センター．認知症の人の介護技術に関する研究・研修事業を推進し，科学的に裏づけられた認知症介護の知識，技術を全国の高齢者介護現場に普及させることを目的とし，日本の認知症介護に関する研究・研修の中核的機関として全国3か所（東京・大府・仙台）のセンターが設置された．また，センターの業務のひとつとして「認知症介護指導者」の養成研修を行っている．現在，認知症介護指導者は全国で認知症ケアの普及・指導にあたっている．

認知症介護指導者（ニンチショウカイゴシドウシャ） 全国に3か所ある，認知症介護研究・研修センターにおいて，2001年よりすべての老人福祉施設や在宅サービスの現場等にその成果を普及させることを目的として，認知症介護の専門職員の養成を行う制度である．認知症介護指導者の役割は，認知症介護実践研修を企画・立案し，研修を実施するとともに，介護保険施設・事業所等における認知症介護の質の向上，および地域資源の連携体制構築の推進等に必要な能力を身につけ，認知症の人に対する地域全体の介護サービスの充実を図ることを目的としている．認知症介護指導者に求められるもうひとつの大きな役割は，全国に広がる指導者養成研修修了者から発信されるネットワーク構築の意味合いも大きい．さまざまな取り組みを全国各地に情報を発信し，認知症ケアに関する質の向上を支えていく役割である．

認知症外来（ニンチショウガイライ）➡もの忘れ外来を見よ．

認知症カフェ（ニンチショウカフェ） 愛 dementia cafe. 介護家族者，認知症の人本人，地域の人が安心して気軽に集い，交流会，講演会，勉強会，相談会を自主的に開催することで，介護家族等の共助，認知症高齢者と介護者の孤立防止，介護者家族等と専門機関の連携強化を図る拠点のことをいう．認知症カフェを利用して地域の拠点となり，認知症になっても安心して暮らせるまちづくりのひとつを担う役割として，新オレンジプランのなかでも，地域のなかで認知症の人，家族を支えるよりどころ，地域の人と認知症の人の交流できる場所として，市町村に設置するように推進している．

認知症看護認定看護師（ニンチショウカンゴニンテイカンゴシ） 愛 dementia nursing certified nurse 略 DCN. 認知症看護の分野において熟練した看護技術と知識を有することが認められた人を指す．看護師免許取得後，実務経験を5年以上（うち3年以上は認知症看護の分野の経験）積んだのち，認知症看護認定看護師教育機関で半年以上の教育を受け，日本看護協会の審査に合格することにより認定される．認定後は5年ごとに更新審査が実施される．認定看護師の役割は，実践，指導，相談の3つがある．DCNに求められる知識と技術には，認知症の初期から終末期までの各期に応じた療養環境の調整およびケア体制の構築，認知症の行動・心理症状（BPSD）の緩和・予防などがある．DCNには水準の高い認知症看護の実践，看護職に対する認知症看護に関する指導・相談のほか，介護職，医師などの多職種と協働し，病院・施設・在宅における認知症の人と家族への質の高いケア提供に貢献することが期待されている．

認知症機能評価別病期分類（ニンチショウキノウヒョウカベツビョウキブンルイ） 愛 Functional Assessment Staging 略 FAST. 1984年ライスバーグ（Reisberg B）らにより開発されたアルツハイマー病（AD）の重症度を日常生活機能から総合的に評価する行動評価尺度．FASTは簡易認知機能評価尺度（BCRS）や老年期うつ病評価尺度（GDS）に基づき作成されており，世界的にも頻繁に多用される評価法である．評価項目は，認知症の人の日常生活動作（ADL）における特徴に基づいて認知機能は7段階に分類されており，正常から高度のADまでを評価できるようになっている．特徴としては，正常と認知症の中間である境界例や軽度ADの判定が日常生活の観察や家族からの情報によって判定でき，検査対象者への課題やテストがなく負担が少ない点である．また，ステージごとの臨床的特徴の例が具体的であり，ステージ進行における重症過程が理解でき，予後の症状が見通せる点も特徴である．

認知症ケア指導管理士（ニンチショウケアシドウカンリシ） 認知症の人への適切なケア，ケアを行う人への指導・管理を行える人材の育成など，介護・医療現場で認知症ケアに携わる人の専門性向上を目的に創設された制度．認知症ケア指導管理士を養成し，適切な認知症ケアを通じ，認知症の人やその家族に尊厳と安心を提供することで高齢社会を支え，広く社会に貢献できる人材の育成に努め

る．介護施設・医療機関等で介護に従事している人，家族の介護を考えている人，介護の仕事を考えている人への認知症ケア等の知識の習得を目指すための資格である．認知症ケア等に関する知識を問う認定試験において，基準点以上をクリアした人を「認知症ケア指導管理士」として財団法人職業技能振興会が認定する資格である．

認知症ケア上級専門士（ニンチショウケアジョウキュウセンモンシ） Ⓔ senior dementia carer qualified. 2009年度より，認知症ケアでのチームリーダーや，地域におけるアドバイザーとして活躍することができる専門士として創設された上級専門職である．認知症ケア上級専門士には，専門職としての倫理観をよく理解し，認知症ケアの方法を自己の経験や科学的エビデンスに基づき説明できることが求められる．また，ケアマネジメントやチームアプローチについても，自己の体験だけでなく，科学的なエビデンスや根拠に基づいた実践を実行していくことが求められる．さらに，これまでに蓄積された知識や経験を生かしながら，上級専門士は，リーダーや指導者として適切なケアを実施していくとともに，適切なケアやケアマネジメントを新人のケアワーカーや専門士などに指導し，ケアに関する悩みなどを解決するための臨床的支援を行っていくことも求められる．上級専門士には，専門職としての自律と，認知症ケアに関する説明責任や地域のアドバイザーとしての社会的な責任が求められるのである．
⇨認知症ケア専門士，日本認知症ケア学会

認知症ケア専門士（ニンチショウケアセンモンシ） Ⓔ dementia carer qualified Ⓐ DCQ. 第4回日本認知症ケア学会総会（2003年11月23日）において，認知症ケアに対する優れた学識と高度な技能，および倫理観を備えた専門技術士を養成し，日本における認知症ケア技術の向上，ならびに保健・福祉に貢献することを目的とした「認定認知症ケア専門士」制度を創設した．認知症ケア専門士は個人の生涯学習としての位置づけや，認知症ケアには欠かせない多職種との交流や研修会を通じて，自分たちがかかわる認知症の人および家族に対して適切なサポートをしていく役割がある．国家資格ではないが，純粋に認知症ケアを勉強したいという熱意のある人たちの集まりである．さまざまな人と情報交換し少しでも認知症の人が暮らしやすい街や地域，施設での暮らしの実現を真剣に考えていける資格制度である．
⇨認知症ケア上級専門士，日本認知症ケア学会

認知症ケアパス（ニンチショウケアパス） Ⓔ dementia care pathway. 厚生労働省の発表によると，2010年の段階で，要介護認定申請を受けている「認知症高齢者日常生活自立度」Ⅱ以上の高齢者数は全国で280万人と，65歳以上人口の9.5％に達し，15年後の2025年には470万人に達すると予測されているため，現在行われている認知症の人を支える取り組みを整理し，日常生活圏域において認知症を有する高齢者がどのような状態であっても対応できるサービス基盤を構築し，的確なコーディネートがなされる体制をシステム化する地域環境を具現化するツールである．

認知症ケアマッピング（ニンチショウケアマッピング） Ⓔ dementia care mapping Ⓐ DCM. パーソン・センタード・ケアの価値基盤に基づき，認知症をもつ人の視点に立ったケアの向上を目的に，イギリスの心理学者キッドウッド（Kitwood T）らによって開発された観察ツールのこと．DCMでは，マッパー（観察記録者）が施設の共用空間で6時間程度，認知症をもつ人たちを観察し，その状況を行動カテゴリーコード（BCC：23種）と，感情・気分／かかわりの尺度（ME値：6段階）により記録し，ケアがその人に与える影響についても，個人の価値を高める／低める行為（PE／PD）のコードを用いて記録する．結果はケアチームにフィードバックされ，話し合いを通してケアの気づきやヒントを得て，ケア向上の行動計画を立案し実践する．この過程を繰り返すことで，ケアの意識や実践の向上に継続的に取り組む（発展的評価）．認知症ケアの質のアセスメントだけでなく，スタッフの研修・教育や，研究としても使用することが可能である．
⇨パーソン・センタード・ケア

認知症高齢者（ニンチショウコウレイシャ） Ⓔ the elderly with dementia. 認知症の定義はその診断基準により異なるが，疾病及び関連保健問題の国際統計分類第10回修正（ICD-10）によれば「慢性あるいは進行性の脳疾患により生じ，記憶・思考・見当識・理解・計算・学習・言語・判断等多数の高次脳機能障害からなる症候群」とされる．一方，高齢者とは通常65歳以上の人のことをいう．日本の高齢者医療では，75歳以上は後期高齢者と定義する．2014年9月15日における日本の65歳以上人口は推計3296万人，そのうち75歳以上は1590万人であり，総人口に占める割合はそれぞれ25.9％，12.5％とされる．2012年における認知症高齢者は，462万人と推計されている．高齢に満たない人の認知症を若年性認知症という．

認知症高齢者グループホーム（ニンチショウコウレイシャグループホーム） ➡認知症対応型共同生活介護を見よ．

認知症高齢者の日常生活自立度（ニンチショウコウレイシャノニチジョウセイカツジリツド） Ⓔ the degree of independent living for the demented elderly. 認知症高齢者の介護を行ううえで，日常生活動作能力の評価は必須である．1993年に厚生労働省からだされた認知症高齢者の日常生活自立度判定基準は，地域や施設等の現場において，認知症高齢者に対する適切な対応がとれるよう，医師により認知症と診断された高齢者の日常生活自立度を保健師，看護師，社会福祉士，介護福祉士，介護支援専門員等が客観的かつ短時間に判定することを目的として作成された．自立度の高さにより，ほぼ自立しているⅠから，常に介護を要するⅣまでのランクがある．ⅡとⅢはさらにa，bの2段階に細分されている．認知症の行動・心理症状（BPSD）が激しい事例はランクMとして別項が立てられている．この判定基準は多忙な現場においても評価しやすく，介護保険制度の要介護認定の際に活用されているほか，医療現場においても患者の状態把握や，地域連携のための資料として使われることもある．診療報酬でも活用されており，ランクMは重度認知症患者デイケア料を申請する際の要件となっている．
⇨要支援・要介護認定

認知症高齢者の日常生活自立度判定基準（ニンチショウコウレイシャノニチジョウセイカツジリツドハンテイキジュン） Ⓔ criteria for determination of the daily life independence level of the elderly with dementia. 介護保険制度における認定調査の一部に含まれ，認知症重症度

の判定基準の材料として用いられる指標である．医療・福祉・介護保険等の領域の専門職者が，調査対象者本人の日常生活における自立度を客観的かつ短時間で判断できるように構成されており，面談時には，本人の意思疎通の程度や自覚的な困難，行動的特徴とともに，その人の現在の状況をよく知る家族等の介護者ならびに関係者からの情報をも参考にする．判定基準は次の8段階である．自立・Ⅰ・Ⅱa・Ⅱb・Ⅲa・Ⅲb・Ⅳ・M（Medicalの略．専門医療を要するという意）．問題点としては，判断基準の各記述が必ずしも明確ではないことから，検査者間で評定が一致しない恐れがあることや，最新の知識が反映されていないことが指摘されている．また，認知症の人の状態は環境の変化等の影響を受けやすいことから，判断時点のレベルはあくまでも目安ととらえるのが適切である．
⇨認知症の行動・心理症状

認知症高齢者への環境支援のための指針（ニンチショウコウレイシャヘノカンキョウシエンノタメノシシン） Ⓔ professional environmental assessment protocol Ⓛ PEAP．認知症の人の自立やライフスタイルの継続などのニーズに焦点を当て，それにふさわしい環境を，施設の物理的環境になど幅広い要素を考慮して実践する指針である．PEAPはもともと，1996年にアメリカでワイズマン（Weisman GD）らにより開発され，その後，2002年にケアと環境研究会により，日本の文化やケアの現状を踏まえながら，日本語に翻訳・修正しPEAP日本版ができた．PEAPは，施設に住む認知症の人にとっての望ましい環境について，その考え方や具体的内容を示した指針である．ケアの現場で，どのような環境設定をすればよいのか考えたり，現状において足りないもの（考え方）や，反対に優れている点はなにかを知ろうとするときに役に立つ指針である．認知症の人への環境によるアプローチを8つの次元に分類して現場に基づいて環境への配慮や工夫，具体的な課題を浮かび上がらせるには有効である．

認知症コーディネーター（ニンチショウコーディネーター） Ⓔ dementia coordinator．認知症になってもできる限り住み慣れた町で，安心して暮らし続けることができるようにするためのサポート体制の一役を担う職種．認知症コーディネーターの役割は，認知症の人のニーズの把握，ニーズに応じた地域資源のネットワーク化，介護職員の教育，指導と個別ケースに応じたスーパーバイズ機能，家族や地域への情報提供および啓発活動など，地域で認知症を支える仕組みのひとつとして大きな役割を期待されている．

認知症サポーター（ニンチショウサポーター） Ⓔ dementia supporter．認知症についての正しい知識を習得し，認知症の人や家族を自分のできる範囲で温かく見守り，応援し支えていく人．たとえ認知症になっても周囲の理解や気遣い，適切な医療と介護の連携があれば，住み慣れた家や地域での生活が可能であるため，認知症を自分自身にとって身近な問題と認識し，地域の人やその家族の気持ちを理解しようと努めることも大切な役割である．
⇨キャラバン・メイト

認知症サポーター養成講座（ニンチショウサポーターヨウセイコウザ） Ⓔ dementia supporter training lecture．実施主体は都道府県，市町村，職域団体等で対象者は自治会，老人クラブ，民生委員，家族会，防災，防犯組織等で，職域では企業，銀行等金融機関，消防，警察，スーパーマーケット，コンビニエンスストア，宅配業，交通機関等，学校の小中高等学校，教職員，PTA等であり，講師役の「キャラバンメイト」が，認知症の正しい知識や，つきあい方について講義を行う住民講座，ミニ学習会である．認知症サポーター養成講座では認知症の基礎知識だけでなく，認知症を見守る，支えるうえで役立つことを伝え，受講者には修了証の代わりに「認知症の人を応援します」という意思を示す目印のオレンジリングが渡される．講座の内容は認知症とはなにか診断，治療，予防について，認知症の人や家族への対応について，相談窓口について，サポーターとしての心構えなどである．

認知症サポート医（ニンチショウサポートイ） Ⓔ dementia support doctor．地域における認知症医療体制構築の要となる医師を養成する目的で，2005年から開始された国家事業である．都道府県，指定都市が主体となり，地域の医師会と相談のうえで推薦された医師に対して，国立研究開発法人国立長寿医療研究センターが年5回の研修を全国レベルで行っている．認知症サポート医の役割として，かかりつけ医の認知症対応力向上研修実施，かかりつけ医の認知症診断等にかかわる相談役，アドバイザーとなり，地域の医師同士における認知症診療連携体制を構築すること，医師会と地域包括支援センターの連携仲介などが期待されている．サポート医は必ずしも，認知症専門医である必要はなく，地域の認知症医療体制を構築する意欲のある医師であって，研修を修了すれば認定される．2010年度までに養成されたサポート医は1,677人である．全国的に認知症サポート医の活動は具体化してきているが，自治体の事業のなかでの位置づけがあいまいなままである地域も多く，積極的な活用が望まれる．
⇨かかりつけ医，認知症サポーター，地域包括支援センター

認知症施策推進5か年計画（ニンチショウシサクスイシンゴカネンケイカク） Ⓔ orange plan Ⓙ オレンジプラン．2012年8月に公表された「認知症施策の方向性」においてたてられた7つの視点（標準的な認知症ケアパスの作成・普及，早期診断・早期対応，地域での生活を支える医療サービスの構築，地域での生活を支える介護サービスの構築，地域での日常生活・家族の支援の強化，若年性認知症施策の強化，医療・介護サービスを担う人材の育成）について5か年のアクションプランとしてまとめられたものである．その基盤にある目的は「認知症の人は精神科病院や施設を利用せざるを得ない」という発想から「認知症になっても本人の意思が尊重され，できる限り住み慣れた地域で暮らし続けることができる社会」を目指すことであるとされる．認知症施策推進5か年計画においては市町村の役割が大きくなっているほか，認知症初期集中支援チームの設置など地域・在宅重視の視点が強調されている．

認知症疾患医療センター（ニンチショウシッカンイリョウセンター） Ⓔ dementia-related disease medical center．2008年度から地域の認知症専門医療機関として国が指定を進めている事業である．2016年5月，全国365か所の施設が認定されている．センターの機能は，保健医療・介

護機関等と連携を図りながら，認知症疾患にかかわる鑑別診断，認知症の行動・心理症状（BPSD）と身体合併症に対する急性期治療，専門医療相談等を実施するとともに，地域保健医療・介護関係者への研修等を行うことにより，地域における認知症疾患の保健医療水準の向上を図ることである．3種類あり，①一般病床と精神科病床の両方をもち，救急にも対応できる基幹型，②どちらか一方の病床のみ有し，ほかの医療機関と連携して機能を発揮する地域型，③基幹型・地域型との役割分担・連携を通じて各地域に合わせた対応を実施する診療所型の3類型がある．センターは認知症地域連携の核となることが期待されており，かかりつけ医，認知症サポート医，地域包括支援センター，地域の介護施設などとの協力関係の充実が求められている．

認知症疾患治療ガイドライン（ニンチショウシッカンチリョウガイドライン） Ⓔ guideline for the treatment of dementia. 日本神経学会を中心として，日本精神神経学会，日本老年精神医学会，日本認知症学会などが協力して作成したエビデンスに基づく認知症疾患の治療ガイドラインである．2010年に書籍として公表された．有病率などの疫学，診断法，薬物治療，非薬物治療などの総論部分とアルツハイマー病（AD），血管性認知症（VaD）への治療などの各論部分からなっている．すべて「認知症の人の幻覚・妄想に対する有効な薬物はあるか」といった質問に応える形式で記述されている．これまで公表された論文の検索を網羅的に行い，その結果からエビデンスレベルが決定されている．無作為化臨床試験（RCT）が行われている項目のレベルは高いが，症例報告にとどまるものは低い．エビデンスに基づいた推奨グレードがつけられている．

認知症症状評価尺度（ニンチショウショウジョウヒョウカシャクド） Ⓔ dementia symptom rating scale. 認知症の評価尺度の使用目的は大きく3つに分類される．1つ目は初診時に認知症かそうでないかを判別するスクリーニング検査でMini-Mental State Examination（MMSE）が国際的に広く知られている．2つ目は診断確定後，進行度，重症度，治療薬の効果を評価するためのもの，3つ目は多様な認知症の鑑別診断の補助を目的にしたものである．次に認知症に関する有用な評価尺度には，①記憶機能の評価尺度，②認知症の行動・心理症状（BPSD）の評価尺度，③日常生活動作（ADL）の評価尺度がある．①においてはウェクスラー記憶検査改訂版（WMS-R）がもっとも一般的である．②のBPSDの評価尺度であるneuropsychiatric inventory（NPI）は妄想，幻覚，無為，うつ症状，脱抑制，異常行動など10項目の精神症状が評価できる．また，behavioral pathology in Alzheimer's disease（behave-AD）はアルツハイマー病（AD）のBPSDを評価するもので介護者からの情報に基づいて重症度を診断する．③においては，N式老年者用日常生活動作能力評価尺度（N-ADL）があり，歩行や着脱衣，入浴，摂食，排泄などの項目に分類されている．

認知症専門棟（ニンチショウセンモントウ） 認知症高齢者のうち，とくに認知症の行動・心理症状（BPSD）のいちじるしい認知症高齢者の処遇を行うのに相応しい施設をいう（認知症専門棟に係る施設基準について：平成12年老健第115号）．その設置にあたっては，変更B「厚生労働大臣が定める施設基準を定める件」において，次に挙げるところによるものとすることが記載されている．①徘徊老人のための施設として，老人の見当識（方向，場所，周囲の状況等を正しく理解する能力）に配慮した行動しやすい回廊式廊下等を可能な限り設けること．②介護老人保健施設の人員，施設及び設備並びに運営に関する基準（平成11年厚生省令第40号．以下〈基準省令〉という）第3条に定める施設のうち，療養室，洗面所，便所，サービスステーション，汚物処理室は，認知症専門棟の定員に応じ設置すること．認知症専門棟の従業者の勤務体制を定めるにあたっては，継続性を重視したサービスの提供に配慮しなければならない．これは，従業者が1人ひとりの入所者について，個性，心身の状況，生活歴などを具体的に把握したうえで，その日常生活上の活動を適切に援助するためにはいわゆる「なじみの関係」が求められることによる．このため，入所者と「なじみの関係」を構築し，適切なケアを提供するため，少人数の認知症の入所者のグループを対象として，特定の職員を固定的に配置する人員体制をとっていることを，当該加算の算定要件としたところである．上述のように，認知症高齢者への対応を専門として担っていく場所である．

認知症専用特別養護老人ホーム（ニンチショウセンヨウトクベツヨウゴロウジンホーム） 65歳以上の人で，認知症により常時介護が必要かつ，在宅介護が困難な人が入所する社会福祉施設．60歳以上65歳未満の人で入所基準に適合し，とくに必要があると定められた場，入所対象者となる．

認知症対応型共同生活介護（ニンチショウタイオウガタキョウドウセイカツカイゴ） Ⓔ communal daily long-term care for a dementia patient Ⓢ 認知症高齢者グループホーム．認知症対応型共同生活介護は，定員9人の家庭的な環境で，介護の必要な認知症高齢者を介護スタッフが支援することにより，その人らしい充実した生活を送ってもらうための場所である．入居する人には，できることを見極めて，自分の生活を組み立てていく，そして，できないことは専門スタッフといっしょに行い，生活のなかでの役割や自信を失わないようにサポートしていく場所である．介護保険法89条にもあるように，家庭的な環境と地域住民との交流の下で入浴，排泄，食事等の介護その他の日常生活上の世話および機能訓練を行うことにより，利用者がその有する能力に応じ，自立した日常生活を営むことができるようにするものでなければならない．入居者や家族が願いや想いをもち続けられる場所として，人として接する介護の原点を常に発信していく場所である．
⇨認知症対応型老人共同生活援助事業

認知症対応型通所介護（ニンチショウタイオウガタツウショカイゴ） 居宅要介護者で，認知症の人を対象にした専門的なケアを提供する場所．特別養護老人ホーム，養護老人ホーム，老人福祉センター，老人デイサービスセンターなどに日帰りで通って，入浴，排泄，食事等の介護，生活等に関する相談と助言，健康状態の確認，その他，認知症である利用者が可能な限り，その居室において，その有する能力に応じ，自立した日常生活を営むことができるよう，必要な日常生活上の世話，および機能訓練を行うところである．

認知症対応型老人共同生活援助事業（ニンチショウタイオウガタロウジンキョウドウセイカツエンジョジギョウ）

65歳以上で身体的には元気であるが，認知症のために，日常生活を送るのに支障がある人に対して共同生活する住居で入浴，排泄，食事等の介護，その他の日常生活上の援助を行う事業である．要支援の認定を受けた人は利用できない．介護保険法上では，認知症対応型共同生活介護，介護予防認知症対応型生活介護にあたり，やむを得ない理由により介護保険法によるサービスを受けられない場合には措置として市町村が提供する．

認知症対策等総合支援事業（ニンチショウタイサクトウソウゴウシエンジギョウ） 施策目標として介護保険制度の適切な運営を図るとともに，質・量両面にわたり介護サービス基盤の整備を図ること．実施主体は都道府県，政令指定都市，市町村．概要は5つの分野から構成され10事業が実施されている．概要の分野として介護，医療，地域支援，権利擁護，若年性認知症があり，介護では認知症介護の質の向上を図るための研修，研究，情報発信等の事業を行い，医療は認知症の主治医（かかりつけ医）に助言等を行うサポート医の養成研修，かかりつけ医に対する認知症対応力向上のための研修の実施を行う．また地域支援では，認知症のコーディネーターによる地域支援体制の構築を図り，都道府県において市町村における認知症施策の円滑な実施の促進を図り，認知症地域支援体制の好事例や先進事例の収集，認知症介護の専門家等が対応するコールセンターを設置することにより，地域の実情に応じた効果的な支援を行う．権利擁護では介護施設等の従事者に対する権利擁護意識向上を図る研修や相談窓口の設置，および高齢者虐待防止，市民後見推進の取り組みを支援し，若年性認知症の人に対しては，総合的な支援と地域ネットワークの構築を行っている．

認知症地域医療支援事業（ニンチショウチイキイリョウシエンジギョウ） 地域において，認知症の早期段階から状況に応じて，医療（専門医療機関・サポート医・かかりつけ医）と介護が連携した認知症の人への支援体制の構築を図ることを目的とする．認知症サポート医養成研修は認知症の人の診療に習熟し，かかりつけ医への助言やその他の支援を行い，専門医療機関や地域包括支援センター等との連携の推進役となる認知症サポート医を養成する．かかりつけ医認知症対応力向上研修は高齢者が日ごろより受診する診療所等の主治医（かかりつけ医）に対し，適切な認知症診断の知識・技術などを習得するための研修を実施している．早期段階での発見・気づき，専門医療機関への受診誘導，一般患者として日常的な身体疾患対応，健康管理，家族の介護負担，不安への理解，地域の認知症介護サービス諸機関との連携等をサポート医，専門医療機関，ケアマネジャー，介護職，地域包括支援センターなどと連携をとって本人，家族の支援を行う事業である．

認知症地域支援推進員（ニンチショウチイキシエンスイシンイン） 認知症になっても住み慣れた地域で生活を継続するためには，医療・介護および生活支援を行うさまざまなサービスが連携したネットワークを形成し，認知症の人たちにとって効果的な支援を行うことが重要であり，そのため，市町村において認知症疾患医療センターや医療機関，介護サービスおよび地域の支援機関をつなぐコーディネーターとしての役割を担う．主に，①認知症の人にその状態に応じた適切なサービスが提供されるよう，認知症疾患医療センターをはじめとし，介護・医療・地域サポートなど各サービスの連携支援を行う，②地域の認知症支援体制を構築し，地域の実情に応じて認知症の人やその家族を支援する，③もの忘れ症状のある人や，その家族に対して，電話や訪問等によって必要なサービス利用に関する専門的相談，助言を行う，④医療機関へ受診困難な人，介護サービスが利用困難な人への支援を行う，⑤認知症について認知症予防の出前講座を行うなどがある．

認知症治療病棟（ニンチショウチリョウビョウトウ）㊤ dementia treatment ward. 認知症の人のうち，とくに行動・心理症状（BPSD）が激しく，介護や看護が困難と考えられるものを治療対象とする，精神科病院における入院病棟のこと．以前は「老人性認知症疾患治療病棟」とされていたが，"老人"の定義の問題や認知症の患者が必ずしも高齢者とは限らないことから，2008年度より現在の名称に改められた．設置には，精神科病院において1人の精神科医師と，専従する1人以上の精神保健福祉士もしくは臨床心理士，および病棟に専従勤務する1名以上の作業療法士が必要となる．背景には精神科病院において認知症の人の入院期間が長期化していることもあり，現行の精神科医療制度では，おおむね2か月以内での退院を目標としている．

⇨認知症の行動・心理症状

認知症の行動・心理症状（ニンチショウノコウドウシンリショウジョウ）㊤ behavioral and psychological symptoms of dementia ㊣ BPSD ㊥ 周辺症状．認知症の症状は大きく「認知機能障害」と「精神症状，行動障害」に分かれる．人格の変化，病識の欠如，記憶障害，失語（言葉が理解できない）・失行（まとまった動作や身振りができない）・失認（物の形が分からない），遂行機能障害（段どりの悪さ）は，脳の病変そのものから生じる中核症状とよばれ，すべての患者に現れる．一方，抑うつ，睡眠障害，妄想や興奮などの精神症状，暴言や徘徊，不潔行為などの行動障害は周辺症状とよばれ，必ずしもすべての患者に起こるとは限らない．この周辺症状は脳の障害を背景とするが，体調や心理状態，身体的苦痛や薬物の影響，生活環境などに影響を受けて発生する症状である．しかし介護者にとっては，周辺症状のほうが負担感は高く感じられる．このような周辺症状とほぼ重なる概念は，認知症の行動・心理症状として1999年に行われた国際老年精神医学会のコンセンサス会議で「BPSD」と定義された．代表的な症状としては，物盗られ妄想，夜間の徘徊，意欲の低下，食行動異常，暴力などが挙げられる．

⇨中核症状

認知症の診断基準（ニンチショウノシンダンキジュン）㊤ diagnostic criteria for dementia. ある患者に診断をくだす際に存在を必要とするある一定数の疾病または障害の発現リストをいう．代表的な認知症の包括的診断基準としては，世界保健機関（WHO）による疾病及び関連保健問題の国際統計分類（ICD）やアメリカ精神医学会（APA）による精神疾患の診断・統計マニュアル（DSM）が挙げられる．現在，ICDは第10版，DSMは第5版が最新版である．個々の認知症の診断基準としては，アルツハイマー病（AD）については2011年に改訂されたNIA-AAによる診断基準，血管性認知症（VaD）についてはNINDS-AIREN，レビー小体型認知症（DLB）について

は第3回DLB国際ワークショップでの臨床診断基準改訂版が，それぞれ存在する．
⇨鑑別診断，診断基準

認知症のスクリーニング（ニンチショウノスクリーニング）
㊄ screening for dementia. 通常，無症候の人の集団から特定の疾病を有する確率の高い人を選びだす検査のことを意味する．したがって「認知症のスクリーニング」とは，認知症であるかどうか分かっていない人たちのなかから，認知症である可能性が高い人をふるい分ける検査のことを意味する．多くの人を対象とするため，安価で簡易な診断的試験を用いることが多い．日本で汎用されている検査としては，Mini-Mental State Examination（MMSE），改訂長谷川式簡易知能評価スケール（HDS-R）や時計描画テスト（CDT）などが挙げられる．スクリーニングは，認知症であるかないかを判別するための検査であり，すでに認知症と診断が確定している人の重症度・進行度や治療効果を評価するための検査や，認知症の鑑別診断（たとえばアルツハイマー病〈AD〉とレビー小体型認知症〈DLB〉の判別）のための検査とは異なる．
⇨スクリーニング

認知症の早期発見（ニンチショウノソウキハッケン） ㊄ early detection of dementia. 原語は「認知症を早期（初期）の段階で発見すること」を意味するが，最近では認知症を呈する前の段階，すなわち軽度認知障害など認知症の前駆段階と考えられる状態を検出する意味で用いられることが多い．発見段階はますます早期化に移行する傾向にあり，前駆段階どころか「無症候性（asymptomatic）アルツハイマー病」などという用語も見受けられる．スクリーニングの方法としては，PET（PiB-PET，FDG-PETなど）やMRI（機能的MRIなど）といった画像検査や脳脊髄液（アミロイドβタンパク質，リン酸化タウタンパク質など）のようなバイオマーカーを用いる．アルツハイマー病（AD）に関しては，現時点ではアミロイドβタンパク質の沈着から始まり，続いて神経障害が起こり，徐々に認知機能障害が始まるとされている．早期発見の意義は早期に治療的介入することで予後をよりよくすることにある．介入方法もないのに早期発見することは，倫理的問題を生じる可能性がある．
⇨軽度認知障害

認知症の人と家族の会（ニンチショウノヒトカゾクノカイ） ㊄ Alzheimer's Association Japan. 1980年に介護家族を中心に「呆け老人をかかえる家族の会」が発足し，現在では41都道府県に支部をもち会員は約8,600人，全国的な唯一の民間団体である．26年間に及ぶ会の活動は，発足当時，まったく整備されていなかった国や自治体の認知症対策を大きく前進させる原動力となっており，2006年6月には，現在の「認知症の人と家族の会」に名称を変更している．活動の大きな柱は2つで，ひとつは家族同士の励まし合い，助け合いで支部では毎月1回，家族の集いを開き電話相談や会報を発行している．もうひとつは社会に訴え，制度やサービスを推進する活動である．1992年には「国際アルツハイマー病協会」に加盟し，1994年には社団法人となる．

認知症の人のためのケアマネジメントセンター方式（ニンチショウノヒトノタメノケアマネジメントセンターホウシキ） 厚生労働省が2000年に設置した全国3か所の「認知症介護研究・研修センター」（東京・大府・仙台）が中心となり研究開発したケアマネジメントシートのこと．具体的利用方法としてアセスメントとケアプランの展開ツールとして活用，日常の情報集約ツールとして活用，他事業所への情報配信として活用，事業者と家族の情報交換のためのツールとして活用，事業者と本人，家族とのコミュニケーション，および見落とされやすい力や希望を引き出すためのツールとしての活用や新しい認知症ケアの視点を具体的に学ぶ教育ツールとして活用されている．

認知症予防プログラム（ニンチショウヨボウプログラム）
認知症を予防するためには，日ごろから頭と体を活性させることが大事であるといわれており，刺激が少ないような生活がよくないことが調査でも分かってきている．毎日頭を働かせながら，適度に体を動かし，メリハリのある生活を送ることを単発ではなく，日々継続することが認知症の予防に有効とされている．このほかにも，日々の出来事を日記のようなもので書き残す，また計算をしたり，問題を解く，人とのかかわりをもち，好きな趣味等をもつなどして，楽しく過ごすなど，心と体の活性に努めるための行動計画のようなものをいう．また，このような認知症予防プログラムに加えてリラックス効果が期待できるアロマ（芳香）の活用なども有効とされている．

認知療法（ニンチリョウホウ）➡認知行動療法を見よ．

認定看護師（ニンテイカンゴシ） ㊄ certified nurse ㊓ CN. 認定看護師制度は特定の看護分野において，熟練した看護技術と知識を用いて看護実践を社会に送り出し，看護現場のケアの広がりと質の向上を図ることを目的としている．1997年6月より認定が開始された．認定看護師の認定には実務経験5年以上でそのうち認定看護分野に3年以上の経験を有する者が認定看護師教育機関において6か月，600時間以上の専門教育を修了し，日本看護協会認定審査に合格後，登録される．認定は5年ごとに業績を含め更新と審査を受けて継続となる．認定看護師の役割は特定の看護分野において，①個人，家族および集団に対して，水準の高い看護を実践する，②看護職に対し指導を行う，③看護職に対しコンサルテーションを行う，の3つが挙げられる．認定看護分野として2010年2月現在，救急看護，皮膚・排泄ケア，集中ケア，緩和ケア，がん化学療法看護，がん性疼痛看護，訪問看護，感染看護，糖尿病看護，不妊症看護，新生児集中ケア，透析看護，手術看護，乳がん看護，摂食・嚥下障害看護，小児救急看護，認知症看護，脳卒中リハビリテーション看護，がん放射線療法看護，慢性呼吸器疾患看護，慢性心不全看護の21分野がある．
⇨専門看護師

認定調査（ニンテイチョウサ） 認定調査とは，要介護・要支援認定の申請があったときに調査員が訪問し，本人と家族への面接によって行う聞き取り調査をいう．この認定調査の結果は，要介護・要支援認定の一次判定に使用される．認定調査は公平を保つために全国一律の基準で客観的に判定される．

認定調査員（ニンテイチョウサイン） ㊓ 介護認定調査員．認定調査を行う人．対象者を訪問し，認定調査票の82項目にそって調査を行う．この認定調査票はのちに介護認定審査会の重要な資料となる．

認定調査票（ニンテイチョウサヒョウ） 現在，全国共通の認定調査票を使って認定調査は行われている．この調査票には，調査対象者や実施者の名前・住所を記入する概況調査と，要介護の状態を記入する基本調査および特記事項に分かれている．基本調査は，法改正以前は79項目からなっており，改訂後は高齢者の生活機能を評価する調査項目として3項目が追加され，現在は82項目となっている．
⇨要支援・要介護認定

認定の遡及効（ニンテイノソキュウコウ） 介護保険の認定申請をしたあと，要介護認定を受けるまでの間に，償還払いで介護サービスを利用した場合，認定後に認定申請時までさかのぼって介護保険の給付を受けることができる．これを認定の遡及効という．この認定の遡及効は，要介護認定の効力は認定申請のときから発生するという考え方に基づいている．ただし，暫定居宅サービス計画を作成することにより，要介護認定を受けるまでの期間は認定を待たずに現物給付を受けることができる．

認定の取り消し（ニンテイノトリケシ） 介護保険のサービス利用がなく，他の制度の利用希望がある場合には，介護保険の認定を取り消すことができる．ただし，単に介護保険のサービスを利用する予定がない人は，有効期間が満了するまで要介護認定を保有していても支障はきたさない．

認定有効期間（ニンテイユウコウキカン） ⇨要介護認定有効期間．認定有効期間は，厚生労働省令（法第28条第1項）で定める期間内において有効．厚生労働省令で定める期間とは，要介護，要支援において新規申請により認定された場合は，認定の有効期間は6か月とし，市町村が必要と認める場合にあっては3か月から12か月の間で月を単位として市町村が定める期間．要介護更新認定の有効期間は12か月とし，市町村が必要と認める場合にあっては3か月から24か月の間で月を単位として市町村が定める期間．要支援更新認定の有効期間は12か月とし，市町村が必要と認める場合にあっては3か月から11か月の間で月を単位として市町村が定める期間が有効期間である．

認認介護（ニンニンカイゴ） 認知症の人を介護する人も認知症といったきわめて厳しい介護の実態をいう．高齢者が高齢者の介護をする老老介護からさらに介護環境が深刻化した状況といえる．近年，核家族化が進むなか，親とは別の家で離れて暮らす家族，あるいは離れて暮らさざるを得ない家族も多いというのが現状である．このような老老介護や認認介護となっている世帯数が社会の高齢化に伴い増加傾向にあり，社会問題にもなってきている．厳しい介護環境を軽減するためのも，可能な限り家族の介入や第三者の人的な介入，公的サービス利用，入院，入居などの社会的支援が強く求められる．

ね

寝返り介助（ネガエリカイジョ） 自ら寝返りすることができない，または寝返りする際に部分的に介助が必要な状態にある人に対して，寝返りを介助することをいう．寝返り介助を行う際は，それぞれ，いまある身体機能や身体能力などを生かしながら安全で安楽な寝返りを介助することが望ましい．
⇨体位変換

ネグレクト 英neglect. 高齢者におけるネグレクトとは，介護・世話を放棄・放任するような行為をいう．具体的には，高齢者に対して世話をしない，衰弱させるようないちじるしい減食，養護者以外の同居人による高齢者虐待行為と同様の行為の放置等養護をいちじるしく怠る，または高齢者を養護すべき養介護施設従事者等の職務上の義務をいちじるしく怠ることなどである．
⇨高齢者虐待

寝たきり度（ネタキリド） ➡障害高齢者の日常生活自立度を見よ．

寝たきり老人ゼロ作戦（ネタキリロウジンゼロサクセン） 厚生省が1989年に策定したゴールドプラン（高齢者保健福祉推進10か年戦略）のなかの施策のひとつ．日本では欧州先進諸国に比べて寝たきりになっている人が多く，そのため，寝たきりを予防して寝たきり老人を減らすことを目的としている．寝たきりを予防し，高齢者の自立を積極的に支援する観点から，地域におけるリハビリテーション実施体制の強化や事業の推進，保険事業の充実，在宅医療サービスの充実，保健師，看護師などの人材の確保を図っていくとしている．1994年には，新ゴールドプラン策定に伴い，名称も新たに「新寝たきり老人ゼロ作戦」となった．

熱傷（ネッショウ） 英burn／burn injury／thermal injury／scald 同火傷．皮膚または粘膜が，高温の物体（気体，液体，固体）に接触することにより，科学的・物理的に可逆的・不可逆的な変性を受けることを指す．熱傷の原因として，みそ汁，お茶などの熱湯，やかんや炊飯器の蒸気，熱い湯船，野焼き，日光，ストーブや湯たんぽなどの暖房器具などがある．小児や高齢者に多い．とくに認知症の人は初期対応の遅れにより重症化する例もみられる．熱傷の深さと熱傷を受けた面積を参考にして熱傷の重症度が判定される．熱傷の深さは，第Ⅰ度熱傷（紅斑，腫脹を生じるが消失する），浅達性第Ⅱ度熱傷（水疱を生じる），深達性第Ⅱ度熱傷（水疱を生じる），第Ⅲ度（壊死を生じる）に分類され，組織が炭化したものを第Ⅳ度熱傷という．受傷面積50％以上で死の危険があり，30％以上でショックを起こす可能性が高い．受傷時の処置としては，流水や氷水での十分な冷却，創部の保護と感染予防が重要である．

熱中症（ネッチュウショウ） 英heat stroke／heat illness／heat attack.「熱に中（あた）る」という意味をもち，高温・高熱の条件下で水分補給が不足した状況により生じる身体の障害の総称である．日本の夏の気候は高温多湿であるため，熱中症を起こしやすい．炎天下での労働や運動などで発生することが多いが，夏に冷房を使用していない室内で高齢者が熱中症になることもある．熱中症の原因は，体温調節機能の不全，循環機能の不全，水分・塩分の喪失である．熱中症は重症度により熱けいれん・熱失神（軽度障害），熱疲労（中等度障害），熱射病（高度障害）などに分類される．強い高温・高熱によって体温調節機能が変調をきたすと，発汗の停止，高度の体温上昇，せん妄などの精神症状が現れ，生命に危険を及ぼす．熱中症に対しては予防が重要であり，夏季の屋外での活動は早朝や夕方に休憩や水分補給をしながら行う．発汗によって電解質も失われるので市販のスポーツドリンクや経口補水液などを摂取する．

ネブライザー 英nebulizer 同吸入器．咽頭，気管，肺の気道などに水や薬物を微細な粒子（エアロゾル）にして粘膜に直接噴霧する医療機器をいう．機器には単独で吸入療法を行う機器のほか，その機構を人工呼吸器などに組み込んで使用する場合もあるため，状況に応じた管理が必要になる．薬物を気管支から肺胞までの部位に効率よく沈着させるには，粒子径が$1〜5\mu m$あるいはそれ以下が適当といわれるが，機器の種類や吸入操作，呼吸機能の程度，気道閉塞の有無などの影響を受ける．ネブライザーにより吸入された薬物が効果をもたらすためには，気道粘膜に薬物が付着することが必要である．ネブライザーには，ジェットネブライザーや超音波ネブライザーなどの種類があり，噴霧できる粒子の大きさが異なる．超音波ネブライザーは，ジェットネブライザーより小さな粒子（粒子径が$1〜5\mu m$）を発生させ，末梢の気道まで薬物を到達させることができる．しかし，ネブライザーは粒子といっしょに病原微生物も気道粘膜に運搬する可能性があるため，機器の消毒や薬物の管理など，清潔管理を十分に行う必要がある．
⇨人工呼吸器

年金保険制度（ネンキンホケンセイド） 英pension insurance system. 日本の社会保障制度のしくみのひとつ．日本には健康保険などの医療保険，国民年金などの年金保険，雇用に関する雇用保険，労働者災害補償保険（労災保険），介護保険の社会保険制度がある．年金制度は保険の仕組みを活用して保険料を工面している．1985年から国民皆年金体制が発足し，国民年金法等の改正が行われながら基礎年金の導入や，婦人の年金権の確立，給付と負担の適正化などが図られた．国民の20歳になった男女は，国民年金を納めなければならない．納めた年金は積立によって老後の基礎年金となる．

捻挫（ネンザ） 英sprain／distortion. 関節に不自然な外力が加わったときに関節包や靱帯が損傷されたもののうち，骨折や骨と骨にずれがなく，関節の適合性が保たれている状態．足関節，膝関節などの荷重関節に多くみられるが，上肢にもみられる．症状として損傷した関節包や靱帯部位の腫脹と圧痛がみられる．治療には応急処置として，RICE療法（安静：rest, 冷却：icing, 圧迫：compression, 挙上：elevation）を行う．損傷の程度に応

じてテーピング，弾力包帯，ギプス固定を行う．靭帯の損傷が重度で関節の動揺性が大きい場合には，手術を行う場合もある．

年少人口（ネンショウジンコウ） 英 child population／juvenile population．世界保健機関（WHO）の定義により，総人口を年齢3区分別でみると，年少人口，生産年齢人口，老年人口に分けられる．年少人口とは0歳から14歳をいい，2012年10月現在の人口推計によると年少人口は13.1％，老年人口（65歳以上）は23.3％であり，1997年から年少人口が老年人口比率より少なくなった．このように年少人口が減少し少子化が進行することによって，将来の生産年齢人口が減少し，社会経済や家族介護機能の低下に大きな影響を及ぼすことになる．

年齢差別（ネンレイサベツ） ➡エイジズムを見よ．

の

ノイローゼ ➡ 神経症を見よ．

脳萎縮（ノウイシュク） 英 cerebral atrophy／encephalatrophy．脳の容積減少．加齢により脳萎縮は生じる．萎縮程度は個人差があるが30歳ごろより萎縮は始まり，60歳を超えるとその萎縮状態は検査画像においても顕在化する．加齢による萎縮は，頭頂葉，後頭葉に比べ，前頭葉，側頭葉に認められる．脳萎縮の主体は白質ではなく灰白質との知見もある．加齢以外の脳萎縮の原因として，脳の外傷，脳梗塞，脳出血，変性性認知症（アルツハイマー病〈AD〉，前頭側頭型認知症〈FTD〉，レビー小体病〈DLB〉など）などが挙げられており，さらに糖尿病，透析治療，飲酒との関連も指摘されている．変性性認知症の場合は，経時的な脳萎縮パターンがあり，ADの初期は側頭葉内側領域の海馬や海馬傍回の萎縮が認められることが特徴である．FTDは前頭葉，もしくは側頭葉に限局したいちじるしい萎縮が認められる．
⇨小脳萎縮，びまん性脳萎縮

脳炎（ノウエン） 英 encephalitis／cephalitis／cerebritis．代表的な炎症性神経疾患であり，炎症が脳実質まで波及した状態の総称．髄膜炎を併発することも多く，症状は発熱，倦怠感の全身症状と頭痛，嘔気，嘔吐，頸部硬直といった髄膜炎症状と，意識障害，四肢麻痺，失語症などの脳炎本態の症状も出現する．高齢者は免疫系の老化により以上の症状が顕在化しないことも多い．脳炎を疑う臨床症状が認められるにもかかわらず，脳実質に炎症が確認されない場合は脳症に分類する．診断は，病歴，臨床所見，MRIなどの画像検査，血液，髄液検査，ウイルス，細菌検査，脳波検査などにより診断する．脳炎は，急性ウイルス性脳炎（日本脳炎など）と，種々の感染症に続発して生じる続発性脳炎に大別される．
⇨ウイルス性脳炎

脳下垂体（ノウカスイタイ） ➡ 下垂体を見よ．

脳幹（ノウカン） 英 brain stem．大脳下方から脊髄をつなぐ介在部分をいい，上方から中脳，橋，延髄で構成されている．また脳幹は，中枢神経系を構成する器官で，脳のうち，大脳と小脳を除いた，延髄・橋・中脳・間脳の器官集合体をいう．狭義の「脳幹」は間脳（視床，視床下部）を除外する場合があり下位脳幹とよばれる．脳幹は多くの脳神経と交絡し，多くの神経核を有する．脳幹は，大脳，小脳の情報の中継，さらに，呼吸，血液循環，体温の調節など自律神経機能をコントロールする役割をもつ．大脳などが何らかの障害を受けても，脳幹に障害がなければ，呼吸，心臓拍動，体温調節などの生命活動は維持される．一方，脳幹に障害が生じると，生命活動の維持は困難となる．いわゆる植物状態は，大脳，小脳は機能停止したものの脳幹機能が保たれている状態をいい，さらに脳幹機能まで失われた状態を脳死という．
⇨脳神経

脳虚血スコア（ノウキョケツスコア） 英 ischemic score 同ハチンスキー虚血スコア．ハチンスキー（Hachinski VC）らによって提唱された脳虚血疾患の診断基準で，ア

突然発症	Abrupt onset	2
階段状悪化	Stepwise deterioration	1
経過の動揺	Fluctuating course	2
夜間せん妄	Nocturnal confusion	1
人格の比較的保持	Relative preservation of personality	1
抑うつ状態	Depression	1
身体的愁訴	Somatic complaints	1
情動失禁	Emotional incontinence	1
高血圧	History of hypertension	1
卒中発作の既往	History of strokes	2
動脈硬化合併の証拠	Evidence of associated atherosclerosis	1
局所神経症状	Focal neurological symptoms	2
局所神経徴候	Focal neurological signs	2

ルツハイマー病（AD）と血管性認知症（VaD）の鑑別診断基準として利用されている．表に示した症状が存在すれば各スコアを与え，合計点が7点以上はVaD，4点以下はADと診断する．

脳血管障害（ノウケッカンショウガイ） 英 cerebrovascular disorder／cerebral vascular disorder 略 CVD．脳内血管（血流）の異常，脳血管の出血による脳虚血，血液の脳内貯留による脳の圧排，などにより脳組織障害を生じた状態を脳血管障害という．脳内血管の閉塞，狭窄により脳血流が低下して生じる虚血性脳血管障害と，脳内血管が破れて生じる出血性脳血管障害がある．虚血性脳血管障害の原因としては，一過性に脳血流が低下する一過性脳虚血発作と脳梗塞があり，出血性脳血管障害は，脳内出血とクモ膜下出血がある．その他として，もやもや病，慢性硬膜下血腫等も含まれる．急激に発症した脳血管障害を，脳血管発作，脳卒中とよぶ．リスク因子としては，虚血性疾患では動脈硬化であり，動脈硬化の原因としては，高血圧症，高脂血症，糖尿病，喫煙がある．脳血管障害（疾患）は日本における高齢者の死因4位で，要介護の原因の1位である．
⇨一過性脳虚血発作，クモ膜下出血，脳梗塞，脳内出血

脳血管性認知症（ノウケッカンセイニンチショウ） ➡ 血管性認知症を見よ．

脳血管性パーキンソニズム（ノウケッカンセイパーキンソニズム） 英 vascular parkinsonism．パーキンソニズムとは，振戦，固縮，無動，姿勢反射障害，の運動症状の複合の総称．パーキンソニズムの原因はもっとも多い本態性（パーキンソン病）と症候性があり，症候性のひとつとして非変性疾患を原因とした脳血管性パーキンソニズムが含まれる．脳血管性パーキンソニズムは，大脳基底核を中心とした多発性ラクナ梗塞，ビンスワンガー型白質脳症等の大脳皮質の白質病変が原因とされている．パーキンソニズムを呈する脳血管病変として，①被殻を中心とした大脳基底核領域の穿通枝梗塞，②側脳室周囲（とくに前頭葉皮質下）の虚血性変化，③大脳基底核や視床，中脳などの単一病変，が知られている．症状としては，前頭葉徴候，偽性球麻痺などが多くの場合合併する．

⇨パーキンソン症候群

脳血栓症（ノウケッセンショウ）Ⓔcerebral thrombosis. 血栓により脳の動脈が閉塞する症状のこと. 脳血栓症と脳塞栓症を併せた総称を脳梗塞という. 発症過程は, 動脈硬化を生じた脳動脈内膜が肥厚し血流による損傷により血栓が形成され, 最終的にはアテロームにより血管が閉塞され梗塞を生じる. とくに脳内の細い末梢動脈では上述の状態になると, その部分で血流が渋滞するため, 血栓が生じやすくなる. 症状は, 四肢の運動麻痺, 感覚障害, 言語障害, 視野狭窄などの障害がでることが多い. 経時的に障害, 麻痺が進行する場合がある. 治療法としては, 急性期には血栓溶解療法, 抗脳浮腫療法などが行われ, 再発予防としてアスピリンなどによる抗血小板療法が主に行われる. 麻痺, 運動障害などの後遺症が出現した場合にはリハビリテーションを早期から開始する.
⇨脳梗塞

脳梗塞（ノウコウソク）Ⓔcerebral infarction／brain infarction. 脳血管の血流障害により脳組織が壊死すること, またはそれに近い状態. 脳血流障害の原因は大きく脳血栓と脳塞栓に分類されるが, 以下の3つに分類されることも多い. ①アテローム血栓性脳梗塞：脳および頸部の血管の動脈硬化により血管が閉塞, または同部で形成された血栓が剥離し, 脳内血管を詰まらせた状態. ②心原性脳塞栓症：主に心房細動による心臓内で形成された血栓により, 脳血管が詰まった状態. ③ラクナ（多発性）梗塞：動脈硬化を生じた脳動脈内膜が肥厚し, 血流による損傷により血栓が形成され, 最終的にはアテロームにより血管が閉塞され梗塞を生じた状態. 症状は, 障害された部位や程度によって異なるが, 主な症状として, 半身麻痺やしびれ, めまいやふらつきによる立位困難, ろれつが回らない等の言語障害, 視野狭窄などがあり, 重症の場合は意識障害が生じる. 治療法は, 急性期では血栓溶解療法が主として行われ, 再発予防目的に, アスピリン等による抗血小板療法, ワルファリンカリウム等による抗凝固療法が行われる.
⇨脳血栓症, 脳塞栓症

脳挫傷（ノウザショウ）Ⓔcerebral contusion／brain contusion. 頭部を強打するなど外から加わった力のために, 脳本体に損傷を生じた状態. 損傷は脳本体の断裂, 浮腫, 小出血などで, 外力を受けた側の脳に損傷を受けると同時に, 外力を受けた反対側の脳表面も損傷を受けることがほとんどである. 頭部に加えられた外力によりその直下に陽圧がかかり直撃損傷が生じ, 打撃と反対側の部位に陰圧が脳本体へと加わることにより, 反衝損傷が生じる. また, 頭蓋内は複雑な構造になっているため, 外力による衝撃により剪断損傷を起こすこともあり, 脳幹部と脳底動脈穿通枝とのずれにより出血を生じることもある. 頭蓋骨骨折や頭蓋底骨折を併発することもあり, 脳内出血を生じることもある. このような一連の脳本体の挫滅, 小出血, 続発する浮腫の総称を脳挫傷という. 症状としては, 嘔吐（嘔気）, 意識障害, 運動知覚麻痺などの症状が生じ, 重症ケースでは昏睡状態に至る. 損傷範囲が広い場合が多いため, 原則的に出血がいちじるしいケース以外は手術などの適応はなく, 保存的治療が行われる. 予後は損傷程度によるが, 運動機能障害, 言語障害, 視力障害, 精神的症状などの後遺症が残ることもある.

⇨脳内出血

脳死（ノウシ）Ⓔcerebral death／brain death. 人間の死は一般的に三兆候（1. 心拍動停止, 2. 自発呼吸停止, 3. 対光反射消失および瞳孔散大）で判断され, 医学的に厳密な定義を議論することはさほど重要視されていなかった. しかし, 臓器移植が国際的に広く議論され"人間の死"に関する定義のなかで脳死が注目されるようになり, 日本でも1997年に「臓器の移植に関する法律」が整備され, 以来脳死に関する議論が広く行われている. 脳死は, 大脳, 小脳, 脳幹のすべてが機能不全となった「全脳死」と, 脳幹が機能不全となった「脳幹死」とに一般的に分けられる. 日本における法的脳死判定マニュアルには以下のように規定されている. 臨床的に脳死と判断する場合には①～④, 法的脳死の判定には①～⑤の確認が必要である（①深昏睡, ②両側瞳孔径4mm以上, 瞳孔固定, ③脳幹反射の消失, ④平坦脳波, ⑤自発呼吸の消失）. さらに①～⑤の条件が満たされたあと, 6時間経過をみて変化がないこと. これらを満たすと脳死と判定される.
⇨植物状態

脳腫瘍（ノウシュヨウ）Ⓔcerebral tumor／brain tumor／encephalophyma. 頭蓋内組織に発生する新生物, および転移性腫瘍をいう. 発生母地は脳実質, さらに硬膜, クモ膜, 頭蓋内の血管や末梢神経, その他の頭蓋内に存在するあらゆる組織, さらにこれらの部位に転移性にみられる場合がある. 発生頻度は10万人に約10人の割合である. 原発性脳腫瘍の発生頻度は, 髄膜腫, 神経膠腫（グリオーマ）, 下垂体腺腫, 神経鞘腫の順で, これらで約8割を占める. 脳腫瘍による主症状は, 腫瘍の増大などにより頭蓋内圧が高まって出現する症状と, 腫瘍により脳組織圧迫等による症状の2つである. 以上の具体的な症状として, 頭痛, 嘔気, 嘔吐, けいれんなどがあるが, 損傷部位などによりその症状は多岐にわたる.
⇨腫瘍

脳循環改善薬（ノウジュンカンカイゼンヤク）Ⓔcerebral vasodilator／ameliorant of cerebral circulation. 中枢性あるいは末梢性の血管拡張作用により, 脳循環血流量を増加させ, 脳機能改善を目的とした薬物である. 脳代謝改善薬と併せ脳循環代謝改善薬と総称されることもある. 従来, 脳卒中などの後遺症, 認知症の症状などの軽減を目的に30種類以上の適応薬物が使われていたが, 1998年に見直され, 現在はシチコリン, アマンタジン塩酸塩などの限定された薬物が, 限られた適応範囲内で使用されている.
⇨脳代謝改善薬

脳神経（ノウシンケイ）Ⓔcranial nerves Ⓛnervi craniales. 脊椎動物の神経系で脳に直接出入りする末梢神経の総称をいう. 脳神経に対し脊髄から出ている末梢神経のことを脊髄神経とよぶ. ヒトなどの哺乳類, 爬虫類, 鳥類などの脳神経は, 主なものとして左右12対存在し, それぞれ固有の名称がつけられている. また, 神経が脳から出る部位によって, 頭側から尾側の順になるようにつけられた番号でもよばれ, 一般的にその番号はローマ数字で表すことが多い. 表にその名称と主作用を示す.
⇨迷走神経, 脳神経疾患

番号による名称	固有の名称	主作用
第 I 脳神経	嗅神経	嗅覚
第 II 脳神経	視神経	視覚
第 III 脳神経	動眼神経	眼球運動
第 IV 脳神経	滑車神経	眼球運動（上斜筋）
第 V 脳神経	三叉神経	顔面・鼻・口・歯の知覚，咀嚼運動
第 VI 脳神経	外転神経	眼球運動（外直筋）
第 VII 脳神経	顔面神経	表情筋の運動，舌前2/3の味覚，涙腺や唾液腺の分泌
第 VIII 脳神経	内耳神経	聴覚，平衡覚
第 IX 脳神経	舌咽神経	舌後1/3の知覚・味覚，唾液腺の分泌
第 X 脳神経	迷走神経	のどの知覚・運動，頸胸腹部の臓器を支配
第 XI 脳神経	副神経	肩や首の筋肉の運動（僧帽筋，胸鎖乳突筋）
第 XII 脳神経	舌下神経	舌の運動

脳神経疾患（ノウシンケイシッカン）㊤ cranial nerve disease. 中枢神経（脳，脊髄）および末梢神経の疾患，さらに末梢神経に支配される骨格筋と平滑筋等をコントロールする自律神経の疾患も含む総称. 脳神経疾患の分類として，感染症（脳炎，髄膜炎，クロイツフェルト・ヤコブ病など），血管障害（脳卒中など），腫瘍（脳腫瘍など），変性疾患（アルツハイマー病〈AD〉，パーキンソン病，進行性核上性麻痺，筋萎縮性側索硬化症〈ALS〉，多系統萎縮症，重症筋無力症，進行性筋ジストロフィーなど），脱髄性疾患（多発性硬化症など），代謝性疾患（アミロイドーシスなど），中毒性疾患（水俣病など），発作性疾患（てんかんなど），発達障害，脊椎疾患，全身性疾患による神経障害（全身性エリテマトーデス，ベーチェット病など）がある．

脳性麻痺（ノウセイマヒ）㊤ cerebral palsy ㊧ CP. 受胎から生後4週以内の新生児までの間に生じた脳の非進行性病変に基づく，永続的な知能や運動の障害. 脳の損傷部位は，運動野を含めてさまざまである. しばしば，てんかん，精神発達遅滞，言語・視力・聴力・知能の異常などを伴う. 脳性麻痺の原因には，先天奇形，感染症，遺伝的要因，未熟性，外傷，脳出血，核黄疸，低酸素などがある．

脳塞栓症（ノウソクセンショウ）㊤ cerebral embolism. 脳血管に主に血栓がつまることで起こる脳虚血（脳梗塞）. 不整脈による心原性脳塞栓症が多い. また，高血圧，高脂血症，糖尿病などが危険因子である. 脳梗塞は瞬時に完成するものではなく，脳血管の閉塞が起こってから何時間かけて完成するため，脳梗塞が完成する前に脳血管の閉塞を解除して再開通させれば，その部分の脳虚血による損傷を回避することができる（t-PA静注療法）. 脳梗塞に出血を伴う場合もあり，これを出血性脳梗塞という. 一般的には，急性期と慢性期に見合った抗凝固療法や抗血小板療法などの治療や，再発防止を行う．
⇨脳梗塞

脳卒中（ノウソッチュウ）㊤ cerebral apoplexy. 脳出血，脳梗塞，クモ膜下出血などの脳血管障害の総称. 脳卒中の危険因子としては，高血圧，高脂血症，糖尿病，喫煙などがある. 脳卒中の多くは，遺伝的要因や生活習慣あるいは加齢などが重なって発症するとされている. また，外傷や感染症などに伴って発症する二次的な脳卒中もある. 脳卒中治療には，t-PA静注療法，外科治療，血管内治療，臨床病型に応じた急性期治療，入院当日からの再発予防の開始，早期離床・早期リハビリテーション，感染対策，栄養管理などが必要となる．
⇨脳血管障害，脳内出血，脳梗塞

脳卒中後うつ病（ノウソッチュウゴウツビョウ）㊤ post-stroke depression ㊧ PSD. 多数の研究でうつ病が脳卒中後に頻回に起こることが報告されており，このようなうつ病はリハビリテーションや回復を妨げ，個人と家族を苦悩させ，認知障害を悪化させ，死の可能性を増大させる. PSDは診断が困難であり，治療方針決定にも困難がある. 診断基準としてPSDは脳卒中が原因で精神疾患の診断・統計マニュアル第4版（DSM-IV）の気分障害の基準を満たすことで診断される. 発症率は脳卒中患者の23～40％であるといわれている. Astromらによると，PSDは脳卒中後2年の間に多く発症し，とくに半年以内のリハビリテーションを行う期間に高率にみられるとされている. 脳卒中に関連する情動障害の種類はうつ病からは焦燥感，無力感あるいは感情的な引きこもりや，幻覚や妄想といった精神病的症状までの範囲を含んでいる. これらの障害の重症度は軽症から非常に重症なものまで変動する. うつ病のほか，具体的には，脳卒中後躁病，脳卒中後不安障害，分裂病様精神病，破局反応，無感情など多様にみられる．
⇨人格変化，気分障害

脳卒中情報システム（ノウソッチュウジョウホウシステム） 脳卒中などを発症した患者に対して，退院後の寝たきり予防対策を効果的に進めることなどを目的として，各種サービスを提供するシステム. 本人および家族の了承と医療機関，介護保険施設，地域の医師会等の協力を得て，効果的かつ円滑な提供体制が図られる．
⇨脳卒中

脳代謝改善薬（ノウタイシャカイゼンヤク）㊤ brain metabolism improver ㊙ 脳代謝賦活薬. 脳機能を賦活し精神機能を調整する薬物の総称. 脳血管障害における慢性期では，脳血流低下や脳酸素消費量およびブドウ糖の消費の減少が認められるが，その後遺症として，頭痛，頭重，めまい，しびれ感などの自覚症状や自発性低下，意欲低下，情緒障害，記銘力・記憶力の低下などの精神症状が認められる. 脳循環代謝改善薬は，これらの精神・神経症状を軽減する目的で投与される薬物である. 現在，脳梗塞後遺症の諸症状に対して，保険適応を有する脳循環代謝改善薬には，イブジラスト，ニセルゴリン，イフェンプロジル酒石酸塩の3つがある．
⇨脳血管障害

脳代謝賦活薬（ノウタイシャフカツヤク）➡脳代謝改善薬を見よ．

脳底部異常血管網症（ノウテイブイジョウケッカンモウショウ）➡もやもや病を見よ．

能動義手（ノウドウギシュ）㊤ functional prosthetic hand / body-powered upper extremity prosthesis. 能動義手は「手先器具や継手などの可動部分を，切断者が上肢帯や体幹の動きを利用して随意に操作し，手としての機能を発揮させることができる義手」である. 操作部である

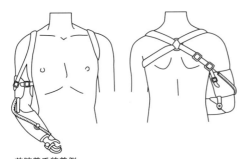
前腕義手装着例

能動フック Dorrance型

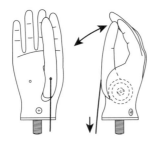
能動ハンド　母指のみ可動型

手先具には，能動フック型（かぎ状フック）と能動ハンド型（手に近い外観）などがあり，用途によって使い分けられる．
⇨義肢

脳動脈瘤（ノウドウミャクリュウ）㊥cerebral aneurysm／intracranial aneurysm．脳の動脈が瘤（こぶ）のように膨れたものをいう．そのなかで，まだ破れていないものを未破裂脳動脈瘤といい，その多くは無症状のことが多いが，破裂するとクモ膜下出血となり，重篤な状態となる．未破裂動脈瘤が見つかった場合は，破裂を未然に防ぐための外科的治療（クリッピング術），あるいは血管内治療（コイル塞栓術）を行うかどうかを検討する必要がある．
⇨クモ膜下出血

脳内出血（ノウナイシュッケツ）㊥intracerebral hemorrhage．脳内に出血が発現する疾患の総称．脳内出血は，大きく高血圧性脳内出血と非高血圧性脳内出血とに分けられる．高血圧性脳内出血は，出血部位によって被殻出血，視床出血，脳幹出血，皮質下出血，小脳出血に分けられる．非高血圧性脳内出血の主な原因は，脳動脈瘤や脳動静脈奇形，もやもや病，脳腫瘍などである．高血圧性脳内出血に対する治療には，降圧薬などによる薬物療法や，開頭血腫除去術などによる外科治療などがある．
⇨脳卒中，高血圧症

脳波（ノウハ）㊥electroencephalogram㊧EEG．1929年にドイツの精神科医ベルガー（Berger H）が，ヒトの生態脳の電気活動をはじめて記録し，脳波として報告した．今日一般的には，国際的に広く引用されている10/20法（ten-twenty electrode system）にしたがって，頭蓋上に電極を装着して記録する．記録された脳波成分は，周波数によってα波，β波，θ波，δ波の4つに分類され，また振幅によって低電位，高電位に分けて取り扱う．脳波は，覚醒時と睡眠時や，幼少児と成人，高齢者などの年代によっても異なるうえに，てんかんなど脳の器質的損傷を有する疾患や意識障害などでもさまざまに変化するため，臨床応用の範囲は広い．

脳波検査（ノウハケンサ）㊥electroencephalography㊧EEG．脳の電気活動を生理学的手法を用いて視覚的に波形化する検査のこと．大脳皮質の神経細胞が活動すると，電流が流れ，その電流のまわりに電場が発生する．脳波検査では，頭表面の電場を頭皮につけた電極でとらえ，2つの電極の間の電位差を波形として記録する．一般的な脳波検査は，仰臥位の安静・閉眼・覚醒した状態で実施する．睡眠中に測定するものを睡眠脳波という．てんかん，意識障害，脳炎・脳症などの診断のほか，睡眠覚醒障害の評価，脳死判定にも用いられる．

脳貧血（ノウヒンケツ）㊥cerebral anemia．脳の血流が不足して起こる障害で，一過性の意識消失を呈することがある．一過性意識消失は失神と，失神以外の発作に分類される．失神の原因としては，血管迷走神経性失神などの神経調節性失神，自律神経障害などの起立性低血圧，不整脈による失神，器質的疾患（呼吸器・循環器疾患）による失神などがある．失神以外の発作には，てんかん発作，一過性虚血発作などがある．
⇨起立性低血圧

能力障害（ノウリョクショウガイ）㊥disability．世界保健機関（WHO）の国際障害分類（ICIDH）「機能障害・能力障害・社会的不利の分類」においては，人間としての成長とともにさまざまな能力を身につけていくが，病気や事故などによって身体・精神に障害を受けることで十分な能力（動作や行動など）を発揮することができなくなると定義されている．WHOの国際生活機能分類（ICF）において，高齢者や障害をもった人に能力障害が起きると，生活における活動が制限されることで社会参加が制約され，まわりの人の支援が必要になる．またまわりの人々は，障害をもった人たちの残されている（現在もっている）能力が十分発揮できるよう支援する必要がある．
⇨国際障害分類，社会的不利

能力低下（ノウリョクテイカ）㊥disability．脳卒中の評価スケール（尺度）のひとつ．脳卒中の評価スケールには，機能障害（impairment），能力低下（disability），社会的不利（handicap）がある．能力低下の評価法には，Borthel index（BI），Functional independence measure（FIM）などがある．つまり，日常生活動作（ADL）に対する評価法である．
⇨脳卒中，機能障害，社会的不利

ノーマライゼーション 英 normalization. デンマークのバンク＝ミケルセン（Bank Mikkelsen NE）が提唱者である．人として当たり前の生活を営むための基本的な権利として，住宅に住むこと，リズムのある時間的経過や楽しみをもつことはだれもが当たり前にもつ権利である．高齢者や障害者，疾病をもった人たちを，住み慣れた地域，住み慣れた家で普通の生活ができるよう支援していくことで，個別性を尊重した普通の生活を保障することが望まれ，まわりの人と同じ生活ができるようボランティアや金銭，制度等を利用して支援し，高齢であっても，病気や障害があっても同じ社会のなかで同じような生活することができることである．
⇨インテグレーション

ノルウェー疥癬（ノルウェーカイセン） 英 norwegian scabies 同 角化型疥癬．疥癬はヒゼンダニ（疥癬虫）が皮膚の角層内に寄生し，ヒトからヒトに感染する疾患である．原因虫は疥癬と同一であるが，通常の疥癬は10～1,000匹以下の少数寄生であるのに対して，ノルウェー疥癬（角化型疥癬）は，約100～200万匹と多数のダニが認められる．ノルウェー疥癬の感染の主な症状は，頭部を含め全身に，灰色から黄白色の角質増殖が生じ，非常に激しいかゆみを伴いながら，皮膚から多数の角質層がはがれ落ちる．このダニを含んだ角質層が周囲に飛び散り衣服や寝具，介護者の着衣などに付着することで，短期間のうちに感染が拡大する．施設内での対策として，①ただちに皮膚科に受診・治療を開始する，②素手で皮膚に触らない，③施設の全入所者と職員の皮膚の状態をみるため，問診，診療を行う，④可能であれば，入所者の居室はベッドを含め約2週間閉鎖する．困難な場合は，壁，床，カーテン，などに殺虫剤を散布する，⑤衣服，リネン類は熱処理後に洗濯する，⑥介護時は，使い捨て手袋とガウンを使用する，⑦罹患者の皮膚の観察と清潔に努め，可能ならば入浴は毎日行う（不可能な場合は清拭を行う），などがある．
⇨感染症

ノロウイルス 英 norovirus. 嘔吐と下痢を主症状とする感染力の強いウイルス．乳幼児から高齢者に至る幅広い年齢層に感染し，ピークは冬期間であるが，1年を通して発病する．このウイルスの形態には，多くの遺伝子の型があるが，国際ウイルス学会は2002年，このウイルスをノロウイルスと命名した．ノロウイルスは，培養した細胞や実験動物でウイルスを増やすことができないことなどの特性があり，腸粘膜のみの局所感染であるため，免疫の持続時間は短く，ウイルスの種類（厳密には遺伝子型）も多い．感染の大部分は，①罹患者の糞便や吐物から人の手を介して2次感染する場合，②家庭や共同生活施設など，人との接触機会の多いところで，ヒトからヒトへの飛沫感染など，直接感染をする場合，③食品製造や飲食店における調理従事者，家庭で調理する人が感染しており，その人を介して汚染した食品を摂取する場合，④汚染された二枚貝を，生あるいは加熱不十分な状態で食べた場合，⑤汚染された井戸水や消毒不十分な簡易水道水を飲んだ場合などの感染様式によることが明らかにされている．
⇨ウイルス感染症

ノロウイルス感染症（ノロウイルスカンセンショウ） 英 norovirus infection. 感染から発病までの潜伏期間は24～48時間で，主症状は急に起こる吐気・嘔吐で，しばしば下痢に先立って起こることが多い．次いで発熱，腹痛を伴うが，通常は2～3日で回復し後遺症は残らない．治療は対症療法で，点滴など脱水症状に対する処置が中心である．感染防止対策のポイントは，ノロウイルス感染者の吐物，糞便からの2次感染，ヒトからヒトへの直接感染や飛沫感染を防ぐことで，基本はせっけんと流水の衛生的方法による綿密な手洗いである．施設内での予防措置は，原則として，①手洗いと手指の消毒の徹底（次亜塩素酸ナトリウムを用いることでノロウイルスを不活化させる），②原則個室管理，ときには同病者の集団隔離，③ケア時は手袋の着用，同じ人の場合でも便などの排泄物に触れた場合は手袋を交換，④原則個人専用の医療機器を使用，⑤汚染物との接触機会が予想されるときは，ガウンを着用，脱衣後は手早い消毒の処置などを行う．

ノンステップバス 英 non-step bus. 車内に段差がなく，歩行が不安定な高齢者，下肢障害者，車いす利用者，乳幼児用のベビーカー等の車内での移動をスムーズにすることができるバスである．下肢機能の低下した人や車いすを使用した人，乳幼児を乗せたベビーカーが，公共交通機関であるバスに乗降する場合，段差が多いと乗車できず，また，乗車できても車内においてはほかの人の手助けを受けなければならないが，車内の段差をなくすことで車内が広く，車いすやベビーカーを固定することで安心して外出を楽しむことができる．近年では乗降が楽にできるよう考えられ，低床ステップ式のバスが増えている．

ノンレム睡眠（ノンレムスイミン） 英 non-REM sleep／NREM-sleep／non rapid eye movement-sleep／ortho-sleep. ヒトの睡眠には，ノンレム睡眠とレム睡眠とがある．健常者がいったん入眠すると，まずノンレム睡眠が出現する．成人の場合，ノンレム睡眠の約90分前後から，最初のレム睡眠（第1レム期）が発現する．この第1レム期は15～20分程みられ，再びノンレム睡眠に移行する．7～8時間の睡眠時間の人の場合，一晩の睡眠で，この繰り返しが4～5回起こる．睡眠ポリグラフ検査を用いた測定では，ノンレム睡眠は，その深さによって4段階（ステージ1～4）に分類する．そのうち，ステージ1と2を浅睡眠とよび，ステージ3と4の深い段階を徐波睡眠とよぶ．
⇨レム睡眠

は

ハイアンドロー機能（ハイアンドローキノウ） 介護用ベッドは要介護者や介護者のためにさまざまな機能がついている．ベッド上で生活をしている要介護者に対して支援をする場合，介護者は身体負担が大きい．身体負担を軽減するため，介護者の支援しやすいベッドの高さにして支援することが望ましい．ハイアンドロー機能のひとつは，介護する家族や介護の専門職がベッド上にいる要介護者の支援をするときに使用する．要介護者自身がベッドから起き上がり，自立するために使用する．近年ではベッドの高さが要介護高齢者の身体に合わせ低床化しているため，要介護高齢者がベッドから転落しないよう工夫されている．ハイアンドロー機能を利用するときの注意事項は，ベッドの下に物品を置かないこと（破損してしまうことがある），介護者が支援しないときはベッドの高さをもっとも低い位置にすること（ベッド上にいる要介護高齢者の転落時の負傷の軽減のため）である．

肺炎（ハイエン） 英 pneumonia. 肺炎には，実質性肺炎と間質性肺炎があるが，介護の領域などで一般的に使用されている「肺炎」という言葉は，前者（実質性肺炎）の細菌・ウイルス・真菌などの病原微生物の侵入付着により肺胞レベルを中心に起こる急性感染症を指す．肺炎のなかでも，食物や分泌物が誤って気道に入り励起された肺炎を誤嚥性肺炎とよぶ．肺炎の症状として，発熱・咳嗽・喀痰・胸痛などがあり，病状の進展に伴い呼吸困難や意識障害も出現し，宿主側の防御機能が低下している高齢者では，治療の遅れが死につながることもある．治療は，起因病原微生物に感受性のある抗菌薬投与である．しかし，治療前に起因病原菌の確定診断は困難なことが多く，推定診断の下，治療が開始される．抗菌薬治療への難治化要因として，免疫低下状態，MRSAなどの耐性菌感染，心不全，低タンパク血症などがある．また，とくに高齢者においては肝機能や腎機能が低下しているケースがしばしばあり，抗菌薬の排泄経路（肝・腎）と副作用発現に留意が必要である．

肺炎球菌ワクチン（ハイエンキュウキンワクチン） 英 pneumococcal vaccine. 肺炎は，高齢者の死因の上位を占めるため，近年，肺炎球菌ワクチンの接種が推奨されている．一般に肺炎の病原微生物として，肺炎球菌（Streptococcus pneumoniae）・ブドウ球菌・肺炎桿菌・インフルエンザ桿菌・マイコプラズマ・クラミジアなどがあるが，市中肺炎の30％を肺炎球菌が占めるため，肺炎球菌ワクチンが導入された．肺炎球菌ワクチン（ニューモバックス®NP）は，莢膜多糖体ワクチンであり，高頻度にみられる23種の莢膜型の肺炎球菌を型別に培養・増殖させ，殺菌した不活化ワクチンである．接種の推奨は，65歳以上の高齢者および成人ハイリスク者（心血管系・呼吸器系・糖尿病などの慢性疾患を有する者）である．たとえば呼吸器系疾患では，1秒率が40％未満の慢性閉塞性肺疾患（COPD）患者が適応になる．ここで注意すべきは，小児用肺炎球菌ワクチン（プレベナー13®）と誤用しないことである．ニューモバックス®は莢膜多糖体ワクチンであり，T細胞非依存性抗原のため，B細胞が未熟な小児では免疫応答が十分ではない．したがって小児用には，キャリアタンパクと莢膜多糖体が結合した結合型ワクチン（プレベナー®）を使用している．

徘徊（ハイカイ） 英 wandering. 認知症の行動・心理症状（BPSD）で，長い間「認知症の問題行動」といわれてきた．認知症は脳の重要な視床下部の働きにも変化をもたらし，夜と昼を逆転させる．夜間になると興奮して徘徊などを始めることが多く，睡眠中枢機能の低下を背景に起きる症状であると考えられている．これは，夕暮れ時にそわそわし始め，「家に帰る」と外出することから「夕暮れ症候群」とよばれ，患者は家族の元や故郷に帰りたいと考えている．徘徊行動は休まずに動き続ける傾向がある多動型，本人がある目的をもっているようにみえる目的志向型，認知機能の低下により空間的・時間的な方向感覚に障害を生じてなる不能型の3つに類型され，この3類型は相互に影響し合う関係にある．また，徘徊する人にとっていまいる場所が自分の居場所であると感じてもらうことが重要であるため，「ここにいても大丈夫」という人的および環境の要因を整えていくことが予防につながるといえる．

⇨認知症の行動・心理症状

背臥位（ハイガイ） ➡仰臥位を見よ．

徘徊感知器（ハイカイカンチキ） 認知症疾患をもつ人が，ベッドからまたは部屋から出ていこうとしたとき，センサーマットの上を歩くことで介護者に知らせることができる．また，赤外線センサーの間を歩くことで認知症疾患をもつ人の行動を感知し，介護者に音で知らせる．介護者は音で知らされることによって認知症の人が遠くまで出かける前に気づき，事前に対応することができる．介護者は，徘徊感知器のみに頼らず，認知症疾患をもつ人の思いや生活習慣を理解し，見守りや支援をするべきである．

徘徊検知システム（ハイカイケンチシステム） 町のなかを徘徊する認知症疾患をもつ人の安全を守るため，地域の民生委員，交番，商店，地域の人などに相談して，徘徊する認知症の人たちに声をかけてもらうことが重要であるが，遠くに暮らしている子どもや親族の不安に対し，また昼間働かなければならない家族の代わりに，携帯のGPS衛星などを使い認知症疾患をもつ徘徊者の位置を見つけ，自宅への帰宅支援をする．近年では高齢者で車を運転する人が多く，徘徊は自宅近くより遠くの町に出かけてしまうことも考えられ，携帯電話のGPS衛星などの機能を使う必要がある．

徘徊高齢者SOSネットワーク（ハイカイコウレイシャエスオーエスネットワーク） 地域で生活する，認知症疾患をもつ高齢者の行動を見守るためのネットワーク．地域において認知症に関する講習会を開催し，受講者にはオレンジリングを配布して地域の認知症疾患をもつ徘徊者の見守りをするための連携と協力を依頼している．協力者は，民生委員を中心に警察や消防署，商店主，一般市

民などと連携し，認知症徘徊者の危険を回避し，見守りをすることで家族介護者の介護負担を軽減することができる．さらに，企業や会社など独自に講習会を開催し，社員が地域に貢献することによって，社員家族の認知症疾患に対する理解が深まっている．

肺気腫（ハイキシュ）　⊕ pulmonary emphysema／emphysema／emphysema pulmonary　⊖ emphysema pulmonum　⊛ PE．肺気腫は形態学的診断名であり，終末細気管支を含めた，より末梢細胞壁の破壊が生じる疾患である．閉塞障害を特徴とする肺疾患であり，慢性閉塞性肺疾患（COPD）である．COPDは，高齢者に多く，タバコ煙を主とする有害物質を長期に吸入することによって起こる進行性の肺炎症性疾患である．臨床症状として，咳嗽・喀痰，緩徐に進行する労作時の呼吸困難がある．呼吸機能検査で，気流閉塞を示し，1秒率の低下を認めるが，これは末梢気道病変と気腫性病変が複合的に作用することによって生じる．治療は，禁煙指導はいうまでもなく，気管支拡張薬・吸入ステロイドや呼吸リハビリテーション，さらには在宅酸素療法（HOT）などがある．実際，HOT患者の約半数がCOPDを原因とする慢性呼吸不全である．COPDは生活習慣病であり，禁煙という予防が可能な疾患であるため，早期発見・早期介入が必要である．

配偶者からの暴力の防止及び被害者の保護等に関する法律（ハイグウシャカラノボウリョクノボウシオヨビヒガイシャノホゴトウニカンスルホウリツ）　⊕ Act on the Prevention of Spousal Violence and the Protection of Victims　⊜ DV防止法．2001年議員立法にて成立，2013年には3度目の改正が行われ，生活の本拠地を共にする恋人（元恋人）からの暴力も対象に含めるようになった．配偶者暴力相談支援センター，婦人相談員が相談を受け，被害者およびその家族が配偶者等からの暴力から逃げるための一時保護先（シェルター）が設置されているほか，その後の生活支援を福祉事務所から受けられるようになっている．このほか，「身体に対する暴力または生命等に対する脅迫」を受けた被害者が，配偶者等から身体に対する暴力を受けることによりその生命または身体に重大な危害を受けるおそれが大きい場合には，裁判所に「保護命令」の発令を申し立てることができる．保護命令には，「接近禁止命令」「被害者の同居の子への接近禁止命令」「被害者の親族等への接近禁止命令」「退去命令」などがあり，違反した場合は，1年以下の懲役または100万円以下の罰金が課せられる．DV防止法には高齢者虐待防止法，障害者虐待防止法のような「養護者支援」という考え方はない．

背景因子（ハイケイインシ）　⊕ contextual factors．世界保健機関（WHO）が2001年に国際障害分類から改訂した国際生活機能分類（ICF）で用いられている用語のひとつ．ICFの構造は「生活機能と障害」と「背景因子」に大別され，背景因子は心身機能と身体構造，活動，参加に影響を与える要素であり，「環境因子」と「個人因子」の2要素で構成されている．環境因子には，交通機関，公共機関，住居など生活環境，家族，友人，知人などの人的環境，生活に関連するサービス，法律，社会制度など社会文化的環境が含まれる．個人因子は，文化的背景により宗教やイデオロギーなどの扱いが異なるため分類されていないが，性，年齢，生育歴，教育歴，職歴，経験，性格，使用言語，習慣，役割，趣味，特技など個人の特徴が含まれる．
⇨国際生活機能分類，環境因子，個人因子，世界保健機関

肺結核（ハイケッカク）　⊕ pulmonary tuberculosis．抗酸菌であるヒト型結核菌（*Mycobacterium tuberculosis*）による感染症．結核菌はほとんどすべての組織・器官に感染を起こすが，肺が90％以上を占める．感染経路のほとんどは経気道（飛沫）感染である．罹患率は低下傾向にあるが，発症者の高齢化が目立つ．法的には保健所に届出の義務がある．臨床症状として発熱・寝汗・体重減少・倦怠感などがあるが，自覚症状がない場合もある．肺門リンパ節結核，血行性散布である粟粒結核，結核性胸膜炎の形態をとることもある．再燃することもある．診断は，胸部画像診断（胸部XP，CT）と喀痰抗酸菌検査による．また，近年，非結核性抗酸菌症が増加しているが，結核と鑑別が困難なことが多く，画像診断に加えて，核酸増幅PCR法（polymerase chain reaction）などが鑑別に役立つ．活動性結核の治療は，抗結核薬による多剤併用が実施される．可能な限り薬剤感受性検査の結果を確認することが重要である．通常，INH・RFP・EB（SM）・PZAの4剤で治療開始するが，肝機能障害のある80歳以上のケースではINH・RFP・EBの3剤を，副作用をチェックしながら使用する．

敗血症（ハイケツショウ）　⊕ sepsis／septicemia．種々の臓器の感染巣から細菌が血中に入り，それにより全身性炎症反応症候群（SIRS）が引き起こされた状態．単なる菌血症とは区別され，高サイトカイン血症を主体とした全身性の免疫反応を指す．全身の炎症を反映して悪寒，いちじるしい発熱，倦怠感を示し，進行すれば意識障害をきたす．進行して敗血症性ショック（septic shock）をきたすと末梢組織に十分な栄養と酸素が届かず，血圧低下や臓器障害が出現し，さらに急性呼吸窮迫症候群（ARDS），急性腎不全，播種性血管内凝固症候群（DIC）などの多臓器不全を呈する．敗血症を疑った場合，血液培養を行い原因菌を検出し診断を行うが，確定する前であっても抗生物質を用いてただちに治療を行う必要がある．輸液や呼吸管理などで全身管理を行うとともに，病態に応じて持続的血液濾過透析療法なども行われる．敗血症性ショックの場合は，エンドトキシン吸着療法も行われる．重篤な感染症に対する抵抗力が低下している場合に発症しやすいため，治療を行った場合でも，死亡率が高い．

肺梗塞（ハイコウソク）　⊕ pulmonary infarction．血栓などが肺に流れ込み肺動脈に詰まった肺塞栓症により，その部分から先が壊死した状態．原因としては，長時間同じ姿勢でいることによってできる下肢の深部静脈内の血栓がもっとも多く，予防としては長時間の座位を避けること，下肢の屈伸運動を行うこと，水分を十分にとることなどが重要であり，高齢になるほどリスクが高くなるので注意が必要である．肺梗塞は慢性と急性があり，慢性の場合は軽い息切れ・咳などがみられ，ほぼ無症状の場合もある．急性の場合は，突然の胸の痛み・呼吸困難・低酸素血症・血痰・発熱などの症状がみられる．治療方法としては，抗凝固薬，手術カテーテルによる血栓除去などがあるが，再発することが多い．
⇨肺塞栓症

配食サービス（ハイショクサービス） 英 meals-on-wheels／home-delivery meal service 同 宅配給食．虚弱などの理由で食事をつくることが困難な高齢者，腎臓病や糖尿病，心臓病などで食事制限がある人などに対し，栄養バランスのよい食事を業者が定期的に自宅へ宅配するサービスのこと．買い物や調理が困難であっても健康が維持・向上し，住み慣れた家での自立生活を支援する意義がある．また，宅配時は基本的に業者が手渡しするため，日々の安否確認ができる．地域のなかでの見守りネットワークの重要な役割を担っている．
⇨低栄養

肺真菌症（ハイシンキンショウ）➡真菌性肺疾患を見よ．

肺水腫（ハイスイシュ） 英 pulmonary edema．何らかの理由により肺の毛細血管から血清が血管外に漏出し，肺の実質（気管支，肺胞）に水分がたまった状態．たまった水分により呼吸が障害され，呼吸不全に陥る．左心不全などで毛細血管の内圧が上昇する場合，肝硬変やネフローゼ症候群などで血漿膠質浸透圧が低下する場合，外傷や薬物などにより毛細血管が損傷する場合などがある．症状としては呼吸困難や泡沫状の痰が挙げられ，左心不全によるものの場合は起坐呼吸が出現する．聴診において小さな水泡音（湿性ラ音）が広範に聴かれ，胸部X線写真では肺野全体の透過性が低下し，肺門陰影が不規則に拡大する．肺水腫を起こした原因疾患の治療とともに，酸素投与や利尿薬で水分を排泄する治療を行う．

バイスティックの7原則（バイスティックノナナゲンソク） 英 seven principles of Biestek．アメリカの社会福祉研究者であるバイスティック（Biestek FP）による著書「ケースワークの原則（the casework relationship）」のなかで「バイスティックの七原則」として示されたケースワークを行うときの原則である．対人援助技術のもっとも基本的で根本的な行動原則である．7つの原則は，①個別化（クライエントを個人としてとらえる），②意図的な感情の表出（クライエントの感情表現を大切にする），③統制された情緒的関与（援助者は自分の感情を自覚して吟味する），④受容（受けとめる），⑤非審判的態度（クライエントを一方的に非難しない），⑥クライエントの自己決定（クライエントの自己決定を促して尊重する），⑦秘密保持（秘密を保持して信頼感を醸成する）．これらの原則はケースワーカーの行動原理であり，ケースワーカーの援助行動に何らかの影響や指針を与え，ワーカーの行動を導く．援助関係を構成する要素であり，あらゆる人間関係を良好なものにする性質をもつ．
⇨ケースワーク，カウンセリング

排泄（ハイセツ） 英 excretion．排泄には，排尿と排便がある．どちらも体内の排泄物を適当な時間，適当な場所に排出するプロセスをもっている．排尿は，膀胱にたまった尿が150〜200mlを超えると膀胱壁の拡張による刺激を受け，その刺激が大脳に伝えられ尿意を呼び起こす．排便は，食事による胃・結腸反射から結腸の蠕動運動が起こり，S字結腸から直腸に運ばれるなかで徐々に便塊になる．便量が200ml前後になると，直腸壁の伸展刺激により大脳を刺激して排便反射が起こり，直腸が収縮して腹圧が上昇し，便意を呼び起こす．何らかの疾患に起因する下痢，強固な便秘，尿閉，頻尿など，異常な排泄では治療が必要になる．ヒトは，体内に生成される排泄物それ自体を制御することはできない．一方でヒトは，排泄動作・行為に必要な身体技法，排泄場所でのルールやマナー，また，排泄時間をコントロールするための生活時間管理が自己尊厳保持の基本になることを学習してきた．自然な排泄ケアとは，個人がそれまで行ってきたパーソナルケアを前提に，正常な排泄リズムと環境への調和や体調の回復に応じて行う活動である．

排泄介助（ハイセツカイジョ） 英 incontinence care．ヒトは，毎日10回前後の排泄動作・行為を繰り返している．自然な形の排泄が障害される原因には，事故や疾患による心身機能・身体構造障害と長期臥床による運動器の衰えなどの要因がある．排泄介助には，無尿，尿閉，頻尿などの排泄異常や下痢，強固な便秘などの排便異常に対する医療的看護と，失禁の事態に対応した身体的・生活的支援の2つに分けられる．排泄介助の目標は，その人自身の日常生活リズムの再獲得を目指して支援することである．ケア専門職に求められるアセスメント事項には，①排泄リズムとパターンの把握，②居室から排泄場所に至るまでの動線の流れ，③排泄用具の適正使用，④寝る，座る，立つ，歩く，姿勢と体位保持の状態の観察や測定，⑤衣服の着脱，使用時の後始末や清潔保持能力，⑥介助の受け止め方や判断力と認知機能および不安，緊張などに対する表現の特徴，⑦視聴覚その他の感覚機能，⑧食事の取り方や水分摂取量，⑨発汗や脱水の状態，下痢，嘔吐，バイタルサイン，薬物使用の有無，⑩尿意，尿の性状，痛み，勢い，尿線などの状態，⑪便意，腹痛の有無，便塊の性状などの状態，などが挙げられる．
⇨三大介護

排泄ケア（ハイセツケア） 英 continence care．排泄の自立とは，排泄にかかわる一連の動作・行為を，最初から最後まで滞りなく完了できることをいう．一連の排泄行為にひとつでも不具合が起きると，時々の事態に見合った自己対処行動に乱れが生じ，自立生活全般に影響を及ぼす．失禁の多くは，排泄行為の不具合に加え，パーソナルケア（またはセルフケア）の不備が原因であることが多い．たとえば，居室でのすごし方，安易なプライバシー対策，移動距離や不適切な移動動線，衣服の選択や収納場所の配慮不足，不適切な排泄場所や排泄用具の選択のほか，不適切な介助技術が問題として挙げられる．排泄ケアは，自己尊厳の根幹をなすものである．この認識に立つ他者あるいはケア専門職による気配りと知識・技術が，排泄のエラーやトラブルの原因の早期発見につながる．排泄ケアの基本姿勢には，①自己尊厳を理念においた日常の自立生活へのケアリング，②個々人に残されている排泄時の動作とそれに適した環境へのアセスメント，③遊び，学び，練習，触れ合い，ひとりになること，ほめられる時々の喜びのある日々の気づきのなかに排泄ケアを組み込むこと，④運動や生活リハビリを通して排泄行動をコントロールでき感覚を取り戻すことなどがある．
⇨日常生活動作，ケアリング

排泄誘導（ハイセツユウドウ） ヒトは，環境との相互交渉を繰り返す日々のなかで，事物を認識し，行動の筋書きを図式にして頭のなかに描く（スキーマ：schema）ことができるようになる．このようなスキーマの知識をもてたことで，自身の排泄動作・行為をいつも通りの順序で，同じ秩序を保って行うことができる．また，他者の排泄行動を頭のなかに描くこともできる．排泄誘導を行うケ

ア専門職にとって重要な学習は，自身の頭のなかにある排泄スキーマの知識を，他者の排泄に向けてリアリティを深め，自身のことのように思い描ける力を身につけるためのトレーニング法である．排泄誘導の目標は2つある．ひとつは，可能な限り薬物の使用や導尿や浣腸などをせずに，自然な排泄を導くこと，もうひとつは排泄に関与する認知機能と運動器を働かせて，その人自身のやり方で排泄を自助する行動をよび戻し，自分自身への自信と尊厳を取り戻すことである．排泄誘導のあり方としては，①転倒リスクの除去，②低活動を起こしている要因になっているかもしれない生活環境の見直し，③適切な排泄用具（おむつ，パット，便器など），排泄体位・姿勢維持や移動に見合った用具・機器類の正しい選択，④個々人の頭のなかにおかれているのに使えないでいる排泄を再生させる生活活性化プログラムづくり，⑤マッサージ，温度刺激などのタッチングによる感覚・知覚刺激に対する働きかけ，⑥むだのない温かな言葉選びと誘導動作におけるコミュニケーションに関心を寄せた働きかけなどが挙げられる．
⇨認知行動療法

肺塞栓症（ハイソクセンショウ） 英 pulmonary embolism. 種々の塞栓因子が血液に乗って肺動脈に運ばれ，そこを塞ぐことによって肺血管系の循環が阻害される病態．肺塞栓症となると肺に血液が流れず，ガス交換ができなくなり，動脈血中の酸素分圧が低下し，呼吸困難をきたす．ときに肺組織が壊死する肺梗塞とよばれる状態をきたすこともある．もっとも多い塞栓因子は血栓であるが，脂肪栓，腫瘍栓，空気栓，異物栓などもある．肺血栓塞栓症の場合，深部静脈血栓症が基礎疾患としてあることが多く，加齢，手術侵襲，脱水，エストロゲン製剤の使用，抗リン脂質抗体症候群，長時間同じ姿勢でいること，心不全などが危険因子となる．塞栓が大きく，深部静脈血栓症などの前兆がある場合は比較的診断は容易であるが，慢性的に進行して症状が不定である場合は診断がしばしば困難となる．治療は症状に合わせた対症療法から始め，血栓症の場合はヘパリンなどの抗凝固薬を投与する．線溶療法（血栓溶解療法）やカテーテルの挿入，フィルタの設置も行われる．
⇨肺梗塞

バイタルサイン 英 vital signs 同 生命兆候．人間が生きている状態，生きている証を示す兆候（生命兆候）．人間は生きていれば，呼吸し，心臓は拍動し，血圧があり，体温が維持され，排泄する．これらはさまざまな数値情報として表される．通常，バイタルサインの対象となるのは血圧，脈拍，呼吸，体温の4つを指すことが多いが，意識レベルや尿量をバイタルサインに含めることもある．
⇨血圧，体温，脈拍，呼吸

梅毒（バイドク） 英 syphilis. 性感染症（STD）のひとつで，性行為や類似する行為によって梅毒トレポネーマの感染が起こると発症する．皮膚，粘膜から感染し，血行性，リンパ行性により全身に広がって慢性化していく．梅毒では，先天性の感染も存在し，その場合は胎盤を介して胎児に感染する．後天性の場合，臨床経過は4期までであり多様な症状が出現する．①第1期梅毒（感染してから3か月まで）：感染後3週間は無症状で，その後初期硬結，硬性下疳（こうせいげかん），無痛性横痃（おうげん）と続く．②第2期梅毒（感染後3か月から3年まで）：微熱や全身倦怠感とともにバラ疹が多発し，梅毒性丘疹，扁平コンジローム，梅毒性脱毛などが起こる．③第3期梅毒（感染後3年以上）：結節性梅毒，ゴム腫が出現する．④第4期梅毒（感染後10年以上）：中枢神経梅毒ならびに心血管梅毒などの変性梅毒が発症する．梅毒治療の第1選択薬は抗生物質のペニシリンである．

排尿（ハイニョウ） 英 micturition／urination／miction／excretion of urine. 膀胱内の尿を体外に排出すること．尿は腎臓で1日あたり1～1.5ℓ程度生成され，尿管を通って膀胱に送られる．膀胱は150～300mℓの尿をためることが可能である．膀胱内の蓄尿量が増加すると，延髄の橋にある排尿中枢に伝達され，その刺激が大脳に伝えられて，尿意として認識される．大脳からの排尿の命令刺激は延髄，脊髄を経由して膀胱・尿道に伝えられ，その結果，膀胱の収縮と尿道括約筋の弛緩を起こし，尿が排出される．一般的な排尿の回数としては，昼間（活動時間）は5～7回，夜間（就寝中）は0～1回であるが，高齢者では夜間の排尿回数が増えていく傾向にある．
⇨排尿障害，排尿反射

排尿障害（ハイニョウショウガイ） 英 dysuresia／dysuria／urination disorder. 下部尿路（膀胱・尿道）の形態・機能的な異常に起因する排尿の異常．原因はさまざまであり，下部尿路をコントロールする神経に原因がある場合や，下部尿路自体に原因がある場合，尿量の問題などがあるが原因がはっきりしない場合もある．主に尿をためる機能に異常がある場合を蓄尿障害とよび，尿を排出する機能に異常がある場合を排出障害とよぶ．蓄尿障害には尿失禁と排尿回数の異常（頻尿）がみられる．排出障害には，排尿困難，尿閉，排尿痛，残尿感などがある．
⇨尿失禁，残尿，尿閉

排尿反射（ハイニョウハンシャ） 英 micturition reflex／urinary reflex. 膀胱に尿がたまり膀胱内圧が一定になると，刺激が胸腰髄交感神経中枢と仙髄オヌフ核を興奮させ，尿が膀胱に蓄えられる．それと同時に刺激は大脳と橋排尿中枢（PMC）にも伝わり尿意を生じるが，排尿の意志が生じるまで大脳皮質がPMCの働きを抑制し，その間蓄尿が行われる．大脳皮質で排尿の意志が生じると，PMCに対する抑制が解除され胸腰髄交感神経中枢とオヌフ核を抑制し，仙髄副交感神経中枢を活性化する．これらの神経中枢の活性の変化により排尿が起こる．これを排尿反射という．認知症では原因疾患による中枢神経系機能障害のために，排尿反射がうまく働かなくなり，神経因性膀胱となりやすい．その場合蓄尿期の排尿筋の不随意収縮が多くみられ，尿意切迫感や初発尿意量・膀胱容量の減少を伴う．
⇨排尿

排便障害（ハイベンショウガイ） 英 dyschesia. 排便過程における障害をいう．便失禁や便秘，下痢を総称して排便障害という．
⇨便秘，下痢，便失禁

ハイムリック法（ハイムリックホウ） 英 Heimlich maneuver 同 腹部突き上げ法．食べ物や異物などを誤って気管に詰まらせて息ができないときに，異物を吐き出させるために行う応急処置法．意識があり，咳こんでいるときにはそのまま咳を続けさせる．咳ができない場合にハイムリック法を行う．意識がない場合は背部叩打法や気道

を確保し人工呼吸を行うことが優先される．救助者を立位あるいは座位にして背中から腹部に手を回し片手で拳をつくり，みぞおちを避けて拳をへその上方に当て，もう一方の手で拳をしっかり握る．そして両手を強く引き締め，素早く手前上方に向かって圧迫するように突き上げる．5回程度，あるいは反応が出るまで続ける．ただし，乳幼児や妊婦には内臓損傷のリスクがあるため禁忌．背部叩打法や胸部圧迫法を用いる．

廃用症候群（ハイヨウショウコウグン）㊥ disuse syndrome ㊨ 生活不活発病．廃用とは，頭や身体を使わないために，その働きが悪くなることをいう．自ら活動しないために衰えることも当然あるが，通常は，身体抑制や向精神薬の過剰投与など，外部の力で制限されることによって低下することを指す．これらにより，歩行能力が衰えたり，転落防止という理由で車いすを多用したり寝かせきりにすることによって，本当に，車いす状態や寝たきりになることや，嚥下能力（ものを飲み込む力）が低下すること，安易なおむつ使用によって，両便失禁が進行すること，本人の好み・関心のあることを知ろうとせず，漫然とテレビを流すなど刺激のない生活を長く続けさせることによって，意欲や集中力が低下し，認知機能障害が進行することなどを指す．これらによって起きる寝たきり，嚥下不良，床ずれ（褥瘡），認知症の進行などを総称して，廃用症候群とよぶ．

ハインリッヒの法則（ハインリッヒノホウソク）㊥ Heinrich's law．労働災害について，「重症」以上の災害が1件あった場合，その背景には29件の「軽傷」を伴う災害が起こり，さらにその背景には300件の「ヒヤリハット（事故には至らなかったがヒヤリとした，ハッとした事例）」があるとされる，「1：29：300」の法則．これはアメリカの損害保険会社に勤めていたハインリッヒ（Heinrich HW）が，ある工場で発生した労働災害5,000件余を統計学的に分析した結果による．さらに300回のヒヤリハットの背景に，数千の不安全行動や不安全状態があることも指摘している．重大事故を防ぐためには軽微な事故を防ぐこと，軽微な事故はヒヤリハットを防ぐことにより予防できる．工業系の労働安全をもとにした法則ではあるが，医療や福祉においても人的災害予防に適用できるとされている．

⇨ヒヤリハット，インシデント

ハウスアダプテーション ➡住宅改修を見よ．

パウチ ㊥ pouch ㊨ ストーマ装具．人工肛門や人工膀胱からの便や尿を収集する袋をいう．パウチと皮膚に直接貼り付ける面板（フランジ）を合わせてストーマ装具とよぶが，ストーマ装具のことを指してパウチとよばれることもある．人工肛門用（消化管用），人工膀胱用（尿路用）それぞれ，単品系（ワンピース）装具と二品系（ツーピース）装具がある．単品系装具はフランジとパウチが一体化しているため，フランジからパウチが外れる心配がなく，操作が簡単という利点がある．しかし，パウチのみの交換はできない．二品系装具はフランジとパウチが分かれているため，状況に応じてパウチのみ交換することも可能である．またフランジのみをストーマに装着するので，フランジ装着の際に直接ストーマをみながら装着することができる．しかし，フランジとパウチを接合する手技が必要であり，確実に接合できないとフランジとパウチの間から排泄物が漏れることがある．消化管用装具は，パウチの下部が開閉できるようになっているドレインパウチ（下部開放型），閉鎖されたクローズパウチ（閉鎖型），水様便が出しやすいようチューブがついているイレオストミー用などがある．尿路用装具は，尿を出すためのタップやキャップがついており，袋内には逆流防止弁がついている．

⇨ストーマ，オストメイト

吐き気（ハキケ） ➡嘔気を見よ．

パーキンソニズム ➡パーキンソン症候群を見よ．

パーキンソン症候群（パーキンソンショウコウグン）㊥ parkinsonian syndrome／parkinsonism／Parkinson's syndrome ㊨ パーキンソニズム．特発性ないし本態性パーキンソン病の4大症状である振戦，筋固縮，無動・寡動および姿勢反射障害の症状のいくつかを呈する状態を意味する．すなわち，パーキンソン病以外の原因でパーキンソン病に類似した症候群を有するものである．これらのなかには，多系統萎縮症，進行性核上性麻痺，大脳皮質基底核変性症などの神経変性疾患，抗精神病薬，制吐薬などによる薬剤性パーキンソン症候群や，脳血管性パーキンソン症候群などがあり，病歴や臨床経過あるいは諸検査などから，パーキンソン病と鑑別することが重要である．

⇨小刻み歩行，パーキンソン病

パーキンソン病（パーキンソンビョウ）㊥ Parkinson's disease ㊧ PD．1817年にイギリスのパーキンソン（Parkinson J）が最初に報告した神経変性疾患であり，中脳の黒質の神経細胞が変性することで，ドパミン分泌が減少し，脳内のドパミンが不足するために症状が現れる原因不明の進行性の神経変性疾患である．その症状は，便秘，嗅覚低下，レム睡眠行動障害，うつ病，自律神経症状などの非運動症状と，振戦，固縮，無動・寡動，姿勢反射障害などの運動症状とに分けられる．振戦は，安静状態で主に手指に生じる丸薬をまるめるような運動（pill rolling）で，初発症状としてはもっとも多い．筋固縮の特徴は，肘や膝の関節の力を抜いた状態で，他動的に関節を曲げ伸ばしすると，スムーズに動かずにカクカクと歯車様の抵抗を感じる筋肉の緊張である．無動・寡動は，動作の開始に時間がかかり，すべての動作が緩慢となる．進行すれば，起き上がりや寝返りも困難となる．治療の基本は薬物療法であり，脳内のドパミン不足を補うために，L-ドパ製剤，ドパミン受容体刺激薬が中心となる．薬物療法以外にも，脳内の特定部位に電極を留置する深部脳刺激療法もある．

⇨神経変性疾患

白杖（ハクジョウ）㊥ white cane ㊨ 盲人安全杖．視覚障害者が使用する白い杖．直杖，スライド式，折り畳み式などがある．障害物にぶつかったときに衝撃を和らげ，身体を保護することができる．歩行時などに周囲の状況を杖の先で感知することができる．周囲に視力障害者であるという注意喚起の機能ももつ．白色をベースに黄色や赤色のマーカーをつけ雪道でも目立つような工夫や，反射材をつけて夜間でも目立つような工夫がされている．地面をスライドさせることにより凹凸を敏感に察知したり，2点をタッチしながら音で周囲に自分の存在を知らせるなどの用途で用いられる．また，ガイド（誘導者）を同伴して歩行する場合も視力障害者であることを周囲に知らせるサインとしての用途もある．

⇨視力障害

白癬（ハクセン） ㊥ringworm／trichophytosis. 皮膚糸状菌という真菌の感染によって生じる皮膚糸状菌症のうち，黄癬と渦状癬を除いたもの．日本では，皮膚糸状菌症を白癬，黄癬，渦状癬に分類し，黄癬，渦状癬を白癬と独立した疾患としている．一般的な原因菌はTrichophyton rubrum, Tri. mentagrophytesであるが，近年，柔道・レスリングなどの選手の間で，Tri. tonsurans 感染症がまんえんしつつある．白癬は，皮膚糸状菌の寄生が角層，毛，爪にたまる浅在性白癬が大部分で，まれに皮膚の深部（真皮・皮下脂肪織），内臓に寄生する深在性白癬がある．病変の存在する部位により，足白癬，股部白癬，頭部白癬，爪白癬，手白癬，体部白癬などとよばれる．診断は，直接鏡検法や真菌培養により，病変部の真菌の存在を確定する．治療は，白癬の病型・病態によって異なるが，外用抗真菌薬や経口抗真菌薬などが使用される．

白内障（ハクナイショウ） ㊥cataract／star ㊦cataracta ㊞しろそこひ．高齢者に多い眼疾患の代表．目のレンズに相当する水晶体が濁り，物がかすんだりぼやけてみえたりする症状である．以前は「しろそこひ」とよばれ，45歳以上の中年に多く，年齢を重ねるにつれて割合が増加する．根本的な原因は解明されておらず，水晶体の細胞同士の接着力が弱まったり，水分の通りが悪くなったりして起こるのではないかといわれている．高齢者はほとんどが何らかの形で白内障の症状を引き起こしているといわれ，80歳以上になると，ほぼ100％の人に白内障による何らかの視力低下が認められる．視力低下の程度と進行の速度には個人差があり，白内障の人すべてが目がみえづらくなるとは限らない．このため，水晶体の白濁そのものは病気ではなく，皮膚のシミやしわなどと同じく，生理的老化の一環であるという考え方もある．白内障が進行して視力障害がいちじるしいときは手術で水晶体を取り除き，人工水晶体に入れ替える手術が広く行われるようになっている．

⇨緑内障

跛行（ハコウ） ㊥claudication／limping／lameness／lame ㊦claudicatio. 歩行異常のひとつで，足を引きずって歩くなど，正常な歩行ができない状態をいう．骨折や化膿性関節炎，腫瘍などによって痛みを伴うことが多いが，股関節や筋肉の異常によって，痛みを伴わずに症状が現れる場合もある．疲労，衰弱，老化によるものは跛行に含めない．負重するときに疼痛を示すもの（支柱跛行），肢の挙揚時および前進時に疼痛を示すもの（懸垂跛行），両方が混在する跛行（混合跛行）がある．また，しばらく歩くと足の痛みやしびれを生じ，小休止を挟むとまた歩けるようになる症状を間欠性跛行といい，原因疾患によって神経性と血管性に分類されている．歩行中の肩の上下運動や，体幹の左右前後への揺れ，下肢の動きなどを総合的に観察して判断を行う．

⇨間欠性跛行

はしか（ハシカ） ➡麻疹を見よ．

播種性転移（ハシュセイテンイ） ㊥dissemination. がん（悪性腫瘍）が元の場所から離れた場所に移動して，そこで再び腫瘍を形づくることを転移とよぶ．その移動の種類には大きく3つがある．1つ目は，リンパ管を通って移動するものであり，がん細胞がリンパ管に侵入し，リンパ液を通って，他の部位に移動する（リンパ性転移）．2つ目は，血管を通って移動するものであり，がん細胞が血管に侵入し，血液に乗って，全身の臓器に転移する（血行性転移）．3つ目は，播種性転移である．播種とは，種を播くように広がる，という意味である．ヒトの身体には，腹腔，胸腔といった，仕切られた空間がある．そこにはさまざまな臓器（胃，小腸，大腸など）が，しょう液とよばれる液体で濡れた状態で存在している．がん細胞が臓器を覆った膜を突き破り，この液体に漏れ出すと，その空間のすべての場所にまるで種を播くように拡散してしまう．当然，手術で切り取ることはできず，かなり悪化した状態である．

⇨悪性腫瘍

破傷風（ハショウフウ） ㊥tetanus. 創傷部位から土壌中に存在する破傷風菌（Clostridium tetani）が侵入して起こる感染症．感染症予防法で5類感染症に指定されている．体内に侵入した破傷風菌は増殖し，生産された毒素が末梢神経や脊髄前角細胞を侵すため，症状が出現する．人から人へ感染することはない．潜伏期は3日〜3週間で，倦怠感，頭痛，筋肉痛などから始まり，開口障害，嚥下障害，全身の疼痛性筋肉収縮，体を弓のように反り返らせ，手足を突っ張るような全身骨格筋の強直性けいれんをきたす．意識は障害されないため患者の苦痛は大きい．治療は毒素を中和するために，破傷風ヒト免疫グロブリンを用いる．破傷風菌に対しては抗生物質が用いられ，さらにけいれん発作に対し抗けいれん薬が用いられる．重症では呼吸管理が重要となり，人工呼吸器が必要となる場合もある．予防として破傷風トキソイドの予防注射がある．

長谷川式簡易知能評価スケール（ハセガワシキカンイチノウヒョウカスケール） ㊥Hasegawa's Dementia Scale ㊗HDS. 1974年に作成された長谷川式簡易知能評価スケールは，臨床現場で主に使用され，その後，1991年に改訂長谷川式簡易知能評価スケール（HDS-R）として改訂された．その目的は，一般の高齢者から認知症の疑いのある人をスクリーニングすること，または，記憶を中心としたおおよその認知機能障害の有無を判断することである．質問項目は9問と少なく，本人の生年月日さえ確認できればおよそ5〜10分程度で完了する．質問項目は，年齢や日時の見当識として年月日，曜日についての問い，場所の見当識として質問時の場所に対する問い，例に挙げる3つの言葉の記憶への問い，計算問題，数字の逆唱，3つの言葉の再生，5つの物品記銘，言葉の流暢性など9つの質問から構成される．最高得点は30点満点であり，20点以下を認知症の疑い，21点以上を正常と判定した場合にもっとも高い弁別性を示す．ただし，認知症との判断を下したり重症度分類としては使用されない．

バセドウ病（バセドウビョウ） ㊥Basedow's disease／exophthalmic goiter／Graves' disease. 甲状腺に対する自己抗体（抗TSH抗体）が生じ，甲状腺を刺激するためにびまん性の甲状腺腫，甲状腺機能亢進症をきたす自己免疫性疾患．甲状腺腫大，眼球突出，頻脈などの症状が特徴であるが，甲状腺ホルモンの産生，分泌が亢進すると全身の新陳代謝を高めるため，多汗，体重減少，易疲労感といった全身症状，動悸，息切れなどの循環器症状が生じる．そのほかに手指振戦，四肢麻痺，不眠，多動といった神経症状もみられる．有病率は1,000人に対し

て1～6人とされ，女性が男性の4倍程度という報告が多い．
⇨甲状腺機能亢進症

バーセル指数（バーセルシスウ） 英Barthel index 略BI. 日常生活動作（ADL）における自立度を評価する方法のひとつで，代表的なADL評価法．1955年ごろに理学療法士のバーセル（Barthel DW）が開発し，1965年に医師マホーニー（Mahoney Fl）によって報告された．バーセル指数は，身辺動作を中心とした10項目で構成されており，被検者を各項目ごとに「自立」「部分介助」「全介助」の3段階で評価する．評価項目は食事（10点），移乗（15点），整容（5点），トイレ動作（10点），入浴（5点），移動（15点），階段昇降（10点），更衣（10点），排便コントロール（10点），排尿コントロール（10点）となっており，総得点は最高100点，最低0点である．メリットとしては，短時間で簡便に実施可能で広く使用され，また，リハビリテーションの介入効果の検証や予後予測に使用可能であることが挙げられる．デメリットとしては，認知項目についての評価がないことや，2～3段階の尺度で分けるため，感度が低く，わずかな機能的変化がとらえにくいことが挙げられる．
⇨手段的日常生活動作

パーソナライゼーション 英personalization．自分の生活や趣味に合わせて，空間にさまざまな物をもち込み，しつらえに手を加えるなどして，自分だけの空間づくりを行うこと．環境の個人化．長年住み慣れた自宅の環境には，その時々の生活が環境に蓄積され，住み手に合わせてパーソナライズされている．たとえば，ライフスタイルや趣味・仕事，過去の経歴や思い出，家族・友人とのかかわりなど，自分らしさを示す多様なものによって固有の環境が形成されている．パーソナライズされた環境は住み手との間に密接な関係が築かれており，自宅が自分にとって特別で分かちがたい空間であると認識される大きな要因となる．認知症の高齢者にとって，こうした環境との密接なかかわりが失われてしまうと，ただ空間が与えられてもそこが自分の空間であると認識することが困難となり，不安や焦り，喪失感や恐怖感を促進しやすい．施設においても個人空間を確保し，積極的にパーソナライゼーションを支援することは重要な課題である．
⇨持ち込み家具，空間領域化，テリトリー，プライベートスペース

パーソナリティ障害（パーソナリティショウガイ） 英personality disorder 独abnorme Persönlichkeit 同人格障害．精神疾患の診断・統計マニュアル第4版（DSM-Ⅳ）には，約16個の障害の概念が含まれているがそのひとつに，パーソナリティ障害がある．DSMによる分類では，10種類のパーソナリティ障害を，奇異群，劇的群，不安群の3つのカテゴリーに規定している．また，精神医学におけるもうひとつの代表的な基準である疾病及び関連保健問題の国際統計分類第10回修正（ICD-10）の「成人の人格及び行動の障害」においては「特定の人格障害」として，妄想性，統合失調質，非社交性，情緒不安定性，演技性，強迫性，不安性，依存性，ほかの特定のパーソナリティ障害や特定不能なもの等10種類に分類されている．診断のガイドラインとしては，大脳の損傷や疾病，あるいはほかの精神科的障害に直接起因しない状態で，きわめて調和を欠いた態度や行動がみられる，存続する異常行動パターンがあり社会的な適応不全である，あるいは通常，職業的および社会的行動能力の重大な障害を伴うなどといったことが挙げられている．
⇨人格，精神障害

パーソナルケア 英personal care．その人の人生に合わせた介護をすること．人の人生は，生活歴・教育歴・職歴・生活習慣・住環境など，それぞれ違いがある．介護や支援をするためには，支援者主体ではなく，支援を受ける人に合わせた内容であるべきである．高齢者の認知症発症の引き金になるといわれている環境の極端な変化を防ぐために，長年住み慣れた自宅や使い慣れた家具や道具を活用したケアが有効である．また，障害や病気をもった人の介護は，最後までその人の希望が叶えられるよう支援するために，支援にかかわる人は支援される人の気持ちをしっかり聞き取り，悔いのない人生を送ってもらえるよう支援すべきである．

パーソナルスペース 英personal space．心理学者ソマー（Sommer R）の提唱した概念で，自分の周囲を泡のように取り巻く心理的空間であり，他者に理由なく侵入されると不快に感じる空間領域を示す．社会のなかでは見知らぬ人同士の場合，互いがそれぞれのパーソナルスペースを尊重し，必要なく近づきすぎないように配慮して行動している．コミュニケーションをとる場合とそうでない場合など，相手との関係によって適度な対人距離を調節している．通勤電車の混み合った車内など，他者同士がパーソナルスペースへの侵入を余儀なくされる状況は，短時間であればがまんできるが，長時間続くと緊張感や侵害感が高まり，大きなストレスとなる．認知症の人の場合，こうした感覚にとくに敏感になることがあり，良好な関係をつくらないうちに相手のパーソナルスペースに踏み込んでしまうと，警戒感や恐怖感が高まって混乱してしまうこともある．
⇨プライベートスペース，テリトリー

パーソン・センタード・ケア 英person-centred care 略PCC．1990年前後，キットウッド（Kitwood T）によって提唱された概念．当時，認知症の人の症状は，脳自体の障害のためであり，どうしようもないものであって，じょうずに管理するか，身体的な介護しかないと思われていた．しかし，キットウッドは，認知症の進行と本人がよい状態を経験すること（well-being）とは連動しないと考え，身体的な介護だけでなく，心理的なニーズを満たし，パーソンフッドを高めることが目指すべきケアであると説いた．ブルッカー（Brooker D）は，そのためには，認知症を抱えて生きる人を完全な社会の一員として認め，彼らやそのケアにかかわる人々に対する差別を根絶しなければならないこと，彼らの日々変化するニーズに合ったケアを提供すべきであり，彼らがいまの状況をどのように理解しているのか，その視点を理解する努力をしなければならないこと，さらに相互に支え合う社会心理を提供しなければならないと説いている．

パーソンフッド 英personhood．キットウッド（Kitwood T）によって提唱された，パーソン・センタード・ケアの核となる考え．キットウッドは，認知症を抱えて生きる人にとって，「くつろぎ，アイデンティティー，愛着・結びつき，たずさわること，共にあること」の5つの心理的ニーズは非常に重要であり，最後まで変わることはなく，

たとえ進行しても，これらが満たされれば，これらを包含する愛情のニーズが満たされ，よりよい状態となりうると考えた．そしてこれらの包括的な概念をパーソンフッド（ひとりの人間として，周囲に受け入れられ尊重されること）と表現した．心理的ニーズが満たされていないケア環境では，行動障害，苦痛，無気力がまんえんし，適切なサポートによって心理的ニーズが満たされているケア環境では，お互いに信頼し合う人間関係がみられ，よい状態が維持される．これらを，「パーソンフッドが尊重されていない環境」「パーソンフッドが尊重されている環境」などと表現する．
⇨パーソン・センタード・ケア，認知症ケアマッピング

パターナリズム 英paternalism 同父権的保護主義／家父長主義／父権主義．強い立場にある者が，弱い立場にある者の利益のために，本人の意思にかかわらず，生活や行動に干渉し，制限を加えるべきであるという考え方．親と子，上司と部下，国家と個人といった立場や，地位による上下関係においてみられる保護や統制の態度．専門家とクライエント，医師と患者，介護者と被介護者などの関係では，知識がないことや能力の低さによって正しい判断をくだすことができないとして，強い立場の者が弱い立場の者に選択の自由も責任も与えずに介入や制限を押しつける考え方．
⇨インフォームドチョイス，インフォームドコンセント

8020運動（ハチマルニイマルウンドウ） 「80歳になっても20本の自分の歯を残そう」と，厚生省と日本歯科医師会が1989年に提唱したスローガン．永久歯は28本，智歯（親知らず）を入れると32本であるが，20本の歯があればたいていの食品の咀嚼が容易であるといわれ，生涯自分の歯で食べる楽しみを味わうことをめざす．歯の喪失は歯周病によるものがもっとも多く，歯周病予防が重要である．歯科疾患実態調査によると1987年，80歳以上の平均現在歯数は5本程度であったが，2011年の平均現在歯数は80〜84歳は12.2本，85歳以上は8.4本になった．また8020達成率（80歳で20本以上の歯を有する人の割合）は1987年で80歳以上7.0%であったが，2011年には80〜84歳28.9%，85歳以上17.0%となった．2009年に厚生労働省がひと口30回以上噛む目標「噛ミング30」運動を食育のキャッチフレーズに据えた．噛むことは唾液による口腔内細菌の洗浄，消化吸収の補助，発がん物質の抑制，口腔周囲筋を鍛え表情が豊かに，飲み込む力が改善する効果，さらに噛む動作が脳への刺激となり寝たきりや認知症予防につながることが期待される．
⇨介護予防，新健康フロンティア戦略

ハチンスキー虚血スコア（ハチンスキーキョケツスコア）
➡脳虚血スコアを見よ．

発汗異常（ハッカンイジョウ） ➡発汗障害を見よ．

発汗障害（ハッカンショウガイ） 英dyshidrosis／sweating disorder 同発汗異常．発汗は体温調整を主とした機能であり，この機能が欠如あるいは異常をきたし，コントロールが困難となった状態を発汗障害という．発汗を司る中枢は多岐にわたり，たとえば体温上昇により発汗して体温を下げる温熱性発汗の体温調整の中枢は視床下部が司っており，精神性発汗といった緊張などによる発汗は海馬などの大脳辺縁系や前頭葉皮質と考えられている．中枢以外では，発汗障害を起こす部位として交感神経経路も考えられている．発汗障害はこれらの中枢等の何らかの異常によって起こる症状（多汗症，無汗症）と考えられている．これらの中枢等の異常により起こる発汗障害のほかに，甲状腺機能亢進症など基礎疾患により生じる二次的な発汗障害もみられる．レビー小体型認知症（DLB）の場合にも発汗障害がみられ，自律神経症状の異常により，しばしば多汗などの症状が起こり，体温調節が困難となる場合もある．以上のように発汗障害の原因はさまざまであり，その原因により治療法も異なっている．

バッグバルブマスク 英bag valve mask 略BVM．無呼吸時，または呼吸が不十分で十分な換気ができない患者に対して，他動的に換気を行うための医療機器．アンビューバッグ（Ambu-bag）とジャクソンリース（Jackson-rees）がある．アンビューバッグはバッグに送気逆流弁と自動膨張機能を設置したバッグバルブマスクであり，救急現場の第一線で幅広く用いられる．ジャクソンリースはバッグに換気調整弁を有し，気道内圧の調整を行うことができるもので，人工呼吸器使用時に用いられることが多い．ジャクソンリースはバッグが柔らかいため患者の呼吸を感じることが可能で，吸気に合わせて加圧を行うことができ，高濃度の酸素を投与することができる．しかし，酸素供給がないと使用ができないというデメリットもある．

白血病（ハッケツビョウ） 英leukemia．悪性腫瘍のうち，がんが上皮細胞の異常分裂から起こるのに対して，白血病は血液のがんともいわれ，骨髄の造血細胞が遺伝子の突然変異を起こし自立的かつ無秩序に増殖して正常な造血を阻害する．そのため貧血や出血などの症状がでるだけでなく，骨髄から血液中にあふれでた腫瘍細胞がさまざまな臓器に浸潤することもある．大きく分けると急性骨髄性白血病（AML），慢性骨髄性白血病（CML），急性リンパ性白血病（ALL），慢性リンパ性白血病（CLL）に分けることができる．治療は化学療法（抗がん剤）によるものが主流であるが，近年では骨髄移植や臍帯血輸血などの療法が広がりはじめた．日本では10万人あたりの発病者は7人（2005年）といわれるが，認知症ケアとの関連が深い高齢者の場合，10万人あたり17人（80歳）になり，若い人と比べて骨髄異形成症候群から移行した場合の予後は悪い．

鼻カニューレ（ハナカニューレ） ➡鼻腔酸素カニューレを見よ．

パニック障害（パニックショウガイ） 英panic disorder 略PD．疾病及び関連保健問題の国際統計分類第10回修正（ICD-10）の神経症性障害，ストレス関連障害及び身体表現性障害〔F40-F48〕のその他の不安障害〔F41〕に分類され（F41.0），精神疾患の診断・統計マニュアル第4テキスト改訂版（DSM-Ⅳ-TR）では「不安障害」に分類されている．DSM-Ⅳ-TRによると，パニック障害の基本的な特徴は，予期しないパニック発作が反復すること，それに続き少なくとも1か月の間，次の発作が起こるのではないかという心配が持続すること，パニック発作の潜在的意味または結果に対する不安，または発作と関連した顕著な行動変化である．生理学的作用によるものではないこと，ほかの精神疾患によって説明しにくいことも診断の手がかりとなる．広場恐怖の基準を満たすか否かにより，広場恐怖を伴うパニック障害または伴わないパニック障害に分けられる．パニック障害の生涯有病率

は一般人口の2～3%程度であるが，潜在的患者数は多いと考えられている．慢性化によって残遺症状である自律神経失調症が常態化し，生活の質（QOL）の低下を招くともいわれている．治療は薬物療法に認知行動療法を組み合わせて行う．

パブリックスペース 英public space. 居住施設において，外部に対して開かれ，地域の人と共有される空間領域．エントランスロビーや地域交流室のほか，喫茶店やレストランなどを設ける施設もある．地域の住人に利用してもらうことで，施設の存在を地域に根づかせるとともに，施設内で生活が完結しがちな入居者にとって，施設外の人たちとのかかわりを増やし，社会との接点を保つうえで，重要な役割をもつ．
⇨プライベートスペース，セミプライベートスペース，セミパブリックスペース，段階的空間構成

パブロフ型条件づけ（パブロフガタジョウケンヅケ） ➡レスポンデント条件づけを見よ．

ハミルトンうつ病評価尺度（ハミルトンウツビョウヒョウカシャクド） 英Hamilton Rating Scale for Depression 略HRSD. 1960年にハミルトン（Hamilton M）によって開発されたうつ病を対象とした他者評価測度．この尺度はうつ病の症状の変化を測定する項目で構成されていることから，うつ病以外の患者等への使用には適さない．主流として用いられる尺度は21項目と補足の3項目で構成されており，うつ状態の強さやうつ病のタイプを測ることができる．評価にあたってハミルトンは2人の評定者が同じ患者を診察し，その平均値を用いることを推奨している．尺度は信頼性と妥当性の検討は多くの研究者によって確認されているが，高齢者の場合，うつ病でない場合も睡眠障害を訴える場合もあり，また身体疾患を有する場合も少なくないことから，心気症や身体症状を測定する項目については慎重に評価する必要がある．さらに，精神運動抑制がある場合は認知症との鑑別も必要となるなど，高齢者に使用する場合にはさまざまな問題点が多く，そのため項目内容を一部変更することも必要となる．
⇨うつ病

パラノイア 英paranoia／paranea. 妄想性障害の代表的な疾患であり，疾病及び関連保健問題の国際統計分類第10回修正（ICD-10）の統合失調症，統合失調型障害及び妄想性障害〔F20-F29〕の持続性妄想障害〔F22〕に分類され（F22.0），精神疾患の診断・統計マニュアル第4テキスト改訂版（DSM-Ⅳ-TR）では「統合失調症および他の精神病性障害」に分類されている．この疾患は中高年期以降の発症が一般的であり，発症の前提として偏執的，独断的，狂信的等の人格上の特徴をもつ人が，ある出来事に関係した結果，強い感情に色づけられた支配観念をもち，その観念が次第に発展し，ある程度了解可能な妄想様観念を形成するに至ったものと考えられている．パラノイアの妄想には好訴妄想や嫉妬妄想，心気妄想などが挙げられ，被害的な妄想や誇大的な妄想がみられるのが特徴である．パラノイアは病的性格の発展または体験に対する反応，つまり妄想反応であり，統合失調症にみられる感情鈍麻や人格障害，幻覚などを示すことはないが，統合失調症を含め，妄想を生じる可能性のある疾患との鑑別は容易ではない．

パラフレニー 英paraphrenia. パラフレニーは長期の経過にもかかわらず人格崩壊が軽度であることが特徴とされる妄想性疾患と考えられていたが，現在では妄想型統合失調症に含まれると考えられている．妄想型統合失調症は30歳以降に発病することが多く，妄想や幻覚妄想状態などといった陽性症状を主症状とし，感情鈍麻や意欲低下などの陰性症状は表面化しにくいのが特徴である．妄想には被害妄想や嫉妬妄想，心気妄想などがあり，なかでも他人が自分に危害を加えるなどの被害妄想が主にみられる．パラフレニーの妄想は，現在過去のさまざまな出来事を取り込みながら被害妄想から誇大妄想へと発展し，ひとつのまとまった妄想体系を形成していくといわれている．人格崩壊が軽度の時期には社会生活はある程度は可能であるが，妄想のため近隣者など周囲の人々とのトラブルも生じやすい．しかし，人格崩壊が進むにつれて妄想に対して無関心となり，生活は自閉的になっていくことが多いともいわれている．

パラメディカルスタッフ ➡コメディカルスタッフを見よ．

バランス訓練（バランスクンレン） 英balance exercise. 人が生活するためには，日常生活動作（ADL）や手段的日常生活動作（IADL）などをはじめとするさまざまな活動が必須である．これらの活動を安全に確実に行うためには「バランス能力」が重要である．たとえば，バランス能力が低下すると，歩こうとして転倒することがある．バランス能力が低下する原因は，麻痺，筋力低下，脚長差などさまざまであるが，「バランス能力の低下」とひとくくりで片づけるのではなく，原因を突き止め，適切な対応をすることが重要である．バランス能力の維持・向上はたいへん重要であり，たとえ健康な状態であっても「バランス訓練」は定期的に行ったほうがよい．

バリアフリー 英barrier-free. バリア（障壁）がないことを意味するが，提案された1970年代は障害者や高齢者に対する配慮は不十分な時期であったため，「バリア（障壁）をなくす」という意味で使うことが多い．国連が1974年に提唱したのは，典型的なバリアに対し解消する基準を示した内容で，スロープの勾配や通行幅などを示している．その後バリアは物的なものだけでなく，制度，仕組み，心のもち方まで幅広い範囲のものを対象に広がっていった．バリアは何らかの障壁になる基になるべきではないし，つくらないほうがよい．ただし，バリアは個人個人でレベルが異なることもあり，ある一定の共通に認識されたバリアとそうでないバリアがある．大きな段差や凹凸のある道などはバリアと認識されるが，小さな段差は，目印や境目を示す効果もある．
⇨ユニバーサルデザイン

バリアフリー新法（バリアフリーシンポウ） ➡高齢者，障害者等の移動等の円滑化の促進に関する法律を見よ．

バリデーション 英validation. アメリカのソーシャルワーカーのフェイル（Feil N）がアルツハイマー型認知症および類似の認知症の高齢者とコミュニケーションを行うために提唱した手法．認知症の人の行動には必ず理由があるという考えに基づいて，本人が経験していることを否定せず，それが本人にとっての「現実（真実）」であることを受け入れ認め，尊厳と共感をもってかかわることを基本としている．介護者との信頼関係が高まるとともに，認知症の人が尊厳を回復し，引きこもりや植物状態にならないように援助するコミュニケーション法のひ

とつである.
⇨バリデーション療法

バリデーションセラピー ➡バリデーション療法を見よ.

バリデーション療法（バリデーションリョウホウ） 英 validation therapy 同 バリデーションセラピー. アメリカのソーシャルワーカーのフェイル（Feil N）がケアの実践から開発した認知症の人とコミュニケーションを行うためのセラピーのひとつ. 人にはその年までに解決しなければならない課題があるが, 認知の混乱や見当識障害のある認知症の人が, 人生のなかで十分に成し遂げられなかった課題を解決しようとする際には, 一般に4つの解決段階, 第1段階「認知の混乱」, 第2段階「日時, 季節の混乱」, 第3段階「繰り返し動作」, 第4段階「植物状態」, をたどるとしている. 各段階における身体状態, 声の調子, 視線, 感情などに応じた具体的な手法として,「センタリング：精神の統一, 集中」「リフレージング：本人の言うことを繰り返す」「ミラーリング：相手の動きや感情に合わせる」「好きな感覚を用いる」「タッチング：触れる」などの, 15のバリデーションテクニックがある.
⇨バリデーション

パルスオキシメーター 英 pulse oximeter. 指先や耳などに装着するクリップ状の医療器具（プローブ・測定端子）で, 患者に負担をかけず（非侵襲的に）経皮的に血液中の酸素飽和度（SpO_2／百分率で表示）と脈拍数を計測できる. 血液中のヘモグロビンは酸素との結合の有無により, 赤色光（酸化ヘモグロビン）と赤外光（酸素を含まない還元ヘモグロビン）の吸収程度が異なるので, センサー（プローブの発光部分）で透過光を測定し, 赤色光と赤外光の比を分析することにより, 動脈血の酸素飽和度を測定できる. 適応は, 呼吸不全や心不全疾患患者のみならず, 手術中の麻酔管理, 検査などの際に, 簡便に血液の酸素飽和度を計測する機器として用いられる. 動脈血酸素飽和度の基準値は97～99%であるが, 心不全や呼吸不全などの低酸素血症では低下する. 小型や腕時計型もある.

バルーンカテーテル 英 balloon catheter 同 尿道留置カテーテル. 外尿道口より膀胱まで挿入したカテーテルを膀胱内に留置させて行う排尿法で, 何らかの疾患により, 自然排尿が不可能な場合や, 手術後などで自然排尿が得にくい場合, 時間尿量を正確に把握したい場合などに用いられる. 挿入したバルーンカテーテルは滅菌水の注入により膨らみ, ストッパーとなることで膀胱内に留置することができる. バルーンカテーテル挿入・留置は尿道損傷や尿路感染のリスクを伴い, 長期間の使用は膀胱の拡張・収縮機能の低下を及ぼす. そのためバルーンカテーテル留置中は尿量や尿の性状の観察に留意する. 原則的には自然排尿が望ましく, バルーンカテーテル留置は一時的な処置として考えるべきである.

パロキセチン塩酸塩（パロキセチンエンサンエン） 英 paroxetine hydrochloride. うつ病の原因として脳内のセロトニンの減退があることから, セロトニンが受容体と結合するのを抑えることで, 再取り込みを阻害してうつ病を改善する薬である. 選択的セロトニン再取り込み阻害薬（SSRI）である. かつての三環系や四環系といった抗うつ薬と比べても, 便秘や口渇などの症状が少ないのが特徴とされるが, 急激な中断で吐き気やめまいなどの離脱症候群が起きることもある. 適応はうつ病, うつ状態, パニック障害, 強迫性障害, 社会不安などがあり, 認知症の行動・心理症状（BPSD）に伴う前記の症状にも用いられることがあるが, 副作用のこともあり考えながら安易な服用は控えなければならない.
⇨抗うつ薬

ハロペリドール 英 haloperidol. 本来は, 統合失調症などで生じる病的体験, たとえば幻覚妄想や精神運動性興奮などに使用する抗精神病薬である. ブチロフェノン系の薬物であり, 認知症の行動・心理症状（BPSD）とくに被害妄想などを軽減する目的で使われる. 認知症の薬物療法として使う場合には, 統合失調症の場合と比べても服薬量を少なくして過度の鎮静にならないように心がけなければならない. 副作用として眠気, 体のだるさなど鎮静薬に共通するものがあるが, 強力な抗精神病薬（メジャートランキライザー）であるため, 薬物性のパーキンソン症候群の原因になることも珍しくはない. とくに認知症の人の体力が減退している場合には, 突然の発熱と筋肉の拘縮から, 重篤な副作用である悪性症候群を起こす可能性があるので注意を要する.
⇨抗精神病薬

パワーリハビリテーション 英 power rehabilitation. 高齢者の虚弱化・要介護化の要因のひとつとして, 全身各所に協調的に活動すべき筋の「不活動」状態があるとして, この不活動筋の再活化を促すことを目的としてトレーニングを行う方法. このトレーニングの特徴はマシンを用いることである. 不活動筋を動かすことは意識的な運動ではむずかしい. 運動軸を一定に保つため, マシンを用いてごく軽度の運動負荷量から始める. 主要関節と脊柱に対する6機種のマシンを用いる軽負荷トレーニングであり, 有酸素運動ができるようになっている. パワーリハビリテーションは, 最終的に日常生活全体の活動性を高める行動変容をめざしている.
⇨介護予防

バーンアウト 英 burnout 同 燃え尽き症候群. 介護者や家族など, 介護を中心にしていた人, また仕事を中心に生活していた人などが, 介護から開放されたときや仕事の重圧から開放されたときなどに起きる気力の低下で, 何事に対してもやる気をなくしてしまうことである. バーンアウトしないためには, 介護者は時々息抜きをすること, 介護者自身が趣味をもつこと, また介護を第三者である介護の専門職に委ねることも重要である. したがって, 介護の専門職は要介護者の支援だけでなく家族介護者の支援もしていかなければならない.

半屋外空間（ハンオクガイクウカン） 英 semi-outdoor space. 見当識障害のある認知症の人にとって, 1日の時間の流れを太陽の動きによって身体で感じ取ることが望ましく, そのためには縁側, テラス, ベランダなどの半屋外空間を利用することが勧められる. 太陽光に当たることによって, 体内時計を調整する効果もあるといわれている. 病室のような一定温度にコントロールされた人工環境のなかで, 窓外の景色をみる機会が少ない生活では時間も認知できない. 風を肌で感じ, 四季の移り変わりを楽しめる場所は, 精神的にも解放されるとともに五感の刺激にもなる. 日本の伝統的家屋の不要半屋外空間である縁側は, 人と自然, 家の内と外, 人と人の多様なつながり・交流を育む場として認知症ケアに有用である. また, 外出欲求があってもでかけることがむずかしい認

知症の人への対応として，半屋外空間のテラス等にベンチを置いてお茶を飲んだり，プランターで花を育てたりすれば，見守りもしやすく本人も安心できる環境となる．

反響症状（ハンキョウショウジョウ）Ⓔechomatism. 自らの意志発動性の低下によって相手の動作や言語をオウム返しに繰り返す被影響性の亢進状態．オウム返しに模倣して繰り返す動作を反響動作といい，オウム返しに模倣して繰り返す言語を反響言語という．緊張型統合失調症でみられる緊張病症候群（緊張病性興奮，緊張病性昏迷，カタレプシー，常同症など）の一症状としてこれらの反響症状がみられるといわれている．また，ピック病に多くみられるPEMA症候群（palilalie：反復言語，echolalie：反響言語，mutisme：緘黙，amimie：無表情）の一徴候としても反響言語がみられる．ピック病の場合，緘黙が前面に現れていると反響言語はみえにくいが，話しかけるとオウム返しで応答し（反響言語），その応答した言葉を何度も繰り返す（反響反復言語）ことが一般的である．反響言語のみが単独でみられる場合もあるが，この場合は重篤な理解・発話障害を伴った超皮質性混合失語の一症状とみなされることもある．

半構造化面接法（ハンコウゾウカメンセツホウ）Ⓔsemi-structured interview. 構造化面接法と同様に，質問やインタビューの流れなど，論題全体をカバーするように焦点を当てた面接ガイドは，事前に決められているが，面接中に疑問に思ったことなど調査者が必要と判断すれば質問し自由な回答を得ることができる．自由回答を得られることから，質的データ収集に向いている．
⇨インタビュー法，構造化面接法，非構造化面接法

半座位（ハンザイ）➡ファウラー位を見よ．

半身浴（ハンシンヨク）Ⓔhalf-body bathing. 入浴法の一種．胸から下の半身だけを湯船につけ，ぬるめの湯温で20～30分程度入浴すること．湯温は体温より少し高めの38～40℃くらいがよいとされる．熱めの湯につかるよりもゆっくり体が温められる分，副交感神経が刺激され，血行がよくなり身体を芯から温め，湯冷めもしにくい．胸や肩までつかる入浴法では水圧により心臓への負荷が高くなるが，半身浴では水圧による影響が少ないため，心臓や肺の疾患をもつ人にも勧められる．しかし，ゆっくりと身体が温まる分，汗が出やすくなるため，入浴前後の水分補給に留意する必要がある．
⇨足浴，部分浴

ハンチントン病（ハンチントンビョウ）ⒺHuntington's disease. 大脳の線条体尾状核にある神経細胞が変性，脱落することで全身に進行性の不随意運動が生じる．ギリシャ語の舞踏（chorea）の意味をもち，かつてはハンチントン舞踏病ともよばれたが，不随意運動ばかりを強調した病名で，かつ当事者の人権への配慮からいまではハンチントン病とよばれている．原因となる遺伝子も同定されており，世代を超えて発病する場合には世代を経るごとに発病が早くなる傾向があるが，40歳前後に発病して10～20年の経過をもつことが多い．特定疾患として日本では支援の対象となっている．現時点で根本治療薬は存在しないため，日常生活動作への影響が大きい場合や歩行障害がでた際に治療の対象となる．不随意運動やパーキンソニズムがでるものもあり，うつ状態や幻覚に対して薬物療法が用いられることがあるが，薬の副作用も考え，日本臨床遺伝学会のガイドラインに沿って厳格な治療計画が必要である．
⇨不随意運動

ハンディキャップ➡社会的不利を見よ．

反動形成（ハンドウケイセイ）Ⓔreaction formation. 防衛（適応）機制のひとつであり，精神分析学でフロイト（Freud S）が強迫神経症研究から見いだした現象である．基本的には，人間が社会生活をするのに，欲求や感情が満たせない状況に陥ったとき，あるいはその状況に適応ができない状態に陥ったときに行われる無意識的なレベルの自我防衛のことである．具体的にいえば，好きという感情が湧き上がってしまった場合，その感情は抑圧され，逆にその感情を打ち消すためにいじめをしたり，嫌な上司に対して，卑屈なまで敬意を表したりする．また，このような自我防衛にしがみつき，自我の柔軟性が損なわれ，神経症的な偏りに縛られ，パーソナリティとして固定化すると，過剰適応的な生活態度になることも指摘されている．

汎発性皮膚掻痒症（ハンパツセイヒフソウヨウショウ）Ⓔpruritus universalis. 高齢者の皮膚のかゆみ（掻痒症）は，局所のかゆみと全身に起きる汎発性のものがある．別の観点から掻痒症を分類すると皮膚に発疹があるかゆみと発疹がないかゆみがあるが，汎発性掻痒症は全身に起きる発疹のないかゆみを指す．多くの場合には高齢者が冬季に皮脂欠乏症（乾皮症）を起こして掻痒がでるものである．かゆみに対してはステロイド外用薬が処方されることが多いが，高齢者では副作用がでやすく，汎発性掻痒症の場合にも抗ヒスタミン薬などが処方される場合も多い．その際には，めまいやふらつきなどの副作用にも注意が必要である．掻痒を防ぐためには熱い湯に浸かって体を洗いすぎないように入浴時に注意することや皮膚の乾燥を防ぐためのスキンケアなどに心がけることが大切である．認知症の場合の注意点として，体のかゆみを訴えるときには掻痒症とは異なる，行動・心理症状（BPSD）としての皮膚寄生虫妄想などもでることがあり，その場合には妄想のために皮膚を虫がはうような感覚が起きるので，掻痒症とは異なり異常知覚としてケアしなければならない．

反復性（ハンプクセイ）Ⓔrepeatability. 同じようなことを何度も繰り返すことをいう．認知症と関連領域では病名として仮性認知症のひとつとなる反復性うつ病性障害がある．うつ病は認知症とは異なり気分の沈みや自責感が目立ち，不眠がでるものであるが，このようなうつ状態を何度も繰り返す病態を反復性うつ病性障害という．睡眠の領域でも反復性過眠症があり，多くは20代にみられるもので数週間おきに何日か傾眠傾向が繰り返される．認知症の場合に限らないが高齢者の睡眠はときにリズムを乱して数日おきに丸1日眠るようなパターンがみられることがある．反復性昏迷は，認知症の人にもよく処方されてきたベンゾジアゼピン系睡眠導入薬と脳の受容体が結合するために，精神活動が抑制されて意識障害となる病態である．数は多くはないが同薬の安易な処方は慎むべきであり，認知症ケアの充実とともにこれまで使われてきた薬物を軽減していくことが大切である．認知症にみられる反復は多くの場合，前頭側頭型認知症にみられる反復動作で，手を叩いたり膝をさする行為が繰り返されるものを指す．前頭側頭型認知症では常同行為がみられ同じパターンを繰り返すと落ち着いてくる傾向

を示す．最後に精神分析用語として反復性強迫があり，ある行動が強迫的にくり返されることをいう．

半盲（ハンモウ） 英 hemianopsia. ものをみる機能には眼球，視神経と脳の後頭葉の視覚中枢（視覚野）の働きがかかわっているが，いずれかの障害によって視野で半分がみえていない状態を指す．眼球の網膜に像を結んだあとに視神経は下垂体のところで視交叉するが，下垂体腫瘍があると神経線維を圧迫して左右両則の外側（耳側）がみえていることを認識しない両耳側半盲を生じる．脳梗塞や外傷などで傷害されると，脳とは反対則の同名半盲（左右の視野で同じ側がみえなくなる欠損）が生じる．眼球の圧力が高くなる緑内障でも眼圧が高まるとともに視野が狭くなってくるが，半盲の場合には局所での視野狭窄に留まらず，脳がみえているものを認識しないために起きる．認知症の人の脳は器質変化を起こしているために視野に変化を伴うことが多いため，どういった半盲が起きているかを把握すると，画像診断（CTやMRIなど）ができないようなときでもその人の脳内で起きていることを推察することができる．

ひ

ピアカウンセリング 英peer counseling. ピアとは「仲間・同僚」を意味し，同じ体験や同じ立場であり，共通の体験をもつ者同士，仲間としての直接的な関係を活用し，相互に心理サポートをしあう．1970年代にアメリカで生まれた自立生活運動のなかで重視され，さまざまな当事者運動に影響を与えている．障害者が自らの体験に基づいて，同じ仲間である，ほかの障害者の相談に応じ，問題の解決を図る．「当事者こそが障害者問題の主体であり，専門家である」とする考え方を具体的にしたものである．従来の専門職による支援ではなく，当事者同士による相談を行う．その目的は，自己信頼の回復と人間関係の再構築におかれているが，扱う問題は生活全般から，精神的な問題まで多岐にわたる．長所は，相談者に対して共感的であるが，短所として，個人的な体験の域から出にくいため，客観性に欠ける点が挙げられる．
⇨スーパービジョン，ピアサポート

ピアサポート 英peer support. ピアとは「仲間・同輩・同等の人」の意味であり，同じ問題や環境で体験する人が，仲間（ピア）で支え合うこと（サポート）を意味する．社会には，周囲から理解されにくい障害や疾患をもつ人，同性愛者などマイノリティ（少数派）の人やその家族などは，同じ体験から抱える感情を共有することで安心感を得ることができる．これは専門職による支援では得られにくく，生活を送るうえで大きな支えとなっている．仲間同士の支え合いは，孤立に陥りがちな人が，自分以外にも同じ悩みや苦しみを抱える人がいることで，相互に思いを分かち合ったり，情報交換を行うことで，安心感を得ることができる．ピアサポートの担い手は，専門家や知識や経験を備えた人ではなく，仲間と互いにサポートしあう存在であり，機能であるため，その集団のなかでは全員がサポートの担い手と受け手となることもある．ピアサポートは，どのような年齢層であっても，どのような組織のなかにおいても行うことができる．
⇨ピアカウンセリング

非アルコール性脂肪肝炎（ヒアルコールセイシボウカンエン） 英non-alcoholic steatohepatitis 略NASH. アルコール摂取により幹細胞が炎症を起こし（アルコール性肝炎），肝臓内に脂肪が詰まったような状態になるのが典型的な脂肪肝の病態であるが，飲酒の習慣がなくアルコールを摂取することがない場合にも脂肪肝が起きることがあり，非アルコール性脂肪肝炎という．原因には肥満，糖尿病，脂質異常症，高血圧症のほか，急激な体重低下や飢餓，薬物性のものなどがある．自己免疫疾患やウイルス性肝炎などは除外しなければならない．とくに肝炎ウイルスをもっていない人の肝がんの発生をみると，肥満との関係が深く，非アルコール性脂肪肝炎との関係があるとされている．食生活の改善による肥満の改善，運動療法による体重低下が大切である．薬物療法で効果的なものがないが抗酸化薬としてビタミンE，Cや糖尿病治療薬，脂質異常症治療薬などが効果的である．いずれにしてもメタボリック症候群などに留意して生活習慣病や肥満のコントロールをすることが大切である．

BS法（ビーエスホウ） ➡ブレーンストーミング法を見よ．

PL法（ピーエルホウ） ➡製造物責任法を見よ．

非オピオイド鎮痛薬（ヒオピオイドチンツウヤク） 英non-opioid analgesic. 鎮痛薬は大きく分けるとオピオイド鎮痛薬と非オピオイド鎮痛薬に分けられる．鎮痛薬のなかでも強力なものはモルヒネやコデインなどに代表されるオピオイド鎮痛薬であり，これらの薬物はモルヒネ受容体に結合して痛みを和らげる効果がある．非オピオイド鎮痛薬はモルヒネ受容体には結合しないアスピリンやアセトアミノフェンなどを指す．がんの疼痛管理は，WHO式疼痛管理によるが，初期には非オピオイド鎮痛薬を使用し，効果が望めなくなる前にオピオイド鎮痛薬を用いることによってがんに伴う疼痛を緩和し，当事者の日常生活動作（ADL）を保ち生活の質（QOL）を保つ効果がある．

被害妄想（ヒガイモウソウ） 英delusion of persecution／delusion of injury. 根拠のない誤った判断に基づいてつくられた主観的で訂正不能な信念のことをいう．統合失調症やうつ病，心的外傷後ストレス障害等の精神病患者等に多くみられる症状のひとつで，他者への根強い猜疑心等が生まれる．その内容は害を加えられる，苦しめられる，責められるというような被害を主題にしている．この場合，妄想は広がること，体系化していることが特徴である．認知症の人の場合，脳の損傷が原因で，認知が不正確になるために起こる現象であり，現金や財布，預金通帳など，大切な物を本人がどこかにしまい込んだにもかかわらず，そのこと自体を忘れ，だれかが盗んだのではないかと考える物盗られ妄想につながることがある．認知症の人の心理のひとつである被害感ともの忘れが重複することから，この被害妄想が起きやすくなる．介護者は身に覚えのない疑いに対して，混乱やパニックになり，疑いを晴らそうと否定したり，言い返すことがあるが，逆効果である．ケアとしては，身体不調や環境や関係の変化等の不安定な心理的なものが原因になることを知っておく必要がある．
⇨関係妄想，物盗られ妄想

皮下骨折（ヒカコッセツ） ➡単純骨折を見よ．

皮下注射（ヒカチュウシャ） 英subcutaneous injection／dermenchysis／hypodermic／hypodermic injection. 少量の薬液を皮下に注入して吸収させる方法．薬物を経口的または肛門から投与することが不可能なとき，薬物が消化によって変化する場合などに用いられる．ワクチンやインスリンなどの投与に用いられている．

光環境（ヒカリカンキョウ） 英light environment. 自然界の太陽光の採光と人工的な照明環境の組み合わせによってつくりだされる，光の分布状態を光環境とよぶ．加齢とともに視力が低下し，物の認識や色の識別もつきにくくなるため，衰えた視覚機能をサポートするための適切な光環境の計画が重要となる．一般的には高齢になるほ

ど，若者よりも高い照度が必要になるが，同時に，水晶体の黄変化に伴って，輝度が高いとまぶしさ（グレア）を感じやすくなる．とくに認知症によって強い光刺激には過敏になりやすいといわれている．グレアは不快感を与えるだけでなく，物がみえにくくなり事故にもつながるため，グレア防止には極力配慮する必要がある．また，自然の光の変化がサーカディアンリズムとよばれる人の一日の生体リズムを調整する働きがあることが知られている．日中に太陽の光をしっかりと取り入れることは，生活リズムの崩れがちな認知症の人にとって，睡眠障害や昼夜逆転の防止につながる効果が期待できる．
⇨照明環境，五感の刺激

引きこもり（ヒキコモリ） ㊤ withdrawal. 引きこもる状態，同じ場所から出てこない状態を指す．厚生労働省の定義によれば，「仕事や学校に行かず，かつ家族以外の人との交流をほとんどせずに，6か月以上続けて自宅にこもっている状態」とされ，時々は買い物などで外出することがある場合も引きこもりに含めている．引きこもり状態は長期化することが多く，生物学的側面・心理的側面・社会的側面からみなければならない．多くの場合，その内面に怒りがあると指摘されている．従来，引きこもりは不登校問題と同一視されてきた経緯から，支援対象者は10～20代を想定した場合がほとんどであった．しかし近年では引きこもりの長期化や，社会に出たあとになるケースなどもあり，一概に若年層ばかりとはいえない．高齢者層にも増大しており，高齢者の場合は，閉じこもりと表現されることが多く，外に出て行く気力や体力が減ってしまうこと，友人の数が減少したり，配偶者を失ったりすることがきっかけになることが多い．その場合，家族だけで悩むのではなく公的制度などを活用し，第三者の介入を受けることが必要である．
⇨閉じこもり，介護予防

鼻腔栄養（ビクウエイヨウ） ㊤ nasal feeding. 経口摂取が不可能または不十分な患者に対して，鼻腔から消化管に通したチューブを用いて流動食などの栄養を与える方法．再挿入時の誤嚥や肺炎，長期挿入による副鼻腔炎などのリスクがある．
⇨経鼻経管栄養法，胃ろう

鼻腔酸素カニューレ（ビクウサンソカニューレ） ㊤ nasal oxygen cannula ㊖ 鼻カニューレ．慢性呼吸不全などで，持続的に鼻腔から酸素供給に用いられる医療用チューブのこと．チューブ使用による拘束感や圧迫感があるが，カニューレを装着したままで移動や入浴も可能であり，医療機関や施設だけでなく，在宅においてもその人らしい生活を送ることができ，療養者の闘病意欲や生活の質（QOL）の維持・向上に大きな効果をもたらす．また，外出する際には，携帯用酸素ボンベを使用することで，行動範囲を広げることも可能である．

非言語的コミュニケーション（ヒゲンゴテキコミュニケーション） ㊤ non-verbal communication. 言語以外の表現を通じて，感情や気持ち，意志を伝達する方法．非言語的コミュニケーションは，五感（視覚，聴覚，触覚，嗅覚，味覚）や，感情，身振り，態度等を活用する．具体的には，ジェスチャーや目の動き，顔の表情，息づかい，ため息やあくびなどがあり，座る姿勢，相手との間のとり方や席の位置などもある．身体的接触としては，抱く，なでる行為があり，においや服装，髪型，化粧なども含まれる．バードウィステル（Birdwistell RL）は，言葉によって伝えられるメッセージは全体の35％にすぎず，残りの65％は非言語的コミュニケーションによって伝えられるとしている．非言語的コミュニケーションは，言語での意思伝達が不得意な人に対応するとき，支援者は相手の思いを読み取る能力が必要とされ，対人援助等に携わる人にとって，重要な資質といえる．
⇨言語的コミュニケーション

非構造化面接法（ヒコウゾウカメンセツホウ） ㊤ unstructured interview. 構造化面接法，半構造化面接法とは異なり，面接調査を規定するほどのインタビューの流れ，質問項目を事前に決めることはない．大まかなテーマを事前に決め一般的な質問で始まる．自由な回答が得られ，回答内容も豊富であるが，調査者の技量等に大きく左右される．また，深く詳細な知見を得るときに適している．
⇨インタビュー法，構造化面接法，半構造化面接法

皮脂欠乏症（ヒシケツボウショウ） ㊤ xeroderma／asteatosis／xerosis／dry skin ㊖ 乾皮症．ヒトの皮膚の表面には角質層があり，皮脂（皮脂腺から分泌される油成分），角質細胞間の脂質，天然の保湿成分がバランスを保ちながら皮膚水分を保っている．しかし高齢化に伴い，皮膚のそれらの保湿因子がなくなると皮膚がカサカサになることやひび割れ，皮膚の脱落を伴う．中高年の手足，とくに下腿（膝から下）にみられ，かゆみを伴う．空気が乾燥する季節になると症状が出始め，真冬にはもっとも激しくなるが，暖かくなって汗をかくようになると症状は改善する．かゆみ（掻痒感）がある場合でも，強くかくことで湿疹になるので，かきむしらないことが大切である．皮脂欠乏症は乾皮症ともよばれ，保湿薬の使用や室内の乾燥を防ぐことで症状が改善するため，高齢者の居住環境に留意することが大切である．

PGCモラールスケール（ピージーシーモラールスケール） ㊤ Philadelphia Geriatric Center morale scale. 1994年ロートン（Lawton MP）によって作成された認知症の人の感情を評価するための観察尺度．評価項目は，「楽しみ」「怒り」「不安・恐れ」「抑うつ・悲哀」「関心」「満足」の6項目についてそれぞれの項目ごとに表情や発語，しぐさなどの例が記載されており，それらの表情や行動が20分間中にどの程度持続したかを，「1．なし」「2．16秒未満」「3．16～59秒」「4．1～5分」「5．5分以上」の5段階で評価する．本尺度の特徴は，感情というきわめて主観的な状態を，観察によって他者が評価するという点である．とくに通常の感情評価は自己評価による申告が可能であるが，認知症の人の感情評価は自己評価による申告が困難である場合が多いため，本尺度の有用性は高い．また，喜怒哀楽といった情動に関する項目だけでなく，関心や満足といった側面を評価している点も特徴である．認知症の人の主観的な幸福感などのいわゆる主観的な生活の質（QOL）評価が困難であることから，感情を観察によって評価できる点は非常に有用な尺度である．しかし，日本語版の開発はされておらず，日本で使用する場合，表情や発語，しぐさなどの例については，日本の事情を考慮する必要がある．また，評価者間の一致性や，施行ルールを厳密にし，再現性や信頼性を向上することが課題である．
⇨生活の質

皮質下性認知症（ヒシツカセイニンチショウ） 英 subcortical dementia. 血管性認知症（VaD）には多発梗塞性認知症や，白質病変を中心にしたビンスワンガー型が知られているが，現在ではVaDを大きく3つに分けて定義している．①大脳皮質を中心に大小（小さいものは微小脳梗塞，ラクナ梗塞とよばれる）の脳梗塞がある多発梗塞性認知症，②ある単発梗塞に基づく認知症，③小血管性認知症である．小血管性認知症はさらに皮質性と，皮質下性認知症に分けられる．皮質下性認知症は記憶の低下，あるいは麻痺や失語などの局在性の症状よりも，緩徐進行性の遂行機能障害や，実行機能の障害を主とした認知症である．症状の悪化を防ぐには血圧のコントロール，とくに日内変動に注意して行うことが大切である．
⇨血管性認知症

微小妄想（ビショウモウソウ） 英 delusion of belittlement／micromania. 誇大妄想の反対にある妄想であり，自己の人格や能力，健康，財産を過小評価して，自分は意味のない価値のない存在である等と考えること．主に抑うつ気分や自我感情の低下等を背景に現れる傾向があり，具体的には，次のような妄想が重複していることが多い．①心気妄想，②貧困妄想，③罪業妄想あるいは罪責妄想，④虚無妄想などである．このような妄想は経験，検証，説得による訂正がむずかしく，本人は妄想であることを認識しないことが多い．高齢者にみられるうつ病にもこの微小妄想が表れることがあり，その原因はさまざまな背景が関与していると考えられる．たとえば生真面目，完璧主義，細かい点にこだわる，手順にこだわる等の性格傾向がある．そのうえに，老化に関連して，多くのものを喪失する体験をしていることが多い．被害妄想とともに訴えることもある．予防としては家族や地域の人々が協働し，より多くのコミュニケーションをとるようにすることや，本人が，生きがいをもって生活することが重要になる．
⇨誇大妄想，貧困妄想，罪業妄想

皮疹（ヒシン） ➡発疹を見よ．

非審判的態度（ヒシンパンテキタイド） 英 non-judgemental attitude. バイスティックの7原則のひとつで，利用者に個別にかかわる際の実践原則であり，介護者が守るべき原則．利用者の発言や態度などが，援助者と価値観や考え方が異なることがある．さまざまな苦難を背負っている人が相談に来る場合は，援助を求めているのであって，裁かれることを求めてはいない．相談者はそれまでに，他人の無理解や，叱責，非難等に苦しみ傷ついていることが多い．援助を求めている相談者からすれば，審判されることは，攻撃をされているとの思いを抱きやすい．対人援助においては，信頼関係を築き，いまのあるがままの姿を受け入れることから始まるので，相談者の言動に対して善し悪しの判断をすべきではない．認知症の人に対して介護を行うときにも，尊厳を傷つけないこと，その人の思いや考え方，感じ方を尊重し，介助者の価値観や価値基準で批判をしてはならない．
⇨受容

ヒステリー 英 hysteria 独 Hysterie. 外部からの刺激に対して，心の不安がうまく処理されず，気持ち，心構え，習慣などが不調になり，日常生活や仕事の効率が妨げられる等，精神的，あるいは身体的対応として起こる神経症のひとつである．器質的なものでなく，機能的な疾病である．その症状は感情が強調されていて，理知的ではない．現代の精神医学ではヒステリーという用語は使われず，解離性障害ないし，転換性障害といわれる．解離性障害では（ヒステリー性）遁走することも指摘されているが，これは，現実からの逃避であり，数日から数か月間家族や職場を捨てて意図的に放浪する場合であり，その遁走期間中のことは，「分からない」等の解離性健忘が存在する．しかし，基本的な自己管理や対人関係は保てる特徴がある．したがって，一見正常にみえるため，ときには何か月も遁走先で仕事をしており，周囲の人たちから気づかれない場合もある．また，意識障害が伴うこともあるが，身体的疾患の重篤の意識混濁とは異なり，意識野が硬くなった意識狭窄を主としたもうろう状態である．このような場合，仮性認知症といわれることがある．

非ステロイド系消炎鎮痛薬（ヒステロイドケイショウエンチンツウヤク） 英 non-steroidal anti-inflammatory drugs 略 NSAIDs. 副腎皮質ホルモンであるステロイドは強力な抗炎症薬として用いられるが，ステロイド以外の消炎鎮痛薬を非ステロイド性抗炎症薬（NSAIDs）という．サリチル酸系（代表的なものは，アセチルサリチル酸），アリール酢酸系（代表的なものは，インドメタシン），フェナム酸系，アリルプロピオン酸系（代表的なものは，イブプロフェン），ピラゾロン系，オキシカム系に分けられる．抗炎症鎮痛作用のほかにも，ほかの薬との相互作用によって抗凝固機能を強めたり，血糖降下作用などが発現する．消化器に対する副作用として空腹時に服用すると消化性潰瘍を起こすことがある．ほかにも腎障害があり，高齢者の場合には腎機能が低下していることも多く，注意が必要である．WHO方式がんの疼痛緩和にも使われるが，オピオイド系の薬物を使う前の軽度の痛みに対して用いられる．

非政府組織（ヒセイフソシキ） 英 non-governmental organization 略 NGO. 国連で行われる国際会議で，「国家ではない市民を主体とした団体」として，国際連合憲章で規定された「民間団体」を指す．活動の特徴は，①同じ目的をもつ市民が集まって活動する組織で，政府開発援助（ODA）とは異なっている，②その構成や活動の目的が国際性をもっている，③機動性や柔軟性，独自性・自立性をもっているなどである．日本では多くの団体がいくつかのカテゴリーに分かれて指定されていて，主な活動内容は，①開発途上国支援，②教育支援，③環境保全，④保健・医療・福祉，⑤人権保護，⑥緊急支援，⑦提言・情報，などが挙げられる．NGOの魅力は，目的に沿っていれば，どのような活動でも展開ができることで，新しい事業にも挑戦できる．国内と国際の両種が存在する．
⇨特定非営利活動法人

ビタミン 英 vitamin. 生体の生存や発育に不可欠な微量の有機栄養素．必要量を生体内で合成できないため，植物や細菌などが合成したものを主に食料から摂取しなければならない．水溶性ビタミンと脂溶性ビタミンに大きく分けられる．水溶性ビタミンは水洗いや加熱調理による損失が大きく，過剰に摂取しても尿中に排出される．水溶性ビタミンには，ビタミンB群（B_1，B_2，B_6，葉酸，ナイアシン，パントテン酸，ビオチン）とビタミンCがある．脂溶性ビタミンは水洗いや加熱調理による

損失は少なく，油といっしょに調理し摂取することにより吸収率が高まる．水溶性と異なり，過剰に摂取した場合，尿中に排出されないので人体に害を及ぼす場合がある．脂溶性ビタミンには，ビタミンA，D，E，Kがある．

ビタミン欠乏症（ビタミンケツボウショョウ） 英 avitaminosis／vitamin deficiency．各種ビタミンの欠乏によって起こる疾患や障害の総称．ビタミンの種類によって疾患や症状が異なる．代表的な欠乏症としては，ビタミンA欠乏による夜盲症，ビタミンB_1欠乏による脚気，ビタミンB_2欠乏による口角炎，ビタミンB_6欠乏による口内炎，舌炎，皮膚炎，ビタミンB_{12}欠乏による巨赤芽球性貧血，神経障害，うつ症状，認知症，ビタミンC欠乏による壊血病，歯肉出血，皮下出血，ビタミンD欠乏による子どものくる病，成人では骨軟化症，ビタミンE欠乏による栄養障害（とくに胎児期において胎盤を通じて供給されるため，低体重児はビタミンE欠乏の影響を受けやすい），溶血性貧血，ビタミンK欠乏による出血症（血液凝固障害）などがある．

ピック病（ピックビョウ） 英 Pick's disease．ピック（Pick A）が，1892〜1906年にかけて，失語，失認などの巣症状を認め，血管障害を伴わない限局性の萎縮を呈する症例を報告した．のち，1926年，大成潔とスパッツ（Spatz H）が最初の限局性萎縮例を「ピック病」と命名した．脱抑制や常同行動，「わが道を行く」行動，常同行動といった社会的に容認されがたい行動異常が特徴とされるが，当初は失語と精神症状が注目されていた．1911年，アルツハイマー（Alzheimer A）により嗜銀性のPick小体について記載されたが，その後，臨床・肉眼病理的には合致するが神経病理学的にPick小体を認めないものがあり，臨床的には前頭側頭型認知症（FTD）あるいは前頭側頭葉変性症（FTLD）と病名が変遷している．

必須アミノ酸（ヒッスアミノサン） 英 essential amino acid／indispensable amino acid 略 EAA 同 不可欠アミノ酸．食品中のタンパク質は約20種類のアミノ酸で構成されているが，ヒトの体内で合成できないか，合成できても必要量に達しない8種類のアミノ酸（ロイシン，イソロイシン，バリン，メチオニン，トレオニン，フェニルアラニン，トリプトファン，リジン）のことで，食物から摂取しなければ欠乏症を生じるため，必須アミノ酸という．乳幼児では，このほかにヒスチジンを加えて9種類のアミノ酸が必要とされる．

ヒッププロテクター 英 hip protector．転倒時に股関節に受ける衝撃を吸収し，分散する機能をもったパットが装着されているプロテクター．転倒リスクの高い後期高齢者，骨粗鬆症の患者が装着することで，大腿骨骨折の予防が期待される．パンツタイプやベルト装着タイプなどの種類がある．

非定型抗精神病薬（ヒテイケイコウセイシンビョウヤク） 英 atypical antipsychotic．一般的に，1990年代以降に開発された抗精神病薬を非定型抗精神病薬という．主に，セロトニン・ドパミン遮断薬（SDA），多元受容体標的化抗精神薬（MARTA），ドパミンD_2受容体部分アゴニスト（パーシャルアゴニスト）等をいい，副作用が少なく，錐体外路症状が起きにくい，動作が緩慢になる（アキネジア）ことや，身体が震える（パーキンソン症状），構音障害，顔面や四肢が捻じるように動く（ジスキネジア）等の出現率は低くなる．また，イライラ等も少なく，鎮静作用が弱いといわれている．認知症ケアにおいては，薬物療法として用いられる．主に，認知症の行動・心理症状（BPSD）に対して，利用者の生活の質（QOL）を考慮して使用する．しかし，同時にケア側の支持的なかかわりは必須である．その使用に関していえば，自傷他害の恐れにある場合以外は，投与によるメリットがデメリットを明らかに上回ると考えられる場合に限り，適切なインフォームドコンセント（説明と同意）を行うこと，ほかに適切な代替療法がなく，適応を有する薬物がないこと，予想される副作用の説明をすること，以上の条件の元で開始することが条件となる．また，関係学会を中心に，保険適用をもたない薬物の適正な使用のためのガイドラインづくりが進められている．
⇨定型抗精神病薬

被毒妄想（ヒドクモウソウ） 英 delusion of poisoning．多くは統合失調症の被害妄想の一種といわれ，自分の食事等にだれかが毒を入れたのではないかとの思い込み，食事等がまったくとれなくなることもある関係妄想のひとつである．したがって，家族の料理にも口をつけないことや，食事をひとりでこっそり食べるというような状態となる．被害妄想のなかでも，そのかかわり方がむずかしい．そのため，まずは精神科医に相談する必要がある．ただし，本人が自ら精神科医に行くことはない．この被毒妄想は，認知症でもみられる妄想であり，興奮や暴言・暴力など気分や行動の障害につながる．治療方法は，薬物療法で，服薬により妄想を軽減して，穏やかに生活できる状態にする．ただし，副作用には注意が必要である．ケアとしてのかかわりは利用者の生活史を理解したうえで，支持的なかかわり方が基本になる．多くの場合，心身の衰え，生活環境の変化，人間関係の変化，喪失体験等，物事が思うように運ばないことから生じる不全感や不安，寂しさ，疎外感が背景にある．このような訴えに対して「そのような事実はない」と否定することは無意味である．
⇨被害妄想，関係妄想

ヒートショック 英 heat shock．現在，日本でヒートショックという言葉は2つの領域で使われる．ひとつはヒートショック現象によるヒートショックプロテインで，細胞が適温よりも高い温度にさらされたときのストレス条件下で熱ショックタンパク質をつくり，それが肌を再生し乳酸の発生を遅らせるため，肌の健康に役立つことを指す．もうひとつは認知症ケアの領域では注意しなければならない温度差による急激な体調変化でときには突然死を指す．現在，ヒートショックによる年間死亡者は14,000人ともいわれており，交通事故死者の倍ほどになる．急激な温度差によって身体が影響を受け，暖かい部屋から寒いトイレに行った際などに体内の血管が一気に収縮して脳梗塞や心筋梗塞を起こす引き金になる．入浴時にもお湯をためた暖かな浴室と寒い脱衣室の温度差でヒートショックを起こすこともあれば，寒い体を一気に温めることで入浴中に亡くなる事故が冬場にはたえない．一般家庭の浴槽内で起こる溺死者の数は年間4,000人程度で高齢者が89％を占めている．高齢者の場合，風呂場だけにとどまらず生活での温度差には常に注意を要する．

人と環境の交互作用（ヒトカンキョウノコウゴサヨウ） 英 person-environment transaction．人と人を取り巻く

環境が相互に影響し合うことをいう．ソーシャルワークは，人と環境との交互作用に焦点を当てて両者の間の接触面（インターフェイス）に向けて介入していく．すなわち，ソーシャルワーカーは，人びとが社会生活を営むなかで直面するさまざまな問題を人と環境との交互作用という関係性のなかで把握するとともに，その交互作用関係を調整し，人が環境に適応していく力を高めていくための支援や環境への働きかけを行う．人と環境の交互作用に視点を当てたソーシャルワークは，システム理論や生態学に基づく生活（ライフ）モデルの考え方を理論的基盤として発展し，近年ではジェネラリストソーシャルワークとして体系化されている．

人と環境の相互作用（ヒトカンキョウノソウゴサヨウ）
㊇ person-environment interaction ㊋ 相互依存性／相互浸透性．環境心理学や環境行動論の分野では，人間と環境の関係をひとつの系（システム）ととらえて，その相互作用や相互依存の視点から，人間の行動・心理と環境のあり方を探求することが求められる．この環境には，単にハード（物理的）環境だけでなく，社会的環境，文化的環境，生活的環境，対人的環境など，いわゆるソフト面の環境も含まれる．したがって，認知症の人をケアする場合は，その行動・心理症状（BPSD）と環境との相互作用に注目し配慮することが重要な課題となる．認知症の人，それぞれの個性を大事にし，小規模で家庭的な物理的環境のもとで，その行動特性や心理状態に個別的に合わせて，安心できる適切な対人環境，生活支援などのケア環境を整えることが求められる．そのことが認知症固有の行動・心理症状（BPSD）の緩和に寄与すると，近年の研究や実践で示唆されつつある．
⇨環境行動学

ヒト免疫不全ウイルス（ヒトメンエキフゼンウイルス）
㊇ human immunodeficiency virus ㊂ HIV．ヒト免疫不全ウイルスはレトロウイルスの一種で，HIV感染症の原因ウイルスである．HIV感染症に特有な症状はなく，感染後免疫力が徐々に低下し，定められた23の指標疾患（ウイルス感染症・腫瘍など）を発病したとき，エイズ（後天性免疫不全症候群）と診断される．主な感染経路は性的接触であり，ほかに血液を介した感染，母子感染がある．治療としては，体内のウイルス量をできる限り抑えて免疫力を維持し，日和見感染症（主に免疫力の低下によって生じる感染症）を予防する等の目的で行われる多剤併用療法が用いられる．1990年代半ば以前は不治の病の印象が強かったが，多剤併用療法により早期にHIV感染が分かり，適切な時期に治療を始めることでエイズ発症を長期にわたって抑えることができるようになってきている．

皮内注射（ヒナイチュウシャ）
㊇ intracutaneous injection／intradermal injection．前腕内側などの表皮と真皮の間の皮内に薬物を注入する注射方法．疾病の診断や予防のため，薬物の感受性テストやツベルクリン反応などに用いる．

避難計画（ヒナンケイカク）
㊇ evacuation plan．福祉施設において災害が発生したときに入所者を安全な場所に迅速，かつ円滑に避難させるために，火災，地震，台風・豪雨などの災害の種類に応じて，避難場所，避難経路，避難手段をあらかじめ計画しておく．避難場所については，建物構造などに基づき，施設内では，災害の種類に応じた適切な場所を検討し，施設外では，市町の指定避難施設および近隣の公園・小学校などを確認しておく．避難経路については，施設内避難経路図を作成し，消火器・消火栓や非常口の位置と同時に入居者の状況も記入して，職員に徹底しておく．地震のときの屋外避難経路については，道路破損などの不測の事態に備え，所定場所までの複数の避難経路を想定しておく．避難手段としては，自力歩行困難な人への対応として福祉用具の活用の工夫や，輸送車両の必要台数を計量しておく．また，近隣住民と地域防災マップを作成しておき，日ごろから警察・消防，近隣施設や地域との連携を強化しておく．
⇨避難経路

避難経路（ヒナンケイロ）
㊇ evacuation route．建築火災時に地上に安全に避難させるという原則に則り，建築基準法では居室→廊下→階段→避難階→屋外への出口→敷地内通路→道路・広場の経路を避難経路とよんでいる．廊下は重要な役割を担うために，建築物の規模や用途によって必要な廊下幅を確保することが規定されている．たとえば特別養護老人ホームの設備基準では，廊下幅は1.8m以上，ただし中廊下の幅は2.7m以上とすることとされ，介護老人保健施設でも同様である．また，避難時の混乱を予想して，2つ以上の直通階段を設け，2方向への避難経路を確保する規定もある．さらに避難経路や避難口を示すための設備として誘導灯や誘導標識を設置する．それらは不点灯やちらつきがないように定期的に確認し誘導灯の周囲に視認障害物がないことも確認する．非常口は避難方向に開き，施錠装置は鍵を使わずに開けられるものとし，解錠方法を表示する．そして屋外避難通路の確保のために，建築物の主な出入口や屋外避難階段から道や空地までに幅員1.5m以上の敷地内通路を確保するように定められている．運営に関しては，非常災害対策として具体的計画を立て，関係機関への通報および連絡体制を整備し，それらを職員に周知しなければならない．日ごろから建物の間取りや避難経路を確認し，火災発生場所に応じた避難経路を確認しておくことが重要である．
⇨廊下幅

皮膚カンジダ症（ヒフカンジダショウ）
㊇ cutaneous candidiasis．カンジダは健康な人の皮膚や粘膜に常在するが，患者の全身的あるいは局所的抵抗力が減弱したときに病原性を発揮し，腋下，陰部，頸項部（うなじ），乳房下部，指間などの湿潤な温かい部位に感染を起こす．症状には疼痛，掻痒感（かゆみ）境界が鮮明な紅斑（コウハン）形成がみられる．病型としてカンジダ性間擦疹，カンジダ性爪囲・爪炎，カンジダ性指間びらん症，カンジダ性口角炎，口腔カンジダ症，などがある．治療は部位の清潔と乾燥を心がけ，抗真菌薬の外用を行う．

被服気候（ヒフクキコウ）
㊇ clothing climate ㊋ 衣服気候．人は，環境の温度や湿度等の気候条件に合わせて衣服を着用しており，衣服と人体との間に外界とは異なった気候が形成される．衣服がもつ保湿性によって温度を保ち，吸湿性により湿度を，通気性によって気流をコントロールして快適な衣生活を形成している．被服気候とは，このように被服を着用することで，被服と人体との間には外界とは異なる局所気候が形成される状態をいう．暑くもなく，寒くもない快適な状態のときには，体幹部と被服の間の温度は，32℃±1℃，湿度50±10％，気

流25±15cm／秒といわれている．被服気候は，人体・衣服・環境の3つを統合して考えなければならない．自分で衣服による温度調節ができにくい人への支援として，被服気候への理解が必要である．被服気候に関与する衣服の条件として，被服材料の熱・水分的特性，デザイン，脱ぎ着の容易さがある．昨今，衣類の素材開発が進められ，薄くて軽い素材の商品が出回っている．軽くて保温性，保湿性に富んだ素材は，身体への負担が軽減され，より衣生活が快適になってきている．

皮膚瘙痒症（ヒフソウヨウショウ） 英 pruritus ラ pruritus cutaneus. 皮疹を伴わない全身性の皮膚瘙痒感のうち，基礎疾患を伴わず高齢者に多くみられるもの．皮膚瘙痒症は，脂腺が少ない部位，すなわち上肢や腰部，大腿から下腿にかけてよくみられ，皮膚は乾燥し白く粉がふいたように落屑がみられる．皮膚変化が進むと，浅い亀裂を生じるとともに紅斑が生じ，かくことで湿疹が認められるようになる（皮脂欠乏性湿疹）．皮膚は加齢とともに角質水分量が減少して乾燥状態になりやすく，温度の変化や摩擦，化学的刺激でもかゆみを感じるようになる．そのため，保湿薬を使用したり，部屋の湿度を40％以上に保つことで，皮膚の乾燥を防ぐ．かくことは一時的に瘙痒感を抑えるが，皮膚が傷つくことでさらに皮膚の乾燥が助長されたり，細菌やウイルスなどの感染を受けやすくなったりする．したがって，爪を短く整え，かゆみが強くても掻破しないよう伝える．かゆみをがまんできないときは，軽く皮膚をたたくように促す．

被保険者（ヒホケンシャ） (1) 医療保険における被保険者は，事前に保険料を拠出し，病気になったときや障害を負ったときに，軽い負担で医療が受けられるようにする保険の仕組みであり，保険料を払って保険に加入する人を，被保険者という．日本の医療保険制度は，職業や職場，住所のある市町村によって細かく分かれている特徴がある．被用者（雇われている人）かそれ以外かで加入する保険が異なる．大企業の場合，企業が単独あるいは複数集まって設立される健康保険組合が保険者である組合管掌健康保険（組合健保）に加入する．中小企業の場合は，公法人である全国健康保険協会が保険者である全国健康保険協会管掌保険（協会けんぽ）に加入する．公務員・私学教職員は，各種共済組合に加入する．サラリーマン以外の，自営業者や農林水産業，パート労働者，無職や失業中の人は，国民健康保険に加入する．国民健康保険の保険者は，各市町村と国民健康保険組合で，市町村国民保険の被保険者は，住所地の市町村が運営する国民健康保険に加入する．後期高齢者医療制度においての被保険者は，75歳以上の者および65〜74歳で一定の障害状態にあり，広域連合の認定を受けた者．
(2) 介護保険における被保険者（保険に加入する人）は，65歳以上の第1号被保険者と，40歳以上65歳未満の医療保険に加入する第2号被保険者に分けられる．第1号被保険者の要件として，①市町村の区域内に住所を有している（3か月以上滞在している外国人も含む），②年齢が65歳以上であること，と定められている．第1号被保険者は，その区域に住所を有する者が65歳に達したときに取得される．第2号被保険者の要件は，ⓐ当該市町村の区域内に住所を有していること（3か月以上滞在している外国人も含む），ⓑ40歳以上65歳未満の者，ⓒ医療保険に加入していること，と定められている．医療保険未加入の場合は，第2号被保険者要件のⓐ，ⓑの条件を満たしていても第2号被保険者とはみなされない．被保険者の資格喪失の時期は，①当該市町村の区域内に住所を有しなくなった翌日から喪失する．ただし住所を有しなくなった日に他の市町村に住所を有したその日から喪失する．②第2号被保険者は，医療保険加入者でなくなったその日から喪失する．
(3) 国民年金制度は20〜60歳未満までの人を対象に，全国民が加入を義務づけられている（基礎年金）．公的年金の被保険者は，その保険への加入形態により3つに分かれている．第1号被保険者は，日本国内に住所を有する，自営業者や学生，パートや無職の人が対象となる．第2号被保険者は，厚生年金保険の被保険者と共済組合（公務員・私学共済）の組合員などの被用者本人が対象となる．具体的にはサラリーマン，公務員等の本人．第3号被保険者は，厚生年金の被保険者と共済組合の組合員の被扶養配偶者（いわゆるサラリーマンの配偶者）となっている．第1号被保険者には，収入のない人もいるため，保険料の免除制度や軽減制度が設けられている．学生であっても，20歳以上であれば納付義務があるが，一定の所得以下の学生は保険料を全額免除され，卒業後10年以内に追納できる特例制度が設けられている．被保険者の内訳は，第2号被保険者がもっとも多く，第1号，第3号となっている．

飛沫感染（ヒマツカンセン） 英 droplet infection. 空気感染，接触感染と並ぶ感染経路のひとつ．感染源である人が，せきやくしゃみ，会話などをすることによって菌やウイルスを含んだしぶきを鼻や口から吸い込むことが感染の要因となる．飛沫感染する疾患としては，かぜ，インフルエンザ，百日咳，マイコプラズマ肺炎などがある．しぶきは空気中に浮遊し続けるわけではなく，約1m以内の範囲で飛散して床に落下する．そのため，患者との間に1m以上の距離を保つことが望ましいが，距離を保てない場合は，カーテンを引いたりマスクを着用したりして対応する．

肥満（ヒマン） 英 obesity. 体格指数（BMI）が25以上であると肥満と判定される．加えて，2型糖尿病や脂質代謝異常など，医学的に減量を必要とする健康障害があるものを肥満症という．BMIが25以上で腹囲が男性は85cm以上，女性は90cm以上の場合は内臓脂肪型肥満の疑いがあるとされ，腹部CTによる内臓脂肪面積が100cm^{2}以上あると内臓脂肪型肥満と診断される．肥満は，転倒や認知症になるリスクを引き起こすとされている．また，体重増加が関節への負担を増加させ，変形性膝関節症など運動器の障害により，要介護状態になる（ロコモティブ・シンドローム）危険性が高まることも指摘されている．

びまん性脳萎縮（ビマンセイノウイシュク） 英 diffuse brain atrophy 同 全般性脳萎縮．びまんとは，まんべんなく，広く行きわたることを意味する言葉である．大脳は，前頭葉，頭頂葉，側頭葉，後頭葉などによって構成されており，それぞれもつ機能が異なる．前頭葉は，判断力・理解力や情動といった高次の脳機能に関連している．情動が障害されると感情に変調をきたしやすく，多幸的（深刻味がない），抑うつ的になったりする．頭頂葉は空間や身体の認知を行っており，手足に麻痺がないのに指示どおり動かせないなどの障害を生じる．側頭葉には，記憶・学習の中枢があり，後頭葉には視覚の中枢が

ある．これらのうち，一部のみが強く萎縮をしていることが頭部CTや頭部MRIなどの画像検査でみられれば，その部位の障害が強く示唆されるが，全般性の萎縮を認める場合はびまん性脳萎縮とよび，軽度なものであれば一般高齢者でもみられる．

びまん性汎細気管支炎（ビマンセイハンサイキカンシエン） 英 diffuse panbronchiolitis 略 DPB．日本人医師により最初に報告された慢性呼吸器疾患で，日本人をはじめ韓国，中国のモンゴロイドに多く白人に少ない人種特異性の疾患である．好発年齢は40～50代であるが，若年者から高齢者まで幅広い年齢層に発症する．この病気の病態は，両肺の肺胞に入る前の呼吸細気管支領域がびまん性に炎症を起こすことにより，慢性的に咳や黄色の汚い痰がしだいに多く核出され，動作時には，息切れなどの症状がみられる．また高率に慢性副鼻腔炎を合併するので，治療は，マクロライド系の抗生物質が有効となる．

秘密保持（ヒミツホジ） 英 confidentiality．業務に関して知り得た個人情報を，正当な理由なく第三者に漏らさないことである．とくに，介護の業務に携わる者は，利用本人の氏名・住所・病状・介護状態のみならず，家族全体を含めたプライバシーや財政状況にかかわる個人情報を知り得る立場にあり，第三者に漏らさないことが求められている．介護労働においては，秘密保持はきわめて重要な義務であり，従事者でなくなったあとでも秘密保持の措置を講ずることを事業者に求めている．また，社会福祉士及び介護福祉士法第46条には，「社会福祉士又は介護福祉士は，正当な理由がなく，その業務に関して知り得た人の秘密を漏らしてはならない．社会福祉士又は介護福祉士でなくなった後においても，同様とする」と定めている．

秘密保持義務（ヒミツホジギム） ➡守秘義務を見よ．

ひもときシート 認知症ケアにおいて，援助者本位の思考（困りごとの解決）から，利用者本位の思考（真のニーズへの思考）へと思考転換させるツールである．援助者が「困難」と感じていることについて，一定のプロセスを踏みながら，思考・情報の整理を行い，本人の求めるケアを導き出す（ひもとく）ために作成されたシートである．認知症利用者を「評価的理解」「分析的理解」「共感的理解」の3段階でとらえ直すワークシートを活用する．

非薬物療法（ヒヤクブツリョウホウ） 英 non-pharmacological therapy．通常，認知症の人に対する精神療法的または，心理・社会的アプローチを行うことを指し，薬物療法と対比して語られることが多い．薬物療法としては，アルツハイマー病（AD）の認知機能障害の改善や進行遅延を目的としたAD治療薬による治療と，興奮や暴力，抑うつ，不眠など，認知症の行動・心理症状（BPSD）に対する，主に向精神薬を中心とした治療があり，非薬物療法は，これらの代わりに薬物以外の方法を用いる場合と，これらと併用する形で行う場合とがある．非薬物療法で期待される効果は，認知機能障害の改善，情動機能の改善，身体的機能の改善，BPSDの軽減，さらに包括的な生活の質（QOL）の向上などがある．主なものには，リアリティ・オリエンテーション，回想法，音楽療法，バリデーション，園芸療法，化粧療法，絵画療法，メモリートレーニングなどがある．

ヒヤリハット 介護現場などで，事故が起こりかねないレベルの体験をいう．「ヒヤリ」として「ハット」気がつき，かろうじて事故につながるのを未然に防止できたが，非常に危険度が高い事態のことである．このような事態は，いくつかのパターンがあると考えられる．そのため，こうしたヒヤリハット事例を集めて分析を行い，その要因・原因を抽出し，事故防止の対策を講ずることは非常に有効といえる．
➡ハインリッヒの法則

ヒューマンエラー 英 human error．意図しない結果を生じさせる人為的な過誤（思い込み，思い違い）や，失敗（ミス）のことであり，事故やトラブルを引き起こす人間の決定や行動である．このヒューマンエラーには，「ルール（手順）を意図せずに誤った対応をし，生じたもの」と「意図的にルールを無視して（手抜き）対応し，生じたもの」の2種類がある．いずれの場合でも，あとになって，多忙やなれによる確認不足といった理由を挙げるケースが多いが，医療や介護現場では人命につながるような重大事故に結びつく場合も考えられ，この問題を厳正にとらえる必要がある．

ヒューマンスケール 英 human scale．物の持ちやすさ，道具の使いやすさ，住宅の住みやすさなど，そのもの自体の大きさや人と空間との関係を，人間の身体や体の一部分の大きさを尺度にして考えることである．人間の感覚や動きに適合した適切な空間の規模や物の大きさのことをいい，身体尺度ともいう．高齢者にとって身体能力が低下しても自立した生活を送るためには，住環境を能力低下に応じた，適切なヒューマンスケール（手の届く範囲，目の届く範囲，歩ける範囲等）に変更していくことが求められる．

評価尺度（ヒョウカシャクド） 英 scale for evaluation／measure for evaluation／assessment scale．認知症にみられる症状の重症度合いを測る評価方法（アセスメントスケール）のこと．認知症の症状を「認知機能障害」「精神症状」「行動障害」「ADL障害」に分類しそれぞれの状態のレベルを判定する評価方式がある．知的機能検査として，日本でもっとも使用されている認知症のスクリーニングテストの，①改訂長谷川式簡易知能評価スケール（HDS-R），国際的にもっとも使用されている，②Mini-Mental State Examination（MMSE）がある．行動観察尺度として，①臨床認知症評価法（CDR），②柄澤式老人知能の臨床的判断基準，③N式老年者用精神状態尺度（NMスケール），④functional assessment staging（FAST）がある．日常生活動作（ADL）の評価尺度としては，①N式老年者用日常生活動作能力評価尺度（N-ADL），②手段的日常生活動作（IADL），③disability assessment for dementia（DAD）がある．認知症の行動・心理症状（BPSD）の評価尺度としては，①behavioral pathology in Alzheimer's disease（BEHAVE-AD）や，②dementia behavior disturbance scale（DBD）がある．

病原性大腸菌（ビョウゲンセイダイチョウキン） 英 pathogenic *Escherichia coli* 同 下痢原性大腸菌．疾病を起こさない大多数の大腸菌と違い，腸管感染，尿路感染あるいは新生児髄膜炎の原因となる病原大腸菌のなかで，腸管感染を起こし食中毒の原因となる下痢原性大腸菌のことをいう．病原性大腸菌は，それぞれの病原因子によって腸管病原性大腸菌（EPEC），腸管毒素原性大腸菌（ETEC），腸管組織侵入性大腸菌（EIEC），腸管出血性大腸菌（EHEC），腸管凝集付着性大腸菌（EAggEC），均一

付着性大腸菌（DAEC）の6種に分類される．
⇨食中毒

病識（ビョウシキ） 英 insight／insight into disease. 自分の病気に対する本人の理解や判断のこと．自分がどのような病気を患っていて，その種類，程度，今後の経過などを完全に理解していることを「病識がある」と表現する．しかし厳密にいえば，病気の判断や種類，程度，予後などは医師以外は判断できず，本人の病気に対する姿勢と，医師の説明に対する理解がどの程度あるかということを示すことが多い．「なんとなく以前の自分と違う」「病気を患っている感覚がある」という状態を，病感と表現する場合がある．認知症になった高齢者が完全な病識をもてるかは，認知機能障害による判断力，理解力の低下などにより困難になるかもしれないが，頭が悪くなった，迷惑をかけるようになってしまったなど，何らかの形で意識していることが多い．

被用者年金（ヒヨウシャネンキン） 公的年金制度のうち，民間企業や官公庁等に雇用されている人が加入する年金をいう．被用者年金には厚生年金，国家公務員共済組合，地方公務員共済組合，私立学校教職員共済がある．被用者年金制度からは，基礎年金に上乗せする形で報酬比例の年金が支給され，共済では，さらに職域加算額が加算される．

標準失語症検査（ヒョウジュンシツゴショウケンサ） 英 standard language test of aphasia 略 SLTA. 一度獲得された正常な言語機能が，大脳の言語領野（主に左脳）が，脳卒中や事故，進行麻痺，認知症などで損傷されると，これまで正常に行われていた言語活動に障害が起こり，言葉を，①聞く，②話す，③読む，④書く，⑤計算，などといったすべての言語様式に何らかの能力低下が生じた状態となり，言語の分析と統合ができず，聴覚理解が損なわれ，復唱ができない，字が読めない，言葉が思い出せない，発話できない，流暢に話せない，字が書けない，文法が崩れる等となって現れる．代表的な成人向け失語症検査では，上述5検査領域，その下位の26項目を検査し，失語症の有無，特徴，重症度，失語症のタイプを評価する．検査には多くの時間がかかるため，数回に分けたり，必要な項目のみで実施することもある．検査項目は，呼称課題，語列挙の課題，復唱課題，漢字や仮名文字の音読などがあり，問題の出し方，ヒントの出し方，反応時間の計測方法などが厳密に定義されている．
⇨失行，失認，高次脳機能障害

標準予防策（ヒョウジュンヨボウサク） ➡スタンダードプリコーションを見よ．

病診連携（ビョウシンレンケイ） 英 clinic-hospital cooperation. 病診連携の「病」は病院，「診」は診療所（クリニック）の意味であり，病院と診療所がそれぞれの役割，機能を分担し，患者本人のために互いに連携しながら，より効率的・効果的な医療を提供することである．診療所は日常の健康管理を行い，より精密な検査や入院治療が必要な場合や患者本人が希望した場合には，病院で，専門的な検査や入院を行い，病状が安定すれば本人に相談のうえ，診療所でまた日常診療を続けることを指す．厚生労働省では，病診連携を推進するため，診療報酬に加算を設けるなどさまざまな工夫をしている．認知症関連では，認知症疾患医療センターが，地域の医療を担う医療機関から紹介された認知症の疑いがある患者に対し，本人または家族の同意のもとで，認知症の鑑別診断を行い，療養方針を決定し，文書で説明を行うとともに，紹介を受けた医療機関に患者の診療情報を提供した場合に，このような加算を受けることができる．
⇨かかりつけ医

病的老化（ビョウテキロウカ） 英 pathological senescence. 老化は高齢に伴う変化であり，高齢者の病気に深く関係している．骨粗鬆症や変形性関節症，頸椎症は骨の病気であるが，骨や関節の老化に深く関係している．血管が老化し動脈硬化が進めば，脳梗塞や心筋梗塞などの病気を発症する可能性が高くなる．以上のように，老化は高齢者によくみられるが，直接病気の症状を示さない，生理的老化と，病気としての症状を示す病的老化に分けることができる．生理的老化は，医療における治療対象にならないが，病的老化は治療対象である．ただし，どこまでが生理的な老化であるか，どこからが病的な老化であるかを区別することは容易ではない．もの忘れは，一定程度までは生理的老化であるが，アルツハイマー病（AD）は，脳の病的な老化ともいえる．生理的な老化であるもの忘れと病的老化である認知症との間に軽度認知障害（MCI）があるが，近年，これは病的な老化である可能性も指摘されている．
⇨軽度認知障害，生理的老化

日和見感染（ヒヨリミカンセン） 英 opportunistic infection. 通常は病原性をもたず日常生活においてとくに問題をもたない細菌やウイルスのような弱毒微生物によって免疫力が低下したときに感染症が引き起こされること．元々口腔内や皮膚，腸管などに常在している細菌や微生物が原因となることが多く，カンジダ菌，肺炎桿菌，黄色ブドウ球菌，メチシリン耐性黄色ブドウ球菌（MRSA），水痘・帯状疱疹ウイルスなどが挙げられる．高齢者が多い医療・介護施設においては，医療者や介護者を介した感染が問題となる．

開かれた質問（ヒラカレタシツモン） 英 open question. 利用者の自己開示を促進する効果があり，よい援助関係を展開するのに欠かせないものである．具体的には，うなずいたり相槌を打ったり，繰り返したり，最後にもう一度相手の話を要約して返すことなど相手が話しやすくなるような言語や，質問の仕方を行う専門的援助技術である．認知症ケアにおいては，その環境の整備，感情へのアプローチ，認知症の状態に合わせた言葉等の選択，話すスピードの調整等が必要になる．たとえば初期の段階では，開かれた質問は本人の「できること」の強化にもつながり，関係性をよりよく保つために必要である．しかし中度以降，言語的な表現がむずかしくなる場合，「はい」「いいえ」で答えられる，「閉ざされた質問」が多くなる．しかし，その際に，自分の言葉がでてきたり，利用者をよりよく知ることにつながる可能性があり，アクティビティー（心身の活性化のための手助けとなるさまざまな活動）にもなる．ジェスチャーやボディランゲージも併用しながら状態を確認しつつ，行うことが推奨される．ただし，この場合，待つことが非常に重要である．言語自体が使えなくなる高度期には，常に，しっかり名前をよぶこと，アイコンタクトや感情に配慮したかかわりが求められる．
⇨閉じられた質問

非流暢性失語（ヒリュウチョウセイシツゴ） 英 non-fluent

aphasia. 失語症の分類方法のひとつで，自発言語（自ら発する言葉）がうまく話せないことを非流暢性失語という．主にブローカ野に損傷があり，発語量は少なく，発語するためには相当な努力を要する．その他，保続（同じ観念が繰り返されて，思考の進行が妨げられること）があったり，音声低下が認められる．また，場合によっては，発語されても，語句の長さは短い．言葉はつながっておらず，単語が多い．アルツハイマー病（AD）や前頭側頭型認知症（FTD）などの認知症では，記憶障害，見当識障害や認知障害があると，物品の名前がいえないだけではなく，使用方法も示せない場合がある．失語といっても，全失語以外は，言語理解は多少でも残っているので，基本的な接し方として，常にゆっくり話す，分かりやすさを意識する，具体的な話にする，急に話を変えない，繰り返し話す，伝え方を工夫してみる，平仮名より漢字単語などの文字を使う，絵，写真，ジェスチャーを使って話すなどである．理解がむずかしいときは実物を示したりする．いずれにしても，確認を忘れないこと，ノート等を活用することなども有効である．
⇨流暢性失語，失語〔症〕

微量栄養素（ビリョウエイヨウソ）⑱ trace nutrient. 微量栄養素とは，発達や代謝機能を適切に維持するために必要なビタミンやミネラルを指す．ビタミンはエネルギー産生のための代謝サイクルに不可欠な栄養素であり，身体機能維持に作用する．ビタミンは水溶性と脂溶性があり，水溶性ビタミンは多量に摂取しても，不要分は体外に排出されるため，過剰摂取による副作用はほとんどないが，加熱に弱く，水洗で流出するため，調理時には注意が必要である．脂溶性ビタミンは，油脂類との同時摂取で体内吸収率を高めるが，過剰摂取では体内に蓄積し，頭痛や吐き気等の症状が出ることがある．ミネラルは身体の機能維持や調整に重要である．多量ミネラルであるカルシウム，リン，カリウム，硫黄，塩素，ナトリウム，マグネシウムの7種類は，骨や歯の形成や神経の情報伝達，筋肉運動の機能にかかわっている．微量ミネラルの鉄，亜鉛，銅，マンガン，クロム，ヨウ素，セレン，モリブデン，コバルトの9種類は，炭水化物の代謝や体内の酸素の運搬等に関係している．

ピロリ菌（ピロリキン）➡ヘリコバクター・ピロリを見よ．

貧血（ヒンケツ）⑱ anemia／anaemia／hypemia／hypohemia／leiphemia. 赤血球数（RBC）ないしヘモグロビン（Hb）濃度が低下した状態．世界保健機関（WHO）によれば，男性ではHb13g/dl未満，女性では12g/dl未満とされているが，いずれも成人の定義である．高齢者では，男女問わず11g/dl未満とするのが一般的である．鉄欠乏性貧血は，消化管からの慢性的な出血や栄養障害，手術によって胃を摘出し鉄の吸収が阻害されることで起こりやすい．消化管からの出血は，胃がんや大腸がんのような悪性腫瘍，胃潰瘍などが原因となる．栄養障害による鉄欠乏性貧血を予防するには，肉・魚・卵・大豆製品・緑黄色野菜・海草などの鉄分の多い食品を積極的にとることや，鉄の吸収をよくするために，動物性タンパク質やビタミンCの豊富な食品をとることも重要である．

貧困妄想（ヒンコンモウソウ）⑱ poverty delusion. 実際には経済的な問題がないにもかかわらず，自分はすべてのものを失い困窮しており，明日の生活もままならないと思い込む妄想である．うつ病に好発する抑うつ性の妄想のひとつで，大きな借金で追われることや，なにか非常に悪いことをしたので，罰を受けるのではないか，大変な病気にかかってしまい治らない，ということ等を訴える．基本的な治療は薬物療法と支持的な精神療法になるが，休息することも必要である．薬物療法では，選択的セロトニン再取込み阻害薬（SSRI），セロトニン・ノルアドレナリン再取込み阻害薬（SNRI）が投与されることが多い．また，初老期から老年期にかけて初発するうつ病では，罪業妄想や，心気妄想などを伴うことが多い．老年期の貧困妄想は，いままでの生活必需品等に象徴されるような財産等にかかわる訴えが多く，老化により，その根本不安が表れたものと解される．いずれにしても，病前性格（几帳面・仕事熱心等），価値観，生活史等と密接に関係するものである．
⇨罪業妄想，微小妄想

ビンスワンガー病（ビンスワンガービョウ）⑱ Binswanger's disease. 血管性認知症（VaD）は，脳血管障害が関連する認知症の総称であり，それはいくつかに分類される．大脳には皮質とよばれる外側の部分と，その下にある白質とよばれる部分があり，大脳皮質・白質などに脳梗塞が多発することにより，その部分に関係する局所症状とともに発症する認知機能障害を多発梗塞性認知症とよぶ．これがよく知られる，階段状の経過を示すVaDであるのに対し，皮質の下にある白質に広範かつ，びまん性に広がる変化をもつものが，ビンスワンガー病とよばれるものである．臨床的には，思考力の低下，思考の遅さ，記憶・記銘の障害，さらにアパシーとよばれる，無気力・無関心を呈することが多い．合併症として，高血圧症を抱えていることが多い．頭部CTでは，脳室周囲に近い部分や離れた部分に，不規則な大きさの低吸収域（黒くみえる）や，頭部MRI上，同部位に広範囲に及ぶ高信号域（白くみえる）を認める．
⇨血管性認知症，多発梗塞性認知症

頻尿（ヒンニョウ）⑱ pollakiuria／pollakisuria／thamuria. 尿が近い，尿回数が多いことを指し，日本泌尿器科学会によれば，朝起きてから就寝までの排尿回数が8回以上，夜間に2回以上であることをいうが，単に回数だけを問題とせず人の苦痛の状態を合わせて観察する．頻尿の原因としては，過活動膀胱，残尿，多尿，尿路感染・炎症，腫瘍，心因性に分けられる．過活動膀胱は，尿が膀胱に十分にたまっていないのに，膀胱が収縮しようとして尿意が起こるものであり，パーキンソン病や脳血管障害がある人にみられやすい．前立腺肥大症の初期は，膀胱が過敏になり頻尿を生じる．残尿は排尿後にも膀胱のなかに尿が残ることで，進行した前立腺肥大症や糖尿病による末梢神経障害があると起こりやすい．水分のとりすぎや糖尿病，利尿薬の使用によって尿量が増加すると頻尿になる．膀胱炎や前立腺炎などの尿路感染が起こると，膀胱の知覚神経が刺激されて頻尿になる．
⇨過活動膀胱，切迫性尿失禁

頻脈（ヒンミャク）⑱ tachycardia. 一般的に脈拍が100回／分以上になること．高齢者の場合は不整脈（脈が規則的でないこと）が多いため，1分間計測することが望ましい．また，頻脈のときには体温や血圧，呼吸回数を併せて測定し，原因を検討する．脱水，発熱，心房細動などが頻脈の原因となるため，動悸，呼吸困難，息切れなど，自覚症状の有無を確認する．

ふ

ファイブコグ検査（ファイブコグケンサ） 英 five cognitive tests. 軽度認知障害をスクリーニングするものとして，また認知的変化を検討する認知検査として，東京都老人総合研究所（現・東京都健康長寿医療センター研究所）と筑波大学精神医学によって開発された集団認知検査である．検査の内容は，手先の運動スピードを測る「運動課題」，エピソード記憶を測る「手がかり再生課題」，注意分割機能を測る「文字位置照合課題」，視空間認知機能を測る「時計描画課題」，言語検索機能を測る「動物名想起課題」，抽象的思考能力を測る「共通単語課題」である．この検査はおおむね65〜85歳の高齢者を検査対象とし，年齢や教育年数，性別などの影響を調整し1人から最大で100人程度の被験者を検査できる．検査方法はスクリーンやモニター画面による映像・音声で刺激や教示を提示し，反応用紙に反応を記入する．検査時間はおおむね45分程度である．

ファウラー位（ファウラーイ） 英 Fowler's position 同 半座位．ベッドの頭部を上げて，上半身を45〜60°に起こした体位．半座位ともいう．ベッドで背面を支えられ少ない労力で体位を保持することができるので，手術後や疾病からの回復期にベッド上での食事や洗面を行う際に用いられる．臥位よりも呼吸筋が動きやすくなることから，肺のうっ血状態が緩和され肺胞でのガス交換がしやすくなり，心疾患がある人は，ファウラー位を好むことがある．ファウラー位で食事摂取や口腔ケアをする際には，顎が上を向かないように注意して誤嚥を防ぐとともに，できる限り脚を床につけ，自力座位を促していくことが大切である．

ファシリテーター 英 facilitator. 集団の活動がうまく運ぶように段取りや舵取りを行い，活動を促進していく働きを担う人のことである．ファシリテーター自身は，集団の活動そのものに参加するのではなく，客観的な立場から適切なサポートを行い，集団の活動が円滑に進むように支援を行う．「調整役」「促進者」ともいわれる．ファシリテーターの役割は，自分の価値観を押しつけず，状況に応じて必要な情報を与え，メンバーの主体性を失わせることなく，決定を引き出すという方法で活動を支援促進することである．

不安（フアン） 英 anxiety. 一般的には，気がかりなこと，心配なこと，これから起こる事態に対するおそれから気持ちが落ち着かないこと，などをいう．危険が目の前に顕在化してひるんでいる感情の恐怖とは違い，不安は特定のできないおそれに自身の存在がおびやかされている感情である．哲学的には，人間存在の根底にある虚無からくる危機的気分．実存主義などの現代哲学の主要概念である．先駆的な著作としてキェルケゴール（Kierkegaard SA）の「不安の概念」がある．

不安障害（フアンショウガイ） 英 anxiety disorder. 過剰な心配・恐怖が持続的に繰り返される特徴がある．不安は身体的，精神的な健康に影響を及ぼすことがある．不安障害は心理的，社会的な要因を有する場合や，遺伝的要素を含む場合もある．不安障害の診断は，持続しているか，または一時的かで分類される．また診断する際には，薬物誘発性不安やほかの医学的原因を除外することが必要である．

不安神経症（フアンシンケイショウ） 英 anxiety neurosis／aporioneurosis 同 全般性不安障害．不安を主症状とする神経症である．不安は漠然としたおそれの感情であり，病的な不安の場合ははっきりとした理由がないのに起こり，いつまでも続く．原因は心理的な出来事と考えられ，何らかの精神的なショック，心配事，悩み，ストレスなどであるが，これらがまったくない場合もみられる．また過労や不眠，かぜなどの身体的悪条件がきっかけになることもあり，日常生活上のさまざまなストレスを背景に発症すると考えられている．症状の現れ方は慢性的で，過敏，イライラ，集中困難などの精神症状と頭痛，筋肉の緊張，動悸，めまい，頻尿，下痢，不眠などの身体症状がみられ，これらの症状が慢性的に続くのが特徴である（診断基準としてはこれらの症状が6か月以上）．治療法としては，薬物療法と精神療法がある．

フィードバック 英 feedback. ある活動の結果を，活動の主体（人や集団）に伝えたり，次の活動に反映させること．介護の現場で利用者（対象者）にかかわる関係者すべてがチームとして共通の目標を共有し，実践に取り組む過程において，利用者の反応や取り組みの結果を集団に還元し，ケアのあり方等を見直して検討を行うことである．

風疹（フウシン） 英 rubella／German measles／roeteln／bastard measles 独 Röteln. 小児期に感染するウイルス性感染症の一種．感染率は25％程度で幼児期に感染せず成人になり感染することもある．明らかな症状が出ないまま免疫ができる不顕性感染も15％程度ある．原因は風疹ウイルスによる飛沫感染である．一度感染すると終生免疫ができる．風疹に未感染の母体が妊娠初期に罹患すると流産や出産児に先天性風疹症候群（CRS）として，心疾患，難聴，精神発達遅滞などが発症することがある．春から初夏に多くみられる．潜伏期間は16〜18日で，症状は微熱，中程度の発熱，リンパ節腫脹と同時に発疹が出る．発疹は顔から体幹，四肢と1〜2日で広がり3日ほどで発症順に消滅する．5,000人に1人程度，風疹脳炎や血小板減少性紫斑病の合併症を起こす．麻疹ワクチンと混合した麻疹風疹混合ワクチンが定期の予防接種に用いられている．生後12か月〜90か月未満に1回風疹ワクチンを接種するが，2005年から小学校入学前に第2期として2回の麻疹混合ワクチンの接種を行うようになった．
⇨麻疹，予防接種

フェルトニーズ 英 felt needs. 支援される利用者自身が，必要と感じているニーズのことである．認知症の人や知的障害者，精神障害者ら意思表示を十分にできない利用者が真に必要と感じているニーズを把握するためには，利用者と同じ目線に立ち，どのように利用者に寄り添っていくかという専門的立場が求められる．

フォーマルケア 英formal care 同フォーマルサービス／フォーマルサポート．国の制度や施策に基づいて，国や地方公共団体，事業者や施設，非営利団体（NPO）などによって提供される公的なケア．具体的には，医療保険制度，介護保険制度，障害者総合支援法などに基づき，専門職によって提供されるケアを指す．
⇨インフォーマルケア

フォーマルサービス ➡フォーマルケアを見よ．

フォーマルサポート ➡フォーマルケアを見よ．

フォーマルセクター 英formal sector．もともとは経済学の用語で，開発途上国にみられる公式的な記録や統計に含まれない経済活動部門を示すインフォーマルセクターの対語であり，公式経済部門と訳される．社会福祉で用いられる場合には，公的に制度化された行政，組織，集団をいう．

フォローアップ 英follow-up．個別援助事例において，援助の終結後に，サービス利用者の状況の変化や，新たな支援の必要性が生じていないかを確認することや，援助の効果を評価するための追跡調査など，援助者の一連の行為を指す．利用者が死亡した場合には，残された家族に対する心理的なケアも含まれる．ケアマネジメントにおける支援プロセスの一部に位置づけられ，実施することが望ましいが，介護保険制度化では必須事項となっていない．

不穏（フオン） 英restlessness．興奮状態あるいは興奮状態がおこりうると予測されるような落ち着きのない状態を示しているが，通常，その言動の理由が周囲の人に理解できない場合に用いられる．精神疾患に起因する興奮状態，意識障害に伴うせん妄状態のほか，本人が状況を理解できず怒りや不安がある場合，なにかの刺激によって気分が高揚している場合，原因が明確でない場合なども含まれる．
⇨せん妄

不可欠アミノ酸（フカケツアミノサン） ➡必須アミノ酸を見よ．

腹圧性尿失禁（フクアツセイニョウシッキン） 英stress incontinence／urinary stress incontinence．不随意的に排尿が行われる症状のひとつ．腹圧性尿失禁は咳，くしゃみ，笑い，重い荷物の持ち上げなど腹圧がかかった際に尿が漏れる症状である．原因は腫瘍，感染などもあるが，女性は尿道が短く子宮などにより膀胱が圧迫されやすく，泌尿器を支えている骨盤底筋群がゆるみやすいため，中高年の女性に多くみられる尿失禁である．対応として，手術があるが，ほかに，股間を身体のなかへ吸い上げるような感じで腟と肛門を締めたり，緩めたりの運動を繰り返す骨盤底筋訓練の効果が知られている．腹圧性尿失禁の原因としては加齢等による骨盤底筋の減弱や，女性の閉経によるエストロゲン欠乏が挙げられる．便秘や冷え性，出産や肥満が原因になることもある．まれに男性の前立腺肥大などの手術後にみられることがある．

伏臥位（フクガイ） ➡腹臥位を見よ．

腹臥位（フクガイ） 英prone position／abdominal position 同伏臥位．人が横たわっている体位のひとつ．腹を下にした状態，「うつぶせ」ともいう．褥瘡ができやすい部分の圧迫を避けられ，股関節や膝関節を伸ばすのに効果的である．支持面が広く安定した体位であるが，胸部が圧迫され，呼吸がしにくくなることがある．高齢者が病気等で安静臥床を続けると，認知症や褥瘡，関節拘縮等の廃用症候群になる危険性が増すため，1日に1回～数回腹臥位の体位を取ることによって，寝たきりの予防・改善を図る腹臥位療法がある．

腹腔鏡手術（フククウキョウシュジュツ） 英laparoscopic surgery．お腹のなか（腹腔）の臓器を直接観察できる直径1cm以下の細い管で，先端にカメラレンズや操作器具が装着された医療機器．へその下を3cm前後切開してお腹を炭酸ガスで膨らませてから腹腔鏡を挿入して，腹腔内のようすをテレビモニターに映して観察し，さらに小さな傷を何個かつけて穴を開け，鉗子という細い器具を使用して行う手技である．当初は臓器の状態や組織の一部を切り取って病理検査をするものとして開発されたが，最近では，各種の外科手術に多用されるようになっている．最初は胆石の手術で腹腔鏡が使われ，腹腔鏡で，胆嚢を摘出する．開腹手術と違って傷口が小さく，術後の痛みも少ないうえに入院期間も4日程度と画期的な方法となった．手術の対象はさらに広がり，早期の胃がん，大腸がん，腎臓，膀胱がんにも使われている．患者の負担も少ないうえに手術に伴う合併症も少なく，今後もさらに技術開発が進むことが期待されている．

複合家族（フクゴウカゾク） 英joint family 同合同家族．家族社会学における，家族構成の分類のひとつで，夫婦と，既婚である複数の子の家族が同居している家族をいう．複数の核家族が結合した家族形態であり，直系家族のように垂直方向への拡張のみならず，水平方向にも拡張されることに特徴がある．日本では複合家族の形態はあまりみられない．
⇨核家族

複合型サービス（フクゴウガタサービス） 英compound service．2011年の介護保険法改正「介護サービスの基盤強化のために，介護保険法等の一部を改正」において，「地域包括ケアシステム」の実現に向けて新たに創設された地域密着型サービスのひとつである．現在は「小規模多機能型居宅介護」と「訪問看護」の組み合わせが提供可能なサービスとして定められており，このサービスで看護小規模多機能型居宅介護という名称に変更された．要介護度が高く，医療的なケアを必要とする人が，住み慣れた家や地域で安心して生活することが可能としている．

副交感神経（フクコウカンシンケイ） 英parasympathetic nerve ラnervus parasympathicus．交感神経とともに循環，呼吸，体温など体のホメオスタシスを維持している．副交感神経の節前神経は脳幹と第2，第3，第4仙髄の核に由来している．節後神経は，頭部では毛様体神経節，翼口蓋神経節，顎下神経節，耳神経節から発している．それぞれ，眼球，涙腺，耳下腺，甲状腺に延びている．瞳孔の収縮（縮瞳），涙の分泌，唾液の分泌などの効果がある．迷走神経の副交感神経の枝は，気管支，肺，心臓，消化管，などに延びている．副交感神経の作用は，心活動を抑制し，血圧や心拍数を低下させ，冠動脈の収縮，気管支の収縮，胃液や膵液などの分泌の増加，消化管の蠕動を亢進させる．仙髄部分では，骨盤内臓神経，陰部神経叢，下下腹神経叢（骨盤神経叢），下腹神経を介して大腸，膀胱，性器に延び，内臓のなかをからにするような作用と陰茎では勃起を引き起こす．副交感神経の節前

線維と節後線維の末端部から神経伝達物質としてアセチルコリンが放出されることから，コリン作動性神経とよばれる．
⇨交感神経，コリン作動性神経，迷走神経

副甲状腺機能亢進症（フクコウジョウセンキノウコウシンショウ） 英 hyperparathyroidism．副甲状腺は，甲状腺の裏側にある米粒の半分ぐらいの大きさの内分泌腺で，甲状腺の左右両葉に上下2対計4個あり，甲状腺とは異なる働きの臓器で，上皮小体ともいわれている．副甲状腺は，血中のカルシウム濃度を調整する副甲状腺ホルモンを分泌するが，このカルシウムは，骨の形成成分であると同時に，心筋や全身の筋の収縮に必要で，また凝血や神経細胞の活性にも必要なミネラルである．副甲状腺機能亢進症は，副甲状腺の腺腫やがんにより副甲状腺ホルモンが過剰に分泌された状態で，血中のカルシウム濃度が高くなり，さまざまな臨床症状をきたす．症状としては，骨がもろくなるために骨折しやすくなり，また尿路結石あるいは腎結石などがみられる．また，血中のカルシウム濃度が高い高カルシウム血症では，口渇，胸焼け，嘔気，食欲不振をはじめ便秘，イライラ感，易疲労感，筋力の低下がみられる．治療は，腺腫やがんを確認できた場合は，副甲状腺の摘出手術を行う．

副甲状腺機能低下症（フクコウジョウセンキノウテイカショウ） 英 hypoparathyroidism．副甲状腺ホルモンの分泌量が低下し，低カルシウム血症，高リン血症をきたす病気である．これは，副甲状腺腺腫やがんなどの治療で副甲状腺を摘出したあとに起こる原因が特定できない突発性，また副甲状腺ホルモンの分泌量は保たれていても作用が損なわれている偽性副甲状腺機能低下症がある．主な症状は，手足のこむら返りやピリピリする感覚，しびれ感，けいれん発作などがみられ，重篤になると全身の筋硬直，意識障害がみられる．治療には，活性型ビタミンDが有効で，血中のカルシウム濃度の維持に効果的である．

複雑骨折（フクザツコッセツ） 英 complicated fracture 同 開放骨折．傷口をとおして骨折部と外気が接触した状態をいう．骨折治療過程に不利な要素が多く，感染の危険が高いため，治療においては特別な配慮が必要となる．いったん外気に触れた骨は汚染され感染する可能性があるため，感染の発生を防止して創面清掃（デブリドマン：debridement）を含めた手順で処置する．①開放創の周囲，創内の清浄化．②挫滅組織の切除．③骨折の処置．④十分な量の抗菌薬の投与．⑤破傷風の予防．⑥ガス壊疽の予防．⑦創の閉鎖．⑧皮膚欠損部の処置．複雑骨折は粉砕骨折（comminuted fracture；骨折線が複雑に入り組んで多数の骨片を有するもの）と混同しやすいため，最近は開放骨折ということが多い．

副作用（フクサヨウ） 英 side effect．薬物を使用することに伴う治療目的に沿った作用（主作用）に対して，目的に沿わない好ましくない作用のことをいう．薬物との因果関係が否定できない場合を「薬物有害反応」という．また広義に，認知症の非薬物的介入の場合で介入目的に沿わない好ましくない作用を副作用ということがある．薬物の副作用は，服薬後の軽度の腹部の違和感から，死に至る重篤な場合まであり，多様である．一例として，アルツハイマー病（AD）治療薬のドネペジル塩酸塩の主な副作用には食欲不振，吐気，嘔吐，下痢，興奮などがあり，まれではあるが重い副作用として不整脈，胃潰瘍，さらにまれではあるが重篤な副作用として横紋筋融解症がある．

副子（フクシ） 英 splint 同 スプリント．打撲や捻挫，骨折などの外傷の患部や関節リウマチといった関節炎など四肢の一部の転位や変形した局所の治療に際して，当該部位を一時的に固定し，動きを制限することによって，安静を保ち，苦痛を軽減したり，緩和させたりすることができると同時に，血管や神経を損傷するような状態の悪化を防止する装具の一種．留意点は動かないように固定することであるが，強すぎると血行を妨げることによる悪化もある．そのため，できれば手足の指尖部を出しておくと同時に，対象者の反応を観察しながら行うことである．材料は主として木やギプス，金属，プラスチックが使用される．副子の利点は特別なものを使用しなくてもよいことであり，代用品として身近にあるもので代替することができる．たとえば，場所によっては，副え木，割りばしや鉛筆，木の板や棒，杖，新聞紙や雑誌を丸めたもの，傘，物差し，タオルあるいは座布団や毛布などによって活用できる．

福祉改革（フクシカイカク） 英 welfare reform．第二次世界大戦後に整備された旧来の社会保障・社会福祉制度から，高度経済成長期以降の少子高齢化，家族形態・就労形態の多様化，経済成長の低迷，国家財政における社会保障費の圧迫，グローバル経済化（市場原理の導入）など，社会情勢の変化に伴って行われてきた社会保障・社会福祉制度の改革．社会福祉の運営実施体制を構築するための法・制度の整備が中心ではあるが，安定的な福祉財源確保のための税制度改革（消費税等）や公的年金・保険制度改革も並行して行われてきた．これまでの代表的な福祉改革としては，1990年福祉関係八法改正，2000年社会福祉基礎構造改革，2012年社会保障制度改革が挙げられる．

福祉関係八法の改正（フクシカンケイハチホウノカイセイ） 1990年の老人福祉法等の一部を改正する法律（平成2年法律第58号）のこと．この法律により，老人福祉法，身体障害者福祉法，精神薄弱者福祉法（現・知的障害者福祉法），児童福祉法，母子及び寡婦福祉法，社会福祉事業法（現・社会福祉法），老人保健法（現・高齢者の医療の確保に関する法律）および，社会福祉・医療事業団法（2013年廃止）の一部が改正された．この改正は，1989年の福祉関係三審議会合同企画分科会の意見具申「今後の社会福祉のあり方について」において提示された，市町村の役割重視，在宅福祉の充実，民間福祉サービスの健全育成，福祉と保健・医療の連携強化・総合化などの基本的な考え方を具現化したものである．改正の主要ポイントは，社会福祉関係の措置権の市町村への委譲，全自治体における老人保健福祉計画の策定義務，在宅福祉サービスの法上の位置づけと施設福祉との連携強化，指定法人制度の創設などである．

腹式呼吸（フクシキコキュウ） 英 abdominal respiration／abdominal breathing／diaphragmatic respiration．呼吸は生命維持の重要な要素のひとつである．口と鼻から空気を気管に取り入れ肺に送り，口と鼻から炭酸ガスを吐き出す．これを外呼吸（換気）とよぶ．肺に送られた空気は肺胞で酸素と炭酸ガスの交換を行い，酸素を取り入れた血液が心臓に戻り全身に酸素を運び生命を維持して

いる．このガス交換を内呼吸という．肺は出口が1つしかないため吸気，呼気を繰り返すことで定期的に肺内の空気を交換している．呼吸法には肋骨や胸郭を広げて空気を出し入れする胸式呼吸と，横隔膜を上下させて行う腹式呼吸がある．腹式呼吸は精神安定，血圧上昇抑制，脳の活性化などの効果が高いといわれている．腹式呼吸は，慢性閉塞性肺疾患や慢性呼吸不全状態の人が行うのに適している．腹式呼吸の方法は，横隔膜をへこませて空気を吐き切り，次に腹を膨らませながら鼻から空気を吸い込む方法で行う．
⇨胸式呼吸

福祉教育（フクシキョウイク） 英 welfare education. 広く国民一般を対象に，社会福祉に対する関心と理解の向上，福祉知識の普及，福祉活動への参加促進などを目的とした教育のことで，学校と地域での展開に大別される．前者は，生徒の福祉体験教育を中心に展開されてきたが，その後，変化の激しい複雑な社会のなかで，多様な人々と「共に生きる力」を育むことも重視されてきた．2002年には「総合的な学習の時間」が創設されたことにより，多くの学校で取り組まれるようになった．後者は，主に地域住民を対象として，国，地方公共団体，民間団体，ボランティアなどが実施してきた．近年では，地域における社会的排除や孤立，差別や偏見，無理解や無関心などの今日的な社会的課題に対して，福祉教育をとおした住民のエンパワメント，ノーマライゼーション，社会的包摂（ソーシャルインクルージョン）の具現化が期待されている．

福祉国家（フクシコッカ） 英 welfare state. 国民全体の健康で文化的な生活を保障し，福祉の維持・向上を目標とする国家のことである．今日の一般的な意味としての福祉国家とは，第二次世界大戦前に，イギリスにおいて，戦争国家（warfare state）との対比において用いられたことに始まる．第二次世界大戦後，多くの西欧諸国においてナショナルミニマムを保障する諸政策が積極的に展開されたことにより，世界的に普及した．日本では高度経済成長とともに福祉国家への動きが加速したが，1970年代のオイルショックによる経済危機に伴い，見直しが求められるようになり（福祉国家見直し論），1980年代には家族の自助努力を強調する「日本型福祉」が提唱されるようになった．

福祉サービス第三者評価事業（フクシサービスダイサンシャヒョウカジギョウ） 英 welfare service third-party evaluation. 福祉サービス第三者評価とは，社会福祉法人等が提供する福祉サービスの質を事業者および利用者以外の公正・中立な第三者機関が専門的かつ客観的な立場から行った評価をいう．同事業が「福祉サービス第三者評価事業」である．社会福祉事業の経営者は，利用者の立場に立って良質かつ適切な福祉サービスを提供するよう努めなければならない（社会福祉法第78条第1項）．この評価を受けることは，福祉サービスの質の向上のための措置の一環であり，同事業は，福祉サービスの質の向上のための措置を援助する．なお，この評価の公表は利用者の適切なサービス選択の情報となる．国は，福祉サービスの質の公正かつ適切な評価の実施に資するための措置を講ずるよう努めなければならない（社会福祉法第78条第2項）．本事業の普及促進等は，国の責務である．

福祉三法（フクシサンポウ） 児童福祉法（1947年），身体障害者福祉法（1949年），生活保護法（1950年）の3つの法律の総称．これに，知的障害者福祉法（1998年），老人福祉法（1963年），母子及び寡婦福祉法（1981年）を加えた6つの法律を総称したものが「福祉六法」である．「児童福祉法」は児童が心身ともに健やかに生まれると同時に，育成されるよう，保育，母子保護，児童虐待防止対策を含むすべての児童の福祉の支援を目的とする法律である．「身体障害者福祉法」は一般的には生まれつき，あるいは生まれつきでなく，あとからなにかの理由で身体機能の一部に障害を生じている状態の人への自立と社会活動の援助，および必要に応じて保護，福祉の増進を図ることを目的とする法律である．「生活保護法」は最低限度の生活を保障するとともに，自立した生活を送れるよう，支援を目的とする法律である．
⇨福祉六法

福祉事務所（フクシジムショ） 英 social welfare office. 福祉事務所とは，社会福祉法第14条に規定されている「福祉に関する事務所」をいい，福祉六法（生活保護法，児童福祉法，母子及び寡婦福祉法，老人福祉法，身体障害者福祉法及び知的障害者福祉法）に定める援護，育成又は更生の措置にかかわる事務を司る，第一線の社会福祉行政機関である．都道府県および市（特別区を含む）は設置が義務づけられており，町村は任意で設置することができる．全国に1,247か所（2016年4月1日現在）設置されている．福祉事務所には，社会福祉法第15条に基づき社会福祉主事，身体障害者福祉司，知的障害者福祉司などが配置されている．

福祉住環境コーディネーター（フクシジュウカンキョウコーディネーター） 英 housing environment coordinator. 東京商工会議所によって試験が実施される民間資格．高齢者や障害者の視点に立ち，住環境ニーズの発見をはじめとして，住環境整備の方向性や方針の決定，医療，福祉，建築の専門家の意見の調整と集約，適切な住環境計画の提案，施工の実施，フォローアップまでの一連の流れをコーディネートする役割がある．

福祉専門職（フクシセンモンショク） 社会生活上，困難な問題を抱える人々を対象に，社会福祉の専門的知識・技術をもって援助に当たる専門職のこと．福祉専門職資格としては，社会福祉士，介護福祉士，保育士，社会福祉主事（任用資格）等がある．また，福祉専門職の養成確保においては，1993年4月に，福祉人材確保法（社会福祉事業法及び社会福祉施設職員退職手当共済法の一部を改正する法律）に基づき，これらを担う人材の養成確保を図ることを目的として告示された．社会福祉事業従事者等に対する研修や，無料職業紹介事業等を実施する都道府県福祉人材センターおよび，社会福祉関係職員の福利厚生の充実を図る福利厚生センターが設置されるなど，総合的な社会福祉従事者確保の対策が進められている．

福祉多元主義（フクシタゲンシュギ） 英 welfare pluralism. 福祉サービスの提供には，政府・行政部門として国や地方自治体が中心となるものがある．インフォーマルな非公式部門としては，家族や近隣社会，町内会，自治会，老人クラブなどコミュニティの人々の自発性に基づく形態．さらに，民間や株式会社などの営利・市場部門で提供される福祉サービスや，ボランタリーの民間非営利部門として社会福祉法人，NPO法人，生活協同組合，農業協同組合が，市場原理ではなく，組織化され，フォーマ

ルなものとして提供する形態がある．これらの部門が利用者を消費者としてとらえる市場供給主体として参入することで，利用者＝消費者とする市場メカニズムを活用し，硬直化・画一化・非即応化しているサービスの弊害を除去し，効率的なサービス提供を行うことを目的とする．

福祉用具（フクシヨウグ） ㊤technical aid．心身の機能が低下し，日常生活を営むのに支障のある高齢者，または心身障害者の日常生活上の便宜を図るための用具およびこれらの者の機能訓練のための用具，ならびに補装具のこと．障害者の日常生活および社会生活を総合的に支援するための法律では，障害者等が安全かつ，容易に使用でき，実用性が認められるものであり，日常生活上の困難を改善し，自立を支援し，かつ社会参加を促進すると認められるもの．その種目は，①介護・訓練支援用具，②自立生活支援用具，③在宅療養等支援用具，④情報・意思疎通支援用具，⑤排泄管理支援用具，⑥居宅生活動作補助用具，などがある．介護保険において，給付対象に位置づける福祉用具は，自立に関する「介護の軽減」，要介護者等への便宜，新たな価値づけ，生活面・在宅での使用，基本的動作の支援，利用促進効果が図られるものである．

福祉用具購入費（フクシヨウグコウニュウヒ） 介護が必要な高齢者に対して，入浴や排泄のための福祉用具など衛生的配慮から貸与になじまない福祉用具（排泄補助用具，入浴補助用具等）の購入費を支給する介護保険制度の給付対象サービスのひとつ．市区町村への申請が必要で，介護保険法（第44条第1項）居宅介護福祉用具購入費の支給）で定めるところにより，市町村は，居宅要介護被保険者が当該指定にかかわる居宅サービス事業を行う事業所において，販売される特定福祉用具を購入したときは，当該居宅要介護被保険者に対し，居宅介護福祉用具購入費を支給する．その購入費の額は，現に当該特定福祉用具の購入に要した費用の額の90％に相当する額とする．市町村は，前項の規定にかかわらず，条例で定めるところにより，第4項の居宅介護福祉用具購入費支給限度基準額に代えて，その額を超える額を，当該市町村における居宅介護福祉用具購入費支給限度基準額とすることができる．

福祉用具購入費支給限度基準額（フクシヨウグコウニュウヒシキュウゲンドキジュンガク） 居宅介護（介護予防）福祉用具購入費は，居宅介護福祉用具購入費支給限度額管理期間（毎年4月1日から12か月間）において，同一の種目の特定福祉用具の購入にかかった費用10万円までについては申請することができ，そのうちの100分の90に相当する額が保険で給付される．ただし，居宅介護（介護予防）福祉用具購入費が支給されている場合は支給されない（すでに購入した特定福祉用具と用途および機能がいちじるしく異なる場合は支給対象となる）．また，以下のとおり市町が必要と認めるときは支給される．①すでに購入した特定福祉用具が破損した場合，②居宅要介護（要支援）被保険者の介護の必要な程度がいちじるしく高くなった場合，③その他，特別の事情のある場合．

福祉用具情報システム（フクシヨウグジョウホウシステム） ㊤technical aids information system ㊧TAIS．国内の福祉用具メーカーまたは輸入事業者から，「企業」および「福祉用具」にかかわる情報を収集し，公益財団法人日本テクノエイド協会のホームページを通じて，情報発信するシステム．TAISは，全国に散在する福祉用具に関する情報を収集・分類，体系化し，情報提供するためにつくられた．5桁の「企業コード」と6桁の「福祉用具コード」をハイフンで結んだ，TAIS上の管理コードからなり，コードを付すことで情報の共有化を図り，探したい用具を検索・閲覧することができる．

福祉用具専門相談員（フクシヨウグセンモンソウダンイン） ㊤guidance officer for welfare aids．福祉用具専門相談員指定講習を修了した人をいう．利用者の病状や障害の状態を適切にアセスメントし，福祉用具にかかわる専門的知識に基づく助言を行う．介護保険の指定福祉用具貸与・販売事業所には常勤で2人以上の配置が義務づけられている．福祉用具専門相談員の資格は厚生労働大臣が指定する福祉用具専門相談員指定講習会実施機関にて授与される．また，介護福祉士，義肢装具士，保健師，看護師，准看護師，理学療法士，社会福祉士，およびホームヘルパー2級以上の資格取得者等については，講習を受けなくても福祉用具専門相談員の要件として認められている．2012年度から福祉用具サービス計画が導入されたことにより見直しが求められ，講習時間および専門相談員の要件からヘルパー要件を除外し，国家資格者と専門相談員指定講習修了者に限定する方針が示されている．

福祉用具貸与（フクシヨウグタイヨ） ㊤rental service of equipment for long-term care covered by public aid．利用者が可能な限り，自宅で自立した日常生活を送ることができるよう，指定を受けた事業者が，利用者の心身の状況，希望およびその生活環境等を踏まえ，適切な福祉用具を選ぶための援助・とりつけ・調整などを行い，福祉用具の貸与を行う介護保険制度の給付対象となる居宅サービスのひとつである．貸与の対象は13品目で，要介護度に応じて異なる．「車いす」「車いす付属品」「特殊寝台」「特殊寝台付属品」「床ずれ防止用具」「体位変換器」「認知症老人徘徊感知器」「移動用リフト」は，要支援1・2，要介護1の人は対象外．自動排泄処理装置は要支援1・2，要介護1・2・3の人は原則保険給付の対象外である．福祉用具の貸与にかかわる費用の1〜2割を利用者が負担する．費用は対象品目により異なり，要介護度別に1か月間の支給限度額が決まっているため，ほかの介護サービスとの組合せのなかで，限度額に応じた福祉用具をレンタルする必要がある．

福祉六法（フクシロッポウ） ㊤six major Japanese social welfare laws ㊥社会福祉六法．児童福祉法，身体障害者福祉法，生活保護法，知的障害者福祉法（旧称：精神薄弱者福祉法），老人福祉法（1963年），母子及び寡婦福祉法（旧称：母子福祉法）この6つの法律を総称したものが「福祉六法」である．「知的障害者福祉法」は知的障害者の援助と必要な保護を行うことにより，その福祉の増進を図ることを目的とする法律である．「老人福祉法」は高齢者の福祉にかかわる原理を明らかにし，高齢者に対し，その心身の健康の保持及び生活の安定のために必要な措置を講じて高齢者の福祉を図ることを目的とする法律である．「母子及び寡婦福祉法」は母子家庭及び寡婦（夫と死別または離婚して，再婚しないでいる女性）の福祉にかかわる原理を明らかにするとともに，その生活の安定と，向上のために必要な援助を目的とする法律である．児童福祉法，身体障害者福祉法，生活保護法の3つは

「福祉三法」の総称.
⇨福祉三法

腹水（フクスイ） 英 abdominal dropsy／ascites. 腹部の腸と腹壁の間の腹腔に血液やリンパ管から漏れた体液が多量にたまったもののこと. 通常は腹腔内には少量の水分の貯留があっても多量な貯留はない. 腹水の原因は肝臓や腎臓の疾患や，腹部悪性腫瘍や心疾患などさまざまなものが考えられる. 一般に腹水は淡黄色が多いが，血性であれば腫瘍などを疑うことがある. 細菌感染により腹膜炎を起こし腹水がたまることもある. 診断のためには腹腔内に注射針を刺し，少量の腹水を取り，それを細菌培養や生化学検査を行い分析する. これを腹水穿刺という. 治療は原因疾患を治療し，塩分の摂取を抑え，腹水は利尿薬で排泄させる.

腹部突き上げ法（フクブツキアゲホウ）→ハイムリック法を見よ.

腹膜灌流（フクマクカンリュウ）→腹膜透析を見よ.

腹膜透析（フクマクトウセキ） 英 peritoneal dialysis／peritoneal lavage 略 PD 同 腹膜灌流. 腎不全に対する治療法のひとつ. 腎臓の機能が低下し尿に血液中の老廃物を排出できない状態になった場合に，腹部にカテーテルを埋め込む手術を行い，腹部に透析液を貯留させると，腹膜を通して血液中の余分な老廃物や水分が透析側に移動する. その老廃物を含んだ透析液を体外に排出させることが血液のろ過になる. 透析バッグだけあれば簡便に透析ができ，血圧の変動も少ない. 血液透析と異なり医療機関に行くことなく自宅や職場で行うことができ，時間も自分のつごうで実施することができるため，日常生活への影響が少ない利点がある. その半面，感染の危険性がある. 1回30分程度で行うことができ，4～12時間ごとに行うことが必要である.
⇨血液透析

服薬介助（フクヤクカイジョ） 英 medication assistance. 医師から処方された薬を指示通りに服用することが困難な人に対して，家族や看護師，薬剤師，介護職などが服用を支援することをいう. 施設などでは薬を渡す際に本人の氏名と薬をダブルチェックして介助のまちがいがないように確認して支援している. 容態が安定しており薬が一包化されている場合には，それを本人確認して手渡し，または口に含ませ服用の支援をすることは医療行為ではないと規定され（2005年，厚生労働省医政局長通知）介護職の介助が認められている. 入院外で医師や看護師による観察の必要のない専門的な配慮のいらない軟膏の塗布や座薬の挿入，市販の使い捨て（ディスポーザブル）の浣腸器による浣腸も医療行為ではないと厚生労働省が解釈通知を出している. 介助の方法として，量が多い場合にはオブラートに包んだり，飲み込みが悪い人には嚥下補助ゼリーを用いてスプーンで介助するなどの工夫がされている. 点眼や貼り薬などには，ひとりで服薬するための自助具も開発されている.

服薬管理（フクヤクカンリ） 英 medication management. 服薬管理には2つの役割がある. ひとつは薬の保管管理や残数管理であり，もうひとつは患者に対して医師の指示（処方）に基づいて，指示された薬を指示された時期に，指示された方法で服用するように支援することである. 薬剤師は「その薬の適正な使用のために患者や看護者に対して必要な情報を提供しなければならない」という服薬指導が義務化されている. 在宅では訪問薬剤管理指導として薬剤師が自宅を訪問し指導する方法や，訪問看護師による服薬管理，服薬指導が行われている. 服薬のまちがいがないように，氏名，日づけ，服用時期を記載して，錠剤やカプセルなどを1回ごとにまとめた一包化が行われている. また薬カレンダーに朝，昼，夜，就寝前などに区別して飲み忘れを防ぐ工夫なども行われている. 認知症の場合には，飲み忘れや服用まちがいのないよう，指示通りに薬を服用するコンプライアンスと，薬の拒否への対応，服用を忘れて要求するなどの状況への対応が工夫されている.

不潔行為（フケツコウイ） 英 dirty behavior. 排泄に関連したものと，ごみや，腐敗した食物に関連したものなどいくつかの種類がある. なかでも，排泄に関連した不潔行為はその代表的なものである. 排尿の失敗においては，汚れた下着をそのままタンスにしまい込んだり，また排便の失敗においては，便秘が原因で自分で摘出しようとする行為や，排便後のおむつの不快感によって取り出そうとする行為などとなって発生する. また弄便とよばれる行為には便器内にある便をいじる行為などが含まれる. また「おむつ外し」とよばれる行為も不潔行為として考える場合もある. いずれの場合も認知症などにより理解力や適切な認識が障害されて起こっている場合が多く（不潔であるという認識がうまくもてないなど），介護者が一方的に認知症の人を非難したり，叱責したりすることは好ましくない.

父権主義（フケンシュギ）→パターナリズムを見よ.

不顕性感染（フケンセイカンセン） 英 inapparent infection 同 無症状感染. 病原体が体内に入り，病気の感染過程が始まっている場合でも，症状や定型的な発病がない状態をいう. 不顕性感染の人は保菌者となり，病原体を排出し，ほかの人に感染させる感染源となる可能性が高い. しかし，本人も自覚がなく，感染源として気づかれないことが多いため，防疫上の問題がある. これを臨床で活用したものに弱毒性生ワクチンがある. 不顕性感染は，日本脳炎や風疹などでみられる.

不顕性誤嚥（フケンセイゴエン） 英 silent aspiration. 口腔の食物や唾液などは，嚥下作用で生理的に食道へ移動するが，誤って食道ではなく気道のうち下気道（声帯より末梢の気管，気管支，細気管支，肺）に嚥下される誤嚥のうち，誤嚥に伴う生理的な咳反射がみられない場合をいう. 不顕性誤嚥は，食事中や睡眠中などに無意識のうちに口腔内の唾液や食物さらには細菌を少量ずつ繰り返し誤嚥することが多い. 不顕性誤嚥は咳反射のある顕性誤嚥と同様に誤嚥性肺炎の原因である. その基礎疾患として脳血管障害，認知症，パーキンソン病や筋萎縮性側索硬化症など退行性神経・筋変性症などがある. 不顕性嚥下の状態の早期把握，肺炎の予防，早期発見，治療が重要である.
⇨顕性誤嚥

父権的保護主義（フケンテキホゴシュギ）→パターナリズムを見よ.

浮腫（フシュ） 英 edema 同 むくみ. 体の皮下組織，臓器の組織間隙，体腔内に水分が過剰にたまった状態をいう. 全身性浮腫と局所性浮腫に大別される. 全身性浮腫の原因には，腎性浮腫（ネフローゼ症候群，腎不全など），うっ血性心不全，肝硬変，甲状腺機能低下症，低タンパク

血症などがある．自覚症状として，まぶたが重い，手足がはれぼったい，靴が窮屈で履けないなどの訴えがある．他覚的には，眼瞼や四肢の腫脹，体重増加がみられる．水分は重力の関係で体の下のほうにたまりやすいため，下肢（下腿や足背）に浮腫を認めやすく，寝たきりの人であれば背部や後頭部に生じやすい．局所性浮腫の原因には，リンパ管閉塞，静脈血栓症などがあり，限局した部位に出現する．浮腫には，皮膚上から指で圧迫したあとに圧痕が残る圧痕性浮腫と，圧痕が残らない非圧痕性浮腫がある．圧痕性浮腫は，ネフローゼ症候群，心不全，肝不全でみられる．非圧痕性浮腫は，甲状腺機能低下症やリンパ浮腫でみられる．

扶助（フジョ） 英 public aid／help／public assistance／support. 助けることを意味し，生活困窮者を経済的に支援することをいう．その扶助は，支援を行う人と支援を受ける人との関係で成立し，支援する主体により公的扶助と私的扶助に分かれる．公的扶助は，国が主体となり行うもので，日本では生活保護制度がそれにあたる．生活保護法では，①生活扶助，②教育扶助，③住宅扶助，④医療扶助，⑤介護扶助，⑥出産扶助，⑦生業扶助，⑧葬祭扶助の8種類の扶助で保護の種類を構成している．私的扶助は，個人や私的団体が主となり行う扶助を指す．
⇨公的扶助

不随意運動（フズイイウンドウ） 英 involuntary movement 略 IVM. 身体運動のうち意思による運動は随意運動であるが，これに対し，意思によらない目的に沿わない運動を不随意運動という．運動神経が通過する大脳皮質，大脳基底核，小脳の障害によって，多様な運動が現れる．振戦（反復性のリズミカルな運動），ジストニア（持続的な筋緊張），舞踏運動（不規則で律動的でない運動），けいれんなどがある．通常，神経系疾患の症状として現れるが，心因性による不随意運動もある．アルツハイマー病（AD）の末期に，けいれんなどの不随意運動を認めることがある．不随意運動の一部を錐体外路症状とよぶことがある．なお，意思とは独立した自律神経系の運動は，不随意運動とはよばない．
⇨随意運動

不整脈（フセイミャク） 英 arrhythmia. 心拍数の異常や調律（リズム）が不規則な状態のことをいう．成人の安静時の心拍数は1分間に60〜100であり，これより多いものを頻脈性不整脈，これを下回っているものを徐脈性不整脈という．頻脈性不整脈は，上室不整脈（洞性頻脈，上室性頻拍，心房細動，心房粗動，心房性期外収縮など）と，心室不整脈（心室性頻拍，心室細動，心室粗動，心室性期外収縮など）に分けられる．徐脈性不整脈には，洞不全症候群，房室ブロックなどがある．不整脈の症状には，動悸，めまい，立ちくらみ，失神，胸部不快感，胸痛，息切れ，倦怠感などがあるが，自覚症状を欠く場合もある．不整脈は心電図を撮ることによって明らかにされ，心臓超音波（心エコー）検査や心臓カテーテル検査を行うこともある．治療としては，抗不整脈薬による薬物療法，頻脈性不整脈に対する高周波カテーテルアブレーション，徐脈性不整脈に対するペースメーカー植え込み術などが行われる．

プッシュアップ動作（プッシュアップドウサ） 英 push-up activity. 両上肢で体を支持して，床や座面から殿部を空中に押し上げる動作．とくに，脊髄損傷者の殿部の除

プッシュアップ

車いす上での除圧動作

車いすからトイレへの移乗

圧や床上座位での移動，車いすからベッド間の移乗手段として用いられる．

フットケア 英 foot care. 足の健康，足病変の予防および進展防止のために，足の手入れや点検を行うこと．足病変があると歩行に支障をきたし，転倒リスクを高める可能性があることから，フットケアの意義として高齢者などの転倒予防も挙げられる．糖尿病患者では，足白癬，爪白癬，陥入爪や巻き爪，深爪，鶏眼（ウオノメ），胼胝（タコ），表皮角化，熱傷，靴ずれなどが原因で足病変をきたしやすい．とくに末梢神経障害や網膜症による視力障害がある場合には，傷があっても痛みを感じにくく発見が遅れることが多いことや，足や爪の手入れが不十分になりやすいことから，足病変が重篤化しやすい．フットケアでは，足病変の原因となりうる白癬，陥入爪，鶏眼，胼胝，熱傷，靴ずれなどの処置，セルフケア指導（足・爪の観察，足の手入れの仕方，爪の切り方，足の保護と

保湿，適切な靴の選び方や履き方など），血流障害・神経障害の治療（薬物療法，手術療法）などを行う．

物理的環境（ブツリテキカンキョウ）㊥ physical environment. コーヘン（Cohen U）とワイズマン（Weisman GD）によると，図に示すように，認知症ケアの環境には，社会的環境・運営的環境・物理的環境の3つの側面がある．社会的環境は，家族や友人などの人間関係，あるいは施設においていっしょに空間を共有している人の存在など心理的な影響を与える環境を指し，運営的環境は，施設での生活において強くかかわってくるもので，施設での決まりやスケジュール，介護方針など規範的性質をもつ環境を指す．そして，物理的環境とは建物の形や構造，部屋の広さ，置かれた家具や小物類など，実際に目にみえたり，使用したりする環境のことである．これら3つの環境は互いに関係しており，たとえば理想的な介護理念があっても，そこが殺風景な空間であれば生活の質（QOL）を向上させる効果は限定的であろう．物理的環境のハードのみに着目するのではなく，ソフトとの整合を踏まえたうえで，高齢者の生活を支える環境をとらえることの重要性が示されている．

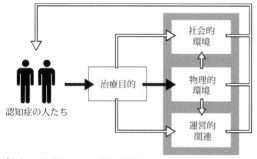

(Cohen U, Weisman GD : holding on to home; designing environments for people with dementia. The Johns Hopkins University Press, 1991／ユリエル・コーヘン，ジェラルド・D.ワイズマン（岡田威海，浜崎裕子訳）：老人性痴呆症のための環境デザイン；症状緩和と介護を助ける生活空間づくりの指針と手法．彰国社，東京，1995）

物理的行動制限（ブツリテキコウドウセイゲン） 隔離や閉鎖等により，個人の自由を物理的に奪う行為である．物理的行動制限には，つなぎの介護服（拘束衣ともいう）や，車いすのベルトや，紐等による固定などをはじめとして，ひとり部屋への閉じ込め（鍵による閉鎖）などさまざまな手法が存在している．物理的行動制限は「身体拘束」や「虐待」でもあり，基本的に認められないものである．
⇨行動制限

物理療法（ブツリリョウホウ）㊥ physiotherapy／physical therapy. 疾患や外傷などで運動機能が低下した人にその維持，改善を目的として行われる理学療法の一分野で温熱，電気，水，光線などの物理的な手段を用いて行われる療法である．その目的は，疼痛などの症状の軽減，血行の改善，運動機能の向上などを通して生活の質（QOL）の改善である．療法の対象となる疾患や状態は，脳血管障害，変形性関節症などの関節疾患，脊髄損傷などの神経疾患などである．
⇨理学療法

不定愁訴（フテイシュウソ）㊥ indefinite complaint.「頭が重い」「イライラする」「疲労感が取れない」「よく眠れない」などの漠然とした身体の不全感があり，動悸，息切れ，発汗，めまい感，頭痛，吐き気，食欲不振，不眠，手足のしびれなどを訴えるものである．心臓疾患，高血圧，消化器系疾患，甲状腺機能障害をはじめとする内分泌疾患などのさまざまな器質的疾患の初期においてみられることもある．また主観的で多岐にわたる自覚症状の訴えがあるが，検査をしても原因となる疾患が見いだされないことも多く，客観的な所見が乏しい．症状が安定しないことも多く，治療も困難である．治療法としては抗不安薬などの投与のほか，さまざまな心理・精神療法やカウンセリングなどが行われる．

ブドウ球菌（ブドウキュウキン）㊥ staphylococcus. ブドウ球菌属（*Staphylococcus*）に属するグラム陽性球菌である細菌の総称であり，球状の形で，ブドウの房のように集まって増殖することからこの名がつけられた．自然界に広く分布しており，ヒトの皮膚や鼻腔，腸管，外尿道，そのほかの粘膜面などに常在している．とくに化膿した傷口に多く存在する．ヒトの食中毒の原因となるのは黄色ブドウ球菌だけである．黄色ブドウ球菌は，グラム陽性で通性嫌気性である．感染症の症状は，軽度から生命にかかわるものまでさまざまであり，とくに皮膚への感染が多く，膿瘍を起こす．また血流で拡散すれば，菌血症となり，全身に感染を及ぼす．治療は抗生物質の服用である．しかし，院内感染であるメチシリン耐性黄色ブドウ球菌（MRSA）は抗生物質に対する耐性獲得がみられ，治療が困難である．予防はせっけん，水道水，もしくは抗菌活性のある消毒液を用いて手洗いを十分行うことである．
⇨黄色ブドウ球菌，メチシリン耐性黄色ブドウ球菌

部分介助（ブブンカイジョ） 加齢や障害によって，生活するなかでの不自由や戸惑いに対し，生活が維持できるように必要な部分に対して介助を行うことをいう．介助者は，介助を必要とする人の残存能力，疾病や特性，生活に合わせて安全で安楽な介助が求められる．移動や食事，入浴，排泄，衣類の着脱等の介助における福祉用具や自助具の知識や工夫の技術も身につけ，すべてを介助するのではなく，生活する本人の主体性を尊重し自立を支援する．高齢者の場合は，「その日」「そのとき」の体調によって，昨日できたことが今日はできないということもあるため，状況を把握しながら行うことが大切である．また，本人の残存機能や「できる力」を維持するためには，本人ができることは自分でできるように環境への配慮も必要になる．
⇨介助，全介助，自立

部分浴（ブブンヨク）㊥ partial bath. 毎日の入浴がむずかしい場合や生活場面のなかで身体の一部分が汚れたときに，その一部分を湯につけて洗うことをいう．代表的なものとして，手浴，足浴がある．効果として，清潔の保持だけでなく，皮膚疾患の軽減，循環の促進，リラックス効果や爽快感，気分転換がある．足浴の場合は，足を温めることで身体が温まり，よく眠ることができる．皮膚や爪の状態に注意しながら次の手順で行う．①座れる場合はいすやベッド脇に座る．寝たままの場合や座位がとれない場合は，ベッド上に物品を準備し，仰臥位や側臥位など安楽な姿勢を工夫する．②ぬるめの湯（38～

39℃程度）を準備し，しばらく湯につけておく．③せっけんを使い，片方ずつ指の間を開いて洗う．④汚れやせっけんを取り除き，乾いたタオルで水分をふきとる．⑤保湿のために，クリームや乳液などを塗布する．⑥爪が伸びていれば手入れをする．

不飽和脂肪酸（フホウワシボウサン）㊄ unsaturated fatty acid．炭素同士の不飽和結合（炭素二重結合または三重結合）をもつ脂肪酸の総称．二重結合が1個のものを一価不飽和脂肪酸（オレイン酸など），2個以上のものを多価不飽和脂肪酸という．多価不飽和脂肪酸は二重結合の位置によって，n-3系（α-リノレン酸，ドコサヘキサエン酸：DHA，エイコサペンタエン酸：EPAなど），n-6系（リノール酸など）に大別される．一価不飽和脂肪酸はオリーブ油，菜種油，べに花油，ひまわり油などに多く含まれる．n-3系脂肪酸のうち，α-リノレン酸は菜種油，しそ油などに，DHAやEPAは青魚の油に多く含まれる．n-6系脂肪酸はコーン油，大豆油，綿実油などに多く含まれる．多価不飽和脂肪酸は体内で合成することができず食事からの摂取が不可欠なので，必須脂肪酸とよばれる．不飽和脂肪酸には血液中の脂質を調節する働きなどがある．
⇨飽和脂肪酸

踏面（フミヅラ） 階段昇降の際に，足を載せる板（または段）のこと．建築基準法では，住宅の専用階段における踏面の寸法は150mm以上と規定されている．「高齢者が居住する住宅の設計に関わる指針（高齢者の居住の安定確保に関する法律）」では，高齢者が安全に昇降するために195mm以上としている．高齢になると居室を1階に移すなどの理由から，階段事故は減少しているが，万が一事故が発生した場合には深刻なけがとなるので，手すりの設置や照明など階段全体への安全配慮が必要である．
⇨階段，段鼻

不眠症（フミンショウ）㊄ insomnia．入眠障害，中途覚醒，早期覚醒，熟眠障害などの睡眠問題が1か月以上続き，日中に倦怠感，意欲低下，集中力低下，食欲低下などの不調が現れる病気である．このように入眠や睡眠の持続が困難であったり，睡眠の質が悪いといった状態は，いくつかの医学的な兆候と症状を伴い，医学的また精神医学的な障害であるともいえる．不眠症は，原発性と二次性に分けられ，原発性不眠とは，医学的・精神医学的また環境的な原因がない睡眠障害である．不眠症の治療には大きく分けて非薬物療法と薬物療法がある．
⇨睡眠障害

扶養義務（フヨウギム）㊄ support obligation．一定の親族間に求められる最低生活を保障する義務をいう．民法（877条）において，扶養義務を負うのは，①直系血族および兄弟姉妹は互いに扶養する義務がある，②家庭裁判所は，特別の事情があるときは，前項に規定する場合のほか，三親等内の親族間においても扶養の義務を負わせることができる，③前項の規定による審判があったあと事情に変更を生じたときは，家庭裁判所は，その審判を取り消すことができる，と定めている．また民法（752条）では，夫婦は同居し，互いに協力し扶助しなければならない，としている．扶養の程度は，生活保持義務と生活扶助義務の2つあり，生活保持義務は，夫婦間並びに親が未成熟の子に対し扶養する義務をいい，自己の最低生活を害しないことを限度に扶養する義務を負う．生活扶助義務は，それ以外の親族間の扶養義務とされている．

プライバシー㊄ privacy．個人や家庭内における私事や私生活との意味がある．プライバシーを守ることは，他人からの干渉や侵害を受けない私的領域を保つことである．しかし，介護を受けるようになると，必要な対人距離を自分で調整することができなくなりプライバシーを守りにくくなる．仮に，プライバシーへの配慮がなく侵され続けると，他人との対人距離はあいまいになり，その結果，介護を受けることへの羞恥心が失われたり，自尊感情が保てなくなったりする．このことから，プライバシーの問題は，介護する側が主体的に取り組むべき課題である．具体的には，プライバシーが侵害されやすい排泄や入浴の場面では介助方法の定期的な見直し，施設で居室を整備する場合は，広さや設備だけでなく，私的領域の確立のしやすさの視点から家庭で使用していた家具や小物の持ち込み，介護者の立ち入りや見守り方法などについても検討すべきである．
⇨対人距離

プライベートスペース㊄ private space．個室．居住施設において，個人が占有し，入居者個人の所有物をもち込み管理する空間領域．他者から仕切られて個が守られる空間であることが重要である．入居者1人ひとりのプライベートスペースが確保されることは，他者の視線や侵入などから防御されたプライバシーが守られることだけでなく，空間のパーソナライゼーションが行われ，自分に固有な空間として身のおき処が確保されることである．そこでは他者に気がねすることなく自分なりのやりかたで過ごすことができ，他者との交流を自らコントロールすることが可能となる．家族や友人にとっても，ほかの入居者を気にせずに訪れて気持ちを通わせることができる．2人部屋や4人部屋などの多床室／多人数居室の場合，ベッド上も他者の視線にさらされ，音やにおいなども筒抜けになるため，十分にプライバシーが確保されず，そこをプライベートスペースとよんでよいかは議論がある．
⇨段階的空間構成，セミプライベートスペース，セミパブリックスペース，パーソナライゼーション

プライマリケア ➡一次医療を見よ．

プラークコントロール㊄ plaque control．う蝕（虫歯）や歯周病の原因となる歯垢（プラーク）を除去あるいは抑制し，う蝕や歯周病の予防を図ることをいう．歯ブラシ，歯間ブラシ，デンタルフロスなどを用いて清掃する方法が主体であるが，食事指導（砂糖摂取の制限，繊維性の硬い食品の摂取など），歯科医療専門従事者による機械的歯面清掃（PMTC）などが含まれる．歯周ポケット（歯と歯肉の間にできる溝）内の歯垢を除去・抑制するために，歯周ポケット内洗浄，局所薬物送達法（LDDS）による歯周ポケット内抗菌薬投与などがある．
⇨歯垢

プラシーボ ➡プラセボを見よ．

フラストレーション ➡欲求不満を見よ．

プラセボ㊄ placebo ㊡ PL ㊐ プラシーボ／偽薬．外見は薬物と同じでも，薬として効果のある成分が入っていない偽薬で，薬理的作用がないブドウ糖や乳糖が使われる．しかし偽薬でも人の心理的影響を与え，有効性を示すことがあり，これをプラセボ効果とよぶ．このプラセボ効

果を排除して薬物の有効性を確かめる臨床試験では，二重盲検法による比較対照試験にプラセボが使用される．その一方で，プラセボをヒトに使用することの倫理的課題があり，現在の比較対照試験では，効果が確認されている類似の薬物が用いられる．なお，プラセボ効果を利用して，睡眠導入薬の依存から離脱する目的で，プラセボを例外的に使うことがある．

フラッシュベル　電話・ファクシミリの着信音が聞き取りにくい難聴者のための電話補助機器．図のように電話機とモジュラーコンセントに接続して使用する．電話のベルが鳴る代わりに，3秒に1回程度，ライトを点滅させて着信を知らせる．光と音のどちらか一方，もしくは両方を同時に使うことができるものもある．着信音が発生しては困る場所での着信通報としても利用される．なお，普通のベルの音は聞き取りにくいが，低い音であれば聞き取れるという人のために，低周波音で電話がかかってきたことを知らせる「シルバーベル」という補助機器もある．

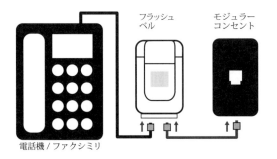

ブラッシング法（ブラッシングホウ）　㊥ tooth brushing method．歯面に付着した歯垢（プラーク）を除去するために行う，歯ブラシなどを用いた種々の清掃方法．歯ブラシの動かし方によって，バス法，スクラッビング法，フォーンズ法（描円法），縦磨き法などがある．バス法は，歯と歯肉の境目に45度の角度で歯ブラシの毛先を当てて小刻みに振動させる方法で，歯頸部周囲を磨くのに適し，歯肉のマッサージ効果もある．スクラッビング法は，歯ブラシの毛先を歯に直角に当てて小刻みに振動させる方法で，短時間でプラーク除去効果の高いブラッシング法である．フォーンズ法は，上下の歯を噛み合わせた状態で，歯ブラシの毛先を歯に当てて連続して円を描くように磨く方法で，歯の裏側を磨くときは歯ブラシの毛先を当てて前後に動かす．縦磨き法では，歯ブラシを縦向きにして毛先を上下に往復させるように動かす．歯間隣接面などの清掃には，歯間ブラシやデンタルフロスなどの補助的清掃用具が用いられる．

プラットホームクラッチ　㊥ platform crutch．リウマチ症や関節炎等によって，手首やひじなどに障害があり，手指・手関節に負担をかけられない人に適する杖で，リウマチ杖ともいう．1本の脚と握り部のついた腕支えからなり，ひじ関節を直角に曲げて前腕を乗せ，腕全体で体重を支えることができる．材質は軽金属製で，横木の高さや把手位置を個々の身体状況に合わせて調節することで，安定感をより保つことができる．

フラップ板（フラップバン）　車いすの走行を容易にするために，段差解消に使う渡し板．室外に出る際，掃き出し窓のサッシ下枠の凹凸部分を通りやすくしたり，段差のあるところに使用したりする．電動式段差解消機や移動用リフトから車いすでおりる際にも，スロープ板かフラップ板が使用されるが，固定が不十分な場合は外れるなどのトラブルが起きる場合がある．
⇨スロープ

プラン・ドゥ・シー　㊥ plan-do-see．プラン（計画）を立て，それをドゥ（実施），シー（評価）するというサイクルのなかで，物事を遂行すること．高齢者や障害者の生活支援では，支援計画の作成（ケアプラン）と実施（ドゥ）だけでなく，モニタリング（観察・把握）による評価（シー）が重要である．現在，提供されている介護サービスが利用者の心身の状態やニーズ等に合っているのか，生活支援にかかわる課題はないのかなどを観察，把握することで，よりよいケアプラン等を考えることができる．介護福祉施設における業務目標等においても，この考え方が活用されている．課題解決に視点をあてた plan（計画）→ do（実行）→ check（評価）→ act（改善）という4段階のPDCAマネジメントサイクルでとらえる考え方もある．
⇨モニタリング，ケアマネジメント

振り向き現象（フリムキゲンショウ）　㊥ head-turning sign．診察室などで認知症の人が医師らから質問されたとき，自ら正確に答えられないと，そばにいる家族らを頼って振り向く動作のこと．たとえば「今日は何日ですか」と質問すると，答に窮した認知症の人がうしろにいる家族を振り返って「今日は何日でしたか」とたずねることがある．認知機能の低下した認知症の人が，その場を取り繕ったり，親しい人に頼る心理的背景からの行動とみることができる．認知症の診断に有用な症状とする報告もある．

プリン体（プリンタイ）　㊥ purine body．プリン環を基本骨格とする生体物質で，ピリミジン環（シトシン，チミン，ウラシルのピリミジン生合物）とイミダゾール環が縮合した複素環式化合物．プリン誘導体には，核酸の塩基成分（アデニン，グアニンなど），代謝生成物（キサンチン，尿酸など），プリンアルカロイド（カフェイン，テオブロミンなど）がある．プリン体は体内で生合成されるほか，食事から摂取される．プリン体は細胞の核酸を構成する成分であるため，ほとんどすべての食品に含まれている．細胞数の多い食品ほどプリン体の含有量が多く，一般的に肉・魚介類に多く含まれている．プリン代謝は，キサンチンオキシダーゼによりキサンチンから尿酸へと変換され，主に尿中に排泄される．尿酸の産生過剰や腎からの排泄障害があると，高尿酸血症となり痛風を引き起こす．
⇨痛風

ブルンストロームの回復ステージ（ブルンストロームノカイフクステージ）　㊥ Brunnstrom's recovery stage ㊧ BRS．脳の障害で生じた麻痺が回復する過程でみられる運動パターン（共同運動，連合反応）と分離運動に着目した，脳卒中片麻痺の機能的評価方法．麻痺側の随意運動の際の，関節の動く範囲や難易性から，上肢・下肢・手指それぞれⅠ～Ⅵの6段階に分類され，おのおのの部位において達成すべき動作が設定されている．

フレゴリ症候群（フレゴリショウコウグン）　㊥ Fregoli's

syndrome.「フレゴリの錯覚」ともいわれ、「妄想性人物誤認」を代表する症候群のひとつである。1927年にフランスの精神科医クールボン（Courbon P）と、フェイル（Fail G）が発見した。フレゴリ症候群は、だれをみてもそれを特定の人物とみなしてしまう現象で、まったくの見知らぬ他人を、よく知った人物と取り違えてしまう現象である。また「知らない人物」を「知っている人物」が変装している（変装して自分を騙そうとしている）と信じ込んでしまうような現象が起こることもある。フレゴリとは、実在したイタリアの喜劇俳優で早変わりとモノマネを得意としたレオポルド・フレゴリの名にちなんでいる。これによく似た症候群として「カプグラ症候群」がある。
⇨カプグラ症候群

ブレーンストーミング法（ブレーンストーミングホウ）英brainstorming 同BS法。新しい発想をする際に用いられる討議の方法のひとつである。5〜10人のグループをつくり、設定された具体的なテーマに沿いグループ内においてリーダー役が進行を行い、アシスタント役が書記を行う。時間は1時間〜1時間半程度とし、場所は、会議室等どこでも可能であるが、討議に集中できるように配慮する。討議を行ううえでの基本4原則として、①「批判厳禁」絶対に相手を批判しない、②「質より量」多種多様な数多くの意見をだす、③「自由奔放」奇想天外なアイディアを歓迎する、④「連想と結合」他人のアイディアに刺激され改善・統合を求める、などがある。

ブレンダー食（ブレンダーショク）➡ミキサー食を見よ。

ブローカ失語（ブローカシツゴ）英Broca's aphasia. 人間の脳の領域の一部で運動性言語中枢ともよばれ、言語処理、音声言語、手話の理解にかかわっている。ブローカ野というよび名は19世紀の外科医ブローカ（Broca PP）にちなんでいる。ブローカ失語においては非流暢な発語を特徴とした自発言語の障害で、構音障害や復唱障害を伴う。喚語困難のため発語が努力的・断片的で伝聞調となり、聴覚的な理解が保たれている失語で、発語量は減少しており1語から数語程度の短い文を話す程度である。また書字による表出も言語機能と同程度に障害されていることが多い。ただしブローカ失語患者の言語理解は正常である。評価テストとしては、「標準失語検査」や「WAB失語症検査」などが使われることが多い。また機能障害に対するアプローチとしては「刺激法」「斜断除去法」「機能再編成法」などがある。
⇨ウェルニッケ失語、失語〔症〕

プロダクティブエイジング英productive aging. アメリカの精神科医・老年学者・思想家であるバトラー（Butler RN）によって提唱された概念。バトラーはまずエイジズム（老人差別：歳をとっているという理由で老人たちを組織的にひとつの型にはめ差別をすること）によって高齢者の能力が生かされていないことを指摘し、家族、コミュニティ、自分自身に対するボランティア活動を含めた「生産性／創造性（productivity）」の概念を提唱した。プロダクティブエイジングでは、生産性の概念を広くとらえることによって、高齢者の尊厳、社会的役割、生産性を認識するものである。高齢者保健福祉推進10か年戦略（ゴールドプラン）にも、この概念が用いられている。
⇨エイジズム

へ

平均寿命（ヘイキンジュミョウ） 英average life span. 0歳時の平均余命（その年に生まれた0歳の子どもが何年生きられるか）を示す数値．毎年，厚生労働省は人口動態統計をもとに，各年次の死亡件数によって，年齢別死亡率を算定し，死亡率の平均的水準を表す指標として，平均寿命を発表している．平均寿命は保健福祉水準の総合的指標として，広く活用される．日本人の平均寿命は，大正期～昭和初期は，男女共に40～50歳代で，「人生50年」といわれた．第二次世界大戦後，日本は公衆衛生の整備，生活環境・栄養状態の改善，医療技術等の進歩等によって，世界でも有数の長寿国となった．2015年の平均寿命は，女性が87.05歳，男性が80.79歳で，女性は世界第2位，男性は世界第4位である．
⇨平均余命

平均余命（ヘイキンヨメイ） 英average life expectancy. ある年齢の人々が，今後，生存できる年数を推計した指標で，0歳時の平均余命は平均寿命として扱われる．毎年，厚生労働省は，「簡易生命表」として，0～90歳までの平均余命を5歳刻みに発表している．「厚生労働白書」では，0歳，20歳，40歳，65歳，90歳の男女別平均余命の推移を，1947年～現在までのデータについて，掲載している．第二次世界大戦後，各年齢の平均余命は伸び続けている．2013年の平均余命は，65歳の男性が19.46歳，女性が24.31歳，90歳の男性が4.38歳，女性が5.70歳である．
⇨平均寿命

平衡機能障害（ヘイコウキノウショウガイ） ➡平衡障害を見よ．

平衡障害（ヘイコウショウガイ） 英equilibrium disturbance／disequilibrium／dysequilibrium 同平衡機能障害．身体の平衡に関係する末梢神経と中枢神経の障害によって生じる．末梢神経とは，主に内耳の前庭系神経である．この前庭系神経の障害による平衡障害として「めまい」が現れる．さらに嘔気，嘔吐，耳鳴，聴力低下などの症状を伴うことが少なく，症状は急性に発症し反復することが多い．原因疾患として，良性発作性頭位めまい症がもっとも多いが，メニエール病，耳硬化症，突発性難聴もあり，原因不明のことが多い．中枢神経の障害による平衡障害の症状は「めまい」あるいは「めまい感」で持続することが多い．原因疾患として，小脳や脳幹など平衡を司る中枢神経の血管障害，変性疾患，腫瘍などがある．
⇨めまい

平行棒内歩行（ヘイコウボウナイホコウ） 英gait in parallel bar. 平行棒（鉄製または木製の棒を平行に並べた器具）内で，独力や介助下で行う歩行．訓練として行う場合は，疾患や症状に合わせて，歩行パターンや難易度，平行棒の幅や高さを考慮しながら行われる．基本的な平行棒の高さは，両手を平行棒に添えたときに肘関節屈曲20～30度程度とするが，姿勢や症状に合わせ設定する．脊髄損傷の患者の歩行訓練では，交互引きずり歩行→同時引きずり歩行→小振り歩行→大振り歩行→4点歩行→2点歩行→3点歩行など容易なものから困難なものへと進められる．平行棒の形状には丸形や平型があり，杖歩行への移行には平型が使用される．

閉鎖骨折（ヘイサコッセツ） ➡単純骨折を見よ．

閉塞性血栓血管炎（ヘイソクセイケッセンケッカンエン） 英thromboangiitis obliterans 略TAO. 四肢の末梢の動脈が炎症を起こし閉塞をきたし，四肢，指趾が虚血状態となり，指趾の冷感，しびれ，蒼白が生じ，間欠性跛行（歩くと下肢が痛くなり休み休み歩行すること），下肢の疼痛，さらには皮膚の潰瘍や壊死に陥ることもある．さらに病変が四肢の末梢静脈の炎症として広がり，皮膚の発赤や疼痛が生じることもある．20～40歳代の男性に多くみられ，原因不明であるが喫煙が大きく関与している．治療は禁煙が基本で，薬物療法として抗血小板薬，抗凝固薬が使われ，効果がないと外科療法として血行再建手術が有効なこともある．これらが無効なとき，指趾や四肢を切断することもある．特定疾患治療研究事業の対象疾患である．
⇨閉塞性動脈硬化症

閉塞性動脈硬化症（ヘイソクセイドウミャクコウカショウ） 英arteriosclerosis obliterans 略ASO. 下肢の血管の動脈硬化が進行し，動脈の狭窄や閉塞が生じ，その末梢が虚血状態となり，歩行時の下肢のしびれ，冷感，疼痛が現れ，さらに進行すると，安静時にも同様の症状となる．脂質代謝異常や喫煙などによる動脈硬化が原因である．治療の基本は喫煙であるが，下肢の保温，下肢の外傷の予防や皮膚の清潔も重要である．また運動療法として，疼痛を避けて歩行を段階的に増強し，閉塞や狭窄のない動脈の血流の改善が期待できる．血液の粘性を上げないために水分を摂取するのもよい．そのほか，薬物療法として抗凝固薬や抗血栓薬を使用する．血管内治療として，狭窄した動脈の拡張を試みる．さらに外科的治療として，人工血管をバイパスとして埋め込み，血流の改善を図る．
⇨閉塞性血栓血管炎

ペースト食（ペーストショク） 英paste-diet. ペースト食は食事をすりつぶすことで咀嚼や消化吸収しやすくした食形態の一種である．ミキサー食より粘度が強いため，固形のものを咀嚼し嚥下することが困難となった場合でも，口腔内で食塊を形成しやすく，かつ誤嚥しにくくスムーズな嚥下が可能となる．粘度は蜂蜜状，マッシュポテト状など，嚥下能力に合わせた調整が可能である．しかし見た目が悪く食感も失われるため，食欲不振につながる場合もあることから，食形態の選択は慎重に行い，摂取状況に合わせて変更を検討する必要がある．

ペースメーカー 英pacemaker. 医療でいうペースメーカーは，「人工心臓ペースメーカー」のことで，心臓の不整脈で刺激伝導系機能の低下を補い，必要な脈拍数を維持する機能をもった機器である．ペースメーカーは一時的に使用することがあるが，ほとんどは永久的に使用する「植え込み型ペースメーカー」である．「本体」と「リ

ード（導線）」からなり，本体は「電子回路」「リチウム電池」および「収納ケース」からなる．装着は，局所麻酔下で通常，左胸部の皮下に埋め込まれる．リチウム電池の寿命は5〜15年であるが，これより早い時期に本体の交換を行う．リードは心臓の心房や心室に挿入され，その先端は心臓の壁に刺し込まれて固定され，心臓からの信号を電子回路に伝え，電子回路からの必要な電気刺激が心臓へ伝わる．ペースメーカーの適応は不整脈で，そのうち「洞不全症候群」「房室ブロック」「徐脈性心房細動」などが適応疾患である．

β遮断薬（ベータシャダンヤク） 英 β-blocker／β-adrenergic blocking agent／β-adrenergic blocking drug／beta blocker. 自律神経のうち，交感神経の末端で神経細胞の表面にあるβ受容体への神経伝達物質のひとつであるノルアドレナリンの受容を遮断し，交感神経の作用を阻害する薬物．この薬物は，心臓の拍動を抑える，血管を拡張するなどの作用があり，不整脈（心房細動，期外収縮など），狭心症，心不全，高血圧などの治療に使われる．
⇨ α遮断薬

ベーチェット病（ベーチェットビョウ） 英 Behcet's disease. 口腔粘膜の潰瘍，外陰部の潰瘍，下腿や前腕の固いしこりを伴う赤い皮膚の変化（結節性紅斑様皮疹）などの皮膚症状，および両側性の虹彩や毛様体の炎症あるいは網膜や絡膜の炎症などの眼症状の，4つの症状を主症状とする慢性再発性で全身性の炎症疾患である．20〜40歳の男女に多くみられ，地域的にみると日本のほか，韓国，中国，中近東，地中海沿岸に多くみられる．原因は不明であるが，遺伝的要因が関与した白血球の機能亢進を伴う免疫異常による炎症と考えられている．症状は，4つの主症状のほかに，膝や肘などの関節炎，太い動脈や静脈の炎症，腸管の潰瘍，髄膜炎や脳炎などによる神経症状，さらに認知症などの精神症状を伴うことがある．治療は，抗炎症作用のあるステロイドホルモンや免疫抑制薬の使用で，症状の改善が図られる．とりわけ，失明に至ることもある眼病変の治療は重要である．特定疾患治療研究事業の対象疾患である．

ヘマトクリット値（ヘマトクリットチ） 英 hematocrit. 血液の全容積に対する，赤血球の占める割合を百分率（％）で示した数値．成人の基準範囲は，男性では40〜52％，女性では33〜45％程度である．貧血，出血，血液・造血器疾患などで減少し，脱水，熱傷，下痢などで増加する．

ヘモグロビン 英 hemoglobin 略 Hb／Hgb 同 血色素．ヒトを含むすべての脊椎動物の血液中に存在する赤血球内のタンパク質．「ヘム」という鉄を含む色素と「グロビン」というタンパク質からなり，酸素分子と結合する性質があり，赤色を帯びる．生体内では肺胞の血管内で酸素と結合し全身へ酸素を運搬し，末端血管で酸素を分離する．この，ヘモグロビンが減少した状態が貧血である．

ヘモグロビンA_{1C}（ヘモグロビンエイワンシー） 英 hemoglobinA_{1C} 略 HbA_{1C}. ヘモグロビンA_{1C}は人の血液を組成している赤血球のなかにあるタンパク質のヘモグロビン（Hb）が糖（グルコース）と少しずつ結合したもので，血液中に糖が多い状態（高血糖）が続くとヘモグロビンA_{1C}は高くなる．糖尿病の診断および血糖コントロールがうまくいっているかを知るための血液検査項目．通常血糖値は検査前の食事時間・摂取量や運動量によって変動するため，病気や血糖コントロールの状態を正確に判断できないこともあるが，ヘモグロビンA_{1C}は検査直前の食事摂取時間・量や運動量には影響されず，1〜2か月間の血糖値の平均状態を知ることができる．正常値は4.3〜5.8％で，6.5％以上で糖尿病と診断される．

ヘリコバクター・ピロリ ⓐ *Helicobacter pylori* 略 Hp 同 ピロリ菌．ヒトおよび動物の胃内に存在するグラム陰性桿菌．慢性活動性胃炎を惹起し，また，胃潰瘍，十二指腸潰瘍の再発および遷延因子となる．ヘリコバクター・ピロリ（Hp）感染陽性で慢性胃炎を有する例は胃がんの発症リスクを有する．Hp感染慢性胃炎，Hp起因性胃潰瘍，Hp起因性十二指腸潰瘍では除菌治療を行う．
⇨ 胃潰瘍

ヘルスプロモーション 英 health promotion. 「健康づくり」と訳される．1946年，世界保健機関（WHO）は「健康とは単に病気や虚弱でないことのみならず，身体的，精神的そして社会的に完全に良好な状態を指す」と定義した．そして，この「健康」増進の取り組みは，1986年のオタワ憲章で提唱され，2001年から始まった日本の第三次国民健康づくり運動「健康日本21」の根幹をなす考え方に位置づけられ，「自らの健康観に基づく1人ひとりの取り組みを社会のさまざまな健康関連グループが支援し，健康を実現する」という国民運動になった．2014年以降，この「健康日本21」は，働く世代のうつ病の対策，将来的な生活習慣病発症の予防のための取り組みの推進（子どもへの健全な食生活や活発な身体活動の実践強化など），生活習慣に起因する要介護状態の予防などの運動に姿を変えて発展することになっている．

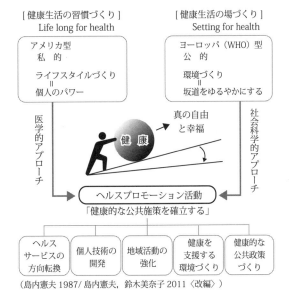

（島内憲夫 1987／島内憲夫，鈴木美奈子 2011〈改編〉）

ヘルニア 英 hernia／ramex. 臓器やその一部が，本来ある場所から，それらを包んでいる組織や構造物を通過して逸脱する状態．代表的な疾患は以下の3つである．①椎間板ヘルニア；椎間板が後方に逸脱して脊柱管のなかに入り込み，神経を圧迫することで痛みやしびれが出る．下位腰椎（L4/5，L5/S1）が最多である．②腹部ヘルニア；腹壁を構成する筋肉の隙間から，腹腔の外に胃・腸

などが逸脱する状態で，鼠径ヘルニアや食道裂孔ヘルニアなどがある．③脳ヘルニア；血腫や腫瘍や部分的な浮腫により循環不全や機能不全が起き，意識障害や呼吸不全が起こる．(a)テント切痕ヘルニア（鉤回がテント切痕を超えて嵌頓），(b)小脳扁桃ヘルニア（大後頭孔に小脳扁桃が嵌頓），(c)大脳鎌下ヘルニア（帯状回が大脳鎌下縁を越えて対側に嵌入），(d)蝶形骨縁ヘルニア（前頭葉下面が蝶形骨縁を越えて中頭蓋窩へ嵌入）の4種類あるが，重度の障害は(a)と(b)で起こる．

ヘルパーステーション 同訪問介護事業所．介護保険制度，または障害者自立支援法に基づき，都道府県知事に指定された指定訪問介護事業者か，市町村に認められた基準該当訪問介護事業者であり，ホームヘルプサービス（訪問介護）を提供するサービスステーションのことをいう．ホームヘルパーは，1956年，長野県の「家庭養護婦派遣事業」が発祥とされ，大阪市での「臨時家政婦派遣事業」などを経て，1963年，老人福祉法の制定により，「老人家庭奉仕員」として制度化された．1990年，ゴールドプラン（高齢者保健福祉推進10か年戦略）で「ホームヘルパー」という名称が登場し，2000年の介護保険制度の実施により，ホームヘルパーは「訪問介護員」ともよばれるようになった．
⇨訪問介護員，訪問介護

ヘルペス 英 herpes．水ぶくれが集まった状態のこと．原因となるヘルペスウイルスは，単純ヘルペス（HHV-1, -2）と水痘・帯状ヘルペス（HHV-3）の3種類がある．HHV-1はかぜやストレスで口の周囲に好発し，HHV-2は性行為で性器に好発する．前者は放置しても2週間ほどで改善するが再発しやすい．後者は抗ウイルス薬による長期治療が必要である．なお，発熱や意識障害がある場合はヘルペス脳炎が疑われるため，早期対応（診断・治療）が大切である．HHV-3は小水疱が帯状に出現するが，皮疹が消えたあとも，痛みだけが長期間にわたり残ることがある（帯状疱疹後神経痛）．この疼痛治療には，非ステロイド性抗炎症薬（NSAIDs），三環系抗うつ薬やプレガバリンなどの神経伝達物質阻害薬，トラマドール塩酸塩などのオピオイド含有鎮痛薬を使用する．

ヘルペス脳炎（ヘルペスノウエン） 英 herpes simplex encephalitis．単純ヘルペスウイルス（HHV-1）によって発症する脳炎で，年間発生頻度は人口10万人当たり0.2人である．年長児から成人に多く，脳炎全体の20％を占める．なお，新生児は単純ヘルペスウイルス2型（HHV-2）によっても発症する．一般的には，発熱，髄膜刺激症状（頭痛，頸部硬直），意識障害（幻視や行動異常），けいれん発作などの症状が出現するが，精神症状や記憶障害で発症する例があり，精神障害や認知症と誤診することがある．死亡率は20～30％のため，早期診断・早期治療が大切である．血液や髄液中のウイルス検査，頭部MRI・CT検査，脳波検査などを行う．抗ウイルス薬（アシクロビルなど）とともに，抗生物質，抗てんかん薬，副腎皮質ステロイド，グリセロールなどが併用される．健忘，人格変化，てんかんなどの後遺症が残ることがある．

便意（ベンイ） 英 desire for defecation．排便したいという感覚．摂取した食物は消化酵素による消化を受け，小腸ではブドウ糖やアミノ酸に分解，栄養素は吸収され，液体状の腸内容は大腸で水分や電解質の吸収が進み，便の形成が行われる．通常，食後24～72時間後にS状結腸に移動し，朝食後に胃結腸反射で直腸までに便塊が移動してくる．この反射は便意につながることが多い．便の量は食事内容により異なり，大腸での移動時間によって水分吸収が進むと体積も小さくなる．便が直腸壁を伸展させ，直腸内圧が約40～50mmHgに上昇すると，その刺激が骨盤神経を介して排便中枢，大脳皮質を刺激し，便意が生じる．認知症の人の場合，食事・水分量の低下，活動量の低下による腸蠕動の低下や胃結腸反射の低下などから便意を感じにくくなることも考えられる．また，便意を感じても，それを他者に伝える方法が異なり，歩き回る，立ったり座ったりと落ち着かなくなる，動かなくなる等もある．
⇨尿意

便器（ベンキ） 英 bedpan．大便の排泄に使用する品．臥床状態で殿部に差し込んで使用するタイプと座位で使用するタイプがある．臥床状態で使用するタイプは，座位姿勢の保持が困難な場合に用いる．座位で使用するタイプは，トイレまでの移動が困難な場合，ベッド近くに置いて排泄できるものである．便座ヒーターつきや家具調外観のものもある．場所を移動できることからポータブルトイレと称されている．

便宜肢位（ベンギシイ） ➡良肢位を見よ．

変形性関節症（ヘンケイセイカンセツショウ） 英 degenerative joint disease／osteoarthritis／osteoarthrosis．荷重に耐えていた軟骨などの関節構成体が退行変性し，有痛性の関節可動域制限を呈するようになった疾患群の総称．中年期以降に多くみられる．関節軟骨の変形・破壊のあと，反応性に骨増殖変化が生じ，さらに二次的な滑膜炎が起こる．それらの随伴症状として，関節痛や関節水腫，関節可動式制限，関節変形が現れる．変形性関節症は原疾患のない一次性（原発性）関節症と，なんらかの原疾患に続いて発症する二次性（続発性）関節症に分類され，日本では一次性は膝関節に多く，二次性は股関節に多く発症する特徴がある．発症にはさまざまな要因がかかわっており，全身的には加齢・肥満・性別・遺伝的要因，局部的には関節の不安定性，関節外傷などが挙げられる．
⇨変形性膝関節症

変形性脊椎症（ヘンケイセイセキツイショウ） 英 ankylosing spondylosis／osteoarthritis of the spine ⑦ spondylosis ankylopoetica／spondylosis deformans．脊椎が加齢に伴い変形し，痛みの出現，可動域制限をきたした状態．軟骨や椎間板が加齢性変化により柔軟性が失われ，それに伴い反応性の骨増殖が起こり，骨棘形成や骨が肥厚することが原因と考えられる．症状としては主に頸部と腰背部の痛みと可動域制限がみられる．起床時や体の動き始めに痛みがみられ，次第に軽快するが，動き続けると痛みが強くなる．脊髄性麻痺などの神経症状や激痛がある場合，可動域制限をきたすほかの疾患がある場合は，変形性脊椎症とは区別される．治療としては，保存治療として，腰痛体操，温熱療法，装具療法，消炎鎮痛薬投与などを行う．

変形性膝関節症（ヘンケイセイヒザカンセツショウ） 英 gonarthrosis．変形性関節症のうちもっとも頻度が高く，とくにふくよかな女性の罹患率が高い．外傷や骨壊死により若年でも発症することがある．症状として，動作開始時や歩行・階段昇降時に疼痛があり，進行すると

安静時にも痛みが現れる．また，関節周囲の腫脹，関節可動域の減少，拘縮，運動時のあつれき音，水腫，内反膝・外反膝がみられる．診断基本は単純X線撮影で，関節裂隙の狭小化・骨棘の形成などの所見があり，画像変化の程度から重症度が分類される．治療としては，保存療法として減量や，正座を避ける，杖の使用などの日常生活指導，大腿四頭筋の筋力強化などの運動療法，温熱療法，消炎鎮痛の内服，ヒアルロン酸などの関節内注入などが行われる．保存療法が無効の場合は，脛骨骨切り術や人工関節置換術などの手術療法が行われる．

便失禁（ベンシッキン） 英 scatacratia. 排便の調整ができず，不随意もしくは無意識に糞便が排出されること．正常な成人の場合には"意識できない"自律神経と"意識できる"体性神経の調整により，肛門括約筋の弛緩と収縮をコントロールしているため不随意もしくは無意識に糞便が排出することはない．肛門手術の後遺症や骨盤内手術後など，肛門括約筋の障害が要因となり，排便を抑制できない場合に起こる．また，重度の下痢による便中の水分の増加による直腸壁の過伸展により，便意をこらえきれない場合や，認知機能障害，意識障害，寝たきりの高齢者などに起こることがある．

偏頭痛（ヘンズツウ） ➡片頭痛を見よ．

片頭痛（ヘンズツウ） 英 migraine headache／migrainous headache／migraine／hemicrania／megrim 同 偏頭痛．片側にみられる拍動性の頭痛で，吐き気や嘔吐，光や音に対する過敏性などを伴うことがある．治療をしないと，4時間から3日ほど持続する．有病率約8％で女性に多い．頭痛が始まる前，前兆が起こる人が多いようである．視覚的な前兆には，きらきらした光や点，線がみえたり（陽性徴候），逆に，物がみえなくなったり（陰性徴候）する．また，皮膚感覚の異常として，チクチク感が出たり（陽性徴候），感覚がなくなったり（陰性徴候）する．また，言葉が理解できない，しゃべれないなどの失語症類似の言語障害や，運動麻痺が前兆として起こるものもある．急性期の治療は，トリプタン・エルゴタミン製剤が，発作の予防にはロメリジン塩酸塩，バルプロ酸ナトリウム，プロプラノロール塩酸塩，アミトリプチリン塩酸塩などが使われる．

便潜血反応（ベンセンケツハンノウ） 英 occult blood reaction of feces. 消化管内の出血を調べる反応で，便中の赤血球に含まれるヘモグロビンを検出する．以前は化学法（グアヤック法・オルトトリジン法・ベンチジン法など）が主に行われていた．しかし，化学法はヒト以外の食肉などの食事や鉄剤等に反応してしまい，偽陽性が問題となった．そのため現在では，ヒトヘモグロビンにのみ反応する免疫法が主要となっている．免疫法は下部消化管出血に高感度に反応し，食事制限が不要である．消化管の潰瘍・がん・炎症などの診断や，大腸がんのスクリーニング目的で用いられている．検出率を高めるために，検体の採取は2日連続が推奨されている．

ベンゾジアゼピン 英 benzodiazepine 略 BZD. ベンゾジアゼピン骨格をもった薬物の総称で，GABA受容体に存在するBZD結合部位（BZD受容体）に作用する．なお，BZD受容体はω1受容体（α1受容体）とω2受容体（α2，α3，α5受容体）に二分され，前者には睡眠作用，後者には抗不安や筋弛緩作用がある．現在，日本では睡眠薬9種類，抗不安薬17種類ほどの薬物があるが，多くが麻薬及び向精神薬取締法の第三種向精神薬に指定されているため，取り扱いには注意が必要である．臨床では，パニック障害，全般性不安障害，不眠症，てんかん，心身症などの疾患や，アルコール離脱症状の予防に用いられる．副作用は，眠気，めまい，集中力低下，転倒などがみられ，ときに，認知障害，攻撃性や行動脱抑制のような奇異反応が生じることがある．短期間での使用は安全かつ有効といわれるが，長期間使用は耐性と身体依存，断薬時の離脱症状が出現する可能性があるため，慎重投与が勧められる．

ベンゾジアゼピン骨格

ベンダーゲシュタルトテスト 英 Bender's Gestalt test 略 BGT 同 視覚運動ゲシュタルトテスト．ゲシュタルト心理学に基づいた観点から，視覚・運動機能の成熟度や器質的な脳障害の有無を測定する方法のこと．ベンダー（Bender L）が1938年に発表した．この心理検査の課題は9枚の図版に描かれた単純な構成の図形を1枚の用紙に模写するものである．これにより，被験者の脳損傷の検出や性格特性，情緒面の特性，自我機能の評価などを行うことが可能といわれる．また，器質性疾患に対する治療効果の確認のためのツールとして使われたり，被験者に対する負担が小さいため高齢者の精神機能検査としても用いられることもある．

ベンチレータ ➡人工呼吸器を見よ．

ベントン視覚記銘検査（ベントンシカクキメイケンサ） 英 Benton's visual retention test. ベントン（Benton AL）により，1945年に開発された視覚性図形記憶の検査．日本では，ベントンによる第3版（1963）が1966年に高橋剛夫により翻訳されている．幾何学図形10枚を提示し（3形式のうち1形式を選択），施行A（図版を10秒間提示し直後に描画），施行B（図版を5秒間提示し直後に描画），施行C（図版を模写させる），施行D（図版を10秒提示し15秒後に描画）の4つの施行を順次行っていく．正解数（各図版の正解の総数），誤びゅう数（各図版の省略，ゆがみ，保続，回転，置き違い，大きさのあやまりの総数）が算出される．正解数と誤びゅう数に基づき，全般的知能の水準が推定される．また，誤びゅうのパターンにより，記憶・視空間構成機能の障害の性質とその程度，および，脳損傷の部位の推定などが行われる．被検査者の障害（難聴，言語障害等）の影響を受けにくい，簡単に実施できるなどの理由により，高齢者に対してもよく実施される．

便秘（ベンピ） 英 constipation／costiveness／obstipation ラ constipatio／obstipatio．大腸内の糞便の通過が普通よりも遅れ，便が長い間腸管内に留まり，水分が過度に吸収され固くなり，排便が困難となった状態のこと．成人の一般的な便の量は，普通の硬さの便が，150〜250g

程度で，排便回数は1日1〜2回である．毎日，排便があっても排便の量が少なく残便感がある場合を便秘とよぶ一方毎日，排便がなくても排便に苦痛を感じない場合には便秘とはいわない．便秘は大きく機能性便秘と器質性便秘とに分類される．前者は，一過性便秘，常習性便秘（弛緩性便秘，けいれん性便秘，直腸性便秘）に分類され，主に大腸の機能異常による腸内容物の通過時間の延長，直腸排便反射の低下などにより引き起こされる．後者は，腫瘍，炎症などによる腸管の狭窄や腸蠕動運動の減弱による，腸管内容物の通過障害により引き起こされる．原因としては，大腸がん，腸閉塞，腹腔内腫瘍の圧迫，潰瘍性大腸炎，巨大結腸症，などが挙げられ，原因となる基礎疾患の治療が最優先される．

片麻痺（ヘンマヒ） ㊥hemiplegia／semiplegia／semisideratio／unilateral anesthesia．体の一側の上肢と下肢に運動麻痺が起こっている状態のこと．運動麻痺とは，大脳皮質にある運動中枢（運動の命令をだす）から，筋肉の繊維（運動のため収縮する）までの経路に障害が起き，随意的な運動ができない状態で，片麻痺は運動麻痺のなかでもっとも多いといわれる．原因の多くは，脳血管障害（脳出血，脳梗塞）で，障害部位は，内包が多いが，ほかにも大脳皮質，脳幹，脊髄の障害でも起こることがある．鑑別すべき疾患には，転換性障害（ヒステリー），脱随性疾患，末梢神経炎などがある．リハビリテーションには，促通法（ブルンストローム法，固有受容性神経筋促通法：PNF，ボバース法，認知運動療法，促通反復療法：川平法），拘束運動療法，集中的訓練・集中的治療，治療的電気刺激（TES），機能的電気刺激（FES）などの理論や方法がある．
⇨麻痺，対麻痺

ほ

防火区画（ボウカクカク）⑧ fire protection division. 火事のときに火炎が燃え広がることを防止するために，建物内部を耐火構造の床・壁で区画することをいう．準耐火建築物および耐火建築物に求められるもので技術基準は建築基準法に定めている．防火区画には，一定の面積ごとに区画する「面積区画」と，垂直方向の火災の進行を抑制し避難経路を確保する「竪穴区画」「異種用途区画」がある．面積区画は，建物内にいる人々が避難するのに必要な時間，区画内が火炎に耐えるように設けられている．竪穴区画は地階または3階以上の階に居室のある建築物が対象とされる．これは，階段や吹き抜け，エレベーター，パイプシャフトのように縦方向に抜けた部分が煙突化現象によって有害な煙や火炎の熱を容易に上階に伝えることを防ぐための区画である．また，階段は重要な避難経路であるため注意を要するが，外に解放されている廊下やバルコニー等が直面する階段には竪穴区画が必要ないなどの緩和もある．
⇨スプリンクラー

防火性能（ボウカセイノウ）⑧ fire performance. 防火に関しては建築基準法において，材料および構造にかかわる技術的基準が定められている．材料関係では，不燃材料等に必要な防火性能として，通常の火災による火炎が加えられた場合に加熱開始後，材料種別の一定時間に要件（燃焼しない，防火上有害な損傷を生じない，避難上有害な煙またはガスが発生しない）を満たすことが規定されている．構造関係では，耐火構造等について建築物の部分に応じて防火性能の内容を，非損傷性（外壁が長期荷重を負担する耐力壁である場合は火炎加熱により崩壊しない），遮熱性（温度上昇による引火が生じない），遮炎性（外気側が火炎加熱されても建物内部側に火炎の貫通がない）に区分して技術基準が定められている．

包括型地域生活支援プログラム（ホウカツガタチイキセイカツシエンプログラム）⑧ assertive community treatment ㊂ ACT. 重症の精神障害を抱えた人が，住み慣れた地域で安心した暮らしができるように包括的な支援を提供するプログラムである．ACTで，アクトとよばれることが多い．ACTでは，統合失調症や躁うつ病などの重症で持続的な精神障害をもつ人たちの，会話，買い物，外出などの日常生活上の困難さからくる，引きこもりなどにも，丁寧な関係性を築くことでサービスにつなぐ役割や変調時のサインを早期に発見するなど，精神科医，精神保健福祉士，看護師，作業療法士等，保健・医療・福祉の多職種の専門チームで，24時間体制で必要に応じた無期限のサービスを提供する．日本の精神医療の分野では，入院治療が中心で進められていたが，2004年の「精神保健医療福祉の改革ビジョン」では，社会的入院者を10年間で7万人退院させる方針を示している．
⇨精神障害

包括的アセスメント（ホウカツテキアセスメント）⑧ global assessment scale ㊂ GAS. 緩和ケアの過程で生じる，疼痛という身体的苦痛への対応だけでなく，患者に心理・社会的，スピリチュアル（宗教的，精神的，霊的）な側面からも介入し，その人がもつ個別性や，多次元的なものから成りたつ全人間的な苦痛をより深く理解することであり，人間として感じるさまざまな苦痛を緩和していくためには不可欠なものである．2002年，世界保健機関（WHO）は，緩和ケアの定義を次のように改訂した．「緩和ケアは，生命をおびやかす疾患による問題に直面する患者とその家族に対して，痛みやその他の身体的，心理的，社会的な問題，さらにスピリチュアルな問題を早期に発見し，的確な評価と処置を行うことによって，苦痛を予防したり和らげることで，生活の質（QOL）を改善する行為である．」となり，緩和ケアの対象は，がん患者のみではなく，非がん患者にも及んでいる．
⇨終末期ケア

包括的支援事業（ホウカツテキシエンジギョウ）介護保険法に規定する地域支援事業のひとつである．高齢者が，自宅や住み慣れた地域で安心して生活を続けられるように，保健，医療，福祉にかかわるサービスを総合的に提供し，被保険者が要介護状態等になることを予防するために行うものである．市町村は，その設置する地域包括支援センターに事業を委託することができる．具体的な事業内容は，①総合相談支援業務（地域のネットワークづくり，高齢者の生活の実態把握の実施），②権利擁護業務（高齢者虐待への対応，成年後見制度の活用促進等の支援），③包括的・継続的ケアマネジメント支援業務（地域ケア体制の構築，介護支援専門員が抱える支援困難事例への個別指導・相談等の実施），④介護予防ケアマネジメント業務（要介護状態等となるおそれが高い高齢者が要介護状態等になることを予防するため，包括的・効率的にサービスを受けられるような支援），の4つに分類される．
⇨地域支援事業

包括的自立支援プログラム（ホウカツテキジリツシエンプログラム）➡三団体ケアプラン策定研究会方式を見よ．

包括的な介護報酬（ホウカツテキナカイゴホウシュウ）介護報酬の支払い方式のひとつである．支払い方式は，出来高払い，包括払い（包括報酬）に大別され，現在は，ケアの行為ごとに加算されていく出来高払い制度が中心になっており，必要量に応じてサービスを積み上げることで費用の負担が増大する．反面，2006年に創設の，小規模多機能型居宅介護，2012に創設された定期巡回・随時対応サービス，複合型サービスは，月額包括払い（包括報酬）にすることで，利用者負担の抑制と，サービスの多機能化の実現に可能性をもたせている．また，介護保険施設，認知症対応型共同生活介護（グループホーム）は，1日のなかで複数回の多機能サービスが提供される包括報酬である．
⇨介護報酬

膀胱炎（ボウコウエン）⑧ cystitis／urocystitis. 膀胱に起こる炎症性変化のこと．病因により細菌性と非細菌性に分類される．大腸菌を中心とするグラム陰性桿菌などに

よる細菌感染によるものが多く感染経路としては，尿道からの上行性感染が多いとされる．女性では，尿道の位置が解剖学的に腟，肛門に近いため容易に感染しやすい．そのほか，神経因性膀胱，糖尿病，腫瘍，結石，冷え，疲労，長時間の排尿のがまん，前立腺肥大による膀胱内の残尿が誘因として挙げられる．頻尿，排尿痛，尿混濁を3大症状とし，発熱や腰痛のみられるものは腎盂腎炎を疑う．診断には尿検査，尿培養を用いるが，非細菌性の場合には，膀胱鏡で膀胱粘膜の局所的表皮化，増殖性病変を認めることによって診断される．水分を多めにとらせ，起炎菌に対する感受性のある抗菌薬を与薬する．繰り返し発症する場合には，基礎疾患の有無を調べる．

芳香拡散器（ホウコウカクサンキ）　➡ディフューザーを見

膀胱機能障害（ボウコウキノウショウガイ）　㊥ bladder dysfunction．排尿行動を正常に行うためには，①尿をためるだけの十分な容量の膀胱，②尿意を感じ，完全に排出することのできる通過障害のない尿道，③蓄尿と排出をつかさどる尿道括約筋の機能の3つが必要である．膀胱機能障害とは，中枢・末梢神経の障害により，これら排泄行動に関連した機能が障害され，排尿機能に支障がある状態である．障害の種類や部位によるが，一般的には主に蓄尿症状と排出症状を伴う．蓄尿症状には，頻尿，尿意切迫感，尿失禁がある．排出症状は，前立腺肥大が主な原因で，尿が出始めるまでに時間がかかる，尿が出始めてから終了するまで時間がかかるなど，尿排出にかかわる症状である．

膀胱訓練（ボウコウクンレン）　㊥ bladder training．切迫性尿失禁や頻尿がある患者に対して，膀胱を拡張する機能を訓練し，膀胱の容量をしだいに増やし，正常な排尿ができるようにするための行動療法である．排尿日誌を併用し，排泄状況に合わせ，昼間2〜3時間ごとの排尿間隔を設定する（夜間は実施しない）．尿意を感じても，すぐに排尿せずに，尿意をがまんする時間を5〜15分と徐々に延長し，自分の意思でコントロールできるようにしていく．おおむね，1回の排尿量250mlを目標とする．必要に応じて骨盤底筋訓練と併用して実施する．膀胱の筋肉の収縮を抑制し膀胱の容量を増やすために，抗コリン薬を使用する場合もある．

膀胱内留置カテーテル（ボウコウナイリュウチカテーテル）　㊥ bladder catheter．膀胱内に尿が貯留し，尿道からの自然排泄が困難な場合に，持続的に導尿することを目的に使用されるカテーテルのこと．カテーテルは尿道口から尿道を通し，カテーテル先端を膀胱内に留置する．手術や絶対安静時の導尿，膀胱・前立腺の手術後の感染防止，尿閉・尿失禁の対策，神経因性膀胱などの対応として用いられる．長期にわたる留置のために，バルーンつきカテーテルが用いられる．尿路感染を予防するために，カテーテルは閉鎖式の蓄尿袋に接続する．

房室ブロック（ボウシツブロック）　㊥ atrioventricular block／auriculoventricular block．心房の興奮が心室に伝導することが障害された状態．第1〜3度の3つの房室ブロックに分類される．第1度はPR間隔が0.2秒以上に延長しているだけのもので，不整脈はみられない．第2度はPR間隔が漸次延長してブロックが起こるもの（wenckebach周期）と，PR間隔が延長せずに突然ブロックが起こるもの（mobitzⅡ型）がある．第3度は完全ブロックで，心房と心室はばらばらに収縮している．なお，mobitzⅡ型と完全ブロックは意識消失やけいれんが起きて死亡する例もあるために注意が必要である．治療には，薬物療法（K⁺チャネル遮断薬あるいは再分極遅延薬，β遮断薬やCa拮抗薬など）とペースメーカー治療，カテーテルアブレーション（カテーテルから高周波を流し，心筋の一部を焼き切る）の3つの方法がある．

法定相続分（ホウテイソウゾクブン）　㊥ legal portion of legacy．民法第900条により「だれが相続人となるのか」「各相続人が受け継げる相続分をこのように分けるのがいちばんよい」と規定されていることを法定相続分という．法定相続分で遺産の分割をすることは必ず行うべきことではなく，相続人同士の話し合いで合意しない場合の法律上の目安になる．たとえば，各法定相続人の取り分は次のとおりである．①相続人が配偶者と被相続人の子の場合は，配偶者2分の1，子2分の1，②相続人が配偶者と被相続人の父母の場合には，配偶者3分の2，父母3分の1，③相続人が配偶者と被相続人の兄弟の場合には，配偶者4分の3，兄弟4分の1，また，子，父母，兄弟がそれぞれ2人以上いるときには，原則として均等に分ける．

法定代理受領（ホウテイダイリジュリョウ）　介護保険のサービス利用料にかかる負担方法．要介護認定を受けた利用者がケアプランに基づいた指定サービスを受けた場合に，利用者は原則として報酬基準額の1・2割分を負担するが，その費用を除いた分（原則として報酬基準額の9・8割分）について，事業者が保険者に請求し，保険者から支払いを受け取ることである．法定代理受領が適用される要件として，①利用者が介護保険の指定事業者，介護保険施設から指定されたサービスを受けること，②居宅サービスを受ける場合は，事前に居宅介護支援を受けることを保険者に届け出ること，になっている．

乏尿（ボウニョウ）　㊥ oliguria．1日の尿量が200〜300ml以下に減少する状態．さらに100ml以下になったものを無尿という．腎機能の障害，体内水分の損失（下痢，嘔吐，発汗），水分摂取の減少などが原因であり，すぐに医療機関を受診する必要がある．

訪問介護（ホウモンカイゴ）　㊥ home-help service／home-based care service．介護保険制度における居宅サービスのひとつであり，要介護者・要支援者の居宅等を訪問して行うサービスであり，利用者が居宅で自立した生活を送れるように，訪問介護員（ホームヘルパー）が訪問して，身体介護や生活援助などの支援を行う．厚生労働省令では，①入浴，排泄，食事等の介護，調理，洗濯，掃除等の家事（居宅要介護者が単身の世帯，または，その同居している家族等の障害，疾病等のため，これらの人が自ら行うことが困難な家事であって，居宅要介護者の日常生活上必要なものとする），②生活等にかかわる相談および助言，③その他の居宅要介護者に必要な日常生活上の世話，と定義されている．利用者の身体に直接接触して行う介助等の「身体介護中心」，身体介護以外の掃除・洗濯・調理などの日常生活の援助を行う「生活援助中心」，通院の際の移動，受診手続等を行う「通院のための乗降介助中心」の3つの区分がある．

訪問介護員（ホウモンカイゴイン）　㊥ home helper　㊥ ホームヘルパー．高齢者や障害のある人の居宅等を訪問し，その人が住み慣れた地域で安心して暮らしていけるように，日常生活全般の援助を行う人，または資格であり，

ホームヘルパーともいう．介護福祉士は訪問介護員の有資格者とみなされるが，それ以外は，都道府県知事の指定する介護員養成研修の課程を修了し証明書を受ける必要がある．3級課程は2009年で廃止．介護員養成研修は，介護職員基礎研修課程，訪問介護1級・2級課程となっている．2013年から，介護職員初任者研修，介護職員実務者研修という新たな研修体系に移行している．訪問介護員が行う介護サービスには，食事や入浴，排泄等の介助といった身体介護と，生活援助サービスとしての調理，洗濯，買い物等の援助，または通院等，乗降介助での移動等の介助，受診等の手続きがある．
⇨身体介護，生活援助

訪問介護員養成研修（ホウモンカイゴインヨウセイケンシュウ） 回ホームヘルパー養成研修．国の省令に基づいて行われる，訪問介護員（ホームヘルパー）を養成するための研修で，介護職員基礎研修，訪問介護員養成研修1級課程，および同2級課程の3種類の研修の総称である．介護保険法では，訪問介護業務に従事することができるのは，介護福祉士のほか，都道府県知事または都道府県知事の指定を受けた介護員養成研修事業者の行う介護員養成研修の課程を修了し，修了証明書の交付を受けた人，となっている．国の，2011年，「今後の介護人材養成のあり方に関する検討会」において，介護員養成研修の見直しが行われた．2013年より，介護職員基礎研修および訪問介護員養成研修1級課程が実務者研修に一本化され，訪問介護員養成研修2級課程は介護職員初任者研修に移行された．介護保険法の改正により，2013年より2級課程は介護職員初任者研修へ移行し，1級課程および介護職員基礎研修は実務者研修へと一本化された．

訪問介護計画（ホウモンカイゴケイカク） 英care plan of home help．介護保険制度で訪問介護を実施する際に，介護支援専門員が作成する介護サービス計画にて求められた内容に沿って作成される計画のことである．計画作成にあたっては，利用者およびその家族の状況，希望などの情報収集を行い現状を把握したうえで，利用者や家族の生活面での課題，訪問介護の目標，担当する訪問介護員等が提供する具体的なサービス実施内容・方法などを明らかに示していく．サービス提供責任者は，訪問介護計画書を作成し，利用者またはその家族に理解しやすい方法で説明を行ったうえで，同意を得て交付をしなければならない．訪問介護計画は，指定居宅サービス等の基準第39条第2項の規定に基づき，2年間保存が定められている．
⇨訪問介護，サービス提供責任者

訪問介護事業所（ホウモンカイゴジギョウショ） ➡ヘルパーステーションを見よ．

訪問型介護予防事業（ホウモンガタカイゴヨボウジギョウ） 英home-visit preventive care program．介護予防事業は，要支援・要介護に陥るリスクの高い高齢者を対象にした二次予防事業と，活動的な状態にある高齢者を対象とし，できる限り長く生きがいをもち，地域で自立した生活を送ることができるようにすることを支援する一次予防事業で構成されている．訪問型の介護予防事業は，通所型の事業やサービスの利用が困難な場合などに，訪問により生活機能の改善を図るもので，二次予防事業のなかに位置づけられている．二次予防事業の対象者で，とくに閉じこもり，うつ，認知機能の低下のおそれがある等，心身の状況等のために通所による事業への参加が困難な人で，市町村が，訪問型介護予防事業の実施が必要と認める人を対象に，保健師，看護職員，理学療法士，作業療法士，言語聴覚士，管理栄養士，歯科衛生士等が，その対象の居宅を訪問して，生活機能にかかわる問題を総合的に把握・評価し，そのうえで必要な相談・指導のほか，必要なプログラムを行う．2015年度介護保険改正による「介護予防・日常生活支援総合事業（新総合事業）」の導入に伴い，本事業は介護予防・生活支援サービス事業として実施される．

訪問看護（ホウモンカンゴ） 英visiting nursing 回在宅看護．病気や障害をもった人が住み慣れた地域や家庭で，その人らしく療養生活を送れるように，看護師等が生活の場へ訪問し，看護ケアを提供し，自立への援助を促し，療養生活を支援するサービスである．現在，健康保険法，高齢者の医療の確保に関する法律，介護保険法等に基づき，病院・診療所などの医療機関，訪問看護ステーションなどが行っている．介護保険制度で要介護認定を受けた人で，主治医が訪問看護の必要を認めた人に対する訪問看護は介護保険で給付される．ただし末期の悪性腫瘍および難病等ならびに急性増悪期の場合は，14日を限度として医療保険で給付される．内容は，病状観察，清潔・食事・排泄などの日常生活ケア，薬の管理，褥瘡の予防・処置，医師の指示による医療処置，医療機器の管理，ターミナルケア，リハビリテーション，認知症ケア，家族支援などである．その人の生活全体を支えるために多職種との連携が不可欠である．

訪問看護師（ホウモンカンゴシ） 英visiting nurse．介護保険法・老人保健法・健康保険法に基づき患者および家族に対し，看護サービスの提供，療養上必要な指導を行う看護職のこと．対象は在宅において寝たきりの状態にある人，疾病または負傷により継続して療養を受ける必要がある人，精神看護の必要な人である．現在，訪問看護師という資格はないが，看護師の資格にかかわらず訪問看護を行う人を訪問看護師とよんでいる．要介護者の居宅を訪問し，療養に関するサービスを提供するもので介護保険サービスのひとつ．居宅サービス計画書（ケアプラン）に基づいて作成した訪問看護計画書に沿って，看護師が訪問する．要介護者の主治医による訪問看護指示書が必要となる．①生活支援（入浴，排泄介助など），②家族支援（介護負担軽減，精神的支援），③予防ケア，④リハビリテーション，⑤ターミナルケアなどを行う．訪問日，看護内容，サービス提供結果などを記載した訪問看護報告書を作成し，定期的に医師に提出しなければならない．

訪問看護事業所（ホウモンカンゴジギョウショ） ➡訪問看護ステーションを見よ．

訪問看護ステーション（ホウモンカンゴステーション） 英visiting nursing station 回訪問看護事業所．病院，診療所以外で，介護保険制度の訪問看護を提供する事業所．原則として管理者であるステーションの所長は看護職であること，常勤の看護職が2.5人以上であることが定められている．要介護者等を居宅に訪問し，自立への援助を促し，住み慣れた地域や家庭で，その人らしく療養生活を送れるように看護師等が医師の指示の下に療養上の世話や診療の補助など看護サービスを行うこと．医療保険と介護保険の両方で利用が可能であるが，主治医が

の必要性を認め訪問看護指示書があることが条件となる．医療・看護ニーズの高い要介護者を地域で支えるために，小規模多機能型居宅介護と訪問看護の複数のサービスを組み合わせた複合型事業所を創設している．

訪問看護療養費（ホウモンカンゴリョウヨウヒ） 英 medical expenses for home-nursing. 健康保険法の保険給付．疾病または負傷により，居宅で療養している人が，かかりつけの医師の指示に基づいて訪問看護ステーションの訪問看護師から療養上の世話や必要な診療の補助を受けた場合，その費用が，訪問看護療養費として現物給付される．給付率は療養の給付と同じである．高額療養費の適用がある介護保険との関係で，被保険者・被扶養者に対する療養の給付の支給は，介護保険法の規定によりこれらの給付に相当する給付を受け取ることができるときは，訪問看護療養費の供給は行われない．

訪問歯科保健指導（ホウモンシカホケンシドウ） 2011年8月に成立した，歯科口腔保健の推進に関する法律（歯科口腔保健法）は，国民保健の向上に寄与するため，歯科疾患の予防等による口腔の健康の保持の推進に関する施策を総合的に推進しようとするものである．基本理念のひとつに，乳幼児期から高齢期までのそれぞれの時期における口腔とその機能の状態および，歯科疾患の特性に応じて，適切かつ効果的に歯科口腔保健を推進すると明記されている．高齢期では歯の喪失防止を目標に設定しての実現を図るため，知識の普及啓発，歯科保健指導の実施（生活習慣，う蝕・歯周病の予防・改善のための歯口清掃方法，咀嚼訓練，義歯の清掃・管理，舌・粘膜等の清掃，口腔の健康および，う蝕予防のための食生活，歯口清掃等），う蝕予防方法の普及，歯周病予防，重症化予防の方法の普及等に関する計画を設定している．訪問歯科保健指導は歯科衛生士等が行う．

訪問診療（ホウモンシンリョウ） 英 home-visit medical examination. 医療を受ける場には，外来医療，入院医療，在宅医療がある．在宅医療における保険診療には，患者の要望に応じて医師が患者の居宅に訪問して行う往診と，通院困難な患者に対して，患者の同意を得て，計画的な医学管理の下に定期的に訪問して診療を行う訪問診療がある．現在，訪問診療を行っている多くは在宅療養支援診療所（2006年新設）や在宅療養支援病院（2008年新設）で，患者・家族に対し，24時間体制をとり，必要に応じて他の病院，診療所，訪問看護ステーション等と連携して診療している．さらに，24時間の対応，緊急時の対応を充実させるため，複数の医師が在籍し，緊急往診と看取りの実績を有する医療機関として，機能強化型在宅療養支援診療所・病院（2014年）が新設された．

訪問入浴介護（ホウモンニュウヨクカイゴ） 英 home-visit bathing long-term care. 介護保険法において，「居宅サービス」のひとつであり，第8条第3項において「居宅要介護者について，その者の居宅を訪問し，浴槽を提供して行われる入浴の介護をいう」と規定されている．また，指定居宅サービス等および，指定介護予防サービス等にかかわる基準を定める条例では基本方針として，訪問入浴介護の事業は，要介護状態となった場合においても，その利用者が可能な限り，その居宅において，その有する能力に応じ自立した日常生活を営むことができるよう，居宅における入浴の援助を行うことによって，利用者の身体の清潔の保持，心身機能の維持等を図るものでなければならないとされている．寝たきり等の理由で，自宅での入浴が困難な要介護者に対して，看護師と介護職員が巡回入浴車で自宅に訪問し，ポータブル浴槽などを使って入浴や洗髪の介護を行うサービスである．入浴の前後には，血圧測定や発熱の有無等の健康チェックを行い，利用者の生命・身体などの安全について配慮することが大切である．

訪問リハビリテーション（ホウモンリハビリテーション） 英 home-visit rehabilitation. 介護保険法第8条第5項において「居宅要介護者について，その者の居宅において，その心身の機能の維持回復を図り，日常生活の自立を助けるために行われる理学療法，作業療法その他必要なリハビリテーションをいう」と規定され，介護給付の居宅サービスに位置づけられている．要支援者に提供される予防給付は「介護予防訪問リハビリテーション」である．サービス内容は，歩行練習などの機能訓練，食事動作・入浴動作・トイレ動作・家事動作などの日常生活動作訓練，摂食嚥下機能の改善，福祉用具や住宅改修の検討，趣味活動，家族への介護方法の指導などである．要介護者や要支援者へのサービスは介護保険給付，それ以外の人へのサービスは医療保険給付である．

法令遵守（ホウレイジュンシュ） ➡ コンプライアンスを見よ．

飽和脂肪酸（ホウワシボウサン） 英 saturated fatty acid. 脂質を構成する脂肪酸のうち，分子中に二重結合を含まないものをいう．親水性の（−COOH）基と疎水性のパラフィン部分からなり，脂質の重要な構成成分である．パルミチン酸，ステアリン酸などがある．肉類や卵，乳製品などの動物性脂肪に多く含まれる．摂取しすぎると肝臓でコレステロールの合成を促進し，血中コレステロールが上昇する．
⇨不飽和脂肪酸

補完代替医療（ホカンダイタイイリョウ） 英 complementary and alternative medicine 略 CAM. 非可逆的疾患または難治性疾患，とくにがんや認知症の治療に対し，現在，確立・実施されている治療法の代わりに他の手段を用いる医療（代替医療）と，現在の治療法に追加・補完を行う医療（補完医療）の2つをいう．日本補完代替医療学会は，「補完代替医療とは現代西洋医学領域において，科学的未検証および臨床未応用の医学・医療体系の総称」と定義し，「①中国医療（中薬医療，鍼灸，指圧，気功），②インド医学，③リンパ球療法，④薬効食品・健康食品（抗酸化食品，免疫賦活食品，各種予防・補助食品），⑤ハーブ療法，⑥アロマテラピー，⑦ビタミン療法，⑧食事療法，⑨温泉療法，⑩酸素療法，⑪精神・心理療法，等を含む」としている．ただし，これらの療法はあくまで代替や補完であるため，現代西洋医学を否定して科学的根拠のない治療法のみ行ったり，昔の生活を理想化して原始時代へ逆行する愚行は避けるべきである．

保健医療サービス（ホケンイリョウサービス） 英 health and medical services. 疾病の治療・看護・予防・管理および，リハビリテーション，健康の保持・増進を含めた包括的な医療サービスをいう．保健医療サービスは，医師，歯科医師，薬剤師，助産師，保健師，看護師，診療放射線技師，臨床検査技師，理学療法士，作業療法士，視能訓練士，言語聴覚士等のほか，医療ソーシャルワーカー，社会福祉士，精神保健福祉士，介護福祉士，介護

支援専門員などによって構成される．各専門職がお互いの役割を理解し尊重しながら，利用者の生活の質（QOL）を確保するためにどのようにサービスを供給し利用するかを考えて実践することが大切である．

保健師（ホケンシ） 稳 community nurse／public health nurse. 「厚生労働大臣の免許を受けて，保健師の名称を用い保健指導に従事することを業とする者をいう」と，保健師助産師看護師法第2条で定められている．健康増進，病気の予防活動を推進する職種．保健医療チームのなかで主に公衆衛生活動を担い，地域住民の生活に密着してさまざまな保健指導を行う．保健所，市町村といった行政機関だけでなく事業所や企業，病院，地域包括支援センターなどにおいて保健師が役割を果たしている．

保健師助産師看護師法（ホケンシジョサンシカンゴシホウ） 稳 Act on Public Health Nurses, Midwives and Nurses. この法律は保健師，助産師及び看護師の資質を向上し，もって医療及び公衆衛生の普及向上を図ることを目的とするものである（昭和23年法律第203号）．通称，「保助看法」とよばれている．保健師・助産師・看護師・准看護師の資格および業務について定めた看護職員にとってもっとも重要な法律であり，これらの看護職員の定義，免許取得の要件，試験の受験資格，名称または業務独占，業務上の一般的義務，法律違反に対する罰則などについて，その基本的事項を規定している．1948年に制定された当初は保健婦助産婦看護婦法であったが，2001年に標題のとおり改題された．時代の要請を受けて改正が行われている．

保健指導（ホケンシドウ） 稳 health guidance. 健康生活に向けて個人または集団の行動を変容させるために行われる指導で，法的には医師法第1条医師の任務の項に，また保健師助産師看護師法第2条，第3条に定められている．保健医療施設，企業，学校などで行われ，助言，教示，監督などの方法がある．

保険者（ホケンシャ） 稳 Insurers. 医療保険の保険者は，①公的な医療保険事業の保険料徴収，給付業務を行うもの．公的医療保険は，職域，地域，年齢によって区分された複数の制度で成り立っており，保険者はその区分によって異なっている（表）．②保険者は，保険料徴収，給付業務だけではなく，2008年の「健康保険法等の一部を改正する法律」に基づいて，健康診断や保健指導等の予算確保と実施体制の整備が定められた．介護保険の保険者は，①介護保険法（第3条）に定める保健事業にかかわる，保険料徴収，給付等の保健事業に附随する業務を行うもの．介護保険の保険者は，市町村，特別区であり，被保険者が少ない市町村などでは，財源の安定を図るためにそれぞれが協力し広域連合が保険者となっている地域もある．②保険者は，保険料の設定，保険料の賦課徴収，保険給付の適正化などを通じて，要介護者のニーズを満たしつつ，安定した介護保険の財政運営を行う責務がある．国民年金の保険者は，①国民年金法（第3条）の定めより，保険者は政府であり，厚生労働大臣がその責任者である．なお，運営については，日本年金機構に委任・委託されて行われている．②国民年金の保険者は，その業務のなかで老後の所得を確保し，高齢者の生活を実質的に支えていくことの役割を担っている．

保健所（ホケンジョ） 稳 community health center. 地域保健法に規定された，疾病予防，健康相談，保健師の家庭訪問，食品衛生，環境衛生，環境試験，検査，衛生教育などを行う地域の公衆衛生活動の中心となる保健衛生行政機関で，1937年に創設された．地域保健法第3章第5条により都道府県，地方自治法の指定都市，中核市，その他の政令で定める市または特別区が設置することとしている．医師，保健師，獣医師，薬剤師，栄養士などを配置し医療従事者などの免許申請受付，検便，感染症対策，食中毒対策など地域保健法第3章第6条および新7条に主な事業が示されている．

保険診療（ホケンシンリョウ） 稳 health care services covered by health insurance. 国民健康保険などの公的医療保険制度が適用される診療で，医療費の一部を保険者が給付する仕組みになっている．公的医療保険制度（国民皆保険）は1961年に制度化され，①被用者保険（協会けんぽ，共済組合，日雇い健康保険など），②地域保険（国民健康保険），③後期高齢者医療制度，に分けられる．一方，公的医療保険制度の枠外の診療を受けることを自由診療（保険外診療）といい，保険適用外の新薬，最先端の医療などは全額自費となる．なお，保険診療と保険外診療の併用を混合医療といい，原則として禁止されている．ただし，先進医療，医薬品や医療機器の治験にかかわる診療，適用外の医薬品の使用などの評価療養7種類と，差額ベッド，時間外診療，大病院の初診・再診，120日以上の入院などの選定療養10種類は例外的に併診が認められている．

保健福祉事業（ホケンフクシジギョウ） 稳 health care and public aid projects. 介護保険法（第115条48）に基づき，地域支援事業のほかに市町村が実施する事業であり，対象は被保険者すべて，並びに在宅で介護をする家族である．財源は，第1号被保険者の保険料で賄われており，内容や方法については市町村が独自に行う事業である．法に定める具体的な例は次のとおりである．①介護者の支援のために行われる事業（介護教室やリフレッシュ事業等），②介護予防のために必要な事業（介護予防教室，健康教室），③介護保険施設や各種事業の運営にかかわる事業，④介護給付等対象サービスのための費用の貸付，その他の事業（高額介護サービス費資金貸付事業）．
⇒地域支援事業

保険料（ホケンリョウ） 稳 premium of medical insurance

公的な医療保険の枠組みと保険者

区分			保険者	被保険者
職域保険	被用者保険	組合管掌健康保険	健康保険組合	大企業従業員ならびにその被扶養者
		一般 政府管掌健康保険	全国健康保険協会（協会けんぽ）	中小企業従業員ならびにその被扶養者
		特定 船員組合	全国健康保険協会（協会けんぽ）	船員ならびにその被扶養者
		共済組合	各共済組合	国家公務員，地方公務員，私立学校等ならびにその被扶養者
	自営業者保険	国民健康保険	市町村・特別区など	65歳未満の自営業者
地域保険			市町村・特別区など	65歳未満の職域保険に属さない人
		前期高齢者医療制度	市町村・特別区など	65〜74歳の職域保険に属さない人
後期高齢者医療制度			後期高齢者医療広域連合	原則75歳以上の人

※なお，退職者医療制度は2014年まで経過措置で行われている．

／premium of public long-term care insurance／insurance premium of public pension program. ①医療保険における保険料（premium of medical insurance）は，(a) 被保険者が加入する保険者に支払うもので，公的医療保険制度を維持するためにあてられる料金をいう．保険者は，職域，地域，年齢によって区分された複数で成り立っており，保険料率はその区分によって異なっている．保険料を支払うことにより一定の自己負担額で医療行為を受けることができる．(b) 保険料は，保険者により保険料率が定められており，内訳は加入者の医療給付にあてられる基本保険料率と，高齢者の医療給付にあてられる特定保険料率で構成されている．保険料率は，会社員などの被用者保険では，標準報酬月額，標準賞与に保険料率を乗じた額で決定される．組合管掌健康保険，共済組合の保険料率と労使の負担割合は保険者によって自由に設定することができるために加入者によって保険料は異なる．全国健康保険協会（協会けんぽ）が保険者である政府管掌健康保険，船員保険は，都道府県ごとに保険料率が設定されている．自営業者や職域保険に属さない被保険者は国民健康保険であり，保険料率は市町村，特別区においてその実情において定められた保険料率に，所得割，資産割，被保険者均等割，世帯別分離割等を組み合わせた額で決定する．支払いは口座引き落としか，納付書かを選択できる．後期高齢者医療制度の保険料は，均等割と所得割で算定される．支払いは年金からの引き落とし（特別徴収）か，納付書（普通徴収）かを選択できる．なお，国民健康保険，後期高齢者医療保険では，経済的事由や災害などにより支払いが困難になった際の保険料の減免や徴収猶予，減額等が受けられる．②介護保険における保険料（premium of public long-term care insurance）は，(a) 介護保険事業に要する費用にあてるため被保険者が拠出する料金をいう．被保険者は65歳以上の第1号被保険者，40～64歳までの第2号被保険者がある．(b) 第1号被保険者の保険料は，全国一律ではなく市町村介護保険事業計画に定める介護給付等サービス見込量等に基づいて算定された保険料の基準額が定められる．なお，所得に応じて5～6段階の所得階層別の保険料が設定されている．この基準額は3年に一度設定され，徴収は，年金から天引きされる特別徴収が原則で，納付書を利用した普通徴収は，転入時や新たに65歳になった人等が対象となる．第2号被保険者の保険料は，加入する公的な医療保険（健康保険，共済組合，国民健康保険）に上乗せして徴収され，各健康保険，共済ごとに設定される介護保険料率と給与等で異なり，事業主と被保険者で折半である．国民健康保険の場合，所得割，資産割，被保険者均等割，世帯別平等割の4つのなかから，市町村ごとに組み合わせが定められ，介護保険料が算定される．また国民健康保険組合の場合，規定で保険料率が定められる．③国民年金における保険料（insurance premium of public pension program）は，(a) 国民年金制度を維持するためにあてられるため被保険者が拠出する料金．年金事業の運営業務は日本年金機構が担い，積立金と現行の保険料を用いて賦課方式にて年金の支払いが行われる．保険料は，大学生や自営業者などの第1号被保険者，会社員や公務員で厚生年金や共済年金に加入している第2号被保険者，専業主婦など扶養されている第3号被保険者がある．(b) 国民年金は賦課方式で運営され保険料は定額制であるが，納付方法は被保険者の種別によって異なる．第1号被保険者は，指定機関，店舗での納付書払いのほかクレジットカードや口座振替等各種方法での支払いが可能であり，まとめて支払うことによる割引もある（2014年の月額は15,250円）．保険料免除制度が設けられており，本人・世帯主・配偶者の前年度所得が一定以下の場合や失業した場合などは申請により，全額，4分の3，半額，4分の1の免除が受けられる．法定免除は，障害年金受給，生活保護の生活扶助，ハンセン病療養所入所者等の場合は申請により免除になる．また，学生の場合「学生納付特例制度」や30歳未満の場合所得要件により「若年納入猶予制度」が設けられている．なおこれらの申請は，住民登録をしている市（区）町村担当窓口である．第2号被保険者は，毎月受ける給与や賞与に基づいて，定められた保険料率を乗じた額を労使と折半で負担して支払う．第3号被保険者は，配偶者（第2号被保険者）が加入する厚生年金や共済組合等が一括して負担するため，個別に納付する必要はない．

歩行介助（ホコウカイジョ） Ⓡ walk-support．介助者が介助される人の歩行「したい」や「しなければならない」「する」ことに対して，その人の体幹や上下肢の筋力や関節可動域のみならず，立位バランスや歩行能力にかかわる歩行パターンの評価に基づいて最適なサポート（介助）を提供すること．そのため，介助される人にはその人のいままでの「本人なりに安定した」歩行パターンがあるので，無理に安心・安全と考える歩行を介助者が指導することは禁忌である．介助者は介助される人が「不安やもっとよくなりたい」と具体的に感じている場面を共有したうえで，介助者の意思に沿って最適な歩行パターン（速度，距離，歩幅，杖など）を選択する．歩行介助の目的である，転倒・転落しない安定した立位バランスと安全な歩行が可能となるように「寄り添う」自然な「力添え」によって，心身の緊張を緩和させられる環境構築（たとえば，履き物や途中の休憩場所，照明，杖などの考慮）を心がける．
⇨歩行介助ロボット

歩行介助ロボット（ホコウカイジョロボット） 立位や歩行が安定するよう，体重を支持し，バランスを補助するロボット．主に練習支援型，自立支援型（歩行アシストロボット），介護支援型の3分野に分類される．また，その形状により設置型と装着型に分かれ，練習支援型では設置型が多く，自立支援型では装着型が多い．練習支援型や介護支援型は，杖や歩行器等で歩行できない，急性期や比較的障害の重い利用者が対象となる．生産人口の減少と高齢化の進展という社会背景のなかで，ロボット技術の進歩に対する期待は大きい．今後の実用化へ向けてさらなる研究・開発が待たれる．

歩行器（ホコウキ） Ⓡ walker／walking frame．歩行補助杖，クラッチからなる歩行補助具のひとつ．歩行支援のための福祉用具であり，歩行補助杖やクラッチよりも大きな安定性と支持性，耐久性があるのが特徴である．使用に際しては，両手が使えることと立位で歩行器を操作できるバランス能力のあることを確認する必要がある．歩行器の使用は不整地や段差，階段に適さないが，屋外でも可能である．構造は，握り（グリップ）部とフレーム部，脚部の3部分からなる．脚部に車輪がないものと車輪を有している（一部あるいはすべて）歩行器に大別

される．基本的には，フレーム部のなかに立って，車輪のない歩行器（図右：持ち上げ式と交互式）では両側のグリップ部を握り，操作する．車輪つきの歩行器（図左：四脚二輪とキャスターつき）ではグリップや前腕部で支持して操作する．介護保険上では，歩行車（いわゆる手押し車あるいはシルバーカー，買い物カー）も歩行器として統一されている．

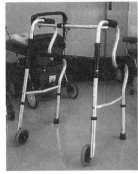 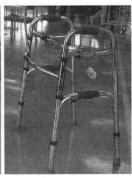

⇨歩行補助機器

歩行器型杖（ホコウキガタツエ）㊥walker cane．握り部，フレーム部，脚部からなり，利用者の身体の前および左右を囲むようにフレームがあり，立位・歩行時に体重を支え，バランスを補助する可動式の器具．杖よりも安定性に優れるため，杖を用いて歩行が困難な場合に利用されることが多いが，機動性に劣る．さまざまな種類があり，利用者の残存機能や使用環境に適したものを選定する必要がある．握り部は両手・腋窩・前腕等で支持する．フレーム部は脚部との接合部が，①固定されフレームを持ち上げて前方に下ろし進む固定型と，②可動性を有し，左右のフレームを交互に動かし進む交互型がある．脚部は3ないし4の接地面を有し，ゴムキャップ，キャスター，混合型の3種類がある．キャスターがついたものは歩行車ともよび，ローレイター等も含まれる．折り畳み式のものもあり，携帯や保管の際，この点も考慮する必要がある．障害者自立支援法による補装具の対象であり，介護保険制度では福祉用具貸与の対象である．

歩行訓練（ホコウクンレン）㊥gait training／walking training．何らかの心身機能障害をもたらす疾患や事故，あるいは低活動による生活習慣を原因として，日常生活において歩行に支障をきたしたために，歩行機能の維持，回復，向上を目的として行う訓練．歩行の基本的機能には3つある．第1は直立姿勢を維持すること，第2は立位バランスを保持すること，第3は足踏みができること，である．そのために訓練の目標は，安全性を前提として，転倒しないための歩行の安定性と機能的な歩行のための耐久性（時間と距離），そして速度である．歩行訓練には段階づけが必要である．まず平地歩行から始め，次に階段や斜面の昇降歩行と続き，さらに溝や敷居，段差などを想定した障害物を越える応用訓練を行い，最後は戸外での訓練で終わる．第1段階の平地歩行訓練では，まずいすからの立ち上がり・座り運動，平行棒内歩行訓練，最後に平行棒内の真ん中に引かれた直線上の継足歩行（タンデム歩行）や横向きの歩行（横歩き）を実践する．

⇨バランス訓練

歩行支援用具（ホコウシエンヨウグ）➡歩行補助機器を見よ．

歩行時間延長信号用小型送信機（ホコウジカンエンチョウシンゴウヨウコガタソウシンキ）①障害者総合支援法（第77条第1項第6号）に基づき，市町村が実施する地域生活支援事業の日常生活用具給付事業に定められた，視覚障害のある人のための自立生活支援用具に位置づけられている福祉用具．利用にあたっては市町村長（担当課）に申請し，利用が開始され，利用者負担は市町村自治体によって異なる．②横断歩道に「音響式信号機」と，「青延長用押ボタンつき信号機」が設置されている場合には，この送信機を使用することで，青色時間を通常より長くすることや，信号機の操作ボタンを押すことが遠隔操作により行うことができる．電波の届く範囲は環境により異なるが，最大15〜20mである．横断歩道信号だけではなく，受信機が設置されているバス停や公共施設では，送信機からの信号を受け取ると音声誘導が発信されるシステムになっている．在宅での使用も可能で，自宅玄関等に受信機を設置することで，送信機をもつ人が近づくとメロディが流れ知らせてくれる．

⇨障害者総合支援法

歩行車（ホコウシャ）㊥wheeled walking frame ㊥歩行補助車．歩行支援のための福祉用具であり，介護保険上はすべて歩行器で統一されている．構造的に大きく三輪，四輪（図A），六輪（図B）歩行車に分かれる．病院・施設内では肘・上腕で支持する四輪や六輪歩行車が用いられている．屋外において日常的に用いられている歩行車はシルバーカー（買い物カー型の歩行車／図C）とよばれている．歩行車は杖や松葉杖より安定性があり，上肢の筋力が弱くても前進操作や方向転換ができるため，早期リハビリテーションから歩行訓練に用いることができる．留意点は，グリップの高さが調節できることと，家

 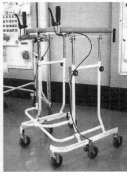

図A　四輪　　　　　　　図B　六輪

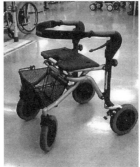 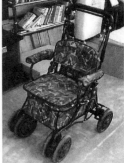

図C　シルバーカー　　　図D　歩行車

の出入り口や不整地，段差のある場所を容易に操作できるために車輪の大きな歩行車を選ぶことである．戸外にて目的地到達までに休息（シートに腰をかける）を必要とする使用者には，安全上，手前のバーを取っ手とする歩行車より，両側のグリップを把持して操作できると同時に，ロックをかけてその場で体を回旋して座れる歩行車（図D）を選択することが望ましい．

歩行障害（ホコウショウガイ）㊧ dysbasia／gait disturbance．先天的あるいは後天的にさまざまな疾病や事故などの原因により，自力にて歩行することが不可能になったり，十分にできなくなったりする状態をいう．その原因は大きく3つに分類され，①骨折や脳血管障害・脊髄損傷などの後遺症による痛み，②廃用症候群や麻痺などの心身機能の低下による筋力低下，③加齢による運動機能の低下や神経伝導速度（反応速度）の低下などがある．これらの原因の除去あるいは緩和・軽減のためには，リハビリテーションにおいてさまざまな手技を用いると同時に，当事者が望む生活環境に最適な福祉用具の貸与や装具の装着を考慮したり，住環境において手すりをとりつけたり，歩行車や車いす使用のために敷居や段差を撤去，あるいは改造したり，歩行補助杖などを提供したりする．

補高便座（ホコウベンザ）㊧ raised toilet seat．①介護保険法（第44条第1項）で定められた排泄の際の自立支援，または介護者の負担軽減に用いる福祉用具のひとつである．年間10万円を上限として，その1〜2割が自己負担となり，窓口は市区町村である．②便座からの立ち上がりやしゃがみ込み等，車いすの高さと合わせて移乗を容易にするために便座の高さを調節するための用具である．形状としては，和式便器の上に置いて腰かけ式に変換するもの，洋式便器の上に置いて高さを補うもの，電動式またはスプリング式で便座から立ち上がる際に補助できる機能，ポータブルトイレなどがある．ウォシュレット一体型の補高便座は一体型ならば購入費支給の対象となる場合もあるが，ウォシュレット機能そのものを単独で設置するものや水道工事は認められない．

歩行補助機器（ホコウホジョキキ）㊧ walking aid ㊥ 歩行支援用具．立位や歩行が安定するよう，体重を支持し，バランスを補助する機器の総称．具体的には杖，歩行器，歩行車など，立位・歩行時に利用者の残存機能や能力の発揮を直接支援するものと，移乗時の手すりや移動時の段差解消のスロープなど環境面から支援するものがある．最近では歩行支援ロボットの開発も進んでいる．なおシルバーカーは自立歩行可能な利用者の補助を想定している．さまざまな種類があるため，利用者の残存機能と使用環境や目的に適したものを選定する必要がある．
⇨歩行器，歩行車，福祉用具

歩行補助車（ホコウホジョシャ）➡歩行車を見よ．

歩行補助杖（ホコウホジョツエ）㊧ walking cane．歩行器とクラッチからなる歩行補助具のひとつで，体重を支える十分な握力で杖の握り手を持って使用する福祉用具．使用者の身体機能や要望に合った最適な歩行補助杖を購入することが大切である．杖の高さは履き物を履いて大転子の高さに調整し，杖の長さは杖をつく足の外側15cmの地点についたときに肘関節が30°に屈曲するのが最適である．その目的は大きく5つあり，①歩行時の不自由な下肢にかかる体重の支持（荷重免荷），②ふらつ

図A 一本杖（T字杖）　　図B 歩行補助杖（四点杖）　　図C サイドウォーカー

き防止，③歩行パターンの矯正，④歩行速度と耐久性（時間と距離）の改善，⑤歩行の安心感を増す，などである．代表的な歩行補助杖にはT字杖・一本杖（図A）がある．同じ一本杖にはL字型やC字型杖（J字型杖：ステッキ型）もある．一本杖以外に，四点杖・多点杖・多脚杖（図B）がある．歩行器と杖の両方の機能を併せ持つサイドウォーカー（図C）もある．
⇨T字杖

保佐人（ホサニン）㊧ curator．認知症や知的障害，精神障害等により判断能力が失われていないが，いちじるしく不十分な場合，本人や親族等からの申立てにより家庭裁判所より選任されて本人を支援する人．保佐人の主な職務は，本人の心身の状態や生活状況に配慮しながら，本人が重要な財産行為を行う際に適切に同意を与えたり，本人が保佐人の同意を得ないで重要な財産行為をした場合にこれを取り消したりすることである．主な同意行為として預金の払い戻し，不動産売買，訴訟行為，贈与や和解，新築・増改築・大規模修繕など法律で定められた一定の行為について保佐人の同意を得ることが必要になる．同意権のほかに保佐人に代理権が付与されれば，その範囲内で代理権を行使することもできる．また定期的に後見事務報告書を家庭裁判所に提出し，後見活動内容を報告しなければならない．基本的に後見活動は本人が死亡するまでまたは判断能力が回復して後見が必要なくなるまで続くものである．
⇨成年後見人，補助人

ポジショニング➡体位変換を見よ．

補助人（ホジョニン）㊧ assistant．認知症や知的障害，精神障害等により判断能力が不十分な場合，本人や親族等からの申立てにより家庭裁判所より選任されて本人を支援する人．申立ての際に，補助人に同意権や代理権を与えるには本人の申立てまたは同意が必要となる．補助人の主な職務は本人の心身の状態や生活状況に配慮しながら，同意権の認められた範囲の行為について，本人がその行為を行う際に同意を与えたり，本人が補助人の同意を得ないでその行為をした場合にこれを取り消したりすることができる．同意権のほかに補助人に代理権が付与されれば，その範囲内で代理権を行使することもできる．

また定期的に後見事務報告書を家庭裁判所に提出し，後見活動内容を報告しなければならない．基本的に後見活動は本人が死亡するまでまたは判断能力が回復して後見が必要なくなるまで続くものである．
⇨成年後見人，保佐人

ホステル hostel 同 生活訓練施設／援護寮．精神に障害をもつ人が地域で自立した生活ができるようになるための入所施設．利用者は地域で生活していくために必要なことを，職員の支援を受けながら取り組む．ホステルで行っている支援として，地域生活支援ハンドブックでは，①お金の管理がにがてな人への支援，②身体合併症を伴う人への支援，③知的障害がある人への支援，④病院に長期入院していた人への支援，⑤年齢が若い人への支援，⑥調子がよくないときの支援，など具体的な事例を挙げて支援の方法について，解説をしている．

ホスピス 英 hospice．1967年，ソンダース（Saunders C）によって開設されたロンドン郊外の聖隷クリストファー・ホスピスに始まる．主に，がんの末期患者の全人的苦痛をチームを組んでケアしていこうというもので日本では1981年に浜松の聖隷ホスピス，1984年に淀川キリスト病院ホスピスが開設されている．肉体的な苦痛を取り除くだけではなく，精神的な苦痛，孤独，不安などを軽減し，患者やその家族とともに生命の意義を考えつつ，最期まで人間らしく尊厳をもって生き抜くことができるように援助していくところ，と聖隷ホスピスは定義している．

補装具（ホソウグ） 英 prosthesis／prostheses／supportive device／supportive brace．障害者自立支援法の制定に伴い，身体障害者福祉法並びに児童福祉法に基づく補装具給付制度が一元化され，補装具は，補装具費支給制度に規定されている．制度でいうところの「補装具の交付・修理」である．厚生労働省の「補装具費支給制度の概要」に，補装具とは「障害者が日常生活を送る上で必要な移動等の確保や，就労場面における能率の向上を図ること及び障害児が将来，社会人として独立自活するための素地を育成助長することを目的として，身体の欠損又は損なわれた身体機能を補完・代替する用具」と記載されている．具体的な種目として，四肢や身体の一部に欠損が生じた人に対して外観的並びに機能的に当該欠損部分を補う「義肢」や，残存部分の補完や変形の矯正や予防を目的とした「装具」，それに「座位保持装置」などをはじめ，全部で16種目が定められている．介護保険制度に定められた福祉用具と共通する補装具の利用を希望した場合，介護保険制度の福祉用具貸与が優先される．

保続（ホゾク） 英 perseveration．場面や状況が変わっても，前に行った行動や言葉を繰り返し続ける現象．保続は意図性保続（intentonal perseveraton）と間代性保続（clonic perseveraton）に分けられる．意図性保続とは，新しい行為を起こそうと意図するときに以前に行った行為や応答の一部が繰り返される現象で，一度書いた単語の全体や一部がその後に別な単語を書こうと思ったときにも出てくるもの．間代性保続とは，ある行為をいったん始めるとその行為が繰り返し続く現象（たとえば，同じような線を何本も引き続けるなど）．保続は発話，書字，描画，行為などさまざまな場面で出現する．また，1つ目の課題はうまくできても，それ以降の課題で保続による誤りがみられることもある．前頭葉，側頭葉や大脳基底核に原因病巣がある．また，言語にみられる保続は，失語症にみられることが多い．

保存療法（ホゾンリョウホウ） 英 conservative therapy／conservative treatment．疾病の原因となる病巣の摘出や手術や，がんの放射線治療，細菌による肺炎に対して抗生物質を用いて原因である細菌の繁殖や活動を抑制する，といった根治的な方法（原因療法）ではなく，健康維持や身体の機能・構造の維持を目的とした治療法．対症療法を中心に行われる．つまり，患者の心身に引き起こされたそのときの状況に対応した治療法で，疾病の症状を軽減・緩和し，治癒を促進させるために実践される治療法である．疾病や事故による損傷の状態や予後に基づいて，最適な療法として物理療法を含めたリハビリテーションや薬物療法，装具療法，食事療法などが選択される．

ポータブルトイレ 英 portable toilet．携帯用の便器で，尿意や便意はあるがトイレまでの移動に時間を要する場合や，トイレへの移動が困難な場合に用いられる．使用にあたっては，背もたれや肘かけがあるもの，安定感があるもの，座位の状態で足をうしろに引くスペースがあり，立ち上がりやすいものなどを選ぶことが大切である．介護保険では福祉用具のうち貸与になじまないものの販売を行う「特定福祉用具販売」のなかに定められた福祉用具の腰掛便座のなかにポータブルトイレ（便座，バケツ等からなり，居室において利用可能であるもの）が含まれている．要介護認定を受けている場合，1割もしくは2割負担で購入することができる．

ボタンエイド 英 button aid．手の不自由な人が，ボタンを止めるためにボタンホールに差し込み，ボタンを引き出してボタンをかける道具のこと．公益財団法人テクノエイド協会ではパーソナルケア関連用具のなかの更衣用具として位置づけている．手指に障害がある場合，小さなボタンから大きなボタンまで，外すことはできるがかけることが困難な人が多いといわれている．自助具として活用するには練習が必要．道具の選び方のポイントとしてはボタンの大きさに合わせることや，握るか，手にはめるか，使い勝手を試すことが挙げられる．自助具とは，身体の不自由な人が日常の生活動作をより便利に，より容易にできるように工夫された道具と保健福祉広報協会では定義している．

補聴器（ホチョウキ） 英 audiclave／audiphone／hearing aid／osteophone／otophone．普通の大きさの声で話される会話が聞き取りにくくなったときに，はっきりと聞くための管理医療機器のことであり，遠く離れた音や，特別に小さい声を拡大して聞くものではない．難聴が重く身体障害者に認定されれば障害者総合支援法により購入時に補助が受けられる．70dB以上から聴覚障害者手帳が交付される．2006年4月1日に改正された薬事法により補聴器は管理医療機器に分類が変更されている．補聴器には以前から使われているアナログ補聴器とデジタル補聴器があるが最近ではデジタル補聴器が多く使われている．デジタル補聴器とは極小のコンピュータが内蔵されているものをいい，内蔵されているコンピュータで外部からの音を処理して聞こえやすくしてくれる仕組みである．補聴器を装着しても聞こえる音や，聞こえない音には個人差があり，コンピュータの調整が必要になる．補聴器の購入は健康保険が適応されないため，全額自己

負担になるが場合によっては補助金（公的助成）や医療費控除を受けることができる．公的助成には身体障害者手帳が必要で指定医による「補聴器支給意見書」の交付と障害者総合支援法取扱の補聴器販売店より「見積書」の発行により自治体担当課に提出する．必要と認められれば公的助成を受けることができる．また，補聴器は医療器具であり高額のため，条件が合えば「医療費控除」の対象となり確定申告することができる．補聴器は医療器具として厚生労働省に認可されているものをいうが，類似したものに集音器や助聴器など厚生労働省から医療機器として認可されていないものが安易に購入できる状況になっている．

発疹（ホッシン） 英 eruption／exanthesis／lesion／anthema 独 exanthema 同 皮疹．「はっしん」とも読む．皮膚にできる病変．近年は皮疹のほうがよく使われる．健康な皮膚に初めて現れる発疹を原発疹といい，原発疹が変化したもの，あるいは原発疹に続発して生ずる発疹を続発疹という．原発疹には，斑，丘疹，結節，腫瘤，水疱，膿疱，嚢腫，蕁麻疹などがある．原発疹に続いて起こる続発疹には表皮剥離，びらん，潰瘍，膿瘍，亀裂，鱗屑，痂皮，胼胝，瘢痕，萎縮，色素沈着などがある．薬物の副作用によるものを薬疹という．また粘膜に生じたものを粘膜疹という．介護現場では，観察を十分に行い疥癬や帯状疱疹などを早期に発見し，対処する．

発赤（ホッセキ） 英 redness／flush／ruber／redden 独 rubor．炎症時にみられる徴候のひとつで，皮膚や粘膜が赤みを帯びること．赤みは，局所の小動脈や毛細血管の充血による．急性炎症では，腫脹，疼痛，熱感を伴うことが多い．発赤は，表皮から真皮の浅い変化でなく，皮下組織に至るまで全体に腫脹して，かつ赤みを帯びている場合をいう．なお，丘疹（papule）や結節（nodule）などの周囲が赤みを帯びている限局性の発赤は紅暈（red halo）という．終末期にある認知症の人では，寝返りができなくなると褥瘡が発生しやすく，褥瘡の初期段階として発赤を認める．発赤のサインから早期発見・早期対応につなげ，身体的苦痛を緩和することが大切である．
⇒炎症，めまい

ホットパック ➡温湿布を見よ．

ボツリヌス菌（ボツリヌスキン） 英 *Clostridium botulinum* 同 腸詰菌．クロストリジウム（*Clostridium*）属の細菌で，土壌や海・湖・川などの泥砂中に広く分布するグラム陽性の嫌気性大桿菌．熱に強い芽胞を形成し，120℃で4分間以上の加熱をしなければ死滅しない．菌は飯寿司（いずし）や缶詰・瓶詰などの保存食品中で，一定の発育条件（酸素がなく，温度3.3℃，pH4.6以上など）がそろうと増殖し，猛毒の神経毒を産生して食中毒を起こす．食中毒の症状は，ボツリヌス毒素が産生された食品摂取後8～36時間で，嘔気・嘔吐や視力障害，言語障害，嚥下困難などの神経症状が出現し，重症になると呼吸筋の弛緩性麻痺を起こして死に至る．予防として，①膨張した真空パックや缶詰，異臭（酪酸臭）がある食品は絶対に食べない，②保存は3℃未満の冷蔵か冷凍，③食べる直前に十分に加熱（80℃で30分間以上）などが挙げられる．
⇒食中毒

ボディメカニクス 英 body mechanics．運動学や解剖学，生理学，力学の基礎知識に基づいて，身体運動をつかさどる筋・骨・関節の相互関連や仕組み（メカニズム）をより深く理解することができる応用理論．ボディメカニクスを熟知すると介護者は身体負担を軽減させると同時に，被介護者にも身体的負担を生じさせることなく介護を提供することができる．介護者の最小の身体労力によって，最大で安全な介護効果につなげられる．介助におけるボディメカニクスには以下の5つの原則がある．①両足を開いて支持基底面を広くとり，安定感を増す．②重心の位置を低くし，てこの原理を応用して重心を移動させやすい姿勢をとる．③被介護者の身体にできる限り近づくことにより，自分の体重と重心を調和させる姿勢をとる．④被介護者の重心を中心に集める．⑤体幹や下肢などの大きな筋群を用いて力学的に大きな効率を得る．

ホームヘルパー ➡訪問介護員を見よ．

ホームヘルパー養成研修（ホームヘルパーヨウセイケンシュウ） ➡訪問介護員養成研修を見よ．

ボランティア 英 volunteer．ラテン語の「volo」の名詞形である「voluntas」が語源とされている．「volo」には「喜んで○○をする」という意味があり，「voluntas」には「自由な意思」という意味がある．人から強制されるのではなく，自分からなにかできることはないかという気持ちのことを示す．また，よりよい社会づくりのために「自分でできること」とボランティア応援サイトでは紹介している．このような気持ちを実践していくことをボランティア活動という．ボランティアについて紹介している社会福祉協議会公式サイトで公開している「地域福祉・ボランティア情報ネットワーク」ページではボランティアの4原則として，①自主性・主体性，②社会性・連帯性，③無償性・無給性，④創造性・先駆性を活動を行ううえでのポイントとして説明している．活動を行う分野は社会福祉に限らず，医療・保健，国際協力，芸術・文化，スポーツなど幅広く，自分でできる「活動場所で選択する」ことや自分自身の「得意特性などで選択する」ことをサイトでは勧めている．

ポリグルタミン病（ポリグルタミンビョウ） ➡遺伝性脊髄小脳変性症を見よ．

ホルモン 英 hormone．セクレチンを発見したベイリス（Bayliss W）らによって，1902年に命名された．視床下部，下垂体，松果体，副腎皮質・髄質，性腺（卵巣・精巣），胎盤，甲状腺，副甲状腺，膵臓などで合成され，血液やリンパ管に分泌される生理的活性物質の総称で，ヒトや動物の組織の標的細胞の受容体を通じて代謝活動を調整する作用がある．なお，内分泌腺から放出される物質を一般にホルモンというが，内分泌腺でない器官から分泌される生理的活性物質の一部もホルモンに含めている．たとえば，腎臓から分泌されるレニン，心臓から分泌される心房性ナトリウム利尿ペプチド（ANP），胃から分泌されるガストリン，十二指腸から分泌されるセクレチン，モチリン，脂肪組織から分泌されるレプチン，胸腺から分泌されるサイモシン，耳下腺から分泌されるパロチンなどである．

ホルモン補充療法（ホルモンホジュウリョウホウ） 英 hormone replacement therapy 略 HRT．更年期になって女性ホルモンが不足すると，①自律神経失調症状（ホットフラッシュ，発汗，頭痛，不安，焦燥など），②骨粗鬆症（大腿骨頸部骨折，腰椎圧迫骨折など），③高脂血症（血中コレステロールおよび中性脂肪の上昇），④アルツ

ハイマー病（AD）の発症促進，などがみられるようになる．これらの症状を改善するため，女性ホルモンを補充（卵胞ホルモンを単独使用か，卵胞ホルモンと黄体ホルモンの併用）する治療法をホルモン補充療法という．なお，発がん率の上昇（子宮体がん，乳がん）や，血栓や出血（脳血管障害）などの副作用がみられる場合があるため，乳がん検診や血液凝固系検査を定期的に実施する必要がある．
⇨エストロゲン補充療法

本態性高血圧（ホンタイセイコウケツアツ）㊗ essential hypertension ㊙ 一次性高血圧．高血圧治療ガイドライン2014（日本高血圧学会）での血圧（診察室血圧）の値が140/90mmHg以上，家庭での安静時の血圧（家庭血圧）が135/85mmHg以上を高血圧としている．高血圧には，その原因による分類があり，大きく2つに分けられる．原因が特定できるものを「二次性高血圧」，特定できないものを「本態性高血圧」といい，日本の高血圧症患者の約90％が本態性高血圧症である．本態性高血圧の原因は特定できないが，発症，進行には複数の遺伝因子と環境因子が関係すると考えられる．したがって，治療法には環境因子の多くの部分を占める生活習慣の改善（非薬物療法）が必ず含まれる．生活習慣の改善だけで効果が十分でない場合には，降圧薬による治療が行われる．高血圧は，血管性認知症（VaD）の危険因子であるが，アルツハイマー病（AD）も脳血管障害や脳微小血管病の合併が多く認められ，高血圧との関連性が報告されている．
⇨二次性高血圧

ホーン・ヤールのパーキンソン病尺度（ホーンヤールノパーキンソンビョウシャクド）㊗ Hoehn-Yahr scale of Parkinson disease ㊙ ヤールの重症度分類．パーキンソン病の症状がどのように進行していくかを表す指標であり，1967年にヤール（Yahl MD）とホーン（Hoehn MH）により発表された．この分類は5段階に分けられ，1度は，体の片側のみに症状があり機能障害はないかあっても軽微．2度は，体の両側に症状があるが姿勢反射障害はない．3度は，姿勢反射障害があり日常生活にも多少支障が生じる．前屈姿勢，小刻み歩行もみられる．4度は，部分的介助が必要で歩行はかろうじて可能．5度は，車いす生活か寝たきり．これと関連した分類に「生活機能障害度」がある．生活機能障害度1度は日常生活・通院にほとんど介助を要さず，ヤールの1度，2度が該当する．生活機能障害度2度は日常生活，通院に介助を要し，ヤールの3～4度に相当する．生活機能障害度3度は全面的介助を要し，ヤールの4度である．ヤールの3度以上，生活機能障害度2度以上の場合は，特定疾患医療費補助制度が受けられる．
⇨パーキンソン症候群，パーキンソン病

ま

マイコプラズマ肺炎（マイコプラズマハイエン）㊧ mycoplasma pneumonia. 肺炎マイコプラズマ（*Mycoplasma pneumoniae*）という細菌が原因で起こる肺炎をいう．季節は晩秋から早春，年齢は幼児期，学童期，青年期に発症することが多いとされている．感染様式は，感染患者からの飛沫感染と接触感染による．潜伏期は通常2〜3週間で，初発症状は発熱，全身倦怠，頭痛などである．また，乾性咳は発症3〜5日目にみられ，解熱後も長く続く（3〜4週間程度）．治療は，ペニシリン系やセフェム系抗生物質では効果がなく，マクロライド系のエリスロマイシン，クラリスロマイシンなどが第1選択となる．予防は通常のかぜと同じように，手洗い，うがい，患者との濃厚な接触を避けることが必要である．学校保健安全法では，第1〜3種以外の「その他の感染症」に含まれ，学校医・その他の医師は，感染のおそれがないと認めるまで出席停止の措置がとれる．
⇨肺炎

マジックハンド㊧ magic hand／manipulator／manual gripping tongs. 床に落ちているものを膝や腰を曲げなくても拾い上げることや，つまみ上げることで手元に引き寄せることが自由自在にできる道具のこと．手元のハンドルを軽く握ることで手を握るようにものをつかむことができる．手指の障害や下肢機能に障害がある人の日常生活動作を補助することができる．公益財団法人テクノエイド協会では操作用具に分類し，手が届かないところのものを処理する補助具としてマジックハンドは先端部がつまみ動作や引っかけ動作などの機構をもつものと説明している．同様の分類には電動マジックハンド（先端の把持機構が電気的に駆動するマジックハンド）やリーチャー（把持機構をもたず，フックなどによって手の届かない場所にあるものを操作する補助具）がある．
⇨リーチャー

麻疹（マシン）㊧ measles／rubeola ㊁ はしか．麻疹ウイルスによる急性熱性発疹性疾患．空気感染のほか，接触感染や飛沫感染などでも感染する．感染力が強く，感染すると95％以上は発病する．冬から春にかけて流行する．「潜伏期」は9〜11日で，症状は，「カタル期」（2〜4日）に38℃前後の発熱，咳，鼻汁，結膜充血，眼脂，羞明，頬粘膜にコプリック斑（白い小斑点）が出現する．「発疹期」（3〜4日）には一度下降した体温が再び高熱となり（39〜40℃），特有の発疹が出現する．発疹は数ミリの紅い斑丘疹で，耳後部，頸部，顔，体幹，上肢，下肢の順に広がる．コプリック斑は発疹の最盛期に消失する．「回復期」（7〜9日）には解熱し，発疹は消退し，色素沈着を残す．治療は，患者の隔離，安静，解熱薬や鎮咳薬などの対症療法を行う．予後はよいが，免疫のない認知症の高齢者が罹患したときには重症化しやすく，肺炎や脳炎などの合併症を発症すると予後も悪い．
⇨ウイルス，潜伏期

マスラック・バーンアウト測定尺度（マスラックバーンアウトソクテイシャクド）㊧ Maslach burnout inventory ㊂ MBI. バーンアウト（燃え尽き症候群）の症状を定義したもので，マスラック（Maslach C）を中心とした研究グループが開発した．バーンアウトは，①情緒的消耗感，②脱人格化，③個人的達成感の低下の3症状から定義される．日本においては久保真人と田尾雅夫が日本版バーンアウト尺度を作成しており，日本のヒューマンサービスの現状に適合するように新たに作成した20項目を基に17項目にまとめられている．久保はバーンアウトについての論文のなかで，MBIマニュアルにおける3症状について，①情緒的消耗感：「仕事を通じて，情緒的に力を出しつくし，消耗してしまった状態」と定義されていることについて，消耗感あるいは疲労感はストレスの一般的な自覚症状ではあるが，単なる消耗感ではなく「情緒的」という限定がついているのは，この消耗感の主たる源が「情緒的な資源の枯渇」にあると考えられるからである，②脱人格化：「クライエントに対する無情で，非人間的な対応」と定義され，クライエントそれぞれの人格を無視した，思いやりのない紋切り型の対応を意味する，③個人的達成感の低下：「ヒューマンサービスの職務にかかわる有能感，達成感」と定義され，成果の急激な落ち込みと，それに伴う有能感，達成感の低下は，離職や強い自己否定などの行動と結びつくことも少なくない，と説明している．また，これら3つの下位尺度症状のうち，情緒的消耗感をバーンアウトの主症状であると考えるのが研究者に一致した意見であると紹介した．
⇨バーンアウト

まだら認知症（マダラニンチショウ）㊧ lacunar dementia. lacunarとは陰窩，小窩や空洞を意味し，「まだら」と訳す．「まだら」は認知症の症状の特徴を示し，アルツハイマー病（AD）のように全般的な記憶障害はなく，一部の記憶が保たれていたり，記憶障害がいちじるしいわりには人格や判断力，理解力が比較的保たれたりと，臨床症状が「認知機能が不均一，まだらなこと」から名づけられたといわれる．以前は篩状痴呆（篩状認知症）とよばれていた．また，神経病理や磁気共鳴断層撮影（MRI）画像の所見にみられるラクナ梗塞，小梗塞による篩（ふるい：小胞）状変化から「まだら（lacunar）認知症」となった可能性もある．認知症状の経過は，よくなったり悪くなったりしながら，または階段状に徐々に進行するのが特徴である．また，歩行障害，運動麻痺，言語障害，嚥下障害，尿失禁などの神経症状を伴うことが多い．薬物治療は，脳血管内の血液の流れをよくする脳血管拡張薬や，脳細胞の働きを活発にさせる脳代謝改善薬，血液を固まりにくくして脳梗塞を予防する抗血小板薬などが用いられる．

末梢血管障害（マッショウケッカンショウガイ）㊧ peripheral vascular disorder. 末梢血管障害とは末梢の動脈および静脈の障害によって生じる種々の症状である．末梢血管とは心臓および大血管を除く，四肢の血管を指すことが多い．動脈の障害では，四肢（とくに指）の冷えやしびれ，疼痛，感覚異常を生じることが多い．また，

色調の変化（蒼白やチアノーゼ，紅斑）を伴うこともある．下肢が侵される場合には間欠性跛行を呈することもある．悪化すると潰瘍や壊疽を生じることがある．原因としては，結合組織疾患や動脈硬化，感染症，神経疾患，喫煙，振動などの物理的障害などが挙げられる．静脈の障害は，主に下肢にみられることが多い．下肢の不快感や感覚異常，疼痛や浮腫がみられることがある．色素沈着や静脈瘤を含む表在静脈の拡張がみられることもある．悪化すると壊死を呈することもある．原因としては外傷や肥満，血液凝固系の異常，腫瘍，喫煙などが挙げられる．

末梢静脈栄養法（マッショウジョウミャクエイヨウホウ）
英 peripheral parenteral nutrition 略 PPN．栄養素を末梢静脈から注入する栄養法のことをいう．中心静脈栄養法に比べて簡便に実施することができるが，注入する輸液の浸透圧は等張液の2～3倍が限度であるため，高カロリーの補給には適さない．経口摂取で不足する水分・電解質・エネルギーを補う目的で14日以内の比較的短期間において実施される．
⇨経静脈栄養法，中心静脈栄養法

末梢神経障害（マッショウシンケイショウガイ） 英 peripheral neuropathy．神経根または神経叢より先（遠位端）の機能障害をいう．障害される神経には運動神経，感覚神経，自律神経が含まれる．障害される神経も，単一の場合や複数の場合，離れた部位にある場合がある．侵される神経の数や位置関係により単一の神経が侵される単神経炎，複数か所で単神経炎が起こる多発性単神経炎，複数の神経が同時に侵される多発神経炎に分類される．症状として，障害神経支配領域の感覚障害や疼痛，筋力低下および筋萎縮や深部腱反射低下，血管運動神経症状（ほてりや発汗など）を呈する．ときには立ちくらみ，排尿障害，発汗異常，勃起不全，下痢・便秘を呈することもある．障害部位は侵されている神経が単一か複数かによって異なる．原因としては，遺伝性疾患，感染症，腫瘍を含む神経の物理的な圧迫，重金属，糖尿病，ビタミン不足，アルコールを含む薬物がある．診断には障害部位や症状，経過の注意深い観察が必要である．
⇨機能障害

松葉杖（マツバヅエ） 英 crutch／axilla crutch／axillary crutch．歩行器，歩行補助杖，クラッチからなる歩行補助具のひとつであるクラッチに含まれている介護保険の給付対象となる福祉用具のひとつ．クラッチには大きく分類して松葉杖（図A），ロフストランドクラッチ（図B），プラットホームクラッチ（図C：リウマチ杖，肘支持型杖）がある．疾患・障害の症状や使用時期によって，両手で使用することもある．体重負荷を杖よりもかけられ，支えの安定性も高い．松葉杖はもっとも有名な歩行補助具で，松葉型をした2本の支柱の上部にある腋窩パッドを脇で挟み，下部のバーを握ることにより身体を支える．上肢に体重を支える力がない場合の使用は不適当である．一般的には2本一組で用いる．留意すべき点は，体重は下部の支持バーにかけて歩行し，腋窩パッドは挟むのみの役割であることである．その理由は腋窩には血管や神経が通っていて，体重を負荷することによる血行障害や，上肢・手にしびれを生じさせるからである．
⇨歩行補助機器，福祉用具，ロフストランドクラッチ，プラットホームクラッチ

麻痺（マヒ） 英 palsy／paralyses／paralysis．広義の麻痺とは神経障害により身体機能が損なわれた状態を指す．狭義の麻痺は，随意運動が障害された場合を指し，本項ではこれを解説する．麻痺はその程度により随意運動が完全に喪失した完全麻痺，程度が不完全である不全麻痺に分類され，分布により一肢のみの単麻痺，身体の一側のみの片麻痺，一側の上肢麻痺と対側の下肢麻痺を呈する交叉性麻痺，一側の上下肢麻痺と対側の脳神経麻痺を伴う交代性麻痺などがある．筋萎縮と病的反射の有無や筋トーヌスと深部腱反射の変化により，錐体路のどの部分が障害されているか推測することができる．筋萎縮を認めず，病的反射が存在し，筋トーヌスと深部腱反射が亢進している場合は上位（1次）ニューロン（大脳～脊髄）の障害が疑われる．逆に筋萎縮を認め，病的反射が存在せず，筋トーヌスは低下し，深部腱反射が低下ないしは消失している場合は下位（2次）ニューロン（脊髄～筋肉）の障害が疑われる．
⇨片麻痺

麻痺性跛行（マヒセイハコウ） 英 paralytic gait．下肢の下位運動ニューロンの障害によって生じる運動機能障害による歩行の異常である．上位運動ニューロン障害による歩行異常は痙性跛行とよばれる．障害された部位により特徴的な歩行様式を呈する．代表的なものとして腓骨神経麻痺によって生じる鶏歩とよばれるものがあり，この歩行は足が持ち上がっているとき（遊脚期）は股関節や膝関節が極端に曲がり，脚を持ち上げようとするが足趾が地面に向いている（尖足位）状態である．そして，踵部より先に足趾が接地してしまう．ぺたぺたと音がするようにみえ，鶏の歩行に似ていることから鶏歩と名づけられている．そのほかにも，障害部位により，独特の歩行時の骨盤位置の変化（下降や内旋）や体幹動揺の増加，姿勢の変化がみられる．このため，注意深く観察することにより障害されている神経部位の推察が可能である．

麻痺性歩行（マヒセイホコウ） 英 paralytic gait．下肢の運動麻痺による歩行障害のこと．運動神経の障害により四肢全体または一部の肢の麻痺が起こることで歩行が不全となる．痙性片麻痺においては麻痺側関節が十分に動かず下肢が伸展するぶん回し歩行（草刈り歩行），痙性対麻痺においては足尖で両膝をするように歩くはさみ歩行，弛緩性麻痺では足部を持ち上げ投げ出すようにつま先から接地する鶏歩（垂れ足歩行），進行性筋ジストロフィーなどでは肢帯筋の障害により腰を左右に振って歩く動揺

図A 松葉杖

図B ロフストランドクラッチ

図C プラットホームクラッチ

性歩行（アヒル歩行）を呈する．

幻の同居人（マボロシノドウキョニン）㊗phantom boarder．「自分の家のなかに知らないだれかが住み込んで，自分を苦しめている」という妄想である．不安，孤独，社会的孤立といった心理社会的な要因に加えて種々の認知機能の低下が背景にあると考えられている．幻の同居人は，「天井裏，床下に住んでいる，あるいは，留守にすると部屋に入ってきてさまざまなものに触れていく」などと訴えられる．いずれの場合も，この訴えは，本人を苦しめる大きな関心事であることを踏まえた対応が求められる．

マルチ商法（マルチショウホウ） 商品を販売しながら会員を勧誘するとリベートが得られるとして，消費者を販売員にして会員を増やしながら商品を販売していく商法をいう．この商法で売られるものは，化粧品，健康食品，健康器具，衣料品（主に下着）などさまざまな商品がある．友人からの誘い，訪問販売などや，最近ではインターネットやメールを利用しての販売・勧誘が行われている．当初は購入側であった立場が販売側になると高い利潤を得ようとして，たくさん仕入れをしてしまったにもかかわらず，思ったほど会員の勧誘がうまくいかず，仕入れた商品が売れないために不必要な商品を抱えてしまうといった問題が生じやすいことから，この商法は，「特定商取引に関する法律」により「連鎖販売取引」として厳しく規制されている．規制では，取引を行うにあたっての不実告知や威迫困惑行為が禁止され，また，いちじるしく事実に相違する表示や，実際のものよりいちじるしく優良・有利であると人に誤認させるような表示（誇大広告）をしてはならないことになっている．さらに，契約締結までに概要について記載した書面を交付しなければならず，契約を締結した場合には契約の内容を明らかにした書面を交付しなければならないことになっている．この商法には，クーリングオフ制度が設けられている．

マルチディシプリナリーチーム ㊗multidisciplinary team ㊧MDT．各分野によるチームワークのモデルのひとつで，「チームのメンバーは互いに協力するが，本質的には別々に働く異なる分野の専門職で構成される集団．各専門職は個別の治療やケアを行い，それぞれの目標を各専門職が個別に決定する」とされる．認知症ケアにおいて，専門職だけでなく日常的な支援にかかわる人とのチームでケアを行うことにより，介護者家族への支援も含めたケアを提供することができる．
⇨多職種協働，インターディシプリナリーチーム

慢性肝炎（マンセイカンエン）㊗chronic hepatitis ㊐hepatitis chronica．肝臓の炎症（AST上昇，ALT上昇など）が6か月以上持続する状態．日本における原因は，70%強がC型肝炎ウイルス，20%弱がB型肝炎ウイルスによるもの（慢性ウイルス性肝炎）．自己免疫性肝炎，アルコール性肝障害，薬物性肝障害なども原因となる．肝炎ウイルスの感染経路として輸血，針刺し事故，刺青などが挙げられる．症状は，無症状，または全身倦怠感，食欲不振などがみられる．B型・C型肝炎ウイルスによるものは，徐々に肝臓の線維化が進行し，肝硬変へ移行し，肝細胞がん発症のリスクも高くなる．治療に使われるインターフェロンの副作用のひとつにうつ状態がある．高度の肝機能障害になると肝性脳症となり，意識障害や異常行動を示す．肝性脳症は適切な処置で認知機能が改善しうる．

慢性気管支炎（マンセイキカンシエン）㊗chronic bronchitis．気管支の炎症で，慢性閉塞性肺疾患（chronic obstructive pulmonary disease；COPD）のひとつである．咳・痰が毎年3か月以上，2年以上連続するもの．呼気性呼吸困難，チアノーゼ，ばち指，頸動脈怒張などがみられる．症状が出始めたときは，感冒と間違われることが多い．男性に多い．加齢，外分泌機能低下，アレルギー素因，喫煙，大気汚染，感染などが原因となる．呼吸機能検査で閉塞性換気障害を認める．呼吸困難により体動が制限されると日常生活動作（ADL）や生活の質（QOL）が低下する．喫煙者は禁煙が必要．ワクチン接種による感染症予防，呼吸訓練などの呼吸リハビリテーション，気管支拡張薬や吸入ステロイドなどの薬物療法，在宅酸素療法などの呼吸管理を行う．進行すると，肺性心，全身併存症，肺合併症がみられる．
⇨慢性閉塞性肺疾患

慢性硬膜下血腫（マンセイコウマクカケッシュ）㊗chronic subdural hematoma．軽度の頭部外傷により微量の出血が起こり，皮膜を伴う血腫が硬膜下に形成される．破綻した血管は修復されず，出血を繰り返すため，徐々に拡大し，やがて発症する．外傷以外には，抗凝固薬やがんの硬膜転移などがある．頭部CTにて，三日月型の低〜高吸収域を認める．頭部MRIにて，T_1，T_2強調画像とも高信号を呈することが多い．アルコール多飲者，高齢者に多く，受傷後3週間〜3か月後に発症する．頭痛，認知障害，歩行障害，運動障害，片麻痺，尿失禁などが認められる．認知症，正常圧水頭症，脳血管障害，脳腫瘍などとの鑑別が必要．穿頭ドレナージ術で血腫の除去を行うことで症状は改善する．記憶障害により本人には外傷の記憶がないことも多いため，本人以外にも外傷の既往を確認することが重要である．長時間放置すれば脳ヘルニアをきたし，意識障害が高度となる．

慢性呼吸不全（マンセイコキュウフゼン）㊗chronic respiratory failure ㊧CRF．動脈血液ガス分析で低酸素血症（PaO_2が60Torr以下）を示す場合を呼吸不全とする．呼吸不全が1か月以上持続する場合を慢性呼吸不全という．PaO_2が45Torr以下のものをⅠ型，46Torr以上のものをⅡ型とする．原因は，慢性閉塞性肺疾患（COPD）や間質性肺炎などである．感染症や心不全を合併すると急性増悪することがある．低酸素血症になると，呼吸困難，頻脈，血圧上昇，皮膚冷感などのほかに，興奮や不穏状態もみられる．高度の低酸素血症では昏睡状態となる．また全身の低酸素状態のため，種々の臓器不全を併発することがある．症状が安定しているときは，在宅酸素療法を行い，急性増悪時には酸素療法や人工換気を行う．慢性のⅡ型呼吸不全では，酸素投与によりCO_2ナルコーシスをきたすことがあるため，酸素投与量の適切な調節が不可欠である．CO_2ナルコーシスとは二酸化炭素（CO_2）が高度に蓄積し，中枢神経系の異常を起こし，自発呼吸の減弱や意識障害が生じることである．

慢性疾患（マンセイシッカン）㊗chronic disease．感染症など発症から経時変化が大きい急性疾患に対して，がんや循環器病などの生活習慣病をはじめとした比較的経時変化の少ない疾患を慢性疾患という．一般的に慢性疾患は回復するまでに時間がかかり，完治しがたい傾向があ

る．具体的には，高血圧・糖尿病・高脂血症・高コレステロール血症・肺気腫・肝炎・腎不全・痛風・緑内障などが多い．初期の段階で症状が現れにくいために放置されがちで，治療が遅れることが多い傾向がある．そのためさらに重大な疾患を併発することもあり，早期の対応が望まれる．

慢性消化管通過障害（マンセイショウカカンツウカショウガイ） 摂取した飲食物が消化管を通過しにくくなる状態で，これが慢性化していることをいう．症状としては，消化管上部の通過障害では摂食困難や嘔吐，消化管下部では便通の異常などが生じうる．原因としては消化管の腫瘍や炎症，周囲臓器からの圧迫などによるといわれる．

慢性腎不全（マンセイジンフゼン） 英 chronic renal failure. 腎機能の低下によって老廃物の排出や水分・電解質の平衡を維持することができなくなる状態が慢性化していることをいう．症状としては悪心，嘔吐，皮膚のかゆみ，脱力感などが挙げられるが，いずれも病状が進んだ状態で気づき受診が遅れることが多い．そのため，その後の治療も遷延することが多い．

慢性疲労症候群（マンセイヒロウショウコウグン） 英 chronic fatigue syndrome. 日常生活に支障をきたすいちじるしい疲労感が長期間持続する原因不明の症候群．疲労が蓄積された慢性疲労とは別のものであり，疲労感のほか頭痛・喉の痛み・筋肉痛・腹痛・筋肉低下・思考力の低下・集中力の低下・睡眠障害・抑うつ症状などを呈し，長期にわたり軽快したり増悪したりする．疲労感の程度はさまざまで，ひと月・1週間に数日休養を必要とする程度のものから，まともに日常生活が送れない場合もある．時間がたつにつれ軽減することもあるが，治療法として有効なものは確立していない．

慢性閉塞性肺疾患（マンセイヘイソクセイハイシッカン） 英 chronic obstructive pulmonary disease／chronic obstructive lung disease 略 COPD. 慢性の呼吸器疾患で，慢性肺気腫や慢性気管支炎などが含まれる．低酸素血症や高炭酸ガス血症を伴うものが多く，在宅酸素療法の適応になることがある．さまざまな有毒なガスや微粒子の吸入，とくに喫煙などがきっかけとなり肺胞の破壊や気道炎症が起きることで，緩徐進行性および不可逆的に息切れが生じる病気である．症状としては息切れのほか，咳嗽や喀痰もみられる．

満腹中枢（マンプクチュウスウ） 英 satiety center. 大脳の視床下部の腹内側核にあり，摂食を抑制する中枢．摂食を促進する摂食中枢（視床下部外側野）と相反的に働き，食欲を調節する．たとえるならば，食欲のアクセルが摂食中枢，ブレーキが満腹中枢に相当する．食事から摂取した栄養素が分解され，血液中のブドウ糖の濃度（血糖値）が上昇すると満腹中枢を刺激し，満腹感が生じて食欲が抑えられ，食事をとるのをやめる．このため，満腹中枢が破壊されると，過食に陥る．認知症の人では，満腹中枢に支障をきたしている場合があり，とくに前頭側頭型認知症（FTD）やアルツハイマー病（AD）の人では，過食がみられることがある．なお，FTDでは，食べるスピードが速すぎて血糖値が上昇する前に食べ終わり，満腹感が得られないこともあるため，ゆっくりと食べることができるような支援も必要である．
⇨食欲

み

ミオクローヌス 英myoclonus. 不随意運動は，意図しないで起こる運動で，病的なものをいう．ミオクローヌスは不随意運動のひとつであり，突然瞬間的に起こる電撃的な運動で，四肢や顔面の筋がピクッと収縮したときに起こる．筋が突然一過性に収縮するために起こる陽性ミオクローヌスと，筋収縮が一過性に中断するために，手が落下する現象が起こる陰性ミオクローヌスがある．皮質起源のミオクローヌスは，原因疾患として，進行性ミオクローヌスてんかん，アルツハイマー病（AD）などがある．ほかに，脳幹起源・脊髄起源のミオクローヌスがある．また，クロイツフェルト・ヤコブ病では周期性ミオクローヌスが病初期から出現する．

味覚（ミカク） 英gustation／sense of taste／sensation of taste. 舌全体や軟口蓋，咽頭，喉頭，食道の表面に分布する味蕾にある味覚受容器が，唾液に溶けた化学物質（味物質）を刺激として受容し，顔面神経の一部や舌咽神経枝によって視床などを経由して大脳へと伝わる感覚．基本味は塩味，酸味，甘味，苦味の4種類であったが，近年，うま味が国際的に認められ5種類となった．基本味が他の要素（嗅覚，視覚，記憶など）で拡張された知覚心理学的な感覚としての味は，風味（flavor）とよばれ，おいしさに影響する．認知症の人の食事支援では，好みの味はもとより，嗅覚や視覚など五感を活用することが食べる力を引き出す．また食欲が低下する認知症の終末期では，個々人の食生活史を参考に，その人にとっておいしいと感じられるような食事の提供が重要になる．

味覚異常（ミカクイジョウ） ➡味覚障害を見よ．

味覚障害（ミカクショウガイ） 英taste disorder／gustatory anesthesia／dysgeusia 同味覚異常．味覚鈍麻，味覚消失，味覚錯誤，味覚過敏などを主訴とする味覚機能の障害．原因として遺伝性，内分泌性（糖尿病など），全身性疾患（唾液分泌不全，高血圧症，ビタミン欠乏症，消化器疾患，亜鉛欠乏症など），放射線性，薬物性，中枢神経性，心因性（ヒステリー，うつ病など）がある．特発性の味覚障害には，硫酸亜鉛（$ZnSO_4$）の内服が有効な場合がある．認知症の人が食べない要因のひとつに，舌苔が蓄積するなど口腔内の汚れが味覚に影響していることがあり，食事前後の日々の口腔ケアによる唾液分泌の促進などが有効なこともある．なにを食べてもおいしく感じられない味覚障害が背景にある場合には，治療が必要なこともある．

➡舌苔，亜鉛，口腔ケア

ミキサー食（ミキサーショク） 英blender food 同ブレンダー食．消化・吸収機能に異常はないが，無歯顎などによる咀嚼困難や嚥下障害で普通の食事が困難な人のために，軟食の料理をミキサーにかけた流動態の食事．ペースト食は，ミキサー食よりも粘度を高めたものである．食事摂取量が確保できれば軟食と同等の栄養補給が可能であるが，原形が分かりにくく食感も異なるため食欲を損なうことがある．このため，原形が分かるように見た目や食感にも考慮したのがソフト食である．ミキサー食には，芋類や豆類などでんぷん質が多い食材やシチューなどが適しているが，食物繊維の多い野菜やコンニャクなどは細かく粉砕できないため適さない．和風であればだし汁，洋風であれば生クリームなどを適量加えてミキサーにかけるのもよい．水分が多い食物は誤嚥しやすいため，片栗粉やコーンスターチ，トロミ剤（増粘剤）で粘度を高めるが，粘度が強いと窒息などの危険性もあるため，粘度はポタージュ状を目安とする．

➡ソフト食，とろみ食

水中毒（ミズチュウドク） 英water intoxication 同希釈症候群．腎臓の排泄能力を越えた大量の水を短時間に過剰に摂取することで生じる中毒．体液の浸透圧が水で薄められると，低ナトリウム血症をきたし，易疲労感，血圧の上昇，さらに脳圧が亢進すると悪心・嘔吐，頭痛，けいれん，いちじるしいときは昏睡状態に陥り，適切に治療されなければ死に至ることもある．治療は，水分摂取の制限，高張食塩液の点滴とフロセミド（利尿薬）などの静脈注射を併用する．レビー小体型認知症（DLB）では抗精神病薬への過敏性があるが，抗精神病薬には口渇や口腔乾燥をもたらす副作用もあり，まれに水中毒を起こすことがある．前頭側頭型認知症（FTD）では過食が特徴的であるが，水に固執すると水中毒になることがある．趣味活動などほかに夢中になれる活動へ切り替えられるような支援や，被影響性の亢進によりストレスがある場合には，その対処も必要である．統合失調症の人が認知症になった場合に，背景疾患である統合失調症が水中毒をもたらしていることもある．

➡低ナトリウム血症，抗精神病薬，口渇

見捨てられ妄想（ミステラレモウソウ） 実際にはそうではないのに，自分は家族から見捨てられたという強い確信をもつ状態で，認知症の人にしばしばみられる妄想のひとつである．この背景には，認知症特有の記憶や思考や見当識の障害による誤解や混乱に加えて，孤独や不安といった心理が大きく関与していると考えられる．もともとの不安傾向の強さや，現在の生活に心配なことが多く，不安や緊張を感じ続けている認知症の人のなかには，直前までいっしょにいたはずの家族が病棟をあとにした途端に，その出来事を忘却し，なにかのきっかけで自分は家族から見捨てられたと訴えることがある．現実認識，孤独，不安などが複雑に絡み合って生じる妄想と考えられる．認知症ケアでは，本人のこうした妄想の背景を分析し，その背景のなかからケアスタッフの努力で変容可能なものを見いだし，その変容に努力することが必要である．

➡物盗られ妄想，不安

看取り（ミトリ） 英terminal care. 日本独自の言葉であり，本来の意味は「無益な延命治療をせずに，自然の過程で死にゆく高齢者を見守るケアをすること」とされている．最期のときまで本人の意思や権利を最大限に尊重し，尊厳を保ち安らかな死を迎えるために最善のケアを提供することである．しかし，病院での死が増え，延命処置の

是非や事前指示書の法的未整備など日本における看取りは，医療・倫理・法的にも課題を抱えている．そこで国は2012年に看取りに至るまでの医療の充実を掲げ，診療報酬改定により「看取り加算」を始めた．多様な看取りの場に応じて加算割合は異なる．
⇨終末期ケア

Mini-Mental State Examination ㊥ Mini-Mental State Examination ㊧ MMSE. 入院患者の認知機能障害の評価を目的にフォルステイン（Folstein MF）らによって，1975年に開発された簡易認知機能検査．開発から40年近く経過した現在でも，国内外で広く活用されている定番の心理検査であり，MMSEは，その簡便さと，検査問題に含まれる内容的妥当性から，認知症の中核症状である認知機能障害の評価に活用されている．認知症のスクリーニングテストとしては，国内外の臨床実践や臨床研究で数多く使われている．しかし，軽度認知障害（MCI）や変性疾患による認知症の初期の人々の多くは，通常のカットオフ値では検出することはむずかしい．日本では，23/24というカットオフが一般的で，もの忘れ外来だけでなく，一般診療科におけるスクリーニング検査として活用されている．ところが，日本で使用されているMMSEには，複数の翻訳があり，それぞれ問題が微妙に異なっている．杉下守弘はこの問題を指摘し，国際的に治験で使用されているPAR社の2001年版をもとに2012年，精神状態短時間検査（MMSE-J）を開発した．
⇨コグニスタット

ミネラル ㊥ mineral. 人体の構成成分のうち，酸素，炭素，水素，窒素を除いた成分をミネラル（無機質）といい，その量は全体の4～5％である．ミネラルは体内では合成されないため，食事から摂取する必要がある．摂取が必要なミネラルは国により異なる．「日本人の食事摂取基準（2010年版）」では，13種類の所要量と許容上限摂取量などが示された．100mg／日以上の摂取が必要な多量ミネラルは，ナトリウム（Na），カリウム（K），カルシウム（Ca），マグネシウム（Mg），リン（P）で，必要量がごくわずかな微量ミネラルは，鉄（Fe），亜鉛（Zn），銅（Cu），マンガン（Mn），ヨウ素（I），セレン（Se），クロム（Cr），モリブデン（Mo）である．主な働きは，歯や骨などの組織構成成分，体液のpHや浸透圧調整，神経や筋の興奮調整，酵素の賦活薬などである．Ca不足による骨粗鬆症やNa過剰摂取による高血圧の危険など，摂取量にも注意が必要である．

見守り（ミマモリ） ㊥ observation. 対象が安全であるように，よく注意してみること．見守りが行われている場は種々あるが，ひとり暮らし高齢者や高齢者のみの世帯，また消費者トラブルなどの見守りなどが行われている．消費者トラブルにおける見守りにおいては，その対象には高齢者が多く，それぞれの生活だけではなく，取り巻く環境においても見守りが必要な高齢者が増えている．見守りが必要なことを「急速な高齢化に伴い，ひとり暮らし高齢者や認知症の症状のある高齢者が増えていくことが予測されており，こうした人々は，地域から孤立しやすい状況にある．また近年は，高齢者や障害者を介護する世帯が家族ごと『孤立死』するケースもでており，孤立はひとり暮らしに限った問題ではない．かつては濃密な近隣関係のなかで，気遣い合いや気づき合いが行われてきたが，急速な高齢化のなか，地域におけるつながりの減少や家族関係の希薄化が進み，地域の支え合い機能は低下しつつある．行政の支援だけでなく，住民同士がさりげなく気遣い合い，困ったときに遠慮なく助けを求めるような地域社会づくりが求められている．そのためには地域のだれもが見守りにかかわる意識をもつことが大切」と，東京都福祉保健局が発行している「住民の皆さんのための高齢者等の見守りガイドブック」で解説をしている．また，消費者教育支援センターが制作した「障害者の消費者トラブル見守りガイドブック」では，①判断に必要な情報が不十分だったり，相談のために特別な支援を必要とするため未然防止・問題解決がむずかしいこと，②判断に支援が必要な場合，あざむかれていることに気づきにくいこと，③全般に，被害にあっても抱え込んでしまい周囲に相談しないことなど，見守りが必要な状況を解説し，具体的な見守りの方法を紹介している．

脈拍（ミャクハク） ㊥ pulse ㊨ pulsus ㊧ P. 心臓が規則的に収縮し血液を押し出す（拍動）ことにより，動脈内圧が変動しそれが波動となって血管に伝わり血管内圧が変化する．体表面近くを走る動脈の血管壁が拡張・収縮する状態を体表から触れることができる．これを脈拍といい，単に脈ということもある．とくに手首の親指側を走る橈骨動脈を指で触れることが多い．それ以外にも浅側頭動脈，総頸動脈，上腕動脈，大腿動脈など，表在性の動脈で行う．触知は，人差し指，中指，薬指の3指で触れる．親指で触れると測定者の脈拍を触知してしまうことがあるので避ける．脈拍数は，年齢とともに減少する．それ以外にも，スポーツをしている人は脈拍数が少ないこともある．一般的に，乳幼児は90～120回／分，成人は60～80回／分で，100回／分以上を頻脈，60回／分以下を徐脈，律動の不規則なものを不整脈という．脈拍の観察は，脈拍数，調律，動脈壁の硬軟，緊張状態，遅速，左右差をみる．

三宅式対語記銘力検査（ミヤケシキツイゴキメイリョクケンサ） ㊥ Miyake's verbal paired-associate learning test ㊂ 東大脳研式記銘力検査．1923年に，三宅紘一らにより言語性記憶検査として開発された心理検査．2つの対語からなる10リストの記銘課題から構成されており，いわゆる言語性対連合学習に基づく記銘力課題である．検査時間は15分程度と短く，臨床実践では，記銘力障害の程度を評価する目的で，認知症のアセスメントに活用されている．しかし，原版で使用されている対語のなかには，今日の高齢者や成人にとってなじみのないものもあり，適用しにくいという問題もある．結果の解釈に必要な得点分布や臨床群の特徴に関するデータが少ないという問題も指摘されている．なお，標準化された記憶検査であるウェクスラー記憶検査改訂版（WMS-R）の日本語版には，三宅式対語記銘力検査に類似した言語性対連合がある．こちらは標準化された合成得点が用意されているため，同年齢集団の平均を基準とした相対的な位置を推定することが可能である．
⇨コグニスタット，記銘力

民家改修型施設（ミンカカイシュウガタシセツ） 民家を改修して，グループホームや小規模多機能型居宅介護，デイサービス，宅老所などへと福祉転用した施設．こうした施設は，そこで営まれていた生活の蓄積によって，すでに家庭的環境が整っているために，認知症の人でもなじみやすいといわれている．また，ケア専門の場として

計画されていないため，空間に柔軟性や多機能性があり，居住者や利用者の多様な生活行動を許容できる環境であることも評価されている．さらに，たとえば宅老所のように，民家改修型施設では地域の問題解決のために制度によらない介護や支援を行うケースも多く，新しいケアのあり方を模索する実践的な場にもなっている．一方で，改修にあたっては，段差解消や出入口の幅を広げるといったバリアフリー改修，スプリンクラーなどの防火設備の設置，制度で定められた福祉施設へと転用する場合は定員や居室面積など，法的規定に関しての注意が必要である．

民間非営利組織（ミンカンヒエイリソシキ） ➡特定非営利活動法人を見よ．

民生委員（ミンセイイイン） 英 commissioned welfare volunteer／governmentally designated local volunteer／governmentally appointed district volunteer. 民生委員は，1948年に制定された民生委員法を根拠規定とし，社会奉仕の精神をもって，住民の立場に立ち相談に応じ，必要な援助を行い，社会福祉の増進に努める人々とされている．民生委員は，都道府県知事の推薦により厚生労働大臣が委嘱する．任期は3年であり，無給である．児童福祉法第16条第2項において，民生委員は児童委員に充てられたものとするとされ，民生委員は児童委員をかねている．民生委員の職務は，住民の生活状態を必要に応じ適切に把握する，要援助者が能力に応じた，自立した生活を営むために必要な相談・支援，要援助者が福祉サービスを利用するための情報提供，社会福祉を目的とした事業または活動の支援，福祉事務所，その他関係行政機関の業務への協力のほか，住民の福祉の増進を図るための活動を行うとされている．

む

無意識（ムイシキ）⑳ unconsciousness ㊒ Ucs. 自らの意志では意識することのできない心理事象．無意識という言葉は，日常用語としてもしばしば使われるが，精神医学や臨床心理学の分野でこの言葉に注目が集まったのは，フロイト（Freud S）による精神分析学の発展によるものといわれる．精神分析学では，人間の思考や行動は意識することのできる意志によってのみ規定されるのではなく，自らの意志では意識することのできない無意識によっても規定されると考えている．また，無意識のなかに生じた葛藤は，しばしばその人のメンタルヘルスに不調をきたすと考えられている．無意識の葛藤は，自我の防衛機制によって抑圧されているため，精神分析学の治療では，この抑圧を緩和し，無意識内の葛藤を意識化させるための手続きが行われている．
⇨自我

無危害原則（ムキガイゲンソク）⑳ non-maleficence. 倫理4原則のひとつ．非人道的梅毒研究であるタスキギー事件（1932〜1972）の反省に立って提唱された倫理3原則に加えて，その後，この「無危害原則」が追加されて，倫理4原則となった．無危害原則は侵害回避原則ともいわれている．この原則は善行原則とコインの裏表のような関係にあるといえる．善行原則が積極的に善を促進することを促しているのに対して，「少なくとも害をなすな（do no harm）」「少なくとも害を避けよ（avoid harm）」ということを意味している．有害な行為を禁止することは，道徳の基本である．危害を避けることは，恩恵を与えることよりも，さらに厳格な倫理的義務である．具体的には，医療者が無効な治療をしたり，悪意をもって診療にあたることを禁じている．医療専門家は，可能であれば，利用者に対して"病状を改善するよい医療"をする必要があるが，もし，それが十分に効果を上げることができない場合であっても，「少なくとも害になるような行為はなすな」ということである．したがって，医療介護従事者は，患者にとって少しでもよい結果となるように，患者がこうむる可能性のある害（身体的「危害」と精神的「危害」の両者を含む）を最小限にする努力をする必要がある．
⇨生命倫理の4原則

むくみ（ムクミ）➡浮腫を見よ．

無言症（ムゴンショウ）➡緘黙を見よ．

虫歯（ムシバ）➡う蝕を見よ．

無症候性脳梗塞（ムショウコウセイノウコウソク）⑳ asymptomatic brain infarction／asymptomatic cerebral infarct. 無症候性脳梗塞は，無症候性脳血管障害のひとつとして分類されている．無症候性脳梗塞とは，次の条件を満たすものをいう．①血管性の脳実質病巣による神経症候（反射の左右差，血管性認知症（VaD）を含む）がない．②一過性脳虚血発作を含む脳卒中の既往がない．③画像診断上（CT，MRI等）で脳実質病変（梗塞巣等）の存在が確認される．無症候性ラクナ梗塞の割合が多い．無症候性脳梗塞を有する場合，脳卒中および認知症発症のリスクが高まるとの報告がある．MRI等の経過観察や，最大の危険因子である高血圧症の管理が必要である．

無症状感染（ムショウジョウカンセン）➡不顕性感染を見よ．

無食欲症（ムショクヨクショウ）➡神経性食欲不振症を見よ．

むずむず脚症候群（ムズムズアシショウコウグン）⑳ restless legs syndrome ㊒ レストレスレッグス症候群．夕方から夜間にかけて生じ，むずむずするなどの脚の異常感覚により慢性不眠をもたらす，睡眠関連運動障害である．女性に多く，加齢によって増加する．本症は高齢者における不眠の原因のひとつである．治療は薬物療法（ドパミン作動薬など）と非薬物療法が行われる．認知症の人の睡眠障害や夜間の興奮行動との関連も示唆されている．診断基準：必須事項（4項目）；①脚の異常感覚により動かしたいという衝動感がある，②じっとしているときに悪くなる，③脚を動かすと和らぐ，④夕方〜夜に出現ないし悪化（日内変動）．支持項目（3項目）；①家族歴の存在，②ドパミン作動薬の効果がある，③周期性四（下）肢運動の合併．

無痛性心筋梗塞（ムツウセイシンキンコウソク）⑳ painless myocardial infarction. 心筋梗塞や狭心症などの発症時には，心筋が虚血に陥り胸痛発作を起こすのが普通である．しかしその虚血性の胸痛がみられなかったり，ほかの自覚症状もなかったりする無痛性，ないしは無症候性心筋梗塞とよばれる心筋梗塞のこと．診断方法の進歩により意外に多いことが近年注目されている．とくに現在もっとも特異的な心障害のマーカーとされ，心筋梗塞発症早期（3〜6時間後）から2週後まで有意の上昇が続く心筋トロポニンTの測定が心筋梗塞の診断に導入されて以来，無痛性心筋梗塞の発見頻度が増加した．無痛性心筋梗塞をきたすのは高齢者，女性，糖尿病や心不全に罹患した人に多い．無痛性心筋梗塞は患者にも医師にも気づかれず軽視され適切な治療を受ける時期を逸することから，心筋梗塞の再発や左心不全を起こし，有痛性の心筋梗塞よりも予後が不良であるともいわれる．関連するものに無症候性心筋虚血がある．ホルター24時間心電図で一過性にST低下などの虚血性変化が出現するものの無症状の症例であり，危険性は大きい．

無定位運動症（ムテイイウンドウショウ）➡アテトーゼを見よ．

無動無言症（ムドウムゴンショウ）⑳ akinetic mutism. 特殊な意識障害で，脳器質性障害が原因とされる．無言であるが意識がはっきりしているようにみえる状態とされている．軽い意識混濁と自発性の欠如が見受けられ，問いかけには反応せず無言であるが，目の前のものを視線で追うことができる．
⇨意識障害

無尿（ムニョウ）⑳ anuria. 1日の尿量が100ml以下になった場合を無尿という．原因には，障害部位により3つに

分けられることが多い．ショックや出血，心疾患などによる腎血流量の低下により起こる腎前性無尿，腎臓自体の障害による腎性無尿，腎盂尿管閉塞により尿が膀胱に運ばれない腎後性無尿（仮性無尿）がある．無尿は，膀胱に尿が運ばれない状態であり，尿閉は膀胱に尿が貯留しているが体外に排出されない状態である．そのため，無尿と尿閉は区別することが必要である．

夢遊病（ムユウビョウ） 英 somnambulism 同 睡眠時遊行症．睡眠障害のひとつである，睡眠時随伴症（パラソムニア）に含まれる覚醒障害．夜間，寝ぼけた状態で，さまざまな行動をするのが特徴的である．歩き回ったり，危険な行動をすることがあるので，ケアに際しては，こうした行動が起こった際の危険の予見や事故防止の対応が必要である．本人は完全に寝ているわけではなく，ぼんやりした状態のことが多い．あとで本人に聞いても，症状が出ている間の記憶はないと言うことが多い．
⇨睡眠障害

め

明暗順応（メイアンジュンノウ） 英 adaptation to luminosity. 人間が光として知覚できる範囲を可視光域といい，波長の違いにより色を知覚している．しかし，周囲の明るさにより，強く感じる光の波長は異なる．これは，網膜にある2種類の視細胞の働きのために起こる．錐状体は主に色に対して，桿状体は主に明るさに対して反応する．明るいところでは錐状体が働き，色（赤・緑・青）を感じるが，暗いところでは桿状体が働き，明暗だけに反応するため色の見分けがつきにくくなる．このように，明るいところと暗いところでは目の感度にずれが生じており，その間の調整には時間が必要となる．明るいところから暗いところへの感度の調整を暗順応とよび，その逆を明順応とよぶ．明順応よりも暗順応のほうが時間はかかり，一般に30分程度必要であるとされている．高齢になると明暗順応がしにくくなるため，極端な明度差や輝度差を避けた光環境を整備することが望ましい．

迷走神経（メイソウシンケイ） 英 vagus nerve 同 第X脳神経．迷走神経は10番目の脳神経である．胸腹部の内臓の多くを支配している副交感神経系の神経である．延髄の高さにあり，疑核，孤束核，迷走神経背側核などの神経核が関与している．神経節は2つあり，上神経節（頸静脈神経節）と下神経節（節上神経節）で頸静脈孔のところにある．迷走神経は内頸動脈，総頸動脈に沿って下降して縦隔に入り，腹腔内まで延びている．腹腔に至る間に多くの枝を出し，咽頭，喉頭，心臓，気管支，腹腔臓器などに延びている．胸腔内で分枝した反回神経は，咽頭の筋肉を支配し，その他，各臓器に至った分枝は，消化管の運動，心拍の調整などに関与している．迷走神経は，腫瘍，出血，血栓症，筋萎縮性側索硬化症（ALS）などの頭蓋内の病変，末梢神経では，神経炎や外傷などで障害されることがある．症状としては，嗄声，鼻声，嚥下障害，不整脈などが出現する．
⇨副交感神経

メタ記憶（メタキオク） 英 metamemory. 記憶過程に関するメタ認知をいう．メタ認知とは，自己の認知過程に関する認識や知識を意味する概念で，そのひとつであるメタ記憶は，個人の記憶行動や記憶現象にかかわる認識や知識，理解，経験，活動などの総称である．メタとは，「上位の」や「高次の」いった意味をもつ言葉で，この言葉が意味するように，メタ記憶は，記憶に関する情報処理の過程をモニタリングし，また，コントロールする働きをもつ機能と考えられている．メタ記憶は，自己の記憶に関する自己意識，内省・内観などの記憶と，問題解決のために必要な情報を記憶していることを意識し続けるか，または，何らかの手がかりによって思い出す際に必要な記憶である．メタ記憶は，高齢者の日常生活にさまざまな影響を与えている．とくに，人との約束や明日の予定を忘れないために行うさまざまな処理は，主にメタ記憶の働きによるものと考えられている．メタ記憶は，メタ認知と同様に，ワーキングメモリーや実行機能（遂行機能）との関連が強く，私たちの日常生活における問題解決能力にも大きくかかわる概念といえる．
⇨モニタリング

メタボリック症候群（メタボリックショウコウグン） ➡ メタボリックシンドロームを見よ．

メタボリックシンドローム 英 metabolic syndrome 同 メタボリック症候群／代謝症候群．虚血性心疾患や糖尿病，脳卒中の背景になる一連のリスク要因のうち複数の要因を合併した状態を意味する．診断基準は多数あるが，その多くでリスク要因として挙げられているのは，①上腹部の過剰な脂肪，②中性脂肪の高値（高トリアシルグリセロール血症），③空腹時高血糖・インスリン抵抗性，④高血圧，⑤HDLコレステロールの低値である．日本では2005年に日本肥満学会などで作られた診断基準があり，へその高さの腹囲が男性で85cm以上，女性で90cm以上に加えて，以下の3つの項目のうち2つ以上に該当するとメタボリックシンドローム（内臓脂肪症候群）と診断される．①脂質異常：中性脂肪150mg/dl以上，HDLコレステロール40mg/dl未満のいずれかまたは両方，②高血圧：最高血圧が130mgHg以上，最低血圧が85mgHg以上のいずれかまたは両方，③高血糖：空腹時血糖が110mg/dl以上．治療はライフスタイルを変えて適切な食事と運動習慣を身につけ，既述のリスク要因を減らすことである．

メチシリン耐性黄色ブドウ球菌（メチシリンタイセイオウショクブドウキュウキン） 英 methicillin-resistant *Staphylococcus aureus* 略 MRSA. 人の咽頭や皮膚に常在する黄色ブドウ球菌が，ペニシリン分解酵素に対して安定な合成ペニシリンとして開発されたメチシリンという薬にも耐性（抵抗性）を獲得したもの．MRSAは抗生物質の乱用によって出現するといわれている．MRSAの病原性は強くなく，黄色ブドウ球菌と同様に健常人に感染することは少なく，皮膚感染症を起こす程度であるが，免疫力が低下している白血病やがんなどの悪性疾患をもつ患者や新生児・高齢者などでは感染の機会が増大する．これは日和見感染とよばれている．MRSAは入院中の患者に発生する院内感染の原因菌としてはもっとも多く，感染し発病した患者には抗菌化学療法を行うが，メチシリン以外の各種抗生物質に対しても抵抗性を示すことが多く，治療がむずかしい．手洗いや手袋使用など院内感染の拡大を防ぐ対策が重要である．

滅菌（メッキン） 英 sterilization. 滅菌とは，「物質中のすべての微生物を殺滅，または除去することをいう」と，第十四改正日本薬局方に示されている．現実的には完全な無菌は困難なため，無菌性保証レベル（SAL）にしたがい，滅菌の定義にはSAL≦10^{-6}が国際的に採用されている．これは，滅菌操作後，滅菌したものに微生物が生存する確率が100万分の1以下であることを意味する．滅菌の方法には，ガス滅菌などの化学的方法と，熱（乾熱滅菌，火炎滅菌など），照射（放射線法，高周波法），ろ過などの物理的方法がある．微生物の種類や汚染状況，滅菌物の性質などに応じて，適切な滅菌方法を選択する必

要がある．消毒は，病原微生物を殺すことを意味するため，病原性の有無にかかわらず微生物を殺滅させる滅菌とは区別して用いる．

メディケア 英medicare．アメリカの社会保障法（Social Security Act）に基づく公的医療保険制度．対象は限定的であり，65歳以上の高齢者，障害者，慢性腎臓病者等である．運営は，連邦政府が行う．現在，4つのパートで構成されている．パートAは，入院医療費を保障する病院保険（hospital insurance）．パートBは，補足的医療保険（medical insurance）．パートCは，メディケアアドバンテージ（medicare advantage）で民間保険会社から提供される．パートDは，処方薬をカバーしている（medicare prescription drug coverage）．
⇨メディケイド

メディケイド 英medicaid．アメリカにおける公的医療扶助．社会保障法（Social Security Act）に基づき，1965年より実施されている．低所得者を対象とし，受給資格要件等は連邦政府が設定し，制度運営は州政府が担う．
⇨メディケア

めまい 英vertigo／dizziness．自分や周囲のものが運動していないのにもかかわらず，運動しているように感じる錯覚または異常感覚で，身体の平衡を保つ機能である耳（前庭系），視覚系，深部知覚系（筋肉，神経）と，それを統括する脳幹や小脳・大脳皮質などに障害があると平衡が保てず，めまいとして自覚する．めまいは症状により，自身または周囲が回転しているように感じる回転性（真性めまい：vertigo）と，フワフワした感覚（浮動感）や動作時のふらつきなどの非回転性（仮性めまい：dizziness）に大別される．原因別には，末梢性（メニエール病，突発性難聴，前庭神経炎，良性発作性頭位めまい症），中枢性（椎骨脳底動脈循環不全，聴神経腫瘍，小脳出血など），その他（起立性低血圧，不整脈，脱水，貧血，心因性など）に分けられる．ストレスや睡眠不足が原因にもなるため，生活を踏まえた診療（耳鼻咽喉科，神経内科，眼科など）が必要となる．

メマンチン塩酸塩（メマンチンエンサンエン） 英memantine hydrochloride．アルツハイマー病（AD）治療の薬物は作用機序の異なる2種類に大別される．ひとつはコリンエステラーゼ阻害薬である．これはADでは不足しているアセチルコリンを分解する酵素・コリンエステラーゼの働きを阻害してアセチルコリンの増加を図る薬物である．ドネペジル塩酸塩，ガランタミン臭化水素酸塩，リバスチグミンがこれに該当する．もうひとつはグルタミン酸のNMDA受容体拮抗薬であるメマンチン塩酸塩である．脳内における興奮性の神経伝達物質であるグルタミン酸は，その受容体のひとつであるNMDA受容体がADでは常に刺激された状態にあるため，脳内で過剰になっており，その結果，神経細胞毒性を示し記憶や学習にかかわる正常の信号を乱して，ADの症状を悪化させる．メマンチン塩酸塩はNMDA受容体を遮断して過剰なグルタミン酸を適正な濃度にする働きがあり，中等度〜高度のADや認知症の行動・心理症状（BPSD）に用いられ，「認知症疾患治療ガイドライン」では推奨グレードAである．

メモリークリニック ➡もの忘れ外来を見よ．

免疫（メンエキ） 英immunity．体内に侵入した細菌やウイルスなどの病原体を自己とは異なる非自己（異物）と認識して攻撃し排除するという体を守る仕組みである．免疫で排除された病原体は記憶され，再感染しても即座に排除される．免疫の仕組みに関係するのは，①B細胞，②T細胞，③マクロファージやナチュラルキラー細胞などの食細胞，④補体の4つである．①と②はリンパ球の一種で，B細胞は体液性免疫に関与し抗体を産生する．抗体は補体と結合して病原体の死滅や感染細胞の溶解を引き起こす．T細胞は細胞性免疫に関与し，ヘルパーT細胞とキラーT細胞に分けられる．ヘルパーT細胞はほかの免疫細胞への指令を出す．キラーT細胞は病原体に感染した細胞を見つけて殺し，またナチュラルキラー細胞と同様にがん細胞を退治する．免疫系はがん細胞を排除する役割も果たしている．免疫力は加齢とともに衰え，さまざまな病気にかかりやすくなる．免疫系の老化により自己と非自己を的確に区別できなくなると，自分の体の細胞を攻撃する．これが関節リウマチなどの自己免疫疾患である．

免疫機能障害（メンエキキノウショウガイ） ➡免疫不全症を見よ．

免疫不全症（メンエキフゼンショウ） 英immune deficiency disease／immunodeficiency disease 同免疫機能障害．細菌やウイルス，真菌などの病原体に対する抵抗力が極度に低下した状態に対する名称である．その特徴は易感染性と感染症の遷延・重症化であり，健常人では感染しない常在菌や弱い病原体にも感染し発病するという日和見感染が起こる．免疫不全症には出生時すでに罹患している原発性・先天性のものと続発性のものとがある．前者の多くは遺伝性で，免疫系を構成するB細胞，T細胞，補体，食細胞のどこかに欠陥があるため生じる疾患で，種類は多いがまれである．①複合免疫不全症，②無ガンマグロブリン血症，③補体欠損症，④食細胞機能不全症などがある．これらは母親からの抗体がなくなる乳児期後半から発症することが多い．続発性免疫不全症は比較的一般的で，ウイルス感染症，悪性腫瘍，白血病，糖尿病などの重症化や，ステロイドなどの免疫抑制薬などにより起こる．ヒト免疫不全ウイルス（HIV）に感染して発症する後天性免疫不全症候群（AIDS）は有名である．

免疫抑制療法（メンエキヨクセイリョウホウ） 英immunosuppressive therapy．肝臓，腎臓などの臓器移植や骨髄移植のあとの拒絶反応や自己免疫疾患などに対して生体の免疫反応を抑える薬物を用いて行う治療法．生体は移植された臓器を異物と判断して免疫系の反応により移植臓器を傷害する．これを防ぐのに使用されるのが免疫抑制薬である．自らの臓器の細胞を非自己・異物と誤認して攻撃する自己免疫疾患では，第1選択としてステロイドが用いられるが，効果が不十分であったり投与期間が長くなったりする場合は免疫抑制薬が適応になる．代表的な免疫抑制薬にはシクロスポリン，タクロリムス水和物，アザチオプリン，シクロホスファミド水和物，メトトレキサートがある．ステロイドも免疫抑制薬として使用される．免疫抑制薬の合併症には直接的な副作用と，免疫抑制の結果もたらされる生体防衛反応低下による易感染性と悪性腫瘍発症がある．副作用では臓器移植後の免疫抑制薬の主役であるシクロスポリンとタクロリムス水和物に腎毒性があり，アザチオプリンには骨髄抑制作用がある．

メンタルイメージ 英mental image. 一般的には，実際には存在していない事象を想像する心的体験や過程に対して，メンタルイメージという用語が使われている．脳内で生成された映像や記憶といってもよいかもしれない．幻覚や妄想との学術的な相違点や共通点については不明であるが，どちらもその体験がどのようなものであるかは，本人にしか分からないものである．ただし，メンタルイメージは，幻覚や妄想とは明らかに異なり，意図的に本人が生成できる．こうした特徴を活用して，イメージの体験過程を活用した精神療法的なアプローチの試みも行われている．

メンタルヘルス 英mental health 同精神保健／精神健康．心の健康の維持・増進にかかわる事項を包括する概念である．メンタルヘルスという用語は，うつ病，統合失調症，アルコール依存症をはじめとする「心の病気」だけでなく，すべての人々の「心の健康」に関する事柄を包括する言葉として使われている．今日の高ストレス社会では，人々の心の健康，すなわち，メンタルヘルスの維持と向上が大きな課題となっている．超高齢社会を迎えた今日，高齢者のメンタルヘルス問題は深刻で，孤独や閉じこもりなどの心理社会的問題から，さまざまなメンタルヘルスの問題が起こるケースも増えている．
⇨精神衛生

も

盲人安全杖（モウジンアンゼンツエ）➡白杖を見よ．

妄想（モウソウ）㊥ delusion ㊓ Wahn ㊛ délire．不合理な信念や考え方，意味の受け取り方などを，訂正ができないほど強く確信する症状である．認知症においては出現頻度が比較的高く，他人が自分のものを盗むと信じ込む物盗られ妄想や，自分の食べ物に毒が入っていると思い込む被毒妄想のほか，施設などに入所している場合には家族から見捨てられたと信じ込む見捨てられ妄想なども特徴的である．また，嫉妬妄想と関係し，配偶者が不義を働いていると信じることもある．配偶者等が偽者であるとするカプグラ症候群や，目の前の配偶者等は本物であるが別にも本物の配偶者等がいるとする重複記憶錯誤，他人が自分の家に住んでいると信じる幻の同居人などの妄想性誤認症候群などもある．認知症の妄想は，それ自体が本人や周囲の苦痛となるだけでなく，興奮や易怒性，徘徊などほかの精神症状の原因になることも多い．また，認知症の妄想は，内容がいずれも現実的で被害的なものが多く，統合失調症にみられるような奇異で了解が困難な内容は少ない．
⇨幻覚

網膜色素変性症（モウマクシキソヘンセイショウ）㊥ pigmentary degeneration of the retina／retinal pigment degeneration ㊓ retinitis pigmentosa．遺伝子変異により網膜の視細胞が変性する遺伝的疾患で，10〜20代に発症し根本的治療法はない．遺伝形式は常染色体劣性遺伝，常染色体優性遺伝，伴性劣性遺伝の順に多いが孤発例もある．網膜には桿体細胞と錐体細胞の2種類の視細胞があるが，桿体細胞は網膜の周辺の部分に多数の細胞が分布し，暗い場所で光を感じたり周辺部の視野を保ったりする機能をもつ．一方，錐体細胞は網膜の中心部に位置する黄斑に集中的に存在し，視力や色覚を担う働きをもつ．網膜色素変性症では，一般に桿体細胞から障害され，進行すると錐体細胞に波及する．したがって初発症状の多くは，夜盲や周辺の視野狭窄であり，進行すると視力低下や色覚異常が起こる．診断に役立つのは特徴的な眼底所見（網膜血管狭細，網膜色素上皮の色調変化，骨小体様色素沈着）と視野検査での求心性，輪状，地図状の狭窄である．経過は両眼性でゆるやかに進行するが，個人差が大きい．社会的失明状態（視力0.1以下）に至るのは早い例では40代であるが，60代になっても視力が良好な例もある．

網膜剥離（モウマクハクリ）㊥ retinal detachment ㊓ ablatio retinae／amotio retinae ㊋ RD．網膜は神経網膜とその外層の網膜色素上皮からなる．網膜剥離とは，神経網膜が網膜色素上皮からはがれてその空隙に水がたまり，そのため光刺激を電気信号に変えて脳に伝える神経網膜の機能が低下して視力・視野が障害される疾患である．網膜剥離は網膜に裂け目（裂孔）が生じて発生する裂孔原性網膜剥離と非裂孔原性網膜剥離に分けられるが，大部分は前者である．裂孔原性網膜剥離の原因は加齢による老化，糖尿病網膜症，頭部外傷などである．非裂孔原性網膜剥離はさらに牽引性網膜剥離と滲出性網膜剥離に分けられ，前者は硝子体が網膜を牽引することにより起こり，後者は網膜色素上皮からの浸出液が貯留して起こる．網膜剥離の初期には飛蚊症，光が走るようにみえる光視症が起こり，やがて視野欠損，視力低下をきたし，網膜剥離が網膜中心部の黄斑に及ぶと急激に視力が低下する．治療は初期とくに網膜裂孔だけの段階ではレーザーによる網膜光凝固術が行われ，進行すると手術が必要になる．放置すれば失明の可能性が高くなる．

盲ろう（モウロウ）㊥ deafblind／twilight ㊐ 視聴覚二重障害／ろう盲．目（視覚）と耳（聴覚）に重複して障害をもつ状態で，そういう人を盲ろう者という．障害のされ方は，まったくみえない・聞こえない状態から弱視・難聴までさまざまである．原因は，先天的，遺伝的なものではアッシャー症候群，網膜色素変性症などがあり，後天的なものでは眼科的・耳鼻科的疾患やウイルス感染症，髄膜炎，外傷などがある．盲ろうになるまでの経緯も人により異なり，元来の視覚障害に聴覚障害が加わる場合，またその逆の場合もある．日本における盲ろう者数の正確な統計はないが，24,000人程度と推測されている．目や耳から入る情報がない盲ろう者にとってコミュニケーションはきわめて困難であり，その手段としては，残存する視覚・聴覚を活用する拡大文字，補聴器のほか，触覚に依存する点字による筆談，手話の手を触って読み取る解読手話，手のひら書き文字などが用いられている．

燃え尽き症候群（モエツキショウコウグン）➡バーンアウトを見よ．

モジュラー義手（モジュラーギシュ）㊥ modular prosthetic hand．機能単位として互換性のあるいくつかの構成要素部品（モジュール）からなる骨格構造義手のことである．一般的なデザインはソケット，関節部，切断や欠損部の長さに調節しやすい円筒パイプで連結するものである．モジュラー義手には簡単な道具を使用するだけで，短時間に完成品に組み立てたり，再調整や分解ができたり，軽量で外観に優れているメリットがある．

持ち込み家具（モチコミカグ）㊥ familiar furniture．施設等で生活する人が，自身の居室に慣れ親しんだ家具を持ち込むことである．これは認知症の人の，生活の継続性を高めるうえで非常に重要な要因である．慣れ親しんだ家具の持ち込みは，環境に対するその人の領域性を高めるとともに，その環境への意味づけを促し，自身のアイデンティティの再構成へとつながる．これら一連の流れによって，環境に対する安定した居場所としての認識が構築されていくのである．しかしながら，施設で生活する認知症の人のなかには，施設を比較的短期間に退所する仮の住みかとして認識している人も多くいる．このような人に対して，大型の家具を急激に持ち込むことは，逆に，自宅に帰れないのではないかといった不安を与える原因にもつながりかねない．よって，このような場合には，アイデンティティを再構成しやすい家族の写真や愛着のある比較的小型の家具や物品から少しずつ持ち込

むようにし，徐々に自身の居場所としての認識を高めてもらう配慮が必要である．
⇨パーソナライゼーション，空間領域化，生活の継続性，なじみの環境

モチベーション　➡動機づけを見よ．

モニタリング　㊥ monitoring. ケアマネジメントプロセスの1過程．アセスメントを通じて作成された支援計画，実際に提供されているケアサービスが円滑に実施・提供されているか，利用者のニーズに即した適切なものであるか，期待される効果が得られているか，新たな課題の有無などを観察・把握する活動．モニタリングの結果を踏まえて，支援計画やケアサービスの評価を行い，必要に応じて再アセスメント，支援計画やケアサービスの変更等を実施する．
⇨ケアマネジメント

物盗られ妄想（モノトラレモウソウ）　㊥ delusion of theft. 他人が自分のものを盗むと信じる被害妄想の一種であり，認知症に出現する妄想のなかでもっとも頻度が高い．一般的に，主介護者など本人の介護に多く携わっている人物がものを盗んだ犯人とされやすいため，本人や介護者の苦痛となるだけでなく，興奮や易怒性などほかの精神症状の原因になることも多い．妄想の内容は現実的であり，自分で財布などを片づけたという事実そのものを記憶障害によって忘れてしまう等，認知機能障害や本人のおかれた状況などを考慮すると納得できる場合が多い．物盗られ妄想は，少なくとも日本では，それまで家のなかの物品管理を担ってきた女性に出現しやすい．また，独居であることも物盗られ妄想出現の危険因子であり，独居していた認知症の人が施設や病院に入った途端に問題となっていた物盗られ妄想が消失する場合も多い．そのほかに，神経質な病前の性格傾向や，ほかの認知機能障害に対して不釣り合いに保たれた「心の理論」（他者の心の状態などを推測する機能）も，物盗られ妄想の出現の危険を高めるといわれている．
⇨被害妄想

もの忘れ外来（モノワスレガイライ）　㊥ memory clinic ㊌ 認知症外来／メモリークリニック．これまでは，認知症を心配しても，どの医療機関を受診したらよいのか分からないことや，何らかの医療機関に通院していても認知症の診断や治療が十分でないことなどがあった．そのため，近年はもの忘れ外来や認知症外来，メモリークリニックなどとして，認知症の専門的な医療を行う医療機関が増加している．もの忘れ外来の役割は，認知症に対する専門的な診断や薬物療法・非薬物療法，地域貢献など，多岐にわたる．たとえば診断において，もの忘れ外来では，アルツハイマー病（AD）や血管性認知症（VaD）はもちろん，レビー小体型認知症（DLB）や前頭側頭葉変性症（FTLD：ピック病や意味性認知症など），大脳皮質基底核変性症，進行性核上性麻痺などの診断も求められるため，画像検査や神経心理検査を含めた高度な検査を行う必要がある．また，認知症は早期発見が重要であり，もの忘れ外来では前駆状態からの的確な診断も求められる．そのため，もの忘れドックとして，主に健康な高齢者を対象にしたサービスを開始する医療機関も増加傾向にある．

もやもや病（モヤモヤビョウ）　㊥ moyamoya disease ㊌ ウィリス動脈輪閉塞症／脳底部異常血管網症．頭蓋内内頸動脈終末部から前大脳動脈，中大脳動脈起始部にかけて狭窄あるいは閉塞があり，そのため側副血行路としてその近傍に細い無数の異常血管網が両側対称性にみられる原因不明の疾患である．この異常血管網は脳血管撮影ではもやもやした煙のようにみえるので，日本の学者により「もやもや血管」と名づけられ，のちに「もやもや病」と命名され，これが世界共通の病名になった．もやもや病は日本人に多く欧米では少ない．女性に好発し家族発生の報告もある．発症年齢は5～10歳と40歳前後が多い．小児例の多くは脳虚血症状で発症する．号泣したり熱いものをフーフーと息で冷ますなどの過呼吸で容易に一過性脳虚血が起こる．成人では脳内出血が多い．確定診断は脳血管撮影によるが，脳波での過呼吸後の再徐波化も特徴である．治療は浅側頭動脈や中大脳動脈吻合術などの血行再建術である．

モラトリアム　㊥ moratorium. モラトリアム（猶予）の元来の意味は，金融の混乱を抑えるための手形の決済，預金の払い戻しなどの支払いを一時停止し一時的に猶予することを指す経済用語である．心理学用語としては心理学者エリクソン（Erikson EH）が彼の発達段階理論であるライフサイクル理論において，青年期から成人期への発達段階の移行に伴うアイデンティティの確立に至るまでの過程を心理・社会的猶予期間（psycho social moratorium），つまりモラトリアムと命名している．モラトリアムとは，成人になるための社会的に許容されている準備期間であり，さまざまな社会的役割を体験し「自分とはなに者であるか」「自分はなにになりたいのか」などを明らかにしながら，自己の主体性や自立性，独自性などを確立し，自分らしさを形成していく過程を指している．近年，社会問題として挙げられるニート等については，社会的に許容されている期間を超過しているという意味で，厳密にはモラトリアムに該当しないと考えられる．
⇨アイデンティティ，ライフサイクル

モーワットセンサー　㊥ mowat sensor. 視覚障害者向けの歩行補助機器．機器を手に持ち，超音波で進行方向の障害物等を探知し，振動等により知らせることで，安全な移動を補助する．
⇨福祉用具

問診（モンシン）　㊥ interview／history-taking／medical interview ㊌ 医療面接．医師が通常初診時に診断の手がかりを得るため患者や家族の訴えを傾聴しながら，既往歴や家族歴，生活習慣とともに，受診の契機になった主訴や発症時から現在に至るまでの経時的な一連の症状とその性質（たとえば増悪要因あるいは軽減要因）などの医療情報を聞き出すことを意味する．熟練すれば問診だけで病気のおおよその診断や見当づけができるともいわれる．こういう診断に役立つ医療情報の収集が従来は問診の主目的とされたが，患者中心の医療という理念が重視される近年は，医師と患者・家族が初対面となる問診の場は両者のコミュニケーションと信頼関係の樹立に重要な場と認識されるようになり，問診という用語に代わって医療面接という用語も使用されるようになった．現在はそのためのマナーや患者・家族の声に耳を傾けるなどのコミュニケーション技法も重視され，医学教育のなかにも取り入れられている．

や

野外レクリエーション（ヤガイレクリエーション） 英outdoor recreation. 屋外で行われるレクリエーション活動．キャンプ，スキー，ハイキングなど，自然のなかで行われるものもある．屋外レクリエーションを通じて，健康の維持や参加者との人間関係の構築など，生活のなかに楽しみや生きがいを見いだし，人間らしく生きる自発的，創造的活動．
⇨レクリエーション

夜間せん妄（ヤカンセンモウ） 英night delirium. せん妄は，一過性の意識障害や意識変容に伴って，記憶障害，見当識障害，注意障害などの認知機能障害や，不穏・焦燥といった感情面の不安定さ，幻覚・妄想など，さまざまな精神症状が出現する．無表情や無気力など，活動性が低下する形で出現する場合もある．これらは，一般に，数時間〜数日の比較的短時間に生じる．また，夜間に生じることが多く，これを夜間せん妄ともよぶ．一過性で可逆性であり，せん妄の消失によって，同時に生じた上述の症状も消失する．認知症は原因疾患を問わず，せん妄の出現頻度が高いが，認知症を有していなくても，高齢者は一般的にほかの年代に比べて出現頻度が高い．そのため，せん妄によって記憶障害やほかの精神症状が生じた場合，認知症でないにもかかわらず，認知症になってしまったと誤解する家族なども多い．せん妄出現の危険因子は，高齢や認知症のほかにも，ほかの疾患，環境の変化，薬物，睡眠障害，ストレスなど多様である．
⇨夕暮れ症候群

夜間対応型訪問介護（ヤカンタイオウガタホウモンカイゴ） 英home-visit at night for long-term care. 介護保険法により定められた，地域密着型サービスのひとつ．事業者は，夜間，利用者の居宅を定期的に訪問する定期巡回サービス，利用者からの通報により訪問の要否を判断するオペレーションサービス，随時の訪問に対応する随時訪問サービスを提供する．
⇨定期巡回・随時対応型訪問介護・看護サービス

夜間徘徊（ヤカンハイカイ） 英night-time wandering／night wandering. 徘徊は，室内・室外を歩き回る症状で，認知症において出現頻度が高い．また，日没症候群や夕暮れ症候群とよばれるように，認知症は夕方以降に状態像が悪化しやすく，徘徊も夕方以降に出現する頻度が高くなる（夜間徘徊）．この原因は明らかにされていないが，概日リズム調節障害の影響が大きいとされる．われわれは体内時計によって1日のリズムが調整されているが，その周期は約25時間であり，1日の実際の時間（24時間）とは1時間のずれが生じている．普通は，光や食事，運動などによって24時間に修正されるが，これがさまざまな原因で修正できなくなることを概日リズム調節障害とよぶ．認知症の人は概日リズム調節障害が生じやすく，徘徊がある場合にはとくに調節が遅れやすいという報告もある．夜間徘徊は，日中の徘徊よりも不穏や暴言などほかの症状を伴う場合が多い．また，日中よりも転倒・骨折の危険性が増大するほか，介護者負担の増加にも関係する．

夜間病院（ヤカンビョウイン） 英night hospital 同ナイトホスピタル. 日中は職場や学校などで働いたり生活したりする患者を夜間だけ医療従事者の下で保護して，治療・看護・リハビリテーションなどを行う医療施設として位置づけられ，「夜間病院」と訳される．1953年，カナダのモントリオール総合病院でモル（Moll E）によって始まったのが最初といわれている．日本でも1960年代より全国の精神科病院で始まった．イギリスのビエラ（Bierer J）は，1946年ごろからマールボロ社会精神医学センターで入院中心主義への批判としてデイケア（治療的患者クラブ）を行っていたが，昼間，仕事などのため病院での外来治療を受けることのできない人のための夜間診療を兼ねたナイトホスピタルを運営したことは有名である．

夜間不眠（ヤカンフミン） 英insomnia／sleeplessness. 睡眠障害は国際的には，睡眠関連呼吸障害，中枢性過眠症，概日リズム睡眠障害，睡眠時随伴症，不眠症，孤発性症状・正常異型・未解決の諸問題に分類される．このうちの不眠症は，睡眠に適した環境にもかかわらず不眠が出現し，それによって日中の集中困難・不安・イライラなどが出現した際に診断される．症状としては，入眠障害，中途覚醒，早朝覚醒，熟眠障害の4つに分けられる．不眠の原因は多様であり，認知症を含む身体・精神疾患や，薬物・嗜好品，不適切な寝室環境などが挙げられる．また，日本の成人の平均睡眠時間は7時間であるが，病院や施設では消灯から点灯までが9時間程度に設定されていることが多く，これが不眠（とくに中途覚醒や早朝覚醒）の原因になることもある．とくに認知症は，夜間ほど認知症の行動・心理症状（BPSD）が出現しやすくなり，転倒や介護者の負担感増大などの原因にもなる．夜間不眠が出現した際には，薬物療法より，まず不眠の原因を取り除くことが第一であるとされる．
⇨睡眠障害

薬剤感受性（ヤクザイカンジュセイ） 英drug sensitivity. 一般に，病原菌に対して使われる抗生物質・抗菌薬の効き目を示すのに使われる．細菌は特定の抗生物質・抗菌薬に対する抵抗性を獲得し，その薬剤では死ななくなる．そこで，どの抗生物質・抗菌薬が効くかを判定するのが薬剤感受性試験である．抗認知症薬では，薬剤感受性が高いか低いかというような言い方ではなく，治療によく反応するレスポンダーと反応しないノンレスポンダーという言い方が使われる．また，レビー小体型認知症（DLB）では，薬剤への感受性が高い状態を，薬剤過敏性という．

薬剤管理指導（ヤクザイカンリシドウ） 従来は薬剤師が入院患者に対し主として薬歴管理と服薬指導を行うことによって患者の薬物療法に対する知識と協力姿勢を高めることを意味していたが，近年は，チーム医療のなかで薬剤師がその専門性を発揮して，薬物療法に関するさまざまな情報を患者から収集するとともに薬物療法の効果の

評価，副作用モニタリングなど全般的な薬学的管理も行い，その情報を根拠のある医薬品情報とともに医師などほかの医療スタッフにフィードバックして，より質の高い薬物療法を患者に提供することをも意味するようになった．こうした個々の患者の薬物療法の問題点を科学的・客観的に解決しようとする姿勢が評価されて，薬剤管理指導料の算定対象の拡大や診療報酬点数の引き上げが行われてきた．
⇨服薬管理

薬剤師（ヤクザイシ） 英 pharmacist. 薬剤師の任務は，薬剤師法の第1条で「薬剤師は，調剤，医薬品の供給その他薬事衛生を司ることによって，公衆衛生の向上及び増進に寄与し，もって国民の健康な生活を確保するものとする」と規定されている．現在日本でこの資格を得るには6年制の薬学部を卒業後，薬剤師国家試験に合格しなければならない．薬剤師の基本的業務は従来から医師の処方箋どおりに正確に調剤することであるが，これに加えて，近年はチーム医療のなかで，患者の体質やアレルギー歴など薬物療法に関するさまざまな情報を患者から収集するとともに個々の患者に合わせた服薬指導も行うようになった．さらに薬物療法の効果の評価，副作用モニタリング，投与されている薬の血中濃度の測定など全般的な薬学的管理にもかかわって，その情報を根拠のある最新の医薬品情報とともに医師にフィードバックし，質の高い薬物療法を患者に提供する役割が重視されている．

薬事法（ヤクジホウ） 英 Pharmaceutical Affair Act. 医薬品等を取り扱う際に参照すべき基本になる法律で，1960年に制定され，その後何回か改正が加えられた（昭和35年法律第145号）．現行の薬事法の第1条には目的として以下の記載がある．「医薬品，医薬部外品，化粧品及び医療機器の品質，有効性及び安全性の確保のために必要な規制を行うとともに，指定薬物の規制に関する措置を講ずるほか，医療上，とくにその必要性が高い医薬品及び医療機器の研究開発の促進のために必要な措置を講ずることにより，保健衛生の向上を図ることを目的とする」．この制度に基づき，医薬品や医薬部外品，化粧品，医療機器の製造や輸入，新薬の治験，薬局の開設などには，行政の承認，許可，監督等の下で行うことが必要と定められている．

薬疹（ヤクシン） 英 drug eruption／drug rash／dermatitis medicamentosa. 薬物の内服・外用により，皮膚や粘膜に症状が現れること．薬物そのものや，薬物の代謝物質が原因となり，アレルギー反応や中毒反応（多量摂取）が，皮膚や粘膜に出現する．赤い発疹（紅斑）が多い．薬疹は，薬物を使い始めた直後に出現するとは限らない．しばらくしてから出現することもある．すべての薬物が薬疹を引き起こす可能性があり，薬疹が疑われた場合は薬物の内服・外用を中止するのが基本である．ただし，抗精神病薬は急に中止すると危険なこともある．抗認知症薬では，薬疹の出現はまれである．リバスチグミン貼付薬で，貼付部位に発赤やかゆみが出現することがあるが，これは薬物によるものであることはまれで，貼ること自体によるかぶれであることが多い．

薬物依存症（ヤクブツイゾンショウ） 英 drug dependence. 依存症は，①気持ちよさや安らぎなどを薬物がもたらすので，薬物が欲しくなる（精神依存），②しだいに効果が薄れ同じ効果を出すのに，より大量の摂取が必要となる（耐性の形成），③しばらく摂取せず血中濃度が下がったときに不快感などの離脱症状・禁断症状が現れる（身体依存），の3要件を満たすものである．タバコを例にすると，①吸うと気持ちよい，②しだいに本数が増える，③切れると不快で吸いたくなる，となる．アルコール，ニコチン，睡眠薬・抗不安薬，鎮咳薬，覚醒剤，コカインなどの麻薬，シンナーなどの有機物質など，多くの薬物が依存症を引き起こす．認知症ケアでは，睡眠導入薬や抗不安薬の依存がしばしば問題となる．また，たとえば地域に住む独居高齢者で，アルコール依存症の人が認知症になると，介護拒否などにより，しばしば介入がむずかしくなる．

薬物血中濃度（ヤクブツケッチュウノウド） 英 plasma concentration of drug／plasma level of drug. 投与された薬物の血中濃度．通常は血漿または血清中の濃度を測定する．薬物を内服すると，一定時間後に最高血中濃度に達し，その後は徐々に濃度が低下する．薬物の濃度が半減するのに要する時間を半減期といい，投与法や副作用を考えるうえで重要な指標となる．睡眠導入薬（入眠薬）は，半減期が長いと昼間にも眠気やふらつきが残る．抗認知症薬では，ドネペジル塩酸塩やメマンチン塩酸塩は半減期が3日程度と長く，1日1回の内服でよい．また，1日内服を忘れても，血中濃度が少し低下するだけですむ．その代わりに，下痢や易怒性などの副作用が出て薬物を中止しても，3日で半分に減り，6日で4分の1と，消えるのに時間がかかる．一方，半減期が短いガランタミン臭化水素酸塩は1日2回内服し，リバスチグミンは貼付薬として血中濃度を保つ．このほか，認知症にてんかんを合併して抗けいれん薬を内服する場合は，血中濃度を測定して薬物の量を調整する．

薬物性せん妄（ヤクブツセイセンモウ） 英 drug-induced delirium. 薬物の服用によるせん妄．せん妄は，一般的に60歳以上の高齢になると出現しやすくなり，認知症や脳血管障害がある場合にはとくに出現頻度が増大する．せん妄は，急な発症と変動の激しい経過，注意障害，支離滅裂な思考，意識レベルの変化などが特徴的である．1～2週間程度で改善に向かうことが多いが，1か月以上持続する例も少なくない．せん妄の原因として代表的なものには，薬物，感染症，栄養不良・脱水，代謝性疾患，環境変化・ストレス，手術などが挙げられる．このなかで，薬物によって引き起こされる薬物性せん妄は，出現頻度がもっとも高い．せん妄を引き起こす薬物には，抗パーキンソン病薬，抗コリン薬，ベンゾジアゼピン系抗不安薬・睡眠薬，H_2受容体遮断薬などがある．これらの薬物はとくに認知症の人において，せん妄の原因となりやすく慎重に投与されなければならない．また，もしこれらの薬物によってせん妄が出現した際には，減量または中止が第一であるとされる．
⇨せん妄

薬物耐性（ヤクブツタイセイ） 英 drug resistance. 薬物を繰り返し投与されることにより，効果が減弱していく現象．抗生物質に対して細菌が抵抗性を獲得して，その抗生物質が効かない薬剤耐性菌となることも含まれる．認知症に関連しては，睡眠導入薬（入眠薬）や抗不安薬などの向精神薬の耐性が問題となる．同じ効果を出すのに，薬物の量が徐々に増える．向精神薬は神経伝達物質

やその受容体に作用するが，受容体の数が減ることで耐性が現れたり，薬物を分解する酵素が活性化して耐性が現れる．

薬物動態（ヤクブツドウタイ） 英 pharmacokinetics 略 PK．投与された薬が，どのように吸収され，どのように運ばれて，どのように働き，どのように分解・排出されるかの過程全体をいう．内服薬であれば，口腔粘膜から大腸のどこで吸収され，血中を回ってどのように体内に分布し，血中から組織へどのように浸透して作用するか，ということである．たとえば，脳には血液脳関門があり，脳に入れる薬物と入れない薬物がある．同時に，薬物は肝臓などで代謝を受け，腎臓などから排泄される．たとえば，ドネペジル塩酸塩は，シトクロムP-450（CYP3A4）という酵素で代謝を受けるので，この酵素の働きを阻害する作用をもつエリスロマイシン（抗生物質）を併用すると，ドネペジル塩酸塩の濃度が高まって，作用が増強される可能性がある．逆に抗けいれん薬のカルバマゼピンはこの酵素の働きを誘導し，ドネペジル塩酸塩の代謝を促進して，働きを弱める可能性がある．

薬物療法（ヤクブツリョウホウ） 英 drug therapeutics．薬物を医師（歯科医師）が投与して行う治療法で，それ以外の手術やリハビリテーションなどを非薬物療法という．認知症の医療では，アルツハイマー病（AD）に対して，ドネペジル塩酸塩，ガランタミン臭化水素酸塩，リバスチグミン，メマンチン塩酸塩の4剤が保険適応になっている．そのほか，認知症の行動・心理症状（BPSD）に対して，抑肝散，抗精神病薬，抗けいれん薬などが用いられる（保険適応外）．

役割演技（ヤクワリエンギ） ➡ロールプレイを見よ．

火傷（ヤケド） ➡熱傷を見よ．

夜尿症（ヤニョウショウ） 英 nocturnal enuresis．夜尿症は「5歳をすぎて2日／週以上の頻度で，少なくとも3か月以上の期間において夜間睡眠中の尿失禁を認めるもの」とされ，約2：1で男子に多くみられる．原因は親の育て方や子どもの性格ではない．夜尿症は，夜間睡眠中に膀胱がいっぱいになっても尿意で目覚めないという覚醒障害を基礎として，膀胱機能の未熟さ（膀胱容量が小さいなど），抗利尿ホルモンの日内変動の欠如による夜間多尿がある．それ以外にも，ストレスや家族性のものなど原因は多数あり複合して発生する．主な検査は，基礎疾患の存在を除外することに始まり，生活背景を問診し泌尿器科学的疾患鑑別検査などを行い診断する．主な治療は，夜間アラーム療法，3つの薬物療法（抗利尿ホルモン薬，三環系抗うつ薬，抗コリン薬），生活指導があるが，統一した治療は未確立である．発達過程のなかで起こる夜尿（おねしょ）とは区別して対応する．

ヤールの重症度分類（ヤールノジュウショウドブンルイ） ➡ホーン・ヤールのパーキンソン病尺度を見よ．

ゆ

遊戯療法（ユウギリョウホウ）➡レクリエーション療法を見よ．

夕暮れ症候群（ユウグレショウコウグン）㉄ sundowning syndrome ㉑日没症候群．認知症の人は，夕方以降とくに状態像が悪化しやすく，このような症状を夕暮れ症候群や日没症候群とよぶ．出現しやすい症状は，徘徊，不穏，攻撃的言動，焦燥，錯乱などである．夜間せん妄との関係も深く，両者は区別がつきにくいことも多い．夕暮れ症候群が出現する原因は明らかにされていないが，概日リズム調節障害の影響が大きいとされる．われわれは体内時計によって1日のリズムが調整されているが，その周期は約25時間であり，1日の実際の時間（24時間）とは1時間のずれが生じている．普通は，光や食事，運動などによって24時間に修正されるが，これがさまざまな原因で修正できなくなることを概日リズム調節障害とよぶ．認知症の人は概日リズム調節障害が生じやすく，徘徊がある場合にはとくに調節が遅れやすいという報告もある．概日リズムを調節するためには，日光に代表される高照度の光を浴びることや，社会的な接触などが重要であるとされている．

有償ボランティア（ユウショウボランティア）㉄ paid volunteer．ボランティア活動の担い手が，受け手より活動を行うのに必要な経費，または軽微な報酬等，有償で行われるボランタリーな活動のこと．一般的にボランティア活動は自発的意思に基づく公共的，かつ無給で行われる活動という印象を受けるが，1993年7月中央社会福祉審議会地域福祉専門分科会は「助け合いの精神に基づき，受け手と担い手との対等な関係を保ちながら謝意や経費を認め合うことは，ボランティアの本来的な性格からはずれるものではないと考える」として，活動意欲のある人が広く参加する機会を確保する観点からも容認する立場を示している．
➡ボランティア

有病率（ユウビョウリツ）㉄ prevalence／prevalence rate．ある一時点（たとえば2013年10月1日）で，単位人口（たとえば10万人）あたり，何人がその病気にかかっているかが，有病率である．2013年に公表された認知症の有病率の調査結果は，90代前半で約60％である．この年齢の人口100人あたり60人が認知症というのが有病率である．有病率は，すぐに治らず経過が長い認知症のような病気の頻度を表すのに用いられる指標である．発生率を表す指標（罹患率）ではない．
➡罹患率

有料老人ホーム（ユウリョウロウジンホーム）㉄ private residential home for elderly person．老人福祉法第29条を根拠とする施設．高齢者を入居させ，介護等を提供する施設であって，老人福祉施設等厚生労働省令で定める施設でないものをいう．施設の設置にあたっては，あらかじめ都道府県知事への届出が必要である．提供するサービスにより，介護付き有料老人ホーム，住宅型有料老人ホーム，健康型有料老人ホームに分けられる．また，介護保険法の定めるところにより，特定施設入居者生活介護，地域密着型特定入居者生活介護，介護予防特定施設入居者生活介護の指定を受けることができる．
➡介護付き有料老人ホーム，住宅型有料老人ホーム，健康型有料老人ホーム

有料老人ホーム設置運営標準指導指針（ユウリョウロウジンホームセッチウンエイヒョウジュンシドウシシン）特別養護老人ホームの個室化推進により，有料老人ホームにおいても，質の高いサービスを提供する観点から，2002年7月に厚生労働省より出された通知．各都道府県は，地域の実情に合わせた指針を作成し，有料老人ホームの継続的な指導を行うこととされている．有料老人ホームの設備基準，人員配置基準，運営管理等について，指導すべき内容が示されている．
➡有料老人ホーム

床走行式リフト（ユカソウコウシキリフト）㉄ wheeled hoist with sling seat ㉑懸吊式リフト．ベッドから，車いすやポータブルトイレなどへの移乗を目的として使用する介助リフトをいう．介護者の身体的負担を軽減することができる．構造は，吊り具をかけるハンガーを取りつけたアーム，アームを支えるマスト，マストを支えるベースからなる．ベースには，キャスターが取りつけられており，人間を吊り上げた状態で移動することができる点を特徴とする．昇降動作の動力源は，電動式，油圧式がある．折りたたみ式もある．介護保険制度では，福祉用具貸与の対象となっている．貸与を受けるにあたっては，専門職と十分に家庭の物理的環境なども考慮することが必要である．
➡台座式リフト

ユニット型特別養護老人ホーム（ユニットガタトクベツヨウゴロウジンホーム）㉑小規模生活単位型特別養護老人ホーム．1つの生活単位ごとに，原則10人以下という少人数の入居者に対し，家庭的な雰囲気のなかでケアを行うために制度化された特別養護老人ホームのことを指す．いくつかの個室でリビングのような空間を共有し，ほかの入居者となじみの関係を築くことで1人ひとりの個性を尊重したケアを提供することができる．厚生労働省は2002年の省令と通知で，ユニットケアの運営基準を示した．

ユニットケア㉄ unit care．特別養護老人ホームなどの入居型の施設において，利用者の個性の尊重や生活のリズムを重視し，少人数による家庭的な雰囲気のなかでの生活を支援するためのケアの方法である．従来，集団生活を前提とした施設では，施設の日課に合わせたケアの提供が主流であった．しかし，個人の尊厳を守り，個人の生活様式や価値観を尊重し，自立支援の取り組みを行うことは困難な面が多く，とくに認知症をもつ利用者に対するケアにおいては多くの問題点が指摘されていた．2002年から，厚生労働省はユニットケアを制度化し，介護施設ではユニット化が推し進められている．ユニットケアには，適正な職員配置をもとに，利用者本位の介護

を提供するソフト面，および個人のプライバシーを確保する個室と職員やほかの利用者とのなじみの人間関係の構築を図るための共用空間を設けるなどのハード面の2つの側面が必要となる．

ユニバーサルデザイン　㊥universal design ㊂UD．ノースカロライナ州立大学のユニバーサルデザインセンター所長であったメイス（Mace R）が提唱した，「すべての人を対象に，可能な限り最大限利用できるように配慮されたデザイン」という概念である．「だれでも公平に利用できる（公平性）」「使ううえで自由度が高いこと（自由度）」「簡単で直感的に使えること（単純性）」「必要な情報がすぐに理解できること（分かりやすさ）」「うっかりミスや危険につながらないこと（安全性）」「身体的負担が少ないこと（負担の少なさ）」「十分な大きさや広さがあること（スペースの確保）」の7つの原則にまとめられている．日本では都市，建築，工業製品など広い分野で使われている．そのなかでも，「直感的に使える」「うっかりミスや危険につながらない」「必要な情報がすぐ理解できること」などは認知症の人の場合にも当てはまる内容で，デザインされた環境が使いやすいのかどうかチェックするヒントになる．一方で，個人に特化した配慮・デザインされた環境も必要なこともある．全体としてのユニバーサルデザインの導入と個別対応のデザインが矛盾しないように工夫する技術が求められている．
⇨バリアフリー

よ

要介護区分の見直しの申請（ヨウカイゴクブンノミナオシノシンセイ） 要介護区分には，要支援1・2および要介護1～5の設定がある．これら7段階のいずれかの認定を受けて介護サービスを利用している人が，そのあとに心身の状態変化等があった場合，要介護区分をもう一度見直して，現在の心身の状態に一致した要介護区分に変更するため，介護保険の保険者に申請すること．ただし，要支援の利用者が要介護区分の見直しの申請を行った場合，要介護区分の見直しの申請ではなく，新規の申請として取り扱われることになっている．一般的に要介護認定を受けると認定期間は6か月間有効である．心身の状態が変化しにくい場合は最長24か月間有効（要支援の場合は12か月）であるが，有効認定期間にかかわらず要介護区分の見直しの変更は可能である．要介護認定の認定結果が非該当や予想より軽症（重症）であった場合に対する不服については，介護保険審査会へ審査請求することになる．

要介護状態（ヨウカイゴジョウタイ） 英 condition of need for long-term care. 介護保険法第7条第1項において，「身体上又は精神上の障害があるために，入浴，排泄，食事等の日常生活における基本的な動作の全部又は一部について，厚生労働省令で定める期間にわたり継続して，常時介護を要すると見込まれる状態であって，その介護の必要の程度に応じて，厚生労働省令で定める区分（要介護状態区分）のいずれかに該当するもの」と定義される．要介護状態区分は，要介護1から要介護5の5区分からなり，要介護度ともいわれる．要介護1は，部分的な介護を要する状態で，要介護5が日常生活に全面的な介護を要する状態である．
⇨要支援状態

要介護認定等基準時間（ヨウカイゴニンテイトウキジュンジカン） 要介護認定の際の介護の手間を表す尺度．要介護認定調査の結果から，直接生活介助，間接生活介助，問題行動関連行為，機能訓練関連行為，医療関連行為の5分野に分けて時間を計算し，要介護認定等基準時間として合計時間を算出する．この時間に基づいて，要介護認定の一次判定結果が示される．これらの時間は，実際の介護に要する時間を示すものではなく，介護の手間が相対的にどの程度要するかを表すもので，1分間タイムスタディ法による統計的データに基づいたソフトによって算出される．要支援1は25分以上32分未満，要支援2と要介護1は32分以上50分未満，要介護2は50分以上70分未満，要介護3は70分以上90分未満，要介護4は90分以上110分未満，要介護5は110分以上である．要支援2と要介護1は時間数が同じであるが，認知症の症状がみられ，だれかの注意が必要な状態であるか，おおよそ6か月以内に心身の状態が悪化することが予測される場合，要介護1となる．

要介護認定有効期間（ヨウカイゴニンテイユウコウキカン）
➡認定有効期間を見よ．

要求不満（ヨウキュウフマン） ➡欲求不満を見よ．

溶血性貧血（ヨウケツセイヒンケツ） 英 hemolytic anemia. 貧血とは，赤血球数，ヘモグロビン濃度，赤血球容積率が低下した状態をいう．貧血の原因の代表的なものは鉄欠乏性貧血である．一方，赤血球が壊れることを溶血といい，溶血で貧血になることを溶血性貧血という．赤血球が壊れる原因は，細菌感染，中毒，自分の赤血球を攻撃する抗体ができる自己免疫などがある．

養護者（ヨウゴシャ） 同 介護者．高齢者や障害者を保護し，生活を実際に支えている家族や親族，同居者を指す．養護者という用語が用いられている法律は，「高齢者虐待の防止，高齢者の養護者に対する支援等に関する法律」と「障害者虐待の防止，障害者の養護者に対する支援等に関する法律」である．それぞれ，養護者とは，「高齢者を現に養護する者であって養介護施設従事者等以外のもの」「障害者を現に養護する者であって障害者福祉施設従事者等及び使用者以外のもの」と定義されている．

養護老人ホーム（ヨウゴロウジンホーム） 英 nursing homes for the elderly. 養護老人ホームとは，老人福祉法に基づく老人福祉施設のひとつであり，入所は措置による．環境上の理由および経済的理由により居宅において養護を受けることが困難な65歳以上の高齢者が原則対象となる．自立した日常生活を営み，社会的活動に参加するために必要な指導および訓練，その他の援助が提供される．介護保険サービスが必要な場合は，居宅の利用者と同様に要介護認定を受ければ，外部サービスの利用が可能である．職員は，施設長，医師，生活相談員，支援員，看護職員，栄養士が配置される．

養護老人ホームの入所措置基準（ヨウゴロウジンホームノニュウショソチキジュン） 厚生労働省老健局長通知「老人ホームへの入所措置等の指針について」により定められている．指針によれば，環境上・経済上の条件が定められており，入所判定委員会における入所審査によって，このいずれかに該当した場合に入所措置が行われる．環境上の理由は，入院を必要とする病態ではなく，家族や住居の状況などの理由により，在宅において生活が困難であること．経済上の理由は，生活保護を受けていること，前年度の所得が翌年の地方税法の規定による市町村民税の規定による所得割の額がないこと，災害などのその他の事情により，在宅において生活が困難であることのいずれかに該当する場合となっている．

葉酸欠乏症（ヨウサンケツボウショウ） 英 folic acid deficiency. 葉酸は水溶性のビタミンで，ホウレンソウの葉から発見されたことから，葉酸といわれる．葉酸はDNA合成に不可欠で，葉酸欠乏は貧血を引き起こしたり，発がんを促進したりする．さらに，葉酸やビタミンB_{12}の欠乏が血中ホモシステイン濃度を上昇させ，脳血管障害や認知機能低下を引き起こすリスクが高まる．採血して血中濃度を測定することができ，欠乏状態を診断できる．治療には葉酸製剤を内服する．

要支援状態（ヨウシエンジョウタイ） 英 needed support condition. 日常生活における基本的な動作について，ほ

ほ自分で行えるが，身体上もしくは精神上の障害により，介護を要する状態の軽減や悪化防止のための支援を要すると見込まれる状態，または日常生活に支障があると見込まれる状態を，要支援状態という．介護保険制度における第1号被保険者，および第2号被保険者で特定疾病がある人のなかで，要支援状態にある人を，「要支援者」とよぶ．要支援状態には，支援の必要の程度や性質に応じて「要支援1」と「要支援2」の区分がある．「要支援1」は要介護認定等基準時間が25分以上32分未満（相当），「要支援2」は要支援状態であって，同基準時間が32分以上50分未満の状態を指す．要支援2の基準時間は「要介護1」と同じであるが，状態の維持・改善可能性の観点から，疾病や外傷等で心身の状態が不安定な場合や，認知症やその他の精神疾患がある場合は「要介護1」に区分される．
⇨要支援・要介護認定

要支援・要介護認定（ヨウシエンヨウカイゴニンテイ）㊗ long-term care insurance certification. 介護保険制度においては，要介護状態もしくは要支援状態になった場合に，介護サービスを受けることができる．この要介護状態や要支援状態に該当するかどうか，また該当する場合にどの程度であるかを判定するのが，要支援・要介護認定である．保険者（市町村）に設置される介護認定審査会において判定される．これらの手続きは，申請受付後2段階で行われる．まず一次判定として，認定調査員（市町村もしくは委託された指定居宅介護支援事業者等）による認定調査，および主治医意見書の内容による，コンピュータ判定（一次判定ソフトによる推計）が行われる．さらに二次判定として，一次判定の結果および主治医意見書等に基づいて，保健・医療・福祉分野の専門家により構成される介護認定審査会により審査判定が行われ，決定される（図参照）．申請後30日以内に認定が行われることになっており，申請者に通知され，介護保険証にも要支援・要介護状態区分，給付限度額，有効期間などが記載される．なお，認定結果に不服がある場合は，不服申請を行うことができる．

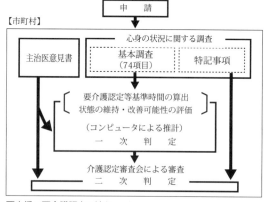

要支援・要介護認定の流れ

要支援・要介護認定申請（ヨウシエンヨウカイゴニンテイシンセイ）㊗ certification of needed support and certification of needed long-term care. 介護保険の給付を受ける（介護サービスを利用する）ためには，要支援・要介護認定を受ける必要がある．要支援・要介護認定の手続きは，申請による．申請は保険者（市町村）に対して行い，保険者の窓口に介護保険被保険者証（第2号被保険者は医療保険証が必要）その他，必要物を添え，介護保険（認定・更新認定）申請書を提出する．申請は本人・家族のほか，地域包括支援センター，居宅介護支援事業者，介護保険施設等が代行することもできる．申請後は，保険者（もしくは保険者が委託した先）の認定調査員が自宅や施設等を訪問し，心身状態を調査する．また，主治医（いない場合は保険者の指定医）が主治医意見書を記載する．これらの情報をもとに，コンピュータソフトを用いた一次判定，および保険者に設置される介護認定審査会による二次判定を経て，要支援・要介護状態の認定がなされる．認定がなされた場合，主に予防給付では地域包括支援センター，介護給付では居宅介護支援事業者等が介護（介護予防）サービス計画書（ケアプラン）を作成し，これをもとに介護（予防）サービスの利用が開始される．
⇨要支援・要介護認定

腰髄損傷（ヨウズイソンショウ）㊗ lumbar cord injury. 脊髄損傷のうち，腰髄の部分に損傷が起こるもの．原因は転落や交通事故によるものが多い．両上肢および体幹の機能は保たれるが，下肢麻痺，知覚障害，膀胱・直腸・性機能の障害を生じ，これらが左右対称に現れる「対麻痺」が特徴である．自律神経障害は頸髄および胸髄損傷に比較すると軽い．腰髄上位の完全損傷では座位バランスや起居動作・日常生活動作（ADL）は自立レベルとなるが，実用的な歩行能力の評価は低く，車いすでの移動となる．腰髄下位の損傷ほど，下肢装具や杖を用いることで，歩行可能となる場合もある．なお，成人の腰髄は腰椎部ではなく，胸椎下部の脊柱管内にある．

陽性症状（ヨウセイショウジョウ）㊗ positive symptom. 陰性症状とともに統合失調症の症状に対して用いられてきた概念．陽性症状は健常者にはないものが現れる症状，陰性症状は健常者にはあるものがなくなる症状である．陽性症状としてとくに典型的なものは，幻覚と妄想である．幻覚は，実際にはないものが聞こえたり（幻聴），みえたり（幻視）する症状で，嗅覚などほかの感覚においても生じる可能性がある．統合失調症ではとくに幻聴の出現頻度が高く，噂や悪口など悪い影響を受けるような内容が多い．また，自分の考えや読んでいる文章が聞こえたりすることもある（思考化声）．妄想は，信念や考え方，意味の受け取り方などが明らかに間違っているにもかかわらず，本人は正しいと信じて修正ができないという症状である．妄想は認知症にも特徴的な症状であるが，統合失調症の妄想はなぜそのように考えるか他者が理解するのが困難なものが多いのに対して，認知症の妄想は認知機能障害や本人がおかれた状況などを考慮すれば他者も理解しやすいものが多い．
⇨陰性症状

腰痛（ヨウツウ）㊗ low back pain. 運動時あるいは安静時に生じる腰背部の痛みの総称．腰痛の発症原因は退行変性（加齢に伴う骨や関節や筋肉の変化）に基づくもの，骨代謝異常，外傷，炎症，腫瘍，その他静力学的要因で起こるもの，内臓疾患から起こるものや心因性腰痛などがある．日本人の有訴率のなかで腰痛は男性で第1位，女性で第2位と多い（厚生労働省：平成25年度国民生活基礎調査）．原因の特定可能な特異的腰痛と比較して明

確な病変を確認できない「いわゆる腰痛症」(非特異的腰痛)が多い．高齢者の腰痛の原因としては，変形性脊椎症，腰椎椎間板ヘルニア，腰部脊柱管狭窄症，椎体圧迫骨折，骨粗鬆症，脊椎転移がんが多い．また看護・介護従事者は腰に負担のかかる動作が多いため，腰痛を発症しやすい．予防としては，①中腰での作業や重い荷物を持ち上げる際にはボディメカニクスを考慮する，②よい姿勢を保つ，③腹筋や背筋を鍛えておく，④コルセットの装着，などがある．
⇨椎間板ヘルニア，脊椎すべり症，変形性脊椎症

陽電子放射断層撮影（ヨウデンシホウシャダンソウサツエイ） 英 positron emission tomography 略 PET．電子は陰性の荷電を帯びた粒子であるが，陽電子（positron）は逆の陽性の感電を帯びた粒子で，陽子が中性子になるときに，放射性同位元素から放出される．この陽電子を放出する放射性同位元素（^{11}Cや^{18}F）をある分子に結合させることを標識という．標識後に静脈注射などで体内に投与すると，その分子が集まったところから陽電子が放出される．放出された陽電子は近くの電子と結合して，γ線を発する．そのγ線をとらえることで画像化するのである．このγ線をとらえて画像化するため，検出器をリング状に配置し，その中心部を身体が移動すれば，頭から足先までを輪切りにした画像をとらえることができる．このような撮影法を断層法という．コンピュータ断層撮影（CT）や磁気共鳴断層撮影（MRI）も断層法である．さらに，これをコンピュータで三次元に解析することができる．たとえば，がんに集まる分子を標識しておくと，がんの部位から多量のγ線が放出され，がんのある部位を高感度で検出できる．認知症に関しては，大脳で働きが悪い部位は糖代謝のスピードが遅いことを利用して，^{18}F標識フルオロチミジンでグルコース酸化酵素（グルコースオキシダーゼ）を用いて働きの悪い部位を検出するFDG-PETという方法がある（研究手法であり，保険適応ではない）．また，アルツハイマー病（AD）の原因であるアミロイドβタンパク質に結合する分子を標識して，アミロイド沈着部位をPETで見つけるアミロイドイメージングが実用化されている．

溶連菌感染症（ヨウレンキンカンセンショウ） 英 streptococcal infection．球菌には，球状の菌が鎖状に横につながる連鎖球菌と，ブドウの房のように塊をつくるブドウ球菌がある．そして，赤血球を壊す溶血作用をもつ連鎖球菌が，溶血性連鎖球菌であり，略して溶連菌となる．溶連菌は，蜂巣炎（蜂窩織炎）などさまざまな化膿性の炎症を引き起こす．抗生物質で治療する．

養老院（ヨウロウイン） ➡老人ホームを見よ．

余暇活動（ヨカカツドウ） 英 leisure activity 同 レジャー活動／自由時間活動．人間の生活行動のうち，食事・睡眠・排泄など生理的に必要なものを生活必需行動，仕事や家事など社会生活を営むうえで義務的に拘束される性格の強いものを（社会的）拘束行動という．それぞれ1次活動，2次活動ともよばれる．これら以外に各人が自由に使うことができる時間における行動を自由行動といい，1次・2次との対比では3次活動ともよばれる．また，それぞれに使われる時間を，必需時間，拘束時間，自由時間とよぶ．余暇活動とは，広義には，このうち自由時間および，その周辺の時間（上述した3つの時間は明確に境界線を引けない場合があるため）に行われる活動のすべてを指す．この意味では自由行動，3次活動と重なる概念である．余暇活動には休養等のための消極的活動と，趣味や消費，社会貢献等のための積極的活動の両者が含まれる．高齢期においては，平均的にみると拘束時間と自由時間の長さが逆転し，自由時間（余暇活動に使われる時間）の平均値が1日の3分の1，もしくはそれ以上を占めるようになる．
⇨レクリエーション

抑うつ状態（ヨクウツジョウタイ） ➡うつ状態を見よ．

抑肝散（ヨクカンサン） 漢方薬のひとつ．ビャクジュツ（白朮）またはソウジュツ（蒼朮），ブクリョウ（茯苓），センキュウ（川芎），チョウトウコウ（釣藤鈎），トウキ（当帰），サイコ（柴胡），カンゾウ（甘草）を含む．虚弱な体質で神経が高ぶるものの次の諸症：神経症，不眠症，小児夜なき，小児疳症に効く．2005年に認知症の行動・心理症状（BPSD）に有効なことが報告されて以来，易怒性などの興奮性の症状や徘徊，妄想などに広く使われるようになった．甘草を含むので，低カリウム血症に注意が必要である．また，活動性の低下や眠気を引き起こすこともあるので，効果がなければ中止すべきである．アルツハイマー病（AD）よりもレビー小体型認知症（DLB）の幻視などの症状に有効な傾向がある．

抑制帯（ヨクセイタイ） 英 restraining band 同 拘束帯．患者や施設等利用者に対して，体幹や四肢の一部，または全部の行動を制限するために用いられる帯（ベルト）状の器具のことを指す．抑制「帯」は狭義では上述のように帯（ベルト）状のものを指すが，いわゆる身体拘束（行動制限・抑制）に用いる「抑制（器）具」「拘束（器）具」全般と同義に，もしくはそれらの象徴的な呼称として用いられる場合がある．体幹をベッドや車いすに固定するもの，一端を四肢に，もう一端をベッド柵に結びつけるもの等，さまざまな種類がある．なお，介護保険施設等においては，介護保険施行時より，厚生省令により「緊急やむを得ない場合」を除いて抑制帯の使用を含む身体拘束は原則禁止とされている．また，「精神保健及び精神障害者福祉に関する法律」により，精神科病院では「医療又は保護に欠くことのできない限度」においてのみ身体拘束の実施が認められている．
⇨身体拘束，行動制限

浴槽エプロン（ヨクソウエプロン） 浴槽の洗い場側の面．浴槽部分と同じような仕上げを施している部分．この部分が洗い場側に出ていたり，厚みがあったりすると，またぎ動作の際につま先をひっかけやすくなり，転倒しやすい．

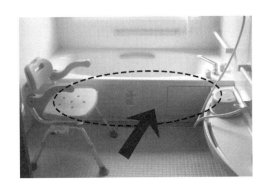

浴槽内いす（ヨクソウナイイス）⑩シャワーチェア．浴槽が深いため，利用者が浴槽に沈み込んでしまう場合に沈み込み防止のために使用する．また，片麻痺の人で麻痺側が浮いてくる場合，人工膝関節の術後などで膝が曲がらない場合など，浴槽からの立ち上がりがしにくい対象者には，浴槽内いすを浴槽に沈めておけば，浴槽内から立ち上がりが行いやすい．

予後（ヨゴ）㊥prognosis．今後の見通しを示す言葉．手術をしたあとの経過の予測や，認知症の今後の進行の予測などをいう．回復の可能性など今後の経過を，教科書やこれまでの経験などから予測するのである．生命についての将来予測は生命予後であり，たとえばアルツハイマー病（AD）であれば，診断が正しければ，10～15年の経過で死に至るので，生命予後不良である．

横出しサービス（ヨコダシサービス）横出しサービスとは，市町村（保険者）が条例を定めて行うことができる，介護保険（予防）給付以外に独自になされる特別給付（市町村特別給付）のことを指す．具体的な例として，給・配食や移動（移送）サービス，おむつの支給，理髪サービスなどがある．区分支給限度額を超えて給付する「上乗せ」サービスに対して，給付外のサービス（介護保険法に指定のないサービス）を行うため，「横出し」サービスとよばれる．
⇨上乗せサービス，介護給付

欲求階層説（ヨッキュウカイソウセツ）㊥theory of need-hierarchy ⑩欲求の五段階説．マズロー（Maslow AH）が提案した欲求の理論モデル．マズローによると，私たち人間は，自らの自己実現のために成長している．その過程のなかで，欲求は人間として生きるための根源的なものから，人とかかわり，自らを高めていくより高次のものを得ようとすると考え，その欲求を5つの階層，生理的欲求，安全欲求，所属と愛の欲求，承認欲求，自己実現欲求の5つに分類した．階層モデルでは，生理的欲求がもっとも低い層に位置づけられ，自己実現欲求が最上位の階層に位置づけられている．一般的には，生きるために必要な低層の欲求ほど強く，それを満たすための行動が優先的に行われ，低層の欲求が充足されるまでは，より高層の欲求に対する充足行動は抑制される．しかし，低層の欲求が充足されなくても，高層の欲求が強く生じる場合があることも少なくない．認知症の人のケアにおいては，その人が求める自己実現とはなにかを常に本人の視点から考えることが必要である．自己実現とはまさにその人らしく生きることであろう．
⇨自己実現

欲求阻止（ヨッキュウソシ）➡欲求不満を見よ．

欲求の五段階説（ヨッキュウノゴダンカイセツ）➡欲求階層説を見よ．

欲求不満（ヨッキュウフマン）㊥frustration ⑩要求不満／欲求阻止．目標に到達するための欲求・要求が何らかの原因によって妨害され，その結果として不快な緊張状態がもたらされることをいう．欲求不満の原因はさまざまであるが，とくに，他者の行動や社会的ルールなどが代表的である．欲求不満には，欲求不満状況，欲求不満状態，欲求不満反応という3つの要因が順番に関係する．また，欲求不満は，一般に筋肉の緊張や脈拍数の増加，攻撃性や焦燥感の増大などの生理的・心理的変化が生じるが，その生じ方は，欲求の種類，妨害の条件，本人の健康状態，欲求不満耐性などによって左右される．欲求不満耐性とは，欲求不満が生じた際に冷静さを保ったり，がまんしたりする能力のことである．認知的・情緒的に発達すると，欲求不満耐性も高まるといわれている．

4つの食品群（ヨッツノショクヒングン）㊥four food group．食品の分け方の種類はいくつかあるが，食品を主な働きで分類するのが「4つの食品群」であり，食事療法の現場で使われることが多い．第1群（乳・乳製品・卵）は，日本人に不足しがちな栄養素を含み，タンパク質，脂質，ビタミンA・B，カルシウム，鉄分などをバランスよく含んだ食品群である．第2群（魚介・肉・豆・豆製品）は，血や肉をつくる良質タンパク質，ビタミンA・B_1・B_2，カルシウムを多く含む食品群である．第3群（野菜・海藻類・芋・果物）はタンパク質や糖質・脂肪が身体で働くために大切な調整役をする食品群である．ビタミンA・B・Cやミネラル，食物繊維という微量栄養素を含む．第4群（穀類・油脂・調味料・他）は生命を維持し活動の源となるエネルギー源として大切な糖質や脂質を多く含む食品群である．1～4群を点数化し，バランスのよい献立を作成していくことができる．

予防医学（ヨボウイガク）㊥preventive medicine．病気をもつ人を対象として病気を治療する治療医学に対し，病気を予防し健康を増進するための科学，技術を指す．健康な人を対象に，発病しない時期から予防するもの（一次予防）と，疾病が潜在しているが自覚症状がほとんどない時期に発見し処置するもの（二次予防），発症後に再発予防や機能回復，社会復帰を目指すもの（三次予防）がある．
⇨公衆衛生

予防介護（ヨボウカイゴ）➡介護予防を見よ．

予防給付（ヨボウキュウフ）㊥prevention benefit．介護保険制度における保険給付のひとつで，介護認定審査会において要支援（要支援1もしくは要支援2）と認定された被保険者，すなわち要支援者に対して行われるものをいう．予防給付におけるケアマネジメントは，地域包括支援センターが原則として行う（居宅介護支援事業者への委託も，業務のすべてではないが可能）．予防給付で利用可能なサービスは，訪問・通所・短期入所サービスや福祉用具貸与，住宅改修，また地域密着型サービスなどがあるが，要介護認定者への介護給付と異なり，介護保険施設への入所等，利用できないサービスもある．なお，予防給付のうち訪問介護・通所介護については，2015年度の介護保険法改正により，介護保険制度内の地域支援事業（介護予防・日常生活支援総合事業）における介護

予防・生活支援サービス事業に2017年度末までに移行することとなった．
⇨介護給付，介護予防

予防接種（ヨボウセッシュ）㊤vaccination／immunization．感染症を予防するために，免疫をもたらす接種液（ワクチン）を接種すること．予防接種は義務ではないが，予防接種法において以下の接種が勧奨され，市町村が実施主体となって定期接種を行っている．社会的にその疾病のまん延を予防することに比重がおかれたA類疾病は，ジフテリア，百日咳，破傷風，急性灰白髄炎（ポリオ），風疹，麻疹，日本脳炎，結核，ヒブ感染症，小児の肺炎球菌感染症，ヒトパピローマウイルス感染症，水痘である（2014年10月時点）．いずれも標準的な接種年齢や回数，接種時期が定められ，国民に予防接種を受ける努力義務が課されている．通常よりもその疾患に罹患することで死亡率が高くなる集団に，個々の判断で予防を行うよう接種が勧められるB類疾病として，高齢者を対象にしたインフルエンザと肺炎球菌がある（2014年10月時点）．B類疾病については，新たなワクチンの開発や感染症まん延の危機に柔軟に対応できるよう政令で対象となる疾病が追加できるようになっている．そのほか，予防接種法には定めがないが，個人の希望によりワクチン接種を行い，費用も通常その個人が負担する任意接種（おたふくかぜ，ロタウイルス，B型肝炎など）がある．
⇨予防接種法，ワクチン

予防接種法（ヨボウセッシュホウ）㊤Preventive Vaccinations Act．1948年に制定された予防接種に関する法律（昭和23年法律第68号）．1976年に続き，1994年にも大きな改正が行われた．予防接種の目的，国および地方公共団体の責務，対象疾病の種類，実施要領，予防接種による健康被害の救済に関する事項が規定されている．2007年4月1日より，結核予防法が感染症の予防および感染症の患者に対する医療に関する法律に統合されたため，BCG接種に関しては予防接種法に追加された．
⇨予防接種

予防的リハビリテーション（ヨボウテキリハビリテーション）㊤preventive rehabilitation．病気や障害に対し，事前に対策を施し，健康を維持するためのリハビリテーション．疾病の発生を未然に防ぐ行為である一次予防，早期発見・早期治療する二次予防，適切な治療により重度化や合併症を予防する三次予防に分けることができる．従来リハビリテーションでは長期臥床による筋力低下，関節可動域制限，起立性低血圧，褥瘡などの廃用症候群を予防する三次予防が実施されてきた．近年では生活習慣を改善し，役割を担う，他者と交流する，適度に運動するなど，活発な社会生活をすごすことが健康増進や介護予防（骨関節疾患，認知症などの予防）に効果がある可能性が示されており，二次予防，一次予防のリハビリテーションも実施されることが増えている．
⇨公衆衛生，健康診断，廃用症候群

ら

ライフイベント 英life event. 人生で出会う出来事のうち，生き方や暮らしの様式，生活環境を変化させるなどして，人生に大きな影響を与える節目となるようなものを，ライフイベントという．具体的には，就学や就職，結婚，妊娠・出産・育児，引っ越し，退職，入院・施設入所などさまざまなものが挙げられる．個人が直接的に経験するものだけでなく，子どもの出産，つまり孫の誕生など，家族や身近な人が直接的に経験する出来事が，その人のライフイベントとなることもある．人間の生涯発達などを理解するための研究モデルのひとつとして，ライフイベントを個人の人生のパターンの指標，あるいは人生のパターンに意味のある変化をもたらす要因として位置づけ，その影響を分析するものがある．とくに，ストレスとの関係が検討されることが多い．
⇨ライフサイクル，ストレス

ライフコース 英life course. ライフコースとは，人が年齢（年代）別の役割や出来事を体験しながらたどっていく人生の行路（軌跡，トラジェクトリ）であり，ライフイベントのタイミングや期間，配置，順番の社会的パターンのことをいう．個人が時間とともに実行・体験する社会的に定義された出来事や，役割の配列とも説明される．人間の生涯発達などを理解するための研究モデルのひとつとして1970年代なかばごろからエルダー（Elder GH）により提示され始めたもので，平均的・標準的な人生モデルを想定するライフサイクルアプローチに対して，多様な人生のすごし方の存在とその背景に注目することが特徴とされる．エルダーらは，ライフコースを規定する要因として，歴史的・地理的文脈，他者との社会的関係（絆），個人の志向性や統制，およびライフイベントと役割におけるタイミングの差異を挙げている．ライフコース研究では，コホート間やコホート内の人生行路の違いやその要因が主題となることが多い．
⇨ライフサイクル，ライフイベント

ライフサイクル 英life cycle 同人生周期．エリクソン（Erikson EH）は，人間の精神の発達プロセスを，段階的に，かつ前段階までの発達を前提に，生涯にわたって進んでいくという漸成説（後成説）によって説明した．この生涯続く段階的発達をライフサイクルという．エリクソンは個人の標準的なライフサイクルについて，乳児期から老年期までの8つの発達段階に分け，それらを各段階における心理社会的危機と課題，課題達成によって得られる「徳」によって説明している（エリクソンの死後，生前の議論も踏まえて妻<Joan>の手により「第9の段階」や「老年期とコミュニティ」「老年的超越」に関する議論が加えられている）．
⇨ライフコース

ライフサポートアドバイザー 英life support adviser 略LSA 同生活援助員．公営の高齢者世話付住宅（シルバーハウジング）や，サービス付き高齢者向け住宅，多くの高齢者が居住する集合住宅等を対象に派遣され，日常生活上の生活相談・指導，安否確認，緊急時の対応や一時的な家事援助等を行う人を指す．資格要件は設けられていないが，導入当初，在宅介護支援センターや，介護保険施設等の職員経験が求められたこともあり，介護福祉士等の有資格者である場合も多い．LSAの派遣は，介護保険法による地域支援事業（任意事業）における，地域生活支援事業として行われる．またそのなかでも，関係機関・関係団体等による支援体制の構築を含め，高齢者の安心な住まいを確保するための事業を地域の実情に応じて行う「高齢者の安心な住まいの確保に資する事業」として位置づけられている．派遣対象住宅は詳細には定められていないため，近年では東日本大震災（2011年）後の応急仮設住宅におけるサポート拠点に配置された例などもある．
⇨地域支援事業，シルバーハウジング，サービス付き高齢者向け住宅

ライブスーパービジョン 英live supervision. スーパービジョンの形態のひとつであり，スーパーバイザーが援助者（スーパーバイジー）の行う面接などの実践場面に同席するなどして行われるものをいう．スーパーバイザーが同席する場合，共同援助者として立ち会うことが多いが，陪席者として実践内容に強い関与を行わない方法や，ワンウェイミラー等による観察などの方法が取られることもある．実践場面のようすを録画・録音したものを使用する場合もある．ライブスーパービジョンの特徴として，具体的な実践場面をスーパーバイザーとスーパーバイジーが共有しながら行われる点が挙げられる．このため，具体的な助言や指導を受けることができる．また，スーパーバイザーが同席する場合，効果的な方法を実際に目の前でモデルとして提示することができる．したがって教育効果は高いとされるが，スーパーバイジーと被援助者の両者に配慮する必要があるなど，スーパーバイザーには高い専門的技量が求められる．
⇨スーパービジョン，スーパーバイザー，スーパーバイジー

ライフレビュー 英life review. 人生の折々の経験や出来事がごく自然に思い出される心的過程を回想とすれば，ライフレビューは回想のなかで自分なりにゴールに向けて記憶を編集し，一定の調和のとれた総合体へと組み直していくことに重きがおかれている．また，人生の評価を中心に組み入れた回想の一種類でもあり，回想と分けて考えることもできる．バトラー（Butler RN）はより大きな葛藤が人の人生にあるのであれば，いっそう全体として受け止めるために，人生の出来事を再統合していく必要があると示唆している．また，ライフレビューの過程は聴き手がいないときに孤立へと向かってしまい，そのようなときには絶望として否定的な結果を導くこともあると示唆している．ハイト（Haight BK）はエリクソン（Erikson EH）の人生の発達段階に関する理論を応用し，構造的ライフレビュー（structual life review）という方法を提唱している．その効果は多様で，たとえば，自身の過去と向かい合うこと，憂うつな気分の緩和，友

人や家族との再会，人生に対する満足度を高めること，自尊心の向上などが挙げられている．これらの効果は，ことに高齢者にみられるが，戦争や惨事，また人生の分岐点になるような出来事（家族の死，長期的な入院，ホスピス，離婚，老人ホームへの入所，解雇，退職の予定など）を体験した人にも期待できるとされている．
⇨回想法

ラクナ梗塞（ラクナコウソク） 英 lacunar infarction．直径が1.5cm以下の小さな脳梗塞のことをいう．大脳に血液を送る動脈は，大脳表面をめぐりながら走る皮質枝（回旋枝）と脳底部から大脳基底核や視床などのある中心部に向かう穿通枝に分けられる．この穿通枝系の動脈の狭窄や閉塞で血流が不足すると，小さな領域が壊死に陥り，ラクナ梗塞を生じる．重要な部位に生じると，小さくても半身麻痺（片麻痺）や感覚障害を引き起こすが，重要部位でないと無症状である．しかし，ラクナ梗塞がいくつもできる多発性脳梗塞では，血管性認知症（VaD）や血管性パーキンソン症候群を引き起こす．糖尿病や高血圧症などがそのリスクを高める．
⇨多発性小梗塞

ラポール 仏 rapport．利用者と援助者の間に築かれる信頼関係のこと．もともとフランス語で「橋をかける」という意味であり，相手と自分との間に橋をかけるということになる．援助者と利用者の信頼関係が成立したときに，援助は効果的なものになりうる．かかわりが重要な認知症ケアにおいて，利用者の信頼を得ることが，重要な出発点となる．

ランドマーク 英 landmark．都市や地域において，建物，看板，商店，山などの，外部からみて目印となる物理的なもの．都市構造を認識する手がかりとなる明確なランドマークがあると，外出の際も道に迷いにくくなる．リンチ（Lynch K）は人々が環境的イメージを心に描く際の重要なエレメントのひとつとしてランドマークを挙げ，その都市らしさ（アイデンティティ）に大きな影響を与えると指摘している．同様の役割は大きな施設の室内環境においても見いだされる．とくに見当識の低下した認知症の人にとって，施設内の飾られた花や特徴的な家具，吹き抜けのある明るいロビー空間などは，ランドマークとして自分のいまいる場所を知る重要な手がかりとなりうる．

り

リアリティオリエンテーション 英 reality orientation 略 RO 同 現実見当識訓練．時間，空間等の見当識を指す場合と，それを改善するための技法を指す場合があるが，一般的には後者を指し，ROとよばれることが多い．ROでは，見当識を理解し自分のおかれた状況をより正しく理解できるようになれば，混乱はより改善され，生活の質（QOL）の向上につながると考えられている．これには，教室型（定型RO：定期的なグループ活動により見当識の情報にふれる，確認する機会を設ける方法）と24時間型（非定型RO：施設や病棟のスタッフが，時計，カレンダー，言葉かけなどで見当識の情報を日常的に示していく方法）があり，後者は前者を補う形で行われるのが理想的である．ただし，元来認知症の人にとって見当識の理解はむずかしく，精神的に苦痛とならないように工夫することが大切である．近年，海外ではROを改良し，認知機能全般に働きかけを行うcognitive stimulationが主流になりつつある．

利益相反（リエキソウハン） 英 conflict of interest 略 COI．当事者の一方の利益が，他方の不利益になる行為のことで，一定の利益相反行為は法律で禁止されている．たとえば，民法第108条では「同一の法律行為については，相手方の代理人となり，又は当事者双方の代理人となることはできない．ただし，債務の履行及び本人があらかじめ許諾した行為については，この限りではない」とされ，第826条では，「親権を行う父又は母とその子との利益が相反する行為については，親権を行う者は，その子のために特別代理人を選任することを家庭裁判所に請求しなければならない．親権を行う者が数人の子に対して親権を行う場合において，その1人と他の子との利益が相反する行為については，親権を行う者は，その一方のために特別代理人を選任することを家庭裁判所に請求しなければならない」とされ，これは後見人について準用されることとなっている（ただし，後見監督人がある場合は，この限りでない）．

理解・判断力の障害（リカイハンダンリョクノショウガイ） さまざまな民事上の法律行為（商品の売買，契約の締結，婚姻，遺言の作成）を行う際には，その人が事柄の性質や内容を理解し，自己の利益になるような結論を出すのに十分な判断能力が必要とされる．一般的に高齢者では，加齢とともに，自分にとってつごうのよい情報に注意が集中しがちになり，逆に不利な情報を見落としがちになるとされている．こうした高齢者の一般傾向に加え，認知症では，多様な認知障害によって，理解・判断力がいちじるしく障害されていることが少なくない．こうした場合には，当事者を擁護するという目的で，売買契約場面では，成年後見などの制度の活用が有効となる場合がある．しかし，どのような場合に成年後見をはじめとする代理者の支援が必要となるのかについては明確なガイドが示されていないため，制度利用の決定に際しては，複数の専門家の意見をもとに慎重な協議を行うことが望ましい．

理学療法（リガクリョウホウ） 英 physical therapy 略 PT．神経障害による麻痺の程度や範囲，筋力，関節可動域，肺活量などの，各種機能評価を行い，その評価結果に基づき，運動療法や物理療法（温熱・寒冷・水・電気刺激等）などを用いて，国際生活機能分類（ICF）に基づき心身機能（筋力・関節可動域・疼痛など）と活動能力（起居移動動作，日常生活動作）の維持・改善を図り，生活機能を高め，社会参加を促し，生活の質（QOL）の向上を目指すもの．またマイナス面だけでなく残存機能などのプラス面にも着目し，対象者の能力が最大限発揮されるよう，介助方法の指導，福祉用具の選定や住宅改修，環境調整なども行う．
⇨リハビリテーション，運動療法，理学療法士，言語聴覚士

理学療法士（リガクリョウホウシ） 英 physical therapist 略 PT．理学療法士及び作業療法士法に定められた国家試験に合格し，厚生労働大臣の免許を受けた人で，医師の指示の下に，機能・能力・精神心理的に何らかの障害がある人，もしくは障害が予測される人に対し，運動療法や物理療法を施行し，それらの改善，維持，予防を図る専門家．理学療法士が活躍する領域は主に病院・診療所，リハビリテーションセンターなどの医療関連施設であったが，最近では小児の療育施設，老人福祉施設，介護老人保健施設，訪問看護ステーション，障害者支援施設，スポーツセンター，研究教育機関，自治体や保健所などの行政機関など活躍の場が広がっている．
⇨リハビリテーション，理学療法

罹患率（リカンリツ） 英 incidence rate／morbidity rate．一定期間中（たとえば1年間）に，単位人口（たとえば10万人）あたりで，ある疾患に新たに罹患した人数から罹患率を計算する．罹患率は，年間発生率ともいえる．一時点で，特定の病気をもっている人の割合を示す有病率との違いを理解することが大切である．たとえば80代前半で，1年間に新たに認知症になる率が罹患率で，認知症を有する人数の割合が有病率である．
⇨有病率

離床（リショウ） 英 ambulation．病気や身体機能の低下などにより，ベッド上で生活していた人が，心身機能の維持・改善を図ることを目的に徐々にベッドから離れて生活範囲を拡大していくこと．ベッド上での生活が続くと身体機能が衰えるばかりでなく，心にも大きな影響を及ぼすものといえ，さらには認知症の症状も現れてくることもある．病気などで臥床となった際には，心身機能低下を防ぐために，病状が落ち着いたあと，早い段階から積極的に離床を働きかけることが重要である．

離人症（リジンショウ） 英 depersonalization／dispersonalization．自己の感覚や体験について，疎隔感（自分からなにか遠いことのように感じること），非現実感があり，自分がしている感覚（実行意識）が喪失した状態のことを指す．その種類には，「外界が生き生きと感じられない」などの症状を訴える外界精神離人症（現実感消

失ともよぶ），「本当に自分の行動であるという実感がない」「喜怒哀楽の感じがない」（感情の病的減退の一種と考えられる）などの症状を訴える自己精神離人症，「自分の手足が自分のものでないように感じる」などの症状を訴える身体精神離人症を挙げることができる．こうした症状について，明確なメカニズムは明らかにされていない．また，疲労やストレス，統合失調症，うつ病などの気分障害，不安障害などの精神障害でも認められることもあり，それだけで診断の特異性があるものではない．

リスクマネジメント ㊇risk management. 組織を取り巻くさまざまなリスクを最小限にするための管理体制のことをいう．介護事業所であれば，万一事故が発生した場合でも，損害の発生や拡大を防止するための危機管理の取り組みを行い，介護事故を防止して利用者の生命・身体・財産などの安全を確保するための安全管理の取り組みを行うことである．リスクマネジメントは，①リスクの把握，②リスクの分析・評価，③対応方法の決定と実行，④リスクの再評価，の4つの過程で実施される．

リーダーシップ ㊇leadership. 特定の目標達成のために，コミュニケーションを通して組織や集団メンバーに影響を及ぼしたり，問題解決に取り組む姿勢を作り出すこと．つまり，目標に向かって人を動かす力，相手に与える影響力といえる．リーダーシップは，性格や行動上などの個人的特性，組織のもつ目標や仕事の性質，組織構造などの状況特性，部下あるいはリーダーシップを発揮する相手など，フォロワーの特性の総和によって形成される．リーダーシップ発揮のためには，目標が明確でなければならず，認知症ケアの職場は，理念を前提とした部下が納得し，魅力を感じるものでなければならない．また，職場のメンバーがその組織目標や，集団活動に対し共通認識をもち，共に働くという意識が重要である．

リーチャー ㊇reacher. 関節リウマチ，上肢・下肢の関節障害や可動域制限，頸髄損傷のある人などに用いられる自助具のこと．目的のものに手が届かない場合の助けになるもので，長い棒状のものにはさみやフックがついており，押したり，遠くにあるものを引き寄せたり，引っ掛けたりして使用する．種類ごとに長さも異なり，その用途に合わせた選択が望ましい．また携帯用の伸縮タイプのものも市販されている．

立位（リツイ） ㊇standing posture. 重力に抗して，地面と垂直方向に頭部と体幹を伸展した姿勢で，両足底が地面に接地し基底面を構成している．前方からみると頭をまっすぐ前に向け，顎を引き，胸を張り，両上肢は体側に自然に垂らして，手掌は体のほうに向ける．全身がまっすぐ伸び，重心線が身体の中軸を通り，重心は骨盤内にある．側方からみると，脊柱は生理的彎曲を描き，頸椎と胸腰部で前彎し，胸椎と仙骨部で後彎している．姿勢保持のために抗重力筋が働いている．基本動作能力のひとつで，起居および移動動作の基本となる体位である．長期間臥床安静をとっていた患者が初めて立位をとるときは，バランスを失うことによる転倒や，循環動態の変動，とくに起立性低血圧に注意が必要である．
⇨基本動作，座位，姿勢

利尿薬（リニョウヤク） ㊇diuretics. 水分と電解質を尿として生成・排出させる薬物の総称．一般的には腎臓の機能単位であるネフロンの尿細管や集合管に作用し，体内のナトリウムと水分の排泄を促し，体液量を減らすことにより，浮腫の改善や血圧の低下を図る．副作用として，電解質異常・代謝異常が起こりやすい．高齢者への使用では尿失禁，脱水，血栓のリスクを高めるので注意が必要である．

リバスチグミン ㊇rivastigmine. コリンエステラーゼ阻害薬に分類されるアルツハイマー病（AD）治療薬．国内初の皮膚に貼付する経皮吸収型製剤である．軽度および中等度における中核症状（認知機能障害）の進行を抑制する効果が期待される．主な作用は，アセチルコリンを分解するアセチルコリンエステラーゼの働きを阻害し，脳内のアセチルコリンを増やすことであり，ブチリルコリンエステラーゼを阻害する作用も持ち合わせている．

リバースモーゲージ ㊇reverse mortgage. 高齢者などが自宅に住みながら，持ち家を担保に金融機関や自治体等から毎月資金を借りて生活費に充当し，死亡もしくは契約の終了時に，その持ち家を売却，処分するなどして借入金を一括返済する方法をいう．この方法は，信託銀行などの金融機関が商品化している例もあるが，公的な例としては，都道府県社会福祉協議会が実施主体となっている「生活福祉資金」において，①不動産担保型生活資金（低所得の高齢者世帯に対し，一定の居住用不動産を担保として生活資金を貸付ける資金），②要保護世帯向け不動産担保型生活資金（要保護の高齢者世帯に対し，一定の居住用不動産を担保として生活資金を貸付ける資金）があるほか，武蔵野市，神戸市，伊丹市などの自治体が同様の施策を実施している例もある．

リハビリテーション ㊇rehabilitation. リハビリテーションの本来の意義は「権利・資格・名誉の回復」であり，障害者の人間らしく生きる権利の回復（全人間的復権）を目指すものである．具体的には，国際生活機能分類（ICF）の理念に基づき生活に支障をきたす心身機能の維持・改善，活動・参加を可能にするための自助具などの代償手段や動作方法の変更，個人因子や環境因子（住宅改修など）への働きかけを通じて，障害をもった人が身体的，精神的，社会的，職業的，経済的能力を最大限発揮できるよう生活を再構築し，可能な限り，高い生活の質（QOL）を実現することである．リハビリテーションは医学的・教育的・職業的・心理的・社会的リハビリテーションの5分野に分けられ，医師，看護師，ソーシャルワーカー，理学療法士，作業療法士，言語聴覚士，薬剤師，介護福祉士，ヘルパー，など各分野の専門家がチームをつくり包括的な支援を提供する必要がある．
⇨理学療法，作業療法，国際生活機能分類

リハビリテーション医学（リハビリテーションイガク） ㊇rehabilitation medicine. 障害をもつ患者のリハビリテーション（全人間的復権）を目的とした医学．疾患ではなく障害を主対象とする「障害の医学」といえる．さらに疾患・障害というマイナスだけでなく，残存・潜在する機能・能力というプラスを開発・増進することを重視する「プラスの医学」でもある．障害の本態を研究する障害学を中核とし，それに運動学，機能回復の生理学，運動治療学の基礎学，理学療法，作業療法，言語聴覚療法，義肢装具学などの臨床学が連携している．

リハビリテーション計画（リハビリテーションケイカク） ㊇rehabilitation plan. 対象者のリハビリテーションの目標を実現するために設定される個別の計画．目標や計

画は，対象者が主体となり，各専門職が支援する形で設定・作成される．対象者の目標達成へ向けて，多職種チームが協業して，多方面から包括的に支援する際の共通ツールとして用いられる．具体的には国際生活機能分類（ICF）に基づき，生活機能の向上を主眼におき，現在の「できる活動」と「している活動」を評価し，目標となる「していく活動」を具体的に設定する．そして，その目標達成に向けた，各専門職が提供するアプローチの役割分担や，長期目標達成までの段階的な短期目標の設定と，その達成時期が計画に含まれる．この計画は，定期的に評価され，必要に応じて修正または更新される．医療保険法・介護保険法・自立支援法に基づくリハビリテーションの提供や，加算を算定するための要件として計画書作成が義務づけられている．
⇨リハビリテーション，国際生活機能分類

リハビリテーション工学（リハビリテーションコウガク）　㊥rehabilitation engineering. 医学および工学関連技術を総合的に用いて，障害者や高齢者のリハビリテーションを支援する分野．車いすやシーティングシステム，義肢・装具・自助具の作成，視聴覚障害者の感覚代行機器，コミュニケーション支援機器，筋の神経信号をとらえて義手・義足を動かす筋電義肢などの開発，環境制御装置の実用化，建築物のバリアの解消やユニバーサルデザインの開発などが含まれる．認知症ケアの分野においては，徘徊・転倒転落を知らせるセンサーや，記憶障害を補うスケジュール支援機器なども開発されている．
⇨福祉用具

リハビリパンツ　㊥rehabilitation pants. 大人用おむつのひとつで「パンツ型」のもの．下着と同じ感覚で使用できる．布製，紙製のもの，吸収材がついたものとついていないものがある．座位保持が可能で，介助で立ち上がりができれば，リハビリパンツを使用する．トイレへ誘導し，座位で排泄することで，排泄にかかわる筋活動を助け排泄しやすくなったり，立ち上がり・立位保持・下衣の上げ下げなど身体機能を発揮する機会が増えたり，排泄の自立を促し，身体機能の維持・改善が期待できる．またテープ止めタイプのものより見た目もよく，活動的な社会生活をすごすのに適している．伸縮性があり，介助者が交換しやすい一方で，本人が上げ下げする場合は，一般的な布製の下着より上げ下げしにくい．また失禁時に吸収されたポリマーが膨らむと，重くなり歩行を妨げることがある．脱ぐ際は脇を切り離して簡単に外せるが，装着時にはズボンを脱いで履く必要がある．

リビングウィル　㊥living will ㊥生前遺言．本人が生きているうちに効力を発効する遺言（will）のこと．終末期の医療内容に関する，患者自らによる事前指示であり，万一，自分が末期状態になった場合，延命治療を中止・差し控える旨を医師にあらかじめ指示する書面である．アメリカにおいては，多くの州がリビングウィルを州法で定めている．たとえばカリフォルニア州では，自然死法（Natural Death Act）が1976年につくられたが，その内容（たとえば抗生物質治療・水分栄養分補給中止）は州により異なっている．また，リビングウィルは，健康時（作成時）および末期（実行時）に署名が必要（すなわち末期に意思能力が必要）であるため，終末期に意思能力がない認知症の人の場合には，患者の自己決定の権利を守るのに十分ではない．したがって，患者本人が自分自身の意思能力がなくなる場合に備えて，自分自身で「医療に関する任意の代理判断者」を指名しておくことが大切になる．この医療に関する代理判断者を指名する制度をアメリカでは，持続的代理決定委任状（durable power of attorney；DPA）とよび，各州法に規定されている．事前指示アドバンスディレクティブは，主に，この医療内容についての指示であるリビングウィルと，医療に関する代理判断者の指名から成り立っている．

リフトバス　㊥kneeling bus. 立位や歩行が困難な人が，車いすに乗ったまま乗降できるリフトを備えたバス．電動式のリフトや昇降口のスロープが車輌の後部や側部に装備されており，車いすの固定金具やベルトなど安全に配慮されている．障害者や高齢者の社会的生活能力向上のための社会活動に必要なひとつの移動手段として使用されている．

リフレーミング　㊥reframing. 物事の枠組み（フレーム）を変えることで，物事に別の視点をもたせることをリフレーミングという．水が半分入っているコップをみて「半分しかない」と思う人もいれば，「まだ半分ある」と思う人もいるという話は，リフレーミングの代表的な例である．このように同じ物事でも人によって見方や感じ方が異なり，短所であると思っていたことが，見方を変えることで実は長所であることに気づくことがある．リフレーミングは，さまざまな角度から物事をみる，視野を広げるということがとても重要である．

流行性感冒（リュウコウセイカンボウ）　➡インフルエンザを見よ．

流行性脳脊髄膜炎（リュウコウセイノウセキズイマクエン）　㊥epidemic cerebrospinal meningitis. 細菌性髄膜炎のひとつであり，髄膜炎菌の感染による急性の化膿性髄膜炎．感染力が強く，皮膚に紅斑や丘疹などの発疹が出たり，腰痛や下痢，高熱・嘔吐・けいれんなどが起こったりする．また，乳幼児や高齢者は発症リスクの高い疾患であり，知能低下などの後遺症を残すことがあるが，近年における発症はまれである．感染症法の五類感染症のひとつ．

流涎（リュウゼン）　㊥sialism／salivation. 口から唾液が流れ出る現象．唾液分泌過多や身体の障害などによって唾液を飲み込みにくい状況になると，口中に唾液がたまって誤飲やむせの原因になる．原因は薬物，中枢神経障害，喫煙過多，歯・口腔・咽頭疾患，感情的ストレスなどである．

流暢性失語（リュウチョウセイシツゴ）　㊥fluent aphasia. 失語症では，自発語を流暢に話せるかどうか，すなわち流暢性が重要とされる．流暢性の状態をみるには，自発話の量が少なくないか，話すスピードが遅くないか，リズムや抑揚（プロソディ）に異常がないか，句の長さが短くないか，話すのに努力が必要かなどの点が調べられる．そして，流暢な場合とそうでない場合とで，流暢性失語と非流暢性失語に大別される．このうち，流暢性失語では，語音の認知（弁別），語の理解，簡単な文の理解，「〇〇してから××してください」といった継時的な文章理解などの聴覚的な理解が中〜重度の場合には，「ウェルニッケ失語（復唱不良）」ないし「超皮質性感覚失語（復唱良好）」に分類される．また，そうした聴覚的な理解の障害がないあるいは軽度の場合は，「健忘失語（復唱良好）」ないし「伝導失語（復唱不良，音韻性錯語の頻発）」

に分類される.
⇨非流暢性失語, 失語〔症〕

流動食（リュウドウショク） 英 liquid diet. 流動体で構成される食物. 消化しやすく, 残渣の少ないものが原料とされ, 刺激性の高い調味料は含まない. 一般的に, 重湯, スープ（具のないもの）, 牛乳, 果汁などが用いられる. 刺激が少なく味もよいが, 通常栄養価は高くない. 成人では, 消化器系の手術後など, 嚥下に問題はなく, 消化・吸収のために消化管に負荷をかけたくない場合に短期間用いられることが多い. 一方, 栄養価を高めるため, やわらかくした食事, 野菜, 果物などをそれぞれミキサーにかけて濃縮させた状態で用いる場合もある（天然濃厚流動食）. さらに, より消化しやすい形態や高カロリー, 成分の調整などの加工をした人工濃厚流動食があり, 病態に合った製品が選択される. いずれも経口摂取するほか, 経管栄養法により摂取する場合がある.

流動性知能（リュウドウセイチノウ） 英 fluid ability／fluid intelligence. 心理学者であるキャッテル（Cattell RB）によって提唱された結晶性知能と並ぶ, 知能を構成する二大基本的因子のひとつ. 新しい知識の学習や, 新しい環境への適応を必要とする際に働く能力で, 教育や経験には左右されず, 生まれながらもっている能力である. 20代まで急速に発達し, それ以降, 加齢に伴い徐々に低下すると考えられている.
⇨結晶性知能

良肢位（リョウシイ） 英 optimal position 同 機能肢位／便宜肢位. 種々の疾患による安静期間中に関節拘縮, 褥瘡, 姿勢反射に伴う筋緊張異常, 神経圧迫などを予防する肢位. 苦痛がなく, 全身の筋肉がリラックスできる肢位でもある. また関節がその位置で強直したとしても, 日常生活に対する障害を最小限にとどめることができる肢位でもある. 原則的には上肢では手が口に届き, はしやペンが持てる肢位. 下肢では股関節軽度屈曲・外転・外旋, 膝関節軽度屈曲位で足底が床につく肢位である. 体位変換の際, 枕・クッション・ハンドロール・足底板などを使用し, 良肢位の保持を十分考慮する.
⇨拘縮, 褥瘡

利用者主体（リヨウシャシュタイ） ➡利用者本位を見よ.

利用者評価（リヨウシャヒョウカ） 英 evaluation by service user. サービスの質の評価は, 評価を行う主体ごとに, ①利用者による評価（利用者評価）, ②事業者自ら実施する評価（自己評価）, ③評価機関等による評価（第三者評価）, ④同業者等による評価（相互評価）などに大別できる. 利用者評価は, 利用者重視のサービス提供という観点から, 利用者満足度調査などとして医療機関や介護サービス事業者において行われている. 利用者評価の実施により, 利用者の目線で事業所が抱える課題を抽出し, サービスの質の改善や向上につなげることが可能であるというメリットがある. 一方で利用者による評価は, 個人差のある主観的な評価であり, 提供されるケア技術の専門性の高さを客観的に評価することが困難である. また, 利用者の価値観やほかの利用者との関係など多様な要因により影響を受けるものであることに留意が必要であるが, 利用者のサービスに対する意向や満足度を把握するうえで重要な指標といえる.

利用者負担（リヨウシャフタン） 英 payment by service user. 福祉サービスを利用した際に, 利用者が支払う自己負担分のことをいう. 介護保険制度においては, 所得にかかわらず介護サービス費用の一定割合（1割もしくは2割）を負担する応益負担が原則とされている. 介護サービス費は, サービス種別や要介護度によって異なり, 要介護度が高くなるほど, 高額に設定されている. ただし, 居宅介護支援や介護予防支援では, 利用者負担はなく全額保険給付となる. 一方で特別養護老人ホームなどの入所施設の居住費やグループホームの家賃, ショートステイの滞在費, 通所サービス利用における食費などについては, 保険対象とはならず, 全額利用者負担となるが, 低所得者に対して軽減措置も行われている. 対象サービスは, 介護保険施設サービス, ショートステイなどで, 居住費と食費に対し, 所得に応じた負担の限度額が設定されている.

利用者本位（リヨウシャホンイ） 英 service user-driven principle 同 利用者主体. 福祉の基本理念のひとつ. 援助者の価値観や価値基準で援助するのではなく, 利用者が必要としているものを, その利用者の立場・視点に立った援助観で決定していくこと. 援助の主体は利用者であり, 援助者はその人の生活意欲の活性化に働きかけ, 「その人らしい, 尊厳ある当たり前の生活」ができるよう, 自分の意思や欲求が十分に表現できなくても, 人がもつ自尊心・自立心・羞恥心などを理解した対応が必要である. 医療・福祉・介護といったさまざまなサービスは, 利用者がどのように生活したいかという意思を尊重し, 自己選択・自己決定をすることにより自分らしく主体的に「自立」した生活ができるよう促すことを目的とする. また, その人がもつ可能性を追求し, よりよく生きる力を見いだせるよう, その人の能力を引き出すことが求められる. それを実現させるため, 1人ひとりの尊厳ある自立に向けた個別の生活支援の提供がされなければならない.
⇨尊厳, 生活の質

良性記憶障害（リョウセイキオクショウガイ） 英 benign senescent forgetfulness. 年齢が高くなると, 必要な場面で, 人や物の名前を思い出せないことが増える. しかし, 完全に思い出せないというわけではなく, 別の場面では思い出せたり, なにかヒントのようなものを与えられれば思い出せたりすることもある. また, 加齢とともに新しいことを記憶する力も徐々に低下していく. 1960年代, クラール（Kral VA）は, こうした歳相応, 正常老化の範囲・延長と考えられる健忘症を, 認知症のような病的な悪性健忘（malignant forgetfulness）と区別し, 良性健忘（良性記憶障害；benign senescent forgetfulness）と名づけた. その後, 1980年代には, こうした正常加齢の延長としての健忘にあたるものとして, アメリカの国立精神保健研究所のクルック（Crook TH）らが「加齢関連記憶低下」（age-associated memory impairment；AAMI）と定義した.

良性腫瘍（リョウセイシュヨウ） 英 benign tumor. 腫瘍のうち, 病理学的に悪性所見をもたないものを指す. 悪性腫瘍に比べて発育がゆるやかで成長に限界があり, 浸潤や転移を起こさない. すなわち, 良性腫瘍の細胞は自律的な増殖をするものの, 発生した場所で増殖するのみであり, その先に自律的に増殖できる環境をつくっていく能力をもたず, 栄養血管の不足などでそれ以上の増殖ができない場合は増殖を停止する. ただし, 良性腫瘍と悪

性腫瘍の境界線は必ずしも明確ではなく，判別が困難な場合も多い．上皮細胞から発生するものとしては乳頭腫，腺腫，ポリープ，嚢腺腫があり，非上皮細胞から発生するものとして線維腫，粘液腫，脂肪腫，軟骨腫，骨腫，横紋筋腫，平滑筋腫，血管腫などがある．
⇨腫瘍，悪性腫瘍

療養型病床群（リョウヨウガタビョウショウグン）⑱ sanatorium type sickbed．1992年の医療法改正で，病院の「その他の病床」に，長期入院の高齢者を対象とする「療養型病床群」が設けられた．人員配置基準は一般病床より緩和され，病室や廊下を広くするなど長期入院患者の居住性に配慮し構造基準は高いものであった．2000年の介護保険制度施行時に，介護力強化病院，認知症疾患療養病棟，そして療養型病床群を有する病院または診療所が，介護療養型医療施設として位置づけられた．しかし現実的には，介護保険適応と医療保険適応の療養病床の位置づけは不明確なものとなり，2002年の第四次医療法改正により，療養型病床群は廃止され，「その他の病床」が一般病床と療養病床に区分された．

療養通所介護（リョウヨウツウショカイゴ）2006年，介護報酬改正で通所介護のひとつとして新設された．対象は，難病，認知症，脳血管疾患後遺症などの中重度の要介護者またはがんの末期患者である．医療ニーズと介護ニーズの両方を必要とする利用者ができる限り自宅ですごせるように，食事や入浴といった日常生活援助に加え機能訓練，利用者の社会的孤立解消，介護負担軽減などを目的としてサービスを提供する．療養通所介護事業者として指定を受けた事業者のみが実施できるサービスである．事業者は緊急対応を含めて主治医や訪問看護師と密接に連携し，利用者の状態や希望に応じ，療養通所介護計画を適宜見直す必要がある．人員配置基準は現在定員8人に対し，利用者：看護・介護職員が1.5：1であるが，定員9人という案も出ている．介護報酬単価は，3時間以上6時間未満で1,000単位/日，6時間以上8時間未満で1,500単位/日と定められている．

療養費（リョウヨウヒ）⑱ medical expense．保険医療機関では，被保険者証を窓口に提示して診療を受ける「現物給付」が原則であるが，やむを得ない事情で，自費で受診した際，その費用について療養費が支給される．やむを得ない事情とは，事業主が資格取得届の手続き中で，被保険者証が未交付の場合，感染症予防法で隔離収容され薬価を徴収されたとき，医師が必要と認めた義手・義足・義眼・コルセットなどの購入，生血液輸血を受けたとき，柔道復復師などから施術を受けたときなどがある．これ以外にも，旅行先で被保険者証がないまま医療機関を受診する場合など，やむを得ない事情で保険診療が適応されない医療機関で診察・手当を受けた場合がある．療養費は，保険者が健康保険の基準から算出される．療養費の支払いを受けるには，申請手続きが必要である．

療養病床（リョウヨウビョウショウ）⑱ bed for long-term care．2001年の医療法改正にて，療養病床が創設された．急性期の治療が終わり，病状が安定しているが，医学的管理の下で長期の介護または療養が必要とされる人が対象である．療養病床は，医療保険が適応される「医療型療養病床」と介護保険が適応される「介護療養型医療施設」がある．前者は，頻回な吸引や医療処置などを24時間必要とする人が対象であるのに対し，後者は要介護認定を受け，要介護1以上の人が対象となる．療養病床（病棟）は，入院基本料は「包括払い方式」で，ADL区分と患者の状態（医療区分）に応じて，医療費が設定されている．介護保険適応の療養病床は2006年度の医療制度改正で，2012年度以降の新設は認めず，2017年度末までに老人保健施設などへ再編される予定であり，これは，高齢者の社会的入院を解消し，療養環境の改善や医療費の適正化を図ることが目的である．

緑内障（リョクナイショウ）⑱ glaucoma ⓙ あおそこひ．眼圧が上昇して視神経が障害され，視機能に異常が起きる疾患．治療が遅れると失明に至ることもあり，糖尿病網膜症と並び失明原因の上位を占める．発症原因により，大きく原発，続発に分けられ，進行の速さにより急性，慢性，また隅角の形態により開放隅角，閉塞隅角などに分類される．眼圧が上がった状態が続くと，徐々に視神経線維が萎縮していき，少しずつみえる範囲が狭くなる，視力が低下するなどの症状が現れてくる．その進行は非常にゆっくりで，両方の目の症状が同時に進行することはまれであるため，かなり進行するまで自覚症状はほとんどない．治療には薬物療法と手術療法があり，通常は薬物療法が有効でない場合に手術療法を行う．

緑膿菌（リョクノウキン）⑦ *Pseudomonas aeruginosa*．1.5～3.0×0.5～0.8/μmの無芽胞性の偏性好気性グラム陰性桿菌であり，1～3本の極毛性鞭毛をもつ．糖，アミノ酸などを分解してエネルギー源とする．色素産生菌であり，膿汁が青緑色になることから緑膿菌とよばれる．青緑色色素ピオシアニン，赤色色素ピオルビン，褐色色素ピオメラニン，水溶性蛍光色素ピオベルジンなどを産生する．緑膿菌は本来は弱毒菌であるが，消毒薬や抗菌薬，化学療法薬に対して抵抗性が強い．

リラクゼーション⑱ relaxation ⓙ 息抜き．リラクゼーションは，「弛緩」「気晴らし」「休養」「くつろぎ」と日本語訳される．身体的・精神的・情緒的緊張のない状態や，心身共に緊張やストレスから解放された状態であり，交感神経の興奮が抑えられ，副交感神経の働きが優位になっている状態をいう．これにより心拍数や呼吸数が低下，筋緊張がゆるみ，末梢循環が増加する．さらにα波（人間がリラックスしているときや，ひとつのことに集中しているときに大きくなる脳波）が活発となり，主にストレスの軽減や解消，疲労回復，身体的な緊張や痛みの緩和，免疫機能の高まりによる自然治癒力の向上，精神的な落ち着きが得られるといった効果や健康維持の増進が期待できる．また，人をそのくつろいだ状態にする活動・行為であり，気晴らしやレクリエーション，レジャー，娯楽等を意味する．
⇨レクリエーション

リロケーションダメージ⑱ relocation damage．在宅において介護を受けていた高齢者が，生活の場を特別養護老人ホームやグループホームなどの施設に移したときに，新しい環境に慣れないために心理的な不安や混乱が高まり，障害や症状が新たに生まれたり，悪化したりすること．外山義は，リロケーションダメージが生じる要因を，高齢者が経験するさまざまな落差の視点から論じ，とくに認知症の人が深刻なダメージを受けやすいとしている．具体的には，大きな食堂やホール，幅が広く長い直線の廊下などの日常生活空間からかけ離れたスケールからくる空間の落差，高齢者1人ひとりの固有の生活リ

ズムから画一的な集団でのスケジュールに合わせなければならない時間の落差，自分の判断ではなく，施設が決めたルールにより生活が縛られてしまう規則の落差などを挙げており，そのなかでも最大の落差は，地域や家庭で担っていた社会的な役割を喪失することであるとしている．
⇨環境移行，環境適応能力

臨床研究に関する倫理指針（リンショウケンキュウニカンスルリンリシシン）㊀ ethical guideline for clinical studies. 臨床研究に関する倫理指針は，さまざまな研究・実験・調査を行う際に，研究者が守るべき規範を示している．医学の進歩により，病気を克服し，人々の健康を守ることは，医療者の重要な責務であるため，「医学の進歩と社会への貢献」と「研究参加者の人権の保護」のバランスをとることが重要である．1964年に採択され，以後，幾度かの修正を経たヘルシンキ宣言は，もっとも重要な「ヒトを対象とする医学研究の倫理原則」である．そのなかで，ヒトを対象とする研究において，被験者の生命，健康，尊厳，プライバシーを守ることは，医学研究に携わる医師の責務であり（§9，2013年ブラジル改訂），被験者の権利および利益に優先することがあってはならない（§8）としている．また，研究を遂行する研究者には，科学的資質だけでなく，倫理的資質が必要なことが明文化されている（§12）．国内では，厚生労働省・文部科学省による指針，ガイドラインや告示がある．たとえば「ヒトゲノム・遺伝子解析研究に関する倫理指針」「ヒトES細胞の樹立及び使用に関する指針」「特定胚の取り扱いに関する指針」「遺伝子治療臨床研究に関する指針」などである．また，臨床研究に関する厚生労働省の「臨床研究に関する倫理指針」は，文部科学省の「疫学研究に関する倫理指針」と一本化され，2014年12月に「人を対象とする医学系研究に関する倫理指針」になった．すべてのヒトを対象とする研究計画や内容は，研究計画書のなかに明示し，この計画書は倫理審査委員会の承認を要する．委員会は，①科学的妥当性，②倫理的妥当性（個人情報の保護，インフォームドコンセント，リスクとベネフィット，同意能力が不十分な被験者への配慮，結果の開示，利益相反および研究の資金源など）について検証する．そして，研究終了後に，研究に参加したすべての患者は，その研究によって最善と証明された方法によって治療されることが保証される必要がある．現在，日本には「認知症の人を対象とする臨床研究に関する倫理指針」はなく，今後の作成が望まれる．

臨床検査技師（リンショウケンサギシ）㊀ medical technologist. 臨床検査に携わる技師で，免許は臨床検査技師国家試験に合格した人に与えられる．検体検査（微生物学的検査，血清学的検査，血液学的検査，病理学的検査，寄生虫学的検査，生化学的検査）を行うことができる．また，医師の監督の下で，法令で定めた生理学的検査（各種脳波検査，心音図検査，呼吸機能検査，脈波検査，超音波検査，磁気共鳴断層撮影；MRIなど）や，検査のための20ml以内の静脈採血を行うことができる．

臨床試験（リンショウシケン）㊀ clinical trial. 新しい治療法や予防法を開発する場合に，ヒトを対象としてその安全性と有効性を確認する試験．臨床試験は患者を対象とするものだけではなく，薬物の吸収排泄や副作用の有無などを調べるために，健常者を対象とするものもある．臨床試験を適切に行うことによって，新しい治療法や予防法を効果的に評価することができるが，臨床試験はヒトを対象とするため，人権を尊重し十分な倫理的配慮の下で適切に実施される必要がある．薬物の場合，厚生労働省で認可される前の臨床試験を治験とよび，認可され市販されたあとに行う試験を市販後臨床試験とよぶ．

臨床心理士（リンショウシンリシ）㊀ certified clinical psychologist／clinical phychologist／clinical psychologist ㊂ CP. 文部科学省の認可する財団法人日本臨床心理士資格認定協会によって，資格が与えられた専門家，加えてその資格を指すものである．その専門性の一例として，心理アセスメント技術がある．たとえば，認知症が疑われる人に対し，検査により認知機能面でとくに低下している面がないかどうかを明らかにする．また，実際に認知症がみられる人に対しては，アセスメントによって明らかにされた，本人の比較的保たれている認知・社会機能をもとに日常生活や社会生活をより充実したものにしていくための提案を行う．アセスメント以外にも，認知・社会機能を維持・改善するためのプログラム（たとえば回想法など）の開発・実施を行ったり，認知症の行動・心理症状（BPSD）がみられる場合には，そのきっかけや原因となっていることはなにか，周囲のかかわりで症状を強めてしまっていることはないかなどを行動観察により究明し対処法の提案を行う．
⇨アセスメント

臨床的認知症評価法（リンショウテキニンチショウヒョウカホウ）㊀ clinical dementia rating ㊂ CDR. 高齢者に認知機能検査を行う場合には，プライドを傷つけてしまわないように十分配慮する必要がある．認知症の人で本人に症状の自覚がない場合には，さらに注意が必要となる．しかし，観察式の評価はこうした問題が起こりにくいという利点をもっている．その代表例がヒューズ（Hughes CP）によって作成され，その後モリス（Morris JC）によって体系化された臨床的認知症評価法である．これは，記憶，見当識，判断力と問題解決，地域社会活動，家庭生活および趣味・関心，介護状況の6領域から総合し，健常（0），認知症疑い（0.5），軽度認知症（1），中等度認知症（2），重度認知症（3）で判定を行うものである．日本では目黒謙一らによる判定シートが出版されている．ただし，観察式の評価の場合であっても，判定者が介護に疲れている家族などの場合，見方がおおげさになったり，かたよってしまったりすることがあるので注意が必要となる．

リンパ行性転移（リンパコウセイテンイ）㊀ lymphogenous metastasis ㊂ リンパ節転移．リンパ管に侵入したがん細胞や病原体が，リンパ管を通してリンパ節および遠隔部に転移巣を形成すること．リンパ行性転移はもっともよく認められる転移形式であり，そのほかの遠隔転移をきたす経路としては，血行性転移や，腹腔内や胸腔内にみられる播種性転移がある．子宮頸がんや乳がん，食道がんなどは，主にこのルートで転移する．

リンパ節転移（リンパセツテンイ）➡リンパ行性転移を見よ．

リンパ浮腫（リンパフシュ）㊀ lymphedema. リンパ系の異常によってリンパ液の流れが障害され，四肢にリンパ液がたまった状態．一次性リンパ浮腫は，原因不明あるいは先天性リンパ管の形成異常によってリンパ浮腫を発

症したもので，家族性の先天性リンパ浮腫が多発するミルロイ病がある．2歳になる前に現れる先天性リンパ浮腫と，2～35歳の間に起こる早発性リンパ浮腫，および35歳以降に発病する遅発性リンパ浮腫に分類される．二次性リンパ浮腫は成因が明らかなもので，悪性新生物，ホジキン病などのリンパ行性転移や，外科手術後，放射線照射後などの閉塞性リンパ浮腫と，再発性リンパ管炎，蜂巣炎，糸状虫症などによる炎症性リンパ浮腫に分類される．診断は身体診察により行う．治療は圧力勾配ドレッシング，マッサージ，リンパ管再建術や，象皮化病変に対しては浮腫組織の切除形成術からなるが，確立した治療法はない．治癒はまれであるが，治療によって症状を軽減し，進行を遅らせることができる．

倫理綱領（リンリコウリョウ） 英 Code of Ethical Practice. 倫理とは，一定の職業（立場）に就いている人がその職務を遂行するうえで専門職としての義務，責任などを果たして社会に貢献するにあたり必要とされている，守るべき行動の基準である．倫理綱領とは，おのおのの職種によって定めた倫理をまとめて文章化したものである．したがって職種によってその職種の特徴を生かしたさまざまな倫理綱領が定められている．内容は前段で倫理綱領を定める目的を明示し，次に具体的内容を定めるのが一般的である．たとえば，自立支援を標榜する場合は自分たちの立場としてなにを基準として支援するかを明示する．次に介護分野では提供すべきサービス内容においてどのような視点で自己決定を最大限尊重したサービスの提供を行うかなどを具体的に示す．また，地域とのかかわりのあり様と自分たちの果たす役割や，職種としてよりよいケアの継続と向上に向けての人材育成についても明示することが多い．

倫理的ジレンマ（リンリテキジレンマ） 英 ethical dilemma. 倫理とは，一定の職業（立場）に就いている人がその職務を遂行するうえで，専門職として果たさなければならない義務や社会的責任であり，そのことにより社会に貢献するうえで必要とされている行動の基準や規範となるものである．そのなかには，利用者本位やプライバシーの保護，地域とのかかわり，最適なサービスの提供などがある．ジレンマとは，板挟み，抜き差しならぬこと，進退がきわまることなどの意味がある．このことから「倫理的ジレンマ」とは，倫理を遵守するとき，社会や地域，または仕事を遵守するうえで相反する事態が生じたときに抱える悩みのことである．基本は，倫理という意味を正しく理解し，その視点に立ってどのように対処するかを考えることにより，解決の方向性が見いだされる．
⇨倫理綱領

累積罹患率（ルイセキリカンリツ） 英 cumulative incidence rate．単なる罹患率とは異なり，ある人口集団を追跡調査し，追跡時間の経過とともに発生する新たな罹患者を加えて各観察期間ごとの累積罹患数を算出することによって，ある観察期間内の新たな疾患罹患の頻度を示す指標である．累積罹患率は，「観察期間内の新たな罹患者÷観察開始時に対象とされた集団の人口数」で表される．なお，途中で追跡不能となった症例は脱落例として解析からは除外されるため，脱落例が少ないコホート研究や臨床試験（無作為化比較試験）などの評価指標として用いられる．

れ

冷あん法（レイアンポウ） 英 application of cold／cold compress. 氷枕や氷嚢，冷湿布などを用いて身体の一部を冷却するケア方法．①血管を収縮させて出血を減少させる（止血），②知覚神経の感覚を低下させて痛みの緩和を図る（鎮痛），③血液やリンパ液の循環を減少させることで炎症を抑制し，腫れや熱感，痛みを緩和する．④発熱時に表在に近い動脈を冷却することで解熱を効果的に行う，などの目的で行われる．冷たくて心地よいという理由で実施される場合もある．冷あん法時の事故として，冷やしすぎることで凍傷が起こる場合があり，高齢者や麻痺のある患者には注意が必要である．また，寒冷刺激により症状が悪化する疾患（レイノー現象や寒冷アレルギーを伴う末梢動脈塞栓症など）をもつ患者には行わない．効果や適否を判断して実施する必要がある．
⇨あん法，温あん法

冷湿布（レイシップ） 英 cold fomentation. 湿性冷あん法の一種．冷水または薬液にガーゼやリネンなどの湿布材料を十分に浸し，絞って局所に貼付するケア方法．薬液を用いる冷湿布としては，①止血，炎症の消褪，化膿防止，疼痛緩和の目的で，血管炎，蜂巣炎（蜂窩織炎）などのある局所に，消毒薬である0.1%アクリノール液に浸したガーゼを直接当てるアクリノール湿布のほか，②35～50%エタノール液に浸したガーゼ等を局所に当て，気化熱を奪うことで冷却する方法などがある．
⇨あん法，温湿布

レイノー現象（レイノーゲンショウ） 英 Raynaud's phenomenon. 四肢末梢が寒冷や感情的興奮に反応して発作的に動脈が収縮することで，皮膚の蒼白化，チアノーゼ，紅斑などが生じ，冷感や疼痛が現れる原因不明のものをレイノー症という．レイノー症の典型的な症状として，手指の色が蒼白，次いでチアノーゼ，紅潮の順に変わり，元の色にもどることが挙げられ，これをレイノー現象という．多くは冬に寒冷刺激による手指の冷感，変色により気づくが，進行すると季節を問わず症状が現れるようになる．治療は対症療法となるが効果的なものは少なく，寒冷や栄養不足，喫煙，感情の不安定を避けるようにするなど，日常生活での注意が必要である．

レクリエーション 英 recreation. 本来「re：再び」「create：つくる」が合わさった「作り直し」（語源＝ラテン語）を意味していたが，これが転じて「再びつくる，元気回復」するという意味となった．レクリエーションとは，「余暇（自由裁量時間）」を利用して，個人または集団で，自発的に行う活動や経験，生活のなかにゆとりや楽しみをつくるためのさまざまな活動のことである．趣味・娯楽・教養・健康・スポーツ・野外・奉仕活動，労働や勉学などといった，体を動かすものや，文化的なこと，学習，社会的な意味をもつものがある．これにより，肉体的・精神的疲労を癒すことができるものとされている．また，高齢者や障害者においても，地域の人々とのつながりをつくり，活動性を高め，生きがいを再発見し，生活の質（QOL）を高めていくことが期待される．
⇨コミュニケーション，社会参加

レクリエーション活動援助法（レクリエーションカツドウエンジョホウ） 英 teaching method of recreation. レクリエーション活動を援助するサービスである．人が楽しく健康に暮らしていくうえで，レクリエーションは，その自立を目指して行われ，対象者がその人らしい生活を実現するために，余暇はもちろん日常生活においても，生活の質（QOL）の向上や自立を促すために行われる総合的な支援といえる．障害者や高齢者等，レクリエーションの自立が困難な場合，条件整備の提供やレクリエーションプログラムの提供などを行う．その人の楽しみとしての活動をサポートするほか，豊かな気持ちで生活できるように日常生活でも援助が行われる．

レクリエーションプログラム 英 recreation program. レクリエーション活動を，その具体的目標に沿って時間軸のなかに組み込んだ援助計画をいう．年間スケジュールや具体的内容まで，1つひとつのレクリエーションをどう進めるか，といったことまで含めて，「レクリエーション計画」，または，「レクリエーションプログラム」という．レクリエーション計画は，レクリエーションサービスを提供する前に作成される．施設入所者や在宅サービス利用者へ提供する場合は，利用者の状況やニーズを把握し，それらの情報をもとに活動援助目標の設定，援助方法，援助プロセス，評価などから全体計画を立てる必要がある．ここでは，「個別レクリエーション計画」「レクリエーションスケジュール計画」「レクリエーションプログラム計画」が立案される．

レクリエーション療法（レクリエーションリョウホウ） 英 recreation therapy 同 遊戯療法．精神科リハビリテーションのひとつ．スポーツやゲームなどといった「遊び」をレクリエーションとして治療場面に応用する療法．レクリエーションを単独や集団で行い，人間の本来の欲求である「楽しみ」や「喜び」を通し，「リハビリテーション（機能回復）」「残存能力の維持・向上」といった心身の状態の改善や活性化，社会復帰への促進，自立支援を図る目的がある．治療上，効果のある因子として，レクリエーションの過程に含まれる協力的，競争的，外向的などの点，感情を抑制することなく自己表現できる点が活用される．これにより，対象者の緊張感がほどけ，うっ積した不満や不安の発散，相手に対する親近感，グループ感情がわいてくることが期待される．福祉分野では，高齢者・障害者援助の一環として実施されており，認知症の人の場合などには，心身機能の維持・向上を目指している．
⇨心理療法，作業療法

レジオネラ症（レジオネラショウ） 英 legionellosis／legionnaires' disease. 1976年のアメリカ・フィラデルフィアで開催された在郷軍人会総会において，参加者から原因不明の重症肺炎患者から発見された*Legionella pneumophila*（レジオネラ・ニューモフィラ）を代表とするレジオネラ属菌による細菌感染症．ヒトからヒトへの感染

はないが，免疫不全患者，喫煙者，高齢者および慢性肺疾患者が主に罹患する．細胞内寄生細菌であるため，病原体に曝露された人すべてが発症するわけではなく，細胞性免疫能の低下した場合に肺炎を発症しやすい．臨床病型は肺炎型とやや軽症型のポンティアック熱型に型別される．ドキシサイクリン塩酸塩水和物，マクロライド系，およびキノン系，リファンピシンが効果的である．感染症法による四類感染症のひとつである．

レシピエント 英recipient．臓器および骨髄移植手術で，移植臓器を受け取る側の人のこと．移植を希望し，ドナー（移植臓器を提供する側の人）から臓器が提供される．レシピエントは全身麻酔下の手術に耐えられることや，術後の免疫抑制薬投与において問題が生じる危険性が少ないことを確認する必要がある．

レジャー活動（レジャーカツドウ） ➡余暇活動を見よ．

レストレスレッグス症候群（レストレスレッグスショウコウグン） ➡むずむず脚症候群を見よ．

レスパイトケア 英respite care 同休息ケア．在宅で介護をしている家族等を一時的に介護から解放し，介護による心身疲労等を減少させることを目的として利用する通所型サービスや，施設への短期入所サービスなどを指す．認知症の人にとって家族介護者の状態は，その生活に影響を及ぼす重要な条件のひとつである．家族介護者が日々の介護で疲弊し，認知症の人の安定した生活を維持するために必要なケアを行うことがむずかしくなると，それによって本人の認知症の行動・心理症状（BPSD）がさらに増悪し，それがまた介護者を追い詰めるといった悪循環に陥ってしまう．この状況を軽減するために，レスパイトケアの利用は有効な手段のひとつとなる．一方，通所型サービスや短期入所サービスの利用は，認知症の人にとっては大きな環境の変化にさらされることになる．その影響を最小限にするために，利用に至るまでの支援や，利用中の十分なケアの提供が重要となる．

レスピレータ ➡人工呼吸器を見よ．

レスポンデント条件づけ（レスポンデントジョウケンヅケ） 英respondent conditioning 同古典的条件づけ／パブロフ型条件づけ．犬にえさ（刺激）をみせると，唾液分泌（反応）が生じる．ところが，えさ（刺激）と同時にベル（それまで無関係の中性刺激）の提示を繰り返していくと，中性刺激（ベル）だけでも反応（唾液分泌）が成立するようになる．これをレスポンデント条件づけとよぶ．しかし，この中性刺激（ベル）のみの提示を繰り返しているとしだいに反応（唾液分泌）が起こらなくなり，成立した条件づけは「消去」される．パニック発作（刺激）による恐怖（反応）を電車のなか（中性刺激）で何回か経験すると，パニック発作を体験しなくとも，電車に乗るだけで恐怖を感じるようになることがあるが，これはレスポンデント条件づけの一例と考えられる．しかし，パニック発作の薬物治療が十分行われ，少しずつ乗車体験を行っていくと，恐怖（反応）が低減される（消去）．こうした治療の技法はエキスポージャー法とよばれている．
➡条件づけ，オペラント条件づけ

裂肛（レッコウ） 英anal fissure 同切れ痔．肛門の外傷といえる病気．排便痛があり，女性に多いのが特徴である．とくに裂肛の好発部位である肛門後方は血流が乏しく切れやすい部分であり，硬い便の排出で傷つきやすい．傷つくと強い痛みを感じ，内括約筋は反射的にけいれんを起こす．このけいれんが排便後も痛みとなって継続する．このような痛みから排便が恐怖となり，便秘が悪化することで，便が硬便化し，肛門をより深く傷つける結果となる．それが内括約筋に炎症を及ぼし，肛門狭窄に至ることもある．予防には便通を整えることが大切である．食事は食物繊維を多く含んだものを食べ，水分も十分にとり，適度な運動をする．また朝食後に一定の時間トイレに座るなどの工夫も必要である．とくに高齢者は便秘がちであるため，生活習慣を見直すことが重要である．
➡便秘

劣性遺伝病（レッセイイデンビョウ） 英recessive hereditary disease．1つの遺伝子の異常が原因で起こる遺伝病（単一遺伝子病）は，大きく劣性遺伝病と優性遺伝病とに区分される．一対の染色体の両方の遺伝子の異常がそろったときに起こるのが劣性遺伝病，片方だけの遺伝子の異常によって起こるのが優性遺伝病である．常染色体では，父親由来と母親由来の遺伝子とが一対になっている．常染色体劣性遺伝病は600～700種類知られている．先天性代謝異常症として知られるフェニルケトン尿症，ガラクトース血症，白色人種に多い嚢胞性線維症，黒色人種や地中海沿岸に多いサラセミア，鎌状赤血球貧血，ユダヤ人に多くみられるティーザックス病，ゴーシェ病，ブルーム症候群などがある．性染色体のX染色体上に病気の原因の遺伝子があって起こる場合はX連鎖劣性遺伝病とよび，ほとんどが男性に生じる．赤緑色覚異常，脆弱X症候群，デュシェンヌ型筋ジストロフィー，ベッカー型筋ジストロフィー，血友病，無ッグロブリン血症などがある．
➡単一遺伝子病

レバーハンドル 英lever handle．開き戸（ドア）に設置するテコの原理を応用した取っ手（写真参照）であり，少ない負荷で開閉できるようにデザインされたもの．このように人間がスムーズに使用できるようにものや機械，空間の機能性を高めることを目的とした学問を人間工学とよぶ．人間工学の知見に基づき，日常生活で触れるさまざまな機器や家具が使いやすく工夫，改善されている．また，高齢者や障害者の能力を補完する特殊な製品等や福祉機器等も人間工学の視点から開発されている．

➡ユニバーサルデザイン

レビー小体型認知症（レビーショウタイガタニンチショウ） 英dementia with Lewy bodies 略DLB．進行性の認知障

害に加えて，幻視を中心とした幻覚，パーキンソニズム，注意の変化を伴う認知機能の変動を主症状とし，アルツハイマー病（AD），血管性認知症（VaD）に次いで多い認知症である．病理学的には大脳から脳幹に及ぶ中枢神経系と自律神経系の神経細胞脱落と，α-シヌクレインからなるレビー小体の出現を特徴とする．幻視は，小動物や人などがありありとみえるのが特徴である．レム睡眠行動障害や抗精神病薬への過敏性もしばしばみられる．誤認妄想や抑うつなど多彩な精神症状を示す．特徴的な脳萎縮のパターンなどはみられないが，脳機能画像では後頭葉の血流低下がみられることも多い．自律神経障害が特徴で，MIBG心筋シンチグラフィが診断に有効である．保険適用のある治療薬としては，ドネペジル塩酸塩がある．他のコリンエステラーゼ阻害薬や抑肝散の有効性も知られている．パーキンソニズムが重篤な場合は，L-ドパなどを使用することがある．

レボドパ ➡L-ドパを見よ．

L-ドパ 英 L-DOPA／levodopa 略 LD 同 レボドパ．1960年代後半に開発されたLDは，抗パーキンソン病薬の一種で，現在でもパーキンソン病治療の中心となる薬である．多くは末梢性ドパ脱炭酸酵素阻害薬との合剤として使われる．LDは脳内でドパミンへ変わり，脳内の不足しているドパミンを補充し，錐体外路症状を改善する効果を示す．服薬期間が長くなると薬の血中濃度に応じて運動能力が大きく変化するwearing-off現象や，服用時間と無関係に急激な軽快と増悪を繰り返すon-off現象，血中濃度の上昇に応じて体が不随意に動くドパ誘発性ジスキネジアなどの運動合併症が出現する．レビー小体型認知症（DLB）の錐体外路症状に対してもLDを使用することがある．

レム睡眠（レムスイミン） 英 REM sleep．レムとは，rapid eye movementの略のことであり，キョロキョロと目を動かすような速い目の動きを伴った睡眠を意味する．また，このレムがみられない睡眠のことをノンレム睡眠という．睡眠中には，およそ90分の周期で，レム睡眠とノンレム睡眠の2つのタイプの睡眠が交互に出現している．正常の睡眠では，最初にノンレム睡眠が出現する．これらの2つの睡眠のうち，レム睡眠は脳の活動が比較的活発であるが，筋電図のレベルが下がっており身体に関しては休息状態と考えられる．一方，ノンレム睡眠の場合には，脳もあまり働いていないので，脳と身体の両方について休息状態と考えられる．
⇨ノンレム睡眠

レム睡眠行動障害（レムスイミンコウドウショウガイ） 英 REM sleep behavior disorder 略 RBD．夜中に突然起き出して，大声を上げたり，家のなかで暴れて怪我をしたりする．しかし，翌朝起床したときには，そうした行動について，はっきりとは覚えていない．こうした状態は，RBDとよばれており，高齢者の男性に比較的多くみられるといわれている．「レム睡眠行動障害」とよばれるゆえんは，レム睡眠期からこうした行動異常がみられることによる．レム睡眠期は，夢をみている時間帯であることが広く知られているが，同時に筋電図のレベルが最低値を示し，体が動かないようになっている．ところが，RBDの患者の場合には，こうした体を動かなくするメカニズムがうまく働かず，夢をみているままに体が動いてしまう．認知症の関連でいえば，レビー小体型認知症（DLB）では，しばしばRBDを呈するとされている．
⇨ノンレム睡眠

連続携行式腹膜透析（レンゾクケイコウシキフクマクトウセキ） 英 continuous ambulatory peritoneal dialysis 略 CAPD．腹腔内にカテーテルを留置し，一部は皮下を通して外に出し，その先に透析液の入ったバッグを接続して腹腔内に透析液を注入，一定時間後，バッグ内に注入した液を戻すことによってタンパク質代謝産物，尿素，尿酸，クレアチニンなどの尿素毒，過剰の電解質や水分が除去できる．腹膜には毛細血管が多数分布しており，毛細血管内の血液と透析液の間で半透膜となり物質交換が行われるためである．注液を行ったあとは透析液バッグを切り離し，接続チューブを固定しておくと普通に行動できること，体液の恒常性が維持されやすいこと，循環器系への負担が少ないこと，特別な装置や水処理が不要で通院回数が少なくてすむことなど，社会復帰に有利である．しかし，腹膜炎やカテーテル感染，タンパク質喪失による低栄養，腹膜機能の低下，連日の実施による負担などの短所があり，いったん設置した腹腔カテーテルを長期的に使用するための管理が重要となる．患者自身が医療機関以外の場所で医療行為を行う在宅治療であり，実施には，慎重な症例の選択と十分なインフォームドコンセントが必要である．

ろ

老化（ロウカ） ➡加齢を見よ．

廊下幅（ロウカハバ） 開口部の幅員は，柱芯～芯間隔で示される．日本では，従来の尺貫法を基準にした住宅がつくられていたため，910mm（3尺）を基本寸法としている住宅が多い．柱芯～芯間の基本寸法を910mmとした場合，廊下の有効幅員は780mmとなるため，標準型車いす（幅650mm）で自走しようとすると150mmの腕のスペースが必要となり，車いすでの通行は困難となる．特別養護老人ホームや老人保健施設などの高齢者施設の廊下幅は車いす2台が交互通行できるように，中廊下幅は2,700mm以上，片廊下幅は1,800mm以上の施設基準が設けられている．在宅では，尺貫法を基準に設計されている住宅が多いため，車いすが通過する最小幅員800mmが確保できない家も少なくない．歩行が可能な場合は，廊下幅が狭いことによりかえって壁や家具などをつかんで歩くため，安全につながることも多いが，床にものが散乱していると転倒の危険性が高くなるため，廊下にはものを置かない配慮が必要である．

ろう管（ロウカン） ➡ろう孔を見よ．

老眼（ロウガン） ➡老視を見よ．

老研式活動能力指標（ロウケンシキカツドウノウリョクシヒョウ） 英TOKYO Metropolitan Institute of Gerontology, Index of Competence 略TMIG-IC. 高齢者にとって，自立した生活を維持する能力は在宅生活をするうえで重要である．TMIG-ICは，より高次の生活機能の評価を行うことを目的として開発された．本人が記入するが，家族などが代わって記入することも可能である．13項目からなり，1～5は手段的自立（①バス電車での外出，②日用品の買い物，③食事の支度，④請求書の支払い，⑤預貯金の出し入れ），6～9は知的能動性（⑥年金の書類を書ける，⑦新聞を読む，⑧本や雑誌を読む，⑨健康情報に関心をもつ），10～13は社会的役割（⑩友人の家を訪問する，⑪家族などの相談にのる，⑫病人を見舞う，⑬若い人に話しかける）である．判定は「はい」1点，「いいえ」0点を単純に加算して合計得点を算出する．また，高齢者の生活環境や生活スタイルの変化を考慮し，現在，新指標についての研究が行われている．

ろう孔（ロウコウ） 英fistula 同ろう管．皮膚・粘膜や臓器の組織に，炎症などによって生じた管状の穴．体内で連絡するものと，体表に開口するものとがある．痔ろうもこのひとつ．栄養補給のための胃ろうや尿排泄のための膀胱ろうのように，人工的につくることもある．

老視（ロウシ） 英presbyopia 同老眼．近くをみたり遠くをみたりする力が老化のために衰え，ピント調整が困難になる状態．とくに，近くをみる際に支障をきたす．老眼ともよばれる．水晶体の周囲の筋肉が老化してピント合わせがむずかしくなることが原因で，治療には，メガネやコンタクトレンズなどが用いられる．個人差があり，40代から始まることが多い．目の疲れや不快感で気がつくことが多い．

老人性円板状黄斑変性（ロウジンセイエンバンジョウオウハンヘンセイ） ➡加齢黄斑変性を見よ．

老人性黄斑変性（ロウジンセイオウハンヘンセイ） ➡加齢黄斑変性を見よ．

老人性乾皮症（ロウジンセイカンピショウ） 英senile xerosis. 加齢に伴い皮脂や汗の分泌が減少することにより，皮膚が乾燥した状態のことを指す．11～3月ごろによくみられ，皮膚に浅い亀裂（エクゼマ・クラックル）や白い鱗屑（魚鱗癬）が生じ，かゆみを伴う．原因は，老化による角層の水分保持能力の低下，皮脂の分泌低下などであるが，心理的要因も関係していることがある．治療には，皮膚のバリア機能の改善を目的として保湿薬（白色ワセリン，尿素軟膏など）を用いるほか，湿疹がある場合はステロイド軟膏を短期間用いる．予防には，刺激の少ない衣服を着用すること，爪を短くすること，入浴時に身体をこすりすぎないこと，入浴後に保湿薬を用いること，などが重要となる．

老人性紫斑（ロウジンセイシハン） 英senile purpura. 高齢者の皮膚上にみられる不規則な形をした斑状の紫斑のことを指す．老化に伴い真皮の厚さが減り，膠原線維や弾力線維が萎縮して，毛細血管の抵抗力が減り，機械的刺激により簡単に血管壁に障害が生じて内出血を起こすことが原因である．数週間で退色し，自然治癒するために治療の必要はない．しかし，機械的刺激により発症するので，手袋や靴下など皮膚の保護を考慮するようにする．

⇨紫斑，内出血

老人性膣炎（ロウジンセイチツエン） 英senile vaginitis 同萎縮性膣炎．閉経を迎え，卵巣から分泌されるエストロゲンという女性ホルモンが減少し，膣内乳酸桿菌が少なくなる．そのため膣内の酸性状態が弱くなり自浄作用が失われ，菌が繁殖しやすくなり，炎症を起こしている状態を指す．症状はさまざまであるが，膣壁の充血，膣壁からの出血，黄色や赤色で膿っぽいおりもの，疼痛，灼熱感，乾燥感，掻痒感などが挙げられる．症状により，ホルモン補充療法（膣錠，内服薬，貼付薬）などで治療を行う．閉経後でも陰部を清潔に保つことで，菌が繁殖することを防げる．

老人性難聴（ロウジンセイナンチョウ） 英presbyacusis. 加齢が原因の聴覚障害のこと．一般的には「耳が遠い」という言い方をする．原因は身体的な老化現象によると考えられるが，現代社会の環境騒音も一因となっている可能性もある．聴覚閾値は20代後半から加齢とともに悪くなり，50歳を超えると聴力が急激に低下し，60歳以上になると聞き取り能力が低下し，会話の面で不便になり始める．しかし，実際の難聴の程度には個人差が大きい．難聴には，伝音性と感音性がある．伝音性難聴は外耳・中耳の障害により音波が内耳へ伝わりにくいために起こる．感音性難聴は，内耳より中枢に障害があり音を感知しにくいために起こる．老人性難聴は感音性難聴であるが，内耳のみでなく，神経伝導路や脳皮質にも障害が起こっており，複数の要因がかかわっている．老人性難聴

では，高音域（4,000〜8,000Hz）での聴力低下が顕著である．聴力の加齢による生理的変化であり，一般には，治療対象にはならない．難聴が進行し生活が不便になる場合には，補聴器の装着を考慮する．

老人性認知症疾患治療病棟（ロウジンセイニンチショウシッカンチリョウビョウトウ）⊛ medical care ward for the elderly with dementia. 1988年に制度化された，認知症疾患に対する精神科医療を行うための専門病棟で，医療保険が適用される．主として寝たきり等の状態にない，急性期の認知症の患者で，妄想等の精神症状や徘徊・不眠・夜間せん妄等の行動異常のある，自宅あるいは施設等で対応が困難な人に対し，短期的，集中的に治療，リハビリテーション等を行う．老人性認知症疾患治療病棟では，上述のような認知症に伴う精神症状や，行動異常の激しい患者にも対応できるようにするため，専門職の配置を厚くしている．
⇨老人性認知症疾患療養病棟

老人性認知症疾患療養病棟（ロウジンセイニンチショウシッカンリョウヨウビョウトウ）⊛ nursing care wards for the elderly with dementia. 1991年に制度化された，認知症疾患に対する精神科医療を行うための専門病棟で，認知症を有する人が入院しながら，療養上の管理，看護，医学的管理下における介護等の世話，機能訓練等の医療を受ける施設を指す．介護保険制度の施行により，介護療養型医療施設のひとつとして介護保険制度の適応を受ける．老人性認知症疾患療養病棟には，医師，看護師のほか，薬剤師および栄養士，作業療法士，精神保健福祉士，またはこれに準ずる人，介護支援専門員等が配置される．生活機能回復訓練室，デイルーム，面会室，食堂および浴室等の設備がなされている．また，介護療養型医療施設として，地域や家庭との結びつきを重視した運営を行い，市町村，居宅介護支援事業者，居宅サービス事業者，他の介護保険施設そのほかの保健医療サービス，または福祉サービスを提供する人との密接な連携に努めなければならないとされている．
⇨老人性認知症疾患治療病棟

老人知能の臨床的判定基準（ロウジンチノウノリンショウテキハンテイキジュン）➡柄澤式「老人知能の臨床的判定基準」を見よ．

老人斑（ロウジンハン）⊛ senile plaque. アミロイドβタンパク質が脳内に異常に凝集し沈着したもの．アルツハイマー病（AD）の患者の脳に特徴的に現れる．アミロイドβタンパク質は，21番目の染色体上にある遺伝子からつくられる．アミロイドβタンパク質を主成分とする老人斑の蓄積は神経原線維変化や選択的神経細胞脱落とともにADの特徴的な病理組織学的所見であり，ADの病態のもっとも早期に生じる変化である．
⇨アルツハイマー病

老人病（ロウジンビョウ）➡老年病を見よ．

老人福祉計画（ロウジンフクシケイカク）⊛ welfare plan for the elderly. 老人福祉法において，市町村および都道府県に作成が義務づけられている．市町村老人福祉計画は，当該市町村の区域において確保すべき，老人居宅生活支援事業および老人福祉施設による事業の供給体制の確保にかかわる計画を指す．当該市町村の区域の高齢者の事情を勘案して作成するよう努めるものとされている．また，介護保険法に規定する市町村介護保険事業計画と一体的に作成されるとともに，社会福祉法に規定する市町村地域福祉計画その他の法律の規定による計画であって，高齢者の福祉にかかわる事項を定めるものと，調和が保たれたものでなければならないとされている．一方，都道府県老人福祉計画は，市町村老人福祉計画の達成に資するため，各市町村を通じる広域的な見地から，老人福祉事業の供給体制の確保のために定める計画を指す．また，当該計画においては，養護老人ホームおよび特別養護老人ホームの必要入所定員総数，その他老人福祉事業の量の目標を定めるものとされている．

老人福祉施設（ロウジンフクシシセツ）⊛ welfare facility for the elderly／social welfare facility for the elderly／welfare institution for the aged. 老人福祉法上に規定された老人福祉施設を指す．具体的には，老人福祉法第5条の3に定められた，老人デイサービスセンター，老人短期入所施設，養護老人ホーム，特別養護老人ホーム，軽費老人ホーム，老人福祉センター，老人介護支援センターを指す．このうち，老人デイサービスセンター，および老人短期入所施設は1990年から，老人介護支援センターは1994年から加えられた．また，これらのうち，老人デイサービスセンター，老人短期入所施設，特別養護老人ホームについては，介護保険法に規定する通所介護，短期入所生活介護，介護老人福祉施設等のサービスを利用することが，虐待などやむを得ない理由によりいちじるしく困難であると認める場合に市町村の措置により，それぞれ入所，利用が委託されることが老人福祉法に規定されている．

老人福祉センター（ロウジンフクシセンター）⊛ welfare centers for the elderly. 無料または低額な料金で，高齢者の健康増進・教養の向上および，レクリエーションを提供する施設である．老人福祉センターには特A型，A型，B型の3種類がある．特A型では，生活相談，健康相談等の各種相談，健康増進を図るための栄養，運動等の健康指導，生業および就労等について指導，機能回復訓練の実施，教養講座等の実施，老人クラブに対する援助等を事業内容とし，相談室，診察室，検査室，栄養指導室，図書室，浴場が整備されている．A型は特A型に比べて規模が小さく，診察室や検査室，栄養指導室等は備えておらず健康増進等にかかわる指導は行われていない．B型はA型の機能を補完する，各種相談および教養講座，老人クラブへの援助等を行うものとされている．老人福祉センターは，自治体や社会福祉協議会などによって運営されており，地域の高齢者間を結ぶ役割も果たしている．

老人福祉法（ロウジンフクシホウ）⊛ Act on Social Welfare for the Elderly. 高齢者の福祉にかかわる原理を明らかにすること，高齢者の心身の健康の保持，および生活の安定のために必要な措置を講じ，高齢者の福祉を図ることを目的としている．老人福祉法では，老人福祉の基本原理として敬愛，生活保障および国や地方公共団体の責務が規定されている．また，必要な措置として，居宅における介護等や老人ホーム入所などの福祉の措置が規定されている．同法は，1963年に制定され，それまでの救貧対策中心であった老人福祉施策から独立した．1972年には老人医療施策として老人医療費の無料化が盛り込まれたが，老人医療費の増大などにより廃止され，1982年に老人保健法が制定された．2000年の介護保険法

の施行に伴い，2002年に改正が行われ，老人の日および老人週間が定められ，老人福祉計画による都道府県および市町村それぞれの老人福祉事業の量の確保，有料老人ホームにかかわる規定などが加えられた．

老人ホーム（ロウジンホーム） ㊗ nursing homes for the elderly ㊥ 養老院．高齢者が入所する施設の総称．老人ホームの歴史的成り立ちをみると，地縁・血縁の相互扶助から脱落した人々を救済する慈善事業としての混合施設までさかのぼることができる．公的な施設としての統制を受けた形としては，1929年の救護法により養老院が位置づけられたことが最初であり，戦後，生活保護法における養老施設となった．その後，それまでの貧困救済的な施設から住宅や介護機能を重視した施設へのニーズの変遷を背景に，1963年の老人福祉法が制定され，養護老人ホーム，特別養護老人ホーム，軽費老人ホームに分化した．特別養護老人ホームの設置数は介護ニーズの高まりから施設数，定員数は他施設に比べて大幅に増加している．一方，老人ホームはかつての収容施設から生活施設へと転換するために，入所者1人ひとりの個別性を尊重し，入所者の生活の質（QOL）を上げるための設備やケアの充実が求められている．また，在宅ケアが推進されるなかで，通所施設や短期入所サービスなどの在宅サービスを提供したり，地域のさまざまな社会資源との連携が求められている．

老衰（ロウスイ） ㊗ senility／insenescence／geromarasmus／senescence．老いて身体的・精神的に衰えた状態をいう．高齢者が特段の病気もなく，苦しまずに自然に息を引き取った場合を老衰死とよぶ．生物学的には，老化と同義に用いられる．老化は，①加齢に伴う生理機能の減退であり，体の恒常性が時間の経過とともに変化し，ついには崩壊してしまう一連の過程，②疾病やその他の大きな事故によるものではなく，時間の経過に伴って生体に起こる緩慢な変化で，終局的に個体の死亡につながる，などと定義される．老化を説明する仮説には，①遺伝子レベルで制御されているとするプログラム説，②生体の種々の障害や老化物質の蓄積がDNAやタンパク質に発生するというエラー蓄積説に大別される．なかでも，体内の活性酸素が一定量以上に増えると，細胞が死滅したり十分に機能しなくなり，結果としてさまざまな臓器の機能低下や萎縮，動脈硬化などをもたらすという，フリーラジカル説が有力である．

老性自覚（ロウセイジカク） 自らが，年齢を重ね高齢者になったという自覚のことで，その時期には個人差がある．実際の年齢と身体・精神的年齢は必ずしも一致せず，他者が当事者を高齢者とみなす年齢と当事者自身が高齢者と自覚する年齢が異なる場合もある．いずれにしても，老性の自覚とその受容は高齢期の重要な発達課題となる．一般に，老性の自覚は身体的徴候として，運動機能，視覚・聴覚，歯・頭髪，容姿，記憶などの部分的な変化と，身体虚弱，易疲労性，活動性の制限，意欲・気力の減退といった全体的な変化によってもたらされる．また，職業的社会的役割からの引退，配偶者・同胞・旧友との死別，子どもの独立や孫の誕生など，心理・社会的体験を契機することが多い．老性自覚により日常生活上の活動性や積極性が低下する一方で，長寿を求める生への固執と死の受容，自らの人生の最終的な統合が課題となる．

⇨老年的超越

労働保険（ロウドウホケン） ㊗ labor insurance．労働者災害補償保険および雇用保険の総称．1969年に制定された「労働保険の保険料の徴収等に関する法律」で総称することが規定された．労働者災害補償保険とは，労働者が業務上の事由，または通勤による負傷，病気，死亡の場合に被災労働者や遺族を保護するため必要な保険給付を行うものを指す．雇用保険とは，労働者が失業した場合，および労働者について雇用の継続が困難となる事由が生じた場合に，労働者の生活，および雇用の安定を図るとともに，再就職を促進するために必要な給付を行うものを指す．原則として，労働者災害補償保険および雇用保険は全産業の全労働者を対象としており，労働者を雇用している場合は，業種・規模のいかんを問わず労働保険の適用事業となる．保険給付は両保険制度で別に行われているが，保険料の納付等については一体のものとして取り扱われている．

老年期うつ病評価尺度（ロウネンキウツビョウヒョウカシャクド） ㊗ geriatric depression scale ㊥ GDS．うつ病や抑うつ状態は，高齢者にもっとも出現頻度の高い精神症状である．うつ病の診断では早朝覚醒など睡眠の障害や食欲の不振なども診断の情報となるが，これらは高齢者全般に共通した傾向であり，うつ病の鑑別に寄与しにくい．また，高齢者のうつ病では，身体症状や不安・焦燥感，健忘が中心となりやすく，一般のうつ病に特徴的な気分の落ち込みや意欲低下が前景とならないことが多い．こうした高齢者の特徴を考慮したうつ病の評価尺度として，GDSがある．「記憶力が落ちたと感じますか」といった，若年層を対象としたスクリーニングとは異なる項目を含んでいる．実施の負担を考慮して質問数にも工夫があり，完全版は30項目版であるが，15項目，5項目の短縮版もある．そのほか，PGCモラールスケールなどがよく用いられる．ただし，認知症が中等度以上に進行した場合，上述の質問紙では問いに正しく反応することがむずかしいなど，利用には限界もある．

老年期神経症（ロウネンキシンケイショウ） ㊗ senile neurosis．精神医学で神経症とよんできた病態は，世界保健機関による「疾病及び関連保健問題の国際統計分類（ICD）」やアメリカ精神医学会による「精神疾患の診断・統計マニュアル（DSM）」において，「神経症性障害」や「不安障害」とよばれている．そのうえで老年期神経症とは，高齢期の環境変化（役割，配偶者との死別，経済的問題など）や身体問題（老化，疾病など）に，性格傾向（内向性，過敏など）が加わって生じる，精神的なとらわれから生じる不適応状態を指す．高齢者の神経症では，抑うつ状態や不安・焦燥などが多いが，頭痛，肩こり，胸痛，腹部不快感，便秘といった，身近な症状を重篤な疾患と関連づける心気症もしばしばみられる．身体疾患の治療のほか，傾聴・共感による精神療法，抗うつ薬や抗不安薬による薬物療法などが行われ，また，身体へのこだわりを和らげるために興味・関心事を見つける生活支援も重要である．

老年症候群（ロウネンショウコウグン） ㊗ geriatric syndrome．日常生活ではおおむね健康に生活している高齢者において，生活機能や生活の質（QOL）を低下させ，治療が必要となる身体症状や，その兆候のこと．また，健康寿命を短縮させ，要介護状態を引き起こす身体・精

神的諸症状や疾患のこと．多くみられるものに，骨粗鬆症，転倒・骨折，食欲不振，低栄養状態，脱水，咀嚼・嚥下能力低下，尿便失禁（排泄障害），引きこもり，睡眠障害，抑うつ状態，認知機能低下，せん妄などがある．老年症候群は多くの臓器にわたって疾患が関与する場合が多い．個人が複数の症状を有することが多く，症状がそれぞれに関連し悪循環を生じやすい．原因・症状が多岐にわたり，高齢者自身の生き方，残存する機能，環境要因にも影響するため，人間としての全体像を総合的に評価する必要がある．治療とともに介護予防としての支援が重要である．

老年人口（ロウネンジンコウ） 英 aging population／population of old people. 人口構造を表すために人口を年齢によって3区分に大別した「年齢3区分別人口（年少人口：15歳未満，生産年齢人口：15歳以上65歳未満，老年人口：65歳以上）」における1区分として，高齢者の状況を示す統計等に用いられる用語．老年人口は，いわゆる「団塊の世代」が65歳以上となる2015年には3395万人となり，その後も増加することが推計として出されており，2042年には3878万人でピークを迎えるとされている．高齢化が進むにつれて，さまざまな高齢期における課題や傾向等を分析する目的で，老年人口のなかでも65～74歳の層を「高齢前期」，75歳以上の層を「高齢後期」に分類する詳細な区分も行われている．
⇨年少人口

老年人口指数（ロウネンジンコウシスウ） 英 dependency ratio of aged population. 人口における高齢化の程度を知る際に用いられる指標のひとつ．老年人口（65歳以上）の生産年齢人口（15歳以上65歳未満）に対する比率を示す値であり，老年人口を生産年齢人口で割った数に100をかけて算出する．2014年時点における日本の老年人口指数は42.4であり，年少人口（15歳未満）および生産年齢人口の減少傾向を受けて，老年人口指数のピークは老年人口のピークに比して後年になるものと考えられている．
⇨老年人口

老年人口比率（ロウネンジンコウヒリツ） 英 elderly population ratio. 人口の高齢化の程度を知る際に用いられる指標のひとつ．高齢化率ともよばれ，総人口に占める65歳以上人口の割合を示す値であり，日本の場合，2014年時点で26%となっている．医療の発展による死亡率の低下と平均寿命の延伸，および少子化に伴い，老年人口比率は急速に上昇してきており，老年人口比率の上昇を国際的に比較しても，ほかに類をみない速度で進行していることが分かる．

老年性記憶障害（ロウネンセイキオクショウガイ） ➡加齢性記憶障害を見よ．

老年的超越（ロウネンテキチョウエツ） 英 gerotranscendence. スウェーデン大学のトレンスタム（Tornstam L）らが提起した概念．人間は加齢によって，より高い次元から物事を理解する変化が生じるとするもの．それは物質的・合理的な視点よりも，神秘的・超越的な視点への移行であるとされる．多く場合，この移行によって人生の満足感が増加するとしている．日本では権藤恭之らが行った超高齢者に対する質的インタビューをもとに，老年的超越を測定する質問紙を作成し，①「ありがたさ」や「おかげ」の認識，②内向性，③二元論からの脱却，④宗教的・スピリチュアルな態度，⑤社会的自己からの解放，⑥基本的で生得的な肯定感，⑦利他性，⑧無為自然，などと命名した8因子の尺度を見いだした．これらと身体機能・精神的健康の関係を分析したところ，老年的超越の特徴の一部は，虚弱・超高齢によるさまざまな喪失から生じる，心理面でのwell-being（良好な状態）の低下を緩衝する可能性を示唆した．

老年病（ロウネンビョウ） 英 disease of old age／ageing-related disease 同 老人病. 老化に伴う疾患であり，動脈硬化症（心筋梗塞，脳卒中），骨粗鬆症，認知症，悪性腫瘍，糖尿病などが挙げられる．老年病の特徴として，①加齢に伴う複数の臓器の機能低下・障害により，1人で多くの疾患をもつこと，②症状が疾患に典型的でなく，全身倦怠感，食欲不振などの不定愁訴が前面に出ることがあること，③薬物に対する反応が若年者と異なり，副作用が現れやすく，また複数の薬物を服用していることも多いので，より副作用が現れやすくなること，④症状や経過に個人差が大きいこと，⑤免疫機能が低下していたり，臓器そのものの生理的老化による機能低下のため，完全に治癒しなかったり，治癒が遅れたりすること，などが挙げられる．行政用語である「生活習慣病」と一部重複する．
⇨加齢

弄便（ロウベン） 英 scattering stool. 大便を壁や床にこすりつけたり，手で弄んで丸めたり，口に入れたりする行動．弄便の背景には，便の失禁があり，排泄の感覚や便を排泄物と認知する能力の低下も遠因となるといわれる．排泄におむつを使用している場合にみられることが多く，不快感を適切に介護者に伝達できないため，自ら処理しようとする行動として理解可能であるが，それに派生する不潔行為に合理的な目的は見いだしにくい．在宅介護のうえで非常に負担の大きい認知症の行動・心理症状（BPSD）のひとつである．効果的な解決策は見いだしにくいが，おむつ使用との関連からみて，排泄をトイレやポータブルトイレで行うことを目指すことは有効であろう．排泄のリズムをつかんでトイレへ誘導し，より自然な排泄が行えるケアをすることが最初の選択である．
⇨認知症の行動・心理症状

ろう盲（ロウモウ） ➡盲ろうを見よ．

老齢基礎年金（ロウレイキソネンキン） 英 basic old-age pension. 国民年金の保険料納付済期間，国民年金の保険料免除期間，合算対象期間を合計した期間が原則として25年（300月）以上ある人が，65歳になった際に請求を行うことで支給される年金である．保険料納付済期間が40年（480月）以上ある場合であれば，定額778,500円（2013年時点）が支給されることになるが，保険料納付済期間に応じて減額が行われる．なお，60歳から年金を受け取ることができる繰り上げ受給や，66～70歳の間に受給を始める繰り下げ受給が可能である．

老齢厚生年金（ロウレイコウセイネンキン） 英 old-age employees' pension. 厚生年金の被保険者期間が1か月以上あり，老齢基礎年金を受けるのに必要な受給資格期間を満たした人が65歳になった際に，老齢基礎年金に上乗せして支給される年金である．なお，60歳から年金を受け取ることができる「繰り上げ受給」や，66～70歳の間に支給を受け始める「繰り下げ受給」が可能である．繰

り上げ受給に関しては，老齢厚生年金の受給開始年齢が，2013〜2025年度にかけて60歳から65歳に引き上げられることに伴い，当分の間は，受給資格を満たしている人であれば60歳から特別支給の老齢厚生年金が支給されることとなった．
⇨老齢基礎年金

老老介護（ロウロウカイゴ）高齢者が高齢者を介護する状況を指す言葉であり，超高齢社会を迎えた日本において家族介護者の共倒れや介護疲れによる心中事件，虐待等と関連づけて問題視されている．高齢の夫婦や親子，兄弟等，介護者の属性や環境によってさまざまなケースがあるが，高齢者同士の介護では，介護事故や介護者自身の状態悪化など，リスクを伴うことが多いことから，家族にしかできない情緒的ケア等の重要性を認識しつつ，介護サービスと連携して共倒れ等に陥らないよう，従前から代替的に利用可能な介護サービスと関係づくりを行っておく必要がある．

肋間神経痛（ロッカンシンケイツウ）㊥intercostal neuralgia．肋骨に沿って走行する肋間神経からくる痛み．体幹をねじる，強い咳，深呼吸など肋骨の動きによって痛みが誘発されたり，増強される．原因としては筋肉疲労や長時間不自然な姿勢をとった結果，神経が筋肉や骨に挟まれたり圧迫されたりして起こる原発性肋間神経痛がもっとも多い．また，帯状疱疹ウイルスによるものや肋骨の骨折，ヘルニアでもみられる．狭心症のような心臓の痛みや肺の痛みを肋間神経痛のように感じていることもあり鑑別が必要である．

ロービジョン ➡弱視を見よ．

ロフストランドクラッチ ㊥Lofstrand crutch．肘を少し曲げて使用し，杖のグリップと前腕部分にあるカフ部の2点で体を支えることで歩行を補助する福祉用具．グリップだけでなく，カフ部がついていることが特徴であり，カフ部は前腕を支持し，手関節を安定させる役割がある．一般的に肘関節伸筋が弱い症例に用いられることが多い．クラッチとは，手のみで体を支持する杖と異なり，手および腋窩（脇の下），または肘で体を支持するものであり，代表的なものとして，ロフストランドクラッチや松葉杖が挙げられる．ロフストランドクラッチの場合，松葉杖と異なり脇当てをもたないため，松葉杖に比べれば安定性に欠けるものの，T字杖より安定性が高く，簡便であることから比較的よく使用される．

ロホクッション ㊥roho cushion．エアセルをマトリックス状に配置したクッションであり，体圧分散性が高く，褥瘡予防に効果的であるとされている．エアセルは互いに空気経路でつながっており，空気が流動する仕組みとなっていることから，座る圧力と体型に沿ってその形状が変化し，体圧分布が均一化される．クッションに充填される空気量は，個人の体型等によって微調整する必要があり，空気量が多すぎると圧力が高まることで体圧が分散されず，空気量が少なすぎると体圧が支えきれなくなる「底つき」を起こす．バルブのゆるみ等で空気量が変化しやすいため，適切な空気圧を保つためのメンテナンスが不可欠となる．

ロールシャッハテスト ㊥Rorschach test．紙にインクを落とし，それを半分に折ることで生じる，左右対称のインクブロット（しみ・模様）による図版（10枚）を用いる投映法とよばれる心理検査．図版を1枚ずつ提示し，それがなににみえるのかを自由に反応させる．その反応が図版のどの部分になぜみえるのかなどを量的・質的に分析・解釈することでパーソナリティを測定する．インクブロットをどのようにみるか（取り扱うか）ということには，被検者の日常的な行動や性格の特性が反映するという前提がある．反応には無意識の領域に及ぶ総合的・力動的な情報が含まれる長所がある．一方，実施と解釈に時間や熟練が必要であり，反応の解釈は主観にも影響され，信頼性・妥当性に疑問が残るという短所がある．認知症の人に対するロールシャッハテストの結果から，アルツハイマー病（AD）に対しては不安を喚起しない保護的な支援，血管性認知症（VaD）に対しては残存する認知機能を支持する援助が有効とされる．

ロールプレイ ㊥role playing ㊥役割演技．現実に起こる場面を想定し，複数の人がそれぞれに与えられた役割を演じることでその場面を疑似体験する学習方法．ある事柄が実際に起こった際に適切に対応できるように，自身の行動パターンや心情の変化について自己理解を深めるとともに，専門家によるスーパーバイズを受けることで，正しい対応方法を学ぶことができる．福祉領域においても，支援者役と利用者役を演じることによって，支援の働きかけが支援者・利用者相互にどのような影響を与えるのか，どのような介入が効果的かということを議論するための体験学習の課題として取り組まれることが多い．役割ごとの心情等をその場でフィードバックすることができるので，介入に伴う相手の反応を即時に知ることができ，共感性を高めることができる．ロールプレイ後は参加者の役割を解除し，演じた役割の影響が日常生活場面に及ばないよう，配慮を行う必要がある．

ロングタームケア ㊥long-term care．長期ケアのことをいい，主にアメリカで使用されてきた言葉である．現在の日本においては，少子高齢化が続いており，独居や高齢者世帯も増加している．また高齢化に伴い一人が抱える疾患数も増加しており，要介護高齢者や認知症の人の数は年々増加し，長期ケアを必要としている人が多く，今後も増えることが予測される．長期ケアは，保健・医療・福祉が総合的に提供されるケアシステムである．疾病の治療やリハビリテーション，健康管理，日常生活を送るうえで必要な介護や援助，余暇活動の支援，人間関係や社会活動の維持・拡大への支援など，その人の生活全体を支える．長期ケアの提供場所は，施設や在宅であり，老人福祉施設や介護老人保健施設，介護療養型医療施設などの長期入所施設や，訪問介護や訪問看護，通所介護，通所リハビリテーション，小規模多機能型居宅介護，グループホームなどの在宅サービスが担っている．

論理的記憶（ロンリテキキオク）㊥logical memory．人間の記憶はいくつかの分類があるが，スクワイア（Squire LR）による記憶の分類がもっとも一般的である．それによれば，①感覚記憶（視覚・聴覚情報を最大1〜2秒程度記憶するもの），②短期記憶（①から選択的に移行した記憶で約20秒程度保持される記憶），③長期記憶（②のなかで繰り返し意識され，永続的に保持される記憶）となる．このうち③は記憶内容を言葉で表すことのできる「宣言的記憶」と，言葉では表せない「非宣言的記憶」に区分される．宣言的記憶の評価は，代表的にはウェクスラー記憶検査改訂版（Wechsler memory scale-revised；WMS-R）を用いることが多い．WMS-Rでは，言語的・

視覚的情報の単一や,組み合わせによる記憶課題のほか,ニュースのような物語性のある情報の記憶課題がある.通常,論理的記憶とは後者に関連する記憶を指す.単語や物品の単純な記憶課題に比べて,論理的記憶課題は難度が高いが記憶障害の検出に鋭敏であり,認知症のスクリーニングとしてはより適しているとされる.

わ

ワーキングメモリー 🇬🇧working memory 🇯🇵作動記憶／作業記憶．スクワイア（Squire LR）による「短期記憶」を発展させた概念として作動（作業）記憶と訳される．短期的な情報の保持のみでなく，記憶と同時に認知的な情報処理を行うとする概念．バッデリー（Baddeley A）とヒッチ（Hitch G）のモデルがよく知られている．このモデルでは記憶を強めるために，音声情報を心のなかで繰り返し発声するような「音韻ループ」と，視覚的・空間的情報を心のなかの黒板に繰り返し書くような「視空間スケッチパッド」を想定している．また，「中央実行系」とよぶシステムがこれらの統合や管理を行うとする．近年，バッデリーはこのモデルに，情報を長期記憶へ橋渡しするための「エピソードバッファ」を追加している．ワーキングメモリーは前頭前野の働きとして思考における重要な役割を担い，その容量には個人差があるとされる．この機能の低下により，仕事や家事など複数の処理を並行する作業や，混み入った会話の理解が困難になるなど，これまで当たり前に可能であった日常生活能力が低下する．ワーキングメモリーを賦活するためには，日ごろから能動的に物事を企画・遂行する（旅行や会合，料理など）ことや，運動（散歩や体操など）をしながら計算やしりとりをするといった，複数の目的を同時に達成させようとする作業（二重課題）を継続することが有効とされる．

ワクチン 🇬🇧vaccine．通常，ある感染症に対して，その発症を抑制する免疫をもたらす目的で，皮下注射や内服等により体内に取り入れる生物学的製剤のこと．このなかには免疫応答をもたらす物質（抗原）が含まれている．一方，認知症の治療や予防にも免疫の仕組みを活用したワクチン開発が試みられている．
⇨予防接種

ワッセルマン反応（ワッセルマンハンノウ） 🇬🇧Wassermann reaction 🇩🇪Wassermann-Reaktion．梅毒にかかっているかどうかを調べる検査法である．1906年に検査方法を考案したドイツの細菌学者，ワッセルマン（Wassermann A）の名前をとってこのように名づけられた．梅毒はトレポネーマ・パリダムという病原微生物によって引き起こされる性感染症で，感染すると梅毒抗体が体内にできる．そして，梅毒抗体は牛からとったカルジオリピンという脂質と反応することから，これを抗原として利用し，血清中の梅毒抗体と反応するかどうかを調べる．日本では緒方法として普及している．ワッセルマン反応は感度が高く鋭敏ではあるが，感染後4週以上経過しないと判定には使えない欠点がある．また梅毒以外の膠原病や肝疾患などでも陽性になることがある（偽陽性）．このため，直接トレポネーマ抗原を使って抗体の有無を調べるTPHA法（トレポネーマ血清凝集反応法）やガラス板に菌体成分を吸着させ，そのうえで血清中の抗体の有無を蛍光抗体法で検出するFTA-ABS法を併用して調べることが多い．
⇨梅毒

ワムネット 🇬🇧WAM NET．welfare and medical service network systemのことであり，独立行政法人福祉医療機構が運営する情報サイトを指す．ワムネットは保健，医療との連携を図りつつ，福祉領域における情報化を総合的に推進する目的で1998年に創設され，1999年3月より運営されている，全国的な情報ネットワークである．ワムネットでは福祉や医療にかかわるサービス事業所等のデータベース化を図り，各事業所の情報を閲覧できるようにしているとともに，研修や制度解説等を行うことで福祉・保健・医療全般の情報公開を行っている．

ワンストップサービス 🇬🇧one-stop service．1か所への相談で，適切なサービスを受けるために必要な手続きや作業に関する説明，およびサービス調整にかかわる支援を受けることができるように設計されたサービス体系を指す用語である．福祉領域が取り扱う生活課題は，保健や福祉等の問題が関係することで生じており，個別性が高く複雑である．それゆえ，どこに相談したらよいか分からない，なにを相談したらよいか分からないといった理由から適切な相談援助に結びつきにくい側面をもつ．また，相談を行ったとしても相談内容が複数の専門性にまたがる場合，専門職間でいわゆる「たらい回し」に合うことも少なくない．そのため，総合的に相談を受け，相談者のニーズに適切に対応できるサービスを結びつける，ワンストップサービスとなりうる総合相談窓口の整備が求められている．

引用・参考文献一覧

3学会（日本胸部外科学会・日本呼吸器学会・日本麻酔科学会）合同呼吸療法認定士認定委員会編：新呼吸療法テキスト．アトムス，東京（2013）．

阿部正和：看護生理学；生理学よりみた基礎看護．第2版，メヂカルフレンド社，東京（1997）．

合田文則編：よくわかる臨床栄養管理実践マニュアル．全日本病院出版会，東京（2009）．

相川　充，髙井次郎編：（展望　現代の社会心理学2）コミュニケーションと対人関係．誠信書房，東京（2010）．

明石惠子編：（ナーシング・グラフィカ）健康の回復と看護②栄養代謝機能障害．メディカ出版，大阪（2013）．

秋元美世，大島　巌，芝野松次郎，ほか編：現代社会福祉辞典．初版，有斐閣，東京（2003）．

アレン・フランセス（大野　裕，中川敦夫，柳沢圭子訳）：精神疾患診断のエッセンス；DSM-5の上手な使い方．金剛出版，東京（2014）．

American Psychiatric Association（髙橋三郎，大野　裕，染矢俊幸訳）：DSM-IV-TR；精神疾患の診断・統計マニュアル．医学書院，東京（2004）．

荒賀直子，後閑容子編：地域看護学.jp；Community Health nursing in Japan．インターメディカル，東京（2007）．

荒賀直子，後閑容子編：公衆衛生看護学.jp．インターメディカル（2011）．

荒井浩道：ナラティヴ・ソーシャルワーク；"〈支援〉しない支援"の方法．初版，新泉社，東京（2014）．

荒木乳根子：（基礎から学ぶ介護シリーズ）Q&Aで学ぶ高齢者の性とその対応．中央法規出版，東京（2008）．

荒田次郎監：（標準医学シリーズ）標準皮膚科学．医学書院，東京（2004）．

有田清子，今井宏美，榎本麻里，ほか：（系統看護学講座専門分野Ⅰ）基礎看護学②基礎看護技術Ⅰ．医学書院，東京（2015）．

有吉佐和子：恍惚の人．新潮社，東京（1972）．

浅井憲義，大熊　明，奈良篤史編：生活場面から見た福祉用具活用法．中央法規出版，東京（2006）．

浅井憲義，大熊　明編：（クリニカル作業療法シリーズ）認知症のある人への作業療法．中央法規出版，東京（2013）．

朝元美利編：人体の構造と機能及び疾病．弘文堂，東京（2010）．

浅野嘉延，吉山直樹編：看護のための臨床病態学．南山堂，東京（2012）．

浅海奈津美，守口恭子，鎌倉矩子編：老年期の作業療法．第2版増補版，三輪書店，東京（2009）．

阿曽洋子，井上智子，氏家幸子：基礎看護技術．医学書院，東京（2011）．

跡見　裕監，有賀　徹，花岡一雄，ほか：（生涯教育シリーズ69）実践救急医療．日本医師会，東京（2006）．

アーヴィン・D・ヤーロム，ソフィア・ヴィノグラードフ（川室　優訳）：グループサイコセラピー．金剛出版，東京（1991）．

米国睡眠医学会（日本睡眠学会診断分類委員会訳）：睡眠障害国際分類第2版；診断とコードの手引．医学書院，東京（2010）．

Biestek FP（尾崎　新，福田俊子，原田和幸訳）：ケースワークの原則；援助関係を形成する技法．新訳改訂版，誠信書房，東京（2006）．

Boykin A，Schonehofer SO（多田敏子，谷岡哲也訳）：ケアリングとしての看護；新しい実践のためのモデル．初版，ふくろう出版，岡山（2005）．

Brawley EC（浜崎裕子訳）：痴呆性高齢者のためのインテリアデザイン．彰国社，東京（2002）．

ブライアン・ハーウィッツ，ヴィーダ・スカルタンス，トリシャ・グリーンハル編（斎藤清二，岸本寛史，宮田靖志訳）：ナラティブ・ベイスト・メディスンの臨床研究．金剛出版，東京（2009）．

地域包括支援センター運営マニュアル検討委員会編：地域包括支援センター業務マニュアル．長寿社会開発センター，東京（2010）．

知的障害・発達障害・精神障害者に対応したバリアフリー化施策に係る調査研究検討委員会編：発達障害，

知的障害，精神障害のある方とのコミュニケーションハンドブック（http://www.mlit.go.jp/common/001130223.pdf）．
中央法規出版編：生活保護手帳2013年度版．中央法規出版，東京（2013）．
中央法規出版編：社会保障の手引平成26年版；施策の概要と基礎資料．中央法規出版，東京（2014）．
Cohen S, Kessler RC, Gordon LU編（小杉正太郎訳）：ストレス測定法．川島書店，東京（1999）．
Cohen U, Weisman GD（岡田威海，浜崎裕子訳）：老人性痴呆症のための環境デザイン；症状緩和と介護を助ける生活空間づくりの指針と手法．彰国社，東京（1995）．
Damani NN（岩田健太郎監，岡　秀昭訳）：感染予防，そしてコントロールのマニュアル；すべてのICTのために．メディカル・サイエンス・インターナショナル，東京（2013）．
Dawn B, Claire S（認知症介護研究・研修大府センター訳）：DCM(認知症ケアマッピング) 理念と実践．仁至会，愛知（2011）．
Drake RL, Vogl AW, Mitchell AWM（塩田浩平，瀬口春道，大谷　浩，ほか訳）：グレイ解剖学．原著第2版，エルゼビア・ジャパン，東京（2013）．
Duus P（半田　肇，花北順哉訳）：神経局在診断；その解剖，生理，臨床．文光堂，東京（1983）．
江口正信編：新訂版検査値早わかりガイド．第2版，サイオ出版，東京（2014）．
江草保彦監：新・痴呆性高齢者の理解とケア．メディカルレビュー社，大阪（2004）．
Elder Jr GH, Giele JZ（本田時雄，岡林秀樹訳）：ライフコース研究の技法；多様でダイナミックな人生を捉えるために．明石書店，東京（2013）．
江本愛子編：アクティブ・ナーシング；実践ロイ理論活動と休息．講談社，東京（2004）．
Erikson EH（岩瀬　理訳）：アイデンティティ．第3版，金沢文庫，東京（1989）．
Erikson EH（村瀬孝雄，近藤邦夫訳）：ライフサイクル，その完結．みすず書房，東京（1989）．
Fisher R, Ross MM（岡田玲一郎訳）：高齢者のend-of-lifeケアガイド．厚生科学研究所，東京（2001）．
Freud S（懸田克躬訳）：精神分析学入門．初版，中央公論新社，東京（1973）．
藤井賢一郎監：介護保険制度とは…．第12版，東京都社会福祉協議会，東京（2013）．
藤本　修，藤井久和編：メンタルヘルス入門第3版；事例と対応法．創元社，大阪（2008）．
藤村邦博，大久保純一郎，箱井英寿編：青年期以降の発達心理学．北大路書房，京都（2000）．
藤永　保監：最新心理学事典．平凡社，東京（2013）．
藤野彰子，長谷部佳子，安達祐子監：看護技術ベーシックス改訂版．第2版，318-324，医学芸術社，東京（2007）．
藤島一郎：(Primary Nurse Series) ナースのための摂食・嚥下障害ガイドブック．中央法規出版，東京（2008）．
藤島一郎，柴本　勇監：動画でわかる摂食・嚥下リハビリテーション．中山書店，東京（2005）．
藤田保健衛生大学病院看護部摂食・嚥下障害看護認定看護師著，馬場　尊，才藤栄一監：ハンディマニュアル摂食・嚥下障害のケア．メディカ出版，大阪（2010）．
藤田郁代監：標準言語聴覚障害学；高次脳機能障害学．医学書院，東京（2009）．
藤田郁代監：標準言語聴覚障害学；失語症学．医学書院，東京（2009）．
深井喜代子：ケア技術のエビデンス；実践へのフィードバックで活かす．へるす出版，東京（2006）．
深井喜代子編：基礎看護技術ビジュアルブック；手順と根拠がよくわかる．照林社，東京（2010）．
深井喜代子編：新体系看護学全書；基礎看護学②．第3版，メヂカルフレンド社（2012）．
深井喜代子，佐伯由香，福田博之編：新・看護生理学テキスト；看護技術の根拠と臨床への応用．南江堂，東京（2008）．
福田卓民，沖田　実編：エンド・オブ・ライフケアとしての拘縮対策；美しい姿で最期を迎えていただくために．初版，三輪書店，東京（2014）．
福井　至：図解による学習理論と認知行動療法．培風館，東京（2008）．
福井圀彦，藤田　勉，宮坂元麿編：脳卒中最前線．第4版，医歯薬出版，東京（2009）．
福井圀彦監：老人のリハビリテーション．第7版，医学書院，東京（2008）．
福井次矢監：家庭の医学．第6版，保健同人社，東京（2008）．
福井次矢，奈良信雄編：内科診断学．医学書院，東京（2000）．
福井次矢，黒川　清監：ハリソン内科書2．メディカル・サイエンス・インターナショナル，東京（2003）．
福島雅典監：メルクマニュアル．日本語版第18版，日経BP社，東京（2006）．
福祉士養成講座編集委員会編：(新版介護福祉士養成講座6) レクリエーション活動援助法．第2版，中央法

規出版，東京（2003）．
福士 審，本郷道夫，松枝 啓訳：ROMEⅢ；日本語版機能性消化管障害．協和企画，東京（2008）．
福祉住環境用語研究会編：福祉住環境コーディネーター用語辞典（改訂版）164．井上書店，東京（2011）．
福島弘文編：法医学．南山堂，東京（2002）．
福祉職員生涯研修推進委員会編：（福祉職員研修テキスト）福祉職員生涯研修課程改訂 指導編；職場リーダーの役割・行動を学ぶ．全国社会福祉協議会，東京（2005）．
福武 直，阿部志郎編：明日の福祉⑩；21世紀の福祉．中央法規出版，東京（1988）．
古川孝順，白澤政和，川村佐和子：社会福祉介護福祉のための用語集．第2版，誠信書房，東京（2003）．
Goffman E：Stigma：notes on the management of spoiled identity. Prentice Hall, Englewood Cliffs（1963）．
グレン・O・ギャバード（狩野力八郎訳）：精神力動的精神療法；基本テキスト．岩崎学術出版，東京（2012）．
箱田裕司，都築誉史，川畑秀明：認知心理学．初版，有斐閣，東京（2010）．
阪神脳卒中研究会編：脳卒中；分かりやすい病態から治療まで．最新医学社，大阪（2010）．
原 寛美，吉尾雅春編：脳卒中の理学療法の理論と技術．メジカルビュー社，東京（2013）．
原 和子編：園芸療法とリハビリテーション．エルゴ，愛知（2011）．
長谷川和夫：認知症ケアの心；ぬくもりの絆を創る．第1版，中央法規出版，東京（2010）．
長谷川和夫：（基礎から学ぶ介護シリーズ）わかりやすい認知症の医学知識．中央法規出版，東京（2011）．
長谷川賢一編：（言語聴覚療法シリーズ）高次脳機能障害．建帛社，東京（2001）．
橋本正明編：最新介護福祉全集；人間の理解．メジカルフレンド社，東京（2014）．
橋本信也監：（生涯教育シリーズ70）最新臨床検査のABC．日本医師会，東京（2006）．
服部営造：年金の基礎知識2013年版．自由国民社，東京（2012）．
服部英幸編：BPSD初期対応ガイドライン．ライフ・サイエンス，東京（2012）．
服部信孝監：運動障害診療マニュアル．医学書院，東京（2013）．
早川和男監，社会福祉辞典編集委員会編：社会福祉辞典．大月書店，東京（2002）．
林 泰史監：（日本医師会生涯教育シリーズ）在宅診療；午後から地域へ．日本医師会，東京（2010）．
ヘレン・コウイー，パッティ・ウォレイス（松田文子，日下部典子監訳）：ピア・サポート；傍観者から参加者へ．初版，大学教育出版，岡山（2009）．
東 洋，繁多 進，田島信元編：発達心理学ハンドブック．福村出版，東京（1996）．
東村志保，真田弘美，正木治恵編：老年看護技術；看護学テキスト．南江堂，東京（2011）．
樋口京子，篠田道子，杉山浩章編：高齢者の終末期ケア；ケアの質を高める4条件とケアマネジメント・ツール．中央法規出版，東京（2013）．
日野原重明：臨床看護の基礎新看護学テキスト；看護の革新を目指して．日本看護協会出版会，東京（2009）．
日野原重明監：臨床老年医学入門；すべてのヘルスケア・プロフェッショナルのために．医学書院，東京（2013）．
日野原重明，永井敏江，中西睦子編：看護・医学用語辞典．医学書院，東京（1992）．
日野原重明，井村裕夫監：（看護のための最新医学講座）第10巻微生物と感染症．第2版，中山書店，東京（2009）．
日野原重明，井村裕夫監：（看護のための最新医学講座）第13巻認知症．中山書店，東京（2005）．
日野原重明，井村裕夫監：（看護のための最新医学講座）第29巻栄養療法・輸液．中山書店，東京（2002）．
平井俊策：よくわかって役に立つ認知症のすべて．永井書店，大阪（2011）．
平井俊策監：内科診療の手引き．第1版，ワールドプランニング，東京（1995）．
平井俊策監：老年期認知症ナビゲーター．メディカルレビュー社，大阪（2006）．
平井俊策，江藤文夫編：老年者のリハビリテーション．第1版，ワールドプランニング，東京（1997）．
平井俊策，江藤文夫編：神経疾患のリハビリテーション．第2版，南山堂，東京（1997）．
平山惠造：神経症候学Ⅰ．改訂第2版，文光堂，東京（2006）．
博野信次：臨床認知症学入門；正しい診療・正しいリハビリテーションとケア．金芳堂，京都（2007）．
廣瀬 肇監：言語聴覚士テキスト．第2版，医歯薬出版，東京（2011）．
廣瀬秀行，木之瀬隆：高齢者のシーティング．第1版，三輪書店，東京（2006）．
菱田 明，佐々木敏監：日本人の食事摂取基準（2015年版）．第一出版，東京（2014）．
菱沼典子：看護のための人体機能学入門．メジカルフレンド社，東京（2000）．

菱沼典子編：ケーススタディ看護形態機能学；臨床実践と人体の構造・機能・病態の知識をつなぐ．南江堂，東京（2003）．

堀　忠雄編：睡眠心理学．初版，北大路書房，京都（2008）．

堀内ふき，大渕律子，諏訪さゆり編：（ナーシング・グラフィカ）老年看護学①高齢者の健康と障害．メディカ出版，大阪（2014）．

細田多穂監：（シンプル理学療法シリーズ）物理療法学テキスト．南江堂，東京（2013）．

細野　昇編：JNNスペシャルNo.93；これだけは知っておきたい整形外科．医学書院，東京（2012）．

細谷憲政監，杉山みち子，五味郁子：（臨床栄養実践活動シリーズ①）高齢者の栄養管理；寝たきり解消の栄養学．第1版，日本医療企画，東京（2005）．

井部俊子，京極高宣，前沢政次編：在宅医療辞典．中央法規出版，東京（2009）．

井部俊子，箕輪良行監：看護・医学事典．第7版，医学書院，東京（2014）．

一番ケ瀬康子：アメリカ社会福祉発達史．光生館，東京（1963）．

市橋則明：高齢者の機能障害に対する運動療法．文光堂，東京（2006）．

市原清志，河口勝憲編：エビデンスに基づく検査診断；実践マニュアル．第1版，日本教育センター，大阪（2011）．

五十嵐正男，山科　章：不整脈の診かたと治療．医学書院，東京（1997）．

井口正典監：STEP泌尿器科．海馬書房，東京（2004）．

飯野四朗監：Nursing Selection②；消化器疾患．学習研究社，東京（2005）．

井神隆憲，杉村公也，福本安甫，ほか編：社会リハビリテーションの課題；QOL向上を目指して．中央法規出版，東京（2000）．

池田　学：認知症；専門医が語る診断・治療・ケア．中央公論新社，東京（2010）．

池松裕子，山内豊明編：症状・徴候別アセスメントと看護ケア．第1版，医学芸術新社，東京（2008）．

伊古田俊夫：脳からみた認知症．講談社，東京（2012）．

今田克司，原田勝弘編：[連続講義]国際協力NGO；市民社会に支えられるNGOへの構想．日本評論社，東京（2004）．

今堀和友，山川民夫監：生化学辞典．第3版，東京化学同人，東京（2002）．

井村裕夫編：わかりやすい内科学．文光堂，東京（2012）．

稲田俊也，岩本邦弘：観察者による精神科領域の症状評価尺度ガイド．改訂版，じほう，東京（2011）．

井上昌次郎：眠りを科学する．初版，朝倉書店，東京（2006）．

井上千津子，澤田信子，白澤政和，ほか監：介護福祉士養成テキストブック10；発達と老化の理解．ミネルヴァ書房，京都（2010）．

井上義朗，杉田浩一，髙橋公子，ほか編：人間生活ハンドブック．初版，朝倉書店，東京（1993）．

乾　吉佑，氏原　寛，亀口憲治，ほか編：心理療法ハンドブック．創元社，大阪（2005）．

医療情報科学研究所編：（病気がみえる）vol.1消化器．第4版，メデックメディア，東京（2013）．

医療情報科学研究所編：（病気がみえる）vol.3糖尿病・代謝・内分泌．メディックメディア，東京（2008）．

医療情報科学研究所編：（病気がみえる）vol.4呼吸器．メディックメディア，東京（2007）．

医療情報科学研究所編：（病気がみえる）vol.5血液．第1版，メディックメディア，東京（2011）．

医療情報科学研究所編：（病気がみえる）vol.6免疫・膠原病・感染症．メディックメディア，東京（2014）．

医療情報科学研究所編：（病気がみえる）vol.7脳・神経．初版，メデックメディア，東京（2011）．

医療情報科学研究所編：（病気がみえる）vol.8腎・泌尿器．第1版，メディックメディア，東京（2012）．

医療六法編集委員会編：平成22年版医療六法．中央法規出版，東京（2010）．

石合純夫：高次機能障害学．第2版，医歯薬出版（2012）．

石川　治，古川福実，伊藤雅章編：ナースの実践皮膚科学．中外医学社，東京（2005）．

石川　朗編；作業療法士のための呼吸ケアとリハビリテーション．中山書店，東京（2010）．

石川　齊，武富由雄編：図解理学療法技術ガイド．文光堂（2001）．

石鍋圭子編：（最新訪問看護研修テキスト　ステップ2）リハビリテーション看護．日本看護協会出版会，東京（2005）．

石鍋圭子，野々村典子，半田幸代編：リハビリテーション看護研究4；リハビリテーション看護におけるチームアプローチ．医歯薬出版，東京（2002）．

伊東公男：ジェンダーの社会学．放送大学教育振興会，東京（2009）．

伊藤正男，井村裕夫，髙久史麿編；医学書院医学大辞典．医学書院，東京（2009）．

伊藤　隆：解剖学講義．第2版，南山堂，東京（2002）．
伊藤　隆，磯部　敬：はじめての病理・病態学；病気の成り立ち．南山堂，東京（1999）．
伊藤智樹編：ピア・サポートの社会学；ALS，認知症介護，依存症，自死遺児，犯罪被害者の物語．晃洋書房，京都（2013）．
伊藤利之，鎌倉矩子編：ADLとその周辺；評価・指導・介護の実際．医学書院，東京（1994）．
伊藤利之，京極髙宣，坂本洋一，ほか編：リハビリテーション事典．中央法規出版，東京（2009）．
伊藤利之，江藤文夫編：今日のリハビリテーション指針．医学書院，東京（2013）．
岩間伸之：支援困難事例へのアプローチ．メディカルレビュー社，大阪（2008）．
岩間伸之，原田正樹：地域福祉援助をつかむ．初版，東京（2012）．
岩間伸之，白澤政和，福山和女編：MINERVA社会福祉士養成テキストブック；ソーシャルワークの理論と方法Ⅰ．ミネルヴァ書房，京都（2013）．
岩村正彦編：現代の法14；自己決定権と法．岩波書店，東京（1998）．
泉キヨ子，天津栄子編：根拠がわかる老年看護技術．第2版，メヂカルフレンド，東京（2012）．
泉　孝英編：今日の診療のためのガイドライン外来診療2013．第13版，日経メディカル開発，東京（2013）．
若年痴呆家族会編：若年痴ほう患者家族のたたかい；語り始めた家族たち（1）．筒井書房，東京（2003）．
ジェームズ・J・ギブソン（古崎　敬訳）：生態学的視覚論；ヒトの知覚世界を探る．サイエンス社，東京（1986）．
人工環境デザインハンドブック編集委員会編：人工環境デザインハンドブック．丸善出版（2007）．
事典刊行委員会編：社会保障・社会福祉大事典．旬報社，東京（2004）．
門脇　孝，真田弘美編：すべてがわかる最新・糖尿病．照林社，東京（2011）．
香川芳子監：食品成分表〈2014〉．女子栄養大学出版部，東京（2014）．
Kahle W, Platzer W, Leonhardt H, ほか（越智淳三訳）：分冊解剖学アトラス〈3〉神経系と感覚器．第4版，文光堂，東京（2000）．
介護福祉士国家試験受験ワークブック編集委員会編：介護福祉士国家試験受験ワークブック2014［下］．中央法規出版，東京（2013）．
介護福祉用語研究会：必携介護福祉用語の解説．第3版，建帛社，東京（2006）．
介護福祉士養成講座編集委員会編：（新・介護福祉士養成講座3）介護の基本Ⅰ．中央法規出版，東京（2013）．
介護福祉士養成講座編集委員会編：（新・介護福祉士養成講座8）生活支援技術Ⅲ．中央法規出版，東京（2009）．
介護福祉士養成講座編集委員会編：（新・介護福祉士養成講座10）介護総合演習・介護実習．中央法規出版，東京（2009）．
介護福祉士養成講座編集委員会編：（新・介護福祉士養成講座12）認知症の理解．中央法規出版，東京（2012）．
介護保険制度研究会監：介護保険関係法令実務便覧．第一法規，東京（2013）．
介護サービス実務研究会編：Q＆A介護サービス事業運営の手引．新日本法規，愛知（2013）．
介護支援専門員テキスト編集委員会編：介護支援専門員基本テキスト第1巻．長寿社会開発センター，東京（2012）．
介護支援専門員テキスト編集委員会編：介護支援専門員基本テキスト第2巻．長寿社会開発センター，東京（2012）．
介護職員関係養成研修テキスト作成委員会編：（介護福祉士養成実務者研修テキスト）第2巻；介護の基本Ⅰ・Ⅱ．初版，長寿社会開発センター，東京（2014）．
介護職員関係養成研修テキスト作成委員会編：（介護福祉士養成実務者研修テキスト）第7巻；障害の理解Ⅰ・Ⅱ．長寿社会開発センター，東京（2014）．
鎌田ケイ子，川原礼子編：（新体系看護学全書）老年看護学②健康障害をもつ高齢者の看護．メヂカルフレンド社，東京（2012）．
亀井智子編：根拠と事故防止からみた老年看護技術．第1版，医学書院，東京（2012）．
亀山正邦，高久史麿編：今日の診断指針．第5版，医学書院，東京（2002）．
上泉和子：（系統看護学講座統合分野）看護の統合と実践①看護管理．第9版，医学書院，東京（2013）．
金沢善智：福祉住環境コーディネーター基本用語辞典．初版，エクスナレッジ，東京（2007）．
金子丑之助：日本人体解剖学．改訂第19版，南山堂，東京（2012）．

笠原幸子：高齢者への支援と介護保険制度．ミネルヴァ書房，京都（2014）．
柏　豪洋，太田紀雄，小鷲悠典：新歯周病学．クインテッセンス出版，東京（1998）．
加藤正明編：新版老親医学事典．弘文堂，東京（1993）．
加藤正明，保崎秀夫，笠原　嘉編：新版精神医学事典．弘文堂，東京（1993）．
加藤正明，保崎秀夫監：精神科ポケット辞典．弘文堂，東京（1981）．
加藤伸勝：精神医学．第12版，金芳堂，京都（2013）．
加藤伸勝編：（新・精神保健福祉士養成講座1）精神医学．中央法規出版，東京（2010）．
加藤　敏：現代精神医学事典．弘文堂，東京（2011）．
勝又浜子，門脇豊子，清水嘉与子，ほか編：看護法令要覧．第1版，日本看護協会出版会，東京（2012）．
Katz AH（久保紘章訳）：セルフヘルプ・グループ．岩崎学術出版社，東京（1997）．
川端一永，吉井季子，田水智子：臨床で使うメディカルアロマテラピー．メディカ出版，大阪（2002）．
河合　忠，尾形　稔，伊藤喜久編：異常値の出るメカニズム．医学書院，東京（2009）．
川井太加子編：（最新介護福祉全書5）生活支援技術Ⅰ．メヂカルフレンド社，東京（2013）．
川上雪彦：介護報酬の解釈1；単位数表編．社会保険研究所，東京（2012）．
川喜田二郎：続・発想法．中央公論社，東京（1993）．
川村次郎編：義肢装具学．医学書院，東京（2007）．
河野友信，平山正実編：臨床死生学事典．日本評論社，東京（2000）．
川島みどり編：イラストで理解する初めての介護；心と技術．中央法規出版，東京（2012）．
城戸真亜子：ほんわか介護．集英社，東京（2009）．
菊地雅洋：人を語らずして介護を語るな．ヒューマンヘルスケアシステム，東京（2011）．
木村哲彦編：新イラストによる安全な動作介助の手引き．第2版，医歯薬出版，東京（2004）．
King CA，Kirschenbaum DS（佐藤正二，前田健一，佐藤容子訳）：子ども援助の社会的スキル；幼児・低学年児童の対人行動訓練．川島書店，東京（1996）．
木之瀬隆：（基礎から学ぶ介護シリーズ）これであなたも車いす介助のプロに！第1版，中央法規出版，東京（2007）．
木下由美子，麻原きよみ，荒木田由美子編：Essentials；地域看護学．医歯薬出版，東京（2009）．
貴邑冨久子，根来英雄：シンプル生理学．南江堂，東京（2008）．
岸　玲子，古野純典，大前和幸編：NEW予防医学・公衆衛生学．南江堂，東京（2012）．
北　徹監：健康長寿学大事典．西村書店，東京（2012）．
北川公子編：（系統看護学講座専門分野Ⅱ）老年看護学．第8版，医学書院，東京（2014）．
北島英治，白澤政和，米本秀仁編：（新・社会福祉士養成テキストブック2）社会福祉援助技術論（上）．ミネルヴァ書房，京都（2007）．
北村　聖編：臨床病態学．第2版，ヌーベルヒロカワ，東京（2013）．
北村俊則：精神・心理症状学ハンドブック．第3版，日本評論社，東京（2013）．
小林秀樹：集住のなわばり学．彰国社（1992）．
小林　登，多田啓也，藪内百治，ほか監：新小児医学大系第13巻D；小児神経学4，中山書店，東京（1983）．
児玉桂子：施設環境づくり実践ハンドブック．日本社会事業大学児玉研究室，東京（2004）．
児玉桂子：講座超高齢社会の福祉工学上巻；高齢者居住環境の評価と計画．中央法規出版，東京（1998）．
児玉桂子，足立　啓，下垣　光，ほか：認知症高齢者が安心できるケア環境づくり；実践に役立つ環境評価と整備，66-78，彰国社，東京（2009）．
児玉桂子，古賀誉章，沼田恭子編：PEAPにもとづく認知症ケアのための施設環境づくり実践マニュアル．中央法規出版，東京（2010）．
児玉南海雄，佐々木富男監：（標準医学シリーズ）標準脳神経外科学．医学書院，東京（2014）．
香春知永，齋藤やよい編：（看護学テキストNiCE）基礎看護技術．第2版，南江堂，東京（2010）．
鯉渕年祐編：福祉社会辞典．初版，弘文堂，東京（1999）．
小板橋喜久代：カラーアトラスからだの構造と機能；日常生活行動を支える身体システム．学習研究社，東京（2001）．
国分正一，岩谷　力，落合直之，ほか編：今日の整形外科治療指針．医学書院，東京（2012）．
国分康孝監：カウンセリング辞典，誠信書房，東京（1990）．
国立長寿医療研究センター編：平成12年度厚生科学研究費補助金（長寿科学総合研究事業）事業；高齢者尿失禁ガイドライン．国立長寿医療研究センター（2001）．

国立特別支援教育総合研究所：発達障害と情緒障害の関連と教育的支援に関する研究；二次障害の予防的対応を考えるために．平成22年度～23年度研究成果報告書（2012）．

国際アルツハイマー病協会：第20回国際会議・京都・2004報告書；高齢化社会における痴呆ケア．呆け老人をかかえる家族の会，京都（2004）．

米本恭三監：最新リハビリテーション医学．第2版，医歯薬出版，東京（2005）．

小室豊允編；明日の老人ホーム像を求めて．全国社会福祉協議会，東京（1988）．

近藤克則，大井通正，牛山雅夫編：脳卒中リハビリテーション．医歯薬出版，東京（2006）．

小阪憲司：第二の認知症；増えるレビー小体型認知症の今．紀伊国屋書店，東京（2012）．

小杉正太郎編：ストレスと健康の心理学．朝倉書店，東京（2007）．

小海宏之，若松直樹監：上巻 認知症ケアのための心理アセスメント；高齢者こころのケアの実践．創元社，大阪（2012）．

公認日本バリデーション協会：バリデーションとは？（2016）（http://www.clc-japan.com/validation/validation.html）．

高齢者痴呆介護研究・研修センターテキスト編集委員会編：高齢者痴呆介護実践講座Ⅱ．第一法規，東京（2002）．

高齢者保健福祉実務研修会監：高齢者保健福祉実務事典．第一法規，東京（2013）．

高齢者ケア実務研究会編：高齢者ケア実践事例集．第一法規，東京（2004）．

「高齢者リハビリテーションのあるべき方向」普及啓発委員会：いきいきとした生活機能の向上を目指して，（2004）．

厚生労働省安全衛生部労働衛生課編：新・衛生管理〈上〉第2種用．中央労働災害防止協会，東京（2000）．

神津 玲：一歩先ゆく呼吸リハビリテーション．メディカ出版，大阪（2008）．

小山 剛監：ケアマネジャー基本用語辞典．第2版，エクスナレッジ，東京（2008）．

小山珠美監：経口摂取標準ガイド．日総研出版，愛知（2005）．

小山珠美，所 和彦監：脳血管障害による高次脳機能障害ナーシングガイド．改定版，日総研出版，愛知（2005）．

小山 司編：SSRIのすべて．先端医学社，東京（2007）．

Kubler-Ross E（鈴木 晶訳）：死ぬ瞬間；死とその過程について．完全新訳改訂版，読売新聞社，東京（1998）．

久保千春編：心身医学標準テキスト．初版，医学書院，東京（1996）．

久保俊一，志波直人，佐浦隆一編：運動器のリハビリテーションポケットマニュアル．診断と治療社，東京（2011）．

工藤翔二監：チーム医療のための呼吸ケアハンドブック．医学書院，東京（2009）．

倉田なおみ，金井秀樹，馬場寛子編著：薬局・在宅医療での悩みを解決！服薬支援とアドヒアランスQ&A；障害をもつ患者の薬物療法向上のために．じほう，東京（2011）．

黒川 清編：腎臓病学．第3版，医学書院，東京（1995）．

黒田裕子：黒田裕子の看護研究step by step．第2版，学習研究社，東京（2004）．

黒田裕子：成人看護学．医学書院，東京（2013）．

黒澤貞夫：生活支援学の構想．川島書店，東京（2006）．

黒澤貞夫，石橋真二，上原千寿子，ほか編：介護職員等実務者研修テキスト（450時間研修）；第1巻人間と社会．中央法規出版，東京（2014）．

黒澤貞夫，石橋真二，上原千寿子，ほか編：介護職員等実務者研修テキスト（450時間研修）；第2巻介護Ⅰ．中央法規出版，東京（2012）．

葛谷雅文，雨海照祥編：運動で予防するサルコペニア．初版，医歯薬出版，東京（2013）．

京極高宣監：現代福祉学レキシコン．雄山閣，東京（1993）．

Lazarus RS, Folkman S（本明 寛，春木 豊，織田正美訳）：ストレスの心理学．実務教育出版，東京（1991）．

Lynch K（丹下健三，富田玲子訳）：都市のイメージ．岩波書店，東京（1968）．

正木治恵編：老年看護実習ガイド．照林社，東京（2007）．

真島英信：生理学．第17版，文光堂，東京（1978）．

増田雅暢，菊池馨実：介護リスクマネジメント；サービスの質の向上と信頼関係の構築のために．旬報社，東京（2003）．

松田明子：(系統的看護学講座専門分野Ⅱ) 成人看護学⑤消火器. 医学書院, 東京 (2012).
松田　修, 中谷美保子：日本語版COGNISTAT検査マニュアル. ワールドプランニング, 東京 (2004).
松井理納, 稲垣応顕：集団を育むピア・サポート；教育カウンセリングからの提案. 文化書房博文社, 東京 (2009).
松川順子編：心・理・学；基礎の学習と研究への展開. ナカニシヤ出版, 京都 (2009).
松本一生：本人・家族のための若年性認知症サポートブック. 中央法規出版, 東京 (2010).
松本光子：看護学概論, 183, ヌーベルヒロカワ, 東京 (2011).
松村　明編：大辞林. 第3版, 三省堂, 東京 (2006).
松下正明：(新世紀の精神科治療3) 老年期の幻覚妄想；老年期精神科疾患の治療論. 中山書店, 東京 (2009).
松下正明監：(臨床精神医学講座8) 薬物・アルコール関連障害. 中山書店, 東京 (1999).
松下正明監：(臨床精神医学講座12) 老年期精神障害. 中山書店, 東京 (1998).
松下正明監：(臨床精神医学講座14) 精神科薬物療法. 中山書店, 東京 (1999).
松下正明監：(臨床精神医学講座S9) アルツハイマー病. 中山書店, 東京 (2000).
松下正明, 金川克子監：個別性を重視した認知症患者のケア. 医学芸術社 (2007).
松葉祥一, 石原逸子, 吉田みつ子, ほか：(系統看護学講座別巻) 看護倫理. 第1版, 医学書院, 東京 (2014).
松澤　正監：移動補助具；杖・松葉杖・歩行器・車椅子. 金原出版, 東京 (2000).
メアリー・A・マテソン, エレアノール・S・マコーネル (石塚百合子, 黒江ゆり子, 武川清美訳)：(看護診断にもとづく老人看護学2) 身体的変化とケア. 医学書院, 東京 (1993).
目黒謙一：血管性認知症；遂行機能と社会適応能力の障害. ワールドプランニング, 東京 (2008).
目黒謙一：認知症早期発見のためのCDR判定ハンドブック. 医学書院, 東京 (2008).
道　健一, 松崎久美子：(新体系看護全書) 成人看護学13耳鼻咽喉/歯・口腔. メヂカルフレンド社, 東京 (2014).
見藤隆子, 小玉香津子, 菱沼典子編：看護学事典. 第2版, 日本看護協会出版会, 東京 (2011).
三上真弘監：リハビリテーション医学テキスト. 南江堂, 東京 (2012).
三村　將, 石原健司, 浦野雅世：高次脳機能障害マエストロシリーズ②画像の見かた・使い方. 初版, 医歯薬出版, 東京 (2006).
南嶋洋一, 吉田眞一, 永淵正法：(系統看護学講座専門基礎分野) 疾病のなりたちと回復の促進④微生物学. 第12版. 医学書院, 東京 (2014).
ミネルヴァ書房編集部編：社会福祉小六法2013. ミネルヴァ書房, 京都 (2013).
箕岡真子：認知症ケアの倫理. ワールドプランニング, 東京 (2010).
箕岡真子：私の四つのお願い. ワールドプランニング, 東京 (2011).
箕岡真子：蘇生不要指示のゆくえ；医療者のためのDNARの倫理. ワールドプランニング, 東京 (2012).
箕岡真子編：(医療経営士テキスト8) 生命倫理/医療倫理；医療人としての基礎知識. 日本医療企画, 東京 (2013).
箕岡真子, 稲葉一人：ケースから学ぶ高齢者ケアにおける介護倫理. 医歯薬出版, 東京 (2008).
箕岡真子, 稲葉一人：わかりやすい倫理. ワールドプランニング, 東京 (2011).
三品佳子：重い精神障害のある人への包括型地域生活支援；アウトリーチ活動の概念とスキル. 第1版, 学術出版社, 東京 (2013).
宮原伸二監：福祉医療用語辞典. 第2版, 創元社, 大阪 (2011).
宮島俊彦：地域包括ケアの展望. 初版, 社会保険研究所 (2013).
宮川哲夫：動画でわかるスクイージング；安全で効果的に行う排痰テクニック. 中山書店, 東京 (2005).
宮崎礼子編：(社会福祉専門職ライブラリー介護福祉士編) 家政学概論. 誠信書房, 東京 (1998).
宮崎和加子, 田邊順一：認知症の人の歴史を学びませんか. 中央法規出版, 東京 (2011).
溝上祐子, 河合修三編：知識とスキルが見てわかる専門的皮膚ケア. 第1版, メディカ出版, 東京 (2008).
水間正澄監：リハビリテーションのための疾患ガイド. 医歯薬出版, 東京 (2012).
水野美邦編：EBMのコンセプトを取り入れたパーキンソン病ハンドブック. 中外医学社, 東京 (2007).
水野美邦編：神経内科ハンドブック；鑑別診断と治療. 医学書院, 東京 (2010).
水谷　仁編：食品の科学知識. Newton別冊, ニュートンプレス, 東京 (2014).
水谷信子, 水野敏子, 高山成子, ほか編：最新老年看護学改訂版. 日本看護協会出版会, 東京 (2011).
森萩忠義：年金相談の基礎. 経済法令研究会, 東京 (2007).

森山幹夫：(系統看護学講座専門基礎分野) 健康支援と社会保障制度④看護関係法令．第42版，医学書院，東京 (2010).
守安洋子，原 景子，二宮洋子：ナースのためのくすりの事典．へるす出版，東京 (2012).
Moxley DP (野中 猛，加瀬裕子訳)：ケースマネジメント入門．初版，中央法規出版，東京 (1997).
向井美恵，山田好秋編：歯学生のための摂食・嚥下リハビリテーション学．医歯薬出版，東京 (2008).
村井 勝：(系統看護学講座専門分野Ⅱ) 成人看護学⑧腎・泌尿器．第13版，医学書院，東京 (2012).
村島さい子，加藤和子，瀬戸口要子編：(ナーシング・グラフィカ⑳) 基礎看護学；看護管理．第1版，メディカ出版，大阪 (2009).
村上美好編：基礎看護技術2．インターメディカル，東京 (2007).
村崎光邦，大谷義夫：高齢者薬物療法．第1版，ワールドプランニング，東京 (2004).
長井道夫：図解PL法が見る見るわかる．サンマーク出版，東京 (1995).
永井良三，田村やよひ監：看護学大辞典．第6版，メヂカルフレンド社，東京 (2013).
長崎重信監：(作業療法学ゴールド・マスター・テキスト4) 身体障害作業療法学．メジカルビュー社，東京 (2010).
長嶋紀一，竹中星郎：老人医療・心理辞典．中央法規出版，東京 (1986).
長嶋紀一，佐藤清公編：(介護福祉士叢書7) 老人心理学．建帛社，東京 (2000).
内閣府：国民生活白書．内閣府，東京 (2008).
内閣府：高齢社会白書平成27年度版 (2015).
内閣府経済社会総合研究所：幸福度に関する研究会報告；幸福度指標試案 (2011) (http://www5.cao.go.jp/keizai2/koufukudo/pdf/koufukudosian_gaiyou.pdf).
内藤誠二編：新泌尿器科学．南山堂，東京 (2001).
中島健一，中村考一：ケアワーカーを育てる「生活支援」実践法；生活プランの考え方．第1版，中央法規出版，東京 (2005).
中島健二，天野直二，下濱 俊，ほか編：認知症ハンドブック．医学書院，東京 (2013).
中島紀惠子，大坂多恵子，岡本千秋編：(介護福祉士養成講座12) 介護概論．中央法規出版，東京 (1998).
中島紀惠子，太田喜久子，奥野茂代，ほか編：認知症高齢者の看護．医歯薬出版，東京 (2012).
中島紀惠子，石垣和子監：高齢者の生活機能再獲得のためのケアプロトコール．日本看護協会出版会，東京 (2010).
中島紀惠子，京極髙宣，蟻塚昌克，ほか監：介護福祉の基礎知識（下）．中央法規出版，東京 (2006).
中島義明，大野隆造編：(人間行動学講座) 第3巻すまう；住行動の心理学．朝倉書店，東京 (1996).
中島義明，子安増生，繁桝算男，ほか編：心理学辞典．有斐閣，東京 (1999).
中島義明，箱田裕司，繁桝算男編：新・心理学の基礎知識．有斐閣，東京 (2005).
中村丁次，小松龍史，杉山みち子，ほか：(健康・栄養科学シリーズ) 臨床栄養学．南江堂，東京 (2008).
中村聡樹監：最新版上手に活用！介護保険&介護サービス；要介護560万人時代の必須知識！．学研パブリッシング (2013).
中村 隆，齋藤 宏，長崎 浩：基礎運動学．医歯薬出版，東京 (2007).
中村隆一，斉藤 宏：臨床運動学．医歯薬出版，東京 (1999).
守村隆一監：入門リハビリテーション医学．第3版，医歯薬出版，東京 (2007).
中村好一：基礎から学ぶ楽しい疫学．第2版，医学書院，東京 (2008).
仲村優一，一番ケ瀬康子，右田紀久恵監：エンサイクロペディア社会福祉学．中央法規出版，東京 (2007).
中村裕子，野村豊子編：(新・介護福祉士養成講座5) コミュニケーション技術．中央法規出版，東京 (2014).
中尾勝彦，藤本篤士編：もっと知りたい義歯のこと．月刊デジタルハイジーン別冊，医歯薬出版，東京 (2003).
南山堂医学大辞典．南山堂，東京 (2006).
ナオミ・フェイル（篠崎人理，高橋誠一訳）：バリデーション；痴呆症の人との超コミュニケーション法．筒井書房，東京 (2001).
奈良 勲編：理学療法概論，第6版，医歯薬出版，東京 (2013).
奈良 勲監：理学療法学事典．医学書院，東京 (2009).
奈良 勲監：歩行を診る．文光堂，東京 (2011).
奈良 勲，鎌倉矩子監：(標準理学療法学・作業療法学専門基礎分野) 臨床心理学．医学書院，東京 (2001).

奈良　勲，鎌倉矩子監：(標準理学療法学・作業療法学専門基礎分野) 整形外科学．医学書院，東京 (2008)．
奈良　勲，鎌倉矩子監：(標準理学療法学・作業療法学専門基礎分野) 精神医学．医学書院，東京 (2010)．
成清美治：新・ケアワーク論．学文社，東京 (2003)．
ナース版ステッドマン医学辞典改訂第2版編集委員会編：ナース版ステッドマン医学辞典．改訂第2版，メジカルビュー社，東京 (2003)．
Newman O：Defensible space：Crime prevention through urban design．Macmillan Pub Co (1972)．
NGO情報局：いっしょにやろうよ国際ボランティアNGOガイド．三省堂，東京 (2010)．
NHK放送文化研究所世論調査部：2010年国民生活時間調査報告書．NHK放送文化研究所，東京 (2011)．
日本ビタミン学会編：ビタミン総合辞典．初版，朝倉書店，東京 (2010)．
日本病態栄養学会編：認定病態栄養専門師のための病態栄養ガイドブック．メディカルレビュー社，大阪 (2013)．
日本デイケア学会編：高齢者デイサービス・デイケアQ&A．中央法規出版，東京 (2007)．
日本熱傷学会用語委員会編：熱傷用語集．改訂版，日本熱傷学会，東京 (1996)．
日本呼吸器学会教育委員会編：医学教育用呼吸器病学コアカリキュラム．日本呼吸器学会，東京 (2012)．
日本医療ソーシャルワーク研究会編：2013年度版医療福祉総合ガイドブック．初版，医学書院，東京 (2013)．
日本腎不全看護学会編：腎不全看護．医学書院，東京 (2012)．
日本褥瘡学会編：褥瘡ガイドブック．第1版，照林社，東京 (2012)．
日本看護科学学会第6・7期看護学学術用語検討委員会編：看護行為用語分類．日本看護科学学会，東京 (2005)．
日本看護科学学会看護学学術用語検討委員会編：看護学学術用語．日本看護協会出版会，東京 (1995)．
日本看護科学学会看護学学術用語検討委員会編：看護学を構成する重要な用語集．日本看護協会出版会，東京 (2011)．
日本家政学会編：家政学辞典．初版，朝倉書店，東京 (1998)．
日本建築学会編：認知症ケア環境事典．ワールドプランニング，東京 (2009)．
日本建築学会編：空き家空きビルの福祉転用；地域資源のコンバージョン．学芸出版社，京都 (2012)．
日本国際保健医療学会編：国際保健用語集 (http://seesaawiki.jp/w/jaih/)．
日本呼吸器学会肺生理専門委員会編：酸素療法ガイドライン．メディカルレビュー社，東京 (2006)．
日本コミュニティ心理学会編：コミュニティ心理学ハンドブック．東京大学出版会，東京 (2007)．
日本高血圧学会：高血圧治療ガイドライン2014 (http://www.jpnsh.jp/data/jsh2014/jsh2014v1_1.pdf)．
日本更年期学会編：更年期医療ガイドブック．金原出版，東京 (2008)．
日本認知科学学会編：認知科学辞典．共立出版，東京 (2002)．
日本認知心理学会編：認知心理学ハントブック．有斐閣，東京 (2013)．
日本認知症学会編：認知症テキストブック．初版，中外医学社，東京 (2008)．
日本認知症ケア学会編：BPSDの理解と対応．ワールドプランニング，東京 (2011)．
日本認知症ケア学会編：(認知症ケア標準テキスト) 改訂3版・認知症ケアの基礎．ワールドプランニング，東京 (2013)．
日本認知症ケア学会編：(認知症ケア標準テキスト) 改訂3版・認知症ケアの実際Ⅰ：総論．ワールドプランニング (2013)．
日本認知症ケア学会編：(認知症ケア標準テキスト) 改訂4版・認知症ケアの実際Ⅱ：各論．ワールドプランニング，東京 (2013)．
日本認知症ケア学会編：(認知症ケア標準テキスト) 改訂4版・認知症ケアにおける社会資源．ワールドプランニング，東京 (2012)．
日本認知症ケア学会監：認知症ケアのためのケアマネジメント．ワールドプランニング，東京 (2008)．
日本認知症ケア学会監：介護関係者のためのチームアプローチ．ワールドプランニング，東京 (2011)．
日本リハビリテーション病院・施設協会：地域リハビリテーションとは (2001改訂) (http://www.rehakyoh.jp/policy.html)．
日本リハビリテーション工学協会 SIG姿勢保持編：小児から高齢者までの姿勢保持：工学的視点を臨床に活かす．第2版，医学書院，東京 (2012)．
日本老年医学会：高齢者ケアの意思決定プロセスに関するガイドライン；人工的・栄養補給の導入を中心として．医学と看護社，東京 (2012)．

日本老年医学会：立場表明（2012）（https://www.jpn-geriat-soc.or.jp/proposal/pdf/jgs-tachiba2012.pdf）．
日本老年医学会編：改訂第3版老年医学テキスト．メジカルビュー社，東京（2008）．
日本老年医学会編：老年医学；系統講義テキスト．西村書店，東京（2013）．
日本老年精神医学会監：改訂・老年精神医学講座；総論．ワールドプランニング，東京（2009）．
日本作業療法士協会監：（作業療法学全書）第9巻作業療法技術学1；義肢装具学．協同医書出版社，東京（2012）．
日本作業療法士協会監：（作業療法学全書）第11巻作業療法技術学3；日常生活活動．第3版，協同医書出版社，東京（2011）．
日本産科婦人科学会編：産科婦人科用語集・用語解説集．第2版，金原出版，東京（2008）．
日本正常圧水頭症学会編：特発性正常圧水頭症診療ガイドライン．第2版，メディカルレビュー社，大阪（2011）．
日本精神保健福祉士協会監：資格のとり方・しごとのすべて；精神保健福祉士まるごとガイド．ミネルヴァ書房，京都（2003）．
日本精神神経学会監，高橋三郎，大野　裕監訳：DSM-5；精神疾患の診断・統計マニュアル，医学書院，東京（2016）．
日本摂食・嚥下リハビリテーション学会編：第4分野摂食・嚥下リハビリテーションの介入；Ⅱ直接訓練・食事介助・外科治療．医歯薬出版，東京（2011）．
日本神経治療学会治療指針作成委員会編：標準的神経治療；めまい（2011）（https://www.jsnt.gr.jp/guideline/img/memai.pdf）．
日本精神病院協会監：痴呆性老人のための作業療法の手引き．ワールドプランニング，東京（1996）．
日本神経学会監：認知症治療ガイドライン．医学書院，東京（2010）．
日本神経学会監：認知症疾患治療ガイドライン2010，コンパクト版2012．第1版，医学書院，東京（2012）．
日本精神保健福祉士協会，日本精神保健福祉学会監：精神保健福祉用語辞典．初版，中央法規出版，東京（2004）．
日本心理臨床学会編：心理臨床学事典．丸善出版，東京（2011）．
日本社会福祉学会，日本医療社会事業協会編：改訂保健医療ソーシャルワーク実践2．中央法規出版，東京（2009）．
日本社会福祉士養成校協会監：社会福祉士相談援助演習．中央法規出版，東京（2009）．
日本社会福祉士養成校協会専門用語委員会：わが国の社会福祉教育，特にソーシャルワークにおける基本用語の統一・普及に関する研究報告書．初版，日本社会福祉士養成校協会，東京（2012）．
日本社会福祉実践理論学会編：社会福祉実践基本用語辞典．新版，川島書店，東京（2004）．
日本社会福祉士会編：養護者による高齢者虐待対応の手引き．中央法規出版，東京（2011）．
日本食品微生物学会監：食品微生物学辞典．中央法規出版，東京（2010）．
日本糖尿病学会編：糖尿病治療ガイド．文光堂，東京（2012）．
日本糖尿病学会編：科学的根拠に基づく糖尿病診療ガイドライン．南江堂，東京（2013）．
日本医療機器学会監：医療現場における滅菌保証のガイドライン2010（2010）．
日本薬学会：薬学用語解説（http://www.pharm.or.jp/dictionary/）．
日本薬剤師会編：後期高齢者の服薬における問題と薬剤師の在宅患者訪問薬剤管理指導ならびに居宅療養管理指導の効果に関する調査研究報告書（2007）（http://www.nichiyaku.or.jp/action/wp-content/uploads/2008/06/19kourei_hukuyaku1.pdf）．
日本薬剤師会監：在宅医療Q&A；服薬支援と多職種協働・連携のポイント．じほう，東京（2011）．
日本夜尿症学会ガイドライン作成委員会編：日本泌尿器学会夜尿症診断のガイドライン（2004）（http://www.jsen.jp/guideline/）．
日本褥瘡学会編：褥瘡ガイドブック．第1版，照林社，東京（2012）．
日本褥瘡学会編：在宅褥瘡予防・治療ガイドブック．第2版，照林社，東京（2012）．
日本在宅ケア学会監：在宅ケア事典．中央法規出版，東京（2007）．
日本整形外科学会，日本リハビリテーション医学会監：義肢装具のチェックポイント．第7版，医学書院（2007）．
日本整形外科学会，日本腰痛学会監：腰痛診療ガイドライン，南江堂，東京（2012）．
認知症介護研究・研修センター監：（認知症介護実践研修テキストシリーズ）図表で学ぶ認知症の基礎知識．中央法規出版，東京（2010）．

認知症介護研究・研修東京センター編：ユニットケア研修テキスト　改訂利用者の生活を支えるユニットケア．中央法規出版，東京（2007）．
二宮石雄，安藤啓司，彼末一之，ほか編：スタンダード生理学．第3版，文光堂，東京（2013）．
西口　守：ホームヘルパー講座2級課程テキスト．改訂3版，日本医療企画，東京（2008）．
西川一廉，小牧一裕：コミュニケーションプロセス．第1版，二瓶社，大阪（2009）．
西川　隆：平成23年度日本老年精神医学会生涯教育講座　高齢者の統合失調症と妄想性障害（2011）．
西村かおる編：コンチネンスケアに強くなる排泄ケアブック．第2版，学研メディカ秀潤社，東京（2011）．
西沢　理，松田公志，武田正之編：NEW泌尿器科学．南江堂，東京（2007）．
西條節子：高齢者グループリビングCOCO湘南台．第4版，生活思想社（2013）．
野村総一郎編：多様化したうつ病をどう診るか．医学書院，東京（2011）．
野村豊子：回想法とライフレヴュー．中央法規出版，東京（1998）．
野村豊子監：Q＆Aでわかる回想法ハンドブック：「よい聴き手」であり続けるために．中央法規出版，東京（2011）．
野村総一郎，樋口輝彦，尾崎紀夫，ほか編：（標準医学シリーズ）標準精神医学．医学書院，東京（2009）．
能田茂代編：最新介護福祉全集；介護総合演習．メヂカルフレンド社（2014）．
農業と経済編集委員会 編：農業と経済．昭和堂，京都（2005）．
脳卒中治療ガイドライン2009．協和企画，東京（2010）．
越智隆弘監：（最新整形外科学大系4）リハビリテーション．中山書店，東京（2008）．
越智隆弘監：（最新整形外科学大系11）頸椎・胸椎．中山書店，東京（2007）．
落合慈之監：循環器疾患ビジュアルブック．初版，学研メディカル秀潤社，東京（2010）．
織田弘美，加藤光寶，小林ミチ子，ほか編：（系統看護学講座専門分野Ⅱ）成人看護学⑩運動器．医学書院（2013）．
織田辰郎：前頭側頭葉変性症（FTLD）の診断と治療；前頭側頭型認知症・意味性認知症・進行性非流暢性失語．弘文堂，東京（2008）．
小笠原祐次，蛭江紀雄編：明日の高齢者ケア⑥．中央法規出版，東京（1994）．
小川　聡編：内科学書vol. 6．第7版，中山書店，東京（2009）．
小川敬之，竹田徳則編：認知症の作業療法；エビデンスとナラティブの接点に向けて．医歯薬出版，東京（2009）．
小岸恵三子，正木治恵編：看護栄養学．医歯薬出版，東京（2007）．
小早川晶：緩和ケアコンサルテーション．南江堂，東京（2012）．
岡　博，和田　攻編：精神医学大事典．講談社，東京（1991）．
岡田恭司：Visual NAVI!整形外科学．メジカルビュー社，東京（2012）．
岡田進一：ケアマネジメント原論；高齢者と家族に対する相談支援の原理と実践方法．第1版，ワールドプランニング，東京（2011）．
岡元和文，柳下芳寛編：（ナーシングケアQ＆A）第41号パーフェクトガイド呼吸管理とケア；病態生理から学ぶ臨床のすべて．総合医学社，東京（2012）．
岡崎美智子，正野逸子：根拠がわかる在宅看護技術．メヂカルフレンド社，東京（2010）．
小此木啓吾，成瀬悟策，福島　章編：（臨床心理学体系）第7巻；心理療法1．金子書房，東京（1990）．
小野寺伸夫編：（新体系看護学全書7）公衆衛生学．第2版，メヂカルフレンド社，東京（2009）．
小野塚實：噛むチカラで脳を守る．健康と良い友だち社，東京（2009）．
大渕憲一：（セレクション社会心理学9）人を傷つける心．初版，サイエンス社，東京（1993）．
大橋謙策：放送大学教材新訂社会福祉入門；生活支援に必要な社会福祉の制度．放送大学教育振興会，東京（2008）．
大橋謙策，上野谷加代子，野口定久編：新版地域福祉事典．新版，中央法規出版，東京（2006）．
大橋優美子，吉野肇一，相川直樹監：看護学学習辞典．第3版，学研，東京（2008）．
大井淑雄，博田節夫編：（リハビリテーション医学全書7）運動療法．医歯薬出版，東京（1999）．
大川弥生：「よくする介護」を実践するためのICFの理解と活用；目標指向的介護にたって．中央法規出版，東京（2009）．
大熊一夫：精神病院を捨てたイタリア捨てない日本．岩波書店，東京（2009）．
大熊輝雄，現代臨床精神医学第12版改訂委員会編：現代臨床精神医学．第12版，金原出版，東京（2013）．
大森正英編：改訂介護職・福祉職のための医学用語辞典．中央法規出版，東京（2014）．

大西健二, 蒔田勝義：福祉カタカナ語辞典. 第2版, 創元社, 大阪（2013）.
大野秀樹, 井澤鉄也, 長澤純一編：運動生理・生化学辞典. 大修館, 東京（2001）.
大野重昭監：（標準医学シリーズ）標準眼科学. 第11版, 医学書院, 東京（2010）.
大澤真幸, 吉見俊哉, 鷲田清一編：現代社会学事典. 弘文堂, 東京（2012）.
大島弓子, 数間恵子, 北本　清編：（シリーズ看護の基礎科学）第5巻からだの異常；病態生理学Ⅲ. 日本看護協会出版会, 東京（2000）.
大田仁史：地域リハビリテーション原論. 第4版, 医歯薬出版, 東京（2008）.
大田仁史, 三好春樹監：新しい介護. 講談社, 東京（2003）.
大田仁史, 三好春樹監：実用介護事典. 講談社, 東京（2013）.
太田貞司, 朝倉美江編：（地域ケアシステム・シリーズ3）地域ケアシステムとその変革主体. 光生館, 東京（2010）.
太田保世編：日本人の睡眠呼吸障害. 初版, 東海大学出版会, 東京（1994）.
大内尉義編：老年医学の基礎と臨床1. ワールドプランニング, 東京（2008）.
大内尉義監：日常診療に活かす老年病ガイドブック；高齢者に多い疾患の診療の実際. メジカルビュー社, 東京（2006）.
大内尉義, 秋山弘子, 折茂　肇編：新老年学. 東京大学出版会, 東京（2010）.
大塚眞理子編：カラー写真で学ぶ高齢者の看護技術. 第1版, 医歯薬出版, 東京（2012）.
大塚達雄, 井垣章二, 沢田健次郎, ほか編：ソーシャル・ケースワーク論；社会福祉実践の基礎. ミネルヴァ書房, 京都（2001）.
大塚俊男, 本間　昭：高齢者のための知的機能検査の手引き. 第1版, ワールドプランニング, 東京（1991）.
大塚俊男, 川村耕造, 室伏君士監：痴呆老人ケアマニュアル. 全国社会福祉協議会, 東京（1991）.
折井孝男監：説明力UP！臨床で役立つ薬の知識改訂版. 第2版, 学習研究社, 東京（2009）.
折笠精一監：（標準医学シリーズ）標準泌尿器科学. 医学書院, 東京（2005）.
折茂　肇：骨粗鬆症の予防と治療ガイドライン2011年版. ライフサイエンス出版, 東京（2012）.
小澤　温, 大島　巌：障害者に対する支援と障害者自立支援制度. 第2版, ミネルヴァ書房, 京都（2013）.
小澤利男, 江藤文夫, 高橋龍太郎編：高齢者の生活機能評価ガイド. 医歯薬出版, 東京（1999）.
Palmore EB（奥山正司, 秋葉　聡, 松村直道訳）：りぶらりあ選書エイジズム；優遇と偏見・差別. 法政大学出版会, 東京（1995）.
レン・スペリー（近藤喬一, 増茂尚志監訳）：パーソナリティ障害：診断と治療のハンドブック. 金剛出版, 東京（2012）.
ロバート・バトラー（グレッグ・中村文子訳）：老後はなぜ悲劇なのか？；アメリカの老人たちの生活. メヂカルフレンド社, 東京（1991）.
ロバート・ギフォード（羽生和紀, 村松陸雄, 槙　究訳）：環境心理学〈上〉原理と実践. 北大路書房, 京都（2005）.
Robinson RG（森　隆夫, 鈴木博子, 下田健吾訳）：脳卒中における臨床神経精神医学；脳血管障害後の認知・行動・情動の障害. 初版, 星和書店, 東京（2002）.
Rogers CR（伊東　博訳）：（ロジャーズ全集15）クライエント中心療法の最近の発展. 岩崎学術出版社, 東京（1967）.
Rogers CR（諸富祥彦, 末武康弘, 保坂　亨訳）：（ロジャーズ主要著作集3）ロジャーズが語る自己実現の道. 岩崎学術出版社, 東京（2005）.
ロイ・J・シェパード（柴田　博, 新開省二, 青柳幸利訳）：シェパード老年学；加齢, 身体活動, 健康. 初版, 大修館書店, 東京（2005）.
六角僚子：認知症ケアの考え方と技術. 医学書院, 東京（2008）.
老人泌尿器科学会編：高齢者排尿障害マニュアル. メディカルレビュー社, 大阪（2002）.
ルネ=モーリス・ガットフォセ（前田久仁子訳）：ガットフォセのアロマテラピー.（ロバート・ティスランド編）フレグランスジャーナル社, 東京（2006）.
ルース・F・クレイブン, コンスタンス・J・ハーンリー（藤村龍子, 中木高夫訳）：基礎看護科学. 第1版, 医学書院, 東京（1996）.
サイモン・シン, エツァート・エルンスト（青木　薫訳）：代替医療のトリック. 新潮社, 東京（2010）.
最新医学大辞典編集委員会編：最新医学大辞典. 第3版, 医歯薬出版, 東京（2005）.

埼玉県立大学編：IPWを学ぶ；利用者中心の保健医療福祉連携．中央法規出版，東京（2009）．
斎藤清二，山本和利，岸本寛史監：ナラティブ・ベイスト・メディスン；臨床における物語りと対話．初版，金剛出版，東京（2001）．
斉藤　環：社会的ひきこもり．第1版，PHP新書，東京（2000）．
坂口哲司：看護と保育のためのコミュニケーション；対人関係の心理学．初版，ナカニシ出版，京都（2000）．
堺　　章：目でみるからだのメカニズム．医学書院，東京（1998）．
酒井ひとみ：（作業療法技術学3）日常生活活動．第3版，協同医書出版社，東京（2009）．
坂井建雄，岡田隆夫：（系統看護学講座専門基礎分野）人体の構造と機能①解剖生理学．医学書院，東京（2012）．
坂井建雄，久光　正監：ぜんぶわかる脳の事典．成美堂出版，東京（2013）．
坂本忠治，住居広士編：介護保険の経済と財政．勁草書房，東京（2006）．
坂野雄二，前田基成編：セルフ・エフィカシーの臨床心理学．北大路書房，京都（2002）．
坂田三允編：（精神看護エクスペール6）救急・急性期Ⅰ統合失調症．第1版，中山書店，東京（2004）．
坂田三允監：（精神看護エクスペール10）高齢者の精神看護．中山書店，東京（2005）．
真田弘美編：褥瘡のすべてがわかる本．第1版，照林社，東京（2002）．
真田弘美，正木治恵編：老年看護学技術；最後までその人らしく生きることを支援する．南江堂，東京（2011）．
真田弘美，須釜淳子監（仲上豪二朗，稲垣美佐子，小林範子訳）：進行がんにおけるリンパ浮腫および終末期の浮腫の管理（http://www.ilfj.jp/3ILF/pdf3/2011.10A.pdf）．
真下美由起：軽費老人ホームってどんなところ？．改訂版，筒井書房，東京（2011）．
佐々木英忠：（系統看護学講座専門分野Ⅱ）老年看護病態・疾患論．第2版，医学書院，東京（2006）．
笹沼澄子，伊藤元信，綿森淑子：失語症の言語治療．医学書院，東京（1978）．
佐藤雅志，鈴木俊夫編：在宅老年者の歯科診療入門．第1版，医歯薬出版，東京（1991）．
佐藤　智編：（明日の在宅医療）第2巻在宅医療の諸相と方法．中央法規出版，東京（2008）．
佐藤俊一，竹内一夫，村上須賀子：新・医療福祉学概論．川島書店，東京（2010）．
佐藤達夫，坂本裕和：リハビリテーション解剖アトラス．医歯薬出版，東京（2006）．
澤田信子，中島健一，石川治江編：（福祉キーワードシリーズ）介護．中央法規出版，東京（2003）．
Schneider K（西丸四方訳）：臨床精神病理学序説．みすず書房，東京（2000）．
聖マリアンナ医科大学病院リハビリテーション：OT臨床ハンドブック．第1版，三輪書店（2003）．
精神保健福祉研究会監：三訂精神保健福祉法詳解．中央法規出版，東京（2007）．
精神保健福祉士養成セミナー編集委員会編：（新版精神保健福祉士養成セミナー）第1巻精神医学；精神疾患とその治療．へるす出版，東京（2012）．
精神保健看護辞典編集委員会編：精神保健看護辞典．オーム社，東京（2010）．
世界大百科事典；ベーシック版．第2版，平凡社，東京（2007）．
関口恵子編：根拠がわかる症状別看護過程；こころとからだの56症状展開と関連図．南江堂，東京（2002）．
仙波純一：精神薬理学エセンシャルズ．メディカル・サイエンス・インターナショナル社，東京（2010）．
千住秀明監：（理学療法テキストⅨ）物理療法．九州神陵文庫，福岡（2012）．
千住秀明，眞渕　敏，宮川哲夫監，ほか：呼吸理学療法の標準手技．医学書院，東京（2009）．
千野直一編：現代リハビリテーション医学．金原出版，東京（2009）．
千野直一，木村彰男編：リハビリテーションレジデントマニュアル．医学書院，東京（2001）．
芹澤隆子：心を活かすドールセラピー．第1版，出版文化社（2003）．
柴田範子，白井孝子，山崎イチ子，ほか監：（介護福祉士養成テキスト⑩）生活支援技術Ⅲ；自立に向けた入浴．建帛社，東京（2012）．
芝田裕一：視覚障害児・者の理解と支援．北大路書房，京都（2007）．
渋谷　哲編：低所得者への支援と生活保護制度．みらい，岐阜（2012）．
清水　宏：あたらしい皮膚科学．中山書店，東京（2011）．
清水寛之編：メタ記憶；記憶のモニタリングとコントロール．北大路書房，京都（2009）．
下垣　光，山下雅子編：（介護福祉のための教養学1）介護福祉のための心理学．初版，弘文堂，東京（2007）．
新福尚武：新精神医学．医学出版社，東京（1967）．

新村　出編：広辞苑．第5版，岩波書店，東京（1998）．
篠原幸人，水野美邦編：(生涯教育シリーズ31)脳神経疾患のみかたABC．日本医師会，東京（1993）．
篠森敬三編：講座感覚・知覚の科学；視覚Ⅰ．朝倉書店，東京（2007）．
篠崎人理監：ケアワーカーが語るバリデーション．筒井書房，東京（2005）．
白澤政和：ケースマネジメントの理論と実際．中央法規出版，東京（1992）．
白澤政和：キーワードでたどる福祉の30年．259，中央法規出版，東京（2011）．
白澤政和編：(介護福祉士養成テキストブック1)人間の尊厳と自立．第2版，ミネルヴァ書房，京都（2013）．
「シリーズ・21世紀の社会福祉」編集委員会編：社会福祉基本用語集六訂版．ミネルヴァ書房，京都（2007）．
シリーズ生命倫理学編集委員会編，大林雅之，徳永哲也責任編集：高齢者・難病患者・障害者の医療福祉．丸善出版，東京（2012）．
シルバーサービス振興会編：改訂福祉用具専門相談員研修用テキスト．中央法規出版，東京（2005）．
シルバーサービス振興会編：老人保健福祉施設建設マニュアル生活視点の高齢者施設；新世代の空間デザイン．中央法規出版，東京（2005）．
柴崎　浩：神経診断学を学ぶ人のために．医学書院，東京（2009）．
茂野香おる，三富陽子：(系統看護学講座専門分野Ⅰ)基礎看護学③基礎看護技術Ⅱ．第16版，医学書院，東京（2013）．
島内　節，柳沢博之，大井田隆：スタンダード公衆衛生学．文光堂，東京（2003）．
Sims ACP（飛鳥井望，野津　眞，松浪克文訳）：シムズ記述精神病理学．西村書店，東京（2009）．
祖父江逸郎監：長寿科学事典．第1版，医学書院，東京（2003）．
Sommer R（穐山貞登訳）：人間の空間；デザインの行動的研究．鹿島出版会，東京（1972）．
薗田碩哉，千葉和夫，小池和幸編：(福祉レクリエーションシリーズ)福祉レクリエーション総論．初版，中央法規出版，東京（2010）．
総合健康推進財団編：在宅中心静脈栄養法マニュアル等作製委員会在宅中心静脈栄養法ガイドライン（医療者用）．文光堂，東京（1995）．
菅山信子監：介護福祉士国家試験対策標準テキスト2013年版．秀和システム，東京（2012）．
杉本恒明，矢崎義雄編：内科学．朝倉書店，東京（2007）．
睡眠障害の診断・治療ガイドライン研究会，内山　真編：睡眠障害の対応と治療ガイドライン第2版．じほう，東京（2012）．
住居広士，笠原幸子，國定美香，ほか編：介護福祉用語辞典．初版，ミネルヴァ書房，京都（2009）．
諏訪さゆり：ICFの視点を活かしたケアプラン実践ガイド．日総研出版，愛知（2007）．
諏訪さゆり編：医療依存度の高い認知症高齢者の治療と看護計画．第1版，日総研出版，愛知（2006）．
諏訪茂樹：コミュニケーション・トレーニング（改訂新版）．経団連出版，東京（2014）．
洲脇　寛編：(精神医学レビュー16)アルコール依存．ライフ・サイエンス，東京（1995）．
杉山みち子，中村丁次：(系統看護学講座専門基礎分野)人体の構造と機能③栄養学．医学書院，東京（2015）．
鈴木則宏編：神経疾患・診療ガイドライン．総合医学社，東京（2009）．
鈴木淳子：調査的面接の技法．第2版，ナカニシヤ出版（2005）．
硯川眞旬監：国民福祉辞典．金芳堂，京都（2004）．
社会福祉学習双書編集委員会編：(社会福祉学習双書2011)第3巻法学；権利擁護と成年後見制度／更生保護制度．全国社会福祉協議会，東京（2011）．
社会福祉学習双書編集委員会編：(社会福祉学習双書2012)第7巻公的扶助論；低所得者に対する支援と生活保護制度．改訂第3版，全国社会福祉協議会，東京（2012）．
社会福祉学習双書編集委員会編：(社会福祉学習双書2012)第11巻心理学；心理学理論と心理的支援．改訂第3版，全国社会福祉協議会，東京（2012）．
社会福祉学習双書編集委員会編：(社会福祉学習双書2012)第14巻医学一般；人体の構造と機能及び疾病／保健医療サービス．全国社会福祉協議会，東京（2012）．
社会福祉改革基本構想懇談会：社会福祉改革の基本構想．全国社会福祉協議会，東京（1986）．
社会福祉の動向編集委員会編：社会福祉の動向2014．中央法規出版，東京（2014）．
社会福祉辞典編集委員会編：社会福祉辞典．大月書店，東京（2002）．

社会福祉士養成講座編集委員会編：(新・社会福祉士養成講座6) 相談援助の基盤と専門職．第2版，中央法規出版，東京（2011）．

社会福祉士養成講座編集委員会編：(新・社会福祉士養成講座8) 相談援助の理論と方法Ⅱ．中央法規出版，東京（2015）．

社会福祉士養成講座編集委員会編：(新・社会福祉士養成講座9) 地域福祉の理論と方法．第2版，中央法規出版，東京（2013）．

社会福祉士養成講座編集委員会編：(新・社会福祉士養成講座11) 福祉サービスの組織と経営．中央法規出版，東京（2010）．

社会福祉士養成講座編集委員会編：(新・社会福祉士養成講座13) 高齢者に対する支援と介護保険制度．第3版，中央法規出版，東京（2013）．

社会福祉士養成講座編集委員会編：(新・社会福祉士養成講座14) 障害者に対する支援と障害者自立支援制度．第4版，中央法規出版，東京（2013）．

社会福祉士養成講座編集委員会編：(新・社会福祉士養成講座16) 低所得者に対する支援と生活保護制度；公的扶助論．第2版，中央法規出版，東京（2012）．

社会福祉小六法．ミネルヴァ書房，京都．

荘村多加志監：(新版介護福祉士養成講座12) 介護技術Ⅰ．第3版，中央法規出版，東京（2006）．

障害者福祉研究会編：ICF国際生活機能分類；国際障害分類改定版．中央法規出版，東京（2002）．

障害者福祉研究会編：国際生活機能分類．初版，中央法規出版，東京（2003）．

消費者庁：特定商取引法ガイド（http://www.no-trouble.go.jp/）．

照明学会編：照明用語辞典．オーム社，東京（1990）．

小六法編纂委員会：福祉小六法．初版，みらい，岐阜（2013）．

田川皓一編：神経心理学評価ハンドブック．西村書店，東京（2004）．

高田邦道：シニア社会の交通政策；高齢化時代のモビリティを考える．成山堂書店，東京（2013）．

高田公理：嗜好品文化を学ぶ人のために．世界思想社，京都（2008）．

高木永子監：病態生理と看護のポイント；看護過程に沿った対症看護．第4版，学研メディカル秀潤社，東京（2012）．

高橋紘士編：地域包括ケアシステム．第1版，オーム社，東京（2012）．

高橋信幸，平野方紹，増田雅信編：(新・介護福祉士養成講座2) 社会と制度の理解．中央法規出版，東京（2014）．

高橋茂樹，西　基：STEP公衆衛生．第12版，海馬書房，東京（2011）．

髙橋俊彦：病的嫉妬の臨床研究．岩崎学術出版社，東京（2006）．

高久史麿監：ステッドマン医学大辞典．改訂第6版，メジカルビュー社，東京（2008）．

高久史麿，尾形悦郎監：新臨床内科学．医学書院，東京（2002）．

高久史麿監，川本利恵子，樗木晶子編：看護学生と看護師のためのベーシックナーシング2015年版．メディカルレビュー社，大阪（2014）．

高村　浩，曾我紘一，木間昭子：介護事故の実態と未然防止に関する調査研究．国民生活基礎センター，東京（2000）．

高野範城，荒　中，小湊純一：(高齢者・障害者の権利擁護実務シリーズ2) 高齢者・障害者の権利擁護とコンプライアンス．あけび書房（2005）．

高野龍昭：これならわかる〈スッキリ図解〉介護保険．翔泳社（2012）．

高島　力，佐々木康人監：(標準医学シリーズ) 標準放射線医学．医学書院，東京（2001）．

高杉益充，新太喜治編：消毒剤；基礎知識と臨床応用．医薬ジャーナル社，大阪（1998）．

武井正子：元気をつくるシニアエイジの健康エクササイズ．大修館書店，東京（2007）．

竹中星朗：明解痴呆学．日本看護協会出版会，東京（2004）．

竹内愛子編：脳卒中後のコミュニケーション障害　成人コミュニケーション障害者のリハビリテーション；失語症を中心に．改訂第2版，協同医書出版社，東京（2012）．

竹内孝仁編：図解リハビリテーション事典．初版，廣川書店，東京（1994）．

玉木　彰編：DVDで学ぶ呼吸理学療法学テクニック．南江堂，東京（2008）．

田中越郎：(系統看護学講座専門基礎分野) 疾病のなりたちと回復の促進②病態生理学．医学書院，東京（2012）．

田中平三編：これからの公衆衛生学；社会・環境と健康．南江堂，東京（2013）．

田中秀子,溝上祐子監:失禁ケアガイダンス.第1版,日本看護協会出版会,東京(2007).
田中裕二編:(Nursing Mook 34)根拠に基づくバイタルサイン.初版,学研,東京(2006).
田中由紀子,住居広士,鈴木眞理子監,ほか:介護職員初任者研修.ミネルヴァ書房,京都(2013).
谷口幸一,佐藤眞一編:エイジング心理学;老いについての理解と支援.北大路書房,京都(2007).
建部久美子編:(福祉臨床シリーズ10)臨床に必要な介護概論.弘文堂,東京(2007).
田崎義昭,吉田充男編:神経病学.医学書院,東京(1987).
田崎義昭,斉藤佳雄,坂井文彦:ベッドサイドの神経の診かた.第16版,南山堂,東京(2004).
寺見雅子編:(Nursing Mook 72)できることから始める摂食・嚥下リハビリテーション実践ガイド.メディカル秀潤社,東京(2012).
寺崎明美編:在宅介護の基礎知識.一橋出版,東京(2000).
寺師浩人:すべてがわかる最新・糖尿病.照林社,東京(2011).
Tideiksaar R(林 泰史監訳):高齢者の転倒;病院や施設での予防と看護・介護.メディカ出版,大阪(2001).
徳永恵子編:そのまま使えるストーマ・セルフケア実践指導マニュアル.メディカ出版,大阪(2004).
東京商工会議所編:福祉住環境コーディネーター検定試験2級公式テキスト.東京商工会議所,東京(2011).
東京都福祉保健局:地域生活支援ガイドブック(2009)(http://www.fukushihoken.metro.tokyo.jp/tamasou/tamajouhou/chiikiikou.files/GaidobookBessatu1.pdf).
止 明良編:新体系看護学全書4.第1版,メヂカルフレンド社,東京(2009).
富川雅美:よくわかる介護記録の書き方.第3版,メヂカルフレンド社,東京(2011).
トム・キットウッド(高橋誠一訳):認知症のパーソンセンタードケア;新しいケアの文化へ.筒井書房(2011).
十束支朗,長谷川和夫,保崎秀夫,ほか:エッセンシャル精神医学.第2版,医歯薬出版(1989).
東間 紘,宝塚市立病院看護部監:(Nursing Selection⑧)腎・泌尿器疾患.学習研究社,東京(2004).
外山 義:自宅でない在宅;高齢者の生活空間論.医学書院,東京(2003).
富川雅美:よくわかる介護記録の書き方.第3版,メヂカルフレンド社,東京(2011).
豊嶋三枝子監:手順・留意点・根拠で学ぶ実践看護技術I.杏林図書,東京(2008).
椿原彰夫編:PT・OT・ST・ナースを目指す人のためのリハビリテーション総論;要点整理と用語解説.改訂第2版,診断と治療社,東京(2011).
坪田一男,大鹿哲郎編:Text眼科学.第2版,南山堂,東京(2007).
坪井良子,松田たみ子編:(基礎看護学)考える基礎看護技術II;看護技術の実際.ヌーヴェルヒロカワ,東京(2012).
津久井十編:(介護福祉士選書15)介護技術.建帛社,東京(2003).
積山 薫:コース法(立方体組み合わせテスト).(氏原 寛,成田善弘,東山紘久編)心理臨床大事典.改訂版,培風館,東京(2004).
津村智恵子編:三訂地域看護学.中央法規出版,東京(2008).
津村智恵子,上野昌江編:公衆衛生看護学.中央法規出版,東京(2012).
恒藤 暁,内布敦子編:(系統看護学講座)別巻;緩和ケア.医学書院,東京(2012).
中央法規出版編集部編:介護福祉用語辞典.六訂版,中央法規出版,東京(2012).
中央法規出版編集部編:社会福祉用語辞典.六訂版,中央法規出版,東京(2012).
筒井真優美編著:アクションリサーチ入門.ライフサポート社,神奈川(2014).
中央法規出版編:社会保障の手引.中央法規出版,東京(2013).
内田淳正監:(標準医学シリーズ)標準整形外科学.第11版,医学書院,東京(2012).
内田 直:(好きになるシリーズ)好きになる睡眠医学.第2版,講談社サイエンティフィク,東京(2013).
植田寿之:対人援助のスーパービジョン.中央法規出版,東京(2005).
上田 敏:リハビリテーションを考える;障害者の全人間的復権.青木書店,東京(1983).
上田 敏監:(標準医学シリーズ)標準リハビリテーション医学.第3版,医学書院(2012).
上田 敏,大川弥生編:リハビリテーション医学大辞典.第1版,医歯薬出版,東京(2000).
植松 宏監:(セミナーわかる!摂食・嚥下リハビリテーションI)評価法と対処法.医歯薬出版,東京(2005).
上里一郎監:心理アセスメントハンドブック.第二版,西村書店,東京(2001).

上里一郎監：(シリーズこころとからだの処方箋6) 高齢者の「生きる場」を求めて；福祉，心理，介護の現場から．ゆまに書房，東京（2006）．

梅田悦生，梅田紘子：リハビリテーションポケット用語解説ポケットブック．第1版，診断と治療社，東京（2011）．

梅田　恵，射場典子編：(看護テキストNiCE) 緩和ケア；大切な生活・尊厳ある生をつなぐ技と心．南江堂，東京（2011）．

浦部晶夫，島田和幸，河合眞一編：今日の治療薬2010．南江堂，東京（2010）．

宇土　博：福祉工学入門；人と福祉・介護機器の調和を科学する．労働調査会，東京（2005）．

VandenBos GR監（繁桝算男，四本裕子訳）：APA心理学大辞典．培風館，東京（2013）．

和田　勝，唐澤　剛，稲川武宣：介護保険の手引き．ぎょうせい，東京（2012）．

和田　攻，大久保昭行，永田直一編：臨床検査2001～2003．文光堂，東京（2001）．

和田　攻，南　裕子，小峰光博編：看護大事典．第2版，医学書院，東京（2010）．

Walsh K（河内十郎，相馬芳明訳）：神経心理学；臨床的アプローチ．医学書院，東京（1997）．

渡辺晋一，佐藤博子，德永惠子，ほか：(系統看護学講座専門分野Ⅱ) 成人看護学⑫皮膚．第13版，医学書院，東京（2012）．

渡辺裕美：(これからの社会福祉) 第11章地域場面における介護援助技術の展開．介護福祉改訂版．有斐閣，東京（2001）．

ウイリアム・プライス・フィリップス（伊藤直樹，岩崎祐三，田代邦雄訳）：臨床神経学辞典．第1版，医学書院，東京（1999）．

八倉巻和子，井上浩一編：Nブックス　四訂公衆衛生栄養学．建帛社，東京（2012）．

山辺朗子：(ワークブック社会福祉援助技術演習2) 個人とのソーシャルワーク．ミネルヴァ書房，京都（2003）．

山田律子，荻野悦子，井出　訓編：生活機能からみた老年看護過程．第2版，医学書院，東京（2013）．

山田　滋，下山名月：安全な介護；ポジティブ・リスクマネジメント．ブリコラージュ（2009）．

山鳥　重：神経心理学入門．第1版，医学書院，東京（1985）．

山鳥　重：脳からみた心．NHKブックス，東京（1988）．

山鳥　重：(神経心理学コレクション) 記憶の神経心理学．医学書院，東京（2002）．

山鳥　重監：(講談社現代新書) 言葉と脳と心；失語症とは何か．第1版，講談社，東京（2011）．

山口晴保編：認知症の正しい理解と包括的医療・ケアのポイント．協同医書出版社，東京（2010）．

山口瑞穂子編：最新看護学用語事典．第1版，医学芸術社，東京（2006）．

山口　昇編：(最新介護福祉全書) 別巻1医学一般．第4版，メヂカルフレンド社，東京（2012）．

山口武典編：脳卒中ことはじめ．医学書院，東京（1997）．

山口　徹，北原光夫監：今日の治療指針；私はこう治療している2014年版．医学書院，東京（2014）．

山口喜一編：人口分析入門．古今書院，東京（1989）．

山縣文治，柏女霊峰編：社会福祉用語辞典．第9版，ミネルヴァ書房，京都（2013）．

山本直成，中根芳一，浦上智子：生活科学．第5版，理工学社（2012）．

山永裕明，野尻晋一：図説パーキンソン病の理解とリハビリテーション．三輪書店，東京（2012）．

山根信子監：(高齢者のヘルスアセスメント) 第2巻生活行動のアセスメント．中央法規出版，東京（1998）．

山西文子監：(Nursing Mook 23) 注射・輸液ナーシング．初版，学研，東京（2004）．

山勢博彰編：(系統看護学講座) 別巻4．救急看護学．医学書院，東京（2006）．

山勢博彰，野垣　宏監：スマートディク医学・看護用語便利辞書．第1版，照林社，東京（2012）．

山内豊明編：(ナーシング・グラフィカ) 疾病の成り立ち①病態生理学．メディカ出版，大阪（2014）．

山崎修道，井上　榮，牛尾光宏，ほか：感染症予防必携．第2版，公衆衛生協会，東京（2005）．

柳川　洋，中村好一編：公衆衛生マニュアル2011．第1版，南山堂，東京（2011）．

柳田　尚：看護に役立つ臨床疼痛学．初版，日本看護協会出版会，東京（1993）．

矢谷令子監：標準作業療法学専門分野；身体機能作業療法学．医学書院，東京（2005）．

矢崎義雄編：朝倉内科学Ⅳ．第10版，朝倉書店，東京（2013）．

横山美江：よくわかる看護研究の進め方・まとめ方．第1版，医歯薬出版，東京（2007）．

吉田宏岳監：介護福祉学習辞典．第2版，医歯薬出版，東京（2007）．

吉田和市：口腔ケアQ&A．総合医学社，東京（2009）．

吉川春寿，芦田　淳編：総合栄養学事典．第4版，同文書院，東京（2004）．

吉岡充弘, 泉　剛, 井関　建：(系統看護学講座専門基礎分野) 疾病のなりたちと回復の促進③薬理学. 第13版, 医学書院, 東京 (2014).
融　道男, 中根允文, 小宮山実監：ICD-10精神および行動の障害；臨床記述と診断ガイドライン. 新訂版, 医学書院, 東京 (2005).
全国老人保健施設協会：全老健版Ver.2；包括的自立支援プログラム. 厚生科学研究所, 東京 (2001).
全国社会福祉協議会：日常生活自立支援事業推進マニュアル. 全国社会福祉協議会, 東京 (2008).

厚生労働省資料

厚生労働省：高齢者保健福祉推進十ヵ年戦略 (ゴールドプラン) (1989).

厚生労働省：精神薄弱児 (者) 福祉対策基礎調査 (1990).

厚生労働省：厚生労働大臣が定める居宅介護住宅改修費などの支給に係る住宅改修の種類 (1999) (http://www.city.sakai.lg.jp/kenko/fukushikaigo/jigyo/jigyosha/taiyo-kounyu_juutakukaishu.files/jutakukaishu-shurui.pdf).

厚生労働省：今後5か年間の高齢者保健福祉施策の方向 (ゴールドプラン21) (2000) (http://www1.mhlw.go.jp/houdou/1112/h1221-2_17.html).

厚生労働省：身体拘束ゼロ作戦推進会議；身体拘束ゼロへの手引き (2001) (https://www.pref.ibaraki.jp/hokenfukushi/chofuku/jigyo/kaigo/anzenanshin/documents/01-07.pdf).

厚生労働省：有料老人ホーム設置運営標準指導指針について (老発第0718003号) (2002) (http://www.mhlw.go.jp/stf/seisakunitsuite/bunya/0000083170.html).

厚生労働省：介護給付費等に係る処分に関する都道府県の不服審査について (2005) (http://www.mhlw.go.jp/topics/2005/04/tp0428-1h/05.html).

厚生労働省：終末期医療の決定プロセスに関するガイドライン (2007) (http://www.mhlw.go.jp/shingi/2007/05/dl/s0521-11a.pdf).

厚生労働省：要介護認定介護認定審査会委員テキスト2009改訂版 (2009) (http://www.mhlw.go.jp/topics/kaigo/nintei/dl/text2009_3.pdf).

厚生労働省：重篤副作用疾患別対応マニュアル (2009) (http://www.mhlw.go.jp/stf/seisakunitsuite/bunya/kenkou_iryou/iyakuhin/topics/tp061122-1.html).

厚生労働省：日本人の食事摂取基準 (2010年版) 概要 (2010) (http://www.mhlw.go.jp/houdou/2009/05/h0529-1.html).

厚生労働省「日本人の食事摂取基準」策定検討会：日本人の食事摂取基準 (2010年版) (http://www.mhlw.go.jp/bunya/kenkou/syokuji_kijyun.html).

厚生労働省：社会的養護の課題と将来像 (2011) (http://www.mhlw.go.jp/bunya/kodomo/syakaiteki_yougo/dl/08.pdf).

厚生労働省編：平成25年版厚生労働白書 (2013) (http://www.mhlw.go.jp/wp/hakusyo/kousei/13/).

厚生労働省：平成25年度国民生活基礎調査 (2013) (http://www.mhlw.go.jp/toukei/saikin/hw/k-tyosa/k-tyosa13/dl/04.pdf).

厚生労働省：厚生労働省第70回社会保障審議会医療保険部会資料 (2013) (http://www.mhlw.go.jp/stf/shingi/0000028785.html).

厚生労働省：平成26年度診療報酬改定の概要 (2014) (http://www.mhlw.go.jp/file/06-Seisakujouhou-12400000-Hokenkyoku/0000039891.pdf).

厚生労働省：第17回社会保障審議会生活保護基準部会資料平成26年5月16日 (2015) (http://www.mhlw.go.jp/stf/shingi/0000045980.html).

厚生労働省老健局老人保健課：要介護認定関係法令通知集 (2004) (http://ariadne1118.cocolog-nifty.com/blog/files/07yokaigoninteikankeihoureituutisyu.pdf).

厚生労働省がん研究助成金編：がん補完代替医療ガイドライン (2008) (http://www.jcam-net.jp/topics/data/cam_guide.pdf).

厚生労働省医政局：出資持分のない医療法人への円滑な移行マニュアル (2013) (http://www.mhlw.go.jp/topics/bukyoku/isei/igyou/igyoukeiei/dl/houkokusho_shusshi_07.pdf).

厚生労働省年金局：平成25年度年金制度のポイント (2013) (http://www.mhlw.go.jp/topics/bukyoku

nenkin/ nenkin/ pdf/ seido-h25-point. pdf）．

厚生労働省社会・援護局傷害保険福祉部長：精神保健及び精神障害者福祉に関する法律の一部を改正する法律の施行について；障精発0124第1号（2014）（http://www. mhlw. go. jp/ seisakunitsuite/ bunya/ hukushi_kaigo/ shougaishahukushi/ kaisei_seisin/ dl/ shikou_gaiyo. pdf）．

厚生労働省社会・援護局傷害保険福祉部精神・障害保健課長：医療保護入院における家族等の同意に関する運用について；障精発0124第1号（2014）（http://www. fukushihoken. metro. tokyo. jp/ shougai/ shougai_shisaku/ houritsushikou. files/ 0107kazokudoui. pdf）．

中央社会福祉審議会社会福祉構造改革分科会：社会福祉基礎構造改革について（中間まとめ）（1998）（http:// www1. mhlw. go. jp/ houdou/ 1006/ h0617-1. html）．

中央社会福祉審議会地域福祉専門分科会：ボランティア活動の中長期的な振興方策について（意見具申）（1993）（http:// www. ipss. go. jp/ publication/ j/ shiryou/ no. 13/ data/ shiryou/ syakaifukushi/ 475. pdf）．

法律（五十音順）

育児休業，介護休業等育児又は家族介護を行う労働者の福祉に関する法律．
医師法：第19条，第19条第1項．
医療法：第7条第2項第4号，第30条．
栄養士法：第1条．
介護保険法：第1条，第3条，第5条第3項，第7条第1項，第8条，第13条第1項，第14〜15条，第40条第12項，第44条第1項，第48条，第89条，第115条，第129条．
介護保険法施行規則：第140条の66第4項．
介護保険法施行令：第5〜10条．
介護老人保健施設の人員，施設及び設備並びに運営に関する基準：第3条．
介護労働者の雇用管理の改善等に関する法律：第15〜30条．
覚せい剤取締法：第2条．
学校教育法：第17条．
学校保健安全法：第11条．
感染症の予防及び感染症の患者に対する医療に関する法律．
がん対策基本法．
救護法．
軽費老人ホームの設備及び運営に関する基準．
結核予防法．
健康保険法．
健康保険法等の一部を改正する法律．
言語聴覚士法：第2条．
原子爆弾被爆者に対する援護に関する法律：第31条．
建築基準法．
厚生年金保険法：第47〜54条第2項．
厚生労働省設置法：第7条．
高年齢者等の雇用の安定等に関する法律．
高齢社会対策基本法：第6条．
高齢者虐待の防止，高齢者の養護者に対する支援等に関する法律：第3条，第7条，第16条．
高齢者，障害者等の移動等の円滑化の促進に関する法律：第1条．
高齢者の医療の確保に関する法律：第1条．
高齢者の居住の安定確保に関する法律：第1条．
国民健康保険法：第116条第2項．
国民年金法：第3条．
個人情報の保護に関する法律：第16条，第23条．
戸籍法：第86〜87条．
国家公務員共済組合法：1条，82条．

雇用保険法：第1条．
歯科医師法．
歯科衛生士法．
歯科口腔保健の推進に関する法律：第1条．
自殺対策基本法：第1条．
児童福祉法：第16条第2項．
社会福祉士及び介護福祉士法：第2条，第42条第1項，第45〜46条．
社会福祉事業法及び社会福祉施設職員退職手当共済法の一部を改正する法律．
社会福祉法：第1〜4条，第14〜15条，第78条第1〜2項，第81条．
社会保障審議会令：第5〜6条．
住生活基本法．
住宅の品質確保の促進等に関する法律．
障害者虐待の防止，障害者の養護者に対する支援等に関する法律．
障害者自立支援法：第1条，第97〜98条．
障害者の日常生活及び社会生活を総合的に支援するための法律：第5条23項，第76条，第77条第1項第6号．
消費生活用製品安全法．
身体障害者福祉法：第13条，第4節．
生活保護法：第11〜12条，第14〜15条，第17〜18条，第30〜31条，第33条，第36条，第37条の2，第38条．
精神保健及び精神障害者福祉に関する法律：第1条，第5条，第18条，第22〜32条，第33条第1〜2項．
精神保健福祉士法：第1条．
製造物責任法：第1条．
臓器の移植に関する法律．
地域保健法：第1条，第5〜7条．
知的障害者福祉法．
道路交通法．
特定商取引に関する法律．
特定非営利活動促進法：第1〜2条第2項．
日本国憲法：第13条，第25条，第89条．
配偶者からの暴力の防止及び被害者の保護等に関する法律．
売春防止法．
福祉用具の研究開発及び普及の促進に関する法律．
保健師助産師看護師法：第1条，第5〜6条．
母子及び寡婦福祉法．
母子保健法．
麻薬及び向精神薬取締法．
民生委員法：第1条．
民法：第34条，第108条，第752条，第877条，第900条．
薬剤師法：第1条．
薬事法：第1条．
予防接種法．
理学療法士及び作業療法士法．
老人福祉法：第5条の3，第10条第3項，第29条．
老人福祉法等の一部を改正する法律．
労働安全衛生法：第66条．

学協会 (五十音順)

家計経済研究所：http://www.kakeiken.or.jp
家族問題研究学会：http://jcfr.jp/
経済理論学会：http://www.jspe.gr.jp/

厚生労働統計協会：http://www.hws-kyokai.or.jp/
国立社会保障・人口問題研究所：http://www.ipss.go.jp/
社会政策学会：http://jasps.org/
首都大学東京：http://www.ues.tmu.ac.jp/cus/
数理社会学会：http://www.jams-sociology.org/
生活経済学会：http://www.jsheweb.org/
東京都健康長寿医療センター：http://www.tmghig.jp/J_TMIG/J_index.html
日本衛生学会：http://www.nihon-eisei.org/
日本応用老年学会：http://www.sag-j.org/
日本介護福祉学会：http://jarcw.jp/index.html
日本家政学会：http://www.jshe.jp/
日本家族看護学会：http://square.umin.ac.jp/jarfn/
日本家族社会学会：http://www.wdc-jp.com/jsfs/
日本看護科学学会：http://plaza.umin.ac.jp/~jans/
日本看護管理学会：http://janap.umin.ac.jp/
日本看護協会：http://www.nurse.or.jp/
日本看護研究学会：http://www.jsnr.jp/
日本教育心理学会：http://www.edupsych.jp/gakkai/
日本経済政策学会：http://jepa.jp/
日本健康心理学会：http://jahp.wdc-jp.com/
日本公衆衛生学会：http://www.jsph.jp/
日本高齢者虐待防止学会：http://www.japea.jp/
日本在宅ケア学会：http://www.jahhc.com/
日本社会学会：http://www.gakkai.ne.jp/jss/
日本社会心理学会：http://www.socialpsychology.jp/
日本社会病理学会：http://socproblem.sakura.ne.jp/
日本社会福祉学会：http://www.jssw.jp/
日本神経心理学会：http://www.neuropsychology.gr.jp/
日本人口学会：http://www.paoj.org/
日本心理学会：http://www.psych.or.jp/
日本精神医学史学会：http://jshp.blog20.fc2.com/
日本精神神経学会：https://www.jspn.or.jp/
日本精神保健看護学会：http://www.japmhn.jp/
日本成年後見法学会：http://jaga.gr.jp/
日本早期認知症学会：http://www.jsed.jp/
日本ソーシャルワーク学会：http://www.jsssw.org/index.html
日本地域看護学会：http://jachn.umin.jp/
日本地域福祉学会：http://jracd.jp/
日本都市社会学会：http://urbansocio.sakura.ne.jp/
日本認知症ケア学会：http://www.chihoucare.org/
日本発達心理学会：http://www.jsdp.jp/index.html
日本泌尿器科学会：https://www.urol.or.jp/
日本保健医療社会学会：http://square.umin.ac.jp/medsocio/index.htm
日本保健福祉学会：http://hwelfare.umin.jp/
日本リハビリテーション医学会：http://www.jarm.or.jp/
日本臨床睡眠医学会：http://www.ismsj.org/
日本臨床倫理学会：http://www.j-ethics.jp/
日本老年医学会：http://www.jpn-geriat-soc.or.jp/
日本老年看護学会：http://www.rounenkango.com/
日本老年行動科学会：http://www.jsbse.org/
日本老年歯科医学会：http://www.gerodontology.jp/

日本老年社会科学会：http://www.rounenshakai.org/
日本老年精神医学会：http://www.rounen.org/
労働政策研究・研修機構：http://www.jil.go.jp/about/index.html

索 引

欧文索引……………………………… 379
略語索引……………………………… 407

索 引 凡 例

1. 索引は欧文索引と略語索引より成る．ただし，略語は欧文索引中にも含める．
2. 収載する欧文は英語，ドイツ語，ラテン語，フランス語の区別なくアルファベット順に配列した．
3. 欧文索引は欧文，日本語，収載頁を記載した．収載頁の後に付した l, r はそれぞれ l が左段，r が右段にあることを示す．
4. 2語以上から成る複合語は，配列の順位を第1語によって一括した．
5. 同一語で大文字と小文字の違いのあるときは大文字・小文字の順とする．ローマン体とイタリック体の違いのあるときはローマン体・イタリック体の順とする．
6. ウムラウト（¨），ダッシュ（'），アクサン（ˋ），ダーシ（-）などは無視して配列し，語順はウムラウト等のあるものは同じ語の直後に配列した．
7. 化合物の結合の位置や異性体等を表す数字以外の文字は無視せずにそれぞれの位置に配列した．

   　　（例）L-doda　　　　Lに配列
   　　　　　β-adrenergic　　Bに配列
8. ギリシャ文字は各々の対応するアルファベットの直前に配列した．
   α β γ δ ε ζ η θ ι κ λ μ ν ξ o π ρ σ τ υ Φ,ϕ χ Ψ,ψ Ω,ω
   A B G D E Z E T I K L M N X O P R S T Y　P　C　P　O
9. 略語索引は略語，フルターム，収載頁を記載した．語の配列については欧文索引に準じた．

欧文索引

A

α-adrenergic blocking agent　α遮断薬　8 r
α-blocker　α遮断薬　8 r
AAC　重度障害者用意思伝達装置　146 r
AAE　自動介助運動　139 l
AAMI　加齢性記憶障害　52 l
AAT　アニマルセラピー　5 r
Ab　抗体　100 l
abdominal breathing　腹式呼吸　285 r
abdominal dropsy　腹水　288 l
abdominal position　腹臥位　284 l
abdominal respiration　腹式呼吸　285 r
ability-to-pay principle　応能負担　33 l
ablatio retinae　網膜剥離　322 l
abnormal behavior　行動異常　101 l
abnorme Persönlichkeit　パーソナリティ障害　268 l
abuse　虐待　69 l
acceptance　受容　148 r
accessibility　アクセシビリティ　3 r
accidental aspiration　誤嚥　106 r
accidental ingestion　誤食　109 r
accident prevention　事故防止対策　132 l
accident report　事故報告書　132 l
accountability　アカウンタビリティ　2 l
acetylcholinesterase inhibitor　アセチルコリンエステラーゼ阻害薬　4 r
acetylsalicylic acid　アスピリン　4 l
ache　疼痛　228 r
AChEI　アセチルコリンエステラーゼ阻害薬　4 r
achromatopsia　色盲　129 l
achromatopsy　色盲　129 l
acidosis　アシドーシス　4 l
aconuresis　尿失禁　246 l
acouesthesia　聴覚　214 r
acquired immunodeficiency syndrome　エイズ　25 l
acquired immunodeficiency syndrome encephalopathy　エイズ脳症　25 r
acraturesis　尿失禁　246 l
ACT　包括型地域生活支援プログラム　299 l
action research　アクションリサーチ　2 r
action restriction　行動制限　101 r
active area　動作領域　227 r
active assistive exercise　自動介助運動　139 l
active exercise　自動運動　139 l
active listening　傾聴　83 l
activities of daily living　日常生活動作　242 l
activity　アクティビティ　3 r
activity limitations　活動制限　49 l
Act on Assurance of Medical Care for Elderly People　高齢者の医療の確保に関する法律　106 l
Act on Mental Health and Welfare for the Mentally Disabled　精神保健及び精神障害者福祉に関する法律　183 l
Act on Prevention of Infectious Diseases and Medical Care for Patient Suffering Infectious Diseases　感染の予防及び感染症の患者に対する医療に関する法律　59 r
Act on Promotion of Smooth Transportation, etc. of Elderly Person, Disable Person, etc.　高齢者，障害者等の移動等の円滑化の促進に関する法律　105 l
Act on Promotion of Specified Non-profit Activities　特定非営利活動促進法　232 l
Act on Public Health Nurses, Midwives and Nurses　保健師助産師看護師法　303 l
Act on Securement of Stable Supply of Elderly Person Housing　高齢者の居住の安定確保に関する法律　106 l
Act on Social Welfare for the Elderly　老人福祉法　348 r
Act on the Prevention of Elder Abuse, Support for Caregivers of Elderly Persons and Other Related Matters　高齢者虐待の防止，高齢者の養護者に対する支援等に関する法律　104 r
Act on the Prevention of Spousal Violence and the Protection of Victims　配偶者からの暴力の防止及び被害者の保護等に関する法律　263 l
Act on the Protection of Personal Information　個人情報の保護に関する法律　109 r
acute abdomen　急性腹症　71 r
acute hepatitis　急性肝炎　71 r
acute phase rehabilitation　急性期リハビリテーション　71 r
acute subdural hematoma　急性硬膜下血腫　71 r
AD　アルツハイマー病　7 r
Adams-Stokes syndrome　アダムスストークス症候群　4 r
adaptation to luminosity　明暗順応　319 l
ADAS　アルツハイマー病評価スケール　8 l
ADAS-J cog　アルツハイマー病評価スケール日本語版　8 r
ADI　国際アルツハイマー病協会　107 r
adjustment　適応　222 r
adjustment disorder　適応障害　222 r
adjustment mechanism　適応機制　222 r
ADL　日常生活動作　242 l
admission for medical care and custody　医療保護入院　18 r
adult day care center　通所施設　218 r
adult day care service　通所サービス　218 r
adult guardian　成年後見人　184 l
adult guardianship system　成年後見制度　184 l
advanced cardiac life support　二次救命処置　240 l
advance directive　事前指示書　135 l
advanced treatment hospital　特定機能病院　231 l
advocacy　権利擁護　91 l
advocacy program　権利擁護事業　91 r
AE　自動運動　139 l
AED　自動体外式除細動器　139 l
AED　抗てんかん薬　101 l
Af　心房細動　169 l

affected side　患側　59 r
affective psychosis　躁うつ病　193 l
Affekt　情動　153 l
affordance　アフォーダンス　5 r
AFIB　心房細動　169 l
AFL　心房粗動　169 l
AG　動脈撮影法　230 r
age-associated memory impairment　加齢性記憶障害　52 l
ageing-related disease　老年病　350 r
ageism　エイジズム　25 l
age-related macular degeneration　加齢黄斑変性　52 l
aggressive behavior　攻撃的行為　96 l
aging　加齢　51 r
aging population　老年人口　350 l
aging society　高齢化社会　103 r
agitation　焦燥感　152 r
agnosia　失認　137 r
ague　悪寒　33 l
AH　急性肝炎　71 r
AIDS　エイズ　25 l
aid station　救護施設　71 l
air conduction　気導聴力　66 r
air mattress　エアーマットレス　25 l
airway　エアウェイ　25 l
airway management　気道確保　66 r
akinetic mutism　無動無言症　317 r
albumin　アルブミン　9 l
albuminuria　タンパク尿　207 r
alcohol dependence　アルコール依存症　6 r
alcoholic encephalopathy　アルコール性脳症　7 r
alcoholic hallucinosis　アルコール幻覚症　7 l
alcoholic insanity　アルコール精神病　7 l
alcoholic psychosis　アルコール精神病　7 l
alcoholism　アルコール依存症　6 r
alcohol-related dementia　アルコール性認知症　7 r
ALD　アルドステロン　8 r
aldosterone　アルドステロン　8 r
algor　悪寒　33 l
alimentary therapy　食事療法　155 l
alkaline phosphatase　アルカリホスファターゼ　6 r
alkalosis　アルカローシス　6 r
allergen　アレルゲン　9 l
allergia　アレルギー　9 l
allergy　アレルギー　9 l
Alois Alzheimer　アロイス・アルツハイマー　9 l
ALP　アルカリホスファターゼ　6 r
ALS　筋萎縮性側索硬化症　74 r
alteration of consciousness　意識変容　11 r
Alzheimer's Association Japan　認知症の人と家族の会　253 l
Alzheimer's disease　アルツハイマー病　7 r
Alzheimer's disease assessment scale　アルツハイマー病評価スケール　8 l
Alzheimer's disease assessment scale-cognitive subscale-Japanese version　アルツハイマー病評価スケール日本語版　8 r
Alzheimer's Disease International　国際アルツハイマー病協会　107 r
ambulation　離床　336 r
AMD　加齢黄斑変性　52 l
ameliorant of cerebral circulation　脳循環改善薬　258 r
amino acid　アミノ酸　6 l
ammoniemia　アンモニア血症　9 r

amnesia　記憶障害　63 l
amnesia　健忘　91 l
amnesia　健忘症　91 r
amotio retinae　網膜剥離　322 l
AMPH　アンフェタミン　9 r
amphetamine　アンフェタミン　9 r
amyloid β protein　アミロイドβタンパク質　6 r
amyloid cascade hypothesis　アミロイドカスケード仮説　6 l
amyloidosis　アミロイドーシス　6 l
amyotrophic lateral sclerosis　筋萎縮性側索硬化症　74 r
amyotrophy　筋萎縮症　74 r
anaemia　貧血　282 l
anal fissure　裂肛　345 l
anamnesis　既往歴　63 l
anamnesis　記憶力　63 r
anaphylaxis　アナフィラキシー　5 l
anemia　貧血　282 l
aneurism　動脈瘤　230 l
aneurysm　動脈瘤　230 l
aneurysma　動脈瘤　230 l
Aneurysma dissecans der Aorta　解離性大動脈瘤　46 l
aneurysm of the aorta　大動脈瘤　202 l
angina　狭心症　72 l
angina pectoris　狭心症　72 r
angiography　血管造影　86 r
angular stomatitis　口角炎　93 l
anhydration　脱水　204 r
animal-assisted therapy　アニマルセラピー　5 r
ankylosing spondylosis　変形性脊椎症　296 r
ankylosis　強直　73 l
anorexia nervosa　神経性食欲不振症　161 r
anterograde amnesia　前向性健忘　189 l
anthema　発疹　308 l
antibody　抗体　100 l
anticholinergic agent　抗コリン作用薬　96 r
anticoagulant　血液凝固阻止薬　86 l
anticonvulsant　抗けいれん薬　95 r
anti-dementia drug　抗認知症薬　102 l
antidepressant　抗うつ薬　93 l
Antidepressiva　抗うつ薬　93 l
antidopaminergic agent　抗ドパミン薬　102 l
antiepileptic　抗てんかん薬　101 l
antiepileptic drug　抗てんかん薬　101 l
antifebrile　解熱薬　88 l
antihistamine　抗ヒスタミン薬　103 l
antiparkinson drug　抗パーキンソン病薬　102 l
antiplatelet therapy　抗血小板療法　96 l
antipsychotics　抗精神病薬　99 r
antipyretic　解熱薬　88 l
anuria　無尿　317 r
anxiety　不安　283 l
anxiety disorder　不安障害　283 l
anxiety neurosis　不安神経症　283 r
anxiolytic　抗不安薬　103 l
aortic aneurysm　大動脈瘤　202 l
aortic dissection　大動脈解離　202 l
aphasia　失語〔症〕　136 l
aphonia　失声　137 l
apolipoprotein　アポリポタンパク質　5 r
aporioneurosis　不安神経症　283 r
apparent infection　顕性感染　90 l
appetite　食欲　156 l
application of cold　冷あん法　344 l

application of heat　温あん法　34 r
apraxia　失行　136 r
apraxia for dressing　着衣失行　213 r
ARD　アルコール性認知症　7 r
aromatherapy　アロマセラピー　9 l
arousal during sleep　中途覚醒　214 r
arrhythmia　不整脈　289 l
arteria coronaria　冠動脈　60 l
arterial obliteration　動脈閉塞　230 r
arteriography　動脈撮影法　230 l
arteriosclerosis obliterans　閉塞性動脈硬化症　294 r
arthrogryposis　関節拘縮　59 l
artificial anus　人工肛門　163 l
artificial arm　義手　66 l
artificial dentition　義歯　65 r
artificial dialysis therapy　人工透析療法　164 r
artificial joint replacement　人工関節置換術　163 l
artificial leg　義足　66 l
artificial limb　義肢　65 r
artificial ventilation　人工呼吸法　163 r
artificial ventilator　人工呼吸器　163 l
art therapy　絵画療法　36 l
art therapy　芸術療法　82 r
ASA　アスピリン　4 l
ascites　腹水　288 l
asiderotic anemia　鉄欠乏性貧血　223 r
ASO　閉塞性動脈硬化症　294 r
asomatognosia　身体失認　167 r
ASP　アスピリン　4 l
aspiration　吸引　70 r
aspiration pneumonia　誤嚥性肺炎　106 r
aspirator　吸引器　70 r
aspirin　アスピリン　4 l
aspirinum　アスピリン　4 l
assertive community treatment　包括型地域生活支援プログラム　299 l
assessment　アセスメント　4 l
assessment　事前評価　135 r
assessment scale　評価尺度　280 r
assessment sheet　課題分析票　48 r
assessment tool　アセスメントツール　4 r
assistance　介助　44 l
assistance of the wheelchair　車いす介助　79 l
assistant　補助人　306 r
assistant nurse　准看護師　149 r
asteatosis　皮脂欠乏症　275 r
asymptomatic brain infarction　無症候性脳梗塞　317 l
asymptomatic cerebral infarct　無症候性脳梗塞　317 l
ATA　テクノエイド協会　223 r
ataralgesia　鎮静　216 r
ataxia　運動失調　24 r
atherosclerosis　動脈硬化　230 l
athetosis　アテトーゼ　5 l
athetotic type　アテトーゼ型　5 l
atrial fibrillation　心房細動　169 l
atrial flutter　心房粗動　169 l
atrioventricular block　房室ブロック　300 l
attitude toward life and death　死生観　133 r
atypical antipsychotic　非定型抗精神病薬　277 l
audiclave　補聴器　307 r
audiphone　補聴器　307 r
audition　聴覚　214 r
auditory agnosia　聴覚失認　214 r
auditory hallucination　幻聴　90 r

auditory sensation　聴覚　214 r
auditory sense　聴覚　214 r
augmentative and alternative communication　重度障害者用意思伝達装置　146 r
auricular fibrillation　心房細動　169 l
auricular flutter　心房粗動　169 l
auriculoventricular block　房室ブロック　300 l
autobiography　自分史　139 r
autocinesis　随意運動　171 l
autokinesia　随意運動　171 l
autokinesis　随意運動　171 l
automated external defibrillator　自動体外式除細動器　139 l
automatic movement　自動運動　139 l
automatism　自動運動　139 l
autonomic nerve　自律神経　158 l
autonomy　自律　157 r
autonomy　自律尊重原則　158 r
autosomal dominant inheritance　常染色体優性遺伝　152 r
average life expectancy　平均余命　294 l
average life span　平均寿命　294 l
avitaminosis　ビタミン欠乏症　277 l
axilla crutch　松葉杖　311 l
axillary crutch　松葉杖　311 l
axillary thermometry　腋窩検温　27 l
azotemia　高窒素血症　100 l

B

β-adrenergic blocking agent　β遮断薬　295 l
β-adrenergic blocking drug　β遮断薬　295 l
β-blocker　β遮断薬　295 l
BA　胆道閉塞　207 l
bacterial food poisoning　細菌性食中毒　116 r
bacterial plaque　歯垢　130 l
bag valve mask　バッグバルブマスク　269 r
balance exercise　バランス訓練　270 r
balance of posture　姿勢バランス　134 l
balloon catheter　バルーンカテーテル　271 l
barrier-free　バリアフリー　270 r
Barthel index　バーセル指数　268 l
basal ganglion　大脳基底核　202 r
basal metabolic rate　基礎代謝率　66 l
basal nuclei　大脳基底核　202 r
Basedow's disease　バセドウ病　267 r
basic action　基本動作　68 r
Basic Act on Measures for the Aging Society　高齢社会対策基本法　104 l
Basic Act on Suicide Countermeasures　自殺対策基本法　132 l
basic life support　一次救命処置　13 r
basic old-age pension　老齢基礎年金　350 r
basic pension　基礎年金　66 r
bastard measles　風疹　283 r
bathing aid tool　入浴補助用具　245 r
bathing care　入浴介助　245 l
bathing service for the elderly　入浴サービス　245 l
bath lift　入浴用リフト　245 r
bearing down　怒責　234 l
bed and transfer activity　起居動作　65 l
bed bath　清拭　179 r
bed for long-term care　療養病床　340 l
bedpan　差し込み便器　121 l

bedpan 便器 296 r
bedsore 褥瘡 155 r
BEHAVE-AD アルツハイマー病行動病理学尺度 8 l
behavioral and psychological symptoms of dementia 認知症の行動・心理症状 252 l
behavioral observation 行動観察 101 r
behavioral pathology in Alzheimer's disease アルツハイマー病行動病理学尺度 8 l
behavior therapy 行動療法 101 r
Behcet's disease ベーチェット病 295 l
Bender's Gestalt test ベンダーゲシュタルトテスト 297 r
beneficence 善行原則 188 r
benefit management 給付管理 71 r
benefit principle 応益負担 32 l
benign prostatic hyperplasia 前立腺肥大症 192 r
benign senescent forgetfulness 良性記憶障害 339 l
benign tumor 良性腫瘍 339 l
Benton's visual retention test ベントン視覚記銘検査 297 r
benzodiazepine ベンゾジアゼピン 297 l
bereavement care 遺族ケア 13 l
beta blocker β遮断薬 295 l
Beziehungswahn 関係妄想 55 r
BGT ベンダーゲシュタルトテスト 297 r
BI バーセル指数 268 l
biliary atresia 胆道閉塞 207 r
Binswanger's disease ビンスワンガー病 282 r
bioethics 生命倫理 184 r
bio-psycho-social approach 身体・心理・社会的アプローチ 167 r
biorhythm 日内変動 242 l
bladder catheter 膀胱内留置カテーテル 300 l
bladder dysfunction 膀胱機能障害 300 l
bladder training 膀胱訓練 300 l
blanket bath 清拭 179 r
bleeding tendency 出血傾向 148 l
blender food ミキサー食 314 l
blister 水疱 171 r
blood glucose level 血糖値 87 r
blood pressure 血圧 85 r
blood sugar level 血糖値 87 r
bloody sputum 血痰 87 r
BLS 一次救命処置 14 l
BMI 体格指数 199 l
BMR 基礎代謝率 66 l
body function 身体機能 167 r
body mass index 体格指数 199 l
body mechanics ボディメカニクス 308 l
body-powered upper extremity prosthesis 能動義手 259 r
body temperature 体温 198 r
body weight 体重 200 l
boiler suit つなぎ服 219 r
bone conduction 骨導聴力 110 r
bone mineral density 骨密度 110 r
BP 血圧 85 r
BPH 前立腺肥大症 192 r
BPRS 簡易精神症状評価尺度 52 r
BPSD 認知症の行動・心理症状 252 r
brace 装具 193 r
brachybasia 小刻み歩行 107 r
brachycardia 徐脈 157 l
bradycardia 徐脈 157 l

bradykinesia 動作緩慢 227 l
bradysphygmia 徐脈 157 l
brain contusion 脳挫傷 258 l
brain death 脳死 258 r
brain infarction 脳梗塞 258 l
brain metabolism improver 脳代謝改善薬 259 r
brain stem 脳幹 257 l
brainstorming ブレーンストーミング法 293 l
brain tumor 脳腫瘍 258 r
brief psychiatric rating scale 簡易精神症状評価尺度 52 r
Broca's aphasia ブローカ失語 293 l
bromatoxism 食中毒 155 r
bronchial asthma 気管支喘息 64 l
BRS ブルンストロームの回復ステージ 292 r
Brunnstrom's recovery stage ブルンストロームの回復ステージ 292 r
BT 体温 198 r
bulla 水疱 171 r
burn 熱傷 255 l
burn injury 熱傷 255 l
burnout バーンアウト 271 r
button aid ボタンエイド 307 r
BVM バッグバルブマスク 269 r
BZD ベンゾジアゼピン 297 l

C

calcium antagonist カルシウム拮抗薬 51 r
CAM 補完代替医療 302 r
Camberwell Family Interview キャンバーウェル家族評価尺度 70 l
Cancer Control Act がん対策基本法 59 r
candidiasis カンジダ症 57 r
candidosis カンジダ症 57 r
cannula カニューレ 49 r
CAPD 連続携行式腹膜透析 346 r
Capgras' syndrome カプグラ症候群 50 l
caption evaluation method キャプション評価法 70 l
caravan mate キャラバン・メイト 70 l
carbamazepine カルバマゼピン 51 r
carbohydrate 糖質 227 r
carbon monoxide poisoning 一酸化炭素中毒 14 r
cardiac care unit 冠疾患集中治療室 58 l
cardiac failure 心不全 168 r
cardiac incompetence 心不全 168 r
cardiac insufficiency 心不全 168 r
cardiac massage 心臓マッサージ 167 l
cardiac neurosis 心臓神経症 166 r
cardiogenic shock 心原性ショック 162 r
cardioneurosis 心臓神経症 166 r
cardiopalmus 心悸亢進 160 l
cardiopulmonary arrest 心肺機能停止 168 l
cardiopulmonary resuscitation 心肺蘇生法 168 r
cardiotonic 強心薬 72 r
cardiovascular disease 循環器疾患 149 r
care 介護 36 l
care-bathtub 介護浴槽 41 r
care conference サービス担当者会議 121 r
career path キャリアパス 70 l
caregiver burden 介護負担 40 l
caregiver depression 介護うつ 36 l
care home ケアホーム 81 l
care leave 介護休暇 36 r

care management　ケアマネジメント　81 r
care manager　介護支援専門員　38 l
care plan of home help　訪問介護計画　301 l
care prevention and daily life support project in the elderly-care insurance system　介護予防・日常生活支援総合事業　42 r
care process　介護過程　36 r
care record　介護記録　37 l
care-related murder　介護殺人　37 r
care work　ケアワーク　81 r
care worker　介護従事者　38 r
care worker　ケアワーカー　81 r
care work foundation　介護労働安定センター　43 r
caring　ケアリング　81 r
carotenoid　カロテノイド　52 l
case study　ケーススタディ　85 r
case work　ケースワーク　85 r
cast　ギプス　68 l
catagenesis　退行　199 r
cataract　白内障　267 l
cataracta　白内障　267 l
catecholamine　カテコールアミン　49 r
catharsis　カタルシス　48 l
cathartic　下剤　85 r
cathartica　下剤　85 r
catheter　カテーテル　49 r
catheterization　導尿　228 r
CBD　大脳皮質基底核変性症　202 r
CBR　地域リハビリテーション　211 r
CBT　認知行動療法　247 r
CBZ　カルバマゼピン　51 r
CCU　冠疾患集中治療室　58 l
CDR　臨床的認知症評価法　341 r
Center for Epidemiologic Studies Depression Scale　うつ病自己評価尺度　24 l
center for practice and promotion of personal care　介護実習・普及センター　38 r
central nervous system　中枢神経系　214 l
cephalitis　脳炎　257 l
cerebellar ataxia　小脳性運動失調症　153 r
cerebellar atrophy　小脳萎縮　153 l
cerebral anemia　脳貧血　260 r
cerebral aneurysm　脳動脈瘤　260 l
cerebral apoplexy　脳卒中　259 l
cerebral atrophy　脳萎縮　257 l
cerebral contusion　脳挫傷　258 l
cerebral cortex　大脳皮質　202 r
cerebral death　脳死　258 l
cerebral edema　水頭症　171 r
cerebral embolism　脳塞栓症　259 l
cerebral infarction　脳梗塞　258 l
cerebral nuclei　大脳基底核　202 r
cerebral palsy　脳性麻痺　259 l
cerebral thrombosis　脳血栓症　258 l
cerebral tumor　脳腫瘍　258 l
cerebral vascular disorder　脳血管障害　257 r
cerebral vasodilator　脳循環改善薬　258 r
cerebritis　脳炎　257 l
cerebrospinal fluid shunt　髄液シャント　171 l
cerebrovascular disorder　脳血管障害　257 r
cerebrum　大脳　202 r
certificate in long-term care insurance　介護保険資格者証　40 r
certificate of death　死体検案書　135 r

certificate of death　死亡診断書　139 r
certification committee for long-term care insurance　介護保険審査会　41 l
certification committee of needed long-term care　介護認定審査会　39 r
certification of needed support and certification of needed long-term care　要支援・要介護認定申請　330 l
certified care worker　介護福祉士　39 r
certified clinical psychologist　臨床心理士　341 r
certified nurse　認定看護師　253 r
certified nurse specialist　専門看護師　192 l
certified social worker　社会福祉士　142 l
cervical collar　頸椎カラー　83 l
cervical vertebrae　頸椎　83 l
cervico-omo-brachial syndrome　頸肩腕症候群　82 l
CES-D　うつ病自己評価尺度　24 l
CF　心不全　168 r
CFI　キャンバーウェル家族評価尺度　70 l
changing position　体位変換　198 l
chemical transmitter　神経伝達物質　162 l
chewing　咀嚼　195 l
Cheyne-Stokes breathing　チェーンストークス呼吸　211 r
CHF　うっ血性心不全　23 r
child population　年少人口　256 l
chill　悪寒　33 l
cholesterin　コレステロール　114 l
cholesterol　コレステロール　114 l
cholinergic nerve　コリン作動性神経　113 r
chromatelopsia　色盲　129 l
chromatodysopia　色盲　129 l
chromosomal aberration　染色体異常　190 l
chromosome　染色体　190 l
chromosome aberration　染色体異常　190 l
chromosome anomaly　染色体異常　190 l
chronic bronchitis　慢性気管支炎　312 r
chronic disease　慢性疾患　312 r
chronic fatigue syndrome　慢性疲労症候群　313 l
chronic hepatitis　慢性肝炎　312 l
chronic obstructive lung disease　慢性閉塞性肺疾患　313 r
chronic obstructive pulmonary disease　慢性閉塞性肺疾患　313 r
chronic renal failure　慢性腎不全　313 l
chronic respiratory failure　慢性呼吸不全　312 l
chronic subdural hematoma　慢性硬膜下血腫　312 l
circadian rhythm　概日リズム　43 r
circadian variation　日内変動　242 l
circular psychosis　躁うつ病　193 l
circulatory disorder　循環器疾患　149 r
CJD　クロイツフェルト・ヤコブ病　79 r
claudicatio　跛行　267 l
claudication　跛行　267 l
cleansing enema　浣腸　60 l
client　クライエント　78 l
climacteric disorder　更年期障害　102 r
climacteric disturbance　更年期障害　102 r
climacteric syndrome　更年期障害　102 r
climacterium　更年期　102 r
clinical dementia rating　臨床的認知症評価法　341 r
clinical pathway　クリニカルパス　78 l
clinical phychologist　臨床心理士　341 r
clinical psychologist　臨床心理士　341 r
clinical trial　治療試験　216 r
clinical trial　臨床試験　341 l

clinic-hospital cooperation　病診連携　281 *l*
clock position　クロックポジション法　79 *r*
clonic convulsion　間代性けいれん　59 *l*
closed question　閉じられた質問　234 *l*
Clostridium botulinum　ボツリヌス菌　308 *l*
clothing climate　被服気候　278 *r*
clouding of consciousness　意識混濁　11 *r*
CN　心臓神経症　166 *r*
CN　認定看護師　253 *l*
CNS　専門看護師　192 *l*
CNS　中枢神経系　214 *l*
coating of tongue　舌苔　187 *l*
Code of Ethical Practice　倫理綱領　342 *l*
Code of Ethics for Nurses　看護者の倫理綱領　57 *r*
COGNISTAT　コグニスタット　108 *r*
cognition　認知　247 *l*
cognitive-behavioral therapy　認知行動療法　247 *r*
cognitive function test　認知機能検査　247 *l*
cognitive impairment　認知機能障害　247 *l*
cohort study　コホート研究　111 *r*
COI　利益相反　336 *l*
cold compress　冷あん法　344 *l*
cold feeling of extremity　四肢冷感　133 *l*
cold fomentation　冷湿布　344 *l*
collagen disease　膠原病　96 *r*
collecting mania　収集癖　145 *l*
collectionism　異物収集　16 *r*
collectionism　収集癖　145 *l*
collective housing　コレクティブハウジング　114 *l*
colonic polyp　大腸ポリープ　201 *r*
color anomaly　色弱　129 *l*
color blindness　色盲　129 *l*
color coordination　カラーコーディネーション　51 *r*
colorectal cancer　大腸がん　201 *r*
color vision defect　色覚異常　128 *r*
color weakness　色弱　129 *l*
colostomy　人工肛門　163 *l*
coma　昏睡　114 *r*
co-medical staff　コメディカルスタッフ　113 *l*
commissioned welfare volunteer　民生委員　316 *l*
communal daily long-term care for a dementia patient　認知症対応型共同生活介護　251 *r*
communicable disease by peroral infection　経口感染症　82 *l*
communication　コミュニケーション　112 *l*
communication aid　コミュニケーションエイド　112 *l*
communication support project　コミュニケーション支援事業　112 *r*
communicative disorder　コミュニケーション障害　112 *r*
community-based care service　地域密着型サービス　211 *l*
community-based rehabilitation　地域リハビリテーション　211 *r*
community care　コミュニティケア　112 *r*
community comprehensive care　地域包括ケア　210 *l*
community comprehensive care center　地域包括支援センター　210 *r*
community development　コミュニティデベロップメント　113 *l*
community health　地域保健　210 *r*
Community Health Act　地域保健法　211 *l*
community health and medical care plan　地域保健医療計画　211 *l*
community health care　地域医療　209 *l*

community health center　保健所　303 *r*
community life support program　地域生活支援事業　209 *r*
community nurse　保健師　303 *l*
community nursing　地域看護　209 *l*
community organization　コミュニティオーガニゼーション　112 *r*
community support project　地域支援事業　209 *r*
community welfare　地域福祉　210 *l*
community work　コミュニティワーク　113 *l*
compensation　代償　200 *r*
complaint　愁訴　145 *r*
complementary and alternative medicine　補完代替医療　302 *r*
compliance　コンプライアンス　115 *l*
complicated fracture　複雑骨折　285 *l*
complication　合併症　49 *l*
components of the ICF　ICFの構成要素　1 *l*
compound service　複合型サービス　284 *l*
comprehensive community care system　地域包括ケアシステム　210 *l*
comprehensive measures to prevent suicide　自殺総合対策大綱　132 *l*
compress　あん法　9 *r*
compression fracture　圧迫骨折　5 *l*
computed tomography　コンピュータ断層撮影　115 *l*
concentric contraction of visual field　求心性視野狭窄　71 *l*
conditioning　条件づけ　152 *l*
condition of need for long-term care　要介護状態　329 *l*
conduction block　刺激伝導障害　129 *r*
conduction defect　刺激伝導障害　129 *r*
conductive hearing loss　伝音性難聴　224 *l*
confabulation　作話　120 *l*
confidentiality　秘密保持　280 *l*
conflict　葛藤　49 *l*
conflict of interest　利益相反　336 *l*
confusion　錯乱　120 *r*
congelation　凍傷　227 *r*
congestive heart failure　うっ血性心不全　23 *r*
consciousness　意識　11 *r*
consciousness level　意識レベル　12 *l*
conservative therapy　保存療法　307 *r*
conservative treatment　保存療法　307 *r*
constipatio　便秘　297 *r*
constipation　宿便　147 *r*
constipation　便秘　297 *r*
constructional apraxia　構成失行　99 *l*
consultation　コンサルテーション　114 *l*
consumer affairs center　消費生活センター　153 *r*
contextual factors　背景因子　263 *l*
continence care　排泄ケア　264 *r*
continuous ambulatory peritoneal dialysis　連続携行式腹膜透析　346 *r*
contract system　契約制度　84 *r*
contractual capacity　契約締結力　84 *r*
contractura　拘縮　98 *l*
contracture　拘縮　98 *l*
contraindicatio　禁忌　75 *l*
contraindication　禁忌　75 *l*
contrast　コントラスト　114 *r*
convivial society　共生社会　72 *r*
convulsion　けいれん　85 *l*
cooling-off　クーリングオフ制度　78 *l*
cooling-off period　クーリングオフ制度　78 *l*

cooling-off system　クーリングオフ制度　78 *l*
cooperation　協働　73 *l*
coordinator　コーディネーター　111 *l*
copayment and deductible　自己負担額　131 *r*
COPD　慢性閉塞性肺疾患　313 *r*
coping skill　コーピングスキル　111 *r*
coproduction　協働　73 *l*
coprostasis　宿便　147 *r*
core feature of dementia　中核症状　213 *r*
cornea　角膜　47 *l*
Cornell medical index　コーネルメディカルインデックス　111 *r*
Cornell scale for depression in dementia　コーネル認知症抑うつ尺度　111 *l*
coronary artery　冠動脈　60 *l*
corridor　回廊　46 *l*
corset　コルセット　113 *r*
cortex cerebri　大脳皮質　202 *l*
corticobasal degeneration　大脳皮質基底核変性症　202 *r*
cosmetic therapy　化粧療法　85 *r*
costal breathing　胸式呼吸　72 *r*
costiveness　便秘　297 *r*
cough　咳嗽　44 *r*
cough reflex　咳嗽反射　44 *r*
councils of social welfare　社会福祉協議会　141 *r*
counseling　カウンセリング　46 *l*
counselor　カウンセラー　46 *l*
counter-transference　逆転移　69 *r*
CP　脳性麻痺　259 *l*
CP　臨床心理士　341 *r*
CPA　心肺機能停止　168 *l*
CPR　心肺蘇生法　168 *r*
Cr　クレアチニン　79 *l*
cramp　けいれん　85 *r*
cranial nerve disease　脳神経疾患　259 *l*
cranial nerves　脳神経　258 *r*
creatinine　クレアチニン　79 *l*
Creutzfeldt-Jakob disease　クロイツフェルト・ヤコブ病　79 *l*
CRF　慢性呼吸不全　312 *r*
criminal irresponsibility　心神喪失　165 *r*
crisis intervention　危機介入　64 *r*
criteria for determination of the daily life independence level of the elderly with dementia　認知症高齢者の日常生活自立度判定基準　249 *r*
criterion　診断基準　167 *r*
critical care　救命救急　72 *l*
crutch　松葉杖　311 *l*
crystallized intelligence　結晶性知能　87 *l*
CSDD　コーネル認知症抑うつ尺度　111 *l*
CT　コンピュータ断層撮影　115 *l*
cumulative incidence rate　累積罹患率　343 *l*
curator　保佐人　306 *r*
cutaneous candidiasis　皮膚カンジダ症　278 *r*
CVD　脳血管障害　257 *r*
CWF　介護労働安定センター　43 *r*
cyanosis　チアノーゼ　209 *l*
cystitis　膀胱炎　299 *r*

D

DA　ドパミン　235 *l*
DAA　前方アプローチ　191 *r*

daily living style　起居様式　65 *l*
dämmerschlaf　昏睡　114 *r*
day care　デイケア　220 *l*
day rehabilitation　通所リハビリテーション　219 *l*
day room　デイルーム　222 *r*
day service　通所介護　218 *r*
DCM　認知症ケアマッピング　249 *l*
DCN　認知症看護認定看護師　248 *r*
DCQ　認知症ケア専門士　249 *l*
deafblind　盲ろう　322 *r*
deafness　難聴　238 *r*
deaquation　脱水　204 *r*
death certificate　死体検案書　135 *r*
death certificate　死亡診断書　139 *r*
death rate　死亡率　139 *r*
death rigor　死後硬直　131 *l*
death with dignity　尊厳死　197 *r*
decision-making　意思決定　12 *l*
declarative memory　陳述の記憶　216 *l*
declining birth rate and aging population　少子高齢化　152 *l*
decubitus　褥瘡　155 *r*
de facto standard　ディファクトスタンダード　222 *l*
degenerative joint disease　変形性関節症　296 *r*
deglutition disorder　嚥下障害　29 *l*
dehydration　脱水症　204 *r*
dehydration　脱水　204 *r*
deinstitutionalization　脱施設化　204 *r*
delayed recall　遅延再生　211 *r*
deliquium animi　失神　136 *r*
délire　せん妄　191 *r*
délire　妄想　322 *l*
delirium　せん妄　191 *r*
dellen　角膜　47 *l*
delusion　妄想　322 *l*
delusion of belittlement　微小妄想　276 *l*
delusion of culpability　罪業妄想　116 *r*
delusion of grandeur　誇大妄想　110 *l*
delusion of guilt　罪業妄想　116 *r*
delusion of injury　被害妄想　274 *r*
delusion of jealousy　嫉妬妄想　137 *r*
delusion of persecution　被害妄想　274 *r*
delusion of poisoning　被毒妄想　277 *l*
delusion of reference　関係妄想　55 *r*
delusion of theft　物盗られ妄想　323 *l*
demand　デマンド　224 *l*
dementia　認知症　248 *l*
dementia cafe　認知症カフェ　248 *r*
dementia care mapping　認知症ケアマッピング　249 *l*
dementia care pathway　認知症ケアパス　249 *l*
Dementia Care Research and Training Center　認知症介護研究・研修センター　248 *l*
dementia carer qualified　認知症ケア専門士　249 *l*
dementia coordinator　認知症コーディネーター　250 *l*
dementia nursing certified nurse　認知症看護認定看護師　248 *r*
dementia-related disease medical center　認知症疾患医療センター　250 *r*
Dementia Screening Test　国立精研式認知症スクリーニング・テスト　109 *l*
dementia support doctor　認知症サポート医　250 *r*
dementia supporter　認知症サポーター　250 *l*
dementia supporter training lecture　認知症サポーター養成講座　250 *l*

dementia symptom rating scale 認知症症状評価尺度 251 l	direct social work skill 直接援助技術 216 l
dementia treatment ward 認知症治療病棟 252 r	dirty behavior 不潔行為 288 r
dementia with early onset 若年性認知症 144 l	disability 能力障害 260 r
dementia with Lewy bodies レビー小体型認知症 345 r	disability 能力低下 260 r
demographic analysis 人口動態 164 r	disability basic pension 障害基礎年金 150 l
demyelinating disease 脱髄疾患 204 r	disability employees' pension 障害厚生年金 150 l
dental caries う蝕 23 l	disability mutual aid pension 障害共済年金 150 l
dental decay う蝕 23 l	disability pension 障害年金 151 l
dental hygienist 歯科衛生士 128 l	discharge planning 退院計画 198 r
dental plaque 歯垢 130 l	disclosure 告知 108 l
Dental Practitioners Act 歯科医師法 128 l	disease by peroral infection 経口感染症 82 l
dental prosthesis 義歯 65 r	disease of old age 老年病 350 r
denture 義歯 65 r	disequilibrium 平衡障害 294 l
department of psychosomatic medicine 心療内科 170 r	disinhibition 脱抑制 204 r
dependency ratio of aged population 老年人口指数 350 l	disorder of attention 注意障害 213 r
depersonalization 離人症 336 r	disorder of internal organ 内部障害 237 r
depression うつ病 23 r	disorientation 見当識障害 90 r
Depression うつ病 23 r	dispersonalization 離人症 336 r
depressive state うつ状態 23 r	dissecting aneurysm of the aorta 解離性大動脈瘤 46 l
depressor 降圧薬 93 l	dissemination 播種性転移 267 l
derivation 吸引 70 r	distal radius fracture 橈骨遠位端骨折 227 l
dermatitis medicamentosa 薬疹 325 l	distal ulna fracture 尺骨遠位端骨折 144 r
dermenchysis 皮下注射 274 r	distortion 捻挫 255 r
designated psychiatrist 精神保健指定医 183 l	disturbance of attention 注意障害 213 r
desire for defecation 便意 296 l	disturbance of blood circulation 血行障害 87 l
desire to go home 帰宅願望 66 r	disturbance of consciousness 意識障害 11 r
deutencephalon 間脳 60 r	disturbance of memorization retention disorder 記銘力障害 69 l
diabetes 糖尿病 228 l	disturbance of sense 感覚障害 53 l
diabetes mellitus 糖尿病 228 r	disturbance of thought 思考障害 130 l
diabetic gangrene 糖尿病性壊疽 229 l	disturbance of urinary collection 蓄尿障害 212 l
diabetic ketoacidosis 糖尿病性ケトアシドーシス 229 l	disturbance of visual field 視野障害 144 l
diabetic nephropathy 糖尿病性腎症 229 r	disuse syndrome 廃用症候群 266 l
diabetic neuropathy 糖尿病性神経障害 229 r	diuretics 利尿薬 337 l
diabetic retinopathy 糖尿病性網膜症 229 r	diurnal fluctuation 日内変動 242 l
diagnostic and statistical manual of mental disorders 精神疾患の診断・統計マニュアル 181 r	diurnal rhythm 概日リズム 43 r
diagnostic criteria 診断基準 167 r	diurnal variation 日内変動 242 l
diagnostic criteria for dementia 認知症の診断基準 252 r	dizziness めまい 320 l
dialysis therapy 血液透析療法 86 l	DLB レビー小体型認知症 345 r
diaphragmatic respiration 腹式呼吸 285 r	DM 糖尿病 228 r
diarrhea 下痢 88 l	doll therapy ドールセラピー 235 r
diastolic blood pressure 拡張期血圧 47 l	dolor 疼痛 228 l
diastolic pressure 拡張期血圧 47 l	domestic violence ドメスティックバイオレンス 235 r
diencephalon 間脳 60 r	domiciliary care 在宅ケア 117 r
dietary fiber 食物繊維 156 l	domiciliary oxygen therapy 在宅酸素療法 117 r
dietary guideline 食生活指針 155 l	domiciliary service 在宅サービス 117 r
dietary reference intakes 食事摂取基準 155 l	donepezil hydrochloride ドネペジル塩酸塩 235 l
dietary supplement サプリメント 122 r	donor ドナー 235 l
dietetic therapy 食事療法 155 l	donor card 臓器提供意思表示カード 193 l
dietetic treatment 食事療法 155 l	do not attempt resuscitation order 蘇生不要指示 195 r
dietitian 栄養士 26 r	dopamine ドパミン 235 l
diet therapy 食事療法 155 l	dopamine antagonist 抗ドパミン薬 102 l
diet therapy for diabetes 糖尿病食事療法 229 l	dopaminergic agent ドパミン作動薬 235 l
diet therapy of diabetes mellitus 糖尿病食事療法 229 l	dorsal position 仰臥位 72 l
differential diagnosis 鑑別診断 60 r	Down syndrome ダウン症候群 203 l
difficulty breathing 呼吸困難 107 r	DPB びまん性汎細気管支炎 280 l
difficulty of accessibility 疎通困難 196 l	dressing aid ドレッシングエイド 235 r
diffuse brain atrophy びまん性脳萎縮 279 r	dressing and undressing 衣服着脱 16 r
diffuse panbronchiolitis びまん性汎細気管支炎 280 l	dressing apraxia 着衣失行 213 r
diffuser ディフューザー 222 l	dressing station 救護施設 71 l
digestive enzyme 消化酵素 151 r	driver's license certificate 運転経歴証明書 24 l
dignity 尊厳 197 l	drop foot 尖足 190 l
direct anterior approach 前方アプローチ 191 r	droplet infection 飛沫感染 279 r
	drowsiness 傾眠 84 r

drug dependence	薬物依存症　325 *l*
drug eruption	薬疹　325 *l*
drug for sleep induction	睡眠導入薬　172 *r*
drug-induced delirium	薬物性せん妄　325 *r*
drug rash	薬疹　325 *l*
drug resistance	薬物耐性　325 *r*
drug sensitivity	薬剤感受性　324 *r*
drug therapeutics	薬物療法　326 *l*
dry mouth	口渇　94 *l*
dry mouth	口腔乾燥症　95 *l*
dry skin	皮脂欠乏症　275 *r*
DS	通所介護　218 *r*
DSM	精神疾患の診断・統計マニュアル　181 *r*
DST	国立精研式認知症スクリーニング・テスト　109 *l*
duty of confidentiality	守秘義務　148 *r*
DV	ドメスティックバイオレンス　235 *r*
dynamic vision	動体視力　228 *l*
dysacousia	聴覚障害　214 *r*
dysacusia	聴覚障害　214 *r*
dysarthria	構音障害　93 *l*
dysautonomia	自律神経失調症　158 *l*
dysbasia	歩行障害　306 *l*
dyschesia	排便障害　265 *r*
dyschromatopsia	色覚異常　128 *r*
dyschromatopsia	色弱　129 *l*
dysequilibrium	平衡障害　294 *l*
dysesthesia	知覚障害　212 *l*
dysgeusia	味覚障害　314 *l*
dyshidrosis	発汗障害　269 *l*
dyskinesia	ジスキネジア　133 *r*
dyslexia	失読　137 *r*
dysosmia	嗅覚障害　70 *r*
dyspnea	呼吸困難　107 *r*
dysuresia	排尿障害　265 *r*
dysuria	排尿障害　265 *r*

E

EAA	必須アミノ酸　277 *l*
early detection of dementia	認知症の早期発見　253 *l*
easy fatigability	易疲労性　16 *l*
eating disorder	食行動異常　155 *l*
eating disorder	摂食障害　186 *r*
EBM	エビデンス・ベイスド・メディスン　28 *r*
EBS	環境行動学　54 *l*
echocardiography	心臓超音波検査　166 *r*
echomatism	反響症状　272 *l*
eclysis	失神　136 *r*
ECM	体外心マッサージ　199 *l*
eco-map	エコマップ　27 *l*
edema	浮腫　288 *r*
EE	感情表出　58 *r*
EEG	脳波　260 *r*
EEG	脳波検査　260 *r*
egestion	嘔吐　33 *l*
ego	自我　127 *r*
ego-identity	アイデンティティ　1 *r*
elder abuse	高齢者虐待　104 *l*
elderly household	高齢者世帯　105 *r*
elderly housing with supportive services	サービス付き高齢者向け住宅　122 *l*
elderly person	高齢者　103 *r*
elderly population ratio	老年人口比率　350 *l*
Elderly Service Providers Association	シルバーサービス振興会　159 *l*
electric prosthetic hand	電動義手　225 *l*
electric wheel chair	電動車いす　225 *l*
electroencephalogram	脳波　260 *r*
electroencephalography	脳波検査　260 *r*
electrolytic imbalance	電解質異常　224 *l*
embalming	エンバーミング　30 *r*
emergency alarm system	緊急通報システム　75 *l*
emergency call unit	緊急通報装置　75 *r*
emergency life guard	救急救命士　70 *r*
emergency measure	応急処置　32 *r*
emergency report system	緊急通報システム　75 *l*
emergency short stay	緊急ショートステイ　75 *l*
emergency treatment	応急処置　32 *r*
emesia	嘔吐　33 *l*
emotion	情動　153 *l*
emotional disturbance	情緒障害　153 *l*
emotional incontinence	感情失禁　58 *l*
emotional labour	感情労働　58 *r*
emotional transference	感情転移　58 *l*
empathy	共感　72 *l*
emphysema	肺気腫　263 *l*
emphysema pulmonary	肺気腫　263 *l*
emphysema pulmonum	肺気腫　263 *l*
employees' pension fund	厚生年金基金　100 *l*
Employment Insurance Act	雇用保険法　113 *l*
Employment Rate System for Person with Disabilities	障害者雇用率制度　150 *r*
empowerment	エンパワメント　31 *l*
empty nest syndrome	空の巣症候群　51 *l*
encephalatrophy	脳萎縮　257 *l*
encephalitis	脳炎　257 *l*
encephalophyma	脳腫瘍　258 *r*
encroachment of rights	権利侵害　91 *r*
end of life care	エンド・オブ・ライフ・ケア　30 *r*
endogenous mental disorder	内因性精神障害　237 *l*
endoscope	内視鏡　237 *l*
endoscopy	内視鏡検査　237 *l*
enema	浣腸　60 *l*
energy metabolism	エネルギー代謝　28 *l*
entasia	強直性けいれん　73 *l*
enteroproctia	人工肛門　163 *l*
enterorrhea	下痢　88 *l*
enviromental adaptation ability	環境適応能力　55 *l*
environmental adjustment	環境調整　55 *l*
environmental control	環境整備　54 *r*
environmental control system	環境制御装置　54 *r*
environmental factors	環境因子　53 *r*
environmental impact assessment	環境アセスメント　53 *l*
environmental intervention study	環境的介入研究　55 *r*
environmental load	環境負荷　55 *r*
environmental manipulation	環境調整　55 *l*
environmental psychology	環境心理学　54 *r*
environmental quality	環境の質　55 *r*
environmental regulation	環境調整　55 *l*
environmental stimuli	環境刺激　54 *l*
environmental support	環境支援　54 *l*
environmental transition	環境移行　53 *r*
environmental trigger	環境刺激　54 *l*
environment behavior study	環境行動学　54 *l*
enzymopathy	先天性代謝異常　190 *r*
EOL	エンド・オブ・ライフ・ケア　30 *r*

epidemic cerebrospinal meningitis　流行性脳脊髄膜炎　338 r
epidemiology　疫学　27 l
epilepsia　てんかん　224 l
epilepsy　てんかん　224 l
episode memory　エピソード記憶　28 r
episodic memory　エピソード記憶　28 r
equilibrium disturbance　平衡障害　294 l
erroneous perception　知覚錯誤　212 l
ERT　エストロゲン補充療法　27 r
eruption　発疹　308 l
erythema　紅斑　103 l
escape　逃避　229 r
Escherichia coli O157:H7　O-157　32 l
esophageal speech　食道発声　156 l
esophageal varices　食道静脈瘤　156 l
essential amino acid　必須アミノ酸　277 l
essential hypertension　本態性高血圧　309 l
estrogen replacement therapy　エストロゲン補充療法　27 r
ethical dilemma　倫理的ジレンマ　342 r
ethical guideline for clinical studies　臨床研究に関する倫理指針　341 l
ethnography　エスノグラフィー　27 r
ethnomethodology　エスノメソドロジー　27 r
euphoria　多幸症　203 r
euthanasia　安楽死　10 l
evacuation plan　避難計画　278 l
evacuation route　避難経路　278 r
evacuator　吸引器　70 r
evaluation by service user　利用者評価　339 l
evidence-based care　エビデンス・ベイスド・ケア　28 r
evidence-based medicine　エビデンス・ベイスド・メディスン　28 r
exacerbation　増悪　193 l
examination board for appeal with nursing care payment, etc. for persons with disabilities　障害者介護給付費等不服審査会　150 r
exanimation　昏睡　114 r
exanthema　発疹　308 l
exanthesis　発疹　308 l
excitation　興奮　103 l
excitement　興奮　103 l
excretion　排泄　264 l
excretion of urine　排尿　265 r
executive dysfunction　実行機能障害　136 r
exercise　自動運動　139 l
exercise therapy　運動療法　24 r
exogene Psychose　外因性精神障害　36 l
exogenous psychosis　外因性精神障害　36 l
exophthalmic goiter　バセドウ病　267 r
expectoration absorption　喀痰吸引　47 l
expressed emotion　感情表出　58 r
exsiccation　脱水症　204 l
exsiccation　脱水　204 l
external cardiac massage　体外心マッサージ　199 l
extrapyramidal tract　錐体外路　171 l
extrasystole　期外収縮　63 r
eye contact　アイコンタクト　1 l

F

FAB　前頭葉機能検査　191 l

fabrication　作話　120 r
facilitator　ファシリテーター　283 l
facility covered by long-term care insurance　介護保険施設　41 l
facility covered by public aid providing long-term care to the elderly　介護老人福祉施設　43 l
faculty of language　言語機能　88 r
faint　失神　136 l
fall prevention　転倒回避　224 r
familiar environment　なじみの環境　238 l
familiar furniture　持ち込み家具　322 r
family doctor　主治医　147 r
family education　家族教育　48 l
family history　家族歴　48 r
family support　家族支援　48 l
family therapy　家族療法　48 l
FAST　認知症機能評価別病期分類　248 r
favorite item　嗜好品　130 r
febrifuge　解熱薬　88 l
febris intermittens　間欠熱　56 r
feedback　フィードバック　283 r
feeding　食事介助　155 l
felt needs　フェルトニーズ　283 r
femoral head prosthetic prosthesis　人工骨頭置換術　163 r
femoral neck fracture　大腿骨頸部骨折　201 l
fester　潰瘍　45 r
festinating gait　加速歩行　48 l
festination　加速歩行　48 l
FIM　機能的自立度評価表　67 r
financial management service　金銭管理サービス　76 l
fire　炎症　30 l
fire alarm　火災報知器　47 l
fire performance　防火性能　299 l
fire prevention　火災予防　47 l
fire protection division　防火区画　299 l
fistula　ろう孔　347 l
five cognitive tests　ファイブコグ検査　283 l
five major nutrients　五大栄養素　110 l
flaccid palsy　弛緩性麻痺　128 r
flaccid paralysis　弛緩性麻痺　128 r
fluent aphasia　流暢性失語　338 r
fluid ability　流動性知能　339 l
fluid intelligence　流動性知能　339 l
fluor　下痢　88 l
flush　発赤　308 l
FLUV　インフルエンザウイルス　21 l
FNF　大腿骨頸部骨折　201 l
folic acid deficiency　葉酸欠乏症　329 r
follow-up　フォローアップ　284 l
foodborne intoxication　食中毒　155 r
food culture　食文化　156 l
food for specified health uses　特定保健用食品　233 r
food poisoning　食中毒　155 r
foot bath　足浴　194 r
foot care　フットケア　289 r
foot plate　足底板　194 r
forced ventilation　機械換気　63 r
forgetfulness　健忘症　91 r
formal care　フォーマルケア　284 l
formal sector　フォーマルセクター　284 l
FOSHU　特定保健用食品　233 r
four food group　4つの食品群　332 r
four principles of bioethics　生命倫理の4原則　185 l
Fowler's position　ファウラー位　283 r

free access　アクセスフリー　3 r
Fregoli's syndrome　フレゴリ症候群　292 r
fretfulness　焦燥感　152 r
frog in the throat　嗄声　121 l
frontal assessment battery　前頭葉機能検査　191 l
frontotemporal dementia　前頭側頭型認知症　191 l
frontotemporal lobar degeneration　前頭側頭葉変性症　191 l
frostbite　凍傷　227 r
frozen gait　すくみ足　173 l
frustration　欲求不満　332 r
FTD　前頭側頭型認知症　191 l
FTLD　前頭側頭葉変性症　191 l
fulminant hepatitis　劇症肝炎　85 l
Functional Assessment Staging　認知症機能評価別病期分類　248 r
functional incontinence　機能性尿失禁　67 r
functional independent measure　機能的自立度評価表　67 r
functional mental disorder　機能性精神障害　67 r
functional prosthetic hand　能動義手　259 r
functional training project　機能訓練事業　67 l
fundamental human rights　基本的人権　68 l
funeral assistance　葬祭扶助　193 r

G

γ-globulin　γグロブリン　61 l
γ-glutamyl transferase　γグルタミルトランスフェラーゼ　61 l
γ-GT　γグルタミルトランスフェラーゼ　61 l
gait disturbance　歩行障害　306 r
gait in parallel bar　平行棒内歩行　294 l
gait training　歩行訓練　305 l
gale　疥癬　44 l
gangrene　壊疽　28 l
Ganser's syndrome　ガンザー症候群　57 r
gargling basin　ガーグルベースン　47 l
GAS　包括的アセスメント　299 l
gastric fistula　胃ろう　18 r
gastric ulcer　胃潰瘍　11 l
gastro stoma　胃ろう　18 r
gastrostomy　胃ろう造設術　19 l
gatch bed　ギャッチベッド　69 r
GDS　グローバルディテリオレーションスケール　79 r
GDS　老年期うつ病評価尺度　349 r
Gedächtnisstörung　記憶障害　63 l
Geistesstörung　精神障害　181 l
gelatin　ゼラチン　187 r
gender　ジェンダー　127 r
general beds　一般病床　15 l
general health examination　一般健康診断　15 l
generalist social work　ジェネラリストソーシャルワーク　127 l
general paralysis　進行麻痺　165 l
general paresis　進行麻痺　165 l
general politic measurement for the aged society　高齢社会対策大綱　104 l
generic drug　ジェネリック医薬品　127 l
generic medicine　ジェネリック医薬品　127 l
genetic disease　遺伝〔子〕病　15 r
geriatric depression scale　老年期うつ病評価尺度　349 r
geriatric syndrome　老年症候群　349 r

German measles　風疹　283 r
geromarasmus　老衰　349 l
gerotranscendence　老年的超越　350 l
Gerstmann's syndrome　ゲルストマン症候群　88 l
glandula pituitaria　下垂体　47 r
glandula thyroidea　甲状腺　98 l
glare　グレア　79 l
glaucoma　緑内障　340 r
global aphasia　全失語　189 r
global assessment scale　包括的アセスメント　299 l
global deterioration scale　グローバルディテリオレーションスケール　79 r
globalization　グローバリゼーション　79 r
globus syndrome　球症候群　71 l
glossoptosis　舌根沈下　186 r
glucose metabolism disorder　糖代謝異常　228 l
glycerin enema　浣腸　60 l
gogi aphasia　語義失語　107 l
Gold Plan　ゴールドプラン　113 r
Gold Plan 21　ゴールドプラン21　114 l
gonarthrosis　変形性膝関節症　296 r
gout　痛風　219 l
governmentally appointed district volunteer　民生委員　316 r
governmentally designated local volunteer　民生委員　316 l
government-managed health insurance　政府管掌健康保険　184 r
grating　グレーチング　79 r
grating sound　喘鳴　191 l
Graves' disease　バセドウ病　267 r
gravity ventilation　自然換気　135 l
greater trochanter of femur　大腿骨大転子　201 r
grief care　遺族ケア　13 l
grief care　グリーフケア　78 l
grip　インフルエンザ　21 l
grippe　インフルエンザ　21 l
group care　グループケア　78 r
group dynamics　グループダイナミックス　78 r
group home　グループホーム　78 r
group living　グループリビング　79 l
group psychotherapy　集団精神療法　146 l
group supervision　グループスーパービジョン　78 r
guidance for management of in-home medical long-term care　居宅療養管理指導　74 l
guidance officer for welfare aids　福祉用具専門相談員　287 r
guide helper　ガイドヘルパー　45 r
guideline for the treatment of dementia　認知症疾患治療ガイドライン　251 l
gustation　味覚　314 r
gustatory anesthesia　味覚障害　314 r
gustatory hallucination　幻味　91 r
gutta　痛風　219 l
gypsum　ギプス　68 l

H

H_2-receptor antagonist　H_2受容体拮抗薬　25 r
half-body bathing　半身浴　272 l
halfway house　中間施設　214 l
hallucination　幻覚　88 r
Halluzination　幻覚　88 r

haloperidol ハロペリドール **271** r
Hamilton Rating Scale for Depression ハミルトンうつ病評価尺度 **270** l
handicap 社会的不利 **141** l
handrail 手すり **223** r
hard-to-reach client 援助困難事例 **30** l
Hasegawa's Dementia Scale 長谷川式簡易知能評価スケール **267** r
Hb ヘモグロビン **295** l
HbA$_{1C}$ ヘモグロビンA$_{1C}$ **295** l
HBP 高血圧症 **96** l
HD 血液透析 **86** l
HDS 長谷川式簡易知能評価スケール **267** r
HDS-R 改訂長谷川式簡易知能評価スケール **45** l
head tilt method 頭部後傾法 **230** l
head-turning sign 振り向き現象 **292** r
health and medical services 保健医療サービス **302** r
health care and public aid projects 保健福祉事業 **303** r
health care services covered by health insurance 保険診療 **303** r
health examination 健康診断 **88** r
health guidance 保健指導 **303** l
health institute on long-term health care for the aged 介護療養型老人保健施設 **43** l
health insurance system 医療保険制度 **18** l
health promotion ヘルスプロモーション **295** r
healthy side 健側 **90** l
hearing 聴覚 **214** r
hearing aid 補聴器 **307** r
hearing impairment 聴覚障害 **214** r
heart disease 心疾患 **165** l
heart failure 心不全 **168** r
heat attack 熱中症 **255** l
heat illness 熱中症 **255** l
heat shock ヒートショック **277** r
heat stroke 熱中症 **255** l
Heimlich maneuver ハイムリック法 **265** r
Heinrich's law ハインリッヒの法則 **266** l
Heiserkeit 嗄声 **121** l
Helicobacter pylori ヘリコバクター・ピロリ **295** r
help 扶助 **289** l
hematemesis 吐血 **233** r
hematochezia 血便 **88** l
hematochezia 鮮血便 **188** l
hematocrit ヘマトクリット値 **295** l
hematodialysis 血液透析 **86** l
hematuresis 血尿 **87** r
hematuria 血尿 **87** r
hemianopsia 半盲 **273** l
hemicrania 片頭痛 **297** l
hemiplegia 片麻痺 **298** l
hemodialysis 血液透析 **86** l
hemoglobin ヘモグロビン **295** l
hemoglobinA$_{1C}$ ヘモグロビンA$_{1C}$ **295** l
hemolytic anemia 溶血性貧血 **329** r
hemoptysis 喀血 **49** l
hemorrhagic diathesis 出血傾向 **148** l
hemosputum 血痰 **87** r
hemostasis 止血 **130** l
hepatic encephalopathy 肝性脳症 **58** r
hepatitis 肝炎 **52** r
hepatitis acuta 急性肝炎 **71** r
hepatitis chronica 慢性肝炎 **312** l
hereditary disease 遺伝〔子〕病 **15** r

hereditary predisposition 遺伝的素因 **15** r
hereditary spinocerebellar degeneration 遺伝性脊髄小脳変性症 **15** r
hernia ヘルニア **295** r
hernia of intervertebral disc 椎間板ヘルニア **218** l
herniated disk 椎間板ヘルニア **218** l
herniation of intervertebral disk 椎間板ヘルニア **218** l
herpes ヘルペス **296** l
herpes simplex encephalitis 単純ヘルペス脳炎 **207** r
herpes simplex encephalitis ヘルペス脳炎 **296** l
Hgb ヘモグロビン **295** l
hierarchical space composition 段階的空間構成 **206** l
high blood pressure 高血圧症 **96** l
high-cost medical care benefit 高額療養費 **94** l
high density lipoprotein cholesterol HDLコレステロール **26** l
higher brain dysfunction 高次脳機能障害 **97** r
high quality rental housing for the elderly 高齢者向け優良賃貸住宅 **106** r
hippocampus 海馬 **45** r
hip protector ヒッププロテクター **277** l
history of present illness 現病歴 **91** l
history-taking 問診 **323** r
HIV ヒト免疫不全ウイルス **278** l
hoarseness 嗄声 **121** l
Hoehn-Yahr scale of Parkinson disease ホーン・ヤールのパーキンソン病尺度 **309** r
hoist trolley 天井走行式リフト **224** r
holistic care 全人的ケア **190** l
home accident 住宅内事故 **145** l
home-based care 在宅ケア **117** r
home-based care management center 在宅介護支援センター **117** l
home-based care service 在宅サービス **117** r
home-based care service 訪問介護 **300** r
home-based health care 在宅医療 **117** l
home-based terminal care 在宅ターミナルケア **118** l
homebound 閉じこもり **234** l
home-delivery meal service 配食サービス **264** l
home helper 訪問介護員 **300** r
home-help service 訪問介護 **300** r
home hospice 在宅ホスピス **118** r
homelike environment 家庭的環境 **49** l
home oxygen therapy 在宅酸素療法 **117** r
home parenteral nutrition 在宅静脈栄養法 **118** l
home service 在宅サービス **117** r
home-visit at night for long-term care 夜間対応型訪問介護 **324** l
home-visit bathing long-term care 訪問入浴介護 **302** l
home-visit medical examination 訪問診療 **302** l
home-visit preventive care program 訪問型介護予防事業 **301** l
home-visit rehabilitation 訪問リハビリテーション **302** l
homonymous hemianopsia 同名半盲 **230** l
hormone ホルモン **308** r
hormone replacement therapy ホルモン補充療法 **308** l
horticultural therapy 園芸療法 **29** r
hospice ホスピス **307** l
hospital-acquired infection 院内感染 **20** l
hospital infection 院内感染 **20** l
hostel ホステル **307** l
HOT 在宅酸素療法 **117** r
hot compress 温あん法 **34** r
hot compress 温湿布 **35** l

hot pack 温湿布 **35** *l*	
house adaptation 住宅改修 **145** *r*	
housekeeping help service 家事援助サービス **47** *r*	
housing assistance 住宅扶助 **146** *l*	
housing environment coordinator 福祉住環境コーディネーター **286** *r*	
Hp ヘリコバクター・ピロリ **295** *r*	
HPI 現病歴 **91** *l*	
HPN 在宅静脈栄養法 **118** *l*	
HRSD ハミルトンうつ病評価尺度 **270** *l*	
HRT ホルモン補充療法 **308** *r*	
HSE 単純ヘルペス脳炎 **207** *r*	
HT 高血圧症 **96** *l*	
human error ヒューマンエラー **280** *r*	
human immunodeficiency virus ヒト免疫不全ウイルス **278** *l*	
human scale ヒューマンスケール **280** *r*	
human service professional 対人援助職 **201** *l*	
humidity environment 湿度環境 **137** *l*	
humpback 円背 **30** *r*	
Huntington's disease ハンチントン病 **272** *l*	
hydration 水分補給 **171** *r*	
hydrencephalus 水頭症 **171** *r*	
hydrocephaly 水頭症 **171** *r*	
hydronephrosis 水腎症 **171** *l*	
hyperanakinesia 多動 **205** *l*	
hyperanakinesis 多動 **205** *l*	
hyperglycemia 高血糖 **96** *r*	
hyperkalemia 高カリウム血症 **94** *l*	
hyperkinesis 多動 **205** *l*	
hyper-LDL-cholesterolemia 高LDLコレステロール血症 **93** *l*	
hyperlipemia 高脂血症 **97** *l*	
hyperlipidemia 高脂血症 **97** *l*	
hyperparathyroidism 副甲状腺機能亢進症 **285** *l*	
hyperpotassemia 高カリウム血症 **94** *l*	
hypersomnia 過眠 **50** *r*	
hypertension 高血圧症 **96** *l*	
hyperthermia 温熱療法 **35** *r*	
hyperthyroidism 甲状腺機能亢進症 **98** *l*	
hypertonic dehydration 高張性脱水症 **100** *r*	
hypertriglyceridemia 高中性脂肪血症 **100** *r*	
hyperuricemia 高尿酸血症 **102** *l*	
hypoalbuminemia 低アルブミン血症 **220** *l*	
hypoalimentation 低栄養 **220** *l*	
hypochondria 心気神経症 **160** *r*	
hypochondriacal neurosis 心気神経症 **160** *r*	
hypodermic 皮下注射 **274** *r*	
hypodermic injection 皮下注射 **274** *r*	
hypoglycemia 低血糖 **221** *r*	
hypohemia 貧血 **282** *l*	
hypohydremia 脱水症 **204** *r*	
hypokalemia 低カリウム血症 **220** *l*	
hypokinesia 寡動 **49** *r*	
hypomagnesemia 低マグネシウム血症 **222** *l*	
hyponatremia 低ナトリウム血症 **222** *l*	
hypoparathyroidism 副甲状腺機能低下症 **285** *l*	
hypophysis 下垂体 **47** *r*	
hypoproteinemia 低タンパク血症 **221** *r*	
hypostatic pneumonia 沈下性肺炎 **216** *r*	
hypotensive drug 降圧薬 **93** *l*	
hypotensor 降圧薬 **93** *l*	
hypothermia 低体温 **221** *r*	
hypothyroidism 甲状腺機能低下症 **98** *r*	
hypotonic dehydration 低張性脱水症 **221** *r*	
hypoxic ischemic encephalopathy 低酸素脳症 **221** *l*	
hysteria ヒステリー **276** *l*	
Hysterie ヒステリー **276** *l*	

I

IADL 手段的日常生活動作 **148** *r*	
iatrogenic disease 医原性疾患 **11** *l*	
iatrogenic disorder 医原性疾患 **11** *l*	
IBS 過敏性腸症候群 **50** *l*	
IC インフォームドコンセント **20** *r*	
ICD 疾病及び関連保健問題の国際統計分類 **138** *l*	
ice massage アイスマッサージ **1** *r*	
ice pack アイスパック **1** *l*	
ICF 国際生活機能分類 **108** *l*	
ICIDH 国際障害分類 **108** *l*	
icterus 黄疸 **33** *l*	
IDA 鉄欠乏性貧血 **223** *r*	
ideation 思考 **130** *l*	
ideational apraxia 観念性失行 **60** *r*	
identification 同一視 **226** *l*	
identity アイデンティティ **1** *r*	
idiopathic Parkinson's disease 特発性パーキンソン病 **233** *r*	
IDT インターディシプリナリーチーム **19** *r*	
IFN インターフェロン **20** *l*	
IGT 耐糖能障害 **201** *r*	
IHD 虚血性心疾患 **73** *r*	
Ikterus 黄疸 **33** *l*	
IL 自立生活 **158** *l*	
ileostomy 回腸ストーマ **45** *l*	
ileus イレウス **18** *l*	
illusion 錯覚 **121** *l*	
immediate memory 即時記憶 **194** *r*	
immune deficiency disease 免疫不全症 **320** *r*	
immunity 免疫 **320** *l*	
immunization 予防接種 **333** *l*	
immunodeficiency disease 免疫不全症 **320** *r*	
immunosuppressive therapy 免疫抑制療法 **320** *l*	
impaired glucose tolerance 耐糖能障害 **201** *r*	
impairments 機能障害 **67** *r*	
inapparent infection 不顕性感染 **288** *r*	
inborn error of metabolism 先天性代謝異常 **190** *r*	
incidence rate 罹患率 **336** *r*	
incident インシデント **19** *l*	
incompatibility 禁忌 **75** *l*	
incontinence 失禁 **136** *l*	
incontinence care 排泄介助 **264** *r*	
incontinence of urine 尿失禁 **246** *l*	
incontinentia 失禁 **136** *l*	
incubation period 潜伏期 **191** *l*	
indefinite complaint 不定愁訴 **290** *r*	
independence 自立 **157** *r*	
independence degree of daily living for the disabled elderly 障害高齢者の日常生活自立度 **150** *l*	
independence support program 自立支援プログラム **158** *l*	
independent living 自立生活 **158** *l*	
independent living movement 自立生活運動 **158** *l*	
independent walking 自立歩行 **158** *r*	
indirect illumination 間接照明 **59** *l*	

indirect lighting　間接照明　59 l
indirect social work　間接援助技術　58 r
indispensable amino acid　必須アミノ酸　277 l
indoor climate　室内気候　137 l
induction heating cooker　電磁調理器　224 r
infarct　梗塞　100 l
infarction　梗塞　100 l
infection　感染症　59 l
infectious disease　感染症　59 l
infective disease　感染症　59 r
inflammatio　炎症　30 l
inflammation　炎症　30 l
influenza　インフルエンザ　21 l
influenza vaccine　インフルエンザワクチン　21 r
influenza virus　インフルエンザウイルス　21 l
informal care　インフォーマルケア　20 r
information and guidance service for the elderly　高齢者総合相談センター　105 r
information disclosure　情報開示　153 r
informed choice　インフォームドチョイス　20 r
informed consent　インフォームドコンセント　20 r
infringement　権利侵害　91 r
ingestion　経口摂取　82 l
ingrown nail　陥入爪　60 l
inhaler　吸入　71 r
in-home long-term care support　居宅介護支援　74 l
in-home long-term care support provider　居宅介護支援事業所　74 l
in-home service　居宅サービス　74 l
in-home service plan　居宅サービス計画　74 l
in-home support service　在宅ケア　117 r
injustice　権利侵害　91 r
insenescence　老衰　349 l
insight　病識　281 l
insight into disease　病識　281 l
insomnia　不眠症　291 l
insomnia　夜間不眠　324 r
institutional care plan　施設サービス計画　134 r
institutional environment　施設的環境　134 l
institutional long-term care　施設介護　134 l
institutional service　施設サービス　134 l
instrumental activites of daily living　手段的日常生活動作　148 l
insufficiency fracture　脆弱性骨折　179 r
insufficiency of heart　心不全　168 r
insulin　インスリン　19 l
insulin therapy　インスリン療法　19 l
insulin treatment　インスリン療法　19 l
insurance premium of public pension program　保険料　304 l
insured long-term care service plan　介護保険事業計画　40 r
Insurers　保険者　303 l
intake interview　インテーク面接　20 l
Integrated education　インテグレーション　20 l
intellectual disability　知的障害　212 l
intellectual impairment　知的障害　212 l
intelligence　知能　212 l
intelligence quotient　知能指数　212 r
intelligence test　知的機能検査　212 l
Intelligenz　知能　212 l
intention tremor　企図振戦　67 l
interbrain　間脳　60 l
intercostal neuralgia　肋間神経痛　351 l

interdiction and quasi-interdiction　禁治産・準禁治産　76 l
interdisciplinary team　インターディシプリナリーチーム　19 l
interferon　インターフェロン　20 l
interferon therapy　インターフェロン療法　20 l
intermediate facility　中間施設　214 l
intermittent claudication　間欠性跛行　56 l
intermittent fever　間欠熱　56 r
intermittent lameness　間欠性跛行　56 l
intermittent oroesophageal tube feeding　間欠的口腔食道経管栄養法　56 l
intermittent urethral catheterization　間欠導尿　56 l
internal bleeding　内出血　237 l
internal hemorrhage　内出血　237 l
International Classification of Functioning, Disability and Health　国際生活機能分類　108 l
International Classification of Impairments, Disabilities and Handicaps　国際障害分類　108 l
International Statistical Classification of Disease and Related Health Problem　疾病及び関連保健問題の国際統計分類　138 l
interpersonal distance　対人距離　201 l
interprofessional education　専門職連携教育　192 l
interprofessional work　専門職連携　192 l
interstitial pneumonia　間質性肺炎　58 l
interstitial pneumonitis　間質性肺炎　58 l
intervention　介入　45 r
interview　問診　323 r
interview method　インタビュー法　20 l
intracerebral hemorrhage　脳内出血　260 l
intracranial aneurysm　脳動脈瘤　260 l
intractable disease of the nervous system　神経難病　162 l
intracutaneous injection　皮内注射　278 l
intradermal injection　皮内注射　278 l
intramuscular injection　筋肉内注射　76 l
intraocular pressure　眼圧　52 r
intraocular tension　眼圧　52 r
intravenous hyperalimentation　経静脈栄養法　82 r
intravenous injection　静脈内注射　154 l
intubation　気管内挿管　64 r
invasion　権利侵害　91 r
involuntary movement　不随意運動　289 l
involution　退行　199 r
IOP　眼圧　52 r
IPE　専門職連携教育　192 l
IPW　専門職連携　192 l
IQ　知能指数　212 r
iron deficiency anemia　鉄欠乏性貧血　223 r
irresponsibility　心神喪失　165 r
irritability　易刺激性　12 l
irritability　易怒性　16 l
irritable bowel syndrome　過敏性腸症候群　50 l
ischemic heart disease　虚血性心疾患　73 r
ischemic score　脳虚血スコア　257 l
isometric exercise　等尺性運動　227 r
itch　疥癬　44 l
itchy sensation　掻痒感　194 l
IVH　経静脈栄養法　82 r
IVM　不随意運動　289 l

J

JACSW　日本社会福祉士会　**243** *r*
Japanese Association of Certified Social Workers　日本社会福祉士会　**243** *r*
Japanese Association of Psychiatric Social Workers　日本精神保健福祉士協会　**243** *r*
Japanese Association of Social Workers　日本ソーシャルワーカー協会　**244** *l*
Japanese Association of Social Workers in Health Services　日本医療社会事業協会　**243** *l*
Japanese Center for the Prevention of Elder Abuse　日本高齢者虐待防止センター　**243** *r*
Japanese Nursing Association　日本看護協会　**243** *l*
Japanese Red Cross Society　日本赤十字社　**244** *l*
Japanese Society for Dementia Care　日本認知症ケア学会　**244** *r*
Japan Group-Home Association for People with Dementia　日本認知症グループホーム協会　**244** *r*
Japan Health Insurance Association　全国健康保険協会管掌健康保険　**189** *l*
Japan National Council of Social Welfare　全国社会福祉協議会　**189** *l*
Japan Organ Transplant Network　日本臓器移植ネットワーク　**244** *l*
Japan Society for Dying with Dignity　日本尊厳死協会　**244** *l*
jargon　ジャルゴン　**144** *r*
JASW　日本ソーシャルワーカー協会　**244** *l*
jaundice　黄疸　**33** *l*
JCPEA　日本高齢者虐待防止センター　**243** *r*
JNA　日本看護協会　**243** *l*
Johari window　ジョハリの窓　**157** *l*
joint family　複合家族　**284** *r*
JOT　日本臓器移植ネットワーク　**244** *l*
justice　公正〔正義〕原則　**99** *l*
juvenile population　年少人口　**256** *l*

K

Karasawa's Clinical Classification of Senility　柄澤式「老人知能の臨床的判定基準」　**51** *l*
kayu-diet　粥食　**51** *l*
Kelly pad　ケリーパッド　**88** *l*
keratoderma　角腫　**47** *l*
key person　キーパーソン　**68** *l*
kneading　揉捏法　**146** *r*
kneeling bus　リフトバス　**338** *r*
Kohs block-design test　コース立方体組合せテスト　**110** *l*
Korsakoff's syndrome　コルサコフ症候群　**113** *r*

L

labored breathing　呼吸困難　**107** *r*
labor insurance　労働保険　**349** *l*
lacunar dementia　まだら認知症　**310** *l*
lacunar infarction　ラクナ梗塞　**335** *l*
la grippe　インフルエンザ　**21** *l*
lame　跛行　**267** *l*
lameness　跛行　**267** *l*
landmark　ランドマーク　**335** *r*
language center　言語中枢　**89** *l*
language therapy　言語聴覚療法　**89** *r*
laparoscopic surgery　腹腔鏡手術　**284** *l*
laryngismus paralyticus　喘鳴　**191** *r*
lassitude　倦怠感　**90** *l*
late-onset schizophrenia　遅発性統合失調症　**212** *r*
laxative　緩下薬　**56** *l*
laxative　下剤　**85** *r*
LD　L-ドパ　**346** *l*
L-DOPA　L-ドパ　**346** *l*
leadership　リーダーシップ　**337** *l*
learning therapy　学習療法　**47** *l*
legal portion of legacy　法定相続分　**300** *r*
legionellosis　レジオネラ症　**344** *r*
legionnaires' disease　レジオネラ症　**344** *r*
leiphemia　貧血　**282** *l*
leisure activity　余暇活動　**331** *l*
lemology　疫学　**27** *l*
lesion　発疹　**308** *l*
lethality　死亡率　**139** *l*
lethargia　嗜眠　**139** *r*
lethargy　嗜眠　**139** *r*
leukemia　白血病　**269** *l*
lever handle　レバーハンドル　**345** *r*
levodopa　L-ドパ　**346** *l*
licensed practical nurse　准看護師　**149** *r*
life aid　生活援助　**176** *l*
life assistance　生活援助　**176** *l*
life course　ライフコース　**334** *l*
life cycle　ライフサイクル　**334** *l*
life event　ライフイベント　**334** *l*
life help　生活援助　**176** *l*
life history　生活歴　**179** *l*
life model　生活モデル　**179** *l*
life needs　生活ニーズ　**177** *r*
life prolonging treatment　延命治療　**31** *l*
life review　ライフレビュー　**334** *r*
life rhythm　生活リズム　**179** *l*
life satisfaction index　生活満足感尺度　**178** *r*
life structure　生活構造　**177** *l*
life style-related disease　生活習慣病　**177** *r*
life support　生活援助　**176** *l*
life support adviser　生活支援員　**177** *l*
life support adviser　ライフサポートアドバイザー　**334** *l*
life support house　生活支援ハウス　**177** *l*
life sustaining treatment　延命治療　**31** *l*
lifting platform for step　段差解消機　**207** *r*
light environment　光環境　**274** *l*
lighting　採光　**116** *l*
lighting environment　照明環境　**154** *r*
limb position　肢位　**127** *l*
limping　跛行　**267** *l*
lipid　脂質　**132** *r*
lipid-lowering agent　高脂血症治療薬　**97** *l*
lipid-lowering drug　高脂血症治療薬　**97** *l*
liquid diet　流動食　**339** *l*
livelihood support　生活支援　**177** *l*
live supervision　ライブスーパービジョン　**334** *r*
living environment　生活環境　**176** *r*
living space　居住空間　**73** *r*
living will　リビングウィル　**338** *l*
LOC　失神　**136** *r*

local community　地域社会　**209** r
loemology　疫学　**27** l
Lofstrand crutch　ロフストランドクラッチ　**351** l
logical memory　論理的記憶　**351** r
loimology　疫学　**27** l
long duration bed rest　長期臥床　**215** l
long QT syndrome　QT延長症候群　**72** l
long sitting position　長座位　**216** l
long-term bedridden　長期臥床　**215** l
long-term care　ロングタームケア　**351** r
long-term care assistance　介護扶助　**39** r
long-term care benefit　介護給付　**36** r
long-term care benefit expense　介護給付費　**37** l
long-term care fee　介護報酬　**40** l
long-term care health facility　介護老人保健施設　**43** r
long-term care institution　長期ケア施設　**215** l
long-term care insurance certification　要支援・要介護認定　**330** l
long-term care prevention project　介護予防事業　**42** r
long-term care service plan　介護サービス計画　**37** r
long-term goal　長期目標　**215** r
long-term memory　長期記憶　**215** l
long-term stay　長期入所　**215** r
loop　回廊　**46** l
loss of consciousness　失神　**136** r
low back pain　腰痛　**330** r
low-cost home for the elderly　軽費老人ホーム　**84** l
low-density lipoprotein cholesterol　LDLコレステロール　**29** l
lower urinary tract obstruction　下部尿路閉塞性疾患　**50** l
low vision　弱視　**144** l
LPN　准看護師　**149** r
LQTS　QT延長症候群　**72** l
LSA　ライフサポートアドバイザー　**334** l
LSI　生活満足感尺度　**178** r
LTG　長期目標　**215** r
LTM　長期記憶　**215** l
lumbar cord injury　腰髄損傷　**330** r
luminous environment　照明環境　**154** r
lymphedema　リンパ浮腫　**341** r
lymphogenous metastasis　リンパ行性転移　**341** r

M

Magengeschwür　胃潰瘍　**11** l
magic hand　マジックハンド　**310** l
magnetic resonance imaging　磁気共鳴断層撮影　**129** l
main complaint　主訴　**148** l
major neurocognitive disorder　認知症　**248** l
major tranquilizer　抗精神病薬　**99** r
maladjustment　適応障害　**223** l
malignant rheumatoid arthritis　悪性関節リウマチ　**2** r
malignant syndrome　悪性症候群　**3** l
malignant tumor　悪性腫瘍　**3** l
malingering　詐病　**122** r
malpractice　医療過誤　**17** l
malpraxis　医療過誤　**17** l
Maltherapie　絵画療法　**36** l
management and guidance for in-home medical service for preventive long-term care　介護予防居宅療養管理指導　**42** l
management council of community comprehensive care center　地域包括支援センター運営協議会　**210** r

mandate　強制適用　**72** r
mandibular respiration　下顎呼吸　**46** l
mange　疥癬　**44** l
mania　躁病　**194** l
manic-depressive illness　躁うつ病　**193** l
manic-depressive insanity　躁うつ病　**193** l
manic-depressive psychosis　躁うつ病　**193** l
manifest aspiration　顕性誤嚥　**90** l
manipulator　マジックハンド　**310** l
manual attendant-controlled wheelchair　介助用車いす　**44** l
manual gripping tongs　マジックハンド　**310** l
marche à petits pas　小刻み歩行　**107** l
masked depression　仮面うつ病　**50** r
masked hypertension　仮面高血圧　**50** r
mask like face　仮面様顔貌　**50** r
Maslach burnout inventory　マスラック・バーンアウト測定尺度　**310** l
mass examination　集団検診（健診）　**146** l
mass screening　集団検診（健診）　**146** l
mass survey　集団検診（健診）　**146** l
mastication　咀嚼　**195** l
maximal blood pressure　収縮期血圧　**145** l
MBI　マスラック・バーンアウト測定尺度　**310** r
MC　主訴　**148** l
MCI　軽度認知障害　**83** r
MDI　躁うつ病　**193** l
MDT　マルチディシプリナリーチーム　**312** l
meals-on-wheals　配食サービス　**264** l
MEAP　多面的施設環境評価尺度　**205** r
measles　麻疹　**310** l
measure for evaluation　評価尺度　**280** l
mechanical ventilator　人工呼吸器　**163** l
medicaid　医療扶助　**17** r
medicaid　メディケイド　**320** l
medical benefit in public assistance　医療扶助　**17** r
Medical Care Act　医療法　**17** r
medical care ward for the elderly with dementia　老人性認知症疾患治療病棟　**348** l
medical corporation　医療法人　**18** l
medical deduction　医療費控除　**17** r
medical ethics　医の倫理　**16** l
medical expense　療養費　**340** l
medical expenses for home-nursing　訪問看護療養費　**302** l
medical guideline　診療ガイドライン　**170** l
medical insurance system for the retired　退職者医療制度　**200** r
medical interview　問診　**323** l
medical juridical person　医療法人　**18** l
medical long-term care sanatorium　介護療養型医療施設　**43** l
medical long-term care sanatoriums　長期療養型施設　**215** r
medical model　医学モデル　**11** l
medical payment for services and supports for persons with disabilities　自立支援医療　**157** r
Medical Practitioner Act　医師法　**12** l
medical social worker　医療ソーシャルワーカー　**17** r
medical technologist　臨床検査技師　**341** l
medicare　メディケア　**320** l
medication assistance　服薬介助　**288** l
medication management　服薬管理　**288** l
medicine notebook　お薬手帳　**33** r

megalomania 誇大妄想 **110** *l*
megrim 片頭痛 **297** *l*
melena 下血 **85** *l*
memantine hydrochloride メマンチン塩酸塩 **320** *l*
memorization 記銘 **68** *r*
memorization 記銘力 **68** *r*
memorizing 記銘 **68** *r*
memory 記憶 **63** *l*
memory clinic もの忘れ外来 **323** *l*
memory complaint 記憶愁訴 **63** *l*
memory impairment 記憶障害 **63** *l*
MENFIS 精神機能障害評価票 **181** *r*
menopausal disturbance 更年期障害 **102** *r*
mental care 精神的ケア **182** *l*
mental disorder 精神障害 **181** *r*
mental function impairment scale 精神機能障害評価票 **181** *r*
mental health メンタルヘルス **321** *l*
mental health center 精神保健福祉センター **183** *r*
Mental Hospital Act 精神病院法 **182** *r*
mental hygiene 精神衛生 **180** *l*
mental image メンタルイメージ **321** *l*
mentally handicapped person 精神障害者 **182** *l*
Mental Patient Custody Act 精神病者監護法 **182** *r*
mental retardation 精神遅滞 **182** *l*
mercy killing 安楽死 **10** *l*
metabolic acidosis 代謝性アシドーシス **200** *l*
metabolic syndrome メタボリックシンドローム **319** *r*
metamemory メタ記憶 **319** *l*
methicillin-resistant *Staphylococcus aureus* メチシリン耐性黄色ブドウ球菌 **319** *r*
MI 心筋梗塞 **160** *r*
micromania 微小妄想 **276** *l*
miction 排尿 **265** *l*
micturition 尿意 **245** *r*
micturition 排尿 **265** *l*
micturition desire 尿意 **245** *r*
micturition reflex 排尿反射 **265** *l*
MID 多発梗塞性認知症 **205** *l*
migraine 片頭痛 **297** *l*
migraine headache 片頭痛 **297** *l*
migrainous headache 片頭痛 **297** *l*
mild cognitive impairment 軽度認知障害 **83** *r*
minced food きざみ食 **65** *l*
mineral ミネラル **315** *l*
Mini-Mental State Examination **315** *l*
minor tranquilizer 抗不安薬 **103** *l*
miosis 縮瞳 **147** *r*
mirror sign 対鏡症状 **199** *r*
misidentification 誤認 **111** *l*
misidentification 人物誤認 **169** *l*
mis-swallowing 誤嚥 **106** *r*
mixed dementia 混合型認知症 **114** *r*
Miyake's verbal paired-associate learning test 三宅式対語記銘力検査 **315** *r*
MMSE Mini-Mental State Examination **315** *l*
mneme 記憶力 **63** *r*
moderate-temperature burn 低温やけど **220** *l*
modular prosthetic hand モジュラー義手 **322** *r*
MOF 多臓器不全 **204** *l*
moniliasis カンジダ症 **57** *r*
moniliosis カンジダ症 **57** *r*
monitoring モニタリング **323** *l*
monogenic disease 単一遺伝子病 **206** *l*

monologue 独語 **230** *r*
mood disorder 気分障害 **68** *l*
moral responsibility 道義的責任 **226** *r*
moratorium モラトリアム **323** *r*
morbidity rate 罹患率 **336** *r*
mortality 死亡率 **139** *l*
mortality rate 死亡率 **139** *l*
mortification 壊死 **27** *l*
motivation 動機づけ **226** *l*
motor ataxia 運動失調 **24** *r*
motor dysfunction 運動機能障害 **24** *r*
motor function 運動機能 **24** *l*
motorius 運動神経 **24** *r*
motor nerve 運動神経 **24** *r*
motor paralysis 運動麻痺 **24** *r*
mouth dryness 口渇 **94** *l*
mouth rehabilitation 口腔リハビリテーション **95** *r*
mowat sensor モーワットセンサー **323** *r*
moyamoya disease もやもや病 **323** *l*
MR 精神遅滞 **182** *l*
MRA 悪性関節リウマチ **3** *l*
MRI 磁気共鳴断層撮影 **129** *l*
MRSA メチシリン耐性黄色ブドウ球菌 **319** *r*
MSA 多系統萎縮症 **203** *l*
MSW 医療ソーシャルワーカー **17** *r*
multidisciplinary collaboration 多職種協働 **204** *l*
multidisciplinary team マルチディシプリナリーチーム **312** *l*
multi-infarct dementia 多発梗塞性認知症 **205** *l*
multiphasic environmental assessment protocol 多面的施設環境評価尺度 **205** *r*
multiple disabilities 重複障害 **216** *l*
multiple organ failure 多臓器不全 **204** *l*
multiple small infarction 多発性小梗塞 **205** *l*
multiple system atrophy 多系統萎縮症 **203** *r*
municipal health center 市町村保健センター **136** *l*
muscle 筋固縮 **75** *r*
muscle cramp 筋けいれん **75** *r*
muscle spasm 筋けいれん **75** *r*
muscular atrophy 筋萎縮症 **74** *r*
muscular dystrophy 筋ジストロフィー **76** *l*
muscular rigidity 筋固縮 **75** *r*
musicotherapy 音楽療法 **34** *r*
music therapy 音楽療法 **34** *r*
mutism 緘黙 **61** *l*
mutual-aid 共助 **72** *r*
mutual aid pension 共済年金 **72** *l*
mutual-support 共助 **72** *r*
myasthenia 筋無力症 **76** *r*
mycodermatitis カンジダ症 **57** *r*
mycoplasma pneumonia マイコプラズマ肺炎 **310** *l*
mycotic pneumonia 真菌性肺疾患 **161** *r*
mydriasis 瞳孔散大 **226** *r*
myocardial infarction 心筋梗塞 **160** *r*
myocarditis 心筋炎 **160** *r*
myoclonus ミオクローヌス **314** *l*
myospasm 筋けいれん **75** *r*
myzesis 吸引 **70** *r*

N

N-ADL N式老年者用日常生活動作能力評価尺度 **28** *l*

narrative approach　ナラティブ・アプローチ　238 l
narrative based care　ナラティブ・ベイスド・ケア　238 r
narrative-based medicine　ナラティブ・ベイスド・メディスン　238 r
nasal feeding　鼻腔栄養　275 l
nasal oxygen cannula　鼻腔酸素カニューレ　275 l
NASH　非アルコール性脂肪肝炎　274 l
nasogastric tube feeding　経鼻経管栄養法　83 r
National Health Insurance Act　国民健康保険法　108 r
National Pension Act　国民年金法　109 l
national pension fund　国民年金基金　109 l
natural death　自然死　135 l
nausea　嘔気　32 l
NBC　ナラティブ・ベイスド・ケア　238 r
NBM　ナラティブ・ベイスド・メディスン　238 r
NCSE　コグニスタット　108 r
NDS　N式精神機能検査　28 l
nebulizer　ネブライザー　255 r
necrosis　壊死　27 l
need　ニード　242 r
needed support condition　要支援状態　329 r
needs assessment　ニーズアセスメント　241 l
negative feeling　陰性感情　19 r
negative symptom　陰性症状　19 r
neglect　ネグレクト　255 l
neighborhood association　自治会　135 r
Nekrose　壊死　27 l
nephropyelitis　腎盂腎炎　159 r
nerve transmitter substance　神経伝達物質　162 l
nervi craniales　脳神経　258 r
nervus motorius　運動神経　24 l
nervus parasympathicus　副交感神経　284 r
neuralgia　神経痛　161 r
Neurobehavioral Cognitive Status Examination　コグニスタット　108 r
neurodegenerative disease　神経変性疾患　162 r
neurofibrillary tangle　神経原線維変化　161 l
neurogen　神経伝達物質　162 l
neurogenic bladder　神経因性膀胱炎　161 l
neurolues　神経梅毒　162 l
neuromittor　神経伝達物質　162 l
neuropsychological test　神経心理学的検査　161 r
neurosis　神経症　161 r
neurosyphilis　神経梅毒　162 l
neurotransmitter　神経伝達物質　162 l
neutral fat　中性脂肪　214 l
New Angel Plan　新エンゼルプラン　159 r
new clinical scale for rating of activities of daily living of the elderly　N式老年者用日常生活動作能力評価尺度　28 l
New Gold Plan　新ゴールドプラン　165 l
NFT　神経原線維変化　161 l
NGO　非政府組織　276 r
night care　ナイトケア　237 r
night delirium　夜間せん妄　324 l
night hospital　夜間病院　324 r
night-time wandering　夜間徘徊　324 l
night wandering　夜間徘徊　324 l
Nishimura dementia scale　N式精神機能検査　28 l
nitrazepam　ニトラゼパム　242 r
nitroglycerin　ニトログリセリン　242 l
nocturnal enuresis　夜尿症　326 r
noise　騒音　193 l
non-alcoholic steatohepatitis　非アルコール性脂肪肝炎　274 l

non-fluent aphasia　非流暢性失語　281 r
non-governmental organization　非政府組織　276 r
non-judgemental attitude　非審判的態度　276 l
non-maleficence　無危害原則　317 l
non-opioid analgesic　非オピオイド鎮痛薬　274 r
non-pharmacological therapy　非薬物療法　280 l
non-profit organization　特定非営利活動法人　232 r
non rapid eye movement-sleep　ノンレム睡眠　261 r
non-REM sleep　ノンレム睡眠　261 r
non-step bus　ノンステップバス　261 r
non-steroidal anti-inflammatory drugs　非ステロイド系消炎鎮痛薬　276 r
non-verbal communication　非言語的コミュニケーション　275 l
nootropic　抗認知症薬　102 l
normalization　ノーマライゼーション　261 l
normal pressure hydrocephalus　正常圧水頭症　179 r
norovirus　ノロウイルス　261 l
norovirus infection　ノロウイルス感染症　261 r
norwegian scabies　ノルウェー疥癬　261 l
nosing　段鼻　208 r
nosocomial infection　院内感染　20 l
notice of death　死亡届　139 r
NREM-sleep　ノンレム睡眠　261 r
NSAIDs　非ステロイド系消炎鎮痛薬　276 r
NST　栄養サポートチーム　26 l
nuclear family　核家族　46 r
nuclei cerebri　大脳基底核　202 r
nurse　看護師　57 l
nurse call　ナースコール　238 l
nursing　介護　36 l
nursing care plan　看護計画　57 l
nursing care wards for the elderly with dementia　老人性認知症疾患療養病棟　348 l
nursing homes for the elderly　養護老人ホーム　329 r
nursing homes for the elderly　老人ホーム　349 l
nursing process　介護過程　36 r
nursing process　看護過程　56 r
nursing record　看護記録　56 l
nutrients　栄養素　26 r
nutrition　栄養　26 l
nutritional assessment　栄養アセスメント　26 l
nutritional disorder　栄養障害　26 r
nutrition support team　栄養サポートチーム　26 l
NZP　ニトラゼパム　242 r

O

OA　動作分析　227 l
OAB　過活動膀胱　46 r
obesity　肥満　279 r
observation　見守り　315 l
observational method　観察法　57 r
obsessional idea　強迫観念　73 l
obsessive-compulsive disorder　強迫性障害　73 l
obstipatio　便秘　297 r
obstipation　便秘　297 r
occult blood reaction of feces　便潜血反応　297 l
occupational assistance　生業扶助　179 l
occupational delirium　作業せん妄　119 r
occupational therapist　作業療法士　120 l
occupational therapy　作業療法　119 r
OCD　強迫性障害　73 r

off-the-job training　Off-JT　34 *l*
old-age employees' pension　老齢厚生年金　350 *r*
old elderly healthcare system　後期高齢者医療制度　94 *r*
old single-person household　高齢者単独世帯　105 *r*
olfactory disorder　嗅覚障害　70 *r*
olfactory disturbance　嗅覚障害　70 *r*
olfactory hallucination　幻嗅　90 *l*
olighidria　脱水症　204 *l*
oligidria　脱水症　204 *r*
oligocardia　徐脈　157 *l*
oliguria　乏尿　300 *r*
olivopontocerebellar atrophy　オリーブ橋小脳萎縮症　34 *r*
ombudsperson　オンブズパーソン　35 *r*
on-call system　オンコール体制　35 *l*
one's doctor　主治医　147 *r*
one-stop service　ワンストップサービス　353 *r*
on-the-job training　OJT　33 *r*
onychocryptosis　陥入爪　60 *l*
OPCA　オリーブ橋小脳萎縮症　34 *r*
open question　開かれた質問　281 *l*
operant conditioning　オペラント条件づけ　34 *l*
operation analysis　動作分析　227 *l*
opioid analgesics　オピオイド鎮痛薬　34 *l*
OPLL　頸椎後縦靭帯骨化症　83 *r*
OPLL　後縦靭帯骨化症　97 *r*
opportunistic infection　日和見感染　281 *r*
optical illusion　錯視　120 *l*
optimal position　良肢位　339 *l*
oral candidiasis　口腔カンジダ症　94 *r*
oral care　口腔ケア　95 *l*
oral communication　口話　106 *r*
oral dysfunction　口腔機能障害　95 *l*
oral dyskinesia　口唇ジスキネジア　98 *r*
oral massage　口腔マッサージ　95 *l*
oral thermometry　口腔検温　95 *r*
orange plan　認知症施策推進5か年計画　250 *r*
organic mental disorder　器質性精神障害　66 *l*
Organization for Economic Cooperation and Development privacy guidelines　OECD8原則　32 *l*
orientation　見当識　90 *l*
Orientierung　見当識　90 *r*
ORT　視能訓練士　139 *l*
orthoptic exercise　視能訓練　139 *l*
orthoptics　視能訓練　139 *l*
orthoptist　視能訓練士　139 *l*
orthosis　装具　193 *r*
ortho-sleep　ノンレム睡眠　261 *l*
orthostatic hypotension　起立性低血圧　74 *l*
orthotic therapy　装具療法　193 *r*
os sacrum　仙骨　189 *r*
ossification of posterior longitudinal ligament　頸椎後縦靭帯骨化症　83 *r*
ossification of posterior longitudinal ligament　後縦靭帯骨化症　97 *r*
osteoarthritis　変形性関節症　296 *r*
osteoarthritis of the spine　変形性脊椎症　296 *r*
osteoarthrosis　変形性関節症　296 *r*
osteophone　補聴器　307 *r*
osteoporosis　骨粗鬆症　110 *l*
ostomate　オストメイト　33 *r*
OT　作業療法　119 *r*
OT　作業療法士　120 *l*
otophone　補聴器　307 *r*

Ottawa Charter for Health Promotion　オタワ憲章　34 *l*
outcome evaluation　アウトカム評価　1 *r*
outdoor recreation　野外レクリエーション　324 *l*
outreach　アウトリーチ　2 *l*
overactive bladder　過活動膀胱　46 *r*
overflow incontinence　溢流性尿失禁　15 *l*
overuse syndrome　過用症候群　51 *l*
oxygen concentrator　酸素濃縮器　124 *l*
oxygen inhaler　酸素吸入器　124 *l*
oxygen saturation　酸素飽和度　124 *r*
oxygen supply equipment　酸素供給装置　124 *l*
oxygen therapy　酸素療法　124 *r*

P

P　脈拍　315 *r*
pacemaker　ペースメーカー　294 *r*
pack　あん法　9 *r*
paid volunteer　有償ボランティア　327 *l*
pain　疼痛　228 *r*
painless myocardial infarction　無痛性心筋梗塞　317 *r*
palate　口蓋　93 *r*
palilalia　同語反復　227 *l*
paliphrasia　同語反復　227 *l*
palliate　寛解　52 *r*
palliative care　緩和ケア　61 *r*
palliative care unit　緩和ケア病棟　61 *r*
palliative medicine　緩和医療　61 *r*
palliative treatment　緩和医療　61 *r*
palsy　麻痺　311 *r*
panic disorder　パニック障害　269 *r*
panting　浅速呼吸　190 *r*
PARA　対麻痺　218 *l*
parablepsia　錯視　120 *l*
paradoxical incontinence　溢流性尿失禁　15 *l*
paragraphia　錯書　120 *l*
paralyses　麻痺　311 *r*
paralysis　麻痺　311 *r*
paralytic gait　麻痺性跛行　311 *r*
paralytic gait　麻痺性歩行　311 *r*
paranalgesia　四肢麻痺　132 *r*
paranea　パラノイア　270 *l*
paranoia　パラノイア　270 *l*
paraphasia　錯語　120 *l*
paraphrenia　パラフレニー　270 *l*
paraplegia　対麻痺　218 *l*
parasympathetic nerve　副交感神経　284 *r*
parkinsonian syndrome　パーキンソン症候群　266 *r*
parkinsonism　パーキンソン症候群　266 *r*
Parkinson's disease　パーキンソン病　266 *r*
Parkinson's syndrome　パーキンソン症候群　266 *r*
paroxetine hydrochloride　パロキセチン塩酸塩　271 *l*
pars sympathica　交感神経　94 *r*
partial bath　部分浴　290 *r*
passive exercise　他動運動　205 *l*
passive movement　他動運動　205 *l*
passive range of motion　他動的関節可動域　205 *l*
passive smoking　受動喫煙　148 *r*
paste-diet　粥食　51 *l*
paste-diet　ペースト食　294 *r*
past history　既往歴　63 *l*
paternalism　パターナリズム　269 *l*
pathogenic *Escherichia coli*　病原性大腸菌　280 *r*

pathological dream states 意識変容 11 r
pathological senescence 病的老化 281 r
pathomimesis 詐病 122 r
patten 足底板 194 r
payment by service user 利用者負担 339 l
payment for services and supports for persons with disabilities 自立支援給付 157 r
PC 一次医療 13 r
PCC パーソン・センタード・ケア 268 r
PD パーキンソン病 266 r
PD パニック障害 269 r
PD 腹膜透析 288 l
PE 肺気腫 263 l
PEAP 認知症高齢者への環境支援のための指針 250 l
pediluvium 足浴 194 r
peer counseling ピアカウンセリング 274 l
peer support ピアサポート 274 l
PEG 経皮内視鏡的胃ろう造設術 84 l
pelvic floor muscle training 骨盤底筋訓練 110 r
pension insurance system 年金保険制度 255 r
perception 知覚 211 r
perceptual disability 知覚障害 212 l
percutaneous arterial oxygen saturation 経皮的動脈血酸素飽和度 84 l
percutaneous endoscopic gastrostomy 経皮内視鏡的胃ろう造設術 84 l
percutaneous infection 経皮感染 83 r
pericarditis 心膜炎 169 l
periodic limb movement disorder 周期性四肢運動障害 145 l
periodontal disease 歯周病 132 r
peripheral neuropathy 末梢神経障害 311 l
peripheral parenteral nutrition 末梢静脈栄養法 311 l
peripheral vascular disorder 末梢血管障害 310 r
peristalsis 蠕動運動 190 r
peritoneal dialysis 腹膜透析 288 l
peritoneal lavage 腹膜透析 288 l
perleche 口角炎 93 r
perseveration 保続 307 l
personal care パーソナルケア 268 r
personal factors 個人因子 109 r
personality 人格 160 l
personality change 人格変化 160 l
personality disorder 性格障害 176 l
personality disorder パーソナリティ障害 268 l
personalization パーソナライゼーション 268 l
personal space パーソナルスペース 268 l
person-centred care パーソン・センタード・ケア 268 r
person-environment interaction 人と環境の相互作用 278 l
person-environment transaction 人と環境の交互作用 277 r
personhood パーソンフッド 268 r
Persönlichkeit 人格 160 l
Persönlichkeitsveränderung 人格変化 160 l
pes equinovarus 内反尖足 237 r
pestalipes equinovarus 内反尖足 237 r
PET 陽電子放射断層撮影 331 l
PFMT 骨盤底筋訓練 110 r
PH 既往歴 63 l
phantom boarder 幻の同居人 312 l
Pharmaceutical Affair Act 薬事法 325 l
pharmacist 薬剤師 325 l
pharmacokinetics 薬物動態 326 l

Philadelphia Geriatric Center morale scale PGCモラールスケール 275 r
phlebemphraxis 静脈血栓症 154 l
phlebothrombosis 静脈血栓症 154 l
phlogosis 炎症 30 l
photophobia 羞明 147 r
photopsia 光視症 97 l
phrenocardia 心臓神経症 166 r
physical care 身体介護 167 l
physical environment 物理的環境 290 l
physical restraint zero operation 身体拘束ゼロ作戦 167 r
physical therapist 理学療法士 336 r
physical therapy 物理療法 290 l
physical therapy 理学療法 336 r
physician's obligation to deliver medical care 診療義務 170 l
physiological function test 生理機能検査 185 l
physiological senescence 生理的老化 185 l
physiotherapy 物理療法 290 l
pica 異食 12 l
Pick's disease ピック病 277 l
pigmentary degeneration of the retina 網膜色素変性症 322 l
pituitary body 下垂体 47 r
pituitary gland 下垂体 47 r
PK 薬物動態 326 l
PL プラセボ 291 r
PLA 側方アプローチ 194 r
placebo プラセボ 291 r
plan-do-see プラン・ドゥ・シー 292 r
planotopokinesia 空間の見当識障害 77 l
plaque control プラークコントロール 291 r
plasma concentration of drug 薬物血中濃度 325 r
plasma level of drug 薬物血中濃度 325 r
platelet aggregation inhibitor 血小板凝集阻害（阻止）薬 87 l
platform crutch プラットホームクラッチ 292 l
pleurisy 胸膜炎 73 r
pleuritis 胸膜炎 73 r
PLMD 周期性四肢運動障害 145 l
PMD 進行性筋ジストロフィー 164 l
pneumococcal vaccine 肺炎球菌ワクチン 262 l
pneumonia 肺炎 262 l
pneumonitis 間質性肺炎 58 l
PNFA 進行性非流暢性失語 164 l
pollakisuria 頻尿 282 r
pollakiuria 頻尿 282 r
polyphagia 多食症 204 r
polyp of the colon 大腸ポリープ 201 r
polyuria 多尿 205 l
population of old people 老年人口 350 l
population statistics 人口統計 164 l
portable toilet ポータブルトイレ 307 r
positive symptom 陽性症状 330 r
positron emission tomography 陽電子放射断層撮影 331 l
postero-lateral approach 側方アプローチ 194 r
postmortem care エンゼルケア 30 r
post-stroke depression 脳卒中後うつ病 259 r
posttraumatic stress disorder 心的外傷後ストレス障害 168 l
postural drainage 体位排痰法 198 l
postural reflex disturbance 姿勢反射障害 134 l

posture 姿勢 133 r
pouch パウチ 266 l
poverty delusion 貧困妄想 282 l
power rehabilitation パワーリハビリテーション 271 r
PPA 原発性進行性失語 91 l
PPN 末梢静脈栄養法 311 l
practical nurse 准看護師 149 r
preference 嗜好 130 l
prefrontal area 前頭前野 191 l
premature beat 期外収縮 63 r
premature contraction 期外収縮 63 r
premium of medical insurance 保険料 303 r
premium of public long-term care insurance 保険料 304 l
presbyacusis 老人性難聴 347 r
presbyopia 老視 347 l
presenile depression 初老期うつ病 157 l
pressure sore 褥瘡 155 r
preternatural anus 人工肛門 163 l
prevalence 有病率 327 l
prevalence rate 有病率 327 l
prevention benefit 予防給付 332 r
prevention of infection 感染症予防 59 r
preventive long-term care 介護予防 41 r
preventive long-term care management 介護予防ケアマネジメント 42 l
preventive long-term care plan 介護予防ケアプラン 42 l
preventive long-term care service 介護予防サービス 42 l
preventive long-term care support 介護予防支援 42 l
preventive medicine 予防医学 332 r
preventive rehabilitation 予防的リハビリテーション 333 r
Preventive Vaccinations Act 予防接種法 333 r
primary care 一次医療 13 l
primary decision 一次判定 14 l
primary doctor かかりつけ医 46 r
primary doctor judgment on long-term care 主治医意見書 148 l
primary memory 一次記憶 13 r
primary prevention 一次予防 14 l
primary prevention project 一次予防事業 14 l
primary progressive aphasia 原発性進行性失語 91 l
privacy プライバシー 291 r
private long-term care insurance 介護保険（私的） 40 l
private pension 私的年金 138 r
private residential home for elderly person 有料老人ホーム 327 l
private service for senior citizen シルバーサービス 159 l
private space プライベートスペース 291 r
procedural memory 手続き記憶 223 r
productive aging プロダクティブエイジング 293 r
Product Liability Act 製造物責任法 183 r
professional environmental assessment protocol 認知症高齢者への環境支援のための指針 250 l
professional ethics 職業倫理 154 r
prognosis 予後 332 l
program evaluation サービス評価 122 r
progressive muscular dystrophy 進行性筋ジストロフィー 164 l
progressive non-fluent aphasia 進行性非流暢性失語 164 l
progressive supranuclear palsy 進行性核上性麻痺 163 r
P-ROM 他動的関節可動域 205 l

prone position 腹臥位 284 l
property management 財産管理 116 r
propulsion 前方突進 191 r
prosopalgia 三叉神経痛 123 r
prostata 前立腺 192 l
prostate 前立腺 192 l
prostatic cancer 前立腺がん 192 r
prostatic carcinoma 前立腺がん 192 r
prostatic hyperplasia 前立腺肥大症 192 l
prostheses 補装具 307 l
prosthesis 義肢 65 r
prosthesis 補装具 307 l
prosthetist and orthotist 義肢装具士 65 r
protecting eye glass 遮光眼鏡 144 l
proteinuria タンパク尿 207 r
protruded disk 椎間板ヘルニア 218 l
pruritus 皮膚瘙痒症 279 l
pruritus cutaneus 皮膚瘙痒症 279 l
pruritus universalis 汎発性皮膚掻痒症 272 r
PSD 心身症 165 r
PSD 脳卒中後うつ病 259 r
pseudobulbar paralysis 偽性球麻痺 66 l
pseudodementia 仮性認知症 48 l
Pseudodemenz 仮性認知症 48 l
Pseudomonas aeruginosa 緑膿菌 340 r
PSP 進行性核上性麻痺 163 r
PSW 精神保健福祉士 183 l
psychiatric day care 精神科デイケア 180 r
psychiatric day-night care 精神科デイナイトケア 180 r
psychiatric evidence 精神鑑定 181 l
psychiatric hospital 精神科病院 181 l
psychiatric night care 精神科ナイトケア 180 r
psychiatric rehabilitation 精神科リハビリテーション 181 l
psychiatric social worker 精神保健福祉士 183 l
Psychiatric Social Worker Act 精神保健福祉士法 183 r
Psychiatry 精神医学 180 r
psychiatry 精神医学 180 r
psychoanalysis 精神分析 182 r
psychoeducation 心理教育 169 r
psychogenic mental disorder 心因性精神障害 159 r
psychogenic reaction 心因反応 159 r
psychological abuse 心理的虐待 169 r
psychological test 心理テスト 170 l
psychomotor disturbance 精神運動性障害 180 l
psychosomatic disease 心身症 165 r
psychosomatic disorder 心身症 165 r
psychotherapy 心理療法 170 r
psychotropic drug 向精神薬 99 r
PT 理学療法士 336 r
PT 理学療法 336 r
PTSD 心的外傷後ストレス障害 168 l
public-aid 公助 98 l
public aid 扶助 289 l
public assistance 公的扶助 101 l
public assistance 生活扶助 178 l
public assistance 生活保護 178 r
public assistance 扶助 289 l
Public Assistance Act 生活保護法 178 r
publication of long-term care service information 介護サービス情報の公表 38 l
public health 公衆衛生 97 r
public health nurse 保健師 303 l
public help 公的扶助 101 l

public long-term care insurance　介護保険（公的）　40 l
publicly funded health care　公費負担医療　103 l
public pension　公的年金　101 l
public space　パブリックスペース　270 l
public-support　公助　98 l
public support　公的扶助　101 l
pulmonary edema　肺水腫　264 l
pulmonary embolism　肺塞栓症　265 l
pulmonary emphysema　肺気腫　263 l
pulmonary infarction　肺梗塞　263 r
pulmonary tuberculosis　肺結核　263 r
pulse　脈拍　315 r
pulse oximeter　パルスオキシメーター　271 l
pulsus　脈拍　315 r
pulsus infrequens　徐脈　157 l
pure word deafness　純粋語ろう　149 r
purgative　下剤　85 r
purge　下剤　85 r
purine body　プリン体　292 r
purpura　紫斑　139 r
pursed-lip breathing　口すぼめ呼吸　77 r
purulence　化膿　49 r
push-up activity　プッシュアップ動作　289 l
pyelonephritis　腎盂腎炎　159 r
pyramidal tract　錐体路　171 l

Q

QOL　生活の質　178 l
quadriplegia　四肢麻痺　132 r
qualitative research　質的研究　137 l
quality of life　生活の質　178 l
questionnaire method　質問紙法　138 r

R

RA　関節リウマチ　59 l
raised toilet seat　補高便座　306 l
ramex　ヘルニア　295 r
range of motion　関節可動域　58 r
range of motion exercise　関節可動域訓練　59 l
rapport　ラポール　335 r
Raynaud's phenomenon　レイノー現象　344 l
RBD　レム睡眠行動障害　346 r
RD　網膜剥離　322 l
reacher　リーチャー　337 l
reaction formation　反動形成　272 r
reality orientation　リアリティオリエンテーション　336 l
recent memory　近時記憶　75 r
recent memory disturbance　近時記憶障害　75 r
recessive hereditary disease　劣性遺伝病　345 r
recipient　レシピエント　345 l
recommendation on social security system　社会保障制度に関する勧告　143 r
recovery phase on rehabilitation　回復期リハビリテーション　45 r
recreation　レクリエーション　344 l
recreation program　レクリエーションプログラム　344 r
recreation therapy　レクリエーション療法　344 r
rectal temperature　直腸検温　216 l
redden　発赤　308 l

redness　発赤　308 l
re-emerging infection disease　再興感染症　116 r
reflux esophagitis　逆流性食道炎　69 r
reframing　リフレーミング　338 r
refrigerant　解熱薬　88 l
refusal of bath　入浴拒否　245 l
regional resource　地域資源　209 r
registered dietitian　管理栄養士　61 l
registration　記銘　68 r
regression　退行　199 r
rehabilitation　リハビリテーション　337 r
rehabilitation at chronic stage　維持期リハビリテーション　12 l
rehabilitation engineering　リハビリテーション工学　338 l
rehabilitation medicine　リハビリテーション医学　337 r
rehabilitation pants　リハビリパンツ　338 l
rehabilitation plan　リハビリテーション計画　337 r
rehabilitation training　機能回復訓練　67 l
reimbursement　償還払い　151 r
relative metabolic rate　エネルギー代謝率　28 r
relaxation　リラクゼーション　340 l
relocation damage　リロケーションダメージ　340 r
remaining function　残存機能　125 l
reminiscence therapy　回想法　44 r
remission　寛解　52 r
remission　鎮静　216 l
remittent fever　弛張熱　136 l
remote memory　遠隔記憶　29 l
REM sleep　レム睡眠　346 l
REM sleep behavior disorder　レム睡眠行動障害　346 r
renal failure　腎不全　168 r
rental housing exclusively for the elderly　適合高齢者専用賃貸住宅　223 l
rental service of equipment for long-term care covered by public aid　福祉用具貸与　287 r
repeatability　反復性　272 r
repositioning　体位変換　198 l
resident expense　居住費　74 l
residential thermal condition　温熱環境　35 l
residual sensation of urine　残尿感　126 l
residual urine　残尿　125 r
residual urine　残尿感　126 l
resistance to care　介護抵抗　39 l
resonance　共鳴　73 r
respiration　呼吸　107 l
respirator　人工呼吸器　163 l
respiratory failure　呼吸不全　107 r
respiratory insufficiency　呼吸不全　107 r
respite care　レスパイトケア　345 l
respondent conditioning　レスポンデント条件づけ　345 l
resting tremor　安静時振戦　9 r
resting tremor　静止時振戦　179 r
restless legs syndrome　むずむず脚症候群　317 r
restlessness　不穏　284 l
restorative training　機能回復訓練　67 l
restraining band　抑制帯　331 l
restraint　身体拘束　167 l
retained urine　残尿　125 r
retention test　記銘力検査　68 r
retinal detachment　網膜剥離　322 l
retinal pigment degeneration　網膜色素変性症　322 l
retinitis pigmentosa　網膜色素変性症　322 l
retirement mutual aid pension　退職共済年金　200 r

retrograde amnesia　逆向性健忘　**69** *r*
retrogression　退行　**199** *r*
reverse mortgage　リバースモーゲージ　**337** *r*
reverse tilt function　脚上げ機能　**3** *r*
reversible dementia　可逆性認知症　**46** *r*
revised version of Hasegawa's Dementia Scale　改訂長谷川式簡易知能評価スケール　**45** *l*
revised version of Philadelphia Geriatric Center morale scale　改訂PGCモラールスケール　**45** *l*
rheumatoid arthritis　関節リウマチ　**59** *l*
righting reflex　立ち直り反射　**204** *l*
rigidity　筋固縮　**75** *r*
rigidity　硬直　**100** *r*
rigor　悪寒　**33** *l*
ringworm　白癬　**267** *l*
riser　蹴上げ　**81** *l*
risk factor　危険因子　**65** *l*
risk management　リスクマネジメント　**337** *l*
rivastigmine　リバスチグミン　**337** *r*
RMR　エネルギー代謝率　**28** *r*
RO　リアリティオリエンテーション　**336** *l*
roeteln　風疹　**283** *l*
roho cushion　ロホクッション　**351** *l*
role playing　ロールプレイ　**351** *r*
ROM　関節可動域　**58** *r*
room climate　室内気候　**137** *l*
Rorschach test　ロールシャッハテスト　**351** *l*
Röteln　風疹　**283** *l*
round back　円背　**30** *r*
rubella　風疹　**283** *l*
rubeola　麻疹　**310** *l*
ruber　発赤　**308** *l*
rubor　発赤　**308** *l*

S

saccharide　糖質　**227** *r*
sacral bone　仙骨　**189** *r*
sacrum　仙骨　**189** *r*
safety net　セーフティネット　**187** *l*
SAH　クモ膜下出血　**78** *l*
sale of specified equipment covered by public aid　特定福祉用具販売　**233** *l*
salivation　流涎　**338** *r*
Salmonella　サルモネラ　**123** *l*
sanatorium type sickbed　療養型病床群　**340** *l*
sarcoidosis　サルコイドーシス　**123** *l*
sarcoma　肉腫　**240** *l*
SARS　重症急性呼吸器症候群　**145** *l*
SAS　睡眠時無呼吸症候群　**172** *l*
satellite care　サテライトケア　**121** *r*
satiety center　満腹中枢　**313** *l*
saturated fatty acid　飽和脂肪酸　**302** *r*
saturation　彩度　**118** *r*
scabies　疥癬　**44** *l*
scald　熱傷　**255** *l*
scale for evaluation　評価尺度　**280** *r*
scalp guard　頭部保護帽　**230** *l*
scatacratia　便失禁　**297** *l*
scattering stool　弄便　**350** *r*
schizophrenia　統合失調症　**226** *r*
Schreibkrampf　書痙　**156** *r*

scintigraphy　シンチグラフィ　**168** *l*
screening　スクリーニング　**173** *l*
screening for dementia　認知症のスクリーニング　**253** *l*
SDP　医薬分業　**17** *l*
SDS　ツァン自己評価式抑うつ尺度　**218** *l*
seating　シーティング　**138** *r*
secondary decision　二次判定　**240** *r*
secondary hypertension　二次性高血圧　**240** *r*
secondary infection　二次感染　**240** *l*
secondary medical care　二次医療　**240** *l*
secondary memory　二次記憶　**240** *l*
secondary prevention　二次予防　**241** *l*
secondary prevention project　二次予防事業　**241** *l*
secondary traumatic stress　二次的トラウマティックストレス　**240** *r*
second opinion　セカンドオピニオン　**185** *r*
sedation　鎮静　**216** *r*
selective serotonin reuptake inhibitor　選択的セロトニン再取り込み阻害薬　**190** *r*
self-actualization　自己実現　**131** *r*
self-awareness　自己覚知　**130** *r*
self-care　セルフケア　**188** *l*
self-care management　セルフケアマネジメント　**188** *l*
self-determination　自己決定　**130** *r*
self-determination right　自己決定権　**131** *l*
self-efficacy　自己効力感　**131** *l*
self esteem　自尊感情　**135** *r*
self-evaluation　自己評価　**131** *l*
self-fulfillment　自己実現　**131** *r*
self-help　自助　**133** *l*
self-help device　自助具　**133** *l*
self-help group　セルフヘルプグループ　**188** *l*
self-injurious behavior　自傷行為　**133** *l*
self-realization　自己実現　**131** *r*
self-reliance　自助　**133** *l*
self-support　自立　**157** *r*
semantic dementia　意味性認知症　**17** *l*
semantic memory　意味記憶　**16** *r*
semi- Fowler's position　セミ・ファウラー位　**187** *r*
semi-outdoor space　半屋外空間　**271** *r*
semiplegia　片麻痺　**298** *l*
semi-private space　セミプライベートスペース　**187** *r*
semi-public space　セミパブリックスペース　**187** *r*
semisideratio　片麻痺　**298** *l*
semi-structured interview　半構造化面接法　**272** *l*
senescence　老衰　**349** *l*
senile neurosis　老年期神経症　**349** *l*
senile plaque　老人斑　**348** *l*
senile purpura　老人性紫斑　**347** *r*
senile vaginitis　老人性膣炎　**347** *r*
senile xerosis　老人性乾皮症　**347** *r*
senility　老衰　**349** *l*
senior care manager　主任介護支援専門員　**148** *r*
senior citizen　高齢者　**103** *r*
senior dementia carer qualified　認知症ケア上級専門士　**249** *l*
senior housing　シルバーハウジング　**159** *l*
sensation disorder　感覚障害　**53** *l*
sensation of incomplete evacuation　残便感　**126** *l*
sensation of taste　味覚　**314** *l*
sense of taste　味覚　**314** *l*
sensor　センサー　**189** *r*
sensorineural hearing loss　感音性難聴　**52** *r*
sensory disturbance　知覚障害　**212** *l*

sensory integration 感覚統合 53 l	sleep disorder 睡眠障害 172 l
sensory memory 感覚記憶 52 r	sleep disturbance 睡眠障害 172 l
sensory nerve 感覚神経 53 l	sleep inducer 睡眠導入薬 172 r
sensory perception 知覚 211 r	sleeplessness 夜間不眠 324 r
separation of dispensing and prescribing functions 医薬分業 17 l	sleep pattern 睡眠パターン 172 r
sepsis 敗血症 263 r	sleep-wake rhythm 睡眠・覚醒リズム 171 r
septicemia 敗血症 263 r	sleep-wake rhythm disorder 睡眠・覚醒リズム障害 172 l
serotonin-noradrenaline reuptake inhibitor セロトニン・ノルアドレナリン再取り込み阻害薬 188 r	SLHT 言語聴覚士 89 l
serum albumin 血清アルブミン 87 r	sliding board スライディングボード 175 l
service chief administrator サービス管理責任者 121 r	sliding seat スライディングシート 175 l
service management meeting サービス調整会議 121 r	sling seat スリングシート 175 r
Services and Supports for Persons with Disabilities Act 障害者自立支援法 150 r	slope スロープ 175 r
	SLTA 標準失語症検査 281 l
service staff meeting サービス担当者会議 121 r	SMA 脊髄性筋萎縮症 186 l
service user-driven principle 利用者本位 339 r	small group activity 小集団活動 152 l
settlement セツルメント 187 l	small intestine dysfunction 小腸機能障害 152 r
seven principles of Biestek バイスティックの7原則 264 l	SNRI セロトニン・ノルアドレナリン再取り込み阻害薬 188 r
severe acute respiratory syndrome 重症急性呼吸器症候群 145 l	social action ソーシャルアクション 195 l
sexual anomaly action 性的逸脱行為 184 l	social activity 社会活動 140 l
sexual behavior 性的行動 184 l	social administration ソーシャルアドミニストレーション 195 l
sexuality セクシュアリティ 186 r	social case work ケースワーク 85 r
SGA 小集団活動 152 l	social environment 社会環境 140 l
SG mark system SGマーク制度 27 r	social exclusion 社会的排除 141 l
shiver 悪寒 33 l	social group work グループワーク 79 l
short-term admission for daily life long-term care 短期入所生活介護 207 l	social hospitalization 社会的入院 141 l
short-term admission for recuperation 短期入所療養介護 207 l	social inclusion 社会的包摂 141 r
	social insurance 社会保険 143 l
short-term goal 短期目標 207 l	social insurance system 社会保険方式 143 l
short-term memory 短期記憶 206 r	socialized long-term care 社会的介護 140 r
short-term memory disturbance 短期記憶障害 206 r	social model 社会モデル 143 l
short-term stay ショートステイ 157 l	social participation 社会参加 140 l
shoulder breathing 肩呼吸 48 r	social planning ソーシャルプランニング 195 r
shower bath シャワー浴 144 r	social rehabilitation 社会リハビリテーション 143 r
shunt シャント 144 r	social resource 社会資源 140 r
sialism 流涎 338 r	social security 社会保障 143 l
side effect 副作用 285 l	social security council 社会保障審議会 143 r
side effects of antipsychotic 抗精神病薬の副作用 99 r	social service 社会サービス 140 l
side lying lateral position 側臥位 194 r	social skills training 社会生活技能訓練 140 r
sideropenic anemia 鉄欠乏性貧血 223 l	social support network ソーシャルサポートネットワーク 195 l
silent aspiration 不顕性誤嚥 288 l	social welfare 社会福祉 141 r
silver human resources center シルバー人材センター 159 l	Social Welfare Act 社会福祉法 142 r
silver mark シルバーマーク制度 159 l	social welfare corporation 社会福祉法人 142 r
simple fracture 単純骨折 207 l	social welfare facility for the elderly 老人福祉施設 348 r
simulated disease 詐病 122 r	social welfare institution 社会福祉施設 142 l
simulation 詐病 122 r	social welfare office 福祉事務所 286 r
single photon emission computed tomography 単一光子放射断層撮影 206 l	social welfare officers 社会福祉主事 142 r
	social welfare services 社会福祉事業 142 l
Sinnesgedächtnis 感覚記憶 52 r	social work ソーシャルワーク 195 r
sinoatrial block 洞房ブロック 230 l	social worker ソーシャルワーカー 195 r
sitotoxism 食中毒 155 r	soft food ソフト食 196 r
sitting balance 座位バランス 119 l	soft palate 軟口蓋 238 r
sitting position 座位 116 l	soft stool 軟便 239 l
sitting position on the bed 端座位 207 l	sole plate 足底板 194 r
sitting posture holding 座位保持 119 l	SOLER ソーラー 196 r
sitting up position 起座位 65 l	solitary life 独居 234 r
six major Japanese social welfare laws 福祉六法 287 r	soma 体幹 199 l
SLE 全身性エリテマトーデス 190 l	somatoscopy 健康診断 88 r
sleep apnea syndrome 睡眠時無呼吸症候群 172 l	somnambulism 夢遊病 318 l
	sonic guide ソニックガイド 196 r
	soporific 睡眠導入薬 172 r

spasm けいれん **85** *l*
spastic gait 痙性跛行 **82** *r*
spastic paralysis 痙性麻痺 **83** *l*
spatial structure 空間構成 **77** *l*
special bathtub 特殊浴槽 **231** *l*
specialized care house 特定施設入居者生活介護 **231** *r*
specialized facility 特定施設 **231** *r*
special medical expenses 特別療養費 **233** *r*
specific health guidance 特定保健指導 **233** *l*
specific medical check 特定健康診査 **231** *l*
specified equipment covered by public aid 特定福祉用具 **232** *r*
SPECT 単一光子放射断層撮影 **206** *l*
speech and language disorder 言語障害 **89** *l*
speech and language therapy 言語聴覚療法 **89** *r*
speech center 言語中枢 **89** *l*
speech-language-hearing rehabilitation 言語聴覚リハビリテーション **89** *r*
speech-language-hearing therapist 言語聴覚士 **89** *l*
speech therapy 言語聴覚療法 **89** *r*
sphacelation 壊死 **27** *r*
sphacelism 壊死 **27** *l*
spinal canal stenosis 脊柱管狭窄症 **186** *l*
spinal cerebellar degeneration 脊髄小脳変性症 **186** *l*
spinal compression fracture 脊椎圧迫骨折 **186** *l*
spinal muscular atrophy 脊髄性筋萎縮症 **186** *l*
spinal orthosis 体幹装具 **199** *r*
spinocerebellar degeneration 脊髄小脳変性症 **186** *l*
spiritual care スピリチュアルケア **174** *r*
Spirochaeta infection スピロヘータ感染症 **174** *r*
spirophore 人工呼吸器 **163** *l*
splint 副子 **285** *r*
SpO$_2$ 経皮的動脈血酸素飽和度 **84** *l*
spondylolisthesis 脊椎すべり症 **186** *l*
spondylolysis 脊椎分離症 **186** *l*
spondylosis ankylopoetica 変形性脊椎症 **296** *l*
spondylosis deformans 変形性脊椎症 **296** *r*
sponge bath 清拭 **179** *r*
sporadic Alzheimer's disease 孤発性アルツハイマー病 **111** *r*
sprain 捻挫 **255** *r*
sprinkler スプリンクラー **174** *r*
sputum sucking 喀痰吸引 **47** *l*
sputum suction 喀痰吸引 **47** *l*
squeezing スクイージング **172** *r*
SSRI 選択的セロトニン再取り込み阻害薬 **190** *r*
SST 社会生活技能訓練 **140** *r*
ST 言語聴覚療法 **89** *r*
stair 階段 **45** *l*
standard language test of aphasia 標準失語症検査 **281** *l*
standard precaution スタンダードプリコーション **173** *l*
standards for limit of allowance 支給限度基準額 **129** *r*
stander 起立保持具 **74** *r*
standing posture 立位 **337** *l*
staphylococcus ブドウ球菌 **290** *r*
Staphylococcus aureus 黄色ブドウ球菌 **32** *r*
star 白内障 **267** *l*
state of population 人口静態 **164** *l*
stehende Redensart 滞続言語 **201** *l*
stenocardia 狭心症 **72** *r*
step 段差 **207** *r*
stereotypy 常同症 **153** *l*
sterilization 滅菌 **319** *l*
sternomastoid breathing 下顎呼吸 **46** *l*

stertor 喘鳴 **191** *r*
STG 短期目標 **207** *l*
stigma スティグマ **173** *l*
stimulus of five senses 五感の刺激 **106** *r*
STM 短期記憶 **206** *l*
stoma ストーマ **173** *r*
stomatitis 口内炎 **102** *l*
stool extraction 摘便 **223** *l*
stooped posture 前屈姿勢 **188** *r*
strategy for new health frontier 新健康フロンティア戦略 **162** *r*
strengths model ストレングスモデル **174** *l*
streptococcal infection 溶連菌感染症 **331** *l*
stress ストレス **173** *r*
stress incontinence 腹圧性尿失禁 **284** *l*
stress model ストレスモデル **173** *r*
stressor ストレッサー **174** *l*
stridor 喘鳴 **191** *r*
structured interview 構造化面接法 **100** *l*
STS 二次的トラウマティックストレス **240** *r*
stupor 昏迷 **115** *r*
subarachnoidal hemorrhage クモ膜下出血 **78** *l*
subarachnoid hemorrhage クモ膜下出血 **77** *r*
subcortical dementia 皮質下性認知症 **276** *l*
subcutaneous injection 皮下注射 **274** *r*
subdural hematoma 硬膜下血腫 **103** *r*
subjective well-being 主観的幸福感 **147** *r*
sublingual tablet 舌下錠 **186** *r*
submania 躁病 **194** *l*
subnutrition 低栄養 **220** *l*
subsidy for high-cost long-term care 高額介護サービス費 **94** *l*
successful aging サクセスフルエイジング **120** *r*
sucking 吸引 **70** *r*
suction 吸引 **70** *r*
suction apparatus 吸引器 **70** *r*
sudden deafness 突発性難聴 **235** *l*
sudden death 突然死 **234** *r*
sudden sensorineural hearing loss 突発性難聴 **235** *l*
suggillation 紫斑 **139** *r*
suicide 自殺 **132** *l*
sundowning syndrome 夕暮れ症候群 **327** *l*
sunroom サンルーム **126** *r*
supervisee スーパーバイジー **174** *l*
supervision スーパービジョン **174** *l*
supervisor スーパーバイザー **174** *l*
supine position 仰臥位 **72** *l*
support 扶助 **289** *l*
support expense system 支援費制度 **127** *r*
support for independent living 自立支援 **157** *r*
supportive brace 補装具 **307** *r*
supportive device 補装具 **307** *l*
supportive seating systems 座位保持装具 **119** *l*
support obligation 扶養義務 **291** *l*
suppositorium 座薬 **123** *l*
suppository 座薬 **123** *l*
suppuration 化膿 **49** *r*
Survivors' Basic Pension 遺族基礎年金 **13** *l*
Survivors' Employees' Pension 遺族厚生年金 **13** *r*
Survivors' Mutual Aid Pension 遺族共済年金 **13** *l*
swallowing 嚥下 **29** *l*
swallowing training 嚥下訓練 **29** *r*
sweating disorder 発汗障害 **269** *r*
swelling 腫脹 **148** *l*

switch OTC drug　スイッチOTC薬　171 r
sympathetic nerve　交感神経　94 r
symptomatic psychosis　症状性精神障害　152 r
symptomatic therapy　対症療法　200 r
syncope　失神　136 r
syndrome malin　悪性症候群　3 l
syphilis　梅毒　265 l
systemic lupus erythematosus　全身性エリテマトーデス　190 l
system theory　システム理論　133 r
systolic blood pressure　収縮期血圧　145 l
systolic pressure　収縮期血圧　145 l

T

tachycardia　頻脈　282 r
tactile care　タクティールケア　203 r
tactile hallucination　幻触　90 l
TAIS　福祉用具情報システム　287 l
talipes equinus　尖足　190 l
TAO　閉塞性血栓血管炎　294 r
tardive dyskinesia　遅発性ジスキネジア　212 r
tarry stool　タール便　205 r
taste disorder　味覚障害　314 l
tau protein　タウタンパク質　203 l
TB　結核　86 r
TCA　三環系抗うつ薬　123 r
t-cane　T字杖　221 r
TD　遅発性ジスキネジア　212 r
teaching method of recreation　レクリエーション活動援助法　344 r
team approach　チームアプローチ　212 r
team care　チームケア　213 l
team leader　チームリーダー　213 l
team medicine　チーム医療　213 l
team work　チームワーク　213 l
technical aid　福祉用具　287 l
technical aids information system　福祉用具情報システム　287 l
temperament　気質　65 r
terminal care　終末期医療　147 l
terminal care　終末期ケア　147 l
terminal care　看取り　314 r
terminal period　終末期　147 l
terminal stage　終末期　147 l
territoriality　空間領域化　77 l
territory　テリトリー　224 l
tertiary care　三次医療　123 r
tertiary prevention　三次予防　123 r
tetanus　破傷風　267 r
tetany　強直　73 l
tetraplegia　四肢麻痺　132 r
TH　甲状腺ホルモン　98 r
thamuria　頻尿　282 r
The Association for Technical Aids　テクノエイド協会　223 l
the degree of independent living for the demented elderly　認知症高齢者の日常生活自立度　249 r
the elderly with dementia　認知症高齢者　249 r
The Japan Association of Certified Care Workers　日本介護福祉士会　243 l
theory of need-hierarchy　欲求階層説　332 l
therapeutic exercise　運動療法　24 r

therapist　セラピスト　188 l
therapy　セラピー　187 r
thermal environment　温熱環境　35 l
thermal injury　熱傷　255 l
thermotherapy　温熱療法　35 r
thickened food　とろみ食　236 l
thinking　思考　130 l
thinking disorder　思考障害　130 r
third-party evaluation　第三者評価　200 l
thirst　口渇　94 l
thoracic cord injury　胸髄損傷　72 r
thought disorder　思考障害　130 r
three lifestyle-related disease　三大生活習慣病　125 r
three major nutrient　三大栄養素　125 l
three-point gait　三動作歩行　125 r
three semicircular ducts　三半規管　126 l
thrill　振戦　166 r
thromboangiitis obliterans　閉塞性血栓血管炎　294 r
thrombus　血栓　87 r
thyroid gland　甲状腺　98 l
thyroid hormone　甲状腺ホルモン　98 r
thyroxine　サイロキシン　119 r
TIA　一過性脳虚血発作　14 r
tiapride hydrochloride　チアプリド塩酸塩　209 l
TMIG-IC　老研式活動能力指標　347 l
toilet activity　トイレ動作　226 l
toilet environment　トイレ環境　226 l
TOKYO Metropolitan Institute of Gerontology, Index of Competence　老研式活動能力指標　347 l
tonic convulsion　強直性けいれん　73 l
tonic cramp　強直性けいれん　73 l
tooth brushing method　ブラッシング法　292 l
total aphasia　全失語　189 l
total assistance　全介助　188 r
total pain　トータルペイン　234 r
total parenteral nutrition　中心静脈栄養法　214 l
TPN　中心静脈栄養法　214 l
trace nutrient　微量栄養素　282 l
tracheal intubation　気管内挿管　64 r
tracheobronchial suction　気管内吸引　64 r
tracheostomic cannula　気管カニューレ　64 l
tracheostomy　気管切開　64 l
tracheotomy tube　気管カニューレ　64 l
trachyphonia　嗄声　121 l
tractus extrapyramidales　錐体外路　171 l
traffic line　動線　228 l
training for independent living　自立訓練　157 r
training institutions for certified care workers　介護福祉士養成施設　39 l
tranquilizer　精神安定薬　180 l
transfer　移乗動作　12 r
transfer aid apparatus　移乗用介護機器　12 r
transfer aid system　移乗用介護機器　12 r
transference　感情転移　58 l
transfer exercise　移乗動作訓練　12 r
transfer lift　移動用リフト　16 l
transfer practice　移乗動作訓練　12 r
transferring apparatus　移乗機　12 r
transfer service　移送サービス　12 r
transient ischemic attack　一過性脳虚血発作　14 r
transportation support service　移動支援事業　15 r
tremens　振戦　166 r
tremor　振戦　166 r
tremor at rest　静止時振戦　179 r

triage　トリアージ　**235** r
trichophytosis　白癬　**267** l
tricyclic antidepressant　三環系抗うつ薬　**123** r
trigeminal neuralgia　三叉神経痛　**123** r
trismus dolorificus　三叉神経痛　**123** r
trophopathy　栄養障害　**26** r
truncus　体幹　**199** l
trunk　体幹　**199** l
tuberculosis　結核　**86** r
tumeur　腫瘍　**148** r
tumor　腫脹　**148** l
tumor　腫瘍　**148** r
tumor marker　腫瘍マーカー　**149** l
twilight　盲ろう　**322** r
two-point gait　二動作歩行　**242** r
type one social welfare services　第一種社会福祉事業　**198** l
type two social welfare services　第二種社会福祉事業　**202** l
typical antipsychotic　定型抗精神病薬　**221** l
tyrannism　虐待　**69** l

U

Übertragung　感情転移　**58** l
UCG　心臓超音波検査　**166** r
Uchida‑Kraepelin psychodiagnostic test　内田クレペリン精神作業検査　**23** l
Ucs　無意識　**317** l
UD　ユニバーサルデザイン　**328** l
UI　潰瘍　**46** l
UKT　内田クレペリン精神作業検査　**23** l
ulcer　潰瘍　**45** r
ulceration　潰瘍　**45** r
ulcus　潰瘍　**45** r
ulcus ventriculi　胃潰瘍　**11** l
ulnar nerve paralysis　尺骨神経麻痺　**144** r
ulnar palsy　尺骨神経麻痺　**144** r
ultra-aged society　超高齢社会　**215** r
ultrasound cardiography　心臓超音波検査　**166** r
UN　尿素窒素　**246** l
unaffected side　健側　**90** l
unconsciousness　無意識　**317** l
undernutrition　低栄養　**220** l
unilateral anesthesia　片麻痺　**298** l
unit care　ユニットケア　**327** r
United Nations Principles for Older Persons　国連高齢者原則　**109** l
universal coverage of health insurance　国民皆保険　**108** r
universal coverage of public pension insurance　国民皆年金　**108** r
Universal Declaration of Human Rights　世界人権宣言　**185** r
universal design　ユニバーサルデザイン　**328** l
unorientation　見当識障害　**90** r
unsaturated fatty acid　不飽和脂肪酸　**291** l
unstructured interview　非構造化面接法　**275** r
upper respiratory tract infection　上気道感染症　**151** r
urate deposits　痛風　**219** l
urea nitrogen　尿素窒素　**246** l
uremia　尿毒症　**246** l
ureteral calculus　尿管結石　**246** l
ureter stone　尿管結石　**246** l

urethral catheterization　導尿　**228** r
urethritis　尿道炎　**246** l
urge incontinence　切迫性尿失禁　**187** l
uric acid deposits　痛風　**219** l
urinal　採尿器　**118** r
urinary calculus　尿路結石　**247** l
urinary incontinence　失禁　**136** l
urinary incontinence　尿失禁　**246** l
urinary reflex　排尿反射　**265** l
urinary retention　尿閉　**246** r
urinary stress incontinence　腹圧性尿失禁　**284** l
urinary tract infection　尿路感染症　**247** l
urinary tract stone　尿路結石　**247** l
urination　排尿　**265** r
urination disorder　排尿障害　**265** r
urocystitis　膀胱炎　**299** r
urolithiasis　尿路結石　**247** l
urostomy　人工膀胱　**164** r
URTI　上気道感染症　**151** r
UTI　尿路感染症　**247** l
UTS　尿路結石　**247** l

V

vaccination　予防接種　**333** l
vaccine　ワクチン　**353** l
VaD　血管性認知症　**86** r
vagus nerve　迷走神経　**319** l
validation　バリデーション　**270** r
validation therapy　バリデーション療法　**271** l
varix　静脈瘤　**154** l
vascular dementia　血管性認知症　**86** r
vascular parkinsonism　脳血管性パーキンソニズム　**257** r
vegetative state　植物状態　**156** l
velum　軟口蓋　**238** r
venous thrombosis　静脈血栓症　**154** l
ventricular fibrillation　心室細動　**165** l
ventricular tachycardia　心室頻拍　**165** r
verbal communication　言語的コミュニケーション　**89** r
vertebrae cervicales　頸椎　**83** l
vertebral compression fracture　脊椎圧迫骨折　**186** l
vertigo　めまい　**320** l
VF　視野　**140** l
VF　心室細動　**165** l
viral encephalitis　ウイルス性脳炎　**22** l
virus　ウイルス　**22** l
visibility　視認性　**139** l
visiting nurse　訪問看護師　**301** r
visiting nursing　訪問看護　**301** r
visiting nursing station　訪問看護ステーション　**301** r
visual agnosia　視覚失認　**128** r
visual center　視覚中枢　**128** r
visual disorder　視覚障害　**128** r
visual field　視野　**140** l
visual field constriction　視野狭窄　**144** r
visual hallucination　幻視　**90** l
visual illusion　錯視　**120** l
visual impairment　視力障害　**158** r
visual information　視覚情報　**128** r
visual spatial agnosia　視空間失認　**129** r
vital signs　バイタルサイン　**265** l
vitamin　ビタミン　**276** r
vitamin deficiency　ビタミン欠乏症　**277** l

voluntary admission 任意入院 **247** *l*
voluntary movement 随意運動 **171** *l*
volunteer ボランティア **308** *r*
vomiting 嘔吐 **33** *l*
vomition 嘔吐 **33** *l*
vomitus 嘔吐 **33** *l*
VT 心室頻拍 **165** *r*

W

Wahn 妄想 **322** *l*
Wahrnehmung 知覚 **211** *r*
WAIS ウェクスラー成人用知能検査 **22** *r*
walker 歩行器 **304** *r*
walker cane 歩行器型杖 **305** *l*
walking aid 歩行補助機器 **306** *l*
walking cane 歩行補助杖 **306** *l*
walking frame 歩行器 **304** *l*
walking training 歩行訓練 **305** *l*
walk-support 歩行介助 **304** *r*
WAM NET ワムネット **353** *r*
wandering 徘徊 **262** *r*
washing the genital area 陰部洗浄 **20** *r*
Wassermann reaction ワッセルマン反応 **353** *l*
Wassermann-Reaktion ワッセルマン反応 **353** *l*
water intoxication 水中毒 **314** *r*
waterless alcohol-based antiseptic agent アルコール擦式消毒薬 **7** *l*
Wechsler adult intelligence scale ウェクスラー成人用知能検査 **22** *r*
Wechsler memory scale ウェクスラーメモリースケール **22** *r*
welfare center of aging life 高齢者生活福祉センター運営事業 **105** *r*
welfare centers for the elderly 老人福祉センター **348** *r*
welfare education 福祉教育 **286** *l*
welfare facility for the elderly 老人福祉施設 **348** *r*
welfare for the aged 高齢者福祉 **106** *l*
welfare for the handicapped 障害者福祉 **151** *l*
welfare institution for the aged 老人福祉施設 **348** *r*
welfare plan for the elderly 老人福祉計画 **348** *l*
welfare pluralism 福祉多元主義 **286** *r*

welfare referral system 措置制度 **196** *l*
welfare reform 福祉改革 **285** *r*
welfare service third-party evaluation 福祉サービス第三者評価事業 **286** *l*
welfare state 福祉国家 **286** *l*
welfare taxi 介護タクシー **39** *l*
well-being ウェルビーイング **23** *l*
Wernicke-Korsakoff syndrome ウェルニッケ・コルサコフ症候群 **22** *r*
Wernicke's aphasia ウェルニッケ失語 **22** *r*
Wernicke's encephalopathy ウェルニッケ脳症 **23** *l*
wheeled hoist with sling seat 床走行式リフト **327** *r*
wheeled hoist with solid seat 台座式リフト **199** *r*
wheeled walking frame 歩行車 **305** *r*
wheeze 喘鳴 **191** *r*
white cane 白杖 **266** *r*
WHO 世界保健機関 **185** *r*
WHO method for relief of cancer pain WHO方式がん疼痛治療法 **205** *r*
withdrawal 引きこもり **275** *l*
WMS ウェクスラーメモリースケール **22** *r*
word finding difficulty 喚語困難 **57** *l*
working memory ワーキングメモリー **353** *l*
World Alzheimer's Day 世界アルツハイマーデー **185** *r*
World Health Organization 世界保健機関 **185** *r*
writer's cramp 書痙 **156** *r*

X

xeroderma 皮脂欠乏症 **275** *r*
xerosis 皮脂欠乏症 **275** *r*
xerostomia 口腔乾燥症 **95** *l*

Z

Zeichentherapie 絵画療法 **36** *l*
zinc 亜鉛 **2** *l*
Zung self-rating depression scale ツァン自己評価式抑うつ尺度 **218** *l*
Zwangsvorstellung 強迫観念 **73** *l*

略語索引

A

AAC	augmentative and alternative communication	146	r
AAE	active assistive exercise	139	l
AAMI	age-associated memory impairment	52	l
AAT	animal-assisted therapy	5	r
Ab	antibody	100	l
AChEI	acetylcholinesterase inhibitor	4	r
ACT	assertive community treatment	299	l
AD	Alzheimer's disease	7	r
ADAS	Alzheimer's disease assessment scale	8	l
ADAS-J cog	Alzheimer's disease assessment scale-cognitive subscale-Japanese version	8	r
ADI	Alzheimer's Disease International	107	r
ADL	activities of daily living	242	l
AE	active exercise	139	l
AED	antiepileptic drug	101	l
AED	automated external defibrillator	139	l
Af	atrial fibrillation	169	l
AFIB	atrial fibrillation	169	l
AFL	atrial flutter	169	l
AG	arteriography	230	r
AH	acute hepatitis	71	r
AIDS	acquired immunodeficiency syndrome	25	l
ALD	aldosterone	8	r
ALP	alkaline phosphatase	6	r
ALS	amyotrophic lateral sclerosis	74	r
AMD	age-related macular degeneration	52	l
AMPH	amphetamine	9	r
ARD	alcohol-related dementia	7	r
ASA	acetylsalicylic acid	4	l
ASO	arteriosclerosis obliterans	294	r
ASP	aspirin	4	l
ATA	The Association for Technical Aids	223	r

B

BA	biliary atresia	207	r
BEHAVE-AD	behavioral pathology in Alzheimer's disease	8	l
BGT	Bender's Gestalt test	297	r
BI	Barthel index	268	l
BLS	basic life support	14	l
BMI	body mass index	199	l
BMR	basal metabolic rate	66	l
BP	blood pressure	85	r
BPH	benign prostatic hyperplasia	192	r
BPRS	brief psychiatric rating scale	52	l
BPSD	behavioral and psychological symptoms of dementia	252	r
BRS	Brunnstrom's recovery stage	292	r
BT	body temperature	198	r
BVM	bag valve mask	269	r
BZD	benzodiazepine	297	l

C

CAM	complementary and alternative medicine	302	r
CAPD	continuous ambulatory peritoneal dialysis	346	r
CBD	corticobasal degeneration	202	r
CBR	community-based rehabilitation	211	r
CBT	cognitive-behavioral therapy	247	r
CBZ	carbamazepine	51	r
CCU	cardiac care unit	58	l
CDR	clinical dementia rating	341	r
CES-D	Center for Epidemiologic Studies Depression Scale	24	l
CF	cardiac failure	168	r
CFI	Camberwell Family Interview	70	l
CHF	congestive heart failure	23	r
CJD	Creutzfeldt-Jakob disease	79	r
CN	cardiac neurosis	166	r
CN	certified nurse	253	r
CNS	central nervous system	214	l
CNS	certified nurse specialist	192	l
COGNISTAT	Neurobehavioral Cognitive Status Examination	108	r
COI	conflict of interest	336	l
COPD	chronic obstructive pulmonary disease	313	r
CP	cerebral palsy	259	l
CP	clinical psychologist	341	r
CPA	cardiopulmonary arrest	168	l
CPR	cardiopulmonary resuscitation	168	r
Cr	creatinine	79	l
CRF	chronic respiratory failure	312	r
CSDD	Cornell scale for depression in dementia	111	l
CT	computed tomography	115	l
CVD	cerebrovascular disorder	257	r
CWF	care work foundation	43	r

D

DA	dopamine	235	l
DAA	direct anterior approach	191	r
DCM	dementia care mapping	249	l
DCN	dementia nursing certified nurse	248	r
DCQ	dementia carer qualified	249	l
DLB	dementia with Lewy bodies	345	r
DM	diabetes mellitus	228	r
DPB	diffuse panbronchiolitis	280	l

DS	day service	218 *r*		IBS	irritable bowel syndrome	50 *l*
DSM	diagnostic and statistical manual of mental disorders	181 *r*		IC	informed consent	20 *r*
DST	Dementia Screening Test	109 *l*		ICD	International Statistical Classification of Disease and Related Health Problem	138 *l*
DV	domestic violence	235 *r*		ICF	International Classification of Functioning, Disability and Health	108 *l*
				ICIDH	International Classification of Impairments, Disabilities and Handicaps	108 *l*

E

EAA	essential amino acid	277 *l*		IDA	iron deficiency anemia	223 *r*
EBM	evidence-based medicine	28 *r*		IDT	interdisciplinary team	19 *r*
EBS	environment behavior study	54 *l*		IFN	interferon	20 *l*
ECM	external cardiac massage	199 *l*		IGT	impaired glucose tolerance	201 *r*
EE	expressed emotion	58 *r*		IHD	ischemic heart disease	73 *r*
EEG	electroencephalogram	260 *r*		IL	independent living	158 *l*
EEG	electroencephalography	260 *r*		IOP	intraocular pressure	52 *r*
EOL	end of life care	30 *r*		IPE	interprofessional education	192 *l*
ERT	estrogen replacement therapy	27 *r*		IPW	interprofessional work	192 *l*
				IQ	intelligence quotient	212 *r*
				IVH	intravenous hyperalimentation	82 *r*
				IVM	involuntary movement	289 *l*

F

FAB	frontal assessment battery	191 *l*	
FAST	Functional Assessment Staging	248 *r*	
FIM	functional independent measure	67 *r*	
FLUV	influenza virus	21 *l*	
FNF	femoral neck fracture	201 *l*	
FOSHU	food for specified health uses	233 *r*	
FTD	frontotemporal dementia	191 *l*	
FTLD	frontotemporal lobar degeneration	191 *l*	

J

JACSW	Japanese Association of Certified Social Workers	243 *r*
JASW	Japanese Association of Social Workers	244 *l*
JCPEA	Japanese Center for the Prevention of Elder Abuse	243 *r*
JNA	Japanese Nursing Association	243 *l*
JOT	Japan Organ Transplant Network	244 *l*

G

γ-GT	γ-glutamyl transferase	61 *l*
GAS	global assessment scale	299 *l*
GDS	geriatric depression scale	349 *r*
GDS	global deterioration scale	79 *r*

L

LD	L-DOPA	346 *l*
LOC	loss of consciousness	136 *r*
LPN	licensed practical nurse	149 *r*
LQTS	long QT syndrome	72 *l*
LSA	life support adviser	334 *l*
LSI	life satisfaction index	178 *r*
LTG	long-term goal	215 *r*
LTM	long-term memory	215 *l*

H

Hb	hemoglobin	295 *l*
HbA$_{1C}$	hemoglobinA$_{1C}$	295 *l*
HBP	high blood pressure	96 *l*
HD	hemodialysis	86 *l*
HDS	Hasegawa's Dementia Scale	267 *r*
HDS-R	revised version of Hasegawa's Dementia Scale	45 *l*
Hgb	hemoglobin	295 *l*
HIV	human immunodeficiency virus	278 *l*
HOT	home oxygen therapy	117 *r*
Hp	*Helicobacter pylori*	295 *r*
HPI	history of present illness	91 *l*
HPN	home parenteral nutrition	118 *l*
HRSD	Hamilton Rating Scale for Depression	270 *l*
HRT	hormone replacement therapy	308 *r*
HSE	herpes simplex encephalitis	207 *r*
HT	hypertension	96 *l*

M

MBI	Maslach burnout inventory	310 *r*
MC	main complaint	148 *l*
MCI	mild cognitive impairment	83 *r*
MDI	manic-depressive insanity	193 *l*
MDT	multidisciplinary team	312 *l*
MEAP	multiphasic environmental assessment protocol	205 *r*
MENFIS	mental function impairment scale	181 *r*
MI	myocardial infarction	160 *r*
MID	multi-infarct dementia	205 *l*
MMSE	Mini-Mental State Examination	315 *l*
MOF	multiple organ failure	204 *l*
MR	mental retardation	182 *l*
MRA	malignant rheumatoid arthritis	3 *l*
MRI	magnetic resonance imaging	129 *l*

I

IADL	instrumental activities of daily living	148 *l*

MRSA	methicillin-resistant *Staphylococcus aureus*	319 r		P-ROM	passive range of motion	205 l
MSA	multiple system atrophy	203 r		PSD	post-stroke depression	259 r
MSW	medical social worker	17 r		PSD	psychosomatic disorder	165 r
				PSP	progressive supranuclear palsy	163 r
				PSW	psychiatric social worker	183 l
				PT	physical therapist	336 r
				PT	physical therapy	336 r
				PTSD	posttraumatic stress disorder	168 l

N

N-ADL	new clinical scale for rating of activities of daily living of the elderly	28 l
NASH	non-alcoholic steatohepatitis	274 l
NBC	narrative based care	238 r
NBM	narrative-based medicine	238 r
NCSE	Neurobehavioral Cognitive Status Examination	108 r
NDS	Nishimura dementia scale	28 l
NFT	neurofibrillary tangle	161 l
NGO	non-governmental organization	276 r
NSAIDs	non-steroidal anti-inflammatory drugs	276 r
NST	nutrition support team	26 l
NZP	nitrazepam	242 r

Q

QOL	quality of life	178 l

R

RA	rheumatoid arthritis	59 l
RBD	REM sleep behavior disorder	346 r
RD	retinal detachment	322 l
RMR	relative metabolic rate	28 r
RO	reality orientation	336 l
ROM	range of motion	58 r

O

OA	operation analysis	227 l
OAB	overactive bladder	46 r
OCD	obsessive-compulsive disorder	73 r
OPCA	olivopontocerebellar atrophy	34 r
OPLL	ossification of posterior longitudinal ligament	83 r
OPLL	ossification of posterior longitudinal ligament	97 r
ORT	orthoptist	139 l
OT	occupational therapist	120 l
OT	occupational therapy	119 r

S

SAH	subarachnoid hemorrhage	78 l
SARS	severe acute respiratory syndrome	145 l
SAS	sleep apnea syndrome	172 l
SDP	separation of dispensing and prescribing functions	17 l
SDS	Zung self-rating depression scale	218 l
SGA	small group activity	152 l
SLE	systemic lupus erythematosus	190 l
SLHT	speech-language-hearing therapist	89 l
SLTA	standard language test of aphasia	281 l
SMA	spinal muscular atrophy	186 l
SNRI	serotonin-noradrenaline reuptake inhibitor	188 r
SPECT	single photon emission computed tomography	206 l
SpO$_2$	percutaneous arterial oxygen saturation	84 l
SSRI	selective serotonin reuptake inhibitor	190 r
SST	social skills training	140 r
ST	speech and language therapy	89 r
STG	short-term goal	207 l
STM	short-term memory	206 r
STS	secondary traumatic stress	240 r

P

P	pulse	315 r
PARA	paraplegia	218 l
PC	primary care	13 r
PCC	person-centred care	268 r
PD	panic disorder	269 r
PD	Parkinson's disease	266 r
PD	peritoneal dialysis	288 l
PE	pulmonary emphysema	263 l
PEAP	professional environmental assessment protocol	250 l
PEG	percutaneous endoscopic gastrostomy	84 l
PET	positron emission tomography	331 l
PFMT	pelvic floor muscle training	110 r
PH	past history	63 l
PK	pharmacokinetics	326 l
PL	placebo	291 r
PLA	postero-lateral approach	194 r
PLMD	periodic limb movement disorder	145 l
PMD	progressive muscular dystrophy	164 l
PNFA	progressive non-fluent aphasia	164 l
PPA	primary progressive aphasia	91 l
PPN	peripheral parenteral nutrition	311 l

T

TAIS	technical aids information system	287 l
TAO	thromboangiitis obliterans	294 r
TB	tuberculosis	86 r
TCA	tricyclic antidepressant	123 r
TD	tardive dyskinesia	212 r
TH	thyroid hormone	98 r
TIA	transient ischemic attack	14 r
TMIG-IC	TOKYO Metropolitan Institute of Gerontology, Index of Competence	347 l
TPN	total parenteral nutrition	214 l

U

UCG	ultrasound cardiography	166 *r*
Ucs	unconsciousness	317 *l*
UD	universal design	328 *l*
UI	ulcer	46 *l*
UKT	Uchida – Kraepelin psychodiagnostic test	23 *l*
UN	urea nitrogen	246 *l*
URTI	upper respiratory tract infection	151 *r*
UTI	urinary tract infection	247 *l*
UTS	urinary tract stone	247 *l*

V

VaD	vascular dementia	86 *r*
VF	ventricular fibrillation	165 *l*
VF	visual field	140 *l*
VT	ventricular tachycardia	165 *r*

W

WAIS	Wechsler adult intelligence scale	22 *r*
WHO	World Health Organization	185 *r*
WMS	Wechsler memory scale	22 *r*

認知症ケア用語辞典
Dictionary of Dementia Care

2016年11月1日　第1版第1刷
2017年1月10日　第1版第2刷
定価：本体4,800円＋税

編　集　一般社団法人日本認知症ケア学会
　　　　認知症ケア用語辞典編纂委員会
発行者　吉岡正行
発行所　株式会社ワールドプランニング
〒162-0825　東京都新宿区神楽坂4-1-1
Tel：03-5206-7431　Fax：03-5206-7757
E-mail：world@med.email.ne.jp
http://www.worldpl.com
振替口座　00150-7-535934
表紙デザイン　星野鏡子
印刷　株式会社ジェーピークリエイト

落丁本・乱丁本は，（株）ワールドプランニング宛にお送りください．
送料小社負担にてお取り替えいたします．
© 2016,The Japanese Society for Dementia Care
ISBN978-4-86351-115-6 C3036 ¥4800E